임종희
경찰형사법

파이널 모의고사
총 7회

경찰 출제위원이 **직접 집필한 모의고사**

2024년 4월까지 최신 기출, 판례 반영
학설 및 판례 완벽 정리
고난도 대비, 고득점을 위한 필독서
풍부하고 자세한 해설

필기 합격을 위한 필수 과정!

경찰 시험을 직접 출제한 출제위원이 만든 **고득점 실전 마무리 완성!**

합격을 원한다면 꼭 풀어야 할 필독서

법학박사   **임종희 저**

인사말

파이널 모의고사 문제집 출간에 즈음하여

수험생 여러분! 안녕하십니까.
오직 한 길! 여러분의 합격만을 위해서!! 항상 연구하고 고민하고 있는 형사법 강사 임종희입니다.

제가 구성하는 본서에 대하여 여러분의 열화가 같은 성원에 보답하고자 또 다시 출간하게 되었습니다.

아무쪼록 이 동형모의고사 문제집이 마중물이 되어 여러분 **합격**에 영광이 있기를 진심으로 **기원**합니다.

파이널 모의고사 문제집의 특징

본서는 **경찰채용시험에 임박한** 수험생들에게 투자시간에 비례한 최대의 높은 학습효과를 위하여
기출문제, 기출문제의 변형 예상문제, **최근 판례**와 출제 가능한 학설 등으로 다양한 문제를 구성하였습니다.

본서로 실전에서 **고득점**을 맞을 수 있도록 아래와 같은 내용으로 집필하였습니다.

1 기존의 제1권과 제2권의 내용도 완벽 반영하여 확실한 고득점 취득 가능

기존의 제1권과 제2권에서의 중요한 문제와 지문들을 반영하였고, 그 이후에 치뤄졌던 최근 기출문제와
2024년 4월까지 재판한 최근 판례와 예상문제 등을 추가, 보완하였으므로,
고득점 취득을 위해서는 문제와 지문 및 해설을 반복 학습하시기를 적극 권장합니다.

2 기출문제의 완전 분석

합격 당락의 변수는 누가 기출문제의 분석을 통한 **출제 경향**을 정확하게 파악하느냐에 달려있습니다.
본서는 기출문제의 변형을 통해서 어떤 각도로 출제되더라도 빨리 문제를 풀 수 있도록
자주 등장하는 중요한 많은 지문들을 수록하였습니다.

3 최근 판례까지 완벽 정리

형사법 시험에서 **판례가 차지하는 비중이 매우 높아** 최근 판례의 정복이 합격의 당락을 좌우하게 됩니다.
판례에 대한 단순한 암기보다는 판례를 요지, 사실관계, 본문, 결론까지 한눈에 숙지하도록 집필하였습니다.
공부시간이 부족한 수험생들은 주로 밑줄친 부분이라도 수차례 **회독**하기 바랍니다.

4 중요한 학설을 쉽게 설명하고 정리

본서는 학설 문제가 나오면 정확히 이해하면서 답을 찍을 수 있도록
핵심 내용을 **아주 쉬운 용어와 적당한 내용**으로 깔끔하게 정리하였습니다.
중요한 학설만 숙지해도 답을 찍을 수 있도록 정리하였습니다.

5 문제마다 상세한 해설

모의고사를 본 후에 해설만 읽어도 기본서를 읽는 효과를 가져오도록 **상세한 설명**을 해두었습니다.
요즘 시험 추세가 지문도 길고 특히, 판례의 경우에는 판례 요지 이외에도 본문 내용에서 출제되고 있기 때문에
이해를 위해서 **해설을 잘 읽어보아야 합니다.**

6 빠른 합격의 왕도

본서를 가지고 시험보기 전날까지 계속 **반복적으로 다독**한다면 **고득점**을 맞을 수 있음을 확신합니다.
시험 전날 본서를 가지고 **함정 문제나 자주 틀리는 문제**들을 골라서 집중적으로 반나절 만에 소화할 수 있다면
이미 **합격**이나 다름없습니다.

맺음말

본서로 공부하는 모든 수험생들에게 진심으로 감사의 마음을 전하며,
이번 시험에 꼭 합격하기를 응원하겠습니다.

2024년 6월 10일
임종희 올림

목 차

필기 합격을 위한 필수 과정! 임종희 경찰형사법 파이널 모의고사

문제편

제1회	파이널 모의고사	2
제2회	파이널 모의고사	20
제3회	파이널 모의고사	38
제4회	파이널 모의고사	60
제5회	파이널 모의고사	80
제6회	파이널 모의고사	100
제7회	파이널 모의고사	118

해설 및 정답편

제1회	정답 및 해설	135
제2회	정답 및 해설	161
제3회	정답 및 해설	183
제4회	정답 및 해설	205
제5회	정답 및 해설	227
제6회	정답 및 해설	249
제7회	정답 및 해설	273

24년 경찰공무원(순경) 채용시험

임종희 경찰형사법
파이널 모의고사

제 1회

! 응시자 유의사항

응시자는 반드시 기재된 과목명에 맞게 표기하여야 하며, 과목을 바꾸어 표기한 경우에도 상단에 기재된 과목 순서대로 채점되므로 유의하시기 바랍니다.

※ 시험이 시작되기 전까지 표지를 넘기지 마시오.

01

다음 중 죄형법정주의에 관한 설명으로 옳은 것은 모두 몇 개인가? (다툼이 있는 경우 판례에 의함)

㉠ 구약사법 대상인 '제42조 제1항을 위반하여 수입된 의약품'이란 제42조 제1항의 문언 그대로 '의약품의 수입을 업으로 하려는 자'가 총리령으로 정하는 바에 따라 식품의약품안전처장에게 수입업 신고를 하지 않거나, 품목마다 식품의약품안전처장의 허가를 받거나 신고를 하지 않은 의약품을 의미한다고 해석하는 것이 타당하다.

㉡ A 종교단체의 시설을 관리하던 갑이 상주시청의 코로나19 관련 역학조사 담당자인 을로 부터 종교행사 기간 동안에 이 시설에 출입자들 명단의 제출요구를 받고도 그 제출을 거부한 행위는 「감염병의 예방 및 관리에 관한 법률」제18조 제3항 제1호에서 정한 '역학조사를 거부하는 행위'에 해당한다.

㉢ 피고인이 모텔 객실의 문이 살짝 열려 있는 것을 발견하고 객실에 침입한 후 불을 끈 상태로 침대에 누워 있던 甲(女)의 가슴, 허리 및 엉덩이를 만져 성폭력범죄의 처벌 등에 관한 특례법 위반(주거침입강제추행)으로 기소된 경우, 원심판결 선고 후 헌법재판소가 성폭력처벌법 제3조 제1항 중 '형법 제319조 제1항(주거침입)의 죄를 범한 사람이 같은 법 제298조(강제추행), 제299조(준강제추행) 가운데 제298조의 예에 의하는 부분의 죄를 범한 경우에는 무기징역 또는 7년 이상의 징역에 처한다.'는 부분에 대하여 위헌결정을 선고하였다면 위헌결정으로 인하여 형벌에 관한 법률 또는 법률조항이 소급하여 효력을 상실할 경우에 해당하므로 피고사건은 범죄로 되지 아니하는 때에 해당한다.

㉣ '담배의 제조'는 담배가공을 위한 일정한 작업의 수행을 전제하므로, 그러한 작업을 수행하지 않은 자의 행위를 무허가 담배제조로 인한 담배사업법 제27조 제1항 제1호, 제11조 위반죄로 의율하는 것은 특별한 사정이 없는 한 문언의 가능한 의미를 벗어나 피고인에게 불리한 방향으로 해석한 것이어서 죄형법정주의의 내용인 확장해석금지 원칙에 어긋난다.

㉤ 2016. 12. 2. 법률 제14291호로 개정된 농수산물의 원산지 표시에 관한 법률(원산지표시법)은 제14조 제2항을 신설하여 '제1항의 죄(원산지 거짓 표시죄)로 형을 선고받고 그 형이 확정된 후 5년 이내에 다시 제6조 제1항 또는 제2항(원산지 거짓 표시 금지)을 위반한 자를 가중처벌하고 있다. 이 법 제14조 제2항에서 정한 '제1항의 죄로 형을 선고받고 그 형이 확정된 후'란, 그 확정된 벌금형에는 공판절차에서 형을 선고받아 확정된 경우에 한하고 약식절차에서 벌금형의 약식명령을 고지받아 확정된 경우까지 포함된다고 볼 수 없다.

① 1개 ② 2개
③ 3개 ④ 4개

02

다음 중 「형법」 제1조 제2항의 법령의 변경에 해당하여 신법이 적용되는 것은 모두 몇 개인가? (다툼이 있는 경우 판례에 의함)

㉠ 범죄의 성립과 처벌에 관하여 규정한 형벌법규 자체의 변경에 따라 범죄를 구성하지 아니하게 되거나 형이 가벼워진 경우

㉡ 범죄의 성립과 처벌에 관하여 규정한 형벌법규 자체로부터 수권 내지 위임을 받은 법령의 변경에 따라 범죄를 구성하지 아니하게 되거나 형이 가벼워진 경우

㉢ 형벌법규가 대통령령, 총리령, 부령과 같은 법규명령이 아닌 고시 등 규정에 구성요건의 일부를 수권 내지 위임한 경우에도 그 변경에 따라 범죄를 구성하지 아니하게 되거나 형이 가벼워진 경우

㉣ 해당 형벌법규 자체 또는 그로부터 수권 내지 위임을 받은 법령이 아닌 다른 법령이 변경된 경우, 해당 형벌법규에 따른 범죄의 성립 및 처벌과 직접적으로 관련된 형사법적 관점의 변화를 주된 근거로 하는 법령의 변경에 해당하는 경우

㉤ 원심판결 선고 후 시행된 개정 도로교통법에 따르면 이 사건 전동킥보드와 같은 개인형 이동장치 음주운전 행위는 '자동차등'에 관한 제148조의2가 아니라 '자전거등'에 관한 제156조 제11호의 적용 대상이 된 경우

① 2개 ② 3개
③ 4개 ④ 5개

03

법인의 형사책임에 관한 설명 중 가장 적절하지 않은 것은?(다툼이 있으면 판례에 의함)

① 양벌규정에 의하여 처벌되는 개인정보처리자로 구「개인정보보호법」(2022. 4. 20. 법률 제185085호로 개정되기전의것) 제74조 제2항에서 '법인 또는 개인'을 규정하고 있어 죄형법정주의의 원칙상 '법인격 없는 공공기관'을 위 양벌규정에 의하여 처벌할 수 있고, 행위자 역시 마찬가지다.

② 법인격 없는 사단에 고용된 사람이 위반행위를 하였더라도 법인격 없는 사단의 구성원 개개인을 구「건축법」(2020. 2.4. 법률 제16930호로 개정되기 전의 것) 제112조 제4항 양벌규정의 '개인'의 지위에 있다고 보아 그를 처벌할 수 없다.

③ 양벌규정에 의한 영업주의 처벌은 금지위반 행위자인 종업원의 처벌에 종속하는 것이 아니라 독립하여 그 자신의 종업원에 대한 선임감독상의 과실로 인하여 처벌된다.

④ 합병으로 인하여 소멸한 법인이 그 종업원 등의 위법행위에 대해 양벌규정에 따라 부담하던 형사책임은 그 성질상 이전을 허용하지 않는 것으로서 합병으로 인하여 존속하는 법인에 승계되지 않는다.

04

부작위범에 관한 설명으로 옳고 그름의 표시(O, X)가 바르게 된 것은?(다툼이 있는 경우 다수설과 판례에 의함)

㉠ 피고인들이 수분양자들과 사이에 비정상적인 이면약정을 체결하고 점포를 분양한 후 금융기관에 대해서는 비정상적인 이면약정의 내용을 감춘채 분양 중도금의 집단적 대출을 교섭하여 중도금 대출 명목으로 금원을 지급받은 경우, 사기죄의 요건으로서의 부작위에 의한 기망에 해당한다.

㉡ 업무상배임죄는 부작위에 의해서도 성립할 수 있는데, 그러한 부작위를 실행의 착수로 볼 수 있기 위해서는 작위의무가 이행되지 않으면 사무처리의 임무를 부여한 사람이 재산권을 행사할 수 없으리라고 객관적으로 예견되는 등으로 구성요건적 결과 발생의 위험이 구체화한 상황에서 부작위가 이루어져야 한다.

㉢ 부작위에 의한 교사는 교사자가 정범에게 부작위에 의하여 범죄의 결의를 일으키게 할 수 없기 때문에 불가능하지만, 부작위에 의한 방조는 방조범에게 보증인의무가 인정된다면 가능하다.

㉣ 부작위범에 대한 교사는 교사자가 정범에게 부작위에 나가도록 결의하게 함으로써 가능하고, 부작위범에 대한 방조는 부작위하겠다는 부작위범의 결의를 강화하는 형태의 방조도 가능하다.

㉤ 형법 제18조에서 말하는 부작위는 법적 기대라는 규범적 가치판단 요소에 의하여 사회적 중요성을 가지는 사람의 행태가 되어 법적 의미에서 작위와 함께 행위의 기본 형태를 이루게 된다.

① ㉠(O) ㉡(O) ㉢(O) ㉣(O) ㉤(O)
② ㉠(O) ㉡(X) ㉢(O) ㉣(X) ㉤(O)
③ ㉠(O) ㉡(O) ㉢(X) ㉣(O) ㉤(O)
④ ㉠(X) ㉡(O) ㉢(O) ㉣(O) ㉤(X)

05

고의에 대한 설명으로 가장 적절하지 않은 것은?(다툼이 있으면 판례에 의함)

① 약국 개설자들인 피고인들이 공모하여 자신들이 속한 회원 약국들 전부를 위한 공동의 안내도우미를 고용하고, 그 공동의 안내도우미로 하여금 인근 병원 근처에서 약국을 정하지 않은 환자들에게 접근하여 회원 약국들 중 미리 정해진 순번 약국으로 안내하면서 편의 차량 등을 제공한 경우, 피고인들은 위 안내행위가 약사법이 금지한 호객행위 등에 해당함을 인식하였다고 볼 여지가 많으므로 약사법 위반죄의 '고의'가 인정된다.

② 범죄의 고의는 확정적 고의뿐만 아니라 결과 발생에 대한 인식이 있고 그를 용인하는 의사인 이른바 미필적 고의도 포함하므로 형법 제307조 제2항의 허위사실 적시에 의한 명예훼손죄 역시 미필적 고의에 의하여도 성립하고, 위와 같은 법리는 형법 제308조의 사자명예훼손죄의 판단에서도 마찬가지로 적용된다.

③ 행위자가 범죄사실이 발생할 가능성을 용인하고 있었는지의 여부는 행위자의 진술에 의존하지 아니하고 외부에 나타난 행위의 형태와 행위의 상황 등 구체적인 사정을 기초로 하여 일반인이라면 당해 범죄사실이 발생할 가능성을 어떻게 평가할 것인가를 고려하면서 일반인의 입장에서 그 심리상태를 추인하여야 한다.

④ 공무집행방해죄에 있어서의 범의는 상대방이 직무를 집행하는 공무원이라는 사실, 그리고 이에 대하여 폭행 또는 협박을 한다는 사실을 인식하는 것을 그 내용으로 하며, 그 직무집행을 방해할 의사를 필요로 하지 아니한다.

06

인과관계와 업무상 과실에 관한 설명으로 가장 적절하지 않은 것은? (다툼이 있는 경우 판례에 의함)

① 甲은 주식회사를 운영하면서 발주처로부터 공사완성의 대가로 공사대금을 지급받았으나, 법인 인수 과정에서 법인 등록요건 중 인력요건을 외형상 갖추기 위해 관련 자격증 소지자들로부터 자격증을 대여받은 사실을 발주처에 숨기는 등의 행위를 하였다고 하더라도 그 행위와 공사대금 지급 사이에 상당인과관계를 인정하기도 어렵다.

② 자동차의 운전자가 통상 예견되는 상황에 대비하여 결과를 회피할 수 있는 정도의 주의의무를 다하지 못한 것이 교통사고 발생의 직접적인 원인이 되었다면, 비록 자동차가 보행자를 직접 충격한 것이 아니고 보행자가 자동차의 급정거에 놀라 도로에 넘어져 상해를 입은 경우라고 할지라도, 업무상 주의의무 위반과 교통사고 발생 사이에 상당인과관계를 인정할 수 있다.

③ 검사는 의사에게 의료행위로 인한 업무상과실치사상죄를 인정하기 위해서는 공소사실에 기재한 업무상과실과 상해·사망 등 결과 발생 사이에 인과관계가 있음을 합리적인 의심의 여지가 없을 정도로 증명하여야 하나, 의사의 업무상 과실이 증명되었다면 인과관계가 추정되거나 증명 정도가 경감되는 것이다.

④ 의사 갑이 환자인 을의 어깨부위에 주사를 시행하는 과정에서, 주사부위에 메티실린 내성 황색포도상구균(MRSA)을 감염시켜 피해자에게 약 4주간의 치료가 필요한 우측 견관절, 극상근 및 극하근의 세균성 감염 등의 상해를 입게 한 경우, 갑의 업무상과실로 평가될 만한 행위의 존재나 업무상과실의 내용이 구체적으로 증명되었다고 보기도 어려우므로 업무상과실치상죄가 성립하지 않는다.

07

결과적가중범에 관한 설명으로 옳은 것은 모두 몇 개인가?

㉠ 기본범죄를 통하여 고의로 중한 결과를 발생하게 한 경우에 가중 처벌하는 부진정결과적가중범에서, 고의범에 대하여 더 무겁게 처벌하는 규정이 없는 경우에는 결과적가중범이 고의범에 대하여 특별관계에 있으므로 결과적가중범만 성립하고 이와 실체적 경합의 관계에 있는 고의범에 대하여는 별도로 죄를 구성하지 않는다.

㉡ 결과적가중범은 중한 결과가 발생하여야 성립되는 범죄이므로 「형법」에는 결과적가중범의 미수를 처벌하는 규정을 두고 있지 않다.

㉢ 甲의 구타행위로 상해를 입은 피해자가 정신을 잃고 빈사상태에 빠지자 사망한 것으로 오인하고, 자신의 행위를 은폐하고 피해자가 자살한 것처럼 가장하기 위하여 피해자를 베란다 아래의 바다로 떨어뜨려 사망케 하였다면, 甲의 행위는 포괄하여 단일의 상해치사죄에 해당한다.

㉣ 「형법」상 부진정결과적가중범은 중한 결과를 야기한 기본범죄가 고의범인 경우에만 인정되고 과실범의 경우에는 인정되지 않는 개념이다.

㉤ 결과적가중범이 성립하려면 행위와 결과 사이에 상당인과관계가 있어야 하고 행위 시에 결과의 발생을 예견할 수 있어야 하는데, 그러한 예견가능성은 행위자를 기준으로 판단되어야 하며 일반인을 기준으로 객관적으로 판단해야 하는 것은 아니다.

① 1개 ② 2개 ③ 3개 ④ 4개

08

정당방위에 관한 설명으로 적절하지 않은 것은 모두 몇 개인가?(다툼이 있는 경우 판례에 의함)

㉠ 정당방위에서 '침해의 현재성'이란 침해행위가 형식적으로 기수에 이르렀는지에 따라 결정되는 것이 아니라 자기 또는 타인의 법익에 대한 침해상황이 종료되기 전까지를 의미한다.

㉡ 정당방위에서 '침해의 현재성'이란 자기 또는 타인의 법익에 대한 침해상황이 종료되기 전까지를 의미하므로, 일련의 연속되는 행위로 인해 침해상황이 중단되지 아니하거나 일시 중단되더라도 추가 침해가 곧바로 발생할 객관적인 사유가 있는 경우에는 그중 일부 행위가 범죄의 기수에 이르렀더라도 전체적으로 침해상황이 종료되지 않은 것으로 볼 수 있다.

㉢ 정당방위 상황을 이용할 목적으로 처음부터 공격자의 공격행위를 유발하는 의도적 도발의 경우라 하더라도 그 공격행위에 대해서는 방위행위를 인정할 수 있어 정당방위가 성립한다.

㉣ 피해자의 침해행위에 대하여 자기의 권리를 방위하기 위한 부득이한 행위가 아니고, 그 침해행위에서 벗어난 후 분을 풀려는 목적에서 나온 공격행위는 정당방위에 해당한다고 할 수 없다.

㉤ 정당방위의 성립요건으로서 방어행위는 순수한 수비적방어뿐만 아니라 적극적 반격을 포함하는 반격방어의 형태도 포함되나, 그 방어행위는 자기 또는 타인의 법익침해를 방위하기 위한 행위로서 상당한 이유가 있어야 한다.

① 0개 ② 1개 ③ 2개 ④ 3개

09

노동쟁의행위에 대한 설명으로 옳고 그름의 표시(O, X)가 바르게 된 것은? (다툼이 있는 경우 판례에 의함)

> ㉠ 수급인 소속 근로자의 쟁의행위가 도급인의 사업장에서 일어나 도급인의 형법상 보호되는 법익을 침해한 경우에도 사용자인 수급인에 대한 관계에서 쟁의행위의 정당성을 갖추었다면 사용자가 아닌 도급인에 대한 관계에서도 법령에 의한 정당한 행위로서 법익 침해의 위법성이 조각된다고 볼 수 있다.
>
> ㉡ 도급인은 비록 수급인 소속 근로자와 직접적인 근로계약관계를 맺고 있지는 않지만, 수급인 소속 근로자가 제공하는 근로에 의하여 일정한 이익을 누리고, 그러한 이익을 향수하기 위하여 수급인 소속 근로자에게 사업장을 근로의 장소로 제공하였으므로 그 사업장에서 발생하는 쟁의행위로 인하여 일정 부분 법익이 침해되더라도 사회통념상 이를 용인하여야 하는 경우가 있을 수 있다.
>
> ㉢ 사용자인 수급인에 대한 정당성을 갖춘 쟁의행위가 도급인의 사업장에서 이루어져 형법상 보호되는 도급인의 법익을 침해한 경우, 그것이 항상 위법하다고 볼 것은 아니고, 법질서 전체의 정신이나 그 배후에 놓여있는 사회윤리 내지 사회통념에 비추어 용인될 수 있는 행위에 해당하는 경우에는 형법 제20조의 '사회상규에 위배되지 아니하는 행위'로서 위법성이 조각된다.
>
> ㉣ 사용자는 쟁의행위 기간 중 그 쟁의행위로 중단된 업무의 수행을 위하여 당해 사업과 관계없는 자를 채용 또는 대체할 수 없는데, 사용자가 당해 사업과 관계없는 자를 쟁의행위로 중단된 업무의 수행을 위하여 채용 또는 대체하는 경우, 쟁의행위에 참가한 근로자들이 위법한 대체근로를 저지하기 위하여 상당한 정도의 실력을 행사하는 것은 쟁의행위의 실효를 거둘 수 있도록 하기 위한 정당행위로서 위법성이 조각된다.

① ㉠(O) ㉡(O) ㉢(O) ㉣(O)
② ㉠(O) ㉡(X) ㉢(O) ㉣(X)
③ ㉠(X) ㉡(O) ㉢(X) ㉣(O)
④ ㉠(X) ㉡(O) ㉢(O) ㉣(O)

10

다음 사례에 대하여 위법성 인식의 체계적 지위에 관한 학설의 설명으로 가장 적절한 것은?

> A는 관장 B가 운영하는 복싱클럽에 회원등록을 한 후 등록을 취소하는 문제로 B로부터 질책을 들은 다음 약 1시간이 지나 다시 복싱클럽을 찾아와 B에게 항의를 하였다. 그 과정에서 A와 B가 서로 멱살을 잡아당기거나 뒤엉켜 몸싸움을 벌였다. 이를 지켜보던 코치 甲은 A가 왼손을 주머니에 넣어 특정한 물건을 꺼내 움켜쥐자, 조금만 주의를 기울였으면 흉기가 아니라는 것을 알 수 있었음에도 불구하고 B를 찌르기 위해 흉기를 꺼낸다고 오인하여 A를 다치게 해서라도 이를 막고자 A의 왼손을 때려 손가락 골절상을 입혔다. 그러나 A가 움켜쥔 물건은 휴대용 녹음기로 밝혀졌다.

① 엄격고의설에 따르면 甲에게는 A에 대한 상해죄의 고의가 인정된다.
② 제한고의설에 따르면 甲이 현실적으로 자신의 행위가 위법하다고 인식하지 못했지만 위법성을 인식할 가능성이 있었기에 甲에게는 A에 대한 과실치상죄가 성립한다.
③ 엄격책임설에 따르면 甲에게는 A에 대한 상해죄의 고의가 조각된다.
④ 법효과 제한책임설에 따르면 甲에게는 A에 대한 과실치상죄가 성립한다.

11

공동정범에 관한 다음 설명 중 적절하지 않은 것은 모두 몇 개인가? (다툼이 있으면 판례에 의함)

㉠ 공동피고인이 위조된 부동산 임대차계약서를 담보로 제공하고 피해자로부터 돈을 빌려 편취할 것을 계획하면서 피해자가 계약서상의 임대인에게 전화를 하여 확인할 것에 대비하여 피고인에게 미리 전화를 하여 임대인 행세를 하여 달라고 부탁하였고, 피고인은 위와 같은 사정을 잘 알면서도 이를 승낙하여 실제로 피해자의 남편으로부터 전화를 받자 자신의 실제의 임대인인 것처럼 행세하여 전세금액 등을 확인함으로써 위조사문서의 행사에 관하여 역할분담을 한 경우 위조사문서행사죄의 공동정범이 성립한다.

㉡ 건설 관련 회사의 유일한 지배자가 회사 대표의 지위에서 장기간에 걸쳐 건설공사 현장소장들의 뇌물공여행위를 보고받고 이를 확인·결재하는 등의 방법으로 위 행위에 관여한 경우, 뇌물공여의 기능적 행위지배를 하였다고 볼 수 없어 공모공동정범의 죄책을 인정할 수 없다.

㉢ 피고인 갑과 법원등기소 공무원이던 을이 국가 소유의 땅을 팔아먹기로 공모하고 그에 관한 등기부등본을 갑의 형인 병 소유명의로 위조하고, 그 후 을이 혼자서 정으로부터 위조된 등기부등본을 이용하여 위 땅을 매도하고 매매대금을 받은 경우, 갑에게는 공문서위조죄와 동행사죄 이외에 사기죄의 공모공동정범이 성립한다.

㉣ 형법 제30조의 공동정범은 2인 이상이 공동하여 죄를 범하는 것으로서, 공동정범이 성립하기 위하여는 주관적 요건으로서 공동가공의 의사와 객관적 요건으로서 공동의사에 기한 기능적 행위지배를 통한 범죄의 실행사실이 필요하고, 공동가공의 의사는 타인의 범행을 인식하면서도 이를 제지하지 아니하고 용인하는 것만으로도 족하다고 할 것이다.

㉤ 공동정범은 행위자 상호간에 범죄행위를 공동으로 한다는 공동가공의 의사를 가지고 범죄를 공동실행하는 경우에 성립하는 것으로서, 여기에서의 공동가공의 의사는 공동행위자 상호간에 있어야 하며 행위자 일방의 가공의사만으로는 공동정범관계가 성립할 수 없다.

① 1개 ② 2개
③ 3개 ④ 4개

12

공범 종속성과 관련된 설명으로 옳은 것은 모두 몇 개인가?

㉠ 공범독립성설은 자살교사·방조를 처벌하는 형법 제252조 제2항을 당연규정으로 파악한다.

㉡ 제한적 종속형식에 의하면 甲이 13세인 乙에게 절도행위를 교사한 경우에는 甲에게 절도교사죄가 성립될 수 없다.

㉢ 공범종속성설은 형법 제31조 제2항, 제3항(기도된 교사)을 특별규정으로 이해하고 있다.

㉣ 공범독립성설은 형법 제33조(공범과 신분) 단서를 원칙규정으로 보며, 같은 조 본문을 예외규정으로 파악한다.

㉤ 甲이 15세인 乙을 교사하여 乙의 아버지의 물건을 훔쳐오게 한 경우에 극단적 종속형식에 따르면 甲에게 절도교사죄가 성립되지 않는다.

① 0개 ② 1개
③ 2개 ④ 3개

13

판례가 일죄로 인정한 것만을 모두 고른 것은?

㉠ 음주상태로 자동차를 운전하다가 제1차 사고를 내고 그대로 진행하여 제2차 사고를 낸 후 음주측정을 받아 도로교통법 위반(음주운전)죄가 된 경우 (단, 음주운전죄 외의 다른 범죄 성립은 논외로 함)

㉡ 장물보관 의뢰를 받은 자가 그 정을 알면서 이를 보관하고 있다가 임의로 처분한 경우

㉢ 대마를 절취하여 그 대마를 흡입할 목적으로 소지하는 경우

㉣ 회사의 사무를 처리하는 자가 회사로 하여금 자신의 채무에 관하여 연대보증채무를 부담하게 한 다음 회사의 자금을 보관하는 자의 지위에서 이를 임의로 인출하여 위 회사가 부담하게 된 연대보증채무의 변제에 사용한 경우

㉤ 수 개의 등록상표에 대하여 상표권 침해행위가 각각 등록상표별로 수 차례 계속하여 이루어진 경우

① ㉠, ㉡
② ㉡, ㉢
③ ㉡, ㉣
④ ㉠, ㉣

14

형벌에 관한 설명으로 가장 적절하지 않은 것은? (다툼이 있는 경우에는 판례에 의함)

① '개전의 정상이 현저한 때'를 반드시 피고인이 죄를 깊이 뉘우치는 경우만을 뜻하는 것으로 제한하여 해석하거나, 피고인이 범죄사실을 자백하지 않고 부인할 경우에는 언제나 선고유예를 할 수 없다고 해석할 것은 아니다.
② 법원이 중상해죄(1년 이상 10년 이하의 징역)로 유죄가 인정된 甲에게 형의 가중감경사유 중「형법」제10조 제2항(심신미약)과 제35조(누범)만을 적용하여 형을 선고할 경우, 갑에게 선고할 수 있는 형의 최하한은 징역6월이다.
③ 징역형의 집행유예와 벌금형의 병과를 선고받은 자에 대하여 징역형의 집행유예의 효력을 상실케 하는 내용의 특별사면이 그 벌금형의 선고의 효력까지 상실케 하는 것은 아니다.
④ 형의 집행유예를 선고받은 후 형법 제65조에 의하여 그 선고가 실효 또는 취소됨이 없이 정해진 유예기간을 무사히 경과하여 형의 선고가 효력을 잃게 되는 경우에는 선고유예의 판결을 할 수 있다.

15

상해와 폭행의 죄에 관한 설명으로 가장 적절하지 않은 것은? (다툼이 있는 경우 판례에 의함)

① 甲이 강간하려고 A의 반항을 억압하는 과정에서 주먹으로 A의 얼굴과 머리를 몇 차례 때려 A가 코피를 흘리고 콧등이 부은 경우라도, A가 병원치료를 받지 않아도 일상생활에 지장이 없고 또 자연적으로 치료될 수 있는 것이라면, 甲의행위로 인해 A의 신체의 완전성이 손상되고 생활기능에 장애가 왔다거나 건강상태가 불량하게 변경되었다고 보기 어려워 강간치상죄의 '상해'에 해당하지 않는다.
② 상해죄에서 '상해'는 피해자의 신체의 완전성을 훼손하거나 생리적 기능에 장애를 초래하였는지를 객관적·일률적으로 판단할 것이 아니라 피해자의 신체·정신상의 구체적인 상태나 신체·정신상의 변화와 내용 및 정도를 종합적으로 고려하여 판단하여야 한다.
③ 피고인으로부터 왼쪽 젖가슴을 꽉 움켜잡힘으로 인하여 왼쪽 젖가슴에 약 10일간의 치료를 요하는 좌상을 입고, 심한 압통과 약간의 종창이 있어 그 치료를 위하여 병원에서 주사를 맞고 3일간 투약을 한 경우, 피해자는 위와 같은 상처로 인하여 신체의 건강상태가 불량하게 변경되고 생활기능에 장애가 초래되었다 할 것이어서 이는 강제추행치상죄에 있어서의 '상해'의 개념에 해당한다 할 것이다.
④ 甲이 자신의 차를 가로막는 A를 부딪히지는 않은 채 부딪칠 듯이 차를 조금씩 전진시키는 것을 반복하는 행위는 A에 대해 위법한 유형력을 행사한 것이라고 보아야 한다.

16

성범죄와 관련한 다음 설명으로 가장 적절하지 않은 것은? (다툼이 있는 경우 판례에 의함)

㉠ 준강도범 내지 준강도미수범은 성폭력범죄의 처벌 및 피해자보호 등에 관한 법률 제5조 제2항에 정하는 특수강도강제추행죄의 행위주체가 될 수 없다.
㉡ 강간죄가 성립하려면 가해자의 폭행·협박은 피해자의 항거를 불가능하게 하거나 현저히 곤란하게 할 정도의 것이어야 한다. 또한 강간죄에서의 폭행·협박과 간음 사이에는 인과관계가 있어야 하나, 폭행·협박이 반드시 간음행위보다 선행되어야 하는 것은 아니다.
㉢ 피고인이 알고 지내던 여성이 자신의 머리채를 잡아 폭행을 가하자 보복의 의미에서 여성의 입술, 귀, 유두, 가슴 등을 입으로 깨무는 등의 행위를 한 경우는 강제추행죄의 '추행'에 해당한다.
㉣ 성폭력범죄의 처벌 등에 관한 특례법 제10조의 '업무상 위력 등에 의한 추행죄'에서 '업무, 고용이나 그 밖의 관계로 인하여 자기의 보호, 감독을 받는 사람'에는 현재 채용되어 직장 안에서 보호 또는 감독을 받거나 사실상 보호 또는 감독을 받는 상황에 있는 사람을 의미하나 채용 절차에서 영향력의 범위 안에 있는 사람은 포함되지 않는다.
㉤ 甲이 아파트 놀이터의 의자에 앉아 전화통화를 하고 있던 A의 등 뒤로 몰래 다가가서 성기를 드러내고 A의 머리카락 및 옷 위에 소변을 본 경우, 甲의 행위가 A의 성적자기결정권을 침해하는 추행행위에 해당하기 위해서는 甲의 행위 당시 A가 이를 인식해야 한다.

① 0개　　② 1개
③ 2개　　④ 3개

17

다음 중 명예훼손죄에 관한 설명으로 옳고 그름의 표시(O, X)가 바르게 된 것은? (다툼이 있으면 판례에 의함)

㉠ 명예훼손죄의 공연성에 관하여 개별적으로 소수의 사람에게 사실을 적시하였더라도 그 상대방이 불특정 또는 다수인에게 적시된 사실을 전파할 가능성이 있는 때에는 공연성이 인정되고, 이른바 전파가능성 이론은 공연성에 관한 확립된 법리로 정착되었다.

㉡ 전파가능성 법리는 형법상 명예훼손죄의 공연성에 관하여 적용될 뿐 정보통신망 이용촉진 및 정보보호 등에 관한 법률(이하 '정보통신망법'이라 한다)상 정보통신망을 이용한 명예훼손이나 공직선거법상 후보자비방죄 등의 공연성 판단에는 동일하게 적용될 수 없다.

㉢ 대법원은 '특정의 개인이나 소수인에게 개인적 또는 사적으로 정보를 전달하는 것과 같은 행위는 공연하다고 할 수 없고, 다만 특정의 개인 또는 소수인이라고 하더라도 불특정 또는 다수인에게 전파 또는 유포될 개연성이 있는 경우라면 공연하다고 할 수 있다'고 판시하여 전파될 가능성에 대한 증명의 정도로 단순히 '개연성'이 아닌 '가능성'을 요구하였다.

㉣ 발언 이후 실제 전파되었는지 여부는 전파가능성 유무를 판단하는 고려요소가 될 수 있으나, 발언 후 실제 전파 여부라는 우연한 사정은 공연성 인정 여부를 판단함에 있어 소극적 사정으로만 고려되어야 한다.

㉤ 피고인이 '국방부유해발굴단 감식단장이 유해의 국적에 대해 다른 국적 가능성을 묵살하였다'는 내용의 인터넷 기사 댓글에 '위 기사의 제보자(피해자)는 현재 성희롱 등으로 검찰조사 받고 있다'는 댓글을 게시함으로써 공연히 사실을 적시하여 상관인 피해자의 명예를 훼손하였다는 상관명예훼손으로 기소된 경우, 군형법 제64조 제3항의 사실 적시 상관명예훼손죄에 형법 제310조를 유추적용할 수 있고 피고인의 행위가 진실한 사실로서 오로지 공공의 이익에 관한 때에 해당한다.

① ㉠ (O) ㉡ (X) ㉢ (X) ㉣ (X) ㉤ (O)
② ㉠ (O) ㉡ (X) ㉢ (X) ㉣ (O) ㉤ (O)
③ ㉠ (X) ㉡ (O) ㉢ (O) ㉣ (O) ㉤ (X)
④ ㉠ (X) ㉡ (X) ㉢ (X) ㉣ (O) ㉤ (O)

18

업무방해의 죄에 관한 설명으로 가장 적절하지 않은 것은? (다툼이 있는 경우 판례에 의함)

① 컴퓨터등업무방해죄가 성립하기 위해서는 가해행위의 결과 정보처리장치가 그 사용목적에 부합하는 기능을 하지 못하거나 사용목적과 다른 기능을 하는 등 정보처리의 장애가 현실적으로 발생하였을 것을 요한다.

② 학칙에 따라 입학에 관한 업무가 총장 甲의 권한에 속한다고 하더라도 그 중 면접업무가 면접위원 A에게 위임되었다면, 그 위임된 업무는 A의 독립된 업무에 속하므로 甲과의 관계에서도 업무방해죄의 객체인 타인의 업무에 해당한다.

③ 甲이 무자격자에 의해 개설된 의료기관에 고용된 의료인 A의 진료업무를 방해한 경우, A의 진료업무가 업무방해죄의 보호대상이 되는 업무에 해당하여 甲을 업무방해죄로 처벌하기 위해서는 의료기관의 개설·운영 형태, 해당 의료기관에서 이루어지는 진료의 내용과 방식, 甲의 행위로 인하여 방해되는 업무의 내용 등 사정을 종합적으로 고려하여 판단해야 한다.

④ 비록 다른 사람이 작성한 논문을 피고인 단독 혹은 공동으로 작성한 논문인 것처럼 학술지에 제출·발표한 논문연구실적, 부교수 승진심사 서류에 포함하여 제출하였다고 하더라도, 당해 논문을 제외한 다른 논문만으로도 부교수 승진요건을 월등히 충족하고 있었다면 위계에 의한 업무방해죄가 성립하지 않는다.

19
사생활 평온에 관한 죄의 설명으로 가장 적절한 것은? (다툼이 있는 경우 판례에 의함)

① 피고인이 '甲에게 100m 이내로 접근하지 말 것' 등을 명하는 법원의 접근금지가처분 결정이 있는 등 피고인이 甲을 방문하는 것을 甲이 싫어하는 것을 알고 있음에도 임의로 甲이 근무하는 사무실 안으로 들어간 경우, 사실상 평온상태가 침해된 것으로 볼 수 있으므로 건조물침입죄가 성립한다.

② 「형법」 제316조 제2항 소정의 전자기록등내용탐지죄의 객체인 '전자기록 등 특수매체기록'이 되기 위해서는 특정인의 의사가 표시되어야 하는바, 인터넷 계정 등에 접속하는 과정에서 입력하는 아이디 및 비밀번호 등 자체는 특정인의 의사를 표시한 것으로 보기 어려워 '전자기록 등 특수매체기록'이라 할 수 없다.

③ 「형법」 제316조 제2항 소정의 전자기록등내용탐지죄는 전자기록 등 특수매체기록에 해당하면 봉함 기타 비밀장치가 되어 있지 아니하더라도 이를 기술적 수단을 동원해서 알아냈다면 전자기록등내용탐지죄가 성립한다고 할 것이다.

④ 사용자가 제3자와 공동으로 관리·사용하는 공간을 사용자에 대한 쟁의행위를 이유로 관리자의 의사에 반하여 침입·점거한 경우, 그 공간의 점거가 사용자에 대한 관계에서 정당한 쟁의행위로 평가된다면 그 제3자의 추정적 승낙이 기대되므로 주거침입죄는 성립하지 않는다.

20
절도죄에 관한 다음 설명으로 적절하지 않은 것은 모두 몇 개인가? (다툼이 있으면 판례에 의함)

> ㉠ 권원 없이 타인의 토지 위에 식재한 감나무에서 감을 수확한 것은 절도죄에 해당한다.
> ㉡ 예식장의 축의금 접수대에서 접수인인 것처럼 행세하여 축의금을 교부받아 가로챈 행위는 절도죄가 성립한다.
> ㉢ 타인의 유선전화기를 무단으로 사용하여 전화통화를 한 경우 절도죄가 성립한다.
> ㉣ 피해자가 그 소유의 오토바이를 타고 심부름을 다녀오라고 하여서 甲이 그 오토바이를 타고 가다가 마음이 변하여 이를 반환하지 아니한 채 그대로 타고 가버렸다면 절도죄가 성립한다.
> ㉤ 명의대여 약정에 따라 종업원 甲의 명의로 음식점의 영업허가를 받고 사업자등록을 한 뒤 甲 명의의 영업허가증과 사업자등록증을 乙이 교부받아 보관하고 있던 중 甲이 이를 꺼내어 갔다면 절도죄에 해당한다.

① 1개 ② 2개
③ 3개 ④ 4개

21
재산범죄에 대한 설명이다. 가장 적절한 것은? (다툼이 있으면 판례에 의함)

① 예금주인 피고인이 제3자에게 편취당한 송금의뢰인으로부터 자신의 은행계좌에 계좌송금된 돈을 출금한 경우, 피고인이 은행에 대하여 예금반환을 청구함에 따라 은행이 수취인에게 그 예금을 지급하는 행위는 계좌이체금액 상당의 예금계약의 성립 및 그 예금채권 취득에 따른 것으로서 은행이 착오에 빠져 처분행위를 한 것이라고 볼 수 있으므로, 피고인은 은행을 피해자로 한 형법 제347조의 사기죄에 해당한다.

② 매장 주인 甲이 매장에 유실된 손님(피해자) 乙의 반지갑을 습득한 후 또 다른 손님인 丙에게 "이 지갑이 선생님 지갑이 맞느냐?"라고 묻자, 丙은 "내 것이 맞다"라고 대답한 후 이를 교부받아 가져간 경우, 이 반지갑은 갑이 새로운 점유를 취득하였으므로 병은 갑의 점유침탈로 보아 사기죄가 아니라 절도죄가 성립한다.

③ 보이스피싱범에 속은 송금의뢰인이 다른 사람의 예금계좌에 자금을 송금·이체한 경우, 계좌명의인에게 사기방조죄가 성립하지 않는 이상 송금의뢰인과 계좌명의인 사이에 송금·이체의 원인이 된 법률관계가 존재하지 않음에도 계좌명의인은 그와 같이 송금·이체된 돈에 대하여 송금의뢰인을 위하여 보관하는 지위에 있다고 보아야 하므로 계좌명의인이 송금·이체된 돈을 그대로 보관하지 않고 영득할 의사로 인출하면 송금의뢰인에 대한 횡령죄가 성립한다.

④ 갑은 토지의 소유자 을에게 토지거래허가 등에 필요한 서류라고 속여 근저당권설정계약서 등에 서명·날인하게 하고 인감증명서를 교부받은 다음, 이를 이용하여 을 소유 토지에 갑을 채무자로 한 근저당권을 병에게 설정하여 주고 돈을 차용하여 재산상 이익을 취득한 경우, 피해자인 을에게 그 소유 토지들에 근저당권 등을 설정하여 줄 의사가 없었고 또한 을의 처분행위도 없었으므로 사기죄가 성립하지 않는다.

22

횡령과 배임의 죄에 대한 설명 중 옳지 <u>않은</u> 것은 모두 몇 개인가? (다툼이 있는 경우 판례에 의함)

㉠ A가 착오로 甲의 통장계좌로 송금한 돈을 甲이 인출하여 임의로 사용한 경우, 甲은 그 송금된 돈을 보관하는 지위에 있다고 볼 수 없으므로 이를 영득할 의사로 인출하는 경우에도 횡령죄에 해당하지 아니한다.

㉡ 甲이 A에게 1억 원을 빌리면서 그 채무에 대한 담보로 자신의 부동산에 근저당권을 설정해주기로 약정하였음에도, 이후 B에게 자신의 부동산을 매도해버린 경우, 甲에게는 배임죄가 성립하지 아니한다.

㉢ 채무자 甲이 금전채무를 담보하기 위하여 그 소유의 동산을 채권자 A에게 양도담보로 제공하였음에도 甲이 채무변제 이전에 담보물을 임의로 처분한 경우, 甲에게는 A에 대한 횡령죄가 아니라 배임죄가 성립한다.

㉣ 매도인 甲이 자기 소유의 부동산을 매수인 A에게 매도하기로 약정하고 A로부터 계약금과 중도금을 지급받는 등 계약이 본격적으로 이행되는 단계에 이르렀음에도 그 부동산에 관한 소유권을 A에게 이전해주기 전에 B에게 처분하면서 소유권이전등기를 경료해 준 경우, 甲에게는 A에 대한 배임죄가 성립한다.

㉤ 甲이 자신이 알 수 없는 경위로 A의 특정 거래소 가상지갑에 들어있던 가상화폐를 甲 자신의 계좌로 이체받은 후 이를 자신의 다른 계정으로 이체한 경우, 甲에게는 A에 대한 배임죄가 성립하지 아니한다.

① 1개 ② 2개
③ 3개 ④ 4개

23

권리행사를 방해하는 죄에 관한 설명 중 가장 적절하지 <u>않은</u> 것은? (다툼이 있으면 판례에 의함)

① 甲이 이른바 중간생략등기형 명의신탁 또는 계약명의신탁의 방식으로 자신의 처에게 등기명의를 신탁하여 놓은 점포에 자물쇠를 채워 점포의 임차인을 출입하지 못하게 한 경우, 그 점포가 권리행사방해죄의 객체인 자기물건에 해당하지 않아 권리행사방해죄가 성립하지 않는다.

② 甲 종합건설회사가 유치권 행사를 위하여 점유하고 있던 주택에 피고인이 그 소유자인 처와 함께 출입문 용접을 해제하고 들어가 거주한 행위는, 유치권자인 甲 종합건설회사의 권리행사를 방해한 행위로써 권리행사방해죄가 성립한다.

③ 가압류 후에 목적물의 소유권을 취득한 제3취득자가 다른 사람에 대한 허위의 채무에 기하여 근저당권설정등기를 경료하였다면 강제집행면탈죄에 해당한다.

④ 피고인이 차량을 구입하면서 피해자로부터 차량 매수대금을 차용하고 담보로 차량에 피해자 명의의 저당권을 설정해 주었고, 그 이후 대부업자로부터 피고인이 돈을 차용하면서 차량을 대부업자에게 담보로 제공하여 이른바 '대포차'로 유통되게 한 행위는, 피해자의 권리의 목적이 된 피고인의 물건을 은닉한 것으로서 권리행사방해죄가 성립한다.

24

다음 사례에 관한 설명 중 가장 적절하지 <u>않은</u> 것은? (다툼이 있으면 판례에 의함)

① 甲이 보이스피싱 사기 범죄단체에 가입한 후 사기범죄의 피해자인 乙로부터 돈을 편취한 경우, 甲의 범죄단체 가입 후 구성원으로서 활동하는 행위와 乙에 대한 사기행위는 각각 별개의 범죄구성요건을 충족하는 독립된 행위이고 서로 보호법익도 달라 법조경합 관계로 목적된 범죄인 사기죄만 성립하는 것은 아니다.

② 甲이 공항 여객터미널 버스정류장 앞 도로 중 공항리무진 버스 외의 다른 차의 주차가 금지된 구역에서 자신의 차량을 40분간 불법주차하고 호객행위를 한 경우, 甲의 행위는 다른 차량들의 통행을 불가능하거나 현저히 곤란하게 한 것으로서 「형법」 제185조의 일반교통방해죄가 성립한다.

③ 자신의 신용력을 증명하기 위하여 타인에게 보일 목적으로 통화를 위조한 경우에는 '행사할 목적'이 있다고 할 수 없으므로 「형법」 제207조 통화위조죄가 성립하지 않는다.

④ 피고인이 온라인 구매사이트에서 검찰 업무표장 아래 자신의 전화번호, 자신의 차량번호, '공무수행'이라고 표시한 표지판을 각각 1개씩 주문하여 배송받은 다음 이를 자신의 승용차에 부착하고 다닌 경우, 일반인들이 위 각 표지판이 부착된 차량을 '검찰 공무수행 차량'으로 오인할 수 있다고 해도 공기호위조와 위조공기호행사가 성립하지 않는다.

25

문서의 죄에 관한 설명 중 옳은 것을 모두 고른 것은?
(다툼이 있는 경우 판례에 의함)

㉠ 주식회사의 대표이사로부터 포괄적인 권한 행사를 위임받은 사람은 주식회사 명의의 문서 작성에 관하여 개별적·구체적으로 위임 또는 승낙을 받지 않더라도 주식회사 명의로 문서를 작성할 수 있으므로, 이를 두고 자격모용사문서작성 또는 위조에 해당하는 것으로 볼 수는 없다.

㉡ 위조사문서의 행사는 상대방으로 하여금 위조된 문서를 인식 할 수 있는 상태에 둠으로써 기수가 되고 상대방이 실제로 그 내용을 인식하여야 하는 것은 아니므로, 위조된 문서를 우송한 경우에는 그 문서가 상대방에게 도달한 때에 기수가 되고 상대방이 실제로 그 문서를 보아야 하는 것은 아니다.

㉢ 공문서의 작성권한이 있는 A의 직무를 보좌하는 공무원 甲이 비공무원 乙과 공모하여 행사할 목적으로 허위의 내용이 기재된 문서 초안을 그 정을 모르는 A에게 제출하여 결재 하도록 하는 방법으로 허위의 공문서를 작성하게 한 경우, 甲은 허위공문서작성죄의 간접정범이 될 수 있지만 공무원의 신분이 없는 乙은 간접정범의 공범이 될 수 없다.

㉣ 주식회사의 발기인 등이 법령에 정한 회사설립의 요건과 절차에 따라 회사설립등기를 함으로써 회사가 성립하였다고 볼 수 있는 경우, 회사를 설립할 당시 회사를 실제로 운영할 의사 없이 회사를 이용한 범죄 의도나 목적이 있었다는 이유만으로는 공정증서원본 불실기재죄에서 말하는 불실의 사실을 법인등기부에 기록하게 한 것으로 볼 수 없다.

㉤ 피고인들이 갑 등과 공모하여, 부동산등기법 제49조 제3항, 제2항에서 정한 확인서면의 등기의무자 란에 등기의무자 을 대신 갑이 우무인을 날인하는 방법으로 사문서인 을 명의의 확인서면을 위조한 다음 법무사를 통해 이를 교부받았다면 사문서인 확인서면의 위조에 해당한다고 볼 수 있다.

① ㉠, ㉡
② ㉠, ㉢
③ ㉡, ㉣
④ ㉣, ㉤

26

도박의 죄에 관한 설명 중 옳은 것은 모두 몇 개인가?
(다툼이 있는 경우 판례에 의함)

㉠ 영리의 목적으로 속칭 포커나 고스톱 등의 인터넷 도박게임 사이트를 개설하여 운영하는 경우, 게임 이용자들이 위 도박게임 사이트에 접속하여 실제로 도박이 행하여진 때에 도박개장죄는 기수에 이른다.

㉡ 사기도박의 경우 도박에서의 우연성이 결여되어 사기죄만 성립하고, 사기도박에 필요한 준비를 갖추고 그러한 의도로 피해자들에게 도박에 참가하도록 권유한 때 또는 늦어도 그 정을 알지 못하는 피해자들이 도박에 참가한 때 실행의 착수가 인정된다.

㉢ 상습도박죄에 있어서의 상습성이라 함은 반복하여 도박행위를 하는 습벽으로서 행위자의 속성을 말하는데, 이러한 습벽의 유무를 판단함에 있어서는 도박의 전과나 도박횟수 등이 중요한 판단자료가 되나, 도박전과가 없다 하더라도 도박의 성질과 방법, 도금의 규모, 도박에 가담하게 된 태양 등의 제반 사정을 참작하여 도박의 습벽이 인정되는 경우에는 상습성을 인정할 수 있다.

㉣ 도박행위가 공갈죄의 수단이 된 경우, 공갈죄와 도박죄는 그 구성요건과 보호법익을 달리하고 있고, 공갈죄의 성립에 일반적·전형적으로 도박행위를 수반하는 것은 아니기에 공갈죄와 별도로 도박죄가 성립한다.

㉤ 당사자의 일방이 사기의 수단으로 승패의 수를 지배하는 사기도박을 한 경우 상대방을 기망한 자에 대해서는 사기죄만 성립하고 도박죄는 성립하지 않지만 기망을 당한 자의 경우에는 편면적 대향범과 마찬가지로 도박죄가 성립한다.

① 1개
② 2개
③ 3개
④ 4개

27

뇌물죄에 대한 설명으로 가장 적절하지 않은 것은?(다툼이 있는 경우에는 판례에 의함)

① 수뢰자가 자기앞수표를 뇌물로 받아 이를 소비한 후 자기앞수표 상당액을 증뢰자에게 반환하였다 하더라도 뇌물 그 자체를 반환한 것은 아니므로 이를 몰수할 수 없고 수뢰자로부터 그 가액을 추징하여야 할 것이다.
② 뇌물공여죄가 성립되기 위하여서는 뇌물을 공여하는 행위와 상대방측에서 금전적으로 가치가 있는 그 물품 등을 받아들이는 행위가 필요할 뿐이지 반드시 상대방측에서 뇌물수수죄가 성립되어야만 한다는 것을 뜻하는 것은 아니다.
③ 뇌물죄는 직무에 관한 청탁이나 부정한 행위를 필요로 하는 것은 아니기 때문에 수수된 금품의 뇌물성을 인정하는 데 특별한 청탁이 있어야만 하는 것은 아니고, 또한 금품이 직무에 관하여 수수된 것으로 족하고 개개의 직무행위와 대가적 관계에 있을 필요는 없으며, 그 직무행위가 특정된 것일 필요도 없다.
④ 증뢰물전달죄에서 제3자가 그 교부받은 금품을 수뢰할 사람에게 전달한 경우에는 증뢰물전달죄 외에 별도로 뇌물공여죄가 성립한다.

28

무고죄에 관한 설명으로 옳지 않은 것을 모두 고른 것은?(다툼이 있는 경우 판례에 의함)

> ㉠ 무고죄에 있어 타인은 자연인은 물론 법인도 포함하므로 특정되지 않은 이름을 알 수 없는 사람(성명불상자)에 대한 무고죄는 성립한다.
> ㉡ 성폭행 등의 피해를 입었다는 신고사실에 관하여 불기소처분 내지 무죄판결이 내려졌다고 하여, 그 자체를 무고를 하였다는 적극적인 근거로 삼아 신고내용을 허위라고 단정하여서는 아니 된다.
> ㉢ 신고자가 알고 있는 객관적인 사실관계에 의하더라도 신고사실이 허위라거나 또는 허위일 가능성이 있다는 인식을 하지 못하였다면 무고의 고의를 부정할 수 있다.
> ㉣ 공동피고인 중 1인이 타 범죄로 조사를 받는 과정에서 사법경찰관의 신문에 따라 다른 공동피고인의 범죄사실을 진술한 경우에 위 진술내용이 허위라면 이는 무고에 해당한다.
> ㉤ 피고인 자신이 상대방의 범행에 가담하였음에도 자신의 가담사실을 숨기고 상대방만을 고소한 경우에 무고죄가 성립한다.

① ㉠, ㉢ ② ㉠, ㉣
③ ㉣, ㉤ ④ ㉠, ㉣, ㉤

29

「검사와 사법경찰관의 상호협력과 일반적 수사준칙에 관한 규정」에 따른 보완수사와 관련한 설명 중 적절하지 않은 것은 모두 몇 개인가?

> ㉠ 검사는 사법경찰관으로부터 송치받은 사건에 대해 보완수사가 필요하다고 인정하는 경우에는 직접 보완수사를 하거나 사법경찰관에게 보완수사를 요구할 수 있다.
> ㉡ 검사는 송치사건의 공소제기 여부 결정에 필요한 경우로서 직접 수사한 사건, 송치요구한 사건, 사전 협의 후 송치받은 사건에 해당하는 경우에는 사법경찰관에게 보완수사 요구하는 것을 원칙으로 한다.
> ㉢ 검사는 보완수사요구 여부를 판단하는 경우 필요한 보완수사의 정도, 수사 진행 기간, 구체적 사건의 성격에 따른 수사 주체의 적합성 및 검사와 사법경찰관의 상호 존중과 협력의 취지 등을 종합적으로 고려한다.
> ㉣ 검사는 송치사건의 공소제기 여부 결정 또는 공소의 유지에 관하여 필요한 경우와 사법경찰관이 신청한 영장의 청구 여부 결정에 관하여 필요한 경우에 보완수사를 요구할 때에는 그 이유와 내용 등을 구체적으로 적은 서면과 관계 서류 및 증거물을 사법경찰관에게 함께 송부해야 한다.
> ㉤ 사법경찰관은 보완수사를 이행한 경우에는 그 이행 결과를 검사에게 서면 또는 구술로 통보해야 하며, 검사로부터 보완수사를 요구받으면서 관계 서류와 증거물을 송부받은 경우에는 그 서류와 증거물을 함께 반환해야 한다.

① 0개 ② 1개
③ 2개 ④ 3개

30

친고죄와 반의사불벌죄의 형사절차에 대한 다음 설명 중 옳지 <u>않은</u> 것만을 고른 것은 모두 몇 개인가?
(다툼이 있는 경우 판례에 의함)

㉠ 플랜트제조업 등을 영위하는 상위 수급인 甲으로부터 시설공사를 하도급받은 직상 수급인 乙과 위 시설공사를 재하도급받은 하수급인 丙이 있는 도급 사업 관계에서, 丙이 시설공사의 생산직원으로 근무하다 퇴직한 근로자인 A에 대한 임금을 체불함으로써 甲·乙·丙이 근로기준법위반으로 기소된 사안에서, A가 제1심판결 선고 전에 甲에 대한 처벌을 희망하지 아니하는 의사표시를 하였다면 乙과 丙에 대한 처벌을 희망하지 아니하는 의사표시도 포함된 것이다.
㉡ 고소능력은 피해를 입은 사실을 이해하고 고소에 따른 사회생활상의 이해관계를 알아차릴 수 있는 사실상의 의사능력으로 충분하지만, 민법상 행위능력이 없는 사람은 위와 같은 능력을 갖추었더라도 고소능력이 인정되지 않는다.
㉢ 피해자가 피고인의 처벌을 구하는 의사를 철회한다는 의사로 합의서를 제1심법원에 제출한 경우, 그 후 피해자가 제1심법원에 증인으로 출석하여 위 합의를 취소하고 다시 피고인의 처벌을 원한다는 진술을 함으로써 고소취소를 철회하는 의사표시를 하였다고 하여도 그것은 아무런 효력이 없다.
㉣ 친고죄의 공범 중 공범자 1인에 대하여 제1심 판결이 선고된 후에 제1심 판결 선고 전의 다른 공범자에 대하여 고소를 취소할 수 있다.
㉤ 정보통신망을 통한 명예훼손죄의 공범 중 1인에 대한 고소취소의 효력은 다른 공범에 대해서도 미친다.

① 1개 ② 2개
③ 3개 ④ 4개

31

체포에 관한 설명 중 옳은 것은 모두 몇 개인가?(다툼이 있으면 판례에 의함)

㉠ 체포영장을 청구받은 지방법원판사는 피의자가 죄를 범하였다고 의심할 만한 이유가 있는 경우에 체포의 사유를 판단하기 위하여 피의자를 구인한 후 심문할 수 있다.
㉡ 경찰관들이 체포를 위한 실력행사에 나아가기 전에 체포영장을 제시하고 미란다원칙을 고지할 여유가 있었음에도 애초부터 미란다원칙을 체포 후에 고지할 생각으로 먼저 체포행위에 나서자 피고인이 이에 저항하다가 경찰관들에게 상해를 가했다면 이는 정당방위에 해당한다.
㉢ 사법경찰관이 피의자를 긴급체포 후 구속영장을 신청하지 않고 석방하는 경우 30일 이내에 검사에게 보고하여야 한다.
㉣ 사법경찰관이 피고인을 수사관서까지 임의동행한 것이 사실상 강제연행에 해당한다 하여도 피고인을 동행할 당시에 물리력을 행사한 바가 없고, 피고인이 명시적으로 거부의사를 표명한 적이 없으며, 사법경찰관이 그로부터 6시간이 경과한 후 피고인에 대하여 긴급체포 절차를 밟았다면 그와 같은 긴급체포는 적법하다.
㉤ 현행범인으로 체포하기 위하여는 행위의 가벌성, 범죄의 현행성과 시간적 접착성, 범인·범죄의 명백성이 있으면 족하고 그 외에 도망 또는 증거인멸의 염려가 있어야 하는 것은 아니다.

① 0개 ② 1개
③ 2개 ④ 3개

32

구속에 관한 설명으로 옳고 그름의 표시(O, X)가 바르게 된 것은? (다툼이 있는 경우 판례에 의함)

> ㉠ 수사기관의 청구에 의하여 발부하는 구속영장은 허가장으로서의 성질을 가지며, 법원이 직권으로 발부하는 영장은 명령장으로서의 성질을 가진다.
>
> ㉡ 구속기간이 만료될 무렵에 종전 구속영장에 기재된 범죄사실과 다른 범죄사실로 다시 구속영장을 집행하는 것은 위법하다.
>
> ㉢ 구속영장 발부에 의하여 적법하게 구금된 피의자가 피의자신문을 위한 출석요구에 응하지 아니하면서 수사기관 조사실에 출석을 거부한다면 수사기관은 그 구속영장의 효력에 의하여 피의자를 조사실로 구인할 수 있으며, 이에 따른 피의자신문의 절차도 강제수사의 한 방법으로 진행되지 않을 수 없으므로 이 경우 피의자는 수사기관의 질문에 대하여 진술을 거부할 수 없다.
>
> ㉣ 구속 전 피의자심문을 하는 경우 법원이 구속영장청구서·수사관계 서류 및 증거물을 접수한 날부터 구속영장을 발부하여 검찰청에 반환한 날까지의 기간은 사법경찰관및 검사의 피의자 구속기간에 산입하지 아니한다.
>
> ㉤ 피의자에 대한 심문절차는 공개하지 아니하지만, 판사는 상당하다고 인정하는 경우에는 일반인의 방청을 허가할 수 있다.

① ㉠(X) ㉡(X) ㉢(O) ㉣(X) ㉤(X)
② ㉠(O) ㉡(X) ㉢(O) ㉣(O) ㉤(O)
③ ㉠(O) ㉡(O) ㉢(X) ㉣(O) ㉤(O)
④ ㉠(O) ㉡(X) ㉢(X) ㉣(O) ㉤(X)

33

압수·수색에 관한 다음 설명으로 옳은 것만을 고른 것은 모두 몇 개인가?(다툼이 있는 경우 판례에 의함)

> ㉠ 수사기관이 압수·수색영장을 제시하고 집행에 착수하여 압수·수색을 실시하고 그 집행을 종료하였다면 이미 그 영장은 목적을 달성하여 효력이 상실되는 것이나, 동일한 장소 또는 목적물에 대하여 다시 압수·수색할 필요가 있는 경우에 앞서 발부받은 압수·수색영장의 유효기간이 남아있다면 이를 제시하고 다시 압수·수색을 할 수 있다.
>
> ㉡ 임의제출된 정보저장매체에서 압수의 대상이 되는 전자정보의 범위를 넘어서는 전자정보에 대해 수사기관이 영장없이 압수 수색하여 취득한 증거는 위법수집증거에 해당하고, 사후에 법원으로부터 영장이 발부되었다거나 피고인이나 변호인이 이를 증거로 함에 동의하였다고 하여 그 위법성이 치유되는 것도 아니다.
>
> ㉢ 수사기관이 정보저장매체에 기억된 정보 중에서 키워드 또는 확장자 검색 등을 통해 범죄 혐의사실과 관련 있는 정보를 선별한 다음 정보저장매체와 동일하게 비트열 방식으로 복제하여 생성한 파일을 제출받아 압수하였다면 이로써 압수의 목적물에 대한 압수·수색 절차는 종료된 것이므로, 수사기관이 수사기관 사무실에서 위와 같이 압수된 파일을 탐색·복제·출력하는 과정에서도 피의자 등에게 참여의 기회를 보장하여야 하는 것은 아니다.
>
> ㉣ 피의자의 이메일 계정에 대한 접근권한에 갈음하여 발부받은 압수 수색영장의 효력은 대한민국의 사법관할권이 미치지 아니하는 해외 이메일 서비스 제공자의 해외서버 및 그 해외서버에 소재하는 저장매체 속 피의자의 전자정보에 대하여까지 미치지는 않는다.
>
> ㉤ 전자정보에 대한 압수 수색영장을 집행할 때에는 원칙적으로 영장 발부의 사유인 혐의사실과 관련된 부분만을 문서출력물로 수집하거나 수사기관이 휴대한 저장매체에 해당파일을 복사하는 방식으로 이루어져야 하지만, 집행현장 사정상 이러한 방식에 의한 집행이 현저히 곤란한 부득이한 사정이 존재하는 경우에는 영장에의 기재 여부와 상관없이 저장매체 자체를 직접 혹은 하드카피나 이미징 등 형태로 수사기관 사무실 등 외부로 반출하여 해당 파일을 압수·수색할 수 있다.

① 1개   ② 2개
③ 3개   ④ 4개

34

영장 없는 압수·수색·검증에 관한 설명 중 옳지 않은 것은? (다툼이 있는 경우 판례에 의함)

① 체포영장이 발부된 피의자를 체포하기 위하여 경찰관이 타인의 주거 등을 수색하는 경우에는 그 피의자가 그 장소에 소재할 개연성이외에도 별도로 사전에 수색영장을 발부받기 어려운 긴급한 사정이 있는 경우에만 제한적으로 이루어져야 한다.
② 음주운전 중 교통사고를 야기하고 의식불명 상태에 빠져 병원응급실에 후송된 피의자의 신체 내지 의복류에 주취로 인한 냄새가 강하게 나고, 교통사고 발생 시각으로부터 사회통념상 범행 직후라고 볼 수 있는 시간 내라면 경찰관은 의료진에게 요청하여 피의자의 혈액을 채취하도록 하여 압수할 수 있다.
③ 경찰관이 음주운전과 관련한 도로교통법 위반죄의 수사를 목적으로 미성년자인 피의자의 혈액을 채취해야 할 경우, 피의자에게 의사능력이 있다면 피의자 본인의 동의를 받아서 하면 되고, 별도로 법정대리인의 동의를 받을 필요는 없다.
④ 현행범 체포 시 임의제출물 압수의 경우에는 그 압수물이 형사소송법 제218조에 따라 실제로 임의제출된 것인지에 관하여 다툼이 있을 때에는 임의제출의 임의성을 의심할 만한 합리적이고 구체적인 사실을 검사가 증명할 것이 아니라 피고인이 그 임의성의 의문점을 없애는 증명을 해야 한다.

35

자백배제법칙에 대한 설명으로 가장 적절하지 않은 것은?(다툼이 있는 경우 판례에 의함)

① 일정한 증거가 발견되면 피의자가 자백하겠다고 한 약속이 검사의 강요나 위계에 의하여 이루어졌다던가 또는 불기소나 경한 죄의 소추등 이익과 교환조건으로 된 것으로 인정되지 않는다면 위와 같은 자백의 약속하에 된 자백이라 하여 곧 임의성 없는 자백이라고 단정할 수는 없다.
② 피고인이 수사기관에서 가혹행위 등으로 인하여 임의성 없는 자백을 하고, 그 후 법정에서도 임의성 없는 심리상태가 계속되어 동일한 내용의 자백을 하였다면 법정에서의 자백도 임의성 없는 자백이라고 보아야 한다.
③ 임의성 없는 진술의 증거능력을 부정하는 취지는, 허위진술을 유발 또는 강요할 위험성이 있는 상태하에서 행하여진 진술은 그 자체가 실체적 진실에 부합하지 아니하여 오판을 일으킬 소지가 있을 뿐만 아니라 그 진위를 떠나서 진술자의 기본적 인권을 침해하는 위법·부당한 압박이 가하여지는 것을 사전에 막기 위한 것이므로, 그 임의성에 다툼이 있을 때에는 피고인이 그 임의성의 의문점을 없애는 증명을 하여야 한다.
④ 검찰에서의 피고인의 자백이 임의성이 있어 그 증거능력이 부여된다 하여 자백의 진실성과 신빙성까지도 당연히 인정되어야 하는 것은 아니다.

36

피의자신문조서에 대한 다음 설명 중 적절하지 않은 것은 모두 몇 개인가?

> ㉠ 당해 피고인과 공범관계에 있는 공동피고인에 대한 검사 이외의 수사기관이 작성한 피의자신문조서는 그 공동피고인이 내용을 인정하면 당해 피고인에 대하여 증거능력이 인정된다.
> ㉡ 당해 피고인(갑)과 공범관계가 있는 다른 피의자(을)에 대한 검사 이외의 수사기관 작성의 피의자신문조서는 을의 법정진술에 의하여 그 성립의 진정이 인정되는 등 제312조 제4항의 요건을 갖추더라도 갑이 공판기일에서 그 조서의 내용을 부인하면 이를 유죄인정의 증거로 사용할 수 없다.
> ㉢ 사법경찰관이 작성한 당해 피고인과 공범자인 공동피고인에 대한 피의자신문조서도 제314조를 적용하여 그 예외를 인정할 수 있다.
> ㉣ 조세범칙조사를 담당하는 세무공무원이 피고인이 된 혐의자 또는 참고인에 대하여 심문한 내용을 기재한 조서가 증거능력이 인정되기 위해서는 검사·사법경찰관 등 수사기관이 작성한 조서와 동일하게 볼 수 없으므로 검사·사법경찰관이 작성한 피의자신문조서와 마찬가지로 형사소송법 제312조 제3항의 증거능력요건을 갖추어야 한다.

① 1개 ② 2개
③ 3개 ④ 4개

37

전문증거에 관한 설명으로 옳은 것은 모두 몇 개인가? (다툼이 있는 경우 판례에 의함)

㉠ 어떤 진술이 기재된 서류가 그 내용의 진실성이 범죄사실에 대한 직접증거로 사용될 때는 전문증거가 되지만, 그와 같은 진술을 하였다는 것 자체 또는 진술의 진실성과 관계없는 간접사실에 대한 정황증거로 사용될 때는 반드시 전문증거가 되는 것이 아니다.

㉡ 「형사소송법」 제312조 제1항은 검사가 작성한 피의자신문조서는 공판준비, 공판기일에 그 피의자였던 피고인 또는 변호인이 그 내용을 인정할 때에 한정하여 증거로 할 수 있다고 규정하고 있다. 여기서 '그 내용을 인정할 때'라 함은 피의자신문조서의 기재 내용이 진술 내용대로 기재되어 있다는 의미가 아니고 그와 같이 진술한 내용이 실제 사실과 부합한다는 것을 의미한다.

㉢ 피고인이 자신과 공범관계에 있는 다른 피고인이나 피의자에 대하여 검사가 작성한 피의자 신문조서의 내용을 부인하는 경우에는 「형사소송법」 제312조 제1항이 적용되지 아니하므로 이를 유죄의 증거로 쓸 수 있다.

㉣ 양벌규정의 종업원과 사업주는 형사증거법상 공범 내지 이에 준하는 관계에 있다고 보아, 사망한 종업원에 대한 경찰 피의자신문조서는 형사소송법 제312조 제3항 소정의 '검사 이외의 수사기관이 작성한 피의자신문조서'에 해당하므로, 같은 법 제314조에 기초하여 위 경찰 피의자신문조서의 증거능력을 인정할 수 없다.

㉤ 재전문진술이나 재전문진술을 기재한 조서에 대하여는 달리 그 증거능력을 인정하는 규정을 두고 있지 아니하므로, 피고인이 증거로 하는 데 동의하더라도 「형사소송법」 제310조의2의 규정에 의하여 이를 증거로 할 수 없다.

① 1개 ② 2개
③ 3개 ④ 4개

38

영상녹화물의 증거능력에 관한 다음 설명으로 옳지 않은 것은 모두 몇 개인가? (다툼이 있으면 판례에 의함)

㉠ 검사 또는 사법경찰관이 피고인이 아닌 자를 조사하는 과정에서 형사소송법 제221조 제1항에 따라 제작한 영상녹화물은, 다른 법률에서 달리 규정하고 있는 등의 특별한 사정이 없는 한 공소사실을 직접 증명할 수 있는 독립적인 증거로 사용할 수 없다.

㉡ 영상녹화물이 형사소송법 제312조 제4항에 의하여 검사 또는 사법경찰관이 피고인이 아닌 자의 진술을 기재한 조서에 대한 실질적 진정성립을 증명하는 수단으로 사용될 때에도 그 영상녹화물은 형사소송법 및 형사소송규칙에 규정된 방식과 절차에 따라 제작되어야 한다.

㉢ 수사기관이 아닌 자가 수사과정에서 피고인이 아닌 자의 진술을 녹화한 영상녹화물의 증거능력도 엄격하게 제한할 필요가 있다.

㉣ 검사가 피고인들의 성폭력범죄의 처벌 등에 관한 특례법 위반(친족관계에의한강간) 등 혐의를 수사하면서 아동인 피해자의 진술 내용에 대하여 대검찰청 과학수사부 소속 진술분석관에게 분석을 의뢰하였고, 이에 따라 진술분석관이 피해자를 면담하고 그 내용을 녹화한 '피해자 진술분석 과정 영상녹화 CD'(영상녹화물)가 제작되어 증거로 제출된 경우, 이 사건 영상녹화물은 수사과정 외에서 작성된 것이라고 볼 수 있으므로 형사소송법 제313조 제1항에 따라 증거능력을 인정할 수 있다.

㉤ 대검찰청 소속 진술분석관이 피고인들의 「성폭력범죄의 처벌 등에 관한 특례법」 위반(친족관계에의한강간)등 혐의에 대한 수사과정에서 검사로부터 「성폭력범죄의 처벌 등에 관한 특례법」 제33조에 따라 피해자 진술의 신빙성 여부에 대한 의견조회를 받아 자신이 피해자를 면담하는 내용을 녹화하였고, 검사가 위 영상녹화물을 법원에 증거로 제출한 경우, 이 사건 영상녹화물은 수사기관이 작성한 피의자신문조서나 피고인이 아닌 자의 진술을 기재한 조서가 아니고, 피고인 또는 피고인이 아닌 자가 작성한 진술서도 아니므로 형사소송법 제312조에 의하여 증거능력을 인정할 수도 없다.

① 0개 ② 1개
③ 2개 ④ 3개

39

증거능력에 관한 다음 설명 중 가장 옳지 않은 것은? (다툼이 있는 경우 판례에 의함)

① 제1심에서 간이공판절차에 의하여 상당하다고 인정하는 방법으로 증거조사를 한 이상, 피고인이 항소심에 이르러 범행을 부인하였다고 하더라도 제1심에서 이미 증거능력이 있었던 증거는 항소심에서도 증거능력이 그대로 유지된다.

② 경찰이 피고인 아닌 제3자를 사실상 강제연행하여 불법체포한 상태에서 위 제3자를 처벌하기 위하여 그로부터 자술서를 받은 경우 위 자술서는 위법수사로 얻은 진술증거에 해당하여 증거능력이 없고, 이는 위 제3자가 아닌 피고인에 대한 증거로도 삼을 수 없다.

③ 수사기관이 피고인이 2018. 5.경 피해자 甲(여, 10세)에 대하여 저지른 간음유인미수 및 통신매체이용음란 범행과 관련하여 압수·수색영장을 받아 피고인의 휴대전화를 압수하였는데, 이에 대한 디지털정보 분석 결과 피고인이 2017. 12.경부터 2018. 4.경까지 사이에 다른 피해자 乙(여, 12세), 丙(여, 10세) 등에 대하여 저지른 간음유인, 미성년자의제강간, 통신매체이용음란 등 범행에 관한 추가 자료들이 획득된 경우, 위 추가 자료들은 피고인의 乙, 丙 등에 대한 범행에 관하여 유죄 인정의 증거로 사용할 수 있다.

④ 제3자가 피고인으로부터 건축허가 담당 공무원이 외국연수를 가므로 사례비를 주어야 한다는 말을 들었다는 취지로한 진술은 피고인에 대한 알선수재죄에 있어 전문증거에 해당하므로 피고인의 부동의에도 불구하고 증거능력이 인정되기 위해서는 형사소송법 제311조 내지 제316조에서 정한 사유가 인정되어야 한다.

40

다음 사례에 대한 설명으로 적절하지 않은 것은 모두 몇 개인가?(다툼이 있는 경우 판례에 의함)

甲은 乙과 자신의 부유한 삼촌 A의 집에 있는 금괴를 훔치기로 공모하였다. 다음날 01:00시 경 甲은 A의 집 담장에서 망을 보고, 乙은 담장을 넘어 거실 창문을 열고 안으로 들어가 금괴를 가지고 나오다가 A에게 발각되었고, 그 순간 A는 담장에서 뛰어가는 甲의 뒷모습도 보게 되었다. A는 사법경찰관에게 甲과 乙을 신고하였으며, 수사를 받던 중 乙은 변호사 L을 선임하였다. 이후 검사는 甲과 乙을 기소하였다.

㉠ 乙의 절도 목적이 인정되지 않는다면 乙은 야간에 주거에 침입하였으므로 특수주거침입죄가 성립하지 않는다.

㉡ 사법경찰관이 작성한 甲에 대한 피의자신문조서를 甲이 법정에서 진정성립 및 내용을 인정하더라도 乙이 공판기일에서 그 조서의 내용을 부인하면 이를 乙에 대한 유죄인정의 증거로 사용할 수 없다.

㉢ 공동피고인 甲과 乙은 수사기관에서 계속 혐의를 부인하다가 乙이 공판정에서 자백한 경우, 甲의 반대신문권이 보장되어 있으므로 乙의 자백은 별도의 보강증거 필요없이 甲에 대한 유죄의 증거능력이 인정된다.

㉣ A는 甲과 乙 모두를 처벌해달라고 하였으나 항소심 중에 甲에 대해서만 고소를 취소한 경우, 법원은 甲과 乙에 대하여 모두 실체판결을 하여야 한다.

① 없음　　　　② 1개
③ 2개　　　　④ 3개

24년 경찰공무원(순경) 채용시험

임종희 경찰형사법
파이널 모의고사

제 2회

! 응시자 유의사항

응시자는 반드시 기재된 과목명에 맞게 표기하여야 하며, 과목을 바꾸어 표기한 경우에도 상단에 기재된 과목 순서대로 채점되므로 유의하시기 바랍니다.

※ 시험이 시작되기 전까지 표지를 넘기지 마시오.

01

다음 중 죄형법정주의에 관한 설명으로 옳은 것은 모두 몇 개인가? (다툼이 있는 경우 판례에 의함)

> ㉠ 피고인이 절도 범행하면서 택시 운전석 창문을 파손하는 데 사용한 이 사건 드라이버가 특별히 개조된 바는 없는 일반적인 드라이버와 동일한 것인데 형법 제331조 제2항 특수절도죄의 흉기에 포함된다고 해석하는 것은 유추해석 금지의 원칙에 반한다.
>
> ㉡ 특정범죄 가중처벌 등에 관한 법률(특정범죄가중법) 제5조의10 제2항은 운전자에 대한 폭행·협박으로 인하여 교통사고의 발생 등과 같은 구체적 위험을 초래하는 중간 매개원인이 유발되고 그 결과로써 불특정 다중에게 상해나 사망의 결과를 발생시킨 경우에만 적용될 수 있을 뿐, 교통사고 등의 발생 없이 직접적으로 운전자에 대한 상해의 결과만을 발생시킨 경우에는 적용되지 아니한다.
>
> ㉢ 구「어선법 시행규칙」에서 어선검사증서에 기재할 사항을 구체적으로 규정하면서 기재할 사항에 총톤수를 포함시킨 것은 법의 위임에 따른 것으로서 위임입법의 한계를 벗어났다고 보기 어렵다.
>
> ㉣ 유기징역형에 대한 임의적 감경을 할 때에는, 형법 제55조 제1항 제3호에서 정한 것과 같이 장기와 단기를 모두 2분의1로 감경하는 것 외에 장기 또는 단기 중 어느 하나만을 2분의 1로 감경하거나 2분의 1보다 넓은 범위의 감경을 하더라도 죄형법정주의에 반하지 않는다.
>
> ㉤ 구「도시 및 주거환경정비법(도정법)」 제69조 제1항 제6호에서 정한 "관리처분계획의 수립"에 경미한 사항이 아닌 관리처분계획의 주요 부분을 실질적으로 변경하는 것이 포함된다고 해석하는 것은 명확성의 원칙에 위반된다.

① 1개 ② 2개
③ 3개 ④ 4개

02

형법의 적용범위 및 형사책임에 대한 설명으로 적절하지 않은 것은 모두 몇 개인가?
(다툼이 있는 경우 판례에 의함)

> ㉠ 포괄일죄로 되는 개개의 범죄행위가 법 개정의 전후에 걸쳐서 행하여진 경우에는 신·구법의 법정형에 대한 경중을 비교하여 신법과 구법 중 경한 법률을 적용하여야 한다.
>
> ㉡ 처벌규정 시행 전에 금전소비대차약정을 체결하였더라도 처벌규정 시행 이후에 발생되는 이자에 관하여 구 이자제한법 제2조 제1항에서 정한 제한이자율을 초과하는 이자를 받았다면 처벌규정에 따라 처벌된다.
>
> ㉢ 범죄 후 법률의 변경에 의하여 신법의 형이 구법보다 경한 경우에도 공소시효기간의 기준은 행위시법인 구법의 법정형이 된다.
>
> ㉣ 형사사건으로 외국 법원에 기소되었다가 무죄판결을 받은 사람은, 설령 그가 무죄판결을 받기까지 상당 기간 미결구금되었더라도 이를 유죄판결에 의하여 형이 실제로 집행된 것으로 볼 수는 없으므로, 그 미결구금 기간은 형법 제7조에 의한 산입의 대상이 될 수 없다.
>
> ㉤ 정보통신망법과 영화비디오법상 양벌규정 중 법인의 대표자 관련 부분은 대표자의 책임을 요건으로 하여 법인을 처벌하는 것이므로 그 대표자의 처벌까지 전제조건이 되는 것이다.

① 1개 ② 2개
③ 3개 ④ 4개

03

법인의 형사책임 또는 양벌규정에 관한 설명 중 가장 적절하지 않은 것은?(다툼이 있으면 판례에 의함)

① 양벌규정 중 법인의 대표자 관련 부분은 대표자의 책임을 요건으로 하여 법인을 처벌하는 것이지 그 대표자의 처벌까지 전제조건이 되는 것은 아니므로 법인의 대표이사가 선행사건 확정판결의 효력으로 면소판결을 선고받았더라도 해당 법인을 양벌규정으로 처벌할 수 있다.

② 법률의 벌칙규정의 적용대상자가 일정한 '업무주'로 한정되어 있는 경우, 업무주가 아니면서 그 업무를 실제로 집행하는 자가 그 벌칙규정의 위반행위를 하였다면, 그 집행하는 자는 그 벌칙규정을 적용대상으로 하고 있는 '양벌규정'에 의해 처벌될 수 있다.

③ 회사 대표자의 위반행위에 대하여 징역형의 형량을 작량감경하고 병과하는 벌금형에 대하여 선고유예를 한 이상 양벌규정에 따라 그 회사를 처단함에 있어서도 같은 조치를 취하여야 한다.

④ 회사가 해산 및 청산등기 전에 재산형에 해당하는 사건으로 소추당한 후 청산종결의 등기가 경료되었다고 하여도 그 피고사건이 종결되기까지는 회사의 청산사무는 종료되지 아니하고 형사소송법상 당사자 능력도 존속한다고 할 것이다.

04

부작위범에 대한 설명으로 가장 적절하지 않은 것은?
(다툼이 있으면 판례에 의함)

① 의사가 중환자실에서 인공호흡기를 부착하고 치료를 받던 환자의 처의 요청에 따라 치료를 중단하고 퇴원조치를 하여 그 환자가 집에서 사망한 경우 그 의사의 행위는 작위에 의한 살인죄의 방조범이 성립한다.
② 진정부작위범의 경우 다수의 부작위범에게 부여된 작위의무가 각각 다르더라도 각각의 작위의무에 위반되는 행위를 공동으로 하였다면 부작위범의 공동정범이 성립할 수 있다.
③ 교통사고의 결과가 피해자의 구호 및 교통질서의 회복을 위한 조치가 필요한 상황인 이상 교통사고발생시의 구호조치의무 및 신고의무는 교통사고를 발생시킨 당해 차량의 운전자에게 그 사고발생에 있어서 고의·과실 혹은 유책·위법의 유무에 관계없이 부과된 의무이다.
④ 자신이 A법무사가 아님을 밝히지 아니한 채 A법무사 행세를 하면서 등기위임장 및 근저당권설정계약서를 작성함으로써 자신이 공소외 법무사로 호칭되도록 계속 방치한 것은 부작위에 의한 법무사법 제3조 제2항 위반죄의 죄책이 성립한다.

05

인과관계에 관한 다음 설명 중 가장 적절하지 않은 것은? (다툼이 있으면 판례에 의함)

① 폭행 또는 협박으로 타인의 재물을 강취하려는 행위와 이에 극도의 흥분을 느끼고 공포심에 사로잡혀 이를 피하려다 상해에 이르게 된 사실과는 상당인과관계가 있다 할 것이고 이 경우 강취 행위자가 상해의 결과의 발생을 예견할 수 있었다면 이를 강도치상죄로 다스릴 수 있다.
② 의사의 의료행위와 환자에게 발생한 상해·사망 등 결과 사이에 인과관계가 인정되는 경우에는, 검사가 공소사실에 기재한 바와 같은 업무상과실로 평가할 수 있는 행위의 존재 또는 그 업무상과실의 내용을 구체적으로 증명하지 못하였어도, 의료행위로 인하여 환자에게 상해·사망 등 결과가 발생하였다는 사정이 있는 이상 의사에게 의료행위로 인한 업무상과실치사상죄를 인정할 수 있다.
③ 살인의 실행행위가 피해자의 사망이라는 결과를 발생하게 한 유일한 원인이거나 직접적인 원인이어야만 되는 것은 아니므로, 살인의 실행행위와 피해자의 사망과의 사이에 다른 사실이 개재되어 그 사실이 치사의 직접적인 원인이 되었다고 하더라도 그와 같은 사실이 통상 예견할 수 있는 것에 지나지 않는다면 살인의 실행행위와 피해자의 사망과의 사이에 인과관계가 있는 것으로 보아야 한다.
④ 甲은 부동산 대지에 대한 전매사실을 숨기고 지주명의로 위장하여 학교법인 乙과 대지에 관한 매매계약을 체결하였으나 그 이행에 아무런 영향이 없었다. 이 경우 피고인들의 위 기망행위와 위 법인의 처분행위 사이에는 인과관계가 없다.

06

사실의 착오에 관한 설명 중 옳고 그름의 표시(O, X)가 바르게 된 것은? (다툼이 있는 경우 판례에 의함)

㉠ 甲은 乙이 경영하는 평원닭집앞 노상에서 그곳 평상위에 있던 乙의 고양이 1마리를 친구 병에게서 빌린 것으로 오인하고 가져온 경우, 절도의 범의가 조각되어 절도죄가 성립하지 아니한다.
㉡ 甲이 乙 등 3인과 싸우다가 힘이 달리자 식칼을 가지고 이들 3명을 상대로 휘두르다가 이를 말리면서 식칼을 빼앗으려던 다른 사람인 丙에게 상해를 입혔다면, 丙에 대한 과실상해죄가 성립한다.
㉢ 고물상인 갑은 새벽 2시경에 을이 경영하는 슈퍼마켓 쓰레기통 옆에서 신문지로 덮여있는 두부상자를 버린 것으로 생각하고 리어카에 싣고 온 경우, 절도의 범의를 인정할 수 없다.
㉣ 갑은 을이 자정 가까운 시간에 점포를 폐점하면서 제조연월일이 오래된 빵을 별다른 감수조치를 취함이 없이 점포밖에 방치하였는데, 그 빵을 가져간 행위는 절도의 범의를 인정할 수 없다.
㉤ 갑은 자신과의 사이가 나쁜 동네 사람 A를 살해할 의사로 캄캄한 밤에 흉기로 찔렀으나 실은 자신의 장모 B를 A로 오인하여 살해한 경우, 갑은 형법 제15조 제1항에 의하여 보통살인죄가 성립한다.

① ㉠ (O) ㉡ (X) ㉢ (O) ㉣ (O) ㉤ (O)
② ㉠ (O) ㉡ (O) ㉢ (O) ㉣ (X) ㉤ (O)
③ ㉠ (O) ㉡ (X) ㉢ (O) ㉣ (X) ㉤ (O)
④ ㉠ (O) ㉡ (X) ㉢ (O) ㉣ (O) ㉤ (X)

07

과실범에 관한 설명 중 가장 적절하지 <u>않은</u> 것은?(다툼이 있으면 판례에 의함)

① 과실범은 결과범이기 때문에 결과발생이 없으면 과실범의 결과불법이 부정되고, 결과발생이 있어도 객관적 주의의무위반이 없으면 행위불법이 부정되어 과실범은 성립하지 않는다.
② 대법원은 과실범의 객관적 주의의무의 판단기준을 행위자 개인의 주의능력이 아니라 "같은 업무 또는 분야에 종사하는 일반적 보통인의 주의정도를 표준으로 하여야 한다"고 판시하여 객관설의 입장을 따르고 있다.
③ 과실범에서 결과는 주의의무위반으로 인하여 발생한 때에만 행위자에게 객관적으로 귀속될 수 있어 행위자가 주의의무에 위반하여 구성요건적 결과가 발생한 경우, 주의의무를 이행한 때에도 같은 결과가 발생했을 것이라고 인정되는 경우라면 객관적 귀속이 인정된다.
④ 과실범의 경우 "행위 당시의 외부적 사정에 비추어 보아 행위자에게 주의의무를 준수할 것을 기대할 수 있을 때"에 행위자에 대하여 과실책임을 물을 수 있고, 그 같은 기대를 할 수 "없을 때"에는 과실책임이 조각된다.

08

정당행위에 관한 다음 설명 중 가장 적절하지 <u>않은</u> 것은?(다툼이 있으면 판례에 의함)

① 시장번영회 회장이 이사회의 결의와 시장번영회의 관리규정에 따라서 관리비 체납자의 점포에 대하여 실시한 단전조치는 정당행위로서 업무방해죄를 구성하지 아니한다.
② 신문기자가 기사 작성 자료를 수집하기 위해 취재에 응해줄 것을 요청하고 취재한 내용을 관계 법령에 저촉되지 않는 범위 내에서 보도하는 것은 정당행위에 해당한다.
③ 국회의원인 피고인이 구 국가안전기획부 내 정보수집팀이 대기업 고위관계자와 중앙일간지 사주 간의 사적 대화를 불법 녹음한 자료를 입수한 후 그 대화내용과 위 대기업으로부터 이른바 떡값 명목의 금품을 수수하였다는 검사들의 실명이 게재된 보도자료를 작성하여 자신의 인터넷 홈페이지에 게재한 경우, 정당행위에 해당한다고 볼 수 없다.
④ 피해자가 시장번영회를 상대로 잦은 진정을 하고 협조를 하지 않아 시장번영회 총회결의에 따라서 피해자 소유점포에 대하여 단전조치를 한 것이라면 회장의 자격으로 단전조치를 한 이상 위력에 의한 업무방해죄는 성립하지 않는다.

09

책임의 근거와 본질에 관한 설명으로 가장 적절하지 <u>않은</u> 것은?

① 사회적 책임론에 의하면 전과가 많은 상습범인은 형벌적응능력이 없으므로, 책임무능력자가 된다는 문제가 있다.
② 심리적 책임론은 형사미성년자가 추리소설을 읽고 살인죄를 범한 경우, 고의는 있으나 책임조각사유에 의해서 책임이 부정되는 경우를 설명할 수 없다는 문제가 있다.
③ 도의적 책임론은 인간에게 자유의사가 있다는 것을 전제로(비결정론), 자유의사를 가진 자가 스스로의 의사에 기해 불법행위로 나아갔으므로 행위자에 도의적 비난을 가하는 것이 책임이라고 보는 견해이다.
④ 도의적 책임론은 책임능력을 형벌능력으로 파악하나 사회적 책임론은 책임능력을 범죄능력으로 파악한다.

10

예비와 미수 및 기수에 관한 다음 설명 중 가장 적절하지 않은 것은?(다툼이 있으면 판례에 의함)

① 강간죄는 부녀를 간음하기 위하여 피해자의 항거를 불능하게 하거나 현저히 곤란하게 할 정도의 폭행 또는 협박을 개시한 때에 실행의 착수가 있다고 보아야 하므로, 실제로 그와 같은 폭행 또는 협박에 의하여 피해자의 항거가 불능하게 되었다거나 현저히 곤란하게 되었을 필요도 없다.
② 범인이 피해자를 촬영하기 위하여 육안 또는 캠코더의 줌 기능을 이용하여 피해자가 있는지 여부를 탐색하다가 피해자를 발견하지 못하고 촬영을 포기한 경우에는 촬영을 위한 준비행위에 불과하여 성폭력처벌법 위반(카메라등이용촬영)죄의 실행에 착수한 것으로 볼 수 없다.
③ 범인이 카메라 기능이 설치된 휴대전화를 피해자의 치마 밑으로 들이밀거나, 피해자가 용변을 보고 있는 화장실 칸 밑 공간 사이로 집어넣는 등 카메라 등 이용 촬영 범행에 밀접한 행위를 개시한 경우에는 성폭력처벌법 위반(카메라등이용촬영)죄의 실행에 착수하였다고 볼 수 있다.
④ 피고인이 휴대폰을 이용하여 지하철 환승에스컬레이터 내에서 짧은 치마를 입고 있는 피해자의 뒤에 서서 카메라폰으로 성적 수치심을 느낄 수 있는 치마 속 신체 부위를 피해자 의사에 반하여 동영상촬영을 시작하여 일정한 시간이 경과하였어도 촬영중 경찰관에게 발각되어 저장버튼을 누르지 않고 촬영을 종료하였다면 카메라등이용촬영죄의 미수에 해당한다.

11

형법총칙상 공범에 관한 설명으로 옳지 않은 것은 모두 몇 개인가?(다툼이 있으면 판례에 의함)

㉠ 매도, 매수와 같이 2인 이상의 서로 대향된 행위의 존재를 필요로 하는 관계에 있어서는 공범이나 방조범에 관한 형법총칙 규정의 적용이 있을 수 있다.
㉡ 피고인이 성명불상자들의 공중송신권 침해행위 도중에 그 범행을 충분히 인식하면서 그러한 침해 게시물 등에 연결되는 링크를 이 사건 사이트에 영리적·계속적으로 게시하여 공중의 구성원이 개별적으로 선택한 시간과 장소에서 침해 게시물에 쉽게 접근할 수 있도록 하는 정도의 링크 행위만으로는 공중송신권 침해의 방조범이 성립할 수 없다.
㉢ 노동조합법 제91조, 제43조 제1항은 쟁의행위 기간 중 그 쟁의행위로 중단된 업무의 수행을 위하여 당해 사업과 관계없는 자를 채용 또는 대체하는 사용자에 대한 처벌규정이 있어도 채용 또는 대체되는 자의 행위에 대하여는 일반적인 형법 총칙상의 공범 규정을 적용하여 공동정범, 교사범 또는 방조범으로 처벌할 수 없다.
㉣ 마약매수인 갑이 마약매도인 을로 부터 마약을 매수하면서 을의 요구로 그 매매대금을 제3자인 병 명의의 차명계좌(대포통장)에 무통장 입금을 하였다면 갑과 을은 대향범에 관한 법리가 적용되므로 형법 총칙상 공범인 방조범 규정이 적용되지도 않고, 불법수익 등의 은닉 및 가장행위로 인한 마약류불법거래방지에관한특례법(마약거래방지법) 위반죄의 방조범도 성립하지 않는다.
㉤ 강제추행죄는 간접정범의 형태로도 범할 수 있는데, 여기서 강제추행에 관한 간접정범의 의사를 실현하는 도구로서의 타인에는 피해자도 포함될 수 있으므로, 피해자를 도구로 삼아 피해자의 신체를 이용하여 추행행위를 한 경우에도 강제추행죄의 간접정범에 해당할 수 있다.

① 0개 ② 1개
③ 2개 ④ 3개

12

공동정범에 관한 설명 중 가장 적절하지 않은 것은?(다툼이 있는 경우 판례에 의함)

① 甲이 A투자금융회사에 입사하여 다른 공범들과 특정회사 주식을 허위매수 주문 등의 방법으로 시세조종 주문을 내기로 공모하고 시세조종 행위의 일부를 실행한 후 A회사로부터 해고를 당하여 공범관계에서 이탈한 경우, 甲이 다른 공범들의 범죄실행을 저지하지 않은 이상 그 이후 공범들이 행한 나머지 시세조종행위에 대하여도 공동정범이 성립한다.

② 형법 제30조의 공동정범이 성립하기 위한 주관적 요건인 공동가공의 의사는 타인의 범행을 인식하면서도 이를 제지하지 아니하고 용인하는 것만으로는 부족하나, 반드시 사전에 치밀한 범행계획의 공모에까지 이를 필요는 없으며 공범자 각자가 공범자들 사이에 구성요건을 이루거나 구성요건에 본질적으로 관련된 행위를 분담한다는 상호이해가 있으면 충분하다.

③ 공모는 법률상 어떤 정형을 요구하는 것이 아니고 2인 이상이 공모하여 범죄에 공동가공하여 범죄를 실현하려는 의사의 결합만 있으면 되는 것으로서, 비록 전체적인 모의과정이 없었다고 하더라도 수인 사이에 순차적으로 또는 암묵적으로 상통하여 그 의사의 결합이 이루어지면 공모관계가 성립하고, 이러한 공모가 이루어진 이상 실행행위에 직접 관여하지 아니한 자라도 다른 공모자의 행위에 대하여 공동정범으로서 형사적 책임을 진다.

④ 갑은 을, 병, 정과 함께 지나가는 행인을 대상으로 강도를 하기로 모의한 뒤(갑은 모의를 주도함) 함께 범행 대상을 물색하다가 을, 병, 정이 강도의 대상으로 A를 지목하고 뒤쫓아 가자 단지 "어?"라고만 하고 비대한 체격 때문에 뒤따라가지 못한 채 범행현장에서 200m 정도 떨어진 곳에 앉아 있었으나 을, 병, 정이 행인을 쫓아가 강도상해의 범행을 한 경우, 갑은 강도죄의 공모관계에서 이탈하였다고 볼 수 있으므로 강도상해죄의 공동정범으로서의 죄책을 지지 않는다.

13

다음 중 공범과 신분에 관한 설명으로 옳은 것은 모두 몇 개인가?(다툼이 있으면 판례에 의함)

㉠ 판례는 「형법」 제33조의 해석과 관련하여 본문은 진정신분범과 부진정신분범에 대한 공범성립의 문제를, 단서는 부진정신분범에 한하여 과형의 문제를 각각 규정한 것으로 이해한다.

㉡ 은행직원이 아닌 甲이 은행의 직원인 乙 등과 공모하여 은행예금주 丙명의의 돈을 빼돌려 가로챈 후 그 돈을 나누어 가진 경우, 은행원이 아닌 자가 은행원들과 공모하여 업무상 배임죄를 저질렀다면 업무상배임죄로 처단하여야 한다.

㉢ 모해위증죄에 있어서 甲이 A를 모해할 목적으로 그러한 목적이 없는 乙에게 위증을 교사한 경우, 공범종속성에 관한 일반 규정인「형법」제31조 제1항이 공범과 신분에 관한「형법」제33조 단서에 우선하여 적용되므로 신분이 있는 甲이 신분이 없는 乙보다 무겁게 처벌된다.

㉣ 군용물의 업무상 보관자와 보관자 아닌 자가 군용물횡령죄에 가담한 경우에 보관자가 아닌 자는 법률적용에 있어서 형법 제33조 단서의 적용을 받는다.

㉤ 공직선거법 제257조 제1항 제1호에서 규정하는 각 기부행위제한위반의 죄와 관련하여, 각 기부행위의 주체로 인정되지 아니하는 자가 기부행위의 주체자 등과 공모하여 기부행위를 한 경우, 기부행위 주체자에 해당하는 법조 위반의 공동정범으로 처벌할 수 있다.

① 0개   ② 1개
③ 2개   ④ 3개

14
다음 중 죄수에 관한 설명으로 가장 적절한 것은?(다툼이 있으면 판례에 의함)

① 공직선거법 제18조 제3항(「형법」제38조에도 불구하고 제1항 제3호에 규정된 죄와 다른 죄의 경합범에 대하여는 이를 분리 선고하여야 한다)은 선거범이 아닌 다른 죄가 선거범의 양형에 영향을 미치는 것을 최소화하기 위하여「형법」상 경합범 처벌례에 관한 조항의 적용을 배제하고 분리하여 형을 따로 선고하여야 한다는 취지이기에, 선거범과 상상적 경합관계에 있는 모든 죄는 통틀어 선거범으로 취급하여서는 아니된다.

② 피고인이 '중소기업중앙회장 선거에서 회장으로 입후보한 甲을 당선시킬 목적으로 선거인들에게 식사 등을 제공하면서 그 비용을 자신이 이사장으로 있었던 A협동조합 등의 법인카드로 결제한 경우, 선거인에 대한 재산상 이익 제공으로 인한 중소기업협동조합법 위반죄와 협동조합에 재산상 손해를 가한 것으로 인한 업무상배임죄는 상상적 경합 관계에 있다.

③ 피고인이 자기 소유의 건물을 2017. 8. 31. 갑에게 월 70만 원에, 2018. 6. 18. 을에게 월 100만 원에 성매매장소로 제공하였다는 범죄사실로 각 약식명령이 확정되었는데, 위 건물을 2014. 6.경부터 2016. 4.경까지, 2018. 3.경부터 2018. 5. 13.경까지 병에게 월 300만 원에 임대하는 등 성매매장소로 제공하여 성매매알선 등 행위를 한 경우에는 포괄일죄의 관계에 있다.

④ 지방자치단체장 선거의 예비후보자인 甲은 乙 등에게 예비후보자공약집을 주어 자동차 와이퍼 등에 끼워두거나 상가와 주택의 우편함에 넣어 두는 등의 방법으로 살포한 경우, 갑의 행위는 예비후보자공약집 배부방법 위반으로 인한 공직선거법 위반죄와 별도로 기부행위제한 위반으로 인한 공직선거법 위반죄가 성립하고 양자가 상상적 경합관계에 있다.

15
누범에 관한 다음 설명 중 옳은 것은 모두 몇 개인가? (다툼이 있는 경우 판례에 의함)

> ㉠ 형법 제35조 소정의 누범이 되려면 다시 금고 이상에 해당하는 죄를 범하였는지 여부는 3년의 기간 내에 기수에까지 이르러야 되는 것이다.
> ㉡ 헌법재판소는 누범을 가중처벌하는 것은 전범에 대한 형벌의 경고적 기능을 무시하고 다시 범죄를 저질렀다는 점에서 비난가능성이 많고, 누범이 증가하고 있다는 현실에서 사회방위, 범죄의 특별예방 및 일반예방이라는 형벌목적에 비추어 보아, 헌법상의 평등의 원칙에 위배되지 아니한다고 보았다.
> ㉢ 특별사면으로 출소한 후 3년 이내에 다시 범죄를 저지른 경우에는 누범으로 처벌되지 않는다.
> ㉣ 형법 제35조 제1항에 규정된 '금고이상에 해당하는 죄'라 함은 법정형이 유기금고형이나 유기징역형에 해당하는 죄를 가리키는 것이다.
> ㉤ 포괄일죄의 일부 범행이 누범기간 내에 이루어지고 나머지 범행이 누범기간 경과 후에 이루어진 경우, 누범기간 내에 이루어진 범행만이 누범에 해당한다.

① 0개　　　② 1개
③ 2개　　　④ 3개

16
다음 중 존속살해죄에 관한 설명으로 가장 적절하지 않은 것은?(다툼이 있으면 판례에 의함)

① 혼인외의 출생자와 생모간에는 생모의 인지나 출생신고를 기다리지 않고 자의 출생으로 당연히 법률상의 친자관계가 생기므로, 혼인외의 출생자가 생모를 살해한 경우에는 존속살해죄가 성립한다.

② 甲이 문 앞에 버려진 영아 乙을 주어다 기르며 그 남편과의 친생자인 것처럼 출생신고를 하고 양육하던 중 乙이 甲(양모)을 살해한 경우에 입양요건을 갖추지 않았다면 양자 간의 모자관계는 성립될 수 없으므로 乙이 甲을 살해하였다 하여 존속살해죄로 처벌할 수 없다.

③ 피해자는 그의 남편과 공동으로 피고인을 입양할 의사로 친생자로 출생신고를 하고 피고인을 양육하여 오다가 위 남편이 사망한 후에도 계속하여 피고인을 양육하여 온 사실을 알 수 있는바, 피고인을 친생자로 한 출생신고는 피해자와 피고인 사이에서도 입양신고로서 효력이 있으므로 피고인은 피해자의 양자라고 할 것이고, 피고인이 피해자를 살해한 경우 존속살해죄가 성립한다.

④ 갑남은 을녀와 정교를 맺어 乙이 A를 출산하자 자신의 처인 병 몰래 A를 자신과 병 사이의 혼인 중의 출생자로 호적신고를 하였는데 A가 갑을 살해한 경우, 생부인 갑이 혼인외의 출생자인 A를 혼인중의 출생자로 호적신고를 한 경우에 친생자 출생신고와 인지신고는 무효이므로 A는 보통살인죄가 성립한다.

17

상해와 폭행의 죄에 대한 설명으로 가장 적절하지 않은 것은?(다툼이 있는 경우 판례에 의함)

① 형법 제260조에 규정된 폭행죄는 사람의 신체에 대한 유형력의 행사를 가리키며, 그 유형력의 행사는 신체적 고통을 주는 물리력의 작용을 의미하므로 신체의 청각기관을 직접적으로 자극하는 음향도 경우에 따라서는 유형력에 포함될 수 있다.
② 상해죄의 성립에는 상해의 원인인 폭행에 관한 인식이 있으면 충분하고 상해를 가할 의사의 존재는 필요하지 않으나, 폭행을 가한다는 인식마저 없이 행위함으로써 피해자에게 상해를 입힌 경우에는 상해죄가 성립하지 않는다.
③ 피해자에게 근접하여 욕설을 하면서 때릴 듯이 손발이나 물건을 휘두르거나 던지는 행위는 직접 피해자의 신체에 접촉하지 않았다고 하여도 피해자에 대한 불법한 유형력의 행사로서 폭행에 해당한다.
④ 피고인이 상습으로 의붓아버지 갑을 폭행하고 이를 말리는 어머니 乙을 존속폭행한 경우에 단순폭행, 존속폭행의 각 죄별로 상습성을 판단할 것이 아니라 포괄하여 그중 법정형이 가장 중한 존속폭행죄만이 성립한다.

18

성범죄와 관련한 다음 설명으로 가장 적절하지 않은 것은?(다툼이 있는 경우 판례에 의함)

① 강간죄에서의 폭행·협박과 간음 사이에는 인과관계가 있어야 하나, 폭행·협박이 반드시 간음행위보다 선행되어야 하는 것은 아니다.
② 형법은 제2편 제32장에서 '강간과 추행의 죄'를 규정하고 있는데, 이 장에 규정된 죄는 모두 개인의 성적 자유 또는 성적 자기결정권을 침해하는 것을 내용으로 한다. 여기에서 '성적 자유'는 적극적으로 성행위를 할 수 있는 자유가 아니라 소극적으로 원치않는 성행위를 하지 않을 자유를 말하고, '성적 자기결정권'은 성행위를 할 것인가 여부, 성행위를 할 때 상대방을 누구로 할 것인가 여부, 성행위의 방법 등을 스스로 결정할 수 있는 권리를 의미한다.
③ 행위자가 간음의 목적으로 피해자에게 오인, 착각, 부지를 일으키고 피해자의 그러한 심적 상태를 이용하여 간음의 목적을 달성하였다면 위계와 간음행위 사이의 인과관계를 인정할 수 있고, 따라서 위계에 의한 간음죄가 성립한다. 피해자가 오인, 착각, 부지에 빠지게 되는 대상은 간음행위 자체일 수도 있고, 간음행위에 이르게 된 동기이거나 간음행위와 결부된 금전적·비금전적 대가와 같은 요소일 수도 있다.
④ 피고인은 야간에 피해자 乙(여, 16세)을 추행하기로 마음먹고, 乙을 뒤따라가 프라자 상가 1층에 들어가, 그곳에서 엘리베이터를 기다리는 을의 뒤에서 갑자기 을의 교복 치마 안으로 손을 넣어 피해자의 음부를 만진 경우, 일반인의 출입이 허용되는 출입문을 통하여 통상적인 출입방법으로 들어갔으나 범죄 등을 목적으로 출입한 이상 성폭력범죄의 처벌 등에 관한 특례법 위반(주거침입강제추행)죄가 성립한다.

19

명예에 관한 죄에 대한 설명으로 가장 적절하지 않은 것은?(다툼이 있는 경우 판례에 의함)

① 카카오톡 계정 프로필 상태메시지에 "학교폭력범은 접촉금지!!!"라는 글과 주먹 모양의 그림말 세 개를 게시한 경우, 피해자가 특정되지도 않고 구체적인 사실을 적시한 것도 아니므로 정보통신망 이용촉진 및 정보보호 등에 관한 법률 위반(명예훼손)에 해당하지 않는다.
② 피고인이 세월호 참사 국민대책회의 공동위원장이자 '4월 16일의 약속 국민연대'(이하 '4·16 연대'라 한다) 상임운영위원으로서 언론사 기자와 시민 등을 상대로 기자회견을 하던 중 '세월호 참사 당일 7시간 동안 대통령 갑이 마약이나 보톡스를 했다는 의혹이 사실인지 청와대를 압수·수색해서 확인했으면 좋겠다.'는 취지로 발언한 경우, 위 발언은 명예훼손죄로 처벌할 수 없다.
③ 피고인이 갑의 집 뒷길에서 피고인의 남편 을 및 갑의 친척인 병이 듣는 가운데 갑에게 '저것이 징역 살다온 전과자다' 등으로 큰 소리로 말함으로써 공연히 사실을 적시한 경우, 들은 사람이 피고인의 남편 및 갑의 친척이므로 공연성이 없으므로 갑에 대한 명예훼손죄가 성립하지 아니한다.
④ 빌라를 관리하고 있는 피고인들이 빌라 아랫집에 거주하는 갑으로부터 누수 문제로 공사 요청을 받게 되자, 갑과 전화통화를 하면서 빌라를 임차하여 거주하고 있는 피해자들에 대하여 누수 공사 협조의 대가로 과도하고 부당한 요구를 하거나 막말과 욕설을 하였다는 취지로 발언하고, '무식한 것들', '이중인격자' 등으로 말한 경우, 피고인들은 명예훼손죄나 모욕죄가 성립할 수 없다.

20 절도와 강도의 죄에 관한 설명으로 옳은 것은 모두 몇 개인가?(다툼이 있으면 판례에 의함)

㉠ 구 특정범죄가중처벌등에관한법률 제5조의4 제1항에 의한 상습절도죄의 경우에는 형법 제25조 제2항에 의한 미수감경이 허용되지 아니한다.
㉡ 타인의 예금통장을 무단사용하여 예금을 인출한 후 바로 예금통장을 반환한 경우, 그 예금통장 자체가 가지는 경제적 가치가 인출한 금액만큼 소모되었다고 할 수는 없으므로, 이를 일시 사용하고 곧 반환한 경우에는 그 예금통장에 대한 불법영득의 의사는 없다고 보아야 한다.
㉢ 피고인이 술집 운영자 甲으로부터 술값의 지급을 요구받자 甲을 유인·폭행하고 도주함으로써 술값의 지급을 면하여 재산상 이익을 취득하고 상해를 가한 경우, 강도상해죄가 성립한다.
㉣ 채무의 존재가 명백할 뿐만 아니라 채권자의 상속인이 존재하고 그 상속인에게 채권의 존재를 확인할 방법이 확보되어 있는 경우, 그 채무를 면탈할 의사로 채권자를 살해한 경우에는 강도살인죄가 성립할 수 없다.
㉤ 피고인 갑은 술집 주인 을과 술값 지급 문제로 실랑이를 하던 중 을이 갑의 얼굴에 손전등을 들이대고, 을이 주점을 나가려는 갑의 옷을 잡아당기자 격분하여 자신을 무시한다는 이유로 을을 폭행하고 이를 말리는 병까지 폭행한 경우, 을과 병을 폭행할 당시 술값 채무를 면탈하려는 불법이득의사가 없으므로 강도상해죄에 해당하지 않는다.

① 0개 ② 1개
③ 2개 ④ 3개

21
재산범죄에 관한 설명이다. 다음 중 가장 적절하지 않은 것은? (다툼이 있으면 판례에 의함)

① 부동산 이중매매에 제공된 부동산이라는 것을 알면서 그 부동산을 취득하거나 전득한 사람은 장물취득죄로 처단할 수 없다.
② 공갈죄는 폭행 또는 협박과 같은 공갈행위로 인하여 피공갈자가 재산상 이익을 공여하는 처분행위가 있어야 성립하며, 처분행위는 반드시 작위에 한하지 아니하고, 피공갈자가 외포심을 일으켜 묵인하고 있는 동안에 공갈자가 직접 재산상의 이익을 탈취하는 부작위로도 가능하다.
③ 토지매도인이 그 매매대금을 지급받기 위하여 매수인을 상대로 하여 당해토지에 관한 소유권이전등기말소청구소송을 제기하고 위 대금을 변제받지 못하면 위 소송을 취하하지 아니하고 예고등기도 말소하지 않겠다는 취지를 알렸다고 하여 이를 지목하여 공갈행위라고 단정할 수는 없다.
④ 주권이 발행되지 않은 주식에 대해 명의신탁약정을 체결하여 주주명부에 등재된 이후, 주식발행 회사가 상장되면서 주식이 예탁결제원에 예탁되어 계좌 간 대체 기재 방식으로 양도가능하게 되었다면 주권이 발행되지 않았어도 횡령죄의 대상인 재물에 해당한다.

22
재산범죄에 관한 다음 설명 중 옳지 않은 것으로 모두 몇 개인가?(다툼이 있으면 판례에 의함)

㉠ 금은방을 운영하는 피고인이, 갑이 맡긴 금을 시세에 따라 사고파는 방법으로 운용하여 매달 일정한 이익금을 지급하는 한편 갑의 요청이 있으면 언제든지 보관 중인 금과 현금을 반환하기로 갑과 약정하였는데, 그 후 경제사정이 악화되자 이를 자신의 개인채무 변제 등에 사용한 경우, 갑이 매매를 위탁하거나 피고인이 그 결과로 취득한 금이나 현금은 모두 갑의 소유이므로 횡령죄가 성립한다.
㉡ 자기가 점유하는 타인의 재물을 횡령하기 위하여 기망수단을 쓴 경우, 횡령죄가 성립함은 물론이고 별도로 사기죄가 성립한다.
㉢ 금전의 수수를 수반하는 사무처리를 위임받은 자가 위임자를 위하여 제3자로부터 수령한 금전을 임의로 소비한 경우, 특별한 사정이 없는 한 위임자에 대한 배임죄가 성립한다.
㉣ 타인 소유의 토지에 관하여 허위의 보증서와 확인서를 발급받아 부동산소유권 이전등기 등에 관한 특별조치법에 따른 소유권이전등기를 임의로 마친 사람은 그 원인무효 등기에 따라 토지에 대한 처분권능이 새로이 발생하는 것이 아니므로 토지에 대한 '보관자의 지위'에 있다고 할 수 없다.
㉤ 부동산을 공동으로 상속한 자들 중 1인이 부동산을 혼자 점유하던 중 다른 공동상속인의 상속지분을 임의로 처분한 경우, 횡령죄가 성립한다.

① 1개 ② 2개
③ 3개 ④ 4개

23

재산범죄에 관한 다음 설명 중 가장 적절하지 않은 것은? (다툼이 있으면 판례에 의함)

① 대학교수가 판공비 지출용 법인신용카드를 업무와 무관하게 개인적 용도에 사용한 행위는 업무상횡령죄가 아닌 업무상배임죄를 구성한다.
② 회사의 대표이사가 대표권을 남용하여 회사 명의의 약속어음을 발행한 이상, 비록 상대방이 그 남용의 사실을 알았거나 중대한 과실로 알지 못하여 회사가 상대방에 대하여는 채무를 부담하지 아니하고 그 어음이 제3자에게 유통되지 않았다 하더라도 회사에 재산상 실해 발생의 위험이 초래된 것으로 보아야 하므로 배임죄의 미수범이 아니라 배임기수죄로 처벌하여야 한다.
③ 회사의 이사 등 대표기관이 타인에게 회사자금을 대여할 때에 충분한 담보를 제공받는 등 상당하고도 합리적인 채권회수조치를 취하지 아니한 채 만연히 대여해 주었다면, 회사에 대하여 배임행위가 성립한다.
④ 공무원인 피고인 갑과 을은 A 대통령의 퇴임 후 사용할 사저부지와 그 경호부지를 일괄 매수하는 사무를 처리하면서 매매계약 체결 후 그 매수대금을 A 대통령의 아들 B와 국가에 배분함에 있어, 이미 복수의 감정평가업자로부터 감정평가결과를 통보받았음에도 이를 무시하고 상대적으로 사저부지 가격을 낮게 평가하고 경호부지 가격을 높게 평가하여 매수대금을 배분한 경우, 피고인들은 업무상배임죄에 해당한다.

24

유가증권에 관한 죄에 대한 다음 설명 중 적절하지 않은 것은 모두 몇 개인가? (다툼이 있는 경우 판례에 의함)

㉠ 유가증권이 되기 위해서는 재산권이 증권에 화체된다는 것과 그 권리의 행사와 처분에 증권의 점유를 필요로 한다는 두 가지 요소 외 증권의 유통성까지 필요로 한다.
㉡ 판매하려는 의도를 가지고 폐공중전화카드의 자기기록 부분에 전자정보를 조작하여 사용가능한 공중전화카드로 만든 경우 유가증권위조죄가 성립한다.
㉢ 자기앞수표의 발행인이 수표의뢰인으로부터 수표자금을 입금받지 아니한 채 자기앞수표를 발행한 경우, 허위유가증권작성죄가 성립하지 아니한다.
㉣ 피고인이 위조된 100만원권 자기앞수표 외에 진정한 10만원권 수표가 들어 있는 봉투를 공범 갑에게 교부하자, 갑은 봉투에서 10만원권 수표를 꺼내어 병에게 보여 주었으나 위조된 100만원권 자기앞수표는 봉투에서 꺼내거나 병에게 보여 주지 않은 경우에는 위조유가증권행사죄가 성립하지 않는다.
㉤ 대표이사 직무집행정지가처분결정은 대표이사의 자격까지 박탈하는 것이므로 일절의 직무집행이 정지됨으로써 직무집행의 권한이 없게 된 대표이사가 그 권한밖의 일인 대표이사 명의의 유가증권을 작성·행사하는 행위는 유가증권위조 및 동 행사죄에 해당한다.

① 1개 ② 2개
③ 3개 ④ 4개

25

다음은 문서에 관한 죄에 대한 설명이다. 가장 적절하지 않은 것은?(다툼이 있으면 판례에 의함)

① '변호사회 명의의 경유증표'와 같이 '문서가 원본인지 여부'가 중요한 거래에서 문서의 사본을 진정한 원본인 것처럼 행사할 목적으로 다른 조작을 가함이 없이 문서의 원본을 그대로 컬러복사기로 복사한 후 복사한 문서의 사본을 원본인 것처럼 행사한 행위는 사문서위조죄 및 동행사죄에 해당한다.
② 법원이 이혼의사확인서등본 뒤에 이혼신고서를 첨부하고 간인하여 교부하였는데 당사자가 이를 떼어내고 다른 내용의 이혼신고서를 붙여 호적관서에 제출한 경우, 공문서변조 및 변조공문서행사죄가 성립하지 않는다.
③ 사문서변조에 있어서 그 변조 당시 명의인의 명시적, 묵시적 승낙 없이 한 것이면 변조된 문서가 명의인에게 유리하여 결과적으로 그 의사에 합치한다 하더라도 사문서변조죄의 구성요건을 충족한다.
④ 공립학교 교사가 작성하는 교원의 인적사항과 전출희망사항 등을 기재하는 부분과 학교장이 작성하는 학교장의견란 등으로 구성되어 있는 교원실태조사카드의 교사 명의 부분을 명의자의 의사에 반하여 작성한 행위는 공문서위조죄를 구성한다.

26

공연음란죄에 관한 설명 중 옳은 것은 모두 몇 개인가? (다툼이 있는 경우 판례에 의함)

㉠ 말다툼 후 항의하는 과정에서 바지와 팬티를 내리고 엉덩이를 노출시킨 행위는 사람에게 부끄러운 느낌이나 불쾌감을 주는 정도에 불과하고, 정상적인 성적 수치심을 해할 정도에 해당하지 않아 공연음란죄가 성립하지 않는다.

㉡ 음란성을 구체적으로 판단함에 있어서는 행위자의 주관적 의도가 아니라 사회 평균인의 입장에서 그 전체적인 내용을 관찰하여 건전한 사회통념에 따라 객관적이고 규범적으로 평가하여야 한다.

㉢ 공연음란죄에서 정하는 '음란한 행위'는 일반인의 성욕을 자극하여 성적 흥분을 유발하고 정상적인 성적 수치심을 해하여 성적 도의관념에 반하는 것을 의미하고, 그 행위의 음란성에 대한 의미의 인식뿐만 아니라 성욕의 흥분, 만족 등의 성적인 목적이 있어야 공연음란죄가 성립한다.

㉣ 공연음란죄에서 정하는 '음란한행위'를 특정한 사람을 상대로 행하여졌다고 해서 반드시 강제추행죄가 성립하는 것이 아니다.

㉤ 어떠한 물건을 음란하다고 평가하려면 그 물건을 전체적으로 관찰하여 볼 때 저속하다는 느낌을 주는 정도면 되는 것이지 사람의 존엄성과 가치를 심각하게 훼손·왜곡하였다고 평가할 수 있을 정도로 노골적으로 사람의 특정 성적 부위 등을 적나라하게 표현 또는 묘사하는 것이어야 하는 것은 아니다.

① 1개 ② 2개
③ 3개 ④ 4개

27

공무방해에 관한 죄에 설명으로 가장 적절하지 않은 것은?(다툼이 있는 경우 판례에 의함)

① 국민권익위원회 운영지원과 소속 기간제 근로자로서 청사 안전관리 및 민원인 안내 등의 사무를 담당한 A의 공무집행을 甲이 방해한 경우, A는 법령의 근거에 기하여 국가 등의 사무에 종사하는 「형법」상 공무원으로 보기 어려워, 甲을 공무집행방해죄로 처벌할 수 없다.

② 법령에서 일정한 행위를 금지하면서 이를 위반하는 행위에 대한 벌칙을 정하고 공무원 A로 하여금 그 금지규정의 위반 여부를 감시·단속하도록 한 경우, A의 감시·단속을 단순히피하여 금지규정을 위반한 甲의 행위는 위계에 의한 공무집행방해죄에 해당한다.

③ 甲의 집이 소란스럽다는 주민들의 112신고를 받고 출동한 경찰관 A가 甲에게 인터폰으로 문을 열어달라고 하였으나 욕설을 하고 문을 열어주지 않아, A가 甲을 만나기 위해 전기차단기를 내리자 화가 난 甲이 식칼을 들고 나와 욕설을 하면서 A를 향해 찌를 듯이 협박한 경우, 특수공무집행방해죄에 해당한다.

④ 도심광장에 무단설치된 천막에 대해 「행정대집행법」이 정한 계고 및 대집행영장에 의한 통지절차를 거치지 아니하고 행하는 공무원 A의 철거대집행에 대항하여, 甲이 A에게 폭행·협박을 가한 행위는 특수공무집행방해죄에 해당하지 않는다.

28

무고죄에 관한 설명으로 가장 적절하지 않은 것은? (다툼이 있는 경우 판례에 의함)

① 타인으로 하여금 형사처분을 받게 할 목적으로 공무소에 대하여 허위의 사실을 신고한다고 하더라도, 그 사실이 친고죄로 그에 대한 고소기간이 경과하여 공소를 제기할 수 없음이 그 신고내용 자체에 의하여 분명한 때에는 무고죄가 성립하지 아니한다.

② 신고한 사실이 객관적 진실에 반하는 허위사실이라는 요건은 적극적 증명이 있는 경우뿐만 아니라 신고사실의 진실성을 인정할 수 없다는 소극적 증명이 있어도 충족된다.

③ 甲이 A를 사기죄로 고소하였는데, 수사 결과 甲의 무고 혐의가 밝혀져 甲은 무고죄로 공소제기되고 A는 불기소결정되었다. 甲은 제1심에서 혐의를 부인하였으나 유죄가 선고되자 제1심의 유죄판결에 대하여 양형부당을 이유로 항소하면서 항소심 제1회 공판기일에서 양형부당의 항소 취지와 무고 사실을 모두 인정한다는 취지가 기재된 항소이유서를 진술하였다면, 甲은 「형법」 제157조(자백·자수)에 따른 형의 필요적 감면 조치를 받아야 한다.

④ 甲이 사립대학교 교수 A로 하여금 징계처분을 받게 할 목적으로 국민권익위원회에서 운영하는 범정부 국민포털인 국민신문고에 민원을 제기한 경우, 甲에게는 무고죄가 성립하지 않는다.

29

함정수사에 관한 설명으로 가장 적절하지 않은 것은? (다툼이 있는 경우 판례에 의함)

① 아동·청소년의 성보호에 관한 법률상 아동·청소년을 대상으로 하는 디지털 성범죄에 대하여 수사 특례를 규정하고 있다. 사법경찰관리가 "신분위장수사"를 진행하고자 할 때에는 사전에 상급 경찰관서 수사부서의 장의 승인을 받아야 하나, 사법경찰관리가 "신분비공개수사"를 하려는 경우에는 검사에게 허가를 신청하고, 검사는 법원에 그 허가를 청구하여 법원이 허가서를 발부하면 "신분비공개수사"를 할 수 있다.

② 본래 범의를 가지지 아니한 자에 대하여 수사기관이 사술이나 계략 등을 써서 범의를 유발케 하여 범죄인을 검거하는 함정수사는 위법함을 면할 수 없고, 이러한 함정수사에 기한 공소제기는 그 절차가 법률의 규정에 위반하여 무효인 때에 해당한다.

③ A가 수사기관에 체포된 동거남의 석방을 위한 공적을 쌓기 위하여 B에게 필로폰 밀수입에 관한 정보제공을 부탁하면서 대가의 지급을 약속하고, 이에 B가 C에게, C가 갑에게 순차 필로폰 밀수입을 권유하여, 이를 승낙하고 필로폰을 받으러 나온 갑이 체포된 경우, B와 C가 각자의 사적인 동기에 기하여 수사기관과 직접적인 관련이 없이 독자적으로 갑을 유인한 것으로서 위법한 함정수사에 해당하지 않는다.

④ 수사기관과 직접 관련이 있는 유인자가 피유인자와의 개인적인 친밀관계를 이용하여 피유인자의 동정심이나 감정에 호소하거나, 금전적 심리적 압박이나 위협 등을 가하거나, 거절하기 힘든 유혹을 하거나, 또는 범행방법을 구체적으로 제시하고 범행에 사용될 금전까지 제공하는 등으로 과도하게 개입함으로써 피유인자로 하여금 범의를 일으키게 하는 것은, 위법한 함정수사에 해당하여 허용되지 않는다.

30

「검사와 사법경찰관의 상호협력과 일반적 수사준칙에 관한 규정」에 따른 임의수사에 대한 설명 중 적절하지 않은 것은 모두 몇 개인가?

㉠ 검사 또는 사법경찰관은 조사, 신문, 면담 등 그 명칭을 불문하고 피의자나 사건관계인에 대해 오후 9시부터 오전 6시까지 사이에 조사(이하 "심야조사"라 한다)를 해서는 안 된다. 다만, 이미 작성된 조서의 열람을 위한 절차는 자정 이전까지 진행할 수 있다.

㉡ 검사 또는 사법경찰관은 조사, 신문, 면담 등 그 명칭을 불문하고 피의자나 사건관계인을 조사하는 경우에는 대기시간, 휴식시간, 식사시간 등 모든 시간을 합산한 조사시간(이하 "총조사시간"이라 한다)이 12시간을 초과하지 않도록 해야 한다.

㉢ 검사 또는 사법경찰관은 특별한 사정이 없으면 총조사시간 중 식사시간, 휴식시간 및 조서의 열람시간 등을 제외한 실제 조사시간이 10시간을 초과하지 않도록 해야 한다.

㉣ 검사 또는 사법경찰관은 조사에 상당한 시간이 소요되는 경우에는 특별한 사정이 없으면 피의자 또는 사건관계인에게 조사 도중에 최소한 1시간마다 10분 이상의 휴식시간을 주어야 한다.

㉤ 검사 또는 사법경찰관은 피의자에게 출석요구를 하려는 경우 피의자와 조사의 일시·장소에 관하여 협의해야 한다. 다만, 피의자와 조사에 관하여 협의를 한 경우에는 변호인이 있어도 변호인과 별도의 협의는 요하지 않는다.

① 0개 ② 1개
③ 2개 ④ 3개

31

고소와 관련된 내용 중 가장 적절한 것은?(다툼이 있는 경우 판례에 의함)

① 甲은 사돈지간인 을에게 백화점 내 점포에 입점시켜 주겠다고 속여 입점비 명목으로 돈을 편취하여 乙이 갑을 사기죄로 고소하여 기소된 경우, 고소기간이 경과된 후에 고소하였다면 공소기각판결을 선고하여야 한다.

② A, B, C 3인이 공동으로 모욕죄를 범하였으나 A에 대해서는 제1심 판결의 선고가 있었고, B, C에 대해서는 그 때까지 제1심 판결의 선고가 없었다. 이 경우 고소권자인 피해자 甲녀가 B에 대한 고소를 취소하였다면 B에게만 고소취소의 효력이 발생한다.

③ 형사소송법 제230조 제1항에서 말하는 '범인을 알게 된 날'이란 범죄행위가 종료된 후에 범인을 알게 된 날을 가리키는 것으로서, 동종행위의 반복이 당연히 예상되는 영업범 등 포괄일죄의 경우에는 최후의 범죄행위가 종료한 때에 전체 범죄행위가 종료된 것으로 보아야 한다.

④ 피고인이 피해자로부터 작성·교부받은 교통사고 합의서를 수사기관에 제출한 경우 피해자의 처벌불원의사가 적법하게 표시되어 있는 경우, 피해자가 피고인에게 약속한 합의금 전액을 지급하지 않은 경우에 피고인은 처벌불원의사를 철회할 수 있다.

32

체포영장에 의한 체포에 관한 설명 중 옳은 것은 모두 몇 개인가? (다툼이 있는 경우 판례에 의함)

㉠ 피의자가 죄를 범하였다고 의심할 만한 정황이 있고, 정당한 이유없이 수사기관의 출석요구에 응하지 아니하거나 응하지 아니할 우려가 있는 때에는 사법경찰관은 검사에게 신청하여 검사의 청구로 관할지방법원판사의 체포영장을 발부받아 피의자를 체포할 수 있다.

㉡ 다액 50만원이하의 벌금, 구류 또는 과료에 해당하는 사건의 경우, 피의자가 일정한 주거가 없는 때에 한하여 사법경찰관은 체포영장을 발부받아 피의자를 체포할 수 있다.

㉢ 검사가 체포영장의 청구를 함에 있어서 동일한 범죄사실에 관하여 그 피의자에 대하여 전에 체포영장을 청구하였거나 발부받은 사실이 있는 때에는 다시 체포영장을 청구하는 취지 및 이유를 기재하여야 한다.

㉣ 체포영장에 의하여 체포한 피의자를 구속하고자 할 때에는 체포한 때부터 48시간 이내에 관할지방법원판사로부터 구속영장을 발부받아야 한다.

㉤ 체포영장의 제시나 고지 등은 체포를 위한 실력행사에 들어가기 이전에 미리 하여야 하는 것이 원칙이지만 달아나는 피의자를 쫓아가 붙들거나 폭력으로 대항하는 피의자를 실력으로 제압하는 경우에는 붙들거나 제압하는 과정에서 하거나, 그것이 여의치 않은 경우에는 일단 붙들거나 제압한 후에 지체 없이 하여야 한다.

① 1개　　② 2개
③ 3개　　④ 4개

33

구속전 피의자심문제도(영장실질심사제도)에 관한 다음 설명 중 옳고 그름의 표시(O, X)가 모두 바르게 된 것은?

> ㉠ 체포된 피의자에 대하여 구속영장을 청구받은 판사는 지체 없이 피의자를 심문하여야 한다. 이 경우 특별한 사정이 없는 한 구속영장이 청구된 날까지 심문하여야 한다.
> ㉡ 판사는 피의자가 심문기일에의 출석을 거부하거나 질병 그 밖의 사유로 출석이 현저하게 곤란하고, 피의자를 심문 법정에 인치할 수 없다고 인정되는 때에는 피의자의 출석 없이 심문절차를 진행할 수 있다.
> ㉢ 피의자심문을 하는 경우 법원이 구속영장청구서·수사 관계 서류 및 증거물을 접수한 날부터 구속영장을 발부하여 검찰청에 반환한 날까지의 기간은 사법경찰관과 검사의 구속기간에 이를 산입하지 아니한다.
> ㉣ 심문할 피의자에게 변호인이 없는 때에는 지방법원판사는 직권으로 변호인을 선정하여야 한다. 이 경우 변호인의 선정은 피의자에 대한 구속영장 청구가 기각되어 효력이 소멸한 경우를 제외하고는 제1심까지 효력이 있다.
> ㉤ 법원은 변호인의 사정이나 그 밖의 사유로 변호인 선정결정이 취소되어 변호인이 없게 된 때에는 직권으로 변호인을 다시 선정하여야 한다.

① ㉠ (X) ㉡ (O) ㉢ (X) ㉣ (O) ㉤ (X)
② ㉠ (O) ㉡ (X) ㉢ (O) ㉣ (X) ㉤ (O)
③ ㉠ (X) ㉡ (O) ㉢ (O) ㉣ (O) ㉤ (X)
④ ㉠ (O) ㉡ (O) ㉢ (O) ㉣ (O) ㉤ (X)

34

수사기관의 강제처분에 관한 설명으로 가장 적절하지 않은 것은?(다툼이 있는 경우 판례에 의함)

① 수사기관이 범죄증거를 수집할 목적으로 피의자의 동의 없이 피의자의 소변을 채취하기 위해서는 법원으로부터 감정허가장을 받아 '감정에 필요한 처분'으로는 할 수 있지만, 압수·수색영장을 받아 '압수·수색의 방법'으로는 할 수 없다.
② 공무원에게 금품을 제공한 혐의로 발부된 통신사실확인자료제공요청 허가서에 대상자로 기재되어 있는 피고인 甲이 피고인 乙의 뇌물수수 범행의 증뢰자라면, 위 허가서에 의하여 제공받은 甲과 乙의 통화내역을 乙의 수뢰사실의 증명을 위한 증거로 사용할 수 있다.
③ 검사 또는 사법경찰관이 구속영장을 소지하지 아니한 경우에 급속을 요하는 때에는 피의자에 대하여 공소사실의 요지와 영장이 발부되었음을 고하고 집행할 수 있는데, 구속영장의 집행을 완료한 후에는 신속히 구속영장을 제시하고 그 사본을 교부하여야 한다.
④ 수사기관이 법원으로부터 영장 또는 감정처분허가장을 발부받지 아니한 채 피의자의 동의 없이 피의자의 신체로부터 혈액을 채취하고 사후적으로도 지체 없이 이에 대한 영장을 발부받지도 아니한 채 강제채혈한 피의자의 혈액 중 알콜농도에 관한 감정이 이루어졌다면, 이러한 감정결과보고서 등은 피고인이나 변호인의 증거동의가 있다고 하더라도 유죄의 증거로 사용할 수 없다.

35

전자정보의 압수·수색에 관한 다음 설명 중 옳고 그름의 표시(O, X)가 모두 바르게 된 것은? (다툼이 있는 경우 판례에 의함)

㉠ 피해자 등 제3자가 피의자의 소유·관리에 속하는 정보저장매체를 영장에 의하지 않고 임의제출한 경우에는 특별한 사정이 없는 한 피의자에게 참여권을 보장하고 압수한 전자정보 목록을 교부하는 등 피의자의 절차적 권리를 보장하기 위한 적절한 조치가 이루어져야 한다.

㉡ 처음에는 영장 사본을 첨부하여 금융거래자료를 요구하여 팩스로 받았으나, 혐의와 관련된 자료를 선별한 후 최종적으로 직접 찾아와 영장 원본을 제시후 선별된 금융거래자료를 압수집행했다면, 이 사건 각 금융계좌추적용 압수·수색영장의 집행 과정에서 확보된 금융거래자료의 증거능력이 인정된다.

㉢ 피의자가 휴대전화를 임의제출하면서 휴대전화에 저장된 전자정보가 아닌 클라우드 등 제3자가 관리하는 원격지에 저장되어 있는 전자정보를 수사기관에 제출한다는 의사로 수사기관에게 클라우드 등에 접속하기 위한 아이디와 비밀번호를 임의로 제공하였다면 위 클라우드 등에 저장된 전자정보를 임의제출하는 것으로 볼 수 있다.

㉣ 압수·수색할 전자정보가 압수·수색영장에 기재된 수색장소에 있는 컴퓨터 등 정보처리장치 내에 있지 아니하고 제3자가 관리하는 원격지의 서버 등 저장매체에 저장되어 있는 경우, 수사기관이 피의자의 이메일 계정에 대한 접근권한에 갈음하여 발부받은 영장에 따라 적법하게 취득한 피의자의 이메일 계정 아이디와 비밀번호를 입력하여 원격지의 저장매체에 접속하고 그곳에 저장되어 있는 피의자의 이메일 관련 전자정보를 수색장소의 정보처리장치로 내려받거나 그 화면에 현출시켰다면 특별한 사정이 없는 한 인터넷서비스제공자의 의사에 반하는 것이므로 그 압수·수색은 위법하다고 할 것이다.

㉤ 수사기관이 임의제출받은 정보저장매체가 대부분 임의제출에 따른 적법한 압수의 대상이 되는 전자정보만이 저장되어 있어서 그렇지 않은 전자정보와 혼재될 여지가 거의 없는 경우라 하더라도, 전자정보인 이상 소지·보관자의 임의제출에 따른 통상의 압수절차 외에 피압수자에게 참여의 기회를 보장하지 않았고 전자정보 압수목록을 작성·교부하지 않았다면 곧바로 증거능력을 인정할 수 없다.

① ㉠ (O) ㉡ (O) ㉢ (O) ㉣ (O) ㉤ (X)
② ㉠ (O) ㉡ (X) ㉢ (O) ㉣ (X) ㉤ (X)
③ ㉠ (X) ㉡ (O) ㉢ (X) ㉣ (O) ㉤ (O)
④ ㉠ (O) ㉡ (O) ㉢ (O) ㉣ (X) ㉤ (X)

36

전문증거 및 전문법칙에 관한 설명 중 가장 적절하지 않은 것은?(다툼이 있으면 판례에 의함)

① 재전문진술이나 전문진술을 기재한 조서에 대하여는 달리 그 증거능력을 인정하는 규정을 두고 있지 아니하고 있으므로, 피고인이 증거로 하는데 동의하지 아니하는 한 이를 증거로 할 수 없다.

② 법정에 출석한 증인이 「형사소송법」 제148조, 제149조 등에서 정한 바에 따라 정당하게 증언거부권을 행사하여 증언을 거부한 경우는 「형사소송법」 제314조의 '그 밖에 이에 준하는 사유로 인하여 진술할 수 없는 때'에 해당하지 아니한다.

③ 피고인과 공범관계가 있는 다른 피의자에 대한 검사 이외의 수사기관 작성의 피의자신문조서는 그 피의자의 법정진술에 의하여 성립의 진정이 인정되더라도 당해 피고인이 공판기일에서 그 조서의 내용을 부인하면 증거능력이 부정된다.

④ 검찰주사 등이 검사의 지시에 따라 검사가 참석하지 않은 상태에서 피의자였던 피고인을 신문하여 작성하고 검사는 검찰주사 등의 조사 직후 피고인에게 개괄적으로 질문한 사실이 있을 뿐인데도 검사가 작성한 것으로 되어있는 피의자신문조서는 「형사소송법」 제312조 제1항 소정의 검사작성 피의자신문조서에 해당하지 않는다.

37

검사 또는 사법경찰관이 피고인 아닌 자의 진술을 기재한 조서(제312조 제4항) 및 피고인 또는 피고인 아닌 자가 수사과정에서 작성한 진술서(제312조 제5항)에 관한 다음 설명 중 적절하지 않은 것은 모두 몇 개인가?(다툼이 있는 경우 판례에 의함)

- ㉠ 사법경찰리 작성의 피해자에 대한 진술조서가 피해자의 화상으로 인한 서명불능을 이유로 입회하고 있던 피해자의 동생에게 대신 읽어 주고 그 동생으로 하여금 서명날인하게 하는 방법으로 작성된 경우, 이는 형사소송법 제312조 제4항 소정의 형식적 요건을 갖추었으므로 증거로 사용할 수 있다.
- ㉡ 형사소송법 제312조 제4항이 실질적 진정성립을 증명할 수 있는 방법으로 규정하는 영상녹화물에 대하여는 형사소송법 및 형사소송규칙에서 영상녹화의 과정, 방식 및 절차 등을 엄격하게 규정하고 있으므로, 수사기관이 작성한 피고인 아닌 자의 진술을 기재한 조서에 대한 실질적 진정성립을 증명할 수 있는 수단으로서 형사소송법 제312조 제4항에 규정된 '영상녹화물'이라 함은 형사소송법 및 형사소송규칙에 규정된 방식과 절차에 따라 제작되어 조사 신청된 영상녹화물을 의미한다고 봄이 타당하다.
- ㉢ 수사기관이 작성한 피고인이 아닌 자의 진술을 기재한 조서에 대하여 실질적 진정성립을 증명하기 위해 영상녹화물의 조사를 신청하려면 영상녹화를 시작하기 전에 피고인 아닌 자의 동의를 받고 그에 관해서 피고인 아닌 자가 기명날인 또는 서명한 영상녹화 동의서를 첨부하여야 하고, 조사가 개시된 시점부터 조사가 종료되어 참고인이 조서에 기명날인 또는 서명을 마치는 시점까지 조사 전 과정이 영상녹화되어야 하므로 이를 위반한 영상녹화물에 의하여는 특별한 사정이 없는 한 피고인 아닌 자의 진술을 기재한 조서의 실질적 진정성립을 증명할 수 없다.
- ㉣ 형사소송법 제312조 제5항의 적용대상인 '수사과정에서 작성한 진술서'란 수사가 시작된 이후에 수사기관의 관여 아래 작성된 것이거나, 개시된 수사와 관련하여 수사과정에 제출할 목적으로 작성한 것으로, 작성 시기와 경위 등 여러 사정에 비추어 그 실질이 이에 해당하는 이상 명칭이나 작성된 장소 여부를 불문한다.
- ㉤ 경찰관이 입당원서 작성자의 주거지·근무지를 방문하여 입당원서 작성 경위 등을 질문한 후 진술서 작성을 요구하여 이를 제출받은 이상 형사소송법 제312조 제5항이 적용되어야 한다는 이유로 형사소송법 제244조의4에서 정한 절차를 준수하지 않은 위 각 증거의 증거능력이 인정되지 않는다.

① 0개　　　② 1개
③ 2개　　　④ 3개

38

증거동의에 관한 다음 설명 중 옳지 않은 것은 모두 몇 개인가?(다툼이 있는 경우 판례에 의함)

- ㉠ 긴급체포를 할 당시 물건을 압수하였는데 그 후 압수수색영장을 발부받지 않았음에도 즉시 반환하지 않은 경우 피고인이나 변호인이 이를 증거로 함에 동의하더라도 증거능력은 인정되지 않는다.
- ㉡ 임의성이 인정되지 아니하여 증거능력이 없는 진술증거는 피고인이 증거로 함에 동의하더라도 증거로 삼을 수 없다.
- ㉢ 증거동의의 주체는 검사와 피고인이므로, 변호인의 경우 피고인의 명시적인 위임이 없는 한 피고인을 대리하여 증거로 함에 동의할 수 없다.
- ㉣ 검사와 피고인이 증거로 할 수 있음에 동의한 서류라고 하더라도 법원이 진정한 것으로 인정한 때에 증거로 할 수 있다.
- ㉤ 유죄증거에 대하여 피고인측이 반대증거로 제출한 서류는 그 진정성립이 증명되거나 상대방의 동의가 있어야 증거판단의 자료로 삼을 수 있다.

① 1개　　　② 2개
③ 3개　　　④ 4개

39

자백의 보강법칙에 관한 설명으로 가장 적절한 것은? (다툼이 있는 경우 판례에 의함)

① 자백의 보강법칙은 정식재판에서 적용되는 원칙이므로, 즉결심판절차나 약식명령절차에서는 자백보강법칙이 적용되지 않는다.

② 2021. 10. 19. 채취한 소변에 대한 검사결과 메스암페타민 성분이 검출된 경우, 위 소변검사결과는 2021. 10. 17. 메스암페타민을 투약하였다는 자백에 대한 보강증거가 될 수는 있지만, 각 투약행위에 대한 자백의 보강증거는 별개의 것이어야 하므로, 같은 달 13. 메스암페타민을 투약하였다는 자백에 대한 보강증거는 될 수 없다.

③ 피고인이 수사기관에서 '을로 부터 러미라 약 1,000정을 건네받아 그중 일부는 갑에게 제공하고, 남은 것은 자신이 투약하였'고 자백한 경우, 을에 대한 검찰 진술조서 및 수사보고만으로는 자백의 진실성을 담보하기에 불충분하다고 할 것이므로 보강증거가 될 수 없다.

④ 변론을 분리하지 아니한 채 이루어진 공범인 공동피고인의 공판정에서의 자백은 피고인에 대하여 불리한 증거로 사용할 수 있다.

40

유흥주점의 지배인 甲은 피해자 A로부터 신용카드를 강취하고 신용카드 비밀번호를 알아냈다. 甲은 위 주점 직원 乙, 丙과 모의하면서, 자신은 주점에서 A를 붙잡아두면서 감시하고, 乙과 丙은 위 신용카드를 이용하여 인근 편의점에 있는 현금자동지급기에서 300만 원의 예금을 인출하기로 하였다. 그에 따라 甲이 A를 감시하는 동안 乙과 丙은 위 편의점에 있는 현금자동지급기에 신용카드를 넣고 비밀번호를 입력하여 300만 원의 예금을 인출하였고, 이를 甲, 乙, 丙 각자 100만 원씩 분배하였다. 결국 甲, 乙, 丙은 특수(합동)절도죄로 공소제기되었는데, 甲은 법정에서 범행을 부인하였으나, 甲의 공동피고인 乙과 丙은 법정에서 범행을 자백하였다. 이에 관한 설명 중 옳은 것을 모두 고른 것은?(다툼이 있는 경우 판례에 의함)

㉠ 甲이 합동절도의 범행 공모에는 참여하였으나 현장에서 절도의 실행행위를 직접 분담하지 않았더라도, 그가 현장에서 절도 범행을 실행한 乙과 丙의 행위를 자기 의사의 수단으로 하여 합동절도의 범행을 하였다고 평가할 수 있는 정범성의 표지를 갖추고 있다면, 甲에 대하여도 합동절도의 공동정범이 성립될 수 있다.

㉡ 만약 위 주점 지배인 甲이 종업원 乙, 丙과 함께 단골손님 A로부터 신용카드를 갈취해 현금을 인출하기로 모의하였고, 甲의 지시를 받은 乙과 丙은 늦은 저녁 한적한 골목길에서 A로부터 신용카드를 갈취하고 비밀번호를 알아내 甲이 일러준 편의점 현금자동지급기에서 300만 원의 예금을 인출하였으며, 이를 甲, 乙, 丙 각자 100만 원씩 분배하였다면, 범죄 장소에 가지 않은 甲에게 폭력행위등처벌등에관한법률위반(공동공갈)의 공동정범은 인정될 여지가 없다.

㉢ 공범인 공동피고인 乙, 丙의 법정에서의 자백은 소송절차를 분리하여 증인신문하는 절차를 거치지 않았더라도 甲에 대하여 증거능력이 인정된다.

㉣ 만약 위 사례에서 甲이 범행을 자백하였고, 甲이 범행을 자인하는 것을 들었다는 피고인 아닌 제3자의 진술이 있다면, 이는 「형사소송법」 제310조의 피고인 자백에는 포함되지 아니하므로 甲의 자백에 대한 보강증거가 될 수 있다.

① ㉠, ㉢
② ㉠, ㉣
③ ㉠, ㉡, ㉣
④ ㉠, ㉢, ㉣

24년 경찰공무원(순경) 채용시험

임종희 경찰형사법
파이널 모의고사

제 3회

! 응시자 유의사항

응시자는 반드시 기재된 과목명에 맞게 표기하여야 하며, 과목을 바꾸어 표기한 경우에도 상단에 기재된 과목 순서대로 채점되므로 유의하시기 바랍니다.

※ 시험이 시작되기 전까지 표지를 넘기지 마시오.

01

죄형법정주의에 관한 다음 설명 중 옳지 않은 것은 모두 몇 개인가? (다툼이 있으면 판례에 의함)

㉠ 군사기밀 보호법 제11조가 군사기밀 탐지·수집행위의 법정형을 10년 이하의 징역으로 규정하고 있는 것과 달리 국가보안법 제4조 제1항 제2호 나목(가목외의 군사상 기밀 또는 국가기밀)의 법정형이 사형·무기 또는 7년 이상의 징역으로 규정되어 있는 경우, 이규정은 지나치게 무거운 형벌을 규정하여 책임주의 원칙에 반하고 법정형이 형벌체계상 균형을 상실하여 평등원칙에 위배되는 조항이라고 할 수 있으며, 법관의 양형 판단 및 결정권을 중대하게 침해하는 것이라고 볼 수도 있다.

㉡ 한국환경공단이 환경부장관의 위탁을 받아 건설폐기물 인계인수에 관한 내용 등의 전산처리를 위한 전자정보처리프로그램인 올바로 시스템을 구축 운영하고 있는 경우, 그 업무를수행하는 한국환경공단 임직원을 공전자기록의 작성권한자인 공무원으로 보거나 한국환경공단을 공무소로 보는 것은 죄형법정주의에 반하지 않는다.

㉢ 초·중등학교의 교육공무원이 "국가공무원법 조항 중 '정당'에 관한 부분"(정당 가입 금지조항)은 입법목적이 정당하므로 과잉금지원칙에 반하지 아니하나, 초·중등학교의 교육공무원이 "국가공무원법 조항 중 '그 밖의 정치단체'에 관한 부분"(그 밖의 정치단체 가입 금지조항)은 명확성원칙에 반한다.

㉣ 현역입영 또는 소집 통지서를 받은 사람이 정당한 사유 없이 입영일이나 소집일부터 3일이 지나도 입영하지 아니하거나 소집에 응하지 아니한 경우를 처벌하는, 병역법 제88조 제1항 본문 제1호, 구 병역법의 각 제88조 제1항 본문 제2호(이하 모두 합하여 '처벌조항'이라 한다)는 과잉금지원칙을 위반하여 양심적 병역거부자의 양심의 자유를 침해한다고 볼 수는 없다.

㉤ 예비군대원 본인의 부재시 예비군훈련 소집통지서를 수령한 같은 세대 내의 가족 중 성년자가 정당한 사유없이 소집통지서를 본인에게 전달하지 아니한 경우 형사처벌을 하는 예비군법 제15조 제10항 전문 중 '제6조의2 제2항에 따라 소집통지서를 전달할 의무가 있는 사람 가운데 예비군대원 본인과 같은 세대 내의 가족 중 성년자가 정당한 사유없이 전달하지 아니하였을 때'에 관한 부분(이하 '심판대상조항'이라 한다)이 책임과 형벌 간의 비례원칙에 위반된다.

① 0개   ② 1개
③ 2개   ④ 3개

02

다음 중 「형법」 제1조 제2항의 법령 변경에 해당하지 아니하여 신법이 적용되는 경우가 아닌 것은 모두 몇 개인가?(다툼이 있는 경우 판례에 의함)

㉠ 법무사인 피고인이 개인회생·파산사건 관련 법률사무를 위임받아 취급하여 변호사법위반으로 기소된 후 개인회생·파산사건 신청대리업무를 법무사의 업무로 추가하는 법무사법이 개정된 경우

㉡ 스스로 유효기간을 구체적인 일자나 기간으로 특정하여 효력의 상실을 예정하고 있던 법령이 그 유효기간을 경과함으로써 더 이상 효력을 갖지 않게 된 경우

㉢ 다른 법령이 변경된 경우, 해당 형벌법규에 따른 범죄의 성립 및 처벌과 직접적으로 관련이 없는 법령의 변경으로 인하여 해당 형벌법규의 가벌성에 영향을 미치게 되는 경우(형사법적 관점의 변화에 근거한 법령의 변경에 해당한다고 볼 수 없는 경우)

㉣ 입법자가 법령의 변경 이후에도 종전 법령 위반행위에 대한 형사처벌을 유지한다는 내용의 경과규정을 따로 두고 있는 경우

㉤ 갑이 야간에 혈중알콜농도 0.144%의 술에 취한 상태로 전동킥보드를 운전하였다가 을에게 상해를 가한 경우, 구 특정범죄 가중처벌 등에 관한 법률 제5조의11 제1항(위험운전치상죄)의 주체가 되는지의 여부에 관하여 개정 도로교통법이 전동킥보드와 같은 개인형 이동장치에 관한 규정을 신설하면서 이를 "자동차 등"이 아닌 "자전거 등"으로 분류한 경우

① 2개   ② 3개
③ 4개   ④ 5개

03

계속범과 상태범에 관한 설명 중 가장 적절하지 않은 것은? (다툼이 있으면 판례에 의함)

① 공소시효는 범죄가 종료된 때부터 진행되므로 계속범에 있어서는 구성요건적 결과의 발생 시가 시효의 기산점이 되며, 상태범에 있어서는 위법상태가 종료된 때가 시효의 기산점이 된다.
② 상태범의 경우 행위의 계속과 위법상태의 계속은 일치하지 않고, 계속범의 경우 행위의 계속과 위법상태의 계속은 일치한다.
③ 정당방위도 위법한 침해행위가 종료하기까지 가능하므로 계속범에 대하여는 범죄의 기수 이후 종료 시까지 정당방위를 할 수 있다.
④ 상태범은 기수와 범죄행위의 종료 시점이 일치하므로 기수이후에는 공범이 성립할 수 없지만, 계속범은 범죄가 기수로된 이후에도 행위가 계속되는 동안 공범이 성립할 수 있다.

04

다음 사례에 대한 설명 중 적절하지 않은 것은 모두 몇 개인가?(다툼이 있는 경우 판례에 의함)

> A회사에 근무하는 갑과 을은 함께 위 회사 공장동 건물 외벽에 설치된 재활용 박스를 모아두는 분리수거장 옆에서 담배를 피우게 되었다. 당시는 위 분리수거장 방향으로 바람이 상당히 강하게 불고 위 분리수거장에는 불이 붙기 쉬운 종이로 된 재활용 박스 등이 쌓여 있었다. 갑과 을은 본인 및 상대방이 버린 담배꽁초 불씨가 살아있는지 여부를 확인하고 이를 완전히 제거하는 등 화재를 미리 방지하여야 할 주의의무가 있었다. 그럼에도 불구하고 이를 게을리한 채 갑과 을은 담배꽁초 불씨를 위 분리수거장 인근에 손가락으로 튕겨 그 불씨가 위 분리수거장으로 바람에 날리게 하거나 담배 꽁초 불씨를 손가락으로 튕긴 정도로 그 불씨가 완전히 제거되지 않은 담배꽁초를 불이 붙기 쉬운 위 쓰레기봉투 내지 위 분리수거장에 던져 버리는 것을 보고도 아무런 조치를 취하지 아니하고 그곳을 떠났다. 갑과 을은 위와 같은 과실로 인하여 그 직후 피고인들이 버린 담배 꽁초 불씨에서 위 분리수거장 안에 쌓여 있던 재활용 박스 등에 불이 붙고 그 불이 위 공장동으로 번져 위 공장동이 전소되게 하는 약 645,500,000원 상당의 수리비가 들 정도로 이를 소훼하였다.

㉠ 실화죄에 있어서 공동의 과실이 경합되어 화재가 발생한 경우 적어도 각 과실이 화재의 발생에 대하여 하나의 조건이 된 이상은 그 공동적 원인을 제공한 사람들은 각자 실화죄의 책임을 면할 수 없다.
㉡ 갑과 을이 분리수거장 방향으로 담배꽁초를 던져 버리고 현장을 떠난 후 화재가 발생한 경우, 갑과 을 각자 본인 및 상대방이 버린 담배꽁초 불씨가 살아 있는지를 확인하고 이를 완전히 제거하는 등 화재를 미리 방지할 주의의무가 있음에도 이를 게을리 한 채 만연히 현장을 떠난 과실이 인정되고 각자의 과실이 경합하여 위 화재를 일으켰으므로, 갑과 을은 각자 실화죄 책임이 인정된다.
㉢ 갑과 을은 각자 본인 및 상대방의 담뱃불로 인하여 화재가 발생할 수 있음을 충분히 예견할 수 있어 상호 간에 담배꽁초 불씨가 남아 있는지를 확인하고 이를 완전히 제거할 주의의무가 있음에도 이를 위반한 채 분리수거장 부근에서 담배꽁초 불씨를 튕기고 담배꽁초를 던져 버린 후 아무런 조치 없이 현장을 떠났고 이러한 피고인들의 각 주의의무 위반과 이 사건 화재의 발생 사이에 인과관계가 인정된다.
㉣ 수인이 각자 분리수거장 방향으로 담배꽁초를 던져 버리고 현장을 떠남으로써 공동의 과실이 경합되어 화재가 발생한 경우, 적어도 각 과실이 화재의 발생에 대하여 하나의 조건이 된 이상은 그 공동적 원인을 제공한 사람들은 실화죄의 공동정범의 책임을 면할 수 없다.
㉤ 갑과 을의 원인행위가 불명이어서 갑과 을은 형법 제19조가 적용되어 실화죄의 미수로 불가벌에 해당하거나 적어도 갑과 을 중 일방은 실화죄가 인정될 수 없다.

① 0개 ② 1개
③ 2개 ④ 3개

05

인과관계에 관한 설명 중 옳은 것은 모두 몇 개인가?(다툼이 있으면 판례에 의함)

㉠ 피고인이 고속도로 2차로를 따라 자동차를 운전하다가 1차로를 진행하던 甲의 차량 앞에 급하게 끼어든 후 곧바로 정차하여, 甲의 차량 및 이를 뒤따르던 차량 두 대는 연이어 급제동하여 정차하였으나, 그 뒤를 따라오던 乙의 차량이 앞의 차량들을 연쇄적으로 추돌케 하여 乙을 사망에 이르게 하고 나머지 차량 운전자 등 피해자들에게 상해를 입힌 경우 피고인의 정차 행위와 사상의 결과 발생사이에 상당인과관계가 있고, 사상의 결과 발생에 대한 예견가능성도 인정된다.

㉡ 승용차로 피해자를 가로막아 승차하게 한 후 피해자의 하차 요구를 무시한 채 당초 목적지가 아닌 다른 장소를 향하여 시속 약 60km 내지 70km의 속도로 진행하여 피해자를 차량에서 내리지 못하게 한 행위는 감금죄에 해당하고, 피해자가 그와 같은 감금상태를 벗어날 목적으로 차량을 빠져 나오려다가 길바닥에 떨어져 상해를 입고 그결과 사망에 이르렀다면 감금행위와 피해자의 사망 사이에는 상당인과관계가 있다.

㉢ 술을 마시고 찜질방에 들어온 甲이 찜질방 직원 몰래 후문으로 나가 술을 더 마신 다음 후문으로 다시 들어와 발한실에서 잠을 자다가 사망한 경우, 찜질방 직원 및 영업주는 후문으로 출입하는 모든 자를 통제·관리하여야 할 업무상 주의의무가 있으므로, 그 의무 위반과 甲의 사망사이에 인과관계가 인정된다.

㉣ 과실범에서는 미수가 성립될 여지가 없으므로 인과관계를 논할 실익이 없다.

㉤ 피고인은 결혼을 전제로 교제하던 甲의 임신 사실을 알고 수회에 걸쳐 낙태를 권유하였다가 거절당하였음에도 계속 甲에게 "출산 여부는 알아서 하되 아이에 대한 친권을 행사할 의사가 없다."라고 하면서 낙태할 병원을 물색해 주기도 하였다. 그 후 甲은 피고인에게 알리지 않고 자신이 알아본 병원에서 낙태시술을 받았다면 피고인의 낙태교사 행위와 甲의 낙태행위 사이에는 인과관계가 인정되지 않는다.

① 1개 ② 2개
③ 3개 ④ 4개

06

결과적 가중범에 관한 다음 설명 중 가장 적절하지 않은 것은?(다툼이 있으면 판례에 의함)

① 결과 때문에 형이 무거워지는 죄의 경우에 그 결과의 발생을 예견할 수 없었을 때에는 무거운 죄로 벌하지 아니한다.

② 교사자가 피교사자에 대하여 상해를 교사하였는데 피교사자가 이를 넘어 살인을 실행한 경우, 일반적으로 교사자는 상해죄에 대한 교사범이 되는 것이고, 다만 이 경우 피교사자에게 피해자의 사망이라는 결과에 대하여 과실 내지 예견가능성이 있는 때에는 상해치사죄의 교사범으로서의 죄책을 지울 수 있다.

③ 부진정결과적가중범에서, 고의로 중한 결과를 발생하게 한 행위가 별도의 구성요건에 해당하고 그 고의범에 대하여 결과적가중범에 정한 형보다 더 무겁게 처벌하는 규정이 있는 경우에는 그 고의범과 결과적가중범이 상상적 경합관계에 있지만, 위와 같이 고의범에 대하여 더 무겁게 처벌하는 규정이 없는 경우에는 결과적가중범이 고의범에 대하여 특별관계에 있으므로 결과적가중범만 성립하고 이와 법조경합의 관계에 있는 고의범에 대하여는 별도로 죄를 구성하지 않는다.

④ 강간이 미수에 그친 경우라도 그 수단이 된 폭행에 의하여 피해자가 상해를 입었으면 강간치상죄가 성립하는 것이며, 미수에 그친 것이 피고인이 자의로 실행에 착수한 행위를 중지한 경우이든 실행에 착수하여 행위를 종료하지 못한 경우이든 가리지 않는다.

07

정당방위와 과잉방위에 대한 설명 중 가장 적절하지 않은 것은?(다툼이 있는 경우 판례에 의함)

① 甲이 乙로부터 갑자기 뺨을 맞는 등 폭행을 당하여 서로 멱살을 잡고 다투자 주위 사람들이 싸움을 제지하였으나 甲은 맨손으로 공격하는 乙에게 대항하기 위하여 깨어진 병으로 乙을 찌를 듯이 겨누어 협박한 경우, 甲의 행위는 정당방위(제21조 제1항) 또는 야간의 공포나 당황으로 인한 과잉방위(제21조 제3항)에는 해당하지 않으나, 다만 그 정황을 참작하여 형을 감경하는 제21조 제2항의 과잉방위에는 해당한다.

② 가해자의 행위가 피해자의 부당한 공격을 방위하기 위한 것이라기보다는 서로 공격할 의사로 싸우다가 먼저 공격을 받고 이에 대항하여 가해를 한 경우 가해행위는 방어행위인 동시에 공격행위의 성격을 가지므로 정당방위 또는 과잉방위행위라고 볼 수 없다.

③ 甲은 乙과 말다툼을 하다가 낫을 들고 반항하는 乙로부터 낫을 빼앗아 乙의 가슴, 배, 목 등을 10여 차례 찔러 乙로 하여금 자상으로 사망하게 한 경우, 甲의 행위는 그 정도를 초과한 것으로서 「형법」제21조 제2항의 과잉방위에 해당한다.

④ 甲이 불심검문을 받아 경찰관 A에게 운전면허증을 교부한 후 불심검문에 항의하는 과정에서 우발적으로 큰소리로 욕설을 하여 A뿐만 아니라 인근 주민도 그 욕설을 직접 들었던 상황에서, A가 甲을 모욕죄의 현행범으로 체포하려 하자 甲이 이에 반항하는 과정에서 A에게 상해를 입힌 행위는 정당방위에 해당한다.

08

법률의 착오에 '정당한 이유'가 없어 처벌되는 것은 다음 중 모두 몇 개인가?(다툼이 있으면 판례에 의함)

㉠ 일본 영주권을 가진 재일교포가 영리를 목적으로 관세물품을 구입한 것이 아니라거나 국내 입국시 관세신고를 하지 않아도 되는 것으로 착오한 경우

㉡ 광역시의회 의원이 선거구민들에게 의정보고서를 배부하기 앞서 미리 관할 선거관리위원회 소속 공무원들에게 자문을 구하고 그들의 지적에 따라 수정한 의정보고서를 배부한 경우

㉢ '탐정업이 인·허가 또는 등록사항이 아니다'는 민원사무 담당공무원의 말을 듣고 신용조사업법이 금지하는 소재탐지나 사생활조사 등을 한 경우

㉣ 변호사 자격을 가진 국회의원이 선거에 영향을 미칠 수 있는 내용이 포함된 의정보고서를 발간하는 과정에서, 보좌관을 통해 관할 선거관리위원회 직원에게 구두로 문의하여 답변 받은 결과 선거법규에 저촉되지 않는다고 인식한 경우

㉤ 행정청의 허가가 있어야 함에도 담당 공무원이 허가를 요하지 않는다고 잘못 알려 주어 이를 믿었기 때문에 허가를 받지 않은 경우

① 1개 ② 2개
③ 3개 ④ 4개

09

다음 중 미수에 관한 설명으로 가장 적절하지 않은 것은?(다툼이 있으면 판례에 의함)

① 불능미수란 행위자에게 범죄의사가 있고 실행의 착수라고 볼 수 있는 행위가 있더라도 실행의 수단이나 대상의 착오로 처음부터 결과발생 또는 법익침해의 가능성이 없지만 다만 그 행위의 위험성 때문에 미수범으로 처벌하는 경우를 말한다. 여기에서 '결과의 발생이 불가능' 하다는 것은 범죄행위의 성질상 어떠한 경우에도 구성요건의 실현이 불가능하다는 것을 의미한다.

② 소송비용을 편취할 의사로 소송비용의 지급을 구하는 손해배상청구의 소를 제기한 경우, 사기죄의 불능미수에 해당한다.

③ 피고인이 갑에게 위조한 예금통장 사본 등을 보여주면서 외국회사에서 투자금을 받았다고 거짓말하며 자금 대여를 요청하였으나, 갑과 함께 그 입금 여부를 확인하기 위해 은행에 가던 중 은행 입구에서 차용을 포기하고 돌아간 경우, 자의에 의한 중지미수로 볼 수 없다.

④ 임대인과 임대차계약을 체결한 임차인이 임차건물에 거주하기는 하였으나 그의 처만이 전입신고를 마친 후에 경매절차에서 배당을 받기 위하여 임대차계약서상의 임차인 명의를 처로 변경하여 경매법원에 배당요구를 한 경우, 형사소송법 제325조에 의하여 무죄를 선고하여야 한다.

10

공범에 관한 설명 중 가장 적절하지 않은 것은?(다툼이 있는 경우 판례에 의함)

① 선서무능력자로서 범죄 현장을 목격하지도 못한 사람으로 하여금 형사법정에서 범죄 현장을 목격한 양 허위의 증언을 하도록 교사한 경우, 증거위조죄를 구성하지 아니한다.

② 공모에 주도적으로 참여해서 다른 공모자의 실행에 영향을 미친 공모자의 경우에 다른 공모자가 실행행위에 이르기 전에 그 공모관계에서 이탈한 때에는 그 이후의 다른 공모자의 행위에 관하여는 공동정범으로서의 책임은 지지 않는다.

③ 피고인은 성명불상자들의 공중송신권 침해행위 도중에 그 범행을 충분히 인식하면서 그러한 침해 게시물 등에 연결되는 링크를 이 사건 사이트에 영리적, 계속적으로 게시하여 공중의 구성원이 개별적으로 선택한 시간과 장소에서 침해 게시물에 쉽게 접근할 수 있도록 하는 정도의 링크 행위한 경우, 공중송신권 침해의 방조범이 성립할 수 있다.

④ 甲이 A회사의 전문건설업등록증 등의 이미지 파일을 위조하여 공사 수주에 사용하기 위해 발주업체 직원 B에게 이메일로 송부하여 위조 사실을 모르는 B로 하여금 위 이미지 파일을 출력하게 한 경우, 문서가 위조된 것임을 알지 못하는 B를 도구로 이용하여 행사한 경우이므로 갑은 위조공문서행사죄의 간접정범이 성립한다.

11

다음 중 동시범 및 그 특례에 대한 설명으로 적절하지 않은 것은 모두 몇 개인가?(다툼이 있으면 판례에 의함)

⊙ 동시 또는 이시의 독립행위가 경합한 경우에 그 결과발생의 원인된 행위가 판명되지 아니한 때에는 각 행위를 미수범으로 처벌한다.

ⓒ 상해죄에 있어서의 동시범은 두사람 이상이 가해행위를 하여 상해의 결과를 가져올 경우에 그 상해가 어느 사람의 가해행위로 인한 것인지가 분명치 않다면 가해자 모두를 공동정범으로 본다는 것이므로 가해행위를 한 것 자체가 분명치 않은 사람에 대하여는 동시범으로 다스릴 수 없다.

ⓒ 독립행위가 경합하여 특히 상해의 결과를 발생하게 하고 그 결과발생의 원인이 된 행위가 밝혀지지 아니한 경우에는 공동정범의 예에 따라 처단하는 것이므로, 공범관계에 있어 공동가공의 의사가 있었다면 이에는 동시범 등의 문제는 제기될 여지가 없다.

ⓔ 독립행위가 경합하여 상해의 결과를 발생하게 한 경우에 있어서 원인된 행위가 판명되지 아니한 때에는 공동정범의 예에 의한다.

ⓜ 갑과 을이 의사연락 없이 순차로 A를 구타하여 상해를 입혔지만 갑과 을 중 누구의 행위에 의한 상처인가가 불분명한 경우에 특례가 적용된다.

① 0개 ② 1개
③ 2개 ④ 3개

12

다음 사례에 대한 설명 중 적절하지 <u>않은</u> 것은 모두 몇 개인가?(다툼이 있는 경우 판례에 의함)

전국금속노동조합(이하 '금속노조'라 한다) A회사 비정규직지회(이하 '비정규직지회'라 한다) 조합원 50여 명은 2010. 11. 15. 14:00경 사내하청 근로자의 정규직 전환 등을 요구하며 A회사 자동차 문짝 탈부착생산라인(CTS 라인)을 점거하였고, 비정규직지회는 조합원들에게 A회사로 집결하도록 투쟁 지침을 시달하여 900여 명의 조합원들이 위 생산라인을 점거하였다(이하 '이 사건 생산라인 점거'라 한다). 비정규직지회는 2010. 11. 16. 07:00경 쟁의대책위원회를 개최하여 'A회사 점거를 계속한다.'는 취지의 결정을 하였고, 이에 따라 2010. 12. 9.경까지 25일간 A회사를 점거하여 생산라인 가동을 중단시키고, 자동차를 조립할 수 없게 하여 A회사에 약 2,544억 원 상당의 재산상 손해를 입게 하였다. 이 사건 생산라인 점거 과정에서 금속노조 미조직 비정규국장인 갑은 ① 2010. 11. 15.경부터 2010. 12. 5.일경까지 비정규직지회의 쟁의행위 목적인 비정규직 근로자의 정규직 전환과 하청업체 근로자들의 직접 고용을 지지하기 위해서 개최된 A회사 정문 앞 집회(이하 '이 사건 집회'라 한다)에 참가하여 이 사건 생산라인 점거 농성을 지원하였으며(이하 '이 사건 집회 참가'라 한다), ② 2010. 11. 17. 이 사건 생산라인 점거 농성장에 들어가 농성 중인 비정규직지회 조합원들을 독려하였고(이하 '이 사건 농성현장 독려'라 한다), ③ 2010. 11.경 금속노조 공문을 비정규직지회에 전달하는 등(이하 '이 사건 공문 전달'이라 한다)의 역할을 수행하였다.

㉠ 형법상 방조행위는 정범이 범행을 한다는 정을 알면서 그 실행행위를 용이하게 하는 직접·간접의 모든 행위를 가리키는 것으로서 유형적, 물질적인 방조뿐만 아니라 정범에게 범행의 결의를 강화하도록 하는 것과 같은 무형적, 정신적 방조행위까지도 이에 해당한다.

㉡ 종범은 정범의 실행행위 중에 이를 방조하는 경우는 물론이고 실행의 착수 전에 장래의 실행행위를 예상하고 이를 용이하게 하는 행위를 하여 방조한 경우에도 정범이 그 실행행위에 나아갔다면 성립한다.

㉢ 갑의 이 사건 농성현장 독려 행위는 위법한 업무방해행위가 계속되고 있던 이 사건 생산라인 점거 현장에서 직접 이루어진 것으로 업무방해죄의 방조가 인정된다.

㉣ 갑이 정문 앞 집회에 참가하여 이 사건 집회에서 사회를 보거나 기자회견을 하였던 이 사건 집회 참가행위는 업무방해죄의 방조가 인정된다.

㉤ 갑의 이 사건 공문 전달 행위 역시 공문 전달을 통해 비정규직지회에 이 사건 생산라인 점거 자체를 직접 독려하거나 지지하였으므로 업무방해죄의 방조가 인정된다.

① 0개 ② 1개
③ 2개 ④ 3개

13

죄수론에 대한 설명으로 옳지 않은 것은 모두 몇 개인가?(다툼이 있는 경우 판례에 의함)

㉠ 피고인 갑은 A회사의 대표이사이고, A회사는 ○○산업(개인사업체)과 제강 및 압연 일용보수작업 업무에 관한 도급계약을 체결하였는데, ○○산업 소속 근로자인 피해자 을이 무게 1,220kg 상당의 방열판 보수 작업을 하는 도중 섬유벨트가 끊어지고 방열판이 낙하하면서 피해자를 덮쳐 사망한 경우, 갑은 중대재해처벌법위반(산업재해치사)죄와 근로자 사망으로 인한 산업안전보건법위반죄 및 업무상과실치사죄에 해당하는 경우로서 실체적 경합 관계에 있다.

㉡ 지방자치단체장 선거의 예비후보자인 피고인이 제1심 공동피고인들에게 예비후보자공약집을 주어 자동차 와이퍼 등에 끼워두거나 상가, 주택의 우편함에 넣어 두는 등의 방법으로 살포한 경우, 피고인의 행위에 대해 예비후보자공약집 배부방법 위반으로 인한 공직선거법 위반죄와 기부행위제한 위반으로 인한 공직선거법 위반죄가 성립하고 양자가 상상적 경합관계에 있다.

㉢ 甲이 A로부터 수수한 메스암페타민을 장소를 이동하여 투약하고서 잔량을 은닉하는 방법으로 소지한 행위는 그 소지의 경위나 태양에 비추어 볼 때 당초의 수수행위에 수반되는 필연적 결과로 볼 수 있으므로 향정신성의약품수수죄만 성립하고 별도로 그 소지죄는 성립하지 않는다.

㉣ 갑은 피해자들인 부부 을·병에게 A부동산(임야 19438㎡)을 매수한 후 분양해서 원금과 수익금을 지급하겠다고 거짓말하여 이에 속은 을·병의 각 명의로 2장의 계약서를 작성하였다. 갑은 을로부터 4억 7,500만 원, 병으로부터 1억 원을 각각 피해자 명의의 예금계좌에서 송금을 받은 경우, 부부별산제의 원칙에 비추어 볼 때 을·병의 피해법익은 독립한 것이므로 갑은 을·병에 대한 각각의 사기죄를 구성하여 양자가 실체적 경합관계에 있다.

㉤ 운행정지명령 위반으로 인한 자동차관리법 제82조 제2호의2를 위반한 죄와 의무보험미가입자동차운행으로 인한 자동차손해배상 보장법 제46조 제2항 제2호를 위반한 죄는 구성요건을 달리하는 별개의 범죄로서 보호법익을 달리하고 있으므로 상상적 경합관계로 보는 것이 타당하다.

① 1개 ② 2개
③ 3개 ④ 4개

14

선고유예와 집행유예에 관한 다음 설명 중 가장 옳지 않은 것은?(다툼이 있으면 판례에 의함)

① '개전의 정상이 현저한 때'를 반드시 피고인이 죄를 깊이 뉘우치는 경우만을 뜻하는 것으로 제한하여 해석하거나, 피고인이 범죄사실을 자백하지 않고 부인할 경우에는 언제나 선고유예를 할 수 없다고 해석할 것은 아니다.

② 집행유예 기간 중에 범한 죄에 대하여 공소가 제기된 후 그 재판 도중에 집행유예 기간이 경과한 경우 집행유예기간중에 범한 죄에 대하여 다시 집행유예를 선고할 수 있다.

③ 형의 집행을 유예하는 경우에는 보호관찰을 받을 것을 명할 수 있는데, 행위자의 사회복귀와 범죄예방을 위한 보안처분이라는 취지에 비추어, 보호관찰 기간은 법원의 판결에 따라 집행을 유예한 기간을 넘을 수 있다.

④ 집행유예의 선고를 받은 다음 집행유예의 선고가 실효되거나 취소되지 않고 유예기간이 지난 때에는 형의 선고는 효력을 잃으므로, 그 후 형법 제64조 제2항에서 정한 사유로 집행유예의 선고를 취소할 수 없다.

15

다음은 살인의 죄에 대한 설명이다. 가장 적절하지 <u>않은</u> 것은?(다툼이 있으면 판례에 의함)

① 피고인이 소란을 피우는 피해자를 말리다가 피해자가 욕하는 것에 격분하여 예리한 칼로 피해자의 왼쪽 가슴부분에 길이 6cm, 깊이 17cm의 상처 등이 나도록 찔러 곧바로 좌측심낭까지 절단된 경우에 피고인에게 살인의 고의가 인정된다.

② 적재된 임산물에 대한 부정성 여부를 조사하기 위하여 화물자동차의 승강구에 뛰어올라 정차를 명하는 경찰관을 폭행하여 추락시켜 사망케 한 경우 살인의 고의가 부정된다.

③ 피고인은 남편의 전처 소생의 피해자(딸, 9세)를 야산속으로 데리고 들어가 주먹으로 피해자의 얼굴을 수차례 때리고, 이에 피해자가 반항을 하자 가지고 있던 스카프로 약 4분동안 2회에 걸쳐 목을 졸라 피해자를 실신시킨 후 피해자를 버려둔 채 그곳을 떠났는데 그 이후 피해자가 스스로 깨어나 돌아온 경우, 피고인은 살인미수죄가 성립한다.

④ 총알이 장전되어 있는 엽총의 방아쇠를 잡고 있다가 총알이 발사되어 피해자가 사망한 경우, 피해자를 겁주려고 협박하다가 피해자의 접촉행위로 생겨난 단순한 오발사고이므로 살인의 고의가 있는 범죄행위였다고 볼 수 없다.

16

협박죄에 대한 다음 설명으로 옳지 <u>않은</u> 것은 모두 몇 개인가?(다툼이 있는 경우 판례에 의함)

㉠ 협박죄의 고의는 행위자가 해악을 고지한다는 것을 인식, 인용하는 것과 고지한 해악을 실제로 실현하겠다는 의도나 욕구가 필요하므로, 행위자의 언동이 단순한 감정적인 욕설 내지 일시적 분노의 표시에 불과하여 주위사정에 비추어 가해의 의사가 없음이 객관적으로 명백한 때에는 협박행위 내지 협박의 의사를 인정할 수 없다.

㉡ 피고인이 혼자 술을 마시던 중 甲정당이 국회에서 예산안을 강행처리하였다는 것에 화가 나서 공중전화를 이용하여 경찰서에 여러 차례 전화를 걸어 전화를 받은 각 경찰관에게 경찰서 관할구역 내에 있는 甲정당의 당사를 폭파하겠다는 말을 한 사안에서, 피고인의 행위는 각 경찰관에 대한 협박죄를 구성한다.

㉢ 채권추심 회사의 지사장이 회사로부터 자신의 횡령행위에 대한 민·형사상 책임을 추궁당할 지경에 이르자 이를 모면하기 위하여 회사 본사에 '회사의 내부비리 등을 금융감독원 등 관계 기관에 고발하겠다'는 취지의 서면을 보내는 한편, 위 회사 경영지원본부장이자 상무이사에게 전화를 걸어 자신의 횡령행위를 문제삼지 말라고 요구하면서 위 서면의 내용과 같은 취지로 발언한 경우, 위 채권추심 회사에 대한 협박죄를 인정한다.

㉣ 제3자에 대한 법익 침해를 내용으로 하는 해악을 고지하는 것이라고 하더라도 피해자 본인과 제3자가 밀접한 관계에 있어 그 해악의 내용이 피해자 본인에게 공포심을 일으킬 만한 정도의 것이라면 협박죄가 성립할 수 있다. 이 때 제3자에는 자연인뿐만 아니라 법인도 포함된다.

㉤ 협박죄는 사람의 의사결정의 자유를 보호법익으로 하는 위험범이라 봄이 상당하고, 협박죄의 미수범 처벌조항은 해악의 고지가 현실적으로 상대방에게 도달하지 아니한 경우나 도달은 하였으나 상대방이 이를 지각하지 못하였거나 고지된 해악의 의미를 인식하지 못한 경우 등에 적용될 뿐이다.

① 1개   ② 2개
③ 3개   ④ 4개

17

강간과 추행의 죄에 관한 다음 설명 중 옳은 것은 모두 몇 개인가?(다툼이 있는 경우 판례에 의함)

㉠ 야간에 강간을 목적으로 피해자의 집에 담을 넘어 침입한 후, 안방에서 자고 있던 피해자의 가슴과 엉덩이를 만지면서 강간하려고 하였으나 피해자가 '야' 하고 비명을 지르는 바람에 도망한 경우라면 강간죄의 장애미수에 해당한다.

㉡ 여종업원들이 거부의사를 밝혔음에도 사장과의 친분관계를 내세워 함께 술을 마시지 않을 경우 신분상 불이익을 가할 것처럼 협박하여 이른바 '러브샷'의 방법으로 술을 마시게 한 것은 강제추행죄에 해당한다.

㉢ 갑이 아파트 놀이터의 의자에 앉아 이어폰을 끼고 친구와 전화통화를 하고 있던 乙(녀, 18세)의 뒤로 몰래 다가가 乙의 머리카락 및 옷 위에 소변을 본 경우, 행위 당시 乙이 이를 인식하지 못하였다면 추행에 해당하지 아니한다.

㉣ 형법 제305조에 규정된 13세 미만 부녀에 대한 의제강간·추행죄는 그 성립에 있어 위계 또는 위력이나 폭행 또는 협박의 방법에 의함을 요하지 아니하며 피해자의 동의가 있었다고 하여도 성립하는 것이다.

㉤ 13세 미만 부녀에 대한 의제강간·추행죄의 성립에 필요한 주관적 구성요건요소는 고의만으로 충분하고, 그 외에 성욕을 자극·흥분·만족시키려는 주관적 동기나 목적까지 있어야 하는 것은 아니다.

① 1개   ② 2개
③ 3개   ④ 4개

18

명예훼손의 죄에 관한 설명으로 옳은 것은 모두 몇 개인가?(다툼이 있는 경우 판례에 의함)

㉠ 「형법」제307조 제1항의 '사실'은 제2항의 '허위의 사실'과 반대되는 '진실한 사실'을 말하며, 가치판단이나 평가를 내용으로 하는 '의견'에 대치되는 개념은 아니다.

㉡ 공연성의 존부는 발언자와 상대방 또는 피해자 사이의 관계나 지위, 대화를 하게 된 경위와 상황, 사실적시의 내용, 적시의 방법과 장소 등 행위 당시의 객관적 제반 사정으로부터 상대방이 불특정 또는 다수인에게 전파할 가능성이 있는지 여부를 검토하여 종합적으로 판단하여야 하며, 발언 후 실제 전파 여부라는 우연한 사정은 공연성 인정 여부를 판단함에 있어 소극적 사정으로만 고려되어야 한다.

㉢ 甲이 제3자에게 A가 乙을 선거법 위반으로 고발하였다는 말만 하고 그 고발의 동기나 경위에 관하여는 언급하지 않았다고 하더라도, 그 자체만으로 A의 사회적 가치나 평가를 침해하기에 충분한 구체적인 사실이 적시되었다고 볼 수 있어, 甲에게는 명예훼손죄가 성립한다.

㉣ 「형법」제309조 제1항의 '사람을 비방할 목적'은 제310조의 '공공의 이익'을 위한 것과는 행위자의 주관적 의도의 방향에 있어 서로 상반되는 관계에 있으므로, 적시한 사실이 공공의 이익에 관한 것인 경우 특별한 사정이 없는 한 비방할 목적은 부인된다.

㉤ 명예훼손죄는 추상적 위험범으로서 적시된 사실이 특정인의 사회적 평가를 침해할 가능성이 있을 정도로 추상성을 띠므로 위와 같이 침해할 위험이 발생한 것으로 족하고 침해의 결과를 요구하지 않는다.

① 1개   ② 2개
③ 3개   ④ 4개

19

업무방해죄에 관한 설명으로 가장 적절하지 <u>않은</u> 것은? (다툼이 있는 경우 판례에 의함)

① 신규직원 채용권한을 가지고 있는 지방공사 사장이 시험업무 담당자들에게 지시하여 상호 공모 내지 양해하에 시험성적조작 등의 부정한 행위를 한 경우, '위계'에 의한 업무방해죄에 해당하지 않는다.
② 수산업협동조합의 신규직원 채용에 응시한 갑과 을이 필기시험에서 합격선에 못 미치는 점수를 받게 되자, 채점업무 담당자들이 조합장인 피고인의 지시에 따라 점수조작행위를 통하여 이들을 필기시험에 합격시킴으로써 필기시험 합격자를 대상으로 하는 면접시험에 응시할 수 있도록 한 경우, 위 점수조작행위에 공모 또는 양해하였다고 볼 수 없는 일부 면접위원들이 조합의 신규직원 채용업무로서 수행한 면접업무는 위 점수조작행위에 의하여 방해되었다고 보아야 한다.
③ 피고인 갑(법학전문대학원 박사과정을 수료한 자)은 지도교수 등이 대작한 박사학위 논문 예비심사용 자료를 마치 자신이 작성한 것처럼 발표하여 예비심사에 합격한 경우, 갑은 그 지도교수와 공모하여 위계로써 ○○대학교 법학전문대학원 원장의 박사학위 논문 예비심사 업무를 방해하였다고 할 수 있다.
④ 임대인 갑으로부터 건물을 임차하여 학원을 운영하던 피고인이 건물을 인도한 이후에도 자신 명의로 된 학원설립등록을 말소하지 않고 휴원신고를 연장함으로써 새로운 임차인 을이 그 건물에서 학원설립등록을 하지 못하도록 한 경우에도 피고인의 행위가 을의 자유의사를 제압·혼란케 할 정도의 위력에 해당한다고 보기 어렵다.

20

주거침입죄에 관한 다음 설명 중 옳지 <u>않은</u> 것은 모두 몇 개인가?(다툼이 있으면 판례에 의함)

> ㉠ SBS의 시사프로그램 "그것이 알고싶다"의 PD 등이 신분을 가장하고 구치소에 들어가 수용자들을 몰래카메라로 취재 한 경우, 교도관의 현실적 승낙을 받아 통상적인 방법으로 들어간 경우이므로 건조물침입죄가 성립하지 않는다.
> ㉡ 갑은 과거 을녀와 사귀면서 그 비밀번호를 알게 된 점을 기화로 심야 시간에 공동출입문의 비밀번호를 무단으로 입력하는 방법으로 출입구의 잠금장치를 해제하고 이 사건 아파트 관리자나 거주자들만의 출입이 허용되는 아파트의 출입구와 을의 현관문 앞까지 무단으로 출입한 행위는 을과 같은 동에 거주하는 입주자들에게도 주거침입죄가 성립한다.
> ㉢ 피고인이 연인관계에 있는 피해자로부터 안방에 TV를 설치하여 달라는 요청을 받고 피고인이 피해자의 안방에 CCTV 카메라와 동영상 저장장치를 부착한 TV인 사실을 숨기고 피해자에게 TV를 설치해주겠다면서 안방까지 들어간 경우, 피고인의 출입이 범죄 등의 목적을 숨기고 한 것이라면 주거침입죄가 성립한다.
> ㉣ 입주자대표회의가 입주자 등이 아닌 자(이하 '외부인'이라 한다)의 단지 안 주차장에 대한 출입을 금지하는 결정을 하고 그 사실을 외부인에게 통보하였음에도 외부인이 입주자대표회의의 결정에 반하여 그 단지 안의 주차장에 들어간 경우라도, 외부인이 출입 당시 관리자로부터 구체적인 제지를 받지 않았고 일부 입주자 등의 승낙도 받았다면 건조물침입죄가 성립하지 아니한다.

① 0개   ② 1개
③ 2개   ④ 3개

21

준강도죄에 관한 다음 설명 중 옳지 <u>않은</u> 것으로 모두 몇 개인가?(다툼이 있으면 판례에 의함)

> ⊙ 준강도죄의 기수 여부는 절도행위의 기수 여부를 기준으로 하여 판단할 것이 아니라 폭행 또는 협박이 종료되었는가 하는 점에 따라 결정되어야 한다.
> ⓒ 낮에 주거에 침입하기는 했다가 훔칠 물건을 수색하기 전에 주인과 마주쳐 체포면탈목적으로 주인을 때리고 도망가면 준강도미수죄가 성립한다.
> ⓒ 밤에 절도를 할 목적으로 주거에 침입했다가 그 상태에서 주인과 마주쳐 체포면탈 목적으로 주인을 폭행하고 도망가면 준강도미수죄가 성립한다.
> ㉢ 절도범인 甲을 체포하려고 피해자가 폭력을 가해 오자 甲이 이를 피하기 위하여 엉겁결에 솥뚜껑을 들어 그 폭력을 막아내려다가 그 솥뚜껑에 스치어 피해자가 상처를 입게 되었다면 甲은 강도상해죄가 성립한다.
> ㉣ 절도범인이 처음에는 흉기를 휴대하지 아니하였으나, 체포를 면탈할 목적으로 폭행 또는 협박을 가할 때에 비로소 흉기를 휴대 사용하게 된 경우에는 형법 제334조의 예에 의한 준강도(특수강도의 준강도)가 된다.

① 1개 ② 2개
③ 3개 ④ 4개

22

재산범죄에 관한 다음 설명 중 가장 적절하지 <u>않은</u> 것은? (다툼이 있으면 판례에 의함)

① 컴퓨터등사용사기죄의 범행으로 예금채권을 취득한 다음 자기의 현금카드를 사용하여 현금자동지급기에서 현금을 인출한 경우, 별도로 절도죄나 사기죄의 구성요건에 해당하지 않는다 할 것이고, 그 결과 그 인출된 현금은 재산범죄에 의하여 취득한 재물이 아니므로 장물이 될 수 없다.

② 갑은 교도소에 수용 중인 피해자 乙을 기망하여 신용카드를 교부받은 뒤, 이 신용카드로 총 23회에 걸쳐 생활비 등 개인적인 용도로 사용한 경우, 을이 갑에게 이 신용카드의 사용권한을 주었다고 할 것이므로 사기죄는 될 지언정 신용카드 사용으로 인한 여신전문금융업법 위반죄(신용카드부정사용죄)는 성립하지 않는다.

③ 발행인으로부터 일정한 금액의 범위 내에서 액면을 보충·할인하여 달라는 의뢰를 받고 액면 백지인 약속어음을 교부받아 보관중이던 자가 발행인과의 합의에 의하여 정해진 보충권의 한도를 넘어 보충하여 그 약속어음을 자신의 채무변제조로 제3자에게 교부하여 임의로 사용한 경우 발행인으로 하여금 제3자에 대하여 어음상의 채무를 부담하는 손해를 입게 한 데에 대한 배임죄가 성립될 수 있으나 횡령죄는 성립될 수 없다.

④ 타인 소유의 토지에 관하여 허위의 보증서와 확인서를 발급받아「부동산소유권 이전등기 등에 관한 특별조치법」에 따른 소유권이전등기를 임의로 마친 사람은 그 토지에 대하여 타인의 재물을 보관하는 자의 지위에 있다고 할 수 없으므로 토지소유자에게 지급될 보상금을 수령하였어도 횡령죄가 성립하지 아니한다.

23

재산범죄에 대한 설명으로 옳은 것은 모두 몇 개 인가? (다툼이 있는 경우 판례에 의함)

㉠ 피고인들이 상대방 운전자의 과실에 의하여 야기된 교통사고로 일부 경미한 상해를 입었다고 하더라도, 이를 기화로 그 상해를 과장하여 병원에 장기간 입원하고, 이를 이유로 다액의 보험금을 받았다면, 그 보험금 전체에 대해 사기죄가 성립한다.

㉡ 공갈죄는 피공갈자의 하자 있는 의사에 기하여 이루어지는 재물의 교부 자체가 공갈죄에서의 재산상 손해에 해당하므로, 반드시 피해자의 전체 재산의 감소가 요구되는 것도 아니다.

㉢ 사기죄에 있어서 그 대가가 일부 지급된 경우에도 그 편취액은 피해자로부터 교부된 재물의 가치로부터 그 대가를 공제한 차액이 아니라 교부받은 재물 전부라 할 것이다.

㉣ 사람을 기망하여 부동산의 소유권을 이전받음으로써 이를 편취한 경우에 특정경제범죄 가중처벌 등에 관한 법률 제3조의 적용을 전제로 하여 그 부동산의 가액을 산정함에 있어서는, 그 부동산에 근저당권설정등기가 경료되어 있거나 압류 또는 가압류 등이 이루어져 있는 때에도 피보전채권액 등을 뺀 실제의 교환가치로 볼 것이 아니라 그 부동산의 시가 상당액으로 보아야 한다.

㉤ 피고인이 피해자 갑으로부터 명의신탁을 받아 보관 중인 부동산에 갑의 승낙 없이 임의로 채권최고액 266,000,000원의 근저당권을 설정하였는데, 당시 위 각 부동산 중 토지의 시가는 합계 724,379,000원, 위 각 부동산에는 그 이전에 채권최고액 434,000,000원의 근저당권설정등기가 마쳐져 있고, 이에 대하여 갑은 220,000,000원의 피담보채무를 부담하고 있는 사안에서, 피고인이 근저당권설정등기를 마치는 방법으로 위 각 부동산을 횡령하여 취득한 구체적인 이득액은 위 각 부동산의 시가 상당액에서 위 범행 전에 설정된 피담보채무액을 공제한 잔액이라고 보아야 하므로 구 특정경제범죄 가중처벌 등에 관한 법률 제3조 제1항을 적용할 수 있다.

① 1개 ② 2개
③ 3개 ④ 4개

24

배임수재죄 및 배임증재죄에 관한 설명으로 틀린 것은 모두 몇 개인가?(다툼이 있는 경우 판례에 의함)

㉠ 배임수증죄에 있어서 '부정한 청탁'이라 함은 청탁이 사회상규와 신의성실의 원칙에 반하는 것을 말하고 이를 판단함에 있어서는 청탁의 내용과 이와 관련되어 교부받거나 공여한 재물의 액수, 형식, 보호법익인 사무처리자의 청렴성 등을 종합적으로 고찰하여야 하며 그 청탁이 반드시 명시적임을 요하는 것은 아니다.

㉡ 배임수재죄에서 말하는 '재산상 이익의 취득'이라 함은 현실적인 취득만을 의미하므로 단순한 요구 또는 약속만을 한 경우에는 배임수재죄의 기수로 처벌하지 못한다.

㉢ 배임수재죄는 타인의 사무를 처리하는 자가 그 임무에 관하여 부정한 청탁을 받고 재물 또는 재산상의 이익을 취득함으로써 성립되고 청탁에 따른 일정한 행위가 현실적으로 행하여질 것을 요하지 않는다.

㉣ 규정이 허용하는 범위 내에서 최대한의 선처를 바란다는 청탁을 받고 그 사례로 금품을 수수한 경우, 배임수재죄의 '부정한 청탁'에 해당한다고 볼 수 없다.

㉤ 회사의 대표이사가 회사 자금을 빼돌려 횡령한 다음 그 중 일부를 배임증재에 공여한 경우, 위 횡령의 범행과 배임증재의 범행은 포괄일죄의 관계에 있다.

① 1개 ② 2개
③ 3개 ④ 4개

25

유가증권에 관한 죄에 대한 다음 설명 중 적절하지 않은 것은 모두 몇 개인가? (다툼이 있는 경우 판례에 의함)

㉠ 주식회사 대표이사로 재직하던 피고인이 대표이사가 타인으로 변경되었음에도 이전부터 사용하여 오던 피고인 명의로 된 위 회사 대표이사의 명판을 이용하여 피고인을 위 회사의 대표이사로 표시하여 약속어음을 발행한 경우 후임 대표이사의 승낙을 얻었다고 하더라도 자격모용유가증권작성죄가 성립한다.

㉡ 약속어음 배서인의 주소를 허위로 기재하였다고 하더라도 그것이 배서인의 인적 동일성을 해하는 경우가 아닌 한 허위유가증권작성죄에 해당하지 않는다.

㉢ 액면이 백지로 된 약속어음이 이미 타인에 의하여 위조된 것임을 알고 이를 구입하여 행사의 목적으로 백지인 액면란에 금액을 기입하여 그 위조어음을 완성하였더라도 이러한 행위는 별개의 유가증권위조죄를 구성하지 않는다.

㉣ 위조유가증권의 교부자와 피교부자가 서로 유가증권위조를 공모하였거나 위조유가증권을 타에 행사하여 그 이익을 나누어 가질 것을 공모한 공범의 관계에 있다면, 그들 사이의 위조유가증권 교부행위는 그들 이외의 자에게 행사함으로써 범죄를 실현하기 위한 전 단계의 행위에 불과한 것으로서 위조유가증권은 아직 범인들의 수중에 있다고 볼 것이지 행사되었다고 볼 수는 없다.

㉤ 약속어음의 기재사항을 권한없이 변경하였다면, 그 약속어음이 이미 타인에 의하여 위조된 경우라도 유가증권변조죄가 성립한다.

① 1개 ② 2개
③ 3개 ④ 4개

26

공정증서원본 등 부실기재죄에 관한 설명이다. 다음 중 옳은 것은 모두 몇 개인가?(다툼이 있으면 판례에 의함)

㉠ 발기인 등이 회사를 설립할 당시 회사를 실제로 운영할 의사 없이 회사를 이용한 범죄 의도나 목적이 있었다거나, 회사로서의 인적·물적 조직 등 영업의 실질을 갖추지 않았다는 이유만으로 불실의 사실을 법인등기부에 기록하게 한 것으로 볼 수 없다.

㉡ 실제로는 채권·채무관계가 존재하지 아니함에도 공증인에게 허위신고를 하여 가장된 금전채권에 대하여 집행력이 있는 공정증서원본을 작성하고 이를 비치하게 한 것이라면 공정증서원본불실기재죄 및 불실기재공정증서원본행사죄가 성립한다고 볼 수 없다.

㉢ 종중의 적법한 대표 권한이 없는 자가 종중 소유의 토지에 보존등기를 신청하면서 자신이 대표자인 것처럼 허위신고를 함으로써 부동산등기부에 종중의 대표자로 기재된 경우에는 공정증서원본 등 부실기재죄가 성립하지 않는다.

㉣ 양도인이 허위의 채권에 관하여 그 정을 모르는 양수인과 실제로 채권양도의 법률행위를 한 후 공증인에게 그 채권양도의 법률행위에 관한 공정증서를 작성하게 한 경우, 공정증서원본불실기재죄가 성립한다고 볼 수 없다.

㉤ 부동산의 거래당사자가 거래가액을 시장 등에게 거짓으로 신고하여 신고필증을 받은 뒤 이를 기초로 사실과 다른 내용의 거래가액이 부동산등기부에 등재되도록 하였다면, 형법상의 공전자기록등불실기재죄 및 불실기재공전자기록등행사죄가 성립한다.

① 1개 ② 2개
③ 3개 ④ 4개

27

직권남용권리행사방해죄에 대한 설명 중 가장 적절하지 않은 것은? (다툼이 있으면 판례에 의함)

① 검찰의 고위 간부가 내사 담당 검사로 하여금 내사를 중도에서 그만두고 종결처리토록 한 행위가 직권남용권리행사방해죄에 해당한다.
② 국가정보원 직원이 동일한 사안에 관한 일련의 직무집행 과정에서 단일하고 계속된 범의로 일정 기간 계속하여 저지른 직권남용행위에 대하여는 그 상대방이 수인이라면 포괄일죄가 성립할 수 없다.
③ 대통령비서실 소속 비서관들인 갑과 을이 4·16세월호 참사 특별조사위원회 설립준비 관련 업무를 담당하거나 설립팀장으로 지원근무 중이던 해양수산부 소속 공무원들에게 '세월호 특별조사위 설립준비 추진경위 및 대응방안 문건'을 작성하게 하고, 갑이 소속 비서관실 행정관 또는 해양수산부 공무원들에게 위 위원회의 동향을 파악하여 보고하도록 지시한 경우, 직권남용권리행사방해에 해당한다고 볼 수 있다.
④ 대통령비서실 정책실장 갑이 기업관계자들에게 기업 메세나(Mecenat) 활동의 일환인 미술관 전시회 후원을 요청하여 기업관계자들이 특정 미술관에 후원금을 지급한 경우, 갑은 직권남용권리행사방해죄 및 제3자 뇌물공여죄가 성립하지 않는다.

28

공무방해에 관한 죄에 대한 설명으로 가장 적절하지 않은 것은?(다툼이 있으면 판례에 의함)

① 피고인이 지구대 내에서 약 1시간 이상 경찰관에게 큰소리로 욕을 하고 의자에 드러눕거나 다른 사람들에게 시비를 걸고, 경찰관들이 피고인을 내보낸 뒤 문을 잠그자 다시 들어오기 위해 출입문을 계속해서 두드리는 등 소란을 피운 경우, 공무원에 대한 간접적인 유형력의 행사로 볼 수 있어 공무집행방해죄가 성립할 수 있다.
② 불심검문을 하게 된 경위, 불심검문 당시의 현장상황과 검문을 하는 경찰관들의 복장, 피고인이 공무원증 제시나 신분 확인을 요구하였는지 여부 등을 종합적으로 고려하여, 검문하는 사람이 경찰관이고 검문하는 이유가 범죄행위에 관한 것임을 피고인이 충분히 알고 있었다고 보이는 경우에는 신분증을 제시하지 않았다고 하여 그 불심검문이 위법한 공무집행이라고 할 수 없다.
③ 음주운전을 하다가 교통사고를 야기한 후 그 형사처벌을 면하기 위하여 타인의 혈액을 자신의 혈액인 것처럼 교통사고 조사 경찰관에게 제출하여 감정하도록 한 행위는 위계에 의한 공무집행방해죄에 해당한다.
④ 외국 주재 한국영사관의 비자발급 업무와 같이 상대방에게서 신청을 받아 일정한 자격요건 등을 갖춘 경우에 한하여 그에 대한 수용 여부를 결정하는 업무는 신청서에 기재된 사유가 사실과 부합하지 않을 수 있는 것을 전제로 그 자격요건 등을 심사·판단하는 것이므로, 업무담당자가 사실을 충분히 확인하지 아니한 채 신청인이 제출한 허위의 신청사유나 허위의 소명자료를 가볍게 믿고 이를 수용하였더라도 신청인에게 위계에 의한 공무집행방해죄가 성립한다.

29

불심검문에 관한 다음 설명 중 옳지 않은 것만을 고른 것은 모두 몇 개인가?(다툼이 있는 경우 판례에 의함)

⑦ 검문하는 사람이 경찰관이고 검문하는 이유가 범죄행위에 관한 것임을 피고인이 충분히 알고 있었다고 보이는 경우에는 신분증을 제시하지 않았다고 하여 그 불심검문이 위법한 공무집행이라고 할 수 없다.
ⓛ 불심검문에 수반하여 흉기의 소지 여부를 조사하는 것은 수색에 해당하므로 허용되지 않는다.
ⓒ 사법경찰관이 피고인을 수사관서까지 임의동행한 것이 불법 체포에 해당하더라도 6시간이 경과한 후에 정상적인 긴급체포를 밟았다면 그 긴급체포는 적법하다.
ⓔ 행정경찰 목적의 경찰활동으로 행하여지는 경찰관직무집행법 제3조 제2항 소정의 질문을 위한 동행요구도 형사소송법의 규율을 받는 수사로 이어지는 경우에는 역시 형사소송법 제199조 제1항 및 제200조 규정에 의하여야 한다.
ⓜ 경찰관이 '불심검문 대상자' 해당 여부를 판단할 때에는 불심검문 당시의 구체적 상황은 물론 사전에 얻은 정보나 전문적 지식 등에 기초하여 불심검문 대상자인지를 객관적·합리적인 기준에 따라 판단하여야 하나, 반드시 불심검문 대상자에게 형사소송법상 체포나 구속에 이를 정도의 혐의가 있을 것을 요한다.

① 1개　　② 2개
③ 3개　　④ 4개

30

수사절차에 대한 다음 설명 중 적절한 것은 모두 몇 개인가?

⑦ 사법경찰관의 불송치결정에 대하여 형사소송법 제245조의7에 따라 해당 사법경찰관의 소속 관서의 장에게 이의신청을 할 수 있는 주체에는 고발인을 제외한다.
ⓛ 검사 또는 사법경찰관이 피혐의자의 수사기관 출석조사, 피의자신문조서의 작성, 현행범체포 행위에 착수한 때에는 수사를 개시한 것으로 본다. 이 경우 검사 또는 사법경찰관은 해당 사건을 즉시 입건해야 한다.
ⓒ 사법경찰관은 피의자중지 결정을 한 경우에는 "고소인"등과 피의자에게 통지해야 한다.
ⓔ 사법경찰관으로부터 수사중지 결정의 통지를 받은 사람은 해당 사법경찰관의 소속 관서의 장에게 이의를 제기할 수 있다.
ⓜ 사법경찰관으로부터 수사중지 결정의 통지를 받은 사람은 해당 수사중지 결정이 법령위반, 인권침해 또는 현저한 수사권 남용이라고 의심되는 경우 해당 사법경찰관이 소속된 바로 위 상급경찰관서의 장에게 신고를 할 수 있다.

① 1개　　② 2개
③ 3개　　④ 4개

31

친고죄와 반의사불벌죄의 형사절차에 대한 다음 설명으로 가장 적절하지 않은 것은?(다툼이 있는 경우 판례에 의함)

① 고소인과 피고소인 상호간에 민·형사간 어떠한 이의도 제기하지 않을 것을 합의한다는 합의서가 법원에 제출된 후에 고소인이 법정에 나와 고소취소의 의사가 없다고 진술하였다면 고소는 취소되지 아니한 것이다.

② 법원이 선임한 부재자 재산관리인이 그 관리대상인 부재자의 재산에 대한 범죄행위에 관하여 법원으로부터 고소권 행사에 관한 허가를 얻은 경우에도, 부재자 재산관리인은 형사소송법 제225조 제1항에서 정한 법정대리인으로서 적법한 고소권자에 해당한다.

③ 피해자가 피고인의 처벌을 구하는 의사를 철회한다는 의사로 합의서를 제1심법원에 제출할 경우, 그 후 피해자가 제1심법원에 증인으로 출석하여 위 합의를 취소하고 다시 피고인의 처벌을 원한다는 진술을 한 경우, 고소취소를 철회한다는 의사표시의 효력이 있다.

④ 형사소송법 제225조 제1항이 규정한 법정대리인의 고소권은 피해자의 고소권 소멸여부에 관계없이 고소할 수 있는 것이므로 법정대리인의 고소기간은 법정대리인 자신이 범인을 알게 된 날로부터 진행한다.

32

긴급체포에 대한 설명으로 가장 적절하지 않은 것은?(다툼이 있는 경우 판례에 의함)

① 검사 또는 사법경찰관은 긴급체포된 자가 소유·소지 또는 보관하는 물건에 대하여 긴급히 압수할 필요가 있는 경우에는 체포한 때부터 24시간 이내에 한하여 영장 없이 압수·수색 또는 검증을 할 수 있으며, 이는 현행범인 체포의 경우에는 준용되지 않는다.

② 사법경찰관은 피의자를 긴급체포한 경우에는 즉시 검사의 승인을 얻어야 하며, 사법경찰관은 긴급체포 후 12시간 내에 검사에게 긴급체포의 승인을 요청해야 한다.

③ 검사는 사법경찰관의 긴급체포 승인 요청이 이유 없다고 인정하는 경우에는 지체 없이 사법경찰관에게 불승인 통보를 해야 하며, 이 경우 사법경찰관은 긴급체포된 피의자를 즉시 석방하고 그 석방 일시와 사유 등을 검사에게 통보해야 한다.

④ 형사소송법 제208조(재구속의 제한)의 '구속되었다가 석방된 자'에는 긴급체포나 현행범으로 체포되었다가 사후영장발부 전에 석방된 경우도 포함된다.

33

전자정보 압수·수색에 관한 다음 설명 중 옳지 않은 것은 모두 몇 개인가? (다툼이 있는 경우 판례에 의함)

㉠ 전자정보에 대한 압수·수색이 종료되기 전에 유관정보를 적법하게 탐색하는 과정에서 무관정보를 우연히 발견한 경우라면, 수사기관으로서는 더 이상의 추가 탐색을 중단하고 법원으로부터 별도의 범죄혐의에 대한 압수·수색영장을 발부받은 경우에 한하여 그러한 정보에 대하여도 적법하게 압수·수색을 할 수 있다.

㉡ 위장형 카메라 등 특수한 정보저장매체의 경우, 수사기관이 임의제출받은 정보저장매체가 그 기능과 속성상 임의제출에 따른 적법한 압수의 대상이 되는 전자정보와 그렇지 않은 전자정보가 혼재될 여지가 거의 없어 사실상 대부분 압수의 대상이 되는 전자정보만이 저장되어 있는 경우에는 소지·보관자의 임의제출에 따른 통상의 압수절차 외에 피압수자에게 참여의 기회를 보장하지 않고 전자정보 압수목록을 작성·교부하지 않았다는 점만으로 곧바로 증거능력을 부정할 것은 아니다.

㉢ 수사기관이 피의자의 이메일 계정에 대한 접근권한에 갈음하여 발부받은 압수·수색영장에 따라, 원격지의 저장매체에 적법하게 접속하여 내려받거나 현출된 전자정보를 대상으로 하여 범죄 혐의사실과 관련된 부분에 대하여 압수·수색하는 것은 특별한 사정이 없는 한 허용되지만, 원격지 저장매체가 국외에 있는 경우에는 허용되지 않는다.

㉣ 수사기관이 범죄 혐의사실과 관련 있는 정보를 선별하여 압수한 후에도 그와 관련이 없는 나머지 정보를 법원의 영장내용에 반하여 삭제·폐기·반환하지 아니한 채 그대로 보관하고 있다면, 범죄 혐의사실과 관련이 없는 부분에 대하여는 압수의 대상이 되는 전자정보의 범위를 넘어서는 전자정보를 영장없이 압수·수색하여 취득한 것이어서 위법하다.

㉤ 피의자가 휴대전화를 임의제출하면서 휴대전화에 저장된 전자정보가 아닌 클라우드 등 제3자가 관리하는 원격지에 저장되어 있는 전자정보를 수사기관에 제출한다는 의사로 수사기관에게 클라우드 등에 접속하기 위한 아이디와 비밀번호를 임의로 제공하였다면 위 클라우드 등에 저장된 전자정보를 임의제출하는 것으로 볼 수 있다.

① 1개 ② 2개
③ 3개 ④ 4개

34

증거보전절차에 관한 설명으로 가장 적절하지 않은 것은?(다툼이 있는 경우 판례에 의함)

① 형사소송법 제184조에 의한 증거보전은 피고인 또는 피의자가 형사입건 되기 전에는 청구할 수 없으며, 항소심이나 파기환송 후의 절차 또는 재심청구사건에서도 청구할 수 없다.

② 공동피고인과 피고인이 뇌물을 주고 받은 사이로 필요적 공범관계에 있다고 하더라도 검사는 수사단계에서 피고인에 대한 증거를 미리 보전하기 위하여 필요한 경우에는 판사에게 공동피고인을 증인으로 신문할 것을 청구할 수 있다.

③ 검사, 피고인, 피의자 또는 변호인은 미리 증거를 보전하지 아니하면 그 증거를 사용하기 곤란한 사정이 있는 때에는 제1회공판기일 전이라도 판사에게 압수·수색·검증은 물론 증인신문 또는 감정을 청구할 수 있다.

④ 형사소송법 제184조에 의한 증거보전절차에서 증인신문을 하면서, 위 증인신문의 일시와 장소를 피의자 및 변호인에게 미리 통지하지 아니하여 증인신문에 참여할 수 있는 기회를 주지 아니하였고 또 변호인이 제1심 공판기일에서 위 증인신문조서의 증거조사에 관하여 이의신청을 하였지만 후에 증인이 법정에서 증인신문조서의 진정성립을 인정한 경우에는 증거능력이 인정된다.

35

위법수집증거배제법칙에 관한 설명 중 가장 적절한 것은?(다툼이 있으면 판례에 의함)

① 피고인이 자신의 휴대전화 카메라를 이용하여 총 9회에 걸쳐 성적 욕망 또는 수치심을 유발할 수 있는 피해자 4명의 신체를 그들의 의사에 반하여 촬영하였다는 성폭력범죄의 처벌 등에 관한 특례법 위반(카메라등이용촬영)의 공소사실과 관련하여, 수사기관이 피고인을 현행범으로 체포할 당시 임의제출 형식으로 압수한 휴대전화 제출에 관하여 검사가 임의성의 의문점을 없애는 증명을 다하지 못하였다면 휴대전화 및 그에 저장된 전자정보는 위법수집증거에 해당하여 증거능력이 없다.

② 소송사기의 피해자가 제3자로부터 대가를 지급하고 취득한 업무일지가 제3자에 의하여 절취된 것으로서 위 소송사기 등의 피해자측이 이를 수사기관에 증거자료로 제출하기 위하여 대가를 지급하였다면 이 사건 업무일지는 사기죄에 대한 증거로 사용할 수 없다.

③ 「형사소송법」 제219조가 준용하는 같은 법 제118조는 "압수·수색영장은 처분을 받는 자에게 반드시 제시하여야 한다"고 규정하고 있으므로 피처분자가 현장에 없거나 현장에서 그를 발견할 수 없는 경우 등 영장제시가 현실적으로 불가능한 경우라도 영장을 제시하지 아니한 채 압수·수색을 하면 위법하다.

④ 수사기관이 강도 현행범으로 체포된 피고인에게 진술거부권을 고지하지 아니한 채 자백을 받은 후, 몇 시간 뒤 바로 수사기관의 진술거부권 고지가 이루어졌고, 최초 자백 후 40여일이 지난 후에 피고인이 변호인의 충분한 조력을 받으면서 공개된 법정에서 임의로 자백을 하였다면 이는 유죄의 증거로 사용할 수 없다.

36

전문법칙에 관한 다음 설명으로 적절하지 않은 것은 모두 몇 개인가?(다툼이 있으면 판례에 의함)

㉠ 검사가 작성한 피의자신문조서와 검사 이외의 수사기관이 작성한 피의자신문조서는 적법한 절차와 방식에 따라 작성된 것으로서 공판준비 또는 공판기일에 그 피의자였던 피고인 또는 변호인이 그 내용을 인정할 때에 한정하여 증거로 할 수 있다.

㉡ 형사소송법 제312조 제1항의 검사가 작성한 피의자신문조서에서 '그 내용을 인정할 때'라 함은 피의자신문조서의 기재 내용이 진술 내용대로 기재되어 있다는 의미이고, 그와 같이 진술한 내용이 실제 사실과 부합한다는 것을 의미하는 것은 아니다.

㉢ 피고인이 공소사실을 부인하는 경우, 검사가 작성한 피의자신문조서 중 공소사실을 인정하는 취지의 진술 부분은 그 내용을 인정하지 않았다고 보아야 한다.

㉣ 공소사실이 최초로 심리된 제1심 제4회 공판기일부터 피고인이 공소사실을 일관되게 부인하여 경찰 작성 피의자신문조서의 진술 내용을 인정하지 않는 경우에도 제1심 제4회 공판기일에 피고인이 위 서증의 내용을 인정한 것으로 공판조서에 기재되어 있다면 위 피의자신문조서의 증거능력은 인정된다.

㉤ 피고인은 제1심에서 공소사실의 일시에 메트암페타민을 투약한 사실이 없다고 공소사실을 부인하였으므로 검찰 피의자신문조서 중 공소사실을 인정하는 취지의 진술 내용을 인정하지 않았다고 보아야 한다. 따라서 제1심 공판조서의 일부인 증거목록에 피고인이 제1심 제2회 공판기일에서 위 검찰 피의자신문조서에 동의한 것으로 기재되어 있는 것은 착오 기재이거나 피고인이 그 조서 내용과 같이 진술한 사실이 있었다는 것을 인정한다는 것을 '동의'로 조서를 잘못 정리한 것으로 이해될 뿐 이로써 위 검찰 피의자신문조서가 증거능력을 가지게 되는 것은 아니다.

① 1개　　② 2개
③ 3개　　④ 4개

37

형사소송법 제314조의 증거능력 인정요건에 관한 설명 중 가장 적절하지 <u>않은</u> 것은? (다툼이 있는 경우 판례에 의함)

① 현행 형사소송법 제314조의 문언과 개정 취지, 진술거부권 관련 규정의 내용 등에 비추어 보면, 피고인이 증거서류의 진정성립을 묻는 검사의 질문에 대하여 진술거부권을 행사하여 진술을 거부한 경우는 형사소송법 제314조의 '그 밖에 이에 준하는 사유로 인하여 진술할 수 없는 때'에 해당한다.
② 「형사소송법」제314조의 '특신상태'와 관련된 법리는 마찬가지로 원진술자의 소재불명 등을 전제로 하고 있는 「형사소송법」제316조 제2항의 '특신상태'에 관한 해석에도 그대로 적용된다.
③ 「형사소송법」제314조에서 말하는 '원진술자가 진술을 할 수 없는 때'에는 사망, 질병 등 명시적으로 열거된 사유 외에도, 원진술자가 공판정에서 진술을 한 경우라도 증인신문 당시 일정한 사항에 관하여 기억이 나지 않는다는 취지로 진술하여 그 진술의 일부가 재현 불가능하게 된 경우도 포함한다.
④ 수사기관에서 진술한 참고인이 법정에서 증언을 거부하여 피고인이 반대신문을 하지 못한 경우에는 정당하게 증언거부권을 행사한 것이 아니라도, 피고인이 증인의 증언거부 상황을 초래하였다는 등의 특별한 사정이 없는 한 「형사소송법」 제314조의 '그 밖에 이에 준하는 사유로 인하여 진술할 수 없는 때'에 해당하지 않는다.

38

당사자의 동의와 증거능력에 대한 설명으로 가장 적절한 것은? (다툼이 있으면 판례에 의함)

① 피고인의 변호인은 피고인의 명시한 의사에 반하지 아니하는 한 피고인을 대리하여 증거동의를 할 수 있으나 피고인이 증거조사 완료 후에 변호인의 증거동의에 관해 이의를 제기하였다면 법원은 해당증거의 증거능력을 인정하여서는 아니된다.
② 검사 작성의 피고인 아닌 자에 대한 진술조서에 관하여 피고인이 공판정진술과 배치되는 부분은 부동의한다고 진술한 것은 조사 내용의 특정부분에 관하여 증거로 함에 동의한다는 특별한 사정이 있는 때와는 달리 그 조서를 증거로 함에 동의하지 아니한다는 취지로 해석하여야 한다.
③ 피고인이 사법경찰관 작성의 피해자진술조서를 증거로 동의함에 있어서 그 동의가 법률적으로 어떠한 효과가 있는지를 모르고 한 것이었다고 주장한다면 설령 변호인이 그 동의 시 공판정에 재정하고 있었고 피고인이 하는 동의에 대하여 아무런 이의나 취소를 제기한 사실이 없다 하더라도 그 동의에는 법률상 하자가 존재한다고 볼 수밖에 없다.
④ 수사기관이 원진술자의 진술을 기재한 조서는 그 내용을 피고인이 부인하고 원진술자의 법정출석 및 반대신문이 이루어지지 못하였다면 이를 주된 증거로 하여 공소사실을 인정할 수 없는 것이 원칙이지만, 피고인이 이에 대해 증거동의한 경우에는 그렇지 아니하다.

39

탄핵증거에 관한 설명 중 가장 적절하지 않은 것은?(다툼이 있는 경우 판례에 의함)

① 검사가 유죄의 자료로 제출한 사법경찰리 작성의 피고인에 대한 피의자신문조서는 피고인이 그 내용을 부인하는 이상 증거능력이 없으나, 그것이 임의로 작성된 것이 아니라고 의심할 만한 사정이 없는 한 피고인의 법정에서의 진술을 탄핵하기 위한 반대증거로 사용할 수 있다.

② 사법경찰리 작성의 피고인에 대한 피의자신문조서와 피고인이 작성한 자술서들은 모두 검사가 유죄의 자료로 제출한 증거들로서 피고인이 각 그 내용을 부인하는 이상 증거능력이 없으나 그러한 증거라 하더라도 그것이 임의로 작성된 것이 아니라고 의심할 만한 사정이 없는 한 피고인의 법정에서의 진술을 탄핵하기 위한 반대증거로 사용할 수 있다.

③ 탄핵증거는 범죄사실을 인정하는 증거가 아니므로 엄격한 증거조사를 거쳐야 할 필요가 없음은「형사소송법」제318조의2의 규정에 따라 명백하므로 법정에서 이에 대한 증거조사는 필요하지 않다.

④ 탄핵증거의 제출에 있어서도 상대방에게 이에 대한 공격방어의 수단을 강구할 기회를 사전에 부여하여야 한다는 점에서 그 증거와 증명하고자 하는 사실과의 관계 및 입증취지 등을 미리 구체적으로 명시하여야 할 것이므로, 증명력을 다투고자 하는 증거의 어느 부분에 의하여 진술의 어느 부분을 다투려고 한다는 것을 사전에 상대방에게 알려야 한다.

40

다음 사례에 대한 설명으로 옳은 것은 모두 몇 개인가? (다툼이 있는 경우 판례에 의함)

> (1) X카페의 주인 甲은, 쓰레기 문제로 평소 자주 다투던 옆집 Y식당 주인 乙에게 화가 나 乙이 1층에 세워놓은 Y식당 광고판(홍보용 배너와 거치대)을 그 장소에서 제거하여 컨테이너로 된 상가 창고로 옮겨놓아 乙이 사용할 수 없도록 하였다.
>
> (2) 이 사실을 알게 된 乙은 甲에 대한 상해의 고의로 불꺼진 X카페로 들어가 甲으로 추정되는 자에게 각목을 내리쳐 코뼈를 부러뜨렸으나 실제로 맞은 사람은 甲에게 총구를 겨누던 丙이었다.

㉠ (1)에서 甲에게는 재물손괴죄가 성립한다.

㉡ (2)에서 착오에 대한 판례의 입장에 의하면, 乙에게 丙에 대한 상해죄의 고의기수범 성립을 인정한다.

㉢ (2)의 상황에서 엄격책임설의 입장에 의하면, 착오에 정당한 이유가 없는 경우 乙에게 상해죄 성립을 인정한다.

㉣ (2)의 사실에 대하여 검사가 乙에게 무혐의 결정을 하였다가 다시 공소를 제기한 경우, 이는 일사부재리의 원칙에 위배되므로 다시 수사를 재개하거나 공소를 제기할 수 없다.

㉤ (2)의 사실에 대하여 수사기관에서 혐의를 부인하던 乙이 피고인의 신분으로 공판정에서 자백을 한 경우, 자백보강법칙은 적용되지 아니한다.

① 1개 ② 2개
③ 3개 ④ 4개

24년 경찰공무원(순경) 채용시험

임종희 경찰형사법
파이널 모의고사

제 4회

! 응시자 유의사항

응시자는 반드시 기재된 과목명에 맞게 표기하여야 하며, 과목을 바꾸어 표기한 경우에도 상단에 기재된 과목 순서대로 채점되므로 유의하시기 바랍니다.

※ 시험이 시작되기 전까지 표지를 넘기지 마시오.

01

죄형법정주의에 관한 다음 설명 중 옳은 것은 모두 몇 개인가? (다툼이 있으면 판례에 의함)

> ㉠ 법정소동죄 등을 규정한 형법 제138조에서의 '법원의 재판'에 '헌법재판소의 심판'을 포함시키는 해석이 피고인에게 불리한 확장해석이나 유추해석에 해당하지 않는다.
>
> ㉡ 대통령기록물관리에관한법률 유출이 금지되는 대통령기록물에 원본 문서나 전자파일 이외에 그 사본이나 추가 출력물까지 포함된다고 해석하는 것은 죄형법정주의 원칙상 허용되지 아니한다.
>
> ㉢ 관할 관청의 승인을 받지 않고 자신 소유의 화물자동차 적재함에 야영 캠핑용 주거공간(일명 '캠퍼')을 부착·설치하였다면 '자동차의 튜닝'에 해당한다.
>
> ㉣ 대한변호사협회의 '변호사 광고에 관한 규정' 제4조 제14호 중 '협회의 유권해석에 반하는 내용의 광고' 부분은 변호사가 변협의 유권해석에 위반되는 광고를 할 수 없도록 금지하고 있는데, 협회의 유권해석에 반하는 광고금지규정은 명확성의 원칙에 반하지 아니한다.
>
> ㉤ 지상의 항공기가 이동할 때 '운항중'이 된다는 이유만으로 그때 다니는 지상의 길까지 항공보안법상 '항로'로 해석하는 것은 문언의 가능한 의미를 벗어난다.

① 1개   ② 2개
③ 3개   ④ 4개

02

형법의 시간적 적용범위에 대한 설명으로 옳지 않은 것은? (다툼이 있는 경우 판례에 의함)

① 형법 제1조 제2항의 해석과 관련하여, 해당 형벌법규 자체 또는 그로부터 수권 내지 위임을 받은 법령이 아닌 다른 법령이 변경된 경우, 이는 해당 형벌법규에 따른 범죄의 성립및 처벌과 직접적으로 관련된 형사법적 관점의 변화를 주된 근거로 하는 법령의 변경에 해당하여야 하므로, 이와 관련이 없는 법령의 변경으로 인하여 해당 형벌법규의 가벌성에 영향을 미치게 되는 경우에는 형법 제1조 제2항이 적용되지 않는다.

② 범죄 후 법률의 변경이 있더라도 법정형이 동일한 경우에는 구법을 적용하여야 하나, 신법을 적용하는 법령적용의 잘못이 있더라도 판결 결과에는 아무런 영향이 없다.

③ 캐나다 시민권자인 甲이 투자금을 교부받더라도 선물시장에 투자하여 운용할 의사나 능력이 없음에도 캐나다에서 그곳에 거주하는 대한민국 국민 A를 기망하여 직접 투자금을 수령한 경우, 甲의 행위가 캐나다 법률에 의해 범죄를 구성하고 그에 대한 소추나 형의 집행이 면제되지 않는 경우에만 우리 형법이 적용된다.

④ 상습강제추행죄가 신설되어 시행되기 이전의 범행은 행위시법에 의하여 상습강제추행죄가 아닌 기존의 강제추행죄로 처벌할 수 있을 뿐이나, 그 소추요건은 절차법적 요건이므로 상습강제추행죄에 관한 것이 구비되어야 한다.

03

법인의 범죄능력과 양벌규정에 관한 다음 설명 중 가장 적절하지 않은 것은?(다툼이 있으면 판례에 의함)

① 법인격 없는 사단과 같은 단체는 법인과 마찬가지로 사법상의 권리의무의 주체가 될 수 있음은 별론으로 하더라도 법률에 명문의 규정이 없는 한 그 범죄능력은 없다.

② 지입차주는 객관적 외형상으로 보아 그 차량의 소유자인 지입회사와의 위탁계약에 의하여 그 위임을 받아 운행·관리를 대행하는 지위에 있는 자로서 도로법 제86조에서 정한 "대리인·사용인 기타의 종업원"에 해당하므로, 지입차주의 도로법위반 행위에 대하여 지입회사도 양벌규정에 의하여 처벌된다고 할 것이다.

③ 약국을 실질적으로 경영하는 약사가 다른 약사를 고용하여 그 고용된 약사를 명의상의 개설약사로 등록하게 해두고 영업하던 중 그 약국의 종업원이 약사법 위반 행위를 하였다면 약사법 제78조의 양벌규정상의 형사책임은 그 약국을 개설한 약사가 지게 된다.

④ 양벌규정에 의해 법인이 처벌되는 경우, 공모한 수인의 사용인 가운데 A, B법인의 사용인은 직접 실행행위에 가담하지 않고 C법인의 사용인만 실행행위를 분담한 경우에도 A,B법인은 C법인과 공동정범이 될 수 있다.

04

부작위범에 관한 다음 설명 중 옳은 것은 모두 몇 개인가? (다툼이 있으면 판례에 의함)

㉠ 어떠한 범죄가 적극적 작위에 의하여 이루어질 수 있음은 물론 결과의 발생을 방지하지 아니하는 소극적 부작위에 의하여도 실현될 수 있는 경우에, 행위자가 자신의 신체적 활동이나 물리적·화학적 작용을 통하여 적극적으로 타인의 법익 상황을 악화시킴으로써 결국 그 타인의 법익을 침해하기에 이르렀다면, 이는 작위에 의한 범죄로 봄이 원칙이고, 작위에 의하여 악화된 법익 상황을 다시 되돌이키지 아니한 점에 주목하여 이를 부작위범으로 보아야 한다.

㉡ 진정부작위범과 부진정부작위범의 구별에 관한 학설 중 실질설은 거동범에 대하여는 부진정부작위범이 성립할 여지가 없다고 보는 반면에, 형식설은 결과범은 물론 거동범에 대하여도 부진정부작위범이 성립할 수 있다고 본다.

㉢ 작위의무는 법적인 의무 뿐만아니라 도덕상 또는 종교상의 의무도 포함되므로 법령, 법률행위, 선행행위로 인한 경우는 물론이고 기타 신의성실의 원칙이나 사회상규 혹은 조리상 작위의무가 기대되는 경우에도 법적인 작위의무는 있다.

㉣ 형법이 금지하고 있는 법익침해의 결과발생을 방지할 법적인 작위의무를 지고 있는 자가 그 의무를 이행함으로써 결과발생을 쉽게 방지할 수 있었음에도 불구하고 그 결과의 발생을 용인하고 이를 방관한 채 그 의무를 이행하지 아니한 경우에, 그 부작위가 작위에 의한 법익침해와 동등한 형법적 가치를 가질 것을 요구하는 것도 아니어서 그 범죄의 실행행위로 평가될 만한 것일 필요가 없는 것이므로, 작위에 의한 실행행위와 동일하게 부작위범으로 처벌할 수 있다.

㉤ 보증인의무를 구성요건요소로 이해하는 견해에 대하여는 부진정부작위범의 구성요건해당성의 범위가 부당하게 확대될 우려가 있다는 비판이 제기된다.

① 0개 ② 1개
③ 2개 ④ 3개

05

인과관계에 관한 설명 중 옳지 않은 것은 모두 몇 개인가?(다툼이 있는 경우 판례에 의함)

㉠ 동시의 독립행위가 경합한 경우에 그 결과발생의 원인된 행위가 판명되지 아니한 때에는 이시(異時)의 독립행위가 경합한 경우와 달리 각 행위를 기수범으로 처벌한다.

㉡ 고의의 결과범에서 실행행위와 결과발생 간에 인과관계가 없는 경우 행위자를 기수범으로 처벌할 수 없다.

㉢ 결과발생을 위해 경험칙상 상당한 조건만이 원인이 되고 이 경우 인과관계가 인정된다는 견해에 대해서는 결과발생에 관계된 모든 조건을 등가적으로 평가함으로써 인과관계를 인정하는 범위가 너무 넓어 결과책임을 제한하려는 형법의 목적을 실현하는 데 문제가 있다는 비판이 제기된다.

㉣ 甲이 주먹으로 A의 복부를 1회 강타하여 장파열로 인한 복막염으로 A를 사망케 하였다면, 비록 의사의 과실에 의한 수술지연이 공동원인이 되었더라도 甲의 행위가 사망의결과에 대한 유력한 원인이 된 이상 甲의 행위와 A의 사망사이에는 인과관계가 인정된다.

㉤ 의사의 업무상과실이 증명되었다는 사정만으로 인과관계가 추정되거나 증명 정도가 경감되는 것은 아니므로, 형사재판에서는 인과관계 증명에 있어서 '합리적인 의심이 없을 정도'의 증명을 요한다.

① 0개 ② 1개
③ 2개 ④ 3개

06

착오에 대한 다음 설명으로 적절하지 않은 것은 모두 몇 개인가?

> ㉠ 형법 제15조 제1항의「특별히 무거운 죄가 되는 사실을 인식하지 못한 행위는 무거운 죄로 벌하지 아니한다.」는 규정은 사실의 착오를 의미한다.
> ㉡ 갑은 자신과의 사이가 나쁜 동네 사람 A를 살해할 의사로 캄캄한 밤에 흉기로 찔렀으나 실은 자신의 장모 B를 A로 오인하여 살해하였다. 판례는 갑에 대하여 장모 B를 직계존속임을 인식하지 못하고 살해한 경우에 해당하므로, 형법 제15조 제1항에 의하여 보통살인죄가 성립한다고 보았다.
> ㉢ 위법성을 조각하는 피해자의 승낙과 구성요건해당성을 조각하는 양해를 구별하는 입장에 따르면, 양해가 없음에도 불구하고 양해가 있다고 생각하고 행위한 경우에는 불능미수가 성립한다.
> ㉣ 촉탁·승낙이 없음에도 불구하고 촉탁·승낙이 있는 것으로 오인하고 살해한 경우에는 형법 제15조 제1항에 의하여 보통살인죄가 아닌 촉탁·승낙살인죄가 성립한다.
> ㉤ 갑이 乙을 익사시킬 고의로 다리위에서 밀었는데 乙이 떨어지면서 교각에 머리를 부딪쳐 뇌진탕으로 사망한 경우, 착오가 비본질적이어서 갑은 살인죄의 기수가 성립한다.

① 0개 ② 1개
③ 2개 ④ 3개

07

결과적가중범에 대한 설명 중 가장 적절하지 않은 것은?(다툼이 있는 경우 판례에 의함)

① 직무를 집행하는 공무원에 대하여 위험한 물건을 휴대하여 고의로 상해를 가한 경우에는 특수공무집행방해치상죄만 성립할 뿐, 이와는 별도로 폭력행위 등 처벌에 관한 법률 위반(집단·흉기 등 상해)죄를 구성하지 않는다.
② 「성폭력범죄의 처벌 등에 관한 특례법」의 특수강간치상죄에 있어서 상해의 결과가 발생한 이상 특수강간이 미수에 그쳤더라도 특수강간치상죄의 기수범이 된다.
③ 불을 놓은 집에서 빠져 나오려는 피해자들을 막아 소사케 한 행위는 1개의 행위가 수개의 죄명에 해당하는 경우라고 볼 수 있으므로, 위 방화행위와 살인행위는 현주건조물방화죄와 살인죄는 상상적 경합관계에 있다.
④ 4일 가량 물조차 제대로 마시지 못하고 잠도 자지아니하여 거의 탈진 상태에 이른 피해자의 손과 발을 17시간이상 묶어두고 좁은 차량 속에서 움직이지 못하게 감금하였는데, 묶인 부위의 혈액 순환에 장애가 발생하여 혈전이 형성되고 그 혈전이 폐동맥을 막아 사망에 이르게 된 경우 감금치사죄가 성립한다.

08

다음 중 형법 제20조의 정당행위에 해당하는 것은 모두 몇 개인가?(다툼이 있으면 판례에 따름)

> ㉠ 방송사 기자인 피고인이, 구 국가안전기획부 정보수집팀이 타인 간의 사적 대화를 불법 녹음하여 생성한 도청자료인 녹음테이프와 녹취보고서를 입수한 후 이를 자사의 방송프로그램을 통하여 공개한 경우
> ㉡ 개업의사인 피고인은 임부를 진찰하고 임부로 하여금 태아를 분만케 하려 하였으나 골반간격이 좁아 자연분만을 할 수 없게 되자 부득이 인공분만기인 '샥숀'을 3회 반복사용하여 임부에게 회음부 및 질내염상을, 태아에게 두혈종상을 입힌 경우
> ㉢ 찜질방 내에 침대, 부황기, 부황침 등을 갖추어 놓고 찾아오는 사람들에게 치료해주고 치료비 명목으로 돈을 받은 경우
> ㉣ 건설업체 노조원들이 '임·단협 성실교섭 촉구 결의대회'를 개최하면서 차도의 통행방법으로 신고하지 아니한 삼보일배 행진을 하여 차량의 통행을 방해한 경우
> ㉤ 인터넷 사이트 내 회원 게시판에 특정 골프클럽의 운영상 불합리성을 비난하는 글을 게시하면서 위 클럽담당자에 대하여 한심하고 불쌍한 인간이라는 등 경멸적 표현을 한 경우

① 1개 ② 2개
③ 3개 ④ 4개

09
다음 사례와 관련한 설명으로 가장 적절한 것은?

> A복싱클럽의 코치인 갑은 그 복싱클럽 관장인 을(33세)과 그 회원인 병(17세) 사이에 회원등록취소 문제로 시비가 붙어 몸싸움이 격화되는 과정에서 병이 왼손을 주머니에 넣어 '휴대용 녹음기'를 움켜쥔 채 꺼내는 것을 '호신용 작은 칼'로 을의 생명·신체에 위해를 가하려는 것으로 오인하고, 병의 왼손 주먹을 강제로 펴게 함으로써 제4수지 골절상인 전치 4주의 상해를 입혔다.

① 위 사례는 위법성조각사유 전제사실의 착오(오상방위)에 해당하며, 판례에 따르면 그 오인에 정당한 이유가 있는 경우 위법성이 없다.
② 제한적 책임설 중 법효과제한적 책임설에 따르면 갑이 '휴대용 녹음기'를 '호신용 작은 칼'로 오인하였더라도 상해의 고의는 부정되지 않으므로 상해죄의 죄책을 진다.
③ 소속 중대장의 지시에 따라 관사를 지키고 있던 당번병인 피고인이 중대장의 처가 마중나오라는 지시를 정당한 명령으로 오인하고, 그 오인에 정당한 이유가 있는 경우 책임이 조각된다.
④ 신문기자 甲이 "모대학 학생회장 丙이 사망직전 마지막으로 동행한 사람은 안기부직원인 乙녀였다"는 기사를 작성하여 신문에 게재하였으나 乙녀가 동행한 점은 사실이 아닌 경우, 갑이 위 기사내용을 진실이라고 믿고 보도하게 되었던 것이므로 그 오인에 정당한 이유가 있어 책임이 조각된다.

10
다음 중 갑에게 괄호 안에 있는 범죄의 예비·음모죄로 처벌할 수 있는 것은 모두 몇 개인가?(다툼이 있으면 판례에 의함)

> ㉠ 갑은 휴대 중이던 등산용 칼을 뜻하지 않게 절도 범행이 발각되었을 경우 체포를 면탈하는데 도움이 될 수 있을 것이라는 정도의 생각에서 준비하였다(강도죄).
> ㉡ 필로폰을 매수하려는 자에게서 필로폰을 구해 달라는 부탁과 함께 돈을 지급받았다(마약매매죄).
> ㉢ 국제우편 등을 통하여 향정신성의약품을 수입하는 경우, 국내에 거주하는 수신인 피고인이 발신인에게 필로폰을 받을 국내 주소를 알려주었으나, 발신인이 필로폰이 들어 있는 우편물을 발신국의 우체국 등에 제출하였다는 사실이 밝혀지지 않았다(향정신성의약품수입죄).
> ㉣ 갑이 을을 살해하기 위하여 병, 정 등을 고용하면서 그들에게 대가의 지급을 약속하였다(살인죄).
> ㉤ 갑은 강간할 의사로 나이트클럽에 가서 을녀를 만나 갑이 혼자 사는 집으로 데리고 와서 강간하려고 목욕을 한 사이에 을녀는 낌새를 채고 도망쳐 나왔다(강간죄).

① 1개 ② 2개
③ 3개 ④ 4개

11
정범과 공범의 구별에 관한 설명으로 가장 적절하지 않은 것은?(다툼이 있으면 판례에 의함)

① 판례는 "정범의 성립은 교사범의 구성요건의 일부를 형성하고 교사범이 성립함에는 정범의 범죄행위가 인정되는 것이 그 전제요건이 된다."고 판시함으로써 공범의 종속성 여부에 관한 이론 중 공범종속성설을 취하고 있다.
② 공동정범의 본질은 행위자들이 공동의 의사로 역할을 분담하여 기능적 행위지배를 하고 있는 것임에 반하여, 종범은 그러한 행위지배가 없다는 점에서 양자가 구별된다.
③ 확장적 정범개념이론에 의하면 형법상의 공범처벌규정은 처벌확장사유가 되고, 제한적 정범개념이론에 의하면 형법상의 공범처벌규정은 처벌축소사유가 된다.
④ 공범의 처벌근거에 관한 학설 중 순수야기설은 공범독립성설과 마찬가지로 정범의 실행행위가 없어도 정범을 교사한 자는 교사범으로 처벌할 수 있다고 본다.

12

간접정범에 관한 다음 설명으로 가장 적절하지 않은 것은? (다툼이 있는 경우 판례에 의함)

① 보조 직무에 종사하는 공무원이 허위공문서를 기안하여 허위임을 모르는 작성권자의 결재를 받아 공문서를 완성한 때에는 허위공문서작성죄의 간접정범이 될 것이지만, 이러한 결재를 거치지 않고 임의로 작성권자의 직인 등을 부정 사용함으로써 공문서를 완성한 때에는 공문서위조죄가 성립한다.

② 공무원 아닌 자가 관공서에 허위 내용의 증명원을 제출하여 그 내용이 허위인 정을 모르는 담당공무원으로부터 그 증명원 내용과 같은 증명서를 발급받은 경우 공문서위조죄의 간접정범이 성립한다.

③ 신용카드를 제시받은 상점점원이 그 카드의 금액란을 정정기재하였다 하더라도 그것이 카드소지인이 위 점원에게 자신이 위 금액을 정정기재 할 수 있는 권리가 있는 양 기망하여 이루어졌다면 이는 간접정범에 의한 유가증권변조로 봄이 상당하다.

④ 수표의 발행인이 아닌 자는 허위신고의 고의 없는 발행인을 교사하여 허위신고하게 한 경우 부정수표단속법상 허위신고죄의 간접정범이 성립할 수 없다.

13

죄수 관계에 관한 다음 설명 중 가장 옳지 않은 것은? (다툼이 있으면 판례에 의함)

① 타인의 사무를 처리하는 자가 그 사무처리상 임무에 위배하여 본인을 기망하고 착오에 빠진 본인으로부터 재물을 교부받은 경우 사기죄와 함께 배임죄도 성립하고, 양 죄는 실체적 경합관계에 있다.

② 피고인이 여관에서 종업원을 칼로 찔러 상해를 가하고 객실로 끌고 들어가는 등 폭행·협박을 하고 있던 중, 마침 다른 방에서 나오던 여관의 주인도 같은 방에 밀어 넣은 후, 주인으로부터 금품을 강취하고, 1층 안내실에서 종업원 소유의 현금을 꺼내 갔다면, 여관 종업원과 주인에 대한 각 강도행위가 각별로 강도죄를 구성하되 상상적 경합범 관계에 있다.

③ 피고인들이 공동폭행의 방법으로 피해자들의 택시 운행업무를 방해한 경우, 피고인들의 공동폭행이라는 1개의 행위가 폭력행위 등 처벌에 관한 법률 위반(공동폭행)죄와 업무방해죄의 구성요건을 충족하는 경우에 해당한다 할 것이어서 양죄는 상상적 경합의 관계에 있다고 보아야 할 것이다.

④ 피고인이 1개의 행위로 피해자 甲으로부터 렌탈(임대차)하여 보관하던 컴퓨터 본체, 모니터 등을 횡령하면서 피해자 乙로부터 리스(임대차)하여 보관하던 컴퓨터 본체, 모니터, 그래픽카드, 마우스 등을 횡령하였다면 위탁관계별로 수개의 횡령죄가 성립하고, 그 사이에는 상상적 경합의 관계가 있다.

14

선고유예·집행유예·가석방에 관한 설명 중 가장 적절하지 않은 것은? (다툼이 있는 경우 판례에 의함)

① 집행유예의 선고를 받은 후 그 선고의 실효 또는 취소됨이 없이 유예기간을 경과한 때에는「형법」제65조가 정하는 바에 따라 형의 선고는 효력을 잃는 것이고, 그와 같이 유예기간이 경과함으로써 형의 선고가 효력을 잃은 후에는「형법」제62조 단행의 사유가 발각되었다고 하더라도 그와 같은 이유로 집행유예를 취소할 수 없고 그대로 유예기간 경과의 효과가 발생한다.

② 집행유예의 요건에 관한 형법 제62조 제1항이 '형'의 집행을 유예할 수 있다고만 규정하고 있으므로 하나의 자유형 중 일부에 대해서는 실형을, 나머지에 대해서는 집행유예를 선고하는 것은 허용된다.

③「형법」제62조의2의 규정에 의하여 보호관찰이나 사회봉사 또는 수강을 명한 집행유예를 받은 자가 준수사항이나 명령을 위반한 경우에 그 위반사실이 동시에 범죄행위로 되더라도 그 기소나 재판의 확정 여부 등 형사절차와는 별도로 법원이「보호관찰 등에 관한 법률」에 의한 검사의 청구에 의하여「형법」제64조 제2항에 규정된 집행유예 취소의 요건에 해당하는가를 심리하여 준수 사항이나 명령 위반사실이 인정되고 위반의 정도가 무거운 때에는 집행유예를 취소할 수 있다.

④ 형법 제37조 후단의 경합범 관계에 있는 죄에 대하여 하나의 판결로 두 개의 자유형을 선고하는 경우 그 각 자유형에 대하여 각각 집행유예를 선고할 수 있는 것이고, 또 그 두 개의 자유형 중 하나의 자유형에 대하여 실형을 선고하면서 다른 자유형에 대하여 집행유예를 선고하는 것도 허용되는 것으로 보아야 한다.

15
업무상 과실치사상죄의 죄에 관한 다음 설명 중 옳은 것은 모두 몇 개인가?(다툼이 있으면 판례에 의함)

㉠ 정신병(조증)으로 입원한 환자에게 투여한 조증치료제인 클로르포르마진의 부작용으로 발생한 기립성 저혈압을 치유하기 위하여 포도당액을 과다히 주사한 과실로, 환자가 전해질이상 등으로 인한 쇼크로 사망한 경우, 그 치료 과정에서 야간당직의사의 과실이 일부 개입하였다면 환자의 주치의사는 업무상과실치사죄의 책임을 지지 않는다.

㉡ 4층 건물의 2층 내부 벽면에 설치된 분전반을 통해 3층과 4층으로 가설된 전선이 합선으로 단락되어 화재가 나 상해가 발생한 경우, 4층 건물의 소유자로서 위 건물 2층을 임대하였다는 사정은 업무상과실치상죄에 있어서의 '업무'에 해당한다.

㉢ 분전반이나 건물의 3층과 4층에 이르는 전선이 화재원인이고 10여 년간 건물 2층을 임차해 오면서 당해 건물의 안전에 이상이 있음을 알고 있었던 임차인에게는 업무상과실치상죄의 '업무상 주의의무' 위반이 있다.

㉣ 작업현장에 경고표시판 및 안전망의 설치 등 충돌사고에 대비한 안전조치가 취해져 있었고 굴삭기에의 접근을 예방하기 위하여 굴삭기의 전후에 신호수까지 배치해 두었어도 후사경 없는 굴삭기 운전자에게는 후면에서 접근해 오는 사람의 유무를 확인해야 할 주의의무가 있다.

㉤ 액화석유가스 판매사업자인 피고인이 수요자의 소비설비(LPG 용기설비)의 철거를 요청받고도 이에 응하지 아니하고 직접 철거하라고 이야기하여 이사를 가는 자로 하여금 별다른 안전조치도 취하지 아니한 채 휴즈콕크(속칭 중간밸브)까지 떼어가게 하여 그 부분으로 새어 나온 가스로 폭발사고가 발생한 경우, 안전점검의무를 위반한 피고인의 과실과 이 사건 가스폭발 사이의 상당인과관계가 단절된다고 볼 수는 없다.

① 0개 ② 1개
③ 2개 ④ 3개

16
약취, 유인 및 인신매매의 죄에 대한 설명으로 적절하지 않은 것은 모두 몇 개인가?(다툼이 있는 경우 판례에 의함)

㉠ 미성년자를 약취한 자가 그 미성년자를 안전한 장소에 풀어 주더라도 그 형을 감경할 수 없다.

㉡ 피고인과 공범들은 아버지와 함께 살고 있는 14세의 여중생 乙녀의 동의를 얻어 그녀를 자신들의 사실상의 지배하로 옮긴 경우, 미성년자약취죄가 성립한다 할 것이고, 약취행위에 미성년자의 동의가 있었다 하더라도 본죄의 성립에는 변함이 없다.

㉢ 인신매매죄는 사람의 신체에 대한 사실상 인도가 있어야 기수가 되며, 계약을 체결하였으나 인도하지 못했다면 미수에 불과할 뿐이고, 매매대금의 지급여부는 인신매매죄의 완성에 영향을 미치지 아니한다.

㉣ 미성년자를 유인한 자가 계속하여 미성년자를 불법하게 감금하였을 때에는 미성년자유인죄 이외에 감금죄가 별도로 성립한다.

㉤ 형법 제288조에 규정된 약취행위는 피해자를 그 의사에 반하여 자유로운 생활관계 또는 보호관계로부터 범인이나 제3자의 사실상 지배하에 옮기는 행위를 말하는 것으로서, 폭행 또는 협박을 수단으로 사용하는 경우에 그 폭행 또는 협박의 정도는 상대방을 실력적 지배하에 둘 수 있을 정도이면 족하고 반드시 상대방의 반항을 억압할 정도의 것임을 요하지는 아니한다.

① 1개 ② 2개
③ 3개 ④ 4개

17

강간과 추행 등의 죄에 대한 설명으로 가장 적절하지 않은 것은?(다툼이 있는 경우 판례에 의함)

① 유사강간죄는 폭행 또는 협박으로 사람에 대하여 구강, 항문 등 신체(성기는 제외한다)의 내부에 성기를 넣거나 성기, 항문에 손가락 등 신체(성기는 제외한다)의 일부 또는 도구를 넣음으로써 성립하는 범죄이다.

② 피해자가 깊은 잠에 빠져 있거나 술·약물 등에 의해 일시적으로 의식을 잃은 상태 또는 완전히 의식을 잃지는 않았더라도 그와 같은 사유로 정상적인 판단능력과 대응·조절능력을 행사할 수 없는 상태에 있었다면, 이는 준강간죄 또는 준강제추행죄에서의 심신상실 또는 항거불능 상태에 해당한다.

③ 피고인이 지하철 내에서 갑(여)의 등 뒤에 밀착하여 무릎을 굽힌 후 성기를 갑의 엉덩이 부분에 붙이고 앞으로 내미는 등 행위를 한 경우, 구 성폭력범죄의 처벌 등에 관한 특례법 위반죄(공중밀집장소에서의 추행죄)가 기수에 이르기 위해서는 객관적으로 일반인에게 성적 수치심이나 혐오감을 일으키게 할 만한 행위로서 선량한 성적 도덕관념에 반하는 행위를 행위자가 대상자를 상대로 실행하는 것으로 충분하고, 행위자의 행위로 말미암아 대상자가 성적 수치심이나 혐오감을 반드시 실제로 느껴야 하는 것은 아니므로, 공중밀집장소추행죄가 성립한다.

④ 성폭력범죄의 처벌 등에 관한 특례법 제6조(장애인에 대한 강간, 강간추행등)에서 정하는 '정신적인 장애가 있는 사람'이란 '정신적인 기능이나 손상 등의 문제로 일상생활이나 사회생활에서 상당한 제약을 받는 사람'을 가리키므로, 장애인복지법에 따른 장애인 등록을 하지 않았거나 그 등록기준을 충족하지 못하였다면 여기에 해당할 수 없다.

18

명예훼손죄에 관한 다음 설명 중 가장 옳지 않은 것은? (다툼이 있는 경우 판례에 의함)

① 작업장의 책임자인 피고인이 甲으로부터 작업장에서 발생한 성추행 사건에 대해 보고받은 사실이 있음에도, 직원 5명이 있는 회의 자리에서 상급자로부터 경과보고를 요구받으면서 과태료 처분에 관한 책임을 추궁받자 이에 대답하는 과정에서 '甲은 성추행 사건에 대해 애초에 보고한 사실이 없다. 그런데도 이를 수사기관 등에 신고하지 않았다고 과태료 처분을 받는 것은 억울하다.'는 취지로 발언한 경우 피고인에게 명예훼손의 고의를 인정하기 어렵다.

② 동장인 피고인이 동 주민자치위원에게 전화를 걸어 '어제 열린 당산제(마을제사) 행사에 남편과 이혼한 甲도 참석을 하여, 이에 대해 행사에 참여한 사람들 사이에 안 좋게 평가하는 말이 많았다.'는 취지로 말하고, 동 주민들과 함께한 저녁식사 모임에서 '甲은 이혼했다는 사람이 왜 당산제에 왔는지 모르겠다.'는 취지로 말한 경우, 피고인의 위 발언은 甲의 사회적 가치나 평가를 침해하는 구체적인 사실의 적시에 해당한다.

③ 회사에서 징계 업무를 담당하는 직원인 피고인이 피해자에 대한 징계절차 회부 사실이 기재된 문서를 근무현장 방재실, 기계실, 관리사무실의 각 게시판에 게시한 경우, 위 행위는 회사 내부의 원활하고 능률적인 운영의 도모라는 공공의 이익에 관한 것으로 볼 수 없다.

④ 피고인이 인터넷 포털사이트 뉴스 댓글난에 연예인인 피해자를 '국민호텔녀'로 지칭하는 댓글을 게시한 경우, 모욕죄에 해당한다.

19

업무방해죄에 관한 다음 설명 중 가장 옳지 <u>않은</u> 것은? (다툼이 있는 경우 판례에 의함)

① 주택재개발정비사업조합 구역 내 건물의 소유자인 피고인들이 위 건물에 대한 건물명도소송 확정판결에 따른 강제집행을 보상액이 적다는 이유로 집행관에게 집행위임을 한 조합의 이주·철거업무를 방해한 경우, 피고인들이 집행관의 강제집행 업무를 방해한 이상 피고인들의 행위와 조합의 업무방해 사이에 상당인과관계가 있다할 것이므로 조합에 대한 업무방해죄가 성립한다.

② 업무방해죄에 있어서의 '위력'이란 사람의 자유의사를 제압·혼란케 할 만한 일체의 세력을 말하고, 유형적이든 무형적이든 묻지 아니하며, 폭행·협박은 물론 사회적, 경제적, 정치적 지위와 권세에 의한 압박 등을 포함한다고 할 것이고, 위력에 의해 현실적으로 피해자의 자유의사가 제압되는 것을 요하는 것은 아니다.

③ 의료인인 甲의 명의로 의료인이 아닌 乙이 개설하여 운영하는 丙 병원에서, 피고인이 11회에 걸쳐 큰 소리를 지르거나 환자 진료 예약이 있는 甲을 붙잡고 있는 등의 방법으로 위력으로써 甲의 진료 업무를 방해한 경우, 피고인은 갑의 환자에 대한 진료행위를 방해한 것으로 업무방해죄가 성립한다.

④ 갑 주식회사의 상무이사인 피고인이 갑 회사의 신규 직원 채용 과정에서, 면접위원인 乙이 면접이 끝난 후 인사 담당 직원에게 채점표를 작성하여 제출하고 면접장소에서 먼저 퇴장하자, 남은 면접위원들과 협의하여 피고인이 지정한 응시자를 최종합격자로 선정하였다하더라도 을에 대한 위계에 의한 업무방해에 해당하지 아니한다.

20

주거침입죄에 관한 설명으로 옳고 그름의 표시(O, X)가 바르게 된 것은? (다툼이 있는 경우 판례에 의함)

> ㉠ 컴퓨터를 이용하는 여성의 몸을 훔쳐볼 목적으로 PC방에 들어갔다하더라도 통상적 방법으로 출입했다면 건조물침입죄가 성립하지 아니한다.
>
> ㉡ 영업주 몰래 카메라를 설치하기 위하여 음식점에 출입한 경우, 범죄 등의 목적으로 출입한 것이므로 영업주가 행위자의 실제 출입 목적을 알았더라면 출입을 승낙하지 않았을 것이므로 주거침입죄가 성립한다.
>
> ㉢ 피고인이 갑의 부재중에 갑의 처 을과 혼외 성관계를 가질 목적으로 을이 열어 준 현관 출입문을 통하여 갑과 을이 공동으로 거주하는 아파트에 들어간 경우, 주거에 침입한 것으로 볼 수 없다.
>
> ㉣ 가정불화로 처와 일시 별거 중인 남편이 그의 부모와 함께 주거지에 들어가려고 하는데 처로부터 집을 돌보아 달라는 부탁을 받은 처제가 출입을 못하게 하자, 출입문에 설치된 잠금장치를 손괴하고 아파트에 들어간 경우, 남편과 그의 부모는 폭력행위 등 처벌에 관한 법률위반(공동주거침입)죄가 성립하지 않는다.

① ㉠ (O) ㉡ (O) ㉢ (O) ㉣ (O)
② ㉠ (O) ㉡ (X) ㉢ (O) ㉣ (O)
③ ㉠ (X) ㉡ (O) ㉢ (X) ㉣ (O)
④ ㉠ (X) ㉡ (X) ㉢ (O) ㉣ (O)

21

절도와 강도의 죄에 관한 설명으로 옳은 것은 모두 몇 개인가?(다툼이 있으면 판례에 의함)

㉠ 피고인이 빌라 내 지하주차장에서 피해자 소유의 승합차의 조수석 문을 열고 안으로 들어가 공구함을 뒤지던 중 위 차에 설치된 도난경보장치의 경보음을 듣고 달려 온 피해자의 신고를 받고 출동한 A·B 경찰관이 자신을 붙잡으려고 하자 체포를 면탈할 목적으로 팔꿈치로 A의 얼굴을 1회 쳐 폭행하고 발로 B의 정강이를 1회 걷어 차 B에게 상해를 가한 경우, A에 대하여는 준강도죄를, B에 대하여는 강도상해죄를 따로 인정한 후 이를 실체적 경합범으로 보아야 한다.

㉡ 야간에 절도의 목적으로 출입문에 장치된 자물통 고리를 절단하고 출입문을 손괴한 뒤 집안으로 침입하려다가 발각된 것이라면 이는 특수절도죄의 실행에 착수한 것이다.

㉢ 강도의 범의로 야간에 칼을 휴대한 채 타인의 주거에 침입하여 집안의 동정을 살피다가 피해자를 발견하고 갑자기 욕정을 일으켜 칼로 협박하여 강간한 경우, 야간에 흉기를 휴대한 채 타인의 주거에 침입하여 집안의 동정을 살피는 것만으로도 특수강도의 실행에 착수한 것이다.

㉣ 갑과 을이 야간에 병의 집에 이르러 갑이 담을 넘어 들어가 대문을 열고 을이 집에 들어가 부엌에서 식칼을 들고 방안에 들어가는 순간 비상벨이 울려 도주한 경우, 특수강도죄의 실행에 착수한 것이다.

㉤ 갑과 을이 야간에 피해자 병의 집에 이르러 재물을 강취할 의도로 갑이 출입문 옆 창살을 통하여 침입하고 을은 부엌방충망을 뜯고 들어 가다가 병의 시아버지의 헛기침에 발각된 것으로 알고 놀라 도주한 경우, 특수강도죄의 실행의 착수가 인정된다.

① 1개
② 2개
③ 3개
④ 4개

22

재산범죄에 관한 다음 설명 중 가장 적절하지 않은 것은? (다툼이 있으면 판례에 의함)

① A 주식회사의 실질적 경영자인 갑은 전 대표이사 을이 지방자치단체에 기부금을 납부하기로 약정하고 골프장사업을 승인받으면서 그 이행을 위해 약속어음을 발행·교부한 사실을 잘 알고 있음에도, 위 어음을 분실하였다는 허위 사유를 들어 법원을 기망하고 제권판결을 선고받았다 하여도 위 증여계약은 무효이므로 사기죄가 성립하지 않는다.

② 주류업체 갑 주식회사의 사내이사인 피고인이 피해자를 상대로 주류대금 청구소송을 제기한 민사 분쟁 중 피해자가 착오로 피고인이 관리하는 갑 회사 명의 계좌로 금원을 송금하여 피고인이 이를 보관하게 되었는데, 피해자와 상계 정산에 관한 합의 없이 피고인이 주장하는 주류대금 채권액을 임의로 상계 정산한 후 반환을 거부한 경우, 착오송금된 것이어서 정당한 상계권의 행사로 볼 수도 없고 불법영득의사가 인정되므로 횡령죄가 성립한다.

③ 피고인이 설립한 갑 주식회사는 설립 자본금을 가장 납입하고, 자격증 대여자를 보유 건설기술자로 등록하는 등 자본금 요건과 기술자 보유 요건을 가장하여 전문건설업을 부정 등록한 무자격 건설업자로 전문공사를 하도급받을 수 없었음에도, 이를 바탕으로 공사 발주기관을 기망하여 특허 사용협약을 체결하고, 해당 공사를 낙찰받은 건설회사 담당자를 기망하여 하도급 계약을 체결한 후, 각 계약들에 따른 공사대금을 지급받은 경우라도 피고인에게 각 공사를 완성할 의사나 능력이 없었다고 단정할 수 없으므로 사기죄가 성립하지 않는다.

④ 수의계약을 체결하는 공무원이 해당 공사업자와 적정한 금액 이상으로 계약금액을 부풀려서 계약하고 부풀린 금액을 자신이 되돌려 받기로 사전에 약정한 다음 그에 따라 수수한 돈은 성격상 뇌물이 아니고 횡령금에 해당한다.

23

배임죄에 관한 설명이다. 다음 중 가장 적절한 것은? (다툼이 있으면 판례에 의함)

① 회사의 임원이 그 임무에 위배되는 행위로 재산상 이익을 취득하거나 제3자로 하여금 이를 취득하게 하여 회사에 손해를 가한 때에는 이로써 배임죄가 성립하나, 그 임무위배행위에 대하여 사실상 대주주의 양해를 얻었거나, 이사회의 결의가 있었다면 배임죄가 성립하는 것은 아니다.
② 업무상배임죄에 있어 재산상 손해의 유무에 대한 판단은 경제적 판단에 의하지 아니하고 법률적 관점에서 파악하여야 한다.
③ 주식회사의 대표이사가 회사의 유일한 재산을 처분하면서 주주총회의 특별결의나 이사회의 승인을 거치지 아니하였다면 그 매매계약이나 소유권이전등기가 법률상 무효에 해당하므로, 경제적 관점에서 파악할 때 재산상 손해를 가한 경우에 해당하지 아니한다.
④ 업무상배임죄가 성립하기 위해서는 반드시 재산상 현실적인 손해발생을 요하는 것은 아니다.

24

다음 중 강제집행면탈죄에 대한 설명으로 가장 적절하지 않은 것은?(다툼이 있는 경우 판례에 의함)

① 이혼을 요구하는 처로부터 재산분할청구권에 근거한 가압류 등 강제집행을 받을 우려가 있는 상태에서 남편이 이를 면탈할 목적으로 허위의 채무를 부담하고 소유권이전청구권보전가등기를 경료한 경우, 강제집행면탈죄가 성립한다.
② 형법 제327조의 강제집행면탈죄는 위태범으로서 현실적으로 민사집행법에 의한 강제집행 또는 가압류, 가처분의 집행을 받을 우려가 있는 객관적인 상태 아래, 즉 채권자가 본안 또는 보전소송을 제기하거나 제기할 태세를 보이고 있는 상태에서 주관적으로 강제집행을 면탈하려는 목적으로 재산을 은닉, 손괴, 허위양도하거나 허위의 채무를 부담하여 채권자를 해할 위험이 있으면 성립하는 것이다.
③ 타인에게 채무를 부담하고 있는 것으로 가장하는 방편으로 자기소유의 부동산에 관하여 소유권이전청구권보전을 위한 가등기를 경료한 것이 강제집행면탈죄에 해당한다.
④ 형법 제327조의 강제집행면탈죄는 위태범으로서 채권자를 해할 위험이 있으면 성립하는 것이고, 반드시 채권자를 해하는 결과가 야기되거나 행위자가 어떤 이득을 취하여야 범죄가 성립하는 것은 아니며, 현실적으로 강제집행을 받을 우려가 있는 상태에서 강제집행을 면탈할 목적으로 허위의 채무를 부담하는 등의 행위를 하는 경우에는 달리 특별한 사정이 없는 한 채권자를 해할 위험이 있다고 보아야 한다.

25

방화의 죄에 관한 설명 중 가장 적절한 것은? (다툼이 있는 경우 판례에 의함)

① 공용건조물방화죄를 범할 목적으로 예비·음모한 후 목적한 죄의 실행에 이른 후에 수사기관에 자수한 경우 형을 감경하거나 면제할 수 있다.

② 주거로 사용하지 않고 사람이 현존하지도 않는 타인 소유의 자동차를 불태웠으나 공공의 위험이 발생하지 않았다면 방화죄를 구성하지 않는다.

③ 노상에서 전봇대 주변에 놓인 재활용품과 쓰레기 등 무주물에 불을 놓아 공공의 위험을 발생하게 한 경우 형법 제167조 제1항의 타인 소유 일반물건방화죄가 성립할 수 있다.

④ 甲이 A를 살해할 의사로 A가 혼자 있는 건조물 방화하였으나 A가 사망하지 않은 경우 현주건조물방화치사미수죄를 구성한다.

26

문서의 죄에 관한 다음 설명 중 옳지 않은 것은 모두 몇 개인가?(다툼이 있으면 판례에 의함)

㉠ 매수인으로부터 매도인과의 토지매매계약체결에 관하여 포괄적 권한을 위임받은 자가 실제 매수가격 보다 높은 가격을 매매대금으로 기재하여 매수인 명의의 매매계약서를 작성하였다 하여도 사문서위조죄가 성립될 수는 없다.

㉡ 위탁된 권한을 초월하여 위탁자 명의의 문서를 작성하거나 위탁자의 서명날인이 정당하게 성립한 때라 하더라도 그 서명날인자의 의사에 반하는 문서를 작성한 경우에는 사문서위조죄가 성립한다 할 것이므로, 일정금액의 차용권한을 위임받으면서 명의인으로부터 작성해 받은 대출신청서 및 영수증의 백지로 된 금액란에 위임받은 금액보다 많은 금액을 기재한 행위는 사문서위조죄에 해당한다.

㉢ 1인회사에 있어서 1인주주의 의사는 바로 주주총회나 이사회의 의사와 같은 것이므로 당해 임원의 의사에 기하지 아니한 사임서의 작성이나 이에 기한 등기부의 기재를 하였다하여도 사문서위조 및 공정증서원본불실기재가 성립하지 않는다.

㉣ 양도인이 허위의 채권에 관하여 그 정을 모르는 양수인과 실제로 채권양도의 법률행위를 한 이상, 공증인에게 그러한 채권양도의 법률행위에 관한 공정증서를 작성하게 하였다고 하더라도 공정증서원본불실기재죄가 성립한다고 볼 수 없다.

㉤ 경찰관들이 피의자들을 현행범으로 체포하거나 현행범인체포서를 작성할 때 체포사유 및 변호인선임권을 고지하였다는 내용의 허위의 현행범인체포서와 확인서를 작성한 경우, 그 경찰관에게 허위공문서작성에 대한 범의가 있었다.

① 1개 ② 2개
③ 3개 ④ 4개

27

뇌물의 죄에 대한 설명으로 가장 적절하지 않은 것은?
(다툼이 있는 경우 판례에 의함)

① 알선뇌물수수죄와 관련하여 상대방으로 하여금 뇌물을 수수하는 자에게 잘 보이면 어떤 도움을 받을 수 있다거나 손해를 입을 염려가 없다는 정도의 막연한 기대감을 갖게 하고, 뇌물을 수수하는 자 역시 상대방이 그러한 기대감을 가질 것이라고 짐작하면서 수수하였다면 알선뇌물수수죄가 성립하지 아니한다.

② 도시개발조합의 임직원등이 그 직무에 관하여 부당한 이익을 얻었다면 그러한 이익도 형법 제133조 제1항에 규정된 "제129조 내지 제132조에 기재한 뇌물"에 해당하므로, 그 뇌물을 약속, 공여 또는 공여의 의사를 표시한 자에게는 형법 제133조 제1항에 의한 뇌물공여죄가 성립한다.

③ 수뢰후부정처사죄(형법 제131조 제1항)는 반드시 뇌물수수 등의 행위가 완료된 이후에 부정한 행위가 이루어져야 함을 의미하는 것은 아니고, 결합범 또는 결과적 가중범 등에서의 기본행위와 마찬가지로 뇌물수수 등의 행위를 하는 중에 부정한 행위를 한 경우도 포함하는 것으로 보아야 한다. 따라서 최후의 부정한 행위 이후에 저질러진 뇌물수수 행위도 최후의 부정한 행위 이전의 뇌물수수 행위 및 부정한 행위와 함께 수뢰후부정처사죄의 포괄일죄로 처벌함이 타당하다.

④ 공무원 갑은 지역어민 을로부터 "선물을 할 사람이 있으면 새우젓을 보내 주겠다."라는 말을 듣고 이를 승낙한 뒤 새우젓을 보내고자 하는 사람들의 명단을 을에게 보내 주고 을로 하여금 위 사람들에게 갑의 이름을 적어 마치 갑이 선물을 하는 것처럼 새우젓을 택배로 발송하게 하고 그 대금을 지급하지 않는 방법으로 직무에 관하여 뇌물을 교부받고, 을은 갑에게 뇌물을 공여한 경우, 공여자 을과 수뢰자 갑 사이에 직접 금품이 수수되지 않았으므로 뇌물공여죄 및 뇌물수수죄가 성립하지 아니한다.

28

직권남용죄에 관한 다음 설명 중 가장 옳지 않은 것은?
(다툼이 있으면 판례에 의함)

① 형법 제123조 직권남용죄는 공무원이 직권을 남용하여 사람으로 하여금 의무없는 일을 하게 하거나 사람의 권리행사를 방해함으로써 성립하는 범죄로서, 미수범과 예비·음모를 모두 처벌하지 아니한다.

② 공무원의 직권남용행위가 있었다 할지라도 현실적으로 권리행사의 방해라는 결과가 발생하지 아니하였다면 직권남용죄가 성립하지 않는다.

③ 직권남용죄는 공무원이 그 일반적 직무권한에 속하는 사항에 관하여 직권의 행사에 가탁하여 실질적, 구체적으로 위법·부당한 행위를 한 경우에 성립하고, 그 일반적 직무권한은 반드시 법률상의 강제력을 수반하는 것임을 요하지 않는다.

④ 공무원이 자신의 직무권한에 속하는 사항에 관하여 실무 담당자로 하여금 그 직무집행을 보조하는 사실행위를 하도록 한 경우 그 직무집행이 위법한 것이라면, 특별한 사정이 없는 이상 의무 없는 일을 하게 한 때에 해당한다.

29

고소에 관한 다음 설명으로 옳지 않은 것은 모두 몇 개인가?(다툼이 있는 경우 판례에 의함)

㉠ 피해자가 경찰청 홈페이지에 '피고인을 철저히 조사해달라'는 취지의 신고민원을 접수하는 형태로 피고인에 대한 조사를 촉구하는 의사표시를 한 것은 적법한 고소에 해당한다.

㉡ 형사소송법 제225조 제1항이 규정한 법정대리인의 고소권은 무능력자의 보호를 위하여 법정대리인에게 주어진 고유권이므로, 법정대리인은 피해자의 고소권 소멸 여부에 관계없이 고소할 수 있고, 이러한 고소권은 피해자의 명시한 의사에 반하여도 행사할 수 있다.

㉢ 형사소송법 제236조의 대리인에 의한 고소의 경우, 고소기간은 대리고소인을 기준으로 기산해야 하므로 대리인이 범인을 알게 된 날부터 기산한다.

㉣ 「형사소송법」제232조에 의하면 고소는 제1심판결 선고 전까지 취소할 수 있고, 고소를 취소한 자는 다시 고소할 수 없으며, 고소권자가 서면 또는 구술로써 수사기관 또는 법원에 고소를 취소하는 의사표시를 하였다면 그 고소는 적법하게 취소된 것이고, 그 후 고소취소를 철회하는 의사표시를 다시 하였다고 하여도 그것은 효력이 없다.

㉤ 형사소송법 제236조의 대리인에 의한 고소의 경우, 대리권이 정당한 고소권자에 의하여 수여되었음이 실질적으로 증명되면 충분하고, 그 방식에 특별한 제한은 없으므로, 고소를 할 때 반드시 위임장을 제출한다거나 '대리'라는 표시를 하여야 하는 것은 아니다.

① 1개 ② 2개
③ 3개 ④ 4개

30

검사와 사법경찰관의 상호협력과 일반적 수사준칙에 관한 규정에 따른 사법경찰관의 사건송치에 관한 설명으로 가장 적절하지 않은 것은?

① 사법경찰관이 사건을 수사한 결과, 불송치 결정 중 죄가안됨에 해당하여 형법 제10조 제1항에 따라 피의자를 벌할 수 없는 경우에는 해당 사건을 검사에게 이송한다.

② 검사는 사법경찰관의 불송치 결정이 위법 또는 부당한 경우에는 관계 서류와 증거물을 송부받은 날로부터 90일 이내에 재수사를 요청할 수 있는데, 만약 불송치 결정에 영향을 줄 수 있는 명백히 새로운 증거 또는 사실이 발견된 경우에는 90일이 지난 후에도 재수사를 요청할 수 있다.

③ 사법경찰관은 수사결과에 따라 범죄의 혐의가 있다고 인정되는 경우에는 지체 없이 검사에게 사건을 송치하고 관계 서류와 증거물을 검사에게 송부하여야 하는데, 이 때 보완수사가 필요하다고 인정되는 경우에도 검사는 직접 보완수사할 수 없으며 사법경찰관에 대한 보완수사요구만 가능하다.

④ 사법경찰관이 재수사 중인 사건에 대해 형사소송법 제245조의7 제1항에 따른 고소인 등의 이의신청이 있는 경우에는 사법경찰관은 재수사를 중단해야 하며, 같은 조 제2항에 따라 해당 사건을 지체없이 검사에게 송치하고 관계 서류와 증거물을 송부해야 한다.

31

다음 중 피의자신문시에 변호인참여권 보장에 대한 설명으로 적절하지 <u>않은</u> 것은 모두 몇 개인가?(다툼이 있으면 판례에 의함)

> ㉠ 검사 또는 사법경찰관은 피의자 또는 그 변호인·법정대리인·배우자·직계친족·형제자매의 신청에 따라 변호인을 피의자와 접견하게 하거나 정당한 사유가 없는 한 피의자에 대한 신문에 참여하게 할 수 있다.
> ㉡ 신문에 참여하고자 하는 변호인이 2인 이상인 때에는 검사 또는 사법경찰관이 신문에 참여할 변호인 1인을 지정한다. 지정이 없는 경우에는 피의자가 이를 지정할 수 있다.
> ㉢ 신문에 참여한 변호인은 신문 후 의견을 진술할 수 있다. 다만, 신문 중이라도 부당한 신문방법에 대하여 이의를 제기할 수 있고, 검사 또는 사법경찰관의 승인을 얻어 의견을 진술할 수 있다.
> ㉣ 변호인의 피의자신문 참여권을 규정한 형사소송법 제243조의2 제1항에서 '정당한 사유'란 변호인이 피의자신문을 방해하거나 수사기밀을 누설할 염려가 있음이 객관적으로 명백한 경우 등을 말하는 것이다.
> ㉤ 검사 또는 사법경찰관이 변호인의 참여를 제한하거나 퇴거시킨 경우에 피의자는 이에 대하여 즉시항고의 방법으로 불복할 수 있다.

① 1개   ② 2개
③ 3개   ④ 4개

32

현행범인 체포에 관한 다음 설명 중 옳은 것은 모두 몇 개인가? (다툼이 있으면 판례에 의함)

> ㉠ 현행범인은 누구든지 영장 없이 체포할 수 있는데, 현행범인으로 체포하기 위하여는 행위의 가벌성, 범죄의 현행성·시간적 접착성, 범인·범죄의 명백성 이외에 체포의 필요성 즉, 도망 또는 증거인멸의 염려가 있어야 하는 것은 아니다.
> ㉡ 검사 또는 사법경찰관리 아닌 이가 현행범인을 체포한 때에는 즉시 검사 등에게 인도하여야 하는데, 여기서 '즉시'라고 함은 반드시 체포시점과 시간적으로 밀착된 시점이어야 하므로, '정당한 이유 없이 인도를 지연하거나 체포를 계속하는 등으로 불필요한 지체를 함이 없이'라는 뜻으로 볼 것이다.
> ㉢ 검사 등이 현행범인을 체포하거나 현행범인을 인도받은 후 현행범인을 구속하고자 하는 경우 48시간 이내에 구속영장을 청구하여야 하고 그 기간 내에 구속영장을 청구하지 아니하는 때에는 즉시 석방하여야 한다.
> ㉣ 검사 등이 아닌 이에 의하여 현행범인이 체포된 후 불필요한 지체 없이 검사 등에게 인도된 경우, 검사는 구속하고자 하는 경우 48시간 이내에 구속영장을 청구해야 한다. 이때 48시간의 기산점은 검사 등이 현행범인을 인도받은 때가 아니라 체포시라고 할 것이다.
> ㉤ 현행범인 체포의 요건을 갖추었는지는 체포당시 상황을 기초로 판단하여야 하고, 체포당시 상황으로 보아도 요건 충족 여부에 관한 검사나 사법경찰관 등의 판단이 경험칙에 비추어 현저히 합리성을 잃은 경우에는 그 체포는 위법하다고 보아야 한다.

① 1개   ② 2개
③ 3개   ④ 4개

33

전자정보의 압수·수색에 관한 다음 설명 중 옳고 그름의 표시(O, X)가 모두 바르게 된 것은? (다툼이 있는 경우 판례에 의함)

- ㉠ 수사기관이 인터넷서비스이용자인 피의자를 상대로 피의자의 컴퓨터 등 정보처리장치 내에 저장되어 있는 이메일 등 전자정보를 압수·수색하는 것은 전자정보의 소유자 내지 소지자를 상대로 해당 전자정보를 압수·수색하는 대물적 강제처분으로 형사소송법의 해석상 허용된다.
- ㉡ 정보저장매체를 임의제출자 아닌 피의자에게도 참여권이 보장되어야 하는 '피의자의 소유·관리에 속하는 정보저장매체'란, 피의자가 압수·수색 당시 또는 이와 시간적으로 근접한 시기까지 해당 정보저장매체를 현실적으로 지배·관리하면서 그 정보저장매체 내 전자정보 전반에 관한 전속적인 관리처분권을 보유·행사하고, 피의자를 그 정보저장매체에 저장된 전자정보에 대하여 실질적인 피압수자로 평가할 수 있는 경우를 말하는 것이다.
- ㉢ 피고인이 휴대전화로 성명 불상 피해자들의 신체를 그 의사에 반하여 촬영하거나('1~7번 범행'), 짧은 치마를 입고 횡단보도 앞에서 신호를 기다리던 피해자의 다리를 몰래 촬영하여('8번 범행') 성폭력범죄의 처벌 등에 관한 특례법 위반(카메라등이용촬영)으로 기소된 경우, 8번 범행 피해자의 신고를 받고 출동한 경찰관이 현장에서 피고인으로부터 임의제출 받아 압수한 휴대전화를 사무실에서 탐색하는 과정에서 1~7번 범행의 영상을 발견한 경우라도 피고인에게 압수된 전자정보가 특정된 목록이 교부되지 않아 절차상 권리가 실질적으로 침해된 이상, 1~7번 범행으로 촬영한 영상의 출력물과 파일 복사본을 담은 시디(CD)는 증거능력이 인정되지 아니하므로 1~7번 범행 부분은 카메라등이용촬영죄가 성립하지 않는다.
- ㉣ 갑은 2014. 8.경 상호불상의 안마시술소에서 자신의 휴대전화 카메라를 이용하여 여종업원인 을의 의사에 반하여 음부, 가슴, 엉덩이 등 신체를 몰래 촬영하였고('2014년범행'), 2015. 6. 7. ○○고속도로 휴게소에서 동일한 방법으로 의자에 앉아 있던 병의 치마 밑 허벅지와 다리를 몰래 촬영하였다('2015년범행'). 경찰관 P는 2015. 6. 7. 병의 남자친구 정의 신고로 현장에 출동하여 갑으로부터 이 사건 휴대전화를 임의제출받아 이를 영장 없이 압수하였다. P는 2015년 범행에서 병의 다리 부위 사진 등 여러 장을 확인하였고, 바로 갑에 대한 피의자신문을 진행하면서 갑의 면전에서 휴대전화를 탐색하다가 2014년 범행에 관한 영상을 비롯하여 2년여에 걸쳐 촬영한 약 2,000개의 영상을 발견하였다. 그러나 2015년과 2014년 범행의 두 범행은 범죄발생 시점 사이에 상당한 간격이 있고 구체적·개별적 연관관계도 없고 범행 혐의사실과도 관련성이 없으며 특히 전자정보의 파일 명세가 특정된 압수목록이 작성·교부되지도 않아 절차상 권리도 실질적으로 침해되었으므로 2014년 범행에 관한 영상은 그 증거능력이 부정되어 2014년 범죄(카메라등이용촬영죄)는 성립하지 않는다.

① ㉠ (O) ㉡ (O) ㉢ (X) ㉣ (X)
② ㉠ (O) ㉡ (O) ㉢ (O) ㉣ (X)
③ ㉠ (X) ㉡ (X) ㉢ (X) ㉣ (O)
④ ㉠ (O) ㉡ (O) ㉢ (O) ㉣ (O)

34

압수물의 처리에 대한 설명으로 가장 적절한 것은?(다툼이 있는 경우 판례에 의함)

① 검사는 사본을 확보한 경우 등 압수를 계속할 필요가 없다고 인정되는 압수물 및 증거에 사용할 압수물에 대하여 공소제기 전이라도 소유자, 소지자, 보관자 또는 제출인의 청구가 있는 때에는 환부 또는 가환부할 수 있다.

② 외국산 물품을 관세장물의 혐의가 있다고 보아 압수하였다 하더라도 그것이 언제, 누구에 의하여 관세포탈된 물건인지 알 수 없어 기소중지 처분을 한 경우에는 그 압수물은 관세장물이라고 단정할 수 없어 이를 국고에 귀속시킬 수 없을 뿐만 아니라 압수를 더 이상 계속할 필요도 없다.

③ 수사기관은 위험발생의 염려가 있는 압수물, 그리고 법령상 생산·제조·소지·소유 또는 유통이 금지된 압수물로서 부패의 염려가 있거나 보관하기 어려운 압수물은 소유자 등 권한 있는 자의 동의를 받아 폐기하여야 한다.

④ 수사기관은 몰수하여야 할 압수물로서 멸실·파손·부패 또는 현저한 가치 감소의 염려가 있거나 보관하기 어려운 압수물은 매각하여 대가를 보관하여야 한다.

35

증거와 증명에 관한 설명 중 가장 적절하지 않은 것은? (다툼이 있으면 판례에 의함)

① 살인죄 등과 같이 법정형이 무거운 범죄의 경우에도 직접증거 없이 간접증거만으로 유죄를 인정할 수 있으나, 그러한 유죄 인정에는 공소사실에 대한 관련성이 깊은 간접증거들에 의하여 신중한 판단이 요구되므로, 간접증거에 의하여 주요사실의 전제가 되는 간접사실을 인정할 때에는 증명이 합리적인 의심을 허용하지 않을 정도에 이르러야 하고, 하나하나의 간접사실 사이에 모순·저촉이 없어야 하는 것은 물론 간접사실이 논리와 경험칙·과학법칙에 의하여 뒷받침되어야 한다.

② 법관의 자유심증에 요구되는 합리적 의심은 모든 의문, 불신을 포함하는 것이 아니라 논리와 경험칙에 기하여 요증사실과 양립할 수 없는 사실의 개연성에 대한 합리적 의문을 의미하는 것으로서, 피고인에게 유리한 정황을 사실인정과 관련하여 파악한 이성적 추론에 그 근거를 두어야 하는 것이므로, 단순히 관념적인 의심이나 추상적인 가능성에 기초한 의심은 합리적 의심에 포함된다고 할 수 없다.

③ 형사재판에서 이와 관련된 다른 형사사건의 확정판결에서 인정된 사실은 특별한 사정이 없는 한 유력한 증거자료가 되는 것이나, 당해 형사재판에서 제출된 다른 증거 내용에 비추어 관련 형사사건 확정판결의 사실판단을 그대로 채택하기 어렵다고 인정될 경우에는 이를 배척할 수 있다.

④ 사실을 적시하여 사람의 명예를 훼손한 행위가 「형법」제310조의 규정에 따라서 위법성이 조각되어 처벌대상이 되지 않기 위하여는 그것이 진실한 사실로서 오로지 공공의 이익에 관한 때에 해당된다는 점을 행위자가 증명하여야 하는 것이나, 그 증명은 엄격한 증거에 의하여야 하는 것은 아니므로, 전문증거에 대한 증거능력의 제한을 규정한 형사소송법 제310조의 2가 적용된다.

36

증거능력에 대한 설명으로 가장 적절하지 않은 것은? (다툼이 있는 경우 판례에 의함)

① 수사기관이 영장없이 범죄 수사를 목적으로 금융회사로부터 획득한「금융실명거래 및 비밀보장에 관한 법률(이하 '금융실명법'이라 한다) 제4조 제1항의 '거래정보 등'은 원칙적으로「형사소송법」제308조의2에서 정하는 '적법한 절차에 따르지 아니하고 수집한 증거'에 해당하여 유죄의 증거로 삼을 수 없다.

② 영장 발부의 사유로 된 범죄사실과 별개의 증거를 압수하였을 경우 이는 원칙적으로 유죄 인정의 증거로 사용할 수 없으나, 예외적으로 그 범죄사실과 객관적·인적 관련성이 있는 때에는 사용할 수 있다. 이 때 객관적 관련성은 압수·수색영장에 기재된 혐의사실의 내용과 수사의 대상, 수사 경위 등을 종합하여 구체적·개별적 연관관계가 있는 경우뿐만 아니라 단순히 동종 또는 유사 범행인 경우에도 인정된다.

③ 검찰수사서기관인 피고인이 수사를 지연시켜 달라는 내용의 부정청탁을 받고 그에 따라 직무를 수행하고 수사기관 내부의 비밀을 누설하였다는 혐의로 수사를 받게 되었는데, 수사기관이 별건 압수·수색 과정에서 압수한 휴대전화에 저장된 전자정보를 탐색하던 중 우연히 이 사건 범죄사실 혐의와 관련된 전자정보(이하 '이 사건 녹음파일 등')를 발견하였는데도, 이후 약 3개월 동안 대검찰청 통합디지털증거관리시스템(D-NET, 이하 '대검찰청 서버')에 그대로 저장된 채로 계속 보관하면서 영장 없이 이를 탐색·복제·출력하여 증거를 수집한 경우, 위법하게 수집된 증거에 해당하고 나아가 위법수집증거인 이 사건 녹음파일 등을 기초로 수집된 2차적 증거들 역시 인과관계가 희석 또는 단절되었다고 볼 수 없으므로 증거능력을 인정할 수 없다.

④ 「보험사기 사건에서 건강보험심사평가원이 수사기관의 의뢰에 따라 그 보내온 자료를 토대로 입원진료의 적정성에 대한 의견을 제시하는 내용의 '건강보험심사평가원의 입원진료 적정성 여부 등 검토의뢰에 대한 회신'은「형사소송법」제315조 제3호의 '기타 특히 신용할 만한 정황에 의하여 작성된 문서'에 해당하지 않는다.

37

증거능력에 관한 다음 설명 중 옳지 <u>않은</u> 것은 모두 몇 개인가? (다툼이 있으면 판례에 의함)

⊙ 공소제기 전 피고인을 피의자로 신문한 사법경찰관이 그 진술내용을 법정에서 진술한 경우 형사소송법 제316조 제1항의 적용대상이 될 수 없다.
ⓛ 초등학교 교사인 피고인이 초등학교 3학년생인 피해아동에게 수업시간 중 아동의 정신건강 및 발달에 해를 끼치는 말을 하였다는 이유로 아동학대처벌법위반(아동복지시설종사자등의아동학대가중처벌)죄로 기소된 사안에서, 피해아동의 부모가 피해아동의 가방에 몰래 녹음기를 넣어두어 피고인의 교실내 발언을 녹음한 녹음파일 등은 통신비밀보호법 제14조 제1항 위반이 아니므로, 증거능력이 인정된다.
ⓒ 압수된 디지털 저장매체로부터 출력한 문건을 진술증거로 사용하는 경우 그 기재 내용의 진실성에 관하여는 전문법칙이 적용되므로 형사소송법에 따라 그 작성자 또는 진술자의 진술에 의하여 그 성립의 진정함이 증명된 때에 한하여 이를 증거로 사용할 수 있다.
ⓔ 사법경찰관의 수사과정에서 피의자가 작성한 진술서의 증거능력은 제313조에 의해 성립의 진정이 증명되면 증거로 할 수 있다.
ⓜ 거짓말탐지기의 검사는 일정한 조건이 모두 충족되어 증거능력이 있는 경우에도 그 검사 결과는 검사를 받는 사람의 진술의 신빙성을 가늠하는 정황증거로서의 기능을 하는데 그친다.

① 0개 ② 1개
③ 2개 ④ 3개

38

전문증거의 증거능력에 관한 설명 중 옳지 <u>않은</u> 것은? (다툼이 있는 경우 판례에 의함)

① 미국 범죄수사대(CID), 연방수사국(FBI)의 수사관들이 작성한 수사보고서 및 피고인이 위 수사관들에 의한 조사를 받는 과정에서 작성하여 제출한 진술서는 피고인이 그 내용을 부인하는 이상 증거로 쓸 수 없다.
② 성폭력 피해아동이 어머니에게 진술한 내용을 어머니가 상담원에게 전한 후, 상담원이 그 내용을 검사 면전에서 진술하여 작성된 진술조서는 이른바 '재전문진술을 기재한 조서'로서, 피고인이 동의하지 않는 한 증거능력이 인정되지 아니한다.
③ A가 특정범죄가중처벌등에관한법률위반(알선수재)죄로 기소된 피고인으로부터 건축허가를 받으려면 담당공무원에게 사례비를 주어야 한다는 말을 들었다는 취지의 법정진술을 한 경우, 원진술의 존재 자체가 알선수재죄에서의 요증사실이므로 A의 진술은 전문증거가 아니라 본래증거에 해당한다.
④ 수표를 발행한 후 예금부족 등으로 지급되지 아니하게 하였다는 부정수표단속법위반 공소사실을 증명하기 위하여 제출되는 수표는 형사소송법 제310조의2의 전문법칙이 적용된다.

39
전문진술의 증거능력에 대한 설명으로 적절하지 않은 것은?(다툼이 있으면 판례에 의함)

㉠ 전문진술이 기재된 조서는 형사소송법 제312조 또는 제314조의 규정에 의하여 각 그 증거능력이 인정될 수 있는 경우에 해당하여야 함을 물론 나아가 형사소송법 제316조 제2항의 규정에 따른 위와 같은 요건을 갖추어야 예외적으로 증거능력이 있다.

㉡ 피고인 아닌 자의 공판준비 또는 공판기일에서의 진술이 피고인 아닌 타인의 진술을 그 내용으로 하는 것인 때에는 원진술자가 사망, 질병, 외국거주, 소재불명 그 밖에 이에 준하는 사유로 인하여 진술할 수 없고, 그 진술이 특히 신빙할 수 있는 상태하에서 행하여졌음이 증명된 때에 한하여 이를 증거로 할 수 있다.

㉢ 형사소송법 제316조의 증거능력과 관련하여 원진술자가 법정에 출석하여 수사기관에서 한 진술을 부인하는 취지로 증언하더라도 원진술자의 진술을 내용으로 하는 조사자의 증언은 증거능력이 있다.

㉣ 형사소송법 제316조 제2항에서 말하는 "피고인 아닌 타인"이라 함은 제3자를 말하는 것이지 공동피고인이나 공범자는 여기에 포함되지 않는다.

㉤ 형사소송법 제316조 제1항, 제2항에서 '그 진술이 특히 신빙할 수 있는 상태하에서 행하여진 때'라 함은 그 진술을 하였다는 것에 허위개입의 여지가 거의 없고, 그 진술내용의 신빙성이나 임의성을 담보할 구체적이고 외부적인 정황이 있는 경우를 가리킨다.

① 1개 ② 2개
③ 3개 ④ 4개

40
다음 사례에 대한 설명 중 옳은 것은 모두 몇 개인가? (다툼이 있는 경우 판례에 의함)

甲과 乙은 인터넷 채팅을 통하여 알게 된 A와 B를 승용차에 태우고 함께 남산 부근을 드라이브하던 중, A와 B가 잠시 차에서 내린 사이에 甲이 乙에게 A와 B를 한 사람씩 나누어 강간하자고 제의하자 을은 아무런 대답도 하지 않고 따라 다니다가 자신의 강간 상대방으로 남겨진 B에게 일체의 신체적 접촉도 시도하지 않은 채 B와 이야기만 나눴다. 甲은 A를 숲속에서 강간하려고 하였으나 A가 수술한지 얼마 안되어 배가 아프다면서 애원하자 강간행위를 중지하였다. 며칠 후 을은 친구 C를 만나 "甲이 A를 강간하려고 하는 동안 나는 그냥 가만히 있었다."라고 말하였다. 사법경찰관 P는 甲을 수사하는 과정에서 C를 참고인으로 조사하여 C가 乙로부터 들은 위 진술 내용이 기재된 진술조서를 적법하게 작성하였다. 검사는 甲을 강간미수죄로 기소하면서 C에 대한 진술조서를 증거로 제출하였으나, 갑은 이를 증거로 함에 부동의하였다.

㉠ 乙은 강간 범행에 공동으로 가공할 의사가 있었다고 볼 수 없다.
㉡ 甲은 강간죄의 중지미수에 해당한다.
㉢ 진술조서에 기재된 乙의 진술부분은 재전문증거에 해당한다.
㉣ 진술조서의 실질적 진정성립과 특신상태가 증명이 되고, 변호인이 C를 신문할 수 있었던 때에는 C의 진술조서 전부에 대하여 증거능력이 인정된다.

① 1개 ② 2개
③ 3개 ④ 4개

24년 경찰공무원(순경) 채용시험

임종희 경찰형사법
파이널 모의고사

제 5회

❗ 응시자 유의사항

응시자는 반드시 기재된 과목명에 맞게 표기하여야 하며, 과목을 바꾸어 표기한 경우에도 상단에 기재된 과목 순서대로 채점되므로 유의하시기 바랍니다.

※ 시험이 시작되기 전까지 표지를 넘기지 마시오.

01

죄형법정주의에 관한 다음 설명 중 적절하지 않은 것은 모두 몇 개인가? (다툼이 있으면 판례에 의함)

㉠ 처벌규정의 소극적 구성요건을 문언의 가능한 의미를 벗어나 지나치게 좁게 해석하게 되면 피고인에 대한 가벌성의 범위를 넓히게 되어 죄형법정주의의 파생원칙인 유추해석금지원칙에 어긋날 우려가 있으므로 법률 문언의 통상적인 의미를 벗어나지 않는 범위 내에서 합리적으로 해석할 필요가 있다.

㉡ 형벌법규의 적용대상이 행정법규가 규정한 사항을 내용으로 하고 있는 경우, 그 행정법규를 해석함에 있어서는 유추해석 금지의 원칙이 적용되지 아니한다.

㉢ '성폭력범죄의 처벌 등에 관한 특례법' 제30조 제6항 중 '제1항에 따라 촬영한 영상물에 수록된 '19세 미만 성폭력범죄 피해자'(이하 '미성년 피해자'라 한다)의 진술은 공판준비기일 또는 공판기일에 조사 과정에 동석하였던 신뢰관계에 있는 사람 또는 진술조력인의 진술에 의하여 그 성립의 진정함이 인정된 경우에 증거로 할 수 있다' 부분 가운데 '19세 미만 성폭력범죄 피해자'에 관한 부분은 과잉금지원칙을 위반하여 공정한 재판을 받을 권리를 침해한다.

㉣ 의료법 제41조가 "환자의 진료 등에 필요한 당직의료인을 두어야 한다."라고 규정하고 있을 뿐인데도 시행령 조항은 당직의료인의 수와 자격 등 배치기준을 규정하고 이를 위반하면 의료법 제90조에 의한 처벌의 대상이 되도록 함으로써 형사처벌의 대상을 신설 또는 확장한 것으로서 시행령 조항은 위임입법의 한계를 벗어난 것으로서 무효이다.

㉤ 디엔에이신원확인정보의 이용 및 보호에 관한 법률(약칭: 디엔에이법)상 디엔에이신원확인정보의 수집·이용은 수형인 등에게 심리적 압박으로 인한 범죄예방효과를 가진다는 점에서 보안처분의 성격을 지니지만, 처벌적인 효과가 없는 비형벌적 보안처분으로서 소급입법금지원칙이 적용되지 않는다.

① 0개　② 1개
③ 2개　④ 3개

02

「형법」의 적용범위에 대한 설명으로 가장 적절하지 않은 것은? (다툼이 있는 경우 판례에 의함)

① 형을 종전보다 가볍게 형벌법규를 개정하면서 그 부칙으로 개정된 법의 시행 전의 범죄에 대하여 종전의 형벌법규를 적용하도록 규정한다 하여 헌법상의 형벌불소급의 원칙이나 신법우선주의에 반한다고 할 수 없다.

② 헌법재판소의 위헌결정으로 인하여 형벌에 관한 법률 또는 법률조항이 소급하여 그 효력을 상실한 경우에는 당해 법조를 적용하여 기소한 피고사건에 대해서는 면소판결이 아닌 무죄판결을 선고하여야 한다.

③ 피고인이 '2020. 10. 9. 음주의 영향으로 정상적인 운전이 곤란한 상태에서 전동킥보드를 운전하여 사람을 상해에 이르게 하였다'는 특정범죄 가중처벌 등에 관한 법률 위반(위험운전치상)으로 기소된 경우, 개정 도로교통법이 전동킥보드와 같은 개인형 이동장치에 관한 규정을 신설하면서 이를 "자동차 등"이 아닌 "자전거 등"으로 분류하였다면 이는 형법 제1조 제2항의 '범죄 후 법률이 변경되어 그 행위가 범죄를 구성하지 아니하게 된 경우'에 해당한다.

④ 한국인이 외국에서 죄를 지어 현지 법률에 따라 형의 전부 또는 일부의 집행을 받은 때에는 대한민국 법원은 그 집행된 형의 전부 또는 일부를 선고하는 형에 반드시 산입하여야 한다.

03

법인의 형사책임 또는 양벌규정에 관한 설명 중 가장 적절하지 않은 것은?(다툼이 있으면 판례에 의함)

① 구 개인정보 보호법 제74조 제2항에서는 법인격 없는 공공기관에 대하여 양벌규정을 적용할 것인지 여부에 대하여는 명문의 규정을 두고 있지 않으므로, 죄형법정주의의 원칙상 '법인격 없는 공공기관'을 위 양벌규정에 의하여 처벌할 수 없고, 행위자 역시 위 양벌규정으로 처벌할 수 없다.

② 법률의 벌칙규정의 적용대상자가 일정한 '업무주'로 한정되어 있는 경우, 업무주가 아니면서 그 업무를 실제로 집행하는 자가 그 벌칙규정의 위반행위를 하였다면, 그 집행하는 자는 그 벌칙규정을 적용대상으로 하고 있는 '양벌규정'에 의해 처벌될 수 있다.

③ 회사가 해산 및 청산등기 전에 재산형에 해당하는 사건으로 소추당한 후 청산종결의 등기가 경료되었다고 하여도 그 피고사건이 종결되기까지는 회사의 청산사무는 종료되지 아니하고 형사소송법상 당사자 능력도 존속한다고 할 것이다.

④ 甲 교회의 총회 건설부장인 피고인이 관할시청의 허가 없이 건물 옥상층에 창고시설을 건축하는 방법으로 건물을 불법 증축하여 건축법 위반으로 기소된 경우, 피고인은 甲 교회에 고용된 사람이므로, 구 건축법 제112조 제4항 양벌규정의 '개인'의 지위에 있다고 보아 피고인을 같은 조항에 의하여 처벌할 수 있다.

04

다음 부작위범에 대한 설명 중 가장 적절하지 않은 것은?(다툼이 있는 경우 판례에 의함)

① 형법 제18조에서 말하는 부작위는 법적 기대라는 규범적 가치판단 요소에 의하여 사회적 중요성을 가지는 사람의 행태가 되어 법적 의미에서 작위와 함께 행위의 기본 형태를 이루게 되므로, 특정한 행위를 하지 아니하는 부작위가 형법적으로 부작위로서의 의미를 가지기 위해서는, 보호법익의 주체에게 해당 구성요건적 결과발생의 위험이 있는 상황에서 행위자가 구성요건의 실현을 회피하기 위하여 요구되는 행위를 현실적·물리적으로 행할 수 있었음에도 하지 아니하였다고 평가될 수 있어야 한다.

② 이른바 부진정 부작위범의 경우에는 보호법익의 주체가 법익에 대한 침해위협에 대처할 보호능력이 없고, 부작위 행위자에게 침해위협으로부터 법익을 보호해 주어야 할 법적 작위의무가 있을 뿐 아니라, 부작위 행위자가 그러한 보호적 지위에서 법익침해를 일으키는 사태를 지배하고 있어 작위의무의 이행으로 결과발생을 쉽게 방지할 수 있어야 부작위로 인한 법익침해가 작위에 의한 법익침해와 동등한 형법적 가치가 있는 것으로서 범죄의 실행행위로 평가될 수 있다. 다만 여기서의 작위의무는 법령, 법률행위, 선행행위로 인한 경우는 물론, 신의성실의 원칙이나 사회상규 혹은 조리상 작위의무가 기대되는 경우에도 인정된다.

③ 항해 중이던 선박의 1등 항해사 乙, 2등 항해사 丙이 배가 좌현으로 기울어져 멈춘 후 침몰하고 있는 상황에서 피해자인 승객 등이 안내방송 등을 믿고 대피하지 않은 채 선내에 대기하고 있음에도 아무런 구조조치를 취하지 않고 퇴선함으로써, 배에 남아있던 피해자들을 익사하게 한 사안에서, 그 후 승객 등이 사망할 가능성이 크지만 사망해도 어쩔 수 없다는 의사, 즉 결과발생을 인식·용인하였고, 이러한 乙, 丙의 부작위는 작위에 의한 살인의 실행행위와 동일하게 평가할 수 있는 점, 선장인 甲의 부작위에 의한 살인행위에 암묵적, 순차적으로 공모 가담한 공동정범이라고 보아야 하는 점 등을 종합할 때, 乙, 丙은 부작위에 의한 살인 및 살인미수죄의 공동정범으로서의 죄책을 면할 수 없다.

④ 丁이 피해자가 공사대금을 지급하지 않자 공사대금을 받을 목적으로 자신의 공사를 위하여 쌓아 두었던 건축자재를 공사완료 후에도 치우지 않은 행위가 위력으로써 피해자의 추가공사 업무를 방해하는 업무방해죄의 실행행위로서 피해자의 업무에 대하여 하는 적극적인 방해행위와 동등한 형법적 가치를 가진다고 볼 수는 없다.

05

인과관계에 대한 설명으로 옳지 <u>않은</u> 것은 모두 몇 개인가?(다툼이 있는 경우 판례에 의함)

> ㉠ 살인의 실행행위가 피해자의 사망이라는 결과를 발생하게 한 유일한 원인이어야 하는 것은 아니나 직접적인 원인일 것을 요하므로 살인의 실행행위와 피해자의 사망과의 사이에 통상 예견할 수 있는 다른 사실이 개재되어 그 사실이 치사의 직접적인 원인이 되었다면 살인의 실행행위와 피해자의 사망과의 사이에 인과관계가 있는 것으로 볼 수 없다.
>
> ㉡ 전문적으로 대출을 취급하면서 차용인에 대한 체계적인 신용조사를 행하는 금융기관이 금원을 대출한 경우에는, 비록 대출 신청 당시 차용인에게 변제기 안에 대출금을 변제할 능력이 없었고, 차용인에게 대출을 하게 되면 부실채권으로 될 것임이 예상됨에도, 자체 신용조사 결과에는 관계없이 '변제기 안에 대출금을 변제하겠다.'는 취지의 차용인의 말만을 그대로 믿고 대출하였다고 하더라도, 차용인의 이러한 기망행위와 금융기관의 대출행위 사이에 인과관계를 인정할 수는 없다.
>
> ㉢ 비록 자동차가 보행자를 직접 충격한 것이 아니고 보행자가 자동차의 급정거에 놀라 도로에 넘어져 상해를 입은 경우라고 할지라도, 업무상 주의의무 위반과 교통사고 발생 사이에 상당인과관계를 인정할 수 있다.
>
> ㉣ 초지조성공사를 도급받은 수급인 甲이 불경운작업(산불작업)의 하도급을 乙에게 준 이후에 계속하여 그 작업을 감독하지 아니하였는데 乙이 산림실화를 낸 경우, 수급인 甲이 감독하지 아니한 과실과 산림실화 사이에는 인과관계가 인정된다.
>
> ㉤ 수술 후 복막염에 대한 진단과 처치 지연 등 의사의 과실이 있어 환자가 제때 필요한 조치를 받지 못한 경우, 환자가 의사의 지시를 일부 따르지 않거나 퇴원한 사실은 의사의 과실과 환자의 사망 사이에 인과관계를 단절한다.

① 1개　　② 2개
③ 3개　　④ 4개

06

고의에 관한 설명으로 가장 적절한 것은? (다툼이 있는 경우 판례에 의함)

① 목적적 범죄체계론에 따르면 고의는 책임의 요소이다.
② 고의가 성립하기 위해서는 행위자가 모든 객관적 구성요건에 해당하는 사실을 인식해야 하기에 상습도박죄에 있어서 상습성은 고의의 인식 대상이다.
③ 고의의 본질에 관한 학설 중 행위자가 결과발생의 가능성을 인식하기만 하면 고의가 성립한다고 보는 견해에 따르면 인식 있는 과실도 고의로 인정될 수 있다.
④ 방조범은 정범의 실행을 방조한다는 방조의 고의와 정범의 행위가 구성요건에 해당하는 행위인 점에 대한 정범의 고의가 있어야 하고, 방조범에 있어서 정범의 고의는 정범에 의하여 실현되는 범죄의 구체적 내용까지 인식할 것을 요한다.

07

과실범에 대한 설명으로 옳은 것은? (다툼이 있는 경우 판례에 의함)

① 과실범은 주의의무의 존재를 전제로 한 과실행위를 의미하므로, 교통사고 사망사고를 낸 자가 신호준수의무라는 주의규정을 고의로 위반하였다면 사망의 결과에 대하여 과실범은 성립할 수 없다.
② 의료행위와 환자에게 발생한 상해 사망 등 결과 사이에 인과관계가 인정되는 경우에는, 업무상과실로 평가할 수 있는 행위의 존재 또는 그 업무상과실의 내용을 구체적으로 증명할필요 없이 개연성만으로 족하다.
③ 과실에 의한 간접정범이 성립할 수 없음은 물론이며, 과실범에 대한 간접정범도 성립할 수 없다.
④ 과실범에 있어서의 비난가능성의 지적 요소란 결과발생의 가능성에 대한 인식으로서, 인식 있는 과실은 이와 같은 인식이 있고, 인식 없는 과실은 이에 대한 인식 자체도 없는 경우이나, 인식 없는 과실도 규범적 실재로서의 과실책임이 있음은 인식 있는 과실과 같다.

08

위법성조각사유에 관한 다음 설명 중 가장 옳은 것은? (다툼이 있으면 판례에 의함)

① 통상의 일반적인 안수기도의 방식과 정도를 벗어나 환자의 신체에 비정상적이거나 과도한 유형력을 행사하고 신체의 자유를 과도하게 제압하여 그 결과 환자의 신체에 상해까지 입힌 경우라면, 그러한 유형력의 행사가 비록 안수기도의 명목과 방법으로 이루어졌다 해도 일반적으로 사회상규상 용인되는 정당행위라고 볼 수 없으나, 이를 치료행위로 보아 피해자측이 승낙하였다면 이는 정당행위에 해당한다.

② 신문기자인 피고인이 甲에게 2회에 걸쳐 증여세 포탈에 대한 취재를 요구하면서 이에 응하지 않으면 자신이 취재한 내용대로 보도하겠다고 말하여 협박한 경우 비록 피고인이 폭언을 하거나 보도하지 않는 데 대한 대가를 요구하지 않았다 하더라도 위 행위는 협박죄에서 말하는 해악의 고지에 해당하여 사회상규에 위반한 행위라고 보는 것이 타당하다.

③ 회사의 이익을 빼돌린다는 소문을 확인할 목적으로, 피해자가 사용하면서 비밀번호를 설정하여 비밀장치를 한 전자기록인 개인용 컴퓨터의 하드디스크를 검색한 행위는 형법 제20조의 '정당행위'에 해당된다.

④ 피고인들이 확성장치 사용, 연설회 개최, 불법행렬, 서명날인운동, 선거운동기간 전 집회 개최 등의 방법으로 특정후보자에 대한 낙선운동을 함으로써 공직선거및선거부정방지법에 의한 선거운동제한 규정을 위반한 피고인들의 같은 법 위반의 각 행위는 시민불복종운동으로서 헌법상의 기본권행사 범위 내에 속하는 정당행위이거나 형법상 사회상규에 위반되지 아니하는 정당행위 또는 긴급피난의 요건을 갖춘행위로 보아야 한다.

09

새벽에 귀가 중인 甲에게 노숙자 A가 구걸을 하려고 접근하였다. 그러나 甲은 이전에 소위 '퍽치기' 강도를 당한 경험 때문에, A를 '퍽치기' 강도로 오인하고 A를 폭행하였다. 甲의 형사책임에 관한 설명 중 가장 적절하지 않은 것은?

① 엄격고의설에 의하면 甲에게 책임고의가 배제되므로 폭행죄가 성립하지 않는다.

② 엄격책임설에 의하면 甲의 착오는 법률의 착오에 해당하여 오인함에 정당한 이유가 없는 경우 폭행죄가 성립한다.

③ 구성요건적 착오규정을 유추적용하는 견해에 의하면 甲의 고의가 부정되어 폭행죄가 성립하지 않는다.

④ 법효과제한적 책임설에 의하면 甲에게 불법고의가 배제되므로 폭행죄가 성립하지 않는다.

10

실행의 착수시기에 관한 학설의 설명으로 옳은 것은 모두 몇 개인가?

> ㉠ 형식적 객관설은 행위자가 구성요건에 해당하는 행위 또는 그 행위의 일부가 시작되었을 때 실행의 착수가 있다는 견해로 실행의 착수시기를 인정하는 시점이 너무 늦어져 미수의 범위가 좁아진다는 비판이 있다.
> ㉡ 실질적 객관설은 구성요건의 보호법익을 기준으로 하여 법익에 대한 직접적 위험을 발생시킨 객관적 행위시점에서 실행의 착수가 있다는 견해로 법익침해의 '직접적 위험'이라는 기준이 모호하다는 비판이 있다.
> ㉢ 주관설은 범죄란 범죄적 의사의 표현이므로 범죄의사를 명백하게 인정할 수 있는 외부적 행위가 있을 때 또는 범의의 비약적 표동이 있을 때 실행의 착수가 있다는 견해로 가벌적 미수의 범위가 지나치게 확대될 수 있다.
> ㉣ 주관적(개별적) 객관설은 행위자의 전체적 범행계획에 비추어 구성요건실현에 대한 직접적 행위가 있을 때 실행의 착수가 있다는 견해로 실행의 착수에 관한 객관설과 주관설의 단점을 제거하고 양설을 타협하기 위해 제시된 절충적인 견해이다.

① 1개 ② 2개
③ 3개 ④ 4개

11

다음 중 공동정범의 성립을 인정한 것은 모두 몇 개인가? (다툼이 있으면 판례에 의함)

㉠ 갑은 지급기일에 결재할 수 없는 딱지어음을 발행하여 매매하였으나 사기의 실행행위에 직접 관여하지 아니하였고, 또한 딱지어음의 전전유통경로나 중간 소지인들도 알지 못하였다.

㉡ 국회의원 후보자인 갑과 그 유세위원장인 을, 병이 상대후보를 국회의원에 당선되지 못하게 할 목적으로 허위사실을 공표할 것을 공모한 후 실행에 나아갔다.

㉢ 피고인 甲이 피해자 일행을 한 사람씩 나누어 강간하자는 피고인 일행의 제의에 아무런 대답도 하지 않고 따라 다니다가 자신의 강간 상대방으로 남겨진 乙에게 일체의 신체적 접촉도 시도하지 않은 채 다른 일행이 인근 숲 속에서 강간을 마칠 때까지 乙과 함께 이야기만 나누었다.

㉣ 갑은 밀항하고자 하는 乙에게 여권을 위조하여 주었으나, 밀항행위에 가담한 사실은 없었다.

㉤ A 주식회사의 대표이사를 사임하고 회사의 고문으로 있던 갑에게, 이사 을이 회사의 현안 문제를 해결하기 위해서는 제3자에게 금 3억 원을 주어 무마하는 수밖에 없다고 보고하자 갑은 아무런 말도 없이 창 밖만 쳐다보고 있었다.

① 1개 ② 2개
③ 3개 ④ 4개

12

간접정범과 교사범에 관한 설명 중 가장 적절하지 않은 것은?(다툼이 있는 경우 판례에 의함)

① 자기에게 유리한 판결을 얻기 위하여 소송상의 주장이 사실과 다름이 객관적으로 명백하거나 증거가 조작되어 있다는 정을 인식하지 못하는 제3자를 이용하여, 그로 하여금 소송의 당사자가 되게 하고 법원을 기망하여 소송 상대방의 재물 또는 재산상 이익을 취득하였다면, 간접정범의 형태에 의한 소송사기죄가 성립하게 된다.

② 처벌되지 아니하는 타인의 행위를 적극적으로 유발하고 이를 이용하여 자신의 범죄를 실현한 자는 간접정범의 죄책을 지게 되고, 그 과정에서 타인의 의사를 부당하게 억압하여야만 간접정범에 해당하는 것은 아니다.

③ 선서무능력자로서 범죄 현장을 목격하지도 못한 사람으로 하여금 형사법정에서 범죄 현장을 목격한 양 허위의 증언을 하도록 교사한 경우, 증거위조죄의 교사범이 성립한다.

④ 甲이 A회사의 전문건설업등록증 등의 이미지 파일을 위조하여 공사 수주에 사용하기 위해 발주업체 직원 B에게 이메일로 송부하여 위조 사실을 모르는 B로 하여금 위 이미지 파일을 출력하게 한 경우, 문서가 위조된 것임을 알지 못하는 B를 도구로 이용하여 행사한 경우이므로 갑은 위조공문서행사죄의 간접정범이 성립한다.

13

다음 중 죄수에 관한 설명으로 적절하지 <u>않은</u> 것은 모두 몇 개인가?(다툼이 있으면 판례에 의함)

㉠ 절도범이 갑의 집에 침입하여 그 집의 방안에서 그 소유의 재물을 절취하고 그 무렵 그 집에 세들어 사는 을의 방에 침입하여 재물을 절취하려다 미수에 그쳤다면 위 두 범죄는 그 범행장소와 물품의 관리자를 달리하고 있어서 별개의 범죄를 구성한다.

㉡ 음주 또는 약물의 영향으로 정상적인 운전이 곤란한 상태에서 자동차를 운전하여 사람을 상해에 이르게 함과 동시에 다른 사람의 재물을 손괴한 때에는 특정범죄가중처벌 등에 관한 법률 위반(위험운전치사상)죄 외에 업무상과실 재물손괴로 인한 도로교통법 위반죄가 성립하고, 위 두 죄는 1개의 운전행위로 인한 것으로서 실체적 경합관계에 있다.

㉢ 아동·청소년이용음란물을 제작한 자가 제작에 수반된 소지행위를 벗어나 사회통념상 새로운 소지가 있었다고 평가할 수 있는 별도의 소지행위를 개시하였다면 이는 청소년성보호법 위반(음란물제작·배포등)죄와 별개의 청소년성보호법 위반(음란물소지)죄에 해당한다.

㉣ 범죄단체 등에 소속된 조직원이 저지른 폭력행위 등 처벌에 관한 법률(이하 '폭력행위처벌법'이라 한다) 위반(단체 등의 공동강요)죄 등의 개별적 범행과 폭력행위처벌법 위반(단체 등의 활동)죄는 범행의 목적이나 행위 등 측면에서 중첩되는 부분이 있어 법률상 1개의 행위로 평가되므로 상상적 경합관계에 있다고 보아야 한다.

㉤ 음주로 인한 특정범죄가중처벌 등에 관한 법률 위반(위험운전치사상)죄와 도로교통법 위반(음주운전)죄는 입법 취지와 보호법익 및 적용영역을 달리하는 별개의 범죄이므로, 양 죄가 모두 성립하는 경우 두 죄는 상상적 경합관계에 있다.

① 0개　　② 1개
③ 2개　　④ 3개

14

형벌에 대한 설명 중 가장 적절한 것은? (다툼이 있는경우 판례에 의함)

① 형이 확정된 후 그 형의 집행을 받지 아니한 자가 형의 집행을 면할 목적으로 국외에 있는 기간 동안은 형의 시효도 진행한다.

② 형법 제357조 배임수증재죄에서 수재자가 증재자로부터 받은 재물을 그대로 가지고 있다가 증재자에게 반환한 경우 증재자로부터 이를 몰수하거나 그 가액을 추징할 수 없다.

③ 살인행위에 사용한 칼 등 범죄의 실행행위 자체에 사용한 물건뿐만 아니라 실행행위의 착수 전의 행위에 사용한 물건도 몰수할 수 있지만, 실행행위의 종료 후의 행위에 사용한 물건은 그것이 범죄행위의 수행에 실질적으로 기여하였다고 인정되더라도 몰수할 수 없다.

④ 선고하는 벌금이 1억원 이상 5억원 미만인 경우에는 300일 이상, 5억원 이상 50억원 미만인 경우에는 500일 이상, 50억원 이상인 경우에는 1천일 이상의 노역장 유치기간을 정하여야 한다.

15

'흉기 기타 위험한 물건을 휴대하고' 범행한 경우의 설명으로 적절하지 않은 것은 모두 몇 개인가?(다툼이 있으면 판례에 의함)

㉠ 피고인이 처음부터 이 사건 화훼용 가위를 피해자에게 상해를 가하기 위하여 소지하고 있었던 것은 아니라 하더라도 피해자와 시비하는 과정에서 의도적으로 이를 휘둘러 피해자에게 상해를 가한 이상, 이는 폭력행위 등 처벌에 관한 법률 제3조 제1항 소정의위험한 물건을 휴대한 경우에 해당한다.
㉡ 마약사범이 범행 현장에서 버리려고 비닐봉지에 담아 둔 칼을 들고 있다가 체포된 경우, 폭력행위 등 처벌에 관한 법률 제7조(우범자)에 정한 위험한 물건의 '휴대'로 볼 수 없다.
㉢ 피고인이 이혼 분쟁 과정에서 자신의 아들을 승낙 없이 자동차에 태우고 떠나려고 하는 피해자들 일행을 상대로 급하게 추격 또는 제지하는 과정에서 소형승용차로 중형승용차를 충격한 것이라면 피고인에 대한 폭력행위 등 처벌에 관한 법률 제3조 제1항 위반죄가 성립하지 아니한다.
㉣ 경륜장 사무실 안에서 술에 취해 소란을 피우면서 경륜장의 직원들 5-6명이 있는 상태에서 소화기를 집어 던졌다면 위 '소화기'는 폭력행위 등 처벌에 관한 법률 제3조 제1항의 '위험한 물건'에 해당한다.
㉤ 폭력행위 등 처벌에 관한 법률 제3조 제1항 소정의 '흉기 기타 위험한 물건을 휴대'란 범행 현장에서 범행에 사용하려는 의도 아래 흉기 등 위험한 물건을 소지하거나 몸에 지닌 이상 그 사실을 피해자가 인식하거나 실제로 범행에 사용하였을 것까지 요구되는 것은 아니라 할 것이다.

① 0개　　② 1개
③ 2개　　④ 3개

16

감금죄에 대한 설명으로 가장 적절한 것은?(다툼이 있는 경우 판례에 의함)

① 정신의료기관의 장이 자의(自意)로 입원 등을 한 환자로부터 퇴원 요구가 있음에도 구 정신보건법에 정해진 절차를 밟지 않은 채 방치한 경우, 형법 제20조의 사회상규에 위배되지 아니한 정당행위로서 감금죄에 대한 위법성이 조각된다고 할 것이다.

② 감금행위가 강간죄의 수단이 된 경우라면 그 감금행위는 강간죄에 흡수되어 별죄를 구성하지 아니하므로 감금죄와 강간죄의 상상적 경합이 성립할 여지는 없다.

③ 감금행위가 단순히 강도상해 범행의 수단이 되는 데 그치지 아니하고 강도상해의 범행이 끝난 뒤에도 계속된 경우 그 감금행위는 강도상해죄에 흡수되지 아니하고 별죄를 구성하며 양 죄는 실체적 경합의 관계에 있다.

④ 체포 행위가 확실히 사람의 신체의 자유를 구속하는 정도로 계속되지 못하고 일시적인 것에 그쳤다고 하여도 체포죄의 미수가 아닌 기수에 이른 것으로 보아야 한다.

17

약취, 유인 및 인신매매의 죄에 대한 설명으로 옳은 것은 모두 몇 개인가?(다툼이 있는 경우 판례에 의함)

㉠ 갑은 乙(15세, 소녀)을 간음할 목적으로 유혹하여 A모텔 앞길에서부터 위 모텔 301호실까지 데리고 갔으나, 갑이 목욕하고 있는 사이에 을이 탈출하여 간음하지 못한 경우, 갑은 간음목적유인죄의 미수에 해당한다.
㉡ 형법 제289조의 인신매매죄를 범할 목적으로 예비 또는 음모한 사람은 처벌한다.
㉢ 갑은 乙(18세, 소녀)을 성매매를 업으로 하는 윤락가 포주 병에게 금 1,000만원을 받기로 하는 매매계약을 체결하고 乙을 넘겼다. 그러나 병으로부터 아직 매매대금을 받지도 않았고 乙이 성매매한 사실도 없는 상태에서 갑이 경찰에게 검거된 경우, 갑은 성매매와 성적착취목적 인신매매죄의 미수가 성립할 뿐이다.
㉣ 형법 제287조 미성년자약취·유인죄는 대한민국 영역 밖에서 죄를 범한 외국인에게도 적용된다.
㉤ 장기적출을 목적으로 매매된 사람을 안전한 장소로 풀어준 때에는 그 형을 감경할 수 있다.

① 0개　　② 1개
③ 2개　　④ 3개

18

다음 사례 중 갑에게 모욕죄의 구성요건에 해당하지 않는 사례(A)와 모욕죄의 구성요건에 해당하지만 위법성이 조각된 사례(B)를 옳게 묶은 것은?(군형법상 상관모욕죄를 포함하고, 다툼이 있는 경우 판례에 의함)

㉠ 부사관 교육생 甲이 동기들과 함께 사용하는 단체 채팅방에서 지도관 A가 목욕탕 청소 담당에게 과실 지적을 많이 한다는 이유로 "도라이 ㅋㅋㅋ 습기가 그렇게 많은데"라는 글을 게시한 경우

㉡ 우체국 사업소 소장인 갑이 직원들(3명)에게 乙이 관리하는 다른 사업소의 문제를 지적하는 내용의 카카오톡 문자메시지를 발송하면서 "乙은 정말 야비한 사람인 것 같습니다."라고 표현하여 문자메시지를 보낸 경우

㉢ 갑이 인터넷 포털 사이트 '○○'의 카페인 '△△△△추진운동본부'에 접속하여 회원을 강제탈퇴시킨 후 보여준 을의 태도에 대하여 불만을 가지고 '자칭 타칭 乙 하면 떠오르는 키워드!!!'라는 제목의 게시글에 '공황장애 ㅋ'라는 댓글을 게시한 경우

㉣ 갑이 자동차 정보 관련 인터넷 신문사 소속 기자 을이 작성한 기사가 인터넷 포털 사이트의 자동차 뉴스 '핫이슈' 난에 게재되자, 갑이 "이런걸 기레기라고 하죠?"라는 댓글을 게시한 경우

㉤ 지역버스노동조합 조합원인 갑이 자신의 페이스북에 집회 일정을 알리면서 노동조합 집행부인 피해자 을과 병을 지칭하며 "버스노조 악의 축, 을과 병 구속수사하라!!"라는 표현을 적시한 경우

㉥ 갑이 자신의 페이스북에 을에 대한 비판적인 글을 게시하면서 "철면피, 파렴치, 양두구육, 극우부패 세력"이라는 표현을 사용한 경우

	A	B
①	㉠, ㉢, ㉤	㉡, ㉣, ㉥
②	㉠, ㉣, ㉤, ㉥	㉡, ㉢
③	㉠, ㉡, ㉢	㉣, ㉤, ㉥
④	㉡, ㉢	㉠, ㉣, ㉤, ㉥

19

업무와 경매에 관한 죄의 설명 중 가장 적절한 것은? (다툼이 있는 경우 판례에 의함)

① 마트산업노동조합 간부와 조합원인 피고인들이 공모하여, 대형마트 지점 2층 매장 안에서 '부당해고'라고 쓰인 피켓을 들고 지점장 갑과 대표이사 등 임직원들을 따라다니며 "강제전배 멈추어라, 통합운영 하지마라, 직원들이 아파한다, 부당해고 그만하라."라고 고성을 지르는 방법으로 약 30분간 따라 다니면서 피켓 시위를 한 경우, 피고인들이 공모하여 갑과 대표이사 등의 자유의사를 제압하기에 족한 위력을 행사하였다고 보여지므로 위력에 의한 업무방해죄에 해당한다.

② 피고인들은 피해자 A주식회사의 '바로예약 애플리케이션'과 통신하는 API 서버의 URL과 API 서버로 정보를 호출하는 명령구문들을 알아내어, 자체 개발한 'B 크롤링 프로그램'을 사용하여 API 서버에 명령구문을 입력하는 방식으로 위 A회사의 숙박업소 정보를 수집한 경우, 정보처리장치에 부정한 명령을 입력하여 장애를 발생시켰으므로 컴퓨터등장애업무방해죄가 성립한다.

③ 한국토지공사 지역본부가 중고자동차매매단지를 분양하기 위하여 유자격 신청자들을 대상으로 무작위 공개추첨하여 1인의 수분양자를 선정하는 절차를 진행함에 있어, 신청자격이 없는 甲이 총 12인의 신청자 중 9인의 신청자의 자격과 명의를 빌려 그 당첨확률을 약 75%까지 인위적으로 높여 분양을 신청한 경우, 분양업무의 적정성과 공정성 등을 방해하는 행위라고 볼 수 있어 甲에게는 입찰방해죄가 성립한다.

④ 갑 주식회사의 상무이사인 피고인이 갑 회사의 신규 직원 채용 과정에서, 면접위원인 을이 면접이 끝난 후 인사 담당 직원에게 채점표를 작성하여 제출하고 면접장소에서 먼저 퇴장하자, 남은 면접위원들과 협의하여 피고인이 지정한 응시자를 최종합격자로 선정한 경우, 을은 갑 회사의 직원 채용을 위한 '면접업무'에 불과하므로 피고인의 행위가 면접업무를 이미 마친 을에게 오인·착각 또는 부지를 일으켰다고 할 수 없으므로 을에 대하여 위계에 의한 업무방해죄가 성립하지 않는다.

20

절도죄와 주거침입죄의 죄수에 관한 다음 설명 중 적절하지 않은 것은 모두 몇 개인가?(다툼이 있는 경우 판례에 의함)

> ㉠ 절도범인이 범행수단으로 주거침입을 한 경우, 주거침입행위는 절도죄에 흡수되지 아니하고 별개로 주거침입죄를 구성하므로 절도죄와 주거침입죄는 실체적 경합관계에 있다.
> ㉡ 형법 제330조에 규정된 야간주거침입절도범인이 그 범행수단으로 주거침입을 한 경우, 야간주거침입절도죄와 주거침입죄는 실체적 경합관계에 서는 것이 원칙이다.
> ㉢ 형법 제331조 제1항에 규정된 손괴특수절도범인이 그 범행수단으로 주거침입을 한 경우, 손괴특수절도죄와 주거침입죄는 실체적 경합관계에 서는 것이 원칙이다.
> ㉣ 형법 제331조 제2항에 규정된 흉기휴대 또는 2인 이상 특수절도죄의 범인이 그 범행수단으로 주거침입을 한 경우, 특수절도죄와 주거침입죄는 실체적 경합관계에 있다.
> ㉤ 형법 제332조에 규정된 상습절도죄를 범한 범인이 범행의 수단으로 주간에 주거침입을 한 경우 주간 주거침입행위는 상습절도죄와 별개로 주거침입죄를 구성하나, 이와 달리 특정범죄 가중처벌 등에 관한 법률 제5조의4 제6항에 규정된 상습절도 등 죄를 범한 범인이 그 범행의 수단으로 주거침입을 한 경우에 위 조문에 규정된 상습절도 등 죄의 1죄만이 성립하고 별개로 주거침입죄를 구성하지 않는다.

① 0개　　② 1개
③ 2개　　④ 3개

21

친족상도례에 관한 다음 설명 중 옳지 않은 것은 모두 몇 개인가?(다툼이 있으면 판례에 의함)

> ㉠ 횡령범인과 피해물건의 소유자간에만 친족관계가 있거나 횡령범인과 피해물건의 위탁자간에만 친족관계가 있는 경우, 친족상도례가 적용된다.
> ㉡ 피고인이 백화점 내 점포에 입점시켜 주겠다고 속여 피해자로부터 입점비 명목으로 돈을 편취하였다며 사기로 기소된 경우, 피고인의 딸과 피해자의 아들이 혼인하여 피고인과 피해자가 사돈지간이라고 하더라도 민법상 친족으로 볼 수 없으므로 위 범죄를 친족상도례가 적용되는 친고죄라고 할 수 없다.
> ㉢ 손자가 할아버지 소유 농업협동조합 예금통장을 절취하여 이를 현금자동지급기에 넣고 조작하는 방법으로 예금 잔고를 자신의 거래 은행계좌로 이체한 경우, 컴퓨터 등 사용사기죄가 성립하나 그 형이 면제된다.
> ㉣ 장물범이 피해자와 동거하지 않는 직계혈족인 경우에는 그 동거여부를 불문하고 그 형을 면제한다.
> ㉤ 사기죄를 범하는 자가 금원을 편취하기 위한 수단으로 피해자와 혼인신고를 한 것이어서 그 혼인이 무효인 경우라면, 그러한 피해자에 대한 사기죄에서는 친족상도례를 적용할 수 없다고 할 것이다.

① 0개　　② 1개
③ 2개　　④ 3개

22

재산범죄에 관한 설명으로 가장 적절한 것은?(다툼이 있으면 판례에 의함)

① 명의대여 약정에 따른 신청에 의하여 발급된 영업허가증과 사업자등록증은 명의대여자의 소유가 되었다고 할 것이므로, 이를 명의차용자에게 인도하였다가 명의대여자가 가지고 간 행위는 자기의 물건이므로 권리행사방해죄에 해당한다.

② 대표이사 甲이 회사 자금으로 乙에게 주식매각 대금 조로 금원을 지급한 경우, 그 금원은 단순히 횡령 행위에 제공된 물건으로 장물에 해당하지 않는다.

③ 소유권의 취득에 등록이 필요한 차량에 대한 횡령죄에서 타인의 재물을 보관하는 사람의 지위는 일반 동산의 경우와 달리 차량에 대한 점유 여부가 아니라 등록에 의하여 차량을 제3자에게 법률상 유효하게 처분할 수 있는 권능 유무에 따라 결정하여야 한다.

④ 채권자가 양도담보 목적물을 제3자에게 처분하여 그 목적물의 소유권을 취득하게 한 다음 그 제3자로 하여금 채권자로부터 목적물반환청구권을 양도받는 방법으로 그 목적물을 취거하게 한 경우, 그 제3자로서는 자기의 소유물을 취거한 것에 불과하므로, 채권자의 이 같은 행위는 절도죄를 구성하지 않는다.

23

횡령죄와 배임죄에 관한 다음 설명 중 가장 적절하지 않은 것은?(다툼이 있으면 판례에 의함)

① 채권양도인이 채무자에게 채권양도 통지를 하는 등으로 채권양도의 대항요건을 갖추어 주지 않은 채 채무자로부터 채권을 추심하여 금전을 수령한 경우, 채권양도인이 위와 같이 양도한 채권을 추심하여 수령한 금전에 관하여 채권양수인을 위해 보관하는 자의 지위에 있다고 볼 수 없으므로, 채권양도인이 위 금전을 임의로 처분하더라도 횡령죄는 성립하지 않는다.

② 지입회사에 소유권이 있는 차량에 대하여 지입회사에서 운행관리권을 위임받은 지입차주가 지입회사의 승낙 없이 보관 중인 차량을 사실상 처분하거나 지입차주에게서 차량 보관을 위임받은 사람이 지입차주의 승낙 없이 보관 중인 차량을 사실상 처분한 경우에도 횡령죄가 성립한다.

③ 소유권의 취득에 등록이 필요한 차량에 대한 횡령죄에서 타인의 재물을 보관하는 사람의 지위는 일반 동산의 경우와 달리 차량에 대한 점유 여부가 아니라 등록에 의하여 차량을 제3자에게 법률상 유효하게 처분할 수 있는 권능 유무에 따라 결정하여야 한다.

④ 지입차주가 자신이 실질적으로 소유하거나 처분권한을 가지는 자동차에 관하여 지입회사와 지입계약을 체결함으로써 지입회사에 그 자동차의 소유권등록 명의를 신탁하고 운송사업용 자동차로서 등록 및 그 유지 관련 사무의 대행을 위임한 경우, 지입회사 운영자가 지입차주와의 관계에서 '타인의 사무를 처리하는 자'의 지위에 있다.

24

다음 사례 중 재물손괴죄가 성립하지 않는 것은 모두 몇 개인가?(다툼이 있는 경우 판례에 의함)

㉠ A주식회사의 직원인 갑과 을이 유색페인트와 래커 스프레이를 이용하여 甲 회사 소유의 도로 바닥에 직접 문구를 기재하거나 도로 위에 놓인 현수막 천에 문구를 기재하여 페인트가 바닥으로 배어 나와 도로에 배게 하는 경우

㉡ 자동문을 수동으로만 개폐가 가능하게 하여 자동잠금장치로서 역할을 할 수 없도록 한 행위

㉢ 甲이 A의 차량 앞에는 철근콘크리트 구조물을, 뒤에는 굴삭기 크러셔를 바짝 붙여 놓아 A의 차량을 17~18시간 동안 운행할 수 없게 한 행위

㉣ 갑이 을의 소유 토지에 권원 없이 건물을 신축한 경우

㉤ 갑은 을이 공사장 소음방지와 미관상 목적으로 설치한 철제 담장에 단색 페인트로 담장 중 다른 그림이나 낙서가 없는 부분에 검은색이나 빨간색 스프레이 페인트를 이용하여 그림을 그린 경우

① 1개　　② 2개
③ 3개　　④ 4개

25

다음 중 甲에게 괄호 안의 범죄가 성립되지 <u>않은</u> 경우는 모두 몇 개인가? (다툼이 있는 경우 판례에 의함)

○ 은행을 통하여 지급이 이루어지는 약속어음의 발행인이 그 발행을 위하여 은행에 신고된 것이 아닌 발행인의 다른 인장을 날인한 경우 (허위유가증권작성죄)

○ 甲과 乙은 乙이 甲으로부터 1,000만 원을 차용하는 것처럼 가장하여 乙의 연인 A로 하여금 이를 변제하도록 협박하기로 공모한 후, A를 보증인으로 하는 차용증을 작성하는 자리에서 甲이 위조된 100만 원권 자기앞수표 10장이 들어 있는 봉투를 乙에게 교부하면서 그 자기앞수표 자체를 봉투에서 꺼내거나 그 자기앞수표의 위조 사실을 모르는 A에게 보여주지 않은 경우 (위조유가증권행사죄)

○ 甲이 1995년에 미국에서 진정하게 발행된 미화 1달러권 지폐와 2달러권 지폐를 화폐수집가들이 수집하는 희귀화폐인 것처럼 만들어 행사할 목적으로 발행연도 '1995'를 빨간색으로 '1928'로 고치고, 발행번호와 미국 재무부를 상징하는 문양 및 재무부장관의 사인 부분을 지운 후 빨간색으로 다시 가공한 경우 (외국통용외국통화변조죄)

○ 甲은 A종중의 적법한 대표자가 아님에도 A종중 소유의 토지가 소유권보존등기가 되어 있지 않은 점을 이용하여, 자신이 A종중의 대표자인 것처럼 종중규약과 회의록을 허위로 작성한 후 이를 근거로 그 토지에 대하여 A종중을 소유자로, 甲을 A종중의 대표자로 소유권보존등기를 경료하여, 부동산등기부상 자신을 A종중의 대표자로 등재되도록 한 경우 (공정증서원본불실기재죄)

○ 사법경찰관 甲은 검사로부터 '교통사고 피해자들로부터 사고경위에 대해 구체적 진술을 청취하여 운전자의 도주여부에 대해 재수사할 것'을 요청받고는, 행사할 목적으로 재수사결과서를 작성하면서 피해자들로부터 실제 진술을 청취하지 않고도 그 재수사 결과서의 '재수사 결과'란에 자신의 독자적인 의견이나 추측에 불과한 것을 마치 피해자들로부터 직접 들은 진술인 것처럼 기재한 경우 (허위공문서작성죄)

① 1개 ② 2개
③ 3개 ④ 4개

26

허위공문서작성죄에 관한 다음 설명 중 옳지 <u>않은</u> 것은 모두 몇 개인가?(다툼이 있으면 판례에 의함)

○ 공무원이 아닌 피고인이 건축물조사 및 가옥대장 정리업무를 담당하는 공무원을 교사하여 무허가 건물을 허가받은 건축물인 것처럼 가옥대장 등에 등재케 하여 허위공문서 등을 작성케 한 사실이 인정된다면, 허위공문서작성죄의 교사범으로 처벌할 수 있다.

○ 등기공무원이 소유권이전등기와 근저당권설정등기의 신청이 동시에 이루어지고 그와 함께 등본의 교부신청이 있었음에도 고의로 일부를 누락하여 소유권이전등기만 기입하고 근저당권설정등기는 기입하지 않은 채 등기부등본을 발급한 경우 본죄가 성립한다.

○ 공무원인 甲이 문서작성자에게 전화로 문의하여 원본과 상이 없다는 사실을 확인하였고, 실제 그 사본이 원본과 다른 점이 없다면, 실제 원본과 대조함이 없이 공무원 甲이 그 직무에 관하여 사문서 사본에 "원본 대조필 토목 기사 甲"이라 기재하고 甲의 도장을 날인한 행위만으로는 허위공문서작성죄가 성립한다고 단정할 수 없다.

○ 준공검사조서를 작성함에 있어서 정산설계서를 확인하고 준공검사를 한 것이 아님에도 마치 한 것처럼 준공검사용지에 "정산설계서에 의하여 준공검사"를 하였다는 내용을 기입하였다면 허위공문서작성의 범의가 있었음이 명백하므로 허위공문서작성죄가 성립한다.

① 0개 ② 1개
③ 2개 ④ 3개

27

공무원의 직무에 관한 죄에 대한 설명 중 옳은 것은?(다툼이 있는 경우에는 판례에 의함)

① 경찰관들이 현행범인으로 체포한 일부 도박혐의자들을 제대로 조사하지 않고 석방하고, 그 석방사실을 검사에게 보고하거나 석방일시·사유를 기재한 서면을 기록에 편철하지 않고, 압수한 일부 도박자금에 대한 압수조서 및 목록을 작성하지 않은 채 검사 지휘 없이 반환하고, 일부 혐의자의 명의도용 사실과 도박범죄 전력을 확인하였으나 추가조사 없이 석방한 경우, 직무유기죄는 성립하지 않는다.

② 공무원이 어떠한 위법사실을 발견하고도 직무상 의무에 따른 적절한 조치를 취하지 아니하고 위법사실을 적극적으로 은폐할 목적으로 허위공문서를 작성·행사한 경우에는 직무위배의 위법상태는 허위공문서작성 당시부터 그 속에 포함되는 것으로 작위범인 허위공문서작성, 동행사죄만이 성립하고 부작위범인 직무유기죄는 따로 성립하지 아니하나, 위 복명서 및 심사의견서를 허위작성한 것이 농지일시전용허가를 신청하자 이를 허가하여 주기 위하여 한 것이라면 직접적으로 농지불법전용 사실을 은폐하기 위하여 한 것은 아니므로 위 허위공문서작성, 동행사죄와 직무유기죄는 상상적 경합범의 관계에 있다.

③ 공무원이 어느 회사의 폐수배출시설 폐쇄명령 불이행 사실을 은폐하는데 행사할 목적으로 자신의 출장복명서의 폐쇄명령 이행사항 확인란을 허위로 작성한 경우, 직무유기죄와 허위공문서작성죄의 상상적 경합이 된다.

④ 경찰서 방범과장이 부하직원으로부터 음반·비디오물 및 게임물에 관한 법률 위반 혐의로 오락실을 단속하여 증거물로 오락기의 변조 기판을 압수하여 사무실에 보관중임을 보고받아 알고 있었음에도 그 직무상의 의무에 따라 위 압수물을 수사계에 인계하고 검찰에 송치하여 범죄 혐의의 입증에 사용하도록 하는 등의 적절한 조치를 취하지 않고, 오히려 부하직원에게 위와 같이 압수한 변조 기판을 돌려주라고 지시하여 오락실 업주에게 이를 돌려준 경우, 작위범인 증거인멸죄만이 성립하고 부작위범인 직무유기(거부)죄는 따로 성립하지 아니한다.

28

범인도피죄에 대한 설명으로 옳은 것은 모두 몇 개인가? (다툼이 있는 경우 판례에 의함)

㉠ 참고인이 수사기관에서 진범이 아닐지 모른다고 생각하면서도 특정인을 범인으로 지목하는 허위진술을 하여 그 사람이 구속됨으로써 실제 범인이 용이하게 도피하는 결과를 초래한 경우, 그 참고인을 범인도피죄로 처벌할 수 있다.

㉡ 범인이 기소중지자임을 알고도 그의 부탁으로 다른 사람의 명의로 대신 임대차계약을 체결해 주는데 그친 행위는 범인도피죄에 해당하지 않는다.

㉢ 폭행사건 현장의 참고인이 출동한 경찰관에게 범인의 이름 대신 허무인의 이름을 대면서 구체적인 인적사항에 대한 언급을 피한 경우 범인도피죄가 성립하지 않는다.

㉣ 도주죄의 범인이 도주행위를 하여 기수에 이른 이후에 범인의 도피를 도와주는 행위는 도주원조죄에 해당한다.

㉤ 범인이 자신을 위하여 타인으로 하여금 허위자백을 하게 하여 범인도피죄를 범하게 하는 행위는 방어권 남용으로 범인도피교사죄에 해당하는바, 그 타인이 형법 제151조 제2항에 의하여 처벌을 받지 아니하는 친족에 해당한다 하여 달리볼 것은 아니다.

① 1개 ② 2개
③ 3개 ④ 4개

29

「검사와 사법경찰관의 상호협력과 일반적 수사준칙에 관한 규정」에 따른 내용에 관한 설명 중 다음 각 ( )에 들어갈 숫자의 합은?

> ㉠ 검사는 검찰청 외의 수사기관에서 수사하는 것이 적절하다고 판단되는 때에는 특별한 사정이 없으면 사건을 수리한 날부터 ( )개월 이내에 이송해야 한다.
>
> ㉡ 검사는 송치사건의 공소제기 여부 결정에 필요한 경우로서 사건을 수리한 날(이미 보완수사요구가 있었던 사건의 경우 보완수사 이행 결과를 통보받은 날을 말한다)부터 ( )개월이 경과한 경우에는 검사가 직접 보완수사를 하는 것을 원칙으로 한다.
>
> ㉢ 검사 또는 사법경찰관은 고소 또는 고발에 따라 범죄를 수사하는 경우에는 고소 또는 고발을 수리한 날부터 ( )개월 이내에 수사를 마쳐야 한다.
>
> ㉣ 사법경찰관은 검사로부터 재수사의 요청이 접수된 날부터 ( )개월 이내에 재수사를 마쳐야 한다.
>
> ㉤ 사법경찰관은 보완수사요구가 접수된 날부터 ( )개월 이내에 보완수사를 마쳐야 한다.

① 10 ② 11
③ 12 ④ 13

30

친고죄와 반의사불벌죄의 형사절차에 대한 다음 설명 중 옳지 않은 것만을 고른 것은 모두 몇 개인가?(다툼이 있는 경우 판례에 의함)

> ㉠ 법원은 고소권자가 비친고죄로 고소한 사건이더라도 검사가 사건을 친고죄로 구성하여 공소를 제기하였다면 공소장변경절차를 거쳐 공소사실이 비친고죄로 변경되지 아니하는 한, 법원으로서는 친고죄에서 소송조건이 되는 고소가 유효하게 존재하는지를 직권으로 조사·심리하여야 한다.
>
> ㉡ 법원이 선임한 부재자 재산관리인이 그 관리대상인 부재자의 재산에 대한 범죄행위에 관하여 법원으로부터 고소권 행사에 관한 허가를 얻은 경우에도, 부재자 재산관리인은 형사소송법 제225조 제1항에서 정한 법정대리인으로 볼 수 없으므로 적법한 고소권자에 해당한다고 볼 수 없다.
>
> ㉢ 고소는 제1심판결 선고 전까지 취소할 수 있으나, 항소심에서 공소장의 변경에 의하여 또는 공소장변경절차를 거치지 아니하고 법원 직권에 의하여 친고죄가 아닌 범죄를 친고죄로 인정하였다면, 항소심이 실질적으로 제1심이라 할 것이므로, 항소심에서 고소인이 고소를 취소하였다면 이는 친고죄에 대한 고소취소로서의 효력이 있다.
>
> ㉣ 피고인이 제1심 법원에 소송촉진법 제23조의2에 따른 재심을 청구하는 대신 항소권회복청구를 함으로써 항소심 재판을 받게 되었다면 항소심을 제1심이라고 할 수 없는 이상 항소심 절차에서는 반의사불벌죄에서의 처벌을 희망하는 의사표시를 철회할 수 없다.
>
> ㉤ 고소의 취소나 처벌을 희망하는 의사표시의 철회는 수사기관 또는 법원에 대한 법률행위적 소송행위이므로 공소제기전에는 고소사건을 담당하는 수사기관에, 공소제기 후에는 고소사건의 수소법원에 대하여 이루어져야 한다.

① 0개 ② 1개
③ 2개 ④ 3개

31

진술거부권에 관한 설명 중 옳고 그름의 표시(O, X)가 바르게 된 것은?(다툼이 있는 경우 판례에 의함)

㉠ 피의자 지위에 있지 아니한 자에 대하여는 진술거부권이 고지되지 아니하였더라도 진술의 증거능력을 부정할 것은 아니다.

㉡ 강도 현행범으로 체포된 피고인에게 진술거부권을 고지하지 아니한 채 강도범행에 대한 자백을 받고, 이를 기초로 여죄에 대한 진술과 증거물을 확보한 후 진술거부권을 고지하여 피고인의 임의자백 및 피해자의 피해사실에 대한 진술을 수집한 사안에서, 제1심 법정에서의 피고인의 자백은 진술거부권을 고지받지 않은 상태에서 이루어진 최초 자백 이후 40여 일이 지난 후에 변호인의 충분한 조력을 받으면서 공개된 법정에서 임의로 이루어진 것이고, 피해자의 진술은 법원의 적법한 소환에 따라 자발적으로 출석하여 위증의 벌을 경고받고 선서한 후 공개된 법정에서 임의로 이루어진 것이어서, 예외적으로 유죄 인정의 증거로 사용할 수 있는 2차적 증거에 해당한다.

㉢ 조사대상자의 진술 내용이 단순히 제3자의 범죄에 관한 경우가 아니라 자신과 제3자에게 공동으로 관련된 범죄에 관한 것이거나 제3자의 피의사실뿐만 아니라 자신의 피의사실에 관한 것이기도 하여 실질이 피의자신문조서의 성격을 가지는 경우라면 수사기관은 진술을 듣기 전에 미리 진술거부권을 고지하여야 한다.

㉣ 교통사고를 일으킨 운전자에게 신고의무를 부담시키고 있는 도로교통법 제50조 제2항, 제111조 제3호는, 피해자의 구호 및 교통질서의 회복을 위한 조치가 필요한 범위내에서 교통사고의 객관적 내용만을 신고하도록 한 것으로 해석하고, 형사책임과 관련되는 사항에는 적용되지 아니하는 것으로 해석하는 한 헌법에 위반되지 아니한다.

① ㉠ (X) ㉡ (O) ㉢ (O) ㉣ (O)
② ㉠ (O) ㉡ (O) ㉢ (O) ㉣ (X)
③ ㉠ (O) ㉡ (X) ㉢ (X) ㉣ (O)
④ ㉠ (O) ㉡ (O) ㉢ (O) ㉣ (O)

32

체포·구속적부심사제도에 관한 설명 중 옳지 않은 것은?(다툼이 있는 경우 판례에 의함)

① 체포·구속적부심을 통해 석방된 자는 도망하거나 증거를 인멸한 경우를 제외하고는 동일한 범죄사실에 대하여 재차 체포 또는 구속하지 못한다.

② 구속적부심사를 청구한 피의자에 대해 법원이 석방결정을 한 후, 그 결정서 등본이 검찰청에 송달되기 전에 검사가 공소를 제기(전격기소)할 경우 그 석방결정은 무효가 된다.

③ 구속적부심사절차와는 달리 체포적부심사절차에서는 보증금납입조건부 피의자 석방결정을 할 수 없다.

④ 기소 후 보석결정에 대하여 항고가 인정되는 점에 비추어 그 보석결정과 성질 및 내용이 유사한 법원의 보증금납입조건부 석방결정에 대하여도 항고할 수 있다.

33

전자정보의 압수·수색·검증 방법과 전자정보의 압수·수색·검증 시 유의사항에 관한 「검사와 사법경찰관의 상호협력과 일반적 수사준칙에 관한 규정」의 설명으로 적절하지 <u>않</u>은 것을 모두 고른 것은?

> ㉠ 검사 또는 사법경찰관은 컴퓨터용디스크 및 그 밖에 이와 비슷한 정보저장매체(이하 이 항에서 "정보저장매체등"이라 한다)에 기억된 정보(이하 "전자정보"라 한다)를 압수하는 경우에는 해당 정보저장매체등의 소재지에서 수색 또는 검증한 후 범죄사실과 관련된 전자정보의 범위를 정하여 출력하거나 복제하는 방법으로 한다.
>
> ㉡ 위 ㉠에 따른 압수 방법의 실행이 불가능하거나 그 방법으로는 압수의 목적을 달성하는 것이 현저히 곤란한 경우에는 압수·수색 또는 검증 현장에서 정보저장매체등에 들어 있는 전자정보 전부를 복제하여 그 복제본을 정보저장매체등의 소재지 외의 장소로 반출할 수 있다.
>
> ㉢ 위 ㉠과 ㉡에 따른 압수 방법의 실행이 불가능하거나 그 방법으로는 압수의 목적을 달성하는 것이 현저히 곤란한 경우에는 피압수자 또는 압수·수색영장을 집행할 때 참여하게 해야 하는 사람(이하 "피압수자등"이라 한다)이 참여한 상태에서 정보저장매체등의 원본을 봉인(封印)하여 정보저장매체등의 소재지 외의 장소로 반출할 수 있다.
>
> ㉣ 검사 또는 사법경찰관은 전자정보의 탐색·복제·출력을 완료한 경우에는 지체 없이 피압수자등에게 압수한 전자정보의 목록을 교부해야 한다. 검사 또는 사법경찰관은 위 목록에 포함되지 않은 전자정보가 있는 경우에는 해당 전자정보를 지체 없이 삭제 또는 폐기하거나 반환해야 한다. 이 경우 삭제·폐기 또는 반환확인서를 작성하여 피압수자등에게 교부해야 한다.
>
> ㉤ 검사 또는 사법경찰관은 압수·수색 또는 검증의 전 과정에 걸쳐 피압수자등이나 변호인의 참여권을 보장해야 하며, 피압수자등과 변호인이 참여를 거부하는 경우에는 압수·수색 또는 검증을 즉시 중단해야 한다.

① 0개 ② 1개
③ 2개 ④ 3개

34

甲은 혈중알코올농도 0.12%의 술에 취한 상태로 승용차를 운전하다가 편도 2차선 도로에서 중앙선을 침범한 과실로 다른 승용차를 충격하여 상대 차량 운전자인 A에게 상해를 입혔다. 교통사고로 인한 부상자들은 구급차에 실려 병원으로 후송되었는데, 甲은 의식이 없는 상태에 있었다. 교통사고 신고를 받은 사법경찰관 P는 교통사고 현장을 점검하고, 곧바로 甲이 치료를 받고 있는 병원으로 출동하였으며, 甲의 신체나 의복류에 술 냄새가 강하게 나서 甲이 음주운전을 하다가 교통사고를 낸 것으로 보고 甲의 병원 후송 직후에 그에 관한 증거를 수집하고자 한다. 이에 관한 설명 중 옳은 것은? (다툼이 있는 경우 판례에 의함)

① 만약 甲이 교통사고 당시 음주의 영향으로 정상적인 운전이 곤란한 상태였음이 인정된다면, 甲은 도로교통법위반(음주운전) 및 특정범죄가중처벌등에관한법률위반(위험운전치상)의 죄책을 지게 되고, 양 죄는 상상적 경합 관계에 있다.

② 강제채혈에 비해 강제채뇨는 피의자에게 더 큰 신체적 고통이나 수치심, 굴욕감을 줄 수 있으므로, 수사기관이 범죄증거를 수집할 목적으로 피의자의 동의 없이 피의자의 소변을 채취하는 것은 법원으로부터 감정처분허가장을 받아 '감정에 필요한 처분'으로는 할 수 있지만, 압수·수색영장을 받아 '압수·수색의 방법'으로는 할 수 없다.

③ 호흡조사에 의한 甲의 음주측정이 불가능하고 혈액채취에 대한 동의를 받을 수도 없을 뿐만 아니라 법원으로부터 혈액채취에 관한 감정처분허가장이나 압수영장을 발부받을 시간적 여유가 없는 경우에 P는 교통사고 발생시각으로부터 사회통념상 범행직후라고 볼 수 있는 시간 내에 증거수집을 위해 「의료법」상 의료인의 자격이 있는 자로 하여금 의료용 기구로 의학적인 방법에 따라 필요최소한의 혈액을 채취하게 하여 이를 압수할 수 있는데, 다만 이때에는 사후에 압수영장을 발부받아야 한다.

④ 만약 P가 교통사고 소식을 듣고 달려온 甲의 배우자 동의를 받아 「의료법」상 의료인의 자격이 있는 자로 하여금 甲의 혈액을 채취하도록 하였다면 사후에 압수영장을 발부받았는지 여부와 상관없이 이는 적법한 수사이다.

35

위법수집증거배제법칙에 대한 설명으로 옳은 것은 모두 몇 개인가? (다툼이 있는 경우 판례에 의함)

> ㉠ 수사기관으로부터 통신제한조치의 집행을 위탁받은 통신기관 등이 집행에 필요한 설비가 없을 때에는 수사기관에 설비의 제공을 요청하여야 하는데, 그러한 요청 없이 통신제한조치허가서에 기재된 사항을 준수하지 아니한 채 통신제한조치를 집행하였더라도, 그러한 집행으로 취득한 전기통신의 내용 등은 유죄 인정의 증거로 할 수 있다.
> ㉡ 선거관리위원회 위원·직원이 관계인에게 진술이 녹음된다는 사실을 미리 알려 주지 아니한 채 진술을 녹음하였다면, 그와 같은 조사절차에 의하여 수집한 녹음파일 내지 그에 터 잡아 작성된 녹취록은 「형사소송법」 제308조의2에서 정하는 '적법한 절차에 따르지 아니하고 수집한 증거'에 해당하여 원칙적으로 유죄의 증거로 쓸 수 없다.
> ㉢ 수사기관이 피압수자 측에 참여의 기회를 보장하거나 압수한 전자정보 목록을 교부하지 않는 등 영장주의 원칙과 적법절차를 준수하지 않은 위법한 압수·수색 과정을 통하여 취득한 증거는 위법수집증거에 해당하고, 사후에 법원으로부터 영장이 발부되었다거나 피고인이나 변호인이 이를 증거로 함에 동의하였다고 하여 위법성이 치유되는 것도 아니다.
> ㉣ 검찰관이 피고인을 뇌물수수 혐의로 기소한 후, 형사사법공조절차를 거치지 아니한 채 외국에 현지 출장하여 그곳에서 뇌물공여자 갑을 상대로 참고인 진술조서를 작성한 경우, 그 진술조서는 위법수집증거에 해당하고 또한 갑의 진술이 특신상태에서 이루어졌다는 점에 관한 증명이 있다고 보기 어려워 그 진술조서를 유죄의 증거로 삼을 수 없다.
> ㉤ 사법경찰관이 인도네시아 국적의 외국인인 피고인을 출입국관리법 위반의 현행범인으로 체포하면서 소변과 모발을 임의제출 받아 압수하였고, 소변검사 결과에서 향정신성의약품인 MDMA(일명 엑스터시) 양성반응이 나오자 피고인은 출입국관리법 위반과 마약류 관리에 관한 법률 위반(향정) 범행을 모두 자백한 후 구속되었는데, 피고인이 검찰 수사 단계에서 자신의 구금 사실을 자국 영사관에 통보할 수 있음을 알게 되었음에도 수사기관에 영사기관 통보를 요구하지 않은 경우, 사법경찰관이 체포 당시 피고인에게 영사통보권등을 지체 없이 고지하지 않았으므로 체포나 구속 절차에 영사관계에 관한 비엔나협약을 위반한 위법이 있으나, 외국인 피고인의 권리나 법익을 본질적으로 침해하였다고 볼 수 없어 체포나 구속 이후 수집된 증거와 이에 기초한 증거들은 유죄 인정의 증거로 사용할 수 있다.

① 1개 ② 2개
③ 3개 ④ 4개

36

증거능력에 관한 설명 중 가장 적절하지 않은 것은?(다툼이 있는 경우 판례에 의함)

① 유흥주점 업주와 종업원인 피고인들이 이른바 '티켓영업' 형태로 성매매를 하면서 금품을 수수하였다고 하여 구 식품위생법 위반으로 기소된 사안에서, 경찰이 피고인 아닌 갑·乙을 사실상 강제연행하여 불법체포한 상태에서 갑·을 간의 성매매행위나 업주의 유흥업소 영업행위를 처벌하기 위하여 갑·을에게서 자술서를 받고 갑·을에 대한 진술조서를 작성한 경우, 위 각 자술서와 진술조서는 형사소송법 제308조의2에 따라 증거능력이 부정된다.
② 실질적 진정성립을 증명할 수 있는 방법으로 '영상녹화물이나 그 밖의 객관적인 방법'에는 형사소송법 및 형사소송규칙에 규정된 방식과 절차에 따라 제작된 영상녹화물 또는 그러한 영상녹화물에 준할 정도로 피고인의 진술을 과학적·기계적·객관적으로 재현해 낼 수 있는 방법 뿐만아니라 조사자의 증언으로도 실질적 진정성립을 대체증명할 수 있다.
③ 피고인이 아닌 자가 수사과정에서 진술서를 작성하였지만 수사기관이 그에 대한 조사과정을 기록하지 아니하여 절차를 위반한 경우에는, 특별한 사정이 없는 한 '적법한 절차와 방식'에 따라 수사과정에서 진술서가 작성되었다 할 수 없으므로 증거능력을 인정할 수 없다.
④ 군검찰관이 해병대 장교로서 군부대 시설공사를 담당하는 피고인을 뇌물수수 혐의로 기소한 후 형사사법공조절차를 거치지 아니한 채 과테말라공화국에 현지 출장하여 그곳 호텔에서 뇌물공여자 갑을 상대로 참고인 진술조서를 작성한 경우, 그 진술조서가 위법수집증거에는 해당하지 아니하나 갑의 진술이 특신상태에서 이루어졌다는 점에 관한 증명이 없으므로 그 진술조서를 유죄의 증거로 삼을 수 없다.

37
증거능력에 관한 다음 설명 중 가장 옳지 <u>않은</u> 것은?
(다툼이 있는 경우 판례에 의함)

① 정보통신망법 제65조 제1항 제3호는 정보통신망을 통하여 공포심이나 불안감을 유발하는 글을 반복적으로 상대방에게 도달하게 하는 행위를 처벌하고 있는데, 그 휴대전화기에 저장된 문자정보가 증거가 되는 경우 그 문자정보는 형사소송법 제310조의2에서 정한 전문법칙이 적용되지 않는다.

② 피해자가 피고인으로부터 당한 공갈 등 피해 내용을 담아 남동생에게 보낸 문자메시지를 촬영한 사진은 본래증거가 아니라 전문증거로서 형사소송법 제313조에 규정된 '피해자의 진술서'에 준하여 그 진정성립이 인정되면 증거로 할 수 있다.

③ 형사소송법 제244조의4(수사과정의 기록) 제1항은 피고인이 아닌 자가 수사과정에서 진술서를 작성하는 경우에도 준용되므로, 수사기관이 그에 대한 조사과정을 기록하지 아니한경우에는, 특별한 사정이 없는 한 '적법한 절차와 방식'에 따라 수사과정에서 진술서가 작성되었다 할 수 없으므로 그 증거능력을 인정할 수 없다.

④ 외국에 거주하는 참고인과의 전화 대화내용을 문답형식으로 기재한 검찰주사보 작성의 수사보고서에 검찰주사보의 기명날인만 되어 있을 뿐 원진술자의 서명 또는 기명날인이 없어도 검찰주사보가 법정에서 그 수사보고서의 내용이 전화통화내용을 사실대로 기재하였다는 취지의 진술을 하였다면 각 수사보고서는 증거능력이 인정된다.

38
전문법칙에 대한 설명으로 가장 적절하지 <u>않은</u> 것은?
(다툼이 있는 경우 판례에 의함)

① 사법경찰관이 작성한 검증조서에 피의자이던 피고인이 검사 이외의 수사기관 앞에서 자백한 범행내용을 현장에 따라 진술·재연한 내용이 기재되고 그 재연 과정을 촬영한 사진이 첨부되어 있다면, 그러한 기재나 사진은 피고인이 공판정에서 그 진술내용 및 범행 재연의 상황을 모두 부인하는 이상 증거능력이 없다.

② 어떤 진술이 기재된 서류가 그 내용의 진실성이 범죄사실에 대한 직접증거로 사용될 때는 전문증거가 되지만, 그와 같은 진술을 하였다는 것 자체 또는 진술의 진실성과 관계없는 간접사실에 대한 정황증거로 사용될 때는 반드시 전문증거가 되는 것이 아니다.

③ A에 대한 사기죄로 공소제기된 甲의 공판에서 갑이 자신의 처에게 보낸 "내가 A를 속여 투자금을 받았는데 그 돈을 송금한다."라는 내용의 문자 메시지가 증거로 제출되었다면 그 메시지는 전문증거에 해당한다.

④ "피해자로부터 '피고인이 자신을 추행했다.'는 취지의 말을 들었다."는 A의 진술을 "피고인이 자신을 추행했다."는 피해자의 진술내용의 진실성을 증명하는 간접사실로 사용하는 경우에는 전문증거에 해당하지 않는다.

39

다음 사례에 대한 설명 중 가장 적절한 것은? (다툼이 있는 경우 판례에 의함)

> A는 2023. 2. 10. 甲의 집에서 자고 있는 사이 甲이 자신의 의사에 반해 나체를 촬영한 범행을 저질렀다며 경찰에 甲을 신고하였다. A는 甲을 신고하면서 甲의 집에서 가지고 나온 甲 소유의 휴대폰 2대(휴대폰1, 휴대폰2)를 사법경찰관 P에게 임의제출하였고, P는 휴대폰 1에 저장된 동영상 파일을 통해 甲의 A에 대한 범행을 확인한 후, 휴대폰2에서도 甲의 범행의 증거를 찾던 중 2022. 1. 경 A가 아닌 B와 C의 나체를 불법 촬영한 동영상 30개와 사진을 발견하였다. P는 발견한 동영상과 사진을 CD에 복제한 후, 압수·수색 영장을 발부받아 이 CD를 압수하였다.

① 휴대폰은 임의제출물이기 때문에 2대의 휴대폰에 저장된 전자정보 전부가 임의제출되어 압수된 것으로 취급할 수 있다.

② 2022. 1. 경 범행 동영상은 2023. 2. 10. 범행과 동종·유사한 범행이므로 2023. 2. 10. 범행과 구체적·개별적 연관관계가 없다하더라도 2023. 2. 10. 범행 혐의사실과 관련성이 있다.

③ A가 제출한 휴대폰이 임의제출물이라 하더라도 휴대폰을 탐색하는 과정에서 갑에게 참여권을 보장하고 압수목록을 교부해야 한다.

④ 압수된 CD에 저장된 동영상과 휴대폰2에 저장된 원본 동영상과의 동일성은 검사가 주장·입증해야 하며, 엄격한 증명의 방법으로 증명되어야 한다.

40

자백과 보강증거에 관한 설명으로 옳지 않은 것을 모두 몇 개인가?(다툼이 있는 경우 판례에 의함)

> ㉠ 피고인이 다세대주택의 여러 세대에서 7건의 절도행위를 한 것으로 기소되었는데 그중 4건은 범행장소인 구체적 호수가 특정되지 않은 사안에서, 위 4건에 관한 피고인 자백의 진실성이 인정되는 경우라면, 피고인의 집에서 압수한 위 4건의 각 피해품에 대한 압수조서와 압수물 사진은 위 자백에 대한 보강증거가 된다.
>
> ㉡ 자백에 대한 보강증거는 범죄사실의 전부 또는 중요 부분을 인정할 수 있는 정도가 되지 않더라도 피고인의 자백이 가공적인 것이 아닌 진실한 것임을 인정할 수 있는 정도만 되면 충분하다. 또한 직접증거가 아닌 간접증거나 정황증거도 보강증거가 될 수 있고, 자백과 보강증거가 서로 어울려서 전체로서 범죄사실을 인정할 수 있으면 유죄의 증거가 된다.
>
> ㉢ 필로폰 매수 대금을 송금한 사실에 대한 증거가 필로폰 매수죄와 실체적 경합범 관계에 있는 필로폰 투약행위에 대한 보강증거가 될 수 있다.
>
> ㉣ 형사소송법 제310조의 '피고인의 자백'에는 공범자의 자백도 포함되어 공범자의 자백이 있는 경우에도 보강증거가 있어야 다른 피고인을 유죄로 인정할 수 있다.
>
> ㉤ 피고인은 수사기관에서 갑을 통하여 메트암페타민 0.7g을 수령하여 그중 일부는 갑에게 무상으로 교부하였고 남은 것은 당일 모텔에서 투약하고 그 다음 날 이어서 투약하였다고 자백한 경우, 갑에 대한 각 피의자신문조서사본과 진술조서는 피고인의 자백에 대한 보강증거가 된다.

① 1개 ② 2개
③ 3개 ④ 4개

24년 경찰공무원(순경) 채용시험

임종희 경찰형사법
파이널 모의고사

제 6회

❗ 응시자 유의사항

응시자는 반드시 기재된 과목명에 맞게 표기하여야 하며, 과목을 바꾸어 표기한 경우에도 상단에 기재된 과목 순서대로 채점되므로 유의하시기 바랍니다.

※ **시험이 시작되기 전까지 표지를 넘기지 마시오.**

01

죄형법정주의에 관한 다음 설명 중 옳은 것은 모두 몇 개인가?(다툼이 있으면 판례에 의함)

- ㉠ 가정폭력범죄의 처벌 등에 관한 특례법이 정한 보호처분 중의 하나인 사회봉사명령은 형벌 그 자체가 아니라 보안처분의 성격을 가지는 것이 사실이나, 이는 형사처벌 대신 부과되는 것으로서 실질적으로는 신체적 자유를 제한하게 되므로 원칙적으로 형벌불소급의 원칙에 따라 행위시법을 적용함이 상당하다.
- ㉡ 국민건강보험법 제115조가 "거짓이나 그 밖의 부정한 방법으로 보험급여를 받거나 타인으로 하여금 보험급여를 받게 한 자"에 대한 처벌규정을 두고있는데, 여기서 '보험급여'는 건강보험 가입자 등 환자의 질병, 부상, 출산 등에 대하여 제공되는 치료행위 등 각종 의료서비스를 의미하는 것일 뿐만 아니라 의료기관 등이 보험급여를 실시한 대가에 대하여 국민건강보험공단이 지급하는 비용, 즉 '보험급여비용'까지 포괄하는 의미로 해석할 수 있다.
- ㉢ 처벌법규의 입법목적이나 그 전체적 내용, 구조 등을 살펴보아 법관의 이해와 판단으로서 그의 구성요건 요소에 해당하는 행위유형을 정형화하거나 한정할 합리적 해석기준을 찾을 수 있다면 죄형법정주의가 요구하는 형벌법규의 명확성의 원칙에 반하지 않는다.
- ㉣ 원인불명으로 재산상 이익인 가상자산을 이체받은 자가 가상자산을 사용·처분한 경우 이를 형사처벌하는 명문의 규정이 없는 현재의 상황에서 착오송금 시 횡령죄 성립을 긍정한 판례를 유추하여 신의칙을 근거로 피고인을 배임죄로 처벌하는 것은 죄형법정주의에 반한다.
- ㉤ 피고인이 경찰서에 A농업협동조합의 조합장에게 농업협동조합법 위반 등의 혐의가 있다고 주장하는 내용의 고발장을 제출하면서 피고인이 위 조합의 경제상무로 근무할 때 확보하여 보관하고 있던 개인정보가 담긴 자료들을 첨부하여 제출한 경우, 피고인의 위 행위가 「개인정보 보호법」에 따른 개인정보 누설에 포함되지 않는다.

① 1개 ② 2개
③ 3개 ④ 4개

02

형법의 적용범위에 대한 설명으로 옳은 것(O)과 옳지 않은 것(X)을 바르게 연결한 것은?(다툼이 있으면 판례에 의함)

- ㉠ 행위시와 재판시 사이에 수차 법령의 변경이 있는 경우에는 당사자의 주장이 없더라도 직권으로 그 전부의 법률에 규정한 형의 경중을 비교하여 그중 가장 형이 경한 법규정을 적용하여 심판하여야 한다.
- ㉡ 범죄 후 법률의 변경으로 형이 구법보다 가벼워진 경우인지를 판단할 때, 형은 법정형을 의미하고, 형의 경중은 형법 제50조에 의거하되 주형이 동일한 경우에만 몰수와 같은 부가형까지도 비교하여 판단하여야 한다.
- ㉢ 구성요건이 신설된 상습강제추행죄가 시행되기 이전의 범행은 상습강제추행죄로는 처벌할 수 없고 행위시법에 기초하여 강제추행죄로 처벌할 수 있을 뿐이며, 이 경우 그 소추요건도 상습강제추행죄에 관한 것이 아니라 강제추행죄에 관한 것이 구비되어야 한다.
- ㉣ 재판이 확정된 후 법률이 변경되어 그 행위가 범죄를 구성하지 아니하게 되거나 형이 구법보다 가벼워진 경우, 형의 집행을 면제한다.
- ㉤ 행위시법인 구 변호사법(1982.12.31 개정전의 법률) 제54조에 규정된 형은 징역 3년이하 이고, 재판시법인 현행 변호사법 제78조에 규정된 형은 5년 이하의 징역 또는 1천만원 이하의 벌금인 경우 행위시법인 구법의 형이 더 경하다.

① ㉠ (O) ㉡ (O) ㉢ (O) ㉣ (X) ㉤ (X)
② ㉠ (X) ㉡ (O) ㉢ (X) ㉣ (O) ㉤ (O)
③ ㉠ (O) ㉡ (X) ㉢ (X) ㉣ (O) ㉤ (X)
④ ㉠ (O) ㉡ (O) ㉢ (O) ㉣ (X) ㉤ (O)

03

범죄이론의 대립에 관한 甲과 乙의 주장에 대한 설명으로 옳은 것은 모두 몇 개인가?

> 甲: 형법적 평가의 중점을 외부의 행위와 결과에 두고, 형벌의 종류·경중도 이에 상응하여야한다는 이론이다.
> 乙: 형법적 평가의 중점을 범죄인의 의사에 두고, 형벌의 종류·경중도 범죄인의 의사(악성) 내지 사회적 위험성에 의하여 결정된다는 이론이다.

㉠ 甲의 경우에 인간은 자유의사를 가지고 자기의 행동을 자율적으로 규율할 수 있는 이성적 존재이므로 범죄인도 일반인과 동일한 자유의사를 가진다는 의사자유론(의사비결정론)의 입장이나, 乙은 인간의 자유의사를 부정하면서 범죄란 개인적 소질과 사회적 환경에 의해서 결정된다는 의사결정론의 입장이다.

㉡ 甲은 기수범이 범죄의 기본형태이므로 결과가 발생하지 않는 미수는 기수와 구별하고 미수의 형을 기수의 형보다 필요적 감경해야 한다고 주장하나, 乙은 미수와 기수 모두 범죄의사가 있다는 점에서 동일하므로 미수와 기수의 구별을 부인하고 미수의 형도 기수와 동일하게 처벌할 것을 주장한다.

㉢ 甲은 공범의 종속성에 대해 타인으로 하여금 죄를 범하게 하려는 의사 자체가 외부로 표명되는 이상 정범의 실행행위와 상관없이 독자적으로 가벌성이 인정된다고 주장하고, 乙은 정범의 실행행위가 있어야 그 정범의 실행행위에 종속해서만 공범이 성립할 수 있다고 주장한다.

㉣ 甲의 경우 형벌은 범죄인을 교화·개선하여 사회에 복귀시킴으로써 범죄를 방지함을 목적으로 하는 특별예방주의를 강조하면서 형벌이 목적형·교육형이므로 부정기형도 인정하나, 乙의 경우는 형벌의 목적이 일반인(잠재적 범죄인)에 대한 위하(처벌에 대한 두려움을 심어주는 것) 및 법의식을 강화함으로써 일반시민의 범죄예방에 있다는 것으로서 부정기형을 부정한다.

① 1개 ② 2개
③ 3개 ④ 4개

04

주관적 구성요건에 대한 설명 중 가장 적절한 것은?(다툼이있는 경우 판례에 의함)

① 회사의 노동조합 홍보이사가 노조 사무실에서 '새벽 6호'라는 책자를 집에 가져와 보관하고 있다가「국가보안법」제7조 제5항의 이적표현물소지죄로 체포된 경우, 그 홍보이사에게 목적범인 이적표현물소지죄가 성립하기 위해서는 이적행위를 하려는 목적의 확정적 인식이 있어야 한다.

② 내란선동죄에서 국헌문란의 목적은 고의 외에 요구되는 초과주관적 위법요소로서 엄격한 증명사항에 속하므로 미필적 인식만으로는 부족하고, 적극적 의욕이나 확정적 인식이어야한다.

③ 방조범은 정범의 실행을 방조한다는 이른바 방조의 고의와 정범의 행위가 구성요건에 해당하는 행위인 점에 대한 정범의 고의가 있어야 하며, 정범의 고의는 범죄의 미필적 인식 또는 예견만으로는 부족하고 정범에 의하여 실현되는 범죄의 구체적 내용을 인식하여야 한다.

④ 미필적 고의에서 행위자가 범죄사실이 발생할 가능성을 용인하고 있었는지의 여부는 행위자의 진술에 의존하지 아니하고 외부에 나타난 행위의 형태와 행위의 상황 등 구체적인 사정을 기초로하여 일반인이라면 당해 범죄사실이 발생할 가능성을 어떻게 평가할 것인가를 고려하면서 행위자의 입장에서 그 심리상태를 추인하여야 한다.

05

업무상과실에 관한 다음 설명 중 가장 적절하지 않은 것은?(다툼이 있는 경우 판례에 의함)

① 골프장의 경기보조원이 골프 카트에 승객을 태우고 진행하기 전에 안전 손잡이를 잡도록 고지하지도 않고, 또한 승객들이 안전 손잡이를 잡았는지 확인하지도 않은 상태에서 만연히 출발하였으며, 각도 70°가 넘는 우로 굽은 길을 속도를 충분히 줄이지 않고 급하게 우회전하여 상해를 입게 한 경우 업무상 과실이 인정된다.

② 유조차 운전사가 석유구판점의 위험물취급 주임의 지시를 받아 유조차의 석유를 구판점 탱크로 급유하다가 급유호스가 탱크주입구에서 빠지는 바람에 분출된 석유가 화기에 인화되어 화재가 발생한 경우, 운전수가 위험물취급 주임이 탱크주입구 부분을 이탈하였음을 보고서도 유조차 운전석에 앉아 다른 일을 보고 있었다면 운전사에게도 화재발생에 대한 업무상과실 책임이 인정된다.

③ 골프경기를 하던 중 골프공을 쳐서 아무도 예상하지 못한 자신의 등 뒤편으로 보내어 등 뒤에 있던 경기보조원(캐디)에게 상해를 입힌 경우에는 주의의무를 현저히 위반하여 사회적 상당성의 범위를 벗어난 행위로서 과실치상죄가 성립한다.

④ 경기보조원은 그 업무의 내용상 기본적으로는 골프채의 운반·이동·취급 및 경기에 관한 조언 등으로 골프경기 참가자를 돕는 역할을 수행하면서 아울러 경기 진행 도중 위와 같이 경기 참가자의 행동으로 다른 사람에게 상해의 결과가 발생할 위험성을 고려해 예상할 수 있는 사고의 위험을 미연에 방지하기 위한 조치를 취함으로써 경기 참가자들의 안전을 배려하고 그 생명·신체의 위험을 방지할 업무상 주의의무를 부담한다.

06

결과적 가중범에 관한 다음 설명 중 가장 적절하지 않은 것은?(다툼이 있으면 판례에 의함)

① 강제추행치상죄에서 상해의 결과는 강제추행의 수단으로 사용한 폭행이나 추행행위 그 자체 또는 강제추행에 수반하는 행위로부터 발생한 것이어야 하므로, 상해를 가한 부분을 고의범인 상해죄로 처벌하면서 이를 다시 결과적 가중범인 강제추행치상죄의 상해로 인정하여 이중으로 처벌할 수는 없다.

② 결과적 가중범은 이론상 미수범이 성립할 수 없으나, 현행 형법에는 인질치사상죄, 강도치사상죄, 해상강도치사상죄, 특수강간치사상죄에서 미수범 처벌규정을 두고 있다.

③ 피해자의 재물을 강취한 후 그를 살해할 목적으로 현주건조물에 방화하여 사망케 한 경우, 피고인들의 행위는 강도살인죄와 현주건조물방화치사죄의 상상적 경합범관계에 있다.

④ 피고인들이 의도적으로 피해자를 술에 취하도록 유도하고 수차례 강간한 후 의식불명 상태에 빠진 피해자를 비닐창고로 옮겨 놓아 피해자가 저체온증으로 사망한 경우, 피고인들은 피해자의 사망과 피고인들의 강간 및 그 수반행위와의 인과관계 그리고 피해자의 사망에 대한 피고인들의 예견가능성이 인정된다.

07

다음 설명 중 옳지 않은 것은 모두 몇 개인가?(다툼이 있는 경우 판례에 의함)

- ㉠ 한의사가 초음파 진단기기를 한의학적 진단의 보조수단으로 사용한 행위는 구 의료법 제27조 제1항 본문의 한의사의 면허된 것 이외의 의료행위에 해당한다.
- ㉡ 병역법 제88조 제1항은 현역입영 또는 소집통지서를 받고도 응하지 않은 사람에게 정당한 사유가 있는 때에는 벌할 수 없는데, 여기에서 정당한 사유는 구성요건해당성을 조각하는 사유로서 형법상 위법성조각사유인 정당행위나 책임조각사유인 기대불가능성과는 구별된다.
- ㉢ 치과의사 갑이 환자의 미간과 눈가에 보톡스 시술을 한 행위가 면허 범위를 벗어난 의료행위에 해당한다.
- ㉣ 충동약물치료법 제35조 제2항은 약물치료 등 치료명령을 수인하기 어려운 정당한 사유가 있는 경우에는 피고인이 치료명령에 따른 준수사항을 위반하더라도 벌할 수 없도록 하고 있는데, 여기서 정당한 사유는 구성요건해당성을 조각하는 사유로, 형법상 위법성조각사유인 정당행위나 책임조각사유인 기대불가능성과는 구별된다.
- ㉤ 대한민국 국민 갑이 대한민국 영역 외에서(일본에서) 안마업을 하는 경우에도 우리나라 시·도지사의 자격인정을 받아야 할 의무가 있으므로, 자격의무의 위반행위는 의료법 제88조 제3호에 의하여 처벌한다.

① 1개 ② 2개
③ 3개 ④ 4개

08

위법성에 관한 설명 중 옳지 않은 것을 모두 고른 것은? (다툼이 있는 경우 판례에 의함)

- ㉠ 사채업자 A의 채무변제 독촉을 받고 있던 甲은 아들 B(20세)의 상해보험금을 타서 이를 변제하기로 하고 B의 진지한 승낙을 받아 B의 새끼손가락을 절단한 경우, 甲의 상해행위는 위법성이 조각되지 않는다.
- ㉡ 형법 제20조의 '사회상규에 위배되지 아니하는 행위'를 인정하려면, 첫째 그 행위의 동기나 목적의 정당성, 둘째 행위의 수단이나 방법의 상당성, 셋째 보호이익과 침해이익과의 법익균형성, 넷째 긴급성, 다섯째로 그 행위 외에 다른 수단이나 방법이 없다는 보충성 등의 요건을 갖추어야 한다. 여기서 행위의 긴급성과 보충성은 수단의 상당성을 판단할 때 고려요소의 하나로 참작하여야 하는 것은 아니고 이를 넘어 독립적인 요건으로 요구할 것이다.
- ㉢ 甲이 스스로 야기한 강간범행의 와중에 피해자 A가 甲의 손가락을 깨물며 반항하자 물린 손가락을 비틀어 잡아 뽑다가 A에게 치아결손의 상해를 입힌 경우, 甲의 행위는 법에 의하여 용인되는 피난행위라 할 수 없다.
- ㉣ 甲이 乙로부터 갑자기 뺨을 맞는 등 폭행을 당하여 서로 멱살을 잡고 다투자 주위 사람들이 싸움을 제지하였으나 甲은 맨손으로 공격하는 乙에게 대항하기 위하여 깨어진 병으로 乙을 찌를 듯이 겨누어 협박한 경우, 甲의 행위는 정당방위에 해당한다.
- ㉤ 피의자가 경찰관들과 마주하자마자 도망가려는 태도를 보이거나 먼저 폭력을 행사하며 대항한 바 없는 등 경찰관들이 체포를 위한 실력행사에 나아가기 전에 체포영장을 제시하고 미란다 원칙을 고지할 여유가 있었음에도 애초부터 미란다 원칙을 체포 후에 고지할 생각으로 먼저 체포행위에 나선 경찰관의 체포행위가 적법한 공무집행을 벗어나 불법하게 체포한 것으로 볼 수밖에 없다면, 피의자가 그 체포를 면하려고 반항하는 과정에서 경찰관에게 상해를 가한 것은 불법체포로 인한 신체에 대한 현재의 부당한 침해에서 벗어나기 위한 행위로서 정당방위에 해당하여 위법성이 조각된다.

① ㉠, ㉡ ② ㉠, ㉤
③ ㉡, ㉤ ④ ㉡, ㉣

09

원인에 있어서 자유로운 행위에 대한 설명으로 적절하지 않은 모두 몇 개인가?

> ㉠ 형법 제10조 제3항은 고의에 의한 원인에 있어서의 자유로운 행위만이 아니라 과실에 의한 원인에 있어서의 자유로운 행위까지도 포함하는 것이 판례의 입장이다.
> ㉡ 원인에 있어서 자유로운 행위의 가벌성의 근거를 자신을 도구로 이용하는 간접정범으로 이해하여 원인설정행위를 실행행위로 파악하고 원인설정행위에서 책임을 인정하는 견해는 구성요건의 정형성을 중시하여 죄형법정주의의 보장적 기능을 관철하는데 부합하는 이론이다.
> ㉢ 원인에 있어서 자유로운 행위의 가벌성의 근거를 원인설정행위와 실행행위의 불가분적 연관에서 찾는 견해는 행위와 책임능력의 동시존재의 원칙을 따르는 이론이다.
> ㉣ 원인에 있어서 자유로운 행위의 가벌성 근거를 그 원인행위에 있다는 견해에 따르면 행위와 책임의 동시존재의 원칙을 유지할 수 있게 된다.
> ㉤ 원인에 있어서 자유로운 행위(형법 제10조 제3항)은 고의 또는 과실에 의한 작위범·부작위범에 모두 적용된다.

① 1개 ② 2개
③ 3개 ④ 4개

10

다음 중 예비에 관한 설명으로 가장 적절하지 않은 것은? (다툼이 있는 경우 판례에 의함)

① 중지범은 범죄의 실행에 착수한 후 자의로 그 행위를 중지한 때를 말하는 것이고, 실행의 착수가 있기 전인 예비음모의 행위를 처벌하는 경우에 있어서는 중지범의 관념은 이를 인정할 수 없다.
② 정범이 실행의 착수에 이르지 아니하고 예비단계에 그친 경우에는, 이에 가공하였다면 예비의 공동정범과 종범으로 처벌할 수 있다.
③ 부정선거관련자처벌법 제5조 제4항에 동법 제5조 제1항의 예비음모는 이를 처벌한다고만 규정하고 있을 뿐이고 그 형에 관하여 따로 규정하고 있지 아니한 이상 죄형법정주의의 원칙상 위 예비음모를 처벌할 수 없다.
④ 현주건조물 등 방화죄, 공용건조물 등 방화죄, 타인소유일반건조물 등 방화죄 등은 그 목적한 죄의 실행에 이르기 전에 자수한 때에는 형을 감경 또는 면제한다.

11

공동정범에 대한 설명으로 가장 적절한 것은?(다툼이 있는 경우 판례에 의함)

① 甲, 乙, 丙 세 사람이 한자리에 모여 절도 범행을 공모한 후, 공모한 바대로 甲과 乙 두 사람이 직접 A의 집에 들어가 안에 있는 물건을 훔쳐오고 丙은 A의 집에서 한참 떨어진 현장에서 트럭을 준비하고 대기하다 甲과 乙이 물건을 가져오자 트럭에 싣고 함께 도주한 사안에서, 丙이 甲과 乙의 행위를 자기 의사의 수단으로 하여 위의 범행을 저질렀다고 평가할 수 있는 정범성의 표지를 갖추고 있는 한 공동정범의 일반이론에 비추어 丙에게는 일반 절도죄의 공동정범이 성립한다.
② 甲이 한 달여에 걸쳐 연속적으로 마약류를 제조하고 있었는데, 뒤늦게 乙이 甲의 그 같은 제조행위를 알고 도중에 공동정범으로 범행에 가담하여 甲과 함께 마약류 제조행위를 계속하였다고 하는 사안에서 乙이 범행에 가담할 당시에 이미 이루어진 종전의 범행을 알고 있었던 이상, 乙은 가담 이전의 제조행위에 대해서까지 공동정범으로 책임을 져야 한다.
③ 공모공동정범에 있어서 공모자 중의 1인이 다른 공모자가 실행행위에 이르기 전에 그 공모관계에서 이탈한 때에는 그 이후의 다른 공모자의 행위에 관하여 공동정범으로서의 책임은 지지 않는다 할 것이고 그 이탈의 표시는 명시적이어야 한다.
④ 공모에는 참여하였으나 현장에서 절도의 실행행위를 직접 분담하지 아니한 다른 범인에 대하여도 그가 현장에서 절도 범행을 실행한 위 2인 이상의 범인의 행위를 자기 의사의 수단으로 하여 합동절도의 범행을 하였다고 평가할 수 있는 정범성의 표지를 갖추고 있다고 보여지는 한 그 다른 범인에 대하여 합동절도의 공동정범의 성립을 부정할 이유가 없다.

12

다음 중 판례가 괄호 안의 범죄의 간접정범을 인정하고 있는 것은 모두 몇 개인가?

> ㉠ 보증인이 아닌 자가 허위 보증서 작성의 고의 없는 보증인들을 이용하여 허위의 보증서를 작성하게 한 경우(허위보증서작성죄)
> ㉡ 시장의 토지구획정리사무를 보조하는 지방행정주사보가 그 직무상 초안하는 문서에 허위사실을 기재한 체비지매각증명서 및 매도증서를 기안하여 그 정을 모르는 총무과 직원으로 하여금 시장 직인을 압날케 한 경우(허위공문서작성죄)
> ㉢ 타인을 비방할 목적으로 허위의 기사재료를 그 정을 모르는 기자에게 제공하여 신문 등에 보도하게 한 경우(출판물에 의한 명예훼손죄)
> ㉣ 인신구속에 관한 직무를 행하는 자가 피해자를 구속하기 위하여 진술조서 등을 허위로 작성한 후 이를 기록에 첨부하여 구속영장을 신청하고, 진술조서 등이 허위로 작성된 정을 모르는 검사와 영장전담판사를 기망하여 구속영장을 발부받은 후 그 영장에 의하여 피해자를 구금한 경우(직권남용감금죄)

① 1개 ② 2개
③ 3개 ④ 4개

13

공범과 신분에 관한 다음 설명 중 옳지 않은 것은 모두 몇 개인가? (다툼이 있으면 판례에 의함)

> ㉠ 공무원 아닌 자가 공무원과 공동하여 허위공문서작성죄를 범한 때에는 허위공문서작성죄의 공동정범이 된다.
> ㉡ 비신분자가 신분자와 공동으로 업무상 배임행위를 한 경우, 비신분자에게도 업무상배임죄가 성립하나 과형에서만 단순배임죄의 법정형이 적용된다.
> ㉢ 의료인일지라도 의료인 아닌 자의 의료행위에 공모하여 가공하면 의료법상의 무면허의료행위의 공동정범에 해당된다.
> ㉣ 처인 甲이 아들 乙과 더불어 남편을 살해한 경우, 甲은 존속살해죄의 공동정범이 성립하나 보통살인죄로 처단하여야 한다.
> ㉤ 신분관계로 인하여 형의 경중이 있는 경우에 신분이 있는 자가 신분이 없는 자를 교사하여 죄를 범하게 한 때에는 형법 제33조 단서가 형법 제31조 제1항에 우선하여 적용됨으로써 신분이 있는 교사범이 신분이 없는 정범보다 중하게 처벌된다.

① 0개 ② 1개
③ 2개 ④ 3개

14

죄수에 관한 설명 중 가장 적절하지 않은 것은? (다툼이 있는 경우 판례에 의함)

① 수 개의 등록상표에 대하여 「상표법」 제230조의 상표권 침해행위가 계속하여 이루어진 경우에는 등록상표마다 포괄하여 1개의 범죄가 성립하나, 하나의 유사상표 사용행위로 수 개의 등록상표를 동시에 침해하였다면 각각의 상표법 위반죄는 상상적 경합의 관계에 있다.

② 영업으로 성매매알선 등 행위(성매매의 장소를 제공하는 행위를 포함한다)를 한 사람은 성매매알선 등 행위의 처벌에 관한 법률 제19조 제2항 제1호에서 가중하여 처벌하도록 별도로 규정하고 있으므로 반복되는 행위는 포괄일죄이다.

③ 공직선거법 제18조 제1항 제3호에 규정된 죄와 다른 죄의 경합범에 대하여는 이를 분리 선고하여야 하므로, 판결이 확정된 선거범죄와 확정되지 아니한 다른 죄는 동시에 판결할 수 없었던 경우에 해당하므로 형법 제39조 제1항에 따라 동시에 판결할 경우와의 형평을 고려하여 형을 선고하거나 그 형을 감경 또는 면제할 수 없다.

④ 같은 날 무면허운전 행위를 여러 차례 반복한 경우에 그 범의의 단일성 내지 계속성이 인정되지 않거나 범행 방법 등이 동일하지 않은 경우에도 각 무면허운전 행위를 통틀어 포괄일죄로 처단하여야 한다.

15

몰수와 추징에 관한 설명이다. 다음 중 가장 적절하지 않은 것은? (다툼이 있으면 판례에 의함)

① '도박죄'와 '도박공간개설죄'는 독립된 별개 범죄이므로, '도박공간개설죄'로만 기소된 피고인이 직접 도박에 참가하여 얻은 수익은 도박공간개설로 얻은 범죄수익에 해당하지 아니하므로, 이 부분을 제외한 나머지 금액에 대해서만 추징을 명해야 한다.

② 피고인이 일본에서 안마시술업소를 운영하면서 안마사 자격이 없는 종업원들을 고용한 다음 그곳을 찾아오는 손님들로부터 서비스대금을 받고 마사지와 유사성교행위를 하도록 한 경우, 손님으로부터 지급받는 서비스대금 중에서 마사지 대가 부분을 제외한 유사성교행위의 대가를 전액 추징하여야 한다.

③ 웹사이트는 범죄행위에 제공된 무형의 재산에 해당할 뿐 형법 제48조 제1항 제2호에서 정한 '범죄행위로 인하여 생하였거나 이로 인하여 취득한 물건'에 해당하지 않으므로, 피고인이 위 웹사이트 매각을 통해 취득한 대가는 형법 제48조 제1항 제2호, 제2항이 규정한 추징의 대상에 해당하지 않는다.

④ 임대차보증금반환채권은 범죄수익은닉규제법에서 범죄수익으로 정한 '성매매에 제공되는 사실을 알면서 자금을 제공하는 행위에 관계된 자금 또는 재산'으로 범죄수익은닉규제법 제8조 제1항 제1호에 따라 범죄수익으로 몰수될 수 있다.

16

상해와 폭행의 죄에 관한 설명으로 가장 적절하지 않은 것은?(다툼이 있는 경우 판례에 의함)

① 이 사건 범행 전날 丙은 '싸워서라도 돈을 받아내라', 乙은 '무조건 고개를 낮추고 싸워', '영상으로 찍을 거니까 너가 이겨야 돼'라는 등의 말을 甲에게 하였고, 범행 당일 갑·을·병 모두 피해자와의 싸움 현장에 나가 갑이 직접 피해자를 폭행하자, 을은 그 모습을 휴대전화기로 촬영하고, 병은 이를 옆에서 지켜보았다면 갑·을·병에게 2명 이상이 공동하여 피해자를 폭행한 경우 성립하는 폭력행위처벌법 위반(공동폭행)죄의 죄책을 물을 수 있다.

② 甲과 乙이 공동하여 A를 폭행한 경우, 검사는 A의 명시한 의사에 반하여 甲과 乙에 대하여 공소를 제기할 수 있다.

③ 주한미군기지에서 발생한 대한민국 군인 사이의 폭행에 군형법 제60조의6 제1호(군사기지에서 발생한 군인등 사이의 폭행죄에 반의사불벌에 관한 형법 제260조 제3항의 적용을 배제하는 규정)가 적용되므로 형법상 반의사불벌죄(형법 제260조 제3항)가 적용되지 않는다.

④ 군사기지·군사시설에서 군인 상호간의 폭행죄에 반의사불벌에 관한 형법조항의 적용을 배제하고 있는 군형법 제60조의6 제1호, 제2호 중 군인이 군사기지·군사시설에서 군인을 폭행한 경우, 형법 제260조 제3항을 적용하지 아니하도록 한 부분(이하 '심판대상조항'이라 한다)이 형벌체계상 균형을 상실하여 평등원칙에 위반되지 않는다.

17

강요죄에 관한 다음 설명 중 옳지 않은 것은 모두 몇 개인가? (다툼이 있으면 판례에 의함)

⊙ 환경단체 소속 회원들이 축산 농가들의 폐수 배출 단속활동을 벌이면서 폐수 배출현장을 사진촬영 하거나 지적하는 한편 폐수 배출사실을 확인하는 내용의 사실확인서를 징구하는 과정에서 서명하지 아니할 경우 법에 저촉된다고 겁을 주는 등 행한 일련의 행위가 '협박'에 의한 강요행위에 해당한다.

ⓒ 피고인이 투자금의 회수를 위해 피해자를 강요하여 물품대금을 횡령하였다는 자인서를 받아낸 뒤 이를 근거로 돈을 갈취한 경우, 피고인의 행위는 포괄하여 공갈죄 일죄만을 구성한다.

ⓒ 피고인이, 갑 주식회사가 특정 신문들에 광고를 편중했다는 이유로 기자회견을 열어 갑 회사에 대하여 불매운동을 하겠다고 하면서 특정 신문들에 대한 광고를 중단할 것과 다른 신문들에 대해서도 동등하게 광고를 집행할 것을 요구하고 갑 회사 인터넷 홈페이지에 그와 같은 내용의 팝업창을 띄우게 한 경우, 피고인의 행위는 강요죄나 공갈죄의 수단인 협박에 해당한다.

② 피고인은 갑과 땅 매입문제로 분쟁이 발생하자 자신의 소유 차량을 갑 소유 주택 대문 바로 앞부분에 주차하는 방법으로 갑이 차량을 주택 내부의 주차장에 출입시키지 못하게 한 경우 갑의 차량 운행에 관한 권리행사를 방해하였으므로 강요죄가 성립한다.

⑩ 폭력조직 전력이 있는 피고인이 특정 연예인에게 팬미팅 공연을 하도록 강요하면서 만날 것을 요구하고, 팬미팅 공연이 이행되지 않으면 안 좋은 일을 당할 것이라고 협박한 경우, 피고인에게 강요죄의 고의가 있었다고 단정하기 어렵다.

① 0개
② 1개
③ 2개
④ 3개

18

성범죄에 관한 죄에 대한 설명 중 옳고 그름의 표시(O, X)가 바르게 된 것은? (다툼이 있는 경우 판례에 의함)

⊙ 피고인이 휴대전화를 이용하여 인터넷 커뮤니티사이트에 '한국야동'이라는 제목의 글과 함께 불상의 남녀가 나체모습으로 침대에 앉아있는 모습을 촬영한 사진 파일 1개를 게시한 경우, 촬영대상자의 신원이 파악되지 않는 등 촬영대상자의 의사를 명확히 확인할 수 없는 경우에도 촬영대상자의 의사에 반하여 반포등을 하였다고 볼 수 있으므로, 「성폭력범죄의 처벌 등에 관한 특례법」제14조 제2항 위반죄(카메라등이용촬영·반포등 죄)가 성립한다.

ⓒ 위계에 의한 간음죄가 보호대상으로 삼는 아동·청소년, 미성년자, 심신미약자, 피보호자·피감독자, 장애인 등의 성적 자기결정 능력은 구체적인 범행상황에 놓인 피해자의 입장과 관점이 충분히 고려되어야 하는 것이 아니고, 일반적·평균적 판단능력을 갖춘 성인 또는 충분한 보호와 교육을 받은 또래의 시각에서 충분히 고려되어야 한다.

ⓒ 음주 후 준강간 또는 준강제추행을 당하였음을 호소한 피해자의 경우, 범행 당시 알코올이 기억형성의 실패만을 야기한 알코올 블랙아웃 상태였다면 피해자는 기억장애 외에 인지기능이나 의식 상태의 장애에 이르렀다고 인정하기 어렵지만, 이에 비하여 피해자가 술에 취해 수면상태에 빠지는 등 의식을 상실한 패싱아웃 상태였다면 심신상실의 상태에 있었음을 인정할 수 있다.

② 피고인은 피해자와 교제하다가 헤어진 사이인데, 피고인이 단독으로 운영하고 있는 네이버 밴드 어플리케이션 ○○○○ 페이지에 들어가 누구든지 볼 수 있는 '전체공개'로 전환한 다음, 이전 피해자 동의하에 촬영했던 피해자의 신체 부분을 피해자의 의사에 반해 게시하였다면 성적 욕망 또는 수치심을 유발할 수 있는 피해자의 신체 부위를 촬영한 촬영물을 피해자의 의사에 반해 공공연하게 전시한 경우에 해당한다.

① ⊙ (O) ⓒ (O) ⓒ (O) ② (X)
② ⊙ (O) ⓒ (X) ⓒ (O) ② (O)
③ ⊙ (X) ⓒ (X) ⓒ (X) ② (O)
④ ⊙ (X) ⓒ (X) ⓒ (O) ② (O)

19
다음 중 명예와 모욕의 죄에 관한 설명으로 적절한 것은 모두 몇 개인가?(다툼이 있으면 판례에 의함)

> ㉠ 통상 기자가 아닌 보통 사람에게 사실을 적시할 경우에는 그 자체로서 적시된 사실이 외부에 공표되는 것이므로 그 때부터 곧 전파가능성을 따져 공연성 여부를 판단하여야 할 것이고, 이는 기자를 통해 사실을 적시하는 경우라고 하여 달리 볼 것이 아니다.
> ㉡ 「형법」 제311조의 모욕죄의 피해자는 특정되어야 하므로 이른바 집단표시에 의한 모욕은 그 비난의 정도가 희석되지 않아 구성원 개개인의 사회적 평가를 저하시킬 만한 것으로 평가될 경우라도 구성원 개개인에 대한 모욕죄를 구성하지 않는다.
> ㉢ 어느 사람에게 귀엣말 등 그 사람만 들을 수 있는 방법으로 그 사람 본인의 사회적 가치 내지 평가를 떨어뜨릴 만한 사실을 이야기하였는데, 그 사람이 들은 말을 스스로 다른 사람들에게 전파하였다면 명예훼손죄가 성립한다.
> ㉣ 정부 또는 국가기관은 형법상 명예훼손죄의 피해자가 될 수 없으므로, 그 보도의 내용이 공직자 개인에 대한 악의적이거나 심히 경솔한 공격으로서 현저히 상당성을 잃은 것으로 평가되지 않는 한, 그 보도로 인하여 곧바로 공직자 개인에 대한 명예훼손이 된다고 할 수 없다.
> ㉤ 피고인이 갑으로부터 취득한 을의 범죄경력기록을 같은 아파트에 거주하는 병에게 보여주면서 "전과자이고 나쁜 년"이라고 사실을 적시하여 을의 명예를 훼손한 경우, 공연성이 인정된다.

① 0개 ② 1개
③ 2개 ④ 3개

20
친족상도례에 관한 내용으로 옳지 <u>않은</u> 것은 모두 몇 개인가?(다툼이 있으면 판례에 의함)

> ㉠ 흉기 기타 위험한 물건을 휴대하고 공갈죄를 범하여 '폭력행위 등 처벌에 관한 법률' 제3조 제1항에 의해 가중처벌되는 경우에도 친족상도례 규정이 적용된다.
> ㉡ 아버지의 물건으로 알고 절취하였는데 실은 행위자와 친족관계가 없는 다른 사람의 물건이었을 때에는 친족상도례가 적용되지 않는다.
> ㉢ 특수절도죄를 범한 범인 중 1인이 친족상도례에 해당되어 형의 면제를 받게되면 친족관계가 없는 다른 공범도 형의 면제를 받게 된다.
> ㉣ 친족상도례에 관한 형법규정은 특정경제범죄 가중처벌 등에 관한 법률 제3조 제1항에 의해 가중 처벌되는 사기죄의 경우에도 적용된다.
> ㉤ 범행 당시에는 친족관계가 없다가 범행 후에 비로소 인지가 되었다면 인지에 기하여 형성된 친족관계에 따라 친족상도례에 해당하는지 여부를 판단하게 된다.

① 0개 ② 1개
③ 2개 ④ 3개

21
절도와 강도의 죄에 관한 설명으로 가장 적절한 것은? (다툼이 있는 경우 판례에 의함)

① 피고인이 드라이버를 사용하여 택시 운전석 창문을 파손하고 택시 안에 있는 재물을 절취한 경우, 흉기를 휴대하여 타인의 재물을 절취한 경우에 해당한다고 볼 수 있으므로 형법 제331조 제2항의 특수절도죄에 해당한다.
② 강간범이 강간행위의 계속 중에 강도행위를 한 경우, 이후에 그 자리에서 강간행위를 계속한다 하더라도 「형법」상 강도강간죄가 성립하지 않는다.
③ 「형법」상 권리자의 동의없이 타인의 자동차를 일시 사용한 자는 처벌되는 데 반해, 권리자의 동의없이 타인의 원동기장치자전거를 일시 사용한 자는 처벌되지 않는다.
④ 甲이 2024. 1. 1. 15:40경 문이 열려 있는 A의 주거에 침입하여 머물러 있다가, 같은 날 21:00경 그곳에 있던 A 소유의 시가 100만 원 상당 노트북 1대를 가지고 나와 절취한 경우, 甲에게는 야간주거침입절도죄가 성립하지 않는다.

22
사기와 공갈의 죄에 대한 설명으로 옳지 않은 것은 모두 몇 개인가?(다툼이 있는 경우 판례에 의함)

> ⊙ 타인으로부터 금전을 차용하면서 그 용도를 속였고, 만일 사실대로 용도를 고지하였더라면 상대방이 그에 응하지 않았을 경우에 차용금채무에 대한 상당한 담보를 제공하였다는 사정이 있으면 사기죄가 성립하지 아니한다.
> ⓒ 1개의 기망행위에 의하여 다수의 피해자로부터 각각 재물을 편취한 경우에는 피해자별로 수개의 사기죄가 성립하고, 각 죄는 실체적 경합의 관계에 있다.
> ⓒ 피해자를 기망하여 재물의 교부를 받고 그 대가를 일부 지급한 경우에는 피해자로부터 교부된 재물의 가치로부터 그 대가를 공제한 차액이 아니라 교부받은 재물 전부를 사기죄의 편취액으로 산정한다.
> ⓔ 예금주인 현금카드 소유자를 협박하여 카드를 갈취하고, 피해자의 승낙에 의하여 현금카드를 사용할 권한을 부여받아 이를 사용하여 현금자동지급기에서 예금을 여러 번 인출한 경우에는 공갈죄와 절도죄를 구성한다.
> ⓜ 다른 공범자가 공갈행위의 실행에 착수한 후 그 범행을 인식하면서 그와 공동의 범의를 가지고 그 후의 공갈행위를 계속하여 재물의 교부나 재산상 이익의 취득에 이른 때에는 공갈죄의 공동정범이 성립한다.

① 0개　　② 1개
③ 2개　　④ 3개

23
재산범죄에 대한 설명이다. 가장 적절하지 않은 것은? (다툼이 있으면 판례에 의함)

① 민법 제746조의 불법원인급여에 해당하여 급여자가 수익자에 대한 반환청구권을 행사할 수 없다고 하더라도, 수익자가 기망을 통하여 급여자로 하여금 불법원인급여에 해당하는 재물을 제공하도록 하였다면 사기죄가 성립한다.
② 변호사인 갑은 대법관에게 로비자금으로 쓸 의사도 없고 대법원에서 피고인의 상고가 기각되더라도 변호사비용을 제외한 나머지 돈을 돌려줄 의사가 없음에도 피해자에게 "대법원에는 판사가 많기 때문에 로비자금이 많이 필요하고 상고기각되더라도 착수금만 제외하고 나머지 돈은 다 돌려 받을 수 있으니 1억 5천만 원만 빌려달라"고 거짓말하여 이에 속은 피해자로부터 액면금 1억 5천만 원인 약속어음 1매를 교부받은 경우 사기죄가 성립한다.
③ 갑은 乙로부터 차량을 매수하면서, 갑이 매매대금의 지급에 대신하여 A캐피탈에 대한 차량할부금을 납부한 후 갑 운영의 B회사 명의로 이전등록을 하기로 약정하고, 이 차량을 인도받아 사용하던 중 갑이 약정대로 할부대금 및 과태료 등을 납부하지 않자, 을은 갑에게 이 차량의 반환을 요구하였으나 이를 거부한 경우, 갑은 을과의 위탁관계를 전제로 이 차량을 보관하고 있는 것이므로 횡령죄가 성립한다.
④ 포주가 윤락녀와 사이에 윤락녀가 받은 화대를 포주가 보관하였다가 분배하기로 약정하고도 보관중인 화대를 임의로 소비한 경우, 포주의 불법성이 윤락녀의 불법성보다 현저히 크므로 횡령죄를 구성한다.

24
배임죄에 관한 설명으로 가장 적절한 것은? (다툼이 있으면 판례에 의함)

① 배임죄에 있어서 재산상 손해의 유무에 대한 판단과 관련하여 법률적 판단에 의하여 당해 배임행위가 무효라 하더라도, 경제적 관점에서 볼 때 본인에게 현실적인 손해를 가하였거나 재산상 실해 발생의 위험을 초래한 경우에는 재산상의 손해를 가한 때에 해당한다.
② 피고인이 전세보증금반환채권에 대하여 권리질권을 설정하여 주었고, 이에 대하여 임대인이 승낙하여 질권자가 대항요건을 갖추게 된 상태에서 피고인이 질권자의 동의 없이 임대인으로부터 질권의 목적인 전세보증금반환채권을 변제받은 경우, 피고인에게 질권자에 대한 관계에서 배임죄가 성립한다.
③ 회사의 대표이사가 대표권을 남용하여 회사 명의의 약속어음을 발행한 경우, 그 약속어음 발행이 무효일 뿐만 아니라 그 어음이 유통되지 않았다 하여도 특별한 사정이 없는 한 회사에 실해 발생의 위험이 발생하였다고 볼 수 있으므로, 이때에는 배임죄의 미수범이 아니라 배임기수죄로 처벌하여야 한다.
④ 채권담보 목적으로 부동산에 관한 대물변제예약을 체결한 채무자가 대물로 변제하기로 한 부동산을 제3자에게 임의로 처분한 경우 배임죄가 성립한다.

25

공공의 신용에 대한 죄의 설명 중 옳지 <u>않은</u> 것은 모두 몇 개인가?(다툼이 있으면 판례에 의함)

㉠ 피고인이 인터넷을 통하여 열람·출력한 등기사항전부증명서 하단의 열람 일시 부분을 수정 테이프로 지우고 복사해 두었다가 이를 타인에게 교부한 행위는 공문서변조 및 변조공문서행사에 해당한다.

㉡ 피고인이 실효되어 사용권한이 없는 장애인사용자동차표지를 이 사건 차량에 비치하여 마치 장애인이 사용하는 차량인 것처럼 외부적으로 표시한 이상 장애인사용자동차표지를 행사한 것에 해당하고, 피고인이 이 사건 아파트 지하주차장에 승용차를 주차하면서 장애인전용주차구역에 주차하지 않았다고 하더라도 공문서부정행사죄의 죄책을 면할 수 없다.

㉢ 주식을 명의신탁한 피고인이 명의수탁자를 변경하기 위해 제3자에게 주식을 양도한 후 수탁자 명의의 증권거래세 과세표준신고서를 작성하여 관할세무서에 제출한 경우, 신탁자가 수탁자 명의로 신탁재산의 처분에 필요한 서류를 작성할 때에 수탁자로부터 개별적인 승낙을 받지 않았더라도 사문서위조·동행사죄가 성립하지 않는다.

㉣ 피고인 갑이 세월호 침몰사고 진상규명을 위한 국정조사특별위원회의 국정조사절차에서 대통령비서실장으로서 증언한 후 국회의원으로부터 대통령 대면보고 시점 등에 관한 추가 서면질의를 받고, 실무 담당 행정관으로 하여금 '비서실에서는 20~30분 단위로 간단없이 유·무선으로 보고를 하였기 때문에, 대통령은 직접 대면보고 받는 것 이상으로 상황을 파악하고 있었다고 생각합니다.'라는 내용의 서면답변서를 작성하여 국회에 제출하도록 한 경우, 위 답변서 작성 및 제출이 허위공문서작성죄 및 허위작성공문서행사죄에 해당하지 아니한다.

㉤ 사법경찰관 갑은 검사로부터 '교통사고 피해자들로부터 사고 경위에 대해 구체적인 진술을 청취하여 운전자 乙의 도주 여부에 대해 재수사할 것'을 요청받고, 재수사 결과서의 '재수사 결과'란에 피해자들로부터 진술을 청취하지 않았음에도 진술을 듣고 그 진술내용을 적은 것처럼 기재한 경우, 재수사 요청을 받은 사법경찰관은 참고인이나 피의자 등에 대한 재조사 여부와 재조사 방식 등에 대해 재량을 가지므로 갑의 행위는 허위공문서작성죄를 구성하지 아니한다.

① 1개 ② 2개
③ 3개 ④ 4개

26

다음은 뇌물죄에 대한 설명이다. 가장 적절한 것은? (다툼이 있는 경우 판례에 의함)

① 공무원이 직무와 관련하여 뇌물수수를 약속하고 퇴직 후 이를 수수하는 경우 뇌물약속과 뇌물수수가 시간적으로 근접하여 연속되어 있다면 뇌물수수죄가 성립할 수 있다.

② 구청장인 피고인이 구청 관내의 공사 인·허가와 관련하여 甲회사로부터 묵시적인 부정한 청탁을 받고 5억원 상당의 경로당 누각을 제3자인 구(區)에 기부채납하게 한 경우, 제3자뇌물제공죄가 성립한다.

③ 공무원이 직접 뇌물을 받지 않고 증뢰자로 하여금 다른 사람에게 뇌물을 공여하게 한 경우, 그 다른 사람이 뇌물을 받음으로 인해 공무원이 지출을 면하게 되는 경우(예를 들어, 공무원이 그 다른 사람의 생활비를 부담하거나 채무를 부담한 경우)에는 형법 제130조의 제3자뇌물제공죄가 성립하는 것이 아니라 형법 제129조 제1항의 뇌물수수죄가 성립한다.

④ 구 해양수산부 소속 공무원인 피고인이 갑 해운회사의 대표이사 등에게서 중국의 선박운항허가 담당부서가 관장하는 중국 국적선사의 선박에 대한 운항허가를 받을 수 있도록 노력해 달라는 부탁을 받고 돈을 받은 경우, 뇌물수수죄가 성립한다.

27

형법 제155조(증거인멸 등)와 관련된 다음 설명으로 가장 적절한 것은?(다툼이 있는 경우에는 판례에 의함)

① 범죄 또는 징계사유의 성립 여부에 관한 것뿐만 아니라 형 또는 징계의 경중에 영향을 미치는 정상을 인정하는 데 도움이 될 자료까지도 증거위조죄에서 규정한 '증거'에 포함되지 아니한다.

② 자기의 형사사건에 관한 증거를 인멸하기 위하여 타인을 교사하여 죄를 범하게 한 자에 대하여는 증거인멸죄의 교사범이 성립하지 아니한다.

③ 노동조합 지부장인 갑은 업무상횡령 혐의로 조합원들로부터 고발을 당하자 乙과 공동하여 조합 회계서류를 무단 폐기한 후 폐기에 정당한 근거가 있는 것처럼 乙로 하여금 조합 회의록을 조작하여 수사기관에 제출하도록 교사한 경우, 피교사자인 을이 자신의 형사사건에 관한 증거를 변조·사용한 것으로 볼 수 있어 증거변조죄 및 변조증거사용죄로 처벌되지 않은 이상 갑에 대하여도 증거변조죄 및 변조증거사용죄의 교사범 뿐만아니라 간접정범도 성립하지 않는다.

④ 자신이 직접 형사처분을 받게 될 것을 두려워한 나머지 자기의 이익을 위하여 그 증거가 될 자료를 은닉하였다면 증거은닉죄에 해당하지 아니하나, 제3자와 공동하여 그러한 행위를 하였더라면 증거은닉죄에 해당한다.

28

위증죄 및 무고죄에 관한 설명이다. 다음 중 가장 적절하지 <u>않은</u> 것은? (다툼이 있으면 판례에 의함)

① 법률에 의하여 선서한 증인이 허위의 공술을 한 때에 위증죄가 성립하는 것으로서, 그 공술의 내용이 당해 사건의 요증사실에 관한 것인지의 여부나 판결에 영향을 미친 것인지의 여부는 위증죄의 성립과 아무런 관계가 없다.

② 민사소송의 당사자는 증인능력이 없으므로 증인으로 선서하고 증언하였다고 하더라도 위증죄의 주체가 될 수 없고, 민사소송에서의 당사자인 법인의 대표자의 경우에도 같다.

③ 고소당한 범죄가 유죄로 인정되는 경우에 고소를 당한 사람이 자신을 고소한 사람에 대하여 '고소당한 죄의 혐의가 없는 것으로 인정된다면 고소인이 자신을 무고한 것에 해당하므로 고소인을 처벌해 달라.'는 내용의 고소장을 수사기관에 제출하였다면 자신의 결백을 주장하기 위한 것이라고 하더라도 방어권의 행사를 벗어난 것으로서 무고죄의 범의를 인정할 수 있다.

④ 피고인이 특정되지 않은 성명불상자로 하여금 형사처벌을 받게 할 목적으로 고소장을 제출한 경우, 공무원에게 무익한 수고를 끼치는 일이 있고 심판 자체를 그르치게 할 염려가 있으며 피무고자를 해할 수도 있기 때문에 무고죄가 성립한다.

29

참고인조사에 관한 설명으로 가장 적절하지 <u>않은</u> 것은? (다툼이 있는 경우 판례에 의함)

① 수사기관이 참고인을 조사하는 과정에서 「형사소송법」에 따라 작성한 영상녹화물은, 다른 법률에서 달리 규정하고 있는 등의 특별한 사정이 없는 한, 공소사실을 직접 증명할 수 있는 독립적인 증거로 사용될 수는 없다.

② 검사 또는 사법경찰관이 참고인을 조사하는 경우에는 조사장소에 도착한 시각, 조사를 시작하고 마친 시각, 그 밖에 조사과정의 진행경과를 확인하기 위하여 필요한 사항을 조서에 기록하거나 별도의 서면에 기록한 후 수사기록에 편철하여야 한다.

③ 참고인이 수사과정에서 진술서를 작성하였지만 수사기관이 그에 대한 조사과정을 기록하지 아니하여 「형사소송법」 제244조의4 제3항, 제1항에서 정한 절차를 위반한 경우에는, 특별한 사정이 없는 한 '적법한 절차와 방식'에 따라 수사과정에서 진술서가 작성되었다 할 수 없으므로 그 증거능력을 인정할 수 없다.

④ 진술거부권의 고지가 갖는 실질적인 의미를 고려해 볼 때, 피의자의 지위에 있지 아니한 참고인으로서 조사를 받으면서 수사기관으로부터 진술거부권을 고지받지 않았다면 그 진술조서는 위법수집증거로서 증거능력이 없다.

30

긴급체포에 대한 다음 설명 중 옳고 그름의 표시(O, X)가 모두 바르게 표시된 것은? (다툼이 있으면 판례에 의함)

> ⊙ 사법경찰관이 긴급체포된 피의자에 대해 검사에게 긴급체포의 승인건의와 구속영장 신청을 함께 한 경우 검사는 긴급체포의 합당성이나 구속영장 청구에 필요한 사유를 보강하기 위한 목적으로 대면조사를 실시하여서는 아니된다.
>
> ⓒ 긴급체포 요건을 갖추었는지 여부는 체포 당시 상황과 사후에 밝혀진 사정을 종합적으로 판단함으로써 검사나 사법경찰관 등 수사주체의 판단에는 상당한 재량의 여지가 있다.
>
> ⓒ 수사기관에 의하여 긴급체포되었다가 석방된 자를 법원이 발부한 구속영장에 의하여 구속하는 것은 위법하다.
>
> ⓔ 검사는 구속영장을 청구하지 아니하고 피의자를 석방한 경우 석방한 날부터 30일 이내에 서면으로 석방된 자의 인적사항, 석방의 일시·장소 및 사유 등을 법원에 통지하여야 한다.
>
> ⓜ 사법경찰관은 긴급체포한 피의자에 대하여 구속영장을 신청하지 아니하고 석방한 경우에는 48시간 이내에 검사에게 보고하여야 한다.

① ⊙ (O) ⓒ (X) ⓒ (X) ⓔ (X) ⓜ (O)
② ⊙ (O) ⓒ (O) ⓒ (O) ⓔ (X) ⓜ (O)
③ ⊙ (O) ⓒ (X) ⓒ (X) ⓔ (O) ⓜ (X)
④ ⊙ (X) ⓒ (O) ⓒ (O) ⓔ (X) ⓜ (O)

31

「검사와 사법경찰관의 상호협력과 일반적 수사준칙에 관한 규정」에 따른 영장 제시와 교부에 관한 설명 중 적절하지 않은 것은 모두 몇 개인가?

> ⊙ 검사 또는 사법경찰관은 영장에 따라 피의자를 체포하거나 구속하는 경우에는 형사소송법에 따라 피의자에게 반드시 영장을 제시하고 그 사본을 교부해야 한다.
> ⓒ 검사 또는 사법경찰관은 압수·수색·검증영장을 처분을 받는 자에게 영장을 제시하는 경우, 처분을 받는 자에게 법관이 발부한 영장에 따른 압수·수색 또는 검증이라는 사실과 영장에 기재된 범죄사실 및 수색 또는 검증할 장소·신체·물건, 압수할 물건 등을 명확히 알리고, 처분을 받는 자가 해당 영장을 열람할 수 있도록 해야 한다. 이 경우 처분을 받는 자가 피의자인 경우에는 해당 영장의 사본을 교부해야 한다.
> ⓒ 압수·수색 또는 검증의 처분을 받는 자가 여럿인 경우에는 모두에게 개별적으로 영장을 제시해야 한다. 이 경우 피의자에게는 개별적으로 해당 영장의 사본을 교부해야 한다.
> ② 검사 또는 사법경찰관은 영장에 따라 피의자를 체포·구속하는 경우와 압수·수색·검증하는 경우, 피의자에게 영장을 제시하거나 영장의 사본을 교부할 때에는 사건관계인의 개인정보가 피의자의 방어권 보장을 위해 필요한 정도를 넘어 불필요하게 노출되지 않도록 유의해야 한다.
> ⓜ 피의자가 영장의 사본을 수령하기를 거부하거나 영장 사본 교부 확인서에 기명날인 또는 서명하는 것을 거부하는 경우에는 검사 또는 사법경찰관이 영장 사본 교부 확인서 끝 부분에 그 사유를 적고 기명날인 또는 서명해야 한다.

① 0개   ② 1개
③ 2개   ④ 3개

32

정보저장매체의 압수·수색에 관한 설명으로 가장 적절하지 않은 것은? (다툼이 있는 경우 판례에 의함)

① 수사기관의 전자정보에 대한 압수·수색은 원칙적으로 영장 발부의 사유로 된 범죄 혐의사실과 관련된 부분만을 문서 출력물로 수집하거나 수사기관이 휴대한 저장매체에 해당 파일을 복제하는 방식으로 이루어져야 하고, 수사기관 사무실 등 외부로 저장매체자체를 직접 반출하는 방식으로 압수·수색하는 것은 예외적으로만 허용된다.

② 압수의 목적을 달성하기에 현저히 곤란한 사정이 인정되어 전자정보가 담긴 저장매체를 수사기관 사무실 등으로 옮겨 혐의사실과 관련된 전자정보만을 복제·탐색·출력하는 경우에도, 피압수·수색 당사자나 변호인에게 참여의 기회를 보장하여야 한다.

③ 수사기관이 범죄 혐의사실과 관련 있는 전자정보를 선별 압수한 후 그와 관련이 없는 나머지 정보를 삭제·폐기·반환하지 아니한 채 보관하고 있더라도, 사후에 위 나머지 정보에 대하여 법원으로부터 압수·수색영장을 발부받거나 피고인 또는 변호인이 이를 증거로 함에 동의하였다면 증거로 사용할 수 있다.

④ 수사기관이 압수·수색영장에 적힌 '수색할 장소'에 있는 컴퓨터 등 정보처리장치에 저장된 전자정보 외에 원격지 서버에 저장된 전자정보를 압수·수색하기 위해서는 그 영장에 적힌 '압수할 물건'에 별도로 원격지 서버 저장 전자정보가 특정되어 있어야 하고, '압수할 물건'에 컴퓨터 등 정보처리장치 저장 전자정보만 기재되어 있다면 컴퓨터 등 정보처리장치를 이용하여 원격지 서버 저장전자정보를 압수할 수는 없다.

33

형사소송법 증거보전(제184조)과 증인신문(제221조의2)에 관한 설명으로 가장 적절하지 않은 것은?(다툼이 있으면 판례에 의함)

① 증거보전의 청구권자는 검사, 피고인, 피의자 또는 변호인이며, 형사입건되기 전의 자는 피의자가 아니므로 증거보전을 청구할 수 없다.

② 범죄의 수사에 없어서는 아니될 사실을 안다고 명백히 인정되는 자가 형사소송법 제221조에 의한 출석 또는 진술을 거부한 경우에는 검사는 제1회 공판기일 전에 한하여 판사에게 그에 대한 증인신문을 청구할 수 있다.

③ 증거보전절차에서 작성된 증인신문조서 중 증인에 대한 반대신문과정에서 피의자였던 피고인이 당사자로 참여하여 자신의 범행사실을 시인하는 전제하에 증인에게 반대신문한 내용이 기재되어 있는 경우, 그 조서 중 피의자 진술부분에 대하여는 형사소송법 제311조에 의한 증거능력을 인정할 수 있다.

④ 증거보전절차에서 피고인과 공동피고인이 뇌물을 주고받은 사이로 필요적 공범관계에 있는 경우 검사는 판사에게 공동피고인을 증인으로 신문할 것을 청구할 수 있다.

34

공소제기 후의 수사에 관한 설명 중 가장 적절하지 않은 것은?(다툼이 있으면 판례에 의함)

① 공판준비 또는 공판기일에서 이미 증언을 마친 증인을 검사가 소환한 후 피고인에게 유리한 그 증언 내용을 추궁하여 이를 일방적으로 번복시키는 방식으로 작성한 진술조서는 피고인이 증거로 할 수 있음에 동의한다고 하더라도 그 증거능력이 없다.

② 검사작성의 피고인에 대한 진술조서가 공소제기 후에 작성된 것이라는 이유만으로는 곧 그 증거능력이 없다고 할 수 없다.

③ 검사가 공소제기 후 「형사소송법」 제215조에 따라 수소법원 이외의 지방법원 판사에게 청구하여 발부받은 영장에 의하여 압수·수색을 하였다면, 그와 같이 수집된 증거는 기본적인권보장을 위해 마련된 적법한 절차에 따르지 않은 것으로서 원칙적으로 유죄의 증거로 삼을 수 없다.

④ 검사 또는 사법경찰관이 피고인에 대한 구속영장을 집행하는 경우, 그 집행의 현장에서는 영장없이 압수·수색·검증을 할 수 있다.

35

간접증거에 관한 다음 설명 중 적절하지 않은 것은 모두 몇 개인가?(다툼이 있는 경우 판례에 의함)

㉠ 법정형이 무거운 범죄의 경우에도 직접증거 없이 간접증거만으로 유죄를 인정할 수 있으나, 간접증거에 의하여 주요사실의 전제가 되는 간접사실을 인정할 때에는 증명이 합리적인 의심을 허용하지 않을 정도에 이르러야 하고, 하나하나의 간접사실 사이에 모순, 저촉이 없어야 하는 것은 물론 간접사실이 논리와 경험칙, 과학법칙에 의하여 뒷받침되어야 한다.

㉡ 유죄의 인정은 범행 동기, 범행수단의 선택, 범행에 이르는 과정, 범행 전후 피고인의 태도 등 여러 간접사실로 보아 피고인이 범행한 것으로 보기에 충분할 만큼 압도적으로 우월한 증명이 있어야 한다.

㉢ 범행에 관한 간접증거만이 존재하고 더구나 그 간접증거의 증명력에 한계가 있는 경우, 범인으로 지목되고 있는 자에게 범행을 저지를 만한 동기가 발견되지 않는다면, 반대로 간접증거의 증명력이 그만큼 떨어진다고 평가하는 것이 형사증거법의 이념에 부합하는 것이다.

㉣ 형사소송법 제308조의 자유심증주의는 증거의 증명력은 법률에 규정하지 않고 법관의 자유로운 판단에 맡긴다는 원칙이므로, 유전자검사나 혈액형검사 등 과학적 증거방법이라도 법관이 사실인정을 할 때 상당한 정도로 구속력을 가지는 것은 아니다.

㉤ 갑은 자신이 낳은 여아 A를 데리고 산부인과의원으로 가서 신생아실에 있던 자신의 외손녀인 피해자 B의 자리에 A를 놓아두고, 그 자리에 있던 B를 몰래 데리고 가 미성년자 약취죄로 기소된 경우, 유죄 인정의 결정적 증거는 유전자 감정 결과일 뿐 목격자의 진술이나 CCTV 영상 등 직접적인 증거가 없고, 추가로 심리할 점들이 있는 이 사건에서, 유전자 감정 결과만으로 쟁점 공소사실이 증명되었다고 보기어려워 추가 심리 없이 미성년자 약취죄 인정을 그대로 유지하기는 어렵다.

① 0개 ② 1개
③ 2개 ④ 3개

36

다음 중 판례에 의할 때 엄격한 증명의 대상에 해당하는 것은 모두 몇 개인가?

㉠ 범죄의 구성요건과 관련된 간접사실이나 보조사실
㉡ 명예훼손죄의 공연성
㉢ 특정범죄 가중처벌 등에 관한 법률 제5조의9 제1항 위반의 죄(보복살인등)의 행위자에게 보복의 목적이 있었다는 점
㉣ 명예훼손죄에 있어서 위법성조각사유인 진실한 사실로서 오로지 공공의 이익에 관한 것인지 여부
㉤ 내란선동죄의 국헌문란의 목적

① 2개 ② 3개
③ 4개 ④ 5개

37

전문증거에 관한 설명 중 가장 적절하지 않은 것은? (다툼이 있는 경우 판례에 의함)

① 녹음파일에 담긴 진술 내용의 진실성이 증명의 대상이 되는 때에는 전문법칙이 적용된다고 할 것이나, 녹음파일에 담긴 진술 내용의 진실성이 아닌 그와 같은 진술이 존재하는 것 자체가 증명의 대상이 되는 경우에는 전문법칙이 적용되지 아니한다.

② 진술조서의 증거능력이 인정되려면 '적법한 절차와 방식에 따라 작성된 것'이어야 한다는 법리는 피고인이 아닌 자가 수사과정에서 작성한 진술서의 증거능력에 관하여도 적용된다.

③ 전문증거라도 당사자가 동의한 경우에는 전문법칙이 적용되지 않으며, 증인의 신용성을 탄핵하기 위한 탄핵증거로 제출된 경우에는 전문법칙이 적용되지 않는다.

④ A는 살인현장을 목격한 친구 B가 "甲이 길가던 여자를 죽였다."고 말한 내용을 자필일기장에 작성하였고, 훗날 이 일기장이 갑의 살인죄 공판에 증거로 제출된 경우, 이 일기장은「형사소송법」제313조 제1항의 진술기재서(류)에 해당한다.

38

전문법칙에 대한 설명으로 가장 적절하지 않은 것은?(다툼이 있는 경우 판례에 의함)

① 압수된 디지털 저장매체로부터 출력한 문건을 진술증거로 사용하는 경우, 그 기재 내용의 진실성에 관하여는 전문법칙이 적용되므로「형사소송법」제313조 제1항에 따라 그 작성자 또는 진술자의 진술에 의하여 그 성립의 진정함이 증명된 때에는 이를 증거로 사용할 수 있다.

② 피고인 아닌 자가 작성한 진술서에 대하여 작성자가 성립의 진정을 부인하는 경우에는 과학적 분석결과에 기초한 디지털포렌식 자료, 감정 등 객관적 방법으로 성립의 진정함이 증명되고, 피고인 또는 변호인에게 반대신문의 기회가 부여된 때에는 증거로 할 수 있다.

③ 대화 내용을 녹음한 파일 등의 전자매체는 성질상 작성자나 진술자의 서명 혹은 날인이 없을 뿐만 아니라, 녹음자의 의도나 특정한 기술에 의하여 내용이 편집·조작될 위험성이 있음을 고려하여, 대화 내용을 녹음한 원본이거나 혹은 원본으로부터 복사한 사본일 경우에는 복사 과정에서 편집되는 등 인위적 개작 없이 원본의 내용 그대로 복사된 사본임이 입증되어야만 하고, 그러한 입증이 없는 경우에는 쉽게 그 증거능력을 인정할 수 없다.

④ 피고인 또는 피고인 아닌 사람이 컴퓨터용디스크에 입력하여 기억된 문자정보 또는 그 출력물을 증거로 사용하는 경우 컴퓨터용디스크 자체를 물증으로 취급하여야 하므로 그 기재내용의 진실성에 관하여는 전문법칙이 적용되지 아니한다.

39

검증 및 검증조서에 대한 설명으로 옳지 않은 것은?(다툼이 있는 경우 판례에 의함)

① 수사기관이 아닌 사인(私人)이 피고인 아닌 자와의 전화 대화를 녹음한 녹음테이프에 대하여 법원이 실시한 검증의 내용이, 녹음테이프에 녹음된 전화 대화의 내용이 검증조서에 첨부된 녹취서에 기재된 내용과 같다는 것인 경우, 피고인이 그 녹음테이프를 증거로 할 수 있음에 동의하지 않은 이상 그 녹음테이프 검증조서의 기재 중 피고인 아닌 자의 진술내용을 증거로 사용하기 위해서는, 진술서 등의 증거능력에 관한「형사소송법」제313조 제1항 또는 제2항의 요건이 충족되어야 한다.

② 사법경찰관 작성의 검증조서 중 피고인의 진술 기재 부분과 범행 재연의 사진영상에 관한 부분에 대하여 원진술자이며 행위자인 피고인이 그 성립의 진정 및 내용을 인정하지 않을 때는 그 부분은 증거능력이 없다.

③ 사법경찰관이 행한 검증이 사건 발생 후 범행 장소에서 긴급을 요하여 판사의 영장 없이 시행되었다면 사후영장을 받지않았더라도 이러한 검증조서는 유죄의 증거로 할 수 있다.

④ 서류를 검증하면서 피의자신문조서나 증인신문조서 중의 일부만을 발췌하여 검증조서를 작성하였다면 적법한 검증조서로서의 증거능력이 인정되지 않는다.

40

다음 사례에 관한 설명으로 가장 적절하지 않은 것은? (다툼이 있는 경우 판례에 의함)

> 甲은 2022. 1. 10.경 관할법원에 피해자 A를 상대로 허위의 지급명령을 신청하고 이에 속은 그 법원 판사로부터 위 신청서와 같은 취지의 지급명령을 송달받은 후 지급명령정본에 집행문을 부여받아 A로부터 1,000만 원을 편취하였다. 신고를 받은 사법경찰관 P는 2023. 3. 10. 15:00경 甲이 운영하는 회사 사무실에서 甲을 사기죄로 적법하게 긴급체포하였고, 'A와 주고받은 대화내용'이 기재된 수첩(증 제1호)을 발견하자 임의제출을 거부하는 甲으로부터 영장없이 이를 압수하였다. P는 체포 당일 경찰서에서 甲을 조사하였고, 甲은 "자신의 집에 A가 자신을 무고한 것임을 증명할 자료가 있다"라고 주장하며 범행을 부인하였다. P는 자료를 확보하기 위하여 2023. 3. 11. 16:00경 甲과 함께 甲의 집으로 갔으나 이를 발견하지 못하고 오히려 '甲이 A로부터 돈을 받은 내역'이 기재된 통장(증 제2호)을 발견하자 임의제출을 거부하는 甲으로부터 영장 없이 이를 압수하였다. 이후 P는 甲에 대하여 검사를 통해 적법하게 구속영장만을 청구하였으나, 지방법원 판사는 2023. 3. 12. 17:00경 甲의 방어권 보장이 필요하다며 구속영장을 기각하였다. 이에 甲은 즉시 석방되었고, P는 위 통장(증 제2호)만을 환부하였다. 이후 甲은 위 사기죄로 불구속 기소되었다.

① 만약 위 사기 혐의가 인정되고 甲이 허위의 내용으로 신청한 지급명령이 그대로 확정되었다면, 소송사기의 방법으로 승소판결을 받아 확정된 경우와 마찬가지로 사기죄는 이미 기수에 이른 것이다.

② P가 통장(증 제2호)을 환부한 후에도 수첩(증 제1호)을 계속 보관하는 것은「형사소송법」제216조 제1항 제2호의 '체포현장에서의 압수'에 의한 것이므로 적법하다.

③ P가 통장(증 제2호)을 압수한 것은「형사소송법」제217조의 요건을 갖추지 못하여 위법하다.

④ 만약 검찰송치 전 P가 甲의 사기 혐의에 대한 결정적인 객관적 증거를 추가로 확보하였다면, 甲이 외국으로 출국하려 하는 등 긴급한 사정이 있더라도, P는 甲을 위 사기 혐의를 이유로 재차 긴급체포할 수 없다.

24년 경찰공무원(순경) 채용시험

임종희 경찰형사법
파이널 모의고사

제 7회

❗ 응시자 유의사항

응시자는 반드시 기재된 과목명에 맞게 표기하여야 하며, 과목을 바꾸어 표기한 경우에도 상단에 기재된 과목 순서대로 채점되므로 유의하시기 바랍니다.

※ 시험이 시작되기 전까지 표지를 넘기지 마시오.

01
죄형법정주의에 관한 다음 설명 중 옳은 것은 모두 몇 개인가?(다툼이 있으면 판례에 의함)

㉠ 자동차관리법 제34조 제1항에서 정한 절차적 요건이 충족되지 않은 상태에서는 누구든지 자동차 튜닝을 할 수 없고, 이를 위반하여 자동차 튜닝을 한 사람은 누구라도 위 벌칙조항에 따라 처벌된다.

㉡ 피고인이 학원의 설립·운영 및 과외교습에 관한 법률(이하 '학원법'이라 한다) 제6조 제1항에 따른 등록을 하지 않은 채 스터디카페를 운영한 경우, 위 스터디카페는 학원법 제2조 제1호가 규정한 '30일 이상 학습장소로 제공되는 시설'로서 학원에 해당하는 독서실이므로 등록을 하지 않고 운영하였다면 학원법 위반에 해당한다.

㉢ 형사소송법 제253조 제2항이 공범 중 1인에 대한 공소의 제기로 다른 공범자에 대하여도 공소시효가 정지되도록 한 것은 공소제기 효력의 인적 범위를 확장하는 예외를 마련하여 놓은 것이므로, 형사소송법 제253조 제2항에서 말하는 '공범'에는 뇌물공여죄와 뇌물수수죄 사이와 같은 대향범 관계에 있는 자도 포함된다.

㉣ 법률에 특별한 규정이 없음에도 형법 제227조의2(공전자기록위작 변작)의 행위주체에 공무원, 공무소와 계약 등에 의하여 공무와 관련되는 업무를 일부 대행하는 경우까지 포함된다고 해석하는 것은 죄형법정주의 원칙에 반한다.

㉤ 피고인이 고소·고발에 수반하여 이를 알지 못하는 수사기관에 개인정보를 알려주었다고 하더라도, 그러한 행위를 「개인정보 보호법」에 따른 개인정보 '누설'에서 제외할 수는 없다.

① 1개 ② 2개
③ 3개 ④ 4개

02
다음 중 옳은 것(O)과 옳지 않은 것(X)을 바르게 연결한 것은?(다툼이 있으면 판례에 의함)

㉠ 범죄 후 법률의 변경이 있더라도 형이 중하게 변경되는 경우나 형의 변경이 없는 경우에는 행위시법(구법)을 적용하여야 할 것이다.

㉡ 캐나다 시민권자인 피고인이 캐나다에서 위조사문서를 행사한 경우, 위조사문서행사를 형법 제6조의 대한민국 또는 대한민국 국민의 법익을 직접적으로 침해하는 행위라고 볼 수도 없으므로 피고인의 행위에 대하여는 우리나라에 재판권이 없다.

㉢ 외국인이 대한민국영역외에서 공문서위조죄를 범한 경우, 행위지의 법률에 의하여 범죄를 구성하지 아니하거나 소추 또는 형의 집행을 면제할 경우에는 우리 형법이 적용되지 않는다.

㉣ 내국 법인의 대표자인 외국인이 내국 법인이 외국에 설립한 특수목적법인에 위탁해 둔 자금을 정해진 목적과 용도 외에 임의로 사용한 데 따른 횡령죄의 피해자는 당해 금전을 위탁한 내국 법인이므로, 그 행위가 외국에서 이루어진 경우에도 그 외국인에 대해서는 우리 형법이 적용되어(형법 제6조) 우리 법원에 재판권이 있다.

㉤ 홍콩에서 히로뽕을 구입하여 괌에서 판매하기로 서울에서 공모하고 홍콩에서 히로뽕을 밀수입한 경우, 공모공동정범에 있어서 공모지도 범죄지에 해당하므로 우리 형법이 적용된다.

① ㉠ (O) ㉡ (O) ㉢ (O) ㉣ (O) ㉤ (O)
② ㉠ (X) ㉡ (O) ㉢ (X) ㉣ (X) ㉤ (O)
③ ㉠ (O) ㉡ (X) ㉢ (O) ㉣ (O) ㉤ (X)
④ ㉠ (O) ㉡ (O) ㉢ (X) ㉣ (O) ㉤ (O)

03

다음 부작위범에 관한 설명 중 옳은 것은 모두 몇 개인가? (다툼이 있는 경우 판례에 의함)

> ㉠ 은행지점장이 부하직원의 배임행위를 알면서도 이를 방치한 경우 묵시적인 공모에 의한 배임죄의 공모공동정범이 성립한다.
> ㉡ 甲은 모텔 방에 투숙하여 자신의 과실로 화재가 발생하였음에도 불구하고, 화재 발생 사실을 안 상태에서 모텔을 빠져나오면서도 모텔 주인이나 다른 투숙객들에게 이를 알리지 않았다. 이 화재로 인하여 투숙객들이 사망한 경우에 甲에 대하여 부작위에 의한 현주건조물방화치사죄는 성립하지 않는다.
> ㉢ 인터넷 포털 사이트 내 오락채널 총괄팀장 甲과 위 오락채널 내 만화사업의 운영 직원 乙은 콘텐츠제공업체들의 음란만화 게재를 알면서도 방치한 경우, 甲과 乙은 부작위에 의한 구 전기통신기본법 제48조의2 위반죄의 공동정범이 성립한다.
> ㉣ 부작위에 의한 사기죄에서 작위의무의 발생근거는 유기죄에서 보호의무의 발생근거보다 그 범위가 넓다.
> ㉤ 업무상 배임죄는 부작위에 의해서도 성립할 수 있는데, 행위자는 부작위 당시 자신에게 주어진 임무를 위반한다는 점과 그 부작위로 인해 손해가 발생할 위험이 있다는 점을 인식하였어야 한다.

① 1개 ② 2개
③ 3개 ④ 4개

04

인과관계에 관한 설명으로 가장 적절하지 않은 것은? (다툼이 있는 경우 판례에 의함)

① 甲은 주식회사를 운영하면서 발주처로부터 공사완성의 대가로 공사대금을 지급받았으나, 법인 인수 과정에서 법인 등록요건 중 인력요건을 외형상 갖추기 위해 관련 자격증 소지자들로부터 자격증을 대여받은 사실을 발주처에 숨기는 행위를 하였다면, 그 기망행위와 공사대금 지급 사이에 상당인과관계가 인정된다.

② 자동차의 운전자가 통상 예견되는 상황에 대비하여 결과를 회피할 수 있는 정도의 주의의무를 다하지 못한 것이 교통사고 발생의 직접적인 원인이 되었다면, 비록 자동차가 보행자를 직접 충격한 것이 아니고 보행자가 자동차의 급정거에 놀라 도로에 넘어져 상해를 입은 경우라고 할지라도, 업무상 주의의무 위반과 교통사고 발생 사이에 상당인과관계를 인정할 수 있다.

③ 살인의 실행행위가 피해자의 사망이라는 결과를 발생하게한 유일한 원인이거나 직접적인 원인이어야만 되는 것은 아니므로, 살인의 실행행위와 피해자의 사망과의 사이에 다른사실이 개재되어 그 사실이 치사의 직접적인 원인이 되었다고 하더라도 그와 같은 사실이 통상 예견할 수 있는 것에지나지 않는다면 살인의 실행행위와 피해자의 사망과의 사이에 인과관계가 인정된다.

④ 의사가 설명의무를 위반한 채 의료행위를 하였다가 환자에게 사망의 결과가 발생한 경우, 의사에게 업무상 과실로 인한 형사책임을 지우기 위해서는 의사의 설명의무 위반과 환자의 사망 사이에 상당인과관계가 존재하여야 한다.

05

고의에 관한 설명으로 가장 적절하지 않은 것은? (다툼이 있는 경우 판례에 의함)

① 임금 등 지급의무의 존부와 범위에 관하여 다툴 만한 근거가 있다면 사용자가 그 임금 등을 지급하지 않은 데에 상당한 이유가 있다고 보아야 하므로, 사용자에게 「근로기준법」 제109조 제1항, 제36조 위반의 고의가 있었다고 보기 어렵다.

② 운전면허 소지인인 甲이 정기적성검사기간 내에 적성검사를 받지 아니한 경우, 甲이 적성검사기간 도래 여부에 관한 확인을 게을리하여 기간이 도래하였음을 알지 못하였더라도 적성검사기간 내에 적성검사를 받지 않은 것에 대한 미필적고의는 있었다고 봄이 타당하다.

③ 허위사실을 유포하는 방법에 의하여 타인의 업무를 방해함으로써 성립하는 업무방해죄에 있어, 허위사실을 유포한다고 함은 실제의 객관적 사실과 서로 다른 사항을 내용으로 하는사실을 불특정 다수인에게 전파시키는 것을 말하고, 특히 이러한 경우 그 행위자에게 행위 당시 자신이 유포한 사실이 허위라는 점을 적극적으로 인식하였을 것을 요한다.

④ 미필적 고의는 결과발생에 대한 확실한 예견은 없으나 그 가능성에 대한 인식이 있으면 족하고 결과발생을 용인하는 내심의 의사가 있음을 요하지는 않는다는 점에서 확정적 고의와 구별된다.

06

甲은 층간소음문제로 다툼이 있던 다세대주택 위층에 보복의 목적으로 돌을 던져 유리창을 깨뜨렸다. 그런데 위층에 살던 乙은 빚 독촉에 시달려 고민 중 자살하기 위해 창문을 닫은 채 연탄불을 피워 연탄가스에 질식 중이었다. 甲이 유리창을 깨뜨린 결과 乙의 목숨은 구조되었다. 이때 甲이 무죄라는 견해에 관한 설명 중 옳은 것을 모두 고른 것은?

> ㉠ 범죄성립에 있어서 행위반가치만을 고려하는 입장에 상응한다.
> ㉡ 범죄성립에 있어서 결과반가치만을 고려하는 입장에 상응한다.
> ㉢ 행위반가치와 결과반가치가 모두 상쇄되어야 위법성이 조각된다는 입장에 상응한다.
> ㉣ 이 견해에 대해서는 주관적 정당화사정이 있는 경우와 없는 경우를 똑같이 취급한다는 비판이 제기된다.
> ㉤ 이 견해에 대해서는 미수범 처벌규정이 없는 경우에는 처벌의 흠결이 발생할 수 있다는 비판이 제기된다.
> ㉥ 이 견해에 대해서는 객관적 정당화사정이 행위자에게 유리하게 작용하지 못한다는 비판이 제기된다.

① ㉠, ㉣
② ㉠, ㉥
③ ㉡, ㉣
④ ㉡, ㉥

07

노동쟁의행위에 대한 다음 설명 중 옳은 것은 모두 몇 개인가?(다툼이 있으면 판례에 의함)

> ㉠ 근로자들이 집단적으로 근로의 제공을 거부하여 사용자의 정상적인 업무운영을 저해하고 손해를 발생하게 한 행위가 당연히 위력에 해당하는 것을 전제로 노동관계 법령에 따른 정당한 쟁의행위로서 위법성이 조각되는 경우가 아닌 한 업무방해죄를 구성한다.
> ㉡ 쟁의행위로서 파업이 언제나 업무방해죄에 해당하는 것으로 볼 것은 아니고, 전후 사정과 경위 등에 비추어 사용자가 예측할 수 없는 시기에 전격적으로 이루어져 사용자의 사업운영에 심대한 혼란 내지 막대한 손해를 초래하는 등으로 사용자의 사업계속에 관한 자유의사가 제압·혼란될 수 있다고 평가할 수 있는 경우에 비로소 집단적 노무제공의 거부가 위력에 해당하여 업무방해죄가 성립한다고 보는 것이 타당하다.
> ㉢ 노동조합이 주도한 쟁의행위 자체의 정당성과 이를 구성하거나 여기에 부수되는 개개 행위의 정당성은 구별하여야 하므로, 일부 소수의 근로자가 폭행행위 등의 위법행위를 하였더라도, 전체로서의 쟁의행위마저 당연히 위법하게 되는 것은 아니다.
> ㉣ 갑 노동조합의 간부인 피고인들이 주요방위산업체로 지정된 을 주식회사와 임금단체협상을 진행하면서 을 회사의 방산물자 생산부서 근로자인 A 조합원들을 포함하여 연장근로, 휴일근로를 집단적으로 거부하도록 결정한 경우, 단체협상 기간에 갑 노동조합의 지침에 따라 연장근로·휴일근로가 이루어지지 않았더라도 방산물자 생산부서 조합원들이 쟁의행위를 하였다고 볼 수 없고, 이를 전제로 피고인들에게 공동정범의 책임을 물을 수 없다.
> ㉤ 마트산업노동조합 간부와 조합원인 피고인들이 공모하여, 대형마트 지점 2층 매장 안에서 '부당해고'라고 쓰인 피켓을 들고 지점장 갑과 대표이사 등 임직원들을 따라다니며 "강제전배 멈추어라, 통합운영 하지마라, 직원들이 아파한다, 부당해고 그만하라."라고 고성을 지르는 방법으로 약 30분간 피켓 시위를 한 경우, 피고인들은 갑의 현장점검 업무를 위력으로 방해한 행위에 해당한다.

① 1개
② 2개
③ 3개
④ 4개

08
의료행위에 관한 다음 설명 중 가장 적절한 것은?(다툼이 있으면 판례에 의함)

① 대한민국 국민 갑이 대한민국 영역 외에서(베트남에서) 우리나라 보건복지부장관의 면허를 받지 않고 성형수술, 피하지방 흡입수술 등 무면허 의료행위를 한 경우, 의료법위반죄가 성립한다.
② 호스피스 의료기관에서 근무하는 의사인 갑은 부재중에 입원환자가 사망한 경우 간호사 을이 환자의 사망여부를 확인한 다음 사망진단서를 작성하여 유족들에게 발급하도록 한 경우, 을은 무면허 의료행위로 인한 의료법위반죄가, 갑은 을로 하여금 의료면허 이외의 의료행위를 하도록 교사하였으므로 의료법위반의 교사범이 성립한다.
③ 의료인이 아닌 갑이 손님들에게 눈썹 등 부위의 피부에 자동문신용 기계로 색소를 주입하여 문신을 하여 준 행위는 신체 등에 대한 위험성이 없어 의료행위에 해당하지 않는다.
④ 甲이 외국에서 침구사 자격을 취득하였으나 국내에서 침술행위를 할 수 있는 면허나 자격을 취득하지 못하였음에도 불구하고 단순한 수지침 정도의 수준을 넘어 체침을 시술한 경우, 사회상규에 위배되지 아니하는 무면허의료행위로 인정될 수 있다.

09
책임에 대한 설명으로 옳은 것은?

① 책임조각요건인 심신상실을 판단하기 위해서는 사물변별능력 결여 또는 의사결정능력 결여라는 심리적 요소와 심신장애라는 생물학적 요소 중에 어느 하나만 인정되면 족하다.
② 사회적 책임론은 개인의 유전적 소질과 사회적 환경에 의하여 결정된 반사회적 성격에 책임의 근거를 두고, 보안처분과 형벌의 목적을 달리 보는 이원론을 취한다.
③ 목적적 범죄론체계는 위법성인식을 고의와 분리된 독자적인 책임요소로 본다는 점에 그 특징이 있다.
④ 위법성조각사유의 전제사실에 관한 착오를 해결하기 위한 소극적 구성요건표지론은 해당 착오는 총체적 불법구성요건의소극적 표지에 관한 것이므로 구성요건착오에 관한 법리를 유추하여 적용한다.

10
실행의 착수에 대한 설명으로 옳은 것은 모두 몇 개인가?(다툼이 있는 경우 판례에 의함)

㉠ 야간에 아파트에 침입하여 물건을 훔칠 의도하에 아파트의 베란다 철제난간까지 올라가 유리창문을 열려고 시도한 경우 야간주거침입절도죄의 실행에 착수하였다.
㉡ 甲이 잠을 자고 있는 피해자 A의 옷을 벗긴 후 자신의 바지를 내린 상태에서 A의 음부 등을 만지고 자신의 성기를 A의 음부에 삽입하려고 하였으나 A가 몸을 뒤척이고 비트는 등 잠에서 깨어 거부하는 듯한 기색을 보이자 더 이상 간음행위에 나아가는 것을 포기한 경우 준강간죄의 실행에 착수하였다.
㉢ 위장결혼의 당사자 및 브로커와 공모한 甲이 허위로 결혼사진을 찍고 혼인신고에 필요한 서류를 준비하여 위장결혼의 당사자에게 건네준 것만으로는 공전자기록등불실기재죄의 실행에 착수한 것으로 볼 수 없다.
㉣ 입영대상자가 병역면제처분을 받을 목적으로 병원으로부터 허위의 병사용진단서를 발급받은 경우 구 병역법 제86조 사위행위의 실행에 착수하였다.
㉤ 허위의 채권을 피보전권리로 삼아 가압류를 한 경우 그 채권에관하여 현실적으로 청구의 의사표시를 한 것이라고 볼 수있으므로, 본안소송을 제기하지 아니한 채 가압류를 한 경우에도 사기죄의 실행에 착수하였다.

① 0개 ② 1개
③ 2개 ④ 3개

11

공동정범에 대한 설명 중 가장 적절한 것은? (다툼이 있는경우 판례에 의함)

① 공동가공의 의사는 법률상 어떤 정형을 요구하는 것이 아니므로 행위자 일방의 가공의사만으로도 공동정범 관계가 성립할 수 있다.
② 공동정범이 성립하기 위하여는 반드시 공범자간에 사전에 모의가 있어야 하는 것은 아니며, 우연히 만난 자리에서 서로 협력하여 공동의 범의를 실현하려는 의사가 암묵적으로 상통하여 범행에 공동가공하더라도 공동정범은 성립된다.
③ 회사직원이 영업비밀을 경쟁업체에 유출하거나 스스로의 이익을 위하여 이용할 목적으로 무단으로 반출한 때 업무상배임죄의 기수에 이르렀으며, 그 이후에 위 직원과 접촉하여 영업비밀을 취득하려고 한 자는 업무상배임죄의 공동정범이 된다.
④ 포괄일죄의 범행 도중에 공동정범으로 범행에 가담한 자가 그 범행에 가담할 때에 이미 이루어진 종전의 범행을 알았다면 가담 이후의 범행뿐만 아니라 가담 이전의 범행에 대하여도 공동정범으로 책임을 진다.

12

공범에 관한 설명으로 가장 적절하지 않은 것은?(다툼이 있는 경우 판례에 의함)

① 교사자의 교사행위에도 불구하고 피교사자가 범행을 승낙하지 아니하거나 피교사자의 범행결의가 교사자의 교사행위에 의하여 생긴 것으로 보기 어려운 경우에는 이른바 실패한 교사로서 형법 제31조 제3항에 의하여 교사자를 음모 또는 예비에 준하여 처벌할 수 있을 뿐이다.
② 방조범은 정범의 실행행위를 방조한다는 '방조의 고의'와 정범의 행위가 구성요건에 해당하는 행위인 점에 대한 '정범의 고의'를 갖추어야 하며, 목적범의 경우 정범의 목적에 대한 구체적 내용까지 인식할 것을 요한다.
③ 교사범의 교사가 정범이 죄를 범한 유일한 조건일 필요는 없으므로, 교사행위에 의하여 정범이 실행을 결의하게된 이상 비록 정범에게 범죄의 습벽이 있어 그 습벽과 함께 교사행위가 원인이 되어 정범이 범죄를 실행한 경우에도 교사범의 성립에 영향이 없다.
④ 방조자의 인식과 정범의 실행 간에 착오가 있고 양자의 구성요건을 달리한 경우에는 원칙적으로 방조자의 고의는 조각되는 것이나 그 구성요건이 중첩되는 부분이 있는 경우에는 그 중복되는 한도 내에서는 방조자의 죄책을 인정하여야 할 것이다.

13

다음 중 죄수에 관한 설명으로 적절하지 않은 것은 모두 몇 개인가?(다툼이 있으면 판례에 의함)

㉠ 사기죄에 있어 동일한 피해자에 대하여 수회에 걸쳐 기망행위를 하여 금원을 편취한 경우 범의가 단일하고 범행방법이 동일하다면 사기죄의 포괄1죄만이 성립한다고 할 것이나, 범의의 단일성과 계속성이 인정되지 아니하거나 범행방법이 동일하지 않은 경우에는 각 범행은 실체적 경합범에 해당한다.
㉡ 같은 날 무면허운전 행위를 여러 차례 반복한 경우라도 그 범의의 단일성 내지 계속성이 인정되지 않거나 범행 방법 등이 동일하지 않은 경우 각 무면허운전 범행은 실체적 경합 관계에 있다고 볼 수 있으나, 각 무면허운전 행위는 동일 죄명에 해당하는 수 개의 동종 행위가 동일한 의사에 의하여 반복되거나 접속·연속하여 행하여진 것으로 봄이 상당하고 그로 인한 피해법익도 동일한 이상 각 무면허운전 행위를 통틀어 포괄일죄로 처단하여야 한다.
㉢ 피고인이 빌라 내 지하주차장에서 피해자 소유의 승합차의 조수석 문을 열고 안으로 들어가 공구함을 뒤지던 중 위 차에 설치된 도난경보장치의 경보음을 듣고 달려 온 피해자의 신고를 받고 출동한 A·B 경찰관이 자신을 붙잡으려고 하자 체포를 면탈할 목적으로 팔꿈치로 A의 얼굴을 1회 쳐 폭행하고 발로 B의 정강이를 1회 걷어 차 B에게 상해를 가한 경우, A에 대하여는 준강도죄를, B에 대하여는 강도상해죄를 따로 인정한 후 이를 실체적 경합범으로 보아야 한다.
㉣ 수회에 걸쳐 저작권법 제136조 제1항의 죄를 범한 것이 상습성의 발현에 따른 것이라고 하더라도, 이는 원칙적으로 경합범으로 보아야 하는 것이지 하나의 죄로 처단되는 상습범으로 볼 것은 아니다.
㉤ 강도범인이 체포를 면탈할 목적으로 경찰관에게 폭행을 가한 때에는 강도죄와 공무집행방해죄는 상상적 경합관계에 있고 실체적 경합관계에 있는 것이 아니다.

① 1개 ② 2개
③ 3개 ④ 4개

14
다음 중 집행유예에 관한 설명으로 가장 적절한 것은?

① 집행유예의 선고를 받은 자가 유예기간 중 고의로 범한 죄로 금고 이상의 실형을 선고받아 그 판결이 확정된 때에는 집행유예의 선고를 취소한다.
② 집행유예의 선고를 받은 후 제62조단행의 사유가 발각된 때(금고 이상의 형을 선고한 판결이 확정된 때부터 그 집행을 종료하거나 면제된 후 3년이 경과하지 않은 경우)에는 형의 선고는 효력을 잃는다.
③ 형의 집행유예를 선고하면서 보호관찰이나 사회봉사 또는 수강을 명한 집행유예를 받은 자가 준수사항이나 명령을 위반하고 그 정도가 무거운 때에는 집행유예의 선고를 취소한다.
④ 3년 이하의 징역이나 금고 또는 500만원 이하의 벌금의 형을 선고할 경우에 형법 제51조의 사항을 참작하여 그 정상에 참작할 만한 사유가 있는 때에는 1년 이상 5년 이하의 기간 형의 집행을 유예할 수 있다.

15
다음 중 상해와 관련한 설명으로 적절하지 않은 것은 모두 몇 개인가?(다툼이 있으면 판례에 의함)

㉠ 갑은 을에게 약 2시간 동안 계속하여 회칼로 죽여버리겠다거나 소주병을 깨어 찌를 듯한 태도를 보이면서 협박하다가 손바닥으로 을의 얼굴과 목덜미를 수회때리자, 을은 극도의 공포감을 이기지 못하고 기절했다가 한참 후에 정신을 차린 경우, 상해죄 이외에 협박죄가 따로 성립한다.
㉡ 강제추행 과정에서 가슴부 찰과상 등을 입었으나 찰과상이 별도의 치료를 받지 않더라도 일상생활을 하는 데 아무런 지장이 없고 시일이 경과함에 따라 자연적으로 치유되었다면 강제추행치상죄의 상해에 해당하지 않는다.
㉢ 피고인은 아무런 이유없이 술에 취하여 오토바이를 운행하여 지나가던 운전자를 밀친 다음 항의하자 폭행하여 피해자에게 상해를 가한 경우, 형법 제257조의 상해죄에 해당하는 것이 아니라 특정범죄가중처벌 등에 관한 법률(약칭 '특정범죄가중법'이라 한다) 제5조의10 제2항(운전자폭행등)에 해당한다.
㉣ 피고인이 갑의 뺨을 1회 때리고 오른손으로 목을 쳐 갑으로 하여금 뒤로 넘어지면서 머리를 땅바닥에 부딪치게 하여 상해를 가하고 그로 인해 사망에 이르게 한 경우, 갑이 두부 손상을 입은 후 병원에서 입원치료를 받다가 합병증으로 사망에 이르게 되었다면 피고인의 범행과 갑의 사망 사이에 인과관계를 부정할 수 없고, 사망 결과에 대한 예견가능성이 있으므로 상해치사죄가 성립한다.
㉤ 피해자를 강간하려다가 미수에 그치고 그 과정에서 피해자에게 경부 및 전흉부 피하출혈, 통증으로 약 7일 간의 가료를 요하는 상처가 발생한 경우, 강간치상죄의 상해에 해당한다.

① 0개 ② 1개
③ 2개 ④ 3개

16
다음 중 협박죄에 해당하는 것은 모두 몇 개인가?
(다툼이 있으면 판례에 의함)

㉠ 갑은 을의 집으로 전화를 하여 을에게 "사회에 매장시키겠다." "강도 같은 년, 표절가수다." 라고 하는 등 일주일에 4 내지 5일 정도, 하루에 수십 회 반복하여 폭언을 하면서 욕설을 하였고, 乙의 집 자동응답전화기에도 욕설과 폭언을 수회에 걸쳐 녹음한 경우
㉡ 피고인들을 비롯한 직원들의 임금이 체불되고 사무실 임대료를 내지 못할 정도로 재정 상태가 좋지 않는 등의 이유로 이 사건 회사의 경영상황이 우려되고 대표이사 겸 최대주주인 甲의 경영능력이 의심받던 상황에서, 직접적 이해당사자인 피고인들이 동료 직원들과 함께 甲을 만나 '사임제안서'를 전달한 경우
㉢ 정보보안과 소속 경찰관이 자신의 지위를 내세우면서 타인의 민사분쟁에 개입하여 빨리 채무를 변제하지 않으면 상부에 보고하여 문제를 삼겠다고 말한 경우
㉣ 동생이 누나집에서 온몸에 연소성이 놓은 고무놀을 바르고 라이터불을 켜는 동작을 하면서 "방에 불을 지르겠다," "가족을 전부 죽여버리겠다"고 말한 경우
㉤ 갑은 자신의 동거남과 성관계를 가진 바 있던 을에게 "사람을 사서 쥐도 새도 모르게 파묻어버리겠다. 너까지 것 쉽게 죽일 수 있다"라고 말한 경우

① 1개 ② 2개
③ 3개 ④ 4개

17

미성년자 약취·유인죄에 관한 다음 설명 중 가장 적절하지 않은 것은?(다툼이 있으면 판례에 의함)

① 미성년의 자녀를 부모가 함께 동거하면서 보호·양육하여 오던 중 부모의 일방이 상대방 부모나 그 자녀에게 어떠한 폭행, 협박이나 불법적인 사실상의 힘을 행사함이 없이 그 자녀를 데리고 종전의 거소를 벗어나 다른 곳으로 옮겨 자녀에 대한 보호·양육을 계속하였다면, 형법상 미성년자에 대한 약취죄의 성립을 인정할 수는 없다.

② 술에 만취한 피고인이 초등학교 5학년 여학생의 소매를 잡아끌면서 "우리 집에 같이 자러 가자"고 한 행위는 형법 제288조의 간음목적 약취행위의 수단인 '폭행'에 해당한다.

③ 피고인과 갑은 각각 한국과 프랑스에서 따로 살며 이혼소송 중인 부부로서 자녀인 피해아동 을(만 5세)은 프랑스에서 갑과 함께 생활하였는데, 피고인이 을을 면접교섭하기 위하여 그를 보호·양육하던 갑으로부터 을을 인계받아 국내로 데려온 후 면접교섭 기간이 종료하였음에도 을을 데려다주지 아니한 채 갑과 연락을 두절한 후 법원의 유아인도명령 등에도 불응한 경우, 피고인의 행위가 미성년자약취죄의 약취행위에 해당한다.

④ 미성년자 혼자 머무는 주거에 침입하여 강도 범행을 하는 과정에서 미성년자와 그 부모에게 폭행·협박을 가하여 일시적으로나마 미성년자가 부모와의 보호관계가 사실상 침해·배제되었다면 형법 제287조의 미성년자약취죄가 성립한다.

18

강간과 추행의 죄에 대한 설명 중 옳지 않은 것은 모두 몇 개인가? (다툼이 있는 경우 판례에 의함)

㉠ 강제추행죄는 폭행행위 자체가 추행행위라고 인정되는 경우도 포함하며, 이 경우의 폭행은 반드시 상대방의 의사를 억압할 정도의 것임을 요하지 아니한다.

㉡ 부부의 혼인관계가 파탄에 이르지 아니하고 실질적으로 유지되고 있다면 설령 부부 중 일방이 반항을 불가능하게 하거나 현저히 곤란하게 할 정도의 폭행이나 협박을 가하여 상대방을 간음한 경우라도 강간죄가 성립하지 아니한다.

㉢ 「형법」 제32장 강간과 추행의 죄는 개인의 성적 자유를 침해하는 것을 내용으로 하며, 여기에서 '성적 자유'는 적극적으로 성행위를 할 수 있는 자유뿐만 아니라 소극적으로 원치 않는 성행위를 하지 아니할 자유를 말한다.

㉣ 비록 간음행위를 시작할 때 폭행 또는 협박이 없었다고 하더라도 간음행위와 거의 동시 또는 그 직후에 피해자를 폭행하여 간음한 경우에는 강간죄를 구성한다.

㉤ 甲이 A가 심신상실 또는 항거불능의 상태에 있다고 인식하고 그러한 상태를 이용하여 간음할 의사로 A를 간음하였으나 A가 실제로는 심신상실 또는 항거불능 상태에 있지 않았던 경우, 甲에게는 준강간죄의 장애미수가 성립한다.

① 2개　　② 3개
③ 4개　　④ 5개

19

주거침입죄에 관한 다음 설명 중 옳지 않은 것은 모두 몇 개인가?(다툼이 있으면 판례에 의함)

㉠ 마트산업노동조합 간부와 조합원인 피고인들이 공동하여, 대형마트 지점에 방문한 대표이사 등에게 해고와 전보 인사발령에 항의하기 위하여 지점장 갑의 의사에 반하여 정문을 통해 지점 2층 매장으로 들어간 경우, 건조물침입죄에서 규정하는 침입행위에 해당하지 않는다.

㉡ 피해자 소유의 축사 건물 및 그 부지를 임의경매절차에서 매수한 피고인이 위 부지 밖에 설치된 피해자 소유 소독시설을 통로로 삼아 위 축사건물에 출입한 경우, 건조물침입죄가 성립하지 않는다.

㉢ 사용자의 직장폐쇄가 정당한 쟁의행위로 인정되지 아니하는 경우 다른 특별한 사정이 없는 한 근로자가 평소 출입이 허용되는 사업장 안에 들어가는 행위는 주거침입죄를 구성하지 아니한다.

㉣ 다른 사람의 주택에 무단 침입한 범죄사실로 이미 유죄판결을 받은 사람이 그 판결이 확정된 후에도 퇴거하지 않은 채 계속하여 당해 주택에 거주한 경우, 위 판결 확정 이후의 행위는 별도의 주거침입죄를 구성한다.

① 0개　　② 1개
③ 2개　　④ 3개

20

사기죄에 대한 다음 설명으로 옳지 않은 것은 모두 몇 개인가? (다툼이 있으면 판례에 의함)

> ㉠ 송금의뢰인과 수취인 사이에 계좌이체 등의 원인이 되는 법률관계가 존재하지 않음에도 계좌이체에 의하여 수취인이 이체금액 상당의 예금채권을 취득한 경우, 수취인이 은행에 예금반환을 청구하여 지급받는 행위는 은행을 피해자로 한 사기죄에 해당한다.
> ㉡ 배당이의 소송의 제1심에서 패소판결을 받고 항소한 자가 그 항소를 취하하는 것만으로는 사기죄에서 말하는 재산적 처분행위가 있다고 할 수 없다.
> ㉢ 무속인이 아닌 피고인이 피해자에게 '피해자의 처가 정신분열병에 걸린 것은 귀신이 들린 것이니 피고인이 기도를 하여 낫게 해줄 수 있다', '피해자의 아들에 액운이 있으니 피고인이 골프공에 피해자의 아들 이름을 적어 골프채로 쳐서 액운을 몰아내야 한다', '피해자의 딸과 가족들에게 귀신이 씌었다'는 등의 말을 하며 돈을 요구하여 피해자로부터 기도비와 차용금 명목으로 돈을 교부받은 경우, 전통적인 관습 또는 종교행위로서 사기죄에 해당한다고 볼 수 없다.
> ㉣ 적법하게 개설되지 아니한 의료기관의 실질 개설·운영자가 적법하게 개설된 의료기관인 것처럼 의료급여비용의 지급을 청구하여 이에 속은 국민건강보험공단으로부터 의료급여비용 명목의 금원을 지급받아 편취한 경우, 피해자를 개별 지방자치단체가 아닌 국민건강보험공단으로 보아야 한다.
> ㉤ 자동차의 명의수탁자가 명의신탁 사실을 고지하지 않고, 나아가 자신 소유라는 말을 하면서 자동차를 제3자에게 매도하고 이전등록까지 마쳐 주었다고 하더라도, 매수인에 대한 관계에서 사기죄가 성립하지 않는다.

① 1개 ② 2개
③ 3개 ④ 4개

21

재산범죄에 관한 설명으로 옳은 것은 모두 몇 개인가?(다툼이 있는 경우 판례에 의함)

> ㉠ 건물의 임차인 甲이 임대인 A에 대한 임대차 보증금반환채권을 B에게 양도하고, 이를 A에게 통지하지 않고, A로부터 남아있던 임대차보증금을 반환받아 甲이 소비한 경우 횡령죄가 성립하지 않는다.
> ㉡ 직무발명에 대한 권리를 사용자 등에게 승계한다는 취지를 정한 약정 또는 근무규정의 적용을 받는 종업원 등이 직무발명의 완성 사실을 사용자 등에게 통지하지 아니한 채 그에 대한 특허를 받을 수 있는 권리를 제3자에게 이중으로 양도하여 제3자가 특허권 등록까지 마치도록 하는 등으로 발명의 내용이 공개되도록 한 경우, 배임죄가 성립한다.
> ㉢ 채무자가 본인 소유의 동산을 채권자에게 「동산·채권 등의 담보에 관한 법률」에 따른 동산담보로 제공한 경우, 채무자가 담보물을 제3자에게 처분하는 등으로 담보가치를 감소 또는 상실시켜 채권자의 담보권 실행이나 이를 통한 채권실현에 위험을 초래하더라도 배임죄는 성립하지 않는다.
> ㉣ 甲이 범죄수익 등의 은닉을 위해 乙로부터 교부받은 무기명 양도성예금증서를 현금으로 교환하여 임의로 소비하였다면 횡령죄가 성립한다.
> ㉤ 갑은 지상 5층 신축건물의 소유자이고, 병은 나중에 이 건물 및 부지를 매입하기 위하여 갑이 필요한 자금인 7억 원을 대납 조건으로 이 건물 5층에서 약 2개월 동안 병을 포함한 가족들과 함께 임시로 거주하고 있었다. 갑은 병에게 위 돈이 입금되지 않았다면서 퇴거를 요구하였으나 받아들여지지 않자, 병의 가족을 내쫓을 목적으로 자신의 아들인 을에게 이 건물 5층 현관문에 설치된 디지털 도어락의 비밀번호를 변경할 것을 지시하였고, 을은 갑의 지시에 따라 도어락의 비밀번호를 변경한 경우, 을은 권리행사방해죄가 인정되고 갑은 권리행사방해죄의 교사죄가 성립할 수 있다.

① 1개 ② 2개
③ 3개 ④ 4개

22

다음은 명의신탁된 부동산을 처분한 경우이다. 수탁자의 처분행위를 횡령죄로 처벌할 수 없는 것은 모두 몇 개인가?(다툼이 있는 경우 판례에 의함)

> ㉠ 부동산 실권리자명의 등기에 관한 법률에 위반한 이른바 양자간 명의신탁에서 명의수탁자가 신탁부동산을 임의로 처분한 경우
> ㉡ 명의신탁자가 매수한 부동산에 관하여 부동산 실권리자명의 등기에 관한 법률을 위반하여 명의수탁자와 맺은 명의신탁약정에 따라 매도인에게서 바로 명의수탁자 명의로 소유권이전등기를 마친 이른바 중간생략등기형 명의신탁을 한 경우, 명의수탁자가 신탁받은 부동산을 임의로 처분한 경우
> ㉢ 신탁자와 수탁자가 명의신탁 약정을 맺고, 이에 따라 수탁자가 당사자가 되어 명의신탁 약정이 있다는 사실을 알지 못하는 소유자와 사이에서 부동산에 관한 매매계약을 체결한 후 그 매매계약에 기하여 당해 부동산의 소유권이전등기를 수탁자 명의로 경료한 수탁자가 그 부동산을 처분한 경우
> ㉣ 명의신탁자와 명의수탁자가 이른바 계약명의신탁 약정을 맺고 명의수탁자가 당사자가 되어 명의신탁 약정이 있다는 사실을 알고 있는 소유자와 부동산에 관한 매매계약을 체결한 후 매매계약에 따라 부동산의 소유권이전등기를 명의수탁자 명의로 경료한 후 수탁자가 임의로 그 부동산을 처분한 경우
> ㉤ 구분소유하고 있는 특정 구분 부분별로 독립한 필지로 분할되어 상호명의신탁 관계에 있는 공유자 1인이 타인의 지분에 대하여 채권최고액 6억 원으로 하는 근저당권설정등기를 경료해 준 경우(타인의 공유지분에 대한 처분행위를 한 경우)

① 2개 ② 3개
③ 4개 ④ 5개

23

배임죄와 배임수증죄에 대한 다음 설명 중 가장 적절하지 않은 것은?(다툼이 있으면 판례에 의함)

① 금융기관의 임직원은 예금주와의 사이에서 그의 재산관리에 관한 사무를 처리하는 자의 지위에 있다고 할 수 없으므로, 임의로 예금주의 예금계좌에서 5,000만 원을 인출한 금융기관의 임직원에게는 업무상배임죄가 성립하지 않는다.
② A주식회사의 대표청산인 갑이 처리하던 채무의 변제, 재산의 환가처분등 회사의 청산업무는 청산인으로서의 갑 자신의 사무 또는 A회사의 업무에 속하는 것이지 위 회사의 채권자들에 대한 관계에 있어 직접 그들의 사무를 처리하는 자가 아니므로, 갑이 A회사의 부동산에 관하여 을에게 소유권이전등기를 마쳐준 경우, 갑은 A회사의 채권자인 병에 대하여 배임죄가 성립되지 않는다.
③ 피고인 갑은 피해자 A주식회사의 과장으로 재직하면서 생산, A/S, 장비설치 등의 업무를 담당했던 사람이다. 갑이 경쟁업체 또는 스스로의 이익을 위하여 이용할 의사로 A회사가 개발한 치과용 투시장비의 정보 또는 자료를 무단으로 자신의 웹하드에 업로드하는 방법으로 가지고 나온 경우, 업무상배임죄가 성립하지 아니한다.
④ 형법 제357조 제1항인 배임수재죄는 타인의 사무를 처리하는 자가 그 임무에 관하여 부정한 청탁을 받고 재물 또는 재산상의 이익을 취득하거나 제3자로 하여금 이를 취득하게 함으로써 성립하는 범죄이다. A신문사 기자인 갑은 광고주 을로부터 홍보성 기사를 작성해 달라는 부정한 청탁을 받고 갑 자신이 재산상 이익을 취득한 것이 아니라 그가 소속한 A신문사 계좌로 금원을 입금 받은 행위는 배임수재죄에 해당한다.

24

장물죄에 관한 설명으로 가장 적절하지 않은 것은?(다툼이 있으면 판례에 의함)

① 장물인 귀금속의 매도를 부탁받은 피고인이 그 귀금속이 장물임을 알면서도 매매를 중개하고 매수인에게 이를 전달하려다가 매수인을 만나기도 전에 체포되었다 하더라도, 위 귀금속의 매매를 중개함으로써 장물알선죄가 성립한다.
② 단순히 보수를 받고 본범을 위하여 장물을 일시 사용하거나 그와 같이 사용할 목적으로 장물을 건네받은 것만으로는 장물을 취득한 것으로 볼 수 없다.
③ 본범의 행위에 관한 법적 평가는 그 행위에 대하여 우리 형법이 적용되지 아니하는 경우에도 우리 형법을 기준으로 하여야 하고 또한 이로써 충분하므로, 본범의 행위가 우리 형법에 비추어 절도죄 등의 구성요건에 해당하는 위법한 행위라고 인정되는 이상 이에 의하여 영득된 재물은 장물에 해당한다.
④ 대표이사 甲이 회사 자금으로 乙에게 주식매각 대금조로 금원을 지급한 경우, 그 금원은 단순히 횡령 행위에 제공된 물건으로 장물에 해당하지 않는다.

25

범죄단체 등 조직죄에 대한 설명 중 가장 적절하지 않은 것은?(다툼이 있는 경우 판례에 의함)

① 피고인 갑은 무등록 중고차 매매상사(외부사무실)를 운영하면서 피해자들을 기망하여 중고차량을 불법으로 판매해 금원을 편취할 목적으로 외부사무실 등을 차려놓고 위 외부사무실은 특정 다수인이 사기범행을 수행한다는 공동목적 아래 구성원들이 대표, 팀장, 출동조, 전화상담원 등 정해진 역할분담에 따라 행동한 경우, 이는 내부의 위계질서가 유지되고 조직원의 역할 분담이 이루어지는 최소한의 통솔체계를 갖춘 형법상의 범죄단체에 해당한다.
② 피고인들이 소매치기를 범할 목적으로 그 실행행위를 분담하기로 약정한 경우에 형법 제114조에서 정한 '범죄를 목적으로 하는 단체'로 인정되기 위해서는 계속적인 결합체로서 그단체를 주도하거나 내부의 질서를 유지하는 최소한의 통솔체계를 갖추어야 한다.
③ 형법 제114조에서 정한 '범죄를 목적으로 하는 집단'으로 인정되기 위해서는 최소한의 통솔체계를 갖출 필요는 없으나, 범죄의 계획과 실행을 용이하게 할 정도의 조직적 구조를 갖추어야 한다.
④ 사기범죄를 목적으로 구성된 다수인의 계속적인 결합체로서 총책을 중심으로 간부급 조직원들과 상담원들, 현금인출책등으로 구성되어 내부의 위계질서가 유지되고 조직원의 역할분담이 이루어지는 최소한의 통솔체계를 갖추고 있는 보이스피싱 사기조직은 형법상 범죄단체에 해당한다.

26

다음 설명 중 가장 적절한 것은?(다툼이 있으면 판례에 의함)

① 주식회사의 지배인이 자신을 그 회사의 대표이사로 표시하여 연대보증채무를 부담하는 취지의 회사 명의의 차용증을 작성·교부한 경우, 그 문서에 일부 허위내용이 포함되거나 위 연대보증행위가 회사의 이익에 반하는 것이더라도 사문서위조 및 위조사문서행사에 해당하지 않는다.
② 공무원이 여러 차례의 출장반복의 번거로움을 회피하고 민원사무를 신속히 처리한다는 방침에 따라 사전에 출장조사한 다음 출장조사 내용이 변동없다는 확신하에 출장복명서를 작성하고 다만 그 출장일자를 작성일자로 기재한 경우 허위공문서작성죄가 성립한다.
③ 휴대전화 가입신청서를 위조한 후 이를 스캔한 이미지 파일을 제3자에게 이메일로 전송하여 컴퓨터 화면상으로 보게 한 경우, 이미지 파일은 '문서'에 해당하지 않으므로 위조사문서행사죄가 성립하지 않는다.
④ 권한 없는 자가 임의로 인감증명서의 사용용도란에 나오는 기재사항을 고쳐 쓴 경우에는 공문서변조죄가 성립한다.

27

직권남용권리행사방해죄에 대한 설명 중 가장 적절하지 않은 것은?(다툼이 있으면 판례에 의함)

① 직권남용권리행사방해죄는 공무원이 직권을 남용하여 사람으로 하여금 의무없는 일을 하게 하거나 사람의 권리행사를 방해한 때에 성립하는 범죄이다. '권리'는 법률에 명기된 권리에 한하지 않고 법령상 보호되어야 할 이익이면 족한 것으로서, 공법상의 권리인지 사법상의 권리인지를 묻지 않는다.

② '직권남용'이란 공무원이 그의 일반적 권한에 속하는 사항에 관하여 그것을 불법하게 행사하는 것, 즉 형식적·외형적으로는 직무집행으로 보이나 그 실질적으로는 정당한 권한 이외의 행위를 하는 경우를 의미하고, 공무원이 그의 일반적 권한에 속하지 않는 행위를 하는 경우인 지위를 이용한 불법행위와는 구별된다.

③ 지방자치단체의 장이 미리 승진후보자명부상 후보자들 중에서 승진대상자를 실질적으로 결정한 다음, 그 내용을 인사위원회 간사, 서기 등을 통해 인사위원회 위원들에게 '승진대상자 추천'이라는 명목으로 제시하여 인사위원회로 하여금 자신이 특정한 후보자들을 승진대상자로 의결하도록 유도하는 행위는 직권남용권리행사방해죄의 구성요건인 '직권의 남용' 및 '의무 없는 일을 하게 한 경우'로 볼 수 없다.

④ '권리행사를 방해한다' 함은 법령상 행사할 수 있는 권리의 정당한 행사를 방해하는 것을 말한다고 할 것이며, 현실적으로 권리행사의 방해라는 결과가 발생하지 아니하였더라도 본죄의 기수를 인정할 수 있다.

28

공무집행방해죄에 대한 설명으로 옳은 것은?(다툼이 있으면 판례에 의함)

① 공무집행방해죄의 폭행은 사람에 대한 유형력의 행사이고 이는 반드시 신체에 대한 것임을 요하며, 본죄에서 '직무를 집행하는'이란 공무원이 직무수행에 직접 필요한 행위를 현실적으로 행하고 있는 때만을 가리킨다.

② 지방경찰청 민원실에서 민원인들이 진정사건의 처리와 관련하여 지방경찰청장과의 면담 등을 요구하면서 이를 제지하는 경찰관들에게 큰소리로 욕설을 하고 행패를 부린 행위는 업무방해죄가 성립한다.

③ 위계에 의한 공무집행방해죄에서 '공무원의 직무집행'이란 법령의 위임에 따른 공무원의 적법한 직무집행으로서 공권력을 내용으로 하는 권력적 작용에 한정하므로, 사경제주체로서의 활동을 비롯한 비권력적 작용은 포함하지 아니한다.

④ 추상적인 권한에 속하는 공무원의 어떠한 공무집행이 적법한지는 행위 당시의 구체적 상황에 기초를 두고 객관적·합리적으로 판단해야 하고, 사후적으로 순수한 객관적 기준에서 판단할 것은 아니다.

29

고소와 관련한 다음 설명 중 가장 적절하지 않은 것은? (다툼이 있으면 판례에 의함)

① 구술에 의한 고소를 받은 검사 또는 사법경찰관은 조서를 작성하여야 하지만 그 조서가 독립된 조서일 필요는 없으며, 수사기관이 고소권자를 증인 또는 피해자로서 신문한 경우에 그 진술에 범인의 처벌을 요구하는 의사표시가 포함되어 있고 그 의사표시가 조서에 기재되면 고소는 적법하다.

② 고소권자가 비친고죄로 고소한 사건을 검사가 친고죄로 구성하여 공소를 제기하였다면 공소장 변경절차를 거쳐 공소사실이 비친고죄로 변경되지 아니하는 한, 법원으로서는 친고죄에서 소송조건이 되는 고소가 유효하게 존재하는지를 직권으로 조사·심리하여야 하고, 만일 그 공소사실에 대하여 피고인과 공범관계에 있는 자에 대한 적법한 고소취소가 있다면 그 고소취소의 효력은 피고인에 대하여도 미친다.

③ 제233조에서 고소와 고소취소의 불가분에 관한 규정을 함에 있어서는 반의사불벌죄에 이를 준용하는 규정을 두지 아니한 것은 처벌을 희망하지 아니하는 의사표시나 처벌을 희망하는 의사표시의 철회에 관하여 친고죄와는 달리 공범자간에 불가분의 원칙을 적용하지 아니하고자 함에 있다고 볼 것이지, 입법의 불비로 볼 것은 아니다.

④ 형사소송법 제230조 제1항 규정에서 범인을 알게 된다 함은 통상인의 입장에서 보아 고소권자가 고소를 할 수 있을 정도로 범죄사실과 범인을 아는 것을 의미하고, 여기서 범죄사실을 안다는 것은 고소권자가 친고죄에 해당하는 범죄의 피해가 있었다는 사실관계에 관하여 미필적 인식이 있음을 말한다.

30

수사에 대한 설명으로 가장 적절하지 않은 것은?(다툼이 있는 경우 판례에 의함)

① 수사기관이 범죄를 수사함에 있어 현재 범행이 행하여지고 있거나 행하여진 직후이고, 증거보전의 필요성 및 긴급성이 있으며, 일반적으로 허용되는 상당한 방법에 의하여 촬영을 한 경우라면 위 촬영이 영장 없이 이루어졌다 하여 이를 위법하다고 단정할 수 없다.

② 수사관이 동행에 앞서 피의자에게 동행을 거부할 수 있음을 알려 주었거나 동행한 피의자가 언제든지 자유로이 동행과정에서 이탈 또는 동행장소에서 퇴거할 수 있었음이 인정되는 등 오로지 피의자의 자발적인 의사에 의하여 수사관서 등에 동행이 이루어졌다는 것이 객관적인 사정에 의하여 명백하게 입증된 경우에 한하여, 동행의 적법성이 인정된다.

③ 무인장비에 의한 제한속도 위반차량 단속은 도로교통법령에 따라 정해진 제한속도를 위반하여 차량을 주행하는 범죄가 현재 행하여지고 있고, 그 범죄의 성질·태양으로 보아 긴급하게 증거보전을 할 필요가 있는 상태에서 일반적으로 허용되는 한도를 넘지 않는 상당한 방법에 의한 것이라고 판단되므로, 이를 통하여 운전 차량의 차량번호 등을 촬영한 사진을 두고 위법하게 수집된 증거로서 증거능력이 없다고 말할 수 없다.

④ 경찰관은 당시 피고인의 정신 상태, 신체에 있는 주사바늘 자국, 알콜솜 휴대, 전과 등을 근거로 피고인의 마약류 투약 혐의가 상당하다고 판단하여 경찰서로 임의동행을 요구하였고, 동행장소인 경찰서에서 피고인에게 마약류 투약 혐의를 밝힐 수 있는 소변과 모발의 임의제출을 요구한 사안에서, 피고인에 대한 임의동행은 마약류 투약 혐의에 대한 수사를 위한 형사소송법 제199조 제1항에 따른 임의동행에 해당하는 것이 아니라 경찰관 직무집행법 제3조 제2항에 따른 임의동행인 것이다.

31

진술거부권에 대한 설명으로 옳지 않은 것은 모두 몇 개인가? (다툼이 있는 경우 판례에 의함)

㉠ 검사 또는 사법경찰관은 피의자를 신문하기 전에 1. 일체의 진술을 하지 아니하거나 개개의 질문에 대하여 진술을 하지 아니할 수 있다는 것 2. 진술을 하지 아니하더라도 불이익을 받지 아니한다는 것 3. 진술을 거부할 권리를 포기하고 행한 진술은 법정에서 유죄의 증거로 사용될 수 있다는 것 4. 신문을 받을 때에는 변호인을 참여하게 하는 등 변호인의 조력을 받을 수 있다는 것을 알려주어야 한다.

㉡ 검사 또는 사법경찰관은 진술거부권을 알려 준 때에는 피의자가 진술을 거부할 권리와 변호인의 조력을 받을 권리를 행사할 것인지의 여부를 질문하고, 이에 대한 피의자의 답변을 조서에 기재하여야 한다. 이 경우 피의자의 답변은 피의자로 하여금 자필로 기재하게 하거나 검사 또는 사법경찰관이 피의자의 답변을 기재한 부분에 기명날인 또는 서명하게 하여야 한다.

㉢ 비록 사법경찰관이 피의자에게 진술거부권을 행사할 수 있음을 알려 주고 그 행사 여부를 질문하였다 하더라도, 형사소송법 제244조의3 제2항에 규정한 방식에 위반하여 진술거부권 행사 여부에 대한 피의자의 답변이 자필로 기재되어 있지 아니하거나 그 답변 부분에 피의자의 기명날인 또는 서명이 되어 있지 아니한 사법경찰관 작성의 피의자신문조서는 특별한 사정이 없는 한 형사소송법 제312조 제3항에서 정한 '적법한 절차와 방식'에 따라 작성된 조서라 할 수 없으므로 그 증거능력을 인정할 수 없다.

㉣ 진술거부권이 보장되는 절차에서 진술거부권을 고지받을 권리는 진술거부권을 국민의 기본적 권리로 보장하고 있는 헌법 제12조 제2항에 의하여 바로 도출된다.

① 1개
② 2개
③ 3개
④ 4개

32

「검사와 사법경찰관의 상호협력과 일반적 수사준칙에 관한 규정」에 따른 피의자의 체포와 석방와 관련한 설명 중 적절하지 않은 것은 모두 몇 개인가?

> ㉠ 사법경찰관은 긴급체포 후 원칙적으로 12시간 내에 검사에게 긴급체포의 승인을 요청해야 한다.
>
> ㉡ 사법경찰관은 피의자중지 또는 기소중지 결정이 된 피의자를 소속 경찰관서가 위치하는 시·도 외의 지역(타 시·도)에서 긴급체포한 경우와「해양경비법」제2조 제2호에 따른 경비수역에서 긴급체포한 경우에는 예외적으로 긴급체포 후 24시간 이내에 긴급체포의 승인을 요청해야 한다.
>
> ㉢ 사법경찰관이 긴급체포의 승인을 요청할 때에는 범죄사실의 요지, 긴급체포의 일시·장소, 긴급체포의 사유, 체포를 계속해야 하는 사유 등을 적은 긴급체포 승인요청서로 반드시 요청해야 한다.
>
> ㉣ 검사 또는 사법경찰관은 영장에 의한 체포 또는 긴급체포에 따라 구속영장을 청구하거나 신청하지 않고 체포 또는 긴급체포한 피의자를 석방하려는 때에는 피의자 석방서를 작성해야 한다. 다만, 사법경찰관이 구속영장의 청구를 신청하였으나 검사가 그 신청을 기각하여 피의자를 석방하는 경우에는 피의자 석방서를 작성할 필요가 없다.
>
> ㉤ 사법경찰관은 위 ㉣에 따라 피의자를 석방한 경우, 체포한 피의자를 석방한 때에는 지체 없이 검사에게 석방사실을 통보하고, 그 통보서 사본을 사건기록에 편철한다. 또한 긴급체포한 피의자를 석방한 때에는 즉시 검사에게 석방 사실을 보고하고, 그 보고서 사본을 사건기록에 편철한다.

① 1개 ② 2개
③ 3개 ④ 4개

33

접견교통권에 대한 설명으로 가장 적절하지 않은 것은?(다툼이 있는 경우 판례에 의함)

① 변호인의 접견교통 상대방인 신체구속을 당한 사람이 그 변호인을 자신의 범죄행위에 공범으로 가담시키려고 하였다는 등의 사정만으로 그 변호인의 신체구속을 당한 사람과의 접견교통을 금지하는 것이 정당화될 수는 없다.

② 변호인이 되려는 의사를 표시한 자가 객관적으로 변호인이 될 가능성이 있다고 인정되는데도, 형사소송법 제34조에서 정한 '변호인 또는 변호인이 되려는 자'가 아니라고 보아 신체 구속을 당한 피고인 또는 피의자와 접견하지 못하도록 제한하여서는 아니 된다.

③ 변호인의 조력을 받을 권리의 내용 중 하나인 미결수용자의 변호인 접견권도 변호인과의 자유로운 접견과 마찬가지로 국가안전보장·질서유지 또는 공공복리 등 어떠한 명분으로도 제한될 수 있는 성질의 것이 아니다.

④ 변호인과의 자유로운 접견은 신체구속을 당한 사람에게 보장된 변호인의 조력을 받을 권리의 가장 중요한 내용이어서 국가안전보장·질서유지 또는 공공복리 등 어떠한 명분으로도 제한될 수 있는 성질의 것이 아니다.

34

형사소송법상 수사기관의 강제처분에 관한 설명으로 가장 적절하지 않은 것은?

① 사법경찰관이 범죄수사에 필요한 때에는 피의자가 죄를 범하였다고 의심할 만한 정황이 있고 해당 사건과 관계가 있다고 인정할 수 있는 것에 한정하여 검사에게 신청하여 검사의 청구로 지방법원판사가 발부한 영장에 의하여 압수, 수색 또는 검증을 할 수 있다.

② 구속영장을 집행함에는 피의자에게 반드시 이를 제시하고 그 사본을 교부하여야 하며 신속히 지정된 법원 기타 장소에 인치하여야 한다.

③ 구속영장을 집행함에 있어 사법경찰관이 구속영장을 소지하지 아니한 경우에 급속을 요하는 때에는 피의자에 대하여 범죄사실의 요지와 영장이 발부되었음을 고하고 집행할 수 있으므로, 구속영장의 집행을 완료한 후에는 구속영장을 제시하면 되고 그 사본의 교부는 요하지 않는다.

④ 압수·수색영장은 처분을 받는 자에게 반드시 제시하고 사본을 교부하여야 하나, 처분을 받는 자가 현장에 없는 등 영장의 제시나 그 사본의 교부가 현실적으로 불가능한 경우 또는 처분을 받는자가 영장의 제시나 사본의 교부를 거부한 때에는 예외로 한다.

35

압수·수색에 관한 설명 중 가장 적절하지 <u>않은</u> 것은? (다툼이 있으면 판례에 의함)

① 경찰관이 전화사기죄 범행의 혐의자를 긴급체포하면서 그가 보관하고 있던 다른 사람의 주민등록증, 운전면허증 등을 압수한 사안에서, 이는 해당 범죄사실의 수사에 필요한 범위내의 압수로서 적법하므로, 이를 위 혐의자의 점유이탈물횡령죄 범행에 대한 증거로 사용할 수 있다.
② 압수·수색영장의 범죄 혐의사실과 객관적 관련성이 있는 범죄라는 것은 압수·수색영장에 기재된 혐의사실 자체 또는 그와 기본적 사실관계가 동일한 범행과 직접 관련되어 있는 경우는 포함되지만 단지 범행 동기와 경위, 범행 수단과 방법, 범행 시간과 장소 등을 증명하기 위한 간접증거나 정황증거등으로 사용될 수 있는 경우는 인정되지 않는다.
③ 수사기관이 압수·수색영장을 집행하면서 甲회사에 팩스로 영장 사본을 송신하기만 하고 영장 원본을 제시하거나 압수조서와 압수물 목록을 작성하여 피압수·수색 당사자에게 교부하지도 않았다면 그 압수·수색은 위법하다.
④ 전자정보에 대한 압수·수색이 종료되기 전에 혐의사실과 관련된 전자정보를 적법하게 탐색하는 과정에서 별도의 범죄혐의와 관련된 전자정보를 우연히 발견하면, 수사기관은 더이상의 추가 탐색을 중단하고 법원에서 별도의 범죄혐의에 대한 압수·수색영장을 발부받은 경우에 한하여 그러한 정보를 적법하게 압수·수색할 수 있다.

36

다음 중 판례에 의할 때 자유로운 증명의 대상에 해당하지 <u>않은</u> 것은 모두 몇 개인가?

> ㉠ 몰수나 추징 대상여부 및 추징액의 인정
> ㉡ 소추조건인 친고죄에 있어서 고소의 유무, 반의사불벌죄에서 처벌을 희망하지 않는다는 의사표시 또는 처벌희망 의사표시 철회의 유무, 출입국관리법위반의 출입국사범 사건에서 적법한 고발이 있었는지 여부
> ㉢ 피의자신문조서에 기재된 피고인 진술 및 공판기일에서 한 피고인 진술의 임의성
> ㉣ 심신장애나 심신미약의 유무 및 정도
> ㉤ 「형사소송법」제313조 단서의 '특히 신빙할 수 있는 상태(특신상태)'와 「형사소송법」제312조 제4항에서 '특히 신빙할 수 있는 상태' 및 「형사소송법」제316조 제2항에서 '특히 신빙할 수 있는 상태'

① 0개
② 1개
③ 2개
④ 3개

37

위법수집증거배제법칙에 대한 설명으로 가장 적절하지 않은 것은?(다툼이 있는 경우 판례에 의함)

① 교도관이 재소자가 맡긴 비망록을 수사기관에 임의로 제출하였다면 그 비망록의 증거사용에 대하여도 재소자의 사생활의 비밀 기타 인격적 법익이 침해되는 등의 특별한 사정이 없는 한 반드시 그 재소자의 동의를 받아야 하는 것은 아니며, 검사가 교도관으로부터 그가 보관하고 있던 피고인의 비망록을 임의로 제출받아 이를 압수한 경우, 피고인의 승낙 및 영장이 없더라도 적법절차를 위반한 위법이 있다고 할 수 없다.

② 형식적으로 보아 헌법과 형사소송법이 정한 절차에 따르지 아니하고 수집한 증거라고 한다면, 위반의 내용 및 정도 등을 고려하지 않고 일률적으로 그 증거의 증거능력을 부정하더라도, 헌법과 형사소송법 이 형사소송 절차를 통하여 달성하려는 실체적 진실 규명을 통한 정당한 형벌권의 실현이라는 중요한 목표에 어긋난다고 할 수 없다.

③ 마약 투약 혐의를 받고 있던 피고인이 임의동행을 거부하겠다는 의사를 표시하였는데도 경찰관들이 피고인을 영장 없이 강제로 연행한 상태에서 마약 투약 여부의 확인을 위한 1차 채뇨절차가 이루어졌는데, 그 후 압수영장에 기하여 2차 채뇨절차가 이루어지고 그 결과를 분석한 소변 감정서 등이 증거로 제출된 경우, 1차 채뇨 요구에 의하여 수집된 증거는 증거능력이 없으나, 제반 사정을 고려할 때 2차적 증거인 소변 감정서 등은 증거능력이 인정된다.

④ 적법한 절차에 따르지 아니하고 수집한 증거를 기초로 하여 획득한 2차적 증거의 경우, 절차에 따르지 아니한 증거수집과 2차적 증거 수집 사이 인과관계의 희석 또는 단절 여부를 중심으로 2차적 증거 수집과 관련된 모든 사정을 전체적 종합적으로 고려하여 예외적인 경우에는 유죄 인정의 증거로 사용할 수 있다.

38

전문법칙에 대한 설명으로 가장 적절한 것은?(다툼이 있는경우 판례에 의함)

① 형사소송법은 제310조의2에서 원칙적으로 전문증거의 증거능력을 인정하지 않고, 제311조부터 제316조까지 정한 요건을 충족하는 경우에만 예외적으로 증거능력을 인정한다.

② 형사소송법 제312조 제4항은 검사 또는 사법경찰관이 피고인이 아닌 자의 진술을 기재한 조서의 증거능력이 인정되려면 '적법한 절차와 방식에 따라 작성된 것'이어야 한다고 규정하고 있으므로, 수사기관이 진술자의 성명을 가명으로 기재하여 조서를 작성하였다면 그 조서가 '적법한 절차와 방식'에 따라 작성되지 않았다고 할 것이다.

③ 당해 피고인과 공범관계가 있는 다른 피의자에 대한 사법경찰관작성의 피의자신문조서는 그 피의자의 법정진술에 의하여 그 성립의 진정이 인정된다면 당해 피고인이 공판기일에서그 조서의 내용을 부인하더라도 증거능력이 인정된다.

④ 어떤 진술이 기재된 서류가 그 진술의 진실성과 관계없는 간접사실에 대한 정황증거로 사용되더라도 그 진술이 결국 요증사실을 간접적으로나마 뒷받침하므로 예외 없이 전문법칙이 적용된다.

39

전문법칙의 예외에 관한 설명 중 가장 적절한 것은? (다툼이 있는 경우 판례에 의함)

① 사법경찰관이 적법한 절차와 방식에 따라 작성한 검증조서에 피의자 아닌 자의 진술이 기재된 경우, 그 진술이 영상녹화물에 의하여 증명되고 공판기일에서 작성자인 사법경찰관의 진술에 따라 그 성립의 진정함이 증명된 때에는 증거로 할 수 있다.
② 검사가 피의자 아닌 자의 진술을 기재한 조서는 공판준비 또는 공판기일에서 원진술자의 진술에 의하여 형식적 진정성립만 인정되면 실질적 진정성립은 인정된 것으로 추정한다.
③ 자기에게 맡겨진 사무를 처리한 내역을 그때 그때 계속적, 기계적으로 기재한 문서라 하더라도 불법적인 업무과정에서 작성한 문서는 신용성이 없으므로 당연히 증거능력이 인정되지 않는다.
④ 甲이 살인죄로 공소제기된 공판에서 A가 증인으로 출석하여 교통사고로 사망한 B가 생전에 자신에게 "甲이 C를 살해하는 것을 보았다."는 말을 한 적이 있다고 진술한 경우, B의 진술이 특히 신빙할 수 있는 상태 하에서 행하여졌음이 증명된 때에 한하여 증거로 할 수 있다.

40

다음 중 법원이 성폭행이나 성희롱 사건의 심리를 할 때 유의하여야 할 사항 및 성폭행 등의 피해자 진술의 증명력을 판단하는 방법에 관한 설명으로 옳은 것은 모두 몇 개인가?(다툼이 있으면 판례에 의함)

㉠ 법원이 성폭행이나 성희롱 사건의 심리를 할 때에는 그 사건이 발생한 맥락에서 성차별 문제를 이해하고 양성평등을 실현할 수 있도록 '성인지 감수성'을 잃지 않도록 유의하여야 한다(양성평등기본법 제5조 제1항).
㉡ 우리 사회의 가해자 중심의 문화와 인식, 구조 등으로 인하여 성폭행이나 성희롱 피해자가 피해사실을 알리고 문제를 삼는 과정에서 오히려 피해자가 부정적인 여론이나 불이익한 처우 및 신분 노출의 피해 등을 입기도 하여 온 점 등에 비추어 보면, 성폭행 피해자의 대처 양상은 피해자의 성정이나 가해자와의 관계 및 구체적인 상황에 따라 다르게 나타날 수밖에 없다. 따라서 개별적, 구체적인 사건에서 성폭행 등의 피해자가 처하여 있는 특별한 사정을 충분히 고려하지 않은 채 피해자 진술의 증명력을 가볍게 배척하는 것은 정의와 형평의 이념에 입각하여 논리와 경험의 법칙에 따른 증거판단이라고 볼 수 없다.
㉢ 강간죄가 성립하기 위한 가해자의 폭행·협박이 있었는지 여부는 그 폭행·협박의 내용과 정도는 물론 유형력을 행사하게 된 경위, 피해자와의 관계, 성교 당시와 그 후의 정황 등 모든 사정을 종합하여 피해자가 성교 당시 처하였던 구체적인 상황을 기준으로 판단하여야 하며, 사후적으로 보아 피해자가 성교 이전에 범행 현장을 벗어날 수 있었다거나 피해자가 사력을 다하여 반항하지 않았다는 사정만으로 가해자의 폭행·협박이 피해자의 항거를 현저히 곤란하게 할 정도에 이르지 않았다고 섣불리 단정하여서는 아니 된다.
㉣ 강간죄에서 공소사실을 인정할 증거로 사실상 피해자의 진술이 유일하고 피고인의 진술은 경험칙상 합리성이 없고 그 자체로 모순되어 믿을 수 없는 경우, 이러한 사정은 법관의 자유판단의 대상이 되지 않는다.
㉤ 피고인의 친딸로 가족관계에 있던 피해자가 '마땅히 그러한 반응을 보여야만 하는 피해자'로 보이지 않는다면 피해자 진술의 신빙성을 일응 배척할 수 있다고 할 것이다.

① 1개 ② 2개
③ 3개 ④ 4개

임종희
경찰형사법

파이널 모의고사
해설 및 정답

경찰 출제위원이 **직접 집필한 모의고사**

2024년 4월까지 최신 기출, 판례 반영
학설 및 판례 완벽 정리
고난도 대비, 고득점을 위한 필독서
풍부하고 자세한 해설

필기 합격을 위한 필수 과정!

경찰 시험을 직접 출제한 출제위원이 만든 **고득점 실전 마무리 완성!**
합격을 원한다면 꼭 풀어야 할 필독서

법학박사   임종희 저

제 1 회
경찰 형사법 파이널 모의고사 ── 정답 및 해설

정답

문제	정답	문제	정답	문제	정답	문제	정답
01	③	11	③	21	③	31	②
02	④	12	④	22	②	32	④
03	①	13	①	23	③	33	②
04	①	14	④	24	②	34	④
05	③	15	①	25	③	35	③
06	③	16	③	26	③	36	③
07	②	17	②	27	④	37	③
08	②	18	④	28	④	38	②
09	④	19	①	29	③	39	④
10	④	20	②	30	③	40	①

문제 01 - 정답 ③

▶ ㉠㉢㉣(3개)는 옳은 지문이나, ㉡㉤(2개)은 틀린 지문이다.

㉠ (○) [1] 구 약사법 제42조 제1항에서 '<u>의약품의 수입을 업으로 하려는 자</u>'는 총리령으로 정하는 바에 따라 식품의약품안전처장에게 수입업 신고를 하여야 하고, <u>총리령으로 정하는 바에 따라 품목마다 식품의약품안전처장의 허가를 받거나 신고를 하여야 한다</u>고 규정하고 있으며, <u>이를 위반한 자</u>에 대하여 <u>5년 이하의 징역 또는 5천만 원 이하의 벌금에 처하도록</u> 정하고 있다.
[2] 위 금지조항은 위와 같은 입법 취지에 따라 누구든지 '제42조 제1항등을 위반하여 수입된 의약품'의 판매 등을 할 수 없도록 하여, 금지조항을 준수하여야 할 주체의 범위에 아무런 제한을 두고 있지 않다.
[3] 한편 형벌법규의 해석은 엄격하여야 하고, 문언의 가능한 의미를 벗어나 피고인에게 불리한 방향으로 해석하는 것은 죄형법정주의의 내용인 확장해석금지에 따라 허용되지 않는다. 따라서 <u>형벌조항 중 범죄의 구성요건에 해당하는 문언의 의미를 합리적 이유 없이 고려하지 않고 해석함으로써 형벌의 적용 범위가 확장되는 것을 경계해야</u> 한다.
[4] 위 금지조항에 따라 판매 등을 하여서는 안 될 의무를 부담하는 주체에는 아무런 제한이 없으나, 그 대상인 '<u>제42조 제1항을 위반하여 수입된 의약품</u>'이란 제42조 제1항의 <u>문언 그대로</u> '<u>의약품의 수입을 업으로 하려는 자</u>'가 총리령으로 정하는 바에 따라 식품의약품안전처장에게 수입업 신고를 하지 않거나, 품목마다 식품의약품안전처장의 <u>허가를 받거나 신고를 하지 않은 의약품을 의미한다</u>고 해석하는 것이 타당하다.
[5] <u>피고인은</u> 2018. 7.경 내지 2018. 9.경 자신이 운영하는 <u>동물병원에서</u> 식품의약품안전처장에 대한 수입업 신고 및 품목허가 또는 신고가 되어 있지 않은 <u>일본 의약품인</u> '프라카닐' 2mg 알약 50개들이 1상자를 동물들에게 처방하고 대금을 지급받는 방법으로 <u>판매하고</u>, 식품의약품안전처장에 대한 수입업 신고 및 품목허가 또는 신고가 되어 있지 않은 <u>중국 의약품인</u> '황산테부타리정' 알약 10개들이 7상자를 <u>판매할 목적으로 저장하였다</u>(이하 피고인이 판매하거나 판매 목적으로 저장하였다는 위 의약품을 '이 사건 의약품'이라고 한다).

[6] <u>원심으로서는</u> 피고인이 판매하거나 저장하였다는 <u>이 사건 의약품이</u> '구 약사법 제42조 제1항을 위반하여 <u>수입된 의약품</u>'인지 여부를 심리·판단하였어야 한다. 그리고 그 판단을 위해서는 '<u>피고인이 의약품의 수입을 업으로 하려는 자로서 이 사건 의약품을 수입하였는지</u>'에 관하여 심리하였어야 한다. 그런데도 원심은 위와 같은 사항에 관하여 <u>전혀 심리를 하지 않고</u> 이 사건 공소사실을 <u>유죄로 인정하였다</u>. 이러한 원심의 판단에는 이 사건 금지조항 중 '제42조 제1항을 위반하여 수입된 의약품'의 의미에 관한 법리를 오해하여 <u>필요한 심리를 다하지 아니함으로써 판결에 영향을 미친 잘못이 있다</u>(대법원 2024. 2. 29. 선고 2020도9256판결).

㉡ (X) [1] 건전한 상식과 통상적 법감정을 가진 사람으로 하여금 자신의 행위를 결정해 나가기에 <u>충분한 기준이 될 정도의 의미와 내용을 가지고 있다고 볼 수 없는 형벌법규</u>는 죄형법정주의의 명확성원칙에 위배되어 위헌이 될 수 있다. 그리고 형벌법규의 해석은 엄격하여야 하고, <u>문언의 가능한 의미를 벗어나</u> 피고인에게 <u>불리한 방향으로 해석하는 것은 죄형법정주의의 내용인 확장해석금지에 따라 허용되지 않는다</u>.
[2] 감염병의 예방 및 관리에 관한 법률(이하 '감염병예방법'이라고 한다)은, 제18조 제3항에서 질병관리청장, 시·도지사 또는 시장·군수·구청장이 <u>실시하는 역학조사에서 정당한 사유 없이</u> 역학조사를 <u>거부</u>·방해 또는 회피하는 <u>행위</u>(제1호)를 금지하고, <u>제79조 제1호에서</u> 제18조 제3항을 <u>위반한 자를</u> 2년 이하의 징역 또는 2,000만 원 이하의 벌금에 처하도록 <u>규정하고 있다. 감염병예방법은,</u> 제2조 제17호에서 "<u>역학조사란</u> 감염병환자 등이 발생한 경우 감염병의 차단과 확산 방지 등을 위하여 감염병환자 등의 발생 규모를 파악하고 감염원을 추적하는 등의 활동과 감염병 예방접종 후 이상반응 사례가 발생한 경우나 감염병 여부가 불분명하나 그 발병원인을 조사할 필요가 있는 사례가 발생한 경우 그 원인을 규명하기 위하여 하는 활동을 말한다."라고 규정하고 있다.
[3] 위와 같은 법 문언과 체계 등을 종합하면, 감염병예방법상 '역학조사'는 일반적으로 감염병예방법 제2조 제17호에서 정의한 <u>활동을 말하고, 여기에는 관계자의 자발적인 협조를 얻어 실시하는 다양하고도 창의적인 활동이 포함될 수 있다</u>. 그러나 형벌법규의 해석은 엄격하여야 하고, 처벌의 대상이 되는 행위는 수범자의 예견가능성을 보장하기 위해 그 범위가 명확히 정해져야 한다. 감염병예방법 제18조 제3항 제1호에서 정한 '<u>역학조사를 거부하는 행위</u>'가 성립하려면 <u>행위자나 그의 공범에 대하여</u> 감염병예방법 제18조 제3항에서 정한 '<u>역학조사</u>'가 실시되었음이 전제되어야 한다.
[4] <u>A 종교단체의 B센터 시설을 관리하던 갑등 피고인들은 상주시청의 코로나19 관련 역학조사 담당자인 을로 부터</u> 이 사건 종교행사 개최 기간(2020. 11. 27.부터 2020. 11. 28.까지)에 이 사건 센터 시설에 출입한 자들의 명단과 해당 시설에 종사하는 자들의 명단(위 각 명단을 합하여 이하 '<u>이 사건 명단</u>'이라고 한다)을 <u>제출해 달라는 요구를 받고도</u> 이 사건 명단의 <u>제출을 거부한 것은 상주시장의 역학조사를 거부하였다는 이유로 감염병예방법 위반으로 기소된 사안</u>에서, 원심으로서는 상주시장 측의 이 사건 명단 제출 요구가 법령에서 정한 역학조사의 주체, 시기, 내용, 방법 등의

요건을 충족하는지를 구체적으로 심리한 다음, 그 결과를 토대로 피고인들의 행위가 감염병예방법 제18조 제3항 제1호에서 정한 '역학조사를 거부하는 행위'에 해당하는지를 판단하였어야 한다. 그런데도 원심은 피고인들의 행위가 감염병예방법 제18조 제3항 제1호에서 정한 '역학조사를 거부하는 행위'에 해당한다고 보아, 유죄로 판단한 원심의 판단에는 감염병예방법 제18조 제3항에서 정한 '역학조사'의 의미 등에 관한 법리를 오해하여 필요한 심리를 다하지 않은 잘못이 있다(대법원2022. 11. 17.선고2022도7290판결).

ⓒ (○) 피고인이 모텔 객실의 문이 살짝 열려 있는 것을 발견하고 객실에 침입한 후 불을 끈 상태로 침대에 누워 있던 갑(여)의 가슴, 허리 및 엉덩이를 만져 갑을 강제추행하였다는 성폭력범죄의 처벌 등에 관한 특례법(이하 '성폭력처벌법'이라 한다) 위반(주거침입강제추행)의 공소사실에 대하여, 원심이 성폭력처벌법 제3조 제1항, 형법 제319조 제1항, 제298조를 적용하여 유죄로 인정하였는데, 원심판결 선고 후 헌법재판소가 성폭력처벌법(2020. 5. 19. 법률 제17264호로 개정된 것) 제3조 제1항중 '형법 제319조 제1항(주거침입)의 죄를 범한 사람이 같은 법 제298조(강제추행),제299조(준강제추행) 가운데 제298조의 예에 의하는 부분의 죄를 범한 경우에는 무기징역 또는 7년 이상의 징역에 처한다.'는 부분에 대하여 위헌결정을 선고한 사안에서, 위 법률조항 부분은 헌법재판소법 제47조 제3항 본문에 따라 소급하여 효력을 상실하였고, 위헌결정으로 인하여 형벌에 관한 법률 또는 법률조항이 소급하여 효력을 상실한 경우 해당 법조를 적용하여 기소한 피고사건은 범죄로 되지 아니하는 때에 해당하므로, 공소사실을 유죄로 인정한 원심판결은 그대로 유지될 수 없게 되었다(대법원2023. 4. 13.선고 2023도162판결).

ⓔ (○) 피고인이 불특정 다수의 손님들에게 연초 잎, 담배 필터, 담뱃갑을 제공하여 손님으로 하여금 담배제조기계를 조작하게 하거나 자신이 직접 그 기계를 조작하는 방법으로 담배를 제조하고, 손님에게 담배를 판매함으로써 담배제조업 허가 및 담배소매인 지정을 받지 아니하고 담배를 제조·판매하였다는 이유로 담배사업법 위반으로 기소된 사안에서, 피고인이 자신의 영업점에서 실제 행한 활동은 손님에게 연초 잎 등 담배의 재료를 판매하고 담배제조시설을 제공한 것인데, 이러한 피고인의 활동은 담배의 원료인 연초 잎에 일정한 작업을 가한 것이 아니어서 '담배의 제조'로 평가하기는 어려운 점, 피고인의 영업점에서 손님은 피고인으로부터 받은 연초 잎 등 담배의 재료와 담배제조시설을 이용하여 가공작업을 직접 수행하였는데, 당시 영업점에 비치된 담배제조시설의 규모와 자동화 정도 등에 비추어 볼 때 위와 같은 손님의 작업이 명목상의 활동에 불과하다고 보기는 어렵고, 그 작업을 피고인의 활동과 같게 볼 만한 특별한 사정을 찾기도 어려운 점, 담배사업법상 연초 잎의 판매와 개별 소비자에 의한 담배제조가 금지되어 있지 않은 점, 피고인의 영업방식에 따르면, 손님과 피고인 사이에 수수된 돈은 '완성된 담배'가 아닌 '담배의 재료 또는 제조시설의 제공'에 대한 대가라고 봄이 타당한 점 등을 종합하면, 피고인이 담배를 제조하였다거나 제조된 담배를 소비자에게 판매하였다고 보기 어렵다(대법원2023. 1. 12.선고2019도16782판결). 결국, 무허가 담배 제조로 인한 담배사업법 위반죄로 처벌할 수 없다.

ⓜ (X) [1] 농산물·수산물과 그 가공품 등에 대하여 적정하고 합리적인 원산지 표시와 유통이력을 관리하도록 함으로써 공정한 거래를 유도하고 소비자의 알권리를 보장하여 생산자와 소비자를 보호하기 위하여 2010. 2. 4. 법률 제10022호로 제정된 농수산물의 원산지 표시에 관한 법률(이하 '원산지표시법'이라 한다) 제6조 제1항은 '누구든지 원산지 표시를 거짓으로 하거나 이를 혼동하게 할 우려가 있는 표시를 하는 행위 등을 하여서는 아니 된다.'고 정하고, 원산지표시법 제14조는 이를 위반한 자에 대하여 7년 이하의 징역이나 1억 원 이하의 벌금에 처하거나 이를 병과할 수 있다고 정하였다.

[2] 그 후 2016. 12. 2. 법률 제14291호로 개정된 원산지표시법은 위 제14조를 제14조 제1항으로 개정하고 제14조 제2항을 신설하여 '제1항의 죄(원산지 거짓 표시 등의 금지 위반의 죄)로 형을 선고받고 그 형이 확정된 후 5년 이내에 다시 제6조 제1항 또는 제2항을 위반한 자는 1년 이상 10년 이하의 징역 또는 500만 원 이상 1억 5천만 원 이하의 벌금에 처하거나 이를 병과할 수 있다.'고 정하여 원산지를 거짓으로 표시하는 자에 대한 벌칙을 강화하였다(이는 일정기간 내에 동종 범행을 반복한 행위자를 가중처벌하기 위한 것이다). 이와 같이 원산지표시법 제14조 제2항에서 정한 '제1항의 죄로 형을 선고받고 그 형이 확정된 후'란, 원산지표시법 제6조 제1항 또는 제2항을 위반하여 7년 이하의 징역형, 1억 원 이하의 벌금형, 징역형에 벌금형이 병과되어 그 형이 확정된 경우를 의미하고, 확정된 벌금형에는 공판절차에서 형을 선고받아 확정된 경우뿐만 아니라 약식절차에서 벌금형의 약식명령을 고지받아 확정된 경우까지 포함된다고 보아야 한다(대법원2023. 5. 18.선고2022도10961판결).

문제 02 - 정답 ④

▶ ㉠㉡㉢㉣㉤(5개)은 모두 형법 제1조 제2항이 적용된다.

㉠㉡ (형법 제1조 제2항 적용 ○) 범죄의 성립과 처벌에 관하여 규정한 형벌법규 자체 또는 그로부터 수권 내지 위임을 받은 법령의 변경에 따라 범죄를 구성하지 아니하게 되거나 형이 가벼워진 경우에는, 종전 법령이 범죄로 정하여 처벌한 것이 부당하였다거나 과형이 과중하였다는 반성적 고려에 따라 변경된 것인지 여부를 따지지 않고 원칙적으로 형법 제1조 제2항이 적용된다(대법원 2022. 12. 22. 선고 2020도16420 전원합의체판결).

㉢ (형법 제1조 제2항 적용 ○) 형벌법규가 대통령령, 총리령, 부령과 같은 법규명령이 아닌 고시 행정규칙, 행정명령, 조례 등(이하 '고시 등 규정'이라고 한다)에 구성요건의 일부를 수권 내지 위임한 경우에도 이러한 고시 등 규정이 위임입법의 한계를 벗어나지 않는 한 형벌법규와 결합하여 법령을 보충하는 기능을 하는 것이므로, 그 변경에 따라 범죄를 구성하지 아니하게 되거나 형이 가벼워졌다면 마찬가지로 형법 제1조 제2항이 적용된다(대법원 2022. 12. 22. 선고 2020도16420 전원합의체판결).

㉣ (형법 제1조 제2항 적용 ○) 해당 형벌법규 자체 또는 그로부터 수권 내지 위임을 받은 법령이 아닌 다른 법령이 변경된 경우 형법 제1조 제2항을 적용하려면, 해당 형벌법규에 따른 범죄의 성립 및 처벌과 직접적으로 관련된 형사법적 관점의 변화를 주된 근거로 하는 법령의 변경에 해당하는 경우에는 형법 제1조 제2항이 적용된다(대법원 2022. 12. 22. 선고 2020도16420 전원합의체판결).

㉤ (형법 제1조 제2항 적용 ○) 원심판결 선고 후 시행된 개정 도로교통법에 따르면 이 사건 전동킥보드와 같은 개인형 이동장치 음주운전 행위는 '자동차등'에 관한 제148조의2가 아니라 '자전거등'에 관한 제156조 제11호의 적용 대상이 됨으로써 그 법정형이 종전보다 가벼워진 경우에 해당하므로 형법 제1조 제2항을 적용하여야 한다(대법원 2022. 12. 22. 선고 2020도16420 전원합의체판결). 결국, 피고인이 음주 후 '전동킥보드'를 운전한 행위는 도로교통법상 '자동차등' 음주운전죄가 아니라 '자전거등' 음주운전죄로 제1조 제2항에 따라 형이 가벼운 신법으로 처벌해야 한다.

문제 03 - 정답 ①

▶① (X) [1] 구 개인정보 보호법 제71조 제2호는 이용 범위를 초과하여 개인정보를 이용한 개인정보처리자를 처벌하도록 규정하고 있고, 같은 법 제74조 제2항에서는 법인의 대표자나 법인 또는 개인의 대리인, 사용인, 그 밖의 종업원이 그 법인 또는 개인의 업무에 관하여 같은 법 제71조에 해당하는 위반행위를 하면 그 행위자를 벌하는 외에 그 법인 또는 개인에게도 해당 조문의 벌금형을 과하도록 하는 양벌규정을 두고 있다. 같은 법에서 벌칙규정의 적용대상자를 개인정보처리자로 한정하고 있기는 하나, 위 양벌규정은 적용대상자를 해당 업무를 실제로 처리하는 행위자까지 확장하여 그 행위자나 개인정보처리자인 법인 또는 개인을 모두 처벌하려는 데 그 취지가 있으므로, 위 양벌규정에 의하여 개인정보처리자 아닌 행위자도 위 벌칙규정의 적용대상이 된다.

[2] 그러나 구 개인정보 보호법은 공공기관 중 법인격이 없는 '중앙행정기관 및 그 소속 기관' 등을 개인정보처리자 중 하나로 규정하고 있으면서도, 양벌규정에 의하여 처벌되는 개인정보처리자로는 같은 법 제74조 제2항에서 '법인 또는 개인'만을 규정하고 있을 뿐이고, 법인격 없는 공공기관에 대하여도 위 양벌규정을 적용할 것인지 여부에 대하여는 명문의 규정을 두고 있지 않으므로, 죄형법정주의의 원칙상 '법인격 없는 공공기관(경찰청)'을 위 양벌규정에 의하여 처벌할 수 없고, 그 경우 행위자 역시 위 양벌규정으로 처벌할 수 없다고 봄이 타당하다.

[3] 경찰공무원 갑은 자신의 채무자 을이 차용금을 변제하지 않자 경찰서 형사과 사무실에서 자신의 컴퓨터를 이용하여 형사사법정보시스템(KICS) 온라인망에 접속해 을과 을 배우자 병의 주소지 등을 확인한 사건에서 갑이 소속된 위 공공기관(경찰청)은 양벌규정에 의하여 처벌되는 개인정보처리자에 포함된다고 볼 수 없고, 따라서 갑 역시 위 양벌규정에 의하여 처벌할 수 있는 행위자에 해당하지 않는다(대법원2021. 10. 28.선고2020도1942판결). 결국, 행위자인 갑과 갑이 이용한 개인정보의 개인정보처리자인 경찰청에 대한「개인정보 보호법」위반 부분은 처벌할 수 없다.

② (O) [1] 구 건축법(2015. 7. 24. 법률 제13433호로 개정되기 전의 것) 제108조 제1항은 같은 법 제11조 제1항에 의한 허가를 받지 아니하고 건축물을 건축한 건축주를 처벌한다고 규정하고, 같은 법 제112조 제4항은 양벌규정으로서 "개인의 대리인, 사용인, 그 밖의 종업원이 그 개인의 업무에 관하여 제107조부터 제111조까지의 규정에 따른 위반행위를 하면 행위자를 벌할 뿐만 아니라 그 개인에게도 해당 조문의 벌금형을 과한다."라고 규정하고 있다. 그러나 법인격 없는 사단에 고용된 사람이 위반행위를 하였더라도 법인격 없는 사단의 구성원 개개인이 위 법 제112조에서 정한 '개인'의 지위에 있다 하여 그를 처벌할 수는 없다.

[2] 甲 교회의 총회 건설부장인 피고인이 관할시청의 허가 없이 건물 옥상층에 창고시설을 건축하는 방법으로 건물을 불법 증축하여 건축법 위반으로 기소된 사안에서, 甲 교회는 乙을 대표자로 한 법인격 없는 사단이고, 피고인은 甲 교회에 고용된 사람이므로, 乙을 구 건축법 제112조 제4항 양벌규정의 '개인'의 지위에 있다고 보아 피고인을 같은 조항에 의하여 처벌할 수는 없는데도, 이와 달리 피고인은 무허가 증축행위를 실제로 행한 사람으로서 구 건축법 제112조 제4항에서 정한 '같은 법 제108조 제1항에 따른 위반행위자'에 해당한다고 보아 유죄를 인정한 원심판단에 구 건축법 제112조의 양벌규정에 관한 법리오해의 위법이 있다(대법원 2017. 12. 28., 선고, 2017도13982, 판결). 결국, 법인격 없는 사단에 고용된 사람이 위반행위를 하였더라도 법인격 없는 사단의 구성원 개개인이 위 법 제112조 소정의 "개인"의 지위에 있다 하여 그를 처벌할 수는 없다.

③ (O) 양벌규정에 의한 영업주의 처벌은 금지위반행위자인 종업원의 처벌에 종속하는 것이 아니라 독립하여 그 자신의 종업원에 대한 선임감독상의 과실로 인하여 처벌되는 것이므로 종업원의 범죄성립이나 처벌이 영업주 처벌의 전제조건이 될 필요는 없다(대법원 2006. 2. 24., 선고, 2005도7673, 판결).

④ (O) 합병으로 인하여 소멸한 법인이 그 종업원 등의 위법행위에 대해 양벌규정에 따라 부담하던 형사책임은 그 성질상 이전을 허용하지 않는 것으로서 합병으로 인하여 존속하는 법인에 승계되지 않는다(대법원2007. 8. 23.선고2005도4471판결).

문제 04 - 정답 ①

▶ ㉠㉡㉢㉣㉤(5개)은 모두 옳은 지문이다.

㉠ (O) 대출자금으로 빌딩을 경락받았으나 분양이 저조하여 자금조달에 실패한 피고인들이 수분양자들과 사이에 대출금으로 충당되는 중도금을 제외한 계약금과 잔금의 지급을 유예하고 1년의 위탁기간 후 재매입하기로 하는 등의 비정상적인 이면약정을 체결하고 점포를 분양하였음에도, 금융기관에 대해서는 그러한 이면약정의 내용을 감춘채 분양 중도금의 집단적 대출을 교섭하여 중도금 대출 명목으로 금원을 지급받은 사안에서, 대출 금융기관에 대하여 비정상적인 이면약정의 내용을 알릴 신의칙상 의무가 있다고 보아 이를 알리지 않은 것은 사기죄의 요건으로서의 부작위에 의한 기망에 해당한다(대법원2006. 2. 23.선고2005도8645판결).

㉡ (O) [1] 업무상 배임죄는 타인과의 신뢰관계에서 일정한 임무에 따라 사무를 처리할 법적 의무가 있는 자가 그 상황에서 당연히 할 것이 법적으로 요구되는 행위를 하지 않는 부작위에 의해서도 성립할 수 있다. 그러한 부작위를 실행의 착수로 볼 수 있기 위해서는 작위의무가 이행되지 않으면 사무처리의 임무를 부여한 사람이 재산권을 행사할 수 없으리라고 객관적으로 예견되는 등으로 구성요건적 결과 발생의 위험이 구체화한 상황에서 부작위가 이루어져야 한다. 그리고 행위자는 부작위 당시 자신에게 주어진 임무를 위반한다는 점과 그 부작위로 인해 손해가 발생할 위험이 있다는 점을 인식하였어야 한다.

[2] 피고인은 피해자 고양식사구역 도시개발사업조합의 업무를 수행하는 자로, 퇴사하기 전 실시계획 변경에 따른 환지계획 변경 인가 업무를 시작하거나 후임자에게 인수인계하지 않을 경우 후임자가 문제되는 부분을 인지하지 못할 것이라는 사정을 잘 알고 있었으나, 아무런 조치 없이 퇴사하여 피해자 조합의 정당한 청산금 지급 청구권 행사를 위태롭게 한 경우, 피고인에게 실시계획의 인가에 따른 후속 조치를 할 작위의무가 인정된다고 하더라도, 피해자 조합은 실시계획의 인가 무렵 체비지 매각 지연 등으로 심각한 재정적 어려움을 겪고 있었고, 피해자 조합이 이 사건 환지예정지의 가치상승을 청산절차에 반영하지 못할 위험이 구체화한 상황에서 피고인이 그러한 작위의무를 위반하였다고 보기는 어려우므로, 피고인이 부작위로써 업무상배임죄의 실행에 착수하였다고 볼 수 없다(대법원2021. 5. 27.선고2020도15529판결).

㉢ (O) [1] 부작위에 의해서는 교사가 불가능하다. 즉, 교사는 정범에게 적극적으로 범행결의를 갖게하는 의식적 행위이므로 작위에 의해서만 가능하고, 부작위는 피교사자에 대하여 현실적으로 아무런 심리적 영향을 주지 못하므로 부작위에 의해서는 교사가 불가능하다.

[2] 그러나 부작위에 의한 방조가 가능하다. 즉, 결과발생을 방지해야 할 보증인적 지위에 있는 자가 정범의 범행을 방치한 경우에는 부작위에 의한 방조가 가능하다.

㉣ (○) [1] 부작위범에 대해서도 적극적인 작위에 의한 교사가 가능하다. 이때 교사는 작위에 의한 것이므로, 공범에게 보증인적 지위가 있을 필요가 없다. 예컨대, 아빠(보증인적 지위가 있다) 또는 정부(아빠가 아니므로, 보증인적 지위가 없다)가 엄마를 교사하여 그 엄마가 영아에게 젖을 주지않아 그 영아를 아사시킨 경우에 그 아빠 또는 정부는 부작위에 의한 살인죄의 교사범이 성립한다.

[2] 부작위범에 대하여 방조도 가능하다. 이때 방조는 작위에 의한 것이므로, 공범에게 보증인적 지위가 있을 필요가 없다. 엄마가 영아에게 젖을 주지 아니하여 아사시키려는 것을 알고서도 아빠(보증인적 지위가 있다)나 정부(아빠가 아니므로, 보증인적 지위가 없다)가 이를 정신적으로 격려하여(부작위의 결정을 강화시켜) 엄마가 그 영아를 아사시킨 경우에 아빠와 정부는 부작위에 의한 살인죄의 방조범이 성립한다.

㉤ (○) [1] 범죄는 보통 적극적인 행위에 의하여 실행되지만 때로는 결과의 발생을 방지하지 아니하는 부작위에 의하여도 실현될 수 있다. 형법 제18조는 "위험의 발생을 방지할 의무가 있거나 자기의 행위로 인하여 위험발생의 원인을 야기한 자가 그 위험발생을 방지하지 아니한 때에는 그 발생된 결과에 의하여 처벌한다."라고 하여 부작위범의 성립 요건을 별도로 규정하고 있다.

[2] 자연적 의미에서의 부작위는 거동성이 있는 작위와 본질적으로 구별되는 무(無)에 지나지 아니하지만, 형법 제18조에서 말하는 부작위는 법적 기대라는 규범적 가치판단 요소에 의하여 사회적 중요성을 가지는 사람의 행태가 되어 법적 의미에서 작위와 함께 행위의 기본 형태를 이루게 되므로, 특정한 행위를 하지 아니하는 부작위가 형법적으로 부작위로서의 의미를 가지기 위해서는, 보호법익의 주체에게 해당 구성요건적 결과발생의 위험이 있는 상황에서 행위자가 구성요건의 실현을 회피하기 위하여 요구되는 행위를 현실적·물리적으로 행할 수 있었음에도 하지 아니하였다고 평가될 수 있어야 한다(대법원2015. 11. 12.선고2015도6809전원합의체 판결).

문제 05 - 정답 ③

▶ ③ (X) 범죄구성요건의 주관적 요소로서 미필적 고의라 함은 범죄사실의 발생 가능성을 불확실한 것으로 표상하면서 이를 용인하고 있는 경우를 말하고, 미필적 고의가 있었다고 하려면 범죄사실의 발생 가능성에 대한 인식이 있음은 물론 나아가 범죄사실이 발생할 위험을 용인하는 내심의 의사가 있어야 하며, 그 행위자가 범죄사실이 발생할 가능성을 용인하고 있었는지의 여부는 행위자의 진술에 의존하지 아니하고 외부에 나타난 행위의 형태와 행위의 상황 등 구체적인 사정을 기초로 하여 일반인이라면 당해 범죄사실이 발생할 가능성을 어떻게 평가할 것인가를 고려하면서 행위자의 입장에서 그 심리상태를 추인하여야 하고, 이와 같은 경우에도 공소가 제기된 범죄사실의 주관적 요인인 미필적 고의의 존재에 대한 입증책임은 검사에게 있는 것이며, 한편, 유죄의 인정은 법관으로 하여금 합리적인 의심을 할 여지가 없을 정도로 공소사실이 진실한 것이라는 확신을 가지게 하는 증명력을 가진 증거에 의하여야 하므로, 그와 같은 증거가 없다면 설령 피고인에게 유죄의 의심이 간다고 하더라도 피고인의 이익으로 판단할 수밖에 없다(대판2004.5.14. 2004도74).

① (○) 약국 개설자들인 피고인들이 공모하여 자신들이 속한 회원 약국들 전부를 위한 공동의 안내도우미를 고용하고, 그 공동의 안내도우미로 하여금 인근 병원 근처에서 약국을 정하지 않은 환자들에게 접근하여 회원 약국들 중 미리 정해진 순번 약국으로 안내하면서 편의 차량을 제공하는 등 소비자·환자 등을 유치하기 위한 호객행위 등의 부당한 방법을 사용하여 약사법 위반으로 기소된 사안에서, 피고인들은 위 안내행위가 약사법이 금지한 호객행위 등에 해당함을 인식하였다고 볼 여지가 많다. 이와 같은 호객행위 등으로 인한 약사법 위반죄의 '고의'란 약국 개설자 등이 자신의 행위가 의약품 시장질서를 어지럽히는 호객행위나 소비자를 유인하는 행위 등이라는 객관적 구성요건을 충족하였음을 인식하는 것을 의미한다.(대법원2022. 5. 12.선고2020도18062판결). 결국, 상급종합병원 인근 문전약국 약사들이 공동으로 도우미들을 고용하여 환자들을 자신이 정한 순번에 따라 특정 약국으로 안내하고 편의 차량 등을 제공 경우, 호객행위 등으로 인한 약사법 위반죄의 '고의'가 인정된다.

② (○) 대판2014.3.13. 2013도12430

④ (○) 공무집행방해죄에 있어서의 범의는 상대방이 직무를 집행하는 공무원이라는 사실, 그리고 이에 대하여 폭행 또는 협박을 한다는 사실을 인식하는 것을 그 내용으로 하고, 그 인식은 불확정적인 것이라도 소위 미필적 고의가 있다고 보아야 하며, 그 직무집행을 방해할 의사를 필요로 하지 아니하고 이와 같은 범의는 피고인이 이를 자백하고 있지 않고 있는 경우에는 그것을 입증함에 있어서는 사물의 성질상 고의와 상당한 관련성이 있는 간접사실을 증명하는 방법에 의할 수밖에 없는 것이나, 그때에 무엇이 상당한 관련성이 있는 간접사실에 해당할 것인가는 정상적인 경험칙에 바탕을 두고 치밀한 관찰력이나 분석력에 의하여 사실의 연결상태를 합리적으로 판단하는 것 외에 다른 방법이 없다(대법원1995. 1. 24.선고94도1949판결).

문제 06 - 정답 ③

▶ ③ (X) [1] 의사에게 의료행위로 인한 업무상과실치사상죄를 인정하기 위해서는, 의료행위 과정에서 공소사실에 기재된 업무상과실의 존재는 물론 그러한 업무상과실로 인하여 환자에게 상해·사망 등 결과가 발생한 점에 대하여도 엄격한 증거에 따라 합리적 의심의 여지가 없을 정도로 증명이 이루어져야 한다. 따라서 검사는 공소사실에 기재한 업무상 과실과 상해·사망 등 결과 발생 사이에 인과관계가 있음을 합리적인 의심의 여지가 없을 정도로 증명하여야 하고, 의사의 업무상과실이 증명되었다는 사정만으로 인과관계가 추정되거나 증명 정도가 경감되는 것은 아니다. 이처럼 형사재판에서는 인과관계 증명에 있어서 '합리적인 의심 없을 정도'의 증명을 요하므로 이에 관한 판단이 동일 사안의 민사재판과 달라질 수 있다.

[2] 마취통증의학과 의사인 피고인이 수술실에서 환자인 피해자 갑(73세)에게 마취시술을 시행한 다음 간호사 을에게 환자의 감시를 맡기고 수술실을 이탈하였는데, 이후 갑에게 저혈압이 발생하고 혈압 회복과 저하가 반복됨에 따라 을이 피고인을 수회 호출하자, 피고인은 수술실에 복귀하여 갑이 심정지 상태임을 확인하고 마취해독제 투여, 심폐소생술 등의 조치를 취하였으나, 갑이 심정지 등으로 사망에 이르게 된 사안에서, 피고인이 갑에게 마취가 진행되는 동안 마취간호사도 아니고 마취간호 업무를 시작한 지 2~3개월밖에 안 된 을에게 환자의 감시 업무를 맡긴 채 다른 수술실로 옮겨 다니며 다른 환자들에게 마취시술을 하고, 갑의 활력징후 감시장치 경보음을 들은 을로부터 호출을 받고도 신속히 수술실로 가지 않고 휴식을 취하는 등 마취유지 중 환자감시 및 신속한 대응 업무를 소홀히 한 업무상과실이 있다고 본 원심판단은 정당하

나, 한편 갑은 반복적인 혈압상승제 투여에도 불구하고 알 수 없는 원인으로 계속하여 혈압 저하 증상을 보이다가 사망하였는데, 검사가 제출한 증거만으로는 피고인이 직접 갑을 관찰하거나 을의 호출을 받고 신속히 수술실에 가서 대응하였다면 구체적으로 어떤 조치를 더 할 수 있는지, 그러한 조치를 취하였다면 갑이 심정지에 이르지 않았을 것인지 알기 어렵고, 갑에게 심정지가 발생하였을 때 피고인이 갑을 직접 관찰하고 있다가 심폐소생술 등의 조치를 하였더라면 갑이 사망하지 않았을 것이라는 점에 대한 증명도 부족하므로, 피고인의 업무상과실로 갑이 사망하게 되었다는 점이 합리적인 의심의 여지가 없을 정도로 증명되었다고 보기 어려우므로, 피고인에게 업무상과실치사죄를 인정할 수 없다(대법원2023. 8. 31.선고2021도1833판결). 결국, 의사인 피고인이 간호사에게 환자 감시 업무를 맡기고 수술실을 이탈한 후 피해자인 환자에게 심정지가 발생하여 사망한 경우, 업무상과실치사죄를 인정할 수 없다.

① (O) [1] 사기죄의 보호법익은 재산권이므로, 기망행위에 의하여 국가적 또는 공공적 법익이 침해되었다는 사정만으로 사기죄가 성립한다고 할 수 없다. 따라서 도급계약 당시 관련 영업 또는 업무를 규제하는 행정법규나 입찰 참가자격, 계약절차 등에 관한 규정을 위반한 사정이 있더라도 그러한 사정만으로 도급계약을 체결한 행위가 기망행위에 해당한다고 단정해서는 안 되고, 그 위반으로 말미암아 계약 내용대로 이행되더라도 일의 완성이 불가능하였다고 평가할 수 있을 만큼 그 위법이 일의 내용에 본질적인 것인지 여부를 심리·판단하여야 한다(대법원 2019. 12. 27. 선고 2015도10570 판결, 대법원 2020. 2. 6. 선고 2015도9130 판결참조).
[2] 피고인은 2013. 3. 14.경 산림사업법인인 주식회사 한국임업(이하 '한국임업'이라고 한다)을 인수하면서 '산림자원법'이 정한 산림사업법인등록요건중 인력요건을 외형상 갖추기 위하여 관련 자격증 소지자들로부터 자격증을 대여받았다. 한국임업은 보유 인력과 현지에서 고용한 전문인력을 통해 병해충 방제 또는 숲가꾸기 공사계약에서 정한 공사를 모두 완성하였고 시공 내용에 관해서도 벌목 수량 산정에 관한 발주처 기준에 일부 미달한 사항이 있는 것을 제외하고 어떠한 하자가 있었다고 보기도 어렵다. 따라서 산림사업법인설립 또는 법인인수 과정에서 자격증 대여가 있었다는 사정만으로는 피고인에게 병해충 방제 또는 숲가꾸기 공사를 완성할 의사나 능력이 없었다고 단정하기 어렵다. 또한 피고인이 운영하는 한국임업은 이러한 공사 완성의 대가로 발주처로부터 공사대금을 지급받은 것이므로, 설령 피고인이 발주처에 대하여 기술자격증 대여 사실을 숨기는 등의 행위를 하였다고 하더라도 그 행위와 공사대금 지급 사이에 상당인과관계를 인정하기도 어렵다. 이 사건에서 울주군이 지급한 공사대금은 사전 작성된 작업원 운영계획서나 직접시공계획서의 기술 내용이 아닌 실제 수행한 작업량에 따라 사후 정산하는 방식으로 산정되었다. 따라서 피고인이 위 각 서류에 일부 허위의 사실을 기재하였다는 사정만으로는 발주처 계약 담당 공무원에 대하여 계약이행능력이나 공사대금 산정에 관하여 기망행위를 하였다고 보기 어렵다(대법원2022. 7. 14.선고2017도20911판결). 결국, 피고인에게 사기죄가 성립하지 않는다.
② (O) [1] 자동차의 운전자가 통상 예견되는 상황에 대비하여 결과를 회피할 수 있는 정도의 주의의무를 다하지 못한 것이 교통사고 발생의 직접적인 원인이 되었다면, 비록 자동차가 보행자를 직접 충격한 것이 아니고 보행자가 자동차의 급정거에 놀라 도로에 넘어져 상해를 입은 경우라고 할지라도, 업무상 주의의무 위반과 교통사고 발생 사이에 상당인과관계를 인정할 수 있다.
[2] 자동차 운전자는 신호등이 없는 횡단보도가 설치되어 있었으므로, 자동차의 운전업무에 종사하는 사람은 보행자가 있을 경우를 대비하여 서행함으로써 사고를 미리 방지하여야 할 업무상의 주의의무가 있었다. 피고인은 이를 게을리한 채 그대로 진행하다가 횡단보도 근처를 피고인 진행방향 왼쪽에서 오른쪽으로 횡단하는 피해자 공소외인(만 9세, 여, 초등학교 4학년)을 뒤늦게 발견하고 제동을 하였으나 미처 멈추지 못하고 피고인 차량 앞 범퍼 부분으로 피해자의 오른쪽 무릎 부위를 충격하여 피해자에게 약 2주간의 치료를 요하는 우측 족근관절염좌 등의 상해를 입게 하였음에도 피해자를 구호하는 등의 조치를 취하지 않고 그대로 도주하였다. 피고인의 트럭 앞 범퍼 부위로 피해자의 우측 무릎 부위를 직접 충격하여 피해자를 도로에 넘어지게 하였다고 볼 여지가 충분하다. 설령, 피고인의 트럭이 피해자를 직접 충격한 것이 아니었다고 할지라도, 피해자가 도로에 넘어진 직접적인 원인은 횡단보도를 통과하면서 감속하지 않은 피고인의 차량이 급정거한 때문으로 봄이 합리적이다. 피고인의 트럭이 피해자를 직접 충격하지 않았더라도 피고인이 횡단보도 부근에서 안전하게 서행하였더라면 사고 발생을 충분히 피할 수 있었을 것이므로, 피고인의 업무상 주의의무 위반과 사고 발생 사이의 상당인과관계를 인정할 수 있다(대법원2022. 6. 16.선고2022도1401판결). 결국, 피고인은 특정범죄가중처벌등에관한법률위반(도주치상)에 해당한다.
④ (O) [1] 피고인은 2019. 7. 29. 17:30경 의사로서 환자인 피해자의 어깨부위에 주사를 시행하는 과정에서, 주사부위에 메티실린 내성 황색포도상구균(MRSA)을 감염시켜 피해자에게 약 4주간의 치료가 필요한 우측 견관절, 극상근 및 극하근의 세균성 감염 등의 상해를 입게 하였다.
[2] 의료사고에서 의사의 과실을 인정하기 위해서는, 의사가 결과 발생을 예견할 수 있었음에도 이를 예견하지 못하였거나 결과 발생을 회피할 수 있었음에도 이를 회피하지 못하였는지 여부를 검토하여야 하고, 과실 유무를 판단할 때에는 같은 업무·직무에 종사하는 일반적 평균인의 주의 정도를 표준으로 하여 사고 당시의 일반적 의학의 수준과 의료 환경 및 조건, 의료행위의 특수성 등을 고려하여야 한다. 의료사고에서 의사의 과실과 결과 발생 사이에 인과관계를 인정하기 위해서는, 주의의무 위반이 없었더라면 그러한 결과가 발생하지 않았을 것임이 증명되어야 한다.
[3] 그러므로 의사에게 의료행위로 인한 업무상과실치사상죄를 인정하기 위해서는, 의료행위 과정에서 공소사실에 기재된 업무상과실의 존재는 물론 그러한 업무상과실로 인하여 환자에게 상해·사망 등 결과가 발생한 점에 대하여도 엄격한 증거에 따라 합리적 의심의 여지가 없을 정도로 증명이 이루어져야 한다. 설령 의료행위와 환자에게 발생한 상해·사망 등 결과 사이에 인과관계가 인정되는 경우에도, 검사가 공소사실에 기재한 바와 같은 업무상과실로 평가할 수 있는 행위의 존재 또는 그 업무상과실의 내용을 구체적으로 증명하지 못하였다면, 의료행위로 인하여 환자에게 상해·사망 등 결과가 발생하였다는 사정만으로 의사의 업무상과실을 추정하거나 단순한 가능성·개연성 등 막연한 사정을 근거로 함부로 이를 인정할 수는 없다.
[4] 피고인이 시행한 주사치료로 인하여 피해자에게 상해가 발생하였다는 점은 어느 정도 인정되나, 주사치료 과정에서 피고인이 맨손으로 주사하였다거나 알코올 솜의 미사용·재사용, 오염된 주사기의 사용 등 비위생적 조치를 취한 사실에 대한 증명이 합리적 의심을 배제할 정도로 이루어졌다고 볼 수 없고, 피고인의 업무상과실로 평가될 만한 행위의 존재나 업무상과실의 내용이 구체적으로 증명되었다고 보기도 어렵다(대법원2023. 1. 12.선고2022도11163판결).결국, 업무상과실치상죄가 성립하지 않는다.

문제 07 - 정답 ②

▶ ② ㉢㉣(2개)은 옳은 지문이나, ㉠㉡㉤(3개)은 틀린 지문이다.

㉠ (X) **부진정결과적가중범에서**, 고의로 중한 결과를 발생하게 한 행위가 별도의 구성요건에 해당하고 그 **고의범에 대하여 결과적 중범에 정한 형보다 더 무겁게 처벌하는 규정이 있는 경우**에는 그 고의범과 결과적가중범이 상상적 경합관계에 있지만, 위와 같이 **고의범에 대하여 더 무겁게 처벌하는 규정이 없는 경우**에는 결과적가중범이 고의범에 대하여 특별관계에 있으므로 **결과적가중범만 성립하고** 이와 **법조경합(실체적 경합 X)**의 관계에 있는 고의범에 대하여는 **별도로 죄를 구성하지 않는다**(대판2008.11.27. 2008도7311).

㉡ (X) **우리 형법과 성폭력처벌법에서는 다음과 같이 결과적 가중범의 미수를 처벌하는 규정을 두고 있다.**

(참고) 결과적 가중범의 미수를 처벌하는 규정	
형법상 처벌규정 ○	성폭력처벌법상 처벌규정(제8조·제9조) ○
① 강도치사상죄(제342조)	① 특수강도강간치사상죄
② 인질치사상죄(제324조의5)	② 특수강간치사상죄
③ 해상강도치사상죄(제342조)	③ 친족강간치사상죄
④ 현주건조물일수치사죄(제182조)	④ 13세 미만의 미성년자강간치사상죄
	⑤ 장애인에 대한 간음치사상죄

㉢ (○) **피고인이 피해자에게** 우측 흉골골절 및 늑골골절상과 이로 인한 우측 심장벽좌상과 심낭내출혈 등의 **상해를 가함으로써**, **피해자가** 바닥에 쓰러진 채 정신을 잃고 **빈사상태에 빠지자**, 피해자가 **사망한 것으로 오인하고**, 피고인의 행위를 은폐하고 **피해자가 자살한 것처럼 가장하기 위하여** 피해자를 베란다로 옮긴 후 **베란다 밑 약 13m 아래의 바닥으로 떨어뜨려** 피해자로 하여금 현장에서 좌측 측두부 분쇄함몰골절에 의한 **뇌손상 및 뇌출혈 등으로 사망에 이르게 하였다면**, 피고인의 행위는 **포괄하여 단일의 상해치사죄에 해당한다**(대법원1994. 11. 4.선고94도2361판결).

㉣ (○) 「형법」상 **결과적가중범이든 부진정결과적가중범이든 기본범죄는 반드시 고의범인 경우에만 인정**되고 과실범의 경우에는 절대로 인정되지 않는 개념이다. **다만, 중한 결과에서는** 결과적가중범과 부진정결과적가중범은 **다르다**. 즉, **결과적가중범은 중한 결과를 과실로만** 발생시킨 경우에 한하여 성립하나, **부진정결과적가중범은 중한 결과가** 과실이 있는 경우뿐만 아니라 **고의가 있는 경우에도 성립한다**.

㉤ (X) [1] 형법 제188조에 규정된 교통방해에 의한 치사상죄는 **결과적 가중범이므로, 위 죄가 성립하려면** 교통방해 **행위와** 사상의 **결과 사이에 상당인과관계가 있어야** 하고 **행위 시에 결과의 발생을 예견할 수 있어야** 한다. 그리고 교통방해 행위가 피해자의 사상이라는 결과를 발생하게 한 유일하거나 직접적인 원인이 된 경우만이 아니라, 그 행위와 결과 사이에 피해자나 제3자의 과실 등 다른 사실이 개재된 때에도 그와 같은 사실이 통상 예견될 수 있는 것이라면 상당인과관계를 인정할 수 있다.

[2] 피고인이 고속도로 2차로를 따라 자동차를 운전하다가 1차로를 진행하던 갑의 차량 앞에 급하게 끼어든 후 곧바로 정차하여, 갑의 차량 및 이를 뒤따르던 차량 두 대는 연이어 급제동하여 정차하였으나, 그 뒤를 따라오던 을의 차량이 앞의 차량들을 연쇄적으로 추돌케 하여 을을 사망에 이르게 하고 나머지 차량 운전자 등 피해자들에게 상해를 입힌 사안에서, 편도 2차로의 고속도로 1차로 한가운데에 정차한 피고인은 현장의 교통상황이나 일반인의 운전 습관·행태 등에 비추어 고속도로를 주행하는 다른 차량 운전자들이 제한속도 준수나 안전거리 확보 등의 주의의무를 완전하게 다하지 않을 수도 있다는 점을 알았거나 충분히 알 수 있었으므로, **피고인의 정차 행위와 사상의 결과 발생 사이에 상당인과관계가 있고**, 사상의 결과 발생에 대한 **예견가능성도 인정되므로**, 피고인에게 **일반교통방해치사상죄가 인정된다**.

[3] 결과적 가중범에서의 **그와 같은 예견가능성은 일반인(행위자 X)을** 기준으로 **객관적으로 판단되어야 하는 것**인데, 피고인이 한 것과 같은 행위로 뒤따르는 차량들에 의하여 추돌 등의 사고가 야기되어 사상자가 발생할 수 있을 것이라는 점은 **누구나 쉽게 예상할 수 있다**고 할 것이다. **설령 피고인이 정차 당시 사상의 결과 발생을 구체적으로 예견하지는 못하였다고 하더라도**, 그와 같은 교통방해 행위로 인하여 실제 그 결과가 발생한 이상 **교통방해치사상죄의 성립에는 아무런 지장이 없다**(대법원2014. 7. 24.선고2014도6206판결). 결국, 결과적 가중범에서의 중한 결과에 대한 **예견가능성은 일반인(행위자 X)을 기준으로 객관적으로 판단되어야 하는 것**이다.

문제 08 - 정답 ②

▶ ② ㉠㉡㉣㉤(4개)은 옳은 지문이나, ㉢(1개)은 틀린 지문이다.

㉠ (○) [1] 형법 제21조 제1항은 "현재의 부당한 침해로부터 자기 또는 타인의 법익을 방위하기 위하여 한 행위는 상당한 이유가 있는 경우에는 벌하지 아니한다."라고 규정하여 정당방위를 위법성조각사유로 인정하고 있다. 이때 '**침해의 현재성**'이란 **침해행위가 형식적으로 기수에 이르렀는지에 따라 결정되는 것이 아니라** 자기 또는 타인의 법익에 대한 **침해상황이 종료되기 전까지를 의미하는 것**이므로, 일련의 연속되는 행위로 인해 침해상황이 중단되지 아니하거나 일시 중단되더라도 **추가 침해가 곧바로 발생할 객관적인 사유가 있는 경우에는 그중 일부 행위가 범죄의 기수에 이르렀더라도 전체적으로 침해상황이 종료되지 않은 것으로 볼 수 있다**.

[2] 포장부에서 근속한 피고인을 비롯한 다수의 근로자들을 영업부로 전환배치하는 회사의 조치에 따라 노사갈등이 격화되어 있던 중 사용자가 사무실에 출근하여 항의하는 근로자 중 1명의 어깨를 손으로 미는 과정에서 뒤엉켜 넘어져 근로자를 깔고 앉게 되었는데, 피고인이 근로자를 깔고 있는 사용자의 어깨 쪽 옷을 잡고 사용자가 일으켜 세워진 이후에도 그 옷을 잡고 흔들어 폭행으로 기소된 사안에서, **원심은 피고인이 어깨를 흔들 당시 사용자의 가해행위가 종료된 상태였고** 피고인의 행위가 소극적인 저항행위를 넘어서는 적극적인 공격행위라는 이유로 **유죄로 판단하였으나, 피고인의 행위가 정당방위에 해당하지 않는다고 본 원심의 판단에는** 정당방위의 현재성, 상당성, 공격방위의 가능성 등에 관한 법리를 오해하여 필요한 심리를 다하지 않음으로써 판결에 영향을 미친 **잘못이 있다**(대법원2023. 4. 27. 선고 2020도6874 판결). 결국, **피고인에게 정당방위가 성립할 수 있다**.

㉡ (○) 정당방위에서 '**침해의 현재성**'이란 **침해행위가 형식적으로 기수에 이르렀는지에 따라 결정되는 것이 아니라** 자기 또는 타인의 법익에 대한 **침해상황이 종료되기 전까지를 의미하는 것**이므로, 일련의 연속되는 행위로 인해 침해상황이 중단되지 아니하거나 일시 중단되더라도 **추가 침해가 곧바로 발생할 객관적인 사유가 있는 경우에는 그중 일부 행위가 범죄의 기수에 이르렀더라도 전체적으로 침해상황이 종료되지 않은 것으로 볼 수 있다**(대법원 2023. 4. 27. 선고 2020도6874 판결).

㉢ (X) 설문은 **도발된 침해(자초침해)에 대하여 정당방위할 수 있는가의 문제**이다. 즉, 방위상대방으로 하여금 부당한 침해를 하도록

야기한 자가 그 침해에 대해서 정당방위를 할 수 있느냐가 문제이다. 통설은 목적에 의한 도발(의도된 도발, 고의에 의한 도발, 처음부터 의도적으로 도발한 경우)와 책임 있는 도발(과실에 의한 도발)로 나누어 해결한다. 전자의 경우에는 정당방위의 성립을 부정하나, 후자의 경우에는 정당방위를 인정한다. 전자의 경우는 정당방위 상황을 이용하여 공격자를 침해할 목적으로 공격을 유발한 경우이다. 예컨대, 상대방을 살해할 목적으로 상대방으로 하여금 자기를 공격하게 한 후 방위행위를 이용하여 살해한 경우에 정당방위가 인정되지 않기 때문에 살인죄가 인정된다.
㉣ (○) [1] 피해자의 침해행위에 대하여 자기의 권리를 방위하기 위한 부득이한 행위가 아니고, 그 침해행위에서 벗어난 후 분을 풀려는 목적에서 나온 공격행위는 정당방위에 해당한다고 할 수 없다. [2] 임대기간 종료로 집을 비워달라는 집주인과 보증금을 반환받아야 비워주겠다는 임차인인 피고인사이에 다투던 중 집주인의 며느리가 화가 나 피고인 방의 창문을 쇠스랑으로 부수자, 이에 격분하여 배척(속칭 빠루)을 들고 나와 마당에서 이 장면을 구경하다 미처 피고인을 피하여 도망가지 못한 마을주민들을 배척(속칭 빠루)으로 때려 각 상해를 가한 경우, 피고인의 행위는 피해자의 침해행위에 대하여 자기의 권리를 방위하기 위한 부득이한 행위가 아니고, 그 침해행위에서 벗어난 후 분을 풀려는 목적에서 나온 공격행위는 정당방위에 해당한다고 할 수 없다(대판 1996.4.9. 96도241).
㉤ (○) 정당방위의 성립 요건으로서의 방어행위에는 순수한 수비적 방어뿐 아니라 적극적 반격을 포함하는 반격방어의 형태도 포함된다. 다만 정당방위로 인정되기 위해서는 자기 또는 타인의 법익침해를 방어하기 위한 행위로서 상당한 이유가 있어야 한다. 방위행위가 상당한 것인지는 침해행위에 의해 침해되는 법익의 종류와 정도, 침해의 방법, 침해행위의 완급, 방위행위에 의해 침해될 법익의 종류와 정도 등 일체의 구체적 사정들을 참작하여 판단하여야 한다(대법원2023. 4. 27. 선고 2020도6874 판결).

문제 09 - 정답 ④

▶ ④ ㉡㉢㉣(3개)는 옳은 지문이나, ㉠(1개)은 틀린 지문이다.
㉠ (X) 쟁의행위가 정당행위로 위법성이 조각되는 것은 사용자에 대한 관계에서 인정되는 것이므로, 제3자의 법익을 침해한 경우에는 원칙적으로 정당성이 인정되지 않는다. 그런데 도급인(수자원공사)은 원칙적으로 수급인(용역업체) 소속 근로자의 사용자가 아니므로, 수급인 소속 근로자의 쟁의행위가 도급인의 사업장에서 일어나 도급인의 형법상 보호되는 법익을 침해한 경우에는 사용자인 수급인에 대한 관계에서 쟁의행위의 정당성을 갖추었다는 사정만으로 사용자가 아닌 도급인에 대한 관계에서까지 법령에 의한 정당한 행위로서 법익 침해의 위법성이 조각된다고 볼 수는 없다(대법원2020. 9. 3.선고2015도1927판결).
㉡ (○) 그러나 수급인 소속 근로자들이 집결하여 함께 근로를 제공하는 장소로서 도급인의 사업장은 수급인 소속 근로자들의 삶의 터전이 되는 곳이고, 쟁의행위의 주요 수단 중 하나인 파업이나 태업은 도급인의 사업장에서 이루어질 수밖에 없다. 또한 도급인은 비록 수급인 소속 근로자와 직접적인 근로계약관계를 맺고 있지는 않지만, 수급인 소속 근로자가 제공하는 근로에 의하여 일정한 이익을 누리고, 그러한 이익을 향수하기 위하여 수급인 소속 근로자에게 사업장을 근로의 장소로 제공하였으므로 그 사업장에서 발생하는 쟁의행위로 인하여 일정 부분 법익이 침해되더라도 사회통념상 이를 용인하여야 하는 경우가 있을 수 있다(대법원2020. 9. 3. 선고2015도1927판결).
㉢ (○) [1] 따라서 사용자인 수급인에 대한 정당성을 갖춘 쟁의행위가 도급인의 사업장에서 이루어져 형법상 보호되는 도급인의 법익을 침해한 경우, 그것이 항상 위법하다고 볼 것은 아니고, 법질서 전체의 정신이나 그 배후에 놓여있는 사회윤리 내지 사회통념에 비추어 용인될 수 있는 행위에 해당하는 경우에는 형법 제20조의 '사회상규에 위배되지 아니하는 행위'로서 위법성이 조각된다.
[2] 형법 제20조의 '사회상규에 위배되지 아니하는 행위'에 해당하는지 여부는 쟁의행위의 목적과 경위, 쟁의행위의 방식·기간과 행위 태양, 해당 사업장에서 수행되는 업무의 성격과 사업장의 규모, 쟁의행위에 참여하는 근로자의 수와 이들이 쟁의행위를 행한 장소 또는 시설의 규모·특성과 종래 이용관계, 쟁의행위로 인해 도급인의 시설관리나 업무수행이 제한되는 정도, 도급인 사업장 내에서의 노동조합 활동 관행등 여러 사정을 종합적으로 고려하여 판단하여야 한다(대법원2020. 9. 3.선고2015도1927판결).
㉣ (○) 사용자는 쟁의행위 기간 중 그 쟁의행위로 중단된 업무의 수행을 위하여 당해 사업과 관계없는 자를 채용 또는 대체할 수 없다(노동조합 및 노동관계조정법 제43조 제1항). 사용자가 당해 사업과 관계없는 자를 쟁의행위로 중단된 업무의 수행을 위하여 채용 또는 대체하는 경우, 쟁의행위에 참가한 근로자들이 위법한 대체근로를 저지하기 위하여 상당한 정도의 실력을 행사하는 것은 쟁의행위가 실효를 거둘 수 있도록 하기 위하여 마련된 위 규정의 취지에 비추어 정당행위로서 위법성이 조각된다. 위법한 대체근로를 저지하기 위한 실력 행사가 사회통념에 비추어 용인될 수 있는 행위로서 정당행위에 해당하는지는 그 경위, 목적, 수단과 방법, 그로 인한 결과 등을 종합적으로 고려하여 구체적인 사정 아래서 합목적적·합리적으로 고찰하여 개별적으로 판단하여야 한다(대법원2020. 9. 3.선고2015도1927판결). 결국, ① 피고인들은 사용자가 아닌 도급인에 대한 관계에서까지 법령에 의한 정당한 행위로서 법익 침해의 위법성이 조각된다고 볼 수는 없으나, ② 피고인들은 법질서 전체의 정신이나 그 배후에 놓여있는 사회윤리 내지 사회통념에 비추어 용인될 수 있는 행위에 해당하는 경우에는 형법 제20조의 '사회상규에 위배되지 아니하는 행위'로서 위법성이 조각된다.

문제 10 - 정답 ④

▶ ④ (○)사례의 경우는 위법성조각사유의 전제사실에 관한 착오(줄여서 위전착 : 오상방위)의 문제이다. 법효과 제한적 책임설은 구성요건적 고의(불법고의)는 조각되지 아니하나, 착오로 인하여 행위자의 심정반가치를 인정할 수 없으므로 책임고의가 조각되어 그 법적 효과에 있어서만 구성요건적 고의가 조각된 것처럼 과실범의 문제로 취급하자는 견해이다. 이 견해에 따를 때 갑은 상해의 책임고의가 조각되므로 상해죄가 성립하지 않고, 과실치상죄가 성립할 뿐이다.
① (X) 엄격고의설에 의하면 위법성 인식은 책임고의의 내용이므로 위법성조각사유의 전제사실에 대한 착오가 있으면 위법성의 인식이 없으므로 갑은 상해의 책임고의가 조각되므로 상해죄가 성립하지 않고, 과실치상죄가 성립할 뿐이다.
② (X) [1] 제한적 고의설은 위법성 인식의 '가능성'만 있으면(과실로 인해 위법성을 인식하지 못한 경우 또는 위법성을 인식하지 못한데에 과실이 있으면) 고의가 인정되고, 위법성인식의 가능성조차도 없는 경우에만 고의가 조각된다고 보는 견해이다. 따라서 갑은 위법성을 인식할 가능성은 있었으므로, 고의가 인정되어 상해죄가 성립한다.
[2] 이 견해는 과실로 위법성을 인식하지 못한 경우에는 고의책임을 인정하므로 과실을 고의로 보아 논리일관성이 없다는 비판이 제기된다.

③ (X) [1] **엄격책임설**은 위전착을 **금지의 착오**로 보아 일단 **상해의 고의가 인정**되고, **정당한 이유가 있는 때**에는 책임이 조각될 뿐이다(위전착에 관한 학설 중 **가장 불리한 학설이다**).
[2] 갑에게 **정당한 이유가 있었다면 상해죄는 성립하지 않는다**. 그러나 위 사례에서는 **정당한 이유가 없으므로**(회피할 가능성이 있었다 : **조금만 주의를 기울였으면 흉기가 아니라는 것을 알 수 있었음**), 갑은 상해의 고의가 인정되어 **상해죄가 성립**한다.

문제 11 - 정답 ③

▶ ③ ㉠㉤(2개)은 맞는 지문이나, ㉡㉢㉣(3개)은 틀린 지문이다.
㉠ (O) 대판2010.1.28. 2009도10139
㉡ (X) 건설 관련 회사의 유일한 지배자가 회사 대표의 지위에서 장기간에 걸쳐 건설공사 현장소장들의 뇌물공여행위를 보고받고 이를 확인·결재하는 등의 방법으로 위 행사에 관여한 경우, **비록 사전에 구체적인 대상 및 액수를 정하여 뇌물공여를 지시하지 아니하였다고 하더라도** 그 핵심적 경과를 계획적으로 조종하거나 촉진하는 등으로 **기능적 행위지배를 하였다고 보아 공모공동정범이 성립한다**(대판2010.7.15. 2010도3544).
㉢ (X) [1] 공모공동정범이 성립되려면 두사람 이상이 공동의 의사로 특정한 범죄행위를 하기 위하여 일체가 되어 서로가 다른 사람의 행위를 이용하여 각자 자기의 의사를 실행에 옮기는 것을 내용으로 하는 모의를 하여 그에 따라 범죄를 실행한 사실이 인정되어야 하는 것이고 이와 같이 **공모에 참여한 사실이 인정되는 이상 직접 실행행위에 관여하지 않았더라도** 다른 사람의 행위를 자기의사의 수단으로 하여 범죄를 하였다는 점에서 **자기가 직접 실행행위를 분담한 경우와 형사책임의 성립에 차이를 둘 이유가 없는 것이다**.
[2] 그러나 **갑이** 법원등기과 소속 공무원이던 을과의 간에 **국가소유의 이 사건 땅을 그에 관한 등기부등본을 위조하여 피고인의 형의 소유명의로 위조한 다음 그것을 행사하여 다른 사람을 기망하여 팔아먹기로 모의하여 위 등기부등본을 위조 행사한 사실까지는 인정되나, 을의 피해자인 정에 대한 사기의 범행에까지 공모한 사실은 인정되지 않는다**(대법원1988. 4. 12.선고87도2368판결). 결국, 을이 단독으로 위조문서로 정에게 사기친 행위에 갑이 공모한 사실이 없으므로, **갑에게는** 공문서위조죄와 동행사죄의 공동정범은 인정되나, **사기죄의 공모공동정범은 성립하지 않는다**.
㉣ (X) 형법 제30조의 공동정범은 2인 이상이 공동하여 죄를 범하는 것으로서, 공동정범이 성립하기 위하여는 주관적 요건으로서 공동가공의 의사와 객관적 요건으로서 공동의사에 기한 기능적 행위지배를 통한 범죄의 실행사실이 필요하고, **공동가공의 의사는 타인의 범행을 인식하면서도 이를 제지하지 아니하고 용인하는 것만으로는 부족하고** 공동의 의사로 특정한 범죄행위를 하기 위하여 **일체가 되어 서로 다른 사람의 행위를 이용**하여 **자기의 의사를 실행에 옮기는 것을 내용으로 하는 것이어야** 한다(대판2008.4.10. 2008도1274).
㉤ (O) 공동정범은 행위자 상호간에 범죄행위를 공동으로 한다는 공동가공의 의사를 가지고 범죄를 공동실행하는 경우에 성립하는 것으로서, 여기에서의 공동가공의 의사는 공동행위자 상호간에 있어야 하며 **행위자 일방의 가공의사만으로는 공동정범관계가 성립할 수 없다**(대판1985.5.14. 84도2118). 결국, **판례는 편면적 공동정범의 성립을 부정**하고 있다.

문제 12 - 정답 ④

▶ ④ ㉠㉢㉣(3개)은 옳은 지문이나, ㉡㉤(2개)은 틀린 지문이다.
㉠ (O) **공범독립**성설은 공범은 독립된 범죄로서 **교사·방조행위가 있으면** 정범의 실행행위가 없더라도 공범(**교사범·방조범**)이 성립할 수 있다. **제252조 제2항(자살교사·방조죄)은 독립성설에 의해서만 설명이 가능하므로, 당연규정으로 파악**한다. 왜냐하면 자살자는 범죄가 성립하지 아니하나, 형법 제252조 제2항에서 자살교사·방조자는 처벌하고 있으므로 공범독립성설에 의하면 당연한 규정이다.
㉡ (X) 공범종속성설 중 **제한적** 종속형식에 의하면 **정범의 실행행위가 구성요건에 해당하고 위법하면 공범(교사범)이 성립할 수 있고** 유책할 것을 요하지 않는다는 종속형식이다. **책임무능력자인 乙의 위법행위를 교사**한 경우에도 갑은 절도죄의 **교사범이 성립할 수 있다**.
㉢ (O) 공범종속성설에 의하면 **공범(교사범·방조범)은** 정범의 실행행위에 종속해서만 성립할 수 있고, **정범이 적어도 실행의 착수에 이르러야 공범이 성립할 수 있다**는 견해이다. 따라서 **형법에서는 효과없는 교사(제31조 제2항)와 실패한 교사(제31조 제3항)를** 실행의 착수가 없음에도 **처벌하므로 특별(예외)규정**이다. 효과없는 교사(제31조 제2항)와 실패한 교사(제31조 제3항)를 합쳐서 **기도된 교사라고 부른다**.
㉣ (O) 공범**독립**성설은 **제33조 본문은 예외규정**이고, **신분의 개별성**(책임의 개별화)을 **규정한 제33조 단서가 원칙규정**이다
㉤ (X) 공범종속성설 중 **극단적** 종속형식에 의하면 정범의 행위가 **'구성요건에 해당하고 위법, 유책'해야 공범이 성립한다**는 종속 형식이다. 乙은 절도죄의 **'구성요건에 해당하고 위법하고 책임'까지 있고, 단지 친족상도례(부자지간이므로)에 의하여 형이 면제될 뿐이다**. 따라서 **乙의 행위는** 절도죄의 '구성요건에 해당하고 위법하고 책임'까지 있으므로, 갑은 **절도죄의 교사범이 성립한다**.

<공범종속성설과 공범독립성설>

구분	공범종속성설(통설)	공범독립성설
개념	공범이 성립하려면 **정범의 실행행위가 있어야 한다**는 견해	공범은 독립된 범죄이므로, 공범은 정범의 실행행위가 없더라도 **교사행위와 방조행위만 있으면 성립한다**는 견해
논거	객관주의 범죄론(구파)과 결합	주관주의 범죄론(신파)과 결합
간접정범의 정범성	**간접정범의 개념 긍정**(정범이 처벌되지 않은 경우에는 공범도 처벌되지 아니하므로, 이용자를 처벌하기 위해 간접정범을 정범으로 봄)	**간접정범의 개념 부정**(교사·방조행위가 있는 이상 공범은 성립할 수 있으므로 ,이용자는 정범이 아니라 공범)
공범의 미수	① **미수의 공범**(정범이 미수에 그친 경우) ⇒ 정범의 실행의 착수가 있으므로 **성립 가능** ② **공범의 미수**(교사·방조행위 자체가 미수에 그쳐 정범이 실행행위로 나아가지 않은 경우) ⇒ 정범의 실행의 착수가 없으므로 **성립 불가능**	공범은 정범의 실행행위 여부와는 관계없이 성립(정범과 독립된 범죄)하므로, **미수의 공범은 물론 공범의 미수도 성립 가능** ⇒ 공범과 간접정범의 구별필요성 부정(둘다 교사방조하는 것이므로)
형법상기도된 교사의 성격	기도된 교사(효과없는 교사(제31조 제2항) + 실패한 교사(제31조 제3항))는 **특별(예외)규정**	기도된 교사(제31조 제2항·제3항)는 공범독립성설에 근거한 **원칙규정(당연규정)**
제33조 본문의 성격	신분의 **연대성**을 규정한 **제33조 본문은 당연규정**	**제33조 본문은 예외규정**이고, 신분의 **개별성**을 규정한 제33조 단서가 원칙규정
자살교사·방조처벌규정의 성격	자살이 범죄가 아님에도 불구하고 교사·방조자를 처벌하는 제252조 제2항은 **특별규정**	제252조 제2항은 독립성설에 의해서만 설명이 가능하므로, **당연규정**

문제 13 - 정답 ①

▶ ① ㉠㉡(2개)은 일죄이나, ㉢㉣㉤(3개)은 경합범이다.

㉠ (포괄일죄 ○) [1] 음주운전으로 인한 도로교통법 위반죄의 보호법익과 처벌방법을 고려할 때, 혈중알콜농도 0.05% 이상의 음주상태로 동일한 차량을 일정기간 계속하여 운전하다가 1회 음주측정을 받았다면 이러한 음주운전행위는 동일 죄명에 해당하는 연속된 행위로서 단일하고 계속된 범의하에 일정기간 계속하여 행하고 그 피해법익도 동일한 경우이므로 포괄일죄에 해당한다.
[2] 음주상태로 자동차를 운전하다가 제1차 사고를 내고 그대로 진행하여 제2차 사고를 낸 후 음주측정을 받아 도로교통법 위반(음주운전)죄로 약식명령을 받아 확정되었는데, 그 후 제1차사고 당시의 음주운전으로 기소된 사안에서 위 공소사실이 약식명령이 확정된 도로교통법 위반(음주운전)죄와 포괄일죄 관계에 있다(대법원2007. 7. 26.선고2007도4404판결).

㉡ (단순일죄 ○) [1] 절도 범인으로부터 장물보관 의뢰를 받은 자가 그 정을 알면서 이를 인도받아 보관하고 있다가 임의 처분하였다 하여도 장물보관죄가 성립하는 때에는 이미 그 소유자의 소유물 추구권을 침해하였으므로 그 후의 횡령행위는 불가벌적 사후행위에 불과하여 별도로 횡령죄가 성립하지 않는다.
[2] 피고인이 업무상 과실로 장물을 보관하고 있다가 처분한 행위는 업무상과실장물보관죄의 가벌적 평가에 포함되고 별도로 횡령죄를 구성하지 않는다.
[2] 피고인(감정평가업자)이 갑으로부터 장물인 고려청자원앙형 향로 1점을 2억 5,000만 원에 매각하여 달라는 의뢰를 받음에 있어 위 향로가 장물인지 여부를 확인하여야 할 업무상 주의의무가 있음에도 이를 게을리한 과실로 위 향로를 넘겨받아 장물을 보관하던 중, 을로부터 금원을 차용하면서 위와 같이 보관중이던 위 향로를 담보로 제공한 사실을 인정한 후, 피고인이 업무상 과실로 장물인 위 향로를 보관하고 있다가 처분한 이 사건 행위는 업무상과실장물보관죄의 가벌적 평가에 포함되고 별도로 횡령죄를 구성하지 않는다(대법원2004. 4. 9.선고2003도8219판결). 결국, 업무상과실장물보관죄의 일죄가 될 뿐이다.

㉢ (경합범) 대마취급자가 아닌 자가 절취한 대마를 흡입할 목적으로 소지하는 행위는 절도죄의 보호법익과는 다른 새로운 법익을 침해하는 행위이므로 절도죄의 불가벌적 사후행위로서 절도죄에 포괄흡수된다고 할 수 없고 절도죄 외에 별개의 죄를 구성한다고 할 것이며, 절도죄와 무허가대마소지죄는 경합범의 관계에 있다(대법원1999. 4. 13.선고98도3619판결).

㉣ (경합범) [1] 배임죄와 횡령죄의 구성요건적 차이에 비추어 보면, 회사에 대한 관계에서 타인의 사무를 처리하는 자가 임무에 위배하여 회사로 하여금 자신의 채무에 관하여 연대보증채무를 부담하게(배임죄) 한 다음, 회사의 금전을 보관하는 자의 지위에서 회사의 이익이 아닌 자신의 채무를 변제하려는 의사로 회사의 자금을 자기의 소유인 경우와 같이 임의로 인출한 후 개인채무의 변제에 사용한 행위(횡령죄)는, 연대보증채무 부담으로 인한 배임죄와 다른 새로운 보호법익을 침해하는 것으로서 배임 범행의 불가벌적 사후행위가 되는 것이 아니라 별죄인 횡령죄를 구성한다고 보아야 하며, 횡령행위로 인출한 자금이 선행 임무위배행위로 인하여 회사가 부담하게 된 연대보증채무의 변제에 사용되었다 하더라도 달리 볼 것은 아니다.
[2] 갑 주식회사의 대표이사와 실질적 운영자인 피고인들이 공모하여, 자신들이 을에 대해 부담하는 개인채무 지급을 위하여 갑 회사로 하여금 약속어음을 공동발행하게 하고 위 채무에 대하여 연대보증하게 한(배임죄) 후에 갑 회사를 위하여 보관 중인 돈을 임의로 인출하여 을에게 지급하여 위 채무를 변제한 사안에서, 피고인들이 갑 회사의 돈을 보관하는 자의 지위에서 회사의 이익이 아니라 자신들의 채무를 변제하려는 의사로 회사 자금을 자기의 소유인 경우와 같이 임의로 인출한 후 개인채무의 변제에 사용한 행위는, 약속어음금채무와 연대보증채무 부담으로 인한 회사에 대한 배임죄와 다른 새로운 보호법익을 침해하는 것으로서 배임 범행의 불가벌적 사후행위가 되는 것이 아니라 별죄인 횡령죄를 구성한다(대법원2011. 4. 14.선고2011도277판결). 결국, 피고인들은 배임죄와 횡령죄의 경합범이 성립한다.

㉤ (경합범) [1] 수 개의 등록상표에 대하여 상표법 제230조의 상표권 침해행위가 계속하여 이루어진 경우에는 등록상표마다 포괄하여 1개의 범죄가 성립한다.
[2] 그러나 하나의 유사상표 사용행위로 수 개의 등록상표를 동시에 침해하였다면 각각의 상표법 위반죄는 상상적 경합의 관계에 있다. 피고인 갑 주식회사의 대표이사인 피고인 을이 병 주식회사의 등록상표 '코크린', 'Coclean 코크린'(이하 차례로 '제1, 2 등록상표'라 한다)과 유사한 상표인 '코코크린', 'kokoCLEAN'을 그 지정상품과 동일한 상품에 부착하여 인터넷 쇼핑몰 등에서 판매함으로써 병 회사의 상표권을 침해하였다는 공소사실이 원심에서 유죄로 인정된 사안에서, 공소사실 중 제1 등록상표의 침해로 인한 상표법 위반죄와 제2 등록상표의 침해로 인한 상표법 위반죄는 각각 포괄일죄의 관계에 있고, 피고인 을은 하나의 유사상표 사용행위로 제1 등록상표와 제2 등록상표를 동시에 침해하였으므로 이들 포괄일죄 상호 간에는 상상적 경합범 관계가 성립한다(대법원2020. 11. 12.선고2019도11688판결).
[3] 가. 수개의 등록상표에 대하여상표법 제93조에서 정한 상표권 침해 행위가 계속하여 행하여진 경우에는 각 등록상표 1개마다 포괄하여 1개의 범죄가 성립하므로, 특별한 사정이 없는 한 상표권자 및 표장이 동일하다는 이유로 등록상표를 달리하는 수개의 상표권 침해 행위를 포괄하여 하나의 죄가 성립하는 것으로 볼 수 없다.
나. 피고인이 위조상표가 부착된 상품을 판매하여 갑의 상표권을 침해하였다는 내용으로 기소된 사안에서, 이미 유죄판결이 확정된 을 등록상표에 대한 상표권침해죄 범죄사실과 공소사실 중 병 등록상표에 대한 상표권침해 부분은 침해의 대상이 되는 등록상표를 달리하여 각 별개의 상표권침해죄를 구성하므로 비록 상표권자 및 표장이 같더라도 두 죄를 포괄하여 하나의 죄가 성립하는 것으로 볼 수 없다.
다. '살바토레 페라가모 이탈리아 에스.피.에이.'(甲 회사)가 1986. 11. 20. '핸드백' 등 가방류(을 상품)를 지정상품으로 하여 "SALVATORE FERRAGAMO" 상표등록(등록번호 1 생략)을, 1987. 1. 20. '샌들화' 등 신발류(병 상품)를 지정상품으로 하여 "SALVATORE FERRAGAMO" 상표등록(등록번호 2 생략)을, 2001. 9. 7. '넥타이핀' 등과 같은 장신구(정 상품)를 지정상품으로 하여 "Salvatore Ferragamo" 상표·서비스표등록(등록번호 3 생략)을 각 받았다. 그런데, 피고인은 2008. 2. 18.부터 2008. 4. 28.까지 인터넷 쇼핑몰을 통하여 위조상표가 부착된 페라가모(FERRAGAMO) '핸드백' 등 가방류 등(을 상품)을 판매함으로써 페라가모 상표권을 침해하여 확정판결을 받았다. 그런데 이 확정판결의 범죄사실에는 그 침해품으로 '샌들화' 등과 같은 신발류(병 상품)가 전혀 나타나 있지 않은 사실을 알 수 있다. 따라서 피고인이 2008. 3. 15.부터 2008. 8. 14.까지 인터넷 쇼핑몰을 통하여 페라가모 '샌들화' 등과 같은 신발류(병 상품)를 이름을 알 수 없는 자들에게 합계 87,773,730원(정품시가 300,995,000원 상당)에 판매함으로써 '샌들화' 등을 지정상품(병 상품)으로 하는 "SALVATORE FERRAGAMO"(등록번호 2 생략) 상표권을 침해하였다는 부분과 위 판결이 확정된 범죄사실(을 상품)은 그 침해의 대상이 되는 등록상표를 달리하여 각 별개의 상표권침해죄를 구성한다고 할 것이므로, 비록 그 상표권자 및 표장이 같다고 하더라도 위 공소사실(병 상품의 등록상표)과 위 확정판결의 범죄사실(을 상품의 등록상표)을 포괄하여 하나의 죄가 성립하는 것으로 볼 수 없다(대판2011.7.14. 2009도10759). 결국, 을과 병에 대한 경합범이 성립한다.

문제 14 - 정답 ④

▶ ④ (X) 형법 제59조 제1항(선고유예) 단행에서 정한 '자격정지 이상의 형을 받은 전과'라 함은 자격정지 이상의 형을 선고받은 범죄경력 자체를 의미하는 것이고 그 형의 효력이 상실된 여부는 묻지 않는다. 따라서 형의 집행유예를 선고받은 자는 형법 제65조에 의하여 그 선고가 실효 또는 취소됨이 없이 정해진 유예기간을 무사히 경과하여 형의 선고가 효력을 잃게 되었다고 하더라도 이로써 형의 선고가 있었다는 기왕의 사실 자체까지 없어지는 것은 아니므로, 형법 제59조 제1항 단행에서 정한 선고유예 결격사유인 '자격정지 이상의 형을 받은 전과가 있는 자'에 해당한다(대판2003도3768).
① (O) "개전의 정상이 현저한 때"가 반드시 피고인이 죄를 깊이 뉘우치는 경우만을 뜻하는 것으로 제한하여 해석하거나, 피고인이 범죄사실을 자백하지 않고 부인할 경우에는 언제나 선고유예를 할 수 없다고 해석할 것은 아니라고 하여 범죄사실을 부인하는 자에게도 선고유예를 할 수 있다(대판2003.2.20. 2001도6138 전원합의체판결).
② (O) 형을 가중·감경할 사유가 경합하는 경우에는 다음 각 호의 순서에 따른다.

제56조(가중·감경의 순서) 형을 가중·감경할 사유가 경합하는 경우에는 다음 각 호의 순서에 따른다(각 → 특 → 누 → 법 → 경 → 작).
1. 각칙 조문에 따른 가중
2. 제34조 제2항(특수교사·특수방조 가중)에 따른 가중
3. 누범 가중(형법 제35조 제2항: 누범의 형은 그 죄에 대하여 정한 형의 장기(長期)의 2배까지 가중한다.)
4. 법률상 감경(형법 제55조 제1항 제3호: 유기징역 또는 유기금고를 감경할 때에는 그 형기의 2분의 1로 한다.)
5. 경합범 가중
6. 정상참작감경
※ 결국, 중상해죄의 법정형이 1년 이상(단기, 하한) 10년 이하(장기, 상한)의 징역이므로
1) 누범 가중하면 1년 이상(단기, 하한) 20년 이하(장기, 상한)의 징역이고(장기만 2배 가중한다),
2) 법률상 감경사유인 심신미약을 감경하면 6개월 이상(단기, 하한) 10년 이하(장기, 상한)의 징역이 처단형이 된다(단기와 장기 모두 2분의 1 감경할 수 있다).
3) 갑에게 선고할 수 있는 형의 최하한은 징역6월이다.

③ (O) 형법 제41조, 사면법 제5조 제1항 제2호, 제7조등의 규정의 내용 및 취지에 비추어 보면, 여러 개의 형이 병과된 사람에 대하여 그 병과형 중 일부의 집행을 면제하거나 그에 대한 형의 선고의 효력을 상실케 하는 특별사면이 있은 경우, 그 특별사면의 효력이 병과된 나머지 형에까지 미치는 것은 아니므로 징역형의 집행유예와 벌금형이 병과된 신청인에 대하여 징역형의 집행유예의 효력을 상실케 하는 내용의 특별사면이 그 벌금형의 선고의 효력까지 상실케 하는 것은 아니다(대법원1997. 10. 13.자96모33결정).

문제 15 - 정답 ①

▶ ① (X) 피고인이 강간하려고 피해자의 반항을 억압하는 과정에서 주먹으로 피해자의 얼굴과 머리를 몇 차례 때려 피해자가 코피를 흘리고(흘린 코피가 이불에 손바닥 만큼의 넓이로 묻었음)콧등이 부었다면 비록 병원에서 치료를 받지 않더라도 일상생활에 지장이 없고 또 자연적으로 치료될 수 있는 것이라 하더라도 강간치상죄에 있어서의 상해에 해당한다(대법원1991. 10. 22.선고91도1832판결). 대부분 판례에서는 일상생활에 지장이 없고 또 자연적으로 치료될 수 있는 것이라면 상해에 해당하지 않는다고 보았으나, 주먹으로 때려 코피를 흘리고 콧등이 부은 사건에서는 강간치상죄의 상해를 인정하였다.
② (O) [1] 강간치상죄나 강제추행치상죄에 있어서의 상해는 피해자의 신체의 완전성을 훼손하거나 생리적 기능에 장애를 초래하는 것, 즉 피해자의 건강상태가 불량하게 변경되고 생활기능에 장애가 초래되는 것을 말하는 것으로, 여기서의 생리적 기능에는 육체적 기능뿐만 아니라 정신적 기능도 포함된다.
[2] 수면제와 같은 약물을 투약하여 피해자를 일시적으로 수면 또는 의식불명 상태에 이르게 한 경우에도 약물로 인하여 피해자의 건강상태가 불량하게 변경되고 생활기능에 장애가 초래되었다면 자연적으로 의식을 회복하거나 외부적으로 드러난 상처가 없더라도 이는 강간치상죄나 강제추행치상죄에서 말하는 상해에 해당한다. 그리고 피해자에게 이러한 상해가 발생하였는지는 객관적, 일률적으로 판단할 것이 아니라 피해자의 연령, 성별, 체격 등 신체·정신상의 구체적인 상태, 약물의 종류와 용량, 투약방법, 음주 여부 등 약물의 작용에 미칠 수 있는 여러 요소를 기초로 하여 약물 투약으로 인하여 피해자에게 발생한 의식장애나 기억장애 등 신체,정신상의 변화와 내용및 정도를 종합적으로 고려하여 판단하여야 한다.
[3] 피해자(여, 40세)는 평소 건강에 별다른 이상이 없었던 사람으로 피고인으로부터 졸피뎀 성분의 수면제(성인 권장용량의 1.5배 내지 2배 정도에 해당하는 양)가 섞인 커피를 받아 마신 다음 곧바로 정신을 잃고 깊이 잠들었다가 약 4시간 뒤에 깨어났는데, 피해자는 그때마다 잠이 든 이후의 상황에 대해서 제대로 기억하지 못하였고, 가끔 정신이 희미하게 든 경우도 있었으나 자신의 의지대로 생각하거나 행동하지 못한 채 곧바로 기절하다시피 다시 깊은 잠에 빠졌다. 피고인은 13회에 걸쳐 이처럼 피해자를 항거불능 상태에 빠뜨린 후 피해자를 강간하거나 강제로 추행하였다. 피해자가 의식을 회복한 다음 그때마다 특별한 치료를 받지는 않았으나, 결국 피고인의 반복된 약물 투약과 그에 따른 강간 또는 강제추행 범행으로 외상 후 스트레스 장애까지 입은 것으로 보인다. 결국, 피해자는 약물 투약으로 항거가 불가능하거나 현저히 곤란해진 데에서 더 나아가 건강상태가 나쁘게 변경되고 생활기능에 장애가 초래되는 피해를 입었

다고 할 것이므로, 이는 강간치상죄나 강제추행치상죄에서 말하는 상해에 해당한다(대판2017.6.29. 2017도3196). 결국, 강간범죄로 인하여 피해자가 겪은 불안, 불면, 악몽, 자책감, 우울감정, 대인관계 회피, 일상생활에 대한 무관심, 흥미상실 등의 증상은 의학적으로는 특수한 정신과적 증상인 외상 후 스트레스 장애에 해당하여 강간치상죄의 상해에 포함된다.

③ (○) 대법원2000. 2. 11.선고99도4794판결

④ (○) 폭행죄에서 말하는 폭행이란 사람의 신체에 대하여 육체적·정신적으로 고통을 주는 유형력을 행사함을 뜻하는 것으로서 반드시 피해자의 신체에 접촉함을 필요로 하는 것은 아니고, 그 불법성은 행위의 목적과 의도, 행위 당시의 정황, 행위의 태양과 종류, 피해자에게 주는 고통의 유무와 정도 등을 종합하여 판단하여야 한다. 따라서 자신의 차를 가로막는 피해자를 부딪친 것은 아니라고 하더라도, 피해자를 부딪칠 듯이 차를 조금씩 전진시키는 것을 반복하는 행위 역시 피해자에 대해 위법한 유형력을 행사한 것이라고 보아야 한다(대법원2016. 10. 27.선고2016도9302판결). 결국, 특수폭행죄가 성립한다.

문제 16 - 정답 ③

▶ ③ ㉠㉡㉢(3개)는 옳은 지문이나, ㉣㉤(2개)은 틀린 지문이다.

㉠ (○) 형벌법규의 해석은 엄격하여야 하고 명문규정의 의미를 피고인에게 불리한 방향으로 지나치게 확장해석하거나 유추해석하는 것은 죄형법정주의의 원칙에 어긋나는 것으로서 허용되지 않는다. 성폭력범죄의 처벌 및 피해자보호 등에 관한 법률(이하 '법'이라고만 한다) 제5조 제2항은 "형법 제334조(특수강도) 또는제342조(미수범, 다만,제334조의 미수범에 한한다)의 죄를 범한 자가 동법 제297조(강간) 내지제299조(준강간, 준강제추행)의 죄를 범한 때에는 사형·무기 또는 10년 이상의 징역에 처한다."라고 규정하고 있는바, 법 제5조 제2항이 형법의 특정조문을 명시하는 규정형식을 취하고 있다는 점, 법 제5조 제2항, 형법 제298조의 특수강도강제추행죄는 특수강도죄와 강제추행죄의 결합범으로서 특수강도의 신분을 가지게 된 자가 강제추행이라는 새로운 고의 아래 강제추행에 나아갈 때 성립하는 범죄라는 점 등에 비추어 보면, 법 제5조 제2항소정의 특수강도강제추행죄의 주체는 형법의 제334조 소정의 특수강도범 및 특수강도미수범의 신분을 가진 자에 한정되는 것으로 보아야 하고, 형법 제335조, 제342조에서 규정하고 있는 준강도범 내지 준강도미수범은 법 제5조 제2항의 행위주체가 될 수 없다(대법원2006. 8. 25.선고2006도2621판결).

㉡ (○) 강간죄가 성립하려면 가해자의 폭행·협박은 피해자의 항거를 불가능하게 하거나 현저히 곤란하게 할 정도의 것이어야 한다. 또한 강간죄에서의 폭행·협박과 간음 사이에는 인과관계가 있어야 하나, 폭행·협박이 반드시 간음행위보다 선행되어야 하는 것은 아니다(대판2017.10.12. 2016도16948, 2016전도156).

㉢ (○) 대판2013.9.26. 2013도5856

㉣ (X) [1] 성폭력범죄의 처벌 등에 관한 특례법 제10조는 '업무상 위력 등에 의한 추행'에 관한 처벌 규정인데, 제1항에서 "업무, 고용이나 그 밖의 관계로 인하여 자기의 보호, 감독을 받는 사람에 대하여 위계 또는 위력으로 추행한 사람은 3년 이하의 징역 또는 1천 500만 원 이하의 벌금에 처한다."라고 정하고 있다. '업무, 고용이나 그 밖의 관계로 인하여 자기의 보호, 감독을 받는 사람'에는 직장 안에서 보호 또는 감독을 받거나 사실상 보호 또는 감독을 받는 상황에 있는 사람뿐만 아니라 채용 절차에서 영향력의 범위 안에 있는 사람도 포함된다. 그리고 '위력'이란 피해자의 자유의사를 제압하기에 충분한 힘을 말하고, 유형적이든 무형적이든 묻지 않고 폭행·협박뿐만 아니라 사회적·경제적·정치적인 지위나 권세를 이용하는 것도 가능하며, 현실적으로 피해자의 자유의사가 제압될 필요는 없다.

[2] 편의점 업주인 피고인이 아르바이트 구인 광고를 보고 연락한 갑을 채용을 빌미로 불러내 면접을 한 후 자신의 집으로 유인하여 갑의 성기를 만지고 갑에게 피고인의 성기를 만지게 하였다고 하여 성폭력범죄의 처벌 등에 관한 특례법 위반(업무상위력등에의한추행)으로 기소된 사안에서, 피고인이 채용 권한을 가지고 있는 지위를 이용하여 갑의 자유의사를 제압하여 갑을 추행하였다고 본 원심판단이 정당하다고 한 사례(대법원2020. 7. 9.선고2020도5646판결).

㉤ (X) [1] 추행이라 함은 객관적으로 일반인에게 성적 수치심이나 혐오감을 일으키게 하고 선량한 성적 도덕관념에 반하는 행위로서 피해자의 성적 자유를 침해하는 것으로, 이에 해당하는지 여부는 피해자의 의사, 성별, 연령, 행위자와 피해자의 이전부터의 관계, 그 행위에 이르게 된 경위, 구체적 행위태양, 주위의 객관적 상황과 그 시대의 성적 도덕관념 등을 종합적으로 고려하여 신중히 결정되어야 한다. 성적 자유를 침해당했을 때 느끼는 성적 수치심은 부끄럽고 창피한 감정만으로 나타나는 것이 아니라 다양한 형태로 나타날 수 있다. 추행행위에 해당하기 위해서는 객관적으로 일반인에게 성적 수치심이나 혐오감을 일으키게 할 만한 행위로서 선량한 성적 도덕관념에 반하는 행위를 행위자가 대상자를 상대로 실행하는 것으로 충분하고, 그 행위로 말미암아 대상자가 성적 수치심이나 혐오감을 반드시 실제로 느껴야 하는 것은 아니다.

[2] 피고인은 처음 보는 여성인 피해자의 뒤로 몰래 접근하여 성기를 드러내고 피해자를 향한 자세에서 피해자의 등 쪽에 소변을 보았다고 할 것인바, 그 행위를 앞서 본 법리에 비추어 평가하면 객관적으로 일반인에게 성적 수치심이나 혐오감을 일으키게 하고 선량한 성적 도덕관념에 반하는 행위로서 피해자의 성적 자기결정권을 침해하는 추행행위에 해당한다고 볼 여지가 있다. 피고인의 행위가 객관적으로 추행행위에 해당한다면 그로써 행위의 대상이 된 피해자의 성적 자기결정권은 침해되었다고 보아야 할 것이고, 행위 당시에 피해자가 이를 인식하지 못하였다고 하여 추행에 해당하지 않는다고 볼 것은 아니다(대법원2021. 10. 28.선고2021도7538판결). 결국, 피고인은 아파트 놀이터에서 나무의자에 앉아 휴대전화로 통화를 하고 있는 피해자(여, 18세)의 등 뒤로 몰래 다가가 피해자의 머리카락 및 입고 있는 후드티와 패딩점퍼 위에 소변을 본 경우, 객관적으로 추행행위에 해당하므로 행위 당시에 피해자가 성적 수치심이나 혐오감을 반드시 실제로 느끼지 못하였거나 주관적으로 이를 인식하지 못하였다하여도 강제추행죄가 성립한다.

문제 17 - 정답 ②

▶ ② ㉠㉣㉤(3개)은 옳은 지문이나, ㉡㉢(2개)는 틀린 지문이다.

㉠ (○) 대법원2020. 11. 19.선고2020도5813전원합의체 판결

㉡ (X) 전파가능성 법리는 정보통신망 이용촉진 및 정보보호 등에 관한 법률(이하 '정보통신망법'이라 한다)상 정보통신망을 이용한 명예훼손이나 공직선거법상 후보자비방죄 등의 공연성 판단에도 동일하게 적용되어, 적시한 사실이 허위인지 여부나 특별법상 명예훼손 행위인지 여부에 관계없이 명예훼손 법죄의 공연성에 관한 대법원 판례의 기본적 법리로 적용되어 왔다(대법원2020. 11. 19.선고2020도5813전원합의체 판결).

㉢ (X) 대법원은 '특정의 개인이나 소수인에게 개인적 또는 사적

으로 정보를 전달하는 것과 같은 행위는 공연다고 할 수 없고, 다만 특정의 개인 또는 소수인이라고 하더라도 불특정 또는 다수인에게 전파 또는 유포될 개연성이 있는 경우라면 공연다고 할 수 있다'고 판시하여 전파될 가능성에 대한 증명의 정도로 단순히 '가능성'이 아닌 '개연성'을 요구하였다.
ㄹ (O) 대법원2000. 2. 25.선고99도4757판결
ㅁ (O) [1] 군형법 제64조 제3항의 상관명예훼손죄는 행위의 상대방이 '상관'이라는 점에서 형법 제307조 제1항의 명예훼손죄와 구별되는 것일 뿐 구성요건적 행위인 명예훼손을 형법상의 개념과 다르게 해석할 이유가 없다. 따라서 군형법상 상관명예훼손죄와 형법상 명예훼손죄의 불법내용에 본질적인 차이가 있다고 보기 어렵고, 문제되는 행위가 '공공의 이익에 관한 때'에 해당하는지를 심사할 때에 상관명예훼손죄가 보호하고자 하는 군의 통수체계와 위계질서에 대한 침해 위험 등을 추가적으로 고려함으로써 위법성조각사유의 해당 여부를 판단하면 충분하다.
[2] 피고인이 '국방부유해발굴단 감식단장이 유해의 국적에 대해 다른 국적 가능성을 묵살하였다'는 내용의 인터넷 기사 댓글에 '위 기사의 제보자(피해자)는 현재 성희롱 등으로 검찰조사 받고 있다' 댓글을 게시함으로써 공연히 사실을 적시하여 상관인 피해자의 명예를 훼손하였다는 상관명예훼손으로 기소된 사안에서, 군형법 제64조 제3항의 사실적시 상관명예훼손죄에 형법 제310조를 유추적용할 수 있고 피고인의 행위가 진실한 사실로서 오로지 공공의 이익에 관한 때에 해당한다(대법원 2024. 4. 16. 선고 2023다13333 판결). 결국, 이 사건 공소사실은 형법 제310조에 따라 위법성이 조각되어 무죄이다.

문제 18 - 정답 ④

▶ ④ (X) 다른 사람이 작성한 논문을 피고인 단독 혹은 공동으로 작성한 논문인 것처럼 학술지에 제출하여 발표한 논문연구실적을 부교수 승진심사 서류에 포함하여 제출한 사안에서, 당해 논문을 제외한 다른 논문만으로도 부교수 승진 요건을 월등히 충족하고 있었다는 등의 사정만으로는 승진심사 업무의 적정성이나 공정성을 해할 위험성이 없었다고 단정할 수 없으므로, 위계에 의한 업무방해죄를 구성한다(대법원2009. 9. 10.선고2009도4772판결).
① (O) 형법 제314조 제2항의 컴퓨터 등 장애 업무방해죄에서 '기타 방법'이란 컴퓨터의 정보처리에 장애를 초래하는 가해수단으로서 컴퓨터의 작동에 직접·간접으로 영향을 미치는 일체의 행위를 말하나, 위 죄가 성립하기 위해서는 위와 같은 가해행위의 결과 정보처리장치가 그 사용목적에 부합하는 기능을 하지 못하거나 사용목적과 다른 기능을 하는 등 정보처리의 장애가 현실적으로 발생하였을것을 요한다(대법원2010. 9. 30.선고2009도12238판결).
② (O) 업무방해죄에 있어서의 행위의 객체는 타인의 업무이고, 여기서 타인이라 함은 법인 이외의 자연인과 법인 및 법인격 없는 단체를 가리킨다. △△△대 학칙 등에 따라 △△△대의 입학에 관한 업무가 총장인 피고인의 권한에 속한다고 하더라도, 그중 면접업무는 면접위원들에게, 신입생 모집과 사정업무는 교무위원들에게 각 위임되었고, 그 수임자들은 각자의 명의와 책임으로 수임받은 권한을 행사하여야 한다. 따라서 위와 같이 위임된 업무는 면접위원들 및 교무위원들의 독립된 업무에 속하고, 총장인 피고인의 관계에서도 타인의 업무에 해당한다(대법원2018. 5. 15.선고2017도19499판결).
③ (O) [1] 형법상 업무방해죄의 보호대상이 되는 '업무'라 함은 직업 또는 계속적으로 종사하는 사무나 사업을 말하는 것으로서 타인의 위법한 행위에 의한 침해로부터 보호할 가치가 있는 것이면 되고, 그 업무의 기초가 된 계약 또는 행정행위 등이 반드시 적법하여야 하는 것은 아니므로, 법률상 보호할 가치가 있는 업무인지 여부는 그 사무가 사실상 평온하게 이루어져 사회적 활동의 기반이 되고 있느냐에 따라 결정되는 것이고, 그 업무의 개시나 수행과정에 실체상 또는 절차상의 하자가 있다고 하더라도 그 정도가 반사회성을 띠는 데까지 이르지 아니한 이상 업무방해죄의 보호대상이 된다고 보아야 한다.
[2] 의료인이나 의료법인이 아닌 자가 의료기관을 개설하여 운영하는 행위는 업무방해죄의 보호대상이 되는 업무에 해당하지 않는다(대법원 2001. 11. 30. 선고 2001도2015 판결 참조). 그러나 무자격자에 의해 개설된 의료기관에 고용된 의료인이 환자를 진료한다고 하여 그 진료행위 또한 당연히 반사회성을 띠는 행위라고 볼 수는 없다. 이때 의료인의 진료업무가 업무방해죄의 보호대상이 되는 업무인지는 의료기관의 개설·운영 형태, 해당 의료기관에서 이루어지는 진료의 내용과 방식, 피고인의 행위로 인하여 방해되는 업무의 내용 등 사정을 종합적으로 고려하여 판단해야 한다.
[3] 무자격자가 의료기관을 개설하여 운영하는 행위는 업무방해죄의 보호대상이 되는 업무에 해당하지 않더라도 고용된 의료인이 환자를 진료하는 행위는 업무방해죄의 보호대상이 될 수 있으므로, 의료기관의 개설·운영 형태, 해당 의료기관에서 이루어지는 진료의 내용과 방식, 피고인의 행위로 인하여 방해되는 업무의 내용 등 사정을 종합적으로 고려하여 판단해야 한다(대판2023.3.16. 2021도16482). 결국, 무자격자가 개설한 의료기관(사무장 병원)에 고용된 의료인(의사)이 환자를 진료하는 업무는 업무방해죄의 보호대상이 되는 업무가 될 수 있다. 사무장의 병원업무를 방해하였다면 업무방해죄가 성립하지 아니하나, 고용된 의사의 환자 진료업무를 방해하였다면 업무방해죄가 성립한다.

문제 19 - 정답 ①

▶ ① (O) [1] 주거침입죄는 사실상 주거의 평온을 보호법익으로 한다. 주거침입죄의 구성요건적 행위인 침입은 주거침입죄의 보호법익과의 관계에서 해석하여야 하므로, 침입이란 주거의 사실상 평온상태를 해치는 행위태양으로 주거에 들어가는 것을 의미하고, 침입에 해당하는지는 출입 당시 객관적·외형적으로 드러난 행위태양을 기준으로 판단함이 원칙이다. 이때 거주자의 의사도 고려되지만 주거 등의 형태와 용도·성질, 외부인에 대한 출입의 통제·관리 방식과 상태 등 출입 당시 상황에 따라 그 정도는 달리 평가될 수 있다. 사생활 보호의 필요성이 큰 사적 주거, 외부인의 출입이 엄격히 통제되는 건조물에 거주자나 관리자의 승낙 없이 몰래 들어간 경우 또는 출입 당시 거주자나 관리자가 출입의 금지나 제한을 하였음에도 이를 무시하고 출입한 경우에는 사실상의 평온상태가 침해된 경우로서 침입행위가 될 수 있다.
[2] 피고인이 '甲에게 100m 이내로 접근하지 말 것' 등을 명하는 법원의 접근금지가처분 결정이 있는 등 피고인이 甲을 방문하는 것을 甲이 싫어하는 것을 알고 있음에도 임의로 甲이 근무하는 사무실 안으로 들어감으로써 건조물에 침입하였다는 공소사실로 기소된 사안에서, 피고인이 위 결정에 반하여 甲이 근무하는 사무실에 출입한 것은 甲의 명시적인 의사에 반하는 행위일 뿐만 아니라, 출입의 금지나 제한을 무시하고 출입한 경우로서 출입 당시 객관적·외형적으로 드러난 행위태양을 기준으로 보더라도 사실상 평온상태가 침해된 것으로 볼 수 있으므로 건조물침입죄가 성립한다(대법원 2024. 2. 8. 선고 2023도16595 판결).

② (X) 이 사건 아이디 등은 전자방식에 의하여 피해자의 노트북 컴퓨터에 저장된 기록으로서 형법 제316조 제2항의 '전자기록 등 특수매체기록'에 해당한다. 따라서 특정인의 의사가 표시되지 않았다하여도 이 사건 아이디 등을 전자기록 등에서 제외하여서는 안된다(대법원2022. 3. 31.선고2021도8900판결).

③ (X) [1] 1995. 12. 29. 개정된 형법은 산업화·정보화의 추세에 따른 컴퓨터범죄 등 신종범죄에 효율적으로 대처하기 위해 제316조 제2항을 신설하여 '봉함 기타 비밀장치한 사람의 편지, 문서, 도화 또는 전자기록 등 특수매체기록을 기술적 수단을 이용하여 그 내용을 알아낸 자'를 처벌하는 규정을 두었고, 그 외 전자기록 등 특수매체기록을 행위의 객체로 하는 업무방해(제314조 제2항), 공·사전자기록의 위작·변작(제227조의2,제232조의2) 및 동 행사(제229조,제234조) 등 컴퓨터관련범죄를 신설하고, 재물손괴죄 등(제366조)에 전자기록 등 특수매체기록을 행위의 객체로 추가하였다.

[2] 여기서 전자기록 등 특수매체기록이란 일정한 저장매체에 전자방식이나 자기방식 또는 광기술 등 이에 준하는 방식에 의하여 저장된 기록을 의미한다. 특히 전자기록은, 그 자체로는 물적 실체를 가진 것이 아니어서 별도의 표시·출력장치를 통하지 아니하고는 보거나 읽을 수 없고, 그 생성 과정에 여러 사람의 의사나 행위가 개재됨은 물론 추가 입력한 정보가 프로그램에 의하여 자동으로 기존의 정보와 결합하여 새로운 전자기록을 작출하는 경우도 적지 않으며, 그 이용 과정을 보아도 그 자체로서 객관적·고정적 의미를 가지면서 독립적으로 쓰이는 것이 아니라 개인 또는 법인이 전자적 방식에 의한 정보의 생성·처리·저장·출력을 목적으로 구축하여 설치·운영하는 시스템에서 쓰임으로써 예정된 증명적 기능을 수행한다. 따라서 그 자체로서 객관적·고정적 의미를 가지면서 독립적으로 쓰이는 것이 아니라 개인 또는 법인이 전자적 방식에 의한 정보의 생성·처리·저장·출력을 목적으로 구축하여 설치·운영하는 시스템에서 쓰임으로써 예정된 증명적 기능을 수행하는 것은 전자기록에 포함된다.

[2] 이처럼 개정 형법이 전자기록 등 특수매체기록을 위 각 범죄의 행위 객체로 신설·추가한 입법 취지, 전자기록등내용탐지죄의 보호법익과 그 침해행위의 태양 및 가벌성 등에 비추어 볼 때, 이 사건 아이디 등은 전자방식에 의하여 피해자의 노트북 컴퓨터에 저장된 기록으로서 형법 제316조 제2항의 '전자기록 등 특수매체기록'에 해당한다. 따라서 특정인의 의사가 표시되지 않았다는 점만을 들어 이 사건 아이디 등을 전자기록 등에서 제외한 원심의 판단은 잘못이다.

[3] 한편 형법 제316조 제2항 소정의 전자기록등내용탐지죄는 봉함 기타 비밀장치한 전자기록 등 특수매체기록을 기술적 수단을 이용하여 그 내용을 알아낸 자를 처벌하는 규정인바, 전자기록 등 특수매체기록에 해당하더라도 봉함 기타 비밀장치가 되어 있지 아니한 것은 이를 기술적 수단을 동원해서 알아냈더라도 전자기록등내용탐지죄가 성립하지 않는다.

[4] 피고인이 사무실에서 직장 동료인 피해자의 노트북 컴퓨터에 'spytector'라는 프로그램을 몰래 설치한 사실, 위 프로그램은 그것이 설치된 컴퓨터의 사용자가 키보드로 입력하는 내용이나 방문한 웹사이트 등을 탐지해 이를 텍스트 파일 형식으로 저장한 후 이메일 등의 방법으로 프로그램 설치자에게 전송해 주는 속칭 '키로그' 프로그램인 사실, 피고인은 위 프로그램을 사용함으로써 피해자가 네이트온, 카카오톡, 구글 계정에 접속하는 과정에서 컴퓨터 키보드에 입력한 이 사건 아이디 등을 알아낸 사실을 알 수 있는바, 위 사실만으로는 이 사건 아이디 등 혹은 그 내용이 기록된 텍스트 파일에 봉함 기타 비밀장치가 되어 있는 것으로 볼 수 없고 달리 이를 인정할 증거가 없으며, 오히려 피해자의 노트북 컴퓨터 그 자체에는 비밀번호나 화면보호기 등 별도의 보안장치가 설정되어 있지 않았던 것으로 보일 뿐이다. 결국 이 사건 아이디 등이 형법 제316조 제2항에 규정된 전자기록 등 특수매체기록에는 해당하더라도 이에 대하여 별도의 보안장치가 설정되어 있지 않은 등 비밀장치가 된 것으로 볼 수 없는 이상, 이 사건 아이디 등을 위 프로그램을 이용하여 알아냈더라도 전자기록등내용탐지죄가 성립하지 않는다(대법원2022. 3. 31.선고2021도8900판결).

④ (X) 사용자가 제3자와 공동으로 관리·사용하는 공간을 사용자에 대한 쟁의행위를 이유로 관리자의 의사에 반하여 침입·점거한 경우 비록 그 공간의 점거가 사용자에 대한 관계에서 정당한 쟁의행위로 평가된다 할지라도 그 제3자의 명시적 또는 추정적 승낙이 없는 이상 주거침입죄는 성립한다(대판2010.3.11. 2009도5008).

문제 20 – 정답 ②

▶ ② ㉠㉡㉤(3개)는 옳은 지문이고, ㉢㉣(2개)는 틀린 지문이다.

㉠ (O) 대판1998.4.24. 97도3425

㉡ (O) 결혼식장에서 축의금 접수인인 것처럼 행사하면서 하객으로부터 축의금을 받아 가로 챈 경우, 피해자(하객)가 피고인에게 교부한 것이 아니고, 피고인이 신부측 접수처의 점유 침탈로 사기죄가 아니라 절도죄에 해당한다(대판1996.10.15. 96도2227).

㉢ (X) 타인의 전화기를 무단으로 사용하여 전화통화를 하는 행위는 전기통신사업자가 그가 갖추고 있는 통신선로, 전화교환기 등 전기통신설비를 이용하고 전기의 성질을 과학적으로 응용한 기술을 사용하여 전화가입자에게 음향의 송수신이 가능하도록 하여 줌으로써 상대방과의 통신을 매개하여 주는 역무, 즉 전기통신사업자에 의하여 가능하게 된 전화기의 음향송수신기능을 부당하게 이용하는 것으로, 이러한 내용의 역무는 무형적인 이익에 불과하고 물리적 관리의 대상이 될 수 없어 재물이 아니라고 할 것이므로 절도죄의 객체가 되지 아니한다(대판1998.6.23. 98도700).

㉣ (X) 피해자의 승낙을 받고 그의 심부름으로 오토바이를 타고 가서 수표를 현금으로 바꾼 뒤 마음이 변하여 오토바이를 반환하지 않은 채 그대로 타고 가버린 경우, 점유보조자의 단독점유가 인정되므로 횡령죄가 성립한다(대판1986.8.19. 86도1093).

㉤ (O) 명의대여 약정에 따른 신청에 의하여 발급된 영업허가증과 사업자등록증은 피해자가 인도받음으로써 피해자의 소유가 되었다고 할 것이므로, 이를 명의대여자가 가지고 간 행위는 절도죄에 해당한다(대판2004.3.12. 2002도5090).

문제 21 – 정답 ③

▶ ③ (O) [1] 송금의뢰인이 다른 사람의 예금계좌에 자금을 송금·이체한 경우 특별한 사정이 없는 한 송금의뢰인과 계좌명의인 사이에 그 원인이 되는 법률관계가 존재하는지 여부에 관계없이 계좌명의인(수취인)과 수취은행 사이에는 그 자금에 대하여 예금계약이 성립하고, 계좌명의인은 수취은행에 대하여 그 금액 상당의 예금채권을 취득한다. 이때 송금의뢰인과 계좌명의인 사이에 송금·이체의 원인이 된 법률관계가 존재하지 않음에도 송금·이체에 의하여 계좌명의인이 그 금액 상당의 예금채권을 취득한 경우 계좌명의인은 송금의뢰인에게 그 금액 상당의 돈을 반환하여야 한다. 이와 같이 계좌명의인이 송금·이체의 원인이 되는 법률관계가 존재하지 않음에도 계좌이체에 의하여 취득한 예금채권 상당의 돈은

송금의뢰인에게 반환하여야 할 성격의 것이므로, **계좌명의인**은 그와 같이 송금·이체된 돈에 대하여 **송금의뢰인을 위하여 보관하는 지위에 있다**고 보아야 한다. 따라서 **계좌명의인**이 그와 같이 송금·이체된 돈을 그대로 보관하지 않고 영득할 의사로 인출하면 **송금의뢰인에 대한 횡령죄가 성립한다.**
[2] 이러한 법리는 **계좌명의인이 개설한 예금계좌가 전기통신금융사기 범행에 이용되어** 그 계좌에 **피해자가 사기피해금을 송금·이체한 경우에도 마찬가지로 적용된다.** 계좌명의인은 피해자와 사이에 아무런 법률관계 없이 송금·이체된 사기피해금 상당의 돈을 피해자에게 반환하여야 하므로, 피해자를 위하여 사기피해금을 보관하는 지위에 있다고 보아야 하고, **만약 계좌명의인이 그 돈을 영득할 의사로 인출하면 피해자에 대한 횡령죄가 성립한다.** 이때 계좌명의인이 사기의 공범이라면 자신이 가담한 범행의 결과 피해금을 보관하게 된 것일 뿐이어서 피해자와 사이에 위탁관계가 없고, 그가 송금·이체된 돈을 인출하더라도 이는 자신이 저지른 사기범행의 실행행위에 지나지 아니하여 새로운 법익을 침해한다고 볼 수 없으므로 사기죄 외에 별도로 횡령죄를 구성하지 않는다.
[3] 또한 **계좌명의인과 전기통신금융사기의 범인 사이의 관계**는 **횡령죄로 보호할 만한 가치가 있는 위탁관계가 아니다.** 사기범이 제3자 명의 사기이용계좌로 돈을 송금·이체하게 하는 행위는 그 자체로 범죄행위에 해당한다. 그리고 사기범이 그 계좌를 이용하는 것도 전기통신금융사기 범행의 실행행위에 해당하므로 **계좌명의인과 사기범 사이의 관계를 횡령죄로 보호하는 것**은 그 범행으로 송금·이체된 돈을 사기범에게 귀속시키는 결과가 되어 옳지 않다
[4] 피고인 갑, 을이 공모하여, 피고인 갑 명의로 개설된 예금계좌의 접근매체(예금통장과 체크카드)를 보이스피싱 조직원(전기통신금융사기의 범인) 병에게 양도함으로써 병의 정에 대한 전기통신금융사기 범행을 방조하고, 사기피해자 정이 병에게 속아 위 계좌로 송금한 사기피해금 중 일부를 별도의 접근매체(별도로 만든 체크카드)를 이용하여 임의로 인출함으로써 주위적으로는 병의 재물을, 예비적으로는 정의 재물을 횡령하였다는 내용으로 기소된 경우, **피고인들에게 사기방조죄가 성립하지 않는 이상** 사기피해금 중 일부를 임의로 인출한 행위는 **사기피해자 정에 대한 횡령죄가 성립하나, 병을 피해자로 삼은** 주위적 공소사실의 **횡령의 점**에 관하여 횡령죄가 성립하지 아니한다(무죄)이다(대법원2018. 7. 19.선고 2017도17494전원합의체 판결). 결국, **송금의뢰인이** 다른 사람(**계좌명의인**)의 예금계좌에 자금을 송금·이체한 경우, 계좌명의인이 송금·이체된 돈을 그대로 보관하지 않고 **영득할 의사로 인출하면** 보이스피싱범에 대한 횡령죄는 성립하지 아니하나 **송금의뢰인에 대한 횡령죄가 성립한다.**

① (X) [1] 송금의뢰인이 수취인의 예금계좌에 계좌이체 등을 한 이후, 수취인이 은행에 대하여 예금반환을 청구함에 따라 은행이 수취인에게 그 예금을 지급하는 행위는 계좌이체금액 상당의 예금계약의 성립 및 그 예금채권 취득에 따른 것으로서 은행이 착오에 빠져 처분행위를 한 것이라고 볼 수 없으므로, 결국 이러한 행위는 **은행을 피해자로 한 형법 제347조의 사기죄에 해당하지 않는다**고 봄이 상당하다.
[2] 예금주인 피고인이 제3자에게 편취당한 송금의뢰인으로부터 자신의 은행계좌에 계좌송금된 돈을 출금한 사안에서, **피고인은 예금주로서 은행에 대하여 예금반환을 청구할 수 있는 권한을 가진 자이므로, 위 은행을 피해자로 한 사기죄가 성립하지 않는다**(대판 2010.5.27. 2010도3498).

② (X) [1] **사기죄에서 처분행위**는 행위자의 기망행위에 의한 피기망자의 착오와 행위자 등의 재물 또는 재산상 이익의 취득이라는 최종적 결과를 중간에서 매개·연결하는 한편, **착오에 빠진 피해자의 행위를 이용하여 재산을 취득하는 것을 본질적 특성으로 하는 사기죄**와 피해자의 행위에 의하지 아니하고 **행위자가 탈취의 방법으로 재물을 취득하는 절도죄를 구분하는** 역할을 한다. 처분행위가 갖는 이러한 역할과 기능을 고려하면 피기망자의 의사에 기초한 어떤 행위를 통해 행위자 등이 재물 또는 재산상의 이익을 취득하였다고 평가할 수 있는 경우라면, 사기죄에서 말하는 처분행위가 인정된다. 한편 사기죄가 성립되려면 피기망자가 착오에 빠져 어떠한 재산상의 처분행위를 하도록 유발하여 재산적 이득을 얻을 것을 요하고, **피기망자와 재산상의 피해자가 같은 사람이 아닌 경우**에는 **피기망자가** 피해자를 위하여 그 재산을 처분할 수 있는 **권능을 갖거나 그 지위에 있어야** 한다(대법원 1991. 1. 15. 선고 90도2180 판결, 대법원 1994. 10. 11. 선고 94도1575 판결 등 참조).
[2] 매장 주인 甲이 매장에 유실된 손님(피해자) 乙의 반지갑을 습득한 후 또 다른 손님인 丙에게 "이 지갑이 선생님 지갑이 맞느냐?"라고 묻자, 丙은 "내 것이 맞다"라고 대답한 후 이를 교부받아 가져간 경우, **甲이 반지갑을 습득하여 이를 피해자 乙을 위해 처분할 수 있는 권능 내지 지위를 취득하였고, 이러한 권능 내지 지위에 기초하여** 반지갑의 소유자라고 주장하는 **병에게 반지갑을 교부한 것은 사기죄에서의 처분행위에 해당한다**(대법원 2022. 12. 29. 선고 2022도12494판결). 결국, 병은 절도죄가 아닌 **사기죄가 성립한다.**

④ (X) [1] **처분행위라고 평가되는 어떤 행위를 피해자가 인식하고 한 것이라면 피해자의 처분의사가 있다고 할 수 있다. 결국 피해자가 처분행위로 인한 결과까지 인식할 필요가 있는 것은 아니다.** 따라서 이와 달리 사기죄에서 말하는 **처분행위가 인정되려면 피기망자에게 처분결과에 대한 인식이 있어야 한다고 판시한 대법원 1987. 10. 26. 선고 87도1042 판결, 대법원 1999. 7. 9. 선고 99도1326 판결, 대법원 2011. 4. 14. 선고 2011도769 판결 등은 이 판결과 배치되는 범위에서 이를 변경하기로 한다.**
[2] 이른바 '**서명사취**' 사기는 기망행위에 의해 유발된 착오로 인하여 피기망자가 내심의 의사와 다른 처분문서에 서명 또는 날인함으로써 재산상 손해를 초래한 경우이다. 즉 문서의 구체적 내용과 법적 효과를 미처 인식하지 못하였더라도, **어떤 문서에 스스로 서명 또는 날인함으로써 처분문서에 서명 또는 날인하는 행위에 관한 인식이 있었던 이상** 피기망자의 **처분의사 역시 인정된다.**
[3] 피고인 등이 토지의 소유자이자 매도인인 피해자 甲 등에게 **토지거래허가 등에 필요한 서류라고 속여 근저당권설정계약서 등에 서명·날인하게 하고 인감증명서를 교부받은 다음, 이를 이용하여** 甲 등의 소유 토지에 피고인을 채무자로 한 근저당권을 乙 등에게 설정하여 주고 돈을 차용하는 방법으로 재산상 이익을 취득하였다고 하여 특정경제범죄 가중처벌 등에 관한 법률 위반(사기) 및 사기로 기소된 사안에서, **甲 등은 피고인 등의 기망행위로 착오에 빠진 결과 토지거래허가 등에 필요한 서류로 잘못 알고 처분문서인 근저당권설정계약서 등에 서명 또는 날인함으로써 재산상 손해를 초래하는 행위를 하였으므로 甲 등의 행위는 사기죄에서 말하는 처분행위에 해당하고**, 甲 등이 비록 자신들이 서명 또는 날인하는 문서의 정확한 내용과 문서의 작성행위가 어떤 결과를 초래하는지를 미처 인식하지 못하였더라도 토지거래허가 등에 관한 서류로 알고 그와 다른 근저당권설정계약에 관한 내용이 기재되어 있는 문서에 스스로 서명 또는 날인함으로써 그 문서에 서명

또는 날인하는 행위에 관한 인식이 있었던 이상 처분의사도 인정됨에도, 甲 등에게 그 소유 토지들에 근저당권 등을 설정하여 줄 의사가 없었다는 이유만으로 甲 등의 처분행위가 없다고 보아 공소사실을 무죄로 판단한 원심판결에 사기죄의 처분행위에 관한 법리오해의 잘못이 있다고 한 사례(대판2017.2.16. 2016도13362 전원합의체 판결).

문제 22 - 정답 ②

▶ ② ㉠㉢(2개)은 틀린 지문이고, ㉡㉣㉤(3개)는 맞는 지문이다.
㉠ (X) 계좌명의인이 송금·이체의 원인이 되는 법률관계가 존재하지 않음에도 계좌이체에 의하여 취득한 예금채권 상당의 돈은 송금의뢰인에게 반환하여야 할 성격의 것이므로, <u>계좌명의인은 그와 같이 송금·이체된 돈에 대하여 송금의뢰인을 위하여 보관하는 지위에 있다</u>고 보아야 한다. 따라서 <u>계좌명의인이 그와 같이 송금·이체된 돈을 그대로 보관하지 않고 영득할 의사로 인출하면 횡령죄가 성립한다</u>. 이러한 법리는 계좌명의인이 개설한 예금계좌가 사기 범행에 이용되어 그 계좌에 피해자가 사기피해금을 송금·이체한 경우에도 마찬가지로 적용된다. 계좌명의인이 개설한 예금계좌가 사기 범행에 이용되어 그 계좌에 피해자가 사기 피해금을 송금·이체한 경우 계좌명의인은 피해자와 사이에 아무런 법률관계 없이 송금·이체된 사기피해금을 피해자에게 반환하여야 하므로 피해자를 위하여 사기피해금을 보관하는 지위에 있다고 보아야 하고, 만약 계좌명의인이 그돈을영득할 의사로 인출하면 피해자에 대한 횡령죄가 성립한다(대법원2019. 4. 3.선고2018도7955판결).
㉡ (○) 채무자가 금전채무를 담보하기 위한 저당권설정계약에 따라 채권자에게 그 소유의 부동산에 관하여 저당권을 설정할 의무를 부담하게 되었다고 하더라도, 이를 들어 채무자가 통상의 계약에서 이루어지는 이익대립관계를 넘어서 채권자와의 신임관계에 기초하여 채권자의 사무를 맡아 처리하는 것으로 볼 수 없다. <u>채무자가 저당권설정계약에 따라 채권자에 대하여 부담하는 저당권을 설정할 의무</u>는 계약에 따라 부담하게 된 <u>채무자 자신의 의무이다. 채무자가 위와 같은 의무를 이행하는 것은 채무자 자신의 사무에 해당할 뿐이므로</u>, 채무자를 채권자에 대한 관계에서 '<u>타인의 사무를 처리하는 자</u>'라고 할 수 없다. 따라서 채무자가 제3자에게 먼저 담보물에 관한 저당권을 설정하거나 담보물을 양도하는 등으로 담보가치를 감소 또는 상실시켜 채권자의 채권실현에 위험을 초래하더라도 <u>배임죄가 성립한다고 할 수 없다</u>. 위와 같은 법리는, 채무자가 금전채무에 대한 담보로 부동산에 관하여 양도담보설정계약을 체결하고 이에 따라 채권자에게 소유권이전등기를 해 줄 의무가 있음에도 제3자에게 그 부동산을 처분한 경우에도 적용된다(대법원 2020. 6. 18.선고2019도14340전원합의체 판결). <u>결국, 부동산 이중저당, 부동산의 양도담보 사건도 배임죄가 성립하지 않는다.</u>
㉢ (X) <u>채무자가 금전채무를 담보하기 위하여 그 소유의 동산을 채권자에게 양도담보로 제공함으로써</u> 채권자인 양도담보권자에 대하여 담보물의 담보가치를 유지·보전할 의무 내지 담보물을 타에 처분하거나 멸실, 훼손하는 등으로 담보권 실행에 지장을 초래하는 행위를 하지 않을 의무를 부담하게 된 경우, <u>배임죄의 주체인 '타인의 사무를 처리하는 자'</u>에 해당한다. 이때 채무자가 담보물을 제3자에게 처분하는 등으로 담보가치를 감소 또는 상실시켜 채권자의 담보권 실행이나 이를 통한 채권실현에 위험을 초래한 경우에도 <u>배임죄가 성립하지 않는다. 위와 같은 법리는, 채무자가 동산에 관하여 양도담보설정계약을 체결하여 이를 채권자에게 양도할 의무가 있음에도 제3자에게 처분결한 경우에도 적용된다.</u> 한편 주식에 관하여 양도담보설정계약을 체결한 채무자가 제3자에게 해당 주식을 처분한 사안에도 마찬가지로 적용된다(무죄)(대법원 2020. 2. 20. 선고 2019도9756 전원합의체 판결). 결국, <u>동산(골재분쇄기기 크러셔)을 은행에서 대출받으면서 양도담보로 제공한 후 제3자에게 그 동산을 처분한 경우 배임죄가 성립하지 않는다.</u>
㉣ (○) <u>부동산 이중매매에서</u> 매도인이 매수인으로부터 <u>중도금 수령 후</u> 제3자에게 이중으로 매도하고 소유권이전등기를 마친 경우에는 <u>배임죄가 성립한다</u>(대판2018.5.17. 2017도4027 전원합의체 판결).
㉤ (○) [1] <u>원인불명으로 재산상 이익인 가상자산을 이체받은 자가</u> 가상자산을 사용·처분한 경우 이를 형사처벌하는 명문의 규정이 없는 현재의 상황에서 <u>착오송금 시 횡령죄 성립을 긍정한 판례를 유추하여</u> 신의칙을 근거로 피고인을 배임죄로 처벌하는 것은 죄형법정주의에 반한다.
[2] <u>비트코인이 법률상 원인관계 없이 갑으로부터 피고인 명의의 전자지갑으로 이체되었더라도</u> 피고인이 신임관계에 기초하여 갑의 사무를 맡아 처리하는 것으로 볼 수 없는 이상 갑에 대한 관계에서 '타인의 사무를 처리하는 자'에 해당하지 않는다(대법원2021. 12. 16.선고2020도9789판결) 결국, 피고인이 알 수 없는 경위로 피해자의 <u>비트코인을 자신의 계정으로 이체 받은 후 자신의 다른 계정으로 이체한 경우</u>, 타인의 사무처리자에 해당하지 아니하므로 <u>배임죄가 성립하지 않는다.</u>

문제 23 - 정답 ③

▶ ③ (X) [1] 형법 제327조의 강제집행면탈죄는 객관적으로 민사소송법에 의한 강제집행 또는가압류, 가처분의 집행을 받을 우려가 있는 상태에서 주관적으로 강제집행을 면탈하려는 목적으로 재산을 은닉, 손괴, 허위양도하거나 허위의 채무를 부담하여 채권자를 해할 위험이 있는 경우에 성립한다.
[2] 가압류에는 처분금지적 효력이 있으므로 <u>가압류 후에 목적물의 소유권을 취득한 제3취득자 또는 그 제3취득자에 대한 채권자는 그 소유권 또는 채권으로써 가압류권자에게 대항할 수 없다</u>. 따라서 가압류 후에 목적물의 소유권을 취득한 제3취득자가 다른 사람에 대한 허위의 채무에 기하여 근저당권설정등기 등을 경료하더라도 이로써 <u>가압류 채권자의 법률상 지위에 어떤 영향을 미치지 않으므로, 강제집행면탈죄에 해당하지 아니한다</u>(대법원2008. 5. 29.선고2008도2476판결).
① (○) [1] 부동산 실권리자명의 등기에 관한 법률 제8조는 배우자 명의로 부동산에 관한 물권을 등기한 경우에 조세포탈, 강제집행의 면탈 또는 법령상 제한의 회피를 목적으로 하지 아니한 때에는 제4조 내지 제7조 및 제12조 제1항, 제2항의 규정을 적용하지 아니한다고 규정하고 있는바, 만일 명의신탁자가 그러한 목적으로 명의신탁을 함으로써 명의신탁이 무효로 되는 경우에는 말할 것도 없고, 그러한 목적이 없어서 유효한 명의신탁이 되는 경우에도 <u>제3자인 부동산의 임차인에 대한 관계에서는 명의신탁자는 소유자가 될 수 없으므로</u>, 어느 모로 보나 <u>신탁한 부동산이 권리행사방해죄에서 말하는 '자기의 물건'이라 할 수 없다.</u>
[2] <u>피고인</u>이 이른바 중간생략등기형 명의신탁 또는 계약명의신탁의 방식으로 <u>자신의 처에게 등기명의를 신탁하여 놓은 점포(빌딩)</u>에 자물쇠를 채워 점포의 임차인을 출입하지 못하게 한 경우, <u>그 점포가 권리행사방해죄의 객체인 자기의 물건에 해당하지 않는다</u>(대법원2005. 9. 9.선고2005도626판결). 결국, 이 점포는 소유권이 피고인의 처에게 있으므로, <u>피고인은 자기의 물건이 아니므로 권리행사방해죄가 성립하지 않는다.</u>

② (○) [1] 형법 제323조의 권리행사방해죄에 있어서의 <u>타인의 점유라 함은</u> 권원으로 인한 점유, 즉 정당한 원인에 기하여 물건을 점유하는 것을 의미하지만, 반드시 <u>본권에 기한 점유만을 말하는 것이 아니라 유치권등에 기한 점유도 여기에 해당한다.</u>
[2] <u>갑 종합건설회사가 이 사건 주택의 유치권자로서</u> 그 유치권 행사를 위하여 <u>주택을 점유하고 있었다면,</u> 피고인이 그 소유자인 처와 함께 <u>유치권자의 권리행사를 방해한 것은</u> 형법 제323조<u>(권리행사방해죄)에 해당한다</u>(대법원2011. 5. 13.선고2011도2368판결).
④ (○) [1] 형법 제323조의 권리행사방해죄는 타인의 점유 또는 권리의 목적이 된 자기의 물건 또는 전자기록 등 특수매체기록을 취거, 은닉 또는 손괴하여 타인의 권리행사를 방해함으로써 성립한다. 여기서 <u>'은닉'</u>이란 타인의 점유 또는 권리의 목적이 된 <u>자기 물건 등의 소재를 발견하기 불가능하게 하거나 또는 현저히 곤란한 상태에 두는 것</u>을 말하고, 그로 인하여 <u>권리행사가 방해될 우려가 있는 상태에 이르면 권리행사방해죄가 성립</u>하고 <u>현실로 권리행사가 방해되었을 것까지 필요로 하는 것은 아니다</u>(대법원 1994. 9. 27. 선고 94도1439 판결참조).
[2] 피고인이 체어맨 승용차 1대를 구입하면서 피해자 갑으로부터 차량 매수대금 2,000만 원을 차용하고 그 담보로 위 차량에 피해자 명의의 저당권을 설정해 주었음에도, 대부업자 을로부터 400만 원을 차용하면서 위 차량을 대부업자에게 담보로 제공하여 이른바 <u>'대포차'로 유통되게 한 사실을 인정</u>하고, 피고인이 <u>피해자의 권리의 목적이 된 피고인의 물건을 은닉</u>하여 <u>권리행사를 방해하였다고</u> 할 것이다(대법원 2016. 11. 10.선고2016도13734판결).

문제 24 - 정답 ②

▶ ② (X) [1] <u>형법 제185조의 일반교통방해죄는</u> 일반 공중의 교통안전을 그 보호법익으로 하는 범죄로서 <u>육로 등을 손괴 또는 불통케 하거나 기타의 방법으로 교통을 방해하여 통행을 불가능하게 하거나 현저하게 곤란하게 하는 일체의 행위를 처벌하는 것을 그 목적으로 한다.</u>
[2] 피고인이 인천국제공항 여객터미널 1층 5A번 버스정류장 앞 노상에서, <u>공항리무진 버스 외의 다른 차의 주차가 금지된 구역에 카니발 밴 차량을 40분 가량 세워두고 호객 영업을 하는 방법으로</u> 그 곳을 통행하는 버스의 교통을 곤란하게 함으로써 <u>육로의 교통을 방해하였다</u>는 공소사실로 하여 형법 제185조의 <u>일반교통방해죄로 제기되었다.</u>
[3] <u>피고인이 카니발 밴 차량을 40분 가량 주차한 장소는</u> 위 여객터미널 도로 중에서 공항리무진 버스들이 승객들을 승·하차시키는 장소로서 <u>일반 차량들의 주차가 금지된 구역이기는 하지만</u> 위와 같이 <u>주차한 장소의 옆 차로를 통하여 다른 차량들이 충분히 통행할 수 있었을 것으로 보이고,</u> 피고인의 위와 같은 주차행위로 인하여 공항리무진 버스가 출발할 때 후진을 하여 차로를 바꾸어 진출해야 하는 <u>불편을 겪기는 하였지만 통행이 불가능하거나 현저하게 곤란하지는 않았던 것으로 보인다.</u> 따라서 <u>피고인의 불법주차행위가 육로의 교통을 방해하여 일반교통방해죄를 구성한다고 볼 수 없다</u>(대법원2009. 7. 9.선고2009도4266판결).
① (○) [1] 피고인들이 불특정 다수의 피해자들에게 전화하여 금융기관 등을 사칭하면서 신용등급을 올려 낮은 이자로 대출을 해주겠다고 속여 신용관리비용 명목의 돈을 송금받아 편취할 목적으로 보이스피싱 사기 조직을 구성하고 이에 가담하여 조직원으로 활동함으로써 범죄단체를 조직하거나 이에 가입·활동하였다는 내용으로 기소된 사안에서, <u>위 보이스피싱 조직은</u> 형법상의 범죄단체에 해당하고, 조직의 업무를 수행한 피고인들에게 범죄단체 가입 및 활동에 대한 고의가 인정되며, <u>피고인들의 사기범죄 행위가 범죄단체 활동에 해당한다.</u>
[2] 피고인들이 보이스피싱 사기 범죄단체의 구성원으로 활동하면서 사기범죄의 피해자들로부터 취득한 범죄수익에 대하여 <u>범죄수익은닉의 규제 및 처벌 등에 관한 법률에 따라 추징이 선고된 사안</u>에서, <u>위 범죄단체활동죄에 의한 범죄수익은</u> 같은 법에 의하여 <u>각 추징의 대상이 되고,</u> 그 범죄수익이 <u>사기죄의 피해자로부터 취득한 재산에 해당하여도 마찬가지이다.</u>
[3] 피고인이 보이스피싱 사기 범죄단체에 가입한 후 사기범죄의 피해자들로부터 돈을 편취하는 등 그 구성원으로서 활동하였다는 내용의 공소사실이 유죄로 인정된 사안에서, 범죄단체 가입행위 또는 <u>범죄단체 구성원으로서 활동하는 행위</u>와 <u>사기행위</u>는 각각 별개의 범죄구성요건을 충족하는 독립된 행위이고 서로 보호법익도 달라 <u>법조경합 관계로 목적된 범죄인 사기죄만 성립하는 것은 아니다</u>(대법원2017. 10. 26.선고2017도8600판결). 결국, <u>범죄단체 활동죄와 사기죄는 법조경합(흡수관계)가 아니라</u> 1개의 행위로 수개의 죄에 해당하는 <u>상상적 경합에 해당한다</u>고 할 것이다.
③ (○) 형법 제207조에서 정한 '행사할 목적'이란 유가증권위조의 경우와 달리 위조·변조한 통화를 진정한 통화로서 유통에 놓겠다는 목적을 말하므로, <u>자신의 신용력을 증명하기 위하여 타인에게 보일 목적으로 통화를 위조한 경우에는 행사할 목적이 있다고 할 수 없다</u>(대법원2012. 3. 29.선고2011도7704판결).
④ (○) [1] 형법상 인장에 관한 죄에서 인장은 사람의 동일성을 표시하기 위하여 사용하는 일정한 상형을 의미하고, 기호는 물건에 압날하여 사람의 인격상 동일성 이외의 일정한 사항을 증명하는 부호를 의미한다. 그리고 <u>형법 제238조의 공기호는</u> 해당 부호를 공무원 또는 공무소가 사용하는 것만으로는 부족하고, <u>그 부호를 통하여 증명을 하는 사항</u>이 구체적으로 특정되어 있고 <u>해당 사항은 그 부호에 의하여 증명이 이루어질 것이 요구</u>된다.
[2] 피고인이 온라인 구매사이트에서 ① 검찰 업무표장(이미지)에서 '검찰'을 제외한 부분) 아래 '검찰 PROSECUTION SERVICE'라고 기재하고 그 아래 피고인의 전화번호를 기재한 주차표지판 1개, ② 검찰 업무표장(이미지) 아래 '검찰 PROSECUTION OFFICE'라고 기재하고 그 아래 피고인의 차량번호를 표시한 표지판 1개, ③ 검찰 업무표장(이미지) 아래 '검찰 PROSECUTION SERVICE'라고 기재하고 그 아래 '공무수행'이라고 표시한 표지판 1개를 주문하여 배송받음으로써 행사할 목적으로 공기호인 검찰청 업무표장을 각각 위조하고, <u>이를 자신의 승용차에 부착하고 다님</u>으로써 <u>위조된 공기호인 검찰청 업무표장을 행사하였다는 공소사실로 기소된 사안</u>에서, 위 각 표지판에 사용된 검찰 업무표장은 검찰수사, 공판, 형의 집행부터 대외 홍보 등 검찰청의 업무 전반 또는 검찰청 업무와의 관련성을 나타내기 위한 것으로 보일 뿐, <u>이것이 부착된 차량은</u> '검찰 공무수행 차량'이라는 것을 증명하는 기능이 있다는 등 이를 통하여 증명을 하는 사항이 구체적으로 특정되어 있다거나 그 사항이 이러한 검찰 업무표장에 의하여 증명된다고 볼 근거가 없고, <u>일반인들이 위 각 표지판이 부착된 차량을 '검찰 공무수행 차량'으로 오인할 수 있다고 해도 위 각 검찰 업무표장이 위와 같은 증명적 기능을 갖추지 못한 이상, 이를 공기호라고 볼 수 없다</u>
[3] 피고인이 온라인 구매사이트에서 <u>검찰 업무표장(검찰 로고) 아래 자신의 전화번호, 차량번호, '공무수행'이라고 표시한 표지판</u>

을 각각 1개씩 주문하여 배송받은 다음 이를 자신의 승용차에 부착하고 다닌 경우(가짜인 검찰 로고를 승용차에 부착하여 공무수행을 위장하고 다닌 경우)도 단순히 '검찰 업무표장(로고)'이 '검찰의 공무수행 차량'임을 증명하는 기능은 없기 때문에 위 각 검찰 업무표장(로고)을 공기호라고 볼 수 없으므로, 공기호위조와 위조공기호행사가 성립하지 않는다(대법원2024. 1. 4.선고2023도11313판결).

문제 25 - 정답 ③

▶ ③ ㉡㉣(2개)은 옳은 지문이나, ㉠㉢㉤(3개)는 틀린 지문이다.
㉠ (X) [1] 원래 주식회사의 적법한 대표이사는 회사의 영업에 관하여 재판상 또는 재판외의 모든 행위를 할 권한이 있으므로, 대표이사가 직접 주식회사 명의 문서를 작성하는 행위는 자격모용사문서작성 또는 위조에 해당하지 않는 것이 원칙이다. 이는 그 문서의 내용이 진실에 반하는 허위이거나 대표권을 남용하여 자기 또는 제3자의 이익을 도모할 목적으로 작성된 경우에도 그러하다.
[2] 주식회사의 적법한 대표이사라 하더라도 그 권한을 포괄적으로 위임하여 다른 사람으로 하여금 대표이사의 업무를 처리하게 하는 것은 허용되지 않는다. 따라서 대표이사로부터 포괄적으로 권한 행사를 위임받은 사람이 주식회사 명의로 문서를 작성하는 행위는 원칙적으로 권한 없는 사람의 문서 작성행위로서 자격모용사문서작성 또는 위조에 해당하고, 대표이사로부터 개별적·구체적으로 주식회사 명의 문서 작성에 관하여 위임 또는 승낙을 받은 경우에만 예외적으로 적법하게 주식회사 명의로 문서를 작성할 수 있다.
[3] A회사의 대표이사 갑이 B회사의 대표이사 을로부터 포괄적 위임을 받아 두 회사의 대표이사 업무를 처리하면서 두 회사 명의로 허위 내용의 영수증과 세금계산서를 작성한 사안에서, B회사 명의 부분은 을의 개별적·구체적 위임 또는 승낙 없는 행위로서 사문서위조 및 위조사문서행사죄가 성립하지만, A회사 명의 부분은 이미 퇴직한 종전의 대표이사를 승낙 없이 대표이사로 표시하였더라도 이에 해당하지 않는다(대법원2008. 11. 27.선고2006도2016판결).
㉡ (O) [1] 위조문서행사죄에 있어서의 행사는 위조된 문서를 진정한 것으로 사용함으로써 문서에 대한 공공의 신용을 해칠 우려가 있는 행위를 말하므로, 행사의 상대방에는 아무런 제한이 없고 위조된 문서의 작성 명의인이라고 하여 행사의 상대방이 될 수 없는 것은 아니다.
[2] 위조사문서의 행사는 상대방으로 하여금 위조된 문서를 인식할 수 있는 상태에 둠으로써 기수가 되고 상대방이 실제로 그 내용을 인식하여야 하는 것은 아니므로, 위조된 문서를 우송한 경우에는 그 문서가 상대방에게 도달한 때에 기수가 되고 상대방이 실제로 그 문서를 보아야 하는 것은 아니다(대법원2005. 1. 28.선고2004도4663판결).
㉢ (X) 공문서의 작성권한이 있는 공무원의 직무를 보좌하는 자가 그 직위를 이용하여 행사할 목적으로 허위의 내용이 기재된 문서 초안을 그 정을 모르는 상사에게 제출하여 결재하도록 하는 등의 방법으로 작성권한이 있는 공무원으로 하여금 허위의 공문서를 작성하게 한 경우에는 간접정범이 성립하고 이와 공모한 자 역시 그 간접정범의 공범으로서의 죄책을 면할 수 없는 것이고, 여기서 말하는 공범은 반드시 공무원의 신분이 있는 자로 한정되는 것은 아니라고 할 것이다(대법원1992. 1. 17.선고91도2837판결).
㉣ (O) [1]형법 제228조 제1항에서 정한 공정증서원본 불실기재죄나 공전자기록 등 불실기재죄는 공무원에게 진실에 반하는 허위신고를 하여 공정증서원본 또는 이와 동일한 전자기록 등 특수매체기록에 그 증명하는 사항에 관해 실체관계에 부합하지 않는 불실의 사실을 기재하거나 기록하게 한 때 성립한다. 불실의 사실이란 권리의무관계에 중요한 의미를 갖는 사항이 진실에 반하는 것을 말한다.
[2] 주식회사의 발기인등이 상법 등 법령에 정한 회사설립의 요건과 절차에 따라 회사설립등기를 함으로써 회사가 성립하였다고 볼 수 있는 경우 회사설립등기와 그 기재 내용은 특별한 사정이 없는 한 공정증서원본 불실기재죄나 공전자기록 등 불실기재죄에서 말하는 불실의 사실에 해당하지 않는다. 발기인등이 회사를 설립할 당시 회사를 실제로 운영할 의사 없이 회사를 이용한 범죄 의도나 목적이 있었다거나, 회사로서의 인적·물적 조직 등 영업의 실질을 갖추지 않았다는 이유만으로는 불실의 사실을 법인등기부에 기록하게 한 것으로 볼 수 없다.
[3] 피고인등이 실제 회사를 설립하려는 의사를 가지고 상법이 정하는 회사설립에 필요한 정관 작성, 주식 발행·인수, 임원 선임 등의 절차를 이행함으로써 갑 회사는 상법상 주식회사로 성립하였고, 갑 회사의 설립행위에 일부 하자가 있었다거나 피고인등이 갑 회사 설립 당시 정관에 기재된 목적 수행에 필요한 영업의 실질을 갖추거나 영업에 필요한 인적·물적 조직을 갖추지 않았다는 등의 사정만으로는 갑 회사의 성립 자체를 부정하고 갑 회사가 부존재한다고 인정할 수 없으므로, 갑 회사에 대한 회사설립등기는 공전자기록 등 불실기재죄에서 말하는 불실의 사실에 해당하지 않는다(대법원2020. 2. 27.선고2019도9293판결). 결국, 피고인등이 공모하여, 갑 주식회사를 설립한 후 회사 명의로 통장을 개설하여 이른바 대포통장을 유통시킬 목적(범죄에 이용할 목적)으로 주식회사 설립등기를 한 것만으로 인한 공전자기록 등 불실기재죄와 그 행사죄가 성립하지 않는다.
㉤ (X) [1] 피고인들이 갑 등과 공모하여, 부동산등기법 제49조 제3항, 제2항에서 정한 확인서면의 등기의무자란에 등기의무자 을 대신 갑이 우무인을 날인하는 방법으로 사문서인 을 명의의 확인서면을 위조한 다음 법무사를 통해 이를 교부받았다고 기소된 사안에서, 위 확인서면은 법무사 명의의 문서이고, 작성명의인인 법무사가 피고인들 등에게 속아 등기의무자를 을로 하는 내용의 확인서면을 작성하였다고 하더라도 이를 피고인들 등이 위조하였다고는 볼 수 없다.
[2] 확인서면은 부동산등기법 제49조 제3항, 제2항에 의해 법무사가 주민등록증 등에 의하여 등기의무자가 본인인지 여부를 확인하고 작성하는 서류이므로 이 사건 확인서면은 법무사 명의의 문서일 뿐이고, 확인서면 작성 과정에서 등기의무자가 본인 확인을 위해 필요한 우무인을 찍게 된다고 하더라도 그 등기의무자를 위 확인서면의 작성명의인으로 볼 수는 없으며, 법무사가 피고인들로부터 속아 등기의무자를 공소외 1로 하는 확인서면을 작성하였다고 하더라도 작성명의인이 문서를 작성한 이상 이를 피고인들이 위조한 것으로 볼 수도 없다(대법원2010. 11. 25.선고2010도11509판결).

문제 26 - 정답 ③

▶ ③ ㉡㉢㉣(3개)은 옳은 지문이나, ㉠㉤(2개)은 틀린 지문이다.
㉠ (X) 형법 제247조의 도박개장죄는 영리의 목적으로 도박을 개장하면 기수에 이르고, 현실로 도박이 행하여졌음은 묻지 않는다. 따라서 영리의 목적으로 속칭 포커나 바둑이, 고스톱 등의 인터넷 도박게임 사이트를 개설하여 운영하는 경우, 현실적으로 게임이용자들로부터 돈을 받고 게임머니를 제공하고 게임이용자들이 위 도박게임 사이트에 접속하여 도박을 하여, 위 게임으로 획득한 게임머니를 현금으로 환전해 주는 방법 등으로 게임이용자들과 게임회

사 사이에 있어서 재물이 오고갈 수 있는 상태에 있으면, 게임이용자가 위 도박게임 사이트에 접속하여 **실제 게임을 하였는지 여부와 관계없이** 도박개장죄는 '**기수**'에 이른다(대법원2009. 12. 10.선고2008도5282판결).

ⓒ (○) [1] 도박이란 2인 이상의 자가 상호간에 재물을 도하여 우연한 승패에 의하여 그 재물의 득실을 결정하는 것이므로, 이른바 **사기도박과 같이** 도박당사자의 일방이 사기의 수단으로써 승패의 수를 지배하는 경우에는 **도박에서의 우연성이 결여되어 사기죄만 성립하고 도박죄는 성립하지 아니한다.**

[2] **사기죄는** 편취의 의사로 기망행위를 개시한 때에 실행에 착수한 것으로 보아야 하므로, **사기도박에서도** 사기적인 방법으로 도금을 편취하려고 하는 자가 상대방에게 **도박에 참가할 것을 권유하는 등 기망행위를 개시한 때에 실행의 착수가 있는 것으로 보아야** 한다.

[3] 피고인 등이 사기도박에 필요한 준비를 갖추고 그러한 의도로 피해자들에게 도박에 참가하도록 **권유한 때** 또는 늦어도 그 정을 알지 못하는 **피해자들이 도박에 참가한 때에는 이미 사기죄의 실행에 착수하였다**고 할 것이므로, 피고인 등이 그 후에 사기도박을 숨기기 위하여 얼마간 정상적인 도박을 하였더라도 이는 사기죄의 실행행위에 포함되는 것이어서 피고인에 대하여는 피해자들에 대한 사기죄만이 성립하고 도박죄는 따로 성립하지 아니한다.

[4] 피고인 등이 피해자들을 유인하여 **사기도박으로 도금을 편취한 행위는** 사회관념상 1개의 행위로 평가하는 것이 타당하므로, **피해자들에 대한 각 사기죄는 상상적 경합(실체적 경합X)의 관계에 있다**(대법원2011. 1. 13.선고2010도9330판결).

ⓒ (○) 상습도박죄에 있어서의 **상습성이라 함은** 반복하여 도박행위를 하는 습벽으로서 **행위자의 속성**을 말하는데, 이러한 습벽의 유무를 판단함에 있어서는 도박의 전과나 도박횟수 등이 중요한 판단자료가 되나 **도박전과가 없다 하더라도** 도박의 성질과 방법, 도금의 규모, 도박에 가담하게 된 태양 등의 제반 사정을 참작하여 **도박의 습벽이 인정되는 경우에는 상습성을 인정하여도 무방하다**(대법원1995. 7. 11.선고95도955판결).

ⓔ (○) 공갈죄와 도박죄는 그 구성요건과 보호법익을 달리하고 있고, 공갈죄의 성립에 일반적·전형적으로 도박행위를 수반하는 것은 아니며, 도박행위가 공갈죄에 비하여 별도로 고려되지 않을 만큼 경미한 것이라고 할 수도 없으므로, **도박행위가 공갈죄의 수단이 되었다** 하여 **그 도박행위가 공갈죄에 흡수되어 별도의 범죄를 구성하지 않는다고 할 수 없다**(대법원2014. 3. 13.선고2014도212판결).

ⓜ (X) [1] 도박이란 2인 이상의 자가 상호간에 재물을 도(賭)하여 우연한 승패에 의하여 그 재물의 득실을 결정하는 것이므로, 이른바 **사기도박과 같이** 도박당사자의 일방이 사기의 수단으로써 승패의 수를 지배하는 경우에는 도박에서의 우연성이 결여되어 **사기만 성립하고 도박죄는 성립하지 아니한다.**

[2] 사기죄는 편취의 의사로 기망행위를 개시한 때에 실행에 착수한 것으로 보아야 하므로, 사기도박에서도 사기적인 방법으로 도금을 편취하려고 하는 자가 상대방에게 **도박에 참가할 것을 권유하는 등 기망행위를 개시한 때에 실행의 착수가 있는 것으로** 보아야 한다.

[3] 피고인 등이 피해자들을 유인하여 사기도박으로 도금을 편취한 행위는 **사회관념상 1개의 행위로 평가하는 것이 타당하므로, 피해자들에 대한 각 사기죄는 상상적 경합의 관계에 있다**고 보아야 함에도, 위 각 죄가 **실체적 경합의 관계에 있는 것으로 보고 경합범 가중을 한 원심판결은** 사기죄의 죄수에 관한 법리오해의 **위법이 있다**(대법원2011. 1. 13.선고2010도9330판결).

문제 27 - 정답 ④

▶ ④ (X) 형법 제133조 제2항은 증뢰자가 뇌물에 공할 목적으로 금품을 제3자에게 교부하거나 또는 그 정을 알면서 교부받는 증뢰물 전달행위를 독립한 구성요건으로 하여 이를 같은 조 제1항의 뇌물공여죄와 같은 형으로 처벌하는 규정으로서, **제3자의 증뢰물전달죄는 제3자가 증뢰자로부터 교부받은 금품을 수뢰할 사람에게 전달하였는지 여부에 관계 없이 제3자가 그 정을 알면서 금품을 교부받음으로써 성립하는 것이며**, 나아가 **제3자가 그 교부받은 금품을 수뢰할 사람에게 전달하였다고 하여 증뢰물전달죄 외에 별도로 뇌물공여죄가 성립하는 것은 아니다**(대판1997.9.5. 97도1572).

① (○) 수뢰자가 자기앞수표를 뇌물로 받아 이를 **소비한 후** 자기앞수표 상당액을 **증뢰자에게 반환하였다** 하더라도 뇌물 그 자체를 반환한 것은 아니므로 이를 몰수할 수 없고 **수뢰자로부터** 그 가액을 **추징**하여야 할 것이다(대법원1999. 1. 29.선고98도3584판결).

② (○) 뇌물공여죄가 성립되기 위하여서는 뇌물을 공여하는 행위와 상대방측에서 금전적으로 가치가 있는 그 물품 등을 받아들이는 행위(부작위 포함)가 필요할 뿐이지 **반드시 상대방측에서 뇌물수수죄가 성립되어야만 한다는 것을 뜻하는 것은 아니다**(대법원1987. 12. 22.선고87도1699판결).

③ (○) 뇌물죄는 직무집행의 공정과 이에 대한 사회의 신뢰 및 직무행위의 불가매수성을 그 보호법익으로 하고 있고, 직무에 관한 청탁이나 부정한 행위를 필요로 하는 것은 아니기 때문에 수수된 금품의 뇌물성을 인정하는 데 **특별한 청탁이 있어야만 하는 것은 아니고**, 또한 금품이 직무에 관하여 수수된 것으로 족하고 **개개의 직무행위와 대가적 관계에 있을 필요는 없으며, 그 직무행위가 특정된 것일 필요도 없다**(대법원2000. 1. 21.선고99도4940판결).

문제 28 - 정답 ④

▶ ④ ⓒⓒ(2개)은 맞는 지문이나, ⓐⓒⓔ(3개)은 틀린 지문이다.

ⓐ (X) **특정되지 않은 성명불상자에 대한 무고죄는 성립하지 않는다.** 공무원에게 무익한 수고를 끼치는 일은 있어도 **심판 자체를 그르치게 할 염려가 없으며 피무고자를 해할 수도 없기 때문이다**(대법원2022. 9. 29.선고2020도11754판결).

ⓒ (○) [1] 무고죄는 타인으로 하여금 형사처분이나 징계처분을 받게 할 목적으로 신고한 사실이 객관적인 진실에 반하는 허위사실인 경우에 성립하는 범죄이므로, **신고한 사실이 객관적 진실에 반하는 허위사실이라는 요건은 적극적 증명이 있어야** 하고, 신고사실의 **진실성을 인정할 수 없다는 소극적 증명만으로** 곧 그 신고사실이 객관적 진실에 반하는 허위의 사실이라 단정하여 **무고죄의 성립을 인정할 수는 없으며**, 신고내용에 일부 객관적 진실에 반하는 내용이 포함되어 있더라도 그것이 범죄의 성부에 영향을 미치는 중요한 부분이 아니고 단지 **신고사실의 정황을 과장하는 데 불과하다면 무고죄는 성립하지 않는다.**

[2] 성폭행이나 성희롱 사건의 피해자가 피해사실을 알리고 문제를 삼는 과정에서 오히려 피해자가 부정적인 여론이나 불이익한 처우 및 신분 노출의 피해 등을 입기도 하여 온 점 등에 비추어 보면, **성폭행 피해자의 대처 양상은** 피해자의 성정이나 가해자와의 관계 및 구체적인 상황에 따라 **다르게 나타날 수밖에 없다.** 따라서 개별적, 구체적인 사건에서 성폭행 등의 피해자가 처하여 있는 특별한 사정을 충분히 고려하지 않은 채 피해자 진술의 증명력을 가볍게 배척하는 것은 정의와 형평의 이념에 입각하여 논리와 경험의 법칙에 따른 증거판단이라고 볼 수 없다.

[3] 위와 같은 법리는, 피해자임을 주장하는 자가 성폭행 등의 피해를 입었다고 신고한 사실에 대하여 증거불충분 등을 이유로 불기소처분되거나 무죄판결이 선고된 경우 반대로 이러한 신고내용이 객관적 사실에 반하여 **무고죄가 성립하는지** 여부를 판단할 때에도 마찬가지로 고려되어야 한다. **따라서 성폭행 등의 피해를 입었다는 신고사실에 관하여 불기소처분 내지 무죄판결이 내려졌다고 하여**, 그 자체를 무고를 하였다는 **적극적인 근거로 삼아 신고내용을 허위라고 단정하여서는 아니 됨은 물론**, 개별적, 구체적인 사건에서 피해자임을 주장하는 자가 처하였던 특별한 사정을 충분히 고려하지 아니한 채 진정한 피해자라면 마땅히 이렇게 하였을 것이라는 기준을 내세워 성폭행 등의 피해를 입었다는 점 및 신고에 이르게 된 경위 등에 관한 변소를 쉽게 배척하여서는 아니 된다 (대법원 2019. 7. 11.선고 2018도2614판결).

ⓒ (O) [1] 무고죄는 타인으로 하여금 형사처분이나 징계처분을 받게 할 목적으로 **신고한 사실이 객관적 진실에 반하는 허위사실인 경우**에 성립한다.

[2] **무고죄의 범의**는 반드시 확정적 고의일 필요가 없고 **미필적 고의로도 충분하므로**, 신고자가 허위라고 확신한 사실을 신고한 경우뿐만 아니라 **진실하다는 확신 없는 사실을 신고하는 경우에도** 그 범의를 인정할 수 있다.

[3] 또한 **무고죄에서 형사처분을 받게 할 목적**은 허위신고를 하면서 다른 사람이 그로 인하여 형사처분을 받게 될 것이라는 인식이 있으면 충분하고 **그 결과의 발생을 희망할 필요까지는 없으므로, 신고자가 허위내용임을 알면서도 신고한 이상** 그 목적이 필요한 조사를 해 달라는 데에 있다는 등의 이유로 **무고의 범의가 없다고 할 수 없다**.

[4] 또한 **신고자가** 알고 있는 객관적인 사실관계에 의하더라도 **신고사실이 허위라거나 또는 허위일 가능성이 있다는 인식을 하지 못하였다면** 무고의 **고의를 부정할 수 있으나**, 이는 알고 있는 객관적 사실관계에 의하여 **신고사실이 허위라거나 허위일 가능성이 있다는 인식을 하면서도 그 인식을 무시한 채 무조건** 자신의 주장이 옳다고 생각하는 경우까지 포함하는 것은 아니다 (대법원 2022. 6. 30.선고 2022도3413판결).

ⓔ (X) **무고죄**는 당국의 추문을 받음이 없이 **자진하여** 타인으로 하여금 형사처분 등을 받게 할 목적으로 공무소 또는 공무원에 대하여 **허위의 사실을 신고한 경우에 성립되는 것**이므로 **공동피고인 중 1인이** 타범죄로 조사를 받는 과정에서 사법경찰관 및 검사의 심문에 따라 **다른 공동피고인의 범죄사실을 진술한 경우라면 가사 위 진술내용이 허위라 하더라도 이를 무고라고는 할 수 없다** (대법원 1985. 7. 26.자 85모14결정).

ⓜ (X) 피고인 자신이 상대방의 범행에 공범으로 가담하였음에도 **자신의 가담사실을 숨기고 상대방만을 고소한 경우, 피고인의 고소 내용이 상대방의 범행 부분에 관한 한 진실에 부합하므로 이를 허위의 사실로 볼 수 없고**, 상대방의 범행에 피고인이 공범으로 가담한 사실을 숨겼다고 하여도 그것이 상대방에 대한 관계에서 독립하여 형사처분 등의 대상이 되지 아니할뿐더러 전체적으로 보아 상대방의 범죄사실의 성립 여부에 직접 영향을 줄 정도에 이르지 아니하는 내용에 관계되는 것이므로 **무고죄가 성립하지 않는다** (대판 2008.8.21. 2008도3754).

문제 29 - 정답 ④

▶ ④ ⓒⓜ(3개)은 틀린 지문이나, ⓐⓒⓔ(2개)는 맞는 지문이다.

ⓐ (O) **검사는** 사법경찰관으로부터 **송치받은 사건에 대해** 보완수사가 필요하다고 인정하는 경우에는 **직접 보완수사를 하거나** 형사소송법 제197조의2 제1항 제1호에 따라 **사법경찰관에게 보완수사를 요구할 수 있다**(제59조 제1항 본문; **직접**하거나 **요구**하거나 **둘 중 하나**).

ⓑ (X) 다만, 송치사건의 **공소제기 여부 결정에 필요한 경우로서 다음 각 호의 어느 하나에 해당하는 경우에는** 특별히 사법경찰관에게 보완수사를 요구할 필요가 있다고 인정되는 경우를 제외하고는 **검사가 직접 보완수사를 하는 것을 원칙으로 한다**(제59조 제1항 단서; **4개의 경우는 검사의 직접보완수사 원칙**).<개정 2023. 10. 17.>

> 1. **사건을 수리한 날**(이미 보완수사요구가 있었던 사건의 경우 **보완수사 이행 결과를 통보받은 날**을 말한다)부터 **1개월이 경과**한 경우(검사가 **사건수리(송치)후 1개월 경과** 사건; 검사는 **1개월 이내에** 사법경찰관에게 **보완수사를 요구할 수도 있다**)
> 2. **사건이 송치된 이후 검사가** 해당 피의자 및 피의사실에 대해 **상당한 정도의 보완수사를 한 경우**(검사가 **직접 수사한** 사건)
> 3. 형사소송법 **제197조의3 제5항**(검사의 시정조치 요구가 정당한 이유 없이 이행되지 않아 송치를 요구받은 경우), 제197조의4 제1항(검사가 사법경찰관과 동일한 범죄사실을 수사하게 되어 송치할 것을 요구한 경우) 또는 제198조의2 제2항(검사의 체포·구속장소감찰에 의하여 체포 또는 구속된 자의 사건의 송치를 명받은 경우)에 따라 **사법경찰관으로부터 사건을 송치받은 경우**(**송치요구** 사건)
> 4. **제7조**(중요사건 협력절차) 또는 **제8조**(검사와 사법경찰관의 협의)에 따라 **검사와 사법경찰관이** 사건 송치 전에 수사할 사항, 증거수집의 대상 및 법령의 적용 등에 대해 **협의를 마치고 송치한 경우**(**사전 협의후 송치** 사건)

ⓒ (O) 검사는 보완수사요구 여부를 판단하는 경우 **필요한 보완수사의 정도, 수사 진행 기간**, 구체적 사건의 성격에 따른 **수사 주체의 적합성 및 검사와 사법경찰관의 상호 존중과 협력의 취지 등을 종합적으로** 고려한다(제59조 제2항; 보완수사 분담의 일반기준).

ⓓ (O) **검사는** 법 제197조의2 제1항에 따라 **보완수사를 요구할 때에는** 그 이유와 내용 등을 구체적으로 적은 **서면과 관계 서류 및 증거물을** 사법경찰관에게 함께 송부해야 한다(제60조 제1항 본문). 다만, 보완수사 대상의 성질, 사안의 긴급성 등을 고려하여 관계 서류와 증거물을 **송부할 필요가 없거나 송부하는 것이 적절하지 않다고 판단하는 경우**에는 해당 관계 서류와 증거물을 **송부하지 않을 수 있다**(제60조 제1항 단서).

ⓔ (X) **사법경찰관은** 형사소송법 제197조의2 제2항에 따라 **보완수사를 이행한 경우에는 그 이행 결과를 검사에게 서면으로 통보해야 하며**(**반드시 서면 통보**), 검사로부터 보완수사를 요구받으면서 관계 서류와 증거물을 송부받은 경우에는 그 서류와 증거물을 함께 반환해야 한다. 다만, **관계 서류와 증거물을 반환할 필요가 없는 경우**에는 보완수사의 이행 결과만을 검사에게 통보할 수 있다 (제60조 제4항).<개정 2023. 10. 17.>

문제 30 - 정답 ③

▶ ③ ⓐⓒ(2개)는 **옳은 지문**이나, ⓑⓓⓔ(3개)는 **틀린 지문**이다.

ⓐ (O) [1] 구 근로기준법 제44조 제1항은 사업이 여러 차례의 도급에 따라 행하여지는 경우에 하수급인이 직상 수급인의 귀책사유로 근로자에게 임금을 지급하지 못한 경우에는 그 직상 수급인이 하수급인과 연대하여 하수급인이 사용한 근로자의 임금을 지급할 책임을 지도록 규정하면서, 직상 수급인의 귀책사유가 그 상위 수급인의 귀책사유에 의하여 발생한 경우에는 상위 수급인도 **연대하여 책임을 지도록 하고 있다**.

[2] 플랜트제조업 등을 영위하는 사업주(**상위 수급인, 甲**)로부터

시설공사를 하도급받은 사업주(**직상 수급인, 乙**)와 그 사업주로부터 위 시설공사를 재하도급받은 사업주(**하수급인, 丙**)가 있는 도급사업 관계에서 사업주(하수급인) 丙이 시설공사의 생산직원으로 근무하다 퇴직한 근로자들에 대한 임금을 체불하여 그 사업주 丙과 직상 수급인 乙, 상위 수급인 甲이 근로기준법위반으로 기소된 사안에서, <u>제1심판결 선고 전에 이루어진 상위 수급인 甲에 대한 처벌을 희망하지 아니하는 의사표시에는 직상 수급인 乙과 그 사용자인 하수급인 丙의 처벌을 희망하지 아니하는 의사표시도 포함된 것으로 보아 직상 수급인 乙과 하수급인 丙에 대한 근로기준법위반 중 해당 부분의 공소를 기각한 원심판결은 정당하다</u>

[3] 근로자 A등이 <u>상위 수급인 갑에 대하여 처벌을 희망하지 아니하는 의사를 표시한 데에는 하수급인인 병, 직상 수급인인 을에 대한 처벌을 희망하지 아니하는 의사표시도 포함되어 있다</u>고 봄이 타당하다고 한 다음, 피고인들의 근로기준법 위반 부분은 피해자의 명시한 의사에 반하여 공소를 제기할 수 없는 사건에 대하여 제1심판결 선고 전에 처벌을 희망하지 아니하는 의사표시가 있는 때에 해당하므로 피고인들을 <u>형사소송법 제327조 제6호에 따라 공소를 기각하여야</u> 한다(대법원2022. 12. 29.선고 2018도2720판결).

ⓒ (X) (X) [1] <u>고소를 할 때는 소송행위능력, 즉 고소능력이 있어야 하나</u>, 고소능력은 피해를 입은 사실을 이해하고 고소에 따른 사회생활상의 이해관계를 알아차릴 수 있는 <u>사실상의 의사능력으로 충분하므로</u>, <u>민법상 행위능력이 없는 사람이라도</u> 위와 같은 능력을 갖추었다면 <u>고소능력이 인정된다</u>.

[2] <u>당시 피해자는 11세 남짓한 초등학교 6학년생</u>으로서 피해입은 사실을 이해하고 고소에 따른 사회생활상의 이해관계를 알아차릴 수 있는 <u>사실상의 의사능력이 있었던 것으로 보이고</u>, 피고인을 처벌하여 달라는 의사표시를 분명히 하여 <u>그 의사표시가 피해자 진술조서에 기재되었으므로</u>, <u>고소능력 있는 피해자 본인이 고소를 하였다고 보아야 한다</u>. 설령 피해자 법정대리인의 고소는 취소되었다고 하더라도 <u>본인의 고소가 취소되지 아니한 이상 친고죄의 공소제기 요건은 여전히 충족된다는 이유로</u> 같은 취지에서 <u>피고인에 대한 간음 목적 약취의 공소사실을 유죄로 인정한 원심판단은 정당하다</u>고 한 사례(대판 2011.6.24. 2011도4451,2011전도76).

ⓒ (○) [1] 형사소송법 제232조에 의하면 고소는 제1심판결 선고 전까지 취소할 수 있되 <u>고소를 취소한 자는 다시 고소할 수 없으며</u>, 한편 고소취소는 범인의 처벌을 구하는 의사를 철회하는 수사기관 또는 법원에 대한 고소권자의 의사표시로서 형사소송법 제239조, 제237조에 의하여 서면 또는 구술로써 하면 족한 것이므로, <u>고소권자가 서면 또는 구술로써 수사기관 또는 법원에 고소를 취소하는 의사표시를 하였다고 보여지는 이상 그 고소는 적법하게 취소되었다</u>고 할 것이고, <u>그 후 고소취소를 철회하는 의사표시를 다시 하였다</u>고 하여도 <u>그것은 효력이 없다</u>고 할 것이다.

[2] 고소권자인 피해자가 2008. 10. 16. 비록 합의서에 피고인에 대한 고소를 취소한다거나, 또는 피고인에 대한 형사책임을 묻지 않는다는 표현을 명시적으로 기재하지는 않았지만, <u>피고인의 처벌을 구하는 의사를 철회한다는 의사로 합의서를 제1심법원에 제출하였다고 할 것이므로, 피고인에 대한 고소는 적법하게 취소되었다</u>고 할 것이고, 따라서 그 후 피해자가 2008. 10. 30. 제1심법원에 증인으로 출석하여 위 합의를 취소하고 <u>다시</u> 피고인의 처벌을 원한다는 진술을 함으로써 <u>고소취소를 철회하는 의사표시를 하였다고 하여도</u> 그것은 <u>아무런 효력이 없다</u>(대법원2009. 9. 24.선고2009도6779판결). 결국, <u>고소를 취소한 자는 다시 고소할 수 없다.</u>

ⓔ (X) <u>친고죄의 공범중 그 일부에 대하여 제1심 판결이 선고된 후에는</u> 제1심 판결 선고 전의 <u>다른 공범자에 대하여는 그 고소를 취소할 수 없고</u> 그 고소의 취소가 있다 하더라도 그 효력을 발생할 수 없으며, 이러한 법리는 필요적 공범이나 임의적 공범이나를 구별함이 없이 모두 적용된다(대법원1985. 11. 12.선고85도1940판결).

ⓜ (X) 형사소송법이 고소와 고소취소에 관한 규정을 하면서 제232조 제1항, 제2항에서 고소취소의 시한과 재고소의 금지를 규정하고 제3항에서는 반의사불벌죄에 제1항, 제2항의 규정을 준용하는 규정을 두면서도, <u>제233조에서 고소와 고소취소의 불가분에 관한 규정을 함에 있어서는 반의사불벌죄에 이를 준용하는 규정을 두지 아니한 것</u>은 처벌을 희망하지 아니하는 의사표시나 처벌을 희망하는 의사표시의 철회에 관하여 <u>친고죄와는 달리 공범자간에 불가분의 원칙을 적용하지 아니하고자 함에 있다</u>고 볼 것이지, 입법의 불비로 볼 것은 아니다(대법원1994. 4. 26.선고93도1689판결). 고소불가분의 원칙은 친고죄의 고소에서만 적용되므로 반의사불벌죄에서는 준용규정이 없으므로 적용되지 않는다. 따라서 <u>정보통신망법상 명예훼손죄는 반의사불벌죄(정보통신망법 제70조 제3항)이므로</u>, 정보통신망을 통한 명예훼손의 <u>공범 중 1인에 대한 고소취소의 효력(처벌희망하는 의사표시의 철회)은 다른 공범에 대해서는 효력이 미치지 않는다</u>. 즉, 법원은 반의사불벌죄에서는 <u>공범 중 고소 취소한 공범자에게는 공소기각판결을 선고하여야 하나, 다른 공범자에게는</u> 고소취소의 효력이 미치지 아니하므로 <u>실체판결을 선고하여야 한다(정보통신망법상 명예훼손죄로 처벌된다)</u>.

문제 31 - 정답 ②

▶ ② ⓒ(1개)은 옳은 지문이나, ⓐⓑⓓⓔ(4개)은 틀린 지문이다.

ⓐ (X) 피의자가 죄를 범하였다고 의심할 만한 <u>상당한 이유가 있고</u>, 정당한 이유없이 제200조의 규정에 의한 <u>출석요구에 응하지 아니하거나 응하지 아니할 우려가 있는 때에는 검사는 관할 지방법원판사에게 청구하여 체포영장을 발부받아 피의자를 체포</u>할 수 있고, 사법경찰관은 검사에게 신청하여 검사의 청구로 관할지방법원판사의 체포영장을 발부받아 피의자를 체포할 수 있다. 다만, <u>다액 50만원이하의 벌금, 구류 또는 과료에 해당하는 사건</u>에 관하여는 <u>피의자가 일정한 주거가 없는 경우</u> 또는 정당한 이유없이 제200조의 규정에 의한 <u>출석요구에 응하지 아니한 경우에 한한다</u>(제200조의2 제1항). 결국, <u>구속영장을 청구받은 판사는 구속사유를 판단하기 위해 필요적 심문을 해야 하나, 체포영장을 청구받은 지방법원판사는</u> 체포사유를 판단하기 위한 <u>필요적 심문제도가 없으므로</u> 피의자를 구인한 후 <u>심문할 수 없다(체포영장에는 영장실질심사제도가 없다)</u>.

ⓑ (○) [1] 사법경찰관 등이 체포영장을 소지하고 피의자를 체포하기 위해서는 체포영장을 피의자에게 제시하고, 피의사실의 요지, 체포의 이유와 변호인을 선임할 수 있음을 말하고 변명할 기회를 주어야 한다(형사소송법 제200조의5). 이와 같은 <u>체포영장의 제시나 고지 등은</u> 체포를 위한 실력행사에 들어가기 <u>이전에 미리</u> 하여야 하는 것이 <u>원칙이다</u>. 그러나 <u>달아나는</u> 피의자를 쫓아가 붙들거나 폭력으로 <u>대항하는</u> 피의자를 실력으로 제압하는 경우에는 붙들거나 제압하는 <u>과정에서</u> 하거나, 그것이 여의치 않은 경우에는 <u>일단 붙들거나 제압한 후에 지체 없이</u> 하여야 한다.

[2] 형법 제136조가 규정하는 공무집행방해죄는 공무원의 직무집행이 적법한 경우에 한하여 성립한다. 이때 적법한 공무집행은 그 행위가 공무원의 추상적 권한에 속할 뿐 아니라 구체적 직무집행에 관한 법률상 요건과 방식을 갖춘 경우를 가리킨다. <u>경찰관이 적법절</u>

차를 준수하지 않은 채 실력으로 피의자를 체포하려고 하였다면 적법한 공무집행이라고 할 수 없다. 그리고 경찰관의 체포행위가 적법한 공무집행을 벗어나 불법하게 체포한 것으로 볼 수 밖에 없다면, 피의자가 그 체포를 면하려고 반항하는 과정에서 경찰관에게 상해를 가한 것은 불법체포로 인한 신체에 대한 현재의 부당한 침해에서 벗어나기 위한 행위로서 정당방위에 해당하여 위법성이 조각된다.

[3] 경찰관들이 체포영장을 소지하고 메트암페타민(일명 필로폰) 투약 등 혐의로 피고인을 체포하려고 하자, 피고인이 이에 거세게 저항하는 과정에서 경찰관들에게 상해를 가하였다고 하여 공무집행방해 및 상해의 공소사실로 기소된 사안에서, 피고인이 경찰관들과 마주하자마자 도망가려는 태도를 보이거나 먼저 폭력을 행사하며 대항한 바 없는 등 경찰관들이 체포를 위한 실력행사에 나아가기 전에 체포영장을 제시하고 미란다 원칙을 고지할 여유가 있었음에도 애초부터 미란다원칙을 체포 후에 고지할 생각으로 먼저 체포행위에 나선 행위는 적법한 공무집행이라고 보기 어렵다(대법원2017. 9. 21.선고2017도10866판결). 결국, 피고인은 공무집행방해죄가 성립하지 않는다.

ⓒ (X) 사법경찰관은 긴급체포한 피의자에 대하여 구속영장을 신청하지 아니하고 석방한 경우에는 즉시 검사에게 보고하여야 한다(제200조의4 제6항).

ⓔ (X) 사법경찰관이 피고인을 수사관서까지 동행한 것이 사실상의 강제연행, 즉 불법 체포에 해당하고, 불법 체포로부터 6시간 상당이 경과한 후에 이루어진 긴급체포 또한 위법하므로 피고인이 불법체포된 자로서 형법 제145조 제1항에 정한 '법률에 의하여 체포 또는 구금된 자'가 아니어서 도주죄의 주체가 될 수 없다(대법원2006. 7. 6.선고2005도6810판결).

ⓜ (X) 현행범인은 누구든지 영장 없이 체포할 수 있는데(형사소송법 제212조), 현행범인으로 체포하기 위하여는 행위의 가벌성, 범죄의 현행성·시간적 접착성, 범인·범죄의 명백성 이외에 체포의 필요성 즉, 도망 또는 증거인멸의 염려가 있어야 하고, 이러한 요건을 갖추지 못한 현행범인 체포는 법적 근거에 의하지 아니한 영장 없는 체포로서 위법한 체포에 해당한다(2011.5.26. 2011도3682).

문제 32 - 정답 ④

▶ ④ ㉠㉣(2개)은 옳은 지문이나, ㉡㉢㉤(3개)은 틀린 지문이다.

㉠ (○) [1] 영장주의란 형사절차와 관련하여 체포·구속·압수 등의 강제처분을 함에 있어서는 사법권 독립에 의하여 그 신분이 보장되는 법관이 발부한 영장에 의하지 않으면 아니된다는 원칙이고, 따라서 영장주의의 본질은 신체의 자유를 침해하는 강제처분을 함에 있어서는 중립적인 법관이 구체적 판단을 거쳐 발부한 영장에 의하여야만 한다는 데에 있다고 할 수 있다.

[2] 수사단계이든 공판단계이든 수사나 재판의 필요상 구속 등 강제처분을 하지 않을 수 없는 경우는 있게 마련이지만 강제처분을 받는 피의자나 피고인의 입장에서 보면 심각한 기본권의 침해를 받게 되므로 헌법은 강제처분의 남용으로부터 국민의 기본권을 보장하기 위한 수단으로 영장주의를 천명한 것이다. 특히 강제처분 중에서도 중립적인 심판자로서의 지위를 갖는 법원에 의한 강제처분에 비하여 수사기관에 의한 강제처분의 경우에는 범인을 색출하고 증거를 확보한다는 수사의 목적상 적나라하게 공권력이 행사됨으로써 국민의 기본권을 침해할 가능성이 큰 만큼 수사기관의 인권침해에 대한 법관의 사전적·사법적 억제를 통하여 수사기관의 강제처분 남용을 방지하고 인권보장을 도모한다는 면에서 영장주의의 의미가 크다고 할 것이다.

[3] 이러한 면에서 법원이 직권으로 발부하는 영장과 수사기관의 청구에 의하여 발부하는 구속영장의 법적 성격은 갖지 않다. 즉, 전자는 명령장으로서의 성질을 갖지만 후자는 허가장으로서의 성질을 갖는 것으로 이해되고 있다(헌재 1997.03.27.96헌바28등) 결국, 수사기관의 청구에 의하여 발부하는 구속영장은 허가장으로서의 성질을 가지며, 법원이 직권으로 발부하는 영장은 명령장으로서의 성질을 가진다.

ⓒ (X) 구속의 효력은 원칙적으로 위 방식에 따라 작성된 구속영장에 기재된 범죄사실에만 미치는 것이므로, 구속기간이 만료될 무렵에 종전 구속영장에 기재된 범죄사실과 다른 범죄사실로 피고인을 구속하였다는 사정만으로는 피고인에 대한 구속이 위법하다고 할 수 없다(대법원2000. 11. 10.자2000모134결정).

ⓒ (X) [1] 수사기관이 관할 지방법원 판사가 발부한 구속영장에 의하여 피의자를 구속하는 경우, 그 구속영장은 기본적으로 장차 공판정에의 출석이나 형의 집행을 담보하기 위한 것이지만, 이와 함께 법 제202조, 제203조에서 정하는 구속기간의 범위 내에서 수사기관이 법 제200조, 제241조 내지 제244조의5에 규정된 피의자신문의 방식으로 구속된 피의자를 조사하는 등 적정한 방법으로 범죄를 수사하는 것도 예정하고 있다고 할 것이다. 따라서 구속영장 발부에 의하여 적법하게 구금된 피의자가 피의자신문을 위한 출석요구에 응하지 아니하면서 수사기관 조사실에 출석을 거부한다면 수사기관은 그 구속영장의 효력에 의하여 피의자를 조사실로 구인할 수 있다고 보아야 한다.

[2] 다만 이러한 경우에도 그 피의자신문 절차는 어디까지나 법 제199조 제1항 본문, 제200조의 규정에 따른 임의수사의 한 방법으로 진행되어야 하므로, 피의자는 헌법 제12조 제2항과 법 제244조의3에 따라 일체의 진술을 하지 아니하거나 개개의 질문에 대하여 진술을 거부할 수 있고, 수사기관은 피의자를 신문하기 전에 그와 같은 권리를 알려주어야 한다(대법원2013. 7. 1.자2013모160결정).

ⓔ (○) 피의자심문을 하는 경우 법원이 구속영장청구서·수사관계 서류 및 증거물을 접수한 날부터 구속영장을 발부하여 검찰청에 반환한 날까지의 기간은 제202조(사법경찰관 구속기간) 및 제203조(검사의 구속기간)의 적용에 있어서 그 구속기간에 산입하지 아니한다(동조 제7항).

ⓜ (X) 피의자에 대한 심문절차는 공개하지 아니한다. 다만, 판사는 상당하다고 인정하는 경우에는 피의자의 친족, 피해자 등 이해관계인의 방청을 허가할 수 있다(형사소송규칙 96조의14).

문제 33 - 정답 ②

▶ ② ㉠㉣㉤(3개)은 틀린 지문이나, ㉡㉢(2개)은 옳은 지문이다.

㉠ (X) [1] 형사소송법 제215조에 의한 압수·수색영장은 수사기관의 압수·수색에 대한 허가장으로서 거기에 기재되는 유효기간은 집행에 착수할 수 있는 종기를 의미하는 것일 뿐이므로, 수사기관이 압수·수색영장을 제시하고 집행에 착수하여 압수·수색을 실시하고 그 집행을 종료하였다면 이미 그 영장은 목적을 달성하여 효력이 상실되는 것이고, 동일한 장소 또는 목적물에 대하여 다시 압수·수색할 필요가 있는 경우라면 그 필요성을 소명하여 법원으로부터 새로운 압수·수색영장을 발부 받아야 하는 것이지, 앞서 발부 받은 압수·수색영장의 유효기간이 남아있다고 하여 이를 제시하고 다시 압수·수색을 할 수는 없다.

[2] 경찰은 2019. 3. 5. 피의자가 甲으로, 혐의사실이 대마 광고 및 대마 매매로, 압수할 물건이 '피의자가 소지, 소유, 보관하고 있는 휴대전화에 저장된 마약류 취급 관련자료 등'으로, 유효기간이

'2019. 3. 31.'로 된 압수·수색·검증영장(이하 '이 사건 영장')을 발부받아, 2019. 3. 7. 그에 기해 甲으로부터 휴대전화 3대 등을 압수하였다. 그 후 경찰은 2019. 4. 8. 甲의 휴대전화 메신저에서 대마 구입 희망의사를 밝히는 피고인의 메시지(이하 '이 사건 메시지')를 확인한 후, 甲 행세를 하면서 위 메신저로 메시지를 주고받는 방법으로 위장수사를 진행하여, 2019. 4. 10. 피고인을 현행범으로 체포하고 그 휴대전화를 비롯한 소지품 등을 영장 없이 압수한 다음 2019. 4. 12. 사후 압수·수색·검증영장을 발부받았다.

[3] 피고인이 이 사건 메시지를 보낸 시점까지 경찰이 이 사건 영장 집행을 계속하고 있었다고 볼 만한 자료가 없으므로 경찰의 이 사건 메시지 등의 정보 취득은 영장 집행 종료 후의 위법한 재집행이고, 그 외에 경찰이 甲의 휴대전화 메신저 계정을 이용할 정당한 접근권한도 없으므로, 이 사건 메시지 등을 기초로 피고인을 현행범으로 체포하면서 수집한 증거는 위법수집증거로서 증거능력이 없다. 따라서 피고인의「마약류 불법거래 방지에 관한 특례법」위반 부분에 대해서는 무죄를 선고하여야 한다(대판2023.3.16. 2020도5336).

ⓒ (○) 임의제출된 정보저장매체에서 압수의 대상이 되는 전자정보의 범위를 초과하여 수사기관이 임의로 전자정보를 탐색·복제·출력하는 것은 원칙적으로 위법한 압수·수색에 해당하므로 허용될 수 없다. 만약 전자정보에 대한 압수·수색이 종료되기 전에 범죄혐의사실과 관련된 전자정보를 적법하게 탐색하는 과정에서 별도의 범죄혐의와 관련된 전자정보를 우연히 발견한 경우라면, 수사기관은 더 이상의 추가 탐색을 중단하고 법원으로부터 별도의 범죄혐의에 대한 압수·수색영장을 발부받은 경우에 한하여 그러한 정보에 대하여도 적법하게 압수·수색을 할 수 있다. 따라서 임의제출된 정보저장매체에서 압수의 대상이 되는 전자정보의 범위를 넘어서는 전자정보에 대해 수사기관이 영장 없이 압수·수색하여 취득한 증거는 위법수집증거에 해당하고, 사후에 법원으로부터 영장이 발부되었다거나 피고인이나 변호인이 이를 증거로 함에 동의하였다고 하여 그 위법성이 치유되는 것도 아니다(대법원2021. 11. 18.선고2016도348전원합의체 판결).

ⓒ (○) 형사소송법 제219조, 제121조에 의하면, 수사기관이 압수·수색영장을 집행할 때 피의자 또는 변호인은 그 집행에 참여할 수 있다. 압수의 목적물이 컴퓨터용디스크 그 밖에 이와 비슷한 정보저장매체인 경우에는 영장 발부의 사유로 된 범죄 혐의사실과 관련 있는 정보의 범위를 정하여 출력하거나 복제하여 이를 제출받아야 하고, 피의자나 변호인에게 참여의 기회를 보장하여야 한다. 만약 그러한 조치를 취하지 않았다면 이는 형사소송법에 정한 영장주의 원칙과 적법절차를 준수하지 않은 것이다. 수사기관이 정보저장매체에 기억된 정보 중에서 키워드 또는 확장자 검색 등을 통해 범죄 혐의사실과 관련 있는 정보를 선별한 다음 정보저장매체와 동일하게 비트열 방식으로 복제하여 생성한 파일(이하 '이미지 파일'이라 한다)을 제출받아 압수하였다면 이로써 압수의 목적물에 대한 압수·수색 절차는 종료된 것이므로, 수사기관이 수사기관 사무실에서 위와 같이 압수된 이미지 파일을 탐색·복제·출력하는 과정에서도 피의자 등에게 참여의 기회를 보장하여야 하는 것은 아니다(대법원2018. 2. 8.선고2017도13263판결).

ⓔ (X) 피의자의 이메일 계정에 대한 접근권한에 갈음하여 발부받은 압수·수색영장에 따라 원격지의 저장매체에 적법하게 접속하여 내려받거나 현출된 전자정보를 대상으로 하여 범죄 혐의사실과 관련된 부분에 대하여 압수·수색하는 것은, 압수·수색영장의 집행을 원활하고 적정하게 행하기 위하여 필요한 최소한도의 범위 내에서 이루어지며 그 수단과 목적에 비추어 사회통념상 타당하다고 인정되는 대물적 강제처분 행위로서 허용되며, 형사소송법 제120조 제1항에서 정한 압수·수색영장의 집행에 필요한 처분에 해당한다. 그리고 이러한 법리는 원격지의 저장매체가 국외에 있는 경우라 하더라도 그 사정만으로 달리 볼 것은 아니다(대법원2017. 11. 29.선고2017도9747판결).

ⓜ (X) 전자정보에 대한 압수·수색영장의 집행에 있어서는 원칙적으로 영장 발부의 사유로 된 혐의사실과 관련된 부분만을 문서 출력물로 수집하거나 수사기관이 휴대한 저장매체에 해당 파일을 복사하는 방식으로 이루어져야 하고, 집행현장의 사정상 위와 같은 방식에 의한 집행이 불가능하거나 현저히 곤란한 부득이한 사정이 있더라도 그와 같은 경우에 그 저장매체 자체를 직접 또는 하드카피나 이미징 등 형태로 수사기관 사무실 등 외부로 반출하여 해당 파일을 압수·수색할 수 있도록 영장에 기재되어 있고 실제 그와 같은 사정이 발생한 때에 한하여 예외적으로 허용될 수 있을 뿐이다. 나아가 이처럼 저장매체 자체를 수사기관 사무실 등으로 옮긴 후 영장에 기재된 범죄 혐의 관련 전자정보를 탐색하여 해당 전자정보를 문서로 출력하거나 파일을 복사하는 과정 역시 전체적으로 압수·수색영장 집행에 포함된다고 보아야 한다. 따라서 그러한 경우 문서출력 또는 파일복사의 대상 역시 혐의사실과 관련된 부분으로 한정되어야 함은 헌법 제12조 제1항, 제3항, 형사소송법 제114조, 제215조의 적법절차 및 영장주의 원칙상 당연하다. 그러므로 수사기관 사무실 등으로 옮긴 저장매체에서 범죄혐의와의 관련성에 관한 구분 없이 저장된 전자정보 중 임의로 문서출력 또는 파일복사를 하는 행위는 특별한 사정이 없는 한 영장주의 등 원칙에 반하는 위법한 집행이 된다(대법원2014. 2. 27.선고2013도12155판결).

문제 34 - 정답 ④

▶ ④ (X) 임의제출물을 압수한 경우 압수물이 형사소송법 제218조에 따라 실제로 임의제출된 것인지에 관하여 다툼이 있을 때에는 임의제출의 임의성을 의심할 만한 합리적이고 구체적인 사실을 피고인이 증명할 것이 아니라 검사가 그 임의성의 의문점을 없애는 증명을 해야 한다(대법원2024. 3. 12.선고2020도9431판결).

① (○) [1] 체포영장을 발부받아 피의자를 체포하는 경우에 필요한 때에는 영장 없이 타인의 주거 등 내에서 피의자 수사를 할 수 있다고 규정함으로써, 별도로 영장을 발부받기 어려운 긴급한 사정이 있는지 여부를 구별하지 아니하고 피의자가 소재할 개연성만 소명되면 영장 없이 타인의 주거 등을 수색할 수 있도록 허용하고 있다. 이는 체포영장이 발부된 피의자가 타인의 주거 등에 소재할 개연성은 소명되나, 수색에 앞서 영장을 발부받기 어려운 긴급한 사정이 인정되지 않는 경우에도 영장 없이 피의자 수색을 할 수 있다는 것이므로, 헌법 제16조의 영장주의 예외 요건을 벗어나는 것으로서 영장주의에 위반된다(헌재2018.4.26. 2015헌바370 등).

[2] 검사 또는 사법경찰관은 피의자를 체포 또는 구속하는 경우에 필요한 때에는 영장없이 타인의 주거나 타인이 간수하는 가옥, 건조물, 항공기, 선차 내에서의 피의자를 수색할 수 있다. 다만, 체포영장 또는 구속영장에 따라 피의자를 체포 또는 구속하는 경우의 피의자 수색은 미리 수색영장을 발부받기 어려운 긴급한 사정이 있는 때에 한정한다(제216조 제1항 제1호 단서). 그러나 검사 또는 사법경찰관은 긴급체포나 현행범 체포하는 경우에는 영장없이 피의자를 체포를 위해 타인의 주거등을 수색할 수 있고, 이때에는 미리 영장을 발부받기 어려운 긴급한 사정을 필요로 하지 아니한다.

② (○) 2012.11.15. 2011도15258

③ (○) 음주운전과 관련한 도로교통법 위반죄의 범죄수사를 위하

여 미성년자인 피의자의 혈액채취가 필요한 경우에도 <u>피의자에게 의사능력이 있다면 피의자 본인만이 혈액채취에 관한 유효한 동의를 할 수 있고</u>, 피의자에게 <u>의사능력이 없는 경우에도</u> 명문의 규정이 없는 이상 <u>법정대리인이 피의자를 대리하여 동의할 수는 없다</u>(대판2014.11.13. 2013도1228).

문제 35 - 정답 ③

▶ ③ (X) 임의성 없는 진술의 증거능력을 부정하는 취지는, 허위진술을 유발 또는 강요할 위험성이 있는 상태하에서 행하여진 진술은 그 자체가 실체적 진실에 부합하지 아니하여 오판을 일으킬 소지가 있을 뿐만 아니라 그 진위를 떠나서 진술자의 기본적 인권을 침해하는 위법·부당한 압박이 가하여지는 것을 사전에 막기 위한 것이므로, <u>그 임의성에 다툼이 있을 때에는</u> 그 임의성을 의심할 만한 합리적이고 구체적인 사실을 피고인이 증명할 것이 아니고 <u>검사(피고인 X)가 그 임의성의 의문점을 없애는 증명을 하여야 하며</u>, 검사가 그 임의성의 의문점을 없애는 <u>증명을 하지 못한 경우</u>에는 <u>그 진술증거는 증거능력이 부정된다</u>(대법원 2012. 11. 29.선고 2010도3029판결).
① (○) 대판1983.9.13. 83도712
② (○) 대판2012.11.29. 2010도3029
④ (○) <u>검찰에서의 피고인의 자백이 임의성이 있어 그 증거능력이 부여된다</u> 하여 <u>자백의 진실성과 신빙성까지도 당연히 인정되어야 하는 것은 아니므로 그 자백이 증명력이 있다고 하기 위해서는</u> 그 자백의 진술내용 자체가 객관적인 합리성을 띠고 있는가, 그 자백의 동기나 이유 및 자백에 이르게 된 경위가 어떠한가, 자백 외의 정황증거 중 자백과 저촉되거나 모순되는 것이 없는가 하는 점을 <u>합리적으로 따져 보아야 한다</u>(대판2007.9.6. 2007도4959).

문제 36 - 정답 ③

▶ ③ ㉠㉢㉣(3개)는 틀린 지문이나, ㉡(1개)는 옳은 지문이다.
㉠ (X) [1] 형사소송법 제312조 제2항(<u>현 제312조 제3항</u>)은 검사 이외의 수사기관이 작성한 당해 피고인에 대한 피의자신문조서를 유죄의 증거로 하는 경우뿐만 아니라 <u>검사 이외의 수사기관이 작성한 당해 피고인과 공범관계에 있는 다른 피고인이나 피의자에 대한 피의자신문조서를 당해 피고인에 대한 유죄의 증거로 채택할 경우에도 적용</u>되는바, 당해 피고인과 공범관계가 있는 다른 피의자에 대한 검사 이외의 수사기관 작성의 피의자신문조서는 그 피의자의 법정진술에 의하여 그 성립의 진정이 인정되더라도 당해 피고인이 공판기일에서 그 조서의 내용을 부인하면 증거능력이 부정되므로 <u>그 당연한 결과로 그 피의자신문조서에 대하여는 사망 등 사유로 인하여 법정에서 진술할 수 없는 때에 예외적으로 증거능력을 인정하는 규정인 형사소송법 제314조가 적용되지 아니한다</u>.
[2] <u>피의자가 경찰수사 단계에서 작성한 진술서</u>에 대하여는 검사 이외의 수사기관 작성의 피의자신문조서와 동일하게 제312조 제2항(<u>현 제312조 제3항)을 적용하여야 한다</u>(대법원2004. 7. 15.선고 2003도7185전원합의체 판결). 결국, <u>반드시 당해 피고인(갑)이</u> 공판기일에서 <u>을의 피의자신문조서의 내용을 인정해야</u> 증거능력이 인정된다.
㉡ (○) 해당 피고인과 공범관계가 있는 다른 피의자에 대하여 검사 이외의 수사기관이 작성한 피의자신문조서는 그 피의자의 법정진술에 의하여 성립의 진정이 인정되는 등 <u>형사소송법 제312조 제4항의 요건을 갖춘 경우라도</u> 해당 피고인이 공판기일에서 <u>그 조서의 내용을 부인한 이상 이를 유죄 인정의 증거로 사용할 수 없다</u>(대법원2020. 6. 11.선고2016도9367판결).
㉢ (X) [1] 형사소송법 제312조 제2항(<u>현 제312조 제3항</u>)은 검사 이외의 수사기관이 작성한 당해 피고인에 대한 피의자신문조서를 유죄의 증거로 하는 경우뿐만 아니라 <u>검사 이외의 수사기관이 작성한 당해 피고인과 공범관계에 있는 다른 피고인이나 피의자에 대한 피의자신문조서를 당해 피고인에 대한 유죄의 증거로 채택할 경우에도 적용</u>되는바, 당해 피고인과 공범관계가 있는 다른 피의자에 대한 검사 이외의 수사기관 작성의 피의자신문조서는 그 피의자의 법정진술에 의하여 그 성립의 진정이 인정되더라도 당해 피고인이 공판기일에서 그 조서의 내용을 부인하면 증거능력이 부정되므로 <u>그 당연한 결과로 그 피의자신문조서에 대하여는 사망 등 사유로 인하여 법정에서 진술할 수 없는 때에 예외적으로 증거능력을 인정하는 규정인 형사소송법 제314조가 적용되지 아니한다</u>(대법원2004. 7. 15.선고2003도7185전원합의체 판결).
㉣ (X) [1] 사법경찰관리 또는 특별사법경찰관리에 대하여는 헌법과 형사소송법 등 법령에 따라 국민의 생명·신체·재산 등을 보호하기 위하여 광범위한 기본권 제한조치를 할 수 있는 권한이 부여되어 있으므로, 소관 업무의 성질이 수사업무와 유사하거나 이에 준하는 경우에도 명문의 규정이 없는 한 함부로 그 업무를 담당하는 공무원을 사법경찰관리 또는 특별사법경찰관리에 해당한다고 해석할 수 없다.
[2] 구 형사소송법(2020. 2. 4. 법률 제16924호로 개정되기 전의 것) 제197조 및 구 사법경찰관리의 직무를 수행할 자와 그 직무범위에 관한 법률(2021. 3. 16. 법률 제17929호로 개정되기 전의 것, 이하 '구 사법경찰직무법'이라 한다)은 <u>특별사법경찰관리를 구체적으로 열거하면서 '관세법에 따라 관세법의 조사 업무에 종사하는 세관공무원'만 명시하였을 뿐 '조세범칙조사를 담당하는 세무공무원'을 포함시키지 않았다</u>(구 사법경찰직무법 제5조 제17호). 뿐만 아니라 현행 법령상 조세범칙조사의 법적 성질은 기본적으로 <u>행정절차에 해당하므로</u>, 조세범 처벌절차법 등 관련 법령에 조세범칙조사를 담당하는 <u>세무공무원에게 압수·수색 및 혐의자 또는 참고인에 대한 심문권</u>이 부여되어 있어 그 업무의 내용과 실질이 수사절차와 유사한 점이 있고, 이를 기초로 수사기관에 고발하는 경우에는 형사절차로 이행되는 측면이 있다 하여도, 달리 특별한 사정이 없는 한 이를 <u>형사절차의 일환으로 볼 수는 없다</u>.
[3] 그러므로 조세범칙조사를 담당하는 <u>세무공무원이</u> 피고인이 된 혐의자 또는 참고인에 대하여 <u>심문한 내용을 기재한 조서</u>는 검사·사법경찰관 등 수사기관이 작성한 조서와 동일하게 볼 수 없으므로 <u>형사소송법 제312조에 따라 증거능력의 존부를 판단할 수는 없고</u>, 피고인 또는 피고인이 아닌 자가 작성한 진술서나 그 진술을 기재한 서류에 해당하므로 <u>형사소송법 제313조에 따라</u> 공판준비 또는 공판기일에서 작성자·진술자의 진술에 따라 <u>성립의 진정함이 증명되고</u> 나아가 <u>그 진술이 특히 신빙할 수 있는 상태</u> 아래에서 행하여진 때에 한하여 <u>증거능력이 인정된다</u>.
[4] 이때 '<u>특히 신빙할 수 있는 상태</u>'란 조서 작성 당시 그 진술 내용이나 조서 또는 서류의 작성에 <u>허위 개입의 여지가 거의 없고</u>, 그 <u>진술내용의 신빙성과 임의성을 담보할 구체적이고 외부적인 정황이 있는 경우</u>를 의미하는데(허+정), 조세범 처벌절차법 및 이에 근거한 시행령·시행규칙·훈령(조사사무처리규정) 등의 조세범칙조사 관련 법령에서 구체적으로 명시한 진술거부권 등 고지, 변호사 등의 조력을 받을 권리 보장, 열람·이의제기 및 의견진술권 등 <u>심문조서의 작성에 관한 절차규정의 본질적인 내용의 침해·위반 등</u>

도 '특히 신빙할 수 있는 상태' 여부의 판단에 있어 고려되어야 한다(대법원2022. 12. 15.선고2022도8824판결). 결국, 조세범죄조사를 담당하는 세무공무원이 피고인이 된 혐의자 또는 참고인에 대하여 심문한 내용을 기재한 조서(세무공무원이 작성한 심문조서)가 증거능력이 인정되기 위해서는 형사소송법 제312조 제3항이 아닌 제313조 제1항의 증거능력요건을 갖추어야 한다.

문제 37 - 정답 ③

▶ ③ ㉠㉡㉣(3개)은 옳은 지문이나, ㉢㉤(2개)은 틀린 지문이다.
㉠ (O) [1] 다른 사람의 진술을 내용으로 하는 진술이 전문증거인지는 요증사실이 무엇인지에 따라 정해진다. 다른 사람의 진술, 즉 원진술의 내용인 사실이 요증사실인 경우에는 전문증거이지만, 원진술의 존재 자체가 요증사실인 경우에는 본래증거이지 전문증거가 아니다.
[2] 어떤 진술이 기재된 서류가 그 내용의 진실성이 범죄사실에 대한 직접증거로 사용될 때는 전문증거가 되지만, 그와 같은 진술을 하였다는 것 자체 또는 진술의 진실성과 관계없는 간접사실에 대한 정황증거로 사용될 때는 반드시 전문증거가 되는 것이 아니다.
[3] 그러나 어떠한 내용의 진술을 하였다는 사실 자체에 대한 정황증거로 사용될 것이라는 이유로 서류의 증거능력을 인정한 다음 그 사실을 다시 진술 내용이나 그 진실성을 증명하는 간접사실로 사용하는 경우에 그 서류는 전문증거에 해당한다. 서류가 그곳에 기재된 원진술의 내용인 사실을 증명하는 데 사용되어 원진술의 내용인 사실이 요증사실이 되기 때문이다. 이러한 경우 형사소송법 제311조부터 제316조까지 정한 요건을 충족하지 못한다면 증거능력이 없다(대법원2019. 8. 29.선고2018도14303전원합의체 판결).
㉡ (O) 2020. 2. 4. 법률 제16924호로 개정되어 2022. 1. 1.부터 시행된 형사소송법 제312조 제1항은 검사가 작성한 피의자신문조서의 증거능력에 대하여 '적법한 절차와 방식에 따라 작성된 것으로서 공판준비, 공판기일에 그 피의자였던 피고인 또는 변호인이 그 내용을 인정할 때에 한정하여 증거로 할 수 있다.'고 규정하였다. 여기서 '그 내용을 인정할 때'라 함은 피의자신문조서의 기재 내용이 진술 내용대로 기재되어 있다는 의미가 아니고 그와 같이 진술한 내용이 실제 사실과 부합한다는 것을 의미한다(대법원 2023. 6. 1.선고2023도3741판결).
㉢ (X) [1] 형사소송법 제312조 제1항에서 정한 '검사가 작성한 피의자신문조서'란 당해 피고인에 대한 피의자신문조서만이 아니라 당해 피고인과 공범관계에 있는 다른 피고인이나 피의자에 대하여 검사가 작성한 피의자신문조서도 포함되고, 여기서 말하는 '공범'에는 형법 총칙의 공범 이외에도 서로 대향된 행위의 존재를 필요로 할 뿐 각자의 구성요건을 실현하고 별도의 형벌 규정에 따라 처벌되는 강학상 필요적 공범 또는 대향범까지 포함한다. 따라서 피고인이 자신과 공범관계에 있는 다른 피고인이나 피의자에 대하여 검사가 작성한 피의자신문조서의 내용을 부인하는 경우에는 형사소송법 제312조 제1항에 따라 유죄의 증거로 쓸 수 없다.
[2] 피고인과 변호인이 '공소외인에 대한 검찰 피의자신문조서 사본'에 관하여 내용 부인 취지에서 '증거로 사용함에 동의하지 않는다.'는 의견을 밝혔음에도 이를 유죄인정의 증거로 사용한 것은 형사소송법 제312조 제1항에 관한 법리를 오해한 것이다(대법원 2023. 6. 1.선고2023도3741판결).
㉣ (O) [1] 형사소송법 제312조 제3항은 검사 이외의 수사기관이 작성한 해당 피고인에 대한 피의자신문조서를 유죄의 증거로 하는 경우뿐만 아니라 검사 이외의 수사기관이 작성한 해당 피고인과 공범관계에 있는 다른 피고인이나 피의자에 대한 피의자신문조서를 해당 피고인에 대한 유죄의 증거로 채택할 경우에도 적용된다. 따라서 해당 피고인과 공범관계가 있는 다른 피의자에 대하여 검사 이외의 수사기관이 작성한 피의자신문조서는 그 피의자의 법정진술에 의하여 성립의 진정이 인정되는 등 형사소송법 제312조 제4항의 요건을 갖춘 경우라도 해당 피고인이 공판기일에서 그 조서의 내용을 부인한 이상 이를 유죄 인정의 증거로 사용할 수 없고, 그 당연한 결과로 위 피의자신문조서에 대하여는 사망 등 사유로 인하여 법정에서 진술할 수 없는 때에 예외적으로 증거능력을 인정하는 규정인 형사소송법 제314조가 적용되지 아니한다. 그리고 이러한 법리는 공동정범이나 교사범, 방조범 등 공범관계에 있는 자들 사이에서뿐만 아니라, 법인의 대표자나 법인 또는 개인의 대리인, 사용인, 그 밖의 종업원 등 행위자의 위반행위에 대하여 행위자가 아닌 법인 또는 개인이 양벌규정에 따라 기소된 경우, 이러한 법인 또는 개인과 행위자 사이의 관계에서도 마찬가지로 적용된다고 보아야 한다
[2] 대법원은 형사소송법 제312조 제3항의 규정이 검사 이외의 수사기관이 작성한 해당 피고인과 공범관계에 있는 다른 피고인이나 피의자에 대한 피의자신문조서에 대해서까지 적용된다는 입장을 확고하게 취하고 있다. 이는 하나의 범죄사실에 대하여 여러 명이 관여한 경우 서로 자신의 책임을 다른 사람에게 미루려는 것이 일반적인 인간심리이므로, 만일 위와 같은 경우에 형사소송법 제312조 제3항을 해당 피고인 외의 자들에 대해서까지 적용하지 않는다면 인권보장을 위해 마련된 위 규정의 취지를 제대로 살리지 못하여 부당하고 불합리한 결과에 이를 수 있기 때문이다(대법원2020. 6. 11.선고2016도9367판결).
㉤ (X) [1] 형사소송법은 전문진술에 대하여 제316조에서 실질상 단순한 전문의 형태를 취하는 경우에 한하여 예외적으로 그 증거능력을 인정하는 규정을 두고 있을 뿐, 재전문진술이나 재전문진술을 기재한 조서에 대하여는 달리 그 증거능력을 인정하는 규정을 두고 있지 아니하고 있으므로, 피고인이 증거로 하는 데 동의하지 아니하는 한 형사소송법 제310조의2의 규정에 의하여 이를 증거로 할 수 없다.
[2] 재전문진술을 기재한 조서에 대하여 피고인이 이를 증거로 함에 동의하여 증거능력이 있다(대법원2004. 3. 11.선고2003도171판결). 결국, 재전문진술이나 재전문진술을 기재한 조서는 피고인이 동의하면 증거능력이 있다.

문제 38 - 정답 ②

▶ ② ㉢(1개)은 틀린 지문이나, ㉠㉡㉣㉤(4개)는 옳은 지문이다.
㉠ (O) 수사기관이 제작한 영상녹화물의 증거능력 내지 증거로서의 사용 범위는 더욱 엄격하게 제한되어 있다. 즉 검사 또는 사법경찰관이 피고인이 아닌 자를 조사하는 과정에서 형사소송법 제221조 제1항에 따라 제작한 영상녹화물은, 다른 법률에서 달리 규정하고 있는 등의 특별한 사정이 없는 한 공소사실을 직접 증명할 수 있는 독립적인 증거로 사용할 수 없다(대법원 2024. 3. 28. 선고 2023도15133 판결).
㉡ (O) 또한 영상녹화물이 형사소송법 제312조 제4항에 의하여 검사 또는 사법경찰관이 피고인이 아닌 자의 진술을 기재한 조서에 대한 실질적 진정성립을 증명하는 수단으로 사용될 때에도 그 영상녹화물은 형사소송법 및 형사소송규칙에 규정된 방식과 절차에 따라 제작되어야 한다(대법원 2024. 3. 28. 선고 2023도15133 판결).
㉢ (O) 전문증거의 증거능력은 이를 인정하는 법적 근거가 있는

때에만 예외적으로 인정된다는 원칙 및 수사기관이 제작한 영상녹화물의 증거능력 내지 증거로서의 사용 범위를 다른 전문증거보다 더욱 엄격하게 제한하는 관련 판례의 취지에 비추어 보면, 수사기관이 아닌 자가 수사과정에서 피고인이 아닌 자의 진술을 녹화한 영상녹화물의 증거능력도 엄격하게 제한할 필요가 있다(대법원 2024. 3. 28. 선고 2023도15133 판결).

㉣ (X) [1] 대검찰청 소속 진술분석관이 피고인들의 「성폭력범죄의 처벌 등에 관한 특례법」 위반(친족관계에의한강간)등 혐의에 대한 수사과정에서 검사로부터 「성폭력범죄의 처벌 등에 관한 특례법」 제33조에 따라 피해자 진술의 신빙성 여부에 대한 의견조회를 받아 자신이 피해자를 면담하는 내용을 녹화하였고, 검사가 위 영상녹화물을 법원에 증거로 제출한 사안에서 진술분석관의 소속 및 지위, 진술분석관이 피해자와 면담을 하고 이 사건 영상녹화물을 제작한 경위와 목적, 진술분석관이 면담과 관련하여 수사기관으로부터 확보한 자료의 내용과 성격, 면담 방식과 내용, 면담 장소 등을 앞서 본 법리에 비추어 살펴보면, 이 사건 영상녹화물은 수사과정 외에서 작성된 것이라고 볼 수 없으므로 형사소송법 제313조 제1항에 따라 증거능력을 인정할 수 없다(대법원 2024. 3. 28. 선고 2023도15133 판결). 결국, 이 사건 영상녹화물은 증거능력이 없다.

[2] 법원은 정신건강의학과의사, 심리학자, 사회복지학자, 그 밖의 관련 전문가로부터 행위자 또는 피해자의 정신·심리 상태에 대한 진단 소견 및 피해자의 진술 내용에 관한 의견을 조회할 수 있다(전문가의 의견조회 : 「성폭력범죄의 처벌 등에 관한 특례법」 제33조 제1항).

[3] 피해자 진술분석 과정 영상녹화 CD는 수사기관이 피해자의 진술 내용의 신빙성을 감정하기 위하여 대검찰청 소속 진술분석관에게 감정을 의뢰하고, 진술분석관이 피해자와 면담을 진행하는 과정에서 피해자 진술의 신빙성 분석을 위하여 피해자의 진술 내용을 녹화한 것이다. 진술분석관은 대검찰청 소속이기는 하나, 사법경찰관으로 지정되어 있지 않으므로 '수사기관'에 해당하지는 않는다. 그러나 진술분석관은 수사기관으로부터 피해자 진술의 신빙성을 분석해달라는 의뢰를 받아 수사기관에 제출할 목적으로 피해자를 면담한 것이므로, 진술분석관이 피해자를 면담한 내용을 녹화한 이 사건 영상녹화물은 개시된 수사와 관련하여 수사과정에 제출할 목적으로 촬영된 것이라고 봄이 타당하다. 따라서 이 사건 영상녹화물은 '수사과정에서 작성된 영상녹화물'에 해당하므로, 수사과정 이외에서 작성된 진술서 등을 대상으로 하는 형사소송법 제313조 제1항이 적용된다고 볼 수 없다(부산고등법원(창원)2023. 10. 11.선고2023노130, 2023전노14(병합), 15(병합), 16(병합)판결).

㉤ (○) 대검찰청 소속 진술분석관이 피고인들의 「성폭력범죄의 처벌 등에 관한 특례법」 위반(친족관계에의한강간)등 혐의에 대한 수사과정에서 검사로부터 「성폭력범죄의 처벌 등에 관한 특례법」 제33조에 따라 피해자 진술의 신빙성 여부에 대한 의견조회를 받아 자신이 피해자를 면담하는 내용을 녹화하였고, 검사가 위 영상녹화물을 법원에 증거로 제출한 사안에서 진술분석관의 소속 및 지위, 진술분석관이 피해자와 면담을 하고 이 사건 영상녹화물을 제작한 경위와 목적, 진술분석관이 면담과 관련하여 수사기관으로부터 확보한 자료의 내용과 성격, 면담 방식과 내용, 면담 장소 등을 앞서 본 법리에 비추어 살펴보면, 이 사건 영상녹화물은 수사기관(검사 또는 사법경찰관)이 작성한 피의자신문조서나 피고인이 아닌 자의 진술을 기재한 조서가 아니고, 피고인 또는 피고인이 아닌 자가 작성한 진술서도 아니므로 형사소송법 제312조에 의하여 증거능력을 인정할 수도 없다(대법원 2024. 3. 28. 선고 2023도15133 판결). 결국, 대검찰청 소속 진술분석관이 검사 또는 사법경찰관에 해당한다고 보기 어렵고, 위 영상녹화 CD는 검사 또는 사법경찰관 이외의 수사기관이 피고인 아닌 자의 진술을 촬영한 영상물에 해당한다. 이와 같이 '검사 또는 사법경찰관이 아닌' 수사기관이 피의자 아닌 자를 조사한 전문증거의 증거능력에 관하여는 형사소송법 제312조에서 규율하고 있지 않으므로, 위 영상녹화 CD는 형사소송법 제312조에서 정한 요건에 따라 그 증거능력을 인정할 수 없다(결국, 이 사건 영상녹화물은 증거능력이 없다).

(참고) 위 판례의 사안은 계부가 13세미만 미성년자인 의붓딸을 성폭력범죄의처벌등에관한특례법위반(친족관계에의한강간)·성폭력범죄의처벌등에관한특례법위반(13세미만미성년자유사성행위)·아동복지법위반(아동학대)·아동복지법위반(아동에대한음행강요·매개·성희롱등)행위를 하였다.

문제 39 - 정답 ④

▶ ④ (X) [1] 타인의 진술을 내용으로 하는 진술이 전문증거인지 여부는 요증사실과의 관계에서 정하여지는바, 원진술의 내용인 사실이 요증사실인 경우에는 전문증거이나, 원진술의 존재 자체가 요증사실인 경우에는 본래증거이지 전문증거가 아니다.

[2] 갑은 전화를 통하여 피고인으로부터 2005. 8.경 건축허가 담당 공무원이 외국연수를 가므로 사례비를 주어야 한다는 말과 2006. 2.경 건축허가 담당 공무원이 4,000만 원을 요구하는데 사례비로 2,000만 원을 주어야 한다는 말을 들었다는 취지로 수사기관, 제1심 및 원심 법정에서 진술하였음을 알 수 있는데, 피고인의 위와 같은 원진술의 존재 자체가 이 사건 알선수재죄에 있어서의 요증사실이므로, 이를 직접 경험한 갑이 피고인으로부터 위와 같은 말들을 들었다고 하는 진술들은 전문증거가 아니라 본래증거에 해당된다(대법원2008. 11. 13.선고2008도8007판결). 결국, 직접 경험한 갑이 피고인으로부터 알선수재죄에 있어서의 요증사실의 말들을 들었다고 하는 진술들은 전문증거가 아니라 본래증거에 해당된다. 따라서 바로 증거능력이 인정된다.

① (○) 피고인이 제1심법원에서 공소사실에 대하여 자백하여 제1심법원이 이에 대하여 간이공판절차에 의하여 심판할 것을 결정하고, 이에 따라 제1심법원이 제1심판결 명시의 증거들을 증거로 함에 피고인 또는 변호인의 이의가 없어 형사소송법 제318조의3의 규정에 따라 증거능력이 있다고 보고, 상당하다고 인정하는 방법으로 증거조사를 한 이상, 가사 항소심에 이르러 범행을 부인하였다고 하더라도 제1심법원에서 증거로 할 수 있었던 증거는 항소법원에서도 증거로 할 수 있는 것이므로 제1심법원에서 이미 증거능력이 있었던 증거는 항소심에서도 증거능력이 그대로 유지되어 심판의 기초가 될 수 있고 다시 증거조사를 할 필요가 없다(대법원 1998. 2. 27.선고97도3421판결).

② (○) [1] 형사소송법 제308조의2는 "적법한 절차에 따르지 아니하고 수집한 증거는 증거로 할 수 없다."고 규정하고 있는데, 수사기관이 헌법과 형사소송법이 정한 절차에 따르지 아니하고 수집한 증거는 유죄 인정의 증거로 삼을 수 없는 것이 원칙이므로, 수사기관이 피고인 아닌 자를 상대로 적법한 절차에 따르지 아니하고 수집한 증거는 원칙적으로 피고인에 대한 유죄 인정의 증거로 삼을 수 없다.

[2] 유흥주점 업주와 종업원인 피고인들이 영업장을 벗어나 시간적 소요의 대가로 금품을 받아서는 아니되는데도, 이른바 '티켓영업' 형태로 성매매를 하면서 금품을 수수하였다고 하여 구 식품위

생법(2007. 12. 21. 법률 제8779호로 개정되기 전의 것) 위반으로 기소된 사안에서, **경찰이 피고인 아닌 갑, 을을 사실상 강제연행하여 불법체포한 상태에서** 갑, 을 간의 성매매행위나 피고인들의 유흥업소 영업행위를 처벌하기 위하여 **갑, 을에게서 자술서를 받고 갑, 을에 대한 진술조서를 작성한 경우**, 위 **각 자술서와 진술조서**는 헌법과 형사소송법이 규정한 체포·구속에 관한 **영장주의 원칙에 위배하여 수집된 것으로서** 수사기관이 피고인 아닌 자를 상대로 적법한 절차에 따르지 아니하고 수집한 증거에 해당하여 **형사소송법 제308조의2에 따라 증거능력이 부정된다는 이유로**, 이를 **피고인들에 대한 유죄 인정의 증거로 삼을 수 없다**(대법원2011. 6. 30.선고2009도6717판결). 결국, **수사기관이 피고인 아닌 자를 상대로 적법한 절차에 따르지 아니하고 수집한 증거는 위법수집증거이므로** 그 증거로 피고인에 대해서도 유죄 인정의 증거로 삼을 수 없다.

③ (○) [1] 피고인이 2018. 5. 6.경 피해자 갑(여, 10세)에 대하여 저지른 간음유인미수 및 성폭력범죄의 처벌 등에 관한 특례법 위반(통신매체이용음란) 범행과 관련하여 수사기관이 피고인 소유의 휴대전화를 압수하였는데, **위 휴대전화에 대한 디지털정보분석 결과** 피고인이 2017. 12.경부터 2018. 4.경까지 사이에 저지른 **피해자 을(여, 12세), 병(여, 10세), 정(여, 9세)에 대한** 간음유인 및 간음유인미수, 미성년자의제강간, 성폭력범죄의 처벌 등에 관한 특례법 위반(13세미만미성년자강간), 성폭력범죄의 처벌 등에 관한 특례법 위반(통신매체이용음란) 등 범행에 관한 **추가 자료들이 획득**되어 그 증거능력이 문제 된 사안에서, **추가 자료들로 인하여 밝혀진 피고인의 을, 병, 정에 대한 범행은** 압수·수색영장의 **범죄사실과 단순히 동종 또는 유사 범행인 것을 넘어서서 구체적·개별적 연관관계가 있는 경우로서 객관적·인적 관련성을 모두 갖추었다.**
[2] 추가 자료들로 인하여 밝혀진 피고인의 을, 병, 정에 대한 범행은 압수·수색영장의 범죄사실과 단순히 동종 또는 유사 범행인 것을 넘어서서 이와 구체적·개별적 연관관계가 있는 경우로서 객관적·인적 관련성을 모두 갖추었다고 할 것이므로, **추가 자료들은 위법하게 수집된 증거에 해당하지 않으므로 압수·수색영장의 범죄사실뿐 아니라 추가 범행들에 관한 증거로 사용할 수 있다**(대판 2020.2.13. 2019도14341).

문제 40 - 정답 ①

▶ ① ㉠㉡㉢㉣(4개)은 모두 옳은 지문이다.

㉠ (○) 형법 제320조의 **특수주거침입죄는「단체 또는 다중**의 위력을 보이거나 **위험한 물건을 휴대**하여 주거침입의 죄를 범한 때에는 5년 이하의 징역에 처한다.」고 규정하고 있다. 결국, 갑과 을 **2인으로는 단체나 다중이 될 수 없고, 을은 위험한 물건도 휴대하지 아니하였으므로 특수주거침입죄가 성립하지 않는다.**

㉡ (○) [1] **형사소송법 제312조 제3항**은 검사 이외의 수사기관이 작성한 **당해** 피고인에 대한 피의자신문조서를 유죄의 증거로 하는 경우**뿐만 아니라**, 검사 이외의 수사기관이 작성한 당해 피고인과 공범관계에 있는 **다른** 피고인이나 피의자에 대한 피의자신문조서를 당해 피고인에 대한 유죄의 증거로 채택할 경우에도 **적용된다**(대판2009도1889).
[2] 당해 피고인과 공범관계에 있는 공동피고인에 대해 검사 이외의 수사기관이 작성한 피의자신문조서는 그 공동피고인의 법정진술에 의하여 성립의 진정이 인정되더라도 **당해 피고인이** 공판기일에서 그 **조서의 내용을 부인하면 증거능력이 부정된다**(대판 2015.10.29. 2014도5939).

㉢ (○) 형사소송법 제310조의 피고인의 자백에는 공범인 공동피고인의 진술은 포함되지 않으며, 이러한 **공동피고인의 진술**에 대하여는 **피고인의 반대신문권이 보장되어있어 독립한 증거능력이 있는 것이므로**, 원심이 공범인 갑의 진술을 증거로 삼아 병의 범죄사실을 인정하였다고 하여 이를 위법이라고 탓할 수 없다(대법원 2005. 2. 18.선고2004도6795판결).

㉣ (○) 고소는 **제1심 판결선고 전까지 취소할 수 있다**(제232조 제1항). 항소심에서 공소장의 변경에 의하여 또는 공소장변경절차를 거치지 아니하고 법원 직권에 의하여 친고죄가 아닌 범죄를 친고죄로 인정하였더라도 **항소심을 제1심이라 할 수는 없는 것이므로, 항소심에 이르러** 비로소 고소인이 **고소를 취소하였다면** 이는 친고죄에 대한 **고소취소로서의 효력은 없다**(대법원1999. 4. 15.선고96도1922전원합의체 판결). 결국, **친고죄에서의 고소취소는** 반드시 제1심 판결선고 전까지만 허용되므로, 삼촌 A가 항소심 중에 甲에 대해서 **고소취소를 하였어도** 그 효력이 없으므로 **甲에 대해서도 을과 마찬가지로 실체판결을 하여야** 한다.

제 2 회
경찰 형사법 파이널 모의고사 ── 정답 및 해설

정답

문제	정답	문제	정답	문제	정답	문제	정답
01	②	11	④	21	④	31	③
02	③	12	④	22	③	32	②
03	③	13	②	23	④	33	③
04	②	14	④	24	②	34	①
05	②	15	②	25	②	35	④
06	①	16	④	26	③	36	①
07	③	17	④	27	④	37	②
08	④	18	④	28	②	38	②
09	④	19	③	29	④	39	④
10	④	20	④	30	④	40	①

문제 01 - 정답 ②

▶ ② ㉠㉢(2개)는 옳은 지문이나, ㉡㉣㉤(3개)은 틀린 지문이다.

㉠ (○) [1] 형법은 흉기와 위험한 물건을 분명하게 구분하여 규정하고 있는바, 형벌법규는 문언에 따라 엄격하게 해석·적용하여야 하고 피고인에게 불리한 방향으로 지나치게 확장해석하거나 유추해석해서는 아니 된다. 그리고 형법 제331조 제2항에서 '흉기를 휴대하여 타인의 재물을 절취한' 행위를 특수절도죄로 가중하여 처벌하는 것은 흉기의 휴대로 인하여 피해자 등에 대한 위해의 위험이 커진다는 점 등을 고려한 것으로 볼 수 있다. 이에 비추어 위 형법 조항에서 규정한 흉기는 본래 살상용·파괴용으로 만들어진 것이거나 이에 준할 정도의 위험성을 가진 것으로 봄이 상당하고, 그러한 위험성을 가진 물건에 해당하는지 여부는 그 물건의 본래의 용도, 크기와 모양, 개조 여부, 구체적 범행 과정에서 그 물건을 사용한 방법 등 제반 사정에 비추어 사회통념에 따라 객관적으로 판단할 것이다.

[2] 피고인이 이 사건 절도 범행을 함에 있어서 택시 운전석 창문을 파손하는 데 사용한 이 사건 드라이버는 일반적인 드라이버와 동일한 것으로 특별히 개조된 바는 없는 것으로 보이고, 그 크기와 모양 등 제반 사정에 비추어 보더라도 피고인의 이 사건 범행이 흉기를 휴대하여 타인의 재물을 절취한 경우에 해당한다고 보기는 어렵다(대법원2012. 6. 14.선고2012도4175판결). 따라서 피고인의 이 사건 범행이 형법 제331조 제2항이 규정한 특수절도죄에 해당하지 아니하고 단순절도죄에 해당한다.

㉡ (X) [1] 법 해석은 법적 안정성을 해치지 아니하는 범위 내에서 구체적 타당성을 찾는 방향으로 이루어져야 한다. 법률에 사용된 문언의 통상적인 의미에 기초를 두고 입법 취지와 목적, 보호법익 등을 함께 고려하여 살펴보면, 특정범죄가중법 제5조의10의 죄는 제1항, 제2항 모두 운행 중인 자동차의 운전자를 대상으로 하는 범행이 교통질서와 시민의 안전 등 공공의 안전에 대한 위험을 초래할 수 있다고 보아 이를 가중처벌하는 이른바 추상적 위험범에 해당하고, 그중 제2항은 제1항의 죄를 범하여 사람을 상해나 사망이라는 중한 결과에 이르게 한 경우 제1항에 정한 형보다 중한 형으로 처벌하는 결과적 가중범 규정으로 해석할 수 있다(운행 중인 자동차 운전자에 대한 폭행·협박치사상죄). 따라서 운행 중인 자동차의 운전자를 폭행하거나 협박하여 운전자나 승객 또는 보행자 등을 상해나 사망에 이르게 하였다면 이로써 특정범죄가중법 제5조의10 제2항의 구성요건을 충족한다.

[2] 택시기사인 피해자는 저녁에 술에 취한 피고인 갑을 그랜저 승용차의 뒷좌석에 태운 채 횡단보도 앞 신호대기를 위하여 정차 중이었는데, 갑은 별다른 이유 없이 화를 내며 손으로 피해자의 얼굴을 2회 때리고 목을 졸라 피해자에게 14일간의 치료가 필요한 기타 유리체 장애 등의 상해를 가한 경우, 운행 중인 자동차의 운전자인 피해자를 폭행하여 피해자가 상해를 입게 되었으므로 피고인의 행위는 특정범죄가중법 제5조의10 제2항의 구성요건을 충족한다고 볼 여지가 있다.

[3] 그럼에도 원심은 특정범죄가중법 제5조의10 제2항은 운전자에 대한 폭행·협박으로 인하여 교통사고의 발생 등과 같은 구체적 위험을 초래하는 중간 매개원인이 유발되고 그 결과로써 불특정 다중에게 상해나 사망의 결과를 발생시킨 경우에만 적용될 수 있을 뿐, 교통사고 등의 발생 없이 직접적으로 운전자에 대한 상해의 결과만을 발생시킨 경우에는 적용되지 아니한다고 보아, 이 사건 주위적 공소사실이 범죄로 되지 아니하는 때에 해당한다고 판단하였으니, 원심판결에는 특정범죄가중법 제5조의10 제2항의 적용범위에 관한 법리를 오해하여 판결 결과에 영향을 미친 위법이 있다(대법원2015. 3. 26.선고2014도13345판결). 결국, 신호대기 중인 택시기사에게 폭행하여 상해에 이르게 한 경우는 특정범죄가중법 제5조의10 제2항(운행중인 자동차 운전자 폭행치상죄)에 의하여 가중처벌된다.

㉢ (○) [1] 총톤수는 선박의 크기를 나타내기 위하여 사용되는 지표로서(선박법 제3조 제1항) 어선검사 대상인 설비 중 하나인 선체와 관련되고 어선의 안전성과도 밀접한 관련이 있다. 선박법 제27조 제1항 제1호에서 예시하고 있는 어선검사증서 기재사항들에 비추어 보면, 구 어선법 시행규칙 제63조 제1항에서 어선검사증서에 기재할 사항을 구체적으로 규정하면서 총톤수를 포함시킨 것은 법의 위임에 따른 것으로서 위임입법의 한계를 벗어났다고 보기 어렵다.

[2] 어선의 소유자인 피고인이 어선검사증서에 기재된 총톤수(9.77t)가 약 2t 정도 증가되도록 선체 상부구조물을 증설하였음에도 임시검사를 받지 아니하고 어선을 항행 또는 조업에 사용한 경우, 구 어선법 제44조 제1항 제4호에 따라 처벌하는 것이 죄형법정주의에 위배되지 않는다(대법원2018. 6. 28.선고2017도13426판결). 결국, 어선의 소유자가 어선검사증서에 기재된 내용을 변경하려는 경우에는 해양수산부령으로 정하는 바에 따라 임시검사를 받아야 하고 그 검사를 받지 않은 어선을 항행이나 조업에 사용하면 아니 된다. 피고인은 낚시어선인 ○○○○호의 소유자로서 위 선박에 관한 어선검사증서에 기재된 총톤수(9.77t)가 약 2t 정도 증가되도록 선체 상부구조물을 증설하였음에도 임시검사를 받지 아니하고 위 선박을 항행 또는 조업에 사용한 경우, 구어선법 위반으로

처벌하였다.
ⓔ (X) [다수의견] [1] 필요적 감경의 경우에는 감경사유의 존재가 인정되면 반드시 형법 제55조 제1항에 따른 법률상 감경을 하여야 함에 반해, 임의적 감경의 경우에는 감경사유의 존재가 인정되더라도 법관이 형법 제55조 제1항에 따른 법률상 감경을 할 수도 있고 하지 않을 수도 있다. 나아가 <u>임의적 감경사유의 존재가 인정되고</u> <u>법관이 그에 따라 징역형에 대해 법률상 감경을 하는 이상</u> 형법 제55조 제1항 제3호에 따라 <u>상한과 하한을 모두 2분의 1로 감경한다</u>. 이러한 현재 판례와 실무의 해석은 여전히 타당하다. 구체적인 이유는 다음과 같다.

[2] 형법 제55조 제1항은 형벌의 종류에 따라 법률상 감경의 방법을 규정하고 있는데, 형법 제55조 제1항 제3호는 "<u>유기징역 또는 유기금고를 감경할 때에는</u> <u>그 형기의 2분의 1로 한다.</u>"라고 규정하고 있다. 이와 같이 <u>유기징역형을 감경할 경우</u>에는 '단기'나 '장기'의 어느 하나만 2분의 1로 감경하는 것이 아니라 '형기' 즉 <u>법정형의 장기와 단기를 모두 2분의 1로 감경함을 의미한다는 것은 법문상 명확하다</u>. 처단형은 선고형의 최종적인 기준이 되므로 그 범위는 법률에 따라서 엄격하게 정하여야 하고, 별도의 명시적인 규정이 없는 이상 형법 제56조에서 열거하고 있는 가중·감경할 사유에 해당하지 않는 다른 성질의 감경사유를 인정할 수는 없다. 따라서 <u>유기징역형에 대한 법률상 감경을 하면서</u> 형법 제55조 제1항 제3호에서 정한 것과 같이 <u>장기와 단기를 모두 2분의 1로 감경하는 것이 아닌</u> 장기 또는 단기 중 <u>어느 하나만을 2분의 1로 감경하는 방식</u>이나 <u>2분의 1보다 넓은 범위의 감경을 하는 방식</u> 등은 <u>죄형법정주의 원칙상 허용될 수 없다</u>(대법원 2021. 1. 21.선고 2018도5475전원합의체 판결).

ⓜ (X) [1] 구 도시 및 주거환경정비법(이하 '구 도정법'이라고만 한다) 제69조 제1항 제6호에서 정한 "<u>관리처분계획의수립</u>"에는 경미한 사항이 아닌 <u>관리처분계획의주요 부분을 실질적으로 변경하는 것이 포함된다</u>고 해석함이 타당하고, <u>이러한 해석이</u> 죄형법정주의 내지 형벌법규 <u>명확성의 원칙을 위반하였다고 보기 어렵다</u>.

[2] 갑은 2011. 2.경부터 2012. 12.경까지 사이에 ○○○○구역 주택재개발정비사업조합(이하 '이 사건 조합'이라고 한다)의 조합장으로 재직하였던 사람인바, <u>사업시행자 등으로부터 관리처분계획의수립에 관한 업무의 대행을 위탁받기 위해서는</u> 정비사업 <u>전문관리업 등록을 하여야 함에도 불구하고</u>, 위와 같은 등록을 하지 않은 을에게 이 사건 조합의 관리처분계획 변경 업무를 대행하도록 요청하고, 을은 이를 승낙하여 위 업무를 대행하였다. 이로써 <u>갑과 을은 공모하여 등록을 하지 아니하고 정비사업을 위탁받은 경우, 도정법 위반에 해당한다</u>(대법원 2019. 9. 25.선고 2016도1306판결).

문제 02 - 정답 ③

▶ ③ ㉠㉢㉤(3개)은 틀린 지문이나, ㉡㉣(2개)은 옳은 지문이다.

㉠ (X) 포괄일죄로 되는 개개의 범죄행위가 법 개정의 전후에 걸쳐서 행하여진 경우에는 <u>신·구법의 법정형에 대한 경중을 비교하여 볼 필요도 없이</u> 범죄 실행 종료시의 법이라고 할 수 있는 <u>신법을 적용</u>하여 포괄일죄로 처단하여야 한다(대법원 1998. 2. 24.선고 97도183판결)..

㉡ (O) <u>처벌규정 시행 전에 금전소비대차약정을 체결하였더라도</u> 처벌규정 <u>시행 이후에 발생되는 이자에 관하여</u> 구 이자제한법 제2조 제1항에서 정한 <u>제한이자율을 초과하는 이자를 받았다면</u> 처벌규정에 따라 처벌된다(대판 2017.9.12. 2016도12834). 결국, 피고인은 <u>이자제한법위반죄가 성립한다</u>.

㉢ (X) 범죄 후 법률의 개정에 의하여 법정형이 가벼워진 경우, 형법 제1조에 의하여 당해 범죄사실에 적용될 <u>가벼운 법정형(재판시법의 신법의 법정형)</u>이 공소시효기간의 기준으로 된다(대판 1987.12.22. 87도84)..

㉣ (O) [1] 형법 제7조는 "죄를 지어 외국에서 형의 전부 또는 일부가 집행된 사람에 대해서는 그 집행된 형의 전부 또는 일부를 선고하는 형에 산입한다."라고 규정하고 있다. 여기서 '<u>외국에서 형의 전부 또는 일부가 집행된 사람</u>'이란 문언과 취지에 비추어 '<u>외국 법원의 유죄판결</u>에 의하여 <u>자유형이나 벌금형 등</u> 형의 <u>전부 또는 일부가 실제로 집행된 사람</u>'을 말한다. 따라서 형사사건으로 외국 법원에 기소되었다가 <u>무죄판결을 받은 사람은</u>, 설령 그가 무죄판결을 받기까지 상당 기간 미결구금되었더라도 이를 <u>유죄판결에 의하여 형이 실제로 집행된 것으로 볼 수는 없으므로</u>, '외국에서 형의 전부 또는 일부가 집행된 사람'에 해당한다고 볼 수 없고, 그 미결구금 기간은 형법 제7조에 의한 <u>산입의 대상이 될 수 없다</u>.

[2] 외국에서 이루어진 미결구금을 형법 제57조 제1항에서 규정한 '본형에 당연히 산입되는 미결구금'과 같다고 볼 수 없다. 결국 미결구금이 자유 박탈이라는 효과 면에서 형의 집행과 일부 유사하다는 점만을 근거로, <u>외국에서 형이 집행된 것이 아니라 단지 미결구금되었다가 무죄판결을 받은 사람의 미결구금일수를 형법 제7조의 유추적용에 의하여 그가 국내에서 같은 행위로 인하여 선고받는 형에 산입하여야 한다는 것은 허용되기 어렵다</u>.

[3] 피고인이 필리핀에서 살인죄를 범하였다가 <u>무죄 취지의 재판을 받고 석방된 후 국내에서 다시 기소되어 제1심에서 징역 10년을 선고받게 되자</u> 자신이 필리핀에서 미결 상태로 구금된 5년여의 기간에 대하여도 '외국에서 집행된 형의 산입' 규정인 <u>형법 제7조가 적용되어야 한다</u>고 주장하며 항소한 사안에서, <u>피고인의 주장을 배척한 원심판단에</u> 형법 제7조의 적용 대상 등에 관한 <u>법리오해의 위법이 없다</u>(대법원 2017. 8. 24.선고 2017도5977전원합의체 판결).

㉤ (X) [1] 정보통신망 이용촉진 및 정보보호 등에 관한 법률(정보통신망법) 제75조(음란물유포) 및 영화 및 비디오물의 진흥에 관한 법률(영화비디오법) 제97조는 <u>법인의 대표자 등이 그 법인의</u> 업무에 관하여 각 법규위반행위를 하면 그 행위자를 벌하는 외에 그 법인에도 해당 조문의 벌금을 과하는 양벌규정을 두고 있다. 위와 같이 양벌규정을 따로 둔 취지는, 법인은 기관을 통하여 행위하므로 법인의 대표자의 행위로 인한 법률효과와 이익은 법인에 귀속되어야 하고, 법인 대표자의 범죄행위에 대하여는 법인 자신이 책임을 져야 하는바, <u>법인 대표자의 법규위반행위에 대한 법인의 책임</u>은 법인 자신의 법규위반행위로 평가될 수 있는 행위에 대한 <u>법인의 직접책임이기 때문이다</u>. 따라서 <u>대표자의 고의에 의한 위반행위</u>에 대하여는 <u>법인 자신의 고의에 의한 책임을</u>, <u>대표자의 과실에 의한 위반행위</u>에 대하여는 <u>법인 자신의 과실에 의한 책임을 져야</u> 한다. 이처럼 <u>양벌규정 중 법인의 대표자 관련 부분은</u> 대표자의 책임을 요건으로 하여 법인을 처벌하는 것이지 <u>그 대표자의 처벌까지 전제조건이 되는 것은 아니다</u>(1심 법원이 법인의 대표자 갑과 A 회사에 대하여 모두 면소와 무죄가 선고되자, <u>검사가 A회사에 대해서만 항소한 사건임</u>).

[2] 피고인 A 회사는 정보통신망인 인터넷 웹하드 사이트 온디스크, 케이디스크 운영하는 회사이고, 피고인 갑은 A 회사의 대표이사이다. <u>갑은</u> 2년여 동안 위 온디스크 사이트에서 회사의 수익을

증대시킬 목적으로 위 시스템을 운영하면서, 그 사이트를 통해 남·녀간의 성기가 적나라게 노출되고, 노골적인 성행위가 이루어지는 방대한 양의 음란 동영상이 배포되는 사실을 알면서도 음란 동영상이 배포되지 못하도록 충분한 인력을 고용하여 방지 작업을 하는 등 적절한 조치를 취하지 아니하여, 위 사이트회원인 乙 등이 음란동영상 29건을 게시하여 불특정 다수의 회원들로 하여금 다운로드받을 수 있게 함으로써 배포한다는 사정을 알면서도 이를 용이하게 하여 방조하였다(대법원2022. 11. 17.선고2021도701판결). 결국, 피고인 A 회사에 대하여만 정보통신망법 위반(음란물유포) 방조 등이 인정되어 벌금 1,000만 원과 15억 6,663만 원을 추징을 선고하였다. 갑에 대해서는 검사가 항소하지 않았으므로 그대로 1심판결(면소와 무죄)이 확정되었다.

문제 03 - 정답 ③

▶ ③ (X) 회사 대표자의 위반행위에 대하여 징역형의 형량을 작량감경하고 병과하는 벌금형에 대하여 선고유예를 한 이상 양벌규정에 따라 그 회사를 처단함에 있어서도 같은 조치를 취하여야 한다는 논지는 독자적인 견해에 지나지 아니하여 받아들일 수 없다(대법원1995. 12. 12.선고95도1893판결).

① (○) 정보통신망 이용촉진 및 정보보호 등에 관한 법률 제75조 및영화 및 비디오물의 진흥에 관한 법률 제97조는 법인의 대표자 등이 그 법인의 업무에 관하여 각 법규위반행위를 하면 그 행위자를 벌하는 외에 그 법인에도 해당 조문의 벌금을 과하는 양벌규정을 두고 있다. 위와 같이 양벌규정을 따로 둔 취지는, 법인은 기관을 통하여 행위하므로 법인의 대표자의 행위로 인한 법률효과와 이익은 법인에 귀속되어야 하고, 법인 대표자의 범죄행위에 대하여는 법인 자신이 책임을 져야 하는바, 법인 대표자의 법규위반행위에 대한 법인의 책임은 법인 자신의 법규위반행위로 평가될 수 있는 행위에 대한 법인의 직접책임이기 때문이다. 따라서 대표자의 고의에 의한 위반행위에 대하여는 법인 자신의 고의에 의한 책임을, 대표자의 과실에 의한 위반행위에 대하여는 법인 자신의 과실에 의한 책임을 져야 한다. 이처럼 양벌규정 중 법인의 대표자 관련 부분은 대표자의 책임을 요건으로 하여 법인을 처벌하는 것이지 그 대표자의 처벌까지 전제조건이 되는 것은 아니다(대법원 2022. 11. 17.선고2021도701판결).
② (○) 구 건축법(1991. 5. 31. 법률 제4381호로 개정되어 1992. 6. 1. 시행되기 전의 것, 이하 같다) 제54조 내지 제56조의 벌칙규정에서 그 적용대상을 건축주, 공사감리자, 공사시공자 등 일정한 업무주(업무주)로 한정한 경우에 있어서, 같은 법 제57조의 양벌규정은 업무주가 아니면서 당해 업무를 실제로 집행하는 자가 있는 때에 위 벌칙규정의 실효성을 확보하기 위하여 그 적용대상자를 당해 업무를 실제로 집행하는 자에게까지 확장함으로써 그러한 자가 당해 업무집행과 관련하여 위 벌칙규정의 위반행위를 한 경우 위 양벌규정에 의하여 처벌할 수 있도록 한 행위자의 처벌규정임과 동시에 그 위반행위의 이익귀속주체인 업무주에 대한 처벌규정이라고 할 것이다(대법원1999. 7. 15.선고95도2870전원합의체판결).
④ (○) 피고인 회사가 1977.11.2자 주주총회의 결의로 해산되어 같은 해 12.8자로 해산등기를 하고 청산절차에 들어가 1978.4.20자로 청산이 종결되어 같은 해 4.28자로 청산등기가 경료되었다면 특단의 사정이 없는 한 그 법인격이 상실되어 법인의 당사자능력

및 권리능력이 상실되었다고 보아야 할 것이므로 형사소송법 제329조 제1항 제2호의 피고인인 법인이 존속하지 아니하게 되었을 때에 해당한다 함은 소론과 같으나 회사가 이 사건에 있어서와 같이 회사해산 및 청산등기 전에 업무 또는 재산에 관한 위반행위로 인하여 재산형에 해당하는 사건으로 소추를 받는 것과 같은 것은 청산인의 현존사무(상법 제254조 제1항 제1호) 중에 포함되는 것이라 할 것이므로 비록 피고인 회사의 청산종료의 등기가 경료되었다 하더라도 그 피고사건이 종결되기까지는 피고인회사의 청산사무는 종료되지 아니하고, 형사소송법상 당사자능력도 그대로 존속한다고 해석함이 상당하다(대법원1982. 3. 23.선고81도1450판결).

문제 04 - 정답 ②

▶ ② (X) [1] 구 공중위생관리법 제3조 제1항 전단은 "공중위생영업을 하고자 하는 자는 공중위생영업의 종류별로 보건복지부령이 정하는 시설 및 설비를 갖추고 시장·군수·구청장에게 신고하여야 한다"고 규정하고, 같은 법 제20조 제1항 제1호는 '제3조 제1항 전단의 규정에 의한 신고를 하지 아니한 자'를 처벌한다고 규정하고 있는바, 그 규정 형식 및 취지에 비추어 신고의무 위반으로 인한 공중위생관리법 위반죄는 구성요건이 부작위에 의하여서만 실현될 수 있는 진정부작위범에 해당한다.
[2] 부작위범 사이의 공동정범은 다수의 부작위범에게 공통된 의무가 부여되어 있고 그 의무를 공통으로 이행할 수 있을 때에만 성립한다(대법원2008. 3. 27.선고2008도89판결).
① (○) 보호자가 의학적 권고에도 불구하고 치료를 요하는 환자의 퇴원을 간청하여 담당 전문의와 주치의가 치료중단 및 퇴원을 허용하는 조치를 취함으로써 환자를 사망에 이르게 한 행위에 대하여 보호자, 담당 전문의 및 주치의가 부작위에 의한 살인죄의 공동정범으로 기소된 사안에서, 담당 전문의와 주치의에게 환자의 사망이라는 결과 발생에 대한 정범의 고의는 인정되나 환자의 사망이라는 결과나 그에 이르는 사태의 핵심적 경과를 계획적으로 조종하거나 저지·촉진하는 등으로 지배하고 있었다고 보기는 어려워 공동정범의 객관적 요건인 이른바 기능적 행위지배가 흠결되어 있다는 이유로 작위에 의한 살인방조죄만 성립한다(대법원2004. 6. 24.선고2002도995판결).
③ (○) 도로교통법 제50조 제1항, 제2항이 규정한 교통사고발생 시의 구호조치의무 및 신고의무는 차의 교통으로 인하여 사람을 사상하거나 물건을 손괴한 때에 운전자 등으로 하여금 교통사고로 인한 사상자를 구호하는 등 필요한 조치를 신속히 취하게 하고, 또 속히 경찰관에게 교통사고의 발생을 알려서 피해자의 구호, 교통질서의 회복 등에 관하여 적절한 조치를 취하게 하기 위한 방법으로 부과된 것이므로 교통사고의 결과가 피해자의 구호 및 교통질서의 회복을 위한 조치가 필요한 상황인 이상 그 의무는 교통사고를 발생시킨 당해 차량의 운전자에게 그 사고발생에 있어서 고의·과실 혹은 유책·위법의 유무에 관계없이 부과된 의무라고 해석함이 상당할 것이므로, 당해 사고에 있어 귀책사유가 없는 경우에도 위 의무가 없다 할 수 없고, 또 위 의무는 신고의무에만 한정되는 것이 아니므로 타인에게 신고를 부탁하고 현장을 이탈하였다고 하여 위 의무를 다한 것이라고 말할 수는 없다(대법원2002. 5. 24.선고2000도1731판결).
④ (○) 대판2008.2.28. 2007도9354

문제 05 - 정답 ②

▶ ② (X) [1] 의료사고에서 의사의 과실 유무를 판단할 때에는 같은 업무·직무에 종사하는 일반적 평균인의 주의 정도를 표준으로 하여 사고 당시의 일반적 의학의 수준과 의료 환경 및 조건, 의료행위의 특수성 등을 고려하여야 한다. 의사에게 의료행위로 인한 업무상과실치사상죄를 인정하기 위해서는, 의료행위 과정에서 업무상과실의 존재는 물론 그러한 업무상과실로 인하여 환자에게 상해·사망 등 결과가 발생한 점에 대하여도 엄격한 증거에 따라 합리적 의심의 여지가 없을 정도로 증명이 이루어져야 한다. 설령 의료행위와 환자에게 발생한 상해·사망 등 결과 사이에 인과관계가 인정되는 경우에도, 검사가 공소사실에 기재한 바와 같은 업무상과실로 평가할 수 있는 행위의 존재 또는 그 업무상과실의 내용을 구체적으로 증명하지 못하였다면, 의료행위로 인하여 환자에게 상해·사망 등 결과가 발생하였다는 사정만으로 의사의 업무상과실을 추정하거나 단순한 가능성·개연성 등 막연한 사정을 근거로 함부로 이를 인정할 수는 없다.

[2] 피고인은 2019. 7. 29. 17:30경 의사로서 환자인 피해자의 어깨부위에 주사를 시행하는 과정에서 손·주사기·환자의 피부를 충분히 소독하는 등 상당한 주의를 기울여 감염이 발생하지 않도록 해야 할 업무상 주의의무를 소홀히 하여, 주사부위에 메티실린 내성 황색포도상구균(MRSA)을 감염시켜 피해자에게 약 4주간의 치료가 필요한 우측 견관절, 극상근 및 극하근의 세균성 감염 등의 상해를 입게 하였다. 이 경우, 피고인이 시행한 주사치료로 인하여 피해자에게 상해가 발생하였다는 점은 어느 정도 인정되나, 주사치료 과정에서 피고인이 맨손으로 주사하였다거나 알코올 솜의 미사용·재사용, 오염된 주사기의 사용 등 비위생적 조치를 취한 사실에 대한 증명이 합리적 의심을 배제할 정도로 이루어졌다고 볼 수 없고, 달리 피고인의 업무상과실로 평가될 만한 행위의 존재나 업무상과실의 내용이 구체적으로 증명되었다고 보기도 어렵다. 그럼에도 원심은 피고인의 주사치료와 피해자의 상해 발생 사이에 인과관계가 인정된다는 등의 사정만을 이유로 피고인의 업무상과실은 물론 그것과 피해자의 상해 사이의 인과관계까지도 쉽게 인정하였는바, 이러한 원심의 판단에는 의료행위로 인한 업무상과실치상죄에서 '업무상과실'의 인정 기준과 증명책임에 대한 법리를 오해함으로써 판결에 영향을 미친 잘못이 있다(대법원2023. 1. 12.선고 2022도11163판결). 결국, 피고인은 업무상 과실치상죄가 성립하지 않는다.

① (O) 폭행 또는 협박으로 타인의 재물을 강취하려는 행위와 이에 극도의 흥분을 느끼고 공포심에 사로잡혀 이를 피하려다 상해에 이르게 된 사실과는 상당인과관계가 있다 할 것이고 이 경우 강취 행위자가 상해의 결과의 발생을 예견할 수 있었다면 이를 강도치상죄로 다스릴 수 있다(대법원1996. 7. 12.선고96도1142판결).
③ (O) 자상으로 급성신부전증이 발생한 피해자가 음식과 수분의 섭취를 억제해야 함에도 콜라와 김밥을 함부로 먹은 탓에 체내에 수분저류가 발생하여 합병증이 유발됨으로써 사망한 경우, 살인의 실행행위가 피해자의 사망이라는 결과를 발생하게 한 유일한 원인이거나 직접적인 원인이어야만 되는 것은 아니므로, 살인의 실행행위와 피해자의 사망과의 사이에 다른 사실이 개재되어 그 사실이 치사의 직접적인 원인이 되었다고 하더라도 그와 같은 사실이 통상 예견할 수 있는 것에 지나지 않는다면 살인의 실행행위와 피해자의 사망과의 사이에 인과관계가 있는 것으로 보아야 한다(대판 1994.3.22. 93도3612).
④ (O) 매매계약과 그 이행에 아무런 영향이 없었다면 위 학교법인은 피고인들의 위와 같은 방법에 의한 전매사실을 알았다하여 그들과 그 매매계약을 체결하지 아니하였으리라고는 인정되지 아니하니 피고인들의 위 기망행위와 위 법인의 처분행위 사이에 인과관계가 없다(대판1985.5.14. 84도2751).

문제 06 - 정답 ①

▶ ① ㉠㉢㉣㉤(4개)은 맞는 지문이나, ㉡(1개)은 틀린지문이다.

㉠ (O) 절도죄에 있어서 재물의 타인성을 오신하여 그 재물이 자기에게 취득(빌린 것)할 것이 허용된 동일한 물건으로 오인하고 가져온 경우에는 범죄사실에 대한 인식이 있다고 할 수 없으므로 범의가 조각되어 절도죄가 성립하지 아니한다(대법원1983. 9. 13.선고83도1762,83감도315판결).
㉡ (X) 갑이 을등 3명과 싸우다가 힘이 달리자 식칼을 가지고 이들 3명을 상대로 휘두르다가 이를 말리면서 식칼을 뺏으려던 피해자 병에게 상해를 입혔다면 갑에게 상해의 범의가 인정되며 상해를 입은 사람이 목적한 사람이 아닌 다른 사람이라 하여 과실상해죄에 해당한다고 할 수 없다(대법원1987. 10. 26.선고87도1745판결).
㉢ (O) 갑이 그 소유권을 포기하고 버린 물건으로 오인하여 이를 취득한 경우로서, 이와 같이 오인하는 데에 정당한 사유가 인정되는 한 절도의 범의를 인정할 수 없다(대판1989.1.17. 88도971).
㉣ (O) 갑은 을이 그 빵의 소유를 포기한 것으로 오인하고 가져온 것이므로, 이러한 경우 그 빵을 가져간 행위만으로 절도의 범의를 인정하기 어렵다(대판1984.12.11. 84도2002).
㉤ (O) 형법 제15조 제1항「특별히 무거운 죄가 되는 사실을 인식하지 못한 행위는 무거운 죄로 벌하지 아니한다.」는 규정에 따라 갑은 A에 대한 존속살해죄가 아닌 보통살인죄가 성립한다고 할 것이다. 대법원판결에 따르면 갑은 자신과의 사이가 나쁜 동네 사람 A를 살해할 의사로 캄캄한 밤에 흉기로 찔렀으나 실은 자신의 장모 B를 A로 오인하여 살해한 경우, 갑에 대하여 장모 B를 직계존속임을 인식하지 못하고 살해한 경우에 해당하므로, 형법 제15조 제1항에 의하여 보통살인죄가 성립한다고 보았다(대법원 1960.10.31.선고 4290형상494).

문제 07 - 정답 ③

▶ ③ (X) 행위자가 금지된 행위를 함으로써 구성요건적 결과를 야기하였으나, 합법적 행위를 하였더라도 역시 동일한 결과가 발생하였을 개연성이 있는 경우에 객관적 귀속이 인정될 것인지가 문제된다. 이를 합법적 대체행위라고 한다. 이 경우에 주의의무를 이행한 때에도(합법적 행위를 하였더라도) 같은 결과가 발생했을 것이라고 인정되는 경우라면 객관적 귀속이 부정된다. 결국, 미수범이 성립하나, 과실범의 경우에는 미수범 처벌규정이 없으므로 무죄이다. 판례에서는 이 경우에 객관적 귀속이 부정되는 것이 아니라 업무상 과실과 사상의 결과 사이에 상당인과관계가 부정된다.
① (O) 과실범은 결과범이기 때문에 결과발생이 없는 과실범의 미수란 있을 수 없으며, 형법상 과실범의 미수처벌규정은 1개도 없다. 또한 객관적 주의의무위반은 과실범의 행위불법(행위반가치)

을 구성하는 불법요소(구성요건요소)이므로, 결과발생이 있어도 객관적 주의의무위반이 없으면 행위불법이 부정되어 과실범은 성립하지 않는다.
② (○) 의료과오사건에 있어서 의사의 과실을 인정하려면 결과 발생을 예견할 수 있고 또 회피할 수 있었음에도 이를 하지 못한 점을 인정할 수 있어야 하고, 위 과실의 유무를 판단함에는 같은 업무와 직무에 종사하는 일반적 보통인의 주의 정도를 표준으로 하여야 하며, 이때 사고 당시의 일반적인 의학의 수준과 의료환경 및 조건, 의료행위의 특수성 등을 고려하여야 한다(대법원 2006. 10. 26.선고2004도486판결). 대법원은 과실범의 객관적 주의의무의 판단기준을 행위자 개인의 주관적 주의능력을 표준으로 주의의무위반의 유무를 판단하자는 주관설(행위자 표준설)이 아니라 일반인의 주의능력을 표준으로 주의의무위반의 유무를 판단하자는 객관설(평균일 표준설)의 입장을 따르고 있다.
④ (○) 과실범도 고의범과 마찬가지로 책임요소로서 주의의무를 준수할 기대가능성이 있어야 과실책임을 물을 수 있고, 기대가능성이 없는 때에는 과실책임이 조각된다. 따라서 과실범의 경우에도 "행위 당시의 외부적 사정에 비추어 보아 행위자에게 주의의무를 준수할 것을 기대할 수 있을 때"에 행위자에 대하여 과실책임을 물을 수 있고, 그 같은 기대를 할 수 "없을 때"에는 과실책임이 조각된다.

문제 08 - 정답 ④

▶ ④ (X) 피해자가 시장번영회를 상대로 잦은 진정을 하고 협조를 하지 않는다는 이유로 시장번영회 총회결의에 의하여 피해자 소유점포에 대하여 정당한 권한없이 단전조치를 한 것이라면 이 경우에는 그 결의에 참가한 회원의 위력에 의한 업무방해 행위가 성립하고 피해자에게 사전통고를 한 여부나 피고인이 회장의 자격으로 단전조치를 한 여부는 위 죄의 성립에 영향이 없다(대법원 1983. 11. 8.선고83도1798판결).
① (○) 대법원2004. 8. 20.선고2003도4732판결
② (○) 대판 2011.7.14. 2011도639
③ (○) 대판 2011.5.13. 2009도14442

문제 09 - 정답 ④

▶ ④ (X) 도의적 책임론은 책임능력을 범죄능력으로 파악하나, 사회적 책임론은 책임능력을 형벌(수형)능력으로 파악한다. 결국, 선지는 반대로 설명하고 있으므로 틀린 지문이다.
① (○) 사회적 책임론은 책임능력을 형벌능력(형벌적응능력)으로 보기 때문에 전과가 많은 상습범인은 형벌적응능력이 없으므로, 책임무능력자가 된다는 문제가 있다.
② (○) 심리적 책임론은 책임의 실체를 결과에 대한 행위자의 심리적 관계로 이해하여, 심리적 사실인 고의·과실만 있으면 책임이 있고 그 어느 것도 없으면 책임도 없다는 견해이다. 따라서 형사미성년자가 추리소설을 읽고 살인죄를 범한 경우나 강요된 행위가 고의는 있으나 책임조각사유에 의해서 책임이 부정되는 이유를 설명할 수 없다는 문제가 있다. 이에 반해 규범적 책임론(통설)은 책임을 행위자의 불법에 대한 규범적인 비난가능성에 있다고 보는 견해이다.
③ (○) 책임의 근거에 관한 학설 중 도의적 책임론은 인간에게 자유의사가 있다는 것을 전제로(의사자유론·비결정론), 자유의사를 가진 자가 스스로의 의사에 기해 불법행위로 나아갔으므로 행위자에 도의적 비난을 가하는 것이 책임이라고 보는 견해이다. 이에 반하여 사회적 책임론은 소질과 환경에 의하여 결정된 행위자의 반사회적 성격에 두는 견해로서, 반사회적 성격을 가진 자에 대한 사회적 비난가능성이 책임이라고 보는 견해이다(의사결정론).

문제 10 - 정답 ④

▶ ④ (X) 피고인이 지하철 환승에스컬레이터 내에서 짧은 치마를 입고 있는 피해자의 뒤에 서서 카메라폰으로 성적 수치심을 느낄 수 있는 치마 속 신체 부위를 피해자 의사에 반하여 동영상 촬영하였다고 하여 구 성폭력범죄의 처벌 및 피해자보호 등에 관한 법률(2010. 4. 15. 법률 제10258호 성폭력범죄의 피해자보호 등에 관한 법률로 개정되기 전의 것) 위반으로 기소된 사안에서, 피고인이 휴대폰을 이용하여 동영상촬영을 시작하여 일정한 시간이 경과하였다면 설령 촬영중 경찰관에게 발각되어 저장버튼을 누르지 않고 촬영을 종료하였더라도 카메라 등 이용촬영범행은 이미 '기수'에 이르렀다(대법원2011. 6. 9.선고2010도10677판결). 결국, 촬영이 시작되었다면 저장하지 않았다 하여도 카메라등이용촬영죄의 기수에 해당한다.
① (○) 대법원2000. 6. 9.선고2000도1253판결
② (○) 대법원2021. 3. 25.선고2021도749판결
③ (○) 대법원2021. 3. 25.선고2021도749판결

문제 11 - 정답 ④

▶ ④ ㉠㉡㉣(3개)은 틀린 지문이나, ㉢㉤(2개)은 옳은 지문이다.
㉠ (X) 매도, 매수와 같이 2인 이상의 서로 대향된 행위의 존재를 필요로 하는 관계에 있어서는 공범이나 방조범에 관한 형법총칙 규정의 적용이 있을 수 없고, 따라서 매도인에게 따로 처벌규정이 없는 이상 매도인의 매도행위는 그와 대향적 행위의 존재를 필요로 하는 상대방의 매수범행에 대하여 공범이나 방조범관계가 성립되지 아니한다(대판2001.12.28. 2001도5158).
㉡ (X) [1] 피고인은 성명불상자들의 공중송신권 침해행위 도중에 그 범행을 충분히 인식하면서 그러한 침해 게시물 등에 연결되는 링크를 이 사건 사이트에 영리적·계속적으로 게시하여 공중의 구성원이 개별적으로 선택한 시간과 장소에서 침해 게시물에 쉽게 접근할 수 있도록 하는 정도의 링크 행위를 하여 침해 게시물을 공중의 이용에 제공하는 성명불상자들의 범죄를 용이하게 하였으므로 공중송신권 침해의 방조범이 성립할 수 있다.
[2] 저작재산권자의 이용허락 없이 전송되는 공중송신권 침해 게시물로 연결되는 링크를 이른바 '다시보기' 링크 사이트 등에서 공중의 구성원에게 제공하는 행위가 공중송신권 침해의 방조가 되는지 여부가 문제된 사건에서 저작권법위반의 방조가 성립한다.(이른바 '다시보기' 링크 사이트 사건)(대법원2021. 9. 9.선고2017도19025 전원합의체 판결).
㉢ (○) [1] 사용자는 쟁의행위 기간 중 그 쟁의행위로 중단된 업무의 수행을 위하여 당해 사업과 관계없는 자를 채용 또는 대체할 수 없고, 이를 위반한 자는 1년 이하의 징역 또는 1천만 원 이하의 벌금으로 처벌된다('노동조합법' 제91조, 제43조 제1항). 여기서 처벌되는 '사용자'는 사업주, 사업의 경영담당자 또는 그 사업의 근로자에 관한 사항에 대하여 사업주를 위하여 행동하는 자를 말한

다(노동조합법 제2조 제2호).
[2] 노동조합법 제91조, 제43조 제1항은 사용자의 위와 같은 행위를 처벌하도록 규정하고 있으므로, 사용자에게 채용 또는 대체되는 자에 대하여 위 법 조항을 바로 적용하여 처벌할 수 없음은 문언상 분명하다. 나아가 채용 또는 대체하는 행위와 채용 또는 대체되는 행위는 2인 이상의 서로 대향된 행위의 존재를 필요로 하는 관계(대향범관계)에 있음에도 채용 또는 대체되는 자를 따로 처벌하지 않는 노동조합법의 입법 취지에 비추어 보면, 쟁의행위 기간 중 그 쟁의행위로 중단된 업무의 수행을 위하여 당해 사업과 관계없는 자를 채용 또는 대체하는 사용자에게 채용 또는 대체되는 자의 행위에 대하여는 일반적인 형법 총칙상의 공범 규정을 적용하여 공동정범, 교사범 또는 방조범으로 처벌할 수 없다(대법원2020. 6. 11.선고2016도3048판결).

㉣ (X) [1] 2인 이상의 서로 대향된 행위의 존재를 필요로 하는 대향범에 대하여 공범에 관한 형법 총칙 규정이 적용될 수 없다. 이러한 법리는 해당 처벌규정의 구성요건 자체에서 2인 이상의 서로 대향적 행위의 존재를 필요로 하는 필요적 공범인 대향범을 전제로 한다. 구성요건상으로는 단독으로 실행할 수 있는 형식으로 되어 있는데 단지 구성요건이 대향범의 형태로 실행되는 경우에도 대향범에 관한 법리가 적용된다고 볼 수는 없다.
[2] 마약류 불법거래 방지에 관한 특례법(이하 '마약거래방지법'이라 한다) 제7조 제1항은 '마약류범죄의 발견 또는 불법수익 등의 출처에 관한 수사를 방해하거나 불법수익 등의 몰수를 회피할 목적으로 불법수익 등의 성질, 소재, 출처 또는 귀속관계를 숨기거나 가장한 자'를 불법수익 등의 은닉 및 가장죄로 형사처벌하고 있다. 그중 '불법수익 등의 출처 또는 귀속관계를 숨기거나 가장'하는 행위는 불법수익 등을 정당하게 취득한 것처럼 취득 원인에 관한 사실을 숨기거나 가장하는 행위 또는 불법수익 등이 귀속되지 않은 것처럼 귀속에 관한 사실을 숨기거나 가장하는 행위를 뜻한다. 따라서 마약거래방지법 제7조 제1항에서 정한 '불법수익 등의 출처 또는 귀속관계를 숨기거나 가장하는 행위'는 처벌규정의 구성요건 자체에서 2인 이상의 서로 대향된 행위의 존재를 필요로 하지 않으므로 정범의 이러한 행위에 가담하는 행위에는 형법 총칙의 공범 규정이 적용된다.
[3] 형법 제32조 제1항의 방조범은 정범의 실행을 방조한다는 이른바 '방조의 고의'와 정범의 행위가 구성요건에 해당하는 행위인 점에 대한 '정범의 고의'가 있어야 한다. 정범의 마약류 불법거래 방지에 관한 특례법상 '불법수익 등의 은닉 및 가장' 범행의 방조범 성립에 요구되는 방조의 고의와 정범의 고의에 관하여 보면, 예컨대 마약매수인이 정범인 마약매도인으로부터 마약을 매수하면서 마약매도인의 요구로 차명계좌에 제3자 명의로 마약 매매대금을 입금하면서 그 행위가 정범의 범행 실행을 방조하는 것으로 불법성이 있다는 것을 인식해야 한다는 것을 뜻한다. 물론 방조범에서 요구되는 정범 등의 고의는 정범에 의하여 실현되는 범죄의 구체적 내용을 인식해야 하는 것은 아니고 미필적 인식이나 예견으로 충분하지만, 이는 정범의 범행 등의 불법성에 대한 인식이 필요하다는 점과 모순되지 않는다(대법원2022. 6. 30.선고2020도7866판결). 결국, 마약매수인 갑이 마약매도인 을로 부터 마약을 매수하면서 을의 요구로 그 매매대금을 제3자인 병 명의의 차명계좌(대포통장)에 무통장 입금을 하였다면 형법 총칙상 공범인 방조범 규정이 적용되므로, 불법수익 등의 은닉 및 가장행위로 인한 마약류 불법거래방지에관한특례법(마약거래방지법)위반죄의 방조범이 성립

한다. 따라서 갑을 을과의 대향범으로 보아서 형법 총칙의 공범 규정이 적용되지 않는다고 보아 무죄로 판단하여서는 절대로 안된다.
㉤ (O) 강제추행죄는 사람의 성적 자유 내지 성적 자기결정의 자유를 보호하기 위한 죄로서 정범 자신이 직접 범죄를 실행하여야 성립하는 자수범이라고 볼 수 없으므로, 처벌되지 아니하는 타인을 도구로 삼아 피해자를 강제로 추행하는 간접정범의 형태로도 범할 수 있다. 여기서 강제추행에 관한 간접정범의 의사를 실현하는 도구로서의 타인에는 피해자도 포함될 수 있으므로, 피해자를 도구로 삼아 피해자의 신체를 이용하여 추행행위를 한 경우에도 강제추행죄의 간접정범에 해당할 수 있다(대판2018.2.8. 2016도17733).

문제 12 - 정답 ④

▶ ④ (X) 공모공동정범에 있어서 공모자 중의 1인이 다른 공모자가 실행행위에 이르기 전에 그 공모관계에서 이탈한 때에는 그 이후의 다른 공모자의 행위에 관하여는 공동정범으로서의 책임은 지지 않는다 할 것이나, 공모관계에서의 이탈은 공모자가 공모에 의하여 담당한 기능적 행위지배를 해소하는 것이 필요하므로 공모자가 공모에 주도적으로 참여하여 다른 공모자의 실행에 영향을 미친 때에는 범행을 저지하기 위하여 적극적으로 노력하는 등 실행에 미친 영향력을 제거하지 아니하는 한 공모관계에서 이탈하였다고 할 수 없다(대법원2008. 4. 10.선고2008도1274판결). 결국, 갑은 강도죄의 공모관계에서 이탈하였다고 볼 수 없으므로 강도상해죄의 공동정범으로서의 죄책을 부담한다.
① (O) [1] 피고인이 포괄일죄의 관계에 있는 범행의 일부를 실행한 후 공범관계에서 이탈하였으나 다른 공범자에 의하여 나머지 범행이 이루어진 경우, 피고인이 관여하지 않은 부분에 대하여도 죄책을 부담한다.
[2] 피고인이 다른 공범들과 특정 회사 주식의 시세조종 주문을 내기로 공모한 다음 시세조종 행위의 일부를 실행한 후 공범관계로부터 이탈하였고, 다른 공범들이 그 이후의 나머지 시세조종행위를 계속한 사안에서, 피고인이 다른 공범들의 범죄실행을 저지하지 않은 이상 그 이후 나머지 공범들이 행한 시세조종행위(증권거래법위반)에 대하여도 공동정범으로서의 죄책을 부담한다(대법원2011. 1. 13.선고2010도9927판결).
② (O) 대법원2021. 3. 25.선고2020도18285판결
③ (O) [1] 공모는 법률상 어떤 정형을 요구하는 것이 아니고 2인 이상이 공모하여 범죄에 공동가공하여 범죄를 실현하려는 의사의 결합만 있으면 되는 것으로서, 비록 전체적인 모의과정이 없었다고 하더라도 수인 사이에 순차적으로 또는 암묵적으로 상통하여 그 의사의 결합이 이루어지면 공모관계가 성립하고, 이러한 공모가 이루어진 이상 실행행위에 직접 관여하지 아니한 자라도 다른 공모자의 행위에 대하여 공동정범으로서 형사적 책임을 진다.
[2] 국회의원 후보자와 그 유세위원장 등이 상대후보를 국회의원에 당선되지 못하게 할 목적으로 허위사실을 공표할 것을 공모한 후 실행에 나아감으로써 허위사실공표죄의 공모공동정범이 성립된다(대법원2002. 4. 10.자2001모193결정).

문제 13 - 정답 ②

▶ ② ㉠(1개)만 옳은 지문이나, ㉡㉢㉣㉤(4개)은 틀린 지문이다.
㉠ (O) [1] 상호신용금고법 제39조 제1항 제2호 위반죄는 상호신용금고의 발기인·임원·관리인·청산인·지배인 기타 상호신용금고의 영업에 관한 어느 종류 또는 특정한 사항의 위임을 받은 사용인이

그 업무에 위배하여 배임행위를 한 때에 성립하는 것으로서, 이는 위와 같은 지위에 있는 자의 배임행위에 대한 형법상의 배임 내지 업무상배임죄의 가중규정이고, 따라서 형법 제355조 제2항의 배임죄와의 관계에서는 신분관계로 인하여 형의 경중이 있는 경우라고 할 것이다.

[2] 그리고 위와 같은 신분관계가 없는 자가 그러한 신분관계에 있는 자와 공모하여 위 상호신용금고법위반죄를 저질렀다면, 그러한 신분관계가 없는 자에 대하여는 형법 제33조 단서에 의하여 형법 제355조 제2항(배임죄)에 따라 처단하여야 할 것인바, 그러한 경우에는 신분관계가 없는 자에게도 일단 업무상배임으로 인한 상호신용금고법 제39조 제1항 제2호 위반죄가 성립한 다음 형법 제33조 단서에 의하여 중한 형이 아닌 형법 제355조 제2항(단순배임죄)에 정한 형으로 처벌되는 것으로 보아야 할 것이다(대법원 1997. 12. 26.선고97도2609판결; 대법원1986. 10. 28.선고86도1517판결).

ⓒ (X) (은행직원이 아닌 甲이 한국상업은행의 직원인 乙 등과 공모하여 은행예금주 丙명의의 돈을 빼돌려 가로챈 후 그 돈을 나누어 가진 경우, 은행원이 아닌 자가 은행원들과 공모하여 업무상 배임죄를 저질렀다 하여도, 이는 업무상 타인의 사무를 처리하는 신분관계로 인하여 형의 경중이 있는 경우이므로, 그러한 신분관계가 없는 자에 대하여서는 형법 제33조 단서에 의하여 형법 제355조 제2항(단순배임죄)에 따라 처단하여야 한다. 결국, 갑은 을과 마찬가지로 업무상 배임죄가 성립하나, 처벌(형량)만큼은 배임죄이다) (대판 1986.10.28. 86도1517)

ⓒ (X) 형법 제31조 제1항(공범의 종속성 규정)은 협의의 공범의 일종인 교사범이 그 성립과 처벌에 있어서 정범에 종속한다는 일반적인 원칙을 선언한 것에 불과하고, 신분관계로 인하여 형의 경중이 있는 경우에 신분이 있는 자(모해목적을 가진 자)가 신분이 없는 자(모해목적이 없는 자)를 교사하여 죄를 범하게 한 때에는 형법 제33조 단서가 형법 제31조 제1항에 우선하여 적용됨으로써 신분이 있는 교사범(모해위증죄의 교사범)이 신분이 없는 정범(단순 위증죄)보다 중하게 처벌된다(대법원 1994. 12. 23.선고93도1002판결).

ⓒ (X) 비점유자가 업무상점유자와 공모하여 횡령한 경우에 비점유자도 형법 제33조 본문에 의하여 공범관계가 성립되며 다만 그 처단에 있어서는 동조단서의 적용을 받는다 할 것이나, 군용물횡령죄에 있어서는 업무상횡령이던 단순횡령이던 간에 본조에 의하여 그 법정형이 동일하게 되어 양죄 사이에 형의 경중이 없게 되었으므로 법률적용에 있어서 형법 제33조 단서의 적용을 받지 않는다(대판1965.8.24. 65도493). 결국, 군형법 제75조(군용물 등 범죄에 대한 형의 가중)에 의하여 사형, 무기 또는 5년 이상(제1호), 1년이상(제2호) 징역에 처하게 된다.

ⓒ (X) 공직선거법 제257조 제1항 제1호에서 규정하는 각 기부행위제한위반의 죄는 공직선거법 제113조(후보자 등의 기부행위 제한), 제114조(정당 및 후보자의 가족 등의 기부행위 제한), 제115조(제3자의 기부행위 제한)에 각기 한정적으로 열거되어 규정하고 있는 신분관계가 있어야만 성립하는 범죄이고, 죄형법정주의의 원칙상 유추해석은 할 수 없으므로, 위 각 해당 신분관계가 없는 자의 기부행위는 위 각 해당 법조항 위반의 범죄로는 되지 않는다. 또한, 각 법조항을 구분하여 기부행위의 주체 및 그 주체에 따라 기부행위제한의 요건을 각기 달리 규정한 취지는 각 기부행위의 주체자에 대하여 그 신분에 따라 각 해당법조로 처벌하려는 것이므로, 각 기부행위의 주체로 인정되지 아니하는 자가 기부행위 주체자 등과 공모하여 기부행위를 하였다 하더라도 그 신분에 따라 각 해당법조로 처벌하여야지 기부행위 주체자에 해당하는 법조 위반의 공동정범으로 처벌할 수는 없다(대판1997.6.13. 96도346; 대판 2008.3.13. 2007도9507).

문제 14 - 정답 ④

▶ ④ (○) [1] 공직선거법에서의 기부행위는 원칙적으로 당사자 일방이 상대방에게 무상으로 금전·물품 기타 재산상 이익의 제공, 이익제공의 의사표시 또는 그 제공을 약속하는 행위를 말한다(공직선거법 제112조 제1항). 공직선거법 제113조에서 기부행위를 제한하는 취지는 기부행위가 후보자의 지지기반을 조성하는 데에 기여하거나 매수행위와 결부될 가능성이 높아 이를 허용할 경우 선거 자체가 후보자의 인물·식견 및 정책 등을 평가받는 기회가 되기 보다는 후보자의 자금력을 겨루는 과정으로 타락할 위험성이 있어 이를 방지하기 위한 것이다.

[2] 공직선거법 제59조 단서 제1호 및 제60조의3 제1항 제2호, 제4호는 등록한 예비후보자에게 사전선거운동으로 명함을 교부하거나 예비후보자홍보물을 우편발송하는 행위 등을 허용하는데, 공직선거법 제60조의4 제1항에서 규율하는 예비후보자공약집은 명함이나 예비후보자홍보물과는 달리 상당한 비용을 들여 도서의 형태로 발간되는 것이어서 이를 무상으로 배부하게 되면 자금력을 기반으로 상대적으로 우월한 홍보활동과 효과적인 선거운동이 가능하게 되므로, 결국 후보자의 자금력이 유권자의 후보자 선택에 관한 의사결정에 영향을 미칠 우려가 있다.

[3] 지방자치단체장 선거의 예비후보자인 피고인이 제1심 공동피고인들에게 예비후보자공약집을 주어 자동차 와이퍼 등에 끼워두거나 상가, 주택의 우편함에 넣어 두는 등의 방법으로 살포하여, 후보자 등의 기부행위제한 위반으로 인한 공직선거법 위반죄(공직선거법 제257조 제1항 제1호, 제113조 제1항)와 예비후보자공약집 배부방법 위반으로 인한 공직선거법 위반죄(공직선거법 제255조 제2항 제1의2호, 제60조의4 제1항)의 상상적 경합으로 기소된 사안에서, 피고인의 행위에 대해 예비후보자공약집 배부방법 위반으로 인한 공직선거법 위반죄와 별도로 기부행위제한 위반으로 인한 공직선거법 위반죄가 성립하고 양자가 상상적 경합관계에 있다(대법원 2024. 4. 4. 선고 2023도18846 판결).

① (X) [1] 공직선거법 제18조 제3항은 "형법 제38조에도 불구하고 제1항 제3호에 규정된 죄와 다른 죄의 ㉠ 경합범에 대하여는 이를 분리 선고하여야 한다."라고 규정하고 있는바, 그 취지는 선거범이 아닌 다른 죄가 선거범의 양형에 영향을 미치는 것을 최소화하기 위하여 형법상 경합범 처벌례에 관한 조항의 적용을 배제하고 분리하여 형을 따로 선고하여야 한다는 것이다. 그리고 선거법과 상상적 경합관계에 있는 다른 범죄에 대하여는 여전히 형법 제40조에 의하여 그중 가장 중한 죄에 정한 형으로 처벌해야 하고, 그 처벌받는 가장 중한 죄가 선거법인지 여부를 묻지 않고 선거법과 ㉡ 상상적 경합관계에 있는 모든 죄는 통틀어 선거범으로 취급하여야 한다.

[2] 원심이 유죄로 판단한 공소사실 중 2016. 12. 8. 정보통신망법 위반(명예훼손) 부분은 선거범 내지 선거범과 상상적 경합관계에 있는 죄가 아니므로, 나머지 선거범 및 선거범과 상상적 경합관계에 있어 선거범으로 취급되는 부분과 분리하여 형을 따로 선고하였어야 한다. 그럼에도 원심은 위 각 죄에 대하여 형법 제38조를 적용하여 하나의 형을 정하여 선고하였는바, 원심의 위와 같은

조치에는 공직선거법 제18조 제3항의 법리를 오해하여 판결에 영향을 미친 잘못이 있다(대법원2021. 7. 21.선고2018도16587판결).
② (X) [1] 피고인이 특정인을 중소기업중앙회장으로 당선되도록 할 목적으로 선거인에게 재산상 이익을 제공하면서 그 비용을 자신이 이사장으로 있었던 협동조합의 법인카드로 결제한 사안에서, 선거인에 대한 재산상 이익 제공으로 인한 중소기업협동조합법 위반죄와 협동조합에 재산상 손해를 가한 것으로 인한 업무상배임죄는 실체적 경합 관계에 있다.
[2] 피고인이 '중소기업중앙회장 선거에서 회장으로 입후보한 甲을 당선시킬 목적으로 선거인들에게 식사 등을 제공하면서 그 비용을 자신이 이사장으로 있었던 A협동조합 등의 법인카드로 결제하여, 그 임무에 위배하여 피해자인 A협동조합 등에게 재산상 손해를 가한 경우, 중소기업협동조합법 위반 부분과 업무상배임 부분은 각 범죄의 구성요건 및 행위의 태양과 보호법익을 달리하고 있어 실체적 경합 관계에 있다(대법원 2023. 2. 23. 선고 2020도12431 판결).
③ (X) 피고인이 자기 소유의 건물을 2017. 8. 31. 갑에게 월 70만 원에, 2018. 6. 18. 을에게 월 100만 원에 성매매장소로 제공하였다는 범죄사실로 각 약식명령이 확정되었는데, 위 건물을 2014. 6.경부터 2016. 4.경까지, 2018. 3.경부터 2018. 5. 13.경까지 병에게 월 300만 원에 임대하는 등 성매매장소로 제공하여 성매매알선 등 행위를 하였다는 공소사실로 기소된 사안에서, 확정된 각 약식명령의 범죄사실과 공소사실이 포괄일죄 관계에 있다고 보아 각 약식명령의 기판력이 공소사실에 미친다는 이유로 면소를 선고한 원심판결에 성매매장소 제공에 의한 성매매알선 등 행위의 처벌에 관한 법률 위반(성매매알선등)죄에서 포괄일죄와 경합범의 구별 기준에 관한 법리오해 등의 잘못이 있다(대법원2020. 5. 14.선고 2020도1355판결). 결국, 2017. 8. 31.과 2018. 6. 18.에 확정된 위 각 약식명령은 영업이 아닌 단순 성매매장소 제공행위 범행으로 처벌된 것이고, 이 사건(2014. 6.경부터 2016. 4.경까지, 2018. 3.경부터 2018. 5. 13.경까지) 역시 영업이 아닌 단순 성매매장소 제공행위 범행으로 기소된 것이어서 그 구성요건의 성질상 동종 행위의 반복이 예상되는 경우라고 볼 수 없으므로 실체적 경합관계에 있으므로 기판력이 없어 면소판결을 선고해서는 안된다.

문제 15 - 정답 ②

▶ ② ㉠㉢㉣㉤(4개)는 틀린 지문이나, ㉡(1개)은 옳은 지문이다.
㉠ (X) 형법 제35조 소정의 누범이 되려면 금고 이상의 형을 받아 그 집행을 종료하거나 면제를 받은 후 3년 내에 다시 금고 이상에 해당하는 죄를 범하여야 하는바, 이 경우 다시 금고 이상에 해당하는 죄를 범하였는지 여부는 그 범죄의 실행행위를 하였는지 여부를 기준으로 결정하여야 하므로 3년의 기간 내에 실행의 착수가 있으면 족하고, 그 기간 내에 기수에까지 이르러야 되는 것은 아니다(대법원2006. 4. 7.선고2005도9858전원합의체 판결).
㉡ (O) 누범을 가중처벌하는 것은 전범에 대하여 형벌을 받았음에도 그 형벌의 경고기능을 무시하고 다시 범행을 하였다는 데 있는 것이지 전범에 대하여 처벌을 받았음에도 다시 범행을 하는 경우에 전범을 후범과 일괄하여 다시 처벌한다는 것은 아님이 명백하고, 전범 자체가 심판의 대상이 되어 다시 처벌받기 때문에 형이 가중되는 것은 아니므로, 이 사건 법률조항은 일사부재리원칙에 위배된다고 볼 수 없다. 또한 누범을 가중처벌하는 것은 형벌의 경고기능을 무시하고 다시 범행을 하여 범죄인의 행위책임이 가중되기 때문이고, 나아가 재범예방이라는 형사정책적 목적을 달성하기 위한 것이므로 행위책임을 근간으로 하는 책임주의에 반한다고 할 수 없으며, 법관으로 하여금 후범의 보호법익과 죄질, 전범과의 연관성 등 구체적인 정상에 따라 그에 알맞은 적정한 선고형을 이끌어낼 수 있도록 누범가중의 요건과 정도를 적절히 제한하고 있으므로 책임과 형벌 간의 비례원칙에 위배되는 과잉형벌이라고 할 수도 없다. 한편, 누범은 전범에 대한 형벌의 경고적 기능을 무시하고 다시 범죄를 저질렀다는 점에서 사회적 비난가능성이 높고, 이러한 누범이 증가하고 있는 추세를 감안하여 범죄예방 및 사회방위의 형사정책적 고려에 기인하여 이를 가중처벌하는 것이어서 합리적 근거 있는 차별이라 볼 것이므로 이 사건 법률조항이 평등원칙에 위배된다고 할 수 없다. 따라서 이 사건 법률조항은 헌법에 위반된다고 할 수 없다(헌재2011.05.26. 2010헌마548, 2009헌바63, 2010헌바364, 2010헌바409, 2011헌바6).
㉢ (X) [1] 형의 선고를 받은 자가 특별사면을 받아 형의 집행을 면제받고 또 후에 복권이 되었다 하더라도 형의 선고의 효력이 상실되는 것은 아니므로 실형을 선고받아 복역타가 특별사면으로 출소한 후 3년 이내에 다시 범죄를 저지른 자에 대한 누범가중은 정당하다.
[2] 형의 선고를 받은 자가 특별사면을 받아 형의 집행을 면제받고, 또 후에 복권이 되었다 하더라도 형의 선고의 효력이 상실되는 것은 아니라 할 것이므로, 1983.5.6 법원에서 집회 및 시위에 관한 법률위반죄로 징역 1년을 선고받아 복역하다가 같은해 8.12 특별사면으로 출소한 후 3년 이내인 1986.4.2 본건 절도죄를 저지른 피고인에 대하여 누범가중을 한 원심판결은 정당하다(대법원1986. 11. 11.선고86도2004판결).
㉣ (X) 형법 제35조 제1항에 규정된 "금고이상에 해당하는 죄"라 함은 유기금고형이나 유기징역형으로 처단할 경우에 해당하는 죄를 가리키는 것으로서 그 죄에 정한 형 중 선택한 형이 벌금형인 경우에는 누범가중의 대상이 될 수 없다(대법원1982. 7. 27.선고82도1018판결).형법 제35조 제1항에 규정된 "금고 이상에 해당하는 죄"라 함은 유기금고형이나 유기징역형으로 처단할 경우에 해당하는 죄를 의미하는 것으로서 법정형 중 벌금형을 선택한 경우에는 누범가중을 할 수 없다(대법원1982. 9. 14.선고82도1702판결). 결국, '금고이상에 해당하는 죄'라 함은 법정형을 의미하는 것이 아니라 선고형을 의미한다.
㉤ (X) 포괄일죄(상습사기죄)의 일부 범행이 누범기간 내에 이루어진 이상 나머지 범행이 누범기간 경과 후에 이루어졌더라도 그 범행 전부가 누범에 해당한다고 보아야 한다(대법원2012. 3. 29.선고2011도14135판결).

문제 16 - 정답 ④

▶ ④ (X) 갑남은 을녀와 정교를 맺어 乙이 A를 출산하자 자신의 처인 병 몰래 A를 자신과 병 사이의 혼인 중의 출생자로 호적신고를 하였는데 A가 갑을 살해한 경우, 생부인 갑이 혼인외의 출생자인 A를 혼인중의 출생자로 호적신고를 한 경우에 친생자 출생신고로는 무효이나, 인지신고로는 유효하므로 A는 존속살해죄가 성립한다(대법원1971. 11. 15.선고71다1983판결).
① (O) 혼인 외의 출생자와 생모간에는 생모의 인지나 출생신고를 기다리지 않고 자의 출생으로 당연히 법률상의 친족관계가 생기는 것이다(대법원1980. 9. 9.선고80도1731판결). 따라서 혼인 외의 자가 자신의 생모를 살해한 경우에는 존속살해죄가 성립한다.

② (○) 甲이 문 앞에 버려진 영아 乙을 주어다 기르며 그 남편과의 친생자인 것처럼 출생신고를 하고 양육하던 중 乙이 甲(양모)을 살해한 경우에 입양요건을 갖추지 않았다면 양자 간의 모자관계는 성립될 수 없으므로 乙이 甲을 살해하였다 하여 존속살해죄로 처벌할 수 없다(대판1981.10.13. 81도2466). 결국, 을은 입양요건을 갖추지 아니하여 법률상 친족관계가 없는 사실상 친족관계인 양모를 살해하였더라도 보통살인죄로 처벌될 뿐이다.
③ (○) 피해자는 그의 남편과 공동으로 피고인을 입양할 의사로 친생자로 출생신고를 하고 피고인을 양육하여 오다가 위 남편이 사망한 후에도 계속하여 피고인을 양육하여 온 사실을 알 수 있는 바, 피고인을 친생자로 한 출생신고는 피해자와 피고인 사이에서도 입양신고로서 효력이 있으므로 피고인은 피해자의 양자라고 할 것이고, 피고인이 피해자를 살해한 경우 존속살해죄가 성립한다(대판 2007.11.29. 2007도8333·2007감도22).

문제 17 - 정답 ④

▶ ④ (X) [1] 폭행죄의 상습성은 폭행 범행을 반복하여 저지르는 습벽을 말하는 것으로서, 동종 전과의 유무와 그 사건 범행의 횟수, 기간, 동기 및 수단과 방법 등을 종합적으로 고려하여 상습성 유무를 결정하여야 하고, 단순폭행, 존속폭행의 범행이 동일한 폭행 습벽의 발현에 의한 것으로 인정되는 경우, 그중 법정형이 더 중한 상습존속폭행죄에 나머지 행위를 포괄하여 하나의 죄만이 성립한다고 봄이 타당하다. 그리고 상습존속폭행죄로 처벌되는 경우에는 형법 제260조 제3항이 적용되지 않으므로, 피해자의 명시한 의사에 반하여도 공소를 제기할 수 있다
[2] 피고인이 상습으로 갑을 폭행하고, 어머니 을을 존속폭행하였다는 내용으로 기소된 사안에서, 피고인에게 폭행 범행을 반복하여 저지르는 습벽이 있고 이러한 습벽에 의하여 단순폭행, 존속폭행 범행을 저지른 사실이 인정된다면 단순폭행, 존속폭행의 각 죄별로 상습성을 판단할 것이 아니라 포괄하여 그중 법정형이 가장 중한 상습존속폭행죄만 성립할 여지가 있는데도, 이와 달리 상습폭행과 존속폭행의 2개 행위로 파악하여, 피고인에게 단순폭행의 습벽이 인정된다는 이유로 상습폭행 부분을 유죄로 인정하면서도 존속폭행의 습벽까지는 인정할 증거가 없다는 이유에서 상습존속폭행은 성립할 수 없고 존속폭행만 성립할 수 있다고 전제한 다음, 을이 제1심판결 선고 전에 처벌을 원하지 않는다는 의사를 밝혔다는 이유로 존속폭행 부분에 대하여 주문에서 공소기각을 선고한 원심판결에 형법 제264조, 폭행죄의 상습성, 죄수 등에 관한 법리오해의 잘못이 있다(대판2018.4.24. 2017도10956). 결국, 존속폭행죄가 성립하는 것이 아니라 그중 법정형이 더 중한 상습존속폭행죄가 성립한다(반의사불벌죄가 아니다).
① (○) 피해자의 신체에 공간적으로 근접하여 고성으로 폭언이나 욕설을 하거나 동시에 손발이나 물건을 휘두르거나 던지는 행위는 직접 피해자의 신체에 접촉하지 아니하였다 하더라도 피해자에 대한 불법한 유형력의 행사로서 폭행에 해당될 수 있는 것이지만, 거리상 멀리 떨어져 있는 사람에게 전화기를 이용하여 전화하면서 고성을 내거나 그 전화 대화를 녹음 후 듣게 하는 경우에는 특수한 방법으로 수화자의 청각기관을 자극하여 그 수화자로 하여금 고통스럽게 느끼게 할 정도의 음향을 이용하였다는 등의 특별한 사정이 없는 한 신체에 대한 유형력의 행사를 한 것으로 보기 어렵다(대법원2003. 1. 10.선고2000도5716판결).
② (○) 상해죄는 결과범이므로 그 성립에는 상해의 원인인 폭행에 관한 인식이 있으면 충분하고 상해를 가할 의사의 존재는 필요하지 않으나, 폭행을 가한다는 인식이 없는 행위의 결과로 피해자가 상해를 입었던 경우에는 상해죄가 성립하지 아니한다(대판 1983.3.22. 83도231).
③ (○) 대판1990.2.13. 89도1406

문제 18 - 정답 ④

▶ ④ (X) [1] 성폭력범죄의 처벌 등에 관한 특례법 위반(주거침입강제추행)죄는 형법 제319조 제1항의 주거침입죄 내지 건조물침입죄와 형법 제298조의 강제추행죄의 결합범이므로, 위 죄가 성립하려면 형법 제319조가 정한 주거침입죄 내지 건조물침입죄에 해당하여야 한다. [2]
[2] 일반인의 출입이 허용된 상가 등 영업장소에 영업주의 승낙을 받아 통상적인 출입방법으로 들어갔다면 특별한 사정이 없는 한 건조물침입죄에서 규정하는 침입행위에 해당하지 않는다. 설령 행위자가 범죄 등을 목적으로 영업장소에 출입하였거나 영업주가 행위자의 실제 출입 목적을 알았더라면 출입을 승낙하지 않았을 것이라는 사정이 인정되더라도 그러한 사정만으로는 출입 당시 객관적·외형적으로 드러난 행위태양에 비추어 사실상의 평온상태를 해치는 방법으로 영업장소에 들어갔다고 평가할 수 없으므로 침입행위에 해당하지 않는다.
[3] 상가 1층 엘리베이터 앞까지 乙을 뒤따라 들어가 강제추행한 사안에서, 피고인은 야간에 일반인의 출입이 허용되는 이 사건 상가 건물 1층의 열려있는 출입문을 통하여 통상적인 출입방법으로 들어간 사실을 알 수 있고, 피고인의 출입 당시 모습 등에 비추어 이 사건 상가 건물에 대한 관리자의 사실상 평온상태가 침해되었다고 볼 만한 사정이 보이지 않는다. 이 사건 상가 건물 1층에 CCTV가 설치되어 있으나 이 사건 상가 건물의 용도와 성질 등에 비추어 상가 건물의 일반적인 관리를 위한 것이라고 보이고 외부인의 출입을 통제·감시하기 위한 것이라고 단정하기는 어렵다. 따라서 피고인이 야간에 위 피해자를 뒤따라 들어가 이 사건 상가 건물 1층에 출입하였다고 하더라도 건조물 침입행위가 있었다고 단정하기 어려우므로 성폭력처벌법 위반(주거침입강제추행)죄가 성립하지 않는다(대법원2022. 8. 25.선고2022도3801판결)
① (○) 강간죄가 성립하려면 가해자의 폭행·협박은 피해자의 항거를 불가능하게 하거나 현저히 곤란하게 할 정도의 것이어야 한다. 또한 강간죄에서의 폭행·협박과 간음 사이에는 인과관계가 있어야 하나, 폭행·협박이 반드시 간음행위보다 선행되어야 하는 것은 아니다(대판2017.10.12. 2016도16948, 2016전도156).
② (○) [1] 갑은 호텔에서 을(여,16세)에게 필로폰을 제공하여, 약물로 인해 사물을 변별하거나 의사를 결정할 능력이 미약한 상태에 빠진 을이 제대로 저항하거나 거부하지 못한다는 사정을 이용하여 乙을 추행하기로 마음먹고, 화장실에서 샤워를 하고 있던 을에게 다가가 을의 항문에 손가락을 넣는 등의 방법으로 약물로 인하여 사물을 변별하거나 의사를 결정할 능력이 미약한 심신미약자를 위력으로 추행하였다.
[2] 을이 성매매에 합의하였다 하더라도 이와 같은 행위가 있을 것으로 예상하였다거나 또는 이에 대하여 사전 동의를 하였다고 보기 어렵다. 또한 을이 필로폰 투약에 동의하였다 하여 이를 들어 을에게 어떠한 성적 행위를 하여도 좋다는 승인을 하였다고 볼 수도 없다. 심신미약의 상태에 있는 을이 원치않는 성적 접촉 또는 성적 행위에 대하여 거부의사를 명확히 밝히지 않았다 하여 동의

를 한 것으로 쉽게 단정해서는 안 됨은 물론이다. 갑의 행위는 을에 대하여 위력으로써 추행을 한 경우에 해당한다고 볼 여지가 충분하다(대법원2019. 6. 13.선고2019도3341판결). 결국, 피고인은 심신미약자추행에 해당한다.

③ (○) 최근 전원합의체판결의 주요한 내용은 다음과 같다. [1] 위계에 의한 간음죄에서 '위계'란 행위자의 행위 목적을 달성하기 위하여 피해자에게 오인, 착각, 부지를 일으키게 하여 이를 이용하는 것을 말한다. 행위자가 간음의 목적으로 피해자에게 오인, 착각, 부지를 일으키고 피해자의 그러한 심적 상태를 이용하여 간음의 목적을 달성하였다면 위계와 간음행위 사이의 인과관계를 인정할 수 있고, 따라서 위계에 의한 간음죄가 성립한다. 피해자가 오인, 착각, 부지에 빠지게 되는 대상은 ㉠ 간음행위 자체일 수도 있고, ㉡ 간음행위에 이르게 된 동기이거나 ㉢ 간음행위와 결부된 금전적·비금전적 대가와 같은 요소일 수도 있다. 다만 행위자의 위계적 언동이 존재하였다는 사정만으로 위계에 의한 간음죄가 성립하는 것은 아니므로 위계적 언동의 내용 중에 피해자가 성행위를 결심하게 된 중요한 동기를 이룰 만한 사정이 포함되어 있어 피해자의 자발적인 성적 자기결정권의 행사가 없었다고 평가할 수 있어야 한다.

[2] 한편 위계에 의한 간음죄가 보호대상으로 삼는 아동·청소년, 미성년자, 심신미약자, 피보호자·피감독자, 장애인 등의 성적 자기결정 능력은 그 나이, 성장과정, 환경, 지능 내지 정신기능 장애의 정도 등에 따라 개인별로 차이가 있으므로 간음행위와 인과관계가 있는 위계에 해당하는지 여부를 판단할 때에는 구체적인 범행 상황에 놓인 피해자의 입장과 관점이 충분히 고려되어야 하고, 일반적·평균적 판단능력을 갖춘 성인 또는 충분한 보호와 교육을 받은 또래의 시각에서 인과관계를 쉽사리 부정하여서는 안 된다.

[3] 피고인이 스마트폰 채팅 애플리케이션을 통하여 알게 된 14세의 피해자에게 자신을 '고등학교 2학년인 갑'이라고 거짓으로 소개하고 채팅을 통해 교제하던 중 자신을 스토킹하는 여성 때문에 힘들다며 그 여성을 떼어내려면 자신의 선배와 성관계를 하여야 한다는 취지로 피해자에게 이야기하고, 피고인과 헤어지는 것이 두려워 피고인의 제안을 승낙한 피해자를 마치 자신이 갑의 선배인 것처럼 행세하여 간음한 사안에서, 14세에 불과한 아동·청소년인 피해자는 36세 피고인에게 속아 자신이 갑의 선배와 성관계를 하는 것만이 갑을 스토킹하는 여성을 떼어내고 갑과 연인관계를 지속할 수 있는 방법이라고 오인하여 갑의 선배로 가장한 피고인과 성관계를 하였고, 피해자가 위와 같은 오인에 빠지지 않았다면 피고인과의 성행위에 응하지 않았을 것인데, 피해자가 오인한 상황은 피해자가 피고인과의 성행위를 결심하게 된 중요한 동기가 된 것으로 보이고, 이를 자발적이고 진지한 성적 자기결정권의 행사에 따른 것이라고 보기 어렵다는 이유로, 피고인은 간음의 목적으로 피해자에게 오인, 착각, 부지를 일으키고 피해자의 그러한 심적 상태를 이용하여 피해자를 간음한 것이므로 이러한 피고인의 간음행위는 위계에 의한 것이라고 평가할 수 있다(대법원2020. 8. 27.선고2015도9436전원합의체 판결).

문제 19 - 정답 ③

▶ ③ (X) 병이 갑과 친척관계에 있다는 이유만으로 전파가능성이 부정된다고 볼 수 없고(갑과 병 사이의 촌수나 구체적 친밀관계가 밝혀진 바도 없다), 오히려 피고인은 갑과의 싸움 과정에서 단지 갑을 모욕 내지 비방하기 위하여 공개된 장소에서 큰 소리로 말하여 다른 마을 사람들이 들을 수 있을 정도였던 것으로 불특정 또는 다수인이 인식할 수 있는 상태였다고 봄이 타당하므로 피고인의 위 발언은 공연성이 인정된다는 이유로, 같은 취지에서 공소사실을 유죄로 인정한 원심판단이 정당하다(대법원2020. 11. 19.선고2020도5813전원합의체 판결). 결국, 피고인에게는 제307조 제1항 명예훼손죄가 성립한다.

① (○) 피고인이 초등학생인 딸 갑에 대한 학교폭력을 신고하여 교장이 가해학생인 을에 대하여 학교폭력대책자치위원회의 의결에 따라 '피해학생에 대한 접촉, 보복행위의 금지' 등의 조치를 하였는데, 그 후 피고인이 자신의 카카오톡 계정 프로필 상태메시지에 "학교폭력범은접촉금지!!!"라는 글과 주먹 모양의 그림말 세 개를 게시함으로써 을의 명예를 훼손하였다고 하여 정보통신망 이용촉진 및 정보보호 등에 관한 법률 위반(명예훼손)으로 기소된 사안에서, 위 상태메시지에는 그 표현의 기초가 되는 사실관계가 드러나 있지 않고, 피고인은 '학교폭력범' 자체를 표현의 대상으로 삼았을 뿐 특정인을 '학교폭력범'으로 지칭하지 않았으며, 피고인이 상태메시지를 통해 을의 학교폭력 사건이나 그 사건으로 을이 받은 조치에 대해 기재함으로써 을의 사회적 가치나 평가를 저하시키기에 충분한 구체적인 사실을 드러냈다고 볼 수 없는데도, 이와 달리 본 원심판결에 법리오해 등의 잘못이 있다(대법원2020. 5. 28.선고2019도12750판결). 결국, 카카오톡 계정 프로필 상태메시지에 "학교폭력범은 접촉금지!!!"라는 글과 주먹 모양의 그림말 세 개를 게시한 경우, 정보통신망 이용촉진 및 정보보호 등에 관한 법률 위반(명예훼손)에 해당하지 않는다..

② (○) 피고인이 세월호 참사 국민대책회의 공동위원장이자 '4월 16일의 약속 국민연대'(이하 '4·16 연대'라 한다) 상임운영위원으로서 언론사 기자와 시민 등을 상대로 기자회견을 하던 중 '세월호 참사 당일 7시간 동안 대통령 갑이 마약이나 보톡스를 했다는 의혹이 사실인지 청와대를 압수·수색해서 확인했으면 좋겠다.'는 취지로 발언함으로써 마치 갑이 세월호 사건 발생 당일 마약을 하거나 피부미용, 성형수술을 위한 보톡스 주사를 맞고 있어 직무수행을 하지 않았던 것처럼 허위사실을 적시하여 갑의 명예를 훼손하였다는 내용으로 기소된 사안에서, 제반 사실에 비추어 위 발언은 경찰의 피고인과 4·16 연대 사무실에 대한 압수·수색의 부당성과 갑의 행적을 밝힐 필요성에 관한 의견을 표명하는 과정에서 세간에 널리 퍼져 있는 의혹을 제시한 것으로 '갑이 마약을 하거나 보톡스 주사를 맞고 있어 직무수행을 하지 않았다.'는 구체적인 사실을 적시하였다고 단정하기 어렵고, 피고인이 공적 인물과 관련된 공적 관심사항에 대한 의혹 제기 방식으로 표현행위를 한 것으로서 대통령인 갑 개인에 대한 악의적이거나 심히 경솔한 공격으로서 현저히 상당성을 잃은 것으로 평가할 수 없어 명예훼손죄로 처벌할 수 없다(대법원2021. 3. 25.선고2016도14995판결).

④ (○) 위 발언들은 신속한 누수 공사 진행을 요청하는 갑에게 임차인인 피해자들의 협조 문제로 공사가 지연되는 상황을 설명하는 과정에서 나온 것으로서, 이에 관한 피고인들의 진술내용을 종합해 보더라도 피고인들이 전파가능성에 대한 인식과 위험을 용인하는 내심의 의사에 기하여 위 발언들을 하였다고 단정하기 어려운 점, 위 발언들이 불특정인 또는 다수인에게 전파되지 않은 것은 비록 위 발언들 이후의 사정이기는 하지만 공연성여부를 판단할 때 소극적 사정으로 고려될 수 있는 점, 위 발언들이 피해자 본인에게 전달될 가능성이 높다거나 실제 전달되었다는 사정만으로는 불특정인 또는 다수인에게 전파될 가능성이 있었다고 볼 수 없는

점 등을 종합하면, 피고인들이 갑(특정소수=1명)에게 한 위 발언들이 불특정인 또는 다수인에게 전파될 가능성이 있었고 피고인들에게 이에 대한 인식과 위험을 용인하는 내심의 의사가 있었다고 본 원심판단에 법리오해의 잘못이 있다(대법원2022. 7. 28.선고 2020도8336판결). 결국, 위 사안의 경우에는 공연성 내지 전파가능성에 대한 미필적고의도 없고 전파가능성이 없어 공연성도 없으므로 명예훼손죄나 모욕죄가 성립할 수 없다.

문제 20 - 정답 ④

▶ ④ ㉠㉣㉤(3개)은 옳은 지문이나, ㉡㉢(2개)은 틀린 지문이다.

㉠ (○) 구 특정범죄 가중처벌 등에 관한 법률(2010. 3. 31. 법률 제10210호로 개정되기 전의 것) 제5조의4 제1항은 '상습적으로 형법 제329조부터 제331조까지의 죄 또는 그 미수죄를 범한 사람은 무기 또는 3년 이상의 징역에 처한다'고 규정하고 있다. 따라서 위 법 제5조의4 제1항이 적용되는 상습절도죄의 경우에는 형법 제25조 제2항에 의한 형의 미수감경이 허용되지 아니한다(대판 2010.11.25. 2010도11620).

㉡ (X) 예금통장은 예금채권을 표창하는 유가증권이 아니고 그 자체에 예금액 상당의 경제적 가치가 화체되어 있는 것도 아니지만, 이를 소지함으로써 예금채권의 행사 자격을 증명할 수 있는 자격증권으로서 예금계약사실 뿐 아니라 예금액에 대한 증명기능이 있고 이러한 증명기능은 예금통장 자체가 가지는 경제적 가치라고 보아야 하므로, 예금통장을 사용하여 예금을 인출하게 되면 그 인출된 예금액에 대하여는 예금통장 자체의 예금액 증명기능이 상실되고 이에 따라 그 상실된 기능에 상응한 경제적 가치도 소모된다. 그렇다면 타인의 예금통장을 무단사용하여 예금을 인출한 후 바로 예금통장을 반환하였다 하더라도 그 사용으로 인한 위와 같은 경제적 가치의 소모가 무시할 수 있을 정도로 경미한 경우가 아닌 이상, 예금통장 자체가 가지는 예금액 증명기능의 경제적 가치에 대한 불법영득의 의사를 인정할 수 있으므로 절도죄가 성립한다(대법원2010. 5. 27.선고2009도9008판결).

㉢ (X) [1] 형법 제335조는 '절도'가 재물의 탈환을 항거하거나 체포를 면탈하거나 죄적을 인멸할 목적으로 폭행 또는 협박을 가한 때에 준강도가 성립한다고 규정하고 있으므로, 준강도죄의 주체는 절도범인이고, 절도죄의 객체는 재물이다.
[2] 피고인이 술집 운영자 甲으로부터 술값의 지급을 요구받자 甲을 유인·폭행하고 도주함으로써 술값의 지급을 면하여 재산상 이익을 취득하고 상해를 가하였다고 하여 강도상해로 기소되었는데, 원심이 위 공소사실을 '피고인이 甲에게 지급해야 할 술값의 지급을 면하여 재산상 이익을 취득하고 甲을 폭행하였다'는 범죄사실로 인정하여 준강도죄를 적용한 사안에서, 원심이 인정한 범죄사실에는 그 자체로 절도의 실행에 착수하였다는 내용이 포함되어 있지 않음에도 준강도죄를 적용하여 유죄로 인정한 원심판결에 준강도죄의 주체에 관한 법리오해의 잘못이 있다(대판2014.5.16. 2014도2521).

㉣ (○) 채무의 존재가 명백할 뿐만 아니라 채권자의 상속인이 존재하고 그 상속인에게 채권의 존재를 확인할 방법이 확보되어 있는 경우에는 비록 그 채무를 면탈할 의사로 채권자를 살해하더라도 일시적으로 채권자 측의 추급을 면한 것에 불과하여 재산상 이익의 지배가 채권자 측으로부터 범인 앞으로 이전되었다고 보기 어려우므로, 이러한 경우에는 강도살인죄가 성립할 수 없다(대판2010 도7405). 결국, 살인죄를 인정하였다.

㉤ (○) [1] 강도상해죄가 성립하려면 먼저 강도죄의 성립이 인정되어야 하고, 강도죄가 성립하려면 불법영득 또는 불법이득의 의사가 있어야 한다. 채권자를 폭행·협박하여 채무를 면탈함으로써 성립하는 강도죄에서 불법이득의사는 단순 폭력범죄와 구별되는 중요한 구성요건 표지이다. 폭행·협박 당시 피고인에게 채무를 면탈하려는 불법이득의사가 있었는지는 신중하고 면밀하게 심리·판단되어야 한다. 불법이득의사는 마음속에 있는 의사이므로, 피고인과 피해자의 관계, 채무의 종류와 액수, 폭행에 이르게 된 경위, 폭행의 정도와 방법, 폭행 이후의 정황 등 범행 전후의 객관적인 사정을 종합하여 불법이득의사가 있었는지를 판단할 수밖에 없다. 피고인이 피해자들을 폭행할 당시 술값 채무를 면탈하려는 불법이득의사를 가지고 있었다고 보기는 어렵다.
[2] 피고인 갑은 술집 주인 을과 술값 지급 문제로 실랑이를 하던 중 을이 갑의 얼굴에 손전등을 들이대고, 손전등으로 갑의 몸을 미는 등 행위를 하자 흥분한 상태였고, 을이 주점을 나가려는 갑의 옷을 잡아당기자 격분하여 자신을 무시한다는 이유로 을을 폭행하고, 이를 말리는 병을 폭행했다. 병은 갑의 폭행을 피해 주점 밖으로 피신하였고, 을은 주점 바닥에 실신하여 쓰러져 저항이 불가능했다. 이후 갑은 신고를 받고 출동한 경찰관이 현장에 도착하였을 때는 주점 바닥에 누워있다가 체포되어 강도상해죄로 기소된 사안에서 갑이 술값 채무를 면탈할 의사가 있었다면 그때 현장을 벗어나는 것이 자연스럽고, 갑이 병을 쫓아 주점 밖으로 나갔다가 다시 주점으로 돌아와 을을 폭행하였으며, 을과 병을 폭행할 당시 술값 채무를 면탈하려는 불법이득의사를 가지고 있었다고 보기어려워 강도상해죄에 해당하지 않는다고 보았다(대법원2021. 6. 30.선고 2020도4539판결).

문제 21 - 정답 ④

▶ ④ (X) [1] 상법상 주식은 자본구성의 단위 또는 주주의 지위(주주권)를 의미하고, 주주권을 표창하는 유가증권인 주권과는 구분된다. 주권은 유가증권으로서 재물에 해당되므로 횡령죄의 객체가 될 수 있으나, 자본의 구성단위 또는 주주권을 의미하는 주식은 재물이 아니므로 횡령죄의 객체가 될 수 없다.
[2] 피고인은 주식명의신탁약정에 따라 피해자 소유의 주식회사 엘피케이 주식(이하 '이 사건 주식'이라 한다)을 피고인 등 명의로 주주명부에 등재하여 375,933주 상당의 돈을 피해자를 위해 보관하여 오던 중 이 사건 주식이 중소기업 전용 주식거래 시장인 코넥스(KONEX)에 상장을 앞두고 2013. 10. 1. 피고인 또는 공소외인 명의의 대신증권 계좌에 각 입고되고 증권예탁결제원에 예탁되어 계좌 간 대체 기재의 방식으로 양도가 가능하게 되자, 2013. 11. 25.경부터 2014. 2. 14.경까지 이 사건 주식 중 105,200주를 매도하고 나머지 주식 270,733주를 피고인의 소유라고 주장하면서 반환을 거부하여 피해자 소유인 주식 375,933주(4,022,483,100원 상당)를 횡령하였다는 것이다.
[3] 그러나 예탁결제원에 예탁되어 계좌 간 대체 기재의 방식에 의하여 양도되는 주권은 유가증권으로서 재물에 해당되므로 횡령죄의 객체가 될 수 있으나, 주권이 발행되지 않은 상태에서 주권불소지 제도, 일괄예탁 제도 등에 근거하여 예탁결제원에 예탁된 것으로 취급되어 계좌 간 대체 기재의 방식에 의하여 양도되는 주식은 재물이 아니므로 횡령죄의 객체가 될 수 없다.
[4] 주권이 발행되지 않은 주식에 대해 명의신탁약정을 체결하여 주주명부에 등재된 이후, 주식발행 회사가 상장되면서 주식이 예탁결제원에 예탁되어 계좌 간 대체 기재 방식으로 양도가능하게 되

었더라도 주권이 발행되지 않았다면 횡령죄의 대상인 재물에 해당한다고 보기 어렵다(대법원2023. 6. 1.선고2020도2884판결). 결국, 피고인은 타인의 재물을 보관하는 자에 해당하지 아니하므로 횡령죄가 성립하지 아니한다.

① (O) 형법상 장물죄의 객체인 장물이라 함은 재산권상의 침해를 가져 올 위법행위로 인하여 영득한 물건으로서 피해자가 반환청구권을 가지는 것을 말하고 본건 대지에 관하여 매수인 "갑"에게 소유권 이전등기를 하여 줄 임무가 있는 소유자가 그 임무에 위반하여 이를 "을"에게 매도하고 소유권이전등기를 경유하여 준 경우에는 위 부동산소유자가 배임행위로 인하여 영득한 것은 재산상의 이익이고 위 배임범죄에 제공된 대지는 범죄로 인하여 영득한 것 자체는 아니므로 그 취득자 또는 전득자에게 대하여 배임죄의 가공여부를 논함은 별문제로 하고 장물취득죄로 처단할 수 없다(대법원1975. 12. 9.선고74도2804판결).

② (O) [1] 재산상 이익의 취득으로 인한 공갈죄가 성립하려면 폭행 또는 협박과 같은 공갈행위로 인하여 피공갈자가 재산상 이익을 공여하는 처분행위가 있어야 한다. 물론 그러한 처분행위는 반드시 작위에 한하지 아니하고 부작위로도 족하여서, 피공갈자가 외포심을 일으켜 묵인하고 있는 동안에 공갈자가 직접 재산상의 이익을 탈취한 경우에도 공갈죄가 성립할 수 있다.

③ (O) 처분권주의, 변론주의의 원리를 채택하고 있는 민사소송에 있어 부당한 제소나 그 소송의 유지가 있다 하더라도 상대방은 이에 응소하여 방어권을 충분히 행사할 수 있는 것이고 소의 취하는 상대방이 이를 강제할 수 없는 것이므로, 토지매도인이 그 매매대금을 지급받기 위하여 매수인을 상대로 하여 당해토지에 관한 소유권이전등기말소청구소송을 제기하고 위 대금을 변제받지 못하면 위 소송을 취하하지 아니하고 예고등기도 말소하지 않겠다는 취지를 알렸다고 하여 이를 지목하여 공갈행위라고 단정할 수는 없다. 따라서 권리행사가 그 수단, 방법에 있어서 사회통념상 허용되는 범위를 넘는 경우라고는 볼 수 없어, 공갈죄의 죄책을 물을 수는 없다 할 것이다(대법원1989. 2. 28.선고87도690판결).

문제 22 - 정답 ③

▶ ③ ㉡㉢㉣(3개)은 틀린 지문이나, ㉠㉤(2개)는 맞는 지문이다.

㉠ (O) 위탁매매에 있어서 위탁품의 소유권은 위임자에게 있고 그 판매대금은 이를 수령함과 동시에 위탁자에게 귀속한다 할 것이므로, 특별한 사정이 없는 한 위탁매매인이 위탁품이나 그 판매대금을 임의로 사용·소비한 때에는 횡령죄가 성립한다고 할 것이다(대법원2013. 3. 28.선고2012도16191판결).

㉡ (X) [1] 사기죄는 타인이 점유하는 재물을 교부 받음으로써 이를 편취하거나 또는 타인으로 부터 재산상 이득을 취득할 경우에 성립하는 것이고 자기가 점유하는 타인의 재물을 영득할 경우에는 비록 이를 영득함에 있어 기망행위가 있었다고 하여도 단순히 횡령죄만이 구성될 뿐 사기죄는 구성되지 아니한다. 왜냐하면 이런 경우는 피기망자의 재산적 처분행위가 없기 때문이다.

이른바 사기죄는 타인을 기망하고 착오에 빠뜨리게 하여 그 착오 즉 하자있는 의사에 터 잡아 재산적 처분행위를 하도록 하여서 재물을 취득하거나 재산상의 불법이익을 얻는 것을 말한다. 그러므로 자기의 점유하는 타인의 재물을 횡령함에 있어 기망수단을 쓴 경우에는 일반적으로 횡령죄만이 성립하고 사기죄는 성립하지 아니한다고 봄이 상당하다. 왜냐하면 이런 경우는 피기망자에 있어 재산적 처분행위가 없기 때문이다. 본건에 있어 피고인이 피해자로부터 그 소유 임야의 매각위임을 받아 이를 타에 매도처분을 하여 그 매득금 600,000원을 받았다면 그 매득금은 의뢰자인 위 피해자 소유에 귀속하여 피고인이 이를 보관하고 있는 상태라 할 것인데 피고인이 이중 금 300,000원을 영득하기 위하여 금300,000원에 매각하였다고 피해자를 기망하여 금 300,000원만 위탁자에 교부하고 나머지 금 300,000원을 불법영득하였어도 피해자에 있어 그 300,000원을 초과하여 매각하여도 그 초과분에 대한 청구권을 포기한다는 재산적 처분행위를 아니한 본건에 있어서는 사기죄로 처벌할 수 없다고 할 것이니 이런 취지에서 본건 공소사실이 횡령죄를 구성하고 사기죄를 구성하지 아니한다(대법원1980. 12. 9.선고80도1177판결).

㉢ (X) [1] 금전의 수수를 수반하는 사무처리를 위임받은 자가 그 행위에 기하여 위임자를 위하여 제3자로부터 수령한 금전은, 목적이나 용도를 한정하여 위탁된 금전과 마찬가지로, 달리 특별한 사정이 없는 한 그 수령과 동시에 위임자의 소유에 속하고, 위임을 받은 자는 이를 위임자를 위하여 보관하는 관계에 있다(횡령죄가 성립한다).

[2] 매도인은 피해자로부터 이 사건 대지를 타에 매각하여 달라는 요청을 받고 이에 따라 이 사건 대지를 매각, 그 대금을 수령하였다는 것이므로, 피해자가 매도인에게 이 사건 대지의 매각을 요청하고 이에 따라 매도인이 매각한 것을 가지고 피해자와 매도인이 그들 사이에 맺어진 당초의 매매계약을 합의해제하기로 한 것이라고 볼 수 있다는 등의 특별한 사정이 없는 한, 비록 피해자가 이 사건 대지의 매각을 의뢰한 상대방이 바로 이 사건 대지의 소유자로서 피해자에게 이를 매도하였던 자였다고 하더라도, 그 매각대금은 피해자의 소유에 속하며, 매도인은 이를 그를 위하여 보관하는 관계에 있다고 볼 것이어서, 매도인이 그 매각대금을 임의로 소비하였다면 횡령죄가 성립한다(대법원1995. 11. 24.선고95도1923판결). 결국, 피해자가 토지를 매수하여 사실상의 처분권을 취득(4,700만원 중 3,700만원을 지급하고 나머지 1,000만원은 매월 이자로 주기로 하고 등기권리증까지 받은 후 나머지 1,000만원을 지급이 어려워지자 위탁매매를 의뢰한 사건임)한 후 다시 매도인에게 그 토지의 매각을 의뢰한 경우 그 매도인이 그 매각대금을 임의로 소비하였다면 횡령죄가 성립한다.

㉣ (O) 횡령죄가 성립하기 위해서는 우선 타인의 재물을 보관하는 자의 지위에 있어야 하고, 부동산에 대한 보관자의 지위는 부동산에 대한 점유가 아니라 부동산을 제3자에게 유효하게 처분할 수 있는 권능의 유무를 기준으로 결정해야 한다. 타인 소유의 토지에 관하여 허위의 보증서와 확인서를 발급받아「부동산소유권 이전등기 등에 관한 특별조치법」에 따른 소유권이전등기를 임의로 마친 사람은 그와 같은 원인무효 등기에 따라 토지에 대한 처분권능이 새로이 발생하는 것이 아니므로 토지에 대한 보관자의 지위에 있다고 할 수 없다. 타인 소유의 토지에 대한 보관자의 지위에 있지 않은 사람이 그 앞으로 원인무효의 소유권이전등기가 되어 있음을 이용하여 토지소유자에게 지급될 보상금을 수령하였더라도 보상금에 대한 점유 취득은 진정한 토지소유자의 위임에 따른 것이 아니므로 보상금에 대하여 어떠한 보관관계가 성립하지 않는다(대법원 1987. 2. 10. 선고 86도1607 판결등 참조).

2. 이 사건 토지들에 대한 각 소유권이전등기는 허위 보증서나 확인서에 의해 마쳐진 것으로서 원인무효의 등기에 해당하고 이에 기초한 피고인 명의의 각 소유권이전등기 역시 원인무효의 등기에 해당한다. 피고인은 이 사건 토지들을 유효하게 처분할 수 있는 권

능이 없어 피해자들을 위해 토지들을 <u>보관하는 자에 해당한다고 볼 수 없고</u> 토지들에 관한 <u>수용보상금에 대해서도 보관자의 지위를 인정할 수 없다</u>(대법원2021. 6. 30.선고2018도18010판결). 결국, 피고인에게는 횡령죄가 성립하지 아니한다.

⑭ (X) [1] 부동산에 관한 횡령죄에 있어서 타인의 재물을 보관하는 자의 지위는 동산의 경우와는 달리 부동산에 대한 점유의 여부가 아니라 부동산을 제3자에게 유효하게 처분할 수 있는 권능의 유무에 따라 결정하여야 하므로, <u>부동산을 공동으로 상속한 자들 중 1인이 부동산을 혼자 점유하던 중 다른 공동상속인의 상속지분을 임의로 처분하여도</u> 그에게는 그 처분권능이 없어 횡령죄가 성립하지 아니한다.
[2] 피해자 갑과 을의 계모인 피고인이 <u>위 피해자 등과 공동으로 상속</u>한 이 사건 <u>건물에 거주·관리하면서 이를 병에게 매도</u>하였어도 <u>횡령죄가 성립하지 아니한다</u>(대법원2000. 4. 11.선고2000도565 판결).

문제 23 - 정답 ②

▶ ② (X) [1] 형법 제355조 제2항은 <u>타인의 사무를 처리하는 자가 그 임무에 위배하는 행위를 할 것</u>과 그러한 행위로 인해 <u>행위자나 제3자가 재산상 이익을 취득하여 본인에게 손해를 가할 것</u>을 배임죄의 객관적 구성요건으로 정하고 있으므로, 타인의 사무를 처리하는 자가 배임의 범의로, 즉 임무에 위배하는 행위를 한다는 점과 이로 인하여 자기 또는 제3자가 이익을 취득하여 본인에게 손해를 가한다는 점에 대한 인식이나 의사를 가지고 <u>임무에 위배한 행위를 개시한 때 배임죄의 실행에 착수한 것</u>이고, 이러한 행위로 인하여 <u>자기 또는 제3자가 이익을 취득하여 본인에게 손해를 가한 때 기수에 이른다</u>.
[2] [다수의견] (가) 배임죄로 기소된 형사사건의 재판실무에서 배임죄의 기수시기를 심리·판단하기란 쉽지 않다. 타인의 사무를 처리하는 자가 형식적으로는 본인을 위한 법률행위를 하는 외관을 갖추고 있지만 그러한 행위가 실질적으로는 배임죄에서의 임무위배행위에 해당하는 경우, 이러한 행위는 민사재판에서 반사회질서의 법률행위(민법 제103조참조) 등에 해당한다는 사유로 무효로 판단될 가능성이 적지 않은데, <u>형사재판에서 배임죄의 성립 여부를 판단할 때에도 이러한 행위에 대한 민사법상의 평가가 경제적 관점에서 피해자의 재산 상태에 미치는 영향 등을 충분히 고려하여야 하기 때문이다</u>. 결국 형사재판에서 배임죄의 객관적 구성요건소인 손해 발생 또는 배임죄의 보호법익인 피해자의 재산상 이익의 침해 여부를 판단할 때에는 종래의 대법원판례를 기준으로 하되 구체적 사안별로 타인의 사무의 내용과 성질, 임무위배의 중대성 및 본인의 재산 상태에 미치는 영향 등을 종합하여 신중하게 판단하여야 한다.
(나) 주식회사의 대표이사가 대표권을 남용하는 등 그 임무에 위배하여 회사 명의로 의무를 부담하는 행위를 하더라도 <u>일단 회사의 행위로서 유효</u>하고, <u>다만 상대방이 대표이사의 진의를 알았거나 알 수 있었을 때에는 회사에 대하여 무효가 된다</u>. 따라서 상대방이 대표권남용 사실을 알았거나 알 수 있었던 경우 그 의무부담행위는 원칙적으로 회사에 대하여 효력이 없고, 경제적 관점에서 보아도 이러한 사실만으로는 회사에 현실적인 손해가 발생하였다거나 실해 발생의 위험이 초래되었다고 평가하기 어려우므로, 달리 그 의무부담행위로 인하여 실제로 채무의 이행이 이루어졌다거나 회사가 민법상 불법행위책임을 부담하게 되었다는 등의 사정이 없는 이상 배임죄의 기수에 이른 것은 아니다. 그러나 이 경우에도 <u>대표이사로서는</u> 배임의 범의로 임무위배행위를 함으로써 <u>실행에 착수한 것이므로 배임죄의 미수범이 된다</u>. 그리고 <u>상대방이 대표권남용 사실을 알지 못하였다는 등의 사정이 있어 그 의무부담행위가 회사에 대하여 유효한 경우</u>에는 회사의 채무가 발생하고 회사는 그 채무를 이행할 의무를 부담하므로, 이러한 <u>채무의 발생은</u> 그 자체로 현실적인 손해 또는 재산상 실해 발생의 위험이라고 할 것이어서 <u>그 채무가 현실적으로 이행되기 전이라도 배임죄의 기수에 이르렀다</u>고 보아야 한다.
(다) 주식회사의 대표이사가 대표권을 남용하는 등 그 임무에 위배하여 약속어음 발행을 한 행위가 배임죄에 해당하는지도 원칙적으로 위에서 살펴본 의무부담행위와 마찬가지로 보아야 한다. 다만 약속어음 발행의 경우 어음법상 발행인은 종전의 소지인에 대한 인적 관계로 인한 항변으로써 소지인에게 대항하지 못하므로(어음법 제17조, 제77조), <u>어음발행이 무효라 하더라도 그 어음이 실제로 제3자에게 유통되었다면</u> 회사로서는 어음채무를 부담할 위험이 구체적·현실적으로 발생하였다고 보아야 하고, 따라서 그 어음채무가 실제로 이행되기 전이라도 <u>배임죄의 기수범</u>이 된다. 그러나 약속어음 발행이 무효일 뿐만 아니라 그 어음이 유통되지도 않았다면 회사는 어음발행의 상대방에게 <u>어음채무를 부담하지 않기 때문에</u> 특별한 사정이 없는 한 회사에 현실적으로 손해가 발생하였다거나 실해 발생의 위험이 발생하였다고도 볼 수 없으므로, <u>이때에는 배임죄의 기수범이 아니라 배임미수죄로 처벌하여야</u> 한다.
[3] 갑 주식회사 대표이사인 피고인이, 자신이 별도로 대표이사를 맡고 있던 을 주식회사의 병 은행에 대한 대출금채무를 담보하기 위해 병 은행에 갑 회사 명의로 액면금 29억 9,000만 원의 약속어음을 발행하여 줌으로써 병 은행에 재산상 이익을 취득하게 하고 갑 회사에 손해를 가하였다고 하여 특정경제범죄 가중처벌 등에 관한 법률 위반(배임)으로 기소된 사안에서, 피고인이 대표권을 남용하여 약속어음을 발행하였고 당시 <u>상대방인 병 은행이 그러한 사실을 알았거나 알 수 있었던 때에 해당하여 그 발행행위가 갑 회사에 대하여 효력이 없다면</u>, 그로 인해 <u>갑 회사가 실제로 약속어음금을 지급하였거나</u> 민사상 손해배상책임 등을 부담하거나 <u>약속어음이 실제로 제3자에게 유통되었다는 등의 특별한 사정이 없는 한</u> 피고인의 <u>약속어음 발행행위로 인해 갑 회사에 현실적인 손해나 재산상 실해 발생의 위험이 초래되었다고 볼 수 없으므로</u> 위 약속어음 발행행위가 <u>배임죄의 기수에 이르렀다고 볼 수 없다</u>.
[4] 대표이사의 회사 명의 약속어음 발행행위가 무효인 경우에도 그 약속어음이 제3자에게 유통되지 아니한다는 특별한 사정이 없는 한 재산상 실해 발생의 위험이 초래된 것으로 보아야 한다는 취지의 대법원 2012. 12. 27. 선고 2012도10822 판결, 대법원 2013. 2. 14. 선고 2011도10302 판결등은 배임죄의 기수 시점에 관하여 이 판결과 배치되는 부분이 있으므로 그 범위에서 이를 변경하기로 한다.(대법원2017. 7. 20.선고2014도1104전원합의체 판결). 결국, <u>배임죄의 기수가 아니라 미수에 해당한다</u>.
① (○) 피고인이 피해자 법인으로부터 교부받아 소지하고 있던 판공비 지출용 법인신용카드를 업무와는 무관하게 지인들과의 식사대금 등의 결제 등 개인적 용도에 사용한 경우, 업무상배임죄를 구성한다.
③ (○) <u>회사의 이사 등이 타인에게 회사자금을 대여할 때에</u> 그 타인이 이미 채무변제능력을 상실하여 그에게 자금을 대여할 경우 회사에 손해가 발생하리라는 점을 충분히 알면서 이에 나아갔거나, <u>충분한 담보를 제공받는 등 상당하고도 합리적인 채권회수조치를</u>

취하지 아니한 채 만연히 대여해 주었다면, 그와 같은 자금대여는 타인에게 이익을 얻게 하고 회사에 손해를 가하는 행위로서 회사에 대하여 배임행위가 되고, 회사의 이사 등은 단순히 그것이 경영상의 판단이라는 이유만으로 배임죄의 죄책을 면할 수는 없으며, 이러한 이치는 그 타인이 자금지원 회사의 계열회사라 하여 달라지지 않는다(대법원2014. 7. 10.선고2013도10516판결).
④ (○) [1] 공무원이 그 임무에 위배되는 행위로써 제3자로 하여금 재산상의 이익을 취득하게 하여 국가에 손해를 가한 경우에 업무상배임죄가 성립한다. 그리고 업무상배임죄에서 '임무에 위배되는 행위'는 당해 사무의 내용·성질 등 구체적 상황에 비추어 법률의 규정, 계약의 내용 또는 신의성실의 원칙상 당연히 할 것으로 기대되는 행위를 하지 않거나 당연히 하지 말아야 할 것으로 기대되는 행위를 함으로써 본인에 대한 신임관계를 저버리는 일체의 행위를 말하고, 그럼으로써 재산상 이익을 취득하거나 제3자로 하여금 이를 취득하게 하고 본인에게 손해를 가한 이상 그에 관한 고의 내지 불법이득의사가 인정된다고 할 것이다.
[2] 공무원인 피고인 갑(경호처장)과 을(경호처직원)은 A 대통령의 퇴임 후 사용할 사저부지와 그 경호부지를 일괄 매수하는 사무를 처리하면서 매매계약 체결 후 그 매수대금을 A 대통령의 아들 B와 국가에 배분함에 있어, 사저부지 가격을 높게 평가하면 경호부지 가격이 내려가고 경호부지 가격을 높게 평가하면 사저부지 가격이 내려가는 관계에 있으므로, 이러한 경우 다른 특별한 대체수단이 없는 이상 공익사업을 위한 토지 등의 취득 및 보상에 관한 법률에서 정한 복수의 감정평가업자의 평가액의 산술평균액을 기준으로 하여 그 비율을 정하여 배분하는 것이 가장 합리적이고 객관적인 방법이라 할 것인데, 이미 복수의 감정평가업자에게 감정평가를 의뢰하여 그 결과를 통보받았음에도 굳이 이를 무시하면서 인근 부동산업자들이나 인터넷, 지인 등으로부터의 불확실한 정보를 가지고 감정평가결과와 전혀 다르게 상대적으로 사저부지 가격을 낮게 평가(B가 비용을 적게 부담)하고 경호부지 가격을 높게 평가(국가가 더 부담)하여 매수대금을 배분한 것은 국가사무를 처리하는 자로서의 임무위배행위에 해당하고 위 피고인들에게 배임의 고의 및 불법이득의사도 인정된다.
[3] 손해액은 감정평가액을 기준으로 계산하고 감정평가의 신뢰성에도 문제가 없다고 전제한 후, 경호부지에 대한 각 감정평가액의 산술평균액과 사저부지에 대한 각 감정평가액의 산술평균액의 비율로 토지의 총 매매대금 54억 원을 안분하여 계산한 경호부지에 대한 적정한 분담액과 피고인들이 산정한 경호부지에 대한 분담액과의 차액 972,058,098원이 이 사건 배임행위의 손해액이다(대법원2013. 9. 27.선고2013도6835판결). 결국, 피고인들은 업무상배임죄에 해당한다(서울 내곡동 사저 사건으로 갑과 을만 처벌된 사건).

문제 24 - 정답 ②

▶ ② ㉠㉤(2개)은 틀린 지문이나, ㉡㉢㉣(3개)은 옳은 지문이다.
㉠ (X) 형법 제214조의 유가증권이란 반드시 유통성을 가질 필요는 없다(대판2001.8.24. 2001도2832).
㉡ (○) 폐공중전화카드의 자기기록 부분에 전자정보를 기록하여 사용가능한 공중전화카드를 만든 행위는 유가증권위조죄가 성립한다(대판1998.2.27. 97도2483).
㉢ (○) 형법 제216조전단의 허위유가증권작성죄는 작성권한 있는 자가 자기 명의로 기본적 증권행위를 함에 있어서 유가증권의 효력에 영향을 미칠 기재사항에 관하여 진실에 반하는 내용을 기재하는 경우에 성립하는바, 자기앞수표의 발행인이 수표의뢰인으로부터 수표자금을 입금받지 아니한 채 자기앞수표를 발행하더라도 그 수표의 효력에는 아무런 영향이 없으므로 허위유가증권작성죄가 성립하지 아니한다(대판2005.10.27. 2005도4528).
㉣ (○) [1] 위조유가증권행사죄의 처벌목적은 유가증권의 유통질서를 보호하는 데 있는 만큼 단순히 문서의 신용성을 보호하고자 하는 위조공·사문서행사죄의 경우와는 달리 교부자가 진정 또는 진실한 유가증권인 것처럼 위조유가증권을 행사하였을 때뿐만 아니라 위조유가증권임을 알고 있는 자에게 교부하였더라도 피교부자가 이를 유통시킬 것임을 인식하고 교부하였다면, 그 교부행위 그 자체가 유가증권의 유통질서를 해할 우려가 있어 처벌의 이유와 필요성이 충분히 있으므로 위조유가증권행사죄가 성립한다고 보아야 할 것이지만, 위조유가증권의 교부자와 피교부자가 서로 유가증권위조를 공모하였거나 위조유가증권을 타에 행사하여 그 이익을 나누어 가질 것을 공모한 공범의 관계에 있다면, 그들 사이의 위조유가증권 교부행위는 그들 이외의 자에게 행사함으로써 범죄를 실현하기 위한 전단계의 행위에 불과한 것으로서 위조유가증권은 아직 범인들의 수중에 있다고 볼 것이지 행사되었다고 볼 수는 없다.
[2] 피고인과 갑은 갑이 피고인으로부터 1,500만 원을 차용하는 것처럼 가장하기로 공모한 다음, 피고인이 위조된 100만 원권 자기앞수표 14장 외에 10만 원권 수표 10장이 들어 있는 봉투를 을을 통해 공범 갑과 그 위조사실을 모르는 병이 함께 있는 자리에서 갑에게 교부하자, 갑은 그 자리에서 자신의 연인 병을 보증인으로 하는 차용증을 작성하여 을에게 주었는데, 이때 갑은 봉투에서 10만 원권 수표 10장을 꺼내어 병에게 보여 주었으나 위조된 100만 원권 자기앞수표는 봉투에서 꺼내거나 병에게 보여 주지도 않은 사안에서, 을이나 갑이 위조된 자기앞수표를 병에게 제시하는 등으로 이를 인식하게 하였다고 할 수 없어 이들이 위 봉투를 병의 면전에서 주고받은 행위를 위조된 자기앞수표를 행사한 경우에 해당한다고 볼 수 없고, 따라서 을이나 갑에게 위 수표를 교부한 것이 이를 행사한 경우에 해당한다고 볼 수도 없다(대법원2010. 12. 9.선고2010도12553판결).
㉤ (X) 대표이사 직무집행정지가처분결정은 대표이사의 직무집행만을 정지시킬 뿐 대표이사의 자격까지 박탈하는 것은 아니나 가처분결정이 송달되어 일절의 직무집행이 정지됨으로써 직무집행의 권한이 없게 된 대표이사가 그 권한밖의 일인 대표이사 명의의 유가증권을 작성 행사하는 행위가 회사업무의 중단을 막기 위한 긴급한 인수인계 행위라 하더라도 합법적인 권한행사라 할 수 없으므로 이는 자격모용유가증권작성 및 동 행사죄에 해당한다(대법원1987. 8. 18.선고87도145판결).

문제 25 - 정답 ④

▶ ④ (X) 공립학교 교사가 작성하는 교원의 인적사항과 전출희망사항 등을 기재하는 부분과 학교장이 작성하는 학교장의견란 등으로 구성되어 있는 교원실태조사카드는 학교장의 작성명의 부분은 공문서라고 할 수 있으나, 작성자가 교사명의로 된 부분은 개인적으로 전출을 희망하는 의사표시를 한 것에 지나지 아니하여 이것을 가리켜 공무원이 직무상 작성한 공문서라고 할 수는 없을 것이므로 위 카드의 교사명의 부분을 명의자의 의사에 반하여 작성

하였다고 하여도 공문서를 위조한 것이라고 할 수 없다(대판 1991.9.24. 91도1733).
① (○) [1] 문서위조 및 동행사죄의 보호법익은 문서에 대한 공공의 신용이므로 '문서가 원본인지 여부'가 중요한 거래에서 문서의 사본을 진정한 원본인 것처럼 행사할 목적으로 다른 조작을 가함이 없이 문서의 원본을 그대로 컬러복사기로 복사한 후 복사한 문서의 사본을 원본인 것처럼 행사한 행위는 사문서위조죄 및 동행사죄에 해당한다. 또한 사문서위조죄는 명의자가 진정으로 작성한 문서로 볼 수 있을 정도의 형식과 외관을 갖추어 일반인이 명의자의 진정한 사문서로 오신하기에 충분한 정도이면 성립한다.
[2] 변호사인 피고인이 대량의 저작권법 위반 형사고소 사건을 수임하여 피고소인 30명을 각 형사고소하기 위하여 20건 또는 10건의 고소장을 개별적으로 수사기관에 제출하면서 각 하나의 고소위임장에만 소속 변호사회에서 발급받은 진정한 경유증표 원본을 첨부한 후 이를 일체로 하여 컬러복사기로 20장 또는 10장의 고소위임장을 각 복사한 다음 고소위임장과 일체로 복사한 경유증표를 고소장에 첨부하여 접수한 사안에서, 변호사회가 발급한 경유증표는 증표가 첨부된 변호사선임서 등이 변호사회를 경유하였고 소정의 경유회비를 납부하였음을 확인하는 문서이므로 법원, 수사기관 또는 공공기관에 이를 제출할 때에는 원본을 제출하여야 하고 사본으로 원본에 갈음할 수 없으며, 각 고소위임장에 함께 복사되어 있는 변호사회 명의의 경유증표는 원본이 첨부된 고소위임장을 그대로 컬러 복사한 것으로서 일반적으로 문서가 갖추어야 할 형식을 모두 구비하고 있고, 이를 주의 깊게 관찰하지 아니하면 그것이 원본이 아닌 복사본임을 알아차리기 어려울 정도이므로 일반인이 명의자의 진정한 사문서로 오신하기에 충분한 정도의 형식과 외관을 갖추었다는 이유로, 피고인의 행위가 사문서위조죄 및 동행사죄에 해당한다고 한 사례(대판2016.7.14. 2016도2081).
② (○) 당사자가 이혼의사확인서등본(공문서)과 간인으로 연결된 이혼신고서(사문서)를 떼어내고 원래 이혼신고서의 내용과는 다른 이혼신고서를 작성하여 이혼의사확인서등본과 함께 호적관서에 제출하였다고 하더라도, 공문서인 이혼의사확인서등본을 변조하였다거나 변조된 이혼의사확인서등본을 행사하였다고 할 수 없다(대판 2009.1.30. 2006도7777).
③ (○) 대판1985.1.22. 84도2422

문제 26 - 정답 ③

▶ ③ ㉠㉡㉢(3개)은 옳은 지문이나, ㉣㉤(2개)은 틀린 지문이다.
㉠ (○) [1] 형법 제245조 소정의 '음란한 행위'라 함은 일반 보통인의 성욕을 자극하여 성적 흥분을 유발하고 정상적인 성적 수치심을 해하여 성적 도의관념에 반하는 것을 가리킨다고 할 것이고, 위 죄는 주관적으로 성욕의 흥분, 만족 등의 성적인 목적이 있어야 성립하는 것은 아니고 그 행위의 음란성에 대한 의미의 인식이 있으면 족하다.
[2] 말다툼을 한 후 항의의 표시로 엉덩이를 노출시킨 행위가 경범죄처벌법 제1조 제41호(과다노출죄)에 해당할지언정, 형법 제245조의 음란행위에 해당한다고 할 수 없다(대법원2004. 3. 12.선고2003도6514판결).
㉡ (○) '음란'이라는 개념 자체는 사회와 시대적 변화에 따라 변동하는 상대적이고도 유동적인 것이고, 그 시대에 있어서 사회의 풍속, 윤리, 종교 등과도 밀접한 관계를 가지는 추상적인 것이므로 결국음란성을 구체적으로 판단함에 있어서는 행위자의 주관적 의도가 아니라 사회 평균인의 입장에서 그 전체적인 내용을 관찰하여 건전한 사회통념에 따라 객관적이고 규범적으로 평가하여야 한다(대법원2020. 1. 16.선고2019도14056판결).
㉢ (X) 형법 제245조 소정의 '음란한 행위'라 함은 일반 보통인의 성욕을 자극하여 성적 흥분을 유발하고 정상적인 성적 수치심을 해하여 성적 도의관념에 반하는 것을 가리킨다고 할 것이고, 위 죄는 주관적으로 성욕의 흥분, 만족 등의 성적인 목적이 있어야 성립하는 것은 아니고 그 행위의 음란성에 대한 의미의 인식이 있으면 족하다(대법원2004. 3. 12.선고2003도6514판결).
㉣ (○) [1] 형법 제298조는 "폭행 또는 협박으로 사람에 대하여 추행을 한 자"를 강제추행죄로 벌할 것을 정한다. 그런데 강제추행죄는 개인의 성적 자유라는 개인적 법익을 침해하는 죄로서, 위 법 규정에서의 '추행'이란 일반인에게 성적 수치심이나 혐오감을 일으키고 선량한 성적 도덕관념에 반하는행위인 것만으로는 부족하고 그행위의 상대방인 피해자의 성적 자기결정의 자유를 침해하는 것이어야 한다. 따라서 건전한 성풍속이라는 일반적인 사회적 법익을 보호하려는 목적을 가진 형법 제245조의공연음란죄에서 정하는 '음란한행위'(또는 이른바 과다노출에 관한 경범죄처벌법 제1조 제41호에서 정하는 행위)가 특정한 사람을 상대로 행하여졌다고 해서 반드시 그 사람에 대하여 '추행'이 된다고 말할 수 없고, 무엇보다도 문제의 행위가 피해자의 성적 자유를 침해하는 것으로 평가될 수 있어야 한다.
[2] 피고인이 피해자 갑(여, 48세)에게 욕설을 하면서 자신의 바지를 벗어 성기를 보여주는 방법으로 강제추행하였다는 내용으로 기소된 사안에서, 제반 사정을 고려할 때 단순히 피고인이 바지를 벗어 자신의 성기를 보여준 것만으로는 폭행 또는 협박으로 '추행'을 하였다고 볼 수 없다(대법원2012. 7. 26.선고2011도8805판결). 결국, 강제추행죄가 성립하지 않는다.
㉤ (X) 형법 제243조에서 규정하고 있는 '음란'이란 사회통념상 일반 보통인의 성욕을 자극하여 성적 흥분을 유발하고 정상적인 성적 수치심을 해하여 성적 도의관념에 반하는 것을 뜻한다. 따라서 어떠한 물건을 음란하다고 평가하려면 그 물건을 전체적으로 관찰하여 볼 때 단순히 저속하다는 느낌을 주는 정도를 넘어 사람의 존엄성과 가치를 심각하게 훼손·왜곡하였다고 평가할 수 있을 정도로 노골적으로 사람의 특정 성적 부위 등을 적나라하게 표현 또는 묘사하는 것이어야 할 것이다(대법원2014. 7. 24.선고2013도9228판결).

문제 27 - 정답 ②

▶ ② (X) [1] 녹음·녹화 등을 할 수 있는 전자장비가 교정시설의 안전 또는 질서를 해칠 우려가 있는 금지물품에 해당하여 반입을 금지할 필요가 있다면 교도관은 교정시설 등의 출입자와 반출·반입 물품을 검사·단속해야 할 일반적인 직무상 권한과 의무가 있다. 수용자가 아닌 사람이 위와 같은 금지물품을 교정시설 내로 반입하였다면 교도관의 검사·단속을 피하여 단순히 금지규정을 위반하는 행위를 한 것일 뿐 이로써 위계에 의한 공무집행방해죄가 성립한다고 할 수는 없다.
[2] 甲 등 피고인들은 방송 제작 과정에서 보이스피싱 조직과 관련된 제보를 받고, 그 신빙성을 확인하기 위하여 수용자인 乙을 접견하면서 촬영 및 녹음을 하였는데, 당시 을은 촬영 및 녹음이 이루어지고 있다는 사실을 알지 못하였다. 갑 등은 乙의 얼굴이나

수감번호 등을 모자이크 처리하고 음성을 변조하여 식별할 수 없는 상태로 방송할 계획이었다. 갑 등의 행위는 乙에게 금지물품을 전달하거나 외부와의 통신을 매개하는 등 乙로 하여금 규율위반행위를 하게 하는 것도 아니었던 점을 고려하면 <u>갑 등이 녹음·녹화장비를 구치소에 반입하여 촬영 및 녹음을 한 행위는 단순히 금지규정을 위반하는 행위일 뿐</u>이고 접견업무 담당 교도관의 구체적이고 현실적인 직무집행을 방해하였다고 볼 수 없으므로 <u>위계에 의한 공무집행방해죄의 구성요건에 해당하지 아니한다</u>(대법원2022. 3. 31.선고2018도15213판결). <u>SBS의 시사프로그램 "그것이 알고 싶다"의 PD 등이 신분을 가장하고 구치소에 들어가 수용자들을 몰래카메라로 취재 한 사안에서, <u>단순히 금지규정을 위반하는 행위를 한 것일 뿐</u> 이로써 <u>위계에 의한 공무집행방해죄가 성립한다고 할 수는 없다.</u>

① (O) 피고인이, <u>국민권익위원회 운영지원과 소속 기간제 근로자</u>로서 청사 안전관리 및 민원인 안내 등의 사무를 담당한 갑의 공무집행을 방해하였다는 내용으로 기소된 사안에서, <u>갑은 국민권익위원회위원장과 계약기간 1년의 근로계약을 체결한 점, 공무원으로 임용된 적이 없고</u> 공무원연금이 아니라 국민연금에 가입되어 있는 점, 국민권익위원회 훈령으로 '무기계약근로자 및 기간제근로자 관리운용 규정'이 있으나 국민권익위원회 내부규정으로 그 내용도 채용, 근로조건 및 퇴직 등 인사에 관한 일반적인 사항을 정하는 것에 불과하고, 달리 갑이 법령의 근거에 기하여 위 사무에 종사한 것이라고 볼 만한 자료가 없는 점 등 제반 사정에 비추어 <u>갑은 법령의 근거에 기하여 국가 등의 사무에 종사하는 형법상 공무원이라고 보기 어렵다. 따라서 <u>갑이 공무집행방해죄에서 공무원에 해당한다고 보기 어렵다</u>(대법원2015. 5. 29.선고2015도3430판결). 결국, 민원인 피고인이 갑을 폭행한 경우에 공무집행방해죄가 성립하지 않는다.

③ (O) 경찰관들이 피고인의 집에 도착하여 <u>개문 요청을 하였는데도 거부하자 단전을 한 것</u>이고 그러자 <u>피고인이 식칼을 들고 나와 경찰관들에게 휘두른 사실을 인정할 여지가 있고, 경찰관들이 그렇게 단전을 한 것은 경찰관집무집행법에 따른 적법한 직무집행으로 볼 수 있으므로,</u> 피고인은 <u>특수공무집행방해죄가 성립한다</u>(대판 2018.12.13. 2016도19417).

④ (O) 도심광장으로서 '서울특별시 서울광장의 사용 및 관리에 관한 조례'에 의하여 관리되고 있는 '<u>서울광장</u>'에서, <u>서울시청 및 중구청 공무원들이 행정대집행법이 정한 계고 및 대집행영장에 의한 통지절차를 거치지 아니한 채</u> 위 광장에 무단설치된 <u>천막의 철거대집행에 착수하였고,</u> 이에 피고인들을 비롯한 '광우병위험 미국산 쇠고기 전면 수입을 반대하는 국민대책회의' 소속 단체 회원들이 <u>몸싸움을 하거나 천막을 붙잡고 이를 방해</u>한 사안에서, 위 서울광장은 비록 공부상 지목이 도로로 되어 있으나도로법 제65조 제1항소정의 행정대집행의 특례규정이 적용되는 도로법상 도로라고 할 수 없으므로 <u>위 철거대집행</u>은 구체적 직무집행에 관한 <u>법률상 요건과 방식을 갖추지 못한 것</u>으로서 <u>적법성이 결여되었고</u> 따라서 <u>피고인들이</u> 위 공무원들에 대항하여 폭행·협박을 가하였더라도 <u>특수공무집행방해죄는 성립되지 않는다</u>(대법원2010. 11. 11.선고2009도11523판결).

문제 28 - 정답 ②

▶ ② (X) 무고죄는 타인으로 하여금 형사처분이나 징계처분을 받게 할 목적으로 신고한 사실이 객관적인 진실에 반하는 허위사실인 경우에 성립하는 범죄이므로, <u>신고한 사실이 객관적 진실에 반하는 허위사실이라는 요건은 적극적 증명이 있어야</u> 하고, <u>신고사실의 진실성을 인정할 수 없다는 소극적 증명만으로 곧</u> 그 신고사실이 객관적 진실에 반하는 허위의 사실이라 단정하여 <u>무고죄의 성립을 인정할 수는 없다</u>(대법원2019. 7. 11.선고2018도2614판결).

① (O) 타인으로 하여금 형사처분을 받게 할 목적으로 공무소에 대하여 허위의 사실을 신고하였다고 하더라도, 그 사실이 친고죄로서 그에 대한 고소기간이 경과하여 공소를 제기할 수 없음이 <u>그 신고내용 자체에 의하여 분명한 때에는 당해 국가기관의 직무를 그르치게 할 위험이 없으므로</u> 이러한 경우에는 <u>무고죄가 성립하지 아니한다</u>(대법원2018. 7. 11.선고2018도1818판결).

③ (O) 형법 제157조, 제153조는 <u>무고죄를 범한 자가 그 신고한 사건의 재판 또는 징계처분이 확정되기 전에 자백 또는 자수한 때에는 그 형을 감경 또는 면제한다</u>고 하여 이러한 <u>재판확정 전의 자백을 필요적 감경 또는 면제사유</u>로 정하고 있다. 위와 같은 자백의 절차에 관해서는 아무런 법령상의 제한이 없으므로 그가 신고한 사건을 다루는 기관에 대한 고백이나 그 사건을 다루는 재판부에 증인으로 다시 출석하여 전에 그가 한 신고가 허위의 사실이었음을 고백하는 것은 물론 무고 사건의 피고인 또는 피의자로서 법원이나 수사기관에서의 신문에 의한 고백 또한 자백의 개념에 포함된다. 형법 제153조에서 정한 '재판이 확정되기 전'에는 피고인의 고소사건 수사 결과 <u>피고인의 무고 혐의가 밝혀져 피고인에 대한 공소가 제기되고 피고소인에 대해서는 불기소결정이 내려져 재판절차가 개시되지 않은 경우도 포함된다</u>(대법원2018. 8. 1.선고2018도7293판결).

④ (O) [1] 형법 제156조는 타인으로 하여금 형사처분 또는 징계처분을 받게 할 목적으로 공무소 또는 공무원에 대하여 허위의 사실을 신고한 자를 처벌하도록 정하고 있다. 여기서 '징계처분'이란 공법상의 감독관계에서 질서유지를 위하여 과하는 신분적 제재를 말한다. <u>사립학교 교원에 대한 학교법인 등의 징계처분은 형법 제156조의 '징계처분'에 포함되지 않는다고 해석함이 옳다.</u>
[2] 피고인이 사립대학교 교수인 피해자들로 하여금 징계처분을 받게 할 목적으로 국민권익위원회에서 운영하는 범정부 국민포털인 국민신문고에 민원을 제기한 사안에서, <u>피해자들은 사립학교 교원이므로 피고인의 행위가 무고죄에 해당하지 않음에도,</u> 이와 달리 보아 <u>유죄를 인정한 원심판결에 무고죄의 '징계처분'에 관한 법리를 오해한 잘못이 있다</u>(대판2014.7.24. 2014도6377). 결국, <u>무고죄가 성립하지 않는다.</u>

문제 29 - 정답 ①

▶ ① (X) 아동·청소년의 성보호에 관한 법률상 아동·청소년을 대상으로 하는 디지털 성범죄에 대하여 수사 특례를 규정하고 있다. 사법경찰관리가 "신분<u>비</u>공개수사"를 진행하고자 할 때에는 사전에 상급 경찰관서 <u>수</u>사부서의 장의 승인을 받아야 하나(제25조의3 제1항), 사법경찰관리가 "신분<u>위</u>장수사"를 하려는 경우에는 검사에게 허가를 신청하고, 검사는 법원에 그 허가를 청구하여 법원이 <u>허</u>가서를 발부하면 "신분위장수사"를 할 수 있다(제25조의3 제3항, 제5항). <u>설문의 경우에 반대로 설명이 되어있다.</u>

② (O) 범의를 가진 자에 대하여 단순히 범행의 기회를 제공하거

나 범행을 용이하게 하는 것에 불과한 수사방법이 경우에 따라 허용될 수 있음은 별론으로 하고, 본래 범의를 가지지 아니한 자에 대하여 수사기관이 사술이나 계략 등을 써서 범의를 유발케 하여 범죄인을 검거하는 함정수사는 위법함을 면할 수 없고, 이러한 함정수사에 기한 공소제기는 그 절차가 법률의 규정에 위반하여 무효인 때에 해당한다(대법원2005. 10. 28.선고2005도1247판결).

③ (○) 갑이 수사기관에 체포된 동거남의 석방을 위한 공적을 쌓기 위하여 을에게 필로폰 밀수입에 관한 정보제공을 부탁하면서 대가의 지급을 약속하고, 이에 을이 병에게, 병은 정에게 순차 필로폰 밀수입을 권유하여, 이를 승낙하고 필로폰을 받으러 나온 정을 체포한 사안에서, 을, 병 등이 각자의 사적인 동기에 기하여 수사기관과 직접적인 관련이 없이 독자적으로 정을 유인한 것으로서 위법한 함정수사에 해당하지 않는다(대법원 2007. 11. 29. 선고 2007도7680 판결).

④ (○) 수사기관과 직접 관련이 있는 유인자가 피유인자와의 개인적인 친밀관계를 이용하여 피유인자의 동정심이나 감정에 호소하거나, 금전적·심리적 압박이나 위협 등을 가하거나, 거절하기 힘든 유혹을 하거나, 또는 범행방법을 구체적으로 제시하고 범행에 사용될 금전까지 제공하는 등으로 과도하게 개입함으로써 피유인자로 하여금 범의를 일으키게 하는 것은, 위법한 함정수사에 해당하여 허용되지 않는다. 그렇지만 유인자가 수사기관과 직접적인 관련을 맺지 않은 상태에서 피유인자를 상대로 단순히 수차례 반복적으로 범행을 부탁하였을 뿐, 수사기관이 사술이나 계략 등을 사용하였다고 볼 수 없는 경우에는 설령 그로 인하여 피유인자의 범의가 유발되었다 하더라도 위법한 함정수사에 해당하지 않는다(대법원2020. 1. 30.선고2019도15987판결).

문제 30 - 정답 ④

▶ ④ ㉠㉡(2개)는 맞는 지문이나, ㉢㉣㉤(2개)은 틀린 지문이다.
㉠ (○) 제21조(심야조사 제한) 제1항
㉡ (○) 제22조(장시간 조사 제한) 제1항
㉢ (X) 검사 또는 사법경찰관은 특별한 사정이 없으면 총조사시간 중 식사시간, 휴식시간 및 조서의 열람시간 등을 제외한 실제 조사시간이 8시간을 초과하지 않도록 해야 한다(제22조(장시간 조사 제한) 제2항).
㉣ (X) 검사 또는 사법경찰관은 조사에 상당한 시간이 소요되는 경우에는 특별한 사정이 없으면 피의자 또는 사건관계인에게 조사 도중에 최소한 2시간마다 10분 이상의 휴식시간을 주어야 한다(제23조(휴식시간 부여) 제1항).
㉤ (X) 검사 또는 사법경찰관은 피의자에게 출석요구를 하려는 경우 피의자와 조사의 일시·장소에 관하여 협의해야 한다. 이 경우 변호인이 있는 경우에는 변호인과도 협의해야 한다(제19조 제2항).

문제 31 - 정답 ③

▶ ③ (○) 형사소송법 제230조 제1항에서 말하는 '범인을 알게 된 날'이란 범죄행위가 종료된 후에 범인을 알게 된 날을 가리키는 것으로서, 고소권자가 범죄행위가 계속되는 도중에 범인을 알았다 하여도, 그 날부터 곧바로 위 조항에서 정한 친고죄의 고소기간이 진행된다고는 볼 수 없고, 이러한 경우 고소기간은 범죄행위가 종료된 때부터 계산하여야 하며, 동종행위의 반복이 당연히 예상되는 영업범 등 포괄일죄의 경우에는 최후의 범죄행위가 종료한 때에 전체 범죄행위가 종료된 것으로 보아야 한다(대법원2004. 10. 28. 선고2004도5014판결).

① (X) [1] 친족상도례가 적용되는 친족의 범위는 민법의 규정에 의하여야 하는데, 사기죄의 피고인과 피해자가 사돈지간이라고 하더라도 이를 민법상 친족으로 볼 수 없다.
[2] 피고인이 백화점 내 점포에 입점시켜 주겠다고 속여 피해자로부터 입점비 명목으로 돈을 편취하였다며 사기로 기소된 사안에서, 피고인의 딸과 피해자의 아들이 혼인하여 피고인과 피해자가 사돈지간이라고 하더라도 민법상 친족으로 볼 수 없는데도, 2촌의 인척인 친족이라는 이유로 위 범죄를 친족상도례가 적용되는 친고죄라고 판단한 후 피해자의 고소가 고소기간을 경과하여 부적법하다고 보아 공소를 기각한 원심판결 및 제1심판결에 친족의 범위에 관한 법리오해의 위법이 있다(대법원2011. 4. 28.선고2011도2170판결).

② (X) 친고죄의 공범중 그 일부에 대하여 제1심판결이 선고된 후에는 제1심 판결선고 전의 다른 공범자에 대하여는 그 고소를 취소할 수 없고 그 고소의 취소가 있다 하더라도 그 효력을 발생할 수 없으며, 이러한 법리는 필요적 공범이나 임의적 공범이나를 구별함이 없이 모두 적용된다(대법원1985. 11. 12.선고85도1940판결)

④ (X) 피해자가 피고인과 사이에 피고인이 교통사고로 인한 피해자의 치료비 전액을 부담하는 조건으로 민·형사상 문제삼지 아니하기로 합의하고 피고인으로부터 합의금 일부를 수령하면서 피고인에게 합의서를 작성·교부하고, 피고인이 그 합의서를 수사기관에 제출한 경우, 피해자는 그 합의서를 작성·교부함으로써 피고인에게 자신을 대리하여 자신의 처벌불원의사를 수사기관에 표시할 수 있는 권한을 수여하였고, 이에 따라 피고인이 그 합의서를 수사기관에 제출한 이상 피해자의 처벌불원의사가 수사기관에 적법하게 표시되었으며, 이후 피고인이 피해자에게 약속한 치료비 전액을 지급하지 아니한 경우에도 민사상 치료비에 관한 합의금지급채무가 남는 것은 별론으로 하고 처벌불원의사를 철회할 수 없다(대법원 2001. 12. 14.선고2001도4283판결).

문제 32 - 정답 ②

▶ ② ㉢㉤(2개)은 옳은 지문이나, ㉠㉡㉣(3개)은 틀린 지문이다.
㉠ (X) 피의자가 죄를 범하였다고 의심할 만한 상당한 이유가 있고, 정당한 이유없이 수사기관의 출석요구에 응하지 아니하거나 응하지 아니할 우려가 있는 때에는 사법경찰관은 검사에게 신청하여 검사의 청구로 관할지방법원판사의 체포영장을 발부받아 피의자를 체포할 수 있다(제200조의2 제1항 본문).
㉡ (X) 다액 50만원이하의 벌금, 구류 또는 과료에 해당하는 사건에 관하여는 ㉠ 피의자가 일정한 주거가 없는 경우 또는 ㉡ 정당한 이유없이 제200조의 규정에 의한 출석요구에 응하지 아니한 경우에 한한다(제200조의2 제1항 단서).
㉢ (○) 제200조의2 제4항
㉣ (X) 체포한 피의자를 구속하고자 할 때에는 체포한 때부터 48시간 이내에 제201조의 규정에 의하여 구속영장을 청구하여야 하고, 그 기간내에 구속영장을 청구하지 아니하는 때에는 피의자를 즉시 석방하여야 한다(제200조의2 제5항).
㉤ (○) 사법경찰관 등이 체포영장을 소지하고 피의자를 체포하기 위해서는 체포영장을 피의자에게 제시하고, 피의사실의 요지, 체포의 이유와 변호인을 선임할 수 있음을 말하고 변명할 기회를 주어야 한다(형사소송법 제200조의5). 이와 같은 체포영장의 제시나 고지 등은 체포를 위한 실력행사에 들어가기 이전에 미리 하여야 하는 것이 원칙이다. 그러나 달아나는 피의자를 쫓아가 붙들거나 폭력으로 대항하는 피의자를 실력으로 제압하는 경우에는 붙들거

나 제압하는 과정에서 하거나, 그것이 <u>여의치 않은 경우에는 일단 붙들거나 제압한 후에 지체 없이 하여야 한다</u>(대법원2017. 9. 21. 선고2017도10866판결). 또한 긴급체포의 경우에도 마찬가지이고(대법원2008. 7. 24.선고2008도2794판결), 현행범인을 체포하는 경우에는 마찬가지로 미란다원칙이 적용된다(대법원2017. 3. 15.선고2013도2168판결).

문제 33 - 정답 ③

▶ ③ ⓒⓒⓒ(3개)은 옳은 지문이나, ⓒⓒ(2개)는 틀린 지문이다.
㉠ (X) 체포된 피의자에 대하여 구속영장을 청구받은 판사는 지체 없이 피의자를 심문하여야 한다. 이 경우 특별한 사정이 없는 한 구속영장이 청구된 날의 <u>다음날까지</u> 심문하여야 한다(형사소송법 제201조의2 제1항).
㉡ (○) 형사소송규칙 제96조의13 제1항
㉢ (○) 동조 제7항
㉣ (○) 동조 제8항
㉤ (X) 법원은 변호인의 사정이나 그 밖의 사유로 변호인 선정결정이 취소되어 변호인이 없게 된 때에는 직권으로 변호인을 <u>다시 선정할 수 있다</u>(동조 제9항).

문제 34 - 정답 ①

▶ ① (X) [1] <u>수사기관이 범죄 증거를 수집할 목적으로 피의자의 동의 없이 피의자의 소변을 채취하는 것은</u> 법원으로부터 <u>감정허가장을 받아</u> 형사소송법 제221조의4 제1항, 제173조 제1항에서 정한 <u>'감정에 필요한 처분'으로 할 수 있지만</u>(피의자를 병원 등에 유치할 필요가 있는 경우에는 형사소송법 제221조의3에 따라 <u>법원으로부터 감정유치장을 받아야 한다</u>), 형사소송법 제219조, 제106조 제1항, 제109조에 따른 <u>압수·수색의 방법으로도 할 수 있다</u>. 이러한 압수·수색의 경우에도 수사기관은 원칙적으로 형사소송법 제215조에 따라 판사로부터 압수·수색영장을 적법하게 발부받아 집행해야 한다. 압수·수색의 방법으로 소변을 채취하는 경우 압수대상물인 피의자의 소변을 확보하기 위한 수사기관의 노력에도 불구하고, <u>피의자가</u> 인근 병원 응급실 등 소변 채취에 적합한 장소로 이동하는 것에 <u>동의하지 않거나 저항하는 등 임의동행을 기대할 수 없는 사정이 있는 때에는 수사기관으로서는 소변 채취에 적합한 장소로 피의자를 데려가기 위해서 필요 최소한의 유형력을 행사하는 것이 허용된다. 이는</u> 형사소송법 제219조, 제120조 제1항에서 정한 <u>'압수·수색영장의 집행에 필요한 처분'에 해당한다</u>고 보아야 한다.
[2] 피고인이 메트암페타민(일명 '필로폰')을 투약하였다는 마약류 관리에 관한 법률 위반(향정) 혐의에 관하여, <u>피고인의 소변(30cc), 모발(약 80수), 마약류 불법사용 도구 등에 대한 압수·수색·검증영장을 발부받은 다음</u> 경찰관이 <u>피고인의 주거지를 수색하여 사용 흔적이 있는 주사기 4개를 압수하고, 위 영장에 따라 3시간가량 소변과 모발을 제출하도록 설득하였음에도 피고인이 계속 거부하면서 자해를 하자 이를 제압하고 수갑과 포승을 채운 뒤 강제로 병원 응급실로 데리고 가 응급구조사로 하여금 피고인의 신체에서 소변(30cc)을 채취하도록 하여 이를 압수한 사안</u>에서, 피고인에 대한 피의사실이 중대하고 객관적 사실에 근거한 명백한 범죄 혐의가 있었다고 보이고, 경찰관의 장시간에 걸친 설득에도 피고인이 소변의 임의 제출을 거부하면서 판사가 적법하게 발부한 압수영장의 집행에 저항하자 경찰관이 다른 방법으로 수사 목적을 달성하기 곤란하다고 판단하여 강제로 피고인을 소변 채취에 적합한 장소인 인근 병원 응급실로 데리고 가 의사의 지시를 받은 응급구조사로 하여금 피고인의 신체에서 소변을 채취하도록 하였으며, <u>그 과정에서 피고인에 대한 강제력의 행사가 필요 최소한도를 벗어나지 않았으므로, 경찰관의 조치는</u> 형사소송법 제219조, 제120조 제1항에서 정한 <u>'압수영장의 집행에 필요한 처분'으로서 허용되고</u>, 한편 경찰관이 압수영장을 집행하기 위하여 피고인을 병원 응급실로 데리고 가는 과정에서 공무집행에 항거하는 피고인을 제지하고 자해 위험을 방지하기 위해 <u>수갑과 포승을 사용한 것은 경찰관 직무집행법에 따라 허용되는 경찰장구의 사용으로서 적법하다</u>는 이유로, 같은 취지에서 <u>피고인의 소변에 대한 압수영장 집행이 적법하다</u>고 본 원심판단을 수긍한 사례(대판2018.7.12. 2018도6219).
② (○) 통신사실확인자료 제공요청에 의하여 취득한 통화내역 등 통신사실확인자료를 범죄의 수사·소추를 위하여 사용하는 경우 대상 범죄는 통신사실확인자료 제공요청의 목적이 된 범죄 및 이와 관련된 범죄에 한정되어야 한다. 여기서 통신사실확인자료 제공요청의 목적이 된 범죄와 관련된 범죄란 통신사실 확인자료제공요청 허가서에 기재한 혐의사실과 객관적 관련성이 있고 자료제공 요청 대상자와 피의자 사이에 인적 관련성이 있는 범죄를 의미한다. <u>그 중 혐의사실과의 객관적 관련성은</u>, 통신사실 확인자료제공요청 허가서에 기재된 혐의사실 자체 또는 그와 기본적 사실관계가 동일한 범행과 직접 관련되어 있는 경우는 물론 범행 동기와 경위, 범행 수단 및 방법, 범행 시간과 장소 등을 증명하기 위한 간접증거나 정황증거 등으로 사용될 수 있는 경우에도 인정될 수 있다. 다만 통신비밀보호법이 통신사실확인자료의 사용 범위를 제한하고 있는 것은 특정한 혐의사실을 전제로 제공된 통신사실확인자료가 별건의 범죄사실을 수사하거나 소추하는 데 이용되는 것을 방지함으로써 통신의 비밀과 자유에 대한 제한을 최소화하는 데 입법 취지가 있다. 따라서 <u>그 관련성은</u> 통신사실 확인자료제공요청 허가서에 기재된 혐의사실의 내용과 수사의 대상 및 수사 경위 등을 종합하여 <u>구체적·개별적 연관관계가 있는 경우에만 인정되고</u>, 혐의사실과 <u>단순히 동종 또는 유사 범행이라는 사유만으로 관련성이 있는 것은 아니다</u>. 그리고 <u>피의자와 사이의 인적 관련성은</u> 통신사실 확인자료제공요청 허가서에 기재된 대상자의 공동정범이나 교사범 등 공범이나 간접정범은 물론 필요적 공범 등에 대한 피고사건에 대해서도 인정될 수 있다(대법원2017. 1. 25.선고2016도13489판결). 따라서 피고인 甲이 피고인 乙의 뇌물수수 범행의 <u>증뢰자라면, 필요적 공범관계에 있으므로 증거로 할 수 있다</u>.
③ (○) 검사 또는 사법경찰관이 구속영장을 집행함에는 피의자에게 <u>반드시 이를 제시하고 그 사본을 교부하여야 하며</u> 신속히 지정된 법원 기타 장소에 인치하여야 한다(제85조 제1항, 제209조). 검사 또는 사법경찰관이 구속영장을 소지하지 아니한 경우에 <u>급속을 요하는 때에는</u> 피의자에 대하여 공소사실의 요지와 영장이 발부되었음을 <u>고하고 집행할 수 있다</u>(제85조 제3항, 제209조). 구속영장의 집행을 완료한 후에는 <u>신속히 구속영장을 제시하고 그 사본을 교부하여야 한다</u>(제85조 제4항, 제209조).
④ (○) 수사기관이 법원으로부터 영장 또는 감정처분허가장을 발부받지 아니한 채 피의자의 동의 없이 피의자의 신체로부터 혈액을 채취하고 <u>사후적으로도 지체 없이 이에 대한 영장을 발부받지도 아니한 채 강제채혈한 피의자의 혈액 중 알콜농도에 관한 감정이 이루어졌다면</u>, 이러한 <u>감정결과보고서 등은</u> 형사소송법상 영장주의 원칙을 위반하여 수집되거나 그에 기초한 증거로서 그 절차

위반행위가 적법절차의 실질적인 내용을 침해하는 정도에 해당하고, 이러한 증거는 피고인이나 변호인의 <u>증거동의가 있다고 하더라도 유죄의 증거로 사용할 수 없다</u>(대법원2011. 4. 28.선고2009도2109판결(나주 세지 사건); 대법원2012. 11. 15.선고2011도15258판결(서울 구로 사건); 대법원2014. 11. 13.선고2013도1228판결(경기 남양주 사건)).

문제 35 - 정답 ④

▶ ④ ㉠㉡㉢(3개)은 옳은 지문이다. ㉣㉤(2개)은 틀린 지문이다.
㉠ (○) [1] 검찰은 2019. 9. 10.경까지 피고인 갑에 대한 2012. 9. 7. A대학교 총장 명의 표창장에 관한 사문서위조, 을의 B대학교 및 C대학교 의학전문대학원 지원 과정에서의 위 표창장의 제출로 인한 위조사문서행사, 위 표창장 및 그 밖에 허위 경력의 기재로 인한 C학교 의학전문대학원 입학사정 업무에 관한 위계공무집행방해 등 을의 의학전문대학원 부정지원 관련 범행을 범죄혐의사실로 하여 갑의 A대학교 교수연구실등에 대한 압수·수색영장 집행 등의 수사를 진행하였다. 검찰수사관은 A대학교 강사휴게실 관리자인 조교 병의 동의를 얻어 강사휴게실에 있는 공용 PC에 저장된 전자정보에 대하여 그 탐색이 계속되던 중 위 PC에서 '퍽' 소리가 나면서 전원이 꺼지는 사태가 발생하자, 검찰수사관은 병과 정(A대학교의 물품 관리를 총괄하는 행정지원처)에게 위 현장에서의 탐색을 중단하고 이 사건 각 PC를 검찰에 제출하여 줄 수 있는지 문의·요청하였다. 이에 병과 정은 검찰수사관의 요청에 응하여 임의로 이 사건 각 PC를 제출하였다. 검찰수사관은 병과 정에게 이 사건 각 PC의 이미징 및 탐색, 전자정보 추출 등 과정에 참관할 의사가 있는지 확인하였으나, 병과 정은 참관하지 않겠다고 대답하였다. 이 사건 각 PC에 대한 이미징 및 포렌식 작업을 하여 전자정보를 추출하였고, 이에 따라 A대학교 총장 명의 표창장에 관한 사문서위조 범행이 2013. 6. 16.경 이 사건 각 PC 중 1대를 이용하여 이루어진 정황이 발견되었다. 검찰은 2020. 2. 11. 병과 정에게 이 사건 각 PC에서 추출되어 압수된 전자정보의 파일 명세가 특정된 목록을 교부하였다. 이 사건 각 PC에 저장된 전자정보는 2013. 6. 16. 사문서위조 등 이 사건 공소사실 중 을의 의학전문대학원 부정지원 관련 범행의 증거로 사용되었다.
[2] 피해자 등 제3자가 <u>피의자의 소유·관리에 속하는 정보저장매체를 영장에 의하지 않고</u> 임의제출한 경우에는 <u>실질적 피압수·수색 당사자(이하 '피압수자'라 한다)인 피의자가</u> 수사기관으로 하여금 <u>그 전자정보 전부를 무제한 탐색하는 데 동의한 것으로 보기 어려울 뿐만 아니라</u> 피의자 스스로 임의제출한 경우 피의자의 참여권 등이 보장되어야 하는 것과 견주어 보더라도 특별한 사정이 없는 한 형사소송법 제219조, 제121조, 제129조에 따라 <u>피의자에게 참여권을 보장하고 압수한 전자정보 목록을 교부하는 등 피의자의 절차적 권리를 보장하기 위한 적절한 조치가 이루어져야 한다.</u>
[3] 피고인이 2016. 12.경 이전에 이 사건 각 PC를 피고인의 주거지 등으로 가져가 전속적으로 이용한 바 있다거나, 2016. 12.경 이후 이 사건 각 PC가 보관된 장소인 강사휴게실이 피고인의 교수 연구실 주변에 있었다는 점 등 피고인이 주장하는 모든 사정들을 고려해 보더라도, <u>피고인의 이 사건 각 PC에 대한 현실적 지배·관리 상태와 이에 저장된 전자정보 전반에 관한 관리처분권이 이 사건 압수·수색 당시까지 유지되고 있었다고 볼 수 없으므로, 피고인</u>을 이 사건 압수·수색에 관하여 <u>실질적인 피압수자로 평가할 수 있는 경우에 해당하지 아니한다.</u> 따라서 이 사건 각 PC에 저장된 전자정보의 압수·수색은 위 대법원 2016도348 전원합의체 판결이 설시한 법리에 따르더라도 <u>피의자에게 참여권을 보장하여야 하는 경우에는 해당하지 아니한다</u>(대법원2022. 1. 27.선고2021도11170판결). 결국, <u>제3자</u>(조교와 행정지원처)<u>가</u> 임의제출한 정보저장매체에 저장된 전자정보의 증거능력을 인정하였다(정경심교수 사건).
㉡ (○) 수사기관의 압수·수색은 법관이 발부한 압수·수색영장에 의하여야 하는 것이 원칙이고, <u>영장의 원본은 처분을 받는 자에게 반드시 제시되어야 하므로</u>, 금융계좌추적용 압수·수색영장의 집행에 있어서도 수사기관이 금융기관으로부터 금융거래자료를 수신하기에 앞서 금융기관에 영장 원본을 사전에 제시하지 않았다면 원칙적으로 적법한 집행 방법이라고 볼 수는 없다.
다만 수사기관이 금융기관에금융실명거래 및 비밀보장에 관한 법률(이하 '금융실명법'이라 한다) 제4조 제2항에 따라서 <u>금융거래정보에 대하여 영장 사본을 첨부하여 그 제공을 요구한 결과 금융기관으로부터 회신받은 금융거래자료가 해당 영장의 집행 대상과 범위에 포함되어 있고</u>, 이러한 모사전송 내지 전자적 송수신 방식의 금융거래정보 제공요구 및 자료 회신의 <u>전 과정이 해당 금융기관의 자발적 협조의사에 따른 것이며</u>, 그 자료 중 <u>범죄혐의사실과 관련된 금융거래를 선별하는 절차를 거친 후 최종적으로 영장 원본을 제시하고 위와 같이 선별된 금융거래자료에 대한 압수절차가 집행된 경우</u>로서, 그 과정이 금융실명법에서 정한 방식에 따라 이루어지고 달리 적법절차와 영장주의 원칙을 <u>잠탈하기 위한 의도에서 이루어진 것이라고 볼 만한 사정이 없어, 이러한 일련의 과정을 전체적으로 '하나의 영장에 기하여 적시에 원본을 제시하고 이를 토대로 압수·수색하는 것'으로 평가할 수 있는 경우에 한하여, 예외적으로 영장의 적법한 집행 방법에 해당한다</u>고 볼 수 있다(대법원2022. 1. 27.선고2021도11170판결). 결국, <u>처음에는 영장 사본을 첨부</u>하여 금융거래자료를 요구하여 <u>팩스로 받았으나, 혐의와 관련된 자료를 선별한 후</u> 최종적으로 직접 찾아와 <u>영장 원본을 제시 후</u> 선별된 금융거래자료를 <u>압수집행했다면</u>, 이 사건 각 금융계좌추적용 압수·수색영장의 집행 과정에서 확보된 <u>금융거래자료의 증거능력이 인정된다.</u>
㉢ (○) <u>수사기관이 인터넷서비스이용자인 피의자를 상대로 피의자의 컴퓨터 등 정보처리장치 내에 저장되어 있는 이메일 등 전자정보를 압수·수색하는 것은 전자정보의 소유자 내지 소지자를 상대로 해당 전자정보를 압수·수색하는 대물적 강제처분으로 형사소송법의 해석상 허용된다. 압수·수색할 전자정보가</u> 압수·수색영장에 기재된 수색장소에 있는 컴퓨터 등 정보처리장치 내에 있지 아니하고 그 정보처리장치와 정보통신망으로 연결되어 <u>제3자가 관리하는 원격지의 서버 등 저장매체에 저장되어 있는 경우에도</u>, 수사기관이 피의자의 이메일 계정에 대한 접근권한에 갈음하여 발부받은 영장에 따라 영장 기재 수색장소에 있는 컴퓨터 등 정보처리장치를 이용하여 적법하게 취득한 피의자의 이메일 계정 아이디와 비밀번호를 입력하는 등 피의자가 접근하는 통상적인 방법에 따라 그 원격지의 저장매체에 접속하고 그곳에 저장되어 있는 피의자의 이메일 관련 전자정보를 수색장소의 정보처리장치로 내려 받거나 그 화면에 현출시키는 것 역시 피의자의 소유에 속하거나 소지하는 전자정보를 대상으로 이루어지는 것이므로 그 전자정보에 대한 압수·수색을 위와 달리 볼 필요가 없다. 피의자가 휴대전화를 임의제출하면서 휴대전화에 저장된 전자정보가 아닌 <u>클라우드 등 제3자가 관리하는 원격지에 저장되어 있는 전자정보를 수사기관에 제출한다는 의사로 수사기관에게 클라우드 등에 접속하기 위한 아이디와 비밀번호를 임의로 제공하였다면</u> 위 클라우드 등에 저장된

전자정보를 임의제출하는 것으로 볼 수 있다(대법원2021. 7. 29.선고2020도14654판결).

㉣ (X) [1] 인터넷서비스이용자는 인터넷서비스제공자와 체결한 서비스이용계약에 따라 인터넷서비스를 이용하여 개설한 이메일 계정과 관련 서버에 대한 접속권한을 가지고, 해당 이메일 계정에서 생성한 이메일 등 전자정보에 관한 작성·수정·열람·관리 등의 처분권한을 가지며, 전자정보의 내용에 관하여 사생활의 비밀과 자유 등의 권리보호이익을 가지는 주체로서 해당 전자정보의 소유자 내지 소지자라고 할 수 있다. 또한 인터넷서비스제공자는 서비스이용약관에 따라 전자정보가 저장된 서버의 유지·관리책임을 부담하고, 해당 서버 접속을 위해 입력된 아이디와 비밀번호 등이 인터넷서비스이용자가 등록한 것과 일치하면 접속하려는 자가 인터넷서비스이용자인지를 확인하지 아니하고 접속을 허용하여 해당 전자정보를 정보통신망으로 연결되어 있는 컴퓨터 등 다른 정보처리장치로 이전, 복제 등을 할 수 있도록 하는 것이 일반적이다. 따라서 수사기관이 인터넷서비스이용자인 피의자를 상대로 피의자의 컴퓨터 등 정보처리장치 내에 저장되어 있는 이메일 등 전자정보를 압수·수색하는 것은 전자정보의 소유자 내지 소지자를 상대로 해당 전자정보를 압수·수색하는 대물적 강제처분으로 형사소송법의 해석상 허용된다.

[2] 나아가 압수·수색할 전자정보가 압수·수색영장에 기재된 수색장소에 있는 컴퓨터 등 정보처리장치 내에 있지 아니하고 그 정보처리장치와 정보통신망으로 연결되어 제3자가 관리하는 원격지의 서버 등 저장매체에 저장되어 있는 경우에도, 수사기관이 피의자의 이메일 계정에 대한 접근권한에 갈음하여 발부받은 영장에 따라 영장 기재 수색장소에 있는 컴퓨터 등 정보처리장치를 이용하여 적법하게 취득한(영장에 의하여 취득한) 피의자의 이메일 계정 아이디와 비밀번호를 입력하는 등 피의자가 접근하는 통상적인 방법에 따라 원격지의 저장매체에 접속하고 그곳에 저장되어 있는 피의자의 이메일 관련 전자정보를 수색장소의 정보처리장치로 내려받거나 그 화면에 현출시키는 것 역시 피의자의 소유에 속하거나 소지하는 전자정보를 대상으로 이루어지는 것이므로 그 전자정보에 대한 압수·수색을 위와 달리 볼 필요가 없다.

[3] 비록 수사기관이 위와 같이 원격지의 저장매체에 접속하여 그 저장된 전자정보를 수색장소의 정보처리장치로 내려받거나 그 화면에 현출시킨다 하더라도, 이는 인터넷서비스제공자가 허용한 피의자의 전자정보에 대한 접근 및 처분권한과 일반적 접속 절차에 기초한 것으로서, 특별한 사정이 없는 한 인터넷서비스제공자의 의사에 반하는 것이라고 단정할 수 없다.

[4] 또한 형사소송법 제109조 제1항, 제114조 제1항에서 영장에 수색할 장소를 특정하도록 한 취지와 정보통신망으로 연결되어 있는 한 정보처리장치 또는 저장매체 간 이전, 복제가 용이한 전자정보의 특성 등에 비추어 보면, 수색장소에 있는 정보처리장치를 이용하여 정보통신망으로 연결된 원격지의 저장매체에 접속하는 것이 위와 같은 형사소송법의 규정에 위반하여 압수·수색영장에서 허용한 집행의 장소적 범위를 확대하는 것이라고 볼 수 없다. 수색행위는 정보통신망을 통해 원격지의 저장매체에서 수색장소에 있는 정보처리장치로 내려받거나 현출된 전자정보에 대하여 위 정보처리장치를 이용하여 이루어지고, 압수행위는 위 정보처리장치에 존재하는 전자정보를 대상으로 그 범위를 정하여 이를 출력 또는 복제하는 방법으로 이루어지므로, 수색에서 압수에 이르는 일련의 과정이 모두 압수·수색영장에 기재된 장소에서 행해지기 때문이다.

[5] 위와 같은 사정들을 종합하여 보면, 피의자의 이메일 계정에 대한 접근권한에 갈음하여 발부받은 압수·수색영장에 따라 원격지의 저장매체에 적법하게 접속하여 내려받거나 현출된 전자정보를 대상으로 하여 범죄 혐의사실과 관련된 부분에 대하여 압수·수색하는 것은, 압수·수색영장의 집행을 원활하고 적정하게 행하기 위하여 필요한 최소한도의 범위 내에서 이루어지며 그 수단과 목적에 비추어 사회통념상 타당하다고 인정되는 대물적 강제처분 행위로서 허용되며, 형사소송법 제120조 제1항에서 정한 압수·수색영장의 집행에 필요한 처분에 해당한다. 그리고 이러한 법리는 원격지의 저장매체가 국외에 있는 경우(중국 A 회사 및 중국 B 회사의 이메일 홈페이지)라 하더라도 그 사정만으로 달리 볼 것은 아니다(대법원2017. 11. 29.선고2017도9747판결). 결국, 중국 A 회사 및 중국 B 회사의 이메일 홈페이지의 로그인 입력창에 국가정보원이 영장에 의하여 압수·수색 과정에서 입수한 위 이메일 계정·비밀번호를 입력, 로그인한 후 압수한 국가보안법 위반 범증 자료 출력물(전자정보)에 대한 압수·수색은 적법하다.

㉤ (X) [1] 피고인은 2018. 9. 22. 08:30경~10:00경 이 사건 모텔 각 방실에 총 8개의 위장형 카메라를 설치하고 그때부터 같은 날 13:00경까지 (호실 1 생략)에서 불상의 젊은 남자의 나체를, (호실 2 생략)에서 공소외 3과 그 여자친구 공소외 4의 나체와 그들의 성관계 모습을, (호실 3 생략)에서 불상의 젊은 남녀의 나체와 그들의 성관계 모습을, (호실 4 생략)에서 불상 남녀의 성관계 모습과 여성의 나체를 각각 촬영하였다. 이로써 피고인은 카메라를 이용하여 성적 욕망을 유발할 수 있는 다른 사람의 신체를 그 의사에 반하여 촬영하였다(성폭력범죄의처벌등에관한특례법위반(카메라등이용촬영)).

[2] 피의자가 소유·관리하는 정보저장매체를 피의자 아닌 제3자가 임의제출하는 경우에 그 임의제출 및 그에 따른 수사기관의 압수가 적법하더라도 임의제출의 동기가 된 범죄혐의사실과 구체적·개별적 연관관계가 있는 전자정보에 한하여 압수의 대상이 되는 것으로 더욱 제한적으로 해석하여야 하는 것은, 정보저장매체에는 그의 사생활의 비밀과 자유, 정보에 대한 자기결정권 등 인격적 법익에 관한 모든 것이 저장되어 있어, 임의제출의 주체가 소유자 아닌 소지자·보관자에 불과함에도 아무런 제한 없이 압수·수색이 허용되면 피의자의 인격적 법익이 현저히 침해될 우려가 있음을 고려하여, 그 제출행위로 소유자의 사생활의 비밀 기타 인격적 법익이 현저히 침해될 우려가 있는 경우에는 임의제출에 따른 압수·수색의 필요성과 함께 임의제출에 동의하지 않은 소유자(핸드폰 주인)의 법익에 대한 특별한 배려도 필요하기 때문이다(위 대법원 2016도348 전원합의체 판결등 참조).

[3] 반면, 임의제출된 이 사건 각 위장형 카메라 및 그 메모리카드에 저장된 전자정보처럼 오직 불법촬영을 목적으로 방실 내 나체나 성행위 모습을 촬영할 수 있는 벽 등에 은밀히 설치되고, 촬영대상 목표물의 동작이 감지될 때에만 카메라가 작동하여 촬영이 이루어지는 등, 그 설치 목적과 장소, 방법, 기능, 작동원리상 소유자의 사생활의 비밀 기타 인격적 법익의 관점에서 그 소지·보관자의 임의제출에 따른 적법한 압수의 대상이 되는 전자정보와 구별되는 별도의 보호 가치 있는 전자정보의 혼재 가능성을 상정하기 어려운 경우에는 위 소지·보관자(모텔주인)의 임의제출에 따른 통상의 압수절차 외에 별도의 조치가 따로 요구된다고 보기는 어렵다. 따라서 피고인 내지 변호인에게 참여의 기회를 보장하지 않고 전자정보 압수목록을 작성·교부하지 않았다는 점만으로 곧바로 증거능력을 부정할 것은 아니다.

[4] 수사기관이 임의제출받은 정보저장매체(모텔에 몰래 설치한 각 위장형 카메라 및 그 메모리카드)가 그 기능과 속성상 임의제출에 따른 적법한 압수의 대상이 되는 전자정보와 그렇지 않은 전자정보가 혼재될 여지가 거의없어 사실상 **대부분 압수의 대상이 되는 전자정보만이 저장되어 있는 경우**에는 소지·보관자의 임의제출에 따른 통상의 압수절차 외에 **피압수자에게 참여의 기회를 보장하지 않고 전자정보 압수목록을 작성·교부하지 않았다는 점만으로 곧바로 증거능력을 부정할 것은 아니다.** 따라서 수사기관이 이 사건 **각 위장형 카메라에 저장된** (호실 1 생략), (호실 3 생략), (호실 4 생략)에서 **각 촬영된 영상은 그 증거능력이 인정된다**(대법원2021. 11. 25.선고2019도7342판결). 위장형 카메라 등 특수한 정보저장매체의 경우, **피고인 내지 변호인에게 참여의 기회를 보장하지 않고 전자정보 압수목록을 작성·교부하지 않았다는 점만으로 곧바로 증거능력을 부정할 것은 아니다.**

문제 36 - 정답 ①

▶ ① (X) [1] **재전문진술이나 재전문진술을 기재한 조서**에 대하여는 달리 그 증거능력을 인정하는 규정을 두고 있지 아니하고 있으므로, **피고인이 증거로 하는 데 동의하지 아니하는 한** 형사소송법 제310조의2의 규정에 의하여 **이를 증거로 할 수 없다**(대판2000도159; 대판2003도171 등).(재·동이)

[2] **전문진술이 기재된 조서는 형사소송법 제312조 또는 제314조에 따라 증거능력이 인정될 수 있는 경우에 해당하여야 함**은 물론 **형사소송법 제316조 제2항에 따른 요건을 갖추어야 예외적으로 증거능력이 있다**(대법원2017. 7. 18.선고2015도12981, 2015전도218 판결). 결국, **전문진술을 기재한 조서 = 제312조 또는 제314조 + 제316조**

② (O) **법정에 출석한 증인**이 형사소송법 제148조, 제149조 등에서 정한 바에 따라 **정당하게 증언거부권을 행사하여 증언을 거부한 경우**는 형사소송법 **제314조의** '그 밖에 이에 준하는 사유로 인하여 진술할 수 없는 때'에 **해당하지 아니한다**(대법원2012. 5. 17.선고2009도6788전원합의체 판결). 왜냐하면 현행 형사소송법(2007.6.1.개정)은 제314조의 예외사유 범위를 더욱 엄격하게 제한하고 있는데, 이는 직접심리주의와 공판중심주의의 요소를 강화하려는 취지가 반영된 것이다.

③ (O) **형사소송법 제312조 제3항은** 검사 이외의 수사기관이 작성한 당해 피고인에 대한 피의자신문조서를 유죄의 증거로 하는 경우뿐만 아니라 **검사 이외의 수사기관이 작성한 당해 피고인과 공범관계에 있는 다른 피고인이나 피의자에 대한 피의자신문조서를 당해 피고인에 대한 유죄의 증거로 채택할 경우에도 적용된다.** 따라서 당해 피고인과 공범관계가 있는 **다른 피의자에 대하여 검사 이외의 수사기관이 작성한 피의자신문조서는,** 그 피의자의 법정진술에 의하여 그 성립의 진정이 인정되는 등 형사소송법 제312조 제4항의 요건을 갖춘 경우라고 하더라도 **당해 피고인이 공판기일에서 그 조서의 내용을 부인한 이상** 이를 **유죄 인정의 증거로 사용할 수 없다**(대판2009.7.9, 2009도2865). 결국, 당해 피고인과 공범관계가 있는 다른 피의자에 대하여 검사 이외의 수사기관이 작성한 피의자신문조서는, 그 피의자의 법정진술에 의하여 그 성립의 진정이 인정되는 등 형사소송법 제312조 제4항(참고인의 진술조서)의 요건을 갖춘 경우라도 당해 피고인이 공판기일에서 그 조서의 내용을 부인하면 이를 유죄 인정의 증거로 사용할 수 없다.

④ (O) [1] **검찰주사등이** 검사의 지시에 따라 **검사가 참석하지 않은 상태에서 피의자였던 피고인을 신문하여 작성하고 검사는 검찰주사등의 조사 직후 피고인에게 개괄적으로 질문한 사실이 있을 뿐**인데도 검사가 작성한 것으로 되어 있는 **피의자신문조서는** 형사소송법 **제312조 제1항** 소정의 '**검사가 피의자나 피의자 아닌 자의 진술을 기재한 조서**'에 해당하지 않는다.

[2] 위 피의자신문조서를 형사소송법 제312조 제1항 소정의 '검사가 피의자나 피의자 아닌 자의 진술을 기재한 조서'로 볼 수 없으므로 **그 증거능력 유무는 검사 이외의 수사기관이 작성한 피의자신문조서와 마찬가지 기준에 의하여 결정되어야 할 것이다**(대법원 2003. 10. 9.선고2002도4372판결).

문제 37 - 정답 ②

▶ ② ㉠(1개)은 틀린 지문이나, ㉡㉢㉣㉤(4개)은 맞는 지문이다.

㉠ (X) 사법경찰리 작성의 피해자에 대한 진술조서가 피해자의 화상으로 인한 서명불능을 이유로 입회하고 있던 피해자의 동생에게 대신 읽어 주고 그 동생으로 하여금 서명날인하게 하는 방법으로 작성된 경우, **이는 형사소송법 제313조 제1항(현행 제312조 제4항)소정의 형식적 요건을 결여한 서류로서 증거로 사용할 수 없다**(대법원1997. 4. 11.선고96도2865판결). 결국, 사법경찰리 작성의 피해자에 대한 진술조서가 피해자의 화상으로 인한 서명불능이라는 이유로 입회인에 의해 서명날인된 경우, 그 **진술조서의 증거능력은 없다.**

㉡ (O) 대법원2022. 6. 16.선고2022도364판결

㉢ (O) 대법원2022. 6. 16.선고2022도364판결

㉣ (O) 대법원2022.10.27.선고2022도9510

㉤ (O) **피고인 을·병이 피고인 갑을 위하여 처리하였던 입당원서를 작성자의 동의 없이 임의로 수사기관에 제출한 행위는**「개인정보 보호법」 제59조 제2호가 **금지한 행위**로서, 구 「개인정보 보호법」 제18조 제2항 제2호 또는 제7호가 적용될 수 없고, **위법수집증거에 해당함**에도 예외적으로 증거능력을 인정하여야 할 경우에 해당하지 아니하므로, 입당원서 및 이와 관련된 증거의 증거능력은 인정되지 않는다(대법원2022.10.27.선고2022도9510). 결국, **경찰관이 입당원서 작성자의 주거지·근무지를 방문하여 입당원서 작성 경위 등을 질문한 후 진술서 작성을 요구하여 이를 제출받은 이상 형사소송법 제312조 제5항이 적용되어야 한다**는 이유로 형사소송법 제244조의4에서 정한 절차를 준수하지 않은 위 각 증거의 증거능력이 인정되지 않는다.

문제 38 - 정답 ②

▶ ② ㉠㉡㉢(3개)은 옳은 지문이나, ㉣㉤(2개)가 틀린 지문이다.

㉠ (O) 사법경찰관은 형사소송법 제200조의3(긴급체포)의 규정에 의하여 피의자를 체포하는 경우에 필요한 때에는 영장 없이 체포현장에서 압수·수색을 할 수 있고, 압수한 물건을 계속 압수할 필요가 있는 경우에는 지체 없이 압수수색영장을 청구하여야 하며, 청구한 압수수색영장을 발부받지 못한 때에는 압수한 물건을 즉시 반환하여야 한다고 규정하고 있는바, **형사소송법 제217조 제2항, 제3항에 위반하여 압수수색영장을 청구하여 이를 발부받지 아니하고도 즉시 반환하지 아니한 압수물은** 이를 **유죄 인정의 증거로 사용할 수 없는 것이고**, 헌법과 형사소송법이 선언한 영장주의의 중요성에 비추어 볼 때 피고인이나 변호인이 이를 증거로 함에 **동의하였다고 하더라도 달리 볼 것은 아니다**(대판2009.12.24. 2009도11401).

㉡ (O) 기록상 **진술증거의 임의성에 관하여 의심할 만한 사정이 나타나 있는 경우에는 법원은 직권으로 그 임의성 여부에 관하여 조사를 하여야 하고**, 임의성이 인정되지 아니하여 증거능력이 없는

진술증거는 피고인이 증거로 함에 동의하더라도 증거로 삼을 수 없다(대법원2006. 11. 23.선고2004도7900판결).
ⓒ (X) 증거로 함에 대한 동의의 주체는 소송주체인 당사자라 할 것이지만 변호인은 피고인의 명시한 의사에 반하지 아니하는 한 피고인을 대리하여 이를 할 수 있음은 물론이므로 피고인이 증거로 함에 동의하지 아니한다고 명시적인 의사표시를 한 경우 이외에는 변호인은 서류나 물건에 대하여 증거로 함에 동의할 수 있고 이 경우 변호인의 동의에 대하여 피고인이 즉시 이의하지 아니하는 경우에는 변호인의 동의로 증거능력이 인정되고 증거조사 완료 전까지 앞서의 동의가 취소 또는 철회하지 아니한 이상 일단 부여된 증거능력은 그대로 존속한다(대판1999.8.20. 99도2029).
ⓔ (O) 제318조 제1항
ⓜ (X) 유죄의 자료가 되는 것으로 제출된 증거의 반대증거서류에 대하여는 그것이 유죄사실을 인정하는 증거가 되는 것이 아닌 이상 반드시 그 진정성립이 증명되지 아니하거나 이를 증거로 함에 있어서의 상대방의 동의가 없다고 하더라도 증거판단의 자료로 할 수 있다(대법원1981. 12. 22.선고80도1547판결). 결국, 범죄사실을 인정하는 증거가 아닌 증거서류는 진정성립의 증명이나 상대방의 동의를 요하지 아니하므로, 반대증거서류는 동의의 대상이 아니다.

문제 39 - 정답 ④

▶ ④ (O) 형사소송법 제310조의 피고인의 자백에는 공범인 공동피고인의 진술은 포함되지 않으며, 이러한 공동피고인의 진술에 대하여는 피고인의 반대신문권이 보장되어 있어 독립한 증거능력이 있는 것이므로, 원심이 공범인 피고인 갑의 진술을 증거로 삼아 피고인 을의 범죄사실을 인정하였다고 하여 이를 위법이라고 탓할 수 없다(대법원2005. 2. 18.선고2004도6795판결).
① (X) 자백의 보강법칙은 형사소송법상 제도이므로 형사소송법이 적용되는 절차에만 적용된다. 따라서 간이공판절차와 약식명령절차는 형사소송법 절차이기 때문에 이 원칙이 적용되나, 즉결심판에 관한 절차법이 적용되는 즉결심판절차와 소년법이 적용되는 소년보호사건에는 이 법칙이 적용되지 아니한다.
② (X) 2000. 10. 19. 채취한 소변에 대한 검사결과 메스암페타민 성분이 검출된 경우, 위 소변검사결과는 2000. 10. 17. 메스암페타민을 투약하였다는 자백에 대한 보강증거가 될 수 있음은 물론 같은 달 13. 메스암페타민을 투약하였다는 자백에 대한 보강증거도 될 수 있다(대법원2002. 1. 8.선고2001도1897판결). 결국, 피고인이 2000. 10. 13. 메스암페타민을 투약함으로 인하여 피고인의 체내에 남아 있던 메스암페타민 성분도 그에 포함되어 검출되었을 가능성을 배제할 만한 합리적 근거가 없으므로 위 소변검사결과가 오로지 2000. 10. 17. 투약행위로 인한 것이라기 보다는 2000. 10. 13. 투약행위와 2000. 10. 17. 투약행위가 결합되어 나온 것으로 보아야 할 것이어서 그 결과는 위 각 투약행위에 대한 보강증거로 될 수 있다고 할 것이다.
③ (X) 피고인이 수사기관에서 '을로 부터 러미라 약 1,000정을 건네받아 그중 일부는 갑에게 제공하고, 남은 것은 자신이 투약하였다'고 자백한 경우, 을은 피고인의 최초 러미라 투약행위가 있던 시점에 피고인에게 50만 원 상당의 채무변제에 갈음하여 러미라 약 1,000정이 들어있는 플라스틱통 1개를 건네주었다고 하고 있고, 갑은 을에게 피고인으로부터 러미라를 건네받았다는 취지의 카카오톡 메시지를 보낸 사실을 알 수 있어, 이러한 을에 대한 검찰 진술조서 및 수사보고는 자백의 진실성을 담보하기에 충분하다

고 할 것이므로 보강증거가 된다(대판2018.3.15. 2017도20247).

문제 40 - 정답 ①

▶ ① ⓐⓒ(2개)은 옳은 지문이나, ⓑⓓⓔ(3개)은 틀린 지문이다.
ⓐ (O) [1] 3인 이상의 범인이 합동절도의 범행을 공모한 후 적어도 2인 이상의 범인이 범행 현장에서 시간적, 장소적으로 협동관계를 이루어 절도의 실행행위를 분담하여 절도 범행을 한 경우에는 공동정범의 일반 이론에 비추어 그 공모에는 참여하였으나 현장에서 절도의 실행행위를 직접 분담하지 아니한 다른 범인에 대하여도 그가 현장에서 절도 범행을 실행한 위 2인 이상의 범인의 행위를 자기 의사의 수단으로 하여 합동절도의 범행을 하였다고 평가할 수 있는 정범성의 표지를 갖추고 있다고 보여지는 한 그 다른 범인에 대하여 합동절도의 공동정범의 성립을 부정할 이유가 없다고 할 것이다.
[2] 속칭 삐끼주점의 지배인인 피고인이 피해자 A로부터 신용카드를 강취하고 신용카드의 비밀번호를 알아낸 후 현금자동지급기에서 인출한 돈을 삐끼주점의 분배관례에 따라 분배할 것을 전제로 하여 갑(삐끼), 을(삐끼주점 업주) 및 병(삐끼)와 피고인은 삐끼주점 내에서 A를 계속 붙잡아 두면서 감시하는 동안 갑, 을 및 병은 A의 위 신용카드를 이용하여 현금자동지급기에서 현금을 인출하기로 공모하였고, 그에 따라 갑, 을 및 병은 ○○마트 편의점에서 합동하여 현금자동지급기에서 현금 4,730,000원을 절취한 사실을 인정하기에 넉넉한바, 비록 피고인이 범행 현장에 간 일이 없다 하더라도 피고인이 합동절도의 범행을 현장에서 실행한 갑, 을 및 병와 공모한 것만으로서도 그들의 행위를 자기 의사의 수단으로 하여 합동절도의 범행을 하였다고 평가될 수 있는 합동절도범행의 정범성의 표지를 갖추었다고 할 것이고, 따라서 위 합동절도범행에 대하여 공동정범으로서의 죄책을 면할 수 없다(대법원1998. 5. 21. 선고98도321전원합의체 판결).
[유사판례] 피고인이 갑, 을과 공모한 후 갑, 을은 피해자 회사의 사무실 금고에서 현금을 절취하고, 피고인은 위 사무실로부터 약 100m 떨어진 곳에서 망을 보는 방법으로 합동하여 재물을 절취하였다고 하여 주위적으로 기소된 사안에서, 피고인은 제반 사정에 비추어 갑, 을의 합동절도 범행에 대한 공동정범으로서 죄책을 면할 수 없다(대법원2011. 5. 13.선고2011도2021판결).
ⓑ (X) 여러 사람이 폭력행위등처벌에관한법률 제2조 제1항에 열거된 죄를 범하기로 공모한 다음 그 중 2인 이상이 범행장소에서 범죄를 실행한 경우에는 범행장소에 가지 아니한 자도 같은 법 제2조 제2항에 규정된 죄의 공모공동정범으로 처벌할 수 있다(대법원1996. 12. 10.선고96도2529판결).
ⓒ (O) 형사소송법 제310조의 피고인의 자백에는 공범인 공동피고인의 진술이 포함되지 아니하므로 공범인 공동피고인의 진술은 다른 공동피고인에 대한 범죄사실을 인정하는데 있어서 증거로 쓸 수 있고 그에 대한 보강증거의 여부는 법관의 자유심증에 맡긴다(대법원1985. 3. 9.선고85도951판결). 결국, 공범인 공동피고인 乙, 丙의 법정에서의 자백은 부인하는 甲에 대하여 증거능력이 인정된다.
ⓓ (X) 피고인이 범행을 자인하는 것을 들었다는 피고인 아닌 자의 진술내용은 형사소송법 제310조의 피고인의 자백에는 포함되지 아니하나 이는 피고인의 자백의 보강증거로 될 수 없다(대판2008.2.14. 2007도10937)

제 3 회
경찰 형사법 파이널 모의고사 ─── 정답 및 해설

● 정답

문제	정답	문제	정답	문제	정답	문제	정답
01	③	11	①	21	③	31	③
02	④	12	③	22	②	32	④
03	①	13	④	23	③	33	①
04	③	14	③	24	①	34	④
05	②	15	④	25	③	35	①
06	②	16	②	26	③	36	②
07	③	17	③	27	③	37	①
08	③	18	②	28	④	38	②
09	②	19	③	29	③	39	③
10	②	20	③	30	①	40	②

문제 01 - 정답 ③

▶ ③ ⓒⓔⓜ(3개)은 옳은 지문이나, ⓐⓑ(2개)은 틀린 지문이다.

ⓐ (X) 군사기밀 보호법 제11조가 군사기밀 탐지·수집행위의 법정형을 10년 이하의 징역으로 규정하고 있는 것과 달리 이 사건 처벌규정인 국가보안법 제4조 제1항 제2호 나목(가목외의군사상 기밀 또는 국가기밀)의 법정형이 사형·무기 또는 7년 이상의 징역으로 규정되어 있다는 등의 사정만으로 위 조항이 지나치게 무거운 형벌을 규정하여 책임주의 원칙에 반한다거나 법정형이 형벌체계상 균형을 상실하여 평등원칙에 위배되는 조항이라고 할 수 없으며, 법관의 양형 판단 및 결정권을 중대하게 침해하는 것이라고 볼 수도 없다(대법원2013. 7. 26.선고2013도2511판결). 결국, 어떤 범죄를 어떻게 처벌할 것인가 하는 문제, 즉 법정형의 종류와 범위의 선택은 그 범죄의 죄질과 보호법익에 대한 고려뿐만 아니라 우리의 역사와 문화, 입법 당시의 시대적 상황, 국민 일반의 가치관 내지 법감정, 그리고 범죄예방을 위한 형사정책적 측면 등 여러 가지 요소를 종합적으로 고려하여 입법자가 결정할 사항으로서 광범위한 입법재량 내지 형성의 자유가 인정되어야 할 분야이다.

ⓑ (X) [1]형법 제227조의2(공전자기록위작·변작)는 "사무처리를 그르치게 할 목적으로 공무원 또는 공무소의 전자기록 등 특수매체기록을 위작 또는 변작한 자는 10년 이하의 징역에 처한다."라고 규정하고 있다. 여기에서 '공무원'이란 원칙적으로 법령에 의해 공무원의 지위를 가지는 자를 말하고, '공무소'란 공무원이 직무를 행하는 관청 또는 기관을 말하며, '공무원 또는 공무소의 전자기록'은 공무원 또는 공무소가 직무상 작성할 권한을 가지는 전자기록을 말한다. 따라서 그 행위주체가 공무원과 공무소가 아닌 경우에는 형법 또는 특별법에 의하여 공무원 등으로 의제되는 경우를 제외하고는 계약 등에 의하여 공무와 관련되는 업무를 일부 대행하는 경우가 있더라도 공무원 또는 공무소가 될 수 없다. 형벌법규의 구성요건인 공무원 또는 공무소를 법률의 규정도 없이 확장해석하거나 유추해석하는 것은 죄형법정주의 원칙에 반하기 때문이다.

[2] 한국환경공단은 한국환경공단법에 의해 설립된 법인으로서, 그 임직원은 공무원이 아니고 단지 한국환경공단법 제11조, 건설폐기물의 재활용촉진에 관한 법률(이하 '건설폐기물법'이라고 한다) 제61조, 폐기물관리법 제62조의2등에 의하여 형법 제129조부터 제132조까지의 규정을 적용할 때 공무원으로 의제될 뿐(수뢰의 죄가 될 뿐)이며, 한국환경공단 임직원을 공전자기록 등 위작죄에서 공전자기록 작성권한자인 공무원으로 의제하거나 한국환경공단이 작성하는 전자기록을 공전자기록으로 의제하는 취지의 명문규정은 없다(공전자기록위작·변작죄는 성립하지 않는다).

[3] 국환경공단이 환경부장관의 위탁을 받아 건설폐기물 인계·인수에 관한 내용 등의 전산처리를 위한 전자정보처리프로그램인 올바로 시스템을 구축·운영하고 있더라도, 그 업무를 수행하는 한국환경공단 임직원을 공전자기록의 작성권한자인 공무원으로 보거나 한국환경공단을 공무소로 볼 수는 없다. 그리고 한국환경공단법 등이 한국환경공단 임직원을 형법 제129조 내지 제132조의 적용에 있어 공무원으로 본다고 규정한다고 하여 그들 또는 그들이 직무를 행하는 한국환경공단을 형법 제227조의2에 정한 공무원 또는 공무소에 해당한다고 보는 것은 형벌법규를 피고인에게 불리하게 확장해석하거나 유추해석하는 것이어서 죄형법정주의 원칙에 반한다. 이는 한국환경공단 또는 그 임직원이 환경부장관으로부터 위탁받은 업무와 관련하여 직무상 작성한 문서를 공문서로 볼 수 없는 것과 마찬가지이다(대법원2020. 3. 12.선고2016도19170판결). 결국, 한국환경공단 임직원을 공전자기록의 작성권한자인 공무원으로 보거나 한국환경공단을 공무소로 보는 것은 죄형법정주의에 반한다.

ⓒ (○) 초·중등학교의 교육공무원이 "국가공무원법 조항 중 '정당'에 관한 부분"(정당 가입 금지조항)은 입법목적이 정당하므로 과잉금지원칙에 반하지 아니한다. 그러나 초·중등학교의 교육공무원이 "국가공무원법 조항 중 '그 밖의 정치단체'에 관한 부분"(그 밖의 정치단체 가입 금지조항)은 명확성의 원칙에 반한다(헌재 2020. 4. 23. 2018헌마551). 결국, 이 사건 정당가입금지조항은 과잉금지원칙에 위배된다고 볼 수 없으나, '그 밖의 정치단체'에 관한 부분은 명확성의 원칙에 위배된다.

ⓓ (○) 현역입영 또는 소집 통지서를 받은 사람이 정당한 사유 없이 입영일이나 소집일부터 3일이 지나도 입영하지 아니하거나 소집에 응하지 아니한 경우를 처벌하는, 병역법 제88조 제1항 본문 제1호, 구 병역법의 각 제88조 제1항 본문 제2호(이하 모두 합하여 '처벌조항'이라 한다)는 과잉금지원칙을 위반하여 양심적 병역거부자의 양심의 자유를 침해한다고 볼 수는 없다(헌재 2018. 6. 28. 2011헌바379 등). 결국, 양심적 병역거부사건은 ① 부진정입법 부작위를 다투는 것이고, ② 대체복무제를 규정하지 아니한 병역종류조항은 양심의 자유를 침해하나, 정당한 사유 없이 3일이 지나도 입영 또는 소집에 응하지 아니한 경우에 처벌하는 ③ 그 처벌조항은 양심의 자유를 침해한다고 볼 수는 없다.

ⓔ (○) 예비군대원 본인의 부재시 예비군훈련 소집통지서를 수령한 같은 세대 내의 가족 중 성년자가 정당한 사유없이 소집통지서

를 본인에게 전달하지 아니한 경우 형사처벌을 하는 예비군법 제15조 제10항 전문 중 '제6조의2 제2항에 따라 소집통지서를 전달할 의무가 있는 사람 가운데 예비군대원 본인과 같은 세대 내의 가족 중 성년자가 정당한 사유없이 전달하지 아니하였을 때'에 관한 부분(이하 '심판대상조항'이라 한다)이 책임과 형벌 간의 비례원칙에 위반된다(정부의 전달의무와 책임을 개인인 아내에게 전가하는 것은 지나치다고 할 것이다)(헌재 2022. 5. 26. 2019헌가12).

문제 02 - 정답 ④

▶ 정답 ④ ㉠㉡㉢㉣㉤(5개)은 모두 형법 제1조 제2항(신법)이 적용되지 않고, 제1조 제1항(구법)에 의하여 그대로 처벌된다(법무사·유·다·경·위험운전치상죄).

㉠ (형법 제1조 제2항 적용 X) [1] 변호사법 제109조 제1호 위반행위 이후 2020. 2. 4. 법률 제16911호 개정으로 개인의 파산사건 및 개인회생사건 신청의 대리를 법무사의 업무로 규정한 법무사법 제2조 제6호가 추가된 경우, 형법 제1조 제2항과 형사소송법 제326조 제4호가 적용되지 않는다.
[2] 법무사인 피고인이 개인회생·파산사건 관련 법률사무를 위임받아 취급하여 변호사법위반으로 기소된 후 개인회생·파산사건 신청대리업무를 법무사의 업무로 추가하는 법무사법 개정이 이루어진 사안에서, 이 사건 법률 개정으로 제6호의 내용이 추가된 법무사법 제2조는 이 부분 공소사실의 해당 형벌법규인 변호사법 제109조 제1호 또는 그로부터 수권 내지 위임을 받은 법령이 아닌 별개의 다른 법령에 불과하고, 법무사의 업무범위에 관한 규정으로서 기본적으로 형사법과 무관한 행정적 규율에 관한 내용이므로, 이는 타법에서의 비형사적 규율의 변경이 문제된 형벌법규의 가벌성에 간접적인 영향을 미치는 경우에 해당할 뿐이어서, 원칙적으로 형법 제1조 제2항과 형사소송법 제326조 제4호의 적용 대상인 형사법적 관점의 변화에 근거한 법령의 변경에 해당한다고 볼 수 없다는 이유로, 형법 제1조 제2항과 형사소송법 제326조 제4호가 적용되지 아니하므로 변호사법위반에 해당한다(대법원 2023. 2. 23. 선고 2022도6434 판결). 결국, 해당 형벌법규 자체 또는 그로부터 수권 내지 위임을 받은 법령이 아닌 다른 법령의 변경으로 인한 형법 제1조 제2항과 형사소송법 제326조 제4호의 적용 여부가 문제된 사건에서, 법무사법이 개정된 경우는 형사법적 관점의 변화에 근거한 법령의 변경에 해당한다고 볼 수 없으므로, 형법 제1조 제2항(신법)이 적용되지 않는다.

㉡ (형법 제1조 제2항 적용 X) 한편 법령이 개정 내지 폐지된 경우가 아니라, 스스로 유효기간을 구체적인 일자나 기간으로 특정하여 효력의 상실을 예정하고 있던 법령이 그 유효기간을 경과함으로써 더 이상 효력을 갖지 않게 된 경우도 형법 제1조 제2항에서 말하는 법령의 변경에 해당한다고 볼 수 없다(대법원 2022. 12. 22. 선고 2020도16420 전원합의체판결).

㉢ (형법 제1조 제2항 적용 X) 해당 형벌법규 자체 또는 그로부터 수권 내지 위임을 받은 법령이 아닌 다른 법령이 변경된 경우, 해당 형벌법규에 따른 범죄의 성립 및 처벌과 직접적으로 관련이 없는 법령의 변경으로 인하여 해당 형벌법규의 가벌성에 영향을 미치게 되는 경우(형사법적 관점의 변화에 근거한 법령의 변경에 해당한다고 볼 수 없는 경우)에는 형법 제1조 제2항이 적용되지 않는다(대법원 2022. 12. 22. 선고 2020도16420 전원합의체판결).

㉣ (형법 제1조 제2항 적용 X) [1] 형법 제1조 제2항의 규정은 입법자가 법령의 변경 이후에도 종전 법령 위반행위에 대한 형사처벌을 유지한다는 내용의 경과규정을 따로 두지 않는 한 그대로 적용되어야 한다(대법원 2022. 12. 22. 선고 2020도16420 전원합의체판결). 결국, 종전 법령 위반행위에 대하여 신법에 구법을 그대로 적용한다는 경과규정을 따로 두고 있다면 형법 제1조 제2항(신법)이 적용되는 것이 아니라 제1조 제1항(구법)이 그대로 적용된다.
[2] 형법 제1조 제2항 및 제8조에 의하면 범죄 후 법률의 변경에 의하여 형이 구법보다 경한 때에는 신법에 의한다고 규정하고 있으나 신법에 경과규정을 두어 이러한 신법의 적용을 배제하는 것도 허용되는 것으로서, 형을 종전보다 가볍게 형벌법규를 개정하면서 그 부칙으로 개정된 법의 시행 전의 범죄에 대하여 종전의 형벌법규를 적용하도록 규정한다 하여 헌법상의 형벌불소급의 원칙이나 신법우선주의에 반한다고 할 수 없다(대법원 1999. 4. 13.자 99초76결정).

㉤ (형법 제1조 제2항 적용 X) [1] 구「특정범죄 가중처벌 등에 관한 법률」 제5조의3 제1항, 제5조의11 제1항(위험운전치상죄)은 음주 또는 약물의 영향으로 정상적인 운전이 곤란한 상태에서 도로교통법 제2조에 규정된 자동차 또는 원동기장치자전거를 운전하여 사람을 상해에 이르게 한 사람을 처벌하도록 규정하고 있다. 구 도로교통법(2020. 6. 9. 법률 제17371호로 개정되기 전의 것, 이하 '구 도로교통법'이라 한다) 제2조 제19호 나목은 '배기량 50시시 미만(전기를 동력으로 하는 경우에는 정격출력 0.59킬로와트 미만)의 원동기를 단 차'를 원동기장치자전거 중 일부로 규정하였고, 이 사건 전동킥보드는 위 규정에 따라 원동기장치자전거에 해당하였다. 그런데 구 도로교통법이 2020. 6. 9. 법률 제17371호로 개정되어 이 사건 범행 이후인 2020. 12. 10. 개정 도로교통법이 시행되면서 제2조 제19호의2 및 제21호의2에서 이 사건 전동킥보드와 같은 "개인형 이동장치"와 이를 포함하는 "자전거 등"에 관한 정의규정을 신설하였다. 이에 따라 개인형 이동장치는 개정 도로교통법 제2조 제21호의 "자동차 등"이 아닌 같은 조 제21호의2의 "자전거 등"에 해당하게 되었다.
[2] 그러나 개정 도로교통법 제2조 제19호의2는 "개인형 이동장치"란 제19호 나목의 원동기장치자전거 중 시속 25킬로미터 이상으로 운행할 경우 전동기가 작동하지 아니하고 차체 중량이 30킬로그램 미만인 것으로서 행정안전부령으로 정하는 것을 말한다고 규정함으로써 그 문언상 원동기장치자전거 내에 개인형 이동장치가 포함되어 있음을 알 수 있다. 이러한 점을 고려하면 전동킥보드와 같은 개인형 이동장치는 원동기장치자전거와는 다른 별개의 개념이 아니라 원동기장치자전거에 포함되고, 다만, 개정 도로교통법은 통행방법 등에 관하여 개인형 이동장치를 자전거에 준하여 규율하면서 입법기술상의 편의를 위해 이를 "자전거 등"으로 분류하였다고 보는 것이 타당하다.
[3] 따라서 구 특정범죄가중처벌등에관한법률 제5조의11 제1항 위반(위험운전치상죄)에서의 '원동기장치자전거'에는 전동킥보드와 같은 개인형 이동장치도 포함된다고 판단되고, 비록 개정 도로교통법이 전동킥보드와 같은 개인형 이동장치에 관한 규정을 신설하면서 이를 "자동차 등"이 아닌 "자전거 등"으로 분류하였다고 하여 이를 형법 제1조 제2항의 '범죄 후 법률이 변경되어 그 행위가 범죄를 구성하지 아니하게 된 경우'라고 볼 수는 없다(대법원 2023. 6. 29.선고 2022도13430판결). 결국, 피고인이 운전한 '전동킥보드'가 개인형 이동장치로서 "원동기장치자전거"에 해당하므로 '전동킥보드의 운전자'는 여전히 특정범죄가중법위반(위험운전치상)죄의 주체에 해당하므로 피고인에게 면소판결을 할 것이 아니라 유죄판결을 선고하여야 한다.

문제 03 - 정답 ①

▶ ① (X) <u>상태범의</u> 공소시효의 기산점은 <u>구성요건적 결과의 발생시(기수시)</u>이나, <u>계속범의</u> 공소시효의 기산점은 <u>종료시이다</u>(형소법 제252조 제1항). 선지는 <u>설명이 반대로 되어있다</u>.
② (O) [1] <u>상태범은</u> 행위의 결과가 발생하면 기수와 동시에 범죄도 완성되므로 <u>기수시기와 종료시기가 일치한다</u>(절도죄, 횡령죄 등 주로 재산범죄). 그러나 <u>기수 이후에도 위법상태는</u> 계속되는데 이를 불가벌적 사후행위라고 부른다. 따라서 <u>상태범은 행위의 계속과 위법상태의 계속은 일치하지 않는다</u>.
[2] 계속범은 <u>기수시기와 종료시기가 일치하지 않는다</u>(주거침입죄, 체포·감금죄 등). 그러나 범죄가 기수로 된 이후에도 <u>범죄행위도 종료되지 않고 위법상태도 계속</u>되므로 <u>행위의 계속과 위법상태의 계속</u>은 <u>일치한다</u>.
③ (O) <u>상태범은 정당방위와 긴급피난이 기수시까지만 가능</u>하나, <u>계속범은</u> 기수이후에도 <u>종료시까지</u> 가능하다.
④ (O) <u>상태범은 기수시까지만 공범의 성립이 가능</u>하므로 기수이후에는 공범이 성립할 수 없으나, <u>계속범은</u> 기수이후에도 <u>종료시까지</u> 가능하다.

문제 04 - 정답 ③

▶ ③ ㉠㉡㉢(3개)은 옳은 지문이나, ㉣㉤(2개)은 틀린 지문이다.
㉠ (O) 형법이 금지하고 있는 법익침해의 결과발생을 방지할 법적인 작위의무를 지고 있는 자가 그 의무를 이행함으로써 결과발생을 쉽게 방지할 수 있는데도 결과발생을 용인하고 방관한 채 의무를 이행하지 아니한 것이 범죄의 실행행위로 평가될 만한 것이라면 부작위범으로 처벌할 수 있다. <u>실화죄에 있어서 공동의 과실이 경합되어 화재가 발생한 경우</u> 적어도 각 과실이 화재의 발생에 대하여 <u>하나의 조건이 된 이상</u> 그 공동적 원인을 제공한 사람들은 <u>각자 실화죄의 책임을 면할 수 없다</u>(대법원2023. 3. 9.선고 2022도16120판결). 결국, 갑과 을에 대해서는 <u>실화죄의 각 단독범</u>으로 처벌하여야 한다.
㉡ (O) 피고인들이 분리수거장 방향으로 담배꽁초를 던져 버리는 한편, 피고인들 각자 본인 및 상대방이 버린 담배꽁초 불씨가 살아 있는지를 확인하고 이를 완전히 제거하는 등 화재를 미리 방지할 주의의무가 있음에도 이를 게을리 한 채 만연히 현장을 떠난 과실이 인정되고 <u>이러한 피고인들 각자의 과실이 경합하여 이 사건 화재를 일으켰다</u>고 보아야 하므로, <u>피고인들 각자의 실화죄 책임을 인정하여야 한다</u>(대법원2023. 3. 9.선고2022도16120판결).
㉢ (O) 피고인들이 각자 본인 및 상대방의 담뱃불로 인하여 화재가 발생할 수 있음을 충분히 예견할 수 있어 상호 간에 담배꽁초 불씨가 남아 있는지를 확인하고 이를 완전히 제거할 주의의무가 있음에도 이를 위반한 채 분리수거장 부근에서 담배꽁초 불씨를 튕기고 담배꽁초를 던져 버린 후 아무런 조치 없이 현장을 떠났고 이러한 피고인들의 각 주의의무 위반과 이 사건 화재의 발생 사이에 인과관계가 인정된다(대법원2023. 3. 9.선고2022도16120판결). 결국, 피고인들의 실화죄에서 <u>각 주의의무 위반과 이 사건 화재의 발생 사이에 인과관계가 인정된다</u>.
㉣ (X) <u>과실범의 공동정범</u>은 행위자들 사이에 공동의 목표와 의사연락이 있는 경우에 성립하는 것인바, 함께 담배를 피웠을 뿐인 <u>갑과 을에게는 '공동의 목표'가 있었다고 보기 어려워</u> 위와 같은 공동정범의 법리가 적용될 수는 없다고 보아야 할 것이다. 따라서 형법 제30조를 적용하여 피고인들을 실화죄의 공동정범으로 처벌할 수는 없다고 할 것이다.
㉤ (X) '<u>원인행위가 불명이어서</u> 피고인들은 <u>실화죄의 미수로 불가벌에 해당</u>하거나 적어도 피고인들 중 일방은 실화죄가 인정될 수 없다.'는 취지의 피고인들 주장은 받아들이기 어렵다(대법원2023. 3. 9.선고2022도16120판결).

문제 05 - 정답 ②

▶ ② ㉠㉡(2개)은 옳은 지문이나, ㉢㉣㉤(3개)은 틀린 지문이다.
㉠ (O) 피고인이 고속도로 2차로를 따라 자동차를 운전하다가 1차로를 진행하던 갑의 차량 앞에 급하게 끼어든 후 곧바로 정차하여, 갑의 차량 및 이를 뒤따르던 차량 두 대는 연이어 급제동하여 정차하였으나, 그 뒤를 따라오던 을의 차량이 앞의 차량들을 연쇄적으로 추돌케 하여 을을 사망에 이르게 하고 나머지 차량 운전자 등 피해자들에게 상해를 입힌 사안에서, 편도 2차로의 고속도로로 1차로 한가운데에 정차한 피고인은 현장의 교통상황이나 일반인의 운전 습관·행태 등에 비추어 고속도로를 주행하는 다른 차량 운전자들이 제한속도 준수나 안전거리 확보 등의 주의의무를 완전하게 다하지 않을 수도 있다는 점을 알았거나 충분히 알 수 있었으므로, 피고인의 정차 행위와 사상의 결과 발생 사이에 <u>상당인과관계가 있고</u>, 사상의 결과 발생에 대한 <u>예견가능성도 인정된다</u>(대판 2014.7.24. 2014도6206). 결국, <u>피고인에게 일반교통방해치사상죄를 인정하였다</u>.
㉡ (O) 승용차로 피해자를 가로막아 승차하게 한 후 피해자의 하차 요구를 무시한 채 당초 목적지가 아닌 다른 장소를 향하여 시속 약 60km 내지 70km의 속도로 진행하여 피해자를 차량에서 내리지 못하게 한 행위는 감금죄에 해당하고, 피해자가 그와 같은 감금상태를 벗어날 목적으로 차량을 빠져 나오려다가 길바닥에 떨어져 상해를 입고 그 결과 사망에 이르렀다면 감금행위와 피해자의 사망 사이에는 <u>상당인과관계가 있다고 할 것</u>이므로 <u>감금치사죄에 해당한다</u>(대판 2000.2.11. 99도5286).
㉢ (X) [1] 술을 마시고 찜질방에 들어온 甲이 찜질방 직원 몰래 후문으로 나가 술을 더 마신 다음 후문으로 다시 들어와 발한실(發汗室)에서 잠을 자다가 사망한 사안에서, 甲이 처음 찜질방에 들어갈 당시 술에 만취하여 목욕장의 정상적 이용이 곤란한 상태였다고 단정하기 어렵고, <u>찜질방 직원 및 영업주에게</u> 손님이 몰래 후문으로 나가 술을 더 마시고 들어올 경우까지 예상하여 직원을 추가로 배치하거나 <u>후문으로 출입하는 모든 자를 통제·관리하여야 할 업무상 주의의무가 있다고 보기 어렵다</u>는 이유로, 위 찜질방 직원 및 영업주가 공중위생영업자로서의 업무상 주의의무를 위반하였다고 본 원심판단에 법리오해 및 심리미진의 위법이 있다.
[2] <u>행정상의 단속을 주안으로 하는 법규</u>라 하더라도 '<u>명문규정이 있거나 해석상 과실범도 벌할 뜻이 명확한 경우</u>'를 제외하고는 형법의 원칙에 따라 '<u>고의</u>'가 있어야 벌할 수 있다(대법원 2010. 2. 11., 선고, 2009도9807, 판결).
㉣ (X) <u>과실범은 결과범이므로</u> 결과가 발생하지 않은 미수란 있을 수 없다. 그러나 <u>주의의무위반과 결과발생 간에 인과관계는 반드시 필요하다</u>.
㉤ (X) 피고인이 결혼을 전제로 교제하던 여성 갑의 임신 사실을 알고 수회에 걸쳐 낙태를 권유하였다가 거부당하자, 갑에게 출산 여부는 알아서 하되 더 이상 결혼을 진행하지 않겠다고 통보하고,

이후에도 아이에 대한 친권을 행사할 의사가 없다고 하면서 낙태할 병원을 물색해 주기도 하였는데, 그 후 갑이 피고인에게 알리지 아니한 채 자신이 알아본 병원에서 낙태시술을 받은 사안에서, 피고인은 갑에게 직접 낙태를 권유할 당시뿐만 아니라 출산 여부는 알아서 하라고 통보한 이후에도 계속 낙태를 교사하였고, <u>갑은 이로 인하여 낙태를 결의·실행하게 되었다고 보는 것이 타당</u>하며, 갑이 당초 아이를 낳을 것처럼 말한 사실이 있다는 사정만으로 <u>피고인의 낙태교사행위와 갑의 낙태결의 사이에 인과관계가 단절되는 것은 아니므로, 피고인에게 낙태교사죄가 인정된다</u>(대판2013.9.12. 2012도2744). 결국, 피고인의 낙태교사행위와 甲의 낙태행위 사이에는 <u>인과관계가 인정된다</u>.

문제 06 - 정답 ②

▶ ② (X) 교사자가 피교사자에 대하여 상해를 교사하였는데 피교사자가 이를 넘어 살인을 실행한 경우, 일반적으로 교사자는 상해죄에 대한 교사범이 되는 것이고, 다만 이 경우 <u>교사자(피교사자(X))에게 피해자의 사망이라는 결과에 대하여 과실 내지 예견가능성이 있는 때에는 상해치사죄의 교사범으로서의 죄책을 지울 수 있다</u>(대판1997.6.24. 97도1075).

① (O) <u>결과 때문에 형이 무거워지는 죄의 경우에 그 결과의 발생을 예견할 수 없었을 때에는 무거운 죄로</u> 벌하지 아니한다(제15조 제2항).

③ (O) 대판2008.11.27. 2008도7311

④ (O) <u>강간이 미수에 그친 경우라도 그 수단이 된 폭행에 의하여 피해자가 상해를 입었으면 강간치상죄가 성립하는 것이며</u>, 미수에 그친 것이 피고인이 자의로 실행에 착수한 행위를 중지한 경우이든 실행에 착수하여 행위를 종료하지 못한 경우이든 가리지 않는다(대판1988.11.8. 88도1628).

문제 07 - 정답 ③

▶ ③ (X) <u>피고인에게는 이 사건 범행 당시 적어도 살인의 미필적 고의는 있었다</u>. 피해자가 피고인에게 한 가해의 수단 및 정도, 그에 비교되는 피고인의 행위의 수단, 방법과 행위의 결과 등 제반사정에 비추어, 피고인의 이 사건 범행행위가 <u>피해자의 피고인에 대한 현재의 부당한 침해를 방위하거나 그러한 침해를 예방하기 위한 행위로 상당한 이유가 있는 경우에 해당한다고 볼 수 없고</u>(제21조 제1항), 또 피고인의 이 사건 범행행위는 <u>방위행위가 그 정도를 초과한 때에 해당하거나</u>(제21조 제2항) <u>정도를 초과한 방위행위가 야간 기타 불안스러운 상태하에서 공포, 경악, 흥분 또는 당황으로 인한 때에 해당한다고 볼 수도 없다</u>(제21조 제3항)(대법원2007. 4. 26.선고2007도1794판결). <u>결국, 정당방위와 과잉방위에 해당하지 않는다</u>.

① (O) 피고인이 깨어진 병으로 피해자를 찌를 듯이 겨누어 협박한 사실이 넉넉히 인정되는 바, <u>피고인이 위와 같은 행위를 하게 된 것</u>은 위 피해자로부터 갑작스럽게 뺨을 맞는 등 폭행을 당하여 서로 멱살을 잡고 다투다가 수세에 몰리자 이에 대항하기 위한 것이었음이 위 각 증거에 비추어 명백하므로 <u>피고인의 위 행위는 자기의 법익에 대한 현재의 부당한 침해를 방위하기 위한 것이라고 볼 수 있으나</u>, 맨손으로 공격하는 상대방에 대하여 위험한 물건인 깨어진 병을 가지고 대항한다는 것은 당시의 상황에 비추어도 <u>사회통념상 그 정도를 초과한 방위행위로서 상당성이 결여된 것이</u>

고 보지 않을 수 없고, 또 피고인과 위 피해자 사이에 싸움이 일어나자 <u>동석한 갑, 을 등은 싸움을 제지하였다는 것</u>이어서 이러한 상황에 비추어 당시 <u>피고인의 위와 같은 대항행위가 야간의 공포나 당황으로 인한 것이었다고 보기도 어렵다</u>. 따라서 피고인의 <u>정당방위(제21조 제1항)</u> 또는 <u>야간의 공포나 당황으로 인한 과잉방위(제21조 제3항) 주장을 배척하고 다만 그 정황을 참작하여 형을 감경(제21조 제2항)한 조치는 정당하다</u>(대법원1991. 5. 28.선고91도80판결). 결국, <u>정당방위(제21조 제1항)</u> 또는 <u>야간의 공포나 당황으로 인한 과잉방위(제21조 제3항)에는 해당하지 않으나, 다만 그 정황을 참작하여 형을 감경하는 제21조 제2항의 과잉방위에는 해당한다</u>.

② (O) [1] 가해자의 행위가 피해자의 부당한 공격을 방위하기 위한 것이라기보다는 <u>서로 공격할 의사로 싸우다가 먼저 공격을 받고 이에 대항하여 가해를 한 경우</u> 가해행위는 방어행위인 동시에 공격행위의 성격을 가지므로 <u>정당방위 또는 과잉방위행위라고 볼 수 없다</u>.

[2] 이 사건 상해 행위가 있기 직전 피고인은 피해자의 모자챙을 쳐 모자를 벗기거나 뒷목을 잡아당기거나 멱살을 잡아 벽에 밀치는 등 상당 시간 동안 다툼을 벌이며 피해자를 폭행하였다. 위와 같이 다툼이 있은 후 피해자는 자리를 피하려는 피고인 일행을 따라가 '도망가지 마라.'는 말을 하며 계단에서 여러 차례 피고인을 붙잡았고, 실랑이 과정에서 피고인이 피해자를 거세게 뿌리치는 바람에 피해자가 넘어졌다. 피해자가 피고인을 붙잡으면서 밑으로 끌어내리기 위해 무게 중심을 잡고 있었던 것으로 보이는데, <u>당시 피고인으로서는 자신이 피해자의 손을 힘껏 뿌리칠 경우 피해자가 뒤로 넘어질 수도 있다는 것을 충분히 인식할 수 있었다</u>. 피고인이 미필적으로나마 상해의 고의를 가지고 피해자를 뿌리쳐 상해를 입혔고, 그러한 행위는 피해자의 부당한 공격을 방위하기 위한 것이라기보다는 싸움 과정에서 일어난 공격행위로서 <u>정당방위나 과잉방위에 해당하지 않는다</u>(대법원2021. 5. 7.선고2020도15812판결). 결국, 상해죄가 성립한다.

④ (O) 피고인이 경찰관의 불심검문을 받아 <u>운전면허증을 교부한 후 경찰관에게 큰 소리로 욕설을 하였는데, 경찰관이 피고인을 모욕죄의 현행범으로 체포하려고 하자 피고인이 반항하면서 경찰관에게 상해를 가한 사안</u>에서, 경찰관이 피고인을 체포한 행위는 적법한 공무집행이라고 볼 수 없고, <u>피고인이 체포를 면하려고 반항하는 과정에서 상해를 가한 것</u>은 불법체포로 인한 신체에 대한 현재의 부당한 침해에서 벗어나기 위한 행위로서 <u>정당방위에 해당한다</u>는 이유로, <u>피고인에 대한 상해 및 공무집행방해의 공소사실을 무죄로 인정</u>한 원심판단을 수긍한 사례(대판2011.5.26. 2011도3682). 상해에 대해서는 <u>정당방위로 위법성조각되어 상해죄가 성립하지 아니하고</u>, 경찰관의 직무집행행위는 <u>위법</u>하므로 폭행하였어도 공무집행방해죄의 <u>구성요건해당성이 배제되므로 공무집행방해죄가 성립하지 않는다</u>.

문제 08 - 정답 ③

▶ ③ ㉠㉢㉣(3개)은 <u>정당한 이유가 없어 처벌</u>되나, ㉡㉤(2개)은 <u>정당한 이유가 있어</u> 처벌되지 않는다.

㉠ (정당한 이유 X) 일본 영주권을 가진 재일교포가 영리를 목적으로 관세물품을 구입한 것이 아니라거나 국내 입국시 관세신고를 하지 않아도 되는 것으로 착오하였다는 사정만으로는 <u>형법 제16조의 법률의 착오에 해당하지 않는다</u>(대판2007.5.11. 2006도1993).

㉡ (정당한 이유 ○) 광역시의회 의원이 선거구민들에게 의정보고서

를 배부하기에 앞서 미리 관할 선거관리위원회 소속 공무원들에게 자문을 구하고 그들의 지적에 따라 수정한 의정보고서를 배부한 경우가 형법 제16조에 해당하여 벌할 수 없다(대판2005.6.10. 2005도835).
ⓒ (정당한 이유 X) 피고인이 경제기획원 발행의 서비스업통계조사지침서와 통계청 발행의 총사업체통계조사보고서에 탐지, 감시 등을 업으로 하는 탐정업이 적시되어 있는 것을 보고 민원사무담당 공무원에게 문의하여 탐정업이 인·허가 또는 등록사항이 아니라는 대답을 얻었으며 세무서에 탐정업 및 심부름 대행업에 관한 사업자등록을 하였다 하더라도, 신용조사업법에서 금지하고 있는 특정인의 소재를 탐지하거나 사생활을 조사하는 행위 등을 제외하더라도 탐정업이 하나의 사업으로 존재할 수 있는 것이므로 탐정업이 정부기관에 의하여 하나의 업종으로 취급되고 있다거나 세무서에서 사업자등록을 받아 주었다고 하여 그것이 위 법률에서 금지하는 행위까지를 할 수 있다는 취지는 아님이 분명하고 그렇다면 피고인이 특정인 소재탐지, 사생활조사 등의 행위가 죄가 되지 않는다고 믿은 데에 정당한 이유가 있었다고는 할 수 없다(대판1994.8.26. 94도780).
ⓔ (정당한 이유 X) 피고인이 그 보좌관을 통하여 관할선거관리위원회 직원에게 문의하여 이 사건 의정보고서에 앞서 본 바와 같은 내용을 게재하는 것이 허용된다는 답변을 들은 것만으로는(이 사건 의정보고서의 제작과 관련하여, 피고인측에서 관할선거관리위원회의 지도계장에게 구두로 문의를 하였을 뿐 관할선거관리위원회에 정식으로 질의를 하여 공식적인 답신을 받은 것도 아니다), 자신의 지적 능력을 다하여 이를 회피하기 위한 진지한 노력을 다 하였다고 볼 수 없고, 그 결과 자신의 행위의 위법성을 인식하지 못한 것이라고 할 것이므로 그에 대해 정당한 이유가 있다고 하기 어렵다(대법원2006. 3. 24.선고2005도3717판결). 결국, 피고인은 공직선거및선거부정방지법위반에 해당한다.
ⓜ (정당한 이유 ○) 행정청의 허가가 있어야 함에도 불구하고 허가를 받지 아니하여 처벌대상 행위를 한 경우, 허가를 담당하는 공무원이 허가를 요하지 않는 것으로 잘못 알려 주어 이를 믿었기 때문에 허가를 받지 아니하였다면, 허가를 받지 않더라도 죄가 되지 않는 것으로 착오를 일으킨 데 대하여 정당한 이유가 있는 경우에 해당하여 처벌할 수 없다(대법원1995. 7. 11.선고94도1814판결).

문제 09 - 정답 ②

▶ ② (X) [1] 민사소송법상 소송비용의 청구는 소송비용액 확정절차에 의하도록 규정하고 있으므로, 위 절차에 의하지 아니하고 손해배상금 청구의 소 등으로 소송비용의 지급을 구하는 것은 소의 이익이 없는 부적법한 소로서 허용될 수 없다고 할 것이다. 따라서 소송비용을 편취할 의사로 소송비용의 지급을 구하는 손해배상청구의 소를 제기하였다고 하더라도 이는 객관적으로 소송비용의 청구방법에 관한 법률적 지식을 가진 일반인의 판단으로 보아 결과 발생의 가능성이 없어 위험성이 인정되지 않는다고 할 것이다.
[2] 소송비용을 편취할 의사로 소송비용의 지급을 구하는 손해배상청구의 소를 제기한 경우, 사기죄의 불능범에 해당한다(대법원2005. 12. 8.선고2005도8105판결). 결국, 사기죄의 불능미수가 아니라 불능범이므로 무죄이다.
① (○) 형법 제27조(불능범)는 "실행의 수단 또는 대상의 착오로 인하여 결과의 발생이 불가능하더라도 위험성이 있는 때에는 처벌한다. 단, 형을 감경 또는 면제할 수 있다."라고 규정하고 있다. 불능미수란 행위자에게 범죄의사가 있고 실행의 착수라고 볼 수 있는 행위가 있더라도 실행의 수단이나 대상의 착오로 처음부터 결과발생 또는 법익침해의 가능성이 없지만 다만 그 행위의 위험성 때문에 미수범으로 처벌하는 경우를 말한다. 여기에서 '결과의 발생이 불가능'하다는 것은 범죄행위의 성질상 어떠한 경우에도 구성요건의 실현이 불가능하다는 것을 의미한다(대법원2019. 5. 16. 선고2019도97판결).
③ (○) 피고인이 갑에게 위조한 예금통장 사본 등을 보여주면서 외국회사에서 투자금을 받았다고 거짓말하며 자금 대여를 요청하였으나, 갑과 함께 그 입금 여부를 확인하기 위해 은행에 가던 중 은행 입구에서 차용을 포기하고 돌아가 사기미수로 기소된 사안에서, 피고인이 범행이 발각될 것이 두려워 범행을 중지한 것으로서 일반 사회통념상 범죄를 완수함에 장애가 되는 사정에 해당하여 자의에 의한 중지미수로 볼 수 없다(대판2011.11.10. 2011도10539).
④ (○) 실제의 임차인이 전세계약서상의 임차인 명의를 처의 명의로 변경하지 아니하였다 하더라도 소액임대차보증금에 대한 우선변제권 행사로서 배당금을 수령할 권리가 있다 할 것이어서, 경매법원이 실제의 임차인을 처로 오인하여 배당결정을 하였더라도 이로써 재물의 편취라는 결과의 발생은 불가능하다 할 것이고, 이러한 임차인의 행위를 객관적으로 결과발생의 가능성이 있는 행위라고 볼 수도 없으므로 형사소송법 제325조에 의하여 무죄를 선고하여야 한다(대판 2002.2.8. 2001도6669). 결국, 사기죄의 불능미수에 해당하지 아니하고 불능범에 해당한다.

문제 10 - 정답 ②

▶ ② (X) 공모공동정범에 있어서 공모자 중의 1인이 다른 공모자가 실행행위에 이르기 전에 그 공모관계에서 이탈한 때에는 그 이후의 다른 공모자의 행위에 관하여는 공동정범으로서의 책임은 지지 않는다 할 것이나, 공모관계에서의 이탈은 공모자가 공모에 의하여 담당한 기능적 행위지배를 해소하는 것이 필요하므로 공모자가 공모에 주도적으로 참여하여 다른 공모자의 실행에 영향을 미친 때에는 범행을 저지하기 위하여 적극적으로 노력하는 등 실행에 미친 영향력을 제거하지 아니하는 한 공모관계에서 이탈하였다고 할 수 없다(대판2008.4.10. 2008도1274).
① (○) 형법 제155조 제1항에서 타인의 형사사건에 관하여 증거를 위조한다 함은 증거 자체를 위조함을 말하는 것으로서, 선서무능력자로서 범죄 현장을 목격하지도 못한 사람으로 하여금 형사법정에서 범죄 현장을 목격한 양 허위의 증언을 하도록 하는 것은 위 조항이 규정하는 증거위조죄를 구성하지 아니한다(대법원1998. 2. 10.선고97도2961판결). 결국, 선서무능력자는 위증죄가 성립하지 않고 위증죄는 자수범이므로 위증죄의 간접정범이 성립하지 않는다. 또한 선서무능력자가 위증죄가 성립하지 아니하면 공범의 종속성에 따라 위증죄의 교사범도 성립하지 않는다. 한편 증거위조라 함은 증거자체를 위조함을 말하므로, 허위증언을 시켜도 증거위조죄도 성립하지 아니하고 증거위조죄의 교사범도 성립하지 않는다.
③ (○) [1] 피고인은 성명불상자들의 공중송신권 침해행위 도중에 그 범행을 충분히 인식하면서 그러한 침해 게시물 등에 연결되는 링크를 이 사건 사이트에 영리적·계속적으로 게시하여 공중의 구성원이 개별적으로 선택한 시간과 장소에서 침해 게시물에 쉽게 접근할 수 있도록 하는 정도의 링크 행위를 하여 침해 게시물을 공중의 이용에 제공하는 성명불상자들의 범죄를 용이하게 하였으

므로 **공중송신권 침해의 방조범이 성립할 수 있다**.
[2] 저작재산권자의 이용허락 없이 전송되는 공중송신권 침해 게시물로 연결되는 링크를 이른바 '다시보기' 링크 사이트 등에서 공중의 구성원에게 제공하는 행위가 공중송신권 침해의 방조가 되는지 여부가 문제된 사건에서 저작권법위반의 방조가 성립한다.(이른바 '다시보기' 링크 사이트 사건) (대법원2021. 9. 9.선고2017도19025 전원합의체 판결).
④ (○) [1] 위조문서행사죄에 있어서 행사는 위조된 문서를 진정한 것으로 사용함으로써 문서에 대한 공공의 신용을 해칠 우려가 있는 행위를 말하므로 그 행사의 상대방에는 아무런 제한이 없고, 다만 문서가 위조된 것임을 이미 알고 있는 공범자 등에게 행사하는 경우에는 위조문서행사죄가 성립할 수 없으나, 간접정범을 통한 위조문서행사범행에 있어 도구로 이용된 자라고 하더라도 문서가 위조된 것임을 알지 못하는 자에게 행사한 경우에는 위조문서행사죄가 성립한다.
[2] 갑은 위조한 전문건설업등록증등의 컴퓨터 이미지 파일을 공사 수주에 사용하기 위하여 발주자인을 또는 ▽▽▽▽기술서비스의 담당직원 A에게 이메일로 송부한 사실, 을 또는 A는 갑으로부터 이메일로 송부받은 컴퓨터 이미지 파일을 프린터로 출력할 당시 그 이미지 파일이 위조된 것임을 알지 못하였던 사실을 알 수 있으므로, 피고인의 위와 같은 행위는 형법 제229조의 위조·변조공문서행사죄를 구성한다고 보아야 할 것이다(대법원2012. 2. 23.선고2011도14441판결).

문제 11 - 정답 ①

▶ ① ㉠㉡㉢㉣㉤은 모두 맞는 지문이다.
㉠ (○) 독립행위의 경합(동시범, 제19조)
㉡ (○) 대판1984.5.15. 84도488
㉢ (○) 독립행위가 경합하여 특히 상해의 결과를 발생하게 하고 그 결과발생의 원인이 된 행위가 밝혀지지 아니한 경우에는 공동정범의 예에 따라 처단(동시범)하는 것이므로, 공범관계에 있어 **공동가공의 의사가 있었다면** 이에는 **동시범 등의 문제는 제기될 여지가 없다**(대판1985.12.10. 85도1892).
㉣ (○) 상해죄의 동시범 특례(제263조)
㉤ (○) **시간적 차이가 있는 독립된 상해행위나 폭행행위가 경합하여 사망의 결과가 일어나고 그 사망의 원인된 행위가 판명되지 않은 경우에도 공동정범의 예에 의하여 처벌할 것이다**(대법원 2000. 7. 28.선고2000도2466판결). 결국, 순차적으로 이시의 독립행위가 경합된 경우에도 **상해죄의 동시범 특례가 적용된다**.

문제 12 - 정답 ③

▶ ③ ㉠㉡㉢(3개)은 옳은 지문이나, ㉣㉤(2개)은 틀린 지문이다.
㉠ (○) **형법상 방조행위는** 정범이 범행을 한다는 정을 알면서 그 실행행위를 용이하게 하는 직접·간접의 모든 행위를 가리키는 것으로서 **유형적, 물질적인 방조뿐만 아니라** 정범에게 범행의 결의를 강화하도록 하는 것과 같은 **무형적, 정신적 방조행위까지도 이에 해당한다**. 종범은 정범의 실행행위 중에 이를 방조하는 경우뿐만 아니라, 실행 착수 전에 장래의 실행행위를 예상하고 이를 용이하게 하는 행위를 하여 방조한 경우에도 성립한다. 형법상 방조행위는 정범이 범행을 한다는 정을 알면서 그 실행행위를 용이하게 하

는 직접·간접의 행위를 말하므로, **방조범은** 정범의 실행을 방조한다는 이른바 **방조의 고의와** 정범의 행위가 구성요건에 해당하는 행위인 점에 대한 **정범의 고의가 있어야** 하나, **방조범에서 요구되는 정범의 고의는** 정범에 의하여 실현되는 범죄의 구체적 내용을 인식할 것을 요하는 것은 아니고 **미필적 인식이나 예견으로 족하다**(대판 2018.9.13. 2018도7658, 2018전도54, 55, 2018보도6, 2018모2593).
㉡ (○) **종범은** 정범의 실행행위 중에 이를 방조하는 경우는 물론이고 **실행의 착수 전에 장래의 실행행위를 예상하고 이를 용이하게 하는 행위를 하여 방조한 경우에도 정범이 그 실행행위에 나아갔다면 성립한다**(대판1997.4.17. 96도3377 전원합의체판결).
㉢ (○) 갑의 **이 사건 농성현장 독려 행위는 위법한 업무방해행위**가 계속되고 있던 이 사건 생산라인 점거 현장에서 직접 이루어진 것으로 그 당시 갑은 노동조합 내 지위와 영향력을 가지고 현실적으로 범행을 실행하고 있던 **생산라인점거농성을 하고 있는 정범으로 하여금 그 범행을 더욱 유지·강화시킨 행위에 해당하므로**, 이를 쟁의행위에 대한 조력행위라거나 산업별 노동조합의 통상적인 조합활동으로서 정당하다고 볼 수는 없다. 따라서 **갑이 농성현장에 직접 들어가 조합원들을 독려한 행위는 업무방해죄의 방조가 인정된다**(대법원2021. 9. 16.선고2015도12632판결). 결국, 갑이 **농성현장에 직접 들어가 조합원들을 독려한 행위는 업무방해방조죄에 해당한다**.
㉣㉤ (X) 갑이 **정문 앞 집회에 참가하여 비록 이 사건 집회에서 사회를 보거나 기자회견을 함으로써 A회사 내에서 생산라인을 점거하고 있던 조합원(정범)들에게 일정 정도의 영향력을 미쳤다고 하더라도**, 이는 쟁의행위의 목적 자체를 지지하는 과정에서 발생한 **간접적이고 부수적인 결과에 불과하다**. 또한 **갑의 이 사건 공문 전달 행위 역시** 산업별 노동조합인 금속노조 내에서 **미조직 비정규국장으로서의 통상적인 활동에 해당하는 것**으로, 갑이 공문 전달을 통해 비정규지회에 이 사건 생산라인 점거 자체를 직접 독려하거나 지지하였다고 보기는 어렵다. 따라서갑의 **이 사건 집회 참가 및 이 사건 공문 전달 행위**는 이 사건 생산라인 점거로 인한 범죄 실현과 밀접한 관련성이 있다고는 단정할 수 없으므로 갑의 **위와 같은 조력행위는 방조범의 성립을 인정할 정도로 업무방해행위와 인과관계가 있다고 볼 수 없다**(대법원2021. 9. 16.선고2015도12632판결). 결국, 갑이 농성현장에 직접 들어가지 않고 A회사의 **정문 앞 집회 참가 및 공문전달행위는 업무방해방조죄에 해당하지 않는다**.

문제 13 - 정답 ④

▶ ④ ㉠㉢㉣㉤(4개)은 **틀린 지문**이나, ㉡(1개)은 옳은 지문이다.
㉠ (X) 상상적 경합은 1개의 행위가 수개의 죄에 해당하는 경우를 말한다(형법 제40조). 여기에서 1개의 행위라 함은 법적 평가를 떠나 사회관념상 행위가 사물자연의 상태로서 1개로 평가되는 것을 의미한다. 중대재해처벌법과 산업안전보건법의 목적, 보호법익, 행위태양 등에 비추어 보면, 이 사건에서 **중대재해처벌법위반(산업재해치사)죄**와 근로자 사망으로 인한 **산업안전보건법위반죄 및 업무상과실치사죄는 상호간** 사회관념상 **1개의 행위**가 **수개의 죄에 해당하는 경우로서** 형법 제40조의 **상상적 경합 관계에 있다**. 그 구체적 이유는 다음과 같다.
  1) **산업안전보건법은** '산업 안전 및 보건에 관한 기준을 확립하

고 그 책임의 소재를 명확하게 하여 산업재해를 예방하고 쾌적한 작업환경을 조성함으로써 노무를 제공하는 사람의 안전 및 보건을 유지·증진함'을 목적으로 하고(제1조), 중대재해처벌법은 '사업 또는 사업장, 공중이용시설 및 공중교통수단을 운영하거나 인체에 해로운 원료나 제조물을 취급하면서 안전·보건 조치의무를 위반하여 인명피해를 발생하게 한 사업주, 경영책임자, 공무원 및 법인의 처벌 등을 규정함으로써 중대재해를 예방하고 시민과 종사자의 생명과 신체를 보호함'을 목적으로 한다(제1조). 위 각 법의 목적이 완전히 동일하지는 않지만 '산업재해 또는 중대재해를 예방'하고 '노무를 제공하는 사람 또는 종사자의 안전을 유지·증진하거나 생명과 신체를 보호'하는 것을 목적으로 함으로써 궁극적으로 사람의 생명·신체의 보전을 그 보호법익으로 한다는 공통점이 있다. 이는 사람의 생명·신체의 보전을 보호법익으로 하는 형법상 업무상과실치사상죄도 마찬가지이다.

2) 이 사건에서 갑이 안전보건총괄책임자로서 작업계획서 작성에 관한 조치를 하지 않은 산업안전보건법위반행위와 경영책임자로서 안전보건관리체계의 구축 및 그 이행에 관한 조치를 하지 않은 중대재해처벌법위반행위는 모두 같은 일시·장소에서 같은 피해자의 사망이라는 결과 발생을 방지하지 못 한 부작위에 의한 범행에 해당하여 각 그 법적 평가를 떠나 사회관념상 1개의 행위로 평가할 수 있다. 따라서 중대재해처벌법위반(산업재해치사)죄와 근로자 사망으로 인한 산업안전보건법위반죄는 상상적 경합 관계에 있다.

3) 근로자 사망으로 인한 산업안전보건법위반죄와 업무상과실치사죄는 그 업무상 주의의무가 일치하여 상상적 경합 관계에 있다. 이 사건에서 피고인 갑에게 중대재해처벌법 제4조에 따라 부과된 안전 확보의무는 산업안전보건법 제63조에 따라 부과된 안전 조치의무와 마찬가지로 업무상과실치사죄의 주의의무를 구성할 수 있다. 따라서 중대재해처벌법위반(산업재해치사)죄와 업무상과실치사죄 역시 행위의 동일성이 인정되어 상상적 경합 관계에 있다(대법원2023. 12. 28.선고2023도12316판결).

ⓒ (O) [1] 공직선거법에서의 기부행위는 원칙적으로 당사자 일방이 상대방에게 무상으로 금전·물품 기타 재산상 이익의 제공, 이익제공의 의사표시 또는 그 제공을 약속하는 행위를 말한다(공직선거법 제112조 제1항). 공직선거법 제113조에서 기부행위를 제한하는 취지는 기부행위가 후보자의 지지기반을 조성하는 데에 기여하거나 매수행위와 결부될 가능성이 높아 이를 허용할 경우 선거 자체가 후보자의 인물·식견 및 정책 등을 평가받는 기회가 되기보다는 후보자의 자금력을 겨루는 과정으로 타락할 위험성이 있어 이를 방지하기 위한 것이다.

[2] 공직선거법 제59조 단서 제1호 및 제60조의3 제1항 제2호, 제4호는 등록한 예비후보자에게 사전선거운동으로 명함을 교부하거나 예비후보자홍보물을 우편발송하는 행위 등을 허용하는데, 공직선거법 제60조의4 제1항에서 규율하는 예비후보자공약집은 명함이나 예비후보자홍보물과는 달리 상당한 비용을 들여 도서의 형태로 발간되는 것이어서 이를 무상으로 배부하게 되면 자금력을 기반으로 상대적으로 우월한 홍보활동과 효과적인 선거운동이 가능하게 되므로, 결국 후보자의 자금력이 유권자의 후보자 선택에 관한 의사결정에 영향을 미칠 우려가 있다.

[3] 지방자치단체장 선거의 예비후보자인 피고인이 제1심 공동피고인들에게 예비후보자공약집을 주어 자동차 와이퍼 등에 끼워두거나 상가, 주택의 우편함에 넣어 두는 등의 방법으로 살포하여, 후보자 등의 기부행위제한 위반으로 인한 공직선거법 위반죄(공직선거법 제257조 제1항 제1호, 제113조 제1항)와 예비후보자공약집 배부방법 위반으로 인한 공직선거법 위반죄(공직선거법 제255조 제2항 제1의2호, 제60조의4 제1항)의 상상적 경합으로 기소된 사안에서, 피고인의 행위에 대해 예비후보자공약집 배부방법 위반으로 인한 공직선거법 위반죄와 별도로 기부행위제한 위반으로 인한 공직선거법 위반죄가 성립하고 양자가 상상적 경합관계에 있다(대법원 2024. 4. 4. 선고 2023도18846 판결).

ⓒ (X) 수수한 메스암페타민을 장소를 이동하여 투약하고서 잔량을 은닉하는 방법으로 소지한 행위는 그 소지의 경위나 태양에 비추어 볼 때 당초의 수수행위에 수반되는 필연적 결과로 볼 수는 없고, 사회통념상 수수행위와는 독립된 별개의 행위를 구성한다고 보아야 한다(대법원1999. 8. 20.선고99도1744판결). 결국, 향정신성의약품수수죄와 소지죄의 실체적 경합관계에 있다.

㉣ (X) [1] 다수의 피해자에 대하여 각각 기망행위를 하여 각 피해자로부터 재물을 편취한 경우에는 범의가 단일하고 범행방법이 동일하더라도 각 피해자의 피해법익은 독립한 것이므로 이를 포괄일죄로 파악할 수 없고 피해자별로 독립한 사기죄가 성립된다. 다만 피해자들의 피해법익이 동일하다고 볼 수 있는 사정이 있는 경우에는 이들에 대한 사기죄를 포괄하여 일죄로 볼 수 있다.

[2] 이 사건에서 피고인의 피해자들에 대한 기망행위는 공통으로 이루어졌고, 피해자들도 노후 대비를 위한 자산 증식이라는 공통의 목적 아래 공동재산의 매도대금을 재원으로 삼아 공통으로 투자 결정에 이르렀다. 이처럼 이 사건에 나타난 기망행위의 공통성, 기망행위에 이르게 된 경위, 재산 교부에 관한 의사결정의 공통성, 재산의 형성·유지 과정, 재산 교부의 목적 및 방법, 기망행위 이후의 정황 등 모든 사정을 고려하여 보면, 피해자들에 대한 사기죄의 피해법익은 동일하다고 평가될 수 있으므로 이들에 대한 사기죄는 포괄일죄를 구성한다. 피고인이 계약서를 피해자별로 작성하였거나 피해자들이 각각 자기 명의 계좌에서 별도로 송금하였다는 점은 피해법익의 동일성과 양립할 수 있는 사정으로서 피해자들에 대한 사기죄가 포괄일죄라는 결론과 모순되거나 상충되지 않는다.

[3] 대법원은, 위와 같은 법리를 설시하면서 부부인 피해자들에 대한 ①기망행위의 공통성, ②기망행위에 이르게 된 경위, ③재산 교부에 관한 의사결정의 공통성, ④재산의 형성·유지 과정, ⑤재산 교부의 목적 및 방법, ⑥기망행위 이후의 정황 등을 종합적으로 고려하여, 부부인 피해자들의 피해법익이 동일한 경우로 볼 수 있으므로, 사기죄는 포괄일죄를 구성한다(대법원2023. 12. 21.선고2023도13514판결).

㉤ (X) [1] 자동차관리법 제2조 제3호, 제24조의2 제1항, 제2항 제1호, 제82조 제2호의2, 자동차관리법 시행규칙 제22조 등을 종합하면, 시·도지사 또는 시장·군수·구청장(이하 '시장 등'이라 한다)은 자동차 소유자 또는 자동차 소유자로부터 자동차의 운행 등에 관한 사항을 위탁받은 사람에 해당하지 아니하는 사람이 정당한 사유 없이 자동차를 운행하는 경우에 운행정지명령을 하여야 하고, 이러한 요건을 갖추지 못하였다면 그 운행정지명령은 적법 요건을 갖추지 못하였다고 보아야 한다. 나아가 시장 등이 한 운행정지명령을 위반하여 자동차를 운행하였다는 이유로 같은 법 제82조 제2호의2에 따른 처벌을 하기 위해서는 그 운행정지명령이 적법한 것이어야 하고, 그 운행정지명령이 당연무효는 아니더라도 위법한 처분으로 인정된다면 같은 법 제82조 제2호의2 위반죄는 성립할 수 없다.

[2] 운행정지명령 위반으로 인한 자동차관리법 제82조 제2호의2를 위반한 죄와 의무보험미가입자동차운행으로 인한 자동차손해배상보장법 제46조 제2항 제2호를 위반한 죄는 구성요건과 수범자의 범위에서 차이가 있고 입법 목적과 보호법익도 다르다. 따라서 위 각 죄는 하나의 범죄가 성립되는 때에 다른 범죄가 성립할 수 없다거나 하나의 범죄가 무죄로 될 경우에만 다른 범죄가 성립할 수 있는 양립 불가능한 관계에 있다고 볼 수 없다. 나아가 위 각 죄는 자동차의 운행이라는 행위가 일부 중첩되기는 하나 법률상 1개의 행위로 평가되는 경우에 해당한다고 보기 어렵고, 또 구성요건을 달리하는 별개의 범죄로서 보호법익을 달리하고 있으므로 상상적 경합관계로 볼 것이 아니라 실체적 경합관계로 보는 것이 타당하다(대법원2023.4.27.선고 2020도17883 판결). 결국, 자동차관리법위반죄와 자동차손해배상보장법위반죄의 실체적 경합관계로 본다.

문제 14 - 정답 ③

▶ ③ (X) 형의 집행을 유예하는 경우에는 보호관찰을 받을 것을 명하거나 사회봉사 또는 수강을 명할 수 있다(제62조의2 제1항). 위 제1항의 규정에 의한 보호관찰의 기간은 집행을 유예한 기간으로 한다. 다만, 법원은 유예기간의 범위내에서 보호관찰기간을 정할 수 있다(동조 제2항). 결국, 보호관찰 기간을 법원의 판결에 따라 집행을 유예한 기간을 넘는다면 헌법 제12조 제1항에 규정된 보안처분법정주의에 반한다고 할 것이다.

① (O) "개전의 정상이 현저한 때"가 반드시 피고인이 죄를 깊이 뉘우치는 경우만을 뜻하는 것으로 제한하여 해석하거나, 피고인이 범죄사실을 자백하지 않고 부인할 경우에는 언제나 선고유예를 할 수 없다고 해석할 것은 아니라고 하여 범죄사실을 부인하는 자에게도 선고유예를 할 수 있다(대판2003.2.20. 2001도6138 전원합의체판결).

② (O) [1] 집행유예기간 중에 범한 죄에 대하여 형을 선고할 때에, 집행유예의 결격사유를 정하는 형법 제62조 제1항 단서 소정의 요건에 해당하는 경우란, 이미 집행유예가 실효 또는 취소된 경우와 그 선고 시점에 미처 유예기간이 경과하지 아니하여 형 선고의 효력이 실효되지 아니한 채로 남아 있는 경우로 국한된다.
[2] 따라서 집행유예가 실효 또는 취소됨이 없이 유예기간을 경과한 때에는, 형의 선고가 이미 그효력을 잃게 되어 '금고 이상의 형을 선고'한 경우에 해당한다고 보기 어려울 뿐 아니라, 집행의 가능성이 더 이상 존재하지 아니하여 집행종료나 집행면제의 개념도 상정하기 어려우므로 위 단서 소정의 요건에 해당하지 않는다고 할 것이므로, 집행유예기간 중에 범한 범죄라고 할지라도 집행유예가 실효 취소됨이 없이 그 유예기간이 경과한 경우에는 이에 대해 다시 집행유예의 선고가 가능하다(대법원2007. 2. 8.선고2006도6196판결).

④ (O) 집행유예의 선고를 받은 후 그 선고의 실효 또는 취소됨이 없이 유예기간을 경과한 때에는「형법」제65조가 정하는 바에 따라 형의 선고는 효력을 잃는 것이고, 그와 같이 유예기간이 경과함으로써 형의 선고가 효력을 잃은 후에는「형법」제62조 단행의 사유가 발각되었다고 하더라도 그와 같은 이유로 집행유예를 취소할 수 없고 그대로 유예기간 경과의 효과가 발생한다(대법원1999. 1. 12.자98모151결정).

문제 15 - 정답 ④

▶ ④ (X) 총알이 장전되어 있는 엽총의 방아쇠를 잡고 있다가 총알이 발사되어 피해자가 사망한 사안에서, 범행의 도구로 사용된 엽총은 통상 사냥하기 직전에 총알을 장전하는 것인데도 사냥과는 전혀 관계없는 범행 당시 이미 총알이 장전되어 있었고, 실탄의 장전 유무는 탄창에 나타나는 표시에 의해서 쉽게 확인될 수 있어 총기에 실탄이 장전된 것인지 몰랐다고 하기 어려울 뿐 아니라, 안전장치를 하지 않은 상태에서 방아쇠를 잡고 있었던 점 등과 관계 증거에 나타난 전후 사정에 비추어, 피해자를 겁주려고 협박하다가 피해자의 접촉행위로 생겨난 단순한 오발사고가 아니라 살인의 고의가 있는 범죄행위였다고 보아야 한다(대법원1997. 2. 25.선고96도3364판결).

① (O) 피고인이 소란을 피우는 피해자를 말리다가 피해자가 욕하는 데 격분하여 예리한 칼로 피해자의 왼쪽 가슴부분에 길이 6Cm, 깊이 17Cm의 상처 등이 나도록 찔러 곧바로 좌측심낭까지 절단된 경우에 피고인에게 살인의 고의가 있었다(대판1991.10.22. 91도2174).

② (O) 경찰관이 질주하는 화물자동차의 승강구에 뛰어올라 동 차에 적재되어 있는 임산물에 대한 부정성 여부를 조사하기 위하여 정차를 명함에 있어 화주인 피고인이 이를 피하기 위하여 경찰관을 폭행하여 동 차로부터 추락시킨 결과 사망케 한 경우 위 사실만으로는 가해자가 피해자를 살해할 것을 결의하였다고 속단할 수는 없다(대판1957.5.24. 4290형상56). 결국, 살인의 고의를 부정하였다.

③ (O) 살인죄의 범의는 자기의 행위로 인하여 피해자가 사망할 수도 있다는 사실을 인식 예견하는 것으로 족하고 피해자의 사망을 희망하거나 목적으로 할 필요는 없고, 또 확정적인 고의가 아닌 미필적 고의로도 족한 것인바, 사실관계가 위와 같다면 피고인이 9세의 여자 어린이에 불과하여 항거를 쉽게 제압할 수 있는 피해자의 목을 감아서 졸라 실신시킨 후 그곳을 떠나버린 이상 그와 같은 자신의 가해행위로 인하여 피해자가 사망에 이를 수도 있다는 사실을 인식하지 못하였다고 볼 수 없으므로, 적어도 그 범행 당시에는 피고인에게 살인의 범의가 있었다 할 것이므로 피고인의 행위는 살인미수죄로 처단한다(대법원1994. 12. 22.선고94도2511판결).

문제 16 - 정답 ③

▶ ③ ㉠㉡㉢(3개)은 틀린 지문이나, ㉣㉤(2개)은 옳은 지문이다.

㉠ (X) 협박죄에 있어서의 협박이라 함은, 일반적으로 보아 사람으로 하여금 공포심을 일으킬 수 있는 정도의 해악을 고지하는 것을 의미하므로 그 주관적 구성요건으로서의 고의는 행위자가 그러한 정도의 해악을 고지한다는 것을 인식, 인용하는 것을 그 내용으로 하고 고지한 해악을 실제로 실현할 의도나 욕구는 필요로 하지 아니한다(대판2006.8.25. 2006도546).

㉡ (X) 피고인은 갑 정당에 관한 해악을 고지한 것이므로 각 경찰관 개인에 관한 해악을 고지하였다고 할 수 없고, 다른 특별한 사정이 없는 한 일반적으로 갑 정당에 대한 해악의 고지가 각 경찰관 개인에게 공포심을 일으킬 만큼 서로 밀접한 관계에 있다고 보기 어렵다. 따라서 피고인의 행위가 각 경찰관에 대한 협박죄를 구성한다고 볼 수 없다(대판2012.8.17. 2011도10451).

㉢ (X) 채권추심 회사의 지사장이 회사로부터 자신의 횡령행위에

대한 민·형사상 책임을 추궁당할 지경에 이르자 이를 모면하기 위하여 회사 본사에 '회사의 내부비리 등을 금융감독원 등 관계 기관에 고발하겠다'는 취지의 서면을 보내는 한편, 위 회사 경영지원본부장이자 상무이사에게 전화를 걸어 자신의 횡령행위를 문제삼지 말라고 요구하면서 위 서면의 내용과 같은 취지로 발언한 경우, 위 상무이사에 대한 협박죄가 성립한다(대판2010.7.15. 2010도1017).

② (○) 대판2010.7.15. 2010도1017

⑩ (○) [1] 협박죄가 성립하려면 고지된 해악의 내용이 일반적으로 사람으로 하여금 공포심을 일으키게 하기에 충분한 것이어야 하지만, 상대방이 그에 의하여 현실적으로 공포심을 일으킬 것까지 요구하는 것은 아니며, 그와 같은 정도의 해악을 고지함으로써 상대방이 그 의미를 인식한 이상, 상대방이 현실적으로 공포심을 일으켰는지 여부와 관계없이 그로써 구성요건은 충족되어 협박죄의 기수에 이르는 것으로 해석하여야 한다.
[2] 결국, 협박죄는 사람의 의사결정의 자유를 보호법익으로 하는 위험범이라 봄이 상당하고, 협박죄의 미수범 처벌조항은 ⊙ 해악의 고지가 현실적으로 상대방에게 도달하지 아니한 경우나, ⓒ 도달은 하였으나 상대방이 이를 지각하지 못하였거나 ⓒ 고지된 해악의 의미를 인식하지 못한 경우 등에 적용될 뿐이다(미수는 ⊙ⓒⓒ(3개)이다)(대판2007.9.28. 2007도606 전원합의체판결).

문제 17 - 정답 ③

▶ ③ ⊙ⓒ(2개)은 틀린 지문이나, ⓒ②⑩(3개)은 옳은 지문이다.

⊙ (X) 강간죄의 실행의 착수가 있었다고 하려면 강간의 수단으로서 폭행이나 협박을 한 사실이 있어야 할 터인데 피해자의 가슴과 엉덩이를 만지면서 간음을 기도하였다는 사실만으로는 강간의 수단으로 피해자에게 폭행이나 협박을 개시하였다고 하기는 어렵다(대판1990.5.25. 90도607). 결국, 강간죄의 장애미수에 해당하지 않고 주거침입죄만 성립한다.
ⓒ (○) 골프장 사장과의 친분관계를 내세워 함께 술을 마시지 않을 경우 신분상의 불이익을 가할 것처럼 협박하여 이른바 러브샷의 방법으로 술을 마시게 한 경우, 강제추행죄가 인정된다(대판2008.3.13. 2007도10050).
ⓒ (X) 피고인이 아파트 놀이터의 의자에 앉아 이어폰을 끼고 친구와 전화통화를 하고 있던 갑(녀, 18세)의 뒤로 몰래 다가가 갑의 머리카락 및 옷 위에 소변을 보아 강제추행하였다는 내용으로 기소된 사안에서, 피고인이 처음 보는 여성인 갑의 뒤로 몰래 접근하여 성기를 드러내고 갑을 향한 자세에서 갑의 등 쪽에 소변을 본 행위는 객관적으로 일반인에게 성적 수치심이나 혐오감을 일으키게 하고 선량한 성적 도덕관념에 반하는 행위로서 갑의 성적 자기결정권을 침해하는 추행행위에 해당한다고 볼 여지가 있고, 행위 당시 갑이 이를 인식하지 못하였더라도 마찬가지로 추행에 해당한다.
② (○) 형법 제305조에 규정된 13세미만 부녀에 대한 의제강간, 추행죄는 그 성립에 있어 위계 또는 위력이나 폭행 또는 협박의 방법에 의함을 요하지 아니하며 피해자의 동의가 있다고 하여도 성립하는 것이다(대판1982.10.12. 82도2183).
⑩ (○) 형법 제305조의 미성년자의제강제추행죄는 그 성립에 필요한 주관적 구성요건요소는 고의만으로 충분하고, 그 외에 성욕을 자극·흥분·만족시키려는 주관적 동기나 목적까지 있어야 하는 것은 아니다(대판2006.1.13. 2005도6791). 결국, 초등학교 4학년 담임교사(남자)가 교실에서 자신이 담당하는 반의 남학생의 성기를 만진 행위가 미성년자의제강제추행죄에서 말하는 '추행'에 해당한다.

문제 18 - 정답 ②

▶ ② ⓒ②(2개)은 맞는 지문이나, ⊙ⓒ⑩(3개)은 틀린 지문이다.

⊙ (X) [1] 제307조 제1항의 '사실'은 제2항의 '허위의 사실'과 반대되는 '진실한 사실'을 말하는 것이 아니라 가치판단이나 평가를 내용으로 하는 '의견'에 대치되는 개념이다. 따라서 제307조 제1항의 명예훼손죄는 적시된 사실이 진실한 사실인 경우이든 허위의 사실인 경우이든 모두 성립될 수 있다.
[2] 특히 적시된 사실이 허위의 사실이라고 하더라도 행위자에게 허위성에 대한 인식이 없는 경우에는 제307조 제2항의 명예훼손죄가 아니라 제307조 제1항의 명예훼손죄가 성립될 수 있다. 제307조 제1항의 법정형이 2년 이하의 징역 등으로 되어 있는 반면 제307조 제2항의 법정형은 5년 이하의 징역 등으로 되어 있는 것은 적시된 사실이 객관적으로 허위일 뿐 아니라 행위자가 그 사실의 허위성에 대한 주관적 인식을 하면서 명예훼손행위를 하였다는 점에서 가벌성이 높다고 본 것이다(대법원2017. 4. 26.선고2016도18024판결).
ⓒ (○) 공연성의 존부는 상대방이 불특정 또는 다수인에게 전파할 가능성이 있는지 여부를 검토하여 종합적으로 판단하여야 한다. 발언 이후 실제 전파되었는지 여부는 전파가능성 유무를 판단하는 고려요소가 될 수 있으나, 발언 후 실제 전파 여부라는 우연한 사정은 공연성 인정 여부를 판단함에 있어 소극적 사정으로만 고려되어야 한다. 따라서 전파가능성 법리에 따르더라도 위와 같은 객관적 기준에 따라 전파가능성을 판단할 수 있고, 행위자도 발언 당시 공연성 여부를 충분히 예견할 수 있으며, 상대방의 전파의사만으로 전파가능성을 판단하거나 실제 전파되었다는 결과를 가지고 책임을 묻는 것이 아니다(대법원2020. 11. 19.선고2020도5813전원합의체 판결).
ⓒ (X) [1] 명예훼손죄가 성립하기 위해서는 사실의 적시가 있어야 하고, 적시된 사실은 이로써 특정인의 사회적 가치 내지 평가가 침해될 가능성이 있을 정도로 구체성을 띠어야 한다. 비록 허위의 사실을 적시하였더라도 그 허위의 사실이 특정인의 사회적 가치 내지 평가를 침해할 수 있는 내용이 아니라면 형법 제307조 소정의 명예훼손죄는 성립하지 않는다.
[2] 누구든지 범죄가 있다고 생각하는 때에는 고발할 수 있는 것이므로 어떤 사람이 범죄를 고발하였다는 사실이 주위에 알려졌다고 하여 그 고발사실 자체만으로 고발인의 사회적 가치나 평가가 침해될 가능성이 있다고 볼 수는 없다. 다만, 그 고발의 동기나 경위가 불순하다거나 온당하지 못하다는 등의 사정이 함께 알려진 경우에는 고발인의 명예가 침해될 가능성이 있다.
[3] 갑이 제3자(A·B·C)에게 을이 병을 선거법 위반으로 고발하였다는 말만하고 그 고발의 동기나 경위에 관하여 언급하지 않았다면, 그 자체만으로는 을의 사회적 가치나 평가를 침해하기에 충분한 구체적 사실이 적시되었다고 보기 어렵다(대법원2009. 9. 24.선고2009도6687판결). 결국, 명예훼손죄가 성립하지 않는다.
② (○) 형법 제309조 제1항 소정의 '사람을 비방할 목적'이란 가해의 의사 내지 목적을 요하는 것으로서 공공의 이익을 위한것과는 행위자의 주관적 의도의 방향에 있어 서로 상반되는 관계에 있

다고 할 것이므로, 형법 제310조의 공공의 이익에 관한 때에는 처벌하지 아니한다는 규정은 사람을 비방할목적이 있어야 하는 형법 제309조 제1항 소정의 행위에 대하여는 적용되지 아니하고 그 목적을 필요로 하지 않는 형법 제307조 제1항의 행위에 한하여 적용되는 것이고, 반면에 적시한 사실이 공공의 이익에 관한 것인 경우에는 특별한 사정이 없는 한 비방목적은 부인된다고 봄이 상당하므로 이와 같은 경우에는 형법 제307조 제1항 소정의 명예훼손죄의 성립 여부가 문제될 수 있고 이에 대하여는 다시 형법 제310조에 의한위법성 조각 여부가 문제로 될 수 있다(대법원 2003. 12. 26.선고2003도6036판결).

㉮ (X) 추상적 위험범으로서 명예훼손죄는 개인의 명예에 대한 사회적 평가를 진위에 관계없이 보호함을 목적으로 하고, 적시된 사실이 특정인의 사회적 평가를 침해할 가능성이 있을 정도로 구체성을 띠어야 하나, 위와 같이 침해할 위험이 발생한 것으로 족하고 침해의 결과를 요구하지 않으므로, 다수의 사람에게 사실을 적시한 경우뿐만 아니라 소수의 사람에게 발언하였다고 하더라도 그로 인해 불특정 또는 다수인이 인식할 수 있는 상태를 초래한 경우에도 공연히 발언한 것으로 해석할 수 있다(대법원 2020. 11. 19.선고 2020도5813전원합의체 판결).

문제 19 – 정답 ③

▶ ③ (X) [1] 형법 제314조 제1항에서 정하는 위계에 의한 업무방해죄에서 '위계'란 행위자가 행위의 목적을 달성하기 위하여 상대방에게 오인·착각 또는 부지를 일으키게 하여 이를 이용하는 것을 말한다. 그리고 업무방해죄의 성립에는 업무방해의 결과가 실제로 발생할 것을 요하지 아니하지만 업무방해의 결과를 초래할 위험은 발생하여야 하고, 그 위험의 발생이 위계 또는 위력으로 인한 것인지 신중하게 판단되어야 한다.

[2] 학위논문을 작성함에 있어 자료를 분석, 정리하여 논문의 내용을 완성하는 일의 대부분을 타인에게 의존하였다면 그 논문은 타인에 의하여 대작된 것이라고 보아야 할 것이나, 학위청구논문의 작성계획을 밝히는 예비심사 단계에서 제출된 논문 또는 자료의 경우에는 아직 본격적인 연구가 이루어지기 전이고, 연구주제 선정, 목차 구성, 논문작성계획의 수립, 기존 연구성과의 정리 등에 논문지도교수의 폭넓은 지도를 예정하고 있다고 할 것이서 학위논문과 동일하게 볼 수 없다.

[3] 피고인 갑(법학전문대학원 박사과정을 수료한 자)은 지도교수 등이 대작한 박사학위 논문 예비심사용 자료('이 사건 예심자료')를 마치 자신이 작성한 것처럼 발표하여 예비심사에 합격함으로써 X대학원장의 박사학위 논문 예비심사 업무를 방해하였다는 공소사실로 기소된 사안에서, 지도교수 등이 이 사건 예심자료를 대작한 사실이 합리적 의심을 배제할 정도로 증명되었다고 보기에 부족하고, 갑이 지도교수에 의한 수정, 보완을 거친 이 사건 예심자료를 제출하였다 하더라도 이로써 X대학원장 등에게 오인·착각 또는 부지를 일으키게 하여 이를 이용하였다거나, 업무방해의 결과를 초래할 위험이 발생하였다고 단정하기 어려우므로 위계에 의한 업무방해죄가 성립하지 않는다(대법원 2023.9.14.선고 2021도13708판결). 결국, 갑이 박사학위 논문 예비심사용 자료를 지도교수 등 제3자가 대작하여 논문심사업무를 방해했다는 공소사실로 기소된 경우, 갑은 그 지도교수와 공모하여 위계로써 ○○대학교 법학전문대학원 원장의 박사학위 논문 예비심사 업무를 방해하였다고 할 수 없다.

① (O) [1] 업무방해죄에 있어서 행위의 객체는 타인의 업무이고, 여기서 타인이라 함은 범인 이외의 자연인과 법인 및 법인격 없는 단체를 가리킨다.

[2] 지방공사 사장이 신규직원 채용권한을 행사하는 것은 공사의 기관으로서 공사의 업무를 집행하는 것이므로, 위 권한의 귀속주체인 사장 본인에 대한 관계에서도 업무방해죄의 객체인 타인의 업무에 해당한다.

[3] 신규직원 채용권한을 가지고 있는 지방공사 사장이 시험업무 담당자들에게 지시하여 상호 공모 내지 양해하에 시험성적조작 등의 부정한 행위를 한 경우, 법인인 공사에게 신규직원 채용업무와 관련하여 오인·착각 또는 부지를 일으키게 한 것이 아니므로, '위계'에 의한 업무방해죄에 해당하지 않는다(대법원 2007. 12. 27.선고 2005도6404판결).

② (O) [1] 위계에 의한 업무방해죄에서 '위계'란 행위자가 행위 목적을 달성하기 위하여 상대방에게 오인·착각 또는 부지를 일으키게 하여 이를 이용하는 것을 말하고, 업무방해죄의 성립에는 업무방해의 결과가 실제로 발생함을 요하지 않고 업무방해의 결과를 초래할 위험이 발생하면 족하며, 업무수행 자체가 아니라 업무의 적정성 내지 공정성이 방해된 경우에도 업무방해죄가 성립한다.

[2] 수산업협동조합의 신규직원 채용에 응시한 갑과 을이 필기시험에서 합격선에 못 미치는 점수를 받게 되자, 채점업무 담당자들이 조합장인 피고인의 지시에 따라 점수조작행위를 통하여 이들을 필기시험에 합격시킴으로써 필기시험 합격자를 대상으로 하는 면접시험에 응시할 수 있도록 한 사안에서, 위 점수조작행위에 공모 또는 양해하였다고 볼 수 없는 일부 면접위원들이 조합의 신규직원 채용업무로서 수행한 면접업무는 위 점수조작행위에 의하여 방해되었다고 보아야 한다(대법원 2010. 3. 25.선고 2009도8506판결). 결국, 면접위원들에 대한 위계에 의한 업무방해죄가 성립한다.

④ (O) 임대인 갑으로부터 건물을 임차하여 학원을 운영하던 피고인이 건물을 인도한 이후에도 자신 명의로 된 학원설립등록을 말소하지 않고 휴원신고를 연장함으로써 새로운 임차인 을이 그 건물에서 학원설립등록을 하지 못하도록 하여 위력에 의한 업무방해로 기소된 사안에서, 피고인의 휴원연장신고와 을이 학원설립등록을 하지 못한 점 사이에 인과관계가 있다고 단정하기 어렵고, 피고인의 행위가 을의 자유의사를 제압·혼란케 할 정도의 위력에 해당한다고 보기 어렵다(대법원 2010. 11. 25.선고 2010도9186판결).

문제 20 – 정답 ③

▶ ③ ㉠㉡(2개)은 옳은 지문이나, ㉢㉣(2개)은 틀린 지문이다.

㉠ (O) 언론인 피고인들은 취재할 목적으로 교정시설 수용자의 지인으로 가장하여 접견신청인으로서 서울구치소의 관리자인 서울구치소장으로부터 구치소에 대한 출입관리를 위탁받은 교도관의 현실적인 승낙을 받아 통상적인 출입방법으로 서울구치소 내 민원실과 접견실에 들어갔으므로, 관리자의 의사에 반하여 사실상의 평온상태를 해치는 모습으로 서울구치소에 들어갔다고 볼 수 없다. 이 사건에서 피고인들은 서울구치소에 수용 중인 사람을 취재하고자 서울구치소장의 허가 없이 접견내용을 촬영·녹음할 목적으로 명함지갑 모양으로 제작된 녹음·녹화장비를 몰래 소지하고 서울구치소에 들어갔다. 서울구치소장이나 교도관이 이러한 사실을 알았더라면 피고인들이 이를 소지한 채 서울구치소에 출입하는 것을 승낙하지 않았을 것이다. 그러나 이러한 사정은 승낙의 동기에 착오가 있는 것에 지나지 않아 피고인들이 서울구치소장이나 교도관의 의사에 반하여 구치소에 출입하거나 사실상의 평온상태를 해치

는 모습으로 서울구치소 내 민원실이나 접견실에 침입한 것으로 평가할 수 없다. 따라서 피고인들의 행위는 건조물침입죄에 해당하지 않는다(대법원2022. 3. 31.선고2018도15213판결). 결국, SBS의 시사프로그램 "그것이 알고싶다" 의 PD 등이 신분을 가장하고 구치소에 들어가 수용자들을 몰래카메라로 취재 한 사안에서, 교도관의 현실적 승낙을 받아 통상적인 방법으로 들어간 경우이므로 건조물침입죄가 성립하지 않는다.

ⓛ (○) 아파트 등 공동주택의 공동현관에 출입하는 경우에도, 그것이 주거로 사용하는 각 세대의 전용 부분에 필수적으로 부속하는 부분으로 거주자와 관리자에게만 부여된 비밀번호를 출입문에 입력하여야만 출입할 수 있거나, 외부인의 출입을 통제·관리하기 위한 취지의 표시나 경비원이 존재하는 등 외형적으로 외부인의 무단출입을 통제·관리하고 있는 사정이 존재하고, 외부인이 이를 인식하고서도 그 출입에 관한 거주자나 관리자의 승낙이 없음은 물론, 거주자와의 관계 기타 출입의 필요 등에 비추어 보더라도 정당한 이유 없이 비밀번호를 임의로 입력하거나 조작하는 등의 방법으로 거주자나 관리자 모르게 공동현관에 출입한 경우와 같이, 그 출입 목적 및 경위, 출입의 태양과 출입한 시간 등을 종합적으로 고려할 때 공동주택 거주자의 사실상 주거의 평온상태를 해치는 행위태양으로 볼 수 있는 경우라면 공동주택 거주자들에 대한 주거침입에 해당할 것이다(대법원2022. 1. 27.선고2021도15507판결). 결국, 갑이 교제하다 헤어진 을의 주거가 속해 있는 아파트 동의 출입구에 설치된 공동출입문에 을이나 다른 입주자의 승낙 없이 비밀번호를 입력하는 방법으로 아파트의 공용 부분에 출입하여 주거침입죄로 기소된 사안에서 심야 시간에 이 사건 아파트의 출입구와 을의 현관문 앞까지 무단으로 출입한 행위는 을과 같은 동에 거주하는 입주자들의 사실상 주거의 평온상태를 해치는 행위(주거침입행위)라고 봄이 타당하다.

ⓒ (X) [1] 피고인이 피해자의 안방에 CCTV카메라와 동영상 저장장치를 부착한 TV인 사실을 숨기고 피해자에게 TV를 설치해주겠다면서 안방까지 들어가 피해자의 주거에 침입하였다는 내용으로 기소된 사안에서, 피해자의 사실상 평온상태가 침해되었다고 볼 만한 사정이 없다는 이유로, 피고인의 출입이 비록 범죄 등의 목적을 숨기고 한 것이라도 주거침입죄가 성립하지 않는다.
[2] 피고인이 연인관계에 있는 피해자로부터 안방에 TV를 설치하여 달라는 요청을 받아 통상적인 출입방법에 따라 피해자의 안방에 들어간 후 피해자가 있는 자리에서 TV를 설치한 사실, 피해자도 이 사건 당시 피고인의 행위가 주거침입은 아니라고 인식하고 있었던 사실을 알 수 있고 달리 피해자의 사실상 평온상태가 침해되었다고 볼 만한 사정이 없다. 그렇다면 앞서 본 법리에 비추어 피고인의 출입이 비록 범죄 등의 목적을 숨기고 한 것이라도 주거침입죄가 성립한다고 단정할 수 없다(대법원2022. 4. 28.선고2022도1717판결).

㉣ (X) [1] 건조물침입죄는 건조물의 사실상 평온을 보호법익으로 하고 있으므로 건조물 관리자의 의사에 반하여 건조물에 침입함으로써 성립한다. 건조물의 거주자나 관리자와의 관계 등으로 평소 건조물에 출입이 허용된 사람이라 하더라도 건조물에 들어간 행위가 거주자나 관리자의 명시적 또는 추정적 의사에 반함에도 불구하고 감행된 것이라면 건조물침입죄가 성립한다.
[2] 입주자대표회의는 구 주택법 또는 공동주택관리법에 따라 구성되는 공동주택의 자치의결기구로서 공동주택의 입주자 및 사용자(이하 '입주자 등'이라 한다)를 대표하여 공동주택의 관리에 관한 주요사항을 결정할 수 있고, 개별 입주자 등은 원활한 공동생활을 유지하기 위하여 공동주택에서의 본질적인 권리가 침해되지 않는 한 입주자대표회의가 결정한 공동주택의 관리에 관한 사항을 따를 의무가 있다. 공동주택의 관리에 관한 사항에는 '단지 안의 주차장 유지 및 운영에 관한 사항'도 포함된다. 따라서 입주자대표회의가 입주자 등이 아닌 자(이하 '외부인'이라 한다)의 단지 안 주차장에 대한 출입을 금지하는 결정을 하고 그 사실을 외부인에게 통보하였음에도 외부인이 입주자대표회의의 결정에 반하여 그 주차장에 들어갔다면, 출입 당시 관리자로부터 구체적인 제지를 받지 않았다고 하더라도 그 주차장의 관리권인 입주자대표회의의 의사에 반하여 들어간 것이므로 건조물침입죄가 성립한다. 설령 외부인이 일부 입주자 등의 승낙을 받고 단지 안의 주차장에 들어갔다고 하더라도 개별 입주자 등은 그 주차장에 대한 본질적인 권리가 침해되지 않는 한 입주자대표회의의 단지 안의 주차장 관리에 관한 결정에 따를 의무가 있으므로 건조물침입죄의 성립에 영향이 없다.
[3] 피고인은 건식 손세차 서비스 영업을 하는 사람으로서 입주자 등과 체결한 세차용역계약의 이행을 위하여 이 사건 아파트의 지하주차장에서 세차영업을 계속하여 오던 중 이 사건 아파트의 입주자대표회의는 피고인이 세차영업을 위하여 지하주차장에 출입하는 것을 금지하는 결의를 한 다음 서울동부지방법원 2016카합10109호로 "피고인이 이 사건 아파트 지하주차장에 세차영업을 하여 출입하여서는 안 된다."라는 내용의 출입금지 가처분 인용결정을 하였다. 피고인은 이 사건 가처분결정문을 송달받은 후에도 이 사건 아파트의 지하주차장에 들어가 피고인과 세차용역계약을 체결한 일부 입주자 등의 차량을 세차하였다면 건조물침입죄가 성립한다(대법원2021. 1. 14.선고2017도21323판결).

문제 21 - 정답 ③

▶③ ㉠㉡㉣(2개)은 옳지 않은 지문이고, ㉢㉤(3개)는 맞는 지문이다.

㉠ (X) 피해자에 대한 폭행·협박을 하였으나 재물을 탈취하지 못한 경우에는 강도미수죄로 처벌되는 것과 마찬가지로 절도미수범이 체포면탈을 목적으로 폭행·협박을 가한 경우에도 강도미수에 준하여 처벌하는 것이 합리적이다. 즉, 준강도의 입법취지, 강도죄와의 균형 등을 종합적으로 고려해 보면 준강도죄의 기수여부는 절도행위의 기수여부를 기준으로 판단하여야 한다(대판2004.11.18. 2004도5074 전원합의체판결).

㉡ (X) 준강도죄의 주체인 절도범은 최소한 절도의 실행에는 착수한 자에 한하므로, 아직 절도의 실행에 착수하기 전이므로, 주거침입죄와 폭행죄만이 성립하게 된다.

㉢ (○) 야간주거침입절도죄(330조)의 실행에 착수하였으므로, 체포면탈의 목적으로 폭행을 가한 행위에 대하여 준강도죄가 성립한다. 다만, 절취하지 못한 상태에서 폭행한 것이므로, 준강도미수죄가 성립한다.

㉣ (X) 준강도죄의 구성요건인 폭행, 협박은 일반강도와의 균형상 사람의 반항을 억압할 정도의 것임을 요하므로, 일반적, 객관적으로 체포 또는 재물탈환을 하려는 자의 체포의사나 탈환의사를 제압할 정도라고 인정될 만한 폭행, 협박이 있어야만 준강도죄가 성립한다고 할 것인 바, 피고인을 체포하려는 피해자가 체포에 필요한 정도를 넘어서서 발로 차며 늑골 9, 10번 골절상, 좌폐기흉증, 좌흉막출혈 등 전치 3개월을 요하는 중상을 입힐 정도로 심한 폭력을 가해오자 피고인이 이를 피하기 위하여 엉겁결에 솥뚜껑을 들어 위 폭력을 막아 내려다가 그 솥뚜껑에 스치어 피해자가 상처

를 입게 되었다면 피고인의 위 행위는 일반적, 객관적으로 피해자의 체포의사를 제압할 정도의 폭행에 해당하지 않는다고 할 것이므로 준강도상해죄는 성립되지 않는다(대법원1990. 4. 24.선고90도193판결). 결국, 체포에 필요한 정도를 넘는 심한 폭력에 대항하기 위하여 절도범이 체포자에게 상해를 입힌 경우, 준강도죄가 성립하지 않는다.

⑪ (○) 절도가 재물의 탈환에 항거하거나 체포를 면탈하거나 범죄의 흔적을 인멸할 목적으로 폭행 또는 협박한 때에는 제333조(강도) 및 제334조(특수강도)의 예에 따른다(준강도죄, 특수강도의 준강도 :제335조); 절도범인이 처음에는 흉기를 휴대하지 아니하였으나, 체포를 면탈할 목적으로 폭행 또는 협박을 가할 때에 비로소 흉기를 휴대 사용하게 된 경우에는 형법 제334조의 예에 의한 준강도 (특수강도의 준강도)가 된다(대법원1973. 11. 13.선고 73도1553전원합의체 판결).

문제 22 – 정답 ②

▶ ② (X) [1] 법률을 해석할 때 입법취지와 목적, 제·개정 연혁, 법질서 전체와의 조화, 다른 법령과의 관계 등을 고려하는 체계적·논리적 해석 방법을 사용할 수 있으나, 문언 자체가 비교적 명확한 개념으로 구성되어 있다면 원칙적으로 이러한 해석 방법은 활용할 필요가 없거나 제한되어야 한다.

[2] 여신전문금융업법 제70조 제1항 제4호에서는 '강취·횡령하거나, 사람을 기망하거나 공갈하여 취득한 신용카드나 직불카드를 판매하거나 사용한 자'를 처벌하도록 규정하고 있는데, 여기에서 '사용'은 강취·횡령, 기망 또는 공갈로 취득한 신용카드나 직불카드를 진정한 카드로서 본래의 용법에 따라 사용하는 경우를 말한다. 그리고 '기망하거나 공갈하여 취득한 신용카드나 직불카드'는 문언상 '기망이나 공갈을 수단으로 하여 다른 사람으로부터 취득한 신용카드나 직불카드'라는 의미이므로, '신용카드나 직불카드의 소유자 또는 점유자를 기망하거나 공갈하여 그들의 자유로운 의사에 의하지 않고 점유가 배제되어 그들로부터 사실상 처분권을 취득한 신용카드나 직불카드'라고 해석되어야 한다.

[3] 갑은 교도소에 수용 중인 피해자 乙을 기망('피해자의 항소심 재판을 위해 변호인을 선임했는데 성공사례비를 먼저 주어야 한다. 며칠 뒤 큰돈이 나오니 영치된 피해자 명의의 신용카드로 성공사례비를 지불한 뒤 카드대금을 금방 갚겠다.' 등)하여 을의 신용카드를 교부받은 뒤, 20여회에 걸쳐 갑의 의사에 따라 이 사건 신용카드를 사용하였으므로, 을은 갑으로부터 기망당함으로써 을의 자유로운 의사에 의하지 않고 이 사건 신용카드에 대한 점유를 상실하였고, 갑은 이 사건 신용카드에 대한 사실상 처분권을 취득하였다고 보아야 한다. 따라서 이 사건 신용카드는 갑이 소유자인 乙을 기망하여 취득한 신용카드에 해당하고, 이를 사용한 갑의 행위는 기망하여 취득한 신용카드 사용으로 인한 여신전문금융업법 위반죄에 해당한다(대법원2022. 12. 16.선고2022도10629판결). 결국, 갑은 乙을 기망하여 취득한 신용카드로 총 23회에 걸쳐 합계 29,997,718원 상당을 결제하여 사용한 경우, 사기죄와 별도로 전문금융업법상 신용카드부정사용죄가 성립한다.

① (○) [1] 형법 제41장의 장물에 관한 죄에 있어서의 '장물'이라 함은 재산범죄로 인하여 취득한 물건 그 자체를 말하므로, 재산범죄를 저지른 이후에 별도의 재산범죄의 구성요건에 해당하는 사후행위가 있었다면 비록 그 행위가 불가벌적 사후행위로서 처벌의 대상이 되지 않는다 할지라도 그 사후행위로 인하여 취득한 물건은 재산범죄로 인하여 취득한 물건으로서 장물이 될 수 있다.

[2] 컴퓨터등사용사기죄의 범행으로 예금채권을 취득한 다음 자기의 현금카드를 사용하여 현금자동지급기에서 현금을 인출한 경우, 현금카드 사용권한 있는 자의 정당한 사용에 의한 것으로서 현금자동지급기 관리자의 의사에 반하거나 기망행위 및 그에 따른 처분행위도 없었으므로, 별도로 절도죄나 사기죄의 구성요건에 해당하지 않는다 할 것이고, 그 결과 그 인출된 현금은 재산범죄에 의하여 취득한 재물이 아니므로 장물이 될 수 없다.

[3] 장물인 현금 또는 수표를 금융기관에 예금의 형태로 보관하였다가 이를 반환받기 위하여 동일한 액수의 현금 또는 수표를 인출한 경우에 예금계약의 성질상 그 인출된 현금 또는 수표는 당초의 현금 또는 수표와 물리적인 동일성은 상실되었지만 액수에 의하여 표시되는 금전적 가치에는 아무런 변동이 없으므로, 장물로서의 성질은 그대로 유지된다.

[4] 갑이 권한 없이 인터넷뱅킹으로 타인의 예금계좌에서 자신의 예금계좌로 돈을 이체한 후 그 중 일부를 인출하여 그 정을 아는 을에게 교부한 경우, 갑이 컴퓨터등사용사기죄에 의하여 취득한 예금채권은 재물이 아니라 재산상 이익이므로, 그가 자신의 예금계좌에서 돈을 인출하였더라도 장물을 금융기관에 예치하였다가 인출한 것으로 볼 수 없으므로 을은 장물취득죄가 성립하지 않는다(대법원2004. 4. 16.선고2004도353판결).

③ (○) 발행인으로부터 일정한 금액의 범위 내에서 액면을 보충·할인하여 달라는 의뢰를 받고 액면 백지인 약속어음을 교부받아 보관중이던 자가 발행인과의 합의에 의하여 정해진 보충권의 한도를 넘어 보충을 한 경우에는 발행인의 서명날인 있는 기존의 약속어음 용지를 이용하여 새로운 별개의 약속어음을 발행한 것에 해당하여 이러한 보충권의 남용행위로 인하여 생겨난 새로운 약속어음에 대하여는 발행인과의 관계에서 보관자의 지위에 있다 할 수 없으므로, 설사 그 약속어음을 자신의 채무변제조로 제3자에게 교부하여 임의로 사용하였다고 하더라도, 발행인으로 하여금 제3자에 대하여 어음상의 채무를 부담하는 손해를 입게 한 데에 대한 배임죄가 성립될 수 있음은 별론으로 하고, 보관자의 지위에 있음을 전제로 횡령죄가 성립될 수는 없다(대판1995.1.20. 94도2760). 결국, 배임죄는 성립될 수 있으나, 횡령죄는 성립할 수 없다.

④ (○) 횡령죄가 성립하기 위해서는 우선 타인의 재물을 보관하는 자의 지위에 있어야 하고, 부동산에 대한 보관자의 지위는 부동산에 대한 점유가 아니라 부동산을 제3자에게 유효하게 처분할 수 있는 권능의 유무를 기준으로 결정해야 한다. 타인 소유의 토지에 관하여 허위의 보증서와 확인서를 발급받아 「부동산소유권 이전등기 등에 관한 특별조치법」에 따른 소유권이전등기를 임의로 마친 사람은 그와 같은 원인무효 등기에 따라 토지에 대한 처분권능이 새로이 발생하는 것이 아니므로 토지에 대한 보관자의 지위에 있다고 할 수 없다. 타인 소유의 토지에 대한 보관자의 지위에 있지 않은 사람이 그 앞으로 원인무효의 소유권이전등기가 되어 있음을 이용하여 토지소유자에게 지급될 보상금을 수령하였더라도 보상금에 대한 점유 취득은 진정한 토지소유자의 위임에 따른 것이 아니므로 보상금에 대하여 어떠한 보관관계가 성립하지 않는다(대법원 2021. 6. 30.선고2018도18010판결). 결국, 원인무효의 소유권이전등기가 되어있는 자는 진정한 토지소유자에게 지급된 보상금을 수용하였더라도 타인의 재물을 보관하는 자의 지위에 있지 아니하므로 횡령죄는 성립하지 않는다.

문제 23 - 정답 ③

▶ ③ ㉠㉡㉢(3개)는 옳은 지문이나, ㉣㉤(2개)은 틀린 지문이다.

㉠ (○) 피고인들이 상대방 운전자의 과실에 의하여 야기된 교통사고로 일부 경미한 상해를 입었다고 하더라도, 이를 기화로 그 상해를 과장하여 병원에 장기간 입원하고, 이를 이유로 다액의 보험금을 받았다면, 그 보험금 전체에 대해 사기죄가 성립한다(대법원 2005. 9. 9.선고2005도3518판결). 결국, 상대방 운전자의 과실에 의하여 야기된 교통사고에 대해서도 피고인들이 받은 보험금 전체에 대해 사기죄가 성립한다.

㉡ (○) 공갈죄는 다른 사람을 공갈하여 그로 인한 하자 있는 의사에 기하여 자기 또는 제3자에게 재물을 교부하게 하거나 재산상 이익을 취득하게 함으로써 성립되는 범죄로서, 공갈의 상대방이 재산상의 피해자와 같아야 할 필요는 없고, 피공갈자의 하자 있는 의사에 기하여 이루어지는 재물의 교부 자체가 공갈죄에서의 재산상 손해에 해당하므로, 반드시 피해자의 전체 재산의 감소가 요구되는 것도 아니다(대법원2013. 4. 11.선고2010도13774판결).

㉢ (○) 재물편취를 내용으로 하는 사기죄에 있어서는 기망으로 인한 재물교부가 있으면 그 자체로써 피해자의 재산침해가 되어 이로써 곧 사기죄가 성립하는 것이고, 상당한 대가가 지급되었다거나 피해자의 전체 재산상에 손해가 없다 하여도 사기죄의 성립에는 그 영향이 없으므로 사기죄에 있어서 그 대가가 일부 지급된 경우에도 그 편취액은 피해자로부터 교부된 재물의 가치로부터 그 대가를 공제한 차액이 아니라 교부받은 재물 전부라 할 것이다(대법원2000. 7. 7.선고2000도1899판결).

㉣ (X) [1] 형법 제347조의 사기죄는 사람을 기망하여 재물의 교부를 받거나 재산상의 이익을 취득하거나 제3자로 하여금 재물의 교부를 받게 하거나 재산상의 이익을 취득하게 함으로써 성립하고, 그 교부받은 재물이나 재산상 이익의 가액이 얼마인지는 문제되지 아니하는 데 비하여, 사기로 인한 특정경제범죄 가중처벌 등에 관한 법률 위반죄에 있어서는 편취한 재물이나 재산상 이익의 가액이 5억 원 이상 또는 50억 원 이상이라는 것이 범죄구성요건의 일부로 되어 있고 그 가액에 따라 그 죄에 대한 형벌도 가중되어 있으므로, 이를 적용함에 있어서는 편취한 재물이나 재산상 이익의 가액을 엄격하고 신중하게 산정함으로써, 범죄와 형벌 사이에 적정한 균형이 이루어져야 한다는 죄형균형 원칙이나 형벌은 책임에 기초하고 그 책임에 비례하여야 한다는 책임주의 원칙이 훼손되지 않도록 유의하여야 한다.
[2] 사람을 기망하여 부동산의 소유권을 이전받거나 제3자로 하여금 이전받게 함으로써 이를 편취한 경우에 특정경제범죄 가중처벌 등에 관한 법률 제3조의 적용을 전제로 하여 그 부동산의 가액을 산정함에 있어서는, 그 부동산에 아무런 부담이 없는 때에는 그 부동산의 시가 상당액이 곧 그 가액이라고 볼 것이지만, 그 부동산에 근저당권설정등기가 경료되어 있거나 압류 또는 가압류 등이 이루어져 있는 때에는 특별한 사정이 없는 한 아무런 부담이 없는 상태에서의 그 부동산의 시가 상당액에서 근저당권의 채권최고액 범위 내에서의 피담보채권액, 압류에 걸린 집행채권액, 가압류에 걸린 청구금액 범위 내에서의 피보전채권액 등을 뺀 실제의 교환가치를 그 부동산의 가액으로 보아야 한다(대법원2007. 4. 19.선고 2005도7288전원합의체 판결).

㉤ (X) [1] 형법 제355조 제1항의 횡령죄는 타인의 재물을 보관하는 자가 재물을 횡령하거나 반환을 거부함으로써 성립하고 재물의 가액이 얼마인지는 문제되지 아니하는 데 비하여, 횡령으로 인한 특정경제범죄 가중처벌 등에 관한 법률 위반죄에 있어서는 횡령한 재물의 가액이 5억 원 이상 또는 50억 원 이상이라는 것이 범죄구성요건의 일부로 되어 있고 그 가액에 따라 그 죄에 대한 형벌도 가중되어 있으므로, 이를 적용함에 있어서는 횡령한 재물의 가액을 엄격하고 신중하게 산정함으로써 범죄와 형벌 사이에 적정한 균형이 이루어져야 한다는 죄형균형 원칙 및 형벌은 책임에 기초하고 그 책임에 비례하여야 한다는 책임주의 원칙이 훼손되지 않도록 유의하여야 한다.
[2] 피고인이 피해자 갑으로부터 명의신탁을 받아 보관 중인 토지 9필지와 건물 1채에 갑의 승낙 없이 임의로 채권최고액 266,000,000원의 근저당권을 설정하였는데, 당시 위 각 부동산 중 토지 7필지의 시가는 합계 724,379,000원, 나머지 2필지와 건물 1채의 시가는 미상인 반면 위 각 부동산에는 그 이전에 채권최고액 434,000,000원의 근저당권설정등기가 마쳐져 있고, 이에 대하여 갑은 220,000,000원의 피담보채무를 부담하고 있는 사안에서, 피고인이 근저당권설정등기를 마치는 방법으로 위 각 부동산을 횡령하여 취득한 구체적인 이득액은 위 각 부동산의 시가 상당액에서 위 범행 전에 설정된 피담보채무액을 공제한 잔액이 아니라 위 각 부동산을 담보로 제공한 피담보채무액 내지 그 채권최고액이라고 보아야 하고, 이 경우 피고인의 이득액은 5억 원 미만이므로 구 특정경제범죄 가중처벌 등에 관한 법률(2012. 2. 10. 법률 제11304호로 개정되기 전의 것, 이하 '특경가법'이라 한다) 제3조 제1항을 적용할 수 없다(대법원2013. 5. 9.선고2013도2857판결). 결국, 부동산 횡령죄에서는 피고인이 부동산을 담보로 제공한 피담보채무액 또는 채권채고액이다.

문제 24 - 정답 ①

▶ ① ㉠㉡㉢㉣(4개)은 맞는 지문이나, ㉤(1개)은 틀린 지문이다.

㉠ (○) 배임수증죄에 있어서 부정한 청탁이라 함은 청탁이 사회상규와 신의성실의 원칙에 반하는 것을 말하고, 이를 판단함에 있어서는 청탁의 내용과 이와 관련되어 교부받거나 공여한 재물의 액수, 형식, 보호법익인 사무처리자의 청렴성 등을 종합적으로 고찰하여야 하며 그 청탁이 반드시 명시적임을 요하는 것은 아니다(대판2007도4702).

㉡ (○) 형법 제357조 제1항의 배임수재죄로 처벌하기 위하여는 타인의 사무를 처리하는 자가 부정한 청탁을 받아들이고 이에 대한 대가로서 재물 또는 재산상의 이익을 받은 데에 대한 범의가 있어야 할 것이고, 또 배임수재죄에서 말하는 '재산상의 이익의 취득'이라 함은 현실적인 취득만을 의미하므로 단순한 요구 또는 약속만을 한 경우에는 이에 포함되지 아니한다. 결국, 골프장 회원권에 관하여 피고인 명의로 명의변경이 이루어지지 아니한 이상 피고인이 현실적으로 재산상 이익을 취득하지 않았으므로 배임수재죄가 성립하지 않는다(대판98도4182).

㉢ (○) 형법 제357조 제1항의 배임수재죄는 타인의 사무를 처리하는 자의 청렴성을 보호법익으로 하는 것으로, 그 임무에 관하여 부정한 청탁을 받고 재물을 수수함으로써 성립하고 반드시 수재 당시에도 그와 관련된 임무를 현실적으로 담당하고 있음을 그 요건으로 하는 것은 아니므로, 타인의 사무를 처리하는 자가 그 임무에 관하여 부정한 청탁을 받은 이상 그 후 사직으로 인하여 그 직무를 담당하지 아니하게 된 상태에서 재물을 수수하게 되었다 하더라도, 그

재물 등의 수수가 부정한 청탁과 관련하여 이루어진 것이라면 <u>배임수재죄가 성립한다</u>(대판97도2042).

㉢ (O) 형법 제357조 제1항 소정의 배임수재죄는 재물 또는 이익을 공여하는 사람과 취득하는 사람 사이에 부정한 청탁이 개재되지 않는 한 성립하지 않는다고 할 것인데, 여기서 부정한 청탁이라 함은 사회상규 또는 신의성실의 원칙에 반하는 것을 내용으로 하는 청탁을 의미하므로, <u>청탁한 내용이 단순히 규정이 허용하는 범위 내에서 최대한의 선처를 바란다는 내용에 불과</u>하거나 위탁받은 사무의 적법하고 정상적인 처리범위에 속하는 것이라면 이는 <u>사회상규에 어긋난 부정한 청탁이라고 볼 수 없고</u> 이러한 <u>청탁의 사례로 금품을 수수한 것은 배임수재에 해당하지 않는다</u>(대판2010도8743).

㉣ (X) 회사의 대표이사가 업무상 보관하던 회사 자금을 빼돌려 횡령한 다음 그 중 일부를 더 많은 장비 납품 등의 계약을 체결할 수 있도록 해달라는 취지의 묵시적 청탁과 함께 배임증재에 공여한 사안에서, <u>위 횡령의 범행과 배임증재의 범행은 서로 법익 및 행위의 태양과 보호법익을 달리하는 별개의 행위</u>라고 보아, 위 횡령의 점에 대하여 약식명령이 확정되었다고 하더라도 그 기판력이 배임증재의 점에는 미치지 아니한다(대법원2010. 5. 13.선고2009도13463판결).

문제 25 - 정답 ②

▶ ② ㉠㉡㉣(3개)은 옳은 지문이나, ㉢㉤(2개)은 틀린 지문이다.

㉠ (O) 주식회사 대표이사로 재직하던 피고인이 <u>대표이사가 타인으로 변경되었음에도</u> 불구하고 <u>이전부터 사용하여 오던 피고인 명의로 된 위 회사 대표이사의 명판을 이용하여 여전히 피고인을 위 회사의 대표이사로 표시하여 약속어음을 발행, 행사하였다면</u>, 설사 약속어음을 작성, 행사함에 있어 후임 대표이사의 승낙을 얻었다거나 위 회사의 실질적인 대표이사로서의 권한을 행사하는 피고인이 은행과의 당좌계약을 변경하는데에 시일이 걸려 잠정적으로 전임 대표이사인 그의 명판을 사용한 것이라 하더라도 <u>이는 합법적인 대표이사로서의 권한 행사라 할 수 없어 자격모용유가증권작성 및 동행사죄에 해당한다</u>(대판1991.2.26. 90도577).

㉡ (O) 약속어음의 경우에 배서인의 주소기재는 배서의 요건이 아니므로 <u>약속어음 배서인의 주소를 허위로 기재하였다</u>고 하더라도 <u>약속어음상의 권리에 아무런 영향을 미치지 아니하므로, 허위유가증권작성죄에 해당하지 않는다</u>(대법원1986. 6. 24.선고84도547판결).

㉢ (X) 타인의 위조한 백지어음을 그것이 위조약속어음인 정을 알고도 이를 구입하여 행사의 목적으로 기존의 위조어음 액면란에 금액을 기입하여 <u>완성하는 행위</u>는 기존의 백지어음 형태의 위조행위와는 별개의 <u>유가증권위조죄를 구성한다</u>고 할 것이고, 이는 진정하게 성립된 백지어음의 액면란을 보충권없이 함부로 기입하는 행위가 유가증권위조죄에 해당한다는 법리와 조금도 다를 바가 없다(대판82도677).

㉣ (O) 위조유가증권의 <u>교부자와 피교부자가 서로 유가증권위조를 공모</u>하였거나 위조유가증권을 타에 행사하여 <u>그 이익을 나누어 가질 것을 공모한 공범의 관계에 있다면</u>, 그들 사이의 위조유가증권 <u>교부행위</u>는 그들 이외의 자에게 행사함으로써 범죄를 실현하기 위한 전 단계의 행위에 불과한 것으로서 <u>위조유가증권은 아직 범인들의 수중에 있다고 볼 것이지 행사되었다고 볼 수는 없다</u>고 할 것이다(대판2006도7120).

㉤ (X) 甲이 백지 약속어음의 액면란 등을 부당 보충하여 위조한 후 乙이 甲과 공모하여 금액란을 임의로 변경한 경우, 乙의 행위는 유가증권위조나 변조에 해당하지 않는다. 즉, 유가증권변조죄에 있어서 변조라 함은 진정으로 성립된 유가증권의 내용에 권한 없는 자가 그 유가증권의 동일성을 해하지 않는 한도에서 변경을 가하는 것을 말하므로, <u>이미 타인에 의하여 위조된 약속어음의 기재사항을 권한 없이 변경하였다</u>고 하더라도 <u>유가증권변조죄는 성립하지 아니한다</u>. 그리고 위조된 약속어음의 액면금액을 권한 없이 변경하는 것이 당초의 위조와는 별개의 새로운 유가증권위조로 된다고 할 수도 없다. 그러므로 권한 없이 보충됨으로써 위조되었다고 평가되는 약속어음에 있어서 그 위조행위자와 공모하여 그 금액란을 임의로 변경한 피고인의 행위를 같은 취지에서 무죄로 본 원심의 판단은 정당하다(대판2008도9494).

문제 26 - 정답 ②

▶ ② ㉠㉣(2개)은 옳은 지문이고, ㉡㉢㉤(3개)은 틀린 지문이다.

㉠ (O) [1] <u>주식회사의 발기인 등이 상법 등 법령에 정한 회사설립의 요건과 절차에 따라 회사설립등기를 함으로써 회사가 성립하였다고 볼 수 있는 경우, 회사설립등기와 그 기재 내용은</u> 특별한 사정이 없는 한 공정증서원본 불실기재죄나 공전자기록 등 불실기재죄에서 말하는 <u>불실의 사실에 해당하지 않는다</u>. 발기인 등이 회사를 설립할 당시 회사를 실제로 운영할 의사 없이 회사를 이용한 범죄 의도나 목적이 있었다거나, 회사로서의 인적·물적 조직 등 영업의 실질을 갖추지 않았다는 이유만으로는 불실의 사실을 법인등기부에 기록하게 한 것으로 볼 수 없다

[2] <u>피고인 등이 실제 회사를 설립하려는 의사를 가지고 상법이 정하는 회사설립에 필요한 정관 작성, 주식 발행·인수, 임원 선임 등의 절차를 이행함으로써 갑 회사는 상법상 주식회사로 성립하였고</u>, 갑 회사의 설립행위에 일부 하자가 있었다거나 피고인 등이 갑 회사 설립 당시 정관에 기재된 목적 수행에 필요한 영업의 실질을 갖추거나 영업에 필요한 인적·물적 조직을 갖추지 않았다는 등의 사정만으로는 갑 회사의 성립 자체를 부정하고 갑 회사가 부존재한다고 인정할 수 없으므로, <u>갑 회사에 대한 회사설립등기는 공전자기록 등 불실기재죄에서 말하는 불실의 사실에 해당하지 않는다</u>(대법원2020. 2. 27.선고2019도9293판결). 결국, 피고인 등이 공모하여, <u>갑 주식회사를 설립한 후 회사 명의로 통장을 개설하여 이른바 대포통장을 유통시킬 목적(범죄에 이용할 목적)</u>으로 주식회사 설립등기를 한 것이어도 <u>공전자기록 등 불실기재죄와 그 행사죄가 성립하지 않는다</u>.

㉡ (X) [1] 형법 제228조 제1항이 규정하는 공정증서원본불실기재죄는 특별한 신빙성이 인정되는 공문서에 대한 공공의 신용을 보장함을 보호법익으로 하는 범죄로서 공무원에 대하여 진실에 반하는 허위신고를 하여 공정증서원본 또는 이와 동일한 전자기록 등 특수매체기록에 실체관계에 부합하지 아니하는 불실의 사실을 기재 또는 등록하게 함으로써 성립하는 것이므로, <u>실제로는 채권·채무관계가 존재하지 아니함에도 공증인에게 허위신고를 하여 가장된 금전채권</u>에 대하여 <u>집행력이 있는 공정증서원본을 작성하고 이를 비치하게 한 것이라면 공정증서원본불실기재죄 및 불실기재 공정증서원본행사죄의 죄책을 면할 수 없다</u>.

[2] 피고인이 A주식회사의 대표이사로서 위 A회사로 하여금 B주식회사 및 C주식회사에 대하여 <u>허위의 약속어음금 채무를 부담하</u>

게 하고 이를 공증하게 한 피고인의 행위는 형법 제228조 제1항, 제229조가 규정하는 공정증서원본불실기재죄 및 불실기재공정증서원본행사죄에 해당한다(대법원 2007. 7. 12.선고2007도3005판결).

ⓒ (X) 비록 종중 소유의 부동산은 종중 총회의 결의를 얻어야 유효하게 처분할 수 있다 하더라도 거래 상대방으로서는 부동산등기부상에 표시된 종중 대표자를 신뢰하고 거래하는 것이 일반적이라는 점 등에 비추어 보면, 종중 대표자의 기재는 당해 부동산의 처분권한과 관련된 중요한 부분의 기재로서 이에 대한 공공의 신용을 보호할 필요가 있으므로 이를 허위로 등재한 경우에는 공정증서원본불실기재죄의 대상이 되는 불실의 기재에 해당한다(대판 2006.1.13. 2005도4790). 결국, 부동산에 관한 종중 명의의 등기에 있어서 허위의 종중 대표자 기재는 공정증서원본불실기재죄의 대상이 되는 불실의 기재에 해당한다.

ⓔ (O) 공증인이 채권양도·양수인의 촉탁에 따라 그들의 진술을 청취하여 채권의 양도·양수가 진정으로 이루어짐을 확인하고 채권양도의 법률행위에 관한 공정증서를 작성한 경우 그 공정증서가 증명하는 사항은 채권양도의 법률행위가 진정으로 이루어졌다는 것일 뿐 그 공정증서가 나아가 양도되는 채권이 진정하게 존재한다는 사실까지 증명하는 것으로 볼 수는 없으므로, 양도인이 허위의 채권에 관하여 그 정을 모르는 양수인과 실제로 채권양도의 법률행위를 한 이상, 공증인에게 그러한 채권양도의 법률행위에 관한 공정증서를 작성하게 하였다고 하더라도 그 공정증서가 증명하는 사항에 관하여는 불실의 사실을 기재하게 하였다고 볼 것은 아니고, 따라서 공정증서원본불실기재죄가 성립한다고 볼 수 없다(대법원 2004. 1. 27.선고2001도5414판결). 결국, 허위의 채권을 양도한다는 취지의 공정증서를 작성하게 한 행위(인증서만 받은 경우)는 공정증서원본불실기재에 해당하지 않는다.

ⓜ (X) 부동산등기법이 2005. 12. 29. 법률 제7764호로 개정되면서 매매를 원인으로 하는 소유권이전등기를 신청하는 경우에는 등기신청서에 거래신고필증에 기재된 거래가액을 기재하고, 신청서에 기재된 거래가액을 부동산등기부 갑구의 권리자 및 기타사항란에 기재하도록 하였는데, 이는 부동산거래 시 거래당사자나 중개업자가 실제 거래가액을 시장, 군수 또는 구청장에게 신고하여 신고필증을 받도록 의무화하면서 거짓 신고 등을 한 경우에는 과태료를 부과하기로 하여 2005. 7. 29. 법률 제7638호로 전부 개정된 '공인중개사의 업무 및 부동산 거래신고에 관한 법률'과 아울러 부동산 종합대책의 일환으로 실시된 것으로서, 그 개정 취지는 부동산 거래의 투명성을 확보하기 위한 데에 있을 뿐이므로, 부동산등기부에 기재되는 거래가액은 당해 부동산의 권리의무관계에 중요한 의미를 갖는 사항에 해당한다고 볼 수 없다. 따라서 부동산의 거래당사자가 거래가액을 시장 등에게 거짓으로 신고하여 신고필증을 받은 뒤 이를 기초로 사실과 다른 내용의 거래가액이 부동산등기부에 등재되도록 하였다면, '공인중개사의 업무 및 부동산 거래신고에 관한 법률'에 따른 과태료의 제재를 받게 됨은 별론으로 하고, 형법상의 공전자기록등불실기재죄 및 불실기재공전자기록등행사죄가 성립하지는 아니한다(대법원 2013. 1. 24.선고2012도12363판결).

문제 27 - 정답 ②

▶ ② (X) 형법상 직권남용권리행사방해죄는 국가기능의 공정한 행사라는 국가적 법익을 보호하는 데 주된 목적이 있고, 직권남용으로 인한 국가정보원법 위반죄도 마찬가지이다. 따라서 국가정보원 직원이 동일한 사안에 관한 일련의 직무집행 과정에서 단일하고 계속된 범의로 일정 기간 계속하여 저지른 직권남용행위(민간인 '사이버 사찰' 등 지시 행위)에 대하여는 설령 그 상대방이 수인(국정원 직원들)이라고 하더라도 포괄일죄가 성립할 수 있다고 봄이 타당하다. 다만 각 직권남용 범행이 포괄일죄가 되느냐 경합범이 되느냐에 따라 공소시효의 완성 여부, 기판력이 미치는 범위 등이 달라질 수 있으므로, 개별 사안에서 포괄일죄의 성립 여부는 직무집행 대상의 동일 여부, 범행의 태양과 동기, 각 범행 사이의 시간적 간격, 범의의 단절이나 갱신 여부 등을 세밀하게 살펴 판단하여야 한다(대법원2021. 3. 11.선고2020도12583판결).

① (O) 내사중단 지시에 의하여 담당 검사로 하여금 구체적인 혐의 사실을 발견하여 정상적인 처리절차를 진행중이던 사건에 대하여 내사를 중도에서 그만두고 종결처리토록 한 행위는 대검찰청 차장검사 혹은 검찰총장의 직권을 남용하여 담당 검사로 하여금 의무 없는 일을 하게 한 행위에 해당하므로, 이 사건 직권남용권리행사방해죄에 해당한다. 따라서 검찰의 고위 간부가 내사 담당 검사로 하여금 내사를 중도에서 그만두고 종결처리토록 한 행위가 직권남용권리행사방해죄에 해당한다(대법원2007. 6. 14.선고2004도5561판결).

③ (O) 대통령비서실 소속 비서관들인 피고인 갑과 피고인 을이 4·16세월호참사 특별조사위원회(이하 '위원회'라 한다) 설립준비 관련 업무를 담당하거나 설립팀장으로 지원근무 중이던 해양수산부 소속 공무원들에게 '세월호 특별조사위 설립준비 추진경위 및 대응방안 문건'을 작성하게 하고, 피고인 갑이 소속 비서관실 행정관 또는 해양수산부 공무원들에게 세월호 특별조사위원회의 동향을 파악하여 보고하도록 지시하였다는 직권남용권리행사방해의 공소사실로 기소된 사안에서, 대통령비서실과 해양수산부 사이에 현안의 협의·조정 등을 위해 업무 협조가 필요하여 해당 공무원들이 피고인 갑과 피고인 을의 협조 등 요청에 응하여야 하는 경우도 있으나, 해당 공무원들은 위원회의 정치적 중립성, 업무의 독립성·객관성을 보장할 의무가 있고, 위원회 설립준비팀장으로 지원근무를 하게 된 해당 공무원에게는 파견공무원에 준하는 직무상 독립성이 요구되는 점, 해당 공무원들이 위원회 직원을 통해 위원회 내부 동향을 파악하여 피고인 갑에게 보고하는 행위는 경우에 따라 4·16세월호참사 진상규명 및 안전사회 건설 등을 위한 특별법 제51조 제3항 제1호에 따라 처벌되는 비밀준수의무 위반행위에 가담한 행위로 평가될 수 있는 점 등을 종합하면, 피고인 갑과 피고인 을이 해당 공무원들에게 문건을 작성하거나 동향을 보고하게 함으로써 직무수행의 원칙과 기준 등을 위반하여 업무를 수행하게 하여 법령상 의무 없는 일을 하게 한 때에 해당한다고 볼 여지가 있다(대법원2023. 4. 27.선고2020도18296판결). 결국, 갑과 을은 이른바 세월호 특별조사위원회 설립·활동 방해로 인한 직권남용권리행사방해에 해당한다고 할 것이다.

④ (O) [1] 직권남용권리행사방해죄는 공무원이 직권을 남용하여 사람으로 하여금 의무없는 일을 하게 하거나 사람의 권리행사를 방해한 때에 성립하는 범죄이다. 여기에서 '직권남용'이란 공무원이 그 일반적 직무권한에 속하는 사항에 관하여 직권의 행사에 가탁하여 실질적, 구체적으로 위법·부당한 행위를 하는 경우를 의미하고, 공무원이 직무와는 상관없이 단순히 개인적인 친분에 근거하여 문화예술 활동에 대한 지원을 권유하거나 협조를 의뢰한 것에 불과한 경우까지 직권남용에 해당한다고 할 수는 없다. 그리고 직권남용죄에서 말하는 '의무'란 법률상 의무를 가리키고, 단순한 심리

적 의무감 또는 도덕적 의무는 이에 해당하지 아니한다.
[2] 대통령비서실 정책실장이 기업관계자들에게 기업 메세나(Mecenat) 활동의 일환인 미술관 전시회 후원을 요청하여 기업관계자들이 특정 미술관에 후원금을 지급한 사안에서, 직권남용권리행사방해죄 및 제3자뇌물공여죄가 성립하지 않는다(대법원2009. 1. 30.선고2008도6950판결).

문제 28 - 정답 ④

▶ ④ (X) 업무담당자가 사실을 충분히 확인하지 아니한 채 신청인이 제출한 허위의 신청사유나 허위의 소명자료를 가볍게 믿고 이를 수용하였다면, 이는 업무담당자의 불충분한 심사에 기인한 것이어서 위계에 의한 공무집행방해죄를 구성하지 아니하지만, 신청인이 업무담당자에게 허위의 주장을 하면서 이에 부합하는 허위의 소명자료를 첨부하여 제출한 경우 수리 여부를 결정하는 업무담당자가 관계 규정에서 정한 바에 따라 요건의 존부에 관하여 나름대로 충분히 심사를 하였으나 신청사유 및 소명자료가 허위인 것을 발견하지 못하여 신청을 수리하게 될 정도에 이르렀다면, 이는 업무담당자의 불충분한 심사가 아니라 신청인의 위계행위에 의한 것이어서 위계에 의한 공무집행방해죄를 구성한다(대법원2011. 4. 28.선고2010도14696판결).

① (○) 피고인이 지구대 내에서 약 1시간 40분 동안 큰 소리로 경찰관을 모욕하는 말을 하고, 그곳 의자에 드러눕거나 다른 사람들에게 시비를 걸고 그 과정에서 경찰관들이 피고인을 내보낸 뒤 문을 잠그자 다시 들어오기 위해 출입문을 계속해서 두드리거나 잡아당기는 등 소란을 피운 사안에서, 피고인이 밤늦은 시각에 술에 취해 위와 같이 한참 동안 소란을 피운 행위는 그 정도에 따라 공무원에 대한 간접적인 유형력의 행사로서 형법 제136조에서 규정한 '폭행'에 해당할 여지가 있는데도, 이와 달리 보아 공무집행방해의 점을 무죄로 판단한 원심판결에 법리오해 등 잘못이 있다(대판2013.12.26. 2013도11050). 결국, 피고인은 공무집행방해죄에 해당한다.

② (○) [1] 경찰관직무집행법(이하 '법'이라 한다) 제3조 제4항은 경찰관이 불심검문을 하고자 할 때에는 자신의 신분을 표시하는 증표를 제시하여야 한다고 규정하고, 경찰관직무집행법 시행령 제5조는 위 법에서 규정한 신분을 표시하는 증표는 경찰관의 공무원증이라고 규정하고 있는데, 불심검문을 하게 된 경위, 불심검문 당시의 현장상황과 검문을 하는 경찰관들의 복장, 피고인이 공무원증 제시나 신분 확인을 요구하였는지 여부 등을 종합적으로 고려하여, 검문하는 사람이 경찰관이고 검문하는 이유가 범죄행위에 관한 것임을 피고인이 충분히 알고 있었다고 보이는 경우에는 신분증을 제시하지 않았다고 하여 그 불심검문이 위법한 공무집행이라고 할 수 없다. [2] 당시 출동한 갑과 을은 경찰 정복차림이었고, 피고인이 위 경찰관들에게 신분증 제시 등을 요구한 적도 없으며, 당시 피고인은 위 갑과 을이 경찰관이고 검문하는 이유가 자신에 관한 범죄행위 때문임을 모두 알고 있었다고 보이므로, 이러한 상황에서 위 경찰관들이 피고인에게 신분증을 제시하거나 그 소속 등을 밝히지 않았다고 하여 그 불심검문이 위법한 공무집행이라고 볼 수 없으므로, 피고인이 갑의 멱살을 잡고 을의 오른쪽 팔꿈치로 턱을 친 행위는 공무집행방해죄가 성립한다(대법원2014. 12. 11.선고2014도7976판결).

③ (○) [1] 수사기관이 범죄사건을 수사함에 있어서는 피의자나 참고인의 진술 여하에 불구하고 피의자를 확정하고 그 피의사실을 인정할 만한 객관적인 제반 증거를 수집·조사하여야 할 권리와 의무가 있는 것이고, 한편, 피의자는 진술거부권과 자기에게 유리한 진술을 할 권리와 유리한 증거를 제출할 권리가 있지만 수사기관에 대하여 진실만을 진술하여야 할 의무가 있는 것은 아니며, 또한 수사기관에서의 참고인은 형사소송절차에서 선서를 한 증인이 허위로 공술을 한 경우에 위증죄가 성립하는 것과 달리 반드시 진실만을 말하도록 법률상의 의무가 부과되어 있는 것은 아니므로, 피의자나 참고인이 피의자의 무고함을 입증하는 등의 목적으로 수사기관에 대하여 허위사실을 진술하거나 허위의 증거를 제출하였다 하더라도, 수사기관이 충분한 수사를 하지 아니한 채 이와 같은 허위의 진술과 증거만으로 잘못된 결론을 내렸다면, 이는 수사기관의 불충분한 수사에 의한 것으로서 피의자 등의 위계에 의하여 수사가 방해되었다고 볼 수 없어 위계에 의한 공무집행방해죄가 성립된다고 할 수 없을 것이나, 피의자나 참고인이 피의자의 무고함을 입증하는 등의 목적으로 적극적으로 허위의 증거를 조작하여 제출하였고 그 증거 조작의 결과 수사기관이 그 진위에 관하여 나름대로 충실한 수사를 하더라도 제출된 증거가 허위임을 발견하지 못하여 잘못된 결론을 내리게 될 정도에 이르렀다면, 이는 위계에 의하여 수사기관의 수사행위를 적극적으로 방해한 것으로서 위계에 의한 공무집행방해죄가 성립된다. [2] 음주운전을 하다가 교통사고를 야기한 후 그 형사처벌을 면하기 위하여 타인의 혈액을 자신의 혈액인 것처럼 교통사고 조사 경찰관에게 제출하여 감정하도록 한 행위는, 단순히 피의자가 수사기관에 대하여 허위사실을 진술하거나 자신에게 불리한 증거를 은닉하는 데 그친 것이 아니라 수사기관의 착오를 이용하여 적극적으로 피의사실에 관한 증거를 조작한 것으로서 위계에 의한 공무집행방해죄가 성립한다(대법원2003. 7. 25.선고2003도1609판결).

문제 29 - 정답 ③

▶ ③ ⓒⓒⓒ(3개)은 틀린 지문이나, ㉠㉢(2개)은 옳은 지문이다.

㉠ (○) 경찰관직무집행법 제3조 제4항은 경찰관이 불심검문을 하고자 할 때에는 자신의 신분을 표시하는 증표를 제시하여야 한다고 규정하고, 경찰관직무집행법 시행령 제5조는 위 법에서 규정한 신분을 표시하는 증표는 경찰관의 공무원증이라고 규정하고 있는데, 불심검문을 하게 된 경위, 불심검문 당시의 현장상황과 검문을 하는 경찰관들의 복장, 피고인이 공무원증 제시나 신분 확인을 요구하였는지 여부 등을 종합적으로 고려하여, 검문하는 사람이 경찰관이고 검문하는 이유가 범죄행위에 관한 것임을 피고인이 충분히 알고 있었다고 보이는 경우에는 신분증을 제시하지 않았다고 하여 그 불심검문이 위법한 공무집행이라고 할 수 없다(대판2014.12.11. 2014도7976).

ⓒ (X) 경찰관이 경찰관직무집행법 제3조 제1항에 규정된 대상자(이하 '불심검문 대상자'라 한다) 해당 여부를 판단할 때에는 불심검문 당시의 구체적 상황은 물론 사전에 얻은 정보나 전문적 지식 등에 기초하여 불심검문 대상자인지를 객관적·합리적인 기준에 따라 판단하여야 하나, 반드시 불심검문 대상자에게 형사소송법상 체포나 구속에 이를 정도의 혐의가 있을 것을 요한다고 할 수는 없다. 그리고 경찰관은 불심검문 대상자에게 질문을 하기 위하여 범행의 경중, 범행과의 관련성, 상황의 긴박성, 혐의의 정도, 질문의 필요성 등에 비추어 목적 달성에 필요한 최소한의 범위 내에서 사회통념상 용인될 수 있는 상당한 방법으로 대상자를 정지시킬 수 있고 질문에 수반하여 흉기의 소지 여부도 조사할 수 있다(대

법원2014. 2. 27.선고2011도13999판결). 따라서 수사의 단서인 불심검문에 수반하여 흉기의 소지 여부를 조사하는 것은 강제수사인 수색에 해당하지 아니하므로 질문에 수반하여 흉기의 소지 여부도 조사할 수 있다(흉기소지여부조사는 불심검문 유형의 하나이지 강제수사인 수색이 아니다).
ⓒ (X) 사법경찰관이 피고인을 수사관서까지 동행한 것이 사실상의 강제연행, 즉 불법 체포에 해당하고, 불법 체포로부터 6시간 상당이 경과한 후에 이루어진 긴급체포 또한 위법하므로 피고인이 불법체포된 자로서형법 제145조 제1항에 정한 '법률에 의하여 체포 또는 구금된 자'가 아니어서 도주죄의 주체가 될 수 없다(대법원2006. 7. 6.선고2005도6810판결).
ⓒ (○) 형사소송법 제199조 제1항은 "수사에 관하여 그 목적을 달성하기 위하여 필요한 조사를 할 수 있다. 다만, 강제처분은 이 법률에 특별한 규정이 있는 경우에 한하며, 필요한 최소한도의 범위 안에서만 하여야 한다."고 규정하여 임의수사의 원칙을 명시하고 있는바, 수사관이 동행에 앞서 피의자에게 동행을 거부할 수 있음을 알려 주었거나 동행한 피의자가 언제든지 자유로이 동행과정에서 이탈 또는 동행장소로부터 퇴거할 수 있었음이 인정되는 등 오로지 피의자의 자발적인 의사에 의하여 수사관서 등에의 동행이 이루어졌음이 객관적인 사정에 의하여 명백하게 입증된 경우에 한하여, 그 적법성이 인정되는 것으로 봄이 상당하다. 형사소송법 제200조 제1항에 의하여 검사 또는 사법경찰관이 피의자에 대하여 임의적 출석을 요구할 수는 있겠으나, 그 경우에도 수사관이 단순히 출석을 요구함에 그치지 않고 일정 장소로의 동행을 요구하여 실행한다면 위에서 본 법리가 적용되어야 하고, 한편행정경찰 목적의 경찰활동으로 행하여지는 경찰관직무집행법 제3조 제2항 소정의 질문을 위한 동행요구도 형사소송법의 규율을 받는 수사로 이어지는 경우에는 역시 위에서 본 법리(제199조 제1항 및 제200조 규정)가 적용되어야 한다(대법원2006. 7. 6.선고2005도6810판결).
ⓜ (X) 경찰관이 법 제3조 제1항에 규정된 대상자(이하 '불심검문 대상자'라 한다) 해당 여부를 판단할 때에는 불심검문 당시의 구체적 상황은 물론 사전에 얻은 정보나 전문적 지식 등에 기초하여 불심검문 대상자인지를 객관적·합리적인 기준에 따라 판단하여야 하나, 반드시 불심검문 대상자에게 형사소송법상 체포나 구속에 이를 정도의 혐의가 있을 것을 요한다고 할 수는 없다(대판2014.2.27. 2011도13999).

문제 30 - 정답 ①

▶ ① ㉠(1개)은 옳은 지문이나, ㉡㉢㉣㉤(4개)은 틀린 지문이다.
㉠ (○) 사법경찰관은 제245조의5 제2호(불송치결정)의 경우에는 그 송부한 날부터 7일 이내에 서면으로 고소인·고발인·피해자 또는 그 법정대리인(피해자가 사망한 경우에는 그 배우자·직계친족·형제자매를 포함한다)에게 사건을 검사에게 송치하지 아니하는 취지와 그 이유를 통지하여야 한다(형사소송법 제245조의6). 사법경찰관으로부터 불송치결정의 통지를 받은 사람(고발인을 제외한다)은 해당 사법경찰관의 소속 관서의 장에게 이의를 신청할 수 있다(동법 제245조의7 제1항). 2022. 5. 9. 개정 형사소송법에서는 이의신청권의 남용을 막기 위하여 사법경찰관으로부터 수사결과 불송치결정을 받아 이의신청을 할 수 있는 주체에서 고발인을 제외시켰다.
㉡ (X) 현행범체포 행위가 아니라 긴급체포 행위에 착수한 때에는 수사를 개시한 것으로 본다.

> 수사준칙 제16조(수사의 개시) ① 검사 또는 사법경찰관이 다음 각 호의 어느 하나에 해당하는 행위에 착수한 때에는 수사를 개시한 것으로 본다. 이 경우 검사 또는 사법경찰관은 해당 사건을 즉시 입건해야 한다.
> 1. 피혐의자의 수사기관 출석조사
> 2. 피의자신문조서의 작성
> 3. 긴급체포 (현행범체포 X)
> 4. 체포·구속영장의 청구 또는 신청
> 5. 사람의 신체, 주거, 관리하는 건조물, 자동차, 선박, 항공기 또는 점유하는 방실에 대한 압수·수색 또는 검증영장(부검을 위한 검증영장은 제외한다)의 청구 또는 신청

ⓒ (X) 사법경찰관은 제51조(수사종결)에 따른 결정을 한 경우에는 그 내용을 고소인·고발인·피해자 또는 그 법정대리인(피해자가 사망한 경우에는 그 배우자·직계친족·형제자매를 포함한다. 이하 "고소인등"이라 한다)과 피의자에게 통지해야 한다. 다만, 제51조 제1항 제4호 가목에 따른 피의자중지 결정을 한 경우에는 고소인등에게만 통지한다(수사중지 결정을 한 경우에는 피의자가 소재불명이므로 피의자에게는 통지하지 않는다)(수사준칙 제53조 제1항).
ⓓ (X) 제53조(수사결과의 통지)에 따라 사법경찰관으로부터 제51조 제1항 제4호에 따른 수사중지 결정의 통지를 받은 사람은 해당 사법경찰관이 소속된 바로 위 상급경찰관서의 장에게 이의를 제기할 수 있다(수사준칙 제54조 제1항). (구별) 사법경찰관의 불송치결정의 통지를 받은 사람(고발인을 제외한다)은 해당 사법경찰관의 소속 관서의 장에게 이의를 신청할 수 있다(형사소송법 제245조의7 제1항).
☞ (암기) 제·상 (상급에 이의 제기)은 소·신(이의 신청은 소속에)이 있어야 한다.
ⓔ (X) 사법경찰관으로부터 수사중지 결정의 통지를 받은 사람은 해당 수사중지 결정이 법령위반, 인권침해 또는 현저한 수사권 남용이라고 의심되는 경우 검사에게 법 제197조의3 제1항에 따른 신고를 할 수 있다(수사준칙 제54조 제1항).

문제 31 - 정답 ③

▶ ③ (X) [1] 형사소송법 제232조에 의하면 고소는 제1심판결 선고 전까지 취소할 수 있되 고소를 취소한 자는 다시 고소할 수 없으며, 한편 고소취소는 범인의 처벌을 구하는 의사를 철회하는 수사기관 또는 법원에 대한 고소권자의 의사표시로서 형사소송법 제239조, 제237조에 의하여 서면 또는 구술로써 하면 족한 것이므로, 고소권자가 서면 또는 구술로써 수사기관 또는 법원에 고소를 취소하는 의사표시를 하였다고 보여지는 이상 그 고소는 적법하게 취소되었다고 할 것이고, 그 후 고소취소를 철회하는 의사표시를 다시 하였다고 하여도 그것은 효력이 없다 할 것이다.
[2] 고소권자인 피해자가 2008. 10. 16. 비록 합의서에 피고인에 대한 고소를 취소한다거나, 또는 피고인에 대한 형사책임을 묻지 않는다는 표현을 명시적으로 기재하지는 않았지만, 피고인의 처벌을 구하는 의사를 철회한다는 의사로 합의서를 제1심법원에 제출하였다고 할 것이므로, 피고인에 대한 고소는 적법하게 취소되었다고 할 것이고, 따라서 그 후 피해자가 2008. 10. 30. 제1심법원에 증인으로 출석하여 위 합의를 취소하고 다시 피고인의 처벌을 원

한다는 진술을 함으로써 고소취소를 철회하는 의사표시를 하였다고 하여도 그것은 아무런 효력이 없다(대법원2009. 9. 24.선고 2009도6779판결). 결국, 고소를 취소한 자는 다시 고소할 수 없다.

① (O) [1] 법원에 제출된 합의서에는 고소인과 피고소인 상호간에 원만히 해결되었으므로 이후에 민.형사간 어떠한 이의도 제기하지 않을 것을 합의한다는 취지가 기재되어 있을 뿐이고 그 합의서 제출 후에 고소인이 법정에 나와 고소취소의 의사가 없다고 진술하였다면 위 합의서가 고소인의 자유의사에 의하여 작성되었는가의 여부에 관계없이 고소는 취소되지 아니한 것이다.
[2] 위 합의서는 고소인이 본건 고소사실 일체에 대하여 고소인 및 피고소인(피고인) 상호간에 원만히 해결되었으므로 이후에 민・형사간 어떠한 이의도 제기하지 않을 것을 합의한다는 취지가 기재된 서면에 불과하고 그 서면이 피고인의 변호인에 의하여 제1심 법원에 제출된 것이 1979. 11. 28이고 고소인은 그 다음날인 29일 제1심법정에 나와 위 합의서는 강요에 의한 것이라고 말하고 80. 1. 4 같은 법정에 나와 고소취소의 의사가 없다고 말함으로서 오히려 피고인에 대한 처벌희망의사를 유지하고 있으므로 위 합의서가 위 고소인의 자유의사에 의하여 작성되었는가의 여부에 관계없이 고소취소의 효력이 발생할 수 없다(대법원1980. 10. 27.선고 80도1448판결).

② (O) 법원이 선임한 부재자 재산관리인이 그 관리대상인 부재자의 재산에 대한 범죄행위에 관하여 법원으로부터 고소권 행사에 관한 허가를 얻은 경우 부재자 재산관리인은 형사소송법 제225조 제1항에서 정한 법정대리인으로서 적법한 고소권자에 해당한다고 보아야 한다(대법원2022. 5. 26.선고2021도2488판결).

④ (O) 형사소송법 제225조 제1항이 규정한 법정대리인의 고소권은 무능력자의 보호를 위하여 법정대리인에게 주어진 고유권으로서 피해자의 고소권 소멸여부에 관계없이 고소할 수 있는 것이므로 법정대리인의 고소기간은 법정대리인 자신이 범인을 알게 된 날로부터 진행한다(대법원1987. 6. 9.선고87도857판결).

문제 32 - 정답 ④

▶ ④ (X) 형사소송법 제208조 소정의 '구속되었다가 석방된 자'라 함은 구속영장에 의하여 구속되었다가 석방된 경우를 말하는 것이지, 긴급체포나 현행범으로 체포되었다가 사후영장발부 전에 석방된 경우는 포함되지 않는다 할 것이므로, 피고인이 수사 당시 긴급체포되었다가 수사기관의 조치로 석방된 후 법원이 발부한 구속영장에 의하여 구속이 이루어진 경우 앞서 본 법조에 위배되는 위법한 구속이라고 볼 수 없다(대법원2001. 9. 28.선고2001도4291 판결).

① (O) 검사 또는 사법경찰관은 제200조의3에 따라 체포(긴급체포)된 자가 소유・소지 또는 보관하는 물건에 대하여 긴급히 압수할 필요가 있는 경우에는 체포한 때부터 24시간 이내에 한하여 영장 없이 압수・수색 또는 검증을 할 수 있다(형사소송법 제217조 제1항). 결국, 현행범인 체포의 경우에는 이 규정이 준용되지 아니한다.

②③ (O) 사법경찰관은 피의자를 긴급체포한 경우에는 즉시 검사의 승인을 얻어야 한다(제200조의3 제2항). 사법경찰관은 긴급체포 후 12시간 내에 검사에게 긴급체포의 승인을 요청해야 한다. 다만, 수사중지 결정이 된 피의자를 소속 경찰관서가 위치하는 특별시・광역시・특별자치시・도 또는 특별자치도 외의 지역이나 바

다에서 긴급체포한 경우에는 긴급체포 후 24시간 이내에 긴급체포의 승인을 요청해야 한다(수사준칙 제27조 제1항). 제1항에 따라 긴급체포의 승인을 요청할 때에는 범죄사실의 요지, 긴급체포의 일시・장소, 긴급체포의 사유, 체포를 계속해야 하는 사유 등을 적은 긴급체포 승인요청서로 요청해야 한다. 다만, 긴급한 경우에는 「형사사법절차 전자화 촉진법」 제2조 제4호에 따른 형사사법정보시스템(이하 "형사사법정보시스템"이라 한다) 또는 팩스를 이용하여 긴급체포의 승인을 요청할 수 있다(동준칙 동조 제2항). 검사는 사법경찰관의 긴급체포 승인 요청이 이유 있다고 인정하는 경우에는 지체 없이 긴급체포 승인서를 사법경찰관에게 송부해야 한다(동준칙 동조 제3항). 검사는 사법경찰관의 긴급체포 승인 요청이 이유 없다고 인정하는 경우에는 지체 없이 사법경찰관에게 불승인 통보를 해야 한다. 이 경우 사법경찰관은 긴급체포된 피의자를 즉시 석방하고 그 석방 일시와 사유 등을 검사에게 통보해야 한다(동준칙 동조 제4항).

문제 33 - 정답 ①

▶ ① ㉠㉡㉢㉤(4개)은 옳은 지문이나, ㉣(1개)은 틀린 지문이다.

㉠ (O) [1] 전자정보에 대한 압수・수색에 있어 그 저장매체 자체를 외부로 반출하거나 하드카피・이미징 등의 형태로 복제본(이하 '복제본'이라 한다)을 만들어 외부에서 그 저장매체나 복제본에 대하여 압수・수색이 허용되는 예외적인 경우에도 혐의사실과 관련된 전자정보(이하 '유관정보'라 한다) 이외에 이와 무관한 전자정보(이하 '무관정보'라 한다)를 탐색・복제・출력하는 것은 원칙적으로 위법한 압수・수색에 해당하므로 허용될 수 없다.
[2] 그러나 전자정보에 대한 압수・수색이 종료되기 전에 유관정보를 적법하게 탐색하는 과정에서 무관정보를 우연히 발견한 경우라면, 수사기관으로서는 더 이상의 추가 탐색을 중단하고 법원으로부터 별도의 범죄혐의에 대한 압수・수색영장을 발부받은 경우에 한하여 그러한 정보에 대하여도 적법하게 압수・수색을 할 수 있다(대법원 2024. 4. 16. 선고 2020도3050 판결).

㉡ (O) [1] 위장형 카메라 등 특수한 정보저장매체의 경우(피고인이 몰래 모텔 각 방실에 설치된 위장형 소형 카메라를 말함), 다만 대법원 2021. 11. 18. 선고 2016도348 전원합의체 판결의 경우와 달리 수사기관이 임의제출받은 정보저장매체가 그 기능과 속성상 임의제출에 따른 적법한 압수의 대상이 되는 전자정보와 그렇지 않은 전자정보가 혼재될 여지가 거의 없어 사실상 대부분 압수의 대상이 되는 전자정보만이 저장되어 있는 경우에는 소지・보관자의 임의제출에 따른 통상의 압수절차 외에 피압수자에게 참여의 기회를 보장하지 않고 전자정보 압수목록을 작성・교부하지 않았다는 점만으로 곧바로 증거능력을 부정할 것은 아니다
[2] 피고인은 '이 사건 모텔'에 손님인 것처럼 들어가 투숙한 후, 다음 날 위 모텔 종업원의 청소를 도와주는 것처럼 행세하면서 모텔 각 방실에 총 8개의 위장형 카메라를 설치하고 1호실에서 불상의 젊은 남자의 나체를, 2호실에서 갑과 을녀의 나체와 그들의 성관계 모습을, 3호실에서 불상의 젊은 남녀의 나체와 그들의 성관계 모습을, 4호실에서 불상 남녀의 성관계 모습과 여성의 나체를 각각 촬영하여 성폭력처벌법상 카메라등 이용활용죄로 기소된 사안이다.
[3] 이 사건 각 위장형 카메라에 저장된 1호실, 3호실, 4호실에서 촬영된 영상은 2호실에서 촬영된 영상과 범행 일자가 동일하고, 모두 이 사건 모텔에서 촬영되었으며, 범죄의 속성상 해당 범행의 상

습성이 의심되거나 피고인의 성적 기호 내지 경향성의 발현에 따른 일련의 범행의 일환으로 이루어진 것으로 의심되어, 범행의 동기와 경위, 범행 수단과 방법 등을 증명하기 위한 간접증거나 정황증거 등으로 사용될 수 있으므로, 2호실 촬영에 관한 범죄혐의사실과 구체적·개별적 연관관계를 인정할 수 있다. 결국, 1호실, 3호실, 4호실에서 촬영된 영상은 임의제출에 따른 압수의 동기가 된 2호실 촬영에 관한 범죄혐의사실과 관련성이 있는 증거로서 관련성이 인정될 수 있다.
[4] 임의제출된 이 사건 각 위장형 카메라 및 그 메모리카드에 저장된 전자정보처럼 오직 불법촬영을 목적으로 방실 내 나체나 성행위 모습을 촬영할 수 있는 벽 등에 은밀히 설치되고, 촬영대상 목표물의 동작이 감지될 때에만 카메라가 작동하여 촬영이 이루어지는 등, 그 설치 목적과 장소, 방법, 기능, 작동원리상 소유자의 사생활의 비밀 기타 인격적 법익의 관점에서 그 소지·보관자의 임의제출에 따른 적법한 압수의 대상이 되는 전자정보와 구별되는 별도의 보호 가치 있는 전자정보의 혼재 가능성을 상정하기 어려운 경우에는 위 소지·보관자의 임의제출에 따른 통상의 압수절차 외에 별도의 조치가 따로 요구된다고 보기는 어렵다. 따라서 피고인 내지 변호인에게 참여의 기회를 보장하지 않고 전자정보 압수목록을 작성·교부하지 않았다는 점만으로 곧바로 증거능력을 부정할 것은 아니다.
[5] 따라서 수사기관이 이 사건 각 위장형 카메라에 저장된 1호실, 3호실, 4호실에서 각 촬영된 영상은 2호실 촬영에 관한 범죄혐의사실과 구체적·개별적 연관관계를 인정할 수 있으므로 그 증거능력이 인정된다(대법원2021. 11. 25.선고2019도7342판결).
ⓒ (X) 피의자의 이메일 계정에 대한 접근권한에 갈음하여 발부받은 압수·수색영장에 따라 원격지의 저장매체에 적법하게 접속하여 내려받거나 현출된 전자정보를 대상으로 하여 범죄 혐의사실과 관련된 부분에 대하여 압수·수색하는 것은, 압수·수색영장의 집행을 원활하고 적정하게 행하기 위하여 필요한 최소한도의 범위 내에서 이루어지며 그 수단과 목적에 비추어 사회통념상 타당하다고 인정되는 대물적 강제처분 행위로서 허용되며, 형사소송법 제120조 제1항에서 정한 압수·수색영장의 집행에 필요한 처분에 해당한다. 그리고 이러한 법리는 원격지의 저장매체가 국외에 있는 경우라 하더라도 그 사정만으로 달리 볼 것은 아니다(압수·수색이 허용된다)(대판 2017.11.29. 2017도9747).
ⓔ (O) [1] 법원은 압수·수색영장의 집행에 관하여 범죄 혐의사실과 관련 있는 전자정보의 탐색·복제·출력이 완료된 때에는 지체 없이 영장 기재 범죄 혐의사실과 관련이 없는 나머지 전자정보에 대해 삭제·폐기 또는 피압수자 등에게 반환할 것을 정할 수 있다. 수사기관이 범죄 혐의사실과 관련 있는 정보를 선별하여 압수한 후에도 그와 관련이 없는 나머지 정보를 삭제·폐기·반환하지 아니한 채 그대로 보관하고 있다면 범죄 혐의사실과 관련이 없는 부분에 대하여는 압수의 대상이 되는 전자정보의 범위를 넘어서는 전자정보를 영장 없이 압수·수색하여 취득한 것이어서 위법하고, 사후에 법원으로부터 압수·수색영장이 발부되었다거나 피고인이나 변호인이 이를 증거로 함에 동의하였다고 하여 그 위법성이 치유된다고 볼 수 없다.
[2] 수사기관이 휴대전화 등에 대한 제1 압수·수색영장을 집행하면서 기술적인 문제를 이유로 혐의사실 관련성에 대한 구분 없이 임의로 이 사건 휴대전화 내의 전자정보 전부를 1개의 압축파일인 이 사건 파일로 생성·복제하고, 이후 이 사건 파일에서 혐의사실과 관련된 전자정보만을 탐색·선별하여 출력 또는 복제하는 절차를 밟지 아니한 채 이 사건 파일 1개 그대로에 대해 압수조서를 작성하고, 그 1개의 파일만을 기재한 것을 상세목록이라는 이름으로 준항고인에게 교부하였으며, 범죄혐의와 관련 없는 정보를 삭제·폐기·반환하는 등의 조치 역시 취하지 아니하고 오히려 이 사건 파일을 경찰청 내의 저장매체에 복제된 상태 그대로 보관하여 둔 이상, 결국 수사기관은 영장주의와 적법절차의 원칙, 제1 압수·수색영장에 기재된 압수의 대상과 방법의 제한을 중대하게 위반하여 이 사건 파일을 압수·취득한 것이므로, 결국 이 사건 파일 전체에 대한 압수는 취소되어야 한다고 봄이 상당하다. 나아가 수사기관이 위와 같이 위법하게 압수하여 취득한 이 사건 파일에 대해 별도의 범죄 혐의사실로 제2 압수·수색영장, 제3 압수·수색영장이 발부되었다고 하더라도 그 위법성은 치유된다고 보기 어렵고, 따라서 다른 점에 관하여 더 나아가 살펴볼 필요 없이 제2 압수·수색영장, 제3 압수·수색영장에 의하여 이루어진 압수 역시 취소되어야 한다(대법원2022. 1. 14.자2021모1586결정). 결국, 휴대전화에 대한 압수처분이 위법함을 이유로 파일 전체에 대한 압수는 취소되어야 한다.
ⓜ (O) 피의자가 휴대전화를 임의제출하면서 휴대전화에 저장된 전자정보가 아닌 클라우드 등 제3자가 관리하는 원격지에 저장되어 있는 전자정보를 수사기관에 제출한다는 의사로 수사기관에게 클라우드 등에 접속하기 위한 아이디와 비밀번호를 임의로 제공하였다면 위 클라우드 등에 저장된 전자정보를 임의제출하는 것으로 볼 수 있다(대법원2021. 7. 29.선고2020도14654판결).

문제 34 - 정답 ④

▶ ④ (X) 제1회 공판기일 전에 형사소송법 제184조에 의한 증거보전절차에서 증인신문을 하면서, 위 증인신문의 일시와 장소를 피의자 및 변호인에게 미리 통지하지 아니하여 증인신문에 참여할 수 있는 기회를 주지 아니하였고 또 변호인이 제1심 공판기일에 위 증인신문조서의 증거조서에 관하여 이의신청을 하였다면 위 증인신문조서는 증거능력이 없다 할 것이고, 그 증인이 후에 법정에서 그 조서의 진정성립을 인정한다 하여 다시 그 증거능력을 취득한다고 볼 수도 없다(대판91도2337).

① (O) 증거보전의 청구권자는 검사·피고인·피의자·변호인이므로 형사입건되기 전의 자는 피의자가 아니므로 증거보전을 청구할 수 없다(대판79도792). 또한 증거보전은 제1심 제1회 공판기일 전에 한하여 인정되므로 항소심에서는 물론 파기환송후의 절차 및 재심 청구사건에서도 증거보전은 인정되지 않는다(대결84모15).
② 대판86도1646
③ 제184조 제1항

문제 35 - 정답 ①

▶ ① (O) [1] 임의제출물을 압수한 경우 압수물이 형사소송법 제218조에 따라 실제로 임의제출된 것인지에 관하여 다툼이 있을 때에는 임의제출의 임의성을 의심할 만한 합리적이고 구체적인 사실을 피고인이 증명할 것이 아니라 검사가 그 임의성의 의문점을 없애는 증명을 해야 한다.
[2] 피고인이 자신의 휴대전화 카메라를 이용하여 총 9회에 걸쳐 성적 욕망 또는 수치심을 유발할 수 있는 피해자 4명의 신체를 그

들의 의사에 반하여 촬영하였다는 성폭력범죄의 처벌 등에 관한 특례법 위반(카메라등이용촬영)의 공소사실과 관련하여, 수사기관이 피고인을 현행범으로 체포할 당시 임의제출 형식으로 압수한 휴대전화의 증거능력이 문제 된 사안에서, 피고인은 현행범 체포 당시 목격자로부터 휴대전화를 빼앗겨 위축된 심리 상태였고, 목격자 및 경찰관으로부터 휴대전화를 되찾기 위해 달려들기도 하였으며, 경찰서로 연행되어 변호인의 조력을 받지 못한 상태에서 피의자로 조사받으면서 일부 범행에 대하여 부인하고 있던 상황이었으므로, 피고인이 자발적으로 휴대전화를 수사기관에 제출하였는지를 엄격히 심사해야 하는 점, 수사기관이 임의제출자인 피고인에게 임의제출의 의미, 절차와 임의제출할 경우 피압수물을 임의로 돌려받지는 못한다는 사정 등을 고지하였음을 인정할 자료가 없는 점, 피고인은 당시 "경찰관으로부터 '휴대전화를 반환할 수 있다.'는 말을 들었다."라고 진술하는 등 휴대전화를 임의제출할 경우 나중에 번의하더라도 되돌려받지 못한다는 사정을 인식하고 있었다고 단정하기 어려운 점 등에 비추어 볼 때, 휴대전화 제출에 관하여 검사가 임의성의 의문점을 없애는 증명을 다하지 못하였으므로 휴대전화 및 그에 저장된 전자정보는 위법수집증거에 해당하여 증거능력이 없으므로, 공소사실에 대하여 범죄의 증명이 없다고 보아 무죄를 선고한 원심의 결론은 옳다(2024. 3. 12. 선고 2020도9431 판결).

② (X) 설령 그것이 제3자에 의하여 절취된 것으로서 위 소송사기 등의 피해자측이 이를 수사기관에 증거자료로 제출하기 위하여 대가를 지급하였다 하더라도, 공익의 실현을 위하여는 이 사건 업무일지를 범죄의 증거로 제출하는 것이 허용되어야 하고, 이로 말미암아 피고인의 사생활 영역을 침해하는 결과가 초래된다 하더라도 이는 피고인이 수인하여야 할 기본권의 제한에 해당된다(대법원 2008. 6. 26.선고2008도1584판결). 결국, 소송사기의 피해자가 제3자로부터 대가를 지급하고 취득한, 절취된 업무일지를 사기죄에 대한 증거로 사용할 수 있다.

③ (X) 형사소송법 제219조가 준용하는 제118조는 "압수·수색영장은 처분을 받는 자에게 반드시 제시하여야 한다."고 규정하고 있으나, 이는 영장제시가 현실적으로 가능한 상황을 전제로 한 규정으로 보아야 하고, 피처분자가 현장에 없거나 현장에서 그를 발견할 수 없는 경우 등 영장제시가 현실적으로 불가능한 경우에는 영장을 제시하지 아니한 채 압수·수색을 하더라도 위법하다고 볼 수 없다(대판 2015.1.22. 2014도10978 전원합의체 판결).

④ (X) [1] 형사소송법 제308조의2는 "적법한 절차에 따르지 아니하고 수집한 증거는 증거로 할 수 없다"고 규정하고 있는바, 수사기관이 헌법과 형사소송법이 정한 절차에 따르지 아니하고 수집한 증거는 물론, 이를 기초로 하여 획득한 2차적 증거 역시 유죄 인정의 증거로 삼을 수 없는 것이 원칙이다. 다만, 수사기관의 절차 위반 행위가 적법절차의 실질적인 내용을 침해하는 경우에 해당하지 아니하고, 오히려 그 증거의 증거능력을 배제하는 것이 헌법과 형사소송법이 형사소송에 관한 절차 조항을 마련하여 적법절차의 원칙과 실체적 진실 규명의 조화를 도모하고 이를 통하여 형사 사법 정의를 실현하려 한 취지에 반하는 결과를 초래하는 것으로 평가되는 예외적인 경우라면, 법원은 그 증거를 유죄 인정의 증거로 사용할 수 있다.

[2] 강도 현행범으로 체포된 피고인에게 진술거부권을 고지하지 아니한 채 강도범행에 대한 자백을 받고, 이를 기초로 여죄에 대한 진술과 증거물을 확보한 후 진술거부권을 고지하여 피고인의 임의 자백 및 피해자의 피해사실에 대한 진술을 수집한 사안에서, 제1심 법정에서의 피고인의 자백은 진술거부권을 고지받지 않은 상태에서 이루어진 최초 자백 이후 40여 일이 지난 후에 변호인의 충분한 조력을 받으면서 공개된 법정에서 임의로 이루어진 것이고, 피해자의 진술은 법원의 적법한 소환에 따라 자발적으로 출석하여 위증의 벌을 경고받고 선서한 후 공개된 법정에서 임의로 이루어진 것이어서, 예외적으로 유죄 인정의 증거로 사용할 수 있는 2차적 증거에 해당한다(대판2009.3.12. 2008도11437).

문제 36 - 정답 ②

▶ ② ㉠㉢㉤(3개)은 옳은 지문이나, ㉡㉣(2개)은 틀린 지문이다.

㉠ (○) 제312조 제1항, 제312조 제3항

㉡ (X) 형사소송법 제312조 제1항은 검사가 작성한 피의자신문조서는 공판준비, 공판기일에 그 피의자였던 피고인 또는 변호인이 그 내용을 인정할 때에 한정하여 증거로 할 수 있다고 규정하고 있다. 여기서 '그 내용을 인정할 때'라 함은 피의자신문조서의 기재 내용이 진술 내용대로 기재되어 있다는 의미가 아니고 그와 같이 진술한 내용이 실제 사실과 부합한다는 것을 의미한다(대법원 2023.4.27.선고 2023도2102판결).

㉢ (○) 대법원2023.4.27.선고 2023도2102판결

㉣ (X) 공소사실이 최초로 심리된 제1심 제4회 공판기일부터 피고인이 공소사실을 일관되게 부인하여 경찰 작성 피의자신문조서의 진술 내용을 인정하지 않는 경우, 제1심 제4회 공판기일에 피고인이 위 서증의 내용을 인정한 것으로 공판조서에 기재된 것은 착오 기재 등으로 보아 위 피의자신문조서의 증거능력을 부정하여야 하고, 이와 반대되는 원심판단에 법리오해의 위법이 있다(대법원 2010. 6. 24.선고2010도5040판결).

㉤ (○) 대법원2023.4.27.선고 2023도2102판결

문제 37 - 정답 ①

▶ ① (X) [1] 헌법은 모든 국민은 형사상 자기에게 불리한 진술을 강요당하지 아니한다고 선언하고(제12조 제2항), 형사소송법은 피고인은 진술하지 아니하거나 개개의 질문에 대하여 진술을 거부할 수 있다고 규정하여(제283조의2 제1항), 진술거부권을 피고인의 권리로서 보장하고 있다. 위와 같은 현행 형사소송법 제314조의 문언과 개정 취지, 진술거부권 관련 규정의 내용 등에 비추어 보면, 피고인이 증거서류의 진정성립을 묻는 검사의 질문에 대하여 진술거부권을 행사하여 진술을 거부한 경우는 형사소송법 제314조의 '그 밖에 이에 준하는 사유로 인하여 진술할 수 없는 때'에 해당하지 아니한다.

[2] 피고인 1, 피고인 2가 '공소외 1 USB 문건', '피고인 3 컴퓨터 발견 문건', '피고인 2 이메일 첨부서류', '공소외 2 제출 서류'의 진정성립을 묻는 검사의 질문에 대하여 진술거부권을 행사한 경우를 형사소송법 제314조의 '공판준비 또는 공판기일에 진술을 요하는 자가 사망·질병·외국거주·소재불명 기타 그 밖에 이에 준하는 사유로 인하여 진술할 수 없는 때'에 해당한다고 해석하는 것은 진술거부권의 행사를 이유로 위 피고인들에게 불이익을 과하는 것으로서 허용되지 아니하므로, 위 각 문서들은 형사소송법 제314조에 의하여 증거능력이 인정되지 않는다(대법원2013. 6. 13. 선고2012도16001판결).

② (○) 형사소송법 제314조의 '특신상태'와 관련된 법리는 마찬

가지로 원진술자의 소재불명 등을 전제로 하고 있는 형사소송법 제316조 제2항의 '특신상태'에 관한 해석에도 그대로 적용된다(대법원2014. 4. 30.선고2012도725판결).
③ (○) 수사기관에서 진술한 피해자인 유아가 공판정에서 진술을 하였더라도 증인신문 당시 일정한 사항에 관하여 기억이 나지 않는다는 취지로 진술하여 그 진술의 일부가 재현불가능하게 된 경우, 형사소송법 제314조, 제316조 제2항에서 말하는 '원진술자가 진술을 할 수 없는 때'에 해당한다(대법원2006. 4. 14.선고2005도9561판결).
④ (○) [1] 수사기관에서 진술한 참고인이 법정에서 증언을 거부하여 피고인이 반대신문을 하지 못한 경우에는 정당하게 증언거부권을 행사한 것이 아니라도, 피고인이 증인의 증언거부상황을 초래하였다는 등의 특별한 사정이 없는 한 형사소송법 제314조의 '그 밖에 이에 준하는 사유로 인하여 진술할 수 없는 때'에 해당하지 않는다고 보아야 한다. 따라서 증인이 정당하게 증언거부권을 행사하여 증언을 거부한 경우와 마찬가지로 수사기관에서 그 증인의 진술을 기재한 서류는 증거능력이 없다.
[2] 다만 피고인이 증인의 증언거부상황을 초래하였다는 등의 특별한 사정이 있는 경우에는 형사소송법 제314조의 적용을 배제할 이유가 없다. 이러한 경우까지 형사소송법 제314조의 '그 밖에 이에 준하는 사유로 인하여 진술할 수 없는 때'에 해당하지 않는다고 보면 사건의 실체에 대한 심증 형성은 법관의 면전에서 본래증거에 대한 반대신문이 보장된 증거조사를 통하여 이루어져야 한다는 실질적 직접심리주의와 전문법칙에 대하여 예외를 정한 형사소송법 제314조의 취지에 반하고 정의의 관념에도 맞지 않기 때문이다(대법원2019. 11. 21.선고2018도13945전원합의체 판결).

문제 38 - 정답 ②

▶ ② (○) 검사작성의 갑, 을, 병에 대한 각 진술조서에 관하여 "공판정 진술과 배치부분 부동의" 라고 피고인의 의견진술이 있는 것으로 증거목록에 기재되어 있다. 이런 경우는 조서내용의 특정부분에 대하여 증거로 함에 동의한다는 특별한 사정이 있는 때와 달리 그 조서를 증거로 함에 동의아니한다는 취지로 해석할 것이다(대법원1984. 10. 10.선고84도1552판결).
① (X) 증거로 함에 대한 동의의 주체는 소송주체인 당사자라 할 것이지만 변호인은 피고인의 명시한 의사에 반하지 아니하는 한 피고인을 대리하여 이를 할 수 있음은 물론이므로 피고인이 증거로 함에 동의하지 아니한다고 명시적인 의사표시를 한 경우 이외에는 변호인은 서류나 물건에 대하여 증거로 함에 동의할 수 있고 이 경우 변호인의 동의에 대하여 피고인이 즉시 이의하지 아니하는 경우에는 변호인의 동의로 증거능력이 인정되고 증거조사 완료 전까지 앞서의 동의가 취소 또는 철회하지 아니한 이상 일단 부여된 증거능력은 그대로 존속한다(대판1999.8.20. 99도2029).
③ (X) 피고인이 사법경찰관작성의 피해자진술조서를 증거로 동의함에 있어서 그 동의가 법률적으로 어떠한 효과가 있는지를 모르고 한 것이었다고 주장하더라도 변호인이 그 동의시 공판정에 재정하고 있으면서 피고인이 하는 동의에 대하여 아무런 이의나 취소를 한 사실이 없다면 그 동의에 무슨 하자가 있다고 할 수 없다(대법원1983.6.28. 83도1019).
④ (X) 수사기관이 원진술자의 진술을 기재한 조서는 원본 증거인 원진술자의 진술에 비하여 본질적으로 낮은 정도의 증명력을 가질 수밖에 없다는 한계를 지니는 것이고, 특히 원진술자의 법정 출석 및 반대신문이 이루어지지 못한 경우에는 그 진술이 기재된 조서는 법관의 올바른 심증 형성의 기초가 될 만한 진정한 증거가치를 가진 것으로 인정받을 수 없는 것이 원칙이다. 따라서 피고인이 공소사실 및 이를 뒷받침하는 수사기관이 원진술자의 진술을 기재한 조서 내용을 부인하였음에도 불구하고, 원진술자의 법정 출석과 피고인에 의한 반대신문이 이루어지지 못하였다면, 그 조서는 진정한 증거가치를 가진 것으로 인정받을 수 없는 것이어서 이를 주된 증거로 하여 공소사실을 인정하는 것은 원칙적으로 허용될 수 없다. 이는 원진술자의 사망이나 질병 등으로 인하여 원진술자의 법정 출석 및 반대신문이 이루어지지 못한 경우는 물론 수사기관의 조서를 증거로 함에 피고인이 동의한 경우에도 마찬가지이다(대판2005도9730). 결국, 피고인이 이에 대해 증거 동의한 경우에도 이를 주된 증거로 하여 공소사실을 인정할 수 없다.

문제 39 - 정답 ③

▶ ③ (X) 탄핵증거는 범죄사실을 인정하는 증거가 아니므로 엄격한 증거조사를 거쳐야 할 필요가 없음은 형사소송법 제318조의2의 규정에 따라 명백하나 법정에서 이에 대한 탄핵증거로서의 증거조사는 필요하다(대판2005.8.19. 2005도2617).
① (○) 대법원2014. 3. 13.선고2013도12507판결
② (○) 검사가 유죄의 자료로 제출한 사법경찰리 작성의 피고인에 대한 피의자신문조서는 피고인이 그 내용을 부인하는 이상 증거능력이 없으나, 그것이 임의로 작성된 것이 아니라고 의심할 만한 사정이 없는 한 피고인의 법정에서의 진술을 탄핵하기 위한 반대증거로 사용할 수 있다(대법원2005. 8. 19.선고2005도2617판결).
④ (○) [1] ㉠ 검사가 유죄의 자료로 제출한 사법경찰리 작성의 피고인에 대한 피의자신문조서는 피고인이 그 내용을 부인하는 이상 증거능력이 없으나, 그것이 임의로 작성된 것이 아니라고 의심할 만한 사정이 없는 한 피고인의 법정에서의 진술을 탄핵하기 위한 반대증거로 사용할 수 있으며, 또한 ㉡ 탄핵증거는 범죄사실을 인정하는 증거가 아니므로 엄격한 증거조사를 거쳐야 할 필요가 없음은 형사소송법 제318조의2의 규정에 따라 명백하나 ㉢ 법정에서 이에 대한 탄핵증거로서의 증거조사는 필요한 것이고, 한편 증거신청의 방식에 관하여 규정한 형사소송규칙 제132조 제1항의 취지에 비추어 보면 ㉣ 탄핵증거의 제출에 있어서도 상대방에게 이에 대한 공격방어의 수단을 강구할 기회를 사전에 부여하여야 한다는 점에서 그 증거와 증명하고자 하는 사실과의 관계 및 입증취지 등을 미리 구체적으로 명시하여야 할 것이므로, ㉤ 증명력을 다투고자 하는 증거의 어느 부분에 의하여 진술의 어느 부분을 다투려고 한다는 것을 사전에 상대방에게 알려야 한다.
[2] 피고인이 내용을 부인하여 증거능력이 없는 사법경찰리 작성의 피의자신문조서에 대하여 비록 당초 증거제출 당시 탄핵증거라는 입증취지를 명시하지 아니하였지만 피고인의 법정 진술에 대한 탄핵증거로서의 증거조사절차가 대부분 이루어졌다고 볼 수 있는 점 등의 사정에 비추어 위 피의자신문조서를 피고인의 법정 진술에 대한 탄핵증거로 사용할 수 있다(대판2005.8.19. 2005도2617).

문제 40 - 정답 ②

▶ ② ㉠㉡(2개)은 옳은 지문이나, ㉢㉣㉤(3개)은 틀린 지문이다.
㉠ (○) [1] 형법 제366조의 재물손괴죄는 타인의 재물을 손괴 또는 은닉하거나 기타의 방법으로 그 효용을 해하는 경우에 성립한다. 여기에서 재물의 효용을 해한다고 함은 사실상으로나 감정상으로 그 재물을 본래의 사용목적에 제공할 수 없는 상태로 만드는 것을 말하고, 일시적으로 그 재물을 이용할 수 없는 상태로 만드는 것도 포함한다.

[2] 갑이 홍보를 위해 광고판(홍보용 배너 와 거치대)을 1층 로비에 설치해 두었는데, **피고인이** 을에게 지시하여 을이 **위 광고판을 그 장소에서 제거하여** 컨테이너로 된 **창고로 옮겨 놓아 갑이 사용할 수 없도록 한 사안**에서, 비록 물질적인 형태의 변경이나 멸실, 감손을 초래하지 않은 채 그대로 옮겼더라도 **위 광고판은 본래적 역할을 할 수 없는 상태로 되었으므로** 피고인의 행위는 재물손괴죄에서의 **재물의 효용을 해하는 행위에 해당한다**(대법원2018. 7. 24.선고2017도18807판결).

ⓒ (○) 갑이 을등 3명과 싸우다가 힘이 달리자 식칼을 가지고 이들 3명을 상대로 휘두르다가 이를 말리면서 식칼을 뺏으려던 피해자 병에게 상해를 입혔다면 갑에게 상해의 범의가 인정되며 상해를 입은 사람이 **목적한 사람이 아닌 다른 사람**이라 하여 **과실상해죄에 해당한다고 할 수 없다(상해죄에 해당한다)**(대법원1987. 10. 26.선고87도1745판결). 결국, **판례(법정적 부합설)**는 구체적 사실의 착오의 방법의 착오에서 **발생사실에 대한 고의기수범을 인정한다**(乙에게는 丙에 대한 상해죄의 고의기수범을 인정한다).

ⓒ (X) **(2)의 경우**, 객관적 정당화상황은 존재하지만(총구를 겨누고 있던 丙) 주관적 정당화요소를 결한 경우(을은 병이 총구를 겨누고 있다는 사실을 인식하지 못함)인 **우연방위의 문제**로서 그 법효과에 대하여 **위법성조각사유설(무죄설), 기수범설, 불능미수범설 등의 견해가 대립되고 있다**. 따라서 **엄격책임설은 위법성조각사유의 전제사실에 관한 착오(오상방위)**의 문제에 대한 **해결 학설**이므로 **틀린 지문이다.**

ⓔ (X) **일사부재리의 효력은 확정판결이 있을 때에 발생하는 것**이므로 **검사가** 일차 **무혐의 결정을** 하였다가 **다시 공소를 제기하였다 하여도** 이를 **일사부재리의 원칙에 위배된 것이라고는 할 수 없다**(대법원1984. 11. 27.선고84도1545판결). 결국, **불기소처분**(무혐의처분, 기소유예처분 등)은 **기판력(일사부재리의 효력)이 없으므로, 검사가 나중에** 새로운 증거발견 등 사정변경이 생기면 **얼마든지 공소제기할 수 있다.**

ⓜ (X) 공판정에서의 피고인의 자백에도 보강법칙이 적용되는가가 문제된다. 즉, **공판정에서 행한 자백에도 보강증거가 필요한가**에 대하여 **필요하다(보강법칙이 적용된다)**고 보는 견해가 **통설·판례의 태도이다**. 왜냐하면 공판정의 자백이라 하여 언제나 진실이라고 할 수는 없고, 자백편중으로 인한 오판과 위험성은 공판정의 자백에도 있다고 할 수 있으므로 형사소송법상 보강법칙이 적용되는 피고인의 자백에는 공판정의 자백도 포함된다. **판례도 공판정의 자백과 공판정 외의 자백을 불문**하고 보강법칙이 적용된다고 한다. **피고인의 자백이 그에게 불리한 유일한 증거인 때에는** 그 **자백이 공판정에서의 자백**이든 피의자로서의 조사관에 대한 진술이든 그 자백의 증거능력이 제한되어 있고 그 어느 것이나 독립하여 유죄의 증거가 될 수 없으므로 위 자백을 아무리 합쳐 보더라도 **그것만으로는 유죄의 판결을 할 수 없다**(대법원1966. 7. 26.선고66도634전원합의체 판결).

제 4회
경찰 형사법 파이널 모의고사 —— 정답 및 해설

정답

문제	정답	문제	정답	문제	정답	문제	정답
01	③	11	③	21	③	31	③
02	④	12	②	22	②	32	②
03	③	13	①	23	④	33	①
04	②	14	②	24	③	34	②
05	③	15	②	25	①	35	④
06	②	16	①	26	①	36	②
07	③	17	④	27	②	37	④
08	③	18	②	28	②	38	②
09	①	19	①	29	②	39	②
10	④	20	②	30	③	40	②

문제 01 - 정답 ③

▶ ③ ㉠㉡㉢(3개)은 옳은 지문이나, ㉣㉤(2개)은 틀린 지문이다.
㉠ (○) **법정소동죄** 등을 규정한 **형법 제138조에서의 '법원의 재판'**에 **'헌법재판소의 심판'을 포함시키는 해석**이 피고인에게 불리한 **확장해석이나 유추해석에 해당하지 않는다**(대판2021.8.26. 2020도12017). 결국, 헌법재판소의 심판을 방해해도 형법상 법정소동죄로 처벌된다.
㉡ (○) 대통령 비서실 소속행정관 갑은 비서관실 내 자신의 행정관 컴퓨터에 저장된 문서의 전자파일을 이용하여 **추가로 출력하거나 사본한 출력본 또는 복사본**을 알고 지내던 을에게 **전달한 경우**, 대통령기록물관리에관한법률 제30조 제2항 제1호, 제14조에 의해 **유출이 금지되는 대통령기록물에 원본 문서나 전자파일 이외에 그 사본이나 추가 출력물까지 포함된다고 해석하는 것**은 죄형법정주의 원칙상 **허용되지 아니한다**(대법원2021. 1. 14.선고2016도7104판결). 결국, 유출이 금지되는 대통령 기록물은 **원본만 해당**하므로, 그 사본이나 추가 출력물은 포함되지 아니하므로 갑은 대통령기록물법위반죄가 성립하지 않는다.
㉢ (X) 피고인이 관할 관청의 승인을 받지 않고 피고인 소유의 **화물자동차 적재함에 야영 캠핑용 주거공간(일명 '캠퍼')을 부착하여 자동차를 튜닝하였다고 하여 자동차관리법 위반으로 기소된 사안**에서, 캠퍼를 화물자동차에 설치하는 것이 자동차의 구조·장치를 일부 변경하거나 그와 동일한 결과를 가져오는 부착물 추가에 해당한다고 볼 수 없어 '자동차의 튜닝'에 해당하지 않는다(대법원 2021. 6. 24.선고2019도110판결). 결국, 자동차관리법 위반에 해당하지 않는다.
㉣ (X) 대한변호사협회의 '변호사 광고에 관한 규정' 제4조 제14호 중 '협회의 유권해석에 반하는 내용의 광고' 부분은 변호사가 변협의 유권해석에 위반되는 광고를 할 수 없도록 금지하고 있다(**징계사유**). 협회의 유권해석에 반하는 광고금지규정은 '협회의 유권해석에 위반되는'이라는 표지만을 두고 그에 따라 **금지되는 광고의 내용 또는 방법 등을 한정하지 않고 있고**, 이에 해당하는 내용이 무엇인지 변호사법이나 관련 회규를 살펴보더라도 알기 어렵다.

따라서 **위 규정은** 수권법률인 변호사법으로부터 위임된 범위 내에서 **명확하게 규율 범위를 정하고 있다고 보기 어려우므로**, 법률유보원칙에 위반되어 청구인들의 표현의 자유, 직업의 자유를 침해한다(헌재 2022. 05. 26. 2021헌마619). 결국, 협회의 유권해석에 반하는 광고금지규정은 명확성의 원칙에 반한다.
㉤ (○) 지상의 항공기가 이동할 때 '운항중'이 된다는 이유만으로 그때 다니는 **지상의 길까지 항공보안법상 '항로'로 해석하는 것은 문언의 가능한 의미를 벗어난다**. 피고인이 푸시백 중이던 비행기를 탑승구로 돌아가게 한 행위가 항공기의 항로를 변경하게 한 **것에 해당하지 않는다**는 이유로, 같은 취지에서 피고인에게 **무죄를** 선고한 원심판단이 정당하다고 한 사례(대판2017.12.21. 2015도8335 전원합의체판결). 결국, 항로는 하늘 길을 의미하므로 **지상길에서 돌리는 것**은 항공보안법상 항로변경죄가 성립하지 않는다.

문제 02 - 정답 ④

▶ ④ (X) [1] 포괄일죄에 관한 기존 처벌법규에 대하여 그 표현이나 형량과 관련한 개정을 하는 경우가 아니라 **애초에 죄가 되지 아니하던 행위를 구성요건의 신설로 포괄일죄의 처벌대상으로 삼는 경우**에는 신설된 포괄일죄 처벌법규가 **시행되기 이전의 행위**에 대하여는 **신설된 법규를 적용하여 처벌할 수 없다**(형법 제1조 제1항).
[2] 이는 **신설된 처벌법규가 상습범을 처벌하는 구성요건인 경우**에도 마찬가지라고 할 것이므로, 구성요건이 **신설된 상습강제추행죄가 시행되기 이전의 범행은 상습강제추행죄로는 처벌할 수 없고 행위시법에 기초하여 강제추행죄로 처벌할 수 있을 뿐이며**, 이 경우 **그 소추요건도 상습강제추행죄에 관한 것이 아니라 강제추행죄에 관한 것이 구비되어야** 한다.
[3] 원심이 **처벌법규가 신설된 상습강제추행죄**(형법 제305조의2)**가 시행되기 이전 시점의 공소사실인 피해자 갑, 을에 대한 상습강제추행의 점은 죄가 되지 아니하는 경우에 해당한다**고 보아 이유 **무죄로 판단**하면서, 그 상습강제추행죄의 공소사실에 포함된 **각 강제추행의 점에 대하여는** 위 피해자들의 적법한 고소가 없어 공소제기의 절차가 법률의 규정에 위반하여 **무효인 때에 해당한다**고 보아 **공소기각판결을 선고**한 것은 **정당하다**(대법원2016. 1. 28.선고2015도15669판결).
① (○) 해당 형벌법규 자체 또는 그로부터 수권 내지 위임을 받은 법령이 아닌 **다른 법령이 변경된 경우**, 해당 형벌법규에 따른 범죄의 성립 및 처벌과 직접적으로 관련이 없는 법령의 변경으로 인하여 **해당 형벌법규의 가벌성에 영향을 미치게 되는 경우(형사법적 관점의 변화에 근거한 법령의 변경에 해당한다고 볼 수 없는 경우)**에는 **형법 제1조 제2항이 적용되지 않는다**(대법원 2022. 12. 22. 선고 2020도16420 전원합의체판결).
② (○) [1] 범죄 후 법률의 변경이 있더라도 **형이 중하게 변경되는 경우나 형의 변경이 없는 경우에는 형법 제1조 제1항에 따라 행위시법(구법)을 적용하여야** 할 것이다(대법원2020. 11. 12.선고 2016도8627판결).

[2] 범죄 후 법률의 변경이 있더라도 <u>법정형이 동일한 경우</u>에는 <u>구법을 적용하여야</u> 하나, <u>신법을 적용</u>하는 법령적용의 잘못이 있더라도 <u>판결 결과에는 아무런 영향이 없다</u>.

③ (○) [1] 형법 제5조, 제6조의 각 규정에 의하면, 외국인이 외국에서 죄를 범한 경우에는 형법 제5조 제1호 내지 제7호에 열거된 죄를 범한 때와 형법 제5조 제1호 내지 제7호에 열거된 죄 이외에 대한민국 또는 대한민국 국민에 대하여 죄를 범한 때에만 대한민국 형법이 적용되어 우리나라에 재판권이 있게 되고, 여기서 <u>'대한민국 또는 대한민국 국민에 대하여 죄를 범한 때'</u>란 대한민국 또는 대한민국 국민의 <u>법익이 직접적으로 침해되는 결과를 야기하는 죄를 범한 경우</u>를 의미한다.

[2] 캐나다 시민권자인 피고인이 캐나다에서 <u>위조사문서를 행사하였다</u>는 내용으로 기소된 사안에서, 형법 제234조의 <u>위조사문서행사죄</u>는 형법 제5조 제1호 내지 제7호에 열거된 죄에 해당하지 않고, 위조사문서행사를 형법 제6조의 대한민국 또는 대한민국 국민의 <u>법익을 직접적으로 침해하는 행위라고 볼 수도 없으므로</u> 피고인의 행위에 대하여는 <u>우리나라에 재판권이 없다</u>.

[3] 형법 제6조 본문에 의하여 외국인이 대한민국 영역 외에서 대한민국 국민에 대하여 범죄를 저지른 경우 우리 형법이 적용되지만, 같은 조 단서에 의하여 행위지 법률에 의하여 범죄를 구성하지 아니하거나 소추 또는 형의 집행을 면제할 경우에는 우리 형법을 적용하여 처벌할 수 없고, <u>이 경우 행위지 법률에 의하여 범죄를 구성하는지는 엄격한 증명</u>에 의하여 <u>검사가</u> 이를 증명하여야 한다.

[4] 캐나다 시민권자인 피고인이 투자금을 교부받더라도 선물시장에 투자하여 운용할 의사나 능력이 없음에도, <u>피해자들을 기망하여 투자금 명목의 돈을 편취하였다(사기죄)</u>는 내용으로 기소된 사안에서, 공소사실 중 '피고인이 캐나다에 거주하는 대한민국 국민을 기망하여 캐나다에서 직접 또는 현지 은행계좌로 투자금을 수령한 부분'은 <u>외국인이 대한민국 영역 외에서 대한민국 국민에 대하여 범죄를 저지른 경우에 해당하므로</u>, 이 부분이 <u>행위지인 캐나다 법률에 의하여</u> 범죄를 구성하는지 및 소추 또는 형의 집행이 면제되는지를 심리하여 <u>해당 부분이 행위지 법률에 의하여 범죄를 구성</u>하고 그에 대한 <u>소추나 형의 집행이 면제되지 않는 경우에 한하여 우리 형법을 적용하였어야 한다</u>(대법원2011. 8. 25.선고2011도6507판결).

문제 03 - 정답 ③

▶ ③ (X) 법인이 아닌 약국에서의 영업으로 인한 사법상의 권리의무는 그 약국을 개설한 약사에게 귀속되므로 대외적으로 그 약국의 영업주는 그 약국을 개설한 약사라고 할 것이지만, 그 약국을 실질적으로 경영하는 약사가 다른 약사를 고용하여 그 고용된 약사를 명의상의 개설약사로 등록하게 해두고 실질적인 영업약사가 약사 아닌 종업원을 직접 고용하여 영업하던 중 <u>그 종업원이 약사법위반 행위를 하였다면</u> 약사법 제78조의 양벌규정상의 형사책임은 <u>그 실질적 경영자가 지게된다</u>(대법원2000. 10. 27.선고2000도3570판결).

① (○) <u>법인격 없는 사단과 같은 단체는 법인과 마찬가지로</u> 사법상의 권리의무의 주체가 될 수 있음은 별론으로 하더라도 <u>법률에 명문의 규정이 없는 한 그 범죄능력은 없고</u> 그 단체의 업무는 단체를 대표하는 자연인인 대표기관의 의사결정에 따른 대표행위에 의하여 실현될 수밖에 없는바,구 건축법(1995. 1. 5. 법률 제4919호로 개정되기 전의 것) 제26조 제1항의 규정에 의하여 건축물의 유지·관리의무를 지는 '소유자 또는 관리자'가 법인격 없는 사단인 경우에는 자연인인 대표기관이 그 업무를 수행하는 것이므로,같은 법 제79조 제4호에서같은 법 제26조 제1항의 규정에 위반한 자라 함은 법인격 없는 사단의 대표기관인 자연인을 의미한다(대법원 1997. 1. 24.선고96도524판결).

② (○) 화물자동차운송사업면허를 가진 운송사업자와 실질적으로 자동차를 소유하고 있는 차주간의 계약으로 외부적으로는 자동차를 운송사업자 명의로 등록하여 운송사업자에게 귀속시키고 내부적으로는 각 차주들이 독립된 관리 및 계산으로 영업을 하며 운송사업자에 대하여는 지입료를 지불하는 운송사업형태(이른바 지입제)에 있어, 그 지입차주가 세무서에 독립된 사업자등록을 하고, 지입된 차량을 직접 운행·관리하면서 그 명의로 화물운송계약을 체결하였다고 하더라도, 그 자동차가 지입회사의 소유로 등록되어 있고, <u>지입회사만이 화물자동차운송사업면허를 가지고 있는 이상</u>, <u>지입차주는</u> 객관적 외형상으로 보아 <u>그 차량의 소유자인 지입회사와의 위탁계약에 의하여 그 위임을 받아 운행·관리를 대행하는 지위에 있는</u> 자로서 도로법 제86조에서 정한 "대리인·사용인 기타의 종업원"에 해당한다(대법원2003. 9. 2.선고2003도3073판결).

④ (○) 공동정범에 있어서 범죄행위를 <u>공모한 후</u> 그 실행행위에 <u>직접 가담하지 아니하더라도</u> 다른 공모자가 분담, 실행한 행위에 대하여 <u>공동정범의 죄책을 면할 수 없다</u>(대법원1980. 5. 20.선고80도306전원합의체 판결).

문제 04 - 정답 ②

▶ ② <u>ⓒ(1개)은 옳은 지문</u>이나, <u>㉠㉢㉣㉤(4개)은 틀린 지문</u>이다.

㉠ (X) 어떠한 범죄가 적극적 작위에 의하여 이루어질 수 있음은 물론 결과의 발생을 방지하지 아니하는 소극적 부작위에 의하여도 실현될 수 있는 경우에, 행위자가 자신의 신체적 활동이나 물리적·화학적 작용을 통하여 <u>적극적으로 타인의 법익 상황을 악화시킴으로써 결국 그 타인의 법익을 침해하기에 이르렀다면</u>, 이는 <u>작위에 의한 범죄로 봄이 원칙</u>이고, 작위에 의하여 악화된 법익 상황을 다시 되돌이키지 아니한 점에 주목하여 <u>이를 부작위범으로 볼 것은 아니며</u>, 나아가 악화되기 이전의 법익 상황이, 그 행위자가 과거에 행한 또 다른 작위의 결과에 의하여 유지되고 있었다 하여 이와 달리 볼 이유가 없다(대법원2004. 6. 24.선고2002도995판결).

ⓒ (○) <u>형식설(통설)</u>은 진정부작위범은 <u>법률에 규정된</u> 부작위범을 말하고, 부진정부작위범은 <u>법률에 규정되어 있지 않은</u> 부작위범을 말한다. 그러나 <u>실질설</u>은 <u>진정부작위범은</u> 단순히 부작위함으로써 성립되는 범죄(<u>거동범</u>)이고, <u>부진정부작위범은</u> 부작위외에 결과의 발생이 있어야 성립하는 범죄(<u>결과범</u>)를 말한다(<u>옳은 지문이다</u>).

㉢ (X) 작위의무는 법적인 의무이어야 하므로 <u>단순한 도덕상 또는 종교상의 의무는 포함되지 않으나</u> 작위의무가 법적인 의무인 한 성문법이건 불문법이건 상관이 없고 또 공법이건 사법이건 불문하므로, 법령, 법률행위, 선행행위로 인한 경우는 물론이고 기타 신의성실의 원칙이나 사회상규 혹은 조리상 작위의무가 기대되는 경우에도 법적인 작위의무는 있다(대판1996.9.6. 95도2551).

㉣ (X) 형법이 금지하고 있는 법익침해의 결과발생을 방지할 법적인 작위의무를 지고 있는 자가 그 의무를 이행함으로써 결과발생을 쉽게 방지할 수 있었음에도 불구하고 그 결과의 발생을 용인하고 이를 방관한 채 그 의무를 이행하지 아니한 경우에, <u>그 부작위</u>

가 작위에 의한 법익침해와 동등한 형법적 가치가 있는 것이어서 그 범죄의 실행행위로 평가될 만한 것이라면, 작위에 의한 실행행위와 동일하게 부작위범으로 처벌할 수 있다.
ⓜ (X) 보증인지위와 보증인의무를 위법성 요소로 이해하는 **위법성요소설**은 **작위의무 없는 자의 부작위도** 일단 부진정부작위범의 **구성요건에 해당되기 때문에** 구성요건해당성의 범위가 **부당하게 확대될 우려가 있다는 비판**을 받고 있다. 따라서 부진정부작위범의 구성요건해당성의 범위가 부당하게 확대될 우려가 있다는 비판을 받고 있는 학설은 구성요건요소설이 아니라 **위법성요소설이다**.

문제 05 – 정답 ③

▶ ③ ㉠㉢(2개)은 틀린 지문이다. ㉡㉣㉤(3개)은 옳은 지문이다.
㉠ (X) **동시 또는 이시의 독립행위가 경합한 경우**에 그 **결과발생의 원인된 행위가 판명되지 아니한 때**에는 각 행위를 **미수범으로 처벌한다**(제19조; 독립행위의 경합). 결국, 동시범에서는 **동시든 이시든 모두** 그 결과발생의 원인된 행위가 판명되지 아니한 때에는 각 행위를 **미수범으로 처벌한다**.
㉡ (O) **결과범은 반드시 인과관계를 필요로 하는 범죄**이므로, 실행행위와 결과발생 간에 **인과관계가 없는 경우에는 행위자를 기수범으로 처벌할 수 없다**.
㉢ (X) [1] 인과관계의 해결이론에는 여러학설이 대립하고 있는데, **상당인과관계설**은 **결과발생에 경험칙상 상당한 조건(상당성; 행위와 결과 사이의 개연성(높은 확률)을 의미)만**을 원인으로 삼아 **인과관계를 인정한다**는 견해로서 **현재 판례가 취하고 있다**. 상당인과관계설의 **비판**은 **상당성이라는 개념이** 애매하여 인과관계판단을 위한 **명확한 기준이 될 수 없고**, **인과관계와 객관적 귀속을 분리하지 아니하여 혼동하고 있으며, 인과관계의 범위를 지나치게 좁게 인정(상당성이 있는 때에만)한다**는 **비판을 받고 있다**.
[2] **조건설**은 그 행위가 없었더라면 결과가 발생하지 않았을 것이라는 **논리적 조건관계만 있으면 인과관계를 인정하는 학설로서, 조건이 되는 모든 행위**가 발생된 결과에 대하여 동등한 가치를 가지고 **형법상 원인이 된다고 보므로 등가설**이라고도 한다. **조건설은** 살인자의 살인행위와 그 살인자의 어머니의 출산행위사이에도 인과관계가 인정되어, **인과관계를 긍정하는 범위가 지나치게 확대된다**는 비판을 받는다.
[3] 결론: 선지 **전문**은 **상당인과관계설에 대한 개념**이고, **후문(뒤에 설명)**은 **조건설의 비판(문제)**를 설명하고 있기 때문에 **틀린 지문이다**.
㉣ (O) 피고인이 주먹으로 피해자의 복부를 1회 강타하여 **장파열**로 인한 **복막염으로 사망케 하였다면**, 비록 의사의 수술지연 등 과실이 피해자의 사망의 공동원인이 되었다 하더라도 **피고인의 행위가 사망의 결과에 대한 유력한 원인이 된 이상** 그 폭력행위와 치사의 결과간에는 **인과관계가 있다** 할 것이어서 피고인은 피해자의 사망의 결과에 대해 **폭행치사의 죄책을 면할 수 없다**(대법원1984. 6. 26.선고84도831,84감도129판결).
㉤ (O) **의사의 업무상과실이 증명되었다는 사정만으로 인과관계가 추정되거나 증명 정도가 경감되는 것은 아니다**. 이처럼 형사재판에서는 인과관계 증명에 있어서 '합리적인 의심이 없을 정도'의 증명을 요하므로 그에 관한 판단이 동일 사안의 민사재판과 달라질 수 있다.

문제 06 – 정답 ②

▶ ② ㉠㉡㉣㉤(4개)은 옳은 지문이나, ㉢(1개)은 틀린 지문이다.
㉠ (O) 형법 제15조 제1항은 사실의 착오에 관한 규정이다.
㉡ (O) 대법원1960.10.31.선고 4290형상494
㉢ (X) **양해가 없음에도 불구하고 있다고 생각하고 행위한 경우**에는 **구성요건적 착오(사실의 착오)**로서 고의가 조각되고, 과실범규정이 있을 때에는 과실범으로 처벌될 뿐이다. 예컨대, 갑은 소유자인 을의 동의가 있는 것으로 오인하고 A의 재물을 가져간 경우에는 절도죄의 고의가 조각되고, 절도죄의 과실범처벌규정이 없으므로 무죄이다. 이와 반대로 **양해가 있음에도 불구하고 알지못하고 (없다고 생각하고) 행위를 한 경우에는 불능미수에 해당한다**. 예컨대, 소유자 갑의 동의가 있었음에도 그 사실을 모르고 A의 재물을 가져간 경우는 절도죄의 불능미수에 해당한다.
㉣ (O) 옳은 설명이다. **이 경우는 경한 죄(촉탁·승낙살인죄)의 고의로 중한 죄(보통살인죄)를 범한 경우**로, 형법 제15조 제1항에 의하여 촉탁·승낙살인죄가 성립한다(통설). 그러나 이와 반대로 **촉탁·승낙이 있음에도 불구하고 촉탁·승낙이 없는 것으로 오인하고 살해한 경우**, 행위자의 죄책과 관련하여 보통살인죄가 성립한다는 견해, 보통살인죄의 불능미수가 성립한다는 견해, 보통살인죄와 촉탁·승낙살인죄의 상상적 경합이 된다는 견해, 보통살인미수와 촉탁·승낙살인죄의 상상적 경합이 된다는 견해 등 다양한 견해가 대립되고 있다.
㉤ (O) 옳은 설명이다. 이 경우는 **인과관계의 착오로서** 행위자가 예견한 것과 실제로 진행된 인과과정이 다른 경우를 말하는데, **착오에 본질적인 차이가 없어**(익사던 뇌진탕이던 주관적으로 인식한 사실과 발생한 사실이 일치하므로) **갑은 살인죄가 성립한다(통설)**.

문제 07 – 정답 ③

▶ ③ (X) 형법 제164조 전단의 **현주건조물에의 방화죄**는 공중의 생명, 신체, 재산 등에 대한 위험을 예방하기 위하여 **공공의 안전을 그 제1차적인 보호법익으로 하고 제2차적으로는 개인의 재산권을 보호하는 것**이라고 할 것이나, 여기서 공공에 대한 위험은 구체적으로 그 결과가 발생됨을 요하지 아니하는 것이고 **이미 현주건조물에의 점화가 독립연소의 정도에 이르면 동 죄는 기수에 이르러 완료되는 것인 한편, 살인죄는 일신전속적인 개인적 법익을 보호하는 범죄이므로, 이 사건에서와 같이 불을 놓은 집에서 빠져 나오려는 피해자들을 막아 소사케 한 행위는 1개의 행위가 수개의 죄명에 해당하는 경우라고 볼 수 없고**, 위 방화행위와 살인행위는 법률상 별개의 범의에 의하여 별개의 법익을 해하는 별개의 행위라고 할 것이니, **현주건조물방화죄와 살인죄는 실체적 경합관계에 있다**(대법원1983. 1. 18.선고82도2341판결).
① (O) [1] 기본범죄를 통하여 고의로 중한 결과를 발생하게 한 경우에 가중 처벌하는 부진정결과적가중범에서, 고의로 중한 결과를 발생하게 한 행위가 별도의 구성요건에 해당하고 그 고의범에 대하여결과적가중범에 정한 형보다 더 무겁게 처벌하는 규정이 있는 경우에는 그 고의범과결과적가중범이 상상적 경합관계에 있지만, 위와 같이 고의범에 대하여 더 무겁게 처벌하는 규정이 없는 경우에는결과적가중범이 고의범에 대하여 특별관계에 있으므로결과적가중범만 성립하고 이와 법조경합의 관계에 있는 고의범에 대하여는 별도로 죄를 구성하지 않는다.

[2] 직무를 집행하는 공무원에 대하여 위험한 물건을 휴대하여 고의로 상해를 가한 경우에는 특수공무집행방해치상죄만 성립할 뿐, 이와는 별도로 폭력행위 등 처벌에 관한 법률 위반(집단·흉기 등 상해)죄를 구성하지 않는다(대법원2008. 11. 27.선고2008도7311판결).

② (○) [1] 성폭력범죄의 처벌 및 피해자보호 등에 관한 법률 제9조 제1항에 의하면 같은 법 제6조 제1항에서 규정하는 특수강간의 죄를 범한 자뿐만 아니라, **특수강간이 미수에 그쳤다**고 하더라도 그로 인하여 **피해자가 상해를 입었으면 특수강간치상죄가 성립하는 것**이고, 같은 법 제12조에서 규정한위 제9조 제1항에 대한 **미수범 처벌규정**은 제9조 제1항에서 특수강간치상죄와 함께 규정된 특수강간상해죄의 미수에 그친 경우, 즉 **특수강간의 죄를 범하거나 미수에 그친 자가** 피해자에 대하여 상해의 고의를 가지고 피해자에게 상해를 입히려다가 **미수에 그친 경우 등에 적용된다.**
[2] **위험한 물건인 전자충격기를 사용**하여 강간을 시도하다가 **미수에 그치고,** 피해자에게 약 2주간의 치료를 요하는 안면부 좌상 등의 **상해를 입힌** 사안에서, 성폭력범죄의 처벌 및 피해자보호등에 관한 법률에 의한 **특수강간치상죄가 성립한다**(대법원2008. 4. 24. 선고2007도10058판결).

④ (○) [1] 4일가량 물조차 제대로 마시지 못하고 잠도 자지 아니하여 거의 탈진 상태에 이른 피해자의 손과 발을 17시간 이상 묶어 두고 좁은 차량 속에서 움직이지 못하게 감금한 행위와 묶인 부위의 혈액 순환에 장애가 발생하여 혈전이 형성되고 그 혈전이 폐동맥을 막아 사망에 이르게 된 결과 사이에는 **상당인과관계가 있다.**
[2] **정신병자도 감금죄의 객체가 될 수 있다**(대법원2002. 10. 11. 선고2002도4315판결).

문제 08 - 정답 ③

▶ ③ ⓒⓔⓤ(3개)은 정당행위에 해당하고, ⓖⓒ(2개)은 정당행위에 해당하지 않는다.

㉠ (X) 방송사 기자인 피고인이, 구 국가안전기획부 정보수집팀이 타인 간의 사적 대화를 불법 녹음하여 생성한 도청자료인 녹음테이프와 녹취보고서를 입수한 후 이를 자사의 방송프로그램을 통하여 공개한 사안에서, **위 행위가 형법 제20조의 정당행위에 해당하지 않는다**(대법원2011. 3. 17.선고2006도8839전원합의체 판결). 결국, **통신비밀보호법위반이 된다.**

㉡ (○) 의사가 인공분만기인 "샥숀"을 사용하면 통상 약간의 상해정도가 있을 수 있으므로 그 상해가 있다하여"샥숀"을 거칠고 험하게 사용한 결과라고는 보기 어려워 **의사의 정당업무의 범위를 넘은 위법행위라고 할 수 없다**(대법원 1978. 11. 14., 선고, 78도2388, 판결).

㉢ (X) 피고인이 찜질방 내에 침대, 부항기 및 부항침 등을 갖추어 놓고 찾아오는 사람들에게 아픈 부위와 증상을 물어 본 다음 양손으로 아픈 부위의 혈을 주물러 근육을 풀어주는 한편, 그 부위에 부항을 뜬 후 그 곳을 부항침으로 10회 정도 찌르고 다시 부항을 뜨는 방법으로 치료를 하여 주고 **치료비 명목으로 15,000원 또는 25,000원을 받은** 경우, **피고인이 한의사 자격이나 이에 관한 어떠한 면허도 없이 영리를 목적으로 위와 같은 치료행위를 한 것이고,** 단순히 수지침 정도의 수준에 그치지 아니하고 부항과 부항을 이용하여 체내의 혈액을 밖으로 배출되도록 한 것이므로, 이러한 피고인의 시술행위는 의료법을 포함한 법질서 전체의 정신이나 사회통념에 비추어 용인될 수 있는 행위에 해당한다고 볼 수는 없고, 따라서 **사회상규에 위배되지 아니하는 행위로서 위법성이 조각되는 경우에 해당한다고 할 수 없다**(대판2004도3405). 결국, **정당행위가 부정되어 위법성이 조각되지 않아** 보건범죄단속에관한특별조치법위반죄가 성립한다.

㉣ (○) 건설업체 노조원들이 '임·단협 성실교섭 촉구 결의대회'를 개최하면서 차도의 통행방법으로 신고하지 아니한 **삼보일배 행진을** 하여 차량의 통행을 방해한 경우, 그 시위방법이 장소, 태양, 내용, 방법과 결과 등에 비추어 사회통념상 용인될 수 있는 다소의 피해를 발생시킨 경우에 불과하고, **사회상규에 위배되지 않는 정당행위에 해당한다**(대판2009도840).

㉤ (○) [1] 모욕죄에서 말하는 모욕이란, 사실을 적시하지 아니하고 사람의 사회적 평가를 저하시킬 만한 추상적 판단이나 경멸적 감정을 표현하는 것으로, **어떤 글이 특히 모욕적인 표현을 포함하는 판단 또는 의견의 표현을 담고 있는 경우에도** 그 시대의 건전한 사회통념에 비추어 그 표현이 사회상규에 위배되지 않는 행위로 볼 수 있는 때에는 **형법 제20조에 의하여 예외적으로 위법성이 조각된다.**
[2] 골프클럽 경기보조원들의 구직편의를 위해 제작된 **인터넷 사이트 내 회원 게시판에 특정 골프클럽의 운영상 불합리성을 비난하는 글을 게시하면서 위 클럽담당자에 대하여 한심하고 불쌍한 인간이라는 등 경멸적 표현을 한 사안**에서, 게시의 동기와 경위, 모욕적 표현의 정도와 비중 등에 비추어 **사회상규에 위배되지 않는다**(대법원2008. 7. 10.선고2008도1433판결). 결국, **사회상규에 위배되지 않아 모욕죄의 성립은 부정된다.**

문제 09 - 정답 ①

▶ ① (○) **대법원은** ① 관장과 피해자는 외형상 신체적 차이가 크지 않았고, 피해자는 제압된 상태였더라도 상당한 정도의 물리력을 행사할 수 있는 능력이 있었으며, 그 직전까지도 몸싸움을 하는 등 급박한 상황이 계속되고 있었고, 피해자가 위 관장에 대한 항의 내지 보복의 감정을 가진 상태에서 계획적·의도적으로 다시 찾아옴에 따라 몸싸움이 발생한 점, ② 피고인은 일관되게 '피해자가 호신용 작은 칼 같은 흉기를 꺼내는 것으로 오인하여 이를 확인하려고 하였다.'는 취지로 진술하였고, 피해자도 수사과정에서 '피고인이 상해를 입힐 의도가 있었다고 생각하지는 않는다. 내가 쥐고 있던 물건이 무엇인지 확인하기 위해서였다고 생각한다.'라고 진술하였으며, 피해자가 가진 '휴대용 녹음기'와 피고인이 착각하였다고 주장하는 '호신용 작은 칼'은 크기·길이 등 외형상 큰 차이가 없어 이를 쥔 상태의 주먹이나 손 모양만으로는 양자를 구별하는 것이 쉽지 않고, 피해자의 주먹이나 손 모양만으로 그가 움켜쥔 물건이 무엇인지조차 알기 어려웠던 점, ③ 피해자가 진술한 바와 같이 당시 왼손으로 휴대용 녹음기를 움켜쥔 상태에서 이를 활용함에 별다른 장애가 없었으므로 몸싸움을 하느라 신체적으로 뒤엉킨 상황에서 피해자가 실제로 위험한 물건을 꺼내어 움켜쥐고 있었다면, 그 자체로 위 관장의 생명·신체에 관한 급박한 침해나 위험이 초래될 우려가 매우 높은 상황이었고, 수사기관도 이러한 정황을 고려하였기에 원심에서 공소장을 변경하기 전까지 공소사실에 피고인이 한 행위의 이유·동기에 관하여 '위험한 물건으로 착각하여 빼앗기 위하여'라고 기재하였는바, 이러한 수사기관의 인식이야말로 당시 상황에 대한 객관적 평가이자 **피고인이 피해자의 행동을 오인함에 정당한 이유가 있었음을 뒷받침하는 사정에 해당한다**는

점 등을 이유로, 피고인에 대하여 유죄로 판단한 원심판단에 위법성조각사유의 전제사실에 관한 착오, 정당한 이유의 존부에 관한 법리를 오해하여 판결에 영향을 미친 잘못이 있다(대법원 2023.11.2.선고 2023도10768판결). **사례는 위법성조각사유 전제사실의 착오**로서 피고인은 그 오인에 정당한 이유가 있으므로 **위법성이 없다**고 할 것이어서 **무죄를 선고하여야 한다**(상해죄가 성립하지 않는다).

② (X) 사례의 경우는 **위법성조각사유의 전제사실에 관한 착오(오상방위)의 문제**이다. **법효과 제한적 책임설**은 구성요건적 고의(불법고의)는 조각되지 아니하나, 착오로 인하여 행위자의 심정반가치를 인정할 수 없으므로 **책임고의가 조각되어** 그 법적 효과에 있어서만 구성요건적 고의가 조각된 것처럼 과실범의 문제로 취급하자는 견해이다. 이 견해에 따를 때 **을은 상해의 책임고의가 조각**되므로 **상해죄가 성립하지 않고, 과실치상죄가 성립할 뿐이다.**

③ (X) 소속 중대장의 당번병이 근무시간중은 물론 근무시간 후에도 밤늦게 까지 수시로 영외에 있는 중대장의 관사에 머물면서 집안일을 도와주고 그 자녀들을 보살피며 중대장 또는 그 처의 심부름을 관사를 떠나서까지 시키는 일을 해오던 중 사건당일 중대장의 지시에 따라 관사를 지키고 있던중 중대장과 함께 외출나간 그 처로부터 24:00경 비가 오고 밤이 늦어 혼자 귀가할 수 없으니 관사로부터 1.5킬로미터 가량 떨어진 지점까지 우산을 들고 마중 나오라는 연락을 받고 당번병으로서 당연히 해야 할 일로 생각하고 그 지점까지 나가 동인을 마중하여 그 다음날 01:00경 귀가하였다면 위와 같은 **당번병의 관사이탈 행위**는 중대장의 직접적인 허가를 받지 아니 하였다 하더라도 당번병으로서의 그 임무범위내에 속하는 일로 오인하고 한 행위로서 **그 오인에 정당한 이유가 있어 위법성이 없다**고 볼 것이다(대법원1986. 10. 28.선고86도1406판결). 결국, **사례는 위법성조각사유 전제사실의 착오**로서 피고인은 그 오인에 정당한 이유가 있으므로 **위법성이 없다**고 할 것이어서 **무죄를 선고하여야 한다(군형법상 무단이탈죄가 성립하지 않는다).**

④ (X) [1] 내용 중에 일부 허위사실이 포함된 신문기사를 보도한 사안에서, 기사 작성의 목적이 공공의 이익에 관한 것이고 그 기사 내용을 작성자가 진실하다고 믿었으며 그와 같이 믿은 데에 객관적인 상당한 이유가 있으므로 명예훼손의 **위법성을 부인한다.**
[2] 그것이 **결국에는 사실과 다른 것으로 밝혀졌다 하더라도** 안기부의 추적대상이었을 것으로 추정되는 병이 거문도에까지 와서 사망하게 된 경위와 그 사망 원인에 의혹이 제기되고 있던 터에 안기부 직원인 乙녀가 여수에서 거문도까지 가는 배에 병과 동승하였던 것으로 밝혀지고 나아가 **병과 乙녀의 일행이 거문도에서 함께 동행하고 있는 것을 보았다는 목격자**까지 나왔으나 그들이 석연치 않은 이유로 그 진술을 번복하였던 까닭에 **갑이 위 기사내용을 진실이라고 믿고 보도하게 되었던 것**이므로 **갑이 그와 같이 믿은 데에는** 객관적으로 그럴 만한 **상당한 이유가 있었다** 할 것이어서 **피고인의 행위는 형법 제310조에 따라 처벌할 수 없다**(대법원 1996. 8. 23.선고94도3191판결). 결국, **사례는 위법성조각사유 전제사실의 착오**로서 일부 허위사실이 포함된 기사를 작성한 신문기자에게 **비방의 목적이나 허위라는 인식이 없었다**는 이유로 명예훼손의 **위법성을 부인하여 출판물에 의한 명예훼손죄가 성립하지 않는다**고 하였다.

문제 10 - 정답 ④

▶ ④ ⓒⓒⓒⓒ(4개)은 예비·음모죄로 처벌할 수 **있으나**, ㉠(1개)은 예비·음모죄로 처벌할 수 **없다.**

㉠ (강도예비·음모죄 X) 강도예비·음모죄가 성립하기 위해서는 예비·음모 행위자에게 미필적으로라도 '강도'를 할 목적이 있음이 인정되어야 하고 그에 이르지 않고 **단순히 '준강도'할 목적이 있음에 그치는 경우에는 강도예비·음모죄로 처벌할 수 없다**(대법원 2006. 9. 14.선고2004도6432판결).

㉡ (마약매매예비죄 O) **필로폰을 매수하려는 자에게서 필로폰을 구해 달라는 부탁과 함께 돈을 지급받았다**고 하더라도, 당시 필로폰을 소지 또는 입수한 상태에 있었거나 그것이 가능하였다는 등 **매매행위에 근접·밀착한 상태에서** 대금을 지급받은 것이 아니라 **단순히 필로폰을 구해 달라는 부탁과 함께 대금 명목으로 돈을 지급받은 것에 불과한 경우에는 필로폰 매매행위의 실행의 착수에 이른 것이라고 볼 수 없다**(대판2015.3.20. 2014도16920). 마약류 관리법상 **마약매매예비죄로 처벌한다.**

㉢ (향정신성의약품수입예비죄 O) [1] 마약류 관리에 관한 법률에서 정한 **향정신성의약품 수입행위로 인한** 위해 발생의 **위험은** 향정신성의약품의 양륙 또는 지상반입에 의하여 발생하고 그 의약품을 선박이나 항공기로부터 **양륙 또는 지상에 반입함으로써 기수**에 달한다. 그리고 이 사건과 같이 **국제우편 등을 통하여 향정신성의약품을 수입하는 경우**에는 국내에 거주하는 사람이 수신인으로 명시되어 **발신국의 우체국 등에** 향정신성의약품이 들어 있는 **우편물을 제출할 때에 범죄의 실행에 착수하였다**고 볼 수 있다. 따라서 피고인이 공소외인에게 필로폰을 받을 국내 주소를 알려주었다고 하더라도 공소외인이 **필로폰이 들어 있는 우편물을 발신국의 우체국 등에 제출하였다는 사실이 밝혀지지 않은 이상** 피고인 등의 이러한 행위는 **향정신성의약품 수입의 예비행위라고 볼 수 있을지언정** 이를 가지고 향정신성의약품 수입행위의 실행에 착수하였다고 할 수는 없다.
[2] 피고인은 베트남에 거주하는 공소외인으로부터 필로폰을 수입하기 위하여 워터볼의 액체에 필로폰을 용해하여 은닉한 다음 이를 국제우편을 통해 받는 방식으로 필로폰을 수입하고자 하였다. 이러한 행위가 범죄의 **성질상 그 실행의 수단 또는 대상의 착오로 인하여 결과의 발생이 불가능한 경우가 아님은 너무도 분명하다.** 그럼에도 **원심은** 그 판시와 같은 사정을 근거로 피고인에 대하여 마약류 관리에 관한 법률 위반(향정)죄의 불능미수가 인정된다고 판단하였다. 이러한 원심판결에는 형법 제27조의 **불능미수에 관한 법리를 오해하여 판결에 영향을 미친 잘못이 있다**(대법원2019. 5. 16.선고2019도97판결). 결국, **불능미수에 해당하지 아니한다.**

㉣ (살인예비죄 O) [1] 형법 제255조,제250조의 **살인예비죄가 성립하기 위하여는** 형법 제255조에서 명문으로 요구하는 **살인죄를 범할 목적 외에도 살인의 준비에 관한 고의가 있어야** 하며, 나아가 실행의 착수까지에는 이르지 아니하는 살인죄의 실현을 위한 준비행위가 있어야 한다. 여기서의 준비행위는 물적인 것에 한정되지 아니하며 특별한 정형이 있는 것도 아니지만, 단순히 범행의 의사 또는 계획만으로는 그것이 있다고 할 수 없고 객관적으로 보아서 살인죄의 실현에 실질적으로 기여할 수 있는 **외적 행위를 필요로 한다.**
[2] **갑이 을을 살해하기 위하여 병, 정 등을 고용하면서 그들에게 대가의 지급을 약속한 경우**, 갑에게는 살인죄를 범할 목적 및 살인의 준비에 관한 고의뿐만 아니라 살인죄의 실현을 위한 준비행위를 하였음을 인정할 수 있으므로 **살인예비죄가 성립한다**(대법원

2009. 10. 29.선고2009도7150판결).
㉭ (강간예비죄 ○) **제297조(강간죄)**, 제297조의2(유사강간죄), 제299조(준강간죄에 한정한다), 제301조(강간 등 상해죄에 한정한다) 및 제305조(미성년자의제강간·강제추행죄)의 죄를 범할 목적으로 **예비 또는 음모한 사람은 3년 이하의 징역에 처한다**(제305조의3).[본조신설 2020. 5. 19.] 따라서 **강간예비죄는 처벌규정이 있다.**
※ 제298조(강제추행죄), 제299조(준강제추행죄), 제301조(강간 등 치상죄), 제301조의2(강간등살인·치사죄), 제302조(미성년자등에 대한 간음, 제303조(업무상위력 등에 의한 간음)는 **예비, 음모의 처벌 규정이 없다.**

문제 11 - 정답 ③

▶ ③ (X) **확장적** 정범개념이론은 구성요건적 결과발생에 대한 모든 조건의 동가치성을 인정한다는 조건설과 결합되는 이론으로서, 결과발생에 **조건을 주기만 하면 모두 정범(단일정범개념)**으로 보기 때문에 **형법상 교사범과 종범을 공범으로 보는 것**은 처벌축소사유가 된다. 그러나 **제한적** 정범개념이론은 구성요건적 **행위를 스스로(직접)한 자만 정범**이고 나머지는 공범이라는 견해이므로, **형법상 교사범과 종범을 처벌하는 규정을 두고 있는 것**은 스스로 행위를 하지 않은 교사범과 종범까지도 가벌성을 확장한 처벌확장사유가 된다.
① (○) **판례**는 "정범의 성립은 교사범·방조범의 구성요건의 일부를 형성하고 **교사범·방조범이 성립함에는 정범의 범죄행위가 인정되는 것이 그 전제요건**이 된다"고 하여 **공범종속성설의 입장**을 취하고 있다(대법원2000. 2. 25.선고99도1252판결).
② (○) 대법원2017. 5. 17.선고2017도2573판결
④ (○) **순수야기설**은 **공범독립성설처럼** 공범 불법의 독자성을 인정하면서 정범의 불법으로부터 완전히 독립되어 있다고 보는 견해이다. 따라서 **정범의 실행행위가 없어도** 정범을 **교사 또는 방조하기만 하면** 교사범 또는 방조범이 **성립될 수 있다.**

문제 12 - 정답 ②

▶ ② (X) 어느 문서의 작성권한을 갖는 공무원이 그 문서의 기재 사항을 인식하고 그 문서를 작성할 의사로써 이에 서명날인하였다면, 설령 그 서명날인이 타인의 기망으로 착오에 빠진 결과 그 문서의 기재사항이 진실에 반함을 알지 못한 데 기인한다고 하여도, **그 문서의 성립은 진정하며 여기에 하등 작성명의를 모용한 사실이 있다고 할 수는 없으므로**, 공무원 아닌 자가 관공서에 허위 내용의 증명원을 제출하여 그 내용이 허위인 정을 모르는 담당공무원으로부터 그 증명원 내용과 같은 증명서를 발급받은 경우 **공문서위조의 간접정범으로 의율할 수는 없다**(대법원2001. 3. 9.선고2000도938판결).
① (○) 대판2017.5.17. 2016도13912
③ (○) 유가증권변조죄에 있어서 변조라 함은 진정으로 성립된유가증권의 내용에 권한없는 자가 그유가증권의 동일성을 해하지 않는 한도에서 변경을 가하는 것을 말하고, 설사, 진실에 합치하도록 변경한 것이라 하더라도 권한없이 변경한 경우에는 변조로 되는 것이고 **정을 모르는 제3자를 통하여 간접정범의 형태로도 범할 수 있는 것**인 바, 신용카드를 제시받은 상점점원이 그 카드의 금액란을 정정기재하였다 하더라도 그것이 카드소지인인 **위 점원에게 자신이 위 금액을 정정기재 할 수 있는 권리가 있는 양 기망하여 이루어졌다면 이는 간접정법에 의한 유가증권변조로 봄이 상당하다**(대법원1984. 11. 27.선고84도1862판결).
④ (○) 부정수표단속법 제4조가 '수표금액의 지급 또는 거래정지처분을 면할 목적'을 요건으로 하고, 수표금액의 지급책임을 부담하는 자 또는 거래정지처분을 당하는 자는 발행인에 국한되는 점에 비추어 볼 때 그와 같은 **발행인이 아닌 자는 부정수표단속법 제4조가 정한 허위신고죄의 주체가 될 수 없고, 발행인이 아닌 자는** 허위신고의 고의 없는 발행인을 이용하여 **간접정법의 형태로 허위신고죄를 범할 수도 없다**(대법원 2007.03.15. 선고 2006도7318 판결).

문제 13 - 정답 ①

▶ ① (X) [1] 상상적 경합은 1개의 행위가 실질적으로 수개의 구성요건을 충족하는 경우를 말하고 법조경합은 1개의 행위가 외관상 수개의 죄의 구성요건에 해당하는 것처럼 보이나 실질적으로 1죄만을 구성하는 경우를 말하며, **실질적으로 1죄인가 또는 수죄인가는 구성요건적 평가와 보호법익의 측면에서 고찰하여 판단하여야 한다.**
[2] **신용협동조합의 전무인 피고인이 조합의 담당직원을 기망하여 예금인출금 또는 대출금 명목으로 금원을 교부받은 위 각 행위는** 업무상 배임행위에 사기행위가 수반된 때의 죄수 관계에 관하여 보면, 사기죄는 사람을 기망하여 재물의 교부를 받거나 재산상의 이익을 취득하는 것을 구성요건으로 하는 범죄로서 임무배반를 그 구성요소로 하지 아니하고 사기죄의 관념에 임무위배 행위가 당연히 포함된다고 할 수도 없으며, 업무상배임죄는 업무상 타인의 사무를 처리하는 자가 그 업무상의 임무에 위배하는 행위로써 재산상의 이익을 취득하거나 제3자로 하여금 이를 취득하게 하여 본인에게 손해를 가하는 것을 구성요건으로 하는 범죄로서 기망적 요소를 구성요건의 일부로 하는 것이 아니어서 **양 죄는 그 구성요건을 달리하는 별개의 범죄이고 형법상으로도 각각 별개의 장에 규정**되어 있어, **1개의 행위에 관하여 사기죄와 업무상 배임죄의 각 구성요건이 모두 구비된 때에는** 양 죄를 법조경합 관계로 볼 것이 아니라 **상상적 경합관계로 봄이 상당하다** 할 것이고, 나아가 업무상배임이 아닌 단순배임죄라고 하여 양 죄의 관계를 달리 보아야 할 이유도 없다. **이와 달리 위와 같은 경우 사기죄와 배임죄의 관계에서 사기죄만이 성립하고 별도로 배임죄를 구성하지 아니한다는 견해를 표명한 대법원 1983. 7. 12. 선고 82도1910 판결은 이와 저촉되는 한도 내에서 이를 변경하기로 한다**(대법원2002. 7. 18.선고2002도669전원합의체 판결). 결국, 신용협동조합의 전무인 피고인이 조합의 담당직원을 기망하여 예금인출금 또는 대출금 명목으로 금원을 교부받은 위 각 행위는 **사기죄와 배임죄가 성립하고, 상상적 경합관계**에 있다.
② (○) [1] 피고인이 여관에서 **종업원을 칼로 찔러 상해를 가하고** 객실로 끌고 들어가는 등 **폭행·협박을 하고 있던 중**, 마침 다른 방에서 나오던 **여관의 주인도 같은 방에 밀어 넣은 후**, 주인으로부터 금품을 강취하고, 1층 안내실에서 종업원 소유의 현금을 꺼내 갔다면, **여관 종업원과 주인에 대한 각 강도행위가 각별로 강도죄를 구성하되** 피고인이 피해자인 종업원과 주인을 폭행·협박한 행위는 **법률상 1개의 행위로 평가되는 것**이 상당하므로 **위 2죄는 상상적 경합범관계에 있다고 할 것이다.**
[2] 강도가 서로 다른 시기에 다른 장소에서 수인의 피해자들에게

각기 폭행 또는 협박을 하여 각 그 피해자들의 재물을 강취하고, 그 피해자들 중 1인을 상해한 경우에는, 각기 별도로 강도죄와 강도상해죄가 성립하는 것임은 물론, 법률상 1개의 행위로 평가되는 것도 아닌 바, 피고인이 여관에 들어가 1층 안내실에 있던 여관의 관리인을 칼로 찔러 상해를 가하고(강도상해죄), 그로부터 금품을 강취한 다음, 각 객실에 들어가 각 투숙객들로부터 금품을 강취하였다면(강도죄), 피고인의 위와 같은 각 행위는 비록 시간적으로 접착된 상황에서 동일한 방법으로 이루어지기는 하였으나, 포괄하여 1개의 강도상해죄만을 구성하는 것이 아니라 실체적 경합범의 관계에 있는 것이라고 할 것이다(대법원1991. 6. 25.선고91도643 판결).

③ (○) [1] 피고인들이 피해자들의 택시 운행업무를 방해하기 위하여 이루어진 폭행행위가 피해자들에 대한 업무방해죄의 수단이 되었다 하더라도 그와 같은 폭행행위가 업무방해죄의 성립에 일반적·전형적으로 수반되는 것이 아닐 뿐 아니라 그 폭행행위가 업무방해죄에 비하여 별도로 고려되지 않을 만큼 경미한 것이라고 할 수도 없으므로, 피고인들의 폭행행위가 업무방해죄에 흡수되어 별도의 범죄를 구성하지 않는다고 할 수는 없다.
[2] 피고인들이 공동폭행의 방법으로 피해자들의 택시 운행업무를 방해한 사실이 있으나 그 외의 방법으로 택시 운행업무를 방해한 사정은 보이지 아니하므로, 피고인들의 공동폭행이라는 1개의 행위가 폭력행위 등 처벌에 관한 법률 위반(공동폭행)죄와 업무방해죄의 구성요건을 충족하는 경우에 해당한다 할 것이어서 양죄는 상상적 경합의 관계에 있다고 보아야 할 것이다(대법원2012. 10. 11. 선고2012도1895판결).

④ (○) 피고인은 피해자 A 회사와 사이에 렌탈(임대차)계약을 체결하고 그로부터 컴퓨터 본체 24대, 모니터 1대를 받아 보관하였고, 피해자 B 회사와 사이에 리스(임대차)계약을 체결하고 그로부터 컴퓨터 본체 13대, 모니터 41대, 그래픽카드 13개, 마우스 11개를 보관하다가 2011. 2. 22.경 성명불상의 업체에 이를 한꺼번에 처분하여 횡령하였으므로, 이러한 횡령행위는 사회관념상 1개의 행위로 평가함이 상당하고, 피해자들에 대한 각 횡령죄는 상상적 경합의 관계에 있다고 보아야 할 것이다(대법원2013. 10. 31.선고 2013도10020판결). 결국, 여러 개의 위탁관계에 의하여 보관하던 여러 개의 재물을 1개의 행위에 의하여 횡령한 경우, 각 횡령죄는 상상적 경합범관계에 있다.

문제 14 - 정답 ②

▶ ② (X) 집행유예의 요건에 관한 형법 제62조 제1항이 '형'의 집행을 유예할 수 있다고만 규정하고 있다고 하더라도, 이는 같은 조 제2항이 그 형의 '일부'에 대하여 집행을 유예할 수 있는 때를 형을 '병과'할 경우로 한정하고 있는 점에 비추어 보면, 조문의 체계적 해석상 하나의 형의 전부에 대한 집행유예에 관한 규정이라 할 것이고, 또한 하나의 자유형에 대한 일부 집행유예에 관하여는 그 요건, 효력 및 일부 실형에 대한 집행의 시기와 절차, 방법 등을 입법에 의해 명확하게 할 필요가 있어, 그 인정을 위해서는 별도의 근거 규정이 필요하므로 하나의 자유형 중 일부에 대해서는 실형을, 나머지에 대해서는 집행유예를 선고하는 것은 허용되지 않는다(대법원2007. 2. 22.선고2006도8555판결).

① (○) 대법원1999. 1. 12.자98모151결정

③ (○) 형법 제62조의2의 규정에 의하여 보호관찰이나 사회봉사 또는 수강을 명한 집행유예를 받은 자가 준수사항이나 명령을 위반한 경우에 그 위반사실이 동시에 범죄행위로 되더라도 그 기소나 재판의 확정여부 등 형사절차와는 별도로 법원이 보호관찰등에 관한법률에 의한 검사의 청구에 의하여 형법 제64조 제2항에 규정된 집행유예 취소의 요건에 해당하는가를 심리하여 준수사항이나 명령 위반사실이 인정되고 위반의 정도가 무거운 때에는 집행유예를 취소할 수 있다(대법원1999. 3. 10.자99모33결정).

④ (○) 형법 제37조 후단의 경합범 관계에 있는 죄에 대하여 형법 제39조 제1항에 의하여 따로 형을 선고하여야 하기 때문에 하나의 판결로 두 개의 자유형을 선고하는 경우 그 두 개의 자유형은 각각 별개의 형이므로 형법 제62조 제1항에 정한 집행유예의 요건에 해당하면 그 각 자유형에 대하여 각각 집행유예를 선고할 수 있는 것이고, 또 그 두 개의 자유형 중 하나의 자유형에 대하여 실형을 선고하면서 다른 자유형에 대하여 집행유예를 선고하는 것도 우리 형법상 이러한 조치를 금하는 명문의 규정이 없는 이상 허용되는 것으로 보아야 한다(대법원2002. 2. 26.선고2000도4637 판결).

문제 15 - 정답 ②

▶ ② ㉠㉡㉢㉣(4개)은 틀린 지문이나, ㉤(1개)은 옳은 지문이다.

㉠ (X) 정신과 질환인 조증으로 입원한 환자의 주치의사는 환자의 건강상태를 사전에 면밀히 살펴서 그 상태에 맞도록 조증치료제인 클로르포르마진을 가감하면서 투여하여야 하고, 클로르포르마진의 과다투여로 인하여 환자에게 기립성저혈압이 발생하게 되었고 당시 환자의 건강상태가 갑자기 나빠지기 시작하였다면 좀 더 정확한 진찰과 치료를 위하여 내과전문병원 등으로 전원조치를 하여야 할 것이고, 그러지 못하고 환자의 혈압상승을 위하여 포도당액을 주사하게 되었으면 그 과정에서 환자의 전해질이상 유무를 확인하고 투여하여야 함에도 의사에게 요구되는 이러한 일련의 조치를 취하지 아니한 과실이 있다면, 그러한 과실로 환자가 전해질이상·빈혈·저알부민증 등으로 인한 쇼크로 사망하였음을 인정할 수 있고, 그 치료 과정에서 야간당직의사의 과실이 일부 개입하였다고 하더라도 그의 주치의사 및 환자와의 관계에 비추어 볼 때 환자의 주치의사는 업무상실치사죄의 책임을 면할 수는 없다(대법원 1994. 12. 9.선고93도2524판결).

㉡ (X) 업무상과실치상죄에 있어서의 '업무'란 사람의 사회생활면에서 하나의 지위로서 계속적으로 종사하는 사무를 말하고, 여기에는 수행하는 직무 자체가 위험성을 갖기 때문에 안전배려를 의무의 내용으로 하는 경우는 물론 사람의 생명·신체의 위험을 방지하는 것을 의무내용으로 하는 업무도 포함되는데, 안전배려 내지 안전관리 사무에 계속적으로 종사하여 위와 같은 지위로서의 계속성을 가지지 아니한 채 단지 건물의 소유자로서 건물을 비정기적으로 수리하거나 건물의 일부분을 임대하였다는 사정만으로는 업무상과실치상죄에 있어서의 '업무'로 보기 어렵다(대법원2009. 5. 28.선고2009도1040판결).

㉢ (X) 발화지점으로 지적된 분전반이 건물의 2층 내부 벽면에 매립·설치되어 있고, 건물 3층과 4층에 이르는 전선은 벽체 내부의 통로를 따라 분전반 후면을 거쳐 배선되어 있는 건물의 화재와 관련하여, 분전반이나 전선이 임차인의 지배관리영역에 속하는 것인지 여부, 임차인에게 위 분전반이나 그 내부 전선의 이상으로 인한 화재를 예방하여야 할 주의의무가 있다고 볼 특별한 사정이 있는지 여부, 나아가 그 주의의무가 '업무상'의 주의에 속하는지 여부

등을 심리하지 않은 채, 분전반이나 건물의 3층과 4층에 이르는 전선이 화재원인이고 10여 년간 건물 2층을 임차해 오면서 당해 건물의 안전에 이상이 있음을 알고 있었다는 이유만으로, 임차인에게 '업무상 주의의무' 위반이 있다고 볼 수 없다(대법원2009. 5. 28.선고2009도1040판결).
㉣ (X) 작업현장에 경고표시판 및 안전망의 설치 등 충돌사고에 대비한 안전조치가 취해져 있었을 뿐만 아니라 굴삭기에의 접근을 예방하기 위하여 굴삭기의 전후에 신호수까지 배치해 두었다면 후사경이 붙어 있지 아니한 굴삭기를 운전하여 작업에 열중하고 있는 운전자에게 굴삭기의 후면에서 접근해오는 사람이 있는지의 여부까지 스스로 확인해 가면서 작업에 임해야 할 주의의무가 있다고는 볼 수 없다(대법원1987. 9. 22.선고87도1254판결). 결국, 업무상과실치상죄가 성립하지 않는다.
㉤ (O) 구 액화석유가스의안전및사업관리법 제9조 제1항은 액화석유가스 판매사업자가 액화석유가스를 수요자에게 공급할 때에는 그 수요자의 시설에 대하여 안전점검을 실시하고, 산업자원부령이 정하는 바에 의하여 수요자에게 위해 예방에 필요한 사항을 계도하여야 한다고 정하고 있는바, 이는 액화석유가스가 인화 폭발하기 쉬운 성질을 가지고 있고 그 폭발 사고로 인한 피해도 심각하여 고도의 위험성을 가지고 있는 반면 일반인이 그 누출 가능성 등을 미리 알기 어려운 사정 등 때문에 액화석유가스 판매업자에게 엄격한 주의의무를 부과한 것이라고 보이므로, 일반 수요자에게 가스를 공급하는 액화석유가스 판매사업자로서는 액화석유가스 공급계약을 체결한 때로부터 그 계약이 해지될 때까지 액화석유가스에 의한 재해가 발생할 위험성이 있는 경우에는 언제든 이를 미리 방지하기 위한 조치를 강구할 업무상의 주의의무가 있다고 할 것이다(대법원2006. 5. 12.선고2006도819판결). 결국, 업무상과실치사죄가 성립한다.

문제 16 - 정답 ①

▶ ① ㉡㉢㉣㉤(4개)은 옳은 지문이나, ㉠(1개)은 틀린 지문이다.
㉠ (X) (X) 제287조(미성년자약취,유인)부터 제290조까지, 제292조와 제294조의 죄를 범한 사람이 약취, 유인, 매매 또는 이송된 사람을 안전한 장소로 풀어준 때에는 그 형을 감경할 수 있다(제295조의2).
㉡ (O) 형법 제287조에 규정된 미성년자약취죄의 입법 취지는 심신의 발육이 불충분하고 지려와 경험이 풍부하지 못한 미성년자를 특별히 보호하기 위하여 그를 약취하는 행위를 처벌하려는 데 그 입법의 취지가 있으며, 미성년자의 자유 외에 보호감독자의 감호권도 그 보호법익으로 하고 있다는 점을 고려하면, 피고인과 공범들이 미성년자를 보호·감독하고 있던 그 아버지의 감호권을 침해하여 그녀를 자신들의 사실상 지배하로 옮긴 이상 미성년자약취죄가 성립한다 할 것이고, 약취행위에 미성년자의 동의가 있었다 하더라도 본죄의 성립에는 변함이 없다(대법원2003. 2. 11.선고2002도7115판결).
㉢ (O) [1] 인신매매죄는 사람의 신체에 대한 사실상 실력적 지배의 이전(인도)이 있어야 기수가 되고(제289조 제1항), 계약을 체결하였으나 아직 인도하지 못했다면 미수에 불과할 뿐이다(제294조).
[2] 신체가 인도되면 기수이므로 매매대금의 지급여부는 인신매매죄 완성에 영향을 미치지 아니하고, 반드시 민법상의 매매에 한하지 않고 교환도 포함된다.
㉣ (O) [1] 감금죄는 사람의 행동의 자유를 그 보호법익으로 하여 사람이 특정한 구역에서 벗어나는 것을 불가능하게 하거나 또는

는 매우 곤란하게 하는 죄로서 그 본질은 사람의 행동의 자유를 구속하는 데에 있다. 이와 같이 행동의 자유를 구속하는 수단과 방법에는 아무런 제한이 없고, 사람이 특정한 구역에서 벗어나는 것을 불가능하게 하거나 매우 곤란하게 하는 장애는 물리적·유형적 장애뿐만 아니라 심리적·무형적 장애에 의하여서도 가능하므로 감금죄의 수단과 방법은 유형적인 것이거나 무형적인 것이거나를 가리지 아니한다. 또한 감금죄가 성립하기 위하여 반드시 사람의 행동의 자유를 전면적으로 박탈할 필요는 없고, 감금된 특정한 구역 범위 안에서 일정한 생활의 자유가 허용되어 있었다고 하더라도 유형적이거나 무형적인 수단과 방법에 의하여 사람이 특정한 구역에서 벗어나는 것을 불가능하게 하거나 매우 곤란하게 한 이상 감금죄의 성립에는 아무런 지장이 없다.
[2] 미성년자를 유인한 자가 계속하여 미성년자를 불법하게 감금하였을 때에는 미성년자유인죄 이외에 감금죄가 별도로 성립한다(대법원1998. 5. 26.선고98도1036판결).
㉤ (O) 형법 제288조에 규정된 약취행위는 피해자를 그 의사에 반하여 자유로운 생활관계 또는 보호관계로부터 범인이나 제3자의 사실상 지배하에 옮기는 행위를 말하는 것으로서, 폭행 또는 협박을 수단으로 사용하는 경우에 그 폭행 또는 협박의 정도는 상대방을 실력적 지배하에 둘 수 있을 정도이면 족하고 반드시 상대방의 반항을 억압할 정도의 것임을 요하지는 아니한다(2009도3816) 결국, 술에 만취한 피고인이 초등학교 5학년 여학생의 소매를 잡아끌면서 "우리 집에 같이 자러 가자"고 한 행위가 형법 제288조의 약취행위의 수단인 '폭행'에 해당한다.

문제 17 - 정답 ④

▶ ④ (X) 성폭력범죄의 처벌 등에 관한 특례법 제6조(장애인에 대한 강간, 강간추행등)에서 정하는 '정신적인 장애가 있는 사람'이란 '정신적인 기능이나 손상 등의 문제로 일상생활이나 사회생활에서 상당한 제약을 받는 사람'을 가리킨다. 장애인복지법에 따른 장애인등록을 하지 않았다거나 그 등록기준을 충족하지 못하더라도 여기에 해당할 수 있다(대법원2021. 10. 28.선고2021도9051판결). 결국, 피해자가 정신적 기능 등의 문제로 일상생활이나 사회생활에서 상당한 제약을 받는 사람으로 성폭력처벌법 제6조에서 정한 정신적인 장애가 있는 사람에 해당하고 피고인도 범행 당시 이를 인식하였다면 장애인복지법상 장애인등록을 하지 않았어도 성폭력범죄의처벌등에관한특례법위반(장애인강간)에 해당한다.
① (O) 제297조의2(유사강간): 폭행 또는 협박으로 사람에 대하여 구강, 항문 등 신체(성기는 제외한다)의 내부에 성기를 넣거나 성기, 항문에 손가락 등 신체(성기는 제외한다)의 일부 또는 도구를 넣는 행위를 한 사람은 2년 이상의 유기징역에 처한다.
② (O) [1] 갑(28세)은 이전에 만난 적이 없이 술에 취하여 화장실을 찾는 을(여, 18세)을 새벽에 모텔객실로 데려가 술에 취하여 심신상실 상태에 있는 을을 침대에 눕힌 후, 을의 상의와 브래지어, 팬티를 벗기고 을에게 키스하고 손으로 피해자의 가슴을 만져 피해자의 심신상실의 상태를 이용하여 추행을 하였다하여 준강제추행죄로 기소된 사안이다.
[2] 준강간죄에서 '심신상실'이란 정신기능의 장애로 인하여 성적 행위에 대한 정상적인 판단능력이 없는 상태를 의미하고, '항거불능'의 상태란 심신상실 이외의 원인으로 심리적 또는 물리적으로 반항이 절대적으로 불가능하거나 현저히 곤란한 경우를 의미한다. 이는 준강제추행죄의 경우에도 마찬가지이다. 피해자가 깊은 잠에

빠져 있거나 술·약물 등에 의해 일시적으로 의식을 잃은 상태 또는 완전히 의식을 잃지는 않았더라도 그와 같은 사유로 정상적인 판단능력과 대응·조절능력을 행사할 수 없는 상태에 있었다면 준강간죄 또는 준강제추행죄에서의 심신상실 또는 항거불능 상태에 해당한다.

[3] 음주 후 준강간 또는 준강제추행을 당하였음을 호소한 을의 경우, 범행 당시 알코올이 위의 기억형성의 실패만을 야기한 알코올 블랙아웃 상태였다면 을은 기억장애 외에 인지기능이나 의식상태의 장애에 이르렀다고 인정하기 어렵지만, 이에 비하여 을이 술에 취해 수면상태에 빠지는 등 의식을 상실한 패싱아웃 상태였다면 심신상실의 상태에 있었음을 인정할 수 있다. 또한 '준강간죄 또는 준강제추행죄에서의 심신상실·항거불능'의 개념에 비추어, 을이 의식상실 상태에 빠져 있지는 않지만 알코올의 영향으로 의사를 형성할 능력이나 성적 자기결정권 침해행위에 맞서려는 저항력이 현저하게 저하된 상태였다면 '항거불능'에 해당하여, 이러한 피해자에 대한 성적 행위 역시 준강간죄 또는 준강제추행죄를 구성할 수 있다.

[4] 을은 이 사건 당시 짧은 시간 동안 다량의 술을 마셔 구토를 할 정도로 취했다. 자신의 일행이나 소지품을 찾을 방법을 알지 못하고, 사건 당일 처음 만난 갑과 함께 모텔에 가서 무방비 상태로 잠이 들었다. 을은 인터폰으로 자신의 이름을 말해준 이후에도 상황 파악을 하지 못한 채로 다시 잠이 들어버렸을 뿐만 아니라, 경찰이 모텔 객실로 들어오는 상황이었음에도 옷을 벗은 상태로 누워 있을 정도로 판단능력 및 신체적 대응능력에 심각한 문제가 발생한 상태였다. 이와 같은 사정에 비추어 보면 을은 갑이 추행을 할 당시 술에 만취하여 잠이 드는 등 심신상실 상태에 있었다고 볼 여지가 충분하다(대법원2021. 2. 4.선고2018도9781판결). 결국, 피해자가 블랙아웃 상태(일시적으로 필름이 끊겨 기억능력에 장애만 있을뿐 인지능력이나 의식능력은 있는 상태)였다면 심신상실의 상태에 해당하지 아니하므로 이를 이용했어도 준강간죄나 준강제추행죄가 성립하지 않는다. 그러나 패싱아웃 상태(술에 만취하여 완전히 곯아 떨어져 의식을 상실한 상태)를 이용하였다면 준강간죄나 준강제추행죄는 성립한다.

③ (○) [1] 피고인이 지하철 내에서 갑(여)의 등 뒤에 밀착하여 무릎을 굽힌 후 성기를 갑의 엉덩이 부분에 붙이고 앞으로 내미는 등 갑을 추행하였다고 하여 구 성폭력범죄의 처벌 등에 관한 특례법 위반(공중밀집장소에서의 추행)으로 기소된 사안에서, 위 죄가 기수에 이르기 위해서는 객관적으로 일반인에게 성적 수치심이나 혐오감을 일으키게 할 만한 행위로서 선량한 성적 도덕관념에 반하는 행위를 행위자가 대상자를 상대로 실행하는 것으로 충분하고, 행위자의 행위로 말미암아 대상자가 성적 수치심이나 혐오감을 반드시 실제로 느껴야 하는 것은 아니므로, 공중밀집장소추행죄가 성립한다(대법원2020. 6. 25.선고2015도7102판결). 결국, 피고인이 자신의 성기를 피해자의 엉덩이에 밀착시킨 것은 객관적으로 일반인에게 성적 수치심이나 혐오감을 일으키게 하고 선량한 성적 도덕관념에 반하는 행위라고 보기에 충분하다. 따라서 피고인의 행위는 이미 성폭력처벌법위반(공중밀집장소에서의추행)죄의 기수에 이른 것이고, 비록 피해자가 다른 일에 몰두하거나 착각에 빠져서 자신에게 어떠한 일이 일어나고 있는지조차 제대로 파악하지 못하는 경우도 발생할 수 있어 실제로 성적 수치심이나 혐오감을 느끼지 못하였다고 하더라도(추행사실을 몰랐어도) 공중밀집장소에서의 추행에 해당한다.

문제 18 - 정답 ②

▶ ② (X) 동장인 피고인이 동 주민자치위원에게 전화를 걸어 '어제 열린 당산제(마을제사) 행사에 남편과 이혼한 甲도 참석을 하여, 이에 대해 행사에 참여한 사람들 사이에 안 좋게 평가하는 말이 많았다.'는 취지로 말하고, 동 주민들과 함께한 저녁식사 모임에서 '甲은 이혼했다는 사람이 왜 당산제에 왔는지 모르겠다.'는 취지로 말하여 甲의 명예를 훼손하였다는 내용으로 기소된 사안에서, 피고인이 위 발언을 통해 甲에 관하여 적시하고 있는 사실은 '甲이 이혼하였다.'는 사실과 '甲이 당산제에 참여하였다.'는 것으로, 이혼에 대한 부정적인 인식과 평가가 점차 사라지고 있음을 감안하면 피고인이 甲의 이혼 경위나 사유, 혼인관계 파탄의 책임 유무를 언급하지 않고 이혼 사실 자체만을 언급한 것은 甲의 사회적 가치나 평가를 떨어뜨린다고 볼 수 없고, 또한 '甲이 당산제에 참여하였다.'는 것도 그 자체로는 가치중립적인 사실로서 甲의 사회적 가치나 평가를 침해한다고 보기 어려운 점, 피고인은 주민 사이에 '이혼한 사람이 당산제에 참여하면 부정을 탄다.'는 인식이 있음을 전제로 하여 발언을 한 것으로서, 발언 배경과 내용 등에 비추어 이는 甲에 관한 과거의 구체적인 사실을 진술하기 위한 것이 아니라 당산제 참석과 관련하여 甲이 이혼한 사람이기 때문에 '부정적 영향'을 미칠 수 있음을 언급한 것으로서 甲의 당산제 참석에 대한 부정적인 가치판단이나 평가를 표현하고 있을 뿐이라고 보아야 하는 점을 종합하면, 피고인의 위 발언은 甲의 사회적 가치나 평가를 침해하는 구체적인 사실의 적시에 해당하지 않고 甲의 당산제 참여에 관한 의견표현에 지나지 아니하므로 명예훼손죄가 성립하지 않는다(2022. 5. 13. 선고 2020도15642 판결).

① (○) [1] 작업장의 책임자인 피고인이 갑으로부터 작업장에서 발생한 성추행 사건에 대해 보고받은 사실이 있음에도, 직원 5명이 있는 회의 자리에서 상급자로부터 경과보고를 요구받으면서 과태료 처분에 관한 책임을 추궁받자 이에 대답하는 과정에서 '갑은 성추행 사건에 대해 애초에 보고한 사실이 없다. 그런데도 이를 수사기관 등에 신고하지 않았다고 과태료 처분을 받는 것은 억울하다.'는 취지로 발언함으로써 허위사실을 적시하여 갑의 명예를 훼손하였다는 내용으로 기소된 사안에서, 피고인이 발언을 하게 된 경위는 상급자인 을로부터 경과보고를 요구받으면서 과태료 처분에 관한 책임을 추궁받자 이에 대답하는 과정에서 갑과 관련한 언급을 하게 된 것임을 알 수 있는바, 그 발설의 내용과 경위·동기 및 상황에 비추어 피고인이 갑의 명예를 훼손한다는 고의를 가지고 그와 같은 발언을 하였다기보다는 을의 질문에 대하여 피고인 자신의 책임에 대한 변명을 겸하여 단순한 확인 취지의 답변을 소극적으로 하는 과정에서 '과태료 부과 처분을 받게 된 상황이 억울하다.'는 취지의 주관적 심경이나 감정을 표출하였다고 보는 것이 합리적이므로, 이와 같은 대답을 명예훼손죄에서 말하는 사실의 적시라고 단정할 수 없다.

[2] 형법 제307조의 명예훼손죄가 성립하려면 주관적 요소로서 타인의 명예를 훼손한다는 고의를 가지고, 사람의 사회적 평가를 저하시키는 데 충분한 구체적 사실을 적시하는 행위를 할 것이 요구되는데, 위와 같이 회의 자리에서 상급자로부터 책임을 추궁당하며 질문을 받게 되자 이에 대답하는 과정에서 타인의 명예를 훼손하는 듯한 사실을 발설하게 된 것이라면, 그 발설 내용과 경위·동기 및 상황 등에 비추어 명예훼손의 고의를 인정하기 어려울 수 있고, 또한 질문에 대하여 단순한 확인 취지의 답변을 소극적으로 한 것에 불과하다면 이를 명예훼손에서 말하는 사실의 적시라고 단정할

수도 없다(대법원2022. 4. 14.선고2021도17744판결). 결국, 피고인은 명예훼손죄가 성립하지 않는다(무죄).

③ (○) [1] 공연히 사실을 적시하여 사람의 명예를 훼손하는 행위가 진실한 사실로서 오로지 공공의 이익에 관한 때에는 형법 제310조에 따라 처벌할 수 없다. 여기서 '오로지 공공의 이익에 관한 때'라 함은 적시된 사실이 객관적으로 볼 때 공공의 이익에 관한 것으로서 행위자도 주관적으로 공공의 이익을 위하여 그 사실을 적시한 것이어야 한다. 여기의 공공의 이익에 관한 것에는 널리 국가·사회 기타 일반 다수인의 이익에 관한 것뿐만 아니라 특정한 사회집단이나 그 구성원 전체의 관심과 이익에 관한 것도 포함한다. 행위자의 주요한 동기 내지 목적이 공공의 이익을 위한 것이라면 부수적으로 다른 사익적 목적이나 동기가 내포되어 있더라도 형법 제310조의 적용을 배제할 수 없다.

[2] 회사에서 징계 업무를 담당하는 직원인 피고인이 피해자에 대한 징계절차 회부 사실이 기재된 문서를 근무현장 방재실, 기계실, 관리사무실의 각 게시판에 게시함으로써 공연히 피해자의 명예를 훼손하였다는 내용으로 기소된 사안에서, 징계혐의 사실은 징계절차를 거친 다음 확정되는 것이므로 징계절차에 회부되었을 뿐인 단계에서 그 사실을 공개함으로써 피해자의 명예를 훼손하는 경우, 이를 사회적으로 상당한 행위라고 보기는 어려운 점, 피해자에 대한 징계 의결이 있기 전에 징계절차에 회부되었다는 사실이 공개되는 경우 피해자가 입게 되는 피해의 정도는 가볍지 않은 점 등을 종합하면, 피해자에 대한 징계절차 회부 사실을 공지하는 것이 회사 내부의 원활하고 능률적인 운영의 도모라는 공공의 이익에 관한 것으로 볼 수 없다(대법원2021. 8. 26.선고2021도6416판결). 결국, 피고인은 형법 제310조의 위법성조각사유에 해당하지 아니하므로 명예훼손죄가 성립한다.

④ (○) 피고인이 인터넷 포털사이트 뉴스 댓글난에 연예인인 피해자를 '국민호텔녀'로 지칭하는 댓글을 게시하여 모욕죄로 기소된 사안에서, 피해자는 '국민첫사랑', '국민여동생' 등의 수식어로 불리며 대중적 인기를 받아 온 점, 이전에 피해자가 남성 연예인과 데이트를 했다는 취지의 보도가 되었고, 직후 피해자와 그 남성 연예인은 연인관계임을 인정한 바 있는 점, 피고인은 피해자가 출연한 영화 개봉 기사에 "... 그냥 국민호텔녀"라는 댓글을 달았고, 수사기관에서 이에 대하여 "피해자를 언론에서 '국민여동생'으로 띄우는데 그중 '국민'이라는 단어와 당시 해외에서 모 남성 연예인과 호텔을 갔다고 하는 스캔들이 있어서 '호텔'이라는 단어를 합성하여 만든 단어이다."라는 취지로 진술한 점을 종합하면, '국민호텔녀'라는 표현은 피해자의 사생활을 들추어 피해자가 종전에 대중에게 호소하던 청순한 이미지와 반대의 이미지를 암시하면서 피해자를 성적 대상화하는 방법으로 비하하는 것으로서 여성 연예인인 피해자의 사회적 평가를 저하시킬 만한 모멸적인 표현으로 평가할 수 있고, 정당한 비판의 범위를 벗어난 것으로서 정당행위로 보기도 어려우므로, 모욕에 해당한다(대법원2022. 12. 15.선고 2017도19229판결). 결국, 피고인이 인터넷 포털사이트 뉴스 댓글란에 피해자에 대하여 "국민호텔녀"의 표현을 사용하여 댓글을 게시한 경우, 모욕죄에 해당한다("국민호텔녀" 사건).

문제 19 - 정답 ①

▶ ① (X) [1] 집행관은 집행관법 제2조에 따라 재판의 집행 등을 담당하면서 그 직무 행위의 구체적 내용이나 방법 등에 관하여 전문적 판단에 따라 합리적인 재량을 가진 독립된 단독의 사법기관이다. 따라서 채권자의 집행관에 대한 집행위임은 비록 민사집행법 제16조 제3항, 제42조 제1항, 제43조 등에 '위임'으로 규정되어 있더라도 이는 집행개시를 구하는 신청을 의미하는 것이지 일반적인 민법상 위임이라고 볼 수는 없다.

[2] 주택재개발정비사업조합(이하 '조합'이라 한다) 구역 내 건물의 소유자인 피고인들이 위 건물에 대한 건물명도소송 확정판결에 따른 강제집행을 보상액이 적다는 이유로 위력으로 방해함으로써 집행관에게 집행위임을 한 조합의 이주·철거업무를 방해하였다는 내용으로 기소된 사안에서, 위 강제집행은 특별한 사정이 없는 한 집행위임을 한 조합의 업무가 아닌 집행관의 고유한 직무에 해당하고, 설령 피고인들이 집행관의 강제집행 업무를 방해하였더라도 이를 채권자인 조합의 업무를 직접 방해한 것으로 볼 만한 증거도 부족하므로, 피고인들이 조합의 업무를 방해하였다고 볼 수 없고 피고인들의 행위와 조합의 업무방해 사이에 상당인과관계가 있다고 단정할 수도 없으므로 피고인들은 조합에 대한 업무방해죄가 성립하지 않는다(대법원2023.4.27.선고 2020도34판결).

② (○) 업무방해죄에 있어서의 '위력'이란 사람의 자유의사를 제압·혼란케 할 만한 일체의 세력을 말하고, 유형적이든 무형적이든 묻지 아니하며, 폭행·협박은 물론 사회적, 경제적, 정치적 지위와 권세에 의한 압박 등을 포함한다고 할 것이고, 위력에 의해 현실적으로 피해자의 자유의사가 제압되는 것을 요하는 것은 아니다(대법원2005. 5. 27.선고2004도8447판결).

③ (○) [1] 형법상 업무방해죄의 보호대상이 되는 '업무'라 함은 직업 또는 계속적으로 종사하는 사무나 사업을 말하는 것으로서 타인의 위법한 행위에 의한 침해로부터 보호할 가치가 있는 것이면 되고, 그 업무의 기초가 된 계약 또는 행정행위 등이 반드시 적법하여야 하는 것은 아니므로, 법률상 보호할 가치가 있는 업무인지 여부는 그 사무가 사실상 평온하게 이루어져 사회적 활동의 기반이 되고 있느냐에 따라 결정되는 것이고, 그 업무의 개시나 수행과정에 실체상 또는 절차상의 하자가 있다고 하더라도 그 정도가 반사회성을 띠는 데까지 이르지 아니한 이상 업무방해죄의 보호대상이 된다고 보아야 한다.

[2] 의료인이나 의료법인이 아닌 자가 의료기관을 개설하여 운영하는 행위는 업무방해죄의 보호대상이 되는 업무에 해당하지 않는다(대법원 2001. 11. 30. 선고 2001도2015 판결 참조). 그러나 무자격자에 의해 개설된 의료기관에 고용된 의료인이 환자를 진료한다고 하여 그 진료행위 또한 당연히 반사회성을 띠는 행위라고 볼 수는 없다. 이때 의료인의 진료업무가 업무방해죄의 보호대상이 되는 업무인지는 의료기관의 개설·운영 형태, 해당 의료기관에서 이루어지는 진료의 내용과 방식, 피고인의 행위로 인하여 방해되는 업무의 내용 등 사정을 종합적으로 고려하여 판단해야 한다.

[3] 무자격자가 의료기관을 개설하여 운영하는 행위는 업무방해죄의 보호대상이 되는 업무에 해당하지 않더라도 고용된 의료인이 환자를 진료하는 행위는 업무방해죄의 보호대상이 될 수 있으므로, 의료기관의 개설·운영 형태, 해당 의료기관에서 이루어지는 진료의 내용과 방식, 피고인의 행위로 인하여 방해되는 업무의 내용 등 사정을 종합적으로 고려하여 판단해야 한다.

[3] 의료인인 갑의 명의로 의료인이 아닌 을이 개설하여 운영하는 병 병원에서, 피고인이 단독으로 또는 공모하여 11회에 걸쳐 큰 소리를 지르거나 환자 진료 예약이 있는 갑을 붙잡고 있는 등의 방법으로 위력으로써 갑의 진료 업무를 방해하였다는 내용으로 기소된 사안에서, 피고인의 행위와 당시의 주변 상황 등을 종합하면, 공소사실 전부 또는 그중 일부는 피고인이 갑의 환자에 대한 진료

행위를 방해한 것으로 볼 여지가 있다(대법원2023. 3. 16.선고 2021도16482판결). 결국, 무자격자가 개설한 의료기관(사무장 병원)에 고용된 의료인(의사)이 환자를 진료하는 업무는 **업무방해죄의 보호대상이 되는 업무가 될 수 있다**. 사무장의 병원업무를 방해하였다면 업무방해죄가 성립하지 아니하나, 고용된 의사의 환자 진료업무를 방해하였다면 업무방해죄가 성립한다.

④ (○) [1] 형법 제314조 제1항에 규정된 **업무방해죄에서 행위의 객체**는 **타인의 업무**이고, 여기서 말하는 **타인은 법인 이외의 자연인·법인 또는 법인격 없는 단체를 가리킨다**. 또한, 위계에 의한 업무방해죄에서 '위계'란 행위자가 행위의 목적을 달성하기 위하여 상대방에게 오인·착각 또는 부지를 일으키게 하여 이를 이용하는 것을 말한다.

[2] **갑 주식회사(국제학교 운영)의 상무이사인 피고인이 갑 회사의 신규 직원 채용 과정**에서, 면접위원인 을이 면접이 끝난 후 인사 담당 직원에게 채점표를 작성하여 제출하고 면접장소에서 먼저 퇴장하자, 남은 면접위원들과 협의하여 피고인이 지정한 응시자를 최종합격자로 선정함으로써 **피해자 을의 공정하고 객관적인 직원 채용에 관한 업무를 위계로써 방해하였다는 내용으로 기소된 사안**에서, ㉠ **갑 주식회사의 직원 채용 업무는 그 대표이사에게 귀속되고, 을의 업무는 '공정하고 객관적인 직원 채용에 관한 업무'가 아니라 갑 주식회사의 직원 채용을 위한 '면접업무'에 불과**하고, ㉡ 을은 응시자들에 대한 면접을 마치고 채점표를 작성하여 제출한 뒤 면접장소를 이탈함으로써 을의 면접업무는 종료되었다. 그 후 피고인은 국제학교를 운영하는 회사이므로 영어로 면접한 응시생 중에서 영어 구사능력이 우수하다고 판단한 사람을 합격시키면 좋겠다는 취지로 남아 있던 다른 면접위원들을 설득한 것으로 보이고 남은 면접위원들이 피고인의 제안을 수용하여 최종합격자를 결정하였다. 이처럼 피고인이 최종합격자를 선정하는 데 영향력을 행사하였더라도 그러한 행위가 **면접업무를 이미 마친 을에게 오인·착각 또는 부지를 일으켰다고 할 수 없으며**, ㉢ 한편 **직원 채용권한을 갖고 있는 갑 주식회사의 대표이사**는 이 사건 채용계획에 정해진 최종합격자 결정 방법과는 다르게 **피고인이 적합하다고 판단한 응시자를 최종합격자로 채용하는 것을 양해하였던 것으로 보이므로**, 피고인이 최종합격자를 선정하는 과정에서 **그 대표이사를 오인 또는 착각에 빠뜨렸다거나 그의 부지를 이용하였다고 보기 어렵다**(대법원2017. 5. 30.선고 2016도18858판결). 결국, **피고인은 을에 대한 업무방해에 해당하지 아니한다**.

문제 20 - 정답 ②

▶ ② ㉠㉢㉣(3개)은 옳은 지문이나, ㉡은 틀린 지문이다.

㉠ (○) 갑은 PC방에 들어가 컴퓨터를 이용하는 을녀와 병녀의 몸을 훔쳐볼 생각으로 맞은 편 자리에 앉아 다리를 40여분 간 훔쳐보는 등 건조물에 침입한 혐의로 기소된 사안에서 일반인의 출입이 허용된 영업장소에 영업주의 승낙을 받아 통상적인 출입방법으로 들어갔다면 건조물침입죄에서 규정하는 침입행위에 해당하지 않고 설령 행위자가 범죄 등을 목적으로 영업장소에 출입했거나 영업주가 행위자의 실제 출입 목적을 알았더라면 출입을 승낙하지 않았을 것이라는 사정이 인정되더라도 그러한 사정만으로는 출입 당시 객관적·외형적으로 드러난 행위 태양에 비추어 사실상의 평온상태를 해치는 방법으로 영업장소에 들어갔다고 평가할 수 없으므로 침입행위에 해당하지 아니한다. 따라서 **설령 갑이 컴퓨터를 이용하는 여성의 몸을 훔쳐볼 목적으로 PC방에 들어간 것이어서 건물관리자가 이러한 사정을 알았더라면 피고인의 출입을 승낙하지 않았을 것이라는 사정이 인정되더라도 그러한 사정만으로는 건조물침입죄가 성립하지 않는다**(대법원2022.6.9.선고 2022도4239판결).

㉡ (X) 일반인의 출입이 허용된 음식점에 영업주의 승낙을 받아 **통상적인 출입방법으로 들어갔다면** 특별한 사정이 없는 한 **주거침입죄에서 규정하는 침입행위에 해당하지 않는다. 설령 행위자가 범죄 등을 목적으로 음식점에 출입하였거나** 영업주가 행위자의 실제 출입 목적을 알았더라면 출입을 승낙하지 않았을 것이라는 사정이 인정되더라도 그러한 사정만으로는 출입 당시 객관적·외형적으로 드러난 행위 태양에 비추어 사실상의 평온상태를 해치는 방법으로 음식점에 들어갔다고 평가할 수 없으므로 침입행위에 해당하지 않는다(대법원 2022. 3. 24.선고2017도18272전원합의체 판결). 결국, **영업주 몰래 카메라를 설치하기 위하여 음식점에 출입한 경우, 주거침입죄가 성립하지 않는다**.

㉢ (○) 외부인이 공동거주자의 일부가 부재 중에 주거 내에 현재하는 거주자의 현실적인 승낙을 받아 통상적인 출입방법에 따라 공동주거에 들어간 경우라면 그것이 부재중인 다른 거주자의 추정적 의사에 반하는 경우에도 주거침입죄가 성립하지 않는다. 따라서 **피고인이 갑의 부재중에 갑의 처 을과 혼외 성관계를 가질 목적으로 을이 열어 준 현관 출입문을 통하여 갑과 을이 공동으로 거주하는 아파트에 들어간 사안**에서, 피고인이 을로부터 현실적인 승낙을 받아 통상적인 출입방법에 따라 주거에 들어갔으므로 **주거의 사실상 평온상태를 해치는 행위태양으로 주거에 들어간 것이 아니어서 주거에 침입한 것으로 볼 수 없고**, 피고인의 주거 출입이 부재중인 갑의 의사에 반하는 것으로 추정되더라도 주거침입죄의 성립 여부에 영향을 미치지 않는다(대법원2021. 9. 9.선고2020도12630전원합의체 판결). 결국, 피고인이 갑의 부재중에 갑의 처(처) 을과 혼외 성관계를 가질 목적으로 을이 열어 준 현관 출입문을 통하여 갑과 을이 공동으로 거주하는 아파트에 3회에 걸쳐 들어간 사안에서, **설령 피고인의 주거 출입이 부재중인 갑의 의사에 반하는 것으로 추정되더라도 그것이 사실상 주거의 평온을 보호법익으로 하는 주거침입죄의 성립 여부에 영향을 미치지 않는다**는 이유로, **피고인에게 무죄를 선고하였다**.

㉣ (○) **피고인 갑은** 처 을과의 불화로 인해 을과 공동생활을 영위하던 아파트에서 짐 일부를 챙겨 나왔는데, **그 후 자신의 부모인 피고인 병, 정과 함께** 아파트에 찾아가 출입문을 열 것을 요구하였으나 을은 외출한 상태로 을의 동생인 무가 출입문에 설치된 체인형 걸쇠를 걸어 "언니가 귀가하면 오라."며 문을 열어 주지 않자 **공동하여 걸쇠를 손괴한 후 아파트에 침입하였다**고 하여 폭력행위 등 처벌에 관한 법률 위반(공동주거침입)으로 기소된 사안에서, 검사가 제출한 증거만으로는 피고인 갑이 아파트에서의 공동생활관계에서 이탈하였다거나 그에 대한 지배·관리를 상실하였다고 보기 어렵고, **공동거주자인 을이나 그로부터 출입관리를 위탁받은 무가 공동거주자인 피고인 갑의 출입을 금지할 법률적인 근거 기타 정당한 이유가 인정되지 않으므로**, 아파트에 대한 공동거주자의 지위를 계속 유지하고 있던 피고인 갑이 아파트에 출입하는 과정에서 **정당한 이유 없이 이를 금지하는 무의 조치에 대항하여 걸쇠를 손괴하는 등 물리력을 행사하였다고 하여 주거침입죄가 성립한다고 볼 수 없고**, 한편 피고인 병, 정은 공동거주자이자 아들인 피고인 갑의 공동주거인 아파트에 출입함에 있어 무의 정당한 이유 없는 출입금지 조치에 대항하여 아파트에 출입하는 데에 가담한 것으로 볼 수 있고, 그 과정에서 **피고인 갑이 걸쇠를 손괴하는 등 물리력을 행사하고 피고인 병도 이에 가담함으로써 공동으로 재물**

손괴 범죄를 저질렀으나(재물손괴죄는 인정되나) 피고인 병의 행위는 그 실질에 있어 피고인 갑의 행위에 편승, 가담한 것에 불과하므로, 피고인 병, 정이 아파트에 출입한 행위 자체는 전체적으로 공동거주자인 피고인 갑이 아파트에 출입하고 이를 이용하는 행위의 일환이자 이에 수반되어 이루어진 것에 해당한다고 평가할 수 있어 피고인 병, 정에 대하여도 같은 법 위반(공동주거침입)죄가 성립하지 않는다(대법원2021. 9. 9.선고2020도6085전원합의체 판결).

문제 21 - 정답 ③

▶ ③ ⓒⓔⓜ(3개)은 옳은 지문이나, ⓖⓒ(2개)은 틀린 지문이다.
ⓖ (X) 절도범이 체포를 면탈할 목적으로 체포하려는 여러 명의 피해자에게 같은 기회에 폭행을 가하여 그 중 1인에게만 상해를 가하였다면 이러한 행위는 포괄하여 하나의 강도상해죄만 성립한다(대법원2001. 8. 21.선고2001도3447판결).
ⓒ (O) 야간에 절도의 목적으로 출입문에 장치된 자물통 고리를 절단하고 출입문 유리 1매를 손괴한 뒤 집안으로 침입하려다가 발각된 것이라면 이는 위 죄의 실행에 착수한 것이라고 할 것이다(대법원1986. 9. 9.선고86도1273판결).
ⓒ (X) [1] 피고인이 야간에 타인의 재물을 강취하기로 마음먹고 흉기인 칼을 휴대한 채 시정되어 있지 않은 갑녀의 집 현관문을 열고 마루까지 침입하여 동정을 살피던 중 마침 혼자서 집을 보던 위 갑녀의 손녀인 을이 화장실에서 용변을 보고 나오는 것을 발견하고 갑자기 욕정을 일으켜 칼을 위 을의 목에 들이대고 방안으로 끌고 들어가 밀어 넘어뜨려 반항을 억압한 다음 강제로 1회 간음하여 을을 강간하였다.
[2] 형법 제334조 제1,2항의 특수강도의 실행의 착수는 어디까지나 강도의 실행행위 즉 사람의 반항을 억압할 수 있는 정도의 폭행 또는 협박에 나아갈 때에 있다 할 것이고, 위와 같이 야간에 흉기를 휴대한 채 타인의 주거에 침입하여 집안의 동정을 살피는 것만으로는 동 법조에서 말하는 특수강도의 실행에 착수한 것이라고 할 수 없으므로 위의 특수강도에 착수하기도 전에 저질러진 위와 같은 강간행위가 위 구 특정범죄가중처벌등에관한법률 제5조의 6 제1항 소정의 특수강도강간죄에 해당한다고 할 수 없다(대법원 1991. 11. 22.선고91도2296판결).
ⓔ (O) 갑, 을 등 피고인들이 야간에 병의 집에 이르러 갑이 담을 넘어 들어가 대문을 열고 나머지 피고인들이 집에 들어가 을이 부엌에서 식칼을 들고 방안에 들어가는 순간 비상벨이 울려 도주함으로써 뜻을 이루지 못했다는 것이므로, 피고인들이 위와 같이 야간에 주거에 침입한 이상 특수강도죄의 실행에 착수한 것으로서 그 미수범으로서 처단되어야 할 것이다(대법원1992. 7. 28.선고92도917판결).
ⓜ (O) 갑과 을이 야간에 피해자 병의 집에 이르러 재물을 강취할 의도로 갑이 출입문 옆 창살을 통하여 침입하고 을은 부엌방충망을 뜯고 들어 가다가 병의 시아버지의 헛기침에 발각된 것으로 알고 놀라 도주함으로써 뜻을 이루지 못했다는 것이므로, 피고인들이 위와 같이 야간에 주거에 침입한 이상 특수강도죄의 실행에 착수한 것으로서 그 미수범으로서 처단되어야 할 것이다(대법원 1992. 7. 28.선고92도917판결). 결국, 특수강도미수범으로 처벌한다.

문제 22 - 정답 ②

▶ ② (X) [1] 형법 제355조 제1항(횡령죄)에서 정하는 '반환의 거부'란 보관물에 대하여 소유자의 권리를 배제하는 의사표시를 하는 행위를 뜻하므로, '반환의 거부'가 횡령죄를 구성하려면 타인의 재물을 보관하는 자가 단순히 반환을 거부한 사실만으로는 부족하고 반환거부의 이유와 주관적인 의사들을 종합하여 반환거부행위가 횡령행위와 같다고 볼 수 있을 정도이어야 한다. 횡령죄에서 불법영득의 의사는 타인의 재물을 보관하는 자가 그 취지에 반하여 정당한 권원 없이 스스로 소유권자와 같이 이를 처분하는 의사를 말하므로 비록 반환을 거부하였더라도 반환거부에 정당한 이유가 있다면 불법영득의 의사가 있다고 할 수 없다.
[2] 주류업체 갑 주식회사의 사내이사인 피고인이 피해자를 상대로 주류대금 청구소송을 제기한 민사 분쟁 중 피해자가 착오로 피고인이 관리하는 갑 회사 명의 계좌로 금원을 송금하여 피고인이 이를 보관하게 되었는데, 피고인은 피해자로부터 위 금원이 착오송금된 것이라는 사정을 문자메시지를 통해 고지받아 위 금원을 반환해야 할 의무가 있었음에도, 피해자와 상계 정산에 관한 합의 없이 피고인이 주장하는 주류대금 채권액을 임의로 상계 정산한 후 반환을 거부하여 횡령죄로 기소된 사안에서, 피고인이 피해자의 착오로 갑 회사 명의의 계좌로 송금된 금원 중 갑 회사의 피해자에 대한 채권액에 상응하는 부분에 관하여 반환을 거부한 행위는 정당한 상계권의 행사로 볼 여지가 있고 불법영득의사가 인정되지 아니하므로 횡령죄가 성립하지 아니한다(대법원2022. 12. 29.선고2021도2088판결). 결국, 피고인이 비록 반환을 거부하였더라도 반환거부에 정당한 이유가 있다면 불법영득의 의사가 있다고 할 수 없으므로 횡령죄가 성립하지 않는다(무죄).
① (O) [1] A 주식회사의 실질적 경영자인 피고인이, 전 대표이사 을이 지방자치단체에 기부금을 납부하기로 약정하고 골프장사업을 승인받으면서 그 이행을 위해 약속어음(25억)을 발행·교부한 사실을 잘 알고 있음에도, 위 어음을 분실하였다는 허위 사유를 들어 법원을 기망하고 제권판결을 선고받음으로써 어음금 상당의 재산상 이익을 편취하였다는 공소사실에 대하여, 위 기부금 증여계약은 지방자치단체장의 공무수행과 결부된 금전적 대가로서 그 조건이나 동기가 사회질서에 반하여 무효이므로 지방자치단체로서는 위 어음금의 지급을 청구할 수 없음에도, 위 증여가 유효하다고 판단하여 피고인을 유죄로 인정한 원심판결에 민법 제103조에 관한 법리오해 또는 증여의 효력에 관한 심리미진의 위법이 있다.
[2] 이 사건 증여는 공무수행과 결부된 금전적 대가로서 그 조건이나 동기가 사회질서에 반하는 것이어서 민법 제103조에 의해 무효라고 할 것이고, 이 사건 사업계획승인 자체는 위법·부당한 것이 아니었고 또 그 기부금을 충청남도가 수행하는 공익적 사업에 사용할 목적이었으며 사용 방법과 절차를 미리 충청남도의 내부 규정으로 정해 놓았다거나, A 주식회사의 대표이사가 골프장 개발에 따른 막대한 이익을 기대하고 이 사건 증여를 하였다는 등의 사정들을 감안한다 하더라도 달리 볼 수는 없다 할 것이다. 그렇다면, 위와 같은 경위로 인하여 이 사건 증여가 무효인 이상 충청남도로서는 그 이행을 위해 A 주식회사 로부터 발행·교부받은 이 사건 어음금의 지급을 A 주식회사에 청구할 수 없다고 할 것이다. 그럼에도, 원심은 피고인의 위와 같은 취지의 주장에 대해 아무런 판단을 함이 없이 이 사건 증여가 유효하고 A 주식회사가 이 사건 어음금 채무자의 지위에 있다고 속단하여 피고인을 유죄로 인정하고 말았으니, 이러한 원심판결에는 민법 제103조의 규정에 관한 법리를 오해하거나 이 사건 증여의 효력에 관하여 심리를 제대로 하지 아니한 위법이 있다(대법원2010. 1. 28.선고2007도9331판결). 결국, 갑은 사기죄가 성립하지 않는다.

③ (○) [1] 도급계약에서 편취에 의한 사기죄의 성립 여부는 **계약 당시를 기준으로 피고인에게 일을 완성할 의사나 능력이 없음에도** 피해자에게 일을 완성할 것처럼 거짓말을 하여 **피해자로부터 일의 대가 등을 편취할 고의가 있었는지 여부**에 의하여 판단하여야 한다. 이때 법원으로서는 도급계약의 내용, 체결 경위 및 계약의 이행과정이나 결과 등을 종합하여 판단하여야 한다.
[2] 피고인이 설립한 갑 주식회사는 설립 자본금을 가장납입하고, 자격증 대여자를 보유 건설기술자로 등록하는 등 **자본금 요건과 기술자 보유 요건을 가장하여 전문건설업을 부정 등록한 무자격 건설업자로 전문공사를 하도급받을 수 없음에도**, 이를 바탕으로 **공사 발주기관을 기망하여 특허 사용협약을 체결**하고, **해당 공사를 낙찰받은 건설회사 담당자를 기망하여 하도급 계약을 체결**한 후, 각 계약들에 따른 **공사대금을 지급받아 편취하였다**는 이유로 특정경제범죄 가중처벌 등에 관한 법률 위반(사기) 및 사기죄로 기소된 사안에서, **갑 회사가 시공 또는 납품한 교량 가설공사는 모두 정상적으로 준공되었고**, 해당 공사에 시공상 하자가 발생하였다거나 시공 과정에서 특허공법의 결함이 밝혀진 사실도 없으며, 갑 회사가 도급받은 보수공사 또한 모두 정상적으로 준공된 것으로 보이는 점, 납입가장 이후 발주기관이나 건설회사와 사이에 계약을 체결할 당시 갑 회사가 자본 잠식 상태에 있었다거나 혹은 자본금 부족으로 인한 경영상 문제가 발생하였다는 점이 밝혀지지는 아니한 점, 피고인과 갑 회사가 전용실시권을 보유하고 있는 특허공법에 기술적 문제점이 있다거나, 이들이 특허권을 취득하는 과정에 문제가 있다는 점이 밝혀지지는 아니한 점에 비추어, **갑 회사의 설립 또는 사업분야 확장 과정에서 자본금 납입을 가장하였다거나, 국가기술자격증을 대여받아 전문건설업 등록을 하였다는 사정만으로는 피고인에게 각 공사를 완성할 의사나 능력이 없었다고 단정하기 어렵고**, 교량 가설공사에 관하여 피고인이 발주기관의 주무사무관으로부터 개략 견적가에 관한 정보를 전해 듣고 가격을 수정하였다는 사정만으로는 발주기관 계약 담당 공무원에 대하여 계약이행능력에 관한 기망행위를 하였다고 보기 어려워, 피고인이 발주기관 또는 건설회사들로부터 공사대금을 지급받은 행위가 사기죄에서의 기망행위로 인한 재물의 편취에 해당한다고 보기 어렵다(대법원2023. 1. 12.선고2017도14104판결). 결국, **피고인은 사기죄가 성립하지 않는다**.
④ (○) 수의계약을 체결하는 공무원이 해당 공사업자와 적정한 금액 이상으로 **계약금액을 부풀려서 계약하고 부풀린 금액을 자신이 되돌려 받기로 사전에 약정한 다음 그에 따라 수수한 돈**은 성격상 뇌물이 아니고 **횡령금에 해당한다**(대법원2007. 10. 12.선고2005도7112판결).

문제 23 - 정답 ④

▶ ④ (○) 업무상배임죄에 있어 **본인에게 재산상의 손해를 가한다 함**은 총체적으로 보아 본인의 재산상태에 손해를 가하는 경우, 즉 본인의 전체적 재산가치의 감소를 가져오는 것을 말하는 것으로, **현실적인 손해를 가한 경우뿐만** 아니라 **재산상 실해 발생의 위험을 초래한 경우도 포함**된다(대법원2007. 3. 15.선고2004도5742판결).
① (X) 회사의 임원이 그 임무에 위배되는 행위로 재산상 이익을 취득하거나 제3자로 하여금 이를 취득하게 하여 회사에 손해를 가한 때에는 이로써 배임죄가 성립하고, **그 임무위배행위에 대하여 사실상 대주주의 양해를 얻었다거나, 이사회의 결의가 있었다고 하여 배임죄의 성립에 어떠한 영향이 있는 것이 아니며**, 배임죄에 있어서 재산상 손해의 유무에 대한 판단은 본인의 전 재산 상태와의 관계에서 **경제적 관점에 따라 판단되어야** 하므로 **법률적 판단**에 의하여 당해 배임행위가 무효라 하더라도 **경제적 관점에서** 파악하여 **본인에게 현실적인 손해를 가하였거나 재산상 실해 발생의 위험을 초래한 경우**에는 재산상의 손해를 가한 때에 **해당하여 배임죄를 구성한다**(대법원2000. 11. 24.선고99도822판결).
② (X) 배임죄에 있어서 **재산상 손해의 유무에 대한 판단**은 본인의 전 재산 상태와의 관계에서 **경제적 관점에 따라 판단되어야** 하므로 **법률적 판단**에 의하여 당해 배임행위가 **무효**라 하더라도 **경제적 관점에서 파악하여 본인에게 현실적인 손해를 가하였거나 재산상 실해 발생의 위험을 초래한 경우**에는 재산상의 손해를 가한 때에 **해당하여 배임죄를 구성한다**(대법원2005. 9. 29.선고2003도4890판결).
③ (X) [1] 배임죄에 있어 재산상의 손해를 가한 때라 함은 현실적인 손해를 가한 경우뿐만 아니라 재산상 실해발생의 위험을 초래한 경우도 포함되고, 재산상 손해의 유무에 대한 판단은 본인의 전 재산 상태와의 관계에서 법률적 판단에 의하지 아니하고 경제적 관점에서 파악하여야 하며, 따라서 법률적 판단에 의하여 당해 배임행위가 무효라 하더라도 경제적 관점에서 파악하여 배임행위로 인하여 본인에게 현실적인 손해를 가하였거나 재산상 실해발생의 위험을 초래한 경우에는 재산상의 손해를 가한 때에 해당한다.
[2] **A주식회사의 대표이사인 갑**이 **B주식회사의 대표이사인 을**과 **공모**하여, **B회사의 소유인 이 사건 아파트 부지 및 건물**을 위 **A회사에게 매도**하고 아파트 부지에 관한 **소유권이전등기를 경료한 것**은, 위 매매목적물이 B회사의 유일한 재산으로 그 처분시에 주주총회의 특별결의나 이사회의 승인을 거치지 아니하여 **위 매매계약이나 소유권이전등기가 법률상 무효**라고 하더라도, **경제적 관점에서 파악할 때 본인에게 재산상의 손해를 가한 경우에 해당한다**(대법원1995. 11. 21.선고94도1375판결).

문제 24 - 정답 ③

▶ ③ (X) 피고인이 타인에게 채무를 부담하고 있는 양 가장하는 **방편**으로 피고인 소유의 부동산들에 관하여 **소유권이전청구권보전을 위한 가등기를 경료하여 주었다 하더라도** 그와 같은 가등기는 원래 순위보전의 효력밖에 없는 것이므로 그와 같이 **각 가등기를 경료한 사실만으로는** 피고인이 강제집행을 면탈할 목적으로 **허위채무를 부담하여 채권자를 해한 것이라고 할 수 없다**(대법원1987. 8. 18.선고87도1260판결). 결국, 타인에게 채무를 부담하고 있는 것으로 가장하는 방편으로 자기소유의 부동산에 관하여 소유권이전청구권보전을 위한 가등기를 경료한 것만으로는 **강제집행면탈죄에 해당하지 않는다**.
①② (○) [1] **형법 제327조의 강제집행면탈죄는 위태범으로서** 현실적으로 민사집행법에 의한 강제집행 또는 가압류, 가처분의 집행을 받을 우려가 있는 객관적인 상태 아래, 즉 **채권자가 본안 또는 보전소송을 제기하거나 제기할 태세를 보이고 있는 상태에서 주관적으로 강제집행을 면탈하려는 목적으로** 재산을 은닉, 손괴, 허위 양도하거나 허위의 채무를 부담하여 **채권자를 해할 위험이 있으면 성립하는 것이고**, 반드시 채권자를 해하는 결과가 야기되거나 행위자가 어떤 이득을 취하여야 범죄가 성립하는 것은 아니며, **현실적으로 강제집행을 받을 우려가 있는 상태에서 강제집행을 면탈할 목적으로 허위의 채무를 부담하는 등의 행위를 하는 경우에는 달리 특별한 사정이 없는 한 채권자를 해할 위험이 있다고 보아야 한다.**
[2] 남편 갑은 친구 乙 앞으로 **단순히 이 사건 각 가등기를 마쳐**

준 데 그친 것이 아니고, 을이 갑 명의의 농협예금계좌로 돈을 송금하는 방법으로(갑은 이를 즉시 현금으로 인출하여 을에게 반환하였다) 마치 을이 갑에게 돈을 빌려준 것 같은 외관을 갖춤으로써 허위의 채무를 부담한 사실, 처 병은 갑이 위와 같이 허위의 채무를 부담하고 이 사건 각 가등기를 마쳐주기 이전부터 갑에게 이혼을 요구하면서 위자료와 재산분할 등을 요구하여 온 사실(병은 그 이후에 갑을 상대로 이혼소송을 제기하면서 위자료 5,000만원의 지급과 재산분할 등을 청구하였다), 갑과 을도 이 사건 각 가등기를 경료하게 된 경위에 관하여 재산이 병에게 넘어가는 것을 막기 위해서였다고 진술하고 있는 사실을 알 수 있는바, 이러한 사실관계에 비추어 보면 갑은 현실적으로 가압류 등 집행을 받을 우려가 있는 상태에서 강제집행을 면탈할 목적으로 허위의 채무를 부담하고 이 사건 각 가등기를 마쳤다고 할 것이므로, 달리 특별한 사정이 없는 한 갑과 을의 위와 같은 행위는 강제집행면탈죄를 구성한다고 할 것이다(대법원2008. 6. 26.선고2008도3184판결).
④ (O) 형법 제327조의 강제집행면탈죄는 위태범으로서 현실적으로 민사집행법에 의한 강제집행 또는 가압류, 가처분의 집행을 받을 우려가 있는 객관적인 상태 아래, 즉 채권자가 본안 또는 보전소송을 제기하거나 제기할 태세를 보이고 있는 상태에서 주관적으로 강제집행을 면탈하려는 목적으로 재산을 은닉, 손괴, 허위양도하거나 허위의 채무를 부담하여 채권자를 해할 위험이 있으면 성립하는 것이고, 반드시 채권자를 해하는 결과가 야기되거나 행위자가 어떤 이득을 취하여야 범죄가 성립하는 것은 아니며, 현실적으로 강제집행을 받을 우려가 있는 상태에서 강제집행을 면탈할 목적으로 허위의 채무를 부담하는 등의 행위를 하는 경우에는 달리 특별한 사정이 없는 한 채권자를 해할 위험이 있다고 보아야 한다(대법원2008. 6. 26.선고2008도3184판결).

문제 25 - 정답 ①

▶ ① (O) 형법 제52조(자수규정)가 적용되므로, 죄를 지은 후 수사기관에 자수한 경우에는 형을 감경하거나 면제할 수 있다(임의적 감면). 다만, 제164조 제1항(현주건조물 등 방화죄), 제165조(공용건조물 등 방화죄), 제166조 제1항(타인소유일반건조물 등 방화죄), 제172조 제1항(폭발성물건파열죄), 제172조의 2 제1항(가스·전기 등 방류죄), 제173조 제1항과 제2항의 죄(가스·전기 등 공급방해죄)를 범할 목적으로 예비 또는 음모한 자는 5년 이하의 징역에 처한다. 단 그 목적한 죄의 실행에 이르기 전에(예비, 음모단계) 자수한 때에는 형을 감경 또는 면제한다(필요적 감면).

(참고) 예비·음모죄 중 필요적 자수 감면규정이 있는 범죄는 범죄는 다음과 같다.
㉠ 내란의 죄(제90조) ㉡ 외환의 죄(제101조) ㉢ 외국에 대한 사전죄(제111조 제3항) ㉣ 폭발물사용죄(제120조 제1항) ㉤ 폭발성물건파열죄(제172조), 가스·전기 등 방류죄(제172조의 2 제1항), 가스·전기 등 공급방해죄(제173조 제1항과 제2항의 죄) ㉥ 현주건조물방화죄(제164조), 공용건조물방화죄(제165조), 일반건조물등방화죄(제166조) ㉦ 통화위조죄(제213조) 등
(암기) 부부 내·외가 서로 사통해서 서로 폭발하여 방화하였다.

② (X) 불을 놓아 제164조(현주건조물 등 방화죄)와 제165조(공용건조물·공익건조물 방화죄)에 기재한 외의 건조물, 기차, 전차, 자동차(여기에 해당한다), 선박, 항공기 또는 지하채굴시설을 불태운 자는 2년 이상의 유기징역에 처한다(제166조 제1항). 결국, 사안의 경우에 제166조 제1항의 타인소유 일반건조물방화죄가 성립하며, 자동차의 소유권이 타인에게 속할 때에는 추상적 위험범이므

로 공공의 위험이 발생하지 않아도 방화죄를 구성한다.
③ (X) 노상에서 전봇대 주변에 놓인 재활용품과 쓰레기 등에 불을 놓아 소훼한 사안에서, 그 재활용품과 쓰레기 등은 '무주물'로서 형법 제167조 제2항에 정한 '자기 소유의 물건'에 준하는 것으로 보아야 하므로, 여기에 불을 붙인 후 불상의 가연물을 집어넣어 그 화염을 키움으로써 전선을 비롯한 주변의 가연물에 손상을 입히거나 바람에 의하여 다른 곳으로 불이 옮아붙을 수 있는 공공의 위험을 발생하게 하였다면, 일반물건방화죄가 성립한다(대법원 2009. 10. 15.선고2009도7421판결). 결국, 자기소유 일반물건방화죄가 성립한다..
④ (X) 현주건조물방화치사죄는 부진정 결과적 가중범으로 형법에 미수규정을 두고 있지 아니하다. 따라서 우리 형법에는 현주건조물방화치사미수죄라는 처벌규정은 없다.

(참고) 결과적 가중범의 미수를 처벌하는 규정	
형법상 처벌규정 O	성폭력처벌법상 처벌규정(제8조·제9조) O
① 강도치사상죄(제342조) ② 인질치사상죄(제324조의5) ③ 해상강도치사상죄(제342조) ④ 현주건조물일수치사상죄(제182조)	① 특수강도강간치사상죄의 미수 ② 특수강간치사상죄의 미수 ③ 친족강간치사상죄의 미수 ④ 13세 미만의 미성년자강간치사상죄의 미수 ⑤ 장애인에 대한 간음치사상죄의 미수

문제 26 - 정답 ①

▶ ① ㉠㉡㉣(4개)가 옳은 지문이나, ㉢은 틀린 지문이다.
㉠ (O) 매수인으로부터 매도인과의 토지매매계약체결에 관하여 포괄적 권한을 위임받은 자는 위임자 명의로 토지매매계약서를 작성할 적법한 권한이 있다 할 것이므로 매수인으로부터 그 권한을 위임받은 피고인이 실제 매수가격 보다 높은 가격을 매매대금으로 기재하여 매수인 명의의 매매계약서를 작성하였다 하여도 그것은 작성권한 있는 자가 허위내용의 문서를 작성한 것일 뿐 사문서위조죄가 성립될 수는 없다(대법원1984. 7. 10.선고84도1146판결).
㉡ (O) 위탁된 권한을 초월하여 위탁자 명의의 문서를 작성하거나 위탁자의 서명날인이 정당하게 성립한 때라 하더라도 그 서명날인자의 의사에 반하는 문서를 작성한 경우에는 사문서위조죄가 성립한다 할 것이므로 피고인이 공소외 (갑)으로부터 금 75,000,000원의 차용 위탁을 받고 백지의 대출신청서 및 영수증에 동인의 날인을 받은 연후에 차용금액을 금 150,000,000원으로 기입하여 공소외 (갑) 명의의 대출신청서 및 영수증을 작성하였다면 문서위조죄가 성립한다(대법원1982. 10. 12.선고82도2023판결).
㉢ (X) 이른바 1인회사에 있어서 1인주주의 의사는 바로 주주총회나 이사회의 의사와 같은 것이어서 가사 주주총회나 이사회의 결의나 그에 의한 임원변경등기가 불법하게 되었다 하더라도 그것이 1인주주의 의사에 합치되는 이상 이를 가리켜 의사록을 위조하거나 불실의 등기를 한 것이라고는 볼 수 없다 하겠으나 한편 임원의 사임서나 이에 따른 이사사임등기는 위와 같은 주주총회나 이사회의 결의 또는 1인주주의 의사와는 무관하고 오로지 당해 임원의 의사에 따라야 하는 것이므로 당해 임원의 의사에 기하지 아니한 사임서의 작성이나 이에 기한 등기부의 기재를 하였다면 이는 사문서위조 및 공정증서원본불실기재의 죄책을 면할 수 없다(대법

원1992. 9. 14.선고92도1564판결).

㉣ (○) 공증인이 채권양도·양수인의 촉탁에 따라 그들의 진술을 청취하여 채권의 양도·양수가 진정으로 이루어짐을 확인하고 채권양도의 법률행위에 관한 공정증서를 작성한 경우 **그 공정증서가 증명하는 사항은 채권양도의 법률행위가 진정으로 이루어졌다는 것일 뿐** 그 공정증서가 나아가 **양도되는 채권이 진정하게 존재한다는 사실까지 증명하는 것으로 볼 수 없으므로, 양도인이 허위의 채권에 관하여 그 정을 모르는 양수인과 실제로 채권양도의 법률행위를 한 이상**, 공증인에게 그러한 채권양도의 법률행위에 관한 공정증서를 작성하게 하였다고 하더라도 그 공정증서가 증명하는 사항에 관하여는 불실의 사실을 기재하게 하였다고 볼 것은 아니고, 따라서 **공정증서원본불실기재죄가 성립한다고 볼 수 없다**(대법원2004. 1. 27.선고2001도5414판결).

㉤ (○) 피고인들을 비롯한 **경찰관들이** 피의자 4명을 현행범으로 체포하거나 현행범인체포서를 작성할 때 **체포사유 및 변호인선임권을 고지하지 아니하였음에도 불구하고**, '체포의 사유 및 변호인선임권 등을 고지 후 현행범인 체포한 것임'이라는 내용의 **허위의 현행범인체포서 4장과** '현행범인으로 체포하면서 범죄사실의 요지, 구속의 이유와 변호인을 선임할 수 있음을 고지하고 변명의 기회를 주었다'는 내용의 **허위의 확인서 4장을 각 작성한 사안에서, 당시 피고인들에게 허위공문서작성에 대한 범의도 있었다**고 보아야 한다(대법원2010. 6. 24.선고2008도11226판결).

문제 27 - 정답 ④

▶ ④ (X) [1] 뇌물죄는 공여자의 출연에 의한 수뢰자의 영득의사의 실현으로서, 공여자의 특정은 직무행위와 관련이 있는 이익의 부담 주체라는 관점에서 파악하여야 할 것이므로, **금품이나 재산상 이익 등이 반드시 공여자와 수뢰자 사이에 직접 수수될 필요는 없다**.
[2] 공무원인 피고인 갑은 피고인 을로부터 "선물을 할 사람이 있으면 새우젓을 보내 주겠다."라는 말을 듣고 이를 승낙한 뒤새우젓을 보내고자 하는 329명의 명단을 피고인 을에게 보내 주고 피고인 을로 하여금 위 사람들에게 피고인 갑의 이름을 적어 마치 피고인 갑이 선물을 하는 것처럼 총 11,186,000원 상당의 새우젓을 택배로 발송하게 하고 그 대금을 지급하지 않는 방법으로 직무에 관하여 뇌물을 교부받고, 피고인 을은 피고인 갑에게 뇌물을 공여하였다는 내용으로 기소된 사안에서, 피고인 을은 도내 어촌계장이고, 피고인 갑은 도청 공무원으로 재직하면서 어민들의 어업지도, 보조금 관련 사업과 어로행위 관련 단속 업무 등을 총괄하고 있던 점, 피고인 을은 이전에도 같은 방식으로 피고인 갑이 재직 중이던 도청 담당과에 새우젓을 보낼 사람들의 명단을 요청하여 직원으로부터 명단을 받아 피고인 갑의 이름으로 새우젓을 발송한 점 등 여러 사정을 종합하면, 피고인 을은 피고인 갑이 지정한 사람들에게 피고인 갑의 이름을 발송인으로 기재하여 배송업체를 통하여 배송업무를 대신하여 주었을 뿐이고, 새우젓을 받은 사람들은 새우젓을 보낸 사람을 피고인 을이 아닌 피고인 갑으로 인식하였으며, 한편 피고인 을과 피고인 갑 사이에 새우젓 제공에 관한 의사의 합치가 존재하고 위와 같은 제공방법에 관하여 피고인 갑이 양해하였다고 보이므로, **피고인 을의 새우젓 출연에 의한 피고인 갑의 영득의사가 실현되어 형법 제129조 제1항의 뇌물공여죄 및 뇌물수수죄가 성립하고**, 공여자와 수뢰자 사이에 직접 금품이 수수되지 않았다는 사정만으로 이와 달리 볼 수 없다는 이유로, 그럼에도 **사회통념상 위 329명이 새우젓을 받은 것을 피고인 갑이 직접 받은 것과 같이 평가할 수 있는 관계라고 인정하기에 부족하다고 보아** 피고인들에게 무죄를 선고한 원심판단에 뇌물죄의 성립에 관한 법리오해 등의 **위법이 있다**(대법원2020. 9. 24.선고2017도12389판결).

① (○) 형법 제132조에서 말하는 **'다른 공무원의 직무에 속한 사항의 알선에 관하여 뇌물을 수수한다'** 라고 함은, 다른 공무원의 직무에 속하는 사항을 알선한다는 명목으로 뇌물을 수수하는 행위로서 **반드시 알선의 상대방인 다른 공무원이나 그 직무의 내용을 구체적으로 특정할 필요까지는 없다. 알선행위는 장래의 것이라도 무방**하므로, 뇌물을 수수할 당시 상대방에게 알선에 의하여 해결을 도모하여야 할 현안이 반드시 존재하여야 할 필요는 없지만, 알선뇌물수수죄가 성립하려면 **알선할 사항이** 다른 공무원의 직무에 속하는 사항으로서 뇌물수수의 명목이 그 사항의 알선에 관련된 것임이 **어느 정도는 구체적으로 나타나야** 한다. 단지 상대방으로 하여금 뇌물을 수수하는 자에게 잘 보이면 어떤 도움을 받을 수 있다거나 손해를 입을 염려가 없다는 정도의 **막연한 기대감을 갖게 하는 정도에 불과하고**, 뇌물을 수수하는 자 역시 상대방이 그러한 기대감을 가질 것이라고 짐작하면서 수수하였다는 사정만으로는 **알선뇌물수수죄가 성립하지 않는다**(대법원2017. 12. 22.선고2017도12346판결).

② (○) [1] 도시개발법 제84조는 "조합의 임직원, 제20조에 따라 그 업무를 하는 감리원은 형법 제129조부터 제132조까지의 규정에 따른 벌칙을 적용할 때 공무원으로 본다."고 규정하고 있으므로, 도시개발구역의 토지 소유자가 도시개발을 위하여 설립한 조합(이하 '도시개발조합'이라 한다)의 임직원은 형법 제129조 내지 제132조가 정한 죄의 주체가 된다. 이에 따라 **도시개발조합의 임직원등이 그 직무에 관하여 부당한 이익을 얻었다면** 그러한 이익도 형법 제133조 제1항에 규정된 "제129조 내지 제132조에 기재한 **뇌물**"에 해당하므로, 그 뇌물을 약속, 공여 또는 공여의 의사를 표시한 자에게는 형법 제133조 제1항에 의한 뇌물공여죄가 성립한다고 할 것이다.
[2] 따라서 **도시개발법 제84조가 직접 형법 제133조를 규정하고 있지 아니하므로** 도시개발조합의 **임직원등에 대하여 뇌물을 공여한 자를 뇌물공여죄로 처벌하는 것이** 형벌법규의 **유추해석금지 등 죄형법정주의에 반한다고 할 수 없다.** 따라서 **그 뇌물을 약속, 공여 또는 공여의 의사를 표시한 자에게는 형법 제133조 제1항에 의한 뇌물공여죄가 성립한다**(대법원2014. 6. 12.선고2014도2393판결).

③ (○) 원심이 피고인에 대하여 유죄로 인정한 원심 판시 범죄일람표 (1) 기재 각 뇌물수수 행위는 그 순번 1 내지 15번의 행위뿐만 아니라 나머지 순번 16, 17번의 행위까지도 단일하고도 계속적인 범의하에 반복적으로 저질러진 것으로서 동일 법익을 침해하였다고 볼 수 있으므로 포괄일죄의 관계에 있을 뿐 아니라, 원심 판시 범죄일람표 (2) 기재 각 부정한 행위 역시 이와 마찬가지라고 할 것이며, 나아가 이들 각 뇌물수수 행위와 각 부정한 행위 사이에는 전체적으로 보았을 때 서로 인과관계가 존재한다고 볼 수 있다. 따라서 **원심 판시 범죄일람표 (1) 기재 순번 16, 17번의 각 뇌물수수 행위는 원심이 유죄로 인정한 이 부분 나머지 범죄사실과 함께 수뢰후부정처사죄의 포괄일죄를 구성한다**고 볼 여지가 많다. 그런데도 원심은 수뢰후부정처사죄가 포괄일죄로서 성립하는 경우라 할지라도 **뇌물수수 등의 행위가 부정한 행위보다 개별적으로도 반드시 선행하여야 한다는 잘못된 전제하에** 원심 판시 범죄일람표 (1) 기재 순번 **16, 17번의 각 뇌물수수 행위가** 원심 판시 범죄일람표 (2)에 기재된 **마지막 부정한 행위보다 시간적으로 나중에 저질러졌다는 이유만으로** 이를 수뢰후부정처사의 포괄일죄와

분리하여 각 뇌물수수죄로 인정하고 이유에서 일부 무죄로 판단하고 말았다. 원심의 이러한 판단에는 수뢰후부정처사죄의 구성요건 및 포괄일죄 등에 관한 법리를 오해하여 필요한 심리를 다하지 않음으로써 판결에 영향을 미친 **잘못이 있다**(대법원2021. 2. 4.선고 2020도12103판결).

문제 28 - 정답 ④

▶ ④ (X) [1] 형법 제123조의 직권남용권리행사방해에서 '**직권의 남용**'이란 공무원이 일반적 직무권한에 속하는 사항을 불법하게 행사하는 것, 즉 **형식적, 외형적으로는 직무집행으로 보이나 그 실질은 정당한 권한 이외의 행위를 하는 경우**를 의미하고, 남용에 해당하는가의 판단 기준은 구체적인 공무원의 직무행위가 그 목적, 그것이 행하여진 상황에서 볼 때의 필요성·상당성 여부, 직권행사가 허용되는 법령상의 요건을 충족했는지 등의 제반 요소를 고려하여 결정하여야 한다. 그리고 직권남용권리행사방해죄에서 '의무 없는 일을 하게 한 때'란 '사람'으로 하여금 법령상 의무 없는 일을 하게 하는 때를 의미하는바, **공무원**이 **자신의 직무권한에 속하는 사항**에 관하여 **실무 담당자로 하여금 그 직무집행을 보조하는 사실행위를 하도록 하더라도 이는 공무원 자신의 직무집행으로 귀결될 뿐**이므로 **원칙적으로** 직권남용권리행사방해죄에서 말하는 '**의무 없는 일을 하게 한 때**'에 해당한다고 할 수 없으나, 직무집행의 기준과 절차가 법령에 구체적으로 명시되어 있고 실무 담당자에게도 직무집행의 기준을 적용하고 절차에 관여할 고유한 권한과 역할이 부여되어 있다면 실무 담당자로 하여금 그러한 기준과 절차에 위반하여 직무집행을 보조하게 한 경우에는 '의무 없는 일을 하게 한 때'에 해당한다.
[2] 서울특별시 교육감인 피고인이 인사담당장학관 등에게 지시하여 승진후보자명부상 승진 또는 자격연수 대상이 **될 수 없는 특정 교원들을 적격 후보자인 것처럼 추천하거나 임의로 평정점을 조정하는 방법으로 승진임용하거나 그 대상자가 되도록 한** 사안에서, 서울특별시교육청 소속 교육공무원에 대한 **인사권**은 **교육감인 피고인의** 일반적 **직무권한**에 속하는 사항이지만, 피고인이 승진대상자를 특**정한 후** 그들을 승진시킬 목적으로 **법령에 위반하여 위와 같은 행위를 한 것이라면** 그 실질은 정당한 권한 행사를 넘어 직무의 행사에 가탁한 부당한 행위라고 할 것이므로 **직권남용에 해당**하고, 인사 실무를 담당하는 **장학관이나 장학사로 하여금 법령에 위배되는 일을 하게 하여** 그들이 이와 같은 역할을 수행한 것은 **그들에게 법령상 의무 없는 일을 하게 한 것이다**(대법원2011. 2. 10.선고2010도 13766판결). 결국, 피고인에게 직권남용권리행사방해죄가 인정된다.
① (○) 직권남용죄는 미수범과 예비·음모의 처벌규정을 두고 있지 않다.
② (○) [1] 형법 제123조가 규정하는 **직권남용권리행사방해죄에서 권리행사를 방해한다 함**은 법령상 행사할 수 있는 권리의 정당한 행사를 방해하는 것을 말한다고 할 것이므로 **이에 해당**하려면 **구체화된 권리의 현실적인 행사가 방해된 경우라야 할 것이고**, 또한 공무원의 직권남용행위가 있었다 할지라도 **현실적으로 권리행사의 방해라는 결과가 발생하지 아니하였다면** 본죄의 **기수를 인정할 수 없다**.
[2] 정보통신부장관이 개인휴대통신 사업자 선정과 관련하여 서류심사는 완결된 상태에서 **청문심사의 배점방식을 변경함**으로써 직권을 남용하였다 하더라도, 이로 인하여 **최종 사업권자로 선정되지 못한 경쟁업체가** 가진 구체적인 **권리의 현실적 행사가 방해되는 결과가 발생하지는 아니하였으므로** 직권남용권리행사방해죄가 **성립하지 않는다**(대법원2006. 2. 9.선고2003도4599판결).

③ (○) [1] **직권남용죄는** 공무원이 그 일반적 직무권한에 속하는 사항에 관하여 **직권의 행사에 가탁하여 실질적, 구체적으로 위법·부당한 행위를 한 경우에 성립**하고, 그 일반적 직무권한은 **반드시 법률상의 강제력을 수반하는 것임을 요하지 아니하며**, 그것이 **남용될 경우** 직권행사의 상대방으로 하여금 **법률상 의무 없는 일을 하게 하거나 정당한 권리행사를 방해하기에 충분한 것이면 된다**.
[2] **국가경제 전반, 특히 금융사무에 관하여 포괄적인 권한을 행사하는 재정경제원장관이**, 국민경제에 미치는 영향력이 심대한 대기업 등의 도산과 그로 인한 관련 기업들의 연쇄도산, 금융기관의 부실화, 대량실업의 발생 등 국가경제의 안정과 발전을 저해하는 사태의 발생을 방지하기 위하여, 국민경제에 미치는 영향력이 큰 기업으로서 회생 가능성이 있는 기업에 대하여는 자구계획의 수립과 실천 등 일정한 요건을 갖출 것을 전제로 융자를 해 주도록 금융기관에 권고하거나 이를 요청하는 것은 **그의 일반적 직무권한에 속하는 사항이라고 할 것이다**.
[3] **재정경제원장관이** 대기업에 해당되지도 아니하며 **회생 가능성도 불투명하여** 대출이 가능한 요건을 갖추었다고 보기 어려운 **기업에** 대하여 은행감독원장으로부터 경영개선명령을 받아 신규대출을 기피하고 있던 **위 기업의 주거래 은행의 은행장에게** 개인적 친분이 있는 위 기업을 도와 주기 위한 목적으로 **대출을 실행하여 줄 것을 요구하고**, 위 요구에 따라 위 은행장이 이미 같은 은행으로부터 대출신청이 거절당한 바 있는 **위 기업에 대하여 새로이 다른 채권은행장들과 협조융자를 추진하고 대출하도록 한 행위**가 직**권남용죄에 해당한다**(대법원2004. 5. 27.선고2002도6251판결).

문제 29 - 정답 ②

▶ ② ㉡㉣㉤(3개)은 **옳은 지문**이나, ㉠㉢(2개)은 틀린 지문이다.
㉠ (X) (X) 출판사 대표인 피고인이 도서의 저작권자인 피해자와 전자도서(e-book)에 대하여 별도의 출판계약 등을 체결하지 않고 전자도서를 제작하여 인터넷서점 등을 통해 판매하였다고 하여 구 저작권법 위반으로 기소된 사안에서, **피해자가 경찰청 인터넷 홈페이지에 '피고인을 철저히 조사해 달라'는 취지의 민원을 접수**하는 형태로 피고인에 대한 조사를 촉구하는 의사표시를 한 것은 **형사소송법에 따른 적법한 고소로 보기 어렵다**는 이유로 공소를 기각한 원심판단을 정당하다(대판2012.2.23. 2010도9524). 결국, **피해자가 경찰청 인터넷 홈페이지를 통해 이 사건 신고민원을 접수한 것은** 형사소송법에 따른 **적법한 고소가 아니다**.
㉡ (○) 형사소송법 **제225조 제1항이 규정한 법정대리인의 고소권**은 무능력자의 보호를 위하여 법정대리인에게 주어진 **고유권**이므로, **법정대리인은 피해자의 고소권 소멸 여부에 관계없이 고소할 수 있고**, 이러한 고소권은 **피해자의 명시한 의사에 반하여도 행사할 수 있다**(대법원1999. 12. 24.선고99도3784판결).
㉢ (X) **형사소송법 제236조의 대리인에 의한 고소의 경우**, 대리권이 정당한 고소권자에 의하여 수여되었음이 실질적으로 증명되면 충분하고, 그 방식에 특별한 제한은 없으므로, 고소를 할 때 반드시 위임장을 제출한다거나 '대리'라는 표시를 하여야 하는 것은 아니고, 또 **고소기간은** 대리고소인이 아니라 정당한 고소권자를 기준으로 **고소권자가 범인을 알게 된 날부터 기산한다**(대법원2001. 9. 4.선고2001도3081판결).
㉣ (○) 대법원 2009. 9. 24. 선고 2009도6779 판결
㉤ (○) 대법원2001. 9. 4.선고2001도3081판결

문제 30 - 정답 ③

▶ ③ (X) [1] 검사는 <u>다음 각 호</u>의 어느 하나에 해당하는 <u>경우</u>에 사법경찰관에게 <u>보완수사를 요구할 수 있다</u>(제197조의2 제1항).

> 1. 송치사건의 공소제기 여부 결정 또는 공소의 유지에 관하여 필요한 경우
> 2. 사법경찰관이 신청한 영장의 청구 여부 결정에 관하여 필요한 경우

[2] <u>검사</u>는 사법경찰관으로부터 <u>송치받은 사건</u>에 대해 <u>보완수사가 필요하다</u>고 인정하는 경우에는 <u>직접 보완수사를 하거나</u> 법 제197조의2 제1항 제1호에 따라 <u>사법경찰관에게 보완수사를 요구할 수 있다</u>. <u>다만, 송치사건의 공소제기 여부 결정에 필요한 경우</u>로서 <u>다음 각 호의 어느 하나에 해당하는 경우</u>에는 특별히 사법경찰관에게 보완수사를 요구할 필요가 있다고 인정되는 경우를 제외하고는 <u>검사가 직접 보완수사를 하는 것을 원칙으로 한다</u>(수사준칙 제59조 제1항).<개정 2023. 10. 17.>

> 1. <u>사건을 수리한 날</u>(이미 보완수사요구가 있었던 사건의 경우 보완수사 이행 결과를 통보받은 날을 말한다)부터 <u>1개월이 경과한 경우</u>
> 2. 사건이 <u>송치된 이후 검사가</u> 해당 피의자 및 피의사실에 대해 <u>상당한 정도의 보완수사를 한 경우</u>
> 3. 법 제197조의3 제5항(검사의 시정조치 요구가 정당한 이유 없이 이행되지 않아 송치를 요구받은 경우), 제197조의4 제1항(검사가 사법경찰관과 동일한 범죄사실을 수사하게 되어 송치할 것을 요구한 경우) 또는 제198조의2 제2항(검사의 체포·구속장소감찰에 의하여 체포 또는 구속된 자의 사건의 송치를 명받은 경우)에 따라 <u>사법경찰관으로부터 사건을 송치받은 경우</u>
> 4. 제7조(중요사건 협력절차) 또는 제8조(검사와 사법경찰관의 협의)에 따라 <u>검사와 사법경찰관이</u> 사건 송치 전에 수사할 사항, 증거수집의 대상 및 법령의 적용 등에 대해 <u>협의를 마치고 송치한 경우</u>

① (○) 사법경찰관은 제1항 제3호 나목(죄가안됨) 또는 다목(공소권없음)에 해당하는 사건이 <u>다음 각 호</u>의 어느 하나에 해당하는 <u>경우</u>에는 해당 사건을 <u>검사에게 이송한다</u>(수사준칙 제51조 제3항).<개정 2023. 10. 17.>

> 1. 「<u>형법」 제10조 제1항</u>(심신상실자)에 따라 벌할 수 없는 경우
> 2. <u>기소되어 사실심 계속 중인 사건과 포괄일죄를 구성하는 관계에 있거나</u> 「형법」 제40조에 따른 <u>상상적 경합 관계에 있는 경우</u>

② (○) <u>검사는</u> 형사소송법 제245조의8에 따라 <u>사법경찰관에게 재수사를 요청하려는 경우</u>에는 형사소송법 제245조의5 제2호에 따라 관계 서류와 증거물을 송부받은 날부터 <u>90일 이내에 해야 한다</u>. <u>다만, 다음 각 호의 어느 하나에 해당하는 경우</u>에는 관계 서류와 증거물을 송부받은 날부터 <u>90일이 지난 후에도 재수사를 요청할 수 있다</u>(수사준칙 제63조 제1항).

> 1. 불송치 결정에 영향을 줄 수 있는 <u>명백히 새로운 증거 또는 사실이 발견된 경우</u>
> 2. <u>증거 등의 허위, 위조 또는 변조</u>를 인정할 만한 상당한 <u>정황이 있는 경우</u>

④ (○) <u>사법경찰관</u>은 형사소송법 제245조의8 제2항에 따라 <u>재수사 중인 사건</u>에 대해 형사소송법 제245조의7 제1항에 따른 <u>이의신청이 있는 경우</u>에는 재수사를 중단해야 하며, 같은 조 제2항에 따라 <u>해당 사건을 지체 없이 검사에게 송치하고 관계 서류와 증거물</u>을 송부해야 한다(수사준칙 제65조).

문제 31 - 정답 ③

▶ ③ ㉢㉣(3개)가 옳은 지문이나, ㉠㉡㉤(3개)은 틀린 지문이다.

㉠ (X) 검사 또는 사법경찰관은 피의자 또는 그 변호인·법정대리인·배우자·직계친족·형제자매의 신청에 따라 변호인을 피의자와 접견하게 하거나 정당한 사유가 없는 한 피의자에 대한 신문에 <u>참여하게 하여야 한다</u>(제243조의2 제1항). 형사소송법에서는 피의자신문시 변호인참여권 보장을 명문화하였다.

㉡ (X) 신문에 참여하고자 하는 변호인이 2인 이상인 때에는 <u>피의자가</u> 신문에 참여할 변호인 1인을 지정한다. 지정이 없는 경우에는 <u>검사 또는 사법경찰관이</u> 이를 지정할 수 있다(제243조의2 제2항).

㉢ (○) 제243조의2 제3항

㉣ (○) 변호인의 피의자신문 참여권을 규정한 형사소송법 제243조의2 제1항에서 '정당한 사유'란 변호인이 피의자신문을 방해하거나 수사기밀을 누설할 염려가 있음이 객관적으로 명백한 경우 등을 말하는 것이므로, 수사기관이 피의자신문을 하면서 위와 같은 정당한 사유가 없는데도 변호인에 대하여 피의자로부터 떨어진 곳으로 옮겨 앉으라고 지시를 한 다음 이러한 지시에 따르지 않았음을 이유로 <u>변호인의 피의자신문 참여권을 제한하는 것은 허용될 수 없다</u>(대결2008.9.12. 2008모793).

㉤ (X) 검사 또는 사법경찰관의 구금, 압수 또는 압수물의 환부에 관한 처분과 <u>제243조의2에 따른 변호인의 참여 등에 관한 처분에 대하여 불복이 있으면</u> 그 직무집행지의 관할법원 또는 검사의 소속 검찰청에 대응한 법원에 그 처분의 취소 또는 변경을 청구할 수 있다(제417조). 결국, <u>준항고할 수 있다</u>.

문제 32 - 정답 ②

▶ ② ㉢㉤(2개)은 옳은 지문이나, ㉠㉡㉣(3개)은 틀린 지문이다.

㉠ (X) 현행범인은 누구든지 영장 없이 체포할 수 있는데(형사소송법 제212조), 현행범인으로 체포하기 위하여는 행위의 가벌성, 범죄의 현행성·시간적 접착성, 범인·범죄의 명백성 이외에 <u>체포의 필요성 즉, 도망 또는 증거인멸의 염려가 있어야 하고</u>, 이러한 요건을 갖추지 못한 현행범인 체포는 법적 근거에 의하지 아니한 영장 없는 체포로서 <u>위법한 체포에 해당</u>한다(2011.5.26. 2011도3682).

㉡ (X) 검사 또는 사법경찰관리 아닌 이가 현행범인을 체포한 때에는 즉시 검사 등에게 인도하여야 한다. 여기서 '<u>즉시</u>'라고 함은 <u>반드시</u> 체포시점과 시간적으로 <u>밀착된 시점이어야 하는 것은 아니고</u>, '정당한 이유 없이 인도를 지연하거나 체포를 계속하는 등으로 <u>불필요한 지체를 함이 없이</u>'라는 뜻으로 볼 것이다(대법원2011. 12. 22.선고2011도12927판결).

㉢ (○) 형사소송법 제213조의2, 제200조의2 제5항

㉣ (X) 검사 등이 아닌 이에 의하여 현행범인이 체포된 후 불필요한 지체 없이 검사 등에게 인도된 경우 <u>위 48시간의 기산점</u>은 체포시가 아니라 <u>검사 등이 현행범인을 인도받은 때</u>라고 할 것이다 (대법원2011. 12. 22.선고2011도12927판결).

㉤ (○) 현행범인 체포의 요건을 갖추었는지는 <u>체포당시 상황을 기초로 판단하여야</u> 하고, 이에 관한 검사나 사법경찰관 등 수사주체의 판단에는 상당한 재량 여지가 있으나, <u>체포당시 상황으로 보아도</u> 요건 충족 여부에 관한 검사나 사법경찰관 등의 판단이 경험칙에 비추어 <u>현저히 합리성을 잃은 경우에는 그 체포는 위법하다고 보아야 한다</u>(대법원2011. 5. 26.선고2011도3682판결).

문제 33 - 정답 ①

▶ ① ㉠㉡(2개)은 옳은 지문이나, ㉢㉣(2개)은 틀린지문이다.

㉠ (○) 수사기관이 인터넷서비스이용자인 피의자를 상대로 피의자의 컴퓨터 등 정보처리장치 내에 저장되어 있는 이메일 등 전자정보를 압수·수색하는 것은 전자정보의 소유자 내지 소지자를 상대로 해당 전자정보를 압수·수색하는 대물적 강제처분으로 형사소송법의 해석상 허용된다. 압수·수색할 전자정보가 압수·수색영장에 기재된 수색장소에 있는 컴퓨터 등 정보처리장치 내에 있지 아니하고 그 정보처리장치와 정보통신망으로 연결되어 제3자가 관리하는 원격지의 서버 등 저장매체에 저장되어 있는 경우에도, 수사기관이 피의자의 이메일 계정에 대한 접근권한에 갈음하여 발부받은 영장에 따라 영장 기재 수색장소에 있는 컴퓨터 등 정보처리장치를 이용하여 적법하게 취득한 피의자의 이메일 계정 아이디와 비밀번호를 입력하는 등 피의자가 접근하는 통상적인 방법에 따라 그 원격지의 저장매체에 접속하고 그곳에 저장되어 있는 피의자의 이메일 관련 전자정보를 수색장소의 정보처리장치로 내려 받거나 그 화면에 현출시키는 것 역시 피의자의 소유에 속하거나 소지하는 전자정보를 대상으로 이루어지는 것이므로 그 전자정보에 대한 압수·수색을 위와 달리 볼 필요가 없다. 피의자가 휴대전화를 임의제출하면서 휴대전화에 저장된 전자정보가 아닌 클라우드 등 제3자가 관리하는 원격지에 저장되어 있는 전자정보를 수사기관에 제출한다는 의사로 수사기관에게 클라우드 등에 접속하기 위한 아이디와 비밀번호를 임의로 제공하였다면 위 클라우드 등에 저장된 전자정보를 임의제출하는 것으로 볼 수 있다(대법원2021. 7. 29.선고2020도14654판결).

㉡ (○) [1] 정보저장매체를 임의제출한 피압수자에 더하여 임의제출자 아닌 피의자에게도 참여권이 보장되어야 하는 '피의자의 소유·관리에 속하는 정보저장매체'란, 피의자가 압수·수색 당시 또는 이와 시간적으로 근접한 시기까지 해당 정보저장매체를 현실적으로 지배·관리하면서 그 정보저장매체 내 전자정보 전반에 관한 전속적인 관리처분권을 보유·행사하고, 달리 이를 자신의 의사에 따라 제3자에게 양도하거나 포기하지 아니한 경우로서, 피의자를 그 정보저장매체에 저장된 전자정보에 대하여 실질적인 피압수자로 평가할 수 있는 경우를 말하는 것이다. 이에 해당하는지 여부는 민사법상 권리의 귀속에 따른 법률적·사후적 판단이 아니라 압수·수색 당시 외형적·객관적으로 인식 가능한 사실상의 상태를 기준으로 판단하여야 한다. 이러한 정보저장매체의 외형적·객관적 지배·관리 등 상태와 별도로 단지 피의자나 그 밖의 제3자가 과거 그 정보저장매체의 이용 내지 개별 전자정보의 생성·이용 등에 관여한 사실이 있다거나 그 과정에서 생성된 전자정보에 의해 식별되는 정보주체에 해당한다는 사정만으로 그들을 실질적으로 압수·수색을 받는 당사자로 취급하여야 하는 것은 아니다.
[2] 피의자에게도 참여권이 보장되어야 하는 '피의자의 소유·관리에 속하는 정보저장매체'에 해당하는지의 여부를 각 PC의 임의제출에 따른 압수·수색 당시 외형적·객관적으로 인식 가능한 사실상의 상태를 기준으로 볼 때, 이 사건 각 PC나 거기에 저장된 전자정보가 피고인 갑의 소유·관리에 속한 경우에 해당한다고 인정되지 않는다. 오히려 A대학교측이 이 사건 각 PC를 2016. 12.경 이후 3년 가까이 강사휴게실 내에 보관하면서 현실적으로 지배·관리하는 한편, 이를 공용PC로 사용하거나 임의처리 등의 조치를 할 수 있었던 것으로 보이는 등의 객관적인 사정에 비추어 이 사건 각 PC에 저장된 전자정보 전반에 관하여 당시 A대학교측이 포괄적인 관리처분권을 사실상 보유·행사하고 있는 상태에 있었다고 인정된다.
[3] 피고인이 2016. 12.경 이전에 이 사건 각 PC를 피고인의 주거지 등으로 가져가 전속적으로 이용한 바 있다거나, 2016. 12.경 이후 이 사건 각 PC가 보관된 장소인 강사휴게실이 피고인의 교수연구실 주변에 있었다는 점 등 피고인이 주장하는 모든 사정들을 고려해 보더라도, 피고인의 이 사건 각 PC에 대한 현실적 지배·관리 상태와 이에 저장된 전자정보 전반에 관한 관리처분권이 이 사건 압수·수색 당시까지 유지되고 있었다고 볼 수 없으므로, 피고인을 이 사건 압수·수색에 관하여 실질적인 피압수자로 평가할 수 있는 경우에 해당하지 아니한다. 따라서 이 사건 각 PC에 저장된 전자정보의 압수·수색은 위 대법원 2016도348 전원합의체 판결이 설시한 법리에 따르더라도 피의자에게 참여권을 보장하여야 하는 경우에는 해당하지 아니한다(대법원2022. 1. 27.선고2021도11170판결). 결국, 제3자(조교와 행정지원처장)가 임의제출한 정보저장매체에 저장된 전자정보의 증거능력을 인정하였다(정경심교수 사건).

㉢ (X) 피고인이 휴대전화로 성명 불상 피해자들의 신체를 그 의사에 반하여 촬영하거나('1~7번 범행'), 짧은 치마를 입고 횡단보도 앞에서 신호를 기다리던 피해자의 다리를 몰래 촬영하여('8번 범행') 성폭력범죄의 처벌 등에 관한 특례법 위반(카메라등이용촬영)으로 기소된 경우, 8번 범행 피해자의 신고를 받고 출동한 경찰관이 현장에서 피고인으로부터 임의제출 받아 압수한 휴대전화를 사무실에서 탐색하는 과정에서 1~7번 범행의 영상을 발견한 경우, 1~7번은 8번과 범행 일시도 가깝고, 버스정류장 등 공공장소에서 촬영되어 범죄혐의사실과 관련성 있는 증거이며, 피고인이 탐색에 참여하여 범죄사실을 구체적으로 진술하였으므로, 비록 피고인에게 압수된 전자정보가 특정된 목록이 교부되지 않았더라도 절차상 권리가 실질적으로 침해되었다고 보기 어려워 1~7번 범행으로 촬영한 영상의 출력물과 파일 복사본을 담은 시디(CD)는 임의제출에 의해 적법하게 압수된 전자정보에서 생성된 것으로서 증거능력이 인정되므로 1~7번 범행 부분도 성폭력범죄의 처벌 등에 관한 특례법 위반(카메라등이용촬영)죄가 성립한다(대법원2022. 2. 17.선고2019도4938판결).

㉣ (X) [1] 갑은 2014. 8.경 상호불상의 안마시술소에서 갑 소유의 베가아이언2 휴대전화의 카메라를 이용하여 위 안마시술소의 여종업원인 을의 의사에 반하여 피해자의 음부, 가슴, 엉덩이 등 피해자의 신체를 몰래 촬영하였다('2014년범행'). 또한 갑은 2015. 6. 7. ○○고속도로 하행선 휴게소에서 동일한 방법으로 의자에 앉아 있던 병녀의 치마 밑 허벅지와 다리를 몰래 촬영하였다('2015년범행'). [2] 경찰관 P는 2015. 6. 7. 병녀의 남자친구 정의 신고로 현장에 출동하여 갑으로부터 이 사건 휴대전화를 임의제출받아 이를 영장 없이 압수하였다. 2014년 범행에 관한 영상은 임의제출에 의해 적법하게 압수된 전자정보로서 그 증거능력을 인정할 수 있다. 2014년 범행에 관한 영상을 비롯한 이 사건 휴대전화에서 발견된 약 2,000개의 영상은 2년여에 걸쳐 이 사건 휴대전화로 촬영된 것으로, 범죄의 속성상 해당범행의 상습성이 의심되어, 2015년 범죄혐의사실과 구체적·개별적 연관관계를 인정할 수 있다. 비록 피고인에게 전자정보의 파일 명세가 특정된 압수목록이 작성·교부되지 않았더라도 절차 위반행위가 이루어진 과정의 성질과 내용 등에 비추어 피고인의 절차상 권리가 실질적으로 침해되었다고 보기도 어렵다.
[3] 따라서 2014년 범행에 관한 영상은 임의제출에 따른 압수의 동기가 된 2015년 범죄혐의사실과 관련성이 인정될 수 있으므로 증

능력이 인정되어 성폭력범죄의처벌등에관한특례법위반(카메라등이용촬영)죄가 성립한다(대법원2022. 1. 13.선고2016도9596판결).

문제 34 - 정답 ②

▶ ② (○) [1] 압수물에 대하여 더 이상 압수를 계속할 필요가 없어진 때에는 수사기관은 환부가 불가능하여 국고에 귀속시키는 경우를 제외하고는 반드시 그 압수물을 환부하여야 하고, 환부를 받을 자로 하여금 그 환부청구권을 포기하게 하는 등의 방법으로 압수물의 환부의무를 면할 수는 없다. 따라서 피압수자 등 압수물을 환부받을 자가 수사기관에 대하여 형사소송법상의 환부청구권을 포기한다는 의사표시를 한 경우에 있어서도, 그 효력이 없어 그에 의하여 수사기관의 필요적 환부의무가 면제된다고 볼 수는 없으므로, 그 환부의무에 대응하는 압수물의 환부를 청구할 수 있는 절차법상의 권리가 소멸하는 것은 아니다.
[2] 외국산 물품을 관세장물의 혐의가 있다고 보아 압수하였다 하더라도 그것이 언제, 누구에 의하여 관세포탈된 물건인지 알 수 없어 기소중지 처분을 한 경우에는 그 압수물은 관세장물이라고 단정할 수 없어 이를 국고에 귀속시킬 수 없을 뿐만 아니라 압수를 더 이상 계속할 필요도 없다(대결1996.8.16. 94모51 전원합의체결정).
① (X) 검사는 사본을 확보한 경우 등 압수를 계속할 필요가 없다고 인정되는 압수물 및 증거에 사용할 압수물에 대하여 공소제기 전이라도 소유자, 소지자, 보관자 또는 제출인의 청구가 있는 때에는 환부 또는 가환부하여야 한다(제218조의2 제1항).
③ (X) 위험발생의 염려가 있는 압수물은 폐기할 수 있다(제130조 제2항, 제219조). 법령상 생산·제조·소지·소유 또는 유통이 금지된 압수물로서 부패의 염려가 있거나 보관하기 어려운 압수물은 소유자 등 권한 있는 자의 동의를 받아 폐기할 수 있다(제130조 제3항, 제219조).
④ (○) 몰수하여야 할 압수물로서 멸실·파손·부패 또는 현저한 가치 감소의 염려가 있거나 보관하기 어려운 압수물은 매각하여 대가를 보관할 수 있다(제132조 제1항, 제219조). 환부하여야 할 압수물 중 환부를 받을 자가 누구인지 알 수 없거나 그 소재가 불명한 경우로서 그 압수물의 멸실·파손·부패 또는 현저한 가치 감소의 염려가 있거나 보관하기 어려운 압수물은 매각하여 대가를 보관할 수 있다(제132조 제2항, 제219조).

문제 35 - 정답 ④

▶ ④ (X) 공연히 사실을 적시하여 사람의 명예를 훼손한 행위가 형법 제310조의 규정에 따라서 위법성이 조각되어 처벌대상이 되지 않기 위하여는 그것이 진실한 사실로서 오로지 공공의 이익에 관한 때에 해당된다는 점을 행위자(검사X)가 증명하여야 하는 것이나, 그 증명은 유죄의 인정에 있어 요구되는 것과 같이 법관으로 하여금 의심할 여지가 없을 정도의 확신을 가지게 하는 증명력을 가진 엄격한 증거에 의하여야 하는 것은 아니므로, 이 때에는 전문증거에 대한 증거능력의 제한을 규정한 형사소송법 제310조의2는 적용될 여지가 없다(자유로운증명으로 족하므로 범죄사실을 증명하는 것이 아니어서 증거능력이 없는 전문증거로도 증명이 허용된다)(대법원1996. 10. 25.선고95도1473판결).
① (○) 살인죄 등과 같이 법정형이 무거운 범죄의 경우에도 직접증거 없이 간접증거만으로 유죄를 인정할 수 있으나, 그러한 유죄 인정에는 공소사실에 대한 관련성이 깊은 간접증거들에 의하여 신중한 판단이 요구되므로, 간접증거에 의하여 주요사실의 전제가 되는 간접사실을 인정할 때에는 증명이 합리적인 의심을 허용하지 않을 정도에 이르러야 하고, 하나하나의 간접사실 사이에 모순·저촉이 없어야 하는 것은 물론 간접사실이 논리와 경험칙·과학법칙에 의하여 뒷받침되어야 한다(대판2011.5.26. 2011도1902; 대판 2017.5.30. 2017도1549 등).
② (○) [1] 증거의 증명력은 법관의 자유판단에 맡겨져 있으나 그 판단은 논리와 경험칙에 합치하여야 하고, 형사재판에서 유죄로 인정하기 위한 심증형성의 정도는 합리적인 의심을 할 여지가 없을 정도여야 하나 이는 모든 가능한 의심을 배제할 정도에 이를 것까지 요구하는 것은 아니며 증명력이 있는 것으로 인정되는 증거를 합리적인 근거가 없는 의심을 일으켜 이를 배척하는 것은 자유심증주의의 한계를 벗어나는 것으로 허용될 수 없다. 여기에서 말하는 합리적 의심이란 모든 의문, 불신을 포함하는 것이 아니라 논리와 경험칙에 기하여 요증사실과 양립할 수 없는 사실의 개연성에 대한 합리성 있는 의문을 의미하는 것으로서 피고인에게 유리한 정황을 사실인정과 관련하여 파악한 이성적 추론에 그 근거를 두어야 하는 것이므로 단순히 관념적인 의심이나 추상적인 가능성에 기초한 의심은 합리적의심에 포함된다고 할 수 없다.
[2] 피고인이 휴대전화를 이용하여 인터넷 커뮤니티사이트에 '한국야동'이라는 제목의 글과 함께 불상의 남녀가 나체모습으로 침대에 앉아있는 모습을 촬영한 사진 파일 1개를 게시한 경우, 촬영대상자의 신원이 파악되지 않는 등 촬영대상자의 의사를 명확히 확인할 수 없는 경우에도 촬영대상자의 의사에 반하여 반포등을 하였다고 볼 수 있으므로, 「성폭력범죄의 처벌 등에 관한 특례법」 제14조 제2항 위반죄(카메라등이용촬영·반포등 죄)가 성립한다.
[3] 이 사건 사진은 남녀의 성관계를 촬영한 원본동영상 중 일부를 캡처한 것인데 원본동영상은 남성이 여성의 동의 없이 몰래 촬영한 것으로 보이고 이 사건 사진에서도 촬영 각도, 남녀의 자세 및 시선 등을 통해 그러한 사정을 확인할 수 있는 점, 이 사건 사진의 내용은 나체의 남성과 짧은 치마를 입고 있는 여성이 침대 위에 나란히 앉아 있는 것으로 남성의 나신과 여성의 허벅지 부분이 적나라하게 드러나 있고 성관계 직전 또는 직후를 암시하는 모습을 담고 있어 상당한 성적 욕망 또는 수치심을 유발하는 점, 이 사건 사진에 나타난 남녀의 얼굴이나 신체적 특징으로 촬영대상자들의 특정이 가능하므로 이 사건 사진이 이들의 의사에 반하여 반포될 경우 피해와 고통을 야기할 가능성이 상당한 점, 피고인은 이 사건 사진에 등장하는 남녀를 전혀 알지 못하고 이들로부터 위 사진의 반포에 관하여 어떠한 동의나 양해를 받은 사실도 없이 인터넷 검색을 통해 위 사진을 취득한 다음 불특정다수인이 쉽게 접근할 수 있는 인터넷 사이트에 이를 게시하였던 점 등에 비추어 볼 때, 이 사건 사진의 촬영대상자들, 적어도 여성이 그 반포에 동의하리라고는 도저히 기대하기 어려우므로, 피고인의 이 사건 사진 반포는 촬영대상자들의 의사에 반하여 이루어졌고 피고인도 그러한 사정을 인식하고 있었다고 볼 여지가 충분하다(대법원2023.6.15.선고 2022도15414판결). 결국, 「성폭력범죄의 처벌 등에 관한 특례법」 제14조 제2항 위반죄에서 촬영대상자의 신원이 파악되지 않는 등 촬영대상자의 의사를 명확히 확인할 수 없는 경우에도 촬영대상자의 의사에 반하여 반포등을 하였다고 볼 수 있으므로, 성폭력범죄의처벌등에관한특례법위반(카메라등이용촬영·반포등)가 성립한다.
③ (○) [1] 형사재판(피고인의 위증죄 재판)에서 이와 관련된 다른 형사사건의 확정판결(피고인의 폭행치사죄의 확정판결)에서 인정된 사실은 특별한 사정이 없는 한 유력한 증거자료가 되는 것이나, 당해 형사재판(피고인의 위증죄 재판)에서 제출된 다른 증거

내용에 비추어 관련 형사사건 확정판결(피고인의 폭행치사죄의 확정판결)의 사실판단을 그대로 채택하기 어렵다고 인정될 경우에는 이를 배척할 수 있다.

[2] 피고인이 '갑 등과 공동하여 을을 폭행하고, 피고인은 을을 마구 때려 사망에 이르게 하였다'는 내용의 유죄판결(폭행치사죄)이 확정된 후, 관련 형사사건(다른 공범자의 폭행치사죄의 재판)의 증인으로 출석하여 '을을 때린 사실이 없고, 피고인과 갑은 을의 사망과 관련이 없다'는 취지로 허위 진술을 하여 위증하였다는 내용으로 기소된 사안에서, 유죄 확정판결(피고인의 폭행치사죄의 확정판결)이 내려지게 된 결정적 증거인 피고인과 갑의 수사기관 및 제1심 법정에서의 자백 진술과 갑의 항소심 증언은 범행에 이르게 된 동기, 범행 장소까지 가게 된 경위 내지 과정, 범행 장소에 도착한 이후부터 사건 현장에 이르기까지 이동 방식 및 경로, 폭행 당시 구체적인 행동 양태와 범행 이후의 제반 정황, 폭행 시각과 사망추정 시각의 불일치, 피고인과 갑이 자백을 번복하게 된 경위 등 여러 사정에 비추어 신빙성을 인정하기 어렵다(대법원 2012. 6. 14.선고 2011도15653판결). 결국, 폭행치사죄의 확정판결을 받은 피고인이라 하더라도 그 확정판결의 결정적 증거들에 대한 신빙성을 인정하기 어려우므로 그 확정판결의 사실인정만으로 피고인이 다른 공범자의 재판에서의 증언이 허위라고 인정할 만한 증거가 없으므로 위증죄가 성립하지 않는다.

문제 36 - 정답 ②

▶ ② (X) 형사소송법 제215조 제1항은 "검사는 범죄수사에 필요한 때에는 피의자가 죄를 범하였다고 의심할 만한 정황이 있고 해당 사건과 관계가 있다고 인정할 수 있는 것에 한정하여 지방법원판사에게 청구하여 발부받은 영장에 의하여 압수, 수색 또는 검증을 할 수 있다."라고 정하고 있다. 따라서 영장 발부의 사유로 된 범죄 혐의사실과 무관한 별개의 증거를 압수하였을 경우 이는 원칙적으로 유죄 인정의 증거로 사용할 수 없다. 그러나 압수·수색의 목적이 된 범죄나 이와 관련된 범죄의 경우에는 그 압수·수색의 결과를 유죄의 증거로 사용할 수 있다. 압수·수색영장의 범죄 혐의사실과 관계있는 범죄라는 것은 압수·수색영장에 기재한 혐의사실과 객관적 관련성이 있고 압수·수색영장 대상자와 피의자 사이에 인적 관련성이 있는 범죄를 의미한다. 그중 혐의사실과의 객관적 관련성은 압수·수색영장에 기재된 혐의사실 자체 또는 그와 기본적 사실관계가 동일한 범행과 직접 관련되어 있는 경우는 물론 범행 동기와 경위, 범행 수단과 방법, 범행 시간과 장소 등을 증명하기 위한 간접증거나 정황증거 등으로 사용될 수 있는 경우에도 인정될 수 있다. 이러한 객관적 관련성은 압수·수색영장에 기재된 혐의사실의 내용과 수사의 대상, 수사 경위 등을 종합하여 구체적·개별적 연관관계가 있는 경우에만 인정된다고 보아야 하고, 혐의사실과 단순히 동종 또는 유사 범행이라는 사유만으로 객관적 관련성이 있다고 할 것은 아니다(대판2020.2.13. 2019도14341, 2019전도130 판결).

① (O) 수사기관이 범죄 수사를 목적으로 금융실명거래 및 비밀보장에 관한 법률(이하 '금융실명법'이라 한다) 제4조 제1항에 정한 '거래정보 등'을 획득하기 위해서는 법관의 영장이 필요하고, 신용카드에 의하여 물품을 거래할 때 '금융회사 등'이 발행하는 매출전표의 거래명의자에 관한 정보 또한 금융실명법에서 정하는 '거래정보 등'에 해당하므로, 수사기관이 금융회사 등에 그와 같은 정보를 요구하는 경우에도 법관이 발부한 영장에 의하여야 한다. 그럼에도 수사기관이 영장에 의하지 아니하고 매출전표의 거래명의자에 관한 정보를 획득하였다면, 그와 같이 수집된 증거는 원칙적으로 형사소송법 제308조의2에서 정하는 '적법한 절차에 따르지 아니하고 수집한 증거'에 해당하여 유죄의 증거로 삼을 수 없다 (대판2013.3.28. 2012도13607).

③ (O) [1] 전자정보에 대한 압수·수색에 있어 그 저장매체 자체를 외부로 반출하거나 하드카피·이미징 등의 형태로 복제본(이하 '복제본'이라 한다)을 만들어 외부에서 그 저장매체나 복제본에 대하여 압수·수색이 허용되는 예외적인 경우에도 혐의사실과 관련된 전자정보(이하 '유관정보'라 한다) 이외에 이와 무관한 전자정보(이하 '무관정보'라 한다)를 탐색·복제·출력하는 것은 원칙적으로 위법한 압수·수색에 해당하므로 허용될 수 없다.

[2] 그러나 전자정보에 대한 압수·수색이 종료되기 전에 유관정보를 적법하게 탐색하는 과정에서 무관정보를 우연히 발견한 경우라면, 수사기관으로서는 더 이상의 추가 탐색을 중단하고 법원으로부터 별도의 범죄혐의에 대한 압수·수색영장을 발부받은 경우에 한하여 그러한 정보에 대하여도 적법하게 압수·수색을 할 수 있다(대법원 2015. 7. 16. 자 2011모1839 전원합의체 결정 등 참조).

[3] 수사기관이 유관정보를 선별하여 압수한 후에도 무관정보를 삭제·폐기·반환하지 아니한 채 그대로 보관하고 있다면 무관정보 부분에 대하여는 압수의 대상이 되는 전자정보의 범위를 넘어서는 전자정보를 영장 없이 압수·수색하여 취득한 것이어서 위법하고, 사후에 법원으로부터 압수·수색영장이 발부되었다거나 피고인이나 변호인이 이를 증거로 함에 동의하였다고 하여 그 위법성이 치유된다고 볼 수 없다(대법원 2022. 1. 24. 자 2021모1586 결정 등 참조).

[4] 수사기관이 새로운 범죄혐의의 수사를 위하여 무관정보가 남아 있는 복제본을 열람하는 것은 압수·수색영장으로 압수되지 않은 전자정보를 영장 없이 수색하는 것과 다르지 않다. 따라서 복제본은 더 이상 수사기관의 탐색, 복제 또는 출력 대상이 될 수 없으며, 수사기관은 새로운 범죄혐의의 수사를 위하여 필요한 경우에도 기존 압수·수색 과정에서 출력하거나 복제한 유관정보의 결과물을 열람할 수 있을 뿐이다. 사후에 법원으로부터 복제본을 대상으로 압수·수색영장이 발부받아 집행하였다고 하더라도, 이는 압수·수색절차가 종료됨에 따라 당연히 삭제·폐기되었어야 할 전자정보를 대상으로 한 것으로 위법하다.

[5] 검찰수사서기관인 피고인이 수사를 지연시켜 달라는 내용의 부정청탁을 받고 그에 따라 직무를 수행하고 수사기관 내부의 비밀을 누설하였다는 혐의로 수사를 받게 되었는데, 수사기관이 별건 압수·수색 과정에서 압수한 휴대전화에 저장된 전자정보를 탐색하던 중 우연히 이 사건 범죄사실 혐의와 관련된 전자정보(이하 '이 사건 녹음파일 등')를 발견하였는데도, 이후 약 3개월 동안 대검찰청 통합디지털증거관리시스템(D-NET, 이하 '대검찰청 서버')에 그대로 저장된 채로 계속 보관하면서 영장 없이 이를 탐색·복제·출력하여 증거를 수집한 사안에서, 이 사건에서 수사기관이 무관정보를 우연히 발견하였는데도 더 이상의 추가 탐색을 중단하고 법원으로부터 압수·수색영장을 발부받았다고 평가할 수 없으므로, 휴대전화에 저장된 이 사건 녹음파일 등은 적법한 압수·수색절차에 요구되는 관련 규정을 준수하지 아니함으로써 영장주의 및 적법절차 원칙을 위반하여 위법하게 수집된 증거에 해당하고, 나아가 위법수집증거인 이 사건 녹음파일 등을 기초로 수집된 증거들 역시 위법수집증거에 터 잡아 획득한 2차적 증거로서 위 압수절차와 2차적 증거수집 사이에 인과관계가 희석 또는 단절되었다고 볼 수 없으므로 증거능력을 인정할 수 없다(대법원 2024. 4. 16. 선고 2020도3050 판결).

④ (○) 사무처리 내역을 계속적, 기계적으로 기재한 문서가 아니라 범죄사실의 인정 여부와 관련 있는 어떠한 의견을 제시하는 내용을 담고 있는 문서는 형사소송법 제315조 제3호에서 규정하는 당연히 증거능력이 있는 서류에 해당한다고 볼 수 없으므로, 이른바 보험사기 사건에서 건강보험심사평가원이 수사기관의 의뢰에 따라 그 보내온 자료를 토대로 입원진료의 적정성에 대한 의견을 제시하는 내용의 '건강보험심사평가원의 입원진료 적정성 여부 등 검토의뢰에 대한 회신'은 형사소송법 제315조 제3호의 '기타 특히 신용할 만한 정황에 의하여 작성된 문서'에 해당하지 않는다(대판 2017.12.5. 2017도12671).

문제 37 - 정답 ④

▶ ④ ㉠㉡㉢(3개)는 틀린 지문이나, ㉣㉤(2개)는 옳은 지문이다.

㉠ (X) 형사소송법 제316조 제1항(조사자 증언제도)이 적용된다.

㉡ (X) [1] 통신비밀보호법 제14조 제1항(「누구든지 공개되지 아니한 타인간의 대화를 녹음하거나 전자장치 또는 기계적 수단을 이용하여 청취할 수 없다.」)이 공개되지 않은 타인 간의 대화를 녹음 또는 청취하지 못하도록 한 것은, 대화에 원래부터 참여하지 않는 제3자가 일반 공중이 알 수 있도록 공개되지 않은 타인 간의 발언을 녹음하거나 전자장치 또는 기계적 수단을 이용하여 청취해서는 안 된다는 취지이다. 여기서 '공개되지 않았다'는 것은 반드시 비밀과 동일한 의미는 아니고, 구체적으로 공개된 것인지는 발언자의 의사와 기대, 대화의 내용과 목적, 상대방의 수, 장소의 성격과 규모, 출입의 통제 정도, 청중의 자격 제한 등 객관적인 상황을 종합적으로 고려하여 판단해야 한다.

[2] 이 사건 녹음파일, 녹취록 등은 통신비밀보호법 제14조 제2항, 제4조에 따라 증거능력이 부정된다(대법원 2024. 1. 11. 선고 2020도1538 판결). 구체적 이유는 다음과 같다.

1) 초등학교 담임교사가 교실에서 수업시간 중 한 발언은 통상적으로 교실 내 학생들 만을 대상으로 하는 것으로서 교실 내 학생들에게만 공개된 것일 뿐, 일반 공중이나 불특정 다수에게 공개된 것이 아니므로, 피해아동의 부모가 몰래 녹음한 피고인의 수업시간 중 발언은 '공개되지 않은 대화' 내지 '타인 간의 대화'에 해당한다.

2) 피해아동의 부모는 피고인의 수업시간 중 발언의 상대방, 즉 대화에 원래부터 참여한 당사자에 해당하지 않기 때문이다. 결국, 이 사건 녹음파일 등은 통신비밀보호법 제14조 제1항을 위반하여 공개되지 아니한 타인 간의 대화를 녹음한 것이므로 통신비밀보호법 제14조 제2항 및 제4조에 따라 증거능력이 부정된다.

3) 공개되지 아니한 타인 간의 대화를 대상으로 한 것으로서 통신비밀보호법 제14조 제1항을 위반하여 위법하다고 할 것이므로, 이에 의하여 취득한 이 사건 녹음파일 및 녹취록중 대화 부분은 통신비밀보호법 제14조 제2항 및 제4조에 따라 증거로 사용할 수 없다.

㉢ (○) 압수물인 디지털 저장매체로부터 출력한 문건을 증거로 사용하기 위해서는 디지털 저장매체 원본에 저장된 내용과 출력한 문건의 동일성이 인정되어야 하고, 이를 위해서는 디지털 저장매체 원본이 압수시부터 문건 출력시까지 변경되지 않았음이 담보되어야 한다. 특히 디지털 저장매체 원본을 대신하여 저장매체에 저장된 자료를 '하드카피' 또는 '이미징'한 매체로부터 출력한 문건의 경우에는 디지털 저장매체 원본과 '하드카피' 또는 '이미징'한 매체 사이에 자료의 동일성도 인정되어야 할 뿐만 아니라, 이를 확인하는 과정에서 이용한 컴퓨터의 기계적 정확성, 프로그램의 신뢰성, 입력·처리·출력의 각 단계에서 조작자의 전문적인 기술능력과 정확성이 담보되어야 한다. 그리고 압수된 디지털 저장매체로부터 출력한 문건을 진술증거로 사용하는 경우, 그 기재 내용의 진실성에 관하여는 전문법칙이 적용되므로 형사소송법 제313조 제1항에 따라 그 작성자 또는 진술자의 진술에 의하여 그 성립의 진정함이 증명된 때에 한하여 이를 증거로 사용할 수 있다(대법원 2007. 12. 13.선고 2007도7257판결).

㉣ (X) 사법경찰관의 수사과정에서 피의자가 작성한 진술서의 증거능력은 사법경찰관이 작성한 피의자신문조서와 마찬가지로 적법한 절차와 방식에 따라 작성된 것으로서 공판준비 또는 공판기일에 그 피의자였던 피고인 또는 변호인이 그 내용을 인정할 때에 한하여 증거로 할 수 있다(적+내)(제312조 제5항).

㉤ (○) 거짓말탐지기의 검사는 그 기구의 성능, 조작기술 등에 있어 신뢰도가 극히 높다고 인정되고 그 검사자가 적격자이며, 검사를 받는 사람이 검사를 받음에 동의하였으며 검사서가 검사자 자신이 실시한 검사의 방법, 경과 및 그 결과를 충실하게 기재하였다는 등의 전제조건이 증거에 의하여 확인되었을 경우에만 형사소송법 제313조 제2항에 의하여 이를 증거로 할 수 있는 것이고 위와 같은 조건이 모두 충족되어 증거능력이 있는 경우에도 그 검사결과는 검사를 받는 사람의 진술의 신빙성을 가늠하는 정황증거로서의 기능을 하는데 그치는 것이다(대법원1987. 7. 21.선고87도968판결).

문제 38 - 정답 ④

▶ ④ (X) 피고인이 수표를 발행하였으나 예금부족 또는 거래정지처분으로 지급되지 아니하게 하였다는 부정수표단속법위반의 공소사실을 증명하기 위하여 제출되는 수표는 그 서류의 존재 또는 상태 자체가 증거가 되는 것이어서 증거물인 서면에 해당하고 어떠한 사실을 직접 경험한 사람의 진술에 갈음하는 대체물이 아니므로, 증거능력은 증거물의 예에 의하여 판단하여야 하고, 이에 대하여는 형사소송법 제310조의2에서 정한 전문법칙이 적용될 여지가 없다. 이때 수표 원본이 아니라 전자복사기를 사용하여 복사한 사본이 증거로 제출되었고 피고인이 이를 증거로 하는 데 부동의한 경우 위 수표 사본을 증거로 사용하기 위해서는 수표 원본을 법정에 제출할 수 없거나 제출이 곤란한 사정이 있고 수표 원본이 존재하거나 존재하였으며 증거로 제출된 수표 사본이 이를 정확하게 전사한 것이라는 사실이 증명되어야 한다(대법원2015. 4. 23.선고 2015도2275판결). 결국, 수표에 대하여 형사소송법 제310조의2의 전문법칙이 적용되지 않는다.

① (○) [1] 형사소송법 제312조 제2항(현행 제312조 제3항)은 검사 이외의 수사기관이 작성한 피의자신문조서는 그 피의자였던 피고인이나 변호인이 그 내용을 인정할 때에 한하여 증거로 할 수 있다고 규정하고 있는바, 피고인이 검사 이외의 수사기관에서 범죄 혐의로 조사받는 과정에서 작성하여 제출한 진술서는 그 형식 여하를 불문하고 당해 수사기관이 작성한 피의자신문조서와 달리 볼 수 없고, 피고인이 수사 과정에서 범행을 자백하였다는 검사 아닌 수사기관의 진술이나 같은 내용의 수사보고서 역시 피고인이 공판 과정에서 앞서의 자백의 내용을 부인하는 이상 마찬가지로 보아야 하며, 여기서 말하는 검사 이외의 수사기관에는 달리 특별한 사정이 없는 한 외국의 권한 있는 수사기관도 포함된다.

[2] 미국 범죄수사대(CID), 연방수사국(FBI)의 수사관들이 작성한 수사보고서 및 피고인이 위 수사관들에 의한 조사를 받는 과정에서 작성하여 제출한 진술서는 피고인이 그 내용을 부인하는 이상 증거로 쓸 수 없다(대판2006.1.13. 2003도6548).

② (○) [1] 미성년자의제강제추행죄의 피해자(3세 1개월, 여) 아버지인 갑의 원심법정에서의 진술과 △△ 성폭력상담소 상담원인

을의 검찰에서의 진술을 기재한 조서는, 갑과 을이 피해자 어머니인 병이 피해자로부터 들었다는 피해자의 피해사실을, 병으로부터 다시 전해 들어서 알게 되었다는 것을 그 내용으로 하고 있는바, 이러한 갑의 원심법정에서의 진술은 요증사실을 체험한 자의 진술을 들은 자의 공판준비 또는 공판기일 외에서의 진술을 그 내용으로 하는 이른바 재전문진술이라고 할 것이고, 을의 검찰에서의 진술조서는 그와 같은 재전문진술을 기재한 조서라고 할 것이다.
[2] 그런데 형사소송법은 전문진술에 대하여 제316조에서 실질상 단순한 전문의 형태를 취하는 경우에 한하여 예외적으로 그 증거능력을 인정하는 규정을 두고 있을 뿐, 재전문진술이나 재전문진술을 기재한 조서에 대하여는 달리 그 증거능력을 인정하는 규정을 두고 있지 아니하고 있으므로, 피고인이 증거로 하는 데 동의하지 아니하는 한 형사소송법 제310조의2의 규정에 의하여 이를 증거로 할 수 없다할 것인바, 갑의 원심법정에서의 진술과 을의 검찰에서의 진술을 기재한 조서는 재전문진술이거나 재전문진술을 기재한 조서이므로 이를 증거로 할 수 없음이 명백하다고 할 것이다(대법원2000. 3. 10.선고2000도159판결).
③ (○) [1] 타인의 진술을 내용으로 하는 진술이 전문증거인지 여부는 요증사실과의 관계에서 정하여지는바, 원진술의 내용인 사실이 요증사실인 경우에는 전문증거이나, 원진술의 존재 자체가 요증사실인 경우에는 본래증거이지 전문증거가 아니다.
[2] 갑은 전화를 통하여 피고인으로부터 2005. 8.경 건축허가 담당 공무원이 외국연수를 가므로 사례비를 주어야 한다는 말과 2006. 2.경 건축허가 담당 공무원이 4,000만 원을 요구하는데 사례비로 2,000만 원을 주어야 한다는 말을 들었다는 취지로 수사기관, 제1심 및 원심 법정에서 진술하였음을 알 수 있는데, 피고인의 위와 같은 원진술의 존재 자체가 이 사건 알선수재죄에 있어서의 요증사실이므로, 이를 직접 경험한 갑이 피고인으로부터 위와 같은 말들을 들었다고 하는 진술들은 전문증거가 아니라 본래증거에 해당된다(대법원2008. 11. 13.선고2008도8007판결).

문제 39 - 정답 ②

▶ ② ㉢㉣(2개)은 틀린 지문이나, ㉠㉡㉤(3개)은 옳은 지문이다.
㉠ (○) 전문진술이나 재전문진술을 기재한 조서는 형사소송법 제310조의2의 규정에 의하여 원칙적으로 증거능력이 없는 것인데, 다만 전문진술은 형사소송법 제316조 제2항의 규정에 따라 원진술자가 사망, 질병, 외국거주 기타 사유로 인하여 진술할 수 없고 그 진술이 특히 신빙할 수 있는 상태하에서 행하여진 때에 한하여 예외적으로 증거능력이 있다고 할 것이고, 전문진술이 기재된 조서는 형사소송법 제312조 또는 제314조의 규정에 의하여 각 그 증거능력이 인정될 수 있는 경우에 해당하여야 함은 물론 나아가 형사소송법 제316조 제2항의 규정에 따른 위와 같은 요건을 갖추어야 예외적으로 증거능력이 있다고 할 것인바, 여기서 '그 진술이 특히 신빙할 수 있는 상태하에서 행하여진 때'라 함은 그 진술을 하였다는 것에 허위개입의 여지가 거의 없고, 그 진술내용의 신빙성이나 임의성을 담보할 구체적이고 외부적인 정황이 있는 경우를 가리킨다(대법원2000. 3. 10.선고2000도159판결).
㉡ (○) 제316조 제2항
㉢ (X) 형사소송법 제316조 제2항은 "피고인 아닌 자의 공판준비 또는 공판기일에서의 진술이 피고인 아닌 타인의 진술을 그 내용으로 하는 것인 때에는 원진술자가 사망, 질병, 외국거주, 소재불명, 그 밖에 이에 준하는 사유로 인하여 진술할 수 없고, 그 진술이 특히 신빙할 수 있는 상태에서 행하여졌음이 증명된 때에 한하여 이를 증거로 할 수 있다"고 규정하고 있고, 같은 조 제1항에 따르면 위 '피고인 아닌 자'에는 공소제기 전에 피고인 아닌 타인을 조사하였거나 그 조사에 참여하였던 자(이하 '조사자'라고 한다)도 포함된다. 따라서 조사자의 증언에 증거능력이 인정되기 위해서는 원진술자가 사망, 질병, 외국거주, 소재불명, 그 밖에 이에 준하는 사유로 인하여 진술할 수 없어야 하는 것이라서, 원진술자가 법정에 출석하여 수사기관에서 한 진술을 부인하는 취지로 증언한 이상 원진술자의 진술을 내용으로 하는 조사자의 증언은 증거능력이 없다(대법원2008. 9. 25.선고2008도6985판결).
㉣ (X) 형사소송법 제316조 제2항에 의하면 피고인 아닌 자의 공판준비 또는 공판기일에서의 진술이 피고인 아닌 타인의 진술을 그 내용으로 하는 것인 때에는 원진술자가 사망, 질병 기타 사유로 인하여 진술할 수 없고 그 진술이 특히 신빙할 수 있는 상태 하에서 행하여진 때에 한하여 이를 증거로 할 수 있다고 규정하고 있는데, 여기서 말하는 피고인 아닌 자라고 함은 제3자는 말할 것도 없고 공동피고인이나 공범자를 모두 포함한다고 해석된다(대법원 2007. 2. 23.선고2004도8654판결).
㉤ (○) 대법원2010. 11. 25.선고2010도8735판결; 대법원2000. 3. 10.선고2000도159판결

문제 40 - 정답 ②

▶ ② ㉠㉢(2개)은 옳은 지문이나, ㉡㉣(2개)은 틀린 지문이다.
㉠ (○) 피해자 일행을 한 사람씩 나누어 강간하자는 피고인 일행의 제의에 아무런 대답도 하지않고 따라 다니다가 자신의 강간 상대방으로 남겨진 공소외인에게 일체의 신체적 접촉도 시도하지 않은 채 다른 일행이 인근 숲 속에서 강간을 마칠 때까지 공소외인과 함께 이야기만 나눈 경우, 피고인에게 다른 일행의 강간 범행에 공동으로 가공할 의사가 있었다고 볼 수 없다(대법원2003. 3. 28.선고2002도7477판결).
㉡ (X) 피고인 갑, 을, 병이 강도행위를 하던 중 피고인 갑, 을은 피해자를 강간하려고 작은 방으로 끌고가 팬티를 강제로 벗기고 음부를 만지던 중 피해자가 수술한 지 얼마 안되어 배가 아프다면서 애원하는 바람에 그 뜻을 이루지 못하였다면, 강도행위의 계속 중 이미 공포상태에 빠진 피해자를 강간하려고 한 이상 강간의 실행에 착수한 것이고, 피고인들이 간음행위를 중단한 것은 피해자를 불쌍히 여겨서가 아니라 피해자의 신체조건상 강간을 하기에 지장이 있다고 본 데에 기인한 것이므로, 이는 일반의 경험상 강간행위를 수행함에 장애가 되는 외부적 사정에 의하여 범행을 중지한 것에 지나지 않는 것으로서 중지범의 요건인 자의성을 결여하였다(대법원1992. 7. 28.선고92도917판결). 결국, 강간죄의 중지미수에 해당하지 않고 강간죄의 장애미수에 해당한다.
㉢ (○) 진술조서에 기재된 乙의 진술부분은 재전문증거에 해당한다(○). C가 乙로부터 전해들은 진술은 전문증거이고, 다시 P가 C로부터 전해들은 乙의 진술부분은 재전문증거에 해당한다. 또한 C가 乙로부터 전해들은 이야기를 법정에서 진술하면 전문진술이고, P가 甲을 수사하는 과정에서 C를 참고인으로 조사하여 C가 乙로부터 들은 위 진술 내용이 기재된 진술조서는 전문진술을 기재한 조서에 해당한다.
㉣ (X) 전문진술이 기재된 조서는 형사소송법 제312조 또는 제314조에 따라 증거능력이 인정될 수 있는 경우에 해당하여야 함은 물론 형사소송법 제316조 제2항에 따른 요건을 갖추어야 예외적으로 증거능력이 있다(대법원2017. 7. 18.선고2015도12981, 2015전도218판결). 결국, 이 사안의 경우 전문진술(제316조 제2항)이 기재된 조서(제312조 제4항)로서 형사소송법 제312조 제4항의 요건과 제316조 제2항의 두 요건을 모두 갖추어야 증거능력이 있다.

제 5 회
경찰 형사법 파이널 모의고사 ── 정답 및 해설

정답

문제	정답	문제	정답	문제	정답	문제	정답
01	②	11	②	21	③	31	④
02	③	12	①	22	④	32	②
03	④	13	④	23	③	33	②
04	③	14	④	24	①	34	①
05	③	15	②	25	③	35	③
06	①	16	②	26	②	36	②
07	④	17	④	27	④	37	④
08	①	18	④	28	②	38	④
09	④	19	④	29	②	39	③
10	④	20	③	30	③	40	②

문제 01 - 정답 ②

▶ ② ㉠㉢㉣㉤(4개)은 옳은 지문이나, ㉡(1개)은 틀린 지문이다.

㉠ (○) [1] 청탁금지법은 제2조 제2호에서 '공직자등'에 관한 정의 규정을 두고 있을 뿐 **'상급 공직자등'의 정의에 관하여는 명문규정을 두고 있지 않고**, '상급'은 사전적으로 '보다 높은 등급이나 계급'을 의미할 뿐 직무상 명령·복종관계에서의 등급이나 계급으로 한정되지 아니한다. **처벌규정의 소극적구성요건(처벌하지 않는다는 예외규정)을** 문언의 가능한 의미를 벗어나 **지나치게 좁게 해석하게 되면** 피고인에 대한 **가벌성의 범위를 넓히게 되어** 죄형법정주의의 파생원칙인 **유추해석금지원칙에 어긋날 우려가 있으므로** 법률문언의 통상적인 의미를 벗어나지 않는 범위 내에서 **합리적으로 해석할 필요가 있다.**
[2] 청탁금지법 처벌규정의 소극적구성요건에 관한 제8조 제3항 제1호에서 정한 **'상급 공직자등'이란** 금품등 제공의 상대방보다 높은 직급이나 계급의 사람으로서 금품등 제공 상대방과 직무상 상하관계에 있고 그 상하관계에 기초하여 사회통념상 위로·격려·포상 등을 할 수 있는 지위에 있는 사람을 말하고, **금품등 제공자와 그 상대방이 직무상 명령·복종이나 지휘·감독관계에 있어야만 이에 해당하는 것은 아니다.**
[3] 국정농단 사건의 특별수사본부장인 고등검찰청 차장검사인 갑이 수사를 종결하고 그 수사 결과를 발표한 후 식당에서 위 사건을 담당한 간부들을 위해 만찬을 주재하면서, **을과 병에게 격려금 명목으로 현금 100만 원씩이 들어 있는 봉투를 건네고 1인당 9만 5,000원 상당의 위 만찬 비용을 결제하였다.** 이로써 피고인은 공직자 2명에게 각각 1회에 100만 원을 초과하는 109만 5,000원 상당의 수수 금지 금품 등을 제공하였다하여 부정청탁 **공직자등에게 제공하는 금품등" 제공행위는 예외사유에 해당하여** 범죄가 성립하지 않는다(대법원2018. 10. 25.선고2018도7041판결).

㉡ (X) [1] 형벌법규의 해석은 엄격하여야 하고 명문규정의 의미를 피고인에게 불리한 방향으로 지나치게 확장 해석하거나 유추해석하는 것은 죄형법정주의의 원칙에 어긋나는 것으로서 허용되지 않으며, 이러한 **법해석의 원리는 형벌법규의 적용대상이 행정법규가 규정한 사항을 내용으로 하고 있는 경우에 그 행정법규의 규정을 해석하는 데에도 마찬가지로 적용된다.**
[2] 주택법 제102조 제13호에서 정한 '제54조 제1항을 위반하여 주택을 공급한 자'는 그 문언상 주택법 제54조 제1항 제1호에 따라 **관할 관청의 승인을 받아야 함에도 그 승인을 받지 아니하고 입주자를 모집한 사업주체를 의미한다**고 해석되는데, 여기서 **'사업주체'란** '주택법 제15조에 따른 주택건설사업계획 또는 대지조성사업계획의 승인을 받아 그 사업을 시행하는 자'(주택법 제2조 제10호)를 말한다. 따라서 주택법에 따라 주택건설사업계획의 승인을 받을 것을 예정하고 사업을 시행하려고 하더라도 **아직 그 승인을 받기 전이라면** 주택법 제54조 제1항에서 정한 **'사업주체'에 해당한다고 볼 수 없다**(대법원2021. 11. 25.선고2021도10981판결).

㉢ (○) **영상물에 수록된 '19세 미만 성폭력범죄 피해자'**(이하 '미성년 피해자'라 한다)**의** 진술에 관하여 조사 과정에 **동석하였던 신뢰관계인 내지 진술조력인의 법정진술에 의하여 그 성립의 진정함이 인정된 경우에도 증거능력을 인정할 수 있도록 정한 '성폭력범죄의 처벌 등에 관한 특례법' 제30조 제6항 중** '제1항에 따라 촬영한 영상물에 수록된 피해자의 진술은 공판준비기일 또는 공판기일에 조사 과정에 동석하였던 신뢰관계에 있는 사람 또는 진술조력인의 진술에 의하여 그 성립의 진정함이 인정된 경우에 증거로 할 수 있다' 부분 가운데 **19세 미만 성폭력범죄 피해자에 관한 부분(이하 '심판대상조항'이라 한다)이 과잉금지원칙을 위반하여 공정한 재판을 받을 권리를 침해한다**(헌재 2021. 12. 23. 2018헌바524). 결국, **영상물에 수록된 19세 미만 성폭력범죄 피해자 진술에 관한 증거능력 특례조항** 사건에서 우리 사회에서 미성년 피해자의 2차 피해를 방지하는 것이 중요한 공익에 해당함에는 의문의 여지가 없으나, 심판대상조항으로 인한 **피고인의 방어권 제한의 중대성**과 미성년 피해자의 2차 피해를 방지할 수 있는 여러 조화적인 대안들이 존재함을 고려할 때, 심판대상조항이 **달성하려는 공익이 제한되는 피고인의 사익보다 우월하다고 쉽게 단정하기는 어렵다.** 따라서 심판대상조항은 과잉금지원칙을 위반하여 공정한 재판을 받을 권리를 침해한다.

㉣ (○) **의료법**(2016. 12. 20. 법률 제14438호로 개정되기 전의 것, 이하 같다) **제41조**는 "각종 **병원에는 응급환자와 입원환자의 진료 등에 필요한 당직의료인을 두어야 한다.**"라고 규정하는 한편, **제90조에서 제41조를 위반한 사람에 대한 처벌규정을 두었다.** 이와 같이 **의료법 제41조가** "환자의 진료 등에 필요한 당직의료인을 두어야 한다."라고 규정하고 있을 뿐인데도 **시행령 조항은 당직의료인의 수와 자격 등 배치기준을 규정하고 이를 위반하면 의료법 제90조에 의한 처벌의 대상이 되도록 함으로써 형사처벌의 대상을 신설 또는 확장하였다.** 그러므로 **시행령 조항은 위임입법의 한계를 벗어난 것으로서 무효이다**(대판2017.2.16. 2015도16014 전원합의체 판결).

㉤ (○) **이 사건 법률의 소급적용으로 인한 공익적 목적이 당사자의 손실보다 더 크므로,** 이 사건 부칙조항이 법률 시행 당시 디엔

에이감식시료 채취 대상범죄로 실형이 확정되어 수용 중인 사람들까지 이 사건 법률을 적용한다고 하여 소급입법금지원칙에 위배되는 것은 아니다(헌재2014.8.28. 2011헌마28 등).

문제 02 - 정답 ③

▶ ③ (X) [1] 구 「특정범죄 가중처벌 등에 관한 법률」 제5조의3 제1항, 제5조의11 제1항은 음주 또는 약물의 영향으로 정상적인 운전이 곤란한 상태에서 도로교통법 제2조에 규정된 자동차 또는 원동기장치자전거를 운전하여 사람을 상해에 이르게 한 사람을 처벌하도록 규정하고 있다. 구 도로교통법(2020. 6. 9. 법률 제17371호로 개정되기 전의 것, 이하 '구 도로교통법'이라 한다) 제2조 제19호 나목은 '배기량 50시시 미만(전기를 동력으로 하는 경우에는 정격출력 0.59킬로와트 미만)의 원동기를 단 차'를 원동기장치자전거 중 일부로 규정하였고, 이 사건 전동킥보드는 위 규정에 따라 원동기장치자전거에 해당하였다. 그런데 구 도로교통법이 2020. 6. 9. 법률 제17371호로 개정되어 이 사건 범행 이후인 2020. 12. 10. 개정 도로교통법이 시행되면서 제2조 제19호의2 및 제21호의2에서 이 사건 전동킥보드와 같은 "개인형 이동장치"와 이를 포함하는 "자전거 등"에 관한 정의규정을 신설하였다. 이에 따라 개인형 이동장치는 개정 도로교통법 제2조 제21호의 "자동차 등"이 아닌 같은 조 제21호의2의 "자전거 등"에 해당하게 되었다.
[2] 그러나 개정 도로교통법 제2조 제19호의2는 "개인형 이동장치"란 제19호 나목의 원동기장치자전거 중 시속 25킬로미터 이상으로 운행할 경우 전동기가 작동하지 아니하고 차체 중량이 30킬로그램 미만인 것으로서 행정안전부령으로 정하는 것을 말한다고 규정함으로써 그 문언상 원동기장치자전거 내에 개인형 이동장치가 포함되어 있음을 알 수 있다. 이러한 점을 고려하면 전동킥보드와 같은 개인형 이동장치는 원동기장치자전거와는 다른 별개의 개념이 아니라 원동기장치자전거에 포함되고, 다만, 개정 도로교통법은 통행방법 등에 관하여 개인형 이동장치를 자전거에 준하여 규율하면서 입법기술상의 편의를 위해 이를 "자전거 등"으로 분류하였다고 보는 것이 타당하다.
[3] 따라서 구 특정범죄가중법 제5조의11에서의 '원동기장치자전거'에는 전동킥보드와 같은 개인형 이동장치도 포함된다고 판단되고, 비록 개정 도로교통법이 전동킥보드와 같은 개인형 이동장치에 관한 규정을 신설하면서 이를 "자동차 등"이 아닌 "자전거 등"으로 분류하였다고 하여 이를 형법 제1조 제2항의 '범죄 후 법률이 변경되어 그 행위가 범죄를 구성하지 아니하게 된 경우'라고 볼 수는 없다(대법원2023.6.29. 2022도13430 판결). 결국, 피고인이 운전한 '전동킥보드'가 개인형 이동장치로서 "원동기장치자전거"에 해당하므로 '전동킥보드의 운전자'는 여전히 특정범죄가중법위반(위험운전치상)죄의 주체에 해당하므로 피고인에게 면소판결을 할 것이 아니라 유죄판결을 선고하여야 한다.
① (○) 형법 제1조 제2항 및 제8조에 의하면 범죄 후 법률의 변경에 의하여 형이 구법보다 경할 때에는 신법에 의한다고 규정하고 있으나 신법에 경과규정을 두어 이러한 신법의 적용을 배제하는 것도 허용되는 것으로서, 형을 종전보다 가볍게 형벌법규를 개정하면서 그 부칙으로 개정된 법의 시행 전의 범죄에 대하여 종전의 형벌법규를 적용하도록 규정한다 하여 헌법상의 형벌불소급의 원칙이나 신법우선주의에 반한다고 할 수 없다(대법원1999. 4. 13.자99초76결정).
② (○) 위헌결정으로 인하여 형벌에 관한 법률 또는 법률조항이 소급하여 그 효력을 상실한 경우에는 당해 조항을 적용하여 공소가 제기된 피고사건은 범죄로 되지 아니한 때에 해당한다고 할 것이어서 법원은 그 피고사건에 대하여 형사소송법 제325조 전단에 따라 무죄(면소 X)를 선고하여야 한다(대판2011.9.29. 2009도12515).
④ (○) 죄를 지어 외국에서 형의 전부 또는 일부가 집행된 사람에 대해서는 그 집행된 형의 전부 또는 일부를 선고하는 형에 산입한다(형법 제7조).

문제 03 - 정답 ④

▶ ④ (X) [1] 구 건축법(2015. 7. 24. 법률 제13433호로 개정되기 전의 것) 제108조 제1항은 같은 법 제11조 제1항에 의한 허가를 받지 아니하고 건축물을 건축한 건축주를 처벌한다고 규정하고, 같은 법 제112조 제4항은 양벌규정으로서 "개인의 대리인, 사용인, 그 밖의 종업원이 그 개인의 업무에 관하여 제107조부터 제111조까지의 규정에 따른 위반행위를 하면 행위자를 벌할 뿐만 아니라 그 개인에게도 해당 조문의 벌금형을 과한다."라고 규정하고 있다. 그러나 법인격 없는 사단에 고용된 사람이 위반행위를 하였더라도 법인격 없는 사단의 구성원 개개인이 위 법 제112조에서 정한 '개인'의 지위에 있다 하여 그를 처벌할 수는 없다.
[2] 甲 교회의 총회 건설부장인 피고인이 관할시청의 허가 없이 건물 옥상층에 창고시설을 건축하는 방법으로 건물을 불법 증축하여 건축법 위반으로 기소된 사안에서, 甲 교회는 乙을 대표자로 한 법인격 없는 사단이고, 피고인은 甲 교회에 고용된 사람이므로, 乙을 구 건축법 제112조 제4항 양벌규정의 '개인'의 지위에 있다고 보아 피고인을 같은 조항에 의하여 처벌할 수는 없는데도, 이와 달리 피고인은 무허가 증축행위를 실제로 행한 사람으로서 구 건축법 제112조 제4항에서 정한 '같은 법 제108조 제1항에 따른 위반행위자'에 해당한다고 보아 유죄를 인정한 원심판단에 구 건축법 제112조의 양벌규정에 관한 법리오해의 위법이 있다(대법원 2017. 12. 28., 선고, 2017도13982, 판결). 결국, 법인격 없는 사단에 고용된 사람이 위반행위를 하였더라도 법인격 없는 사단의 구성원 개개인이 위 법 제112조 소정의 "개인"의 지위에 있다 하여 그를 처벌할 수는 없다.
① (○) 양벌규정에 의하여 처벌되는 개인정보처리자로는 구 개인정보 보호법 제74조 제2항에서 '법인 또는 개인'만을 규정하고 있을 뿐이고, 법인격 없는 공공기관에 대하여도 위 양벌규정을 적용할 것인지 여부에 대하여는 명문의 규정을 두고 있지 아니하므로, 죄형법정주의의 원칙상 '법인격 없는 공공기관'을 위 양벌규정에 의하여 처벌할 수 없고, 그 경우 행위자 역시 위 양벌규정으로 처벌할 수 없다고 봄이 타당하다(대법원2021. 10. 28.선고2020도1942판결).
② (○) 구 건축법(1991. 5. 31. 법률 제4381호로 개정되어 1992. 6. 1. 시행되기 전의 것, 이하 같다) 제54조 내지 제56조의 벌칙규정에서 그 적용대상자를 건축주, 공사감리자, 공사시공자 등 일정한 업무주(업무주)로 한정한 경우에 있어서, 같은 법 제57조의 양벌규정은 업무주가 아니면서 당해 업무를 실제로 집행하는 자가 있는 때에 위 벌칙규정의 실효성을 확보하기 위하여 그 적용대상자를 당해 업무를 실제로 집행하는 자에게까지 확장함으로써 그러한 자가 당해 업무집행과 관련하여 위 벌칙규정의 위반행위를 한 경우 위 양벌규정에 의하여 처벌할 수 있도록 한 행위자의 처벌규정임과 동시에 그 위반행위의 이익귀속주체인 업무주에 대한 처벌규정이라고 할 것이다(대법원1999. 7. 15.선고95도2870전원합의체

판결).
③ (○) 피고인 회사가 1977.11.2자 주주총회의 결의로 해산되어 같은 해 12.8자로 해산등기를 하고 청산절차에 들어가 1978.4.20자로 청산이 종결되어 같은 해 4.28자로 청산등기가 경료되었다면 특단의 사정이 없는 한 그 법인격이 상실되어 법인의 당사자능력 및 권리능력이 상실되었다고 보아야 할 것이므로 형사소송법 제329조 제1항 제2호의 피고인인 법인이 존속하지 아니하게 되었을 때에 해당한다 함은 소론과 같으나 회사가 이 사건에 있어서와 같이 <u>회사해산 및 청산등기 전에 업무 또는 재산에 관한 위반행위로 인하여 재산형에 해당하는 사건으로 소추를 받는 것과 같은 것은</u> 청산인의 현존사무(상법 제254조 제1항 제1호) 중에 포함되는 것이라 할 것이므로 <u>비록 피고인 회사의 청산종료의 등기가 경료되었다 하더라도</u> 그 피고사건이 종결되기까지는 피고인회사의 청산사무는 종료되지 아니하고, <u>형사소송법상 당사자능력도 그대로 존속한다</u>고 해석함이 상당하다(대법원1982. 3. 23.선고81도1450판결).

문제 04 - 정답 ③

▶ ③ (X) [1] 항해 중이던 선박의 선장 피고인 갑, <u>1등 항해사 피고인 을, 2등 항해사 피고인 병이</u> 간부 선원이기는 하나 승객 등의 퇴선을 위한 선장의 아무런 지휘·명령이 없는 상태에서 피고인 을, 병이 단순히 비상임무 현장에 미리 가서 추가 지시에 대비하지 아니한 채 <u>선장과 함께 조타실에 있었다거나 혹은 기관부 선원들과 함께 3층 선실 복도에서 대기하였다는 사정만으로,</u> 선장과 마찬가지로 선내 대기 중인 승객 등의 사망 결과나 그에 이르는 사태의 핵심적 경과를 계획적으로 조종하거나 저지·촉진하는 등 <u>사태를 지배하는 지위에 있었다고 보기 어려운 점 등 제반 사정을 고려하면,</u> 피고인 을, 병이 간부 선원들로서 선장을 보좌하여 승객 등을 구조하여야 할 지위에 있음에도 별다른 구조조치를 취하지 아니한 채 사태를 방관하여 결과적으로 선내 대기 중이던 승객 등이 탈출에 실패하여 사망에 이르게 한 잘못은 있으나, 그러한 부작위를 작위에 의한 살인의 실행행위와 동일하게 평가하기 어렵고, 또한 살인의 미필적 고의로 피고인 갑의 부작위에 의한 살인행위에 공모 가담하였다고 단정하기도 어려우므로, <u>피고인 을, 병에 대해 부작위에 의한 살인의 고의를 인정하기 어렵다고 한 원심의 조치는 정당하다.</u>
[2] 선박의 선장 갑의 <u>퇴선조치의 불이행은 승객 등을 적극적으로 물에 빠뜨려 익사시키는 행위와 다름없다고 할 것이다.</u> 또한 승객 등의 안전에 대하여 철저하게 무관심한 태도로 일관하면서 선내 대기 중인 승객 등의 탈출 가능성이 점차 희박해져 가는 상황을 그저 <u>방관하였음을 알 수 있다.</u> 갑의 이와 같은 행태는 자신의 부작위로 인하여 승객 등이 사망에 이를 수 있음을 예견하고도 이를 용인하는 내심의 의사에서 비롯되었다고 할 것이므로, <u>부작위에 의한 살인의 미필적 고의가 인정된다고 할 것이다.</u> 한편 <u>갑의 부작위와 익사자 303명의 사망 결과 사이에 인과관계가 인정된다고 할 것이다</u>(대판2015.11.12. 2015도6809 전원합의체 판결).
[3] (결론) <u>갑에게는 살인 및 살인미수를 인정하였으나, 을·병은</u> 간부 선원들로서 선장을 보좌하여 승객 등을 구조하여야 할 지위에 있음에도 별다른 구조조치를 취하지 아니한 채 사태를 방관하여 결과적으로 선내 대기 중이던 승객 등이 탈출에 실패하여 사망에 이르게 한 잘못은 있다고 할 것이나, 그렇다고 하여 그러한 부작위를 작위에 의한 살인의 실행행위와 동일하게 평가하기 어렵고, 또한 살인의 미필적 고의로 갑의 부작위에 의한 살인행위에 공모 가담하였다고 단정하기도 어렵다. 따라서 을·병은 위 공소사실에 대하여 부작위에 의한 살인의 고의를 인정하기 어렵다는 이유로 무죄를 선고한 원심의 조치는 정당하다.
① (○) 대판2015.11.12. 2015도6809 전원합의체 판결(세월호사건)
② (○) 대판2015.11.12. 2015도6809 전원합의체 판결(세월호사건)
④ (○) [1] 업무방해죄와 같이 작위를 내용으로 하는 범죄를 부작위에 의하여 범하는 부진정 부작위범이 성립하기 위해서는 부작위를 실행행위로서의 작위와 동일시할 수 있어야 한다.
[2] 피고인이 갑과 토지 지상에 창고를 신축하는 데 필요한 형틀 공사 계약을 체결한 후 그 공사를 완료하였는데, <u>갑이 공사대금을 주지 않는다는 이유로 위 토지에 쌓아 둔 건축자재를 치우지 않고</u> 공사현장을 막는 방법으로 위력으로써 갑의 창고 신축 공사 업무를 방해하였다는 내용으로 기소된 사안에서, <u>피고인이 일부러 건축자재를 갑의 토지 위에 쌓아 두어 공사현장을 막은 것이 아니라</u> 당초 자신의 공사를 위해 쌓아 두었던 건축자재를 <u>공사 완료 후 치우지 않은 것에 불과하므로, 비록 공사대금을 받을 목적으로 건축자재를 치우지 않았더라도,</u> 피고인이 자신의 공사를 위하여 쌓아 두었던 건축자재를 공사 완료 후에 <u>단순히 치우지 않은 행위가</u> 위력으로써 갑의 추가 공사 업무를 방해하는 업무방해죄의 실행행위로서 갑의 업무에 대하여 하는 <u>적극적인 방해행위와 동등한 형법적 가치를 가진다고 볼 수 없으므로 부작위에 의한 업무방해죄가 성립하지 않는다</u>(대법원2017. 12. 22.선고2017도13211판결).

문제 05 - 정답 ③

▶ ③ ㉠㉢㉤(3개)은 틀린 지문이나, ㉡㉣(2개)은 옳은 지문이다.
㉠ (X) 자상으로 급성신부전증이 발생한 피해자가 음식과 수분의 섭취를 억제해야 함에도 콜라와 김밥을 함부로 먹은 탓에 체내에 수분저류가 발생하여 합병증이 유발됨으로써 사망한 경우, <u>살인의 실행행위가 피해자의 사망이라는 결과를 발생하게 한 유일한 원인이거나 직접적인 원인이어야만 되는 것은 아니므로,</u> 살인의 실행행위와 피해자의 사망과의 사이에 다른 사실이 개재되어 그 사실이 치사의 직접적인 원인이 되었다고 하더라도 그와 같은 사실이 통상 예견할 수 있는 것에 지나지 않는다면 살인의 실행행위와 피해자의 사망과의 사이에 <u>인과관계가 있는 것으로 보아야 한다</u>(대판1994.3.22. 93도3612).
㉡ (○) <u>일반 사인이나 회사가 금원을 대여한 경우와는 달리</u> 전문적으로 대출을 취급하면서 차용인에 대한 체계적인 신용조사를 행하는 금융기관이 금원을 대출한 경우에는, 비록 대출 신청 당시 차용인에게 변제기 안에 대출금을 변제할 능력이 없었고, 금융기관으로서 자체 신용조사 결과에는 관계없이 '변제기 안에 대출금을 변제하겠다'는 취지의 차용인 말만을 그대로 믿고 대출하였다고 하더라도, 차용인의 이러한 기망행위와 금융기관의 대출행위 사이에 <u>인과관계를 인정할 수는 없다</u> 할 것이다(대판2000.6.27. 2000도1155). 결국, 금융대출을 위한 차용인의 기망행위와 금융기관의 대출행위 사이에 <u>인과관계를 인정할 수 없다는 이유로 사기죄의 성립을 부정한 사례</u>이다.
㉢ (○) [1] 자동차의 운전자가 통상 예견되는 상황에 대비하여 결과를 회피할 수 있는 정도의 주의의무를 다하지 못한 것이 교통사고 발생의 직접적인 원인이 되었다면, <u>비록 자동차가 보행자를 직접 충격한 것이 아니고 보행자가 자동차의 급정거에 놀라 도로에 넘어져 상해를 입은 경우라고 할지라도,</u> 업무상 주의의무 위반

과 교통사고 발생 사이에 <u>상당인과관계를 인정할 수 있다</u>.
[2] 자동차 운전자는 <u>신호등이 없는 횡단보도</u>가 설치되어 있었으므로, 자동차의 운전업무에 종사하는 사람은 보행자가 있을 경우를 대비하여 <u>서행함으로써 사고를 미리 방지하여야 할 업무상의 주의의무</u>가 있었다. 피고인의 트럭이 피해자를 직접 충격하지 않았더라도 피고인이 횡단보도 부근에서 <u>안전하게 서행하였더라면 사고 발생을 충분히 피할 수 있었을 것이므로</u>, 피고인의 업무상 주의의무 위반과 사고 발생 사이의 <u>상당인과관계를 인정할 수 있다</u>(대법원 2022. 6. 16.선고2022도1401판결). 결국, 피고인은 특정범죄가중처벌등에관한법률위반(도주치상)에 해당한다.
㉣ (X) <u>초지조성공사</u>를 도급받은 수급인이 불경운작업(산불작업)을 하도급을 준 이후에 계속하여 그 작업을 감독하지 아니한 잘못이 있다 하더라도 이는 도급자에 대한 도급계약상의 책임이지 위 하수급인의 과실로 인하여 발생한 산림실화에 <u>상당인과관계가 있는 과실이라고는 할 수 없다</u>(대판1987.4.28. 87도297).
㉤ (X) 피고인의 수술 후 <u>복막염에 대한 진단과 처치 지연 등의 과실로 피해자가 제때 필요한 조치를 받지 못하였다면</u> 피해자의 사망과 피고인의 과실 사이에는 <u>인과관계가 인정된다</u>. 비록 피해자가 <u>피고인의 지시를 일부 따르지 않거나 퇴원한 적이 있더라도</u>, 그러한 사정만으로는 피고인의 과실과 피해자의 사망 사이에 <u>인과관계가 단절된다고 볼 수 없다</u>(대법원2018. 5. 11.선고2018도2844판결).

문제 06 - 정답 ③

▶ ③ (○) [1] <u>인식설</u>은 행위자가 결과발생의 가능성을 <u>인식하기만</u> 하면 <u>고의가 성립한다</u>는 학설이다. 이 설은 결과발생에 대한 행위자의 지적 측면과 의지적 측면 중에서 고의의 본질은 지적 측면에 있다고 보고 의지적 측면은 불필요하다는 입장이다.
[2] <u>인식설</u>에 의하면 미필적 고의뿐만 아니라 <u>인식 있는 과실도 고의에 포함(고의로 인정)</u>되어 고의의 범위가 <u>부당하게 넓어진다(비판)</u>.
① (X) [1] <u>인과적 행위론</u>(고전적 범죄체계론·신고전적 범죄체계)은 <u>고의</u>를 <u>책임요소</u>로 보았다.
[2] <u>목적적 행위론(목적적 범죄체계론)</u>은 책임에 있던 <u>고의</u>를 구성요건으로 끄집어와서 <u>구성요건요소</u>로 보았다(코페르니쿠스적 대발견이다).
[3] <u>사회적 책임론(합일태적</u> 범죄체계 = 고전적 + 목적적 합쳐놓은 것)은 <u>고의</u>를 <u>구성요건요소</u>(행위의 방향을 설정(결정)으로서의 고의)<u>임과 동시</u>에 <u>책임요소</u>(심정적 반가치로서의 고의)라는 <u>이중적 기능을 가지고 있다</u>고 보았다(고의의 이중적 지위설: 고의의 이중적 기능설 : 다수설). 즉, 구성요건요소로서의 고의는 행위반가치를 부담하고 책임요소로서의 고의는 심정적 반가치를 부담한다.
② (X) [1] 상습도박의 죄나 상습도박방조의 죄에 있어서의 <u>상습성</u>은 행위의 속성이 아니라 <u>행위자의 속성</u>으로서 <u>도박을 반복해서 거듭하는 습벽을 말하는 것</u>인 바, 도박의 습벽이 있는 자가 타인의 도박을 방조하면 상습도박방조의 죄에 해당하는 것이며, 도박의 습벽이 있는 자가 도박을 하고 또 도박방조를 하였을 경우 상습도박방조의 죄는 무거운상습도박의죄에 포괄시켜 1죄로서 처단하여야 한다(대법원1984. 4. 24.선고84도195판결).
[2] 상습도박죄에 있어서 <u>상습성</u>은 <u>행위자와 관련한 책임요소</u>(행위자가 습벽만 있으면 상습범이 되는 것)이지, 행위와 관련한 <u>객관적 구성요건요소가 아니므로</u> 고의의 인식 대상이 <u>아니다</u>.

★ 구성요건적 고의의 인식 대상 : 모든 객관적 구성요건요소이다.

<고의의 인식대상인 사실과 인식대상이 아닌 사실>

④ (X) [1] 갑은 성명불상자인 을로부터 <u>불법 환전 업무</u>를 도와주면 대가를 지급하겠다는 제안을 받고 <u>갑 자신의 금융계좌번호를 알려주었는데</u>, 을이 전기통신금융사기(보이스피싱 사기) 편취금을 은닉하기 위하여 갑의 금융계좌로 편취금을 송금받은 경우, 갑이 성명불상자의 <u>탈법행위 목적(불법재산 은닉등)의 타인 실명 금융거래를 용이하게 하였다</u>하여 금융실명거래 및 비밀보장에 관한 법률(약칭 '<u>금융실명법</u>') <u>위반죄의 방조범이 성립한다</u>.
[2] 형법상 방조행위는 정범이 범행을 한다는 정을 알면서 그 실행행위를 용이하게 하는 직접·간접의 행위를 말하므로, <u>방조범은 정범의 실행을 방조한다는 이른바 방조의 고의</u>와 정범의 행위가 구성요건에 해당하는 행위인 점에 대한 <u>정범의 고의</u>가 있어야 하나, <u>방조범</u>에서 <u>정범의 고의</u>는 <u>정범에 의하여 실현되는 범죄의 구체적 내용을 인식할 것을 요하는 것은 아니고 미필적 인식 또는 예견으로 족하다. 구금융실명법 제6조 제1항 위반죄</u>는 이른바 초과주관적 위법요소로서 '<u>탈법행위의 목적</u>'을 범죄성립요건으로 하는 목적범이므로, 방조범에게도 정범이 위와 같은 탈법행위를 목적으로 타인 실명 금융거래를 한다는 점에 관한 고의가 있어야 하나, <u>그 목적의 구체적인 내용까지 인식할 것을 요하는 것은 아니다</u>(대법원2022. 10. 27.선고2020도12563판결). 결국, 갑은 자신의 계좌가 보이스피싱 사기에 이용된다는 사실을 인식하지 못하였으나, <u>불법환전행위목적(탈법행위목적)으로 한 타인 실명 금융거래한다는 사실은</u> 인식하고 있었으므로 <u>금융실명법위반죄의 방조범이 성립한다</u>.

문제 07 - 정답 ④

▶ ④ (○) [1] <u>호텔의 사장 또는 영선과장인 피고인들에게는</u> 화재가 발생하면 불이 확대되지 않도록 계단과 복도등을 차단하는 갑종방화문은 항상 자동개폐되도록 하며, 숙박업들이 신속하게 탈출대피할 수 있도록 각층의 을종방화문(비상문)은 언제라도 내부에서 외부로의 탈출방향으로 밀기만 하면 그대로 열려지도록 설비 관리하고, <u>화재시에는</u> 즉시 전층 각객실에 이를 알리는 감지기, 수신기, 주경종, 지구경종을 <u>완벽하게 정상적으로 작동하도록 시설관리하여야 할 업무상의 주의의무가 있다</u> 할 것이다.
[2] <u>호텔의 사장 또는 영선과장인 피고인들이 오보가 잦다</u>는 이유로 <u>자동화재조기탐지 및 경보시설인 수신기의 지구경종스위치를 내려 끈 채 봉하고</u>, 영업상 미관을 해친다는 이유로 각층에 설치된 갑종방화문을 열어두게 하고 옥외피난계단으로 통하는 을종방화문

은 도난방지등의 이유로 고리를 끼워 피난구로서의 역할을 다하지 못하게 하였다면, 이와 같은 피고인들의 주의의무 해태는 결과적으로 건물의 화재발생시에 있어서 숙박객 등에게 신속하게 화재를 알릴 수 없게 되고 발화지점에서의 상하층에의 연소방지를 미흡하게 하고 또 **숙박객 등을 비상구를 통해 신속하게 옥외로 대피시키지 못하게 하는 것임은 경험상 명백하다** 할 것이므로, 이 사건 **화재로 인한 숙박객 등의 사상이라는 결과는 충분히 예견가능한 것이라고 할 것**이다.

[3] 소위 **과실범**에 있어서의 비난가능성의 **지적 요소란 결과발생의 가능성에 대한 인식**으로서 인식있는 과실에는 이와 같은 인식이 있고, **인식없는 과실에는 이에 대한 인식자체도 없는 경우**이나, 전자에 있어서 책임이 발생함은 물론, **후자에 있어서도 그 결과발생을 인식하지 못하였다는 데에 대한 부주의 즉 규범적 실재로서의 과실책임이 있다**고 할 것이다(대법원1984. 2. 28.선고83도3007판결). 결국, **호텔의 사장 또는 영선과장인 피고인들에게는 업무상과실치사상죄가 성립**한다.

① (X) 교통사고 사망사고를 낸 자가 신호준수의무의 주의규정을 고의로 위반하였다면 사망의 결과에 대하여 **과실범의 성립을 인정할 수 있다.** 업무상과실치사죄가 성립한다.

② (X) [1] 의료사고에서 의사의 과실을 인정하기 위해서는, 의사가 결과 발생을 예견할 수 있었음에도 이를 예견하지 못하였거나 결과 발생을 회피할 수 있었음에도 이를 회피하지 못하였는지 여부를 검토하여야 하고, **과실 유무를 판단할 때에는 같은 업무·직무에 종사하는 일반적 평균인의 주의 정도를 표준으로** 하여 **사고 당시의 일반적 의학의 수준과 의료 환경 및 조건, 의료행위의 특수성 등을 고려하여야** 한다. 의료사고에서 의사의 과실과 결과 발생 사이에 인과관계를 인정하기 위해서는, 주의의무 위반이 없었더라면 그러한 결과가 발생하지 않았을 것임이 증명되어야 한다.

[2] 그러므로 **의사에게 의료행위로 인한 업무상과실치사상죄를 인정하기 위해서는**, 의료행위 과정에서 공소사실에 기재된 **업무상 과실의 존재**는 물론 그러한 **업무상과실로 인하여 환자에게 상해·사망 등 결과가 발생한 점에 대하여도 엄격한 증거에 따라 합리적 의심의 여지가 없을 정도로 증명이 이루어져야** 한다. 설령 **의료행위와 환자에게 발생한 상해·사망 등 결과 사이에 인과관계가 인정되는 경우에도**, **검사가 공소사실에 기재한 바와 같은 업무상과실로 평가할 수 있는 행위의 존재 또는 그 업무상 과실의 내용을 구체적으로 증명하지 못하였다면**, 의료행위로 인하여 환자에게 상해·사망 등 결과가 발생하였다는 사정만으로 의사의 **업무상과실을 추정**하거나 **단순한 가능성·개연성 등 막연한 사정을 근거로 함부로 이를 인정할 수는 없다**(대법원2023. 1. 12.선고2022도11163판결).

③ (X) [1] (**과실에 의한** 간접정범 X) 간접정범은 **고의로 타인**(처벌되지 아니하는 자 또는 과실범으로 처벌되는 자)**을 적극적으로 도구로 이용**하여 범죄를 **실행하는 자**이므로, **과실에 의한 간접정범은 절대로 성립할 수 없다.**

[2] (**과실범에 대한 간접정범 O**) 형법 제34조 제1항에는「어느 행위로 인하여 처벌되지 아니하는 자 또는 **과실범으로 처벌되는 자를 교사 또는 방조**하여 범죄행위의 **결과를 발생하게 한 자**는 교사 또는 방조의 예에 의하여 **처벌한다.**」고 규정하고 있다. 따라서 형법은 과실범으로 처벌되는 자를 이용하여 결과를 발생시킬 때에는 간접정범이 성립한다고 명문으로 규정하고 있다. 결국, **과실범에 대한** 간접정범은 **성립한다.**

문제 08 - 정답 ③

▶ ③ (O) 피해자의 **범죄혐의를 구체적이고 합리적으로 의심할 수 있는 상황에서 피고인이 긴급히 확인하고 대처할 필요가 있었고**, 그 열람의 범위를 범죄혐의와 관련된 범위로 제한하였으며, 피해자가 입사시 회사 소유의 컴퓨터를 무단사용하지 않고 업무관련 결과물을 모두 회사에 귀속시키겠다고 약정하였고, **검색결과 범죄행위를 확인할 수 있는 여러 자료가 발견된 사정 등에 비추어**, 피고인의 그러한 행위는 사회통념상 허용될 수 있는 상당성이 있는 행위로서 **형법 제20조의 '정당행위'라고 본 원심의 판단은 정당하다**(대판2009.12.24. 2007도6243). 컴퓨터 관련 솔루션 개발업체인 S주식회사의 대표이사인 甲은 영업차장으로 근무하던 乙이 회사의 이익을 빼돌린다는 소문을 확인할 목적으로 비밀번호를 설정함으로써 비밀장치를 한 전자기록인 乙이 사용하던 개인용 컴퓨터의 하드디스크를 떼어낸 뒤 이를 다른 컴퓨터에 연결하여 거기에 저장된 파일 중 '어헤드원'이라는 단어로 파일검색을 하여 乙의 메신저 대화 내용과 이메일 등을 출력하여 그 내용을 알아냈다. 피고인 갑의 행위는 사회통념상 허용될 수 있는 상당성이 있는 행위로서 **형법 제20조의 정당행위에 해당한다**(대법원 2009.12.24. 2007도6243).

① (X) [1] 종교적 기도행위의 일환으로서 기도자의 기도에 의한 염원 내지 의사가 상대방에게 심리적 또는 영적으로 전달되는 데 도움이 된다고 인정할 수 있는 한도 내에서 **상대방의 신체의 일부에 가볍게 손을 얹거나 약간 누르면서 병의 치유를 간절히 기도하는 행위**는 그 목적과 수단면에서 **정당성이 인정된다고 볼 수 있지만**, 그러한 종교적 기도행위를 마치 의료적으로 효과가 있는 치료행위인 양 내세워 환자를 끌어들인 다음, 통상의 일반적인 **안수기도의 방식과 정도를 벗어나 환자의 신체에 비정상적이거나 과도한 유형력을 행사하고 신체의 자유를 과도하게 제압하여 환자의 신체에 상해까지 입힌 경우라면**, 그러한 유형력의 행사가 **비록 안수기도의 명목과 방법으로 이루어졌다** 해도 **사회상규상 용인되는 정당행위라고 볼 수 없다.**

[2] 기도원 운영자가 정신분열증 환자의 치료 목적으로 안수기도를 하다가 환자에게 상해를 입힌 사안에서, 장시간 환자의 신체를 강제로 제압하는 등 과도한 유형력을 행사한 것으로서 '사회상규상 용인되는 정당행위'에 해당하지 않는다(대법원2008. 8. 21.선고 2008도2695판결).

② (X) 신문기자인 피고인이 고소인에게 2회에 걸쳐 증여세 포탈에 대한 취재를 요구하면서 이에 응하지 않으면 자신이 취재한 내용대로 보도하겠다고 말하여 협박하였다는 취지로 기소된 사안에서, 피고인이 취재와 보도를 빙자하여 고소인에게 부당한 요구를 하기 위한 취지는 아니었던 점, 당시 피고인이 고소인에게 취재를 요구하였다가 거절당하자 인터뷰 협조요청서와 서면질의 내용을 그 자리에 두고 나왔을 뿐 **폭언을 하거나 보도하지 않는 데 대한 대가를 요구하지 않은 점**, 관할 세무서가 피고인의 제보에 따라 탈세 여부를 조사한 후 증여세를 추징하였다고 피고인에게 통지한 점, 고소인에게 불리한 사실을 보도하는 경우 기자로서 보도에 앞서 정확한 사실 확인과 보도 여부 등을 결정하기 위해 취재 요청이 필요했으리라 보이는 점 등 제반 사정에 비추어, **위 행위가 설령 협박죄에서 말하는 해악의 고지에 해당하더라도** 특별한 사정이 없는 한 **기사 작성을 위한 자료를 수집하고 보도하기 위한 것으로서 신문기자의 일상적 업무 범위에 속하여 사회상규에 반하지

아니하는 행위라고 보아야 한다(대판2011.7.14. 2011도639). 결국, 협박죄가 성립하지 않는다.
④ (X) 피고인들이 확성장치 사용, 연설회 개최, 불법행렬, 서명날인운동, 선거운동기간 전 집회 개최 등의 방법으로 **특정 후보자에 대한 낙선운동을 함**으로써 공직선거및선거부정방지법에 의한 선거운동제한 규정을 위반한 피고인들의 같은 법 위반의 각 행위는 **위법한 행위로서 허용될 수 없는 것**이고, 피고인들의 위 각 행위가 **시민불복종운동으로서** 헌법상의 기본권 행사 범위 내에 속하는 **정당행위이거나** 형법상 **사회상규에 위반되지 아니하는 정당행위 또는 긴급피난의 요건을 갖춘 행위로 볼 수는 없다**(대법원2004. 4. 27.선고2002도315판결).

문제 09 - 정답 ④

▶ ④ (X) **법효과 제한적 책임설은 구성요건적 고의(불법고의)는 조각되지 아니하나**, 착오로 인하여 행위자의 심정반가치를 인정할 수 없으므로 **책임고의가 조각되어** 그 법적 효과에 있어서만 구성요건적 고의가 조각된 것처럼 과실범의 문제로 취급하자는 견해이다. 이 견해에 따를 때 갑은 폭행의 **책임고의가 조각되므로 폭행죄는 성립하지 않고 과실범이 성립할 뿐이다.** 그러나 폭행죄는 과실범처벌규정이 없으므로 **갑은 무죄이다.**

① (○) **엄격고의설은 구성요건적 착오로** 보는데, 인과적 행위론과 연결되어 **고의는 책임요소**로 보기때문에 **책임고의를 조각**되므로 **폭행죄는 성립하지 않고** 과실범이 성립할 뿐이다. 그러나 폭행죄는 과실범처벌규정이 없으므로 **갑은 무죄이다**.

② (○) **엄격책임설은 법률의 착오(금지의 착오)로** 보아 일단 **폭행의 고의가 인정**되고, 오인함에 **정당한 이유가 있는 때에는** 책임이 조각되어 갑은 **폭행죄가 성립하지 않는다**. 그러나 오인함에 **정당한 이유가 없다면** 갑은 **폭행죄가 성립한다(가장 불리한 학설이다)**.

③ (○) **유추적용** 제한적 책임설은 행위자에게는 구성요건적 불법을 실현하려는 의사가 결여되어 행위반가치가 부정되기 때문에 **구성요건적 착오에 관한 규정을 유추적용하여 불법고의가 조각된다**는 견해이다. 이 견해에 따를 때 **갑은 폭행의 고의가 조각되므로 폭행죄는 성립하지 않고 과실범이 성립할 뿐이다.** 그러나 폭행죄는 과실범처벌규정이 없으므로 **갑은 무죄이다.**

문제 10 - 정답 ④

▶ ④ ㉠㉡㉢㉣(4개)은 모두 옳은 지문이다. 실행의 착수시기에 관한 학설을 빠른 순서대로 나열하면 **주관설(건물안으로 들어간 때) → 절충설(금고있는 방에 들어간 때) → 실질적 객관설(금고문을 연 때) → 형식적 객관설(현금에 손댈 때)**이다.

㉠ (○) **형식적 객관설**은 행위자가 구성요건에 해당하는 정형적 행위를 개시하거나 **정형적 행위의 일부를 시작한 때**에 실행의 착수가 인정된다는 견해이다. 이 견해는 실행의 착수시기를 인정하는 시점이 가장 늦어 미수의 범위가 좁아진다는 비판이 있다. 예컨대, 금고 안에 현금을 절취하기 위하여 **현금에 손댈 때**이다.

㉡ (○) **실질적 객관설(밀접행위설)**은 보호법익에 대하여 **직접적인 위험을 야기 시킨 때** 또는 법익침해에 대한 밀접한 행위를 한 때에 실행의 착수가 인정된다는 견해이다. 이 견해는 법익침해의 '직접적 위험'이라는 기준이 모호하다는 비판이 있다. 예컨대, 금고 안에 있는 현금을 절취하기 위하여 **금고문을 열려고 한 때**, 라디오를 절취하려고 그 선을 걸은 때(대판66도383), 자동차 안의 물건을 훔치기 위해 자동차문의 손잡이를 잡아당긴 때(대판86도2256)이다.

㉢ (○) **주관설**은 범죄의사**(범의)의 비약적 표명이 있을 때** 또는 범죄의사를 명백하게 인정할 수 있는 외부적 행위가 있을 때에 실행의 착수가 인정된다는 견해이다. 이 견해는 가벌적 미수의 범위가 지나치게 확대될 수 있다. 예컨대, 금고 안에 현금을 절취하기 위하여 **건물 안으로 들어간 때**, 간첩의 목적으로 기밀탐지가 가능한 국내에 입국·상륙·잠입한 때(대판1981.9. 11. 84도1381)이다.

㉣ (○) **절충설(개별적 객관설·주관적 객관설(통설))**은 행위자의 **주관적 범죄 계획**(주관적 기준)에 비추어 구성요건 실현에 대한 **직접적 위험을 발생시켰을 때**(객관적 기준)이다. 이 견해는 실행의 착수에 관한 객관설과 주관설의 단점을 제거하고 양설을 타협하기 위해 제시된 절충적인 견해이다. 예컨대, 금고 안에 현금을 절취하기 위하여 그 금고가 있는 건물에 들어가 **금고 있는 방에 들어간 때**, 살인의 의사로 총을 겨눈 때이다.

문제 11 - 정답 ②

▶ ② ㉠㉡(2개)은 공동정범의 성립하나, ㉢㉣㉤(3개)은 공동정범이 성립하지 않는다.

㉠ (○) 이른바 딱지어음을 발행하여 매매한 이상 사기의 실행행위에 직접 관여하지 아니하였다고 하더라도 공동정범으로서의 책임을 면하지 못하고, 딱지어음의 전전유통경로나 중간 소지인들 및 그 기망방법을 구체적으로 몰랐다고 하더라도 **공모관계를 부정할 수는 없다**(대법원1997. 9. 12.선고97도1706판결).

㉡ (○) [1] 공모는 법률상 어떤 정형을 요구하는 것이 아니고 2인 이상이 공모하여 범죄에 공동가공하여 범죄를 실현하려는 의사의 결합만 있으면 되는 것으로서, 비록 전체적인 모의과정이 없었다고 하더라도 수인 사이에 순차적으로 또는 암묵적으로 상통하여 그 의사의 결합이 이루어지면 공모관계가 성립하고, 이러한 공모가 이루어진 이상 실행행위에 직접 관여하지 아니한 자라도 다른 공모자의 행위에 대하여 공동정범으로서 형사적 책임을 진다.
[2] 국회의원 후보자와 그 유세위원장 등이 상대후보를 국회의원에 당선되지 못하게 할 목적으로 허위사실을 공표할 것을 공모한 후 실행에 나아감으로써 **허위사실공표죄의 공모공동정범이 성립된다**(대법원2002. 4. 10.자2001모193결정).

㉢ (X) 피해자 일행을 한 사람씩 나누어 강간하자는 피고인 일행의 제의에 아무런 대답도 하지 않고 따라 다니다가 자신의 강간 상대방으로 남겨진 공소외인에게 일체의 신체적 접촉도 시도하지 않은 채 다른 일행이 인근 숲 속에서 강간을 마칠 때까지 공소외인과 함께 이야기만 나눈 경우, **피고인에게 다른 일행의 강간 범행에 공동으로 가공할 의사가 있었다고 볼 수 없다**(대법원2003. 3. 28.선고2002도7477판결).

㉣ (X) 밀항단속법 제3조 제1항에서 규율하는 밀항행위는 여권위조행위와는 전혀 별개의 행위로서 밀항에 반드시 위조여권이 필요한 것도 아니고 위조여권을 반드시 밀항행위에만 사용할 수 있는 것도 아니라는 이유로, **여권위조행위에 가담한 것만으로는 공동가공의 의사로 밀항행위에까지 가담하였다고 볼 수 없다**(대법원 1998. 9. 22.선고98도1832판결).

㉤ (X) A 주식회사의 대표이사를 사임하고 회사의 고문으로 있던 갑에게, 이사 을이 회사의 현안 문제를 해결하기 위해서는 제3자에게 금 3억 원을 주어 무마하는 수밖에 없다고 보고하자 **갑은 아무**

런 말도 없이 창 밖만 쳐다보았으므로 을은 이에 동의한 것으로 알았고, 그 후 갑에게 돈을 준 것을 보고하지 아니한 사실을 인정한 다음, 그 인정사실만으로는 <u>갑이 을과 공모하여 업무상횡령죄를 질렀다고 인정할 수 없다</u>(대법원1999. 9. 17.선고99도2889판결).

문제 12 - 정답 ③

▶ ③ (X) 형법 제155조 제1항에서 타인의 형사사건에 관하여 <u>증거를 위조한다 함은 증거 자체를 위조함을 말하는 것</u>으로서, <u>선서무능력자로서 범죄 현장을 목격하지도 못한 사람으로 하여금</u> 형사법정에서 범죄 현장을 목격한 양 <u>허위의 증언을 하도록 하는 것</u>은 위 조항이 규정하는 <u>증거위조죄를 구성하지 아니한다</u>(대법원1998. 2. 10.선고97도2961판결). 결국, 선서무능력자는 위증죄가 성립하지 않고 위증죄는 자수범이므로 <u>위증죄의 간접정범이 성립하지 않는다</u>. 또한 선서무능력자가 위증죄가 성립하지 아니하면 <u>공범의 종속성에 따라 위증죄의 교사범도 성립하지 않는다</u>. 한편 증거위조라 함은 증거자체를 위조함을 말하므로, 허위증언을 시켜도 증거위조죄도 성립하지 아니하고 <u>증거위조죄의 교사범도 성립하지 않는다</u>.

① (O) [1] 소송사기는 법원을 속여 자기에게 유리한 판결을 얻음으로써 상대방의 재물 또는 재산상 이익을 취득하는 범죄로서, <u>단순히</u> 사실을 잘못 인식하였다거나 법률적 평가를 잘못하여 존재하지 않는 권리를 존재한다고 믿고 <u>제소한 행위는 사기죄를 구성하지 아니하며</u>, 소송상 주장이 다소 사실과 다르더라도 존재한다고 믿는 권리를 이유 있게 하기 위한 과장표현에 지나지 아니하는 경우 사기의 범의가 있다고 볼 수 없고, 또한 <u>소송사기에서 말하는 증거의 조작이란 처분문서 등을 거짓으로 만들어내거나 증인의 허위 증언을 유도하는 등으로 객관적·제3자적 증거를 조작하는 행위</u>를 말한다.

[2] 자기에게 유리한 판결을 얻기 위하여 소송상의 주장이 사실과 다름이 객관적으로 명백하거나 <u>증거가 조작되어 있다는 정을 인식하지 못하는 제3자를 이용</u>하여 그로 하여금 소송의 당사자가 되게 하고 <u>법원을 기망하여 소송 상대방의 재물 또는 재산상 이익을 취득</u>하려 하였다면 <u>간접정범의 형태에 의한 소송사기죄가 성립하게 된다</u>.

[3] 갑이 을 명의 차용증을 가지고 있기는 하나 그 채권의 존재에 관하여 을과 다툼이 있는 상황에서 <u>당초에 없던 월 2푼의 약정이자에 관한 내용 등을 부가한 을 명의 차용증을 새로 위조</u>하여, 이를 바탕으로 <u>자신의 처에 대한 채권자인 병에게</u> 차용원금 및 위조된 차용증에 기한 약정이자 2,500만 원을 <u>양도하고</u>, 이러한 <u>사정을 모르는 병으로</u> 하여금 <u>을을 상대로 양수금 청구소송을 제기하도록 한</u> 사안에서, 적어도 위 약정이자 2,500만 원 중 법정지연손해금 상당의 돈을 제외한 <u>나머지 돈에 관한 갑의 행위는 병을 도구로 이용한 간접정범 형태의 소송사기죄를 구성한다</u>(대법원2007. 9. 6.선고2006도3591판결).

② (O) 대법원2008. 9. 11.선고2007도7204판결

④ (O) [1] 위조문서행사죄에 있어서 행사는 위조된 문서를 진정한 것으로 사용함으로써 문서에 대한 공공의 신용을 해칠 우려가 있는 행위를 말하므로 그 행사의 상대방에는 아무런 제한이 없고, 다만 <u>문서가 위조된 것임을 이미 알고 있는 공범자 등에게 행사하는 경우에는 위조문서행사죄가 성립할 수 없으나</u>, 간접정범을 통한 위조문서행사범행에 있어 도구로 이용된 자라고 하더라도 <u>문서가 위조된 것임을 알지 못하는 자에게 행사한 경우에는 위조문서행사죄가 성립한다</u>.

[2] 갑은 위조한 전문건설업등록증등의 컴퓨터 이미지 파일을 공사 수주에 사용하기 위하여 발주자인 을 또는 ▽▽▽▽기술서비스의 담당직원 A에게 이메일로 송부한 사실, <u>을 또는 A는</u> 갑으로부터 이메일로 송부받은 컴퓨터 이미지 파일을 프린터로 <u>출력할 당시 그 이미지 파일이 위조된 것임을 알지 못하였던 사실을 알 수 있으므로</u>, 피고인의 위와 같은 행위는 형법 제229조의 <u>위조·변조공문서행사죄를 구성한다</u>고 보아야 할 것이다(대법원2012. 2. 23.선고2011도14441판결).

문제 13 - 정답 ④

▶ ④ ㉡㉢㉤(3개)은 틀린 지문이나, ㉠㉢(2개)은 옳은 지문이다.

㉠ (O) 피고인이 <u>갑의 집에 침입하여 그 집의 방안에서 그 소유의 재물을 절취</u>하고 그 무렵 <u>그 집에 세들어 사는 을의 방에 침입하여 재물을 절취하려다 미수에 그쳤다면</u> 위 두 범죄는 그 범행장소와 물품의 <u>관리자를 달리하고 있어서 별개의 범죄를 구성한다</u>할 것이므로, <u>절도죄와 절도미수죄의 두 범죄는 경합범에 해당한다</u>(대법원1989. 8. 8.선고89도664판결). 결국, 절도죄의 죄수는 <u>관리자(점유자)의 수에 따라 결정된다</u>. 즉, <u>A의 집(방)에서 갑 소유의 물건과 을 소유의 물건을 절취한 경우</u>는 단일범의로서 절취한 시간과 장소가 접착되어 있고 <u>같은 관리인이므로 1개의 절도죄가 성립한다</u>(대판 1970.7.21. 70도1133). 그러나 <u>갑의 집에서 훔치고, 다시 다른 옆집이나 옆방에서 절취</u>하면 관리자가 다르므로 <u>경합범에 해당한다</u>.

㉡ (X) [1] 음주 또는 약물의 영향으로 정상적인 운전이 곤란한 상태에서 자동차를 운전하여 사람을 상해에 이르게 함과 동시에 다른 사람의 재물을 손괴한 때에는 <u>특정범죄가중처벌 등에 관한 법률 위반(위험운전치사상)죄 외에 업무상과실 재물손괴로 인한 도로교통법 위반죄가 성립</u>하고, <u>위 두 죄는</u> 1개의 운전행위로 인한 것으로서 <u>상상적 경합관계에 있다</u>.

[2] 자동차 운전면허 없이 술에 취하여 정상적인 운전이 곤란한 상태에서 차량을 운전하던 중 전방에 신호대기로 정차해 있던 화물차의 뒷부분을 들이받아 그 화물차가 밀리면서 그 앞에 정차해 있던 다른 화물차를 들이받도록 함으로써, 피해자에게 상해를 입게 함과 동시에 위 각 화물차를 손괴하였다는 공소사실에 대하여, 유죄로 인정되는 각 범죄 중 도로교통법 위반(음주운전)죄와 도로교통법 위반(무면허운전)죄 상호간만 상상적 경합관계에 있고 특정범죄가중처벌 등에 관한 법률 위반(위험운전치사상)죄와 각 업무상과실 재물손괴로 인한 도로교통법 위반죄는 실체적 경합관계라고 본 원심판결에 죄수관계에 관한 법리를 오해한 위법이 있다(대법원2010. 1. 14.선고2009도10845판결).

㉢ (O) 아동·청소년이용음란물을 <u>제작한 자가</u> 그 음란물을 <u>소지하게 되는 경우 청소년성보호법 위반(음란물소지)죄는</u> 청소년성보호법 위반(음란물제작·배포등)죄에 흡수된다고 봄이 타당하다. <u>다만</u> 아동·청소년이용음란물을 제작한 자가 <u>제작에 수반된 소지행위를 벗어나</u> 사회통념상 <u>새로운 소지가 있었다</u>고 평가할 수 있는 <u>별도의 소지행위를 개시하였다면</u> 이는 청소년성보호법 위반(음란물제작·배포등)죄와 <u>별개의</u> 청소년성보호법 위반(음란물소지)죄에 해당한다(대법원2021. 7. 8.선고2021도2993판결). 결국, <u>제작에 수반된 소지</u>는 음란물제작·배포등죄에 흡수되어 별개의 음란물소지죄가 성립하지 않고, 제작에 수반된 소지를 벗어나 새로운 소지로 평가되면 별개의 <u>음란물소지죄가 성립한다</u>.

㉣ (X) [1] '피고인 1이 2020. 7. 29.경 텔레그램 대화방인 (대화방 명칭 생략)에 참여하여 이를 조직적인 형태로 발전시키고 다수의 구성원들을 모아 범죄집단인 "○○○○"을 구성한 후 2021. 3. 8.경까지 ○○○○의 수괴로서, 지인에 대한 음란물 합성사진을 의뢰하거나 미성년자 조건 만남을 의뢰하는 다수 피해자들을 상대로 그 의뢰 사실을 주변 사람들에게 알리겠다고 협박하여 자신들의 지시에 따르도록 하면서, 2020. 8. 초순경부터 2021. 2. 중순경까지 자신들의 지시에 불응한 피해자들 39명의 의뢰 사실을 폭로하여 명예를 훼손하고, 2020. 8. 25.경 및 2020. 8. 28.경 2명의 아동·청소년 피해자들에게 속옷을 벗은 나체 사진을 찍어 전송하도록 지시하고, 2020. 9. 1.경부터 2021. 3. 5.경까지 피해자들 41명으로부터 돈을 갈취하거나 미수에 그치는 등 활동하였다.'는 등의 범죄사실(이하 '이 사건 공소사실'이라 한다)로 공소를 제기하였다.
[2] 2022. 1. 19. '피고인 1이 ○○○○의 성명불상 구성원들과 공동하여 집단의 위력을 과시하는 방법으로 2020. 7. 30.경부터 2021. 2. 23.경까지 원심판결 별지 범죄일람표 기재와 같이 지인에 대한 음란물 합성사진 등을 의뢰한 342명의 피해자들을 협박하여 ○○○○의 격리유치장 대화방에 입장하도록 한 후 반성문 작성, 일상생활 보고 등 의무 없는 일을 하게 강요하거나 미수에 그쳤다.'는 취지로 폭력행위처벌법 위반(단체 등의 공동강요)의 범죄사실(이하 '추가된 공소사실'이라 한다)을 저질렀다.
[3] 범죄단체 등에 소속된 조직원이 저지른 폭력행위 등 처벌에 관한 법률(이하 '폭력행위처벌법'이라 한다) 위반(단체 등의 공동강요)죄 등의 개별적 범행과 폭력행위처벌법 위반(단체 등의 활동)죄는 범행의 목적이나 행위 등 측면에서 일부 중첩되는 부분이 있더라도, 일반적으로 구성요건을 달리하는 별개의 범죄로서 범행의 상대방, 범행 수단 내지 방법, 결과 등이 다를 뿐만 아니라 그 보호법익이 일치한다고 볼 수 없다. 또한 폭력행위처벌법 위반(단체 등의 구성·활동)죄와 위 개별적 범행은 특별한 사정이 없는 한 법률상 1개의 행위로 평가되는 경우로 보기 어려워 상상적 경합이 아닌 실체적 경합관계에 있다고 보아야 한다(대법원2022. 9. 7.선고2022도6993판결).
㉤ (X) 음주로 인한 특정범죄가중처벌 등에 관한 법률 위반(위험운전치사상)죄와 도로교통법 위반(음주운전)죄는 입법 취지와 보호법익 및 적용영역을 달리하는 별개의 범죄이므로, 양 죄가 모두 성립하는 경우 두 죄는 실체적 경합관계에 있다(대법원2008. 11. 13.선고2008도7143판결).

문제 14 - 정답 ④

▶ ④ (O) 선고하는 벌금이 1억원 이상 5억원 미만인 경우에는 300일 이상, 5억원 이상 50억원 미만인 경우에는 500일 이상, 50억원 이상인 경우에는 1천일 이상의 노역장 유치기간을 정하여야 한다(제70조 제2항).
① (X) 시효는 형이 확정된 후 그 형의 집행을 받지 아니한 자가 형의 집행을 면할 목적으로 국외에 있는 기간 동안은 진행되지 아니한다(제79조 제2항).
② (X) 형법 제357조 제3항에서 몰수의 대상으로 규정한 '범인이 취득한 제1항의 재물'은 배임수재죄의 범인이 취득한 목적물이자 배임증재죄의 범인이 공여한 목적물을 가리키는 것이지 배임수재죄의 목적물만을 한정하여 가리키는 것이 아니다. 그러므로 수재자가 증재자로부터 받은 재물을 그대로 가지고 있다가 증재자에게 반환하였다면 증재자로부터 이를 몰수하거나 그 가액을 추징하여야 한다(대판2017.4.7. 2016도18104).
③ (X) [1] 형법 제48조 제1항 제1호의 "범죄행위에 제공한 물건"은, 가령 살인행위에 사용한 칼 등 범죄의 실행행위 자체에 사용한 물건에만 한정되는 것이 아니며, 실행행위의 착수 전의 행위 또는 실행행위의 종료 후의 행위에 사용한 물건이더라도 그것이 범죄행위의 수행에 실질적으로 기여하였다고 인정되는 한 위 법조 소정의 제공한 물건에 포함된다.
[2] 대형할인매장에서 수회 상품을 절취하여 자신의 승용차에 신고 간 경우, 위 승용차는 형법 제48조 제1항 제1호에 정한 범죄행위에 제공한 물건으로 보아 몰수할 수 있다(대법원2006. 9. 14.선고2006도4075판결).

문제 15 - 정답 ②

▶ ② ㉠㉡㉢(4개)은 맞는 지문이나, ㉣(1개)은 틀린 지문이다.

㉠ (O) 폭력행위 등 처벌에 관한 법률의 목적과 그 제3조 제1항의 규정 취지에 비추어 보면, 같은 법 제3조 제1항 소정의 '흉기 기타 위험한 물건을 휴대하여 그 죄를 범한 자'란 범행현장에서 '사용하려는 의도' 아래 흉기 기타 위험한 물건을 소지하거나 몸에 지니는 경우를 가리키는 것이고, 그 범행과는 전혀 무관하게 우연히 이를 소지하게 된 경우까지를 포함하는 것은 아니라 할 것이나, 범행 현장에서 범행에 사용하려는 의도 아래 흉기등 위험한 물건을 소지하거나 몸에 지닌 이상 그 사실을 피해자가 인식하거나 실제로 범행에 사용하였을 것까지 요구되는 것은 아니라 할 것이다(대법원2007. 3. 30.선고2007도914판결).
㉡ (O) 폭력행위 등 처벌에 관한 법률 제7조에서 말하는 위험한 물건의 "휴대"라 함은 범죄현장에서 사용할 의도 아래 위험한 물건을 몸 또는 몸 가까이에 소지하는 것을 말한다. 마약사범이 범행현장에서 버리려고 비닐봉지에 담아 둔 칼을 들고 있다가 체포된 사안에서, 폭력행위 등 처벌에 관한 법률 제7조에 정한 위험한 물건의 '휴대'로 볼 수 없다(대법원2008. 7. 24.선고2008도2794판결). 결국, 피고인이 범행 현장에서 사용할 의도 아래 흉기를 휴대하였다고 볼 수 없다.
㉢ (O) 피고인이 이혼 분쟁 과정에서 자신의 아들을 승낙 없이 자동차에 태우고 떠나려고 하는 피해자들 일행을 상대로 급하게 추격 또는 제지하는 과정에서 이 사건 자동차를 사용하게 된 점, 이 사건 범행은 소형승용차(라노스)로 중형승용차(쏘나타)를 충격한 것이고, 충격할 당시 두 차량 모두 정차하여 있다가 막 출발하는 상태로서 차량 속도가 빠르지 않았으며 상대방 차량의 손괴 정도가 그다지 심하지 아니한 점, 이 사건 자동차의 충격으로 피해자들이 입은 상해의 정도가 비교적 경미한 점 등의 여러 사정을 종합하면, 피고인의 이 사건 자동차 운행으로 인하여 사회통념상 상대방이나 제3자가 생명 또는 신체에 위험을 느꼈다고 보기 어렵다고 판단하여 피고인에 대한 폭력행위 등 처벌에 관한 법률 제3조 제1항 위반죄가 성립하지 아니한다(대판2009.3.26. 2007도3520).
㉣ (X) 경륜장 사무실에서 술에 취해 소란을 피우면서 '소화기'를 집어던졌지만 특정인을 겨냥하여 던진 것이 아닌 점 등을 종합하여, 위 '소화기'는 폭력행위 등 처벌에 관한 법률 제3조 제1항의 '위험한 물건'에 해당하지 않는다(대판2010.4.29. 2010도930).
㉤ (O) 폭력행위 등 처벌에 관한 법률 제3조 제1항 소정의 '흉기 기타 위험한 물건을 휴대하여 그 죄를 범한 자'란 범행현장에서

'사용하려는 의도' 아래 흉기 기타 위험한 물건을 소지하거나 몸에 지니는 경우를 가리키는 것이고, 그 범행과는 전혀 무관하게 우연히 이를 소지하게 된 경우까지를 포함하는 것은 아니라 할 것이나, 범행 현장에서 범행에 사용하려는 의도 아래 흉기 등 위험한 물건을 소지하거나 몸에 지닌 이상 그 사실을 피해자가 인식하거나 실제로 범행에 사용하였을 것까지 요구되는 것은 아니라 할 것이다(대법원2007. 3. 30.선고2007도914판결).

문제 16 - 정답 ③

▶ ③ (○) 감금행위가 단순히 강도상해 범행의 수단이 되는 데 그치지 아니하고 강도상해의 범행이 끝난 뒤에도 계속된 경우에는 1개의 행위가 감금죄와 강도상해죄에 해당하는 경우라고 볼 수 없고, 이 경우 감금죄와 강도상해죄는 형법 제37조의 경합범 관계에 있다(대판 2003.1.10. 2002도4380).
① (X) 구 정신보건법(2015. 1. 28. 법률 제13110호로 개정되기 전의 것, 이하 같다) 제23조 제2항은 '정신의료기관의 장은 자의로 입원 등을 한 환자로부터 퇴원 신청이 있는 경우에는 지체 없이 퇴원을 시켜야 한다'고 정하고 있다(2016. 5. 29. 법률 제14224호로 전부 개정된 정신건강증진 및 정신질환자 복지서비스 지원에 관한 법률 제41조 제2항은 '정신의료기관 등의 장은 자의입원 등을 한 사람이 퇴원 등을 신청한 경우에는 지체 없이 퇴원 등을 시켜야 한다'고 정하고 있다). 따라서 정신의료기관의 장이 자의(自意)로 입원 등을 한 환자로부터 퇴원 요구가 있는데도 구 정신보건법에 정해진 절차를 밟지 않은 채 방치한 경우, 위법한 감금행위에 해당한다(대판 2017.8.18. 2017도7134) 결국, 감금죄가 성립한다.
② (X) 강간죄의 성립에 언제나 직접적으로 또 필요한 수단으로서 감금행위를 수반하는 것은 아니므로 감금행위가 강간미수죄의 수단이 되었다 하여 감금행위는 강간미수죄에 흡수되어 범죄를 구성하지 않는다고 할 수는 없는 것이고, 그때에는 감금죄와 강간미수죄는 일개의 행위에 의하여 실현된 경우로서 형법 제40조의 상상적 경합관계에 있다(대판1983.4.26. 83도323)
④ (X) [1] 체포죄는 사람의 신체에 대하여 직접적이고 현실적인 구속을 가하여 신체활동의 자유를 박탈하는 죄로서, 그 실행의 착수 시기는 체포의 고의로 타인의 신체적 활동의 자유를 현실적으로 침해하는 행위를 개시한 때이다. 따라서 피고인들인 시위자들이 경찰간부(경비과장)의 팔을 잡아당기거나 등을 미는 등의 방법으로 끌고 가 그 신체적 활동의 자유를 침해하는 행위를 개시함으로써 체포죄의 실행에 착수하였고, 피고인들에게 체포하려는 고의도 인정된다고 판단하여 체포미수죄를 인정하였다.
[2] 체포죄는 계속범으로서 체포의 행위에 확실히 사람의 신체의 자유를 구속한다고 인정할 수 있을 정도의 시간적 계속이 있어야 기수에 이르고, 신체의 자유에 대한 구속이 그와 같은 정도에 이르지 못하고 일시적인 것으로 그친 경우에는 체포죄의 미수범이 성립할 뿐이다. 따라서 피고인들의 체포행위가 지속된 시간은 약 1분 10초 정도에 불과하였고, 다수의 경찰관들이 피고인들과 피해자를 에워싸는 바람에 피고인들은 체포행위에 착수한 지점으로부터 약 20m 정도 떨어진 곳까지 피해자를 끌고 가는데 그쳤다면 체포죄의 미수범이 성립한다(대법원2020. 3. 27. 선고2016도18713판결).

문제 17 - 정답 ④

▶ ④ ⓒⓔⓜ(3개)은 옳은 지문이나, ㉠ⓒ(2개)은 틀린 지문이다.

㉠ (X) [1] 형법 제288조 제1항에서는 「추행, 간음, 결혼 또는 영리의 목적으로 사람을 약취 또는 유인한 사람은 1년 이상 10년 이하의 징역에 처한다.」고 규정하고 있다. 형법 제288조에서 말하는 '유인'이란 기망 또는 유혹을 수단으로 사람을 꾀어 그 하자 있는 의사에 따라 그 사람을 자유로운 생활관계 또는 보호관계로부터 이탈하게 하여 자기 또는 제3자의 사실적 지배 아래로 옮기는 행위를 말하고, 여기서 사실적 지배라고 함은 미성년자에 대한 물리적·실력적인 지배관계를 의미한다고 할 것이다.
[2] 피고인이 11세에 불과한 어린 나이의 피해자를 유혹하여 위 모텔 앞길에서부터 위 모텔 301호실까지 데리고 간 이상, 그로써 피고인은 피해자를 자유로운 생활관계로부터 이탈시켜 피고인의 사실적 지배 아래로 옮겼다고 할 것이고, 이로써 간음목적유인죄의 기수에 이른 것으로 보아야 할 것이다(대법원2007. 5. 11.선고 2007도2318판결). 결국, 약취·약취의 대상자가 미성년자의 경우 목적이 있을 때는 형이 가중되는 목적범만 성립(제288조 제1항)할 뿐 미성년자의 약취·약취유인죄(제287조)는 별도로 성립하지 않는다. 또한 목적범의 경우에는 목적달성의 여부는 그 범죄의 기수여부에 영향을 미치지 아니하므로 간음목적으로 약취·약취한 이상 간음 목적을 달성하지 못하였어도 간음목적약취·약취죄의 기수에 해당한다.
ⓒ (○) 제296조(예비, 음모) 제287조부터 제289조까지(미성년자의 약취·유인죄, 추행 등 목적 약취· 유인 등, 인신매매죄), 제290조 제1항(약취, 유인, 매매, 이송 등 상해·치상), 제291조 제1항(약취, 유인, 매매, 이송 등 살인·치사)과 제292조 제1항(약취, 유인, 매매, 이송된 사람의 수수·은닉 등)의 죄를 범할 목적으로 예비 또는 음모한 사람은 3년 이하의 징역에 처한다(제296조). 2013. 4. 5. 형법 개정법에서는 위의 범죄에 대하여 예비 또는 음모 처벌규정을 신설하였다.
ⓒ (X) [1] 형법 제289조 제3항에서는 「노동력 착취, 성매매와 성적 착취, 장기적출을 목적으로 사람을 매매한 사람은 2년 이상 15년 이하의 징역에 처한다고 규정하고 있다.
[2] 부녀매매죄(현, 인신매매죄)는 부녀자의 신체의 자유를 그 일차적인 보호법익으로 하는 죄로서 그 행위의 객체는 부녀이고, 여자인 이상 그 나이나 성년, 미성년, 기혼 여부 등을 불문한다고 보아야 하고, 행위의 주체에는 제한이 없으니 반드시 친권자등의 보호자만이 본 죄의 주체가 될 수 있다는 것도 근거 없는 해석이라 할 것이며, 요컨대 본죄의 성립 여부는 그 주체 및 객체에 중점을 두고 볼 것이 아니라 매매의 일방이 어떤 경위로 취득한 부녀자에 대한 실력적 지배를 대가를 받고 그 상대방에게 넘긴다고 하는 행위에 중점을 두고 판단하여야 하므로 매도인이 매매 당시 부녀자를 실력으로 지배하고 있었는가 여부 즉 계속된 협박이나 명시적 혹은 묵시적인 폭행의 위협 등의 험악한 분위기로 인하여 보통의 부녀자라면 법질서에 보호를 호소하기를 단념할 정도의 상태에서 그 신체에 대한 인계인수가 이루어졌는가의 여부에 달려 있다고 하여야 할 것이다(대법원1992. 1. 21.선고91도1402전원합의체 판결). 결국, 성매매와 성적착취목적 인신매매죄는 목적 달성이 없어도(불특정인을 상대로 성매매의 상대방이 되었다거나 강제로 성매매 이외에 성적 행위를 한 사실은 없음), 대가지급을 받지 않았어도(매매대금을 받지 않았음) 을의 신체에 대한 실력적 지배가 병에게 이전된 때 갑과 병은 모두 기수가 된다.
ⓔ (○) 제296조의2(세계주의) 제287조부터 제292조까지(약취, 유인과 인신매매죄) 및 제294조(미수범)는 대한민국 영역 밖에서

죄를 범한 외국인에게도 적용한다. 2013. 4. 5. 형법 개정법에서는 인류에 대한 공통적인 범죄인 약취, 유인과 인신매매죄의 규정이 대한민국 영역 밖에서 죄를 범한 외국인에게도 적용될 수 있도록 제296조의2(세계주의)의 규정을 도입, 신설하였다.
ⓒ (○) 제295조의2(형의 감경) 제287조부터 제290조까지, 제292조와 제294조의 죄를 범한 사람이 약취, 유인, 매매 또는 이송된 사람을 안전한 장소로 풀어준 때에는 그 형을 감경할 수 있다(임의적 감경사유이다).

문제 18 - 정답 ④

▶ ④ ㉡㉢(2개)은 다소 무례, 저속, 예의에 벗어난 표현만으로 모욕죄의 구성요건에 해당한다고 볼 수 없으므로(A), 모욕죄가 성립하지 않는다. 그러나 ㉠㉣㉤㉥(4개)은 상대방을 비판하는 글이나 자신의 의견을 표현하는 글을 SNS(인터넷, 카카오톡, 페이스북, 단톡방 등에서)에 올리면 모욕죄의 구성요건에는 해당하지만 사회상규에 위배되지 않는 정당행위로서 형법 제20조에 따라 위법성이 조각된다(B). (주의) 그러나 ㉡㉢(2개) "정말 야비한 사람같다." "공황장애 ㅋ" 사건은 SNS(인터넷, 카카오톡)에 게시했음에도, 무례한 표현으로 보아 구성요건해당성이 배제된다(A)고 보았다.

㉠ (B) 여군부사관 교육생이던 피고인이 여군 75명의 동기들과 함께 사용하는 단체채팅방(비공개채팅방으로 교육생들끼리 불평불만을 토로하는 공간)에서 지도관이던 피해자가 목욕탕 청소 담당에게 과실 지적을 많이 한다는 이유로 "도라이 ㅋㅋㅋ 습기가 그렇게 많은데"라는 글을 게시하여 공연히 상관인 피해자를 모욕하였다는 내용(군형법상 상관모욕죄)으로 기소된 사안에서, '도라이'는 상관인 피해자를 경멸적으로 비난한 것으로 모욕적인 언사라고 볼 수 있으나, 피고인의 위 표현은 동기 교육생들끼리 고충을 토로하고 의견을 교환하는 사이버공간에서 상관인 피해자에 대하여 일부 부적절한 표현을 사용하게 된 것에 불과하고 이로 인하여 군의 조직질서와 정당한 지휘체계가 문란하게 되었다고 보이지 않으므로, 이러한 행위는 사회상규에 위배되지 아니한 형법 제20조의 정당행위에 해당하여 위법성이 조각된다(대법원2021. 8. 19.선고2020도14576판결).

㉡ (A) [1] 형법 제311조 모욕죄는 사람의 인격적 가치에 대한 사회적 평가를 의미하는 '외부적 명예'를 보호법익으로 하는 범죄로서, 여기서 '모욕'이란 사실을 적시하지 아니하고 사람의 외부적 명예를 침해할 만한 추상적 판단이나 경멸적 감정을 표현하는 것을 의미한다. 어떠한 표현이 개인의 인격권을 심각하게 침해할 우려가 있는 것이거나 상대방의 인격을 허물어뜨릴 정도로 모멸감을 주는 혐오스러운 욕설이 아니라 ㉠ 상대방을 불쾌하게 할 수 있는 무례하고 예의에 벗어난 정도이거나 ㉡ 상대방에 대한 부정적·비판적 의견이나 감정을 나타내면서 경미한 수준의 추상적 표현이나 욕설이 사용된 경우 등이라면 특별한 사정이 없는 한 외부적 명예를 침해할 만한 표현으로 볼 수 없어 모욕죄의 구성요건에 해당된다고 볼 수 없다.
[2] 우체국 사업소 소장인 피고인이 직원들(3명)에게 갑이 관리하는 다른 사업소의 문제를 지적하는 내용의 카카오톡 문자메시지를 발송하면서 "갑은 정말 야비한 사람인 것 같습니다."라고 표현하여 갑을 모욕하였다는 내용으로 기소된 사안에서, 피고인과 갑의 관계, 문자메시지의 전체적 맥락 안에서 위 표현의 의미와 정도, 표현이 이루어진 공간 및 전후의 정황, 갑의 인격권으로서의 명예와 피고인의 표현의 자유의 조화로운 보호 등 제반 사정에 비추어 볼 때, 위 표현은 피고인의 갑에 대한 부정적·비판적 의견이나 감정이 담긴 경미한 수준의 추상적 표현에 불과할 뿐 갑의 외부적 명예를 침해할 만한 표현이라고 단정하기 어렵다는 이유로, 이와 달리 보아 공소사실을 유죄로 인정한 원심판결에 형법상 모욕의 의미에 관한 법리오해의 잘못이 있다(대법원2022. 8. 31.선고2019도7370 판결). 결국, 피고인은 갑에 대한 모욕죄가 성립하지 않는다(구성요건해당성이 배제된다).

㉢ (A) [1] 피고인이 공소외인이 인터넷 포털 사이트 '○○'의 다른 카페에서 다른 회원을 강제탈퇴시킨 후 보여준 태도에 대하여 불만을 가지고 댓글을 게시하게 된 사실, 피고인이 게시한 댓글 내용은 '선무당이 사람 잡는다, 자승자박, 아전인수, 사필귀정, 자업자득, 자중지란, 공황장애 ㅋ'라고 되어 있는 사실을 알 수 있다. 위 사실관계에 나타난 피고인의 댓글 게시 경위, 댓글의 전체 내용과 표현 방식, 공황장애의 의미(뚜렷한 근거나 이유 없이 갑자기 심한 불안과 공포를 느끼는 공황 발작이 되풀이해서 일어나는 병) 등을 종합하면, 피고인이 댓글로 게시한 '공황장애 ㅋ'라는 표현이 상대방을 불쾌하게 할 수 있는 무례한 표현이기는 하나, 상대방의 인격적 가치에 대한 사회적 평가를 저하시킬 만한 표현에 해당한다고 보기는 어렵다(대법원2018. 5. 30.선고2016도20890판결). 결국, 다소 무례, 저속, 예의에 벗어난 표현만으로는 모욕죄의 구성요건에 해당한다고 볼 수 없으므로, 모욕죄가 성립하지 않는다.

㉣ (B) '기레기'는 기사 및 기자의 행태를 비판하는 글에서 비교적 폭넓게 사용되는 단어이며, 위 기사에 대한 다른 댓글들의 논조 및 내용과 비교할 때 댓글의 표현이 지나치게 악의적이라고 하기도 어려운 점을 종합하면, 위 댓글을 작성한 행위는 사회상규에 위배되지 않는 행위로서 형법 제20조에 의하여 위법성이 조각된다(대법원2021. 3. 25.선고2017도17643판결).

㉤ (B) 지역버스노동조합 조합원인 피고인이 자신의 페이스북에 집회 일정을 알리면서 노동조합 집행부인 피해자 甲과 乙을 지칭하며 "버스노조 악의 축, 甲과 乙 구속수사하라!!"라는 표현을 적시하여 피해자들을 모욕하였다는 내용으로 기소된 사안에서, 위 표현이 피해자들의 사회적인 평가를 저해시킬 만한 경멸적인 표현에 해당하는 것으로 보이지만, 피고인 등은 노동조합의 운영에 문제를 제기하면서 노동조합 재산의 투명한 운영, 위원장 직선제 등을 요구하고 있었고, 피고인은 그 주장을 하기 위한 집회 참여를 독려하면서 위 표현을 사용한 것으로, 노동조합의 운영 등에 대한 비판적인 의견을 표현하는 과정에서 자신의 입장과 의견을 강조하기 위한 의도로 위 표현을 사용한 것으로 보이는 점, '악의 축'이라는 용어는 자신과 의견이 다른 상대방 측의 핵심 일원이라는 취지로 비유적으로도 사용되고 있어 피해자들의 의혹과 관련된 위 표현이 지나치게 모욕적이거나 악의적이라 보기 어려운 점 등 제반 사정을 종합할 때, 피고인이 노동조합 집행부의 공적 활동과 관련한 자신의 의견을 담은 게시글을 작성하면서 그러한 표현을 한 것은 사회상규에 위배되지 않는 정당행위로서 형법 제20조에 따라 위법성이 조각된다(2022. 10. 27. 선고 2019도14421 판결).

㉥ (B) 피고인이 자신의 페이스북에 갑에 대한 비판적인 글을 게시하면서 "철면피, 파렴치, 양두구육, 극우부패세력"이라는 표현을 사용하여 갑을 모욕하였다는 내용으로 기소된 사안에서, 피고인이 사용한 위 표현이 모욕적 표현으로서 모욕죄의 구성요건에는 해당하나, 피고인은 갑이 과거 공적 활동을 할 당시 관여했던 사안과 관련하여 사익을 추구했다는 이유로 고발을 당하였다는 기사가 보도되자 이를 공유하면서 위 표현이 포함된 글을 게시하였던 점, 표

현 중 '파렴치', '철면피' 또는 '양두구육'은 상황에 따라 우리의 일상생활에서 '부끄러움을 모른다.', '지나치게 뻔뻔하다.' 또는 '겉 다르고 속 다른 이중성이 있다.'는 뜻으로, 특히 언론이나 정치 영역에서 상대방에 대한 비판적 입장을 표명할 때 흔히 비유적으로 사용되는 표현이고, '극우부패세력'은 '부패'라는 범죄행위를 연상케 하는 용어가 포함되어 있기는 하지만 이념적 지형이 다른 상대방을 비판할 때 비유적으로 사용되기도 하는 점 등 제반 사정을 종합할 때, 피고인이 갑의 공적 활동과 관련한 자신의 의견을 담은 게시글을 작성하면서 위 표현을 한 것은 사회상규에 위배되지 않는 행위로서 형법 제20조에 의하여 위법성이 조각된다(대법원2022. 8. 25.선고2020도16897판결).

문제 19 - 정답 ④

▶ ④ (○) 갑 주식회사의 상무이사인 피고인이 갑 회사의 신규 직원 채용 과정에서, 면접위원인 을이 면접이 끝난 후 인사 담당직원에게 채점표를 작성하여 제출하고 면접장소에서 먼저 퇴장하자, 남은 면접위원들과 협의하여 피고인이 지정한 응시자를 최종합격자로 선정함으로써 피해자 을의 공정하고 객관적인 직원채용에 관한 업무를 위계로써 방해하였다는 내용으로 기소된 사안에서, 을에 대한 업무방해의 점을 유죄로 인정한 원심판단에 법리오해의 잘못이 있다고 한 사례(대판2017.5.30. 2016도18858). 즉, 피고인이 최종합격자를 선정하는 데 영향력을 행사하였더라도 갑 회사의 직원 채용 업무는 그 대표이사 병에게 귀속되고, 을은 갑 회사의 직원 채용을 위한 '면접업무'에 불과하므로 피고인의 행위가 면접업무를 이미 마친 을에게 오인·착각 또는 부지를 일으켰다고 할 수 없다. 또한 직원 채용권한을 갖고 있는 병은 이 사건 채용계획에 정해진 최종합격자 결정 방법과는 다르게 피고인이 적합하다고 판단한 응시자를 최종합격자로 채용하는 것을 양해하였던 것으로 보이므로, 피고인이 최종합격자를 선정하는 과정에서 병을 오인 또는 착각에 빠트렸다거나 부지를 이용하였다고 보기 어려우므로 피고인은 을과 병에 대하여 위계에 의한 업무방해죄가 성립하지 않는다.

① (X) 마트산업노동조합 간부와 조합원인 피고인들이 공모하여, 대형마트 지점 2층 매장 안에서 '부당해고'라고 쓰인 피켓을 들고 지점장 갑과 대표이사 등 임직원들을 따라다니며 "강제전배 멈추어라, 통합운영 하지마라, 직원들이 아프다, 부당해고 그만하라." 라고 고성을 지르는 방법으로 약 30분간 갑의 현장점검 업무를 방해하였다는 내용으로 기소된 사안에서, 피고인들의 행위는 평일 오전 11시경 대형마트 매장에서 대표이사 등 임직원들이 지점 현장점검을 위해 온다는 소식을 듣고 피고인들(일부는 전보 인사명령에 따르지 않다가 몇 달 전 해고된 상태였다)이 해고와 전보 인사명령 등과 관련하여 대표이사에게 직접 복직과 전보 인사명령의 철회 등을 요청하려 한 것인 점, 피고인들의 행위로 갑의 자유의사가 제압당하기 충분하였는지는 갑의 의사나 진술에만 의존할 것이 아니라 피고인들의 행위 태양, 피고인들 인원, 성별과 나이 그리고 갑 측 인원과 지위 등까지 고려해서 객관적으로 판단해야 하는데, 피고인들 7명 중 4명은 여성이고 3명의 남성 중 1명은 50대인 반면 매장 현장점검에 참여한 인원은 갑 등 약 20명 이상으로 대표이사를 비롯하여 대부분 간부급 경영진인 점, 피고인들이 매장에서 점검업무를 하던 갑 등을 뒤따라 다니며 약 1~2m 이상의 거리를 둔 채 그 주변에서 피켓을 들고서 있거나 "강제전배 멈추세요.", "일하고 싶습니다." 등을 외쳤으나 갑 등에게 그 이상 가까이 다가가거나 갑 등의 진행이나 업무를 물리적인 방법으로 막지 않았고, 갑 등에게 욕설, 협박을 하지 않았고, 공소사실과 달리 존댓말까지 사용하여 요구사항을 외친점, 갑 등은 약 30분간 현장점검 업무를 계속한 점 등 제반 사정을 종합하면, 피고인들이 갑 등의 자유의사를 제압하기에 족한 위력을 행사하였다고 단정하기 어려우므로, 위력에 의한 업무방해죄가 성립하지 않는다(대법원2022. 9. 7.선고2021도9055판결). 결국, 피고인들이 대형마트에 들어가 당시 매장에서 현장점검을 하던 피해자(점장)와 대표이사 등 간부들을 약 30분간 따라 다니면서 피켓 시위를 한 경우, 피고인들이 공모하여 피해자 등의 자유의사를 제압하기에 족한 위력을 행사하였다고 단정하기는 어렵다. 따라서 위력에 의한 업무방해죄에 해당하지 아니한다.

② (X) [1] 형법 제314조 제2항(컴퓨터등장애업무방해죄)은 '컴퓨터 등 정보처리장치 또는 전자기록 등 특수매체기록을 손괴하거나 정보처리장치에 허위의 정보 또는 부정한 명령을 입력하거나 기타 방법으로 정보처리에 장애를 발생하게 하여 사람의 업무를 방해한 자'를 처벌하도록 정하고 있다. 여기에서 '허위의 정보 또는 부정한 명령의 입력'이란 객관적으로 진실에 반하는 내용의 정보를 입력하거나 정보처리장치를 운영하는 본래의 목적과 상이한 명령을 입력하는 것이고, '기타 방법'이란 컴퓨터의 정보처리에 장애를 초래하는 가해수단으로 컴퓨터의 작동에 직접·간접으로 영향을 미치는 일체의 행위를 말한다. 한편 위 죄가 성립하기 위해서는 위와 같은 가해행위 결과 정보처리장치가 그 사용목적에 부합하는 기능을 하지 못하거나 사용목적과 다른 기능을 하는 등 정보처리에 장애가 현실적으로 발생하여야 한다.

[2] 피고인들은 피해자 주식회사 야놀자의 '바로예약 애플리케이션'(이하 '이 사건 앱'이라고 한다)과 통신하는 API(Application Programming Interface) 서버의 URL과 API 서버로 정보를 호출하는 명령구문들을 알아내어, 자체 개발한 '야놀자 크롤링 프로그램'을 사용하여 API 서버에 명령구문을 입력하는 방식으로 야놀자 회사의 숙박업소 정보를 수집한 경우, 위 API 서버의 URL이나 명령구문은 피해자 회사가 적극적으로 공개하지는 않았지만 누구라도 간단한 기술조작이나 통상 사용되는 소위 '패킷캡처 프로그램' 등을 통해 쉽게 알아낼 수 있는 정보이다. 일반 이용자들은 이 사건 앱을 통해 API 서버에 회원 가입 후 또는 회원 가입 없이 자유롭게 접근할 수 있었고, 이 사건 앱이나 API 서버로의 접근을 막는 별도의 보호조치는 없었으므로 컴퓨터등장애업무방해죄가 성립하지 않는다(대법원2022. 5. 12.선고2021도1533판결). 결국, 자체 개발한 '야놀자 크롤링 프로그램'을 사용하여 API 서버에 명령구문을 입력하는 방식으로 야놀자 회사의 숙박업소 정보를 수집한 경우, 정보처리장치에 부정한 명령을 입력하여 장애가 발생하게 하였다고 보기 어렵다는 이유로 컴퓨터등장애업무방해죄가 성립하지 않는다(무죄)고 하였다.

③ (X) 한국토지공사 지역본부가 중고자동차매매단지를 분양하기 위하여 유자격 신청자들을 대상으로 무작위 공개추첨하여 1인의 수분양자를 선정하는 절차를 진행하는데, 신청자격이 없는 피고인이 총 12인의 신청자 중 9인의 신청자의 자격과 명의를 빌려 그 당첨확률을 약 75%까지 인위적으로 높여분양을 신청한 사안에서, 위 분양절차는 공정한 자유경쟁을 통한 적정한 가격형성을 목적으로 하는 입찰절차에 해당하지 않고, 피고인이 분양절차에 참가한 것은 9인의 신청자와 맺은 합작투자의 약정에 따른 것으로서 위 분양업무의 주체인 한국토지공사가 예정하고 있던 범위 내의 행위이므로, 위 추첨

방식의 분양업무의 적정성과 공정성 등을 방해하는 행위라고 볼 수 없어 **입찰방해죄나 업무방해죄가 성립하지 않는다**(대법원2008. 5. 29.선고2007도5037판결). 결국, **분양절차는** 공정한 자유경쟁을 통한 적정한 가격형성을 목적으로 하는 **입찰절차가 아니라** 공적·사적 경제주체의 임의의 선택에 따른 계약체결의 과정에 공정한 경쟁을 해하는 행위가 개재되었다 하여 **입찰방해죄로 처벌할 수는 없다.**

문제 20 - 정답 ③

▶ ③ ㉠㉢㉤(3개)는 옳은 지문이나, ㉡㉣(2개)은 틀린 지문이다.

㉠ (○) 일반적으로 주거침입은 절도죄의 구성요건이 아니므로 **절도범인이 범행수단으로 주거침입을 한 경우**에 주거침입행위는 절도죄에 흡수되지 아니하고 **별개로 주거침입죄를 구성하여 절도죄와는 실체적 경합의 관계에 서는 것이 원칙**이다(대판2015.10.15. 2015도8169).

㉡ (X) **형법 제330조에 규정된 야간주거침입절도죄 및 형법 제331조 제1항에 규정된 특수절도(야간손괴침입절도)죄를 제외하고** 일반적으로 주거침입은 절도죄의 구성요건이 아니므로 절도범인이 범행수단으로 주거침입을 한 경우에 주거침입행위는 절도죄에 흡수되지 아니하고 별개로 주거침입죄를 구성하여 절도죄와는 실체적 경합의 관계에 서는 것이 원칙이다(대판2015.10.15. 2015도8169). 결국, 형법 **제330조에 규정**된 **야간주거침입절도죄가 성립**하면 **주거침입죄는 흡수되므로** 별개의 주거침입죄가 **성립하지 아니한다.**

㉢ (X) **형법 제330조에 규정된 야간주거침입절도죄 및 형법 제331조 제1항에 규정된 특수절도(야간손괴침입절도)죄를 제외하고** 일반적으로 주거침입은 절도죄의 구성요건이 아니므로 절도범인이 범행수단으로 주거침입을 한 경우에 주거침입행위는 절도죄에 흡수되지 아니하고 별개로 주거침입죄를 구성하여 절도죄와는 실체적 경합의 관계에 서는 것이 원칙이다(대판2015.10.15. 2015도8169). 결국, 형법 **제331조 제1항에 규정**된 **손괴특수절도가 성립**하면 **주거침입죄는 흡수되므로** 별개의 주거침입죄가 **성립하지 아니한다.**

㉣ (○) 일반적으로 주거침입은 절도죄의 구성요건이 아니므로 **절도범인이 범행수단으로 주거침입을 한 경우**에 주거침입행위는 절도죄에 흡수되지 아니하고 **별개로 주거침입죄를 구성하여 절도죄와는 실체적 경합의 관계에 서는 것이 원칙**이다(대판2015.10.15. 2015도8169).

㉤ (○) [1] 상습으로 단순절도를 범한 범인이 상습적인 절도범행의 수단으로 주간(낮)에 주거침입을 한 경우에 주간 주거침입행위의 위법성에 대한 평가가 형법 제332조, 제329조의 구성요건적 평가에 포함되어 있다고 볼 수 없다. 그러므로 **형법 제332조에 규정된 상습절도죄를 범한 범인이 범행의 수단으로 주간에 주거침입을 한 경우** 주간 **주거침입행위는 상습절도죄와 별개로 주거침입죄를 구성한다.** 또한 형법 제332조에 규정된 상습절도죄를 범한 범인이 그 범행 외에 상습적인 절도의 목적으로 주간에 주거침입을 하였다가 절도에 이르지 아니하고 주거침입에 그친 경우에도 주간 주거침입행위는 **상습절도죄와 별개로 주거침입죄를 구성한다**(대판2015.10.15. 2015도8169). 그러나 이와 달리 특정범죄 가중처벌 등에 관한 법률 제5조의4 제6항에 규정된 상습절도 등 죄를 범한 범인이 그 범행의 수단으로 주거침입을 한 경우에 주거침입행위는 상습절도 등 죄에 흡수되어 위 조문에 규정된 **상습절도 등 죄의 1죄만이 성립하고 별개의 주거침입죄를 구성하지 않으며**, 또 위 상습절도 등 죄를 범한 범인이 그 범행 외에 상습적인 절도의 목적으로 주거침입을 하였다가 절도에 이르지 아니하고 주거침입에 그친 경우에도 그것이 절도상습성의 발현이라고 보이는 이상 주거침입행위는 다른 상습절도 등 죄에 흡수되어 위 조문에 규정된 **상습절도 등 죄의 1죄만을 구성하고 상습절도 등 죄와 별개로 주거침입죄를 구성하지 않는다**(대법원2017. 7. 11.선고2017도4044판결).

문제 21 - 정답 ③

▶ ③ ㉡㉣㉤(3개)가 옳은 지문이나, ㉠㉢(2개)은 틀린 지문이다.

㉠ (X) 횡령범인과 피해물건의 소유자간에만 친족관계가 있거나 횡령범인과 피해물건의 위탁자간에만 친족관계가 있는 경우에는 **적용되지 않는다**(대판2008.7.24. 2008도3438).

㉡ (○) 사기죄의 피고인과 피해자가 **사돈지간이라고 하더라도 이를 민법상 친족으로 볼 수 없다.** 따라서 피고인이 백화점내 점포에 입점시켜 주겠다고 속여 피해자로부터 입점비 명목으로 돈을 편취하였다며 사기로 기소된 경우, 2촌의 인척인 친족이라는 이유로 위 범죄를 친족상도례가 적용되는 친고죄라고 판단한 후 피해자의 고소가 고소기간을 경과하여 부적법하다고 보아 공소를 기각한 것은 위법하다(대판2011.4.28. 2011도2170). 결국, **친족상도례가 적용되지 않는다.**

㉢ (X) 손자가 할아버지 소유 농업협동조합 예금통장을 절취하여 이를 현금자동지급기에 넣고 조작하는 방법으로 예금 잔고를 자신의 거래 은행 계좌로 이체한 사안에서, **위 농업협동조합이 컴퓨터 등 사용사기 범행 부분의 피해자라는 이유로** 친족상도례를 적용할 수 없다(대법원2007. 3. 15.선고2006도2704판결).

㉣ (○) [1] **장물범과 피해자간에** 친족관계가 있는 경우(제365조 제1항) **장물범과 피해자간에 직계혈족(동거여부와 상관없음)**, 배우자, 동거친족, 동거가족 또는 그 배우자의 신분관계가 있는 경우에는 **형을 면제하고**, 그 외의 신분관계가 있는 경우에는 친고죄가 된다.
[2] **장물범과 본범간에** 친족관계가 있는 경우(제365조 제2항) 장물범과 본범간에 직계혈족, 배우자, 동거친족, 동거가족 또는 그 배우자의 신분관계가 있는 경우에 한해 그 형을 감경 또는 면제한다.

㉤ (○) 배우자 사이의 사기죄는 이른바 친족상도례에 의하여 형을 면제하도록 되어 있으나, **사기죄를 범하는 자가 금원을 편취하기 위한 수단으로 피해자와 혼인신고를 한 것이어서 그 혼인이 무효인 경우**라면, 그러한 피해자에 대한 사기죄에서는 **친족상도례를 적용할 수 없다**(대판2015.12.10. 2014도11533).

문제 22 - 정답 ④

▶ ④ (○) [1] 금전채무를 담보하기 위하여 **채무자가** 그 소유의 **동산(통발어구)을 채권자에게 양도**하되 점유개정에 의하여 채무자가 이를 **계속 점유**하기로 한 경우, 특별한 사정이 없는 한 **동산의 소유권은 신탁적으로 이전**되고, 채권자와 채무자 사이의 **대내적 관계에서 채무자는 의연히 소유권을 보유**하나 **대외적인 관계에 있어서 채무자는 동산의 소유권**을 이미 채권자에게 양도한 **무권리자가 된다**고 할 것이고, 따라서 동산에 관하여 양도담보계약이 이루어지고 **채권자가 점유개정의 방법으로 인도를 받았다면**, 그 **정산절차를 마치기 전이라도 양도담보권자인 채권자는** 제3자에 대한 관계에 있어서는 **담보목적물의 소유자로서** 그 권리를 행사할 수 있다고 할 것이다.
[2] 한편, 양도담보권자인 채권자가 제3자에게 담보목적물을 매각

한 경우, 제3자는 채권자와 채무자 사이의 정산절차 종결 여부와 관계없이 양도담보 목적물을 인도받음으로써 소유권을 취득하게 되는 것이고, 양도담보의 설정자가 담보목적물을 점유하고 있는 경우 그 목적물의 인도는 채권자로부터 목적물반환청구권을 양도받는 방법으로도 가능한 것인바, 채권자가 양도담보 목적물을 위와 같은 방법으로 제3자에게 처분하여 그 목적물의 소유권을 취득하게 한 다음 그 제3자로 하여금 그 목적물을 취거하게 한 경우 그 제3자로서는 자기의 소유물을 취거한 것에 불과하므로, 사안에 따라 권리행사방해죄를 구성할 여지가 있음은 별론으로 하고, 절도죄를 구성할 여지는 없는 것이다.
[3] 이 사건 통발어구(어민들이 고기잡는 대형 그물; 이하 '이 사건 어구'라고 한다)의 양도담보권자인 A 주식회사의 상무이사 갑 및 총무부장 을이 양도담보의 목적물인 이 사건 어구를 제3자인 병에게 매각한 후 병으로 하여금 이를 임의로 취거하게 한 경우, 동산 양도담보권자(갑과 을)가 양도담보의 목적물을 제3자(병)에게 매각한 경우 특별한 사정이 없는 한 그 제3자(병)는 양도담보설정자(정)에 대한 관계에서도 유효하게 그 소유권을 취득한다고 할 것이다(대법원2008. 11. 27.선고2006도4263판결). 결국, 통발어구 사건에서 갑과 을 및 병은 정에 대한 절도죄가 성립하지 않는다.
① (X) [1] 식품접객업 영업허가가 행정관청의 허가이고 그 영업 자체가 국민의 보건과 관계가 있으며, 나아가 부가가치세법에 의한 사업자등록이 납세의무와 관련되어 있다 하더라도, 당사자 사이에서 그 허가명의 및 등록명의를 대여하는 것이 허용되지 않는다고 볼 것은 아니다.
[2] 명의대여 약정에 따른 신청에 의하여 발급된 영업허가증과 사업자등록증은 피해자가 인도받음으로써 피해자의 소유가 되었다고 할 것이므로, 이를 명의대여자가 가지고 간 행위가 절도죄에 해당한다(대법원2004. 3. 12.선고2002도5090판결).
② (X) [1] 횡령죄는 타인의 재물을 보관하는 자가 그 재물을 횡령하는 경우에 성립하는 범죄이고, 횡령죄의 구성요건으로서의 횡령행위란 불법영득의사를 실현하는 일체의 행위를 말하는 것으로서 불법영득의사가 외부에 인식될 수 있는 객관적 행위가 있을 때 횡령죄가 성립한다.
[2] 장물이라 함은 재산죄인 범죄행위에 의하여 영득된 물건을 말하는 것으로서 절도, 강도, 사기, 공갈, 횡령 등 영득죄에 의하여 취득된 물건이어야 한다.
[3] 장물취득죄에 있어서 장물의 인식은 확정적 인식임을 요하지 않으며 장물일지도 모른다는 의심을 가지는 정도의 미필적 인식으로서도 충분하고, 또한 장물인 정을 알고 있었느냐의 여부는 장물 소지자의 신분, 재물의 성질, 거래의 대가 기타 상황을 참작하여 이를 인정할 수밖에 없다.
[4] 갑이 회사 자금으로 을에게 주식매각 대금조로 금원을 지급한 경우, 그 금원은 단순히 횡령행위에 제공된 물건이 아니라 횡령행위에 의하여 영득된 장물에 해당한다고 할 것이고, 나아가 설령 갑이 을에게 금원을 교부한 행위 자체가 횡령행위라고 하더라도 이러한 경우 갑의 업무상횡령죄가 기수에 달하는 것과 동시에 그 금원은 장물이 된다(대판2004.12.9. 2004도5904).
③ (X) [1] 횡령죄는 타인의 재물을 보관하는 사람이 재물을 횡령하거나 반환을 거부한 때에 성립한다(형법 제355조 제1항). 횡령죄에서 재물의 보관은 재물에 대한 사실상 또는 법률상 지배력이 있는 상태를 의미하며, 횡령행위는 불법영득의사를 실현하는 일체의 행위를 말한다. 따라서 소유권의 취득에 등록이 필요한 타인 소유의 차량을 인도받아 보관하고 있는 사람이 이를 사실상 처분하면 횡령죄가 성립하며, 보관 위임자나 보관자가 차량의 등록명의자일 필요는 없다.
[2] 지입회사에 소유권이 있는 차량에 대하여 지입회사에서 운행관리권을 위임받은 지입차주가 지입회사의 승낙 없이 보관 중인 차량을 사실상 처분하거나 지입차주에게서 차량 보관을 위임받은 사람이 지입차주의 승낙 없이 보관 중인 차량을 사실상 처분한 경우에도 횡령죄가 성립한다(대법원2015. 6. 25.선고2015도1944전원합의체 판결).

문제 23 – 정답 ③

▶ ③ (X) 횡령죄는 타인의 재물을 보관하는 사람이 재물을 횡령하거나 반환을 거부한 때에 성립한다(형법 제355조 제1항). 횡령죄에서 재물의 보관은 재물에 대한 사실상 또는 법률상 지배력이 있는 상태를 의미하며, 횡령행위는 불법영득의사를 실현하는 일체의 행위를 말한다. 따라서 소유권의 취득에 등록이 필요한 타인 소유의 차량을 인도받아 보관하고 있는 사람이 이를 사실상 처분하면 횡령죄가 성립하며, 보관 위임자나 보관자가 차량의 등록명의자일 필요는 없다(대법원2015. 6. 25.선고2015도1944전원합의체 판결). 설문의 경우는 종래 판례(대법원1978. 10. 10.선고78도1714판결)의 내용이고, 대법원2015. 6. 25.선고2015도1944전원합의체 판결에 의하여 폐기되었다.
① (○) [1] 채권양도인이 채무자에게 채권양도 통지를 하는 등으로 채권양도의 대항요건을 갖추어 주지 않은 채 채무자로부터 채권을 추심하여 금전을 수령한 경우, 특별한 사정이 없는 한 금전의 소유권은 채권양수인이 아니라 채권양도인에게 귀속하고 채권양도인이 채권양수인을 위하여 양도 채권의 보전에 관한 사무를 처리하는 신임관계가 존재한다고 볼 수 없다. 따라서 채권양도인이 위와 같이 양도한 채권을 추심하여 수령한 금전에 관하여 채권양수인을 위해 보관하는 자의 지위에 있다고 볼 수 없으므로, 채권양도인이 위 금전을 임의로 처분하더라도 횡령죄는 성립하지 않는다.
[2] 피고인이 피해자와 이 사건 임대차보증금반환채권에 관한 채권양도계약을 체결하고 임대인에게 채권양도 통지를 하기 전에 임대인으로부터 채권을 추심하여 남아 있던 임대차보증금을 수령하고 이를 임의로 사용한 경우, 횡령죄의 구성요건으로서 재물의 타인성과 보관자 지위가 인정되지 않아 횡령죄가 성립하지 아니한다(대법원 2022. 6. 23.선고 2017도3829 전원합의체 판결).
② (○) 소유권의 취득에 등록이 필요한 타인 소유 차량을 인도받아 보관하고 있는 사람이 이를 사실상 처분한 경우, 보관 위임자나 보관자가 차량의 등록명의자가 아니라도 횡령죄가 성립한다(대법원2015. 6. 25.선고2015도1944전원합의체 판결).
④ (○) [1] 지입제는 자동차운송사업면허 등을 가진 운송사업자와 실질적으로 자동차를 소유하고 있는 차주 간의 계약으로 외부적으로는 자동차를 운송사업자 명의로 등록하여 운송사업자에게 귀속시키고 내부적으로는 각 차주들이 독립된 관리 및 계산으로 영업을 하며 운송사업자에 대하여는 지입료를 지불하는 운송사업 형태를 말한다. 따라서 지입차주가 자신이 실질적으로 소유하거나 처분권한을 가지는 자동차에 관하여 지입회사와 지입계약을 체결함으로써 지입회사에 그 자동차의 소유권등록 명의를 신탁하고 운송사업용 자동차로서 등록 및 그 유지 관련 사무의 대행을 위임한 경우에는, 특별한 사정이 없는 한 지입회사 측이 지입차주의 실질

적 재산인 지입차량에 관한 재산상 사무를 일정한 권한을 가지고 맡아 처리하는 것으로서 당사자 관계의 전형적·본질적 내용이 통상의 계약에서의 이익대립관계를 넘어서 그들 사이의 신임관계에 기초하여 타인의 재산을 보호 또는 관리하는 데에 있으므로, 지입회사 운영자는 지입차주와의 관계에서 '타인의 사무를 처리하는 자'의 지위에 있다.

[2] 피고인은 운송회사의 대표이사로서 지입차주인 피해자들과의 지입계약에 따라 지입차량을 온전하게 관리할 임무가 있었음에도, 총 3회에 걸쳐 피해자들의 동의 없이 피해자들의 지입차량인 이 사건 각 버스에 관하여 임의로 이 사건 각 저당권을 설정하고 합계 1억여원의 대출을 받아 재산상 이익을 얻고, 피해자들에게 같은 금액 상당의 재산상 손해를 가하여 배임죄로 기소된 사안에서 당사자 사이에 특별한 약정이 없는 한 지입회사 운영자는 지입차주의 실질적 재산인 지입차량을 임의로 처분하지 아니할 의무를 부담한다고 할 것이므로, 피고인이 피해자들의 동의 없이 이 사건 각 버스에 관하여 임의로 이 사건 각 저당권을 설정함으로써 피해자들에게 재산상 손해를 가한 것은 배임죄를 구성한다(대법원2021. 6. 24.선고2018도14365판결).

문제 24 - 정답 ②

▶ ② ㉡㉢㉣(3개)은 재물손괴죄가 성립하나, ㉠㉤(2개)은 성립하지 않는다.

㉠ (손괴죄 성립 X) 갑 주식회사의 직원인 피고인들이 유색페인트와 래커스프레이를 이용하여 갑 회사 소유의 도로 바닥에 직접 문구를 기재하거나 도로 위에 놓인 현수막 천에 문구를 기재하여 페인트가 바닥으로 배어 나와 도로에 배게 하는 방법으로 다중의 위력으로써 도로의 효용을 해하였다고 하여 특수재물손괴로 기소된 사안에서, 피고인들이 위와 같은 방법으로 도로 바닥에 여러 문구를 써놓은 행위가 위 도로의 효용을 해하는 정도에 이른 것이라고 보기 어렵다(대법원2020. 3. 27.선고2017도20455판결). 결국, 도로 바닥에 페인트와 래커스프레이로 쓰여 있는 여러 문구는 재물손괴죄에 해당하지 않는다.

㉡ (손괴죄 성립 ○) 자동문을 자동으로 작동하지 않고 수동으로만 개폐가 가능하게 하여 자동잠금장치로서 역할을 할 수 없도록 한 경우에도 재물손괴죄가 성립한다(대판2016.11.25. 2016도9219).

㉢ (손괴죄 성립 ○) 피고인이 평소 자신이 굴삭기를 주차하던 장소에 갑의 차량이 주차되어 있는 것을 발견하고 갑의 차량 앞에 철근콘크리트 구조물을, 뒤에 굴삭기 크러셔를 바짝 붙여 놓아 갑이 17~18시간 동안 차량을 운행할 수 없게 된 사안에서, 차량 앞뒤에 쉽게 제거하기 어려운 구조물 등을 붙여 놓은 행위는 차량에 대한 유형력 행사로 보기에 충분하고, 차량 자체에 물리적 훼손이나 기능적 효용의 멸실 내지 감소가 발생하지 않았더라도 갑이 위 구조물로 인해 차량을 운행할 수 없게 됨으로써 일시적으로 본래의 사용목적에 이용할 수 없게 된 이상 차량 본래의 효용을 해한 경우에 해당한다(대법원2021. 5. 7.선고2019도13764판결). 결국, 재물손괴죄에 해당한다.

㉣ (손괴죄 성립 X) [1] 재물손괴죄(형법 제366조)는 다른 사람의 재물을 손괴 또는 은닉하거나 그 밖의 방법으로 그 효용을 해한 경우에 성립하는 범죄로, 행위자에게 다른 사람의 재물을 자기 소유물처럼 그 경제적 용법에 따라 이용·처분할 의사(불법영득의사)가 없다는 점에서 절도, 강도, 사기, 공갈, 횡령 등 영득죄와 구별된다. 다른 사람의 소유물을 본래의 용법에 따라 무단으로 사용·수익하는 행위는 소유자를 배제한 채 물건의 이용가치를 영득하는 것이고,

그 때문에 소유자가 물건의 효용을 누리지 못하게 되었더라도 효용 자체가 침해된 것이 아니므로 재물손괴죄에 해당하지 않는다.

[2] 피고인이 타인 소유 토지에 권원 없이 건물을 신축한 경우, 피고인의 행위는 이미 대지화된 토지에 건물을 새로 지어 부지로서 사용·수익함으로써 그 소유자로 하여금 효용을 누리지 못하게 한 것(갑이 을의 땅 위에 허락없이 집을 지어)일 뿐 토지의 효용을 해하지는 않았으므로(갑이 을의 땅 자체의 효용을 침해한 것은 아님), 재물손괴죄가 성립하지 않는다(대법원2022. 11. 30.선고2022도1410판결).

㉤ (손괴죄 성립 ○) [1] 형법 제366조의 재물손괴죄는 타인의 재물을 손괴 또는 은닉하거나 기타의 방법으로 그 효용을 해하는 경우에 성립한다. 여기에서 재물의 효용을 해한다고 함은 사실상으로나 감정상으로 그 재물을 본래의 사용목적에 제공할 수 없는 상태로 만드는 것을 말하며, 일시적으로 그 재물을 이용할 수 없는 상태로 만드는 것도 포함된다. 건조물의 외부에 그림을 그리는 행위 등이 그 건조물의 효용을 해하는 것에 해당하는지 여부는, 건조물의 용도와 기능, 그 행위가 건조물에 미치는 영향과 미관을 해치는 정도, 건조물 이용자들이 느끼는 불쾌감이나 저항감, 원상회복의 난이도와 비용, 그 행위의 목적과 시간적 계속성, 행위 당시의 상황 등 제반 사정을 종합하여 사회통념에 따라 판단하여야 한다.

[2] 피해자가 이 사건 철제 담장을 공사장 소음을 막는 것뿐만 아니라 미관상 목적으로 설치하였는데, 피고인은 단색 페인트로 담장 중 다른 그림이나 낙서가 없는 부분에 검은색이나 빨간색스프레이 페인트를 이용하여 이 사건 각 그림을 그린 점, 피해자가 관리하기 어려운 시간에 그림을 그리는 행위를 막지 못하였을 뿐 이를 허락한 바 없고, 이 사건 각 그림 위에 페인트를 덧칠하도록 하거나 담장 일부를 교체하는 방법으로 원상회복을 하였으며 그 과정에서 어느 정도의 비용을 지출한 점, 피고인이 현장 관리자들의 감시나 제지가 어려운 시간을 택하여 이 사건 범행을 저지른 점 등의 제반 사정을 종합하여, 이 사건 공소사실 중 폭력행위 등 처벌에 관한 법률 위반죄(공동재물손괴등)가 성립한다(대법원2017. 12. 13.선고2017도10474판결).

문제 25 - 정답 ③

▶ ③ ㉣㉤(2개)은 괄호 안의 범죄가 성립하나, ㉠㉡㉢(3개)은 괄호 안의 범죄가 성립하지 않는다.

㉠ (허위유가증권작성죄 X) 은행을 통하여 지급이 이루어지는 약속어음의 발행인이 그 발행을 위하여 은행에 신고된 것이 아닌 발행인의 다른 인장을 날인하였다 하더라도 그것이 발행인의 인장인 이상 그 어음의 효력에는 아무런 영향이 없으므로, 허위유가증권작성죄가 성립하지 않는다(대법원2000. 5. 30.선고2000도883판결).

㉡ (위조유가증권행사죄 X) [1] 위조유가증권행사죄는 교부자가 진정 또는 진실한 유가증권인 것처럼 위조유가증권을 행사하였을 때뿐만 아니라 위조유가증권임을 알고 있는 자에게 교부하였더라도 피교부자가 이를 유통시킬 것임을 인식하고 교부하였다면, 위조유가증권행사죄가 성립한다고 보아야 할 것이지만, 위조유가증권의 교부자와 피교부자가 서로 유가증권위조를 공모하였거나 위조유가증권을 타에 행사하여 그 이익을 나누어 가질 것을 공모한 공범의 관계에 있다면, 그들 사이의 위조유가증권 교부행위는 그들 이외의 자에게 행사함으로써 범죄를 실현하기 위한 전단계의 행위에 불과한 것으로서 위조유가증권은 아직 범인들의 수중에 있다고 볼 것이지 행사되었다고 볼 수는 없다.

[2] 피고인과 갑은 갑이 피고인으로부터 1,500만 원을 차용하는

것처럼 가장하기로 공모한 다음, 피고인이 위조된 100만 원권 자기앞수표 14장 외에 10만 원권 수표 10장(10만 원권은 진짜 수표)이 들어 있는 봉투를 을 통해 공범 갑과 그 위조사실을 모르는 병이 함께 있는 자리에서 갑에게 교부하자, 갑은 그 자리에서 자신의 연인 병을 보증인으로 하는 차용증을 작성하여 을에게 주었는데, 이때 갑은 봉투에서 10만 원권 수표 10장을 꺼내어 병에게 보여 주었으나 위조된 100만 원권 자기앞수표는 봉투에서 꺼내거나 병에게 보여 주지도 않은 사안에서, 을이나 갑이 위조된 자기앞수표(100만 원권 자기앞수표)를 병에게 제시하는 등으로 이를 인식하게 하였다고 할 수 없어 이들이 위 봉투를 병의 면전에서 주고받은 행위를 위조된 자기앞수표를 행사한 경우에 해당한다고 볼 수 없고, 따라서 을이나 갑에게 위 수표를 교부한 것이 이를 행사한 경우에 해당한다고 볼 수도 없다(대법원2010. 12. 9.선고 2010도12553판결).

ⓒ (외국통용외국통화변조죄 X) [1] 진정한 통화에 대한 가공행위로 인하여 기존 통화의 명목가치나 실질가치가 변경되었다거나 객관적으로 보아 일반인으로 하여금 기존 통화와 다른 진정한 화폐로 오신하게 할 정도의 새로운 물건을 만들어 낸 것으로 볼 수 없다면 통화가 변조되었다고 볼 수 없다.

[2] 갑은 2002. 7. 중순경 취득한 미화 1달러권 지폐 500매와 미화 2달러권 지폐 400매, 그리고 위 화폐 중 피갑, 을이 공모하여 2002. 8. 27. 행사한 미화 1달러권 지폐 400매와 미화 2달러권 지폐 400매는 모두 1995.에 미국에서 진정하게 발행된 통화인데, 성명불상자가 이것을 화폐수집가들이 골드라고 부르며 수집하는 희귀화폐인 것처럼 만들기 위하여 발행연도 1995.을 1928.으로 빨간색으로 고치고, 갑과 을이 발행번호와 미국재무부를 상징하는 문양 및 재무부장관의 사인 부분을 지운 후 빨간색으로 다시 가공한 사실을 알 수 있는바, 위와 같은 정도의 가공행위만으로는 기존 통화의 명목가치나 실질가치가 변경되었다거나 객관적으로 보아 일반인으로 하여금 기존 통화와 다른 진정한 화폐로 오신하게 할 정도의 새로운 물건을 만들어 낸 것으로 보기는 어렵다고 할 것이다. 갑에 대한 변조외국통화취득의 점과 갑, 을에 대한 변조외국통화행사의 점에 대하여 무죄를 선고하여야 한다.

[3] 진정한 통화인 미화 1달러 및 2달러 지폐의 발행연도, 발행번호, 미국재무부를 상징하는 문양, 재무부장관의 사인, 일부 색상을 고친 것만으로는 통화가 변조되었다고 볼 수 없다(대법원2004. 3. 26.선고2003도5640판결).

ⓔ (공정증서원본불실기재죄 O) 비록 종중 소유의 부동산은 종중총회의 결의를 얻어야 유효하게 처분할 수 있다 하더라도 거래 상대방으로서는 부동산등기부상에 표시된 종중 대표자를 신뢰하고 거래하는 것이 일반적이라는 점 등에 비추어 보면, 종중 대표자의 기재는 당해 부동산의 처분권한과 관련된 중요한 부분의 기재로서 이에 대한 공공의 신용을 보호할 필요가 있으므로 이를 허위로 등재한 경우에는 공정증서원본불실기재죄의 대상이 되는 불실의 기재에 해당한다(대판2006.1.13. 2005도4790). 결국, 부동산에 관한 종중 명의의 등기에 있어서 허위의 종중 대표자 기재는 공정증서원본불실기재죄의 대상이 되는 불실의 기재에 해당한다.

ⓜ (허위공문서작성죄 O) 사법경찰관인 피고인이 검사로부터 '교통사고 피해자들로부터 사고 경위에 대해 구체적인 진술을 청취하여 운전자 甲의 도주 여부에 대해 재수사할 것'을 요청받고, 재수사 결과서의 '재수사 결과'란에 피해자들로부터 진술을 청취하지 않았음에도 진술을 듣고 그 진술내용을 적은 것처럼 기재함으로써 허위공문서를 작성하였다는 내용으로 기소된 사안에서, 재수사 결과서의 작성 경위나 구성형태에 비추어 재수사 결과란의 기재는 피고인이 재수사 요청 취지에 따라 피해자들로부터 구체적인 진술을 듣고 진술내용을 적었음을 의미하는데 피고인은 피해자들로부터 진술을 청취하지 않았고, 특히 피고인은 피해자들이 진술한 바 없는 내용으로 자신의 독자적인 의견이나 추측에 불과한 것을 마치 피해자들로부터 직접 들은 진술인 것처럼 기재하였으므로, 피해자들 진술로 기재된 내용 중 일부가 결과적으로 사실과 부합하는지, 재수사 요청을 받은 사법경찰관이 검사에 의하여 지목된 참고인이나 피의자 등에 대한 재조사 여부와 재조사 방식 등에 대해 재량을 가지는지 등과 무관하게 피고인의 행위는 허위공문서작성죄를 구성하며, 피고인이 피해자들의 진술에 신빙성이 부족하다는 이유에서 자신의 판단에 따라 기재하는 내용이 객관적인 사실에 부합할 것이라고 생각하였다 하여 범의를 부정할 수 없다(대법원 2023.3.30. 선고 2022도6886 판결). 결국, 피고인은 허위공문서작성죄가 성립한다.

문제 26 - 정답 ②

▶ ② ⓐⓑⓓ(3개)는 옳은 지문이고, ⓒ(1개)은 틀린 지문이다.

ⓐ (O) 피고인이 건축물조사 및 가옥대장 정리업무를 담당하는 지방행정서기를 교사하여 무허가 건물을 허가받은 건축물인 것처럼 가옥대장 등에 등재케하여 허위공문서 등을 작성케 한 사실이 인정된다면, 허위공문서작성죄의 교사범으로 처단한 것은 정당하다(대법원1983. 12. 13.선고83도1458판결).

ⓑ (O) 허위공문서라 함은 문서를 작성할 권한이 있는 공무원이 그 내용이 허위라는 사실을 인식하면서 진실에 반하는 기재를 하여 작성한 공문서인바, 부동산등기법 제53조 제1항, 제54조및 1994. 1. 1.부터 시행된 등기예규 제13조의 규정에 의하면, 소유권이전등기와 근저당권설정등기의 신청이 동시에 이루어지고 그와 함께 등본의 교부신청이 있는 경우에는, 등기공무원은 소유권이전등기와 근저당권설정등기 모두에 관하여 등기부에의 기입을 마치고 그에 따른 등기부등본을 교부하여야 함에도 불구하고, 등기공무원이 소유권이전등기만 기입하고 근저당권설정등기는 기입하지 아니한 채 등기부등본을 발급하였다면 비록 그 등기부등본의 기재가 등기부의 기재와 일치한다 하더라도, 그 등기부등본은 이미 접수된 신청서에 따라 기입하여야 할 사항 중 일부를 고의로 누락한 채 작성되어 내용이 진실하지 아니한 것으로서 허위공문서에 해당한다(대법원1996. 10. 15.선고96도1669판결).

ⓒ (X) 공무원인 피고인이 그 직무에 관하여 이 건 문제로 된 사문서 사본에 "원본대조필 토목기사 피고인"이라 기재하고 도장을 날인하였다면 그 기재 자체가 공문서로 되고, 이 경우 피고인이 실제로 원본과 대조함이 없이 "원본대조필"이라고 기재한 이상 그것만으로 곧 허위공문서작성죄가 성립하는 것이고, 피고인이 위 문서작성자에게 전화로 원본과 상이없다는 사실을 확인하였다거나 객관적으로 그 사본이 원본과 다른 점이 없다고 하더라도 위 죄가 성립한다.

ⓓ (O) 준공검사조서를 작성함에 있어서 정산설계서를 확인하고 준공검사를 한 것이 아님에도 마치 한 것처럼 준공검사용지에 "정산설계서에 의하여 준공검사"를 하였다는 내용을 기입하였다면 허위공문서작성의 범의가 있었음이 명백하여 그것만으로 곧 허위공문서작성죄가 성립하고 위준공검사조서의 내용이 객관적으로 정산설계서 초안이나 그후에 작성된 정산설계서 원본의 내용과 일치한다거나 공사현장의 준공상태에 부합한다 하더라도 그 성립에 아무런 영향을 미치지 못한다(대법원1983. 12. 27.선고82도3063판결).

문제 27 - 정답 ④

▶ ④ (○) 경찰서 ○○과장이 부하직원으로부터 음반·비디오물 및 게임물에 관한 법률 위반 혐의로 오락실을 단속하여 증거물로 오락기의 변조 기판을 압수하여 사무실에 보관중임을 보고받아 알고 있었음에도 그 직무상의 의무에 따라 위 압수물을 수사계에 인계하고 검찰에 송치하여 범죄 혐의의 입증에 사용하도록 하는 등의 적절한 조치를 취하지 않고, 오히려 부하직원에게 위와 같이 압수한 변조 기판을 돌려주라고 지시하여 오락실 업주에게 이를 돌려준 경우, <u>작위범인 증거인멸죄만이 성립하고 부작위범인 직무유기(거부)죄는 따로 성립하지 아니한다</u>(대판2006.10.19. 2005도3909 전원합의체판결).

① (X) [1] 피고인들을 비롯한 경찰관들이 현행범으로 체포한 도박혐의자 17명에 대해 현행범인체포서 대신에 임의동행동의서를 작성하게 하고, 그나마 제대로 조사도 하지 않은 채 석방하였으며, 현행범인 석방사실을 검사에게 보고도 하지 않았고, 석방일시·사유를 기재한 서면을 작성하여 기록에 편철하지도 않았으며, 압수한 일부 도박자금에 관하여 압수조서 및 목록도 작성하지 않은 채 검사의 지휘도 받지 않고 반환하였고, 일부 도박혐의자의 명의도용 사실과 도박 관련 범죄로 수회 처벌받은 전력을 확인하고서도 아무런 추가 조사 없이 석방한 사안에서, <u>이는 단순히 업무를 소홀히 수행한 것이 아니라 정당한 사유 없이 의도적으로 수사업무를 방임 내지 포기한 것이라고 봄이 상당하다</u>. 따라서 직무유기죄가 성립한다.

[2] 피고인들을 비롯한 경찰관들이 피의자 4명을 현행범으로 체포하거나 현행범인체포서를 작성할 때 체포사유 및 변호인선임권을 고지하지 아니하였음에도 불구하고, '체포의 사유 및 변호인 선임권 등을 고지 후 현행범인 체포한 것임'이라는 내용의 허위의 현행범인체포서 4장과 '현행범인으로 체포하면서 범죄사실의 요지, 구속의 이유와 변호인을 선임할 수 있음을 고지하고 변명의 기회를 주었다'는 내용의 허위의 확인서 4장을 각 작성한 사안에서, <u>당시 피고인들에게 허위공문서작성에 대한 범의도 있었다고 보아야</u> 한다(대판2010.6.24. 2008도11226).

② (X) 공무원이 어떠한 위법사실을 발견하고도 직무상 의무에 따른 적절한 조치를 취하지 아니하고 <u>위법사실을 적극적으로 은폐할 목적으로 허위공문서를 작성·행사한 경우</u>에는 직무위배의 위법상태는 허위공문서작성 당시부터 그 속에 포함되는 것으로 작위범인 <u>허위공문서작성, 동행사죄만이 성립</u>하고 부작위범인 직무유기죄는 따로 성립하지 아니하나, 위 복명서 및 심사의견서를 허위작성한 것이 <u>농지일시전용허가를 신청하자 이를 허가하여 주기 위하여 한 것이라면</u> 직접적으로 농지불법전용 사실을 은폐하기 위하여 한 것은 아니므로 <u>위 허위공문서작성, 동행사죄와 직무유기죄는 실체적 경합범의 관계에 있다</u>(대법원1993. 12. 24.선고92도3334판결). 결국, <u>위법사실을 적극적으로 은폐할 목적으로 허위공문서를 작성·행사한 경우</u>에는 <u>작위범인 허위공문서작성, 동행사죄만이 성립</u>하고, 위법사실을 적극적 은폐할 목적이 아니라 <u>불법적으로 농지전용허가를 해주기</u> 위해서 <u>허위공문서를 작성·행사한 경우</u>에는 <u>직무유기죄도 성립</u>하고 실체적 경합관계에 있다.

③ (X) [1] 공무원이 어떠한 위법사실을 발견하고도 직무상 의무에 따른 적절한 조치를 취하지 아니하고 <u>위법사실을 적극적으로 은폐할 목적으로 허위공문서를 작성, 행사한 경우</u>에는 직무위배의 위법상태는 허위공문서작성 당시부터 그 속에 포함되는 것으로 작위범인 허위공문서작성 및 그 행사죄만이 성립하고 <u>부작위범인 직무유기죄는 따로 성립하지 아니한다</u>

[2] 허위공문서작성죄의 범죄사실에 의하더라도, 피고인은 그 일시, 장소에서 적발한 A주식회사의 폐수배출시설 폐쇄명령 불이행 사실을 은폐하는 데 행사할 목적으로 그 출장복명서의 폐쇄명령 이행사항 확인란을 허위로 작성하였다는 것이므로, <u>폐수배출시설 등 지도·단속 업무를 담당하는 피고인의 직무 위배의 위법상태</u>는 그 <u>출장복명서를 허위로 작성할 당시부터 그 속에 포함되어</u> 판시 허위공문서작성죄만 성립하고, <u>직무유기죄는 따로 성립하지 아니한다</u> 할 것이다. 그럼에도 불구하고, <u>원심이 허위공문서작성죄와는 별도로 직무유기죄가 성립한다고 본 것</u>은 법령적용의 잘못으로 <u>법률을 위반한 위법이 있고</u>, 이는 판결에 영향을 미쳤음이 분명하다(대판2004.3.26. 2002도5004).

문제 28 - 정답 ②

▶ ② ㉢㉤(2개)가 옳은 지문이고, ㉠㉡㉣(3개)는 틀린 지문이다.

㉠ (X) 참고인이 수사기관에서 범인에 관하여 조사를 받으면서 그가 알고 있는 사실을 묵비하거나 허위로 진술하였다고 하더라도 그것이 적극적으로 수사기관을 기만하여 착오에 빠지게 함으로써 범인의 발견 또는 체포를 곤란 내지 불가능하게 할 정도의 것이 아니라면 범인도피죄를 구성하지 아니한다. 그리고 <u>참고인이 실제의 범인이 누군지도 정확하게 모르는 상태에서 수사기관에서 실제의 범인이 아닌 어떤 사람을 범인이 아닐지도 모른다고 생각하면서도 그를 범인이라고 지목하는 허위의 진술을 한 경우에는 참고인의 허위 진술에 의하여 범인으로 지목된 사람이 구속기소됨으로써 실제의 범인이 용이하게 도피하는 결과를 초래한다고 하더라도 그것만으로는</u> 그 참고인에게 <u>적극적으로 실제의 범인을 도피시켜 국가의 형사사법의 작용을 곤란하게 할 의사가 있었다고 볼 수 없어</u> 그 참고인을 <u>범인도피죄로 처벌할 수는 없다</u>(대법원1997. 9. 9. 선고97도1596판결).

㉡ (X) 범인이 기소중지자임을 알고도 범인의 부탁으로 <u>다른 사람의 명의로 대신 임대차계약을 체결해 준 경우</u>, 비록 임대차계약서가 공시되는 것은 아니라 하더라도 수사기관이 탐문수사나 신고를 받아 범인을 발견하고 체포하는 것을 곤란하게 하여 <u>범인도피죄에 해당한다</u>(대법원2004. 3. 26.선고2003도8226판결).

㉢ (○) [1] <u>원래 수사기관</u>은 범죄사건을 수사함에 있어서 피의자나 참고인의 진술 여하에 불구하고, <u>피의자를 확정하고 그 피의사실을 인정할 만한 객관적인 제반 증거를 수집·조사하여야 할 권리와 의무가 있는 것</u>이므로, <u>참고인이</u> 수사기관에서 범인에 관하여 조사를 받으면서 <u>그가 알고 있는 사실을 묵비하거나 허위로 진술하였다고 하더라도</u>, 그것이 적극적으로 수사기관을 기만하여 착오에 빠지게 함으로써 범인의 발견 또는 체포를 곤란 내지 불가능하게 할 정도의 것이 아니라면 <u>범인도피죄를 구성하지 않는다</u>.

[2] 피고인이 피해자를 폭행한 피의자의 인적사항을 묻는 경찰관의 질문에 답하면서, <u>단순히 '이언중'이라고 허무인의 이름을 진술하고 구체적인 인적사항에 대하여는 모른다고 진술하는데 그쳤을 뿐이라면</u> 이를 가리켜 <u>적극적으로</u> 수사기관을 기만하여 착오에 빠지게 함으로써 <u>범인의 발견 또는 체포를 곤란 내지 불가능하게 할 정도의 것이라고 할 수 없어</u> 범인도피죄를 구성하지 않는다(대법원2008. 6. 26.선고2008도1059판결).

㉣ (X) <u>도주죄는 즉시범으로서 범인이 간수자의 실력적 지배를 이탈한 상태에 이르렀을 때에 기수가 되어 도주행위가 종료하는 것</u>이고, <u>도주원조죄는</u> 도주죄에 있어서의 <u>범인의 도주행위를 야기시키거나 이를 용이하게 하는</u> 등 그와 공범관계에 있는 행위를 독립한 구

성요건으로 하는 범죄이므로, 도주죄의 범인이 도주행위를 하여 기수에 이르른 이후에 범인의 도피를 도와 주는 행위는 범인도피죄에 해당할 수 있을 뿐 도주원조죄에는 해당하지 아니한다(대법원1991. 10. 11.선고91도1656판결). 결국, 사안의 경우는 범인도피죄에 해당하고, 이미 도주가 기수에 이른 후이므로 도주원조죄는 성립할 수 없다. 참고로 도주원조죄는 법률에 의하여 구금된 자를 탈취하거나 도주하게 함으로써 성립하는 범죄이고(제147조), 범인은닉 또는 범인도피죄는 벌금 이상의 형에 해당하는 죄를 범한 자를 은닉 또는 도피하게 함으로써 성립하는 범죄이다(제151조 제1항).

ⓜ (○) [1] 범인이 자신을 위하여 타인으로 하여금 허위의 자백을 하게 하여 범인도피죄를 범하게 하는 행위는 방어권의 남용으로 범인도피교사죄에 해당하는바, 이 경우 그 타인이 형법 제151조 제2항에 의하여 처벌을 받지 아니하는 친족, 호주 또는 동거가족에 해당한다 하여 달리 볼 것은 아니다.
[2] 무면허 운전으로 사고를 낸 사람이 동생을 경찰서에 대신 출두시켜 피의자로 조사받도록 한 행위는 범인도피교사죄를 구성한다(대법원2006. 12. 7.선고2005도3707판결).

문제 29 - 정답 ②

▶ ② 1+1+3+3+3+ = 11
㉠ (검사의 경찰 이송 기한 (1)) 검사는 검찰청 외의 수사기관에서 수사하는 것이 적절하다고 판단되는 때에는 특별한 사정이 없으면 사건을 수리한 날부터 (1)개월 이내에 이송해야 한다(제18조 제4항).
㉡ (보완수사요구 시한 (1)) 검사는 송치사건의 공소제기 여부 결정에 필요한 경우로서 사건을 수리한 날(이미 보완수사요구가 있었던 사건의 경우 보완수사 이행 결과를 통보받은 날을 말한다)부터 (1)개월이 경과한 경우에는 검사가 직접 보완수사를 하는 것을 원칙으로 한다(제59조 제1항 제1호).
㉢ (고소·고발사건 수사 기한 (3)) 검사 또는 사법경찰관은 고소 또는 고발에 따라 범죄를 수사하는 경우에는 고소 또는 고발을 수리한 날부터 (3)개월 이내에 수사를 마쳐야 한다(제16조의2 제2항).
㉣ (재수사 이행 기한 (3)) 사법경찰관은 형사소송법 제245조의8 제1항에 따른 재수사의 요청이 접수된 날부터 (3)개월 이내에 재수사를 마쳐야 한다(제63조 제4항).
㉤ (보완수사 이행 기한 (3)) 사법경찰관은 형사소송법 제197조의2 제1항에 따른 보완수사요구가 접수된 날부터 (3)개월 이내에 보완수사를 마쳐야 한다(제60조 제3항). 사건을 체계적으로 관리하며 신속히 수사함으로써, '보완수사 1년이 지나도 감감무소식'과 같은 만연화된 수사지연으로 인한 국민 불편을 완화시키고자 함이다.<신설 2023. 10. 17.>

문제 30 - 정답 ③

▶ ③ ㉠㉣㉤(3개)는 옳은 지문이고, ㉡㉢(2개)는 틀린 지문이다.
㉠ (○) 법원은 검사가 공소를 제기한 범죄사실을 심판하는 것이지 고소권자가 고소한 내용을 심판하는 것이 아니므로, 고소권자가 비친고죄로 고소한 사건이더라도 검사가 사건을 친고죄로 구성하여 공소를 제기하였다면 공소장 변경절차를 거쳐 공소사실이 비친고죄로 변경되지 아니하는 한, 법원으로서는 친고죄에서 소송조건이 되는 고소가 유효하게 존재하는지를 직권으로 조사·심리하여야 한다. 그리고 이 경우 친고죄에서 고소와 고소취소의 불가분 원칙을 규정한 형사소송법 제233조는 당연히 적용되므로, 만일 공소사실에 대하여 피고인과 공범관계에 있는 사람에 대한 적법한 고소취소가 있다면 고소취소의 효력은 피고인에 대하여 미친다(대법원 2015. 11. 17.선고2013도7987판결).
㉡ (X) 법원이 선임한 부재자 재산관리인이 그 관리대상인 부재자의 재산에 대한 범죄행위에 관하여 법원으로부터 고소권 행사에 관한 허가를 얻은 경우 부재자 재산관리인은 형사소송법 제225조 제1항에서 정한 법정대리인으로서 적법한 고소권자에 해당한다고 보아야 한다(대법원2022. 5. 26.선고2021도2488판결).
㉢ (X) 항소심에서 비로소 공소사실이 친고죄로 변경된 경우에도 항소심을 제1심이라 할 수는 없는 것이므로, 항소심에 이르러 고소인이 고소를 취소하였다면 이는 친고죄에 대한 고소취소로서의 효력이 없다(대법원2007. 3. 15.선고2007도210판결).
㉣ (○) 제1심 법원이 반의사불벌죄로 기소된 피고인에 대하여소송촉진 등에 관한 특례법(이하 '소송촉진법'이라고 한다) 제23조에 따라 피고인의 진술 없이 유죄를 선고하여 판결이 확정된 경우, 만일 피고인이 책임을 질 수 없는 사유로 공판절차에 출석할 수 없었음을 이유로 소송촉진법 제23조의2에 따라 제1심 법원에 재심을 청구하여 재심개시결정이 내려졌다면 피해자는 재심의 제1심 판결 선고 전까지 처벌을 희망하는 의사표시를 철회할 수 있다. 그러나 피고인이 제1심 법원에 소송촉진법 제23조의2에 따른 재심을 청구하는 대신 항소권회복청구를 함으로써 항소심 재판을 받게 되었다면 항소심을 제1심이라고 할 수 없는 이상 항소심 절차에서는 처벌을 희망하는 의사표시를 철회할 수 없다(대법원2016. 11. 25.선고 2016도9470판결).
㉤ (○) 형사소송법 제232조 제1항, 제3항에 의하면 친고죄에서 고소의취소 및 반의사불벌죄에서 처벌을 희망하는 의사표시의 철회는 제1심판결 선고 전까지만 할 수 있고, 따라서 제1심판결 선고 후에 고소가 취소되거나 처벌을 희망하는 의사표시가 철회된 경우에는 효력이 없으므로 형사소송법 제327조 제5호 내지 제6호의 공소기각 재판을 할 수 없다. 그리고 고소의 취소나 처벌을 희망하는 의사표시의 철회는 수사기관 또는 법원에 대한 법률행위적 소송행위이므로 공소제기 전에는 고소사건을 담당하는 수사기관에, 공소제기 후에는 고소사건의 수소법원에 대하여 이루어져야 한다(대법원2012. 2. 23.선고2011도17264판결).

문제 31 - 정답 ④

▶ ④ ㉠㉡㉢㉣(4개)은 모두 맞는 지문이다.
㉠ (○) 피의자에 대한 진술거부권 고지는 피의자의 진술거부권을 실효적으로 보장하여 진술이 강요되는 것을 막기 위해 인정되는 것인데, 이러한 진술거부권 고지에 관한 형사소송법 규정내용 및 진술거부권 고지가 갖는 실질적인 의미를 고려하면 수사기관에 의한 진술거부권 고지 대상이 되는 피의자 지위는 수사기관이 조사대상자에 대한 범죄혐의를 인정하여 수사를 개시하는 행위를 한 때 인정되는 것으로 보아야 한다. 따라서 이러한 피의자 지위에 있지 아니한 자에 대하여는 진술거부권이 고지되지 아니하였더라도 진술의 증거능력을 부정할 것은 아니다(대판2011.11.10. 2011도8125).
㉡ (○) 대판2009.3.12. 2008도11437
㉢ (○) 피의자의 진술을 기재한 서류 또는 문서가 수사기관에서의 조사 과정에서 작성된 것이라면, 그것이 '진술조서, 진술서, 자술서'라는 형식을 취하였다고 하더라도 피의자신문조서와 달리 볼 수 없고, 수사기관에 의한 진술거부권 고지의 대상이 되는 피의자의 지위는 수사기관이 범죄인지서를 작성하는 등의 형식적인 사건수리 절차를 거치기 전이라도 조사대상자에 대하여 범죄의 혐의가 있다고 보아 실질적으로 수사를 개시하는 행위를 한 때에 인정된

다. 특히 조사대상자의 진술 내용이 단순히 제3자의 범죄에 관한 경우가 아니라 자신과 제3자에게 공동으로 관련된 범죄에 관한 것이거나 제3자의 피의사실뿐만 아니라 자신의 피의사실에 관한 것이기도 하여 실질이 피의자신문조서의 성격을 가지는 경우에 수사기관은 진술을 듣기 전에 미리 진술거부권을 고지하여야 한다(대판 2015.10.29. 2014도5939).

㉣ (○) 교통사고를 일으킨 운전자에게 신고의무를 부담시키고 있는 도로교통법 제50조 제2항, 제111조 제3호는, 피해자의 구호 및 교통질서의 회복을 위한 조치가 필요한 범위내에서 교통사고의 객관적 내용만을 신고하도록 한 것으로 해석하고, 형사책임과 관련되는 사항에는 적용되지 아니하는 것으로 해석하는 한 헌법에 위반되지 아니한다(헌재 1990.08.27. 89헌가118)

문제 32 - 정답 ②

▶ ② (X) 법원은 청구서가 접수된 때부터 48시간 이내에 체포 또는 구속된 피의자를 심문하고 수사관계서류와 증거물을 조사하여 그 청구가 이유없다고 인정한 때에는 결정으로 이를 기각하고, 이유있다고 인정한 때에는 결정으로 체포 또는 구속된 피의자의 석방을 명하여야 한다. 심사청구후 피의자에 대하여 공소제기가 있는 경우에도 또한 같다(제214조의 2 제4항). 결국, 전격기소의 경우에도 석방결정에는 영향이 없다.

① (○) 체포·구속적부심을 통해 석방된 자는 도망하거나 증거를 인멸한 경우를 제외하고는 동일한 범죄사실에 대하여 재차 체포 또는 구속하지 못한다(제214조의3 제1항).

③ (○) 형사소송법은 수사단계에서의 체포와 구속을 명백히 구별하고 있고 이에 따라 체포와 구속의 적부심사를 규정한 같은 법 제214조의2에서 체포와 구속을 서로 구별되는 개념으로 사용하고 있는 바, 같은 조 제4항에 기소 전 보증금 납입을 조건으로 한 석방의 대상자가 '구속된 피의자'라고 명시되어 있다. 따라서 같은 법 제214조의3 제2항의 취지를 체포된 피의자에 대하여도 보증금 납입을 조건으로 한 석방이 허용되어야 한다는 근거로 보기는 어렵다 할 것이서 현행법상 체포된 피의자에 대하여는 보증금 납입을 조건으로 한 석방이 허용되지 않는다(97모21).

④ (○) 체포 또는 구속적부심사절차에서의 법원의 결정에 대한 항고의 허용 여부에 관하여 같은 법 제214조의2 제7항은 제2항과 제3항의 기각결정 및 석방결정에 대하여 항고하지 못하는 것으로 규정하고 있을 뿐이고, 제4항에 의한 석방결정(보증금납입조건부 석방결정)에 대하여 항고하지 못한다는 규정은 없을 뿐만 아니라, 같은 법 제214조의2 제3항의 석방결정은 체포 또는 구속이 불법이거나 이를 계속할 사유가 없는 등 부적법한 경우에 피의자의 석방을 명하는 것임에 비하여, 같은 법 제214조의2 제4항의 석방결정은 구속의 적법을 전제로 하면서 그 단서에서 정한 제한사유가 없는 경우에 한하여 출석을 담보할 만한 보증금의 납입을 조건으로 하여 피의자의 석방을 명하는 것이어서 같은 법 제214조의2 제3항의 석방결정과 제4항의 석방결정은 원래 그 실질적인 취지와 내용을 달리 하는 것이고, 또한 기소 후 보석결정에 대하여 항고가 인정되는 점에 비추어 그 보석결정과 성질 및 내용이 유사한 기소 전 보증금 납입 조건부 석방결정에 대하여도 항고할 수 있도록 하는 것이 균형에 맞는 측면도 있다 할 것이므로, 같은 법 제214조의2 제4항의 석방결정에 대하여는 피의자나 검사가 그 취소의 실익이 있는 한 같은 법 제402조에 의하여 항고할 수 있다(대결97모21). 결국, 보증금 납입을 조건으로 한 석방결정에 대해서는 불복할 수 있다(항고할 수 있다).

문제 33 - 정답 ②

▶ ② ㉠㉡㉢㉣(4개)는 옳은 지문이고, ㉤(1개)만 틀린 지문이다.

㉠ (○) 수사준칙 제41조(전자정보의 압수·수색·검증 방법) 제1항

㉡ (○) 수사준칙 제41조 제2항

㉢ (○) 수사준칙 제41조 제3항

㉣ (○) 수사준칙 제42조(전자정보의 압수·수색 또는 검증 시 유의사항) 제1항, 제2항

㉤ (X) 검사 또는 사법경찰관은 압수·수색 또는 검증의 전 과정에 걸쳐 피압수자등이나 변호인의 참여권을 보장해야 하며, 피압수자 등과 변호인이 참여를 거부하는 경우에는 신뢰성과 전문성을 담보할 수 있는 상당한 방법으로 압수·수색 또는 검증을 해야 한다(수사준칙 제42조 제4항).

문제 34 - 정답 ③

▶ ③ (○) [1] 수사기관이 범죄 증거를 수집할 목적으로 피의자의 동의 없이 피의자의 혈액을 취득·보관하는 행위는 법원으로부터 감정처분허가장을 받아 형사소송법 제221조의4 제1항, 제173조 제1항에 의한 '감정에 필요한 처분'으로도 할 수 있지만, 형사소송법 제219조, 제106조 제1항에 정한 압수의 방법으로도 할 수 있고, 압수의 방법에 의하는 경우 혈액의 취득을 위하여 피의자의 신체로부터 혈액을 채취하는 행위는 그 혈액의 압수를 위한 것으로서 형사소송법 제219조, 제120조 제1항에 정한 '압수영장의 집행에 있어 필요한 처분'에 해당한다고 할 것이다.

[2] 음주운전 중 교통사고를 야기한 후 피의자가 의식불명 상태에 빠져 있는 등으로 도로교통법이 음주운전의 제1차적 수사방법으로 규정한 호흡조사에 의한 음주측정이 불가능하고 혈액 채취에 대한 동의를 받을 수도 없을 뿐만 아니라 법원으로부터 혈액 채취에 대한 감정처분허가장이나 사전 압수영장을 발부받을 시간적 여유도 없는 긴급한 상황이 생길 수 있다. 이러한 경우 피의자의 신체 내지 의복류에 주취로 인한 냄새가 강하게 나는 등 형사소송법 제211조 제2항 제3호가 정하는 범죄의 증적이 현저한 준현행범인으로서의 요건이 갖추어져 있고 교통사고 발생 시각으로부터 사회통념상 범행 직후라고 볼 수 있는 시간 내라면, 피의자의 생명·신체를 구조하기 위하여 사고현장으로부터 곧바로 후송된 병원 응급실 등의 장소는 형사소송법 제216조 제3항의 범죄 장소에 준한다 할 것이므로, 검사 또는 사법경찰관은 피의자의 혈중알코올농도 등 증거의 수집을 위하여 의료법상 의료인의 자격이 있는 자로 하여금 의료용 기구로 의학적인 방법에 따라 필요최소한의 한도 내에서 피의자의 혈액을 채취하게 한 후 그 혈액을 영장 없이 압수할 수 있다고 할 것이다. 다만 이 경우에도 형사소송법 제216조 제3항 단서, 형사소송규칙 제58조, 제107조 제1항 제3호에 따라 사후에 지체 없이 강제채혈에 의한 압수의 사유 등을 기재한 영장청구서에 의하여 법원으로부터 압수영장을 받아야 함은 물론이다.

[3] 이 사건 강제채혈은 법관으로부터 영장을 발부받지 않은 상태에서 이루어졌고 사후에 영장을 발부받지도 아니하였으므로 피고인의 혈중알코올농도에 대한 국립과학수사연구소의 감정의뢰회보 및 이에 기초한 주취운전자 적발보고서, 주취운전자 정황보고서 등의 증거는 위법수집증거로서 증거능력이 없다.

[4] 수사기관이 법원으로부터 영장 또는 감정처분허가장을 발부받지 아니한 채 피의자의 동의 없이 피의자의 신체로부터 혈액을 채취하고 사후적으로도 지체 없이 이에 대한 영장을 발부받지도 아니한

채 강제채혈한 피의자의 혈액 중 알콜농도에 관한 감정이 이루어졌다면, 이러한 감정결과보고서 등은 형사소송법상 영장주의 원칙을 위반하여 수집되거나 그에 기초한 증거로서 그 절차 위반행위가 적법절차의 실질적인 내용을 침해하는 정도에 해당하고, 이러한 증거는 피고인이나 변호인의 증거동의가 있다고 하더라도 유죄의 증거로 사용할 수 없다(대법원2011. 4. 28.선고2009도2109판결(나주 세지 사건); 대법원2012. 11. 15.선고2011도15258판결(서울 구로 사건); 대법원2014. 11. 13.선고2013도1228판결(경기 남양주 사건)).

① (X) 음주로 인한 특정범죄가중처벌 등에 관한 법률 위반(위험운전치사상)죄와 도로교통법 위반(음주운전)죄는 입법 취지와 보호법익 및 적용영역을 달리하는 별개의 범죄이므로, 양 죄가 모두 성립하는 경우 두 죄는 실체적 경합관계에 있다(대법원2008. 11. 13. 선고2008도7143판결).

② (X) 수사기관이 범죄 증거를 수집할 목적으로 피의자의 동의 없이 피의자의 소변을 채취하는 것(강제채뇨)은 법원으로부터 감정허가장을 받아 형사소송법 제221조의4 제1항, 제173조 제1항에서 정한 '감정에 필요한 처분'으로 할 수 있지만(피의자를 병원 등에 유치할 필요가 있는 경우에는 형사소송법 제221조의3에 따라 법원으로부터 감정유치장을 받아야 한다), 형사소송법 제219조, 제106조 제1항, 제109조에 따른 압수·수색의 방법으로도 할 수 있다. 이러한 압수·수색의 경우에도 수사기관은 원칙적으로형사소송법 제215조에 따라 판사로부터 압수·수색영장을 적법하게 발부받아 집행해야 한다. 압수·수색의 방법으로 소변을 채취하는 경우 압수대상물인 피의자의 소변을 확보하기 위한 수사기관의 노력에도 불구하고, 피의자가 인근 병원 응급실 등 소변 채취에 적합한 장소로 이동하는 것에 동의하지 않거나 저항하는 등 임의동행을 기대할 수 없는 사정이 있는 때에는 수사기관으로서는 소변 채취에 적합한 장소로 피의자를 데려가기 위해서 필요 최소한의 유형력을 행사하는 것이 허용된다. 이는 형사소송법 제219조, 제120조 제1항에서 정한 '압수·수색영장의 집행에 필요한 처분'에 해당한다고 보아야 한다. 그렇지 않으면 피의자의 신체와 건강을 해칠 위험이 적고 피의자의 굴욕감을 최소화하기 위하여 마련된 절차에 따른 강제채뇨가 불가능하여 압수영장의 목적을 달성할 방법이 없기 때문이다(대법원2018. 7. 12.선고2018도6219판결).

④ (X) 강제채혈은 법관으로부터 영장을 발부받지 않은 상태에서 이루어졌고 사후에 영장을 발부받지않았다면 사전에 피의자 가족(배우자, 부모, 자녀)의 동의를 얻었다 하더라도 위법한 수사이고, 혈중알코올농도에 대한 국립과학수사연구소의 감정의뢰회보 등은 증거는 위법수집증거로서 증거능력이 없다(대법원2011. 4. 28.선고2009도2109판결; 대법원2012. 11. 15.선고2011도15258판결; 대법원2014. 11. 13.선고2013도1228판결).

문제 35 - 정답 ③

▶ ③ ⓒⓒⓒ(3개)는 옳은 지문이나, ⓐⓔ(2개)은 틀린 지문이다.
㉠ (X) 수사기관으로부터 통신제한조치의 집행을 위탁받은 통신기관 등이 집행에 필요한 설비가 없을 때에는 수사기관에 설비의 제공을 요청하여야 하고, 그러한 요청 없이 통신제한조치허가서에 기재된 사항을 준수하지 아니한 채 통신제한조치를 집행하였다면, 그러한 집행으로 취득한 전기통신의 내용 등은 헌법과 통신비밀보호법이 국민의 기본권인 통신의 비밀을 보장하기 위해 마련한 적법한 절차를 따르지 아니하고 수집된 증거에 해당하므로(형사소송법 제308조의2), 이는 유죄 인정의 증거로 할 수 없다(대판 2016.10.13. 2016도8137).

㉡ (○) 대판2014.10.15. 2011도3509

㉢ (○) [1] 수사기관이 피압수자 측에 참여의 기회를 보장하거나 압수한 전자정보 목록을 교부하지 않는 등 영장주의 원칙과 적법절차를 준수하지 않은 위법한 압수·수색 과정을 통하여 취득한 증거는 위법수집증거에 해당하고, 사후에 법원으로부터 영장이 발부되었다거나 피고인이나 변호인이 이를 증거로 함에 동의하였다고 하여 위법성이 치유되는 것도 아니다.

[2] 성매매알선등 혐의로 압수된 피고인이 사용·보관 중인 휴대전화(성매매여성 등 정보가 보관되어 있는 저장장치 포함)에서 탐색된 이 사건 엑셀파일을 출력한 출력물 및 위 엑셀파일을 복사한 시디(검사는 이를 증거로 제출하였다)는 경찰이 피압수자인 피고인에게 참여의 기회를 부여하지 않은 상태에서 임의로 탐색·복제·출력한 전자정보로서, 피고인에게 압수한 전자정보 목록을 교부하거나 피고인이 그 과정에 참여하지 아니할 의사를 가지고 있는지 여부를 확인한 바가 없으므로, 이는 위법하게 수집된 증거로서 증거능력이 없고, 사후에 압수·수색영장을 발부받아 압수절차가 진행되었더라도 위법성이 치유되지 않는다(대법원2022. 7. 28.선고 2022도2960판결).

㉣ (X) [1] 검찰관이 피고인을 뇌물수수 혐의로 기소한 후, 형사사법공조절차를 거치지 아니한 채 과테말라공화국에 현지출장하여 그곳 호텔에서 뇌물공여자 갑을 상대로 참고인 진술조서를 작성한 사안에서, 검찰관의 갑에 대한 참고인조사가 증거수집을 위한 수사행위에 해당하고 그 조사 장소가 우리나라가 아닌 과테말라공화국의 영역에 속하기는 하나, 조사의 상대방이 우리나라 국민이고 그가 조사에 스스로 응함으로써 조사의 방식이나 절차에 강제력이나 위력은 물론 어떠한 비자발적 요소도 개입될 여지가 없었음이 기록상 분명한 이상, 피고인에 대한 국내 형사소송절차에서 위와 같은 사유로 인하여 위법수집증거배제법칙이 적용된다고 볼 수 없다(위법수집증거에는 해당하지 않는다).

[2] 검찰관이 피고인을 뇌물수수 혐의로 기소한 후, 형사사법공조절차를 거치지 아니한 채 과테말라공화국에 현지출장하여 그곳 호텔에서 뇌물공여자 갑을 상대로 참고인 진술조서를 작성한 사안에서, 갑이 자유스러운 분위기에서 임의수사 형태로 조사에 응하였고 조서에 직접 서명·무인하였다는 사정만으로 특신상태를 인정하기에 부족할 뿐만 아니라, 검찰관이 군사법원의 증거조사절차 외에서, 그것도 형사사법공조절차나 과테말라공화국 주재 우리나라 영사를 통한 조사 등의 방법을 택하지 않고 직접 현지에 가서 조사를 실시한 것은 수사의 정형적 형태를 벗어난 것이라고 볼 수 있는 점 등 제반 사정에 비추어 볼 때, 진술이 특별히 신빙할 수 있는 상태에서 이루어졌다는 점에 관한 증명이 있다고 보기 어려워 갑의 진술조서는 증거능력이 인정되지 아니하므로, 이를 유죄의 증거로 삼을 수 없다(특신상태가 증명되지 않아 증거능력이 없다).

[3] 검찰관이 공판기일에 제출한 증거 중 뇌물공여자 갑이 작성한 고발장에 대하여 피고인의 변호인이 증거 부동의 의견을 밝히고, 같은 고발장을 첨부문서로 포함하고 있는 검찰주사보 작성의 수사보고에 대하여는 증거에 동의하여 증거조사가 행하여졌는데, 원심법원이 수사보고에 대한 증거동의의 효력이 첨부된 고발장에도 당연히 미친다고 보아 이를 유죄의 증거로 삼은 사안에서, 수사기관이 수사과정에서 수집한 자료를 기록에 현출시키는 방법으로 자료의 의미, 성격, 혐의사실과의 관련성 등을 수사보고의 형태로 요약·설명하고 해당 자료를 수사보고에 첨부하는 경우, 수사보고에 기재된 내용은 수사기관이 첨부한 자료를 통하여 얻은 인식·판단·

추론이거나 자료의 단순한 요약에 불과하여 원 자료로부터 독립하여 공소사실에 대한 증명력을 가질 수 없고, 피고인이나 변호인도 수사보고의 증명력을 위와 같은 취지로 이해하여 공소사실을 부인하면서도 수사보고의 증거능력을 다투지 않은 것으로 보이는 등의 제반 사정에 비추어, 위 고발장은 군사법원법에 따른 적법한 증거신청·증거결정·증거조사 절차를 거쳤다고 볼 수 없거나 공소사실을 뒷받침하는 증명력을 가진 증거가 아니므로 이를 유죄의 증거로 삼을 수 없다.

[4] 해병대 소속 장교로서 군부대 시설공사를 담당하는 피고인이 직무와 관련하여 건설업자 갑에게서 뇌물을 수수하였다고 하여 특정범죄 가중처벌 등에 관한 법률 위반(뇌물)으로 기소된 사안에서, 검찰관 작성의 뇌물공여자 갑에 대한 참고인 진술조서와 검찰주사보 작성의 수사보고에 첨부된 갑의 고발장은 이를 유죄의 증거로 삼을 수 없다(대법원2011. 7. 14.선고2011도3809판결).

⑪ (○) 사법경찰관이 인도네시아 국적의 외국인 피고인을 출입국관리법 위반의 현행범인으로 체포하면서 소변과 모발을 임의제출 받아 압수하였고, 소변검사 결과에서 향정신성의약품인 MDMA(일명 엑스터시) 양성반응이 나오자 피고인은 출입국관리법 위반과 마약류 관리에 관한 법률 위반(향정) 범행을 모두 자백한 후 구속되었는데, 피고인이 검찰 수사 단계에서 자신의 구금 사실을 자국 영사관에 통보할 수 있음을 알게 되었음에도 수사기관에 영사기관 통보를 요구하지 않은 사안에서, 사법경찰관이 체포 당시 피고인에게 영사통보권등을 지체 없이 고지하지 않았으므로 체포나 구속 절차에 영사관계에 관한 비엔나협약(Vienna Convention on Consular Relations, 1977. 4. 6. 대한민국에 대하여 발효된 조약 제594호) 제36조 제1항 (b)호를 위반한 위법이 있으나, 제반 사정을 종합하면 피고인이 영사통보권등을 고지받았더라도 영사의 조력을 구하였으리라고 보기 어렵고, 수사기관이 피고인에게 영사통보권등을 고지하지 않았더라도 그로 인해 피고인에게 실질적인 불이익이 초래되었다고 볼 수 없고, 절차 위반의 내용과 정도가 중대하거나 절차 조항이 보호하고자 하는 외국인 피고인의 권리나 법익을 본질적으로 침해하였다고 볼 수 없어 체포나 구속 이후 수집된 증거와 이에 기초한 증거들은 유죄 인정의 증거로 사용할 수 있다(대법원2022. 4. 28.선고2021도17103판결).

문제 36 - 정답 ②

▶ ② (X) 실질적 진정성립을 증명할 수 있는 방법으로서 형사소송법 제312조 제2항에 예시되어 있는 영상녹화물의 경우 형사소송법 및 형사소송규칙에 의하여 영상녹화의 과정, 방식 및 절차 등이 엄격하게 규정되어 있는데다(형사소송법 제244조의2,형사소송규칙 제134조의2 제3항,제4항,제5항등) 피의자의 진술을 비롯하여 검사의 신문 방식 및 피의자의 답변 태도 등 조사의 전 과정이 모두 담겨 있어 피고인이 된 피의자의 진술 내용 및 취지를 과학적·기계적으로 재현해 낼 수 있으므로 조서의 내용과 검사 앞에서의 진술 내용을 대조할 수 있는 수단으로서의 객관성이 보장되어 있다고 볼 수 있으나, 피고인을 피의자로 조사하였거나 조사에 참여하였던 자들의 증언은 오로지 증언자의 주관적 기억 능력에 의존할 수밖에 없어 객관성이 보장되어 있다고 보기 어렵다. 결국 검사 작성의 피의자신문조서에 대한 실질적 진정성립을 증명할 수 있는 수단으로서 형사소송법 제312조 제2항에 규정된 '영상녹화물이나 그밖의 객관적인 방법'이란 형사소송법 및 형사소송규칙에 규정된 방식과 절차에 따라 제작된 영상녹화물 또는 그러한 영상녹화물에 준할 정도로 피고인의 진술을 과학적·기계적·객관적으로 재현해 낼 수 있는 방법만을 의미하고, 그외에 조사관 또는 조사 과정에 참여한 통역인 등의 증언은 이에 해당한다고 볼 수 없다(대법원2016. 2. 18.선고2015도16586판결). 결국, 실질적 진정성립을 증명할 수 있는 방법으로 '영상녹화물이나 그밖의 객관적인 방법'에 의한 증명에는 조사자의 증언이던 통역인의 증언이던 기계가 아닌 증언으로는 증명될 수 없으므로, 조사자의 증언으로는 형사소송법 제312조 제4항의 진술조서의 실질적 진정성립을 대체증명할 수는 없다.

① (○) [1] 유흥주점 업주와 종업원인 피고인들이 영업장을 벗어나 시간적 소요의 대가로 금품을 받아서는 아니되는데도, 이른바 '티켓영업' 형태로 성매매를 하면서 금품을 수수하였다고 하여 구식품위생법 위반으로 기소된 사안에서, 경찰이 피고인 아닌 갑, 을을 사실상 강제연행하여 불법체포한 상태에서 갑, 을 간의 성매매 행위나 피고인들의 유흥업소 영업행위를 처벌하기 위하여 갑, 을에게서 자술서를 받고 갑, 을에 대한 진술조서를 작성한 경우, 위 각 자술서와 진술조서는 헌법과 형사소송법이 규정한 체포·구속에 관한 영장주의 원칙에 위배하여 수집된 것으로서 수사기관이 피고인 아닌 자를 상대로 적법한 절차에 따르지 아니하고 수집한 증거에 해당하여 형사소송법 제308조의2에 따라 증거능력이 부정된다.

[2] 불법체포에 의한 유치 중에 갑·을이 작성한 위 각 자술서와 사법경찰리가 작성한 갑·을에 대한 각 제1회 진술조서는 헌법 제12조 제1항, 제3항과 형사소송법 제200조의2, 제201조 등이 규정한 체포·구속에 관한 영장주의 원칙에 위배하여 수집된 증거로서 수사기관이 피고인이 아닌 자를 상대로 적법한 절차에 따르지 아니하고 수집한 증거로 형사소송법 제308조의2에 의하여 그 증거능력이 부정되므로 피고인들에 대한 유죄 인정의 증거로 삼을 수 없다(대법원2011. 6. 30.선고2009도6717판결). 결국, 갑·을에 대한 수사관서로의 동행이 위법하여(경찰관 4명으로부터 성매매 여부를 추궁당한 후에 임의동행을 요구받았고 '동행을 거부하더라도 강제로 연행할 수 있다'는 말까지 들었으므로 그러한 상황에서 동행을 거부하기는 어려웠을 것이라 보이는 점) 위 각 자술서와 위 각 진술조서가 증거능력이 없어 피고인들에 대한 공소사실의 증거로 사용할 수 없다.

③ (○) 피고인이 아닌 자가 수사과정에서 진술서를 작성하였지만 수사기관이 그에 대한 조사과정을 기록하지 아니하여 형사소송법 제244조의4 제3항, 제1항에서 정한 절차를 위반한 경우에는, 특별한 사정이 없는 한 '적법한 절차와 방식'에 따라 수사과정에서 진술서가 작성되었다 할 수 없으므로 증거능력을 인정할 수 없다(대법원2015. 4. 23.선고2013도3790판결).

④ (○) [1] 검찰관이 피고인을 뇌물수수 혐의로 기소한 후, 형사사법공조절차를 거치지 아니한 채 과테말라공화국에 현지출장하여 그곳 호텔에서 뇌물공여자 갑을 상대로 참고인 진술조서를 작성한 경우, 검찰관의 갑에 대한 참고인조사가 증거수집을 위한 수사행위에 해당하고 그 조사 장소가 우리나라가 아닌 과테말라공화국의 영역에 속하기는 하나, 조사의 상대방이 우리나라 국민이고 그가 조사에 스스로 응함으로써 조사의 방식이나 절차에 강제력이나 위력은 물론 어떠한 비자발적 요소도 개입될 여지가 없었음이 기록상 분명한 이상, 이는 서로 상대방 국민의 여행과 거주를 허용하는 우호국 사이에서 당연히 용인되는 우호국 국가기관과 그 국민 사이의 자유로운 의사연락의 한 형태에 지나지 않으므로 어떠한 영토주권 침해의 문제가 생겨날 수 없고, 더욱이 이는 우리나라와 과테말라공화국 사이의 국제법적 문제로서 피고인은 그 일방인 과테말라공화국과 국제법상 관할의 원인이 될 만한 아무런 연관성도 갖지 아니하므로, 피고인에 대한 국내 형사소송절차에서 위와 같은

사유로 인하여 위법수집증거배제법칙이 적용된다고 볼 수 없다.
[2] 검찰관이 피고인을 뇌물수수 혐의로 기소한 후, 형사사법공조절차를 거치지 아니한 채 과테말라공화국에 현지출장하여 그곳 호텔에서 뇌물공여자 갑을 상대로 참고인 진술조서를 작성한 사안에서, 갑이 자유스러운 분위기에서 임의수사 형태로 조사에 응하였고 조서에 직접 서명·무인하였다는 사정만으로 특신상태를 인정하기에 부족할 뿐만 아니라, 검찰관이 군사법원의 증거조사절차 외에서, 그것도 형사사법공조절차나 과테말라공화국 주재 우리나라 영사를 통한 조사 등의 방법을 택하지 않고 직접 현지에 가서 조사를 실시한 것은 수사의 정형적 형태를 벗어난 것이라고 볼 수 있는 점 등 제반 사정에 비추어 볼 때, 진술이 특별히 신빙할 수 있는 상태에서 이루어졌다는 점에 관한 증명이 있다고 보기 어려워 갑의 진술조서는 증거능력이 인정되지 아니하므로, 이를 유죄의 증거로 삼을 수 없다(대판2011.7.14. 2011도3809). 결국, 군검찰관이 해병대 장교로서 군부대 시설공사를 담당하는 피고인이 직무와 관련하여 건설업자 갑에게서 뇌물을 수수하였다고 하여 특정범죄 가중처벌 등에 관한 법률 위반(뇌물)으로 기소된 사안에서, 갑의 진술조서는 특신상태의 증명이 없으므로 증거능력이 없다(무죄).

문제 37 - 정답 ④

▶ ④ (X) [1] 원진술자가 사망·질병·외국거주 기타 사유로 인하여 공판정에 출정하여 진술을 할 수 없을 때에는 그 진술 또는 서류의 작성이 특히 신빙할 수 있는 상태하에서 행하여진 경우에 한하여 형사소송법 제314조에 의하여 예외적으로 증거능력을 가지는바, 여기서 특히 신빙할 수 있는 상태하에서 행하여진 때라 함은 그 진술내용이나 조서 또는 서류의 작성에 허위개입의 여지가 거의 없고 그 진술내용의 신빙성이나 임의성을 담보할 구체적이고 외부적인 정황이 있는 경우를 가리킨다.
[2] 외국에 거주하는 참고인과의 전화 대화내용을 문답형식으로 기재한 검찰주사보 작성의 수사보고서는 전문증거로서 형사소송법 제310조의2에 의하여 제311조 내지 제316조에 규정된 것 이외에는 이를 증거로 삼을 수 없는 것인데, 위 수사보고서는 제311조, 제312조, 제315조, 제316조의 적용대상이 되지 아니함이 분명하므로, 결국 제313조의 진술을 기재한 서류에 해당하여야만 제314조의 적용 여부가 문제될 것인바, 제313조가 적용되기 위하여는 그 진술을 기재한 서류에 그 진술자의 서명 또는 날인이 있어야 한다.
[3] 위 각 수사보고서에는 검찰주사보의 기명날인만 되어 있을 뿐 원진술자인 공소외 1이나 공소외 2의 서명 또는 기명날인이 없음은 앞서 본 바와 같으므로, 위 각 수사보고서는 제313조에 정한 진술을 기재한 서류가 아니어서 제314조에 의한 증거능력의 유무를 따질 필요가 없다고 할 것이고, 이는 검찰주사보가 법정에서 그 수사보고서의 내용이 전화통화내용을 사실대로 기재하였다는 취지의 진술을 하더라도 마찬가지라고 할 것이다(대법원1999. 2. 26.선고98도2742판결).
① (○) 구 정보통신망 이용촉진 및 정보보호 등에 관한 법률 제65조 제1항 제3호는 정보통신망을 통하여 공포심이나 불안감을 유발하는 글을 반복적으로 상대방에게 도달하게 하는 행위를 처벌하고 있다. 검사가 위 죄에 대한 유죄의 증거로 문자정보가 저장되어 있는 휴대전화기를 법정에 제출하는 경우, 휴대전화기에 저장된 문자정보 그 자체가 범행의 직접적인 수단으로서 증거로 사용될 수 있다. 또한, 검사는 휴대전화기 이용자가 그 문자정보를 읽을 수 있도록 한 휴대전화기의 화면을 촬영한 사진을 증거로 제출할 수도 있는데, 이를 증거로 사용하려면 문자정보가 저장된 휴대전화기를 법정에 제출할 수 없거나 그 제출이 곤란한 사정이 있고, 그 사진의 영상이 휴대전화기의 화면에 표시된 문자정보와 정확하게 같다는 사실이 증명되어야 한다.
[2] 형사소송법 제310조의2는 사실을 직접 경험한 사람의 진술이 법정에 직접 제출되어야 하고 이에 갈음하는 대체물인 진술 또는 서류가 제출되어서는 안 된다는 이른바 전문법칙을 선언한 것이다. 그런데 정보통신망을 통하여 공포심이나 불안감을 유발하는 글을 반복적으로 상대방에게 도달하게 하는 행위를 하였다는 공소사실에 대하여 휴대전화기에 저장된 문자정보가 그 증거가 되는 경우, 그 문자정보는 범행의 직접적인 수단이고 경험자의 진술에 갈음하는 대체물에 해당하지 않으므로, 형사소송법 제310조의2에서 정한 전문법칙이 적용되지 않는다.
[3] 구 정보통신망 이용촉진 및 정보보호 등에 관한 법률(2005. 12. 30. 법률 제7812호로 개정되기 전의 것) 제65조 제1항 제3호 위반죄와 관련하여 문자메시지로 전송된 문자정보를 휴대전화기 화면에 띄워 촬영한 사진에 대하여, 피고인이 성립 및 내용의 진정을 부인한다는 이유로 증거능력을 부정한 것은 위법하다(대법원 2008. 11. 13.선고2006도2556판결).
② (○) 이 사건 문자메시지는 피해자가 피고인으로부터 풀려난 당일에 남동생에게 도움을 요청하면서 피고인이 협박한 말을 포함하여 공갈 등 피고인으로부터 피해를 입은 내용을 문자메시지로 보낸 것이므로, 이 사건 문자메시지의 내용을 촬영한 사진은 증거서류 중 피해자의 진술서에 준하는 것으로 취급함이 상당할 것인바, 진술서에 관한 형사소송법 제313조에 따라 이 사건 문자메시지의 작성자인 피해자가 제1심 법정에 출석하여 자신이 이 사건 문자메시지를 작성하여 동생에게 보낸 것과 같음을 확인하고, 피해자의 동생도 제1심 법정에 출석하여 피해자가 보낸 이 사건 문자메시지를 촬영한 사진이 맞다고 확인한 이상, 이 사건 문자메시지를 촬영한 사진은 그 성립의 진정함이 증명되었다고 볼 수 있으므로 이를 증거로 할 수 있다(대법원2010. 11. 25.선고2010도8735판결).
③ (○) 대법원2022.10.27.선고2022도9510

문제 38 - 정답 ④

▶ ④ (X) [1] 형사소송법은 제310조의2에서 원칙적으로 전문증거의 증거능력을 인정하지 않고, 제311조부터 제316조까지에서 정한 요건을 충족하는 경우에만 예외적으로 증거능력을 인정한다. 다른 사람의 진술을 내용으로 하는 진술이 전문증거인지는 요증사실이 무엇인지에 따라 정해진다. 다른 사람의 진술, 즉 원진술의 내용인 사실이 요증사실인 경우에는 전문증거이지만, 원진술의 존재 자체가 요증사실인 경우에는 본래증거이지 전문증거가 아니다.(내+전/ 자+본)
[2] 어떤 진술이 기재된 서류가 그 내용의 진실성이 범죄사실에 대한 직접증거로 사용될 때는 전문증거가 되지만, 그와 같은 진술을 하였다는 것 자체 또는 진술의 진실성과 관계없는 간접사실에 대한 정황증거로 사용될 때는 반드시 전문증거가 되는 것이 아니다. 그러나 어떠한 내용의 진술을 하였다는 사실 자체에 대한 정황증거로 사용될 것이라는 이유로 서류의 증거능력을 인정한 다음 그 사실을 다시 진술 내용이나 그 진실성을 증명하는 간접사실로 사용하는 경우에 그 서류는 전문증거에 해당한다. 서류가 그곳에 기재된 원진술의 내용인 사실을 증명하는 데 사용되어 원진술의 내용인 사실이 요증사실이 되기 때문이다. 이러한 경우 형사소송법 제311조부터 제316조까지 정한 요건을 충족하지 못한다면 증거능력이 없다
[3] 증인 갑의 제1심 법정진술 중 "피해자로부터 '피고인이 추행했다.'는 취지의 말을 들었다."는 부분은 '피고인이 피해자를 추행

한 사실의 **존부**'에 대한 증거로 사용되는 경우에는 **전문증거에 해당하나** 피해자가 갑에게 위와 같은 진술을 하였다는 것 **자체**에 대한 증거로 사용되는 경우에는 갑이 경험한 사실에 관한 진술에 해당하여 **전문법칙이 적용되지 않는다.** **갑의 진술은 전문증거에 해당**하고, 형사소송법 제310조의2, 제316조 제2항의 요건을 갖추지 못하므로 증거능력이 없다(대법원2019. 8. 29.선고2018도14303전원합의체 판결; 대법원2021. 2. 25.선고2020도17109판결).

① (○) **사법경찰관이 작성한 검증조서에** 피의자이던 피고인이 검사 이외의 수사기관 앞에서 **자백한 범행내용을 현장에 따라 진술·재연한 내용이 기재**되고 **그 재연 과정을 촬영한 사진이 첨부**되어 있다면, **그러한 기재나 사진은** 피고인이 공판정에서 그 진술내용 및 범행재연의 상황을 **모두 부인하는 이상 증거능력이 없다**(대판 2006.1.13. 2003도6548).

② (○) [1] 다른 사람의 진술을 내용으로 하는 진술이 전문증거인지는 요증사실이 무엇인지에 따라 정해지는 바, 다른 사람의 진술, 즉 **원진술의 내용인 사실(갑이 을을 살해하였다는 사실)**이 요증사실인 경우에는 **전문증거이지만**, **원진술의 존재 자체(병이 갑을 명예훼손하였다는 말)**가 요증사실인 경우에는 **본래증거이지(정이 병으로부터 직접 들은 내용을 증언) 전문증거가 아니다**(대판2019.8.29. 2018도13792 전원합의체판결).

☞(암기) **내전**(내용의 진실성은 **전**문증거) + **자본**(진술을 하였다는 것 자체는 본래증거이지 전문증거가 아니므로 전문법칙이 적용되지 않는다)

[2] 증인 갑의 제1심 법정진술 중 "피해자로부터 '**피고인이 추행했다.**'는 취지의 말을 들었다."는 부분은 '피고인이 피해자를 추행한 사실의 **존부**'에 대한 증거로 사용되는 경우에는 **전문증거에 해당하나** 피해자가 갑에게 위와 같은 진술을 하였다는 것 **자체**에 대한 증거로 사용되는 경우에는 갑이 경험한 사실에 관한 진술에 해당하여 **전문법칙이 적용되지 않는다.** **갑의 진술은 전문증거에 해당**하고, 형사소송법 제310조의2, 제316조 제2항의 요건을 갖추지 못하므로 증거능력이 없다(대법원2019. 8. 29.선고2018도14303전원합의체 판결; 대법원2021. 2. 25.선고2020도17109판결).

③ (○) 선지의 경우, 그 문자메시지는 제313조 제1항 단서의 **수사과정 이외에서 작성한 피고인의 진술서에 준하는 것**으로, 피고인의 진술에 의하여 **성립의 진정이 증명**되고(피고인이 제1심 법정에 출석하여 자신이 이 사건 문자메시지를 작성하고 보냈음을 확인하고), 그 문자메시지의 진술이 **특히 신빙할 수 있는 상태하에서 행하여진 때**에 한하여 **증거로 할 수 있다.** 결국, **내용의 진실성**이 증명 대상이므로 **전문증거이다.**

문제 39 - 정답 ③

▶ ③ (○) 본 사안은 경찰이「성폭력범죄의 처벌 등에 관한 특례법」위반(카메라등이용촬영)죄의 피해자가 임의제출한 피고인 소유·관리의 휴대전화 2대의 전자정보를 탐색하다가 피해자를 촬영한 휴대전화가 아닌 다른 휴대전화에서 다른 피해자 2명에 대한 동종범행 등에 관한 1년 전 사진·동영상을 발견하고 영장 없이 이를 복제한 CD를 증거로 제출한 사안이다(대법원2021. 11. 18.선고 2016도348전원합의체 판결). 이 사안에서 **2022년 범행과 관련하여 발견된 동영상은** **위법수집증거로서** 설령 **사후에 압수·수색영장을 발부받아 이를 압수하였더라도** 2022년 범행의 증거로서는 증거능력이 없고 이를 기초로 한 2차 증거 역시 증거능력이 없다고하여 **2022년 범행은 무죄판결이 확정되었다.** 피해자 등 제3자가 피의자의 소유·관리에 속하는 정보저장매체를 영장에 의하지 않고 **임의제출한 경우에는** 실질적 피압수자인 피의자가 수사기관으로 하여금

그 전자정보 전부를 무제한 탐색하는 데 동의한 것으로 보기 어려울 뿐만 아니라 **피의자 스스로 임의제출한 경우 피의자의 참여권 등이 보장되어야 하는 것과 견주어 보더라도** 특별한 사정이 없는 한 형사소송법 제219조, 제121조, 제129조에 따라 **피의자에게 참여권을 보장**하고 압수한 **전자정보 목록을 교부**하는 등 피의자의 **절차적 권리를 보장**하기 위한 적절한 조치가 이루어져야 한다.

① (X) 위 휴대전화에 담긴 전자정보 중 **임의제출을 통해 적법하게 압수된 범위**는 임의제출 및 압수의 동기가 된 피고인의 **2023. 2. 10. 범행 자체와 구체적·개별적 연관관계가 있는 전자정보**로 제한적으로 해석하는 것이 타당하다. 따라서 전부가 적법한 것이 아니라 **2023년 범행의 임의제출물 압수만 적법하나, 2022년 범행은 위법하다(증거능력이 없으므로 무죄이다).**

② (X) 2023년 범행과 2022년 범행의 **범죄발생 시점** 사이에 상당한 간격이 있고 피해자 및 범행에 이용한 휴대전화도 전혀 달라 두 범행은 **구체적·개별적 연관관계도 없고** 범행 **혐의사실과도 관련성이 없다.**

④ (X) 본 사안의 **동일성** 문제는 검사가 주장·입증해야 하나(대법원2018. 2. 8.선고2017도13263판결), 범죄사실이 아니라 **소송법적 사실**이므로 **자유로운 증명으로 족하다.**

문제 40 - 정답 ②

▶ ② ㉠㉡㉤(4개)은 맞는 지문이나, ㉢㉣(2개)은 틀린 지문이다.

㉠ (○) 피고인이 자신이 거주하던 다세대주택의 여러 세대에서 7건의 절도행위를 한 것으로 기소되었는데 그 중 4건은 범행장소인 구체적 호수가 특정되지 않은 사안에서, 위 4건에 관한 피고인의 범행 관련 진술이 매우 사실적·구체적·합리적이고 진술의 신빙성을 의심할 만한 사유도 없어 자백의 진실성이 인정되므로, **피고인의 집에서 해당 피해품을 압수한 압수조서와 압수물 사진은 위 자백에 대한 보강증거가 된다**(대법원2008. 5. 29.선고2008도2343판결).

㉡ (○) 자백에 대한 보강증거는 **범죄사실의 전부 또는 중요 부분을 인정할 수 있는 정도가 되지 않더라도 피고인의 자백이 가공적인 것이 아닌 진실한 것임을 인정할 수 있는 정도만 되면 충분하다.** 또한 **직접증거가 아닌 간접증거나 정황증거도 보강증거가 될 수 있고**, 자백과 보강증거가 서로 어울려서 전체로서 범죄사실을 인정할 수 있으면 유죄의 증거가 된다(대법원2017. 6. 8.선고2017도4827판결).

㉢ (X) **필로폰 매수 대금을 송금한 사실에 대한 증거가** 필로폰 매수죄와 실체적 경합범 관계에 있는 **필로폰 투약행위에 대한 보강증거가 될 수 없다**(대법원 2008.2.14. 선고 2007도10937 판결).

㉣ (X) 형사소송법 제310조의 피고인의 자백에는 **공범인 공동피고인의 진술은 포함되지 않으며**, 이러한 **공동피고인의 진술에 대하여는 피고인의 반대신문권이 보장되어 있어 독립한 증거능력이 있는 것**이므로, 원심이 **공범인 피고인 갑의 진술을 증거로 삼아 피고인 을의 범죄사실을 인정하였다**고 하여 이를 위법이라고 탓할 수 없다(대법원2005. 2. 18.선고2004도6795판결).

㉤ (○) **피고인은 수사기관에서 갑을 통하여 메트암페타민 0.7g을 수령하여 그중 일부는 갑에게 무상으로 교부하였고 남은 것은 당일 모텔에서 투약하고 그 다음 날 이어서 투약하였다고 자백한 경우**, 갑은 피고인의 최초 메트암페타민 투약행위가 있었던 당일 피고인의 지시에 따라 버스터미널에서 버스를 통하여 운송된 메트암페타민이 담긴 쇼핑백을 받아 피고인에게 이를 전달하고 그 즉시 메트암페타민의 일부를 무상으로 교부받았다는 **갑에 대한 각 피의자신문조서사본과 진술조서는 피고인의 자백에 대한 보강증거가 된다**(대법원 2017. 6. 8.선고2017도4827판결).

제 6 회
경찰 형사법 파이널 모의고사 ── 정답 및 해설

● 정답

문제	정답	문제	정답	문제	정답	문제	정답
01	②	11	④	21	④	31	①
02	④	12	④	22	④	32	③
03	②	13	①	23	③	33	③
04	④	14	④	24	②	34	①
05	②	15	②	25	②	35	②
06	②	16	①	26	③	36	③
07	③	17	②	27	②	37	④
08	④	18	②	28	②	38	④
09	②	19	②	29	④	39	③
10	②	20	②	30	③	40	②

문제 01 - 정답 ②

▶ ② ㉠㉢(2개)은 옳은 지문이나, ㉡㉣㉤(3개)은 틀린 지문이다.
㉠ (○) [1] **가정폭력범죄의 처벌 등에 관한 특례법이 정한 보호처분 중의 하나인 사회봉사명령**은 가정폭력범죄를 범한 자에 대하여 환경의 조정과 성행의 교정을 목적으로 하는 것으로서 형벌 그 자체가 아니라 보안처분의 성격을 가지는 것이 사실이다. 그러나 한편으로 이는 **가정폭력범죄행위에 대하여 형사처벌 대신 부과되는 것**으로서, 가정폭력범죄를 범한 자에게 의무적 노동을 부과하고 여가시간을 박탈하여 실질적으로는 신체적 자유를 제한하게 되므로, 이에 대하여는 **원칙적으로 형벌불소급의 원칙에 따라 행위시법을 적용함이 상당하다**.
[2] 가정폭력범죄의 처벌 등에 관한 특례법상 사회봉사명령을 부과하면서, 행위시법상 사회봉사명령 부과시간의 상한인 100시간을 초과하여 **상한을 200시간으로 올린 신법을 적용한 것은 위법하다**(대법원2008. 7. 24.자2008어4결정).
㉡ (X) [1] 구 국민건강보험법 관련 규정들에 의하면, 국민건강보험법은 '**건강보험 가입자 등 환자의** 질병과 부상, 출산 등에 대하여 예방, 진단, 치료, 재활 등 각종 형태로 제공되는 **의료서비스**'에 관하여는 '**보험급여**'(이 중 요양기관이 제공하는 것을 '요양급여'라고 한다)라는 용어를 사용하고, '국민건강보험공단이 의료기관 등이 제공한 보험급여의 대가로 지급하는 비용'에 관하여는 '**보험급여비용**'(이 중 요양기관이 제공한 요양급여의 대가로 지급되는 비용을 '요양급여비용'이라고 한다)이라는 용어를 사용하여 양자를 명확히 구별하고 있다.
[2] 2013. 5. 22. 법률 제11787호로 개정된 **국민건강보험법**은 건강보험증 부정사용 등을 통한 부정수급 행위에 대한 처벌을 강화하기 위하여 과태료 처벌규정인 위 제119조 제1항, 제2항을 삭제하는 대신 제115조 제2항 제5호를 신설하여 "**거짓이나 그 밖의 부정한 방법으로 보험급여를 받거나 타인으로 하여금 보험급여를 받게 한 자**"(이하 '이 사건 처벌규정'이라고 한다)에 대하여 1년 이하의 징역 또는 1천만 원 이하의 벌금에 **처할 수 있도록 하였다**.
[3] 위와 같이 구 국민건강보험법은 '보험급여'와 '보험급여비용'을 명확히 구분하여 사용하고 있고, 이 사건 처벌규정이 건강보험증 등을 부정 사용하여 보험급여를 수급하는 행위에 대한 처벌을 강화하기 위해 신설된 규정인 점 등을 종합하여 보면, **이 사건 처벌규정에서 정한**
'**보험급여**'는 건강보험 가입자 등 환자의 질병, 부상, 출산 등에 대하여 제공되는 치료행위 등 각종 의료서비스를 의미하는 것일 뿐, 의료기관 등이 보험급여를 실시한 대가에 대하여 국민건강보험공단이 지급하는 비용, 즉 '**보험급여비용**'까지 포괄하는 의미로 해석할 수는 없다(대법원2018. 6. 28.선고2018도361판결).
㉢ (X) 형벌법규를 해석할 때에는 그 입법목적이나 전체적 내용, 구조 등을 살펴보아 사물의 변별능력을 제대로 갖춘 **일반인(행위자 X, 법원 X)의 이해와 판단**으로서 구성요건요소에 해당하는 행위유형을 정형화하거나 한정할 합리적인 해석기준을 찾을 수 있어야 **명확성의 원칙에 반하지 않는다고 할 수 있다**(대법원2018. 5. 17.선고2017도4027전원합의체 판결).
㉣ (○) [1] **원인불명으로 재산상 이익인 가상자산을 이체받은 자가 가상자산을 사용·처분한 경우 이를 형사처벌하는 명문의 규정이 없는** 현재의 상황에서 **착오송금 시 횡령죄 성립을 긍정한 판례를 유추하여 신의칙을 근거로 피고인을 배임죄로 처벌하는 것은 죄형법정주의에 반한다**.
[2] **비트코인이 법률상 원인관계 없이 갑으로부터 피고인 명의의 전자지갑으로 이체되었더라도** 피고인이 신임관계에 기초하여 갑의 사무를 맡아 처리하는 것으로 볼 수 없는 이상 갑에 대한 관계에서 '**타인의 사무를 처리하는 자**'에 해당하지 않는다(대법원2021. 12. 16.선고2020도9789판결). 결국, 피고인이 알 수 없는 경위로 피해자의 **비트코인을** 자신의 계정으로 이체 받은 후 **자신의 다른 계정으로 이체한 경우**, 타인의 사무처리자에 해당하지 아니하므로 **배임죄가 성립하지 않는다**.
㉤ (X) [1] 구 공공기관의 개인정보보호에 관한 법률 제23조 제2항, 제11조의 '**누설**'이란 아직 **개인정보를 알지 못하는 타인에게 알려주는 일체의 행위**를 말하고, **고소·고발장에 다른 정보주체의 개인정보를 첨부**하여 **경찰서에 제출한 것은** 그 정보주체의 동의도 받지 아니하고 관련 법령에 정한 절차를 거치지 아니한 이상 **부당한 목적하에 이루어진 개인정보의 '누설'에 해당**하였다.
[2] 개인정보 보호법 제59조 제2호가 금지하는 누설행위의 주체는 '개인정보를 처리하거나 처리하였던 자'이고, 그 대상은 '업무상 알게 된 개인정보'로 제한되므로, 수사기관에 대한 모든 개인정보 제공이 금지되는 것도 아닌 점 및 개인정보 보호법의 제정 취지 등을 감안하면, **구 공공기관의 개인정보보호에 관한 법률에 따른 '누설'에 관한 위의 법리는 개인정보 보호법에도 그대로 적용된다.**
[3] 피고인이 **고소·고발에 수반**하여 **이를 알지 못하는 수사기관에 개인정보를 알려주었다고 하더라도**, 그러한 행위를 「**개인정보 보호법**」에 따른 개인정보 '**누설**'에서 **제외할 수는 없다**(대법원2022. 11. 10.선고2018도1966판결). 결국, **피고인의 행위는 개인정보보호법위반에 해당**한다.

문제 02 - 정답 ④

▶ ④ ㉠㉡㉢㉤(4개)은 옳은 지문이나, ㉣(1개)은 틀린 지문이다.

㉠ (○) **행위시법**인 구 변호사법(1982.12.31 개정전의 법률) 제54조에 규정된 형은 **징역 3년**이고 **재판시법**인 현행 변호사법 제78조에 규정된 형은 **5년 이하의 징역 또는 1천만원 이하의 벌금**으로서 **신법에서는 벌금형의 선택이 가능하다** 하더라도 법정형의 경중은 병과형 또는 **선택형 중 가장 중한 형을 기준으로** 하여 **다른 형과 경중을 정하는 것**이므로 **행위시법인 구법의 형이 더 경하다**(대법원1983. 11. 8.선고83도2499판결).

㉡ (○) [1] **형의 경중의 비교**는 원칙적으로 **법정형을 표준으로** 할 것이고 **처단형이나 선고 형에 의할 것이 아니며**, 법정형의 경중을 비교함에 있어서 법정형 중 **병과형 또는 선택형이 있을 때**에는 **이 중 가장 중한 형을 기준으로** 하여 **다른 형과 경중을 정하는 것이 원칙**이다(대법원1992. 11. 13.선고92도2194판결).

[2] **형의 경중은 형법 제50조**에 결정된다. **주형뿐만아니라 부가형도 비교해야** 하므로 주형이 동일한 경우에만 몰수와 같은 부가형까지도 비교하여 판단하여야 한다(다수설).

㉢ (○) [1] 포괄일죄에 관한 기존 처벌법규에 대하여 그 표현이나 형량과 관련한 개정을 하는 경우가 아니라 **애초에 죄가 되지 아니하던 행위를 구성요건의 신설로 포괄일죄의 처벌대상으로 삼는 경우**에는 신설된 포괄일죄 처벌법규가 **시행되기 이전의 행위**에 대하여는 **신설된 법규를 적용하여 처벌할 수 없다**(형법 제1조 제1항).

[2] 이는 **신설된 처벌법규**가 상습범을 처벌하는 구성요건인 경우에도 마찬가지라고 할 것이므로, 구성요건이 **신설된 상습강제추행죄가 시행되기 이전의 범행**은 **상습강제추행죄로는 처벌할 수 없고 행위시법**에 기초하여 **강제추행죄로 처벌할 수 있을 뿐**이며, 이 경우 **그 소추요건도 상습강제추행죄에 관한 것이 아니라 강제추행죄에 관한 것이 구비되어야** 한다.

[2] 원심이 **처벌법규가 신설된 상습강제추행죄(형법 제305조의2)가 시행되기 이전 시점의 공소사실인 피해자 갑, 을에 대한 상습강제추행의 점은 죄가 되지 아니하는 경우에 해당**한다고 보아 이유무죄로 판단하면서, 그 상습강제추행죄의 공소사실에 포함된 **각 강제추행의 점에 대하여는** 위 피해자들의 적법한 고소가 없어 공소제기의 절차가 법률의 규정에 위반하여 **무효인 때에 해당**한다고 보아 **공소기각판결을 선고한 것은 정당하다**(대법원2016. 1. 28.선고2015도15669판결).

㉣ (X) [1] **재판이 확정된 후** 법률이 변경되어 그 행위가 **범죄를 구성하지 아니하게 된 경우**에는 **형의 집행을 면제한다**(제1조 제3항).

[2] **재판이 확정된 후** 법률이 변경되어 **형이 구법(舊法)보다 가벼워진 경우**에는 **형법 제1조 제3항에 규정되어 있지 아니하므로**, 구법이 그대로 적용된다(구법대로 **그대로 형을 집행한다**).

[3] 결국, **제1조 제2항 범죄 후에는** 범죄를 구성하지 아니하게 되거나 형이 구법보다 가벼워진 경우까지 **2개가 다 규정되어 신법이 적용**된다. 그러나 제1조 제2항과는 달리 **제1조 제3항의 경우에는 범죄를 구성하지 아니한 경우 1개만** 규정되어 이것만 **신법이 적용**되지만, **형이 구법보다 가벼워진 경우**는 규정이 없으므로 **원칙대로 제1조 제1항인 구법주의가 적용된다**.

㉤ (○) **행위시법**인 구 변호사법(1982.12.31 개정전의 법률) 제54조에 규정된 형은 **징역 3년이하**이고 **재판시법**인 현행 변호사법 제78조에 규정된 형은 **5년 이하의 징역 또는 1천만원 이하의 벌금**으로서 **신법에서는 벌금형의 선택이 가능하다** 하더라도 법정형의 경중은 병과형 또는 선택형 중 **가장 중한 형을 기준으로** 하여 다른 형과 경중을 정하는 것이므로 **행위시법인 구법의 형이 더 경하다**.

문제 03 - 정답 ②

▶ ② ㉠㉡(2개)은 옳은 지문이고, ㉢㉣(2개)은 **서로 반대로 설명**하고 있어 **틀린 지문**이다.

설문은 **형법학파와 범죄론**에 관한 문제이다. 범죄론(범죄관)에 있어서 객관주의와 주관주의가 대립되는데, **甲은 구파·객관주의**(범죄의 중점을 범죄라는 침해사실에 두는 행위주의)의 내용이고, **乙은 신파·주관주의**(범죄의 중점을 범죄인의 반사회적 성격에 두는 행위자주의)의 내용이다. **자세한 내용은 다음과 같다**.

【형법학파와 범죄이론의 대립】

		고전학파(구파)	근대학파(신파)
성립시기		18c후반 - 19c초반	19c후반 - 현대
사상적 배경		개인주의·자유주의·계몽주의·합리주의·근대법치국가	범죄의 격증(소년범·누범·상습범 증가)·과학적 실증주의·현대복지국가
학자	이탈리아	Beccaria	Lombroso, Ferri, Garofalo
	독일	Feuerbach, kant, Hegal, Binding, M.E.Meyer	Liszt, Sauer, Liepmann, Radbruch, Eb.Schmidt
인간상		**자유의사**(자기행동의 통제능력)를 가진 인간 → **의사비결정론·의사자유론**	소질과 환경에 의해 지배·결정되는 인간 → **의사결정론**
범죄관		**객관주의**(침해행위·사실·결과중시) → 침해적 **결과**중시	**주관주의**(침해자의 **의사**·성격·인격중시) → 침해적 인격중시
구성요건		① 범죄행위 정형성 강조 (구성요건엄격) ② 구성요건이론 가치 중시 ③ 구성요건의 세분화 필요	① 범죄행위 정형성 경시 (엄격성 완화) ② 구성요건이론의 가치 부정 ③ 구성요건의 간소화·포괄적 규정
사실의 착오		구체적 부합설·법정적 부합설	추상적 부합설
책임론	책임의 근거	도의적 책임론(도의적 비난)	사회적 책임론(행위자의 반사회적 성격)
	책임능력본질	범죄능력·한정책임능력 인정	형벌능력·한정책임능력 부정
	책임판단대상	행위책임·의사책임	행위자 책임·성격책임
미수론	미수와 기수	엄격히 구별	구별하지 않음
	미수범 처벌근거	**객관설**(결과 실현에 근접한 **위험**)	**주관설**(행위자의 법적대적 **의사**)
	착수시기	객관설	주관설
	중지미수	객관설	주관설
	불능미수	객관설·구체적 위험설	주관설(순주관설)

		범죄공동설(수인이 1개 범죄를 공동으로)	행위공동설(수인이 행위를 공동으로)
공범론	공동정범의 본질		
	간접정범인 정여부	인정	부정
	공범종속성	공범**종속**성설(정범의 실행행위에 **종속**)	공범**독립**성설(**독**자적으로 가벌성 인정)
	공범의 미수	예비·음모로 처벌	미수로 처벌
	죄수론	행위표준설·법익표준설·구성요건표준설	의사표준설
형벌론	본질	응보형주의 → 죄형균형주의	목적형(교육형)주의 → 형벌개별화주의
	목적	일반예방주의 (일반인)	특별예방주의(범죄인의 교화개선)
	형벌과 보안처분	이원론(양자는 본질상 다름) → 대체성 부인	일원론(양자는 본질상 동일) → 대체성 인정

문제 04 - 정답 ④

▶ ④ (○) 범죄구성요건의 주관적 요소로서 미필적 고의라 함은 범죄사실의 발생 가능성을 불확실한 것으로 표상하면서 이를 용인하고 있는 경우를 말하고, 미필적 고의가 있었다고 하려면 범죄사실의 발생 가능성에 대한 인식이 있음은 물론 나아가 범죄사실이 발생할 위험을 용인하는 내심의 의사가 있어야 하며, <u>그 행위자가 범죄사실이 발생할 가능성을 용인하고 있었는지의 여부</u>는 행위자의 진술에 의존하지 아니하고 외부에 나타난 행위의 형태와 행위의 상황 등 구체적인 사정을 기초로 하여 일반인이라면 당해 범죄사실이 발생할 가능성을 어떻게 평가할 것인가를 고려하면서 <u>행위자(일반인X)의 입장에서</u> 그 심리상태를 <u>추인하여야</u> 하고(추·행하다), 이와 같은 경우에도 공소가 제기된 범죄사실의 주관적 요소인 미필적 고의의 존재에 대한 입증책임은 검사에게 있는 것이며, 한편, 유죄의 인정은 법관으로 하여금 합리적인 의심을 할 여지가 없을 정도로 공소사실이 진실한 것이라는 확신을 가지게 하는 증명력을 가진 증거에 의하여야 하므로, 그와 같은 증거가 없다면 설령 피고인에게 유죄의 의심이 간다고 하더라도 피고인의 이익으로 판단할 수밖에 없다(대판 2004.5.14. 2004도74).

① (X) 국가보안법상 이적표현물소지죄가 성립하려면 이적행위를 할 목적이 필요하다. 그 <u>목적은</u> 같은 법 제1항 내지 제4항의 행위에 대한 적극적 의욕이나 <u>확정적 인식까지는 필요없고 미필적 인식으로 족한 것이므로</u> 표현물의 내용이 객관적으로 보아 반국가단체인 북한의 대남선전, 선동 등의 활동에 동조하는 등의 이적성을 담고 있는 것임을 인식하고, 나아가 그와 같은 <u>이적행위가 될지도 모른다는 미필적 인식이 있으면</u> 위 조항의 <u>구성요건은 충족된다</u>(대법원1992. 3. 31.선고90도2033전원합의체 판결).

② (X) <u>국헌문란의 목적은</u> 범죄 성립을 위하여 <u>고의 외에 요구되는 초과주관적 위법요소로서</u> 엄격한 증명사항에 속하나, <u>확정적 인식임을 요하지 아니하며, 다만 미필적 인식이 있으면 족하다</u>(대법원2015. 1. 22.선고2014도10978전원합의체 판결).

③ (X) 형법상 방조행위는 정범이 범행을 한다는 정을 알면서 그 실행행위를 용이하게 하는 직접·간접의 행위를 말하므로, <u>방조범은</u> 정범의 실행을 방조한다는 이른바 <u>방조의 고의와</u> 정범의 행위가 구성요건에 해당하는 행위인 점에 대한 <u>정범의 고의가 있어야</u> 하나, <u>방조범에서 요구되는 정범의 고의는</u> 정범에 의하여 실현되는 범죄의 구체적 내용을 인식할 것을 요하는 것은 아니고 <u>미필적 인식이나 예견으로 족하다</u>(대판 2018.9.13. 2018도7658, 2018전도54, 55, 2018보도6, 2018모2593).

문제 05 - 정답 ②

▶ ② (X) 유조차의 석유를 구판점의 지하 석유탱크에 공급하는 작업은 위험물취급 주임의 참여하에 하여야 하고, 작업자는 그의 보완에 관한 지시와 감독하에 일을 하여야 하는 것이며, <u>그 보완에 관한 책임은 임차경인인인 위험물취급 주임에게 있는 것이라고 보아야 할 것</u>인 바, <u>유조차의 운전사에게</u> 위험물취급주임의 지시 없이도 석유가 제대로 급유되는지, 어떠한 사유로 인하여 급유장애가 발생하는지 여부를 확인하기 위하여 급유가 끝날 때까지 그와 함께 또는 그와 교대로 급유호스가 주입구에서 빠지려고 할 때는 즉시 대응조치를 할 수 있는 자세를 갖추어야 할 <u>업무상의 주의의무가 있다고 할 수는 없으므로</u>, 유조차 운전사가 석유구판점의 위험물취급 주임의 지시를 받아 유조차의 석유를 구판점 탱크로 급유하다가 급유호스가 탱크주입구에서 빠지는 바람에 분출된 석유가 화기에 인화되어 화재가 발생한 경우, 운전수가 위험물취급 주임이 탱크주입구 부분을 이탈하였음을 보고서도 <u>유조차 운전석에 앉아 다른 일을 보고 있었다고 하여 운전사에게 화재발생에 대하여 과실이 있다고 책임을 물을 수는 없다</u>(대판1990.11.13. 90도2011). 결국, 급유개시후 약 6분이 경과할 무렵 위 지하석유탱크주입구에 깊이 넣어지지 아니한 급유호스의 한쪽 끝부분이 그 주입구를 빠져나와 튕기면서 그 급유호스 끝부분으로 계속 분출된 석유가 위 구판점내 사방으로 비산되어 <u>위 사무실 안에 피워놓은 석유난로에 인화되어 이 사건 화재가 발생하였고</u>, 이로 인하여 위 주임등 3인이 사망한 경우, <u>유조차 운전사에게 업무상과실치사죄와 업무상 실화죄가 성립하지 않는다</u>.

① (○) 골프장의 경기보조원인 피고인이 골프 카트에 피해자 등 승객들을 태우고 진행하기 전에 안전 손잡이를 잡도록 고지하지도 않고, 또한 <u>승객들이 안전 손잡이를 잡았는지 확인하지도 않은 상태에서 만연히 출발하였으며</u>, 각도 70°가 넘는 우로 굽은 길을 속도를 충분히 줄이지 않고 급하게 우회전한 업무상 과실로, <u>피해자를 골프 카트에서 떨어지게 하여 상해를 입게 한 경우에 업무상과실치상죄가 성립한다</u>(대판 2010.7.22. 2010도1911).

③ (○) 운동경기에 참가하는 자가 경기규칙을 준수하는 중에 또는 그 경기의 성격상 당연히 예상되는 정도의 경미한 규칙위반 속에 제3자에게 상해의 결과를 발생시킨 것으로서, 사회적 상당성의 범위를 벗어나지 아니하는 행위라면 과실치상죄가 성립하지 않는다. 그러나 골프경기를 하던 중 골프공을 쳐서 아무도 예상하지 못한 자신의 등 뒤편으로 보내어 등 뒤에 있던 경기보조원(캐디)에게 상해를 입힌 경우에는 <u>주의의무를 현저히 위반하여 사회적 상당성의 범위를 벗어난 행위</u>로서 <u>과실치상죄가 성립한다</u>(대법원 2008. 10. 23.선고2008도6940판결).

④ (○) [1] 업무상과실치상죄의 '업무'란 사람의 사회생활면에서 하나의 지위로서 계속적으로 종사하는 사무로, 수행하는 직무 자체가 위험성을 갖기 때문에 안전배려를 의무의 내용으로 하는 경우는 물론 사람의 생명·신체의 위험을 방지하는 것을 의무의 내용으로 하는 업무도 포함한다.

[2] <u>골프와 같은 개인 운동경기에서</u>, <u>경기에 참가하는 자는</u> 자신의 행동으로 인해 다른 사람이 다칠 수도 있으므로 경기규칙을 준수

하고 주위를 살펴 상해의 결과가 발생하는 것을 미연에 방지해야 할 주의의무가 있고, 경기보조원은 그 업무의 내용상 기본적으로는 골프채의 운반·이동·취급 및 경기에 관한 조언 등으로 골프경기 참가자를 돕는 역할을 수행하면서 아울러 경기 진행 도중 위와 같이 경기 참가자의 행동으로 다른 사람에게 상해의 결과가 발생할 위험성을 고려해 예상할 수 있는 사고의 위험을 미연에 방지하기 위한 조치를 취함으로써 경기 참가자들의 안전을 배려하고 그 생명·신체의 위험을 방지할 업무상 주의의무를 부담한다(대법원 2022. 12. 1.선고2022도11950판결).

문제 06 - 정답 ②

▶ ② (X) 결과적 가중범인 특수강간치사상죄는 형법이 아니라 성폭력처벌법에서 미수범 처벌규정을 두고 있다(성폭력처벌법 제15조).
① (O) [1] 강제추행치상죄에서 상해의 결과는 강제추행의 수단으로 사용한 폭행이나 추행행위 그 자체 또는 강제추행에 수반하는 행위로부터 발생한 것이어야 한다. 따라서 상해를 가한 부분을 고의범인 상해죄로 처벌하면서 이를 다시 결과적 가중범인 강제추행치상죄의 상해로 인정하여 이중으로 처벌할 수는 없다.
[2] 피고인이 피해자를 폭행하여 비골 골절 등의 상해를 가한 다음 강제추행한 사안에서, 피고인의 위 폭행을 강제추행의 수단으로서의 폭행으로 볼 수 없어 위 상해와 강제추행 사이에 인과관계가 없다는 이유로, 폭력행위 등 처벌에 관한 법률 위반죄로 처벌한 상해를 다시 결과적 가중범인 강제추행치상죄의 상해로 인정한 원심판결을 파기한 사례.
[3] 강제추행 과정에서 입힌 가슴부 찰과상 등이 별도의 치료를 받지 않더라도 일상생활을 하는 데 아무런 지장이 없고 시일이 경과함에 따라 자연적으로 치유되었다면 강제추행치상죄의 상해에 해당하지 않을 여지가 있다(대법원2009. 7. 23.선고2009도1934판결). 결국, 강제추행치상죄의 상해에 해당하지 아니하므로 피고인에게는 상해죄와 강제추행죄가 성립한다.
③ (O) 피해자의 재물을 강취한 후 그를 살해할 목적으로 현주건조물에 방화하여 사망케 한 경우, 피고인들의 행위는 강도살인죄와 현주건조물방화치사죄에 모두 해당하고 그 두 죄는 상상적 경합법 관계에 있다(대판1998.12.8. 98도3416).
④ (O) 피고인들이 의도적으로 피해자를 술에 취하도록 유도하고 수차례 강간한 후 의식불명 상태에 빠진 피해자를 비닐창고로 옮겨 놓아 피해자가 저체온증으로 사망한 사안에서, 위 피해자의 사망과 피고인들의 강간 및 그 수반행위와의 인과관계 그리고 피해자의 사망에 대한 피고인들의 예견가능성이 인정되므로, 위 비닐창고에서 피해자를 재차 강제추행, 강간하고 하의를 벗겨 놓은 채 귀가한 피고인이 있다 하더라도 피고인들은 피해자의 사망에 대한 책임을 면한다고 볼 수 없어 강간치사죄가 인정된다(대법원2008. 2. 29.선고2007도10120판결).

문제 07 - 정답 ③

▶ ③ ㉠㉢㉣(3개)은 틀린 지문이나, ㉡㉤(2개)은 옳은 지문이다.
㉠ (X) [1] '한의사인 피고인이 2010. 3. 2.부터 2012. 6. 16.까지 환자 최○○를 진료하면서 초음파 진단기기를 사용하여 최○○의 신체 내부를 초음파 촬영함으로써 초음파 화면에 나타난 모습을 보고 진단하는 방법으로 진료행위를 한 것에 대하여, 한의사가 면허된 것 이외의 의료행위를 하였다'는 혐의의 의료법 위반죄로 기소된 사안이다.
[2] 한의사가 의료공학 및 그 근간이 되는 과학기술의 발전에 따라 개발·제작된 진단용 의료기기를 사용하는 것이 한의사의 '면허된 것 이외의 의료행위'에 해당하는지 여부는 관련 법령에 한의사의 해당 의료기기의 사용을 금지하는 규정이 있는지, 해당 진단용 의료기기의 특성과 그 사용에 필요한 기본적·전문적 지식과 기술 수준에 비추어 의료전문가인 한의사가 진단의 보조수단으로 사용하게 되면 의료행위에 통상적으로 수반되는 수준을 넘어서는 보건위생상의 위해가 생길 우려가 있는지, 전체 의료행위의 경위·목적·태양에 비추어 한의사가 그 진단용 의료기기를 사용하는 것이 한의학적 의료행위의 원리에 입각하여 이를 적용 내지 응용하는 행위와 무관한 것임이 명백한지 등을 종합적으로 고려하여 사회통념에 따라 합리적으로 판단하여야 한다(이하 '새로운 판단기준'이라 한다).
[3] 한의사가 이 사건 초음파 진단기기를 한의학적 진단의 보조수단으로 사용한 행위는 구 의료법 제27조 제1항 본문의 한의사의 면허된 것 이외의 의료행위(무면허 의료행위)에 해당하지 않는다(대법원2022. 12. 22. 선고2016도21314전원합의체판결). 결국, 한의사가 초음파 진단기기를 한의학적 진단의 보조수단으로 사용한 행위가 구 의료법 제27조 제1항 본문의 무면허 의료행위에 해당하지 않는다. 따라서 의료법위반죄에 해당하지 않는다.
㉡ (O) [1] 병역법 제88조 제1항은 국방의 의무를 실현하기 위하여 현역입영 또는 소집통지서를 받고도 정당한 사유 없이 이에 응하지 않은 사람을 처벌함으로써 입영기피를 억제하고 병력구성을 확보하기 위한 규정이다. 위 조항에 따르면 정당한 사유가 있는 경우에는 피고인을 벌할 수 없는데, 여기에서 정당한 사유는 구성요건해당성을 조각하는 사유이다. 이는 형법상 위법성조각사유인 정당행위나 책임조각사유인 기대불가능성과는 구별된다.
[2] 여호와의 증인 신도인 피고인이 지방병무청장 명의의 현역병입영통지서를 받고도 입영일부터 3일이 지나도록 종교적 양심을 이유로 입영하지 않고 병역을 거부하여 병역법 위반으로 기소된 사안에서, 피고인은 여호와의 증인 신도인 아버지의 영향으로 만 13세 때 침례를 받고 그 신앙에 따라 생활하면서 약 10년 전에 최초 입영통지를 받은 이래 현재까지 신앙을 이유로 입영을 거부하고 있고, 과거 피고인의 아버지는 물론 최근 피고인의 동생도 같은 이유로 병역을 거부하여 병역법 위반으로 수감되었으며, 피고인이 부양해야 할 배우자, 어린 딸과 갓 태어난 아들이 있는 상태에서 형사처벌의 위험을 감수하면서도 종교적 신념을 이유로 병역거부 의사를 유지하고 있는 사정에 비추어 보면, 피고인의 입영거부 행위는 진정한 양심에 따른 것으로서 구 병역법(2013. 6. 4. 법률 제11849호로 개정되기 전의 것) 제88조 제1항에서 정한 '정당한 사유'에 해당한다(대법원2018. 11. 1.선고2016도10912전원합의체 판결).
㉢ (X) 치과의사인 피고인이 보톡스 시술법을 이용하여 환자의 눈가와 미간의 주름 치료를 함으로써 면허된 것 이외의 의료행위를 하였다고 하여 의료법 위반으로 기소된 사안에서, 의료법 등 관련 법령이 구강악안면외과를 치과 영역으로 인정하고 치과의사 국가시험과목으로 규정하고 있는데, 대부분의 치과대학이나 치의학전문대학원에서 보톡스 시술에 대하여 교육하고 있고, 치과 의료 현장에서 보톡스 시술이 활용되고 있으며, 시술 부위가 안면부라도 치과대학이나 치의학전문대학원에서는 치아, 혀, 턱뼈, 침샘, 안면의 상당 부분을 형성하는 저작근육과 이에 관련된 주위 조직 등 악안

면에 대한 진단 및 처치에 관하여 중점적으로 교육하고 있으므로, 보톡스 시술이 의사만의 업무영역에 전속하는 것이라고 단정할 수 없는 점 등을 종합하면, 환자의 안면부인 눈가와 미간에 보톡스를 시술한 피고인의 행위가 치과의사에게 면허된 것 이외의 의료행위라고 볼 수 없고, 시술이 미용 목적이라 하여 달리 볼 것은 아니다(대법원2016. 7. 21.선고2013도850전원합의체 판결). 결국, 의료법위반죄에 해당하지 않는다.

ⓔ (○) [1] 성폭력범죄자의 성충동 약물치료에 관한 법률(이하 '성충동약물치료법'이라고 한다) 제10조 제1항 제1호는 성충동 약물치료 명령(이하 '치료명령'이라고 한다)을 받은 사람은 치료기간 동안 보호관찰관의 지시에 따라 성실히 약물치료에 응하여야 한다고 규정하고, 제35조 제2항은 "이 법에 따른 약물치료를 받아야 하는 사람이 정당한 사유 없이 제10조 제1항 각호의 준수사항을 위반한 때에는 3년 이하의 징역 또는 1천만 원 이하의 벌금에 처한다."라고 규정한다.

[2] 성충동 약물치료는 치료대상자의 신체의 자유, 사생활의 자유, 개인의 자기운명결정권, 인격권 등의 기본권을 제한하는 조치이므로, 성충동약물치료법 제35조 제2항은 약물치료 등 치료명령을 수인하기 어려운 정당한 사유가 있는 경우에는 피고인이 치료명령에 따른 준수사항을 위반하더라도 벌할 수 없도록 하여 기본권의 침해를 최소화하고자 하고 있다. 여기서 정당한 사유는 구성요건해당성을 조각하는 사유로, 정당한 사유가 없다는 사실을 검사가 증명하여야 하고, 이는 형법상 위법성조각사유인 정당행위나 책임조각사유인 기대불가능성과는 구별된다.

[3] 피고인이 성폭력범죄를 저질러 성폭력범죄자의 성충동 약물치료에 관한 법률에 따른 1년간의 성충동 약물치료 명령(치료명령)을 선고받아 확정되었는데, 그 집행에 불응하여 같은 법 위반죄로 징역 1년 6월을 복역하다가 징역형 집행종료 2개월 전 재개된 치료명령의 집행시도에서 약물치료 부작용에 대한 우려 등을 이유로 보호관찰관의 약물치료 지시에 다시 불응함으로써 '정당한 사유' 없이 준수사항을 위반하였다는 내용으로 기소된 사안에서, 피고인은 집행시도 당시 집행의 필요성에 대한 법원의 판단을 받을 필요가 있었음에도 그 기회를 얻지 못한 상황에서 이러한 점을 이유로 약물치료 지시에 불응한 것으로 볼 수 있어 피고인의 준수사항 위반행위에는 정당한 사유가 있다(대법원2021. 8. 19.선고2020도16111판결).

ⓜ (X) [1] 피고인이 일본에서 안마시술업소를 운영하면서 안마사 자격이 없는 종업원들을 고용한 다음 그곳을 찾아오는 손님들로부터 서비스대금을 받고 마사지와 유사성교행위를 하도록 하였다는 취지의 의료법 위반 및 성매매선 등 행위의 처벌에 관한 법률 위반 공소사실이 각 유죄로 인정된 사안에서, 피고인이 마사지를 제외한 유사성교행위의 요금을 따로 정하지 아니하고 마사지가 포함된 전체 요금만을 정해 두고 영업을 한 점 등에 비추어, 피고인 운영의 안마시술업소에서 행한 마사지와 유사성교행위가 의료법 위반죄와 성매매선 등 행위의 처벌에 관한 법률 위반죄의 실체적 경합관계에 있더라도 손님으로부터 지급받는 서비스대금은 그 전부가 마사지 대가이면서 동시에 유사성교행위의 대가라고 보아 유사성교행위가 포함된 서비스대금 전액의 추징을 명하여야 한다.

[2] 의료법 제82조 제1항은 "안마사는 장애인복지법에 따른 시각장애인 중 다음 각호의 어느 하나에 해당하는 자로서 시·도지사에게 자격인정을 받아야 한다."라고 규정하고, 의료법 제88조 제3호는 위 제82조 제1항에 따른 안마사 자격인정을 받지 아니하고 영리를 목적으로 안마를 한 사람을 처벌하도록 규정하고 있다. 그런데 의료법 제82조 제1항에 따른 안마사의 자격은 우리나라 시·도지사의 자격인정에 의하여 부여되는 것으로서 안마사를 시·도지사의 자격인정을 받은 시각장애인으로 제한하는 위 규정의 목적이 시각장애인에게 안마업을 독점시킴으로써 그들의 생계를 지원하고 직업활동에 참여할 수 있는 기회를 제공하려는 데 있음을 고려하면, 대한민국 영역 외에서 안마업을 하려는 사람에게까지 시·도지사의 자격인정을 받아야 할 의무가 있다고 보기는 어렵다. 따라서 내국인이 대한민국 영역 외에서 안마업을 하는 경우에는 위와 같은 의무위반을 처벌하는 의료법 제88조 제3호의 구성요건 해당성이 없다(대법원2018. 2. 8.선고2014도10051판결).

문제 08 - 정답 ④

▶ ④ ㉠㉢㉤(3개)은 옳은 지문이나, ㉡㉣(2개)는 틀린 지문이다.

㉠ (○) [1] 형법 제24조의 규정에 의하여 위법성이 조각되는 피해자의 승낙은 개인적 법익을 훼손하는 경우에 법률상 이를 처분할 수 있는 사람의 승낙이어야 할 뿐만 아니라 그 승낙이 윤리적·도덕적으로 사회상규에 반하는 것이 아니어야 한다.

[2] 피고인이 피해자와 공모하여 교통사고를 가장하여 보험금을 편취할 목적으로 피해자에게 상해를 가하였다면 피해자의 승낙이 있었다고 하더라도 이는 위법한 목적에 이용하기 위한 것이므로 피고인의 행위가 피해자의 승낙에 의하여 위법성이 조각된다고 할 수 없다.

㉡ (X) [1] 형법 제20조는 '사회상규에 위배되지 아니하는 행위'를 정당행위로서 위법성이 조각되는 사유로 규정하고 있다. 위 규정에 따라 사회상규에 의한 정당행위를 인정하려면, 첫째 그 행위의 동기나 목적의 정당성, 둘째 행위의 수단이나 방법의 상당성, 셋째 보호이익과 침해이익과의 법익균형성, 넷째 긴급성, 다섯째로 그 행위 외에 다른 수단이나 방법이 없다는 보충성 등의 요건을 갖추어야 하는데, 위 '목적·동기', '수단', '법익균형', '긴급성', '보충성'은 불가분적으로 연관되어 하나의 행위를 이루는 요소들로 종합적으로 평가되어야 한다.

[2] '목적의 정당성'과 '수단의 상당성' 요건은 행위의 측면에서 사회상규의 판단 기준이 된다. 사회상규에 위배되지 아니하는 행위로 평가되려면 행위의 동기와 목적을 고려하여 그것이 법질서의 정신이나 사회윤리에 비추어 용인될 수 있어야 한다. 수단의 상당성·적합성도 고려되어야 한다. 또한 보호이익과 침해이익 사이의 법익균형은 결과의 측면에서 사회상규에 위배되는지를 판단하기 위한 기준이다. 이에 비하여 행위의 긴급성과 보충성은 수단의 상당성을 판단할 때 고려요소의 하나로 참작하여야 하고 이를 넘어 독립적인 요건으로 요구할 것은 아니다. 또한 그 내용 역시 다른 실효성 있는 적법한 수단이 없는 경우를 의미하고 '일체의 법률적인 적법한 수단이 존재하지 않을 것'을 의미하는 것은 아니라고 보아야 한다(대법원2023. 5. 18.선고2017도2760판결).

㉢ (○) [1] 강간 등에 의한 치사상죄에 있어서 사상의 결과는 간음행위 그 자체로부터 발생한 경우나 강간의 수단으로 사용한 폭행으로부터 발생한 경우는 물론 강간에 수반하는 행위에서 발생한 경우도 포함한다.

[2] 피고인이 스스로 야기한 강간범행의 와중에서 피해자가 피고인의 손가락을 깨물며 반항하자 물린 손가락을 비틀며 잡아 뽑다가 피해자에게 치아결손의 상해를 입힌 소위를 가리켜 법에 의하

여 용인되는 피난행위라 할 수 없다(대법원1995. 1. 12.선고94도2781판결).
ⓒ (X) 피고인이 깨어진 병으로 피해자를 찌를 듯이 겨우어 협박한 사실이 넉넉히 인정되는 바, **피고인이 위와 같은 행위를 하게 된 것**은 위 피해자로부터 갑작스럽게 뺨을 맞는 등 폭행을 당하여 서로 멱살을 잡고 다투다가 수세에 몰리자 이에 대항하기 위한 것이었음이 위 각 증거에 비추어 명백하므로 **피고인의 위 행위는 자기의 법익에 대한 현재의 부당한 침해를 방위하기 위한 것이라고 볼 수 있으나**, 맨손으로 공격하는 상대방에 대하여 위험한 물건인 깨어진 병을 가지고 대항한다는 것은 당시의 상황에 비추어도 **사회통념상 그 정도를 초과한 방위행위로서 상당성이 결여된 것**이라고 보지 않을 수 없고, 또 피고인과 위 피해자 사이에 싸움이 일어나자 **동석한 갑, 을 등은 싸움을 제지하였다는 것**이어서 이러한 상황에 비추어 당시 **피고인의 위와 같은 대항행위가 야간의 공포나 당황으로 인한 것이었다고 보기도 어렵다**. 따라서 피고인의 **정당방위(제21조 제1항)** 또는 **야간의 공포나 당황으로 인한 과잉방위(제21조 제3항) 주장을 배척하고 다만 그 정황을 참작하여 형을 감경(제21조 제2항)한 조치는 정당하다**(대법원1991. 5. 28.선고91도80판결). 결국, **정당방위(제21조 제1항)** 또는 **야간의 공포나 당황으로 인한 과잉방위(제21조 제3항)에는 해당하지 않으나, 다만 그 정황을 참작하여 형을 감경하는 제21조 제2항의 과잉방위에는 해당한다.**
ⓔ (O) [1] 사법경찰관 등이 체포영장을 소지하고 피의자를 체포하기 위해서는 체포영장을 피의자에게 제시하고(형사소송법 제200조의6,제85조 제1항), 피의사실의 요지, 체포의 이유와 변호인을 선임할 수 있음을 말하고 변명할 기회를 주어야 한다(형사소송법 제200조의5). 이와 같은 **체포영장의 제시나 고지 등은** 체포를 위한 실력행사에 들어가기 **이전에 미리 하여야 하는 것이 원칙이다**. 그러나 달아나는 피의자를 쫓아가 붙들거나 폭력으로 대항하는 피의자를 실력으로 제압하는 경우에는 붙들거나 제압하는 과정에서 하거나, 그것이 여의치 않은 경우에는 일단 붙들거나 제압한 후에 지체 없이 하여야 한다.
[2] 경찰관의 체포행위가 적법한 공무집행을 벗어나 불법하게 체포한 것으로 볼 수밖에 없다면, 피의자가 그 체포를 면하려고 반항하는 과정에서 경찰관에게 상해를 가한 것은 **불법체포로 인한 신체에 대한 현재의 부당한 침해에서 벗어나기 위한 행위로서 정당방위에 해당하여 위법성이 조각된다**(대판2017.9.21. 2017도10866).

문제 09 - 정답 ②

▶ ② ⓛⓒ(2개)은 틀린 지문이나, ⓐⓓⓔ(3개)은 맞는 지문이다.
ⓐ (O) 형법 제 10조 제3항은 고의에 의한 원인에 있어서 자유로운 행위만이 아니라 **과실에 의한 원인에 있어서 자유로운 행위까지도 포함하는 것으로서, 위험의 발생을 예견할 수 있었는데도** 자의로 심신장애를 야기한 경우도 **그 적용대상이 된다**(대법원1992. 7. 28. 선고92도999판결).
ⓑ (X) **원인설정행위시에 실행의 착수가 있다고 하는 견해**는 실행행위의 정형성의 원칙을 **무시**하는 문제점을 내포하고 있으며, 가벌성이 부당하게 확장될 위험이 있어 죄형법정주의의 보장적 기능을 관철하기가 **어렵다**는 **비판**을 받고 있다.
ⓒ (X) 원인에 있어서 자유로운 행위의 가벌성(책임)의 근거를 **원인설정행위와 실행행위의 불가분적인 연관성에서 찾는 견해**는 행

위와 책임의 동시존재의 원칙에 대한 **예외**를 인정한다. 이 견해를 **예외설**이라고 하는데, 현재의 다수설이다(**연·예**).
ⓓ (O) **원인행위를 실행행위로 보는 견해(일치설)**에 따르면 **행위와 책임의 동시존재의 원칙을 유지할 수 있게 된다(유지설이라고 부른다)(원·유).**
ⓔ (O) 원인에 있어서 자유로운 행위 이론은 **고의 또는 과실에 의한 작위범·부작위범에 모두 적용된다(통설)**. 즉, 갑이 을을 살해할 의사로 만취하여 을을 살해한 경우(**고의에 의한 작위범**), 전철수 갑이 열차를 충돌시킬 의사로 음주하고 잠을 자서 전철(선로를 변경하는 일)하지 못하여 열차가 충돌한 경우(**고의에 의한 부작위범**), 술만 마시면 타인을 폭행하는 습벽이 있는 자가 그날도 부주의하게 다량 음주하여 행위를 구타한 경우(**과실에 의한 작위범**), 엄마가 영아를 젖먹이다가 잠이 들어 젖꼭지를 떼지 않아 취침 중에 질식사시킨 경우(**과실에 의한 부작위범**)가 여기에 해당한다.

문제 10 - 정답 ②

▶ ② (X) **정범이 실행의 착수에 이르지 아니하고 예비단계에 그친 경우**에는, 이에 가공한다 하더라도 예비의 공동정범이 되는 때를 제외하고는 **종범으로 처벌할 수 없다**(대법원1979. 5. 22.선고79도552판결).
① (O) 대법원1991. 6. 25.선고91도436판결
③ (O) 대법원1977. 6. 28.선고77도251판결
④ (O) 제164조 제1항(현주건조물 등 방화죄), 제165조(공용건조물 등 방화죄), 제166조 제1항(타인소유일반건조물 등 방화죄), 제172조 제1항(폭발성물건파열죄), 제172조의 2 제1항(가스·전기 등 방류죄), 제173조 제1항과 제2항의 죄(가스·전기 등 공급방해죄)를 범할 목적으로 예비 또는 음모한 자는 5년 이하의 징역에 처한다. 단 **그 목적한 죄의 실행에 이르기 전에(예비, 음모단계) 자수**한 때에는 **형을 감경 또는 면제한다(필요적 감면)**.

> (참고) 예비·음모죄 중 필요적 자수 감면규정이 있는 범죄는 범죄는 다음과 같다.
> ㉠ **내란의 죄(제90조) ㉡ 외환의 죄(제101조) ㉢ 외국에 대한 사전죄(제111조 제3항) ㉣ 폭발물사용죄(제120조 제1항) ㉤ 폭발성물건파열죄(제172조), 가스·전기 등 방류죄(제172조의 2 제1항), 가스·전기 등 공급방해죄(제173조 제1항과 제2항의 죄) ㉥ 현주건조물방화죄(제164조), 공용건조물방화죄(제165조), 일반건조물등방화죄(제166조) ㉦ 통화위조죄(제213조)** 등
> (암기) 부부 **내·외**가 서로 **사·통**해서 서로 **폭발**하여 **방화**하였다.

문제 11 - 정답 ④

▶ ④ (O) **3인 이상의 범인이 합동절도의 범행을 공모한 후 적어도 2인 이상의 범인이 범행 현장에서 시간적, 장소적으로 협동관계를 이루어 절도의 실행행위를 분담하여 절도 범행을 한 경우에는** 공동정범의 일반 이론에 비추어 그 **공모에는 참여하였으나 현장에서 절도의 실행행위를 직접 분담하지 아니한 다른 범인에 대하여도** 그가 현장에서 절도 범행을 실행한 위 **2인 이상의 범인의 행위를 자기 의사의 수단으로 하여 합동절도의 범행을 하였다고 평가**할 수 있는 정범성의 표지를 갖추고 있다고 보여지는 한 **그 다른 범인에 대하여 합동절도의 공동정범의 성립을 부정할 이유가 없다고 할 것이다**. 합동절도에서도 공동정범과 교사범·종범의 구별기준은 일반원칙에 따라야 하고, 그 결과 범행현장에 존재하지 아니한

범인도 공동정범이 될 수 있으며, 반대로 상황에 따라서는 장소적으로 협동한 범인도 방조만 한 경우에는 종범으로 처벌될 수도 있다(대판1998.5.21. 98도321 전원합의체판결).
① (X) 丙은 甲·乙과 실행행위의 분담을 공모하고 절취행위 장소 부근에서 자신이 운전하는 차량 내에서 대기하고 있었던 경우, 절취행위 장소가 丙이 대기중인 차량으로부터 다소 떨어지게 된 때가 있었으나 그렇다고 하여 시간적, 장소적 협동관계에서 이탈하였다고는 보여지지 아니하므로 丙에 대하여 합동절도의 상습성을 인정하고 특정범죄가중처벌등에관한법률 제5조의4 제1항, 형법 제331조를 적용하여 유죄로 인정한 원심판결은 정당하다(대판 1988.9.13. 88도1197). 결국, 병은 절도죄의 공동정범이 아니라 甲·乙·丙은 모두 특수절도죄가 성립한다.
② (X) 甲은 1981년 1월 초순경부터 A의 집 지하실에 히로뽕제조 기구를 설치하여 히로뽕을 밀조하고 있었던 바, 1982년 2월 9일경 이 사실을 안 乙은 그때부터 甲의 제조행위에 가담하였는데, 甲과 乙은 2월 중순경 검거된 경우, 포괄적 일죄의 일부에 공동정범으로 가담한 자는 비록 그가 그때에 이미 이루어진 종전의 범행을 알았다 하여도 그 가담 이후의 범행에 대해서만 공동정범으로서 책임을 진다(대판1982.6.8. 82도884).
③ (X) 공모공동정범에 있어서 그 공모자 중의 1인이 다른 공모자가 실행행위에 이르기 전에 그 공모관계에서 이탈한 때에는 그 이후의 다른 공모자의 행위에 관하여 공동정범으로서의 책임은 지지 않는다고 할 것이고 그 이탈의 표시는 반드시 명시적임을 요하지 않는다(대판1986.1.21. 85도2371, 85감도347).

문제 12 - 정답 ④

▶ ④ ㉠㉡㉢㉣(4개)은 모두 간접정범이 성립한다.
㉠ (O) 보증인이 아닌 자가 허위 보증서 작성의 고의 없는 보증인들을 이용하여 허위의 보증서를 작성하게 한 경우, 부동산소유권 이전등기 등에 관한 특별조치법 제13조 제1항 제3호에 정한 '허위보증서작성죄'의 간접정범이 성립한다(대법원2009. 12. 24.선고2009도7815판결).
㉡ (O) 시장의 토지구획정리사무를 보조하는 지방행정주사보가 행사할 목적으로 그 직무상 초안하는 문서에 허위사실을 기내한 체비지매각 증명서 및 매도증서를 기안하여 그 정을 모르는 총무과 직원으로 하여금 시장 직인을 압날케 하여 시장명의의 위 문서들을 작성케 한 경우에는 허위공문서작성죄의 간접정범이 성립한다(대법원1983. 9. 27.선고83도1404판결).
㉢ (O) 타인을 비방할 목적으로 허위사실인 기사의 재료를 신문기자에게 제공한 경우에 기사를 신문지상에 게재하느냐의 여부는 신문 편집인의 권한에 속한다고 할 것이나, 이를 편집인이 신문지상에 게재한 이상 기사의 게재는 기사 재료를 제공한 자의 행위에 기인한 것이므로 기사 재료의 제공행위는 형법 제309조 제2항 소정의 출판물에 의한 명예훼손죄의 죄책을 면할 수 없다(대법원 2004. 5. 14.선고2003도5370판결).
㉣ (O) 감금죄는 간접정범의 형태로도 행하여질 수 있는 것이므로, 인신구속에 관한 직무를 행하는자 또는 이를 보조하는자가 피해자를 구속하기 위하여 진술조서 등을 허위로 작성한 후 이를 기록에 첨부하여 구속영장을 신청하고, 진술조서 등이 허위로 작성된 정을 모르는 검사와 영장전담판사를 기망하여 구속영장을 발부받은 후 그 영장에 의하여 피해자를 구금하였다면 형법 제124조 제1항의 직권남용감금죄가 성립한다(대법원2006. 5. 25.선고2003도3945판결).

문제 13 - 정답 ①

▶ ① ㉠㉡㉢㉣㉤(5개)은 모두 옳은 지문이다.
㉠ (O) 공무원이 아닌 자는 형법 제228조의 경우를 제외하고는 허위공문서작성죄의 간접정범으로 처벌할 수 없으나, 공무원이 아닌 자가 공무원과 공동하여 허위공문서작성죄를 범한 때에는 공무원이 아닌 자도 형법 제33조, 제30조에 의하여 허위공문서작성죄의 공동정범이 된다(대법원2006. 5. 11.선고2006도1663판결).
㉡ (O) 신분관계가 없는 자가 신분관계 있는 자와 공모하여 업무상배임죄를 저질렀다면, 그러한 신분관계가 없는 공범에 대하여는 형법 제33조 단서에 따라 단순배임죄에서 정한 형으로 처단하여야 한다. 이 경우에는 신분관계 없는 공범에게도 같은 조 본문에 따라 일단 신분범인 업무상배임죄가 성립하고 다만 과형에서만 무거운 형이 아닌 단순배임죄의 법정형이 적용된다(대법원2018. 8. 30.선고2018도10047판결).
㉢ (O) 대판2001.11.30. 2001도2015
㉣ (O) 대판1961.8.2. 4294형상284
㉤ (O) 신분관계로 인하여 형의 경중이 있는 경우에 신분이 있는 자가 신분이 없는 자를 교사하여 죄를 범하게 한 때에는 형법 제33조 단서가 형법 제31조 제1항에 우선하여 적용됨으로써 신분이 있는 교사범이 신분이 없는 정범보다 중하게 처벌된다(대법원 1994.12.23. 선고 93도1002 판결).

문제 14 - 정답 ④

▶ ④ (X) [1] 무면허운전으로 인한 도로교통법 위반죄에 관해서는 어느 날에 운전을 시작하여 다음 날까지 동일한 기회에 일련의 과정에서 계속 운전을 한 경우 등 특별한 경우를 제외하고는 사회통념상 운전한 날을 기준으로 운전한 날마다 1개의 운전행위가 있다고 보는 것이 상당하므로 운전한 날마다 무면허운전으로 인한 도로교통법 위반의 1죄가 성립한다고 보아야 한다.
[2] 한편 같은 날 무면허운전 행위를 여러 차례 반복한 경우라도 그 범의의 단일성 내지 계속성이 인정되지 않거나 범행 방법 등이 동일하지 않은 경우 각 무면허운전 범행은 실체적 경합 관계에 있다고 볼 수 있으나(예. 렉스턴과 아반테), 그와 같은 특별한 사정이 없다면 각 무면허운전 행위는 동일 죄명에 해당하는 수 개의 동종 행위가 동일한 의사에 의하여 반복되거나 접속·연속하여 행하여진 것으로 봄이 상당하고 그로 인한 피해법익도 동일한 이상, 각 무면허운전 행위를 통틀어 포괄일죄로 처단하여야 한다(예. 아반테와 아반테, 렉스턴과 렉스턴).
[3] 피고인이 같은 날 자동차운전면허 없이 20:00경 춘천시 인근 도로에서 렉스턴 승용차를 운전하였다는 것과 23:20경 인근 도로에서 동일한 차량을 운전하였다는 것으로, 각 운전 시간 내지 장소에 일부 차이가 있을 뿐 피고인이 같은 날 동일한 차량을 무면허로 운전하려는 단일하고 계속된 범의 아래 동종의 범행을 같은 방법으로 반복한 것으로 보이고, 달리 그 범의가 갱신되었다거나 범행 방법 등에 차이가 존재한다고 보기 어렵다. 따라서 사회통념상 하나의 도로교통법 위반(무면허운전) 행위로 평가할 수 있으므로 포괄하여 일죄에 해당한다(대법원2022. 10. 27. 선고 2022도8806 판결). 결국, 단계(범의가 단일하고 계속성이 있는 때)는 포괄일죄이다. 그러나 단계(범의가 단일하고 계속성이 있는 때)가 없으면 행위 수에 따라 실체적 경합이다.

① (○) [1] 수 개의 등록상표에 대하여 상표법 제230조의 상표권 침해행위가 계속하여 이루어진 경우에는 등록상표마다 포괄하여 1개의 범죄가 성립한다. 그러나 하나의 유사상표 사용행위로 수 개의 등록상표를 동시에 침해하였다면 각각의 상표법 위반죄는 상상적 경합의 관계에 있다.
[2] 피고인 갑 주식회사의 대표이사인 피고인 을이 병 주식회사의 등록상표 '코크린', 'Coclean' (이하 차례로 '제1, 2 등록상표'라 한다)과 유사한 상표인 '코코크리', 'kokoCLEAN'을 그 지정상품과 동일한 상품에 부착하여 인터넷 쇼핑몰 등에서 판매함으로써 병 회사의 상표권을 침해하였다는 공소사실이 원심에서 유죄로 인정된 사안에서, 공소사실 중 제1 등록상표의 침해로 인한 상표법 위반죄와 제2 등록상표의 침해로 인한 상표법 위반죄는 각각 포괄일죄의 관계에 있고, 피고인 을은 하나의 유사상표 사용행위로 제1 등록상표와 제2 등록상표를 동시에 침해하였으므로 이들 포괄일죄 상호 간에는 상상적 경합범 관계가 성립한다(대법원2020. 11. 12.선고2019도11688판결).
② (○) 영업으로 성매매알선 등 행위(성매매의 장소를 제공하는 행위를 포함한다)를 한 사람은 포괄일죄가 성립한다(성매매처벌법 제19조 제2항 제1호).
③ (○) 공직선거법 제18조 제1항 제3호에 규정된 죄와 다른 죄의 경합범에 대하여는 이를 분리 선고하여야 한다(공직선거법 제18조 제3항 전단). 따라서 판결이 확정된 선거범죄와 확정되지 아니한 다른 죄는 동시에 판결할 수 없었던 경우에 해당하므로 형법 제39조 제1항에 따라 동시에 판결할 경우와의 형평을 고려하여 형을 선고하거나 그 형을 감경 또는 면제할 수 없다(대법원2021. 10. 14.선고2021도8719판결).

문제 15 - 정답 ②

▶ ② (X) [1] 피고인이 일본에서 안마시술업소를 운영하면서 안마사 자격이 없는 종업원들을 고용한 다음 그곳을 찾아오는 손님들로부터 서비스대금을 받고 마사지와 유사성교행위를 하도록 하였다는 취지의 의료법 위반 및 성매매알선 등 행위의 처벌에 관한 법률 위반 공소사실이 각 유죄로 인정된 사안에서, 피고인이 마사지를 제외한 유사성교행위의 요금을 따로 정하지 아니하고 마사지가 포함된 전체 요금만을 정해 두고 영업을 한 점 등에 비추어, 피고인 운영의 안마시술업소에서 행한 마사지와 유사성교행위가 의료법 위반죄와 성매매알선 등 행위의 처벌에 관한 법률 위반죄의 실체적 경합관계에 있더라도 손님으로부터 지급받는 서비스대금은 그 전부가 마사지 대가이면서 동시에 유사성교행위의 대가라고 보아 유사성교행위가 포함된 서비스대금의 전액을 추징하여야 한다.
[2] 피고인이 마사지를 제외한 유사성교행위의 요금을 따로 정하지 아니하고 마사지가 포함된 전체 요금만을 정해 두고 영업을 한 점 등 기록에 나타난 사정들에 비추어 보면, 원심의 이러한 판단은 마사지가 유사성교행위와는 별개의 행위로서 별죄를 구성한다 하더라도 피고인이 위와 같은 서비스를 제공하고 취득한 대금에서 유사성교행위의 대가를 갈라내어 나눌 수 없는 이상, 그 전액이 성매매알선의 범죄로 인하여 취득한 이익에 해당하여 추징액에 포함되어야 한다는 취지로 볼 수 있고, 그와 같은 원심의 결론 역시 수긍할 수 있다(대법원2018. 2. 8.선고2014도10051판결).
① (○) [1] 형법 제49조 단서는 '행위자에게 유죄의 재판을 하지 아니할 때에도 몰수의 요건이 있는 때에는 몰수만을 선고할 수 있다.'고 규정하고 있으므로, 몰수는 물론 이에 갈음하는 추징도 위 규정에 근거하여 선고할 수 있으나, 우리 법제상 공소제기 없이 별도로 몰수·추징만을 선고할 수 있는 제도가 마련되어 있지 아니하므로, 위 규정에 근거하여 몰수·추징을 선고하려면 몰수·추징의 요건이 공소가 제기된 공소사실과 관련되어 있어야 하고, 공소가 제기되지 아니한 별개의 범죄사실을 법원이 인정하여 그에 관하여 몰수·추징을 선고하는 것은 불고불리의 원칙에 위배되어 허용되지 않는다. 이러한 법리는 형법 제48조의 몰수·추징 규정에 대한 특별규정인 범죄수익은닉의 규제 및 처벌 등에 관한 법률 제8조 내지 제10조의 규정에 따른 몰수·추징의 경우에도 마찬가지로 적용된다.
[2] 피고인이 영리의 목적으로 도박공간을 개설하였다는 공소사실이 제1심 및 원심에서 유죄로 인정되었는데, 그로 인한 범죄수익의 추징과 관련하여 피고인이 직접 도박에 참가하여 얻은 수익 부분에 대한 추징 여부가 문제 된 사안에서, 형법 제247조의 도박개장죄는 영리의 목적으로 스스로 주재자가 되어 그 지배 아래 도박장소를 개설함으로써 성립하는 범죄로서 도박죄와 별개의 독립된 범죄이고, 도박공간을 개설한 자가 도박에 참가하여 얻은 수익은 도박공간개설을 통하여 간접적으로 얻은 이익에 당연히 포함된다고 보기도 어려워 도박공간을 개설한 자가 도박에 참가하여 얻은 수익을 도박공간개설로 얻은 범죄수익으로 몰수하거나 추징할 수 없다는 이유로, 전체 범죄수익 중 피고인이 직접 도박에 참가하여 얻은 수익을 도박공간개설의 범죄로 인한 추징 대상에서 제외하고 그 차액만을 추징한 원심의 판단이 정당하다(대법원2022. 12. 29.선고2022도8592판결). 결국, '도박죄'와 '도박공간개설죄'는 독립된 별개 범죄이므로, '도박공간개설죄'로만 기소된 피고인이 직접 도박에 참가하여 얻은 수익은 도박공간개설로 얻은 범죄수익에 해당하지 아니하므로, 이 부분을 제외한 나머지 금액에 대해서만 추징을 명해야 한다(대법원2022. 12. 29.선고 2022도8592판결).
③ (○) 웹사이트는 범죄행위에 제공된 무형의 재산에 해당할 뿐 형법 제48조 제1항 제2호에서 정한 '범죄행위로 인하여 생겼거나 이로 인하여 취득한 물건'에 해당하지 않으므로, 피고인이 위 웹사이트 매각을 통해 취득한 대가는 형법 제48조 제1항 제2호, 제2항이 규정한 추징의 대상에 해당하지 않는다(대법원2021. 10. 14.선고2021도7168판결).
④ (○) 임대차보증금반환채권(물건이 아닌 권리=재산상 이익)은 범죄수익은닉규제법 제2조 제2호 (나)목 1)에서 범죄수익으로 정한 '성매매에 제공되는 사실을 알면서 자금을 제공하는 행위에 관계된 자금 또는 재산'으로 범죄수익은닉규제법 제8조 제1항 제1호에 따라 범죄수익으로 몰수될 수 있다(대법원2020. 10. 15.선고 2020도960판결).

문제 16 - 정답 ①

▶ ① (X) [1]「폭력행위 등 처벌에 관한 법률」(이하 '폭력행위처벌법'이라고 한다) 제2조 제2항 제1호의 '2명 이상이 공동하여 폭행의 죄를 범한 때'라고 함은 그 수인 사이에 공범관계가 존재하고, 수인이 동일 장소에서 동일 기회에 상호 다른 자의 범행을 인식하고 이를 이용하여 폭행의 범행을 한 경우임을 요한다. 따라서 폭행 실행범과의 공모사실이 인정되더라도 그와 공동하여 범행

에 가담하였거나 범행장소에 있었다고 인정되지 아니하는 경우에는 공동하여 죄를 범한 때에 해당하지 않고, <u>여러 사람이 공동하여 범행을 공모하였다면 그중 2인 이상이 범행장소에서 실제 범죄의 실행에 이르렀어야</u> 나머지 <u>공모자에게도 공모공동정범이 성립할 수 있을 뿐이다.</u>

[2] 이 사건 범행 전날 丙은 '싸워서라도 돈을 받아내라', 乙은 '무조건 고개를 낮추고 싸워', '영상으로 찍을 거니까 너가 이겨야 돼'라는 등의 말을 甲에게 하였고, 범행 당일 피고인들 모두 피해자와의 싸움 현장에 나가 <u>갑이 직접 피해자를 폭행하자, 을은</u> 그 모습을 휴대전화기로 촬영하고, <u>병은</u> 이를 옆에서 지켜보았다. 피고인들 상호 간에 <u>공동으로 피해자를 폭행하자는 공동가공의 의사로 공범관계의 성립에 이르렀다고 볼 수 없을 뿐만</u> 아니라, <u>병과 을은</u> 이 사건 현장에서 갑의 폭행을 인식하고 이를 이용하여 피해자의 신체에 대한 유형력을 행사하는 폭행의 실행행위에 가담한 것이 아니라 <u>단지 갑이 피해자를 폭행하는 모습을 지켜보거나 이를 동영상으로 촬영하였다는 것에 불과</u>하다.

[3] 따라서 <u>갑의 단독범행에 의한 폭행</u>과 병과 을의 폭행 교사 또는 방조로 인한 죄책 유무는 별론으로 하고, <u>피고인들에게 2명 이상이 공동하여 피해자를 폭행한 경우 성립하는 폭력행위처벌법 위반(공동폭행)죄의 죄책을 물을 수는 없다</u>(대법원2023. 8. 31.선고 2023도6355판결). 결국, 피고인들 중 1인이 피해자를 폭행하고 나머지는 이를 휴대전화로 촬영하거나 지켜본 것은 <u>공동폭행에 해당하지 않는다.</u>

② (○) 폭력행위 등 처벌에 관한 법률(약칭: 폭력행위처벌법) 제2조 제2항에 의하면 "<u>2명 이상이 공동하여 폭행·협박의 죄를 범한 사람</u>은 "형법」각 해당 조항에서 정한 형의 <u>2분의 1까지 가중한다.</u>"고 규정하고 있으며, 형법상 <u>반의사불벌죄를 적용하지 않는다</u>(폭력행위처벌법 제2조 제4항).

(참고) 형법상 <u>폭행죄와 협박죄, 존속폭행죄와 존속협박죄는</u> 반의사불벌죄이다. 그러나 형법상 <u>특수폭행죄와</u> 특수협박죄, <u>상습폭행죄와 상습</u>협박죄, 폭력행위처벌법상 <u>2명 이상 공동하여 폭행죄와 협박죄</u>의 저지른 경우는 <u>반의사불벌죄가 아니다</u>(피해자의 명시한 의사에 반하여 검사가 공소를 제기할 수 있다).

③ (○) [1] <u>군형법 제60조의6(군인등에 대한 폭행, 협박죄의 특례)</u> 군인등이 <u>다음 각 호의 어느 하나에 해당하는 장소에서 군인등을 폭행</u> 또는 협박한 경우에는 「형법」 <u>제260조 제3항(폭행죄의 반의사불벌죄)</u> 및 제283조 제3항(협박죄의 반의사불벌죄)을 <u>적용하지 아니한다.</u>

1. 「군사기지 및 군사시설 보호법」 제2조 제1호의 <u>군사기지</u>
2. 「군사기지 및 군사시설 보호법」 제2조 제2호의 군사시설
3. 「군사기지 및 군사시설 보호법」 제2조 제5호의 군용항공기
4. 군용에 공하는 함선

[2] <u>피고인과 피해자가 소속된 부대</u>는 주한미군을 지원하는 작전을 수행하는 <u>대한민국의 국군부대로 그 본부가 주한미군기지 안에 위치하고, 부대장인 피고인과 부대원인 피해자 모두 위 주한미군기지에서 임무를 수행하고 있는 것</u>으로 보이는바, 이 사건 범행 장소는 대한민국 국군이 군사작전을 수행하기 위한 근거지에 해당한다고 볼 여지가 크므로, 비록 외국군의 군사기지라고 하더라도, 그곳에서 일어난 <u>이 사건 범행은 군형법 제60조의6 제1호가 적용되는 군사기지에서 벌어진 군인의 군인에 대한 폭행죄에 해당하므로, 형법상 반의사불벌죄(형법 제260조 제3항)가 적용되지 않는다</u>(대법원2023.6.15.선고 2020도927판결). 결국, 주한미군기지에서 발생한 대한민국 군인 사이의 폭행에 군형법 제60조의6 제1호(군사기지에서 발생한 군인등 사이의 폭행죄에 반의사불벌에 관한 형법 제260조 제3항의 적용을 배제하는 규정)가 적용되므로 형법상 반의사불벌죄(형법 제260조 제3항)가 적용되지 않는다.

④ (○) [1] <u>군사기지·군사시설</u>에서 <u>군인 상호간의 폭행죄에 반의사불벌에 관한 형법조항의 적용을 배제하고 있는 군형법</u> 제60조의6 제1호, 제2호 중 군인이 군사기지·군사시설에서 군인을 폭행한 경우, <u>형법 제260조 제3항을 적용하지 아니하도록 한 부분</u>(이하 '심판대상조항'이라 한다)이 형벌체계상 균형을 상실하여 <u>평등원칙에 위반되지 않는다.</u>

[2] '일반 폭행죄'와 '군사기지·군사시설에서 군인 상호간의 폭행죄'는 타인의 신체에 대한 유형력 행사로 성립되는 죄라는 공통점이 있다. 그러나 <u>전자는 '신체의 안전'을 주된 보호법익</u>으로 함에 반하여, <u>후자는 '군 조직의 기강과 전투력 유지'를 주된 보호법익</u>으로 한다는 점에서 차이가 있다. 또한 엄격한 위계질서와 집단생활을 하는 군 조직의 특수성으로 인하여 피해자가 가해자에 대한 처벌을 희망할 경우 다른 구성원에 의해 피해를 당할 우려가 있고, <u>상급자가 가해자·피해자 사이의 합의에 관여할 경우 피해자가 처벌불원의사를 거부하기 어려운 경우가 발생할 수 있다.</u> 특히 병역의무자는 헌법상 국방의 의무의 일환으로서 병역의무를 이행하는 대신, 국가는 병영생활을 하는 병역의무자의 신체·안전을 보호할 책임이 있음을 고려할 때, <u>궁극적으로는 군사기지·군사시설에서의 폭행으로부터 병역의무자를 보호해야 한다</u>는 입법자의 판단이 헌법이 부여한 광범위한 형성의 자유를 일탈한다고 보기 어렵다. 따라서 심판대상조항이 형벌체계상 균형을 상실하였다고 보기 어려우므로 <u>평등원칙에 위반되지 아니한다</u>(헌재2022. 3. 31.2021헌바62, 194(병합)).

문제 17 - 정답 ②

▶ ② ㉠㉡㉢㉤(4개)은 옳은 지문이나, ㉣(1개)은 틀린지문이다.

㉠ (○) 환경단체 소속 회원들이 축산 농가들의 폐수 배출 단속활동을 벌이면서 폐수 배출현장을 사진촬영하거나 지적하는 한편 <u>폐수 배출사실을 확인하는 내용의 사실확인서를 징구하는 과정에서 서명하지 아니할 경우 법에 저촉된다고 겁을 주는 등 행한 일련의 행위가 '협박'에 의한 강요행위에 해당한다</u>(대법원2010. 4. 29.선고2007도7064판결).

㉡ (○) 피고인이 투자금의 회수를 위해 피해자를 강요하여 물품대금을 횡령하였다는 자인서를 받아낸 뒤 이를 근거로 돈을 갈취한 경우, 피고인은 단일한 공갈의 범의하에 갈취의 방법으로 일단 자인서를 작성케 한 후 이를 근거로 계속하여 갈취행위를 한 것으로 보아야 할 것이므로 <u>위 행위는 포함하여 공갈죄 일죄만을 구성한다</u>고 보아야 한다(대판1985.6.25. 84도2083). 결국, <u>피고인의 주된 범의가 피해자로부터 돈을 갈취하는데에 있었던 것이라면</u> 피고인은 단일한 공갈의 범의하에 갈취의 방법으로 일단 자인서를 작성케 한 후 이를 근거로 계속하여 <u>갈취행위를 한 것으로 보아야 할 것</u>이므로 피고인의 위 행위는 <u>포괄하여 공갈미수의 일죄만을 구성한다</u>고 보아야 할 것이며, 강요죄와 공갈미수죄의 실체적 경합으로 보아서는 안된다.

㉢ (○) 피고인이(언론소비자주권캠페인 대표), 갑 주식회사가 특정 신문들에 광고를 편중했다는 이유로 기자회견을 열어 갑 회사에 대하여 불매운동을 하겠다고 하면서 특정 신문들에 대한 광고를 중단할 것과 다른 신문들에 대해서도 특정 신문들과 동등하게

광고를 집행할 것을 요구하고 갑 회사 인터넷 홈페이지에 '갑 회사는 앞으로 특정 언론사에 편중하지 않고 동등한 광고 집행을 하겠다'는 내용의 팝업창을 띄우게 한 사안에서, 불매운동의 목적, 그 조직과정 및 규모, 대상 기업으로 갑 회사 하나만을 선정한 경위, 기자회견을 통해 공표한 불매운동의 방법 및 대상 제품, 갑 회사 직원에게 고지한 요구사항의 구체적인 내용, 위 공표나 고지행위 당시의 상황, 그에 대한 갑 회사 경영진의 반응, 위 요구사항에 응하지 않을 경우 갑 회사에 예상되는 피해의 심각성 등 제반 사정을 고려할 때, 피고인의 행위는 갑 회사의 의사결정권자로 하여금 그 요구를 수용하지 아니할 경우 불매운동이 지속되어 **영업에 타격을 입게 될 것이라는 겁을 먹게 하여 의사결정 및 의사실행의 자유를 침해한 것으로 강요죄나 공갈죄의 수단으로서의 협박에 해당한다**(대법원2013. 4. 11.선고2010도13774판결).

㉣ (X) [1] **강요죄**는 **폭행 또는 협박으로** 사람의 권리행사를 방해하거나 의무 없는 일을 하게 하는 범죄이다(형법 제324조 제1항). 여기에서 **폭행**은 **사람에 대한** 직접적인 유형력의 행사뿐만 아니라 간접적인 유형력의 행사도 포함하며, **반드시 사람의 신체에 대한 것에 한정되지 않는다**. 사람에 대한 간접적인 유형력의 행사를 강요죄의 폭행으로 평가하기 위해서는 피고인이 유형력을 행사한 의도와 방법, 피고인의 행위와 피해자의 근접성, 유형력이 행사된 객체와 피해자의 관계 등을 종합적으로 고려해야 한다.
[2] **피고인이** 갑과 공모하여 갑 소유의 차량을 을 소유 주택 대문 바로 앞부분에 주차하는 방법으로 **을이 차량을 주택 내부의 주차장에 출입시키지 못하게 함**으로써 을의 차량 운행에 관한 권리행사를 방해하였다는 내용으로 기소된 사안에서, 피고인은 을로 하여금 주차장을 이용하지 못하게 할 의도로 갑 차량을 을 주택 대문 앞에 주차하였으나, **주차 당시 피고인과 을 사이에 물리적 접촉이 있거나 피고인이 을에게 어떠한 유형력을 행사했다고 볼만한 사정이 없는 점**, 피고인의 행위로 을에게 주택 외부에 있던 을 차량을 주택 내부의 주차장에 출입시키지 못하는 불편이 발생하였으나, 을은 차량을 용법에 따라 정상적으로 사용할 수 있었던 점을 종합하면, **피고인이 乙을 폭행하여 차량 운행에 관한 권리행사를 방해하였다고 평가하기 어렵다**(대법원2021. 11. 25.선고2018도1346판결). 결국, 피고인이 피해자 주택 대문 바로 앞에 차량을 주차하여 피해자가 차량을 주차장에 출입할 수 없도록 한 것이 강요죄의 폭행에 해당하지 않는다. 왜냐하면 **강요죄는 반드시 사람에게** 폭행 또는 협박이 있어야 하고, **자신의 차량을 타인의 대문 앞에 주차한 것이** 사람에 대하여 폭행한 것은 아니기 때문에 강요죄가 성립하지 않는다.

㉤ (O) [1] **강요죄는** 폭행 또는 협박으로 사람의 권리행사를 방해하거나 **의무 없는 일을 하게 하는 것을 말하고**, 여기에서 '의무 없는 일'이란 법령, 계약 등에 기하여 발생하는 법률상 의무 없는 일을 말하므로, **폭행 또는 협박으로 법률상 의무 있는 일을 하게 한 경우**에는 폭행 또는 협박죄만 성립할 뿐 **강요죄는 성립하지 아니한다**.
[2] 폭력조직 전력이 있는 피고인이 특정 연예인에게 팬미팅 공연을 하도록 강요하면서 만날 것을 요구하고, 팬미팅 공연이 이행되지 않으면 안 좋은 일을 당할 것이라고 협박한 사안에서, 위 연예인에게 공연을 할 의무가 없다는 점에 대한 미필적 인식 즉, **강요죄의 고의가 피고인에게 있었다고 단정하기 어렵다**(대법원2008. 5. 15.선고2008도1097판결).

문제 18 - 정답 ②

▶ ② ㉠㉢㉤(3개)은 옳은 지문이나, ㉡(1개)는 틀린 지문이다.
㉠ (O) 이 사건 사진은 남녀의 성관계를 촬영한 원본동영상 중 일부를 캡처한 것인데 원본동영상은 남성이 여성의 동의 없이 몰래 촬영한 것으로 보이고 이 사건 사진에서도 촬영 각도, 남녀의 자세 및 시선 등을 통해 그러한 사정을 확인할 수 있는 점, 이 사건 사진의 내용은 나체의 남성과 짧은 치마를 입고 있는 여성이 침대 위에 나란히 앉아 있는 것으로 남성의 나신과 여성의 허벅지 부분이 적나라하게 드러나 있고 **성관계 직전 또는 직후를 암시하는 모습을 담고 있어 상당한 성적 욕망 또는 수치심을 유발하는 점**, 이 사건 **사진에 나타난 남녀의 얼굴이나 신체적 특징으로 촬영대상자들의 특정이 가능하므로** 이 사건 **사진이** 이들의 의사에 반하여 반포될 경우 피해와 고통을 야기할 가능성이 상당한 점, 피고인은 이 사건 **사진에 등장하는 남녀를 전혀 알지 못하고 이들로부터 위 사진의 반포에 관하여 어떠한 동의나 양해를 받은 사실도 없이** 인터넷 검색을 통해 위 사진을 취득한 다음 **불특정다수인이 쉽게 접근할 수 있는 인터넷 사이트에 이를 게시하였던 점** 등에 비추어 볼 때, **이 사건 사진의 촬영대상자들, 적어도 여성이 그 반포에 동의하리라고는 도저히 기대하기 어려우므로, 피고인의 이 사건 사진 반포는 촬영대상자들의 의사에 반하여 이루어졌고** 피고인도 **그러한 사정을 인식하고 있었다고 볼 여지가 충분하다**(대법원 2023.6.15.선고 2022도15414판결). 결국, 「성폭력범죄의 처벌 등에 관한 특례법」제14조 제2항 위반죄에서 촬영대상자의 신원이 파악되지 않는 등 촬영대상자의 의사를 명확히 확인할 수 없는 경우에도 촬영대상자의 의사에 반하여 반포등을 하였다고 볼 수 있으므로, 성폭력범죄의처벌등에관한특례법위반(카메라등이용촬영·반포등)가 성립한다.

㉡ (X) [1] **성적 자기결정권**은 스스로 선택한 인생관 등을 바탕으로 사회공동체 안에서 각자가 독자적으로 성적 관념을 확립하고 이에 따라 사생활의 영역에서 **자기 스스로 내린 성적 결정에 따라 자기책임하에 상대방을 선택하고 성관계를 가질 권리**로 이해된다(헌법재판소 2002. 10. 31. 선고 99헌바40 등 전원재판부 결정). 여기에는 자신이 하고자 하는 성행위를 결정할 권리라는 적극적 측면과 함께 **원치 않는 성행위를 거부할 권리라는 소극적 측면**이 함께 존재하는데, **위계에 의한 간음죄**를 비롯한 강간과 추행의 죄는 **소극적** 성적 자기결정권을 침해하는 **것을 내용으로 한다**(대법원 .2019. 6. 13. 선고 2019도3341 판결참조).
[2] **위계에 의한 간음죄**에서 '위계'란 행위자의 행위 목적을 달성하기 위하여 피해자에게 오인, 착각, 부지를 일으키게 하여 이를 이용하는 것을 말한다. 행위자가 간음의 목적으로 피해자에게 오인, 착각, 부지를 일으키고 피해자의 그러한 심적 상태를 이용하여 간음의 목적을 달성하였다면 **위계와 간음행위 사이의 인과관계를 인정할 수 있고**, 따라서 위계에 의한 간음죄가 성립한다. 피해자가 오인, 착각, 부지에 빠지게 되는 대상은 ① **간음행위 자체**일 수도 있고, ② 간음행위에 이르게 된 **동기**이거나 ③ 간음행위와 결부된 **금전적·비금전적 대가**와 같은 요소일 수도 있다. 다만 행위자의 위계적 언동이 존재하였다는 사정만으로 위계에 의한 간음죄가 성립하는 것은 아니므로 위계적 언동의 내용 중에 피해자가 성행위를 결심하게 된 중요한 동기를 이룰 만한 사정이 포함되어 있어 **피해자의 자발적인 성적 자기결정권의 행사가 없었다고 평가할 수 있어야 한다**.
[3] 한편 **위계에 의한 간음죄가 보호대상으로 삼는 아동·청소년,**

미성년자, 심신미약자, 피보호자·피감독자, 장애인 등의 성적 자기 결정 능력은 그 나이, 성장과정, 환경, 지능 내지 정신기능 장애의 정도 등에 따라 개인별로 차이가 있으므로 간음행위와 인과관계가 있는 위계에 해당하는지 여부를 판단할 때에는 구체적인 범행 상황에 놓인 피해자의 입장과 관점이 충분히 고려되어야 하고, 일반적·평균적 판단능력을 갖춘 성인 또는 충분한 보호와 교육을 받은 또래의 시각에서 인과관계를 쉽사리 부정하여서는 안 된다.

[4] 피고인이 스마트폰 채팅 애플리케이션을 통하여 알게 된 14세의 피해자에게 자신을 '고등학교 2학년인 갑'이라고 거짓으로 소개하고 채팅을 통해 교제하던 중 자신을 스토킹하는 여성 때문에 힘들다며 그 여성을 떼어내려면 자신의 선배와 성관계를 하여야 한다는 취지로 피해자에게 이야기하고, 피고인과 헤어지는 것이 두려워 피고인의 제안을 승낙한 피해자를 마치 자신이 갑의 선배인 것처럼 행세하여 간음한 사안에서, 14세에 불과한 아동·청소년인 피해자는 36세 피고인에게 속아 자신이 갑의 선배와 성관계를 하는 것만이 갑을 스토킹하는 여성을 떼어내고 갑과 연인관계를 지속할 수 있는 방법이라고 오인하여 갑의 선배로 가장한 피고인과 성관계를 하였고, 피해자가 위와 같은 오인에 빠지지 않았다면 피고인과의 성행위에 응하지 않았을 것인데, 피해자가 오인한 상황이 피해자가 피고인과의 성행위를 결심하게 된 중요한 동기가 된 것으로 보이고, 이를 자발적이고 진지한 성적 자기결정권의 행사에 따른 것이라고 보기 어렵다는 이유로, 피고인은 간음의 목적으로 피해자에게 오인, 착각, 부지를 일으키고 피해자의 그러한 심적 상태를 이용하여 피해자를 간음한 것이므로 이러한 피고인의 간음행위는 위계에 의한 것이라고 평가할 수 있다(대법원2020. 8. 27.선고2015도9436전원합의체 판결). 결국, 지문을 반대로 설명하고 있으므로 틀린지문이다.

ⓒ (O) 음주 후 준강간 또는 준강제추행을 당하였음을 호소하는 피해자의 경우, 범행 당시 알코올이 위의 기억형성의 실패만을 야기한 알코올 블랙아웃 상태였다면 피해자는 기억장애 외에 인지기능이나 의식 상태의 장애에 이르렀다고 인정하기 어렵지만, 이에 비하여 피해자가 술에 취해 수면상태에 빠지는 등 의식을 상실한 패싱아웃 상태였다면 심신상실의 상태에 있었음을 인정할 수 있다. 또한 '준강간죄 또는 준강제추행죄에서의 심신상실·항거불능'의 개념에 비추어, 피해자가 의식상실 상태에 빠져 있지는 않지만 알코올의 영향으로 의사를 형성할 능력이나 성적 자기결정권 침해행위에 맞서려는 저항력이 현저하게 저하된 상태였다면 '항거불능'에 해당하여, 이러한 피해자에 대한 성적 행위 역시 준강간죄 또는 준강제추행죄를 구성할 수 있다(대법원2021. 2. 4.선고2018도9781판결).

ⓔ (O) [1] 구 성폭력처벌법 제14조 제2항에서 '촬영 당시에는 촬영대상자의 의사에 반하지 아니한 경우에도 사후에 그 촬영물 또는 복제물을 촬영대상자의 의사에 반하여 반포·판매·임대·제공 또는 공공연하게 전시·상영한 자'를 처벌하는 규정이 있다. '공공연한 전시'란 불특정 또는 다수인이 촬영물 등을 인식할 수 있는 상태에 두는 것을 의미하고, 촬영물 등의 '공공연한 전시'로 인한 범죄는 불특정 또는 다수인이 전시된 촬영물 등을 실제 인식하지 못했다고 하더라도 촬영물 등을 위와 같은 상태에 둠으로써 성립한다.

[2] 피고인은 자신이 운영하는 네이버 밴드를 누구든지 볼 수 있는 전체공개로 전환한 다음 이 사건 촬영물을 피해자의 의사에 반하여 게시한 사실이 인정된다. 이 사건 촬영물은 피고인이 이 사건 밴드를 전체공개로 전환한 이후에는 해당 애플리케이션 등에 대한 별도의 가입절차 없이 인터넷을 사용하는 누구라도 접근할 수 있는 상태에 놓이게 되었으므로 피고인이 이 사건 밴드에 이 사건 촬영물을 게시한 것은 이 사건 촬영물을 공공연하게 전시한 행위에 해당하고, 피고인에게 그러한 고의도 인정된다.

[3] 피고인은 피해자와 교제하다가 헤어진 사이인데, 피고인이 단독으로 운영하고 있는 네이버 밴드 어플리케이션 ○○○○ 페이지에 들어가 누구든지 볼 수 있는 '전체공개'로 전환한 다음, 이전 피해자 동의하에 촬영했던 피해자의 신체 부분을 피해자의 의사에 반해 게시하였다. 이로써 피고인은 성적 욕망 또는 수치심을 유발할 수 있는 피해자의 신체 부위를 촬영한 촬영물을 피해자의 의사에 반해 공공연하게 전시한 경우, 성폭력범죄의처벌등에관한특례법위반(카메라등이용촬영)죄가 성립한다(대법원2022. 6. 9.선고2022도1683판결).

문제 19 – 정답 ②

▶ ② ㉠ㄴㅁ(2개)은 틀린 지문이고, ㉢(3개)은 맞는 지문이다.

㉠ (X) [1] 명예훼손죄의 구성요건인 공연성은 불특정 또는 다수인이 인식할 수 있는 상태를 의미하고, 비록 개별적으로 한사람에 대하여 사실을 유포하였다고 하더라도 그로부터 불특정 또는 다수인에게 전파될 가능성이 있다면 공연성의 요건을 충족하지만 이와 달리 전파될 가능성이 없다면 특정한 한 사람에 대한 사실의 유포는 공연성을 결한다.

[2] 통상 기자가 아닌 보통 사람에게 사실을 적시할 경우에는 그 자체로서 적시된 사실이 외부에 공표되는 것이므로 그 때부터 곧 전파가능성을 따져 공연성 여부를 판단하여야 할 것이지만, 그와는 달리 기자를 통해 사실을 적시하는 경우에는 기사화되어 보도되어야만 적시된 사실이 외부에 공표된다고 보아야 할 것이므로 기자가 취재를 한 상태에서 아직 기사화하여 보도하지 아니한 경우에는 전파가능성이 없다고 할 것이어서 공연성이 없다고 봄이 상당하다(대판2000.5.16. 99도5622). 따라서 통상 기자가 아닌 보통 사람에게 사실을 적시할 경우(외부에 공표되어 전파가능성이 있는 때)와 기자를 통해 사실을 적시하는 경우(기사화되어 보도된 때)에는 달리 보아야 한다.

㉡ (X) 모욕죄는 특정한 사람 또는 인격을 보유하는 단체에 대하여 사회적 평가를 저하시킬 만한 경멸적 감정을 표현함으로써 성립하므로 그 피해자는 특정되어야 한다. 그리고 이른바 집단표시에 의한 모욕은, 모욕의 내용이 집단에 속한 특정인에 대한 것이라고는 해석되기 힘들고, 집단표시에 의한 비난이 개별구성원에 이르러서는 비난의 정도가 희석되어 구성원 개개인의 사회적 평가에 영향을 미칠 정도에 이르지 아니한 경우에는 구성원 개개인에 대한 모욕이 성립되지 않는다고 봄이 원칙이고, 그러나 비난의 정도가 희석되지 않아 구성원 개개인의 사회적 평가를 저하시킬 만한 것으로 평가될 경우에는 예외적으로 구성원 개개인에 대한 모욕이 성립할 수 있다. 한편 구성원 개개인에 대한 것으로 여겨질 정도로 구성원 수가 적거나 당시의 주위 정황 등으로 보아 집단 내 개별구성원을 지칭하는 것으로 여겨질 수 있는 때에는 집단 내 개별구성원이 피해자로서 특정된다고 보아야 할 것인데, 구체적인 기준으로는 집단의 크기, 집단의 성격과 집단 내에서의 피해자의 지위 등을 들 수 있다(대판2014.3.27. 2011도15631).

ⓒ (X) 어느 사람에게 귓엣말 등 그 사람만 들을 수 있는 방법으

로 그 사람 본인의 사회적 가치 내지 평가를 떨어뜨릴 만한 사실을 이야기하였다면, 위와 같은 이야기가 **불특정 또는 다수인에게 전파될 가능성이 있다고 볼 수 없어** 명예훼손의 구성요건인 **공연성을 충족하지 못하는 것이며**, 그 사람이 들은 말을 스스로 다른 사람들에게 전파하였더라도 위와 같은 결론에는 영향이 없다(대판 2005.12.9. 2004도2880).

ⓔ (○) 대판2011.9.2. 2010도17237 전원합의체판결

ⓜ (X) 평소 을이 자신의 일에 간섭하는 것에 기분이 나쁘다는 이유로 갑으로부터 취득한 을의 범죄경력기록을 같은 아파트에 거주하는 병에게 보여주면서 "전과자이고 나쁜 년"이라고 사실을 적시하여 을의 명예를 훼손한 경우, 위 유포 사실이 불특정 또는 다수인에게 **전파될 가능성이 없어 무죄이다**(대판2010.11.11. 2010도8265).

문제 20 - 정답 ②

▶ ② ⓘⓛⓡⓜ(4개)은 옳은 지문이나, ⓒ(1개)은 틀린 지문이다.

ⓘ (○) 형법 제354조, 제328조의 규정에 의하면, 직계혈족, 배우자, 동거친족, 동거가족 또는 그 배우자 간의 공갈죄는 그 형을 면제하여야 하고 그 외의 친족 간에는 고소가 있어야 공소를 제기할 수 있는바, **흉기 기타 위험한 물건을 휴대하고 공갈죄를 범하여 '폭력행위 등 처벌에 관한 법률'** 제3조 제1항, 제2조 제1항 제3호에 의하여 **가중처벌되는 경우에도** 형법상 공갈죄의 성질은 그대로 유지되는 것이고, 특별법인 위 법률에 **친족상도례에 관한 형법** 제354조, 제328조**의 적용을 배제한다는 명시적인 규정이 없으므로**, 형법 제354조는 **'폭력행위 등 처벌에 관한 법률 제3조 제1항 위반죄'에도 그대로 적용된다**(대법원2010. 7. 29.선고2010도5795판결). 결국, 친족관계에 있는 자에 대해 흉기를 휴대해서 공갈죄를 범한 경우에 대해서는 **친족상도례가 적용된다**.

ⓛ (○) **친족관계의 착오는 고의성립에 영향을 미치지 아니하므로 범죄의 성립에 영향을 미치지 않는다**. 따라서 아버지의 물건으로 알고 절취하였는데 실은 행위자와 친족관계가 없는 다른 사람의 물건이었을 때에는 친족상도례가 적용되지 않는다.

ⓒ (X) 친족상도례의 규정은 **신분관계가 없는 공범에 대해서는 적용되지 아니하므로**, 위 사안에서 **친족관계가 없는 공범은** 형이 면제되거나 친고죄가 되는 것이 아니라 **특수절도죄로 처벌된다**(제328조 제3항).

ⓡ (○) 형법상 횡령죄의 성질은 '특정경제범죄 가중처벌 등에 관한 법률'(이하 '특경법'이라고 한다) 제3조 제1항에 의해 가중 처벌되는 경우에도 그대로 유지되고, 특경법에 친족상도례에 관한 형법 제361조, 제328조의 적용을 배제한다는 명시적인 규정이 없으므로, **형법 제361조는 특경법 제3조 제1항 위반죄에도 그대로 적용된다**(대판2013.9.13. 2013도7754).

ⓜ (○) 형법 제344조,제328조 제1항소정의 친족간의 범행에 관한 규정이 적용되기 위한 **친족관계는 원칙적으로 범행 당시에 존재하여야 하는 것이지만**, 부가 혼인 외의 출생자를 **인지하는 경우에 있어서는** 민법 제860조에 의하여 **그 자의 출생시에 소급하여 인지의 효력이 생기는 것이며**, 이와 같은 인지의 소급효는 친족상도례에 관한 규정의 적용에도 미친다고 보아야 할 것이므로, **인지가 범행 후에 이루어진 경우라고 하더라도** 그 소급효에 따라 형성되는 친족관계를 기초로 하여 **친족상도례의 규정이 적용된다**(대법원1997. 1. 24.선고96도1731판결).

문제 21 - 정답 ④

▶ ④ (○) [1] 형법은제329조에서 절도죄를 규정하고 곧바로 제330조에서 야간주거침입절도죄를 규정하고 있을 뿐, 야간절도죄에 관하여는 처벌규정을 별도로 두고 있지 아니하다. 이러한 형법 제330조의 규정형식과 그 구성요건의 문언에 비추어 보면, **형법은 야간에 이루어지는 주거침입행위의 위험성에 주목하여 그러한 행위를 수반한 절도를 야간주거침입절도죄로 중하게 처벌하고 있는 것으로 보아야** 하고, **따라서 주거침입이 주간에 이루어진 경우에는 야간주거침입절도죄가 성립하지 않는다**고 해석하는 것이 타당하다. 즉, **주간에 사람의 주거 등에 침입하여 야간에 타인의 재물을 절취한 행위**는 형법 제330조의 야간주거침입절도죄를 구성하지 않는 것으로 봄이 상당하다.

[2] **주간**(15 : 40경)에 모텔 객실에 들어간 다음, 같은 날 **야간**(21 : 00경)에 LCD모니터 1대를 가지고 나온 경우에 **야간방실침입절도죄는 성립하지 않는다**. 야간주거침입절도죄가 성립하려면 **주거침입과 절도가 둘다 모두 야간에** 해야 한다(대법원2011. 4. 14.선고2011도300,2011감도5판결).

① (X) [1] **형법은 흉기와 위험한 물건을 분명하게 구분하여 규정하고 있는바**, 형벌법규는 문언에 따라 엄격하게 해석·적용하여야 하고 피고인에게 불리한 방향으로 지나치게 확장해석하거나 유추해석해서는 아니 된다. 그리고 형법 제331조 제2항에서 '흉기를 휴대하여 타인의 재물을 절취한' 행위를 특수절도죄로 가중하여 처벌하는 것은 흉기의 휴대로 인하여 피해자 등에 대한 위해의 위험이 커진다는 점 등을 고려한 것으로 볼 수 있다. 이에 비추어 **위 형법 조항에서 규정한 흉기는 본래 살상용·파괴용으로 만들어진 것이거나 이에 준할 정도의 위험성을 가진 것으로 봄이 상당하고**, 그러한 위험성을 가진 물건에 해당하는지 여부는 그 물건의 본래의 용도, 크기와 모양, 개조 여부, 구체적 범행 과정에서 그 물건을 사용한 방법 등 제반 사정에 비추어 사회통념에 따라 객관적으로 판단할 것이다.

[2] **피고인이** 이 사건 절도 범행을 함에 있어서 **택시 운전석 창문을 파손하는 데 사용한 이 사건 드라이버는 일반적인 드라이버와 동일한 것으로** 특별히 개조된 바는 없는 것으로 보이고, 그 크기와 모양 등 제반 사정에 비추어 보더라도 피고인의 이 사건 범행이 **흉기를 휴대하여 타인의 재물을 절취한 경우에 해당한다고 보기는 어렵다**(대법원2012. 6. 14.선고2012도4175판결).

② (X) [1] **강간범이 강간행위 후에 강도의 범의를 일으켜 그 부녀의 재물을 강취하는 경우에는 강도강간죄가 아니라 강간죄와 강도죄의 경합범이 성립될 수 있을 뿐이지만**, **강간행위의 종료 전, 즉, 그 실행행위의 계속 중에 강도의 행위를 할 경우에는** 이때에 **바로 강도의 신분을 취득하는 것이므로 이후에 그 자리에서 강간행위를 계속**하는 때에는 **강도가 부녀를 강간한 때에 해당하여 형법 제339조에 정한 강도강간죄를 구성**한다.

[2] 구 성폭력범죄의 처벌 및 피해자보호 등에 관한 법률 제5조 제2항은 형법 제334조(특수강도) 등의 죄를 범한 자가 형법 제297조(강간) 등의 죄를 범한 경우에 이를 **특수강도강간 등의 죄로 가중하여 처벌하는 것이므로**, 다른 특별한 사정이 없는 한 **특수강간범이 강간행위 종료 전에 특수강도의 행위를 한 이후에 그 자리에서 강간행위를 계속하는 때에도** 특수강도가 부녀를 강간한 때에 해당하여 구 성폭력범죄의 처벌 및 피해자보호 등에 관한 법률 제5조 제2항에 정한 **특수강도강간죄로 의율할 수 있다**.

[3] 야간에 갑의 주거에 침입하여 드라이버를 들이대며 협박하여 갑의 반항을 억압한 상태에서 강간행위의 실행 도중 범행현장에 있던 을 소유의 핸드백을 가져간 피고인의 행위는 포괄하여 구 성폭력범죄의 처벌 및 피해자보호 등에 관한 법률 위반(특수강도강간등)죄에 해당한다(대법원2010. 12. 9.선고2010도9630판결).

③ (X) 권리자의 동의없이 타인의 자동차, 선박, 항공기 또는 원동기장치자전거를 일시 사용한 자는 3년 이하의 징역, 500만원 이하의 벌금, 구류 또는 과료에 처한다(제331조의2). 결국, 자동차등 불법사용죄에는 원동기장치자전거도 포함되므로, 타인의 원동기장치자전거를 동의없이 일시 사용한 자도 자동차등 불법사용죄로 처벌된다. ★(참고) 자동차등 불법사용죄에 기차는 포함되지 않는다.

문제 22 - 정답 ④

▶ ④ ㉠㉡㉣(3개)은 틀린 지문이나, ㉢㉤은 옳은 지문이다.

㉠ (X) 사기죄의 구성요건인 편취의 범의는 피고인이 자백하지 않는 이상 범행 전후의 피고인의 재력, 환경, 범행의 내용, 거래의 이행과정 등과 같은 객관적인 사정 등을 종합하여 판단할 수밖에 없는 것이고, 타인으로부터 금전을 차용함에 있어서 그 차용한 금전의 용도나 변제할 자금의 마련방법에 관하여 사실대로 고지하였더라면 상대방이 응하지 않았을 경우에 그 용도나 변제자금의 마련방법에 관하여 진실에 반하는 사실을 고지하여 금전을 교부받은 경우에는 사기죄가 성립하고, 이 경우 차용금채무에 대한 담보를 제공하였다는 사정만으로는 결론을 달리 할 것은 아니다(대판 2005.9.15. 2003도5382).

㉡ (X) 1개의 기망행위에 의하여 여러 피해자로부터 각각 재물을 편취한 경우에는 피해자별로 수개의 사기죄가 성립하고, 그 사이에는 상상적 경합의 관계에 있는 것으로 보아야 한다. 따라서 피고인 등이 피해자들을 유인하여 사기도박으로 도금을 편취한 행위는 사회관념상 1개의 행위로 평가하는 것이 타당하므로, 피해자들에 대한 각 사기죄는 상상적 경합의 관계에 있다고 보아야 함에도, 위 각 죄가 실체적 경합의 관계에 있는 것으로 보고 경합범 가중을 한 원심판결에 사기죄의 죄수에 관한 법리오해의 위법이 있다(대판2011.1.13. 2010도9330).

㉢ (O) 재물편취를 내용으로 하는 사기죄에 있어서는 기망으로 인한 재물교부가 있으면 그 자체로써 피해자의 재산침해가 되어 이로써 곧 사기죄가 성립하는 것이고, 상당한 대가가 지급되었다거나 피해자의 전체 재산상에 손해가 없다 하여도 사기죄의 성립에는 그 영향이 없으므로 사기죄에 있어서 그 대가가 일부 지급된 경우에도 그 편취액은 피해자로부터 교부된 재물의 가치로부터 그 대가를 공제한 차액이 아니라 교부받은 재물 전부라 할 것이다(대판2000.7.7. 2000도1899).

㉣ (X) 예금주인 현금카드 소유자를 협박하여 그 카드를 갈취한 다음 피해자의 승낙에 의하여 현금카드를 사용할 권한을 부여받아 이를 이용하여 현금자동지급기에서 현금을 인출한 행위는 모두 피해자의 예금을 갈취하고자 하는 피고인의 단일하고 계속된 범의의 아래에서 이루어진 일련의 행위로서 포괄하여 하나의 공갈죄를 구성하므로, 현금자동지급기에서 피해자의 예금을 인출한 행위를 현금카드 갈취행위와 분리하여 따로 절도죄로 처단할 수는 없다(대판2007.5.10. 2007도1375).

㉤ (O) 2인 이상이 공모하여 범죄에 공동 가공하는 공범관계에 있어서 공모는 법률상 어떤 정형을 요구하는 것이 아니고 공범자 상호간에 직접 또는 간접으로 범죄의 공동실행에 관한 암묵적인 의사연락이 있으면 족한 것으로 비록 전체의 모의과정이 없었다고 하더라도 수인 사이에 의사의 결합이 있으면 공동정범이 성립되는 것이므로, 공범자가 공갈행위의 실행에 착수한 후 그 범행을 인식하면서 그와 공동의 범의를 가지고 그 후의 공갈행위를 계속하여 재물의 교부나 재산상 이익의 취득에 이른 때에는 공갈죄의 공동정범이 성립한다(대판1997.2.14. 96도1959). 결국, 신문사 사주 및 광고국장 사이에 광고료 갈취에 대한 사전모의는 없었으나 암묵적인 의사연락에 의한 공범관계가 존재하고, 동일 장소에서 동일 기회에 상호 다른 자의 범행을 인식하고 이를 이용한 경우에 해당한다고 보아, 신문사 사주 및 광고국장의 행위가 폭력행위등처벌에관한법률 제2조 제2항의 "2인 이상이 공동하여 공갈죄를 범한 때"에 해당한다(대판1997.2.14. 96도1959).

문제 23 - 정답 ③

▶ ③ (X) 피고인이 이 사건 차량에 관한 매매약정에 따라 정당한 법률상 지위·권리를 보유한 채 이를 사용한 것일 뿐 피해자와의 위탁관계를 전제로 이 사건 차량을 보관하고 있었다고 보기 어렵고, 피해자 측이 피고인에게 이 사건 차량의 등록명의 이전과 무관하게 사용을 승낙한 것으로 볼 여지가 있어 판시 횡령의 점을 섣불리 유죄로 단정할 수도 없으며, 적어도 피고인·피해자 측 사이의 대내적 관계에서는 이 사건 차량의 등록명의에 관계없이 이 사건 차량에 관한 소유권을 매수인 측인 피고인이나 이 사건 회사가 보유하기로 정한 것이라고 볼 여지가 크므로 횡령죄가 성립하지 않는다(대법원2023.6.1.선고 2023도1096판결). 결국, 이 사건의 자동차매매계약에서는 횡령죄가 성립하지 않는다고 보았다.

① (O) 민법 제746조의 불법원인급여에 해당하여 급여자가 수익자에 대한 반환청구권을 행사할 수 없다고 하더라도, 수익자가 기망을 통하여 급여자로 하여금 불법원인급여에 해당하는 재물을 제공하도록 하였다면 사기죄가 성립한다고 할 것인바(대법원 1995. 9. 15. 선고 95도707 판결참조), 피고인이 피해자로부터 도박자금으로 사용하기 위하여 금원을 차용하였더라도 사기죄의 성립에는 영향이 없다(대법원2006. 11. 23.선고2006도6795판결).

② (O) 사기죄의 실행행위로서의 기망은 반드시 법률행위의 중요부분에 관한 허위표시임을 요하지 아니하고 상대방을 착오에 빠지게 하여 행위자가 희망하는 재산적 처분행위를 하도록 하기 위한 판단의 기초가 되는 사실에 관한 것이면 충분하므로, 용도를 속이고 돈을 빌린 경우에 만일 진정한 용도를 고지하였더라면 상대방이 빌려 주지 않았을 것이라는 관계에 있는 때에는 사기죄의 실행행위인 기망은 있는 것으로 보아야 한다(대법원1995. 9. 15.선고 95도707판결). 결국, 용도를 속이고 돈을 빌린 행위는 사기죄에 해당한다.

④ (O) [1] 민법 제746조에 의하면, 불법의 원인으로 인한 급여가 있고, 그 불법원인이 급여자에게 있는 경우에는 수익자에게 불법원인이 있는지 여부, 수익자의 불법원인의 정도, 그 불법성이 급여자의 그것보다 큰지 여부를 막론하고 급여자는 불법원인급여의 반환을 구할 수 없는 것이 원칙이나, 수익자의 불법성이 급여자의 그것보다 현저히 큰 데 반하여 급여자의 불법성은 미약한 경우에도 급여자의 반환청구가 허용되지 않는다면 공평에 반하고 신의성실의 원칙에도 어긋나므로, 이러한 경우에는 민법 제746조 본문의 적용이 배제되어 급여자의 반환청구는 허용된다.

[2] 포주가 윤락녀와 사이에 윤락녀가 받은 화대를 포주가 보관하

였다가 절반씩 분배하기로 약정하고도 보관중인 화대를 임의로 소비한 경우, 포주와 윤락녀의 사회적 지위, 약정에 이르게 된 경위와 약정의 구체적 내용, 급여의 성격 등을 종합해 볼 때 포주의 불법성이 윤락녀의 불법성보다 현저히 크므로 화대의 소유권이 여전히 윤락녀에게 속한다는 이유로 횡령죄를 구성한다(대법원1999. 9. 17.선고98도2036판결).

문제 24 - 정답 ①

▶ ① (○) 회사의 임원이 그 임무에 위배되는 행위로 재산상 이익을 취득하거나 제3자로 하여금 이를 취득하게 하여 회사에 손해를 가한 때에는 이로써 배임죄가 성립하고, 그 임무위배행위에 대하여 사실상 대주주의 양해를 얻었다거나, 이사회의 결의가 있었다고 하여 배임죄의 성립에 어떠한 영향이 있는 것이 아니며, 배임죄에 있어서 재산상 손해의 유무에 대한 판단은 본인의 전 재산 상태와의 관계에서 경제적 관점에 따라 판단되어야 하므로 법률적 판단에 의하여 당해 배임행위가 무효라 하더라도 경제적 관점에서 파악하여 본인에게 현실적인 손해를 가하였거나 재산상 실해 발생의 위험을 초래한 경우에는 재산상의 손해를 가한 때에 해당하여 배임죄를 구성한다(대법원2000. 11. 24.선고99도822판결).

② (X) [1] 타인에 대한 채무의 담보로 제3채무자에 대한 채권에 대하여 권리질권을 설정한 경우 질권설정자는 질권자의 동의 없이 질권의 목적된 권리를 소멸하게 하거나 질권자의 이익을 해하는 변경을 할 수 없다(민법 제352조). 또한 질권설정자가 제3채무자에게 질권설정의 사실을 통지하거나 제3채무자가 이를 승낙한 때에는 제3채무자가 질권자의 동의 없이 질권의 목적인 채무를 변제하더라도 이로써 질권자에게 대항할 수 없고, 질권자는 여전히 제3채무자에 대하여 직접 채무의 변제를 청구하거나 변제할 금액의 공탁을 청구할 수 있다(민법 제353조 제2항,제3항).
[1] 그러므로 이러한 경우 질권설정자가 질권의 목적인 채권의 변제를 받았다고 하여 질권자에 대한 관계에서 타인의 사무를 처리하는 자로서 임무에 위배하는 행위를 하여 질권자에게 손해를 가하거나 손해 발생의 위험을 초래하였다고 할 수 없고, 배임죄가 성립하지도 않는다(대법원2016. 4. 29.선고2015도5665판결).

③ (X) [1] 형법 제355조 제2항은 타인의 사무를 처리하는 자가 그 임무에 위배하는 행위를 할 것과 그러한 행위로 인해 행위자나 제3자가 재산상 이익을 취득하여 본인에게 손해를 가할 것을 배임죄의 객관적 구성요건으로 정하고 있으므로, 타인의 사무를 처리하는 자가 배임의 범의로, 즉 임무에 위배하는 행위를 한다는 점과 이로 인하여 자기 또는 제3자가 이익을 취득하여 본인에게 손해를 가한다는 점에 대한 인식이나 의사를 가지고 임무에 위배한 행위를 개시한 때 배임죄의 실행에 착수한 것이고, 이러한 행위로 인하여 자기 또는 제3자가 이익을 취득하여 본인에게 손해를 가한 때 기수에 이른다.
[2] [다수의견] (가) 배임죄로 기소된 형사사건의 재판실무에서 배임죄의 기수시기를 심리·판단하기란 쉽지 않다. 타인의 사무를 처리하는 자가 형식적으로는 본인을 위한 법률행위를 하는 외관을 갖추고 있지만 그러한 행위가 실질적으로는 배임죄에서의 임무위배행위에 해당하는 경우, 이러한 행위는 민사재판에서 반사회질서의 법률행위(민법 제103조참조) 등에 해당한다는 사유로 무효로 판단될 가능성이 적지 않은데, 형사재판에서 배임죄의 성립 여부를 판단할 때에도 이러한 행위에 대한 민사법상의 평가가 경제적 관점에서 피해자의 재산 상태에 미치는 영향 등을 충분히 고려하여야 하기 때문이다. 결국 형사재판에서 배임죄의 객관적 구성요건요소인 손해 발생 또는 배임죄의 보호법익인 피해자의 재산상 이익의 침해 여부를 판단할 때에는 종래의 대법원판례를 기준으로 하되 구체적 사안별로 타인의 사무의 내용과 성질, 임무위배의 중대성 및 본인의 재산 상태에 미치는 영향 등을 종합하여 신중하게 판단하여야 한다.

(나) 주식회사의 대표이사가 대표권을 남용하는 등 그 임무에 위배하여 회사 명의로 의무를 부담하는 행위를 하더라도 일단 회사의 행위로서 유효하고, 다만 상대방이 대표이사의 진의를 알았거나 알 수 있었을 때에는 회사에 대하여 무효가 된다. 따라서 상대방이 대표권남용 사실을 알았거나 알 수 있었던 경우 그 의무부담행위는 원칙적으로 회사에 대하여 효력이 없고, 경제적 관점에서 보아도 이러한 사실만으로는 회사에 현실적인 손해가 발생하였다거나 실해 발생의 위험이 초래되었다고 평가하기 어려우므로, 달리 그 의무부담행위로 인하여 실제로 채무의 이행이 이루어졌다거나 회사가 민법상 불법행위책임을 부담하게 되었다는 등의 사정이 없는 이상 배임죄의 기수에 이른 것은 아니다. 그러나 이 경우에도 대표이사로서는 배임의 범의로 임무위배행위를 함으로써 실행에 착수한 것이므로 배임죄의 미수범이 된다. 그리고 상대방이 대표권남용 사실을 알지 못하였다는 등의 사정이 있어 그 의무부담행위가 회사에 대하여 유효한 경우에는 회사의 채무가 발생하고 회사는 그 채무를 이행할 의무를 부담하므로, 이러한 채무의 발생은 그 자체로 현실적인 손해 또는 재산상 실해 발생의 위험이라고 할 것이어서 그 채무가 현실적으로 이행되기 전이라도 배임죄의 기수에 이르렀다고 보아야 한다.

(다) 주식회사의 대표이사가 대표권을 남용하는 등 그 임무에 위배하여 약속어음 발행을 한 행위가 배임죄에 해당하는지도 원칙적으로 위에서 살펴본 의무부담행위와 마찬가지로 보아야 한다. 다만 약속어음 발행의 경우 어음법상 발행인은 종전의 소지인에 대한 인적 관계로 인한 항변으로써 소지인에게 대항하지 못하므로(어음법 제17조,제77조), 어음발행이 무효라 하더라도 그 어음이 실제로 제3자에게 유통되었다면 회사로서는 어음채무를 부담할 위험이 구체적·현실적으로 발생하였다고 보아야 하고, 따라서 그 어음채무가 실제로 이행되기 전이라도 배임죄의 기수범이 된다. 그러나 약속어음 발행이 무효일 뿐만 아니라 그 어음이 유통되지도 않았다면 회사는 어음발행의 상대방에게 어음채무를 부담하지 않기 때문에 특별한 사정이 없는 한 회사에 현실적으로 손해가 발생하였다거나 실해 발생의 위험이 발생하였다고도 볼 수 없으므로, 이때에는 배임죄의 기수범이 아니라 배임미수죄로 처벌하여야 한다.

[3] 갑 주식회사 대표이사인 피고인이, 자신이 별도로 대표이사를 맡고 있던 을 주식회사의 병 은행에 대한 대출금채무를 담보하기 위해 병 은행에 갑 회사 명의로 액면금 29억 9,000만 원의 약속어음을 발행하여 줌으로써 병 은행에 재산상 이익을 취득하게 하고 갑 회사에 손해를 가하였다고 하여 특정경제범죄 가중처벌 등에 관한 법률 위반(배임)으로 기소된 사안에서, 피고인이 대표권을 남용하여 약속어음을 발행하였고 당시 상대방인 병 은행이 그러한 사실을 알았거나 알 수 있었던 때에 해당하여 그 발행행위가 갑 회사에 대하여 효력이 없다면, 그로 인해 갑 회사가 실제로 약속어음금을 지급하였거나 민사상 손해배상책임 등을 부담하거나 약속어음이 실제로 제3자에게 유통되었다는 등의 특별한 사정이 없는 한 피고인의 약속어음 발행행위로 인해 갑 회사에 현실적인 손해나 재산상 실해 발생의 위험이 초래되었다고 볼 수 없으므로 위

약속어음 발행행위가 배임죄의 기수에 이르렀다고 볼 수 없다.
[4] 대표이사의 회사 명의 약속어음 발행행위가 무효인 경우에도 그 약속어음이 제3자에게 유통되지 아니한다는 특별한 사정이 없는 한 재산상 실해 발생의 위험이 초래된 것으로 보아야 한다는 취지의 대법원 2012. 12. 27. 선고 2012도10822 판결, 대법원 2013. 2. 14. 선고 2011도10302 판결등은 배임죄의 기수 시점에 관하여 이 판결과 배치되는 부분이 있으므로 그 범위에서 이를 변경하기로 한다.(대법원2017. 7. 20.선고2014도1104전원합의체 판결). 결국, 배임죄의 기수가 아니라 미수에 해당한다.
④ (X) 채무자가 채권자에 대하여 소비대차 등으로 인한 채무를 부담하고 이를 담보하기 위하여 장래에 부동산의 소유권을 이전하기로 하는 내용의 대물변제예약에서, 약정의 내용에 좇은 이행을 하여야 할 채무는 특별한 사정이 없는 한 '자기의 사무'에 해당하는 것이 원칙이므로, 채권 담보를 위한 대물변제예약 사안에서 채무자가 대물로 변제하기로 한 부동산을 제3자에게 처분하였다고 하더라도 형법상 배임죄가 성립하는 것은 아니다(대법원 2014.8.21. 선고 2014도3363 전원합의체판결).

문제 25 - 정답 ②

▶ ② ㉠㉢㉣(3개)는 옳은 지문이고, ㉡㉤(2개)은 틀린 지문이다.
㉠ (○) [1] 공문서변조죄는 권한 없는 자가 공무소 또는 공무원이 이미 작성한 문서내용에 대하여 동일성을 해하지 않을 정도로 변경을 가하여 새로운 증명력을 작출케 함으로써 공공적 신용을 해할 위험성이 있을 때 성립한다. 이때 일반인으로 하여금 공무원 또는 공무소의 권한 내에서 작성된 문서라고 믿을 수 있는 형식과 외관을 구비한 문서를 작성하면 공문서변조죄가 성립하는 것이다.
[2] 피고인이 인터넷을 통하여 열람·출력한 등기사항전부증명서 하단의 열람 일시 부분을 수정 테이프로 지우고 복사해 두었다가 이를 타인에게 교부하여 공문서변조 및 변조공문서행사로 기소된 사안에서, 등기사항전부증명서의 열람 일시는 등기부상 권리관계의 기준 일시를 나타내는 역할을 하는 것으로서 권리관계나 사실관계의 증명에서 중요한 부분에 해당하고, 열람 일시의 기재가 있어 그 일시를 기준으로 한 부동산의 권리관계를 증명하는 등기사항전부증명서와 열람 일시의 기재가 없어 부동산의 권리관계를 증명하는 기준 시점이 표시되지 않은 등기사항전부증명서 사이에는 증명하는 사실이나 증명력에 분명한 차이가 있는 점을 종합하면, 피고인이 등기사항전부증명서의 열람 일시를 삭제하여 복사한 행위는 등기사항전부증명서가 나타내는 권리·사실관계와 다른 새로운 증명력을 가진 문서를 만든 것에 해당하고 그로 인하여 공공적 신용을 해할 위험성도 발생하였다는 이유로, 이와 달리 본 원심판결에 공문서변조에 관한 법리오해의 잘못이 있다(대법원2021. 2. 25.선고 2018도19043판결). 결국, 피고인이 인터넷을 통하여 출력한 등기사항전부증명서 하단의 열람일시 부분을 수정 테이프로 지우고 복사한 행위가 공문서변조 및 변조공문서행사에 해당한다.
㉡ (X) [1] 장애인전용 주차구역 주차표지가 있는 장애인사용 자동차표지는 보행상 장애가 있는 사람이 이용하는 자동차에 대한 지원의 편의를 위하여 발급되는 것이다. 따라서 장애인사용 자동차표지를 사용할 권한이 없는 사람이 장애인전용 주차구역에 주차하는 등 장애인사용 자동차에 대한 지원을 받을 것으로 합리적으로 기대되는 상황이 아니라면 단순히 이를 자동차에 비치하였더라도 장애인사용 자동차표지를 본래의 용도에 따라 사용했다고 볼 수 없어 공문서부정행사죄가 성립하지 않는다.
[2] 피고인은 실효된 '장애인전용 주차구역 주차표지가 있는 장애인사용 자동차표지'를 승용차에 비치한 채 이 사건 아파트의 주차장 중 장애인전용주차구역이 아닌 장소에 승용차를 주차한 사실을 알 수 있다. 이는 피고인이 장애인사용 자동차에 대한 지원을 받을 것으로 합리적으로 기대되는 상황에서 장애인사용 자동차표지를 승용차에 비치한 경우에 해당한다고 볼 수 없고, 달리 이를 인정할 만한 사정도 보이지 않는다. 따라서 피고인이 장애인사용 자동차표지를 본래의 용도에 따라 사용한 것으로 볼 수 없으므로 공문서부정행사죄가 성립하지 않는다(대법원2022. 9. 29.선고2021도14514 판결). 결국, 피고인이 이 사건 아파트 지하주차장에 승용차를 주차하면서 사실은 위 승용차는 장애인사용 자동차가 아닌데도 공문서인 ○○구청장 명의의 '장애인사용 자동차표지(보호자용)'를 위 승용차의 전면에 비치하였다. 그러나 피고인이 장애인전용 주차구역에 승용차를 주차하지 않았다면 장애인사용 자동차표지를 본래의 용도에 따라 사용한 것으로 볼 수 없으므로 공문서부정행사죄가 성립하지 않는다. 따라서 단순히 표지 비치만으로는 무죄, 장애인전용 주차구역에 주차하면 공문서부정행사죄가 성립한다.
㉢ (○) [1] 신탁자에게 아무런 부담이 지워지지 않은 채 재산이 수탁자에게 명의신탁된 경우에는 특별한 사정이 없는 한 재산의 처분 기타 권한행사에 관해서 수탁자가 자신의 명의사용을 포괄적으로 신탁자에게 허용하였다고 보아야 하므로, 신탁자가 수탁자 명의로 신탁재산의 처분에 필요한 서류를 작성할 때에 수탁자로부터 개별적인 승낙을 받지 않았더라도 사문서위조·동행사죄가 성립하지 않는다. 이에 비하여 수탁자가 명의신탁 받은 사실을 부인하여 신탁자와 수탁자 사이에 신탁재산의 소유권에 관하여 다툼이 있는 경우 또는 수탁자가 명의신탁 받은 사실 자체를 부인하지 않더라도 신탁자의 신탁재산 처분권한을 다투는 경우에는 신탁재산에 관한 처분 기타 권한행사에 관해서 신탁자에게 부여하였던 수탁자 명의사용에 대한 포괄적 허용을 철회한 것으로 볼 수 있어 명의사용이 허용되지 않는다.
[2] 주식을 명의신탁한 피고인이 명의수탁자를 변경하기 위해 제3자에게 주식을 양도한 후 수탁자 명의의 증권거래세 과세표준신고서를 작성하여 관할세무서에 제출함으로써 과세표준신고서를 위조하고 이를 행사하였다는 공소사실로 기소된 사안에서, 신탁자에게 아무런 부담이 지워지지 않은 채 재산이 수탁자에게 명의신탁된 경우 특별한 사정이 없는 한 수탁자는 신탁자에게 자신의 명의사용을 포괄적으로 허용했다고 보는 것이 타당하므로, 사법행위와 공법행위를 구별하여 신탁재산의 처분등과 관련한 사법상 행위에 대하여만 명의사용을 승낙하였다고 제한할 수는 없고, 특히 명의신탁된 주식의 처분후 수탁자 명의의 과세표준신고를 하는 것은 법령에 따른 절차로서 신고를 하지 않는다면 오히려 수탁자에게 불이익할 수 있다는 점까지 고려한다면, 명의수탁자가 명의신탁 주식의 처분을 허용하였음에도 처분후 과세표준 등의 신고행위를 위한 명의사용에 대하여는 승낙을 유보하였다고 볼 특별한 사정이 존재하지 않는 한 허용된 범위에 속한다고 보아야 하므로, 수탁자 명의로 과세표준신고를 하는 행위는 공법행위라는 등의 이유로 사문서위조죄 및 위조사문서행사죄가 성립한다고 본 원심판단에 법리오해의 위법이 있다(대법원2022. 3. 31.선고2021도17197판결).
㉣ (○) 피고인 갑이 세월호 침몰사고 진상규명을 위한 국정조사 특별위원회의 국정조사(이하 '국조특위'라고 한다)절차에서 대통령비서실장으로서 증언한 후 국회의원으로부터 대통령 대면보고 시

점 등에 관한 추가 <u>서면질의를 받고</u>, <u>실무 담당 행정관으로 하여금</u> '비서실에서는 20~30분 단위로 <u>간단없이(끊어짐없이)</u> 유·무선으로 보고를 하였기 때문에, <u>대통령은 직접 대면보고 받는 것 이상으로 상황을 파악하고 있었다고 생각합니다.</u>'라는 내용의 <u>서면답변서(이하 '답변서'라고 한다)를 작성하여 국회에 제출하도록 한 경우, 허위내용도 없고 허위에 대한 인식도 없으므로</u> 허위공문서작성 및 그 행사죄에 <u>해당하지 않는다(무죄)</u>(대법원2022. 8. 19.선고2020도9714판결).

ⓒ (X) <u>사법경찰관인 피고인</u>이 검사로부터 '교통사고 피해자들로부터 사고 경위에 대해 구체적인 진술을 청취하여 운전자 甲의 도주 여부에 대해 재수사할 것'을 요청받고, 재수사 결과서의 '<u>재수사 결과</u>'란에 피해자들로부터 <u>진술을 청취하지 않았음에도 듣고 그 진술내용을 적은 것처럼 기재함</u>으로써 허위공문서를 작성하였다는 내용으로 기소된 사안에서, 재수사 결과서의 작성 경위나 구성형태에 비추어 재수사 결과란의 기재는 피고인이 재수사 요청 취지에 따라 피해자들로부터 구체적인 진술을 듣고 진술내용을 적었음을 의미하는데 <u>피고인은 피해자들로부터 진술을 청취하지 않았고, 특히 피고인은 피해자들이 진술한 바 없는 내용으로 자신의 독자적인 의견이나 추측에 불과한 것을 마치 피해자들로부터 직접 들은 진술인 것처럼 기재하였으므로</u>, 피해자들 진술로 기재된 내용 중 일부가 결과적으로 사실과 부합하는지, 재수사 요청을 받은 사법경찰관이 검사에 의하여 지목된 참고인이나 피의자 등에 대한 재조사 여부와 재조사 방식 등에 대해 재량을 가지는지 등과 무관하게 <u>피고인의 행위는 허위공문서작성죄를 구성하며</u>, 피고인이 피해자들의 진술에 신빙성이 부족하다는 이유에서 자신의 판단에 따라 기재하는 내용이 객관적인 사실에 부합할 것이라고 생각하였다 하여 범의를 부정할 수 없다(대법원2023.3.30. 선고 2022도6886 판결). 결국, <u>피고인은 허위공문서작성죄가 성립한다.</u>

문제 26 - 정답 ③

▶ ③ (○) 공무원이 직접 뇌물을 받지 아니하고 증뢰자로 하여금 다른 사람에게 뇌물을 공여하도록 한 경우, <u>그 다른 사람이 공무원의 사자 또는 대리인으로서 뇌물을 받은 경우</u>나, 그 <u>다른 사람이 뇌물을 받음으로써 공무원은 그만큼 지출을 면하게 되는 경우</u> 등 사회통념상 그 다른 사람이 뇌물을 받은 것을 공무원이 직접 받은 것과 같이 평가할 수 있는 관계가 있는 경우에는 <u>형법 제129조 제1항의 뇌물수수죄가 성립한다</u>(대판2009.10.15. 2009도6422).

① (X) <u>뇌물수수죄는</u> 공무원 또는 중재인이 그 직무에 관하여 뇌물을 수수한 때에 성립하는 것이어서 <u>그 주체는 현재</u> 공무원 또는 중재인의 <u>직에 있는 자에 한정되므로</u>, 공무원이 직무와 관련하여 <u>뇌물수수를 약속하고 퇴직후 이를 수수하는 경우</u>에는, 뇌물약속과 뇌물수수가 시간적으로 근접하여 연속되어 있다고 하더라도, <u>뇌물약속죄 및 사후수뢰죄가 성립할 수 있음은 별론</u>으로 하고, <u>뇌물수수죄는 성립하지 않는다</u>(대법원2010. 10. 14.선고2010도387판결).

② (X) 구청장인 피고인이 구청 관내의 공사 인·허가와 관련하여 갑 회사로부터 묵시적인 부정한 청탁을 받고 5억 원 상당의 <u>경로당 누각을 제3자인 구에 기부채납하게 하였다는 등의 제3자뇌물공여로 기소된 사안</u>에서, 갑 회사의 관계자들이 피고인의 요구를 받고 위 누각을 구에 기부채납한 것이 피고인의 직무와 관련한 <u>부정한 청탁의 대가로 제공된 것이라고 단정할 수 없다</u>는 이유로, 피고인에게 무죄를 선고한 원심판단의 결론은 정당하다(대판2011.4.14. 2010도12313).

④ (X) 구 해양수산부 소속 공무원인 피고인이 갑 해운회사의 대표이사 등에게서 중국의 선박운항허가 담당부서가 관장하는 중국 국적 선사의 선박에 대한 운항허가를 받을 수 있도록 노력해 달라는 부탁을 받고 돈을 받은 사안에서, <u>직무관련성이 없어 뇌물수수죄가 성립하지 않는다</u>(대판2011.5.26. 2009도2453).

문제 27 - 정답 ③

▶ ③ (○) [1] 이 사건 회의록의 변조·사용은 이 사건 회계서류 폐기에 정당한 근거가 존재하는 양 꾸며냄으로써 피고인들이 공범관계에 있는 문서손괴죄의 형사사건에 관한 증거를 변조·사용한 것으로 볼 수 있는 이유로, 이 사건 공소사실 중 <u>을에 대한 증거변조 및 변조증거사용의 점을 무죄(자기 사건의 증거 인멸행위는 증거인멸죄가 성립하지 않는다)</u>로 판단하고, <u>공범의 종속성 법리에 따라 갑에 대한 증거변조교사 및 변조증거사용교사의 점도 무죄</u>가 된다.

[2] 또한, <u>간접정범도 정범의 일종인 이상</u> 증거변조죄 및 변조증거사용죄의 정범으로 처벌되지 아니하는 <u>갑을 같은 죄의 간접정범으로 처벌할 수는 없고</u>, 비록 자기의 형사사건에 관한 증거를 변조·사용하기 위하여 타인을 교사하여 증거를 변조·사용하도록 하였더라도 <u>피교사자인 을이 같은 형사사건의 공범에 해당하여 증거변조죄 및 변조증거사용죄로 처벌되지 않은 이상</u> 본 죄의 교사범을 처벌하는 취지와 달리 자기 방어권 행사를 위해 제3자로 하여금 새로운 범죄를 저지르게 함으로써 자기 방어권의 한계를 일탈하여 새로이 국가의 형사사법기능을 침해한 경우라고도 보기 어렵다는 이유로, <u>갑에 대하여 증거변조죄 및 변조증거사용죄의 간접정범도 성립하지 않는다</u>(대법원2011. 7. 14.선고2009도13151판결).

① (X) [1] 형법 제155조 제1항의 증거위조죄에서 말하는 '<u>증거</u>'란 타인의 형사사건 또는 징계사건에 관하여 수사기관이나 법원 또는 징계기관이 국가의 형벌권 또는 징계권의 유무를 확인하는데 관계있다고 인정되는 일체의 자료를 뜻한다. 따라서 <u>범죄 또는 징계사유의 성립 여부에 관한 것</u>뿐만 아니라 형 또는 징계의 <u>경중에 관계있는 정상을 인정하는데 도움이 될 자료까지도</u> 본조가 규정한 증거에 포함된다.

[2]형법 제155조 제1항은 타인의 형사사건 또는 징계사건에 관한 증거를 인멸, 은닉, 위조 또는 변조하거나 위조 또는 변조한 증거를 사용한 자를 처벌하고 있고, 여기서의 '<u>위조</u>'란 문서에 관한 죄의 위조 개념과는 달리 새로운 증거의 창조를 의미한다. 그러나 사실의 증명을 위해 작성된 문서가 <u>그 사실에 관한 내용이나 작성명의 등에 아무런 허위가 없다면 '증거위조'에 해당한다고 볼 수 없다.</u> 설령 사실증명에 관한 문서가 형사사건 또는 징계사건에서 허위의 주장에 관한 증거로 제출되어 그 주장을 뒷받침하게 되더라도 마찬가지이다.

[3] <u>피고인이 재판부에</u> 수수한 알선 대가를 전액 반환하였으니 <u>감형해달라고 제출한 입금확인증 등은</u> 금융기관이 금융거래에 관한 사실을 증명하기 위해 작성한 문서로서 <u>그 내용이나 작성명의 등에 아무런 허위가 없는 이상 이를 증거의 '위조'에 해당한다고 볼 수 없고</u>, 나아가 '<u>위조한 증거를 사용</u>'한 행위에 해당한다고 볼 수도 없다(대법원2021. 1. 28.선고2020도2642판결).

② (X) 자기의 형사사건에 관한 증거라 하더라도 이를 인멸하기 위하여 타인을 교사하여 죄를 범하게 한 자에 대하여는 <u>증거인멸교사죄가 성립한다</u>(대판2000.3.24. 99도5275).

④ (X) 증거인멸죄는 타인의 형사사건 또는 징계사건에 관한 증거

를 인멸하는 경우에 성립하는 것으로서, 피고인 자신이 직접 형사처분이나 징계처분을 받게 될 것을 두려워한 나머지 자기의 이익을 위하여 그 증거가 될 자료를 인멸하였다면, 그 행위가 동시에 다른 공범자의 형사사건이나 징계사건에 관한 증거를 인멸한 결과가 된다고 하더라도 이를 증거인멸죄로 다스릴 수 없고, 이러한 법리는 그 행위가 피고인의 공범자가 아닌 자의 형사사건이나 징계사건에 관한 증거를 인멸한 결과가 된다고 하더라도 마찬가지이다(대법원1995. 9. 29.선고94도2608판결). 결국, 자기만을 위하거나 자기와 공범자의 이익을 위한 때에는 증거인멸죄가 성립하지 않는다.

문제 28 - 정답 ④

▶ ④ (X) [1] **특정되지 않은 성명불상자에 대한 무고죄는 성립하지 않는다.** 공무원에게 무익한 수고를 끼치는 일은 있어도 **심판 자체를 그르치게 할 염려가 없으며 피무고자를 해할 수도 없기 때문이다.**
[2] 피고인의 아버지 공소외인은 골프연습장을 운영하며 피고인 명의의 농협은행 계좌를 사용하고 있다. 피고인은 2018.. 11. 무렵 위 계좌와 연결된 통장을 재발급받아 2018. 11. 29.부터 2019. 2. 1.까지 합계 1,865만 원을 몰래 인출해 유흥비 등으로 사용하였다. 피고인은 2019. 2. 8. 공소외인의 의심을 피하기 위해 의정부시에 있는 의정부경찰서 민원실에서 '농협은행 계좌에서 본인도 모르는 출금이 이뤄지고 있습니다. 2018. 11. 29.부터 의심됩니다. 본인의 통장은 아버지와 회사 관리부장 외에는 접근이 불가능한 통장입니다. 두 분 다 모르는 상태에서 계속 간헐적인 출금이 되고 있습니다. 최근 2019. 2. 1.에도 출금이 이루어진 듯합니다. 본인의 예금거래 내역서와 함께 제출하오니 출금자의 신원을 밝혀주세요.'라고 기재한 고소장을 제출하고, 같은 날 참고인 조사를 받으며 같은 취지로 진술하여 수사를 요청하였다. 그러나 사실 피고인이 위 계좌에서 예금을 인출한 것이므로 다른 사람이 위 계좌에서 예금을 인출한 사실이 없었다. 이로써 **피고인은 성명불상자로 하여금 형사처벌을 받게 할 목적으로 무고하였다**(대법원2022. 9. 29.선고2020도11754판결). 결국, **피고인은 무고죄가 성립하지 않는다.**
① (O) 대판1990.2.23. 89도1212
② (O) 대판1998.3.10. 97도1168
③ (O) 무고죄의 허위신고에 있어서 다른 사람이 그로 인하여 형사처분 또는 징계처분을 받게 될 것이라는 인식이 있으면 족하므로, **고소당한 범죄가 유죄로 인정되는 경우에**, 고소를 당한 사람이 고소인에 대하여 '고소당한 죄의 혐의가 없는 것으로 인정된다면 고소인이 자신을 무고한 것에 해당하므로 고소인을 처벌해 달라' 는 내용의 고소장을 제출하였다면 **설사 그것이 자신의 결백을 주장하기 위한 것이라고 하더라도 방어권의 행사를 벗어난 것으로서 고소인을 무고한다는 범의를 인정할 수 있다**(대판2007.3.15. 2006도9453).

문제 29 - 정답 ④

▶ ④ (X) [1] 피의자에 대한 진술거부권 고지는 피의자의 진술거부권을 실효적으로 보장하여 진술이 강요되는 것을 막기 위해 인정되는 것인데, 이러한 진술거부권 고지에 관한 형사소송법 규정 내용 및 진술거부권 고지가 갖는 실질적인 의미를 고려하면 수사기관에 의한 진술거부권 고지 대상이 되는 피의자 지위는 수사기관이 조사대상자에 대한 범죄혐의를 인정하여 수사를 개시하는 행위를 한 때 인정되는 것으로 보아야 한다. 따라서 **이러한 피의자 지위에 있지 아니한 자(참고인)에 대하여는 진술거부권이 고지되지 아니하였더라도 진술의 증거능력을 부정할 것은 아니다.**
[2] 피고인들이 중국에 있는 갑과 공모한 후 중국에서 입국하는 을을 통하여 필로폰이 들어 있는 곡물포대를 배달받는 방법으로 필로폰을 수입하였다고 하여 주위적으로 기소되었는데, **검사가** 을에게서 곡물포대를 건네받아 피고인들에게 전달하는 역할을 한 **참고인 병에 대한 검사 작성 진술조서를 증거로 신청한 사안에서**, 피고인들과 공범관계에 있을 가능성만으로 병이 참고인으로서 검찰조사를 받을 당시 또는 그 후라도 **검사가 병에 대한 범죄혐의를 인정하고 수사를 개시하여 피의자 지위에 있게 되었다고 단정할 수 없고**, 검사가 병에 대한 수사를 개시할 수 있는 상태이었는데도 진술거부권 고지를 잠탈할 의도로 피의자 신문이 아닌 참고인 조사의 형식을 취한 것으로 볼 만한 사정도 기록상 찾을 수 없으며, 오히려 피고인들이 수사과정에서 필로폰이 중국으로부터 수입되는 것인지 몰랐다는 취지로 변소하였기 때문에 **피고인들의 수입에 관한 범의를 명백하게 하기 위하여 병을 참고인으로 조사한 것이라면**, **병은** 수사기관에 의해 범죄혐의를 인정받아 수사가 개시된 피의자의 지위에 있었다고 할 수 없고 **참고인으로서 조사를 받으면서 수사기관에게서 진술거부권을 고지받지 않았다는 이유만으로** 그 **진술조서가 위법수집증거로서 증거능력이 없다고 할 수 없다.**
[3] 피고인들이 중국에 있는 갑과 공모한 후 중국에서 입국하는 을을 통하여 인천 국제여객터미널에서 필로폰이 들어 있는 곡물포대를 배달받는 방법으로 필로폰을 수입하였다고 하여 주위적으로 기소된 사안에서, **피고인들이 필로폰이 중국에서 국내로 반입된 것이라는 점**에 대하여 **인식하였거나 적어도 미필적으로 인식하고 있었다고 인정할 수 있다**(대법원2011. 11. 10.선고2011도8125판결). 결국, **피고인들에게 필로폰 수입에 관한 범의가 있었다**고 할 것이다.
① (O) **수사기관이 참고인을 조사하는 과정에서** 형사소송법 제221조 제1항에 따라 **작성한 영상녹화물은**, 다른 법률에서 달리 규정하고 있는 등의 특별한 사정이 없는 한, **공소사실을 직접 증명할 수 있는 독립적인 증거로 사용될 수는 없다고** 해석함이 타당하다(대법원2014. 7. 10.선고2012도5041판결).
② (O) 검사 또는 사법경찰관은 피의자가 조사장소에 **도착한 시각, 조사를 시작하고 마친 시각, 그 밖에 조사과정의 진행경과를 확인하기 위하여 필요한 사항**을 피의자신문조서에 기록하거나 별도의 서면에 기록한 후 수사기록에 편철하여야 한다(**수사과정의 기록; 형사소송법 제244조의4 제1항**). 그리고 **피의자가 아닌 자(참고인)를 조사하는 경우에도 준용한다**(동법 동조 제3항).
③ (O) [1] 형사소송법 제312조 제5항은 피고인 또는 피고인이 아닌 자가 수사과정에서 작성한 진술서의 증거능력에 관하여 형사소송법 제312조 제1항부터 제4항까지 준용하도록 규정하고 있으므로, **검사 또는 사법경찰관이 피고인이 아닌 자의 진술을 기재한 조서의 증거능력이** 인정되려면 '**적법한 절차와 방식에 따라 작성된 것' 이어야 한다**는 법리가 피고인이 아닌 자가 수사과정에서 작성한 진술서의 증거능력에 관하여도 적용된다.
[2] 한편 검사 또는 사법경찰관이 피의자가 아닌 자의 출석을 요구하여 조사하는 경우에는 **피의자를 조사하는 경우와 마찬가지로** 조사장소에 도착한 시각, 조사를 시작하고 마친 시각, 그 밖에 조사과정의 진행경과를 확인하기 위하여 필요한 사항을 조서에 기록하거나 별도의 서면에 기록한 후 수사기록에 편철하도록 하는 등 **조사과정을 기록하게 한 형사소송법 제221조 제1항, 제244조의4

제1항, 제3항의 취지는 수사기관이 조사과정에서 피조사자로부터 진술증거를 취득하는 과정을 투명하게 함으로써 그 과정에서의 절차적 적법성을 제도적으로 보장하려는 것이다.

[3] 따라서 수사기관이 수사에 필요하여 피의자가 아닌 자로부터 진술서를 작성·제출받는 경우에도 그 절차는 준수되어야 하므로, 피고인이 아닌 자가 수사과정에서 진술서를 작성하였지만 수사기관이 조사과정의 진행경과를 확인하기 위하여 필요한 사항을 그 진술서에 기록하거나 별도의 서면에 기록한 후 수사기록에 편철하는 등 적절한 조치를 취하지 아니하여 형사소송법 제244조의4 제1항, 제3항에서 정한 절차를 위반한 경우에는, 그 진술증거 취득과정의 절차적 적법성의 제도적 보장이 침해되지 않았다고 볼 만한 특별한 사정이 없는 한 '적법한 절차와 방식'에 따라 수사과정에서 진술서가 작성되었다고 할 수 없어 증거능력을 인정할 수 없다.

[4] 이러한 형사소송법 규정 및 문언과 그 입법 목적 등에 비추어 보면, 형사소송법 제312조 제5항의 적용대상인 '수사과정에서 작성한 진술서'란 수사가 시작된 이후에 수사기관의 관여 아래 작성된 것이거나, 개시된 수사와 관련하여 수사과정에 제출할 목적으로 작성한 것으로, 작성 시기와 경위 등 여러 사정에 비추어 그 실질이 이에 해당하는 이상 명칭이나 작성된 장소 여부를 불문한다.

[5] 피고인 을·병이 피고인 갑을 위하여 처리하였던 입당원서를 작성자의 동의 없이 임의로 수사기관에 제출한 행위는「개인정보보호법」제59조 제2호가 금지한 행위로서, 구「개인정보 보호법」제18조 제2항 제2호 또는 제7호가 적용될 수 없고, 위법수집증거에 해당하여 예외적으로 증거능력을 인정하여야 할 경우에 해당하지 아니하므로, 입당원서 및 이와 관련된 증거의 증거능력은 인정되지 않는다(대법원2022. 10. 27. 선고 2022도9510 판결). 따라서 경찰이 입당원서 작성자의 주거지·근무지를 방문하여 입당원서 작성 경위 등을 질문한 후 진술서 작성을 요구하여 이를 제출받은 이상 형사소송법 제312조 제5항이 적용되어야 한다는 이유로 형사소송법 제244조의4(수사과정의 기록)에서 정한 절차를 준수하지 않은 위 각 증거의 증거능력이 인정되지 않는다.

문제 30 - 정답 ③

▶ ③ ㉠㉣(2개)은 맞는 지문이고, ㉡㉢㉤(3개)은 틀린 지문이다.

㉠ (O) 검사의 구속영장 청구 전 피의자 대면 조사는 긴급체포의 적법성을 의심할 만한 사유가 기록 기타 객관적 자료에 나타나고 피의자의 대면 조사를 통해 그 여부의 판단이 가능할 것으로 보이는 예외적인 경우에 한하여 허용될 뿐, 긴급체포의 합당성이나 구속영장 청구에 필요한 사유를 보강하기 위한 목적으로 실시되어서는 아니된다. 나아가 검사의 구속영장 청구 전 피의자 대면 조사는 강제수사가 아니므로 피의자는 검사의 출석 요구에 응할 의무가 없고, 피의자가 검사의 출석 요구에 동의한 때에 한하여 사법경찰관리는 피의자를 검찰청으로 호송하여야 한다(대판2010.10.28. 2008도11999).

㉡ (X) 긴급체포의 요건을 갖추었는지 여부는 사후에 밝혀진 사정을 기초로 판단하는 것이 아니라 체포 당시의 상황을 기초로 판단하여야 하고, 이에 관한 검사나 사법경찰관 등 수사주체의 판단에는 상당한 재량의 여지가 있다고 할 것이나, 긴급체포 당시의 상황으로 보아서도 그 요건의 충족 여부에 관한 검사나 사법경찰관의 판단이 경험칙에 비추어 현저히 합리성을 잃은 경우에는 그 체포는 위법한 체포라 할 것이다(대결2003.3.27. 2002모81).

㉢ (X) 형사소송법 제200조의4 제3항은 영장 없이 긴급체포 후 석방된 피의자를 동일한 범죄사실에 관하여 체포하지 못한다는 규정으로, 위와 같이 석방된 피의자라도 법원으로부터 구속영장을 발부받아 구속할 수 있음은 물론이고, 같은 법 제208조 소정의 '구속되었다가 석방된 자'라 함은 구속영장에 의하여 구속되었다가 석방된 경우를 말하는 것이지, 긴급체포나 현행범으로 체포되었다가 사후영장발부 전에 석방된 경우는 포함되지 않는다 할 것이므로, 피고인이 수사 당시 긴급체포되었다가 수사기관의 조치로 석방된 후 법원이 발부한 구속영장에 의하여 구속이 이루어진 경우 앞서 본 법조에 위배되는 위법한 구속이라고 볼 수 없다(대판2001도4291).

㉣ (O) 제200조의4 제4항

㉤ (X) 사법경찰관은 긴급체포한 피의자에 대하여 구속영장을 신청하지 아니하고 석방한 경우에는 즉시 검사에게 보고하여야 한다.(제200조의4 제6항)

문제 31 - 정답 ①

▶ ① ㉠㉡㉢㉣㉤은 모두 맞는 지문이다.

㉠ (O) 검사 또는 사법경찰관은 영장에 따라 피의자를 체포하거나 구속하는 경우에는 형사소송법에 따라 피의자에게 반드시 영장을 제시하고 그 사본을 교부해야 한다.(제32조의2 제1항).

㉡ (O) 검사 또는 사법경찰관은 압수·수색영장을 처분을 받는 자에게 영장을 제시하는 경우, 처분을 받는 자에게 법관이 발부한 영장에 따른 압수·수색 또는 검증이라는 사실과 영장에 기재된 범죄사실 및 수색 또는 검증할 장소·신체·물건, 압수할 물건 등을 명확히 알리고, 처분을 받는 자가 해당 영장을 열람할 수 있도록 해야 한다. 이 경우 처분을 받는 자가 피의자인 경우에는 해당 영장의 사본을 교부해야 한다(제38조 제1항).

㉢ (O) 압수·수색 또는 검증의 처분을 받는 자가 여럿인 경우에는 모두에게 개별적으로 영장을 제시해야 한다. 이 경우 피의자에게는 개별적으로 해당 영장의 사본을 교부해야 한다(제38조 제2항).

㉣ (O) 검사 또는 사법경찰관은 영장에 따라 피의자를 체포하거나 구속하는 경우 피의자에게 영장을 제시하거나 영장의 사본을 교부할 때에는 사건관계인(피해자등)의 개인정보가 피의자의 방어권 보장을 위해 필요한 정도를 넘어 불필요하게 노출되지 않도록 유의해야 한다(제32조의2 제2항). 검사 또는 사법경찰관은 영장에 따라 피의자를 압수·수색·검증하는 경우 피의자에게 영장을 제시하거나 영장의 사본을 교부할 때에는 사건관계인의 개인정보가 피의자의 방어권 보장을 위해 필요한 정도를 넘어 불필요하게 노출되지 않도록 유의해야 한다(제38조 제3항).

㉤ (O) 피의자가 영장의 사본을 수령하기를 거부하거나 영장 사본 교부 확인서에 기명날인 또는 서명하는 것을 거부하는 경우에는 검사 또는 사법경찰관이 영장 사본 교부 확인서 끝 부분에 그 사유를 적고 기명날인 또는 서명해야 한다(제32조의2 제4항, 제38조 제5항).〈신설 2023. 10. 17.〉

문제 32 - 정답 ③

▶ ③ (X) [1] 법원은 압수·수색영장의 집행에 관하여 범죄 혐의사실과 관련 있는 전자정보의 탐색·복제·출력이 완료된 때에는 지

체 없이 영장 기재 범죄 혐의사실과 관련이 없는 나머지 전자정보에 대해 삭제·폐기 또는 피압수자 등에게 반환할 것을 정할 수 있다.

[2] 수사기관이 범죄 혐의사실과 관련 있는 정보를 선별하여 압수한 후에도 그와 관련이 없는 나머지 정보를 삭제·폐기·반환하지 아니한 채 그대로 보관하고 있다면 범죄 혐의사실과 관련이 없는 부분에 대하여는 압수의 대상이 되는 전자정보의 범위를 넘어서는 전자정보를 영장 없이 압수·수색하여 취득한 것이어서 위법하고, 사후에 법원으로부터 압수·수색영장이 발부되었다거나 피고인이나 변호인이 이를 증거로 함에 동의하였다고 하여 그 위법성이 치유된다고 볼 수 없다(대법원2022. 1. 14.자2021모1586결정).

① (O) 수사기관의 전자정보에 대한 압수·수색은 원칙적으로 영장 발부의 사유로 된 범죄 혐의사실과 관련된 부분만을 문서 출력물로 수집하거나 수사기관이 휴대한 저장매체에 해당 파일을 복제하는 방식으로 이루어져야 하고, 저장매체 자체를 직접 반출하거나 저장매체에 들어 있는 전자파일 전부를 하드카피나 이미징 등 형태(이하 '복제본'이라 한다)로 수사기관 사무실 등 외부로 반출하는 방식으로 압수·수색하는 것은 현장의 사정이나 전자정보의 대량성으로 관련 정보 획득에 긴 시간이 소요되거나 전문 인력에 의한 기술적 조치가 필요한 경우 등 범위를 정하여 출력 또는 복제하는 방법이 불가능하거나 압수의 목적을 달성하기에 현저히 곤란하다고 인정되는 때에 한하여 예외적으로 허용될 수 있을 뿐이다(대법원2015. 7. 16.자2011모1839전원합의체 결정).

② (O) [1] 수사기관이 압수·수색영장을 집행할 때에는 피압수자 또는 변호인은 그 집행에 참여할 수 있다(형사소송법 제219조, 제121조). 저장매체에 대한 압수·수색 과정에서 범위를 정하여 출력·복제하는 방법이 불가능하거나 압수의 목적을 달성하기에 현저히 곤란한 예외적인 사정이 인정되어 전자정보가 담긴 저장매체, 하드카피나 이미징(imaging) 등 형태(이하 '복제본'이라 한다)를 수사기관 사무실등으로 옮겨 복제·탐색·출력하는 경우에도, 피압수자나 변호인에게 참여 기회를 보장하고 혐의사실과 무관한 전자정보의 임의적인 복제 등을 막기 위한 적절한 조치를 취하는 등 영장주의 원칙과 적법절차를 준수하여야 한다.

[2] 만일 그러한 조치를 취하지 않았다면 피압수자 측이 위와 같은 절차나 과정에 참여하지 않는다는 의사를 명시적으로 표시하였거나 절차 위반행위가 이루어진 과정의 성질과 내용 등에 비추어 피압수자에게 절차 참여를 보장한 취지가 실질적으로 침해되었다고 볼 수 없을 정도에 해당한다는 등의 특별한 사정이 없는 이상 압수·수색이 적법하다고 할 수 없다. 이는 수사기관이 저장매체 또는 복제본에서 혐의사실과 관련된 전자정보만을 복제·출력한 경우에도 마찬가지이다(대법원2020. 11. 26.선고2020도10729판결).

④ (O) [1] 원격지 서버에 저장되어 있는 전자정보와 컴퓨터 등 정보처리장치에 저장되어 있는 전자정보는 그 내용이나 질이 다르므로 압수·수색으로 얻을 수 있는 전자정보의 범위와 그로 인한 기본권 침해 정도도 다르다.

[2] 따라서 수사기관이 압수·수색영장에 적힌 '수색할 장소'에 있는 컴퓨터 등 정보처리장치에 저장된 전자정보 외에 원격지 서버에 저장된 전자정보를 압수·수색하기 위해서는 압수·수색영장에 적힌 '압수할 물건'에 별도로 원격지 서버 저장 전자정보가 특정되어 있어야 한다.

[3] 압수·수색영장에 적힌 '압수할 물건'에 컴퓨터 등 정보처리장치 저장 전자정보만 기재되어 있다면 컴퓨터 등 정보처리장치를 이용하여 원격지 서버 저장 전자정보를 압수할 수는 없다(대법원 2022. 6. 30.선고2022도1452판결).

문제 33 - 정답 ③

▶ ③ (X) 증인신문조서가 증거보전절차에서 피고인이 증인으로서 증언한 내용을 기재한 것이 아니라 증인(갑)의 증언내용을 기재한 것이고 다만 피의자였던 피고인이 당사자로 참여하여 자신의 범행사실을 시인하는 전제하에 위 증인에게 반대신문한 내용이 기재되어 있을 뿐이라면, 위 조서는 ㉠ 공판준비 또는 공판기일에 피고인 등의 진술을 기재한 조서도 아니고, ㉡ 반대신문과정에서 피의자가 한 진술에 관한 한 형사소송법 제184조에 의한 증인신문조서도 아니므로 위 조서중 ㉢ 피의자의 진술기재부분에 대하여는 형사소송법 제311조에 의한 증거능력을 인정할 수 없다(대법원 1984. 5. 15.선고84도508판결).

① (O) 형사소송법 제184조에 의한 증거보전은 피고인 또는 피의자가 형사입건도 되기 전에는 청구할 수 없고, 또 피의자신문에 해당하는 사항을 증거보전의 방법으로 청구할 수 없다(대법원1979. 6. 12.선고79도792판결).

② (O) 제221조의2 제1항

③ (O) 증거보전이란 장차 공판에 있어서 사용하여야 할 증거가 멸실되거나 또는 그 사용하기 곤란한 사정이 있을 경우에 당사자의 청구에 의하여 공판전에 미리 그 증거를 수집보전하여 두는 제도로서 제1심 제1회 공판기일전에 한하여 허용되는 것이므로 재심청구사건에서는 증거보전절차는 허용되지 아니한다(대법원1984. 3. 29.자84모15결정).

④ (O) 공동피고인과 피고인이 뇌물을 주고 받은 사이로 필요적 공범관계에 있다고 하더라도 검사는 수사단계에서 피고인에 대한 증거를 미리 보전하기 위하여 필요한 경우에는 판사에게 공동피고인을 증인으로 신문할 것을 청구할 수 있다(대법원1988. 11. 8.선고86도1646판결).

문제 34 - 정답 ①

▶ ① (X) [1] 공판준비 또는 공판기일에서 이미 증언을 마친 증인을 검사가 소환한 후 피고인에게 유리한 그 증언 내용을 추궁하여 이를 일방적으로 번복시키는 방식으로 작성한 진술조서를 유죄의 증거로 삼는 것은 당사자주의·공판중심주의·직접주의를 지향하는 현행 형사소송법의 소송구조에 어긋나는 것일 뿐만 아니라, 헌법 제27조가 보장하는 기본권, 즉 법관의 면전에서 모든 증거자료가 조사·진술되고 이에 대하여 피고인이 공격·방어할 수 있는 기회가 실질적으로 부여되는 재판을 받을 권리를 침해하는 것이므로, 이러한 진술조서는 피고인이 증거로 할 수 있음에 동의하지 아니하는 한 그 증거능력이 없다고 하여야 할 것이고, 그 후 원진술자인 종전 증인이 다시 법정에 출석하여 증언을 하면서 그 진술조서의 성립의 진정함을 인정하고 피고인측에 반대신문의 기회가 부여되었다고 하더라도 그 증언 자체를 유죄의 증거로 할 수 있음은 별론으로 하고 위와 같은 진술조서의 증거능력이 없다는 결론은 달리할 것이 아니다(대법원2000. 6. 15.선고99도1108전원합의체 판결). 결국, 피고인이 증거로 할 수 있음에 동의한다면 그 증거능력이 있다.

② (O) (O) 검사작성의 피고인에 대한 진술조서가 공소제기 후

에 작성된 것이라는 이유만으로 곧 그 증거능력이 없다고 할 수는 없으므로 원심이 이를 증거로 채택하였다고 하여 공판중심주의 내지 재판공개의 원칙에 위배된 것이라고도 할 수 없다(대법원1984. 9. 25.선고84도1646판결).
③ (○) 헌법상 보장된 적법절차의 원칙과 재판받을 권리, 공판중심주의·당사자주의·직접주의를 지향하는 현행 형사소송법의 소송구조, 관련 법규의 체계, 문언 형식, 내용 등을 종합하여 보면, 일단 공소가 제기된 후에는 피고사건에 관하여 검사로서는 형사소송법 제215조에 의하여 압수·수색을 할 수 없다고 보아야 하며, 그럼에도 검사가 공소제기 후 형사소송법 제215조에 따라 수소법원 이외의 지방법원 판사에게 청구하여 발부받은 영장에 의하여 압수·수색을 하였다면, 그와 같이 수집된 증거는 기본적 인권 보장을 위해 마련된 적법한 절차에 따르지 않은 것으로서 원칙적으로 유죄의 증거로 삼을 수 없다(대법원2011. 4. 28.선고2009도10412판결).
④ (○) 검사 또는 사법경찰관이 피고인에 대한 구속영장을 집행하는 경우, 그 집행현장에서는 영장없이 압수·수색·검증을 할 수 있다(제216조 제2항).

문제 35 - 정답 ②

▶ ② ㉠㉡㉢㉤(4개)가 옳은 지문이나 ㉣(1개)은 틀린 지문이다.
㉠ (○) 대법원2022. 6. 16.선고2022도2236판결
㉡ (○) 대법원2022. 6. 16.선고2022도2236판결
㉢ (○) 대법원2022. 6. 16.선고2022도2236판결
㉣ (X) 유전자검사나 혈액형검사 등 과학적 증거방법은 전제로 하는 사실이 모두 진실임이 증명되고 추론의 방법이 과학적으로 정당하여 오류의 가능성이 없거나 무시할 정도로 극소하다고 인정되는 경우에는 법관이 사실인정을 할 때 상당한 정도로 구속력을 가진다. 그러나 이 경우 법관은 과학적 증거방법이 증명하는 대상이 무엇인지, 즉 증거방법과 쟁점이 어떠한 관련성을 갖는지를 면밀히 살펴 신중하게 사실인정을 하여야 한다(대법원2022. 6. 16.선고2022도2236판결).
㉤ (○) [1] 이 사건 쟁점 공소사실은, 피고인이 자신이 낳은 이 사건 여아를 데리고 산부인과의원으로 가서 신생아실에 있던 자신의 외손녀인 피해자의 자리에 이 사건 여아를 놓아두고, 그 자리에 있던 피해자를 몰래 데리고 가 약취하였다는 것이다(피고인 갑은 자신의 딸 을이 출산하여 을의 보호·감독을 받는 피해자인 외손녀 병을 약취하였다는 것이다). 증거에 의하면 범행 전까지 이 사건 여아의 존재에 대하여 아는 사람이 피고인 외에 아무도 없었고, 범행 이후 피해자의 생존 여부에 대하여 아는 사람은 아무도 없다. 공소사실에 기재된 범행의 방법은 추측에 의한 것이고, 수긍할 만한 범행의 동기나 목적은 확인되지 않는다. 유죄 인정의 결정적 증거는 유전자 감정 결과이다. 이에 따르면 이 사건 여아는 피고인의 딸 공소외 1과는 친자관계가 없고, 피고인과 친자관계가 있다. 이를 전제로 보면 피고인이 자신이 낳은 이 사건 여아를 피해자와 바꿔치기하였다고 보는 데에 별다른 무리가 없다고 보이기는 한다. 그러나 이 사건과 같이 유례를 찾아보기 어려운 사건에 관하여 유전자 감정 결과에도 불구하고 쟁점 공소사실에 대하여 유죄로 확신하는 것을 주저하게 하는 의문점들이 남아 있고, 그에 대하여 추가적으로 심리하는 것이 가능하다고 보이는 이상 추가 심리 없이 원심의 결론(원심은 미성년자 약취죄 인정)을 그대로 유지하기는 어렵다

[2] 수사기관이 국립과학수사연구원 등에 의뢰하여 한 유전자 감정 결과, 이 사건 여아는 99.9999% 이상의 확률로 피고인과 친자관계가 성립하고, 자신의 딸 을과 외손녀 병과는 친자관계가 성립하지 않는다고 판단된 사실은 원심이 설시한 바와 같다. 그런데 위와 같은 유전자 감정 결과가 증명하는 대상은 이 사건 여아를 을과 병의 친자가 아닌 피고인의 친자로 볼 수 있다는 사실에 불과하고, 피고인이 쟁점 공소사실 기재 일시 및 장소에서 이 사건 여아를 피해자와 바꾸는 방법으로 약취하였다는 사실이 아니다. 피고인이 유전자 감정 결과에도 불구하고 자신이 범행을 저지르지 않았다는 점에 대하여 개연성 있는 설명을 하고 있지는 못하지만, 목격자의 진술이나 CCTV 영상 등 직접적인 증거가 없고, 뒤에서 보는 바와 같이 추가로 심리할 점들이 있는 이 사건에서, 유전자 감정 결과만으로 쟁점 공소사실이 증명되었다고 보기에는 어려움이 있다.

[3] 한편 형법 제287조 미성년자약취죄의 '약취'란 폭행, 협박 또는 불법적인 사실상의 힘을 수단으로 사용하여 피해자를 그 의사에 반하여 자유로운 생활관계 또는 보호관계로부터 이탈시켜 자기 또는 제3자의 사실상 지배하에 옮기는 행위를 의미하고, 어떤 행위가 약취에 해당하는지 여부는 행위의 목적과 의도, 행위 당시의 정황, 행위의 태양과 종류, 수단과 방법, 피해자의 상태 등 관련 사정을 종합하여 판단하여야 한다(대법원 2013. 6. 20. 선고 2010도14328 전원합의체 판결참조). 특히 피고인은 피해자의 외할머니이므로, 설사 피고인이 쟁점 공소사실 기재와 같이 피해자를 이 사건 여아와 바꿔치기한 후 데리고 간 사실관계가 인정된다고 하더라도, 그러한 행위가 피해자의 친권자인 을과 병의 의사에 반하지 않고 피해자의 자유와 안전을 침해하는 것으로 볼 수 없는 어떤 사정이 있다면, 이는 약취행위로 평가되지 않을 가능성도 있다. 따라서 피고인의 행위가 약취에 해당하는지를 판단하기 위해서는 위와 같은 구체적인 관련 사정들, 즉 피고인의 목적과 의도, 행위 당시의 정황, 행위의 태양과 종류, 수단과 방법, 피해자의 상태 등에 관한 추가적인 심리가 필요하다(대법원2022. 6. 16.선고2022도2236판결). 이 사건의 경우, 대법원의 파기환송에 따라 원심은 피고인이 산부인과의원에서 피고인의 딸이 출산한 피해자를 자신이 출산한 이 사건 여아와 바꿔치기 하는 방법으로 피해자를 데리고 가 미성년자를 약취하였다고 기소된 사안에서 미성년자약취죄가 성립하지 않는다(무죄)고 보았으나, 검찰은 다시 대법원에 상고하였다.

문제 36 - 정답 ③

▶ ③ ㉠㉡㉢(4개)는 검사의 엄격한 증명을 필요로하고, ,그러나 ㉣은 행위자가 증명하여야 하고, 자유로운 증명으로 충분하다.
㉠ (엄격한 증명) 구성요건에 해당하는 사실은 엄격한 증명에 의하여 이를 인정하여야 하고, 증거능력이 없는 증거는 구성요건 사실을 추인하게 하는 간접사실이나 구성요건 사실을 입증하는 직접증거의 증명력을 보강하는 보조사실의 인정자료로도 사용할 수 없으며, 이러한 간접사실이나 보조사실도 범죄의 구성요건과 관련된 것인 이상 합리적인 의심의 여지가 없는 엄격한 증명을 요한다(대법원 2015. 1. 22. 선고 2014도10978 전원합의체 판결).
㉡ (엄격한 증명) 공연성은 명예훼손죄와 모욕죄의 구성요건으로서, 명예훼손이나 모욕에 해당하는 표현을 특정 소수에게 한 경우 공연성이 부정되는 유력한 사정이 될 수 있으므로, 전파될 가능성에 관해서는 검사의 엄격한 증명이 필요하다(대법원2022. 7. 28.선

고2020도8336판결).

ⓒ (엄격한 증명) 형사재판에서 공소가 제기된 범죄의 구성요건을 이루는 사실에 대한 증명책임은 검사에게 있으므로 **특정범죄 가중처벌 등에 관한 법률 제5조의9 제1항 위반의 죄(보복살인등)의 행위자에게 보복의 목적이 있었다는 점** 또한 검사가 증명하여야 하고 그러한 증명은 법관으로 하여금 합리적인 의심을 할 여지가 없을 정도의 확신을 생기게 하는 **엄격한 증명에 의하여야 하며** 이와 같은 증명이 없다면 피고인의 이익으로 판단할 수밖에 없다(대판 2014.9.26. 2014도9030).

ⓓ (자유로운 증명) 공연히 사실을 적시하여 사람의 명예를 훼손한 행위가 형법 제310조의 규정에 따라서 위법성이 조각되어 처벌대상이 되지 않기 위하여는 그것이 진실한 사실로서 오로지 공공의 이익에 관한 때에 해당된다는 점을 **행위자**가 증명하여야 하는 것이나, 그 증명은 유죄의 인정에 있어 요구되는 것과 같이 법관으로 하여금 의심할 여지가 없을 정도의 확신을 가지게 하는 증명력을 가진 **엄격한 증거에 의하여야 하는 것은 아니다**(대판 1996.10.25. 95도1473).

ⓔ (엄격한 증명) **국헌문란의 목적**은 범죄 성립을 위하여 고의 외에 요구되는 초과주관적 위법요소로서 **엄격한 증명사항에 속하나**, 확정적 인식임을 요하지 아니하며, 다만 미필적 인식이 있으면 족하다(대법원2015. 1. 22.선고2014도10978전원합의체 판결).

(참고) 엄격한 증명의 대상에 해당하는 것 (판례에 의함★)

㉠ 불법영득의사를 실현하는 행위로서의 횡령행위가 있다는 점
㉡ 민간인이 군입대하여 군인신분을 취득하였는가의 여부
㉢ 공소사실에 특정된 범죄의 일시
㉣ 형법 제6조 단서의 행위지의 법률에 의하여 범죄를 구성하는지 여부(형법 제6조의 외국법규의 존재)
㉤ 알선수재죄에 있어 범의(犯意)
㉥ 공모공동정범에 있어서의 공모나 모의
㉦ 구 독점규제 및 공정거래에 관한 법률상 부당한 공동행위의 '합의'에 대한 증명
㉧ 위드마크(Widmark) 공식을 사용하여 주취 정도를 계산하는 경우, 그 전제사실을 인정하기 위한 증명의 정도와 방법
㉨ 도로법 제54조 제2항의 측정요구가 있었다는 점
㉩ 범죄단체의 구성·가입행위 자체
㉪ 뇌물죄의 수뢰액
㉫ 범죄구성요건에 해당하는 사실을 증명하기 위한 근거가 되는 과학적인 연구 결과
㉬ 특정범죄 가중처벌 등에 관한 법률 제5조의9 제1항 위반의 죄의 보복의 목적
㉭ 횡령죄에 있어서 피해자 등이 목적과 용도를 특정하여 위탁한 사실 및 그 용도 내용

㉠ (엄격한 증명 ○) **불법영득의사를 실현하는 행위로서의 횡령행위가 있다는 사실**은 검사가 증명하여야 하고, 그 증명은 법관으로 하여금 합리적인 의심을 할 여지가 없을 정도의 확신을 생기게 하는 증명력을 가진 **엄격한 증거**에 의하여야 한다(대판2017.2.15. 2013도14777).

㉡ (엄격한 증명 ○) 민간인이 군에 입대하여 군인신분을 취득하였는가의 여부를 판단함에는 **엄격한 증명을 요한다**(70도 1936).

㉢ (엄격한 증명 ○) 공소사실에 특정된 **범죄의 일시**는 피고인의 방어권 행사의 주된 대상이 되므로 **엄격한 증명을 통해 그 특정한 대로 범죄사실이 인정되어야** 한다(2010도14487).

㉣ (엄격한 증명 ○) 한편 **형법 제6조 단서**에 의하여 행위지의 법률에 의하여 범죄를 구성하지 아니하거나 소추 또는 형의 집행을 면제할 경우에는 우리 형법을 적용하여 처벌할 수 없다고 할 것이고, 이 경우 **행위지의 법률에 의하여 범죄를 구성하는지 여부**에 대해서는 **엄격한 증명에 의하여** 검사가 이를 입증하여야 할 것이다(대판2008.7.24. 2008도4085)

㉤ (엄격한 증명 ○) 구 특정범죄 가중처벌 등에 관한 법률 제**3조의 알선수재죄**는 '공무원의 직무에 속한 사항을 알선한다는 명목'으로 '금품 등을 수수'함으로써 성립하는 범죄로서, '알선'은 일반적으로 '일정한 사항에 관하여 어떤 사람과 그 상대방의 사이에 서서 중개하거나 편의를 도모하는 것'을 의미하고, '공무원의 직무에 속한 사항을 알선한다는 명목'으로 금품 등을 수수하였다는 **범의**는 범죄사실을 구성하는 것으로서 이를 인정하기 위하여는 **엄격한 증명이 요구된다**(대판2013.9.12. 2013도6570).

㉥ (엄격한 증명 ○) **공모공동정범의 공모나 모의**는 범죄사실을 구성하는 것이므로, **엄격한 증명을 요한다**(2002도 6103).

㉦ (엄격한 증명 ○) 구 독점규제 및 공정거래에 관한 법률 (2004. 12. 31. 법률 7315호로 개정되기 전의 것) 제66조 제1항 제9호, 제19조 제1항 위반죄의 경우 **부당한 공동행위의 '합의'에 대한 입증의 정도**는 법관으로 하여금 합리적 의심을 할 여지가 없을 정도로 **엄격한 증명을 요한다**(대판2008.5.29. 2006도6625).

㉧ (엄격한 증명 ○) 범죄구성요건사실의 존부를 알아내기 위해 과학공식 등의 경험칙을 이용하는 경우에 그 법칙 적용의 전제가 되는 개별적이고 구체적인 사실에 대하여는 엄격한 증명을 요하는바, 위드마크 공식의 경우 **그 적용을 위한 자료로 섭취한 알코올의 양, 음주 시각, 체중 등이** 필요하므로 그런 전제사실에 대한 **엄격한 증명이 요구된다**(대판2008.8.21. 2008도5531). **위드마크 공식은** 알코올을 섭취하면 최고 혈중알코올농도가 높아지고, 흡수된 알코올은 시간의 경과에 따라 일정하게 분해된다는 과학적 사실에 근거한 수학적인 방법에 따른 계산결과를 통해 운전 당시 혈중알코올농도를 추정하는 경험칙의 하나이므로, 그 적용을 위한 자료로 **섭취한 알코올의 양·음주시각·체중 등이 필요하고** 이에 관하여는 **엄격한 증명이** 필요하다(대법원2022. 5. 12.선고2021도14074판결).

㉨ (엄격한 증명 ○) **측정요구가 있었다는 점**은 범죄사실을 구성하는 중요부분으로서 이를 인정하기 위하여는 **엄격한 증명이 요구된다**(대판2005.6.24. 2004도7212).

㉩ (엄격한 증명 ○) **범죄단체의 구성·가입행위 자체**는 **엄격한 증명을 요하는** 범죄의 구성요건이다(2005도3857).

㉪ (엄격한 증명 ○) **뇌물죄에서 수뢰액**은 다과에 따라 범죄구성요건이 되므로 **엄격한 증명의 대상이 되고**, 특정범죄 가중처벌 등에 관한 법률에서 정한 범죄구성요건이 되지 않는 단순뇌물죄의 경우에도 몰수·추징의 대상이 되는 까닭에 역시 증거에 의하여 인정되어야 하며, 수뢰액을 특정할 수 없는 경우에는 가액을 추징할 수 없다(2009도2453).

㉫ (엄격한 증명 ○) 범죄구성요건에 해당하는 사실을 증명하기 위한 근거가 되는 **과학적인 연구 결과는** 적법한 증거조사를 거친 증거능력 있는 증거에 의하여 **엄격한 증명으로 증명되어야 한다**(2009도2338).

㉬ (엄격한 증명 ○) 형사재판에서 공소가 제기된 범죄의 구성요건을 이루는 사실에 대한 증명책임은 검사에게 있으므로 **특정범죄 가중처벌 등에 관한 법률 제5조의9 제1항 위반의 죄(보복

살인등)의 행위자에게 보복의 목적이 있었다는 점 또한 검사가 증명하여야 하고 그러한 증명은 법관으로 하여금 합리적인 의심을 할 여지가 없을 정도의 확신을 생기게 하는 엄격한 증명에 의하여야 하며 이와 같은 증명이 없다면 피고인의 이익으로 판단할 수밖에 없다(대판2014.9.26. 2014도9030).

⑤ (엄격한 증명 ○) 목적과 용도를 정하여 위탁한 금전을 수탁자가 임의로 소비하면 횡령죄를 구성할 수 있으나, 이 경우 피해자 등이 목적과 용도를 정하여 금전을 위탁한 사실 및 그 목적과 용도가 무엇인지는 엄격한 증명의 대상이라고 보아야 한다(대판2013.11.14. 2013도8121).

문제 37 - 정답 ④

▶ ④ (X) 전문진술이 기재된 서류는 형사소송법 제313조 제1항(성립의 진정 증명)의 규정에 의하여 그 증거능력이 인정될 수 있는 경우에 해당하여야 함은 물론, 나아가 형사소송법 제316조 제2항(필+특)의 규정에 따른 위와 같은 두가지 요건을 갖추어야 예외적으로 증거능력이 있다.

① (○) 피고인 또는 피고인 아닌 사람의 진술을 녹음한 녹음파일은 실질에 있어서 피고인 또는 피고인 아닌 사람이 작성한 진술서나 그 진술을 기재한 서류와 크게 다를 바 없어 그 녹음파일에 담긴 진술 내용의 진실성이 증명의 대상이 되는 때에는 전문법칙이 적용된다고 할 것이나, 녹음파일에 담긴 진술 내용의 진실성이 아닌 그와 같은 진술이 존재하는 것 자체가 증명의 대상이 되는 경우에는 전문법칙이 적용되지 아니한다(대법원 2015. 1. 22. 선고 2014도10978 전원합의체 판결).(내+전/ 자+본)

② (○) [1] 형사소송법 제312조 제5항은 피고인 또는 피고인이 아닌 자가 수사과정에서 작성한 진술서의 증거능력에 관하여 형사소송법 제312조 제1항부터 제4항까지 준용하도록 규정하고 있으므로, 검사 또는 사법경찰관이 피고인이 아닌 자의 진술을 기재한 조서의 증거능력이 인정되려면 '적법한 절차와 방식에 따라 작성된 것'이어야 한다는 법리가 피고인이 아닌 자가 수사과정에서 작성한 진술서의 증거능력에 관하여도 적용된다. 한편 검사 또는 사법경찰관이 피의자가 아닌 자의 출석을 요구하여 조사하는 경우에는 피의자를 조사하는 경우와 마찬가지로 조사장소에 도착한 시각, 조사를 시작하고 마친 시각, 그 밖에 조사과정의 진행경과를 확인하기 위하여 필요한 사항을 조서에 기록하거나 별도의 서면에 기록한 후 수사기록에 편철하도록 하는 등 조사과정을 기록하게 한 형사소송법 제221조 제1항, 제244조의4 제1항,제3항의 취지는 수사기관이 조사과정에서 피조사자로부터 진술증거를 취득하는 과정을 투명하게 함으로써 그 과정에서의 절차적 적법성을 제도적으로 보장하려는 것이다. 따라서 수사기관이 수사에 필요하여 피의자가 아닌 자로부터 진술서를 작성·제출받는 경우에도 그 절차는 준수되어야 하므로, 피고인이 아닌 자가 수사과정에서 진술서를 작성하였지만 수사기관이 조사과정의 진행경과를 확인하기 위하여 필요한 사항을 그 진술서에 기록하거나 별도의 서면에 기록한 후 수사기록에 편철하는 등 적절한 조치를 취하지 아니하여 형사소송법 제244조의4 제1항,제3항에서 정한 절차를 위반한 경우에는, 그 진술증거 취득과정의 절차적 적법성의 제도적 보장이 침해되지 않았다고 볼 만한 특별한 사정이 없는 한 '적법한 절차와 방식'에 따라 수사과정에서 진술서가 작성되었다고 할 수 없어 증거능력을 인정할 수 없다. 형사소송법 제312조 제5항의 적용대상인 '수사과정에서 작성한 진술서'란 수사가 시작된 이후에 수사기관의 관여 아래 작성된 것이거나, 개시된 수사와 관련하여 수사과정에 제출할 목적으로 작성한 것으로, 작성 시기와 경위 등 여러 사정에 비추어 그 실질이 이에 해당하는 이상 명칭이나 작성된 장소 여부를 불문한다(대법원2022. 10. 27.선고2022도9510판결). 따라서 경찰관이 입당원서 작성자의 주거지·근무지를 방문하여 입당원서 작성 경위 등을 질문한 후 진술서 작성을 요구하여 이를 제출받은 이상 형사소송법 제312조 제5항이 적용되어야 한다는 이유로 형사소송법 제244조의4(수사과정의 기록)에서 정한 절차를 준수하지 않은 위 각 증거의 증거능력이 인정되지 않는다.

[2] 피고인 을·병이 피고인 갑을 위하여 처리하였던 입당원서를 작성자의 동의 없이 임의로 수사기관에 제출한 행위는「개인정보 보호법」제59조 제2호가 금지한 행위로서, 구「개인정보 보호법」제18조 제2항 제2호 또는 제7호가 적용될 수 없고, 위법수집증거에 해당함에도 예외적으로 증거능력을 인정하여야 할 경우에 해당하지 아니하므로, 입당원서 및 이와 관련된 증거의 증거능력은 인정되지 않는다(대법원2022. 10. 27.선고2022도9510판결).

③ (○) 옳은 설명이다. 전문증거에 당사자가 동의하면 증거능력이 있게되므로 전문법칙이 적용되지 않고, 자기측 증인도 탄핵증거로 제출될 수 있고 탄핵증거는 증명력의 문제이고 증거능력이 없는 전문증거라도 탄핵증거로 제출될 수 있으므로 전문법칙이 적용되지 않는다.

문제 38 - 정답 ④

▶ ④ (X) 피고인 또는 피고인 아닌 사람이 컴퓨터용디스크 그 밖에 이와 비슷한 정보저장매체에 입력하여 기억된 문자정보 또는 그 출력물을 증거로 사용하는 경우, 이는 실질에 있어서 피고인 또는 피고인 아닌 사람이 작성한 진술서나 그 진술을 기재한 서류와 크게 다를 바 없고, 압수 후의 보관 및 출력과정에 조작의 가능성이 있으며, 기본적으로 반대신문의 기회가 보장되지 않는 점 등에 비추어 그 내용의 진실성에 관하여는 전문법칙이 적용되고, 따라서 원칙적으로 형사소송법 제313조 제1항에 의하여 작성자 또는 진술자의 진술에 의하여 성립의 진정함이 증명된 때에 한하여 이를 증거로 사용할 수 있다. 다만 정보저장매체에 기억된 문자정보의 내용의 진실성이 아닌 그와 같은 내용의 문자정보의 존재 자체가 직접 증거로 되는 경우에는 전문법칙이 적용되지 아니한다(대판 2013.2.15. 2010도3504).

① (○) 압수물인 디지털 저장매체로부터 출력한 문건을 증거로 사용하기 위해서는 디지털 저장매체 원본에 저장된 내용과 출력한 문건의 동일성이 인정되어야 하고, 이를 위해서는 디지털 저장매체 원본이 압수 시부터 문건 출력 시까지 변경되지 않았음이 담보되어야 한다. 그리고 압수된 디지털 저장매체로부터 출력한 문건을 진술증거로 사용하는 경우, 그 기재 내용의 진실성에 관하여는 전문법칙이 적용되므로 형사소송법 제313조 제1항에 따라 공판준비나 공판기일에서의 그 작성자 또는 진술자의 진술에 의하여 그 성립의 진정함이 증명된 때에 한하여 이를 증거로 사용할 수 있다(대판2013.6.13. 2012도16001).

② (○) 제313조 제2항

③ (○) 대판2015.1.22. 2014도10978 전원합의체판결

문제 39 - 정답 ③

▶ ③ (X) [1] 수사에 관하여는 그 목적을 달성하기 위하여 필요한 조사를 할 수 있는 것이나 강제처분은 형사소송법에 특별한 규정이 없으면 하지 못한다 할 것이고(형사소송법 제199조 제1항), 사법경찰관이 범죄수사에 필요한 때에는 검사에게 신청하여 검사의 청구로 지방법원 판사가 발부한영장에 의하여 압수, 수색 또는 검증을 할 수 있으며(형사소송법 제215조 제2항), **범행중 또는 범행직후의 범행장소에서 긴급을 요하여 법원판사의 영장을 받을 수 없는 때에는 영장없이 압수, 수색 또는 검증을 할 수 있는 것이나 이 경우에는 사후에 지체없이 영장을 받아야 하는 것이다**(형사소송법 제216조 제3항).

[2] 이 사건 사법경찰관 사무취급 작성의 검증조서에 의하면 동 검증은 이 사건 발생후 범행장소에서긴급을 요하여 법원판사의 영장을 받을 수 없으므로 영장없이 시행한다고 기재되어 있으므로(동 검증조서중 검증연월일 1983.1.16은 1983.1.6의 오기로 인정된다), 이 검증은 형사소송법 제216조 제3항에 의한 검증이라 할 것임에도 불구하고 기록상 사후영장을 받은 흔적이 없는 이러한 검증조서는 피고인에 대한 유죄의 증거로 할 수 없다 할 것이다.

[3] 사법경찰관 사무취급이 행한 검증이 사건발생 후 범행장소에서 긴급을 요하여 판사의 영장없이 시행된 것이라면 이는 형사소송법 제216조 제3항에 의한 검증이라 할 것임에도 불구하고 기록상 사후영장을 받은 흔적이 없다면 이러한 검증조서는 유죄의 증거로 할 수 없다(대법원1984. 3. 13.선고83도3006판결). 결국, 사후영장을 발부받지 아니한, 긴급처분으로서 한 검증조서의 증거능력은 부정된다.

① (○) [1] 수사기관이 아닌 사인(私人)이 피고인 아닌 자와의 전화대화를 녹음한 녹음테이프에 대하여 법원이 실시한 검증의 내용이 녹음테이프에 녹음된 전화대화의 내용이 검증조서에 첨부된 녹취서에 기재된 내용과 같다는 것에 불과한 경우에는 증거자료가 되는 것은 여전히 녹음테이프에 녹음된 대화 내용이므로, 그 중 피고인 아닌 자와의 대화의 내용은 실질적으로 형사소송법 제311조, 제312조규정 이외의 피고인 아닌 자의 진술을 기재한 서류와 다를 바 없어서, 피고인이 그 녹음테이프를 증거로 할 수 있음에 동의하지 않은 이상 그 녹음테이프 검증조서의 기재 중 피고인 아닌 자의 진술내용을 증거로 사용하기 위해서는 형사소송법 제313조 제1항에 따라 공판준비나 공판기일에서 원진술자의 진술에 의하여 그 녹음테이프에 녹음된 진술내용이 자신이 진술한 대로 녹음된 것이라는 점이 인정되어야 하는 것이다.

[2] 이와는 달리 녹음테이프에 대한 검증의 내용이 그 진술 당시 진술자의 상태 등을 확인하기 위한 것인 경우에는, 녹음테이프에 대한 검증조서의 기재 중 진술내용을 증거로 사용하는 경우에 관한 위 법리는 적용되지 아니하고, 따라서 위 검증조서는 법원의 검증의 결과를 기재한 조서로서 형사소송법 제311조에 의하여 당연히 증거로 할 수 있다(대법원2008. 7. 10.선고2007도10755판결).

② (○) [1] 사법경찰관 작성의 검증조서에 대하여 피고인이 증거로 함에 동의만 하였을 뿐 공판정에서 검증조서에 기재된 진술내용 및 범행을 재연한 부분에 대하여 그 성립의 진정 및 내용을 인정한 흔적을 찾아 볼 수 없고 오히려 이를 부인하고 있는 경우에는 그 증거능력을 인정할 수 없으므로, 위 검증조서 중범행에 부합되는 피고인의 진술을 기재한 부분과 범행을 재연한 부분을 제외한 나머지 부분만을 증거로 채용하여야 함에도 이를 구분하지 아니한 채 그 전부를 유죄의 증거로 인용한 항소심의 조치는 위법하다(대법원 1998. 3. 13.선고98도159판결).

[2] 사법경찰관작성의 검증조서를 검토하면 이 사건 범행에 부합되는 피고인의 진술이라는 기재부분과 범행을 재연하는 사진이 첨부되어 있으나 이에 관하여는 원진술자이며 행위자인 피고인에 의하여 그 진술 내지 재연의 진정함이 인정되지 아니하였을 뿐만 아니라 피고인은 경찰수사과정에서 엄문을 받았던 사실을 엿볼 수 있다는 원판결 설시 취지에 따라 검증현장에서의 피고인의 진술 및 범행재연은 특히 신빙할 수 있는 상태하에서 행하여진 것이라 볼 수 없다 할 것이니 위 검증조서 중 피고인의 진술 및 범행 재연의 사진영상에 관한 부분은 증거능력이 없다(대법원1984. 1. 24. 선고83도3032판결).

④ (○) 서증은 일체로서 증거가 된다 할 것이므로 서류를 검증함에 있어 피의자 신문조서나 증인신문조서 중의 일부 만을 발췌 검증조서를 작성하였다면 이는 적법한 검증조서의 증거능력이 없다 할 것이다(대법원1969. 9. 23.선고69도1235판결).

문제 40 - 정답 ②

▶ ② (X) [1] 형사소송법 제216조 제1항 제2호, 제217조 제2항, 제3항은 사법경찰관은 형사소송법 제200조의3(긴급체포)의 규정에 의하여 피의자를 체포하는 경우에 필요한 때에는 영장 없이 체포현장에서 압수·수색을 할 수 있고(수첩; 증 제1호), 압수한 물건(수첩; 증 제1호)을 계속 압수할 필요가 있는 경우에는 지체 없이 압수·수색영장을 청구하여야 하며, 청구한 압수·수색영장을 발부받지 못한 때에는 압수한 물건(수첩; 증 제1호)을 즉시 반환하여야 한다고 규정하고 있는바, 형사소송법 제217조 제2항, 제3항에 위반하여 압수수색영장을 청구하여 이를 발부받지 아니하고도 즉시 반환하지 아니한 압수물(수첩; 증 제1호)은 이를 유죄 인정의 증거로 사용할 수 없는 것이다.

[2] 헌법과 형사소송법이 선언한 영장주의의 중요성에 비추어 볼 때 피고인이나 변호인이 이를 증거로 함에 동의하였다고 하더라도 달리 볼 것은 아니다(대법원2009. 12. 24.선고2009도11401판결). 결국, 수첩(증 제1호)을 계속 보관하려면 사후에 압수·수색영장을 발부받아야 하는데, 사후 압수·수색영장을 발부받은 사실이 없으므로 위법하므로, 수첩(증 제1호)는 유죄 인정의 증거로 사용할 수 없다.

① (○) [1] 소송사기는 법원을 기망하여 제3자의 재물을 편취할 것을 기도하는 것을 내용으로 하는 것으로서, 사기죄로 인정하기 위하여는 제소 당시 그 주장과 같은 권리가 존재하지 않는다는 것만으로는 부족하고, 그 주장의 권리가 존재하지 않는 사실을 잘 알고 있으면서도 허위의 주장과 입증으로 법원을 기망한다는 인식을 요한다.

[2] 허위의 내용으로 지급명령을 신청하여 법원을 기망한다는 고의가 있는 경우에 법원을 기망하는 것은 반드시 허위의 증거를 이용하지 않더라도 당사자의 주장이 법원을 기망하기 충분한 것이라면 기망수단이 된다.

[3] 지급명령신청에 대해 상대방이 이의신청을 하면 지급명령은 이의의 범위 안에서 그 효력을 잃게 되고 지급명령을 신청한 때에 소를 제기한 것으로 보게 되는 것이지만 이로써 이미 실행에 착수한 사기의 범행 자체가 없었던 것으로 되는 것은 아니다.

[4] 지급명령을 송달받은 채무자가 2주일 이내에 이의신청을 하지 않는 경우에는 구 민사소송법 제445조에 따라 지급명령은 확정되고, 이와 같이 확정된 지급명령에 대해서는 항고를 제기하는 등 동

일한 절차 내에서는 불복절차가 따로 없어서 이를 취소하기 위해서는 재심의 소를 제기하거나 위 법 제505조에 따라 청구이의의 소로써 강제집행의 불허를 소구할 길이 열려 있을 뿐인데, 이는 피해자가 별도의 소로써 피해구제를 받을 수 있는 것에 불과하므로 **허위의 내용**으로 신청한 **지급명령**이 그대로 **확정**된 경우에는 **소송사기의 방법으로 승소 판결을 받아 확정된 경우와 마찬가지로 사기죄는 이미 기수에 이르렀다**고 볼 것이다(대법원2004. 6. 24.선고 2002도4151판결).

③ (○) [1] 검사 또는 사법경찰관은 제200조의3(**긴급체포**)에 따라 **체포된 자**가 **소유·소지 또는 보관하는 물건**에 대하여 긴급히 압수할 필요가 있는 경우에는 **체포한 때부터 24시간 이내에 한**하여 **영장 없이** 압수·수색 또는 검증을 **할 수 있다**(제217조 제1항).

[2] 검사 또는 사법경찰관은 **제217조 제1항** 또는 **제216조 제1항 제2호**(체포현장에서의 영장없이 압수, 수색, 검증한 경우)에 따라 **압수한 물건을 계속 압수할 필요가 있는 경우**에는 **지체 없이** 압수·수색영장을 **청구하여야** 한다. 이 경우 압수·수색영장의 **청구는 체포한 때부터 48시간 이내에 하여야** 한다(동조 제2항).

[3] 검사 또는 사법경찰관은 제217조 제2항에 따라 청구한 **압수·수색영장을 발부받지 못한 때**에는 압수한 물건을 **즉시 반환하여야** 한다(동조 제3항).

[4] 이 사안에서 P는 **긴급체포된 자가 소유·소지 또는 보관하는 물건**에 대하여 **체포한 때부터 24시간 이내에 한해서만 영장 없이 압수할 수 있다**. 따라서 P는 2023. **3. 10. 15:00경** 甲을 사기죄로 **긴급체포**하였고 3. 11. 15:00경 이내에 한하여 통장(증 제2호)을 영장없이 압수할 수 있을 뿐이다. 그런데, **24시간이 경과한 2023. 3. 11. 16:00경에 영장 없이** 통장(증 제2호)를 압수하였으므로, **P가 통장(증 제2호)을 압수한 것**은 「형사소송법」 제217조의 요건을 갖추지 못하여 **위법하다**.

④ (○) [1] 검사 또는 사법경찰관이 피의자를 긴급체포한 경우 피의자를 구속하고자 할 때에는 지체 없이 검사는 관할지방법원판사에게 구속영장을 청구하여야 하고, 사법경찰관은 검사에게 신청하여 검사의 청구로 관할지방법원판사에게 구속영장을 청구하여야 한다. 이 경우 구속영장은 피의자를 체포한 때부터 48시간 이내에 청구하여야 하며, 제200조의3 제3항에 따른 긴급체포서를 첨부하여야 한다(제200조의4 제1항).

[2] **긴급체포**한 후 **구속영장을 청구하지 아니하거나 발부받지 못한 때**에는 피의자를 **즉시 석방하여야** 한다(동조 제2항).

[3] **긴급체포**한 후 구속영장을 청구하지 아니하거나 발부받지 못하여 즉시 **석방된 자**는 **영장없이는(★)** 동일한 범죄사실에 관하여 **다시 체포하지 못한다**(동조 제3항).

[4] **긴급체포되어 석방된 자를 다시 체포**하려면 **반드시 판사가 발부한 체포영장이나 구속영장을 발부받아야** 하므로, 이 사안에서 **P는** 甲의 사기 혐의에 대한 **결정적인 객관적 증거를 추가로 확보하였거나** 甲이 외국으로 출국하려 하는 등 **긴급한 사정이** 있더라도 **긴급체포할 수는 없다**(재긴급체포의 제한; 긴급체포는 영장주의의 예외이므로 **두 번 긴급체포할 수는 없다**).

제 7 회
경찰 형사법 파이널 모의고사 ── 정답 및 해설

정답

문제	정답	문제	정답	문제	정답	문제	정답
01	③	11	②	21	③	31	①
02	④	12	②	22	③	32	②
03	③	13	②	23	③	33	③
04	①	14	④	24	①	34	③
05	④	15	④	25	④	35	②
06	③	16	③	26	③	36	①
07	③	17	④	27	③	37	②
08	②	18	②	28	②	38	①
09	③	19	③	29	③	39	④
10	④	20	③	30	④	40	③

문제 01 – 정답 ③

▶ ③ ㉠㉡㉤(3개)은 옳은 지문이나, ㉢㉣(2개)은 틀린 지문이다.
㉠ (O) [1] 자동차관리법이 자동차 튜닝에 관하여 엄격한 승인절차 그리고 튜닝작업을 실제 담당할 자를 규정한 입법 취지 등을 감안하는 한편 **벌칙조항인 자동차관리법 제81조 제19호가 그 위반의 주체에 관하여 아무런 제한을 두고 있지 않은 점에 주목하면**, 같은 법 제34조 제1항에서 정한 **절차적 요건이 충족되지 않은 상태에서는 누구든지 자동차 튜닝을 할 수 없고**, 이를 **위반하여 자동차 튜닝을 한 사람은 누구라도 위 벌칙조항에 따라 처벌된다**고 보는 것이 타당하다.
[2] 따라서 자동차관리법이 정한 **승인절차가 전혀 이루어지지 않은 상황**에서 피고인이 함부로 이 사건 **이륜자동차의 핸들을 튜닝한 사실이 인정되는바**, 그렇다면 피고인이 이 사건 **이륜자동차의 소유자인지 여부와 관계없이** 피고인에게 **이 사건 벌칙조항은 적용된다**.(대법원2024. 2. 29.선고2023도16690판결). 결국, 자동차관리법 제34조 제1항에서 정한 **절차적 요건이 충족되지 않은 상태에서 자동차 튜닝을 한 사람**은 자동차정비업자, 자동차제작자 등 뿐만 아니라 **누구라도** 같은 법 제81조 제19호에 따라 **처벌되고**, 자동차관리법 제81조 제19호 위반죄의 주체가 '**자동차 소유자**'에 한정되지 **않고 누구라도 처벌된다**.
㉡ (X) **피고인이**「학원의 설립·운영 및 과외교습에 관한 법률」(이하 '**학원법**')에 따른 **등록을 하지 않은 채** 학원에 해당하는 독서실인 이 사건 **스터디카페를 운영하였다고 기소된 사안**에서, 대법원은 위와 같은 법리를 설시한 후, 이 사건 **스터디카페가 학원법** 제2조 제1호가 규정한 '**30일 이상 학습장소로 제공되는 시설**'인 독서실에 해당한다고 보기 어렵다(대법원 2023. 2. 2. 선고 2021도16198 판결). 결국, **스터디카페**는 학원법상 **등록을 요하는 독서실이 아니므로**(독서실은 '30일 이상 학습장소로 제공되는 시설'임) 학원법에 따른 등록을 하지 않고 운영하였다하여 **학원법위반에 해당하지 아니한다.**
㉢ (X) [1] 형사소송법 제248조 제1항, 제253조 제1항, 제2항에서 규정하는 바와 같이, **형사소송법은 공범 사이의 처벌에 형평을 기하기 위하여 공범 중 1인에 대한 공소의 제기로 다른 공범자에 대하여도 공소시효가 정지되도록 규정**하고 있는데, 위 공범의 개념이나 유형에 관하여는 아무런 규정을 두고 있지 아니하다. 따라서 **형사소송법 제253조 제2항의 공범을 해석할 때에는 특히 위 조항이 공소제기 효력의 인적 범위를 확장하는 예외를 마련하여 놓은 것**이므로 **원칙적으로 엄격하게 해석하여야 하고 피고인에게 불리한 방향으로 확장하여 해석해서는 아니 된다.**
[2] 뇌물공여죄와 뇌물수수죄 사이와 같은 이른바 대향범 관계에 있는 자는 **강학상으로는 필요적 공범이라고 불리고 있으나**, 서로 대향된 행위의 존재를 필요로 할 뿐 **각자 자신의 구성요건을 실현하고 별도의 형벌규정에 따라 처벌되는 것이어서**, 2인 이상이 가공하여 공동의 구성요건을 실현하는 공범관계에 있는 자와는 본질적으로 다르며, **대향범 관계에 있는 자 사이에서는 각자 상대방의 범행에 대하여 형법 총칙의 공범규정이 적용되지 아니한다.**
[3] 이러한 점들에 비추어 보면, **형사소송법 제253조 제2항에서 말하는 '공범'**에는 뇌물공여죄와 뇌물수수죄 사이와 같은 **대향범 관계에 있는 자는 포함되지 않는다**(대법원2015. 2. 12.선고2012도4842판결).
㉣ (O) 형법 제227조의2(공전자기록위작·변작)는 "사무처리를 그르치게 할 목적으로 공무원 또는 공무소의 전자기록 등 특수매체기록을 위작 또는 변작한 자는 10년 이하의 징역에 처한다."라고 규정하고 있다. 여기에서 '**공무원**'이란 원칙적으로 **법령에 의해 공무원의 지위를 가지는 자를 말하고**, '**공무소**'란 공무원이 직무를 **행하는 관청 또는 기관**을 말하며, '공무원 또는 공무소의 전자기록'은 공무원 또는 공무소가 직무상 작성할 권한을 가지는 전자기록을 말한다. 따라서 그 행위주체가 **공무원과 공무소가 아닌 경우**에는 **형법 또는 특별법에 의하여 공무원 등으로 의제되는 경우**를 제외하고는 **계약 등에 의하여 공무와 관련되는 업무를 일부 대행하는 경우가 있더라도 공무원 또는 공무소가 될 수 없다.** 형벌법규의 구성요건인 공무원 또는 공무소를 **법률의 규정도 없이 확장해석하거나 유추해석하는 것은 죄형법정주의 원칙에 반하기 때문이다**(대법원2020. 3. 12.선고2016도19170판결). 결국, 공전자기록위작·변작죄(형법 제227조의2)의 행위주체는 ㉠ **법령에 의한 공무원과 공무소**, ㉡ 법령에 의한 공무원과 공무소가 **아니지만 형법 또는 특별법에 의하여 공무원 등으로 의제되는 경우는 포함되나**, ㉢ **계약 등에 의하여 공무와 관련되는 업무를 일부 대행하는 경우에는** 위 조항의 '공무원 또는 공무소'가 **될 수 없다.**
㉤ (O) 피고인이 **고소·고발에 수반**하여 **이를 알지 못하는 수사기관에 개인정보를 알려주었다고 하더라도**, 그러한 행위를「**개인정보보호법**」에 따른 개인정보 '**누설**'에서 **제외할 수는 없다**(대법원 2022. 11. 10.선고2018도1966판결).

문제 02 – 정답 ④

▶ ④ ㉠㉡㉣㉤(4개) 모두 옳은 지문이다. ㉢(1개)은 틀린 지문이다.
㉠ (O) 범죄 후 법률의 변경이 있더라도 **형이 중하게 변경되는 경우나 형의 변경이 없는 경우에는** 형법 제1조 제1항에 따라 **행위시법(구법)을 적용하여야** 할 것이다(대법원2020. 11. 12.선고2016도8627판결).

ⓒ (○) **캐나다 시민권자인 피고인이 캐나다에서 위조사문서를 행사하였다**는 내용으로 기소된 사안에서, **형법 제234조의 위조사문서행사죄는** 형법 제5조 제1호 내지 제7호에 열거된 죄에 해당하지 않고, 위조사문서행사를 형법 제6조의 **대한민국 또는 대한민국 국민의 법익을 직접적으로 침해하는 행위라고 볼 수도 없으므로** 피고인의 행위에 대하여는 우리나라에 재판권이 없는데도, 위 행위가 외국인의 국외범으로서 **우리나라에 재판권이 있다고 보아 유죄를 인정한 원심판결에** 재판권 인정에 관한 법리오해의 **위법이 있다** (대판 2011.8.25. 2011도6507).

ⓒ (X) **우리 형법은 대한민국영역외에서 다음에 기재한 죄를 범한 외국인에게 적용한다**(제5조). 외국인이 대한민국영역외에서 **공문서위조죄를** 범한 경우, **바로 형법 제5조에 의해 우리 형법이 적용된다**.

1. 내란의 죄
2. 외환의 죄
3. 국기에 관한 죄
4. 통화에 관한 죄
5. 유가증권, 우표와 인지에 관한 죄
6. 문서에 관한 죄 중 **제225조 내지 제230조(공문서위조죄 등)**
7. 인장에 관한 죄 중 제238조(공인장 범죄)

ⓔ (○) [1] 법인 소유의 자금에 대한 사실상 또는 법률상 지배·처분 권한을 가지고 있는 대표자 등은 법인에 대한 관계에서 자금의 보관자 지위에 있으므로, 법인이 특정 사업의 명목상의 주체로 특수목적법인을 설립하여 그 명의로 자금 집행 등 사업진행을 하면서도 자금의 관리·처분에 관하여는 실질적 사업주체인 법인이 의사결정권한을 행사하면서 특수목적법인 명의로 보유한 자금에 대하여 현실적 지배를 하고 있는 경우에는, 사업주체인 법인의 대표자 등이 특수목적법인의 보유 자금을 정해진 목적과 용도 외에 임의로 사용하면 위탁자인 법인에 대하여 횡령죄가 성립할 수 있다.

[2] 이는 법인의 대표자 등이 외국인인 경우에도 마찬가지이므로, **내국 법인의 대표자인 외국인이 내국 법인이 외국에 설립한 특수목적법인에 위탁해 둔 자금을 정해진 목적과 용도 외에 임의로 사용한 데 따른 횡령죄의 피해자는 당해 금전을 위탁한 내국 법인이다**. 따라서 **그 행위가 외국에서 이루어진 경우에도** 행위지의 법률에 의하여 범죄를 구성하지 아니하거나 소추 또는 형의 집행을 면제할 경우가 아니라면 **그 외국인에 대해서도 우리 형법이 적용되어(형법 제6조), 우리 법원에 재판권이 있다**(대법원 2017. 3. 22.선고2016도17465판결).

ⓜ (○) [1] **형법 제2조의 범죄지라 함은 범죄구성사실(행위와 결과)의 전부 또는 일부가 영역 내에서 범하여지기만 하면 된다**고 볼 것이고, 공범의 경우 정범의 행위지뿐 아니라 공범의 행위지도 범죄지로 볼 수 있다고 할 것이다.

[2] 형법 제2조를 적용함에 있어서 **공모공동정범의 경우 공모지도 범죄지로 보아야** 한다.

[3] 홍콩에서 히로뽕을 구입하여 괌에서 판매하기로 서울에서 공모하고 홍콩에서 히로뽕을 밀수입한 경우, **공모공동정범에 있어서 공모지도 범죄지에 해당하므로 우리 형법이 적용된다**(대판 1998.11.27. 98도2734).

문제 03 - 정답 ③

▶ ③ ⓒⓔⓜ(3개)은 옳은 지문이나, ⓐⓒ(2개)은 틀린 지문이다.

ⓐ (X) 형법상 방조는 작위에 의하여 정범의 실행행위를 용이하게 하는 경우는 물론, 직무상의 의무가 있는 자가 정범의 범죄행위를 인식하면서도 그것을 방지하여야 할 제반조치를 취하지 아니하는 부작위로 인하여 정범의 실행행위를 용이하게 하는 경우에도 성립된다 할 것이므로 은행지점장이 정범인 부하직원들의 범행을 인식하면서도 그들의 은행에 대한 배임행위를 방치하였다면 배임죄의 **방조범이 성립된다**(대판1984.11.27. 84도1906).

ⓒ (○) 화재 발생 사실을 안 상태에서 모텔을 빠져나오면서도 모텔 주인이나 다른 투숙객들에게 이를 알리지 아니하였다는 사정만으로는 **화재를 용이하게 소화할 수 있었다고 보기 어렵다**는 이유로, 부작위에 의한 현주건조물방화치사상죄의 공소사실에 대해 **무죄를 선고한 원심의 판단을 수긍**한 사례(대법원 2010.1.14. 선고 2009도12109, 2009감도38). 결국, **부작위에 의한 현주건조물방화치사상죄를 부정하였다**.

ⓒ (X) 인터넷 포털 사이트 내 오락채널 총괄팀장과 위 오락채널 내 만화사업의 운영 직원인 피고인들에게, 콘텐츠제공업체들이 게재하는 음란만화의 삭제를 요구할 조리상의 의무가 있다고 하여, **구 전기통신기본법 제48조의2 위반죄의 방조범이 성립한다**(대판 2006.4.28. 2003도4128).

ⓔ (○) **부작위범의 작위의무 발생근거(부작위에 의한 사기죄에서 작위의무 발생근거)**는 법령, 법률행위(계약), 선행행위로 인한 경우는 **물론이고** 기타 신의성실의 원칙이나 사회상규 혹은 조리상 작위의무가 기대되는 경우에도 **포함된다(6개, 95도 2551)**. 그러나 **유기죄의 보호의무의 발생근거는 법률상 또는 계약상의무 있는 자 (2개)**에 한한다(형법 제271조 제1항). 결국, **부작위에 의한 사기죄에서 작위의무의 발생근거**는 유기죄에서 보호의무의 발생근거보다 그 범위가 **넓다**.

ⓜ (○) [1] **업무상 배임죄는** 타인과의 신뢰관계에서 일정한 임무에 따라 사무를 처리할 법적 의무가 있는 자가 그 상황에서 당연히 할 것이 법적으로 요구되는 행위를 하지 않는 **부작위에 의해서도 성립할 수 있다**. 그러한 **부작위를 실행의 착수로 볼 수 있기 위해서는** 작위의무가 이행되지 않으면 사무처리의 임무를 부여한 사람이 재산권을 행사할 수 없으리라고 객관적으로 예견되는 등으로 **구성요건적 결과 발생의 위험이 구체화한 상황에서 부작위가 이루어져야 한다**. 그리고 **행위자는 부작위 당시** 자신에게 주어진 임무를 **위반한다는 점**과 그 부작위로 인해 **손해가 발생할 위험이 있다는 점을 인식하였어야 한다**.

[2] 피고인은 피해자 고양식사구역 도시개발사업조합의 업무를 수행하는 자로, 퇴사하기 전 실시계획 변경에 따른 환지계획 변경 인가 업무를 시작하거나 후임자에게 인수인계하지 않을 경우 후임자가 문제되는 부분을 인지하지 못할 것이라는 사정을 잘 알고 있었으나, 아무런 조치 없이 퇴사하여 피해자 조합의 정당한 청산금 지급 청구권 행사를 위태롭게 한 경우, **피고인에게 실시계획의 인가에 따른 후속 조치를 할 작위의무가 인정된다고 하더라도**, 피해자 조합은 실시계획의 인가 무렵 체비지 매각 지연 등으로 **심각한 재정적인 어려움을 겪고 있었고, 피해자 조합이 이 사건 환지예정지의 가치상승을 청산절차에 반영하지 못할 위험이 구체화한 상황에서** 피고인이 그러한 작위의무를 위반하였다고 보기는 어려우므로, **피고인이 부작위로써 업무상배임죄의 실행에 착수하였다고 볼 수 없다**(대법원2021. 5. 27.선고2020도15529판결).

문제 04 - 정답 ①

▶ ① (X) [1] 사기죄의 보호법익은 재산권이므로, 기망행위에 의하여 국가적 또는 공공적 법익이 침해되었다는 사정만으로 사기죄가 성립한다고 할 수 없다. 따라서 도급계약 당시 관련 영업 또는 업무를 규제하는 행정법규나 입찰 참가자격, 계약절차 등에 관한 규정을 위반한 사정이 있더라도 그러한 사정만으로 도급계약을 체결한 행위가 기망행위에 해당한다고 단정해서는 안 되고, 그 위반으로 말미암아 계약 내용대로 이행되더라도 일의 완성이 불가능하였다고 평가할 수 있을 만큼 그 위반이 일의 내용에 본질적인 것인지 여부를 심리·판단하여야 한다(대법원 2019. 12. 27. 선고 2015도10570 판결, 대법원 2020. 2. 6. 선고 2015도9130 판결참조).

[2] 피고인은 2013. 3. 14.경 산림사업법인인 주식회사 한국임업(이하 '한국임업'이라고 한다)을 인수하면서 '산림자원법'이 정한 산림사업 법인등록요건중 인력요건을 외형상 갖추기 위하여 관련 자격증 소지자들로부터 자격증을 대여받았다. 한국임업은 보유 인력과 현지에서 고용한 전문인력을 통해 병해충 방제 또는 숲가꾸기 공사계약에서 정한 공사를 모두 완성하였고 시공 내용에 관해서도 벌목 수량 산정에 관한 발주처 기준에 일부 미달한 사항이 있는 것을 제외하고 어떠한 하자가 있었다고 보기도 어렵다. 따라서 산림사업법인설립 또는 법인인수 과정에서 자격증 대여가 있었다는 사정만으로는 피고인에게 병해충 방제 또는 숲가꾸기 공사를 완성할 의사나 능력이 없었다고 단정하기 어렵다. 또한 피고인이 운영하는 한국임업은 이러한 공사 완성의 대가로 발주처로부터 공사대금을 지급받은 것이므로, 설령 피고인이 발주처에 대하여 기술자격증 대여 사실을 숨기는 등의 행위를 하였다고 하더라도 그 행위와 공사대금 지급 사이에 상당인과관계를 인정하기도 어렵다. 이 사건에서 울주군이 지급한 공사대금은 사전 작성된 작업원 운영계획서나 직접시공계획서의 기술 내용이 아닌 실제 수행한 작업량에 따라 사후 정산하는 방식으로 산정되었다. 따라서 피고인이 위 각 서류에 일부 허위의 사실을 기재하였다는 사정만으로는 발주처 계약 담당 공무원에 대하여 계약이행능력이나 공사대금 산정에 관하여 기망행위를 하였다고 보기 어렵다(대법원2022. 7. 14.선고2017도20911판결). 결국, 피고인에게 사기죄가 성립하지 않는다.

② (○) [1] 자동차의 운전자가 통상 예견되는 상황에 대비하여 결과를 회피할 수 있는 정도의 주의의무를 다하지 못한 것이 교통사고 발생의 직접적인 원인이 되었다면, 비록 자동차가 보행자를 직접 충격한 것이 아니고 보행자가 자동차의 급정거에 놀라 도로에 넘어져 상해를 입은 경우라고 할지라도, 업무상 주의의무 위반과 교통사고 발생 사이에 상당인과관계를 인정할 수 있다.

[2] 자동차 운전자는 신호등이 없는 횡단보도가 설치되어 있으므로, 자동차의 운전업무에 종사하는 사람은 보행자가 있을 경우를 대비하여 서행함으로써 사고를 미리 방지하여야 할 업무상의 주의의무가 있었다. 피고인은 이를 게을리한 채 그대로 진행하다가 횡단보도 근처를 피고인 진행방향 왼쪽에서 오른쪽으로 횡단하는 피해자 공소외인(만 9세, 여, 초등학교 4학년)을 뒤늦게 발견하고 제동을 하였으나 미처 멈추지 못하고 피고인 차량 앞 범퍼 부분으로 피해자의 오른쪽 무릎 부위를 충격하여 피해자에게 약 2주간의 치료를 요하는 우측 족근관절염좌 등의 상해를 입게 하였음에도 피해자를 구호하는 등의 조치를 취하지 않고 그대로 도주하였다. 피고인의 트럭 앞 범퍼 부위로 피해자의 우측 무릎 부위를 직접 충격하여 피해자를 도로에 넘어지게 하였다고 볼 여지가 충분하다. 설령, 피고인의 트럭이 피해자를 직접 충격한 것이 아니었다고 할지라도, 피해자가 도로에 넘어진 직접적인 원인은 횡단보도를 통과하면서 감속하지 않은 피고인의 차량이 급정거한 때문으로 봄이 합리적이다. 피고인의 트럭이 피해자를 직접 충격하지 않았더라도 피고인이 횡단보도 부근에서 안전하게 서행하였더라면 사고 발생을 충분히 피할 수 있었을 것이므로, 피고인의 업무상 주의의무 위반과 사고 발생 사이의 상당인과관계를 인정할 수 있다(대법원 2022. 6. 16.선고2022도1401판결). 결국, 피고인은 특정범죄가중처벌등에관한법률위반(도주치상)에 해당한다.

③ (○) 자상으로 급성신부전증이 발생한 피해자가 음식과 수분의 섭취를 억제해야 함에도 콜라와 김밥을 함부로 먹은 탓에 체내에 수분저류가 발생하여 합병증이 유발됨으로써 사망한 경우, 살인의 실행행위가 피해자의 사망이라는 결과를 발생하게 한 유일한 원인이거나 직접적인 원인이어야만 되는 것은 아니므로, 살인의 실행행위와 피해자의 사망과의 사이에 다른 사실이 개재되어 그 사실이 치사의 직접적인 원인이 되었다고 하더라도 그와 같은 사실이 통상 예견할 수 있는 것에 지나지 않는다면 살인의 실행행위와 피해자의 사망과의 사이에 인과관계가 있는 것으로 보아야 한다(대판 1994.3.22. 93도3612).

④ (○) 의사가 설명의무를 위반한 채 의료행위를 하였다가 환자에게 상해 또는 사망의 결과가 발생한 경우 의사에게 업무상 과실로 인한 형사책임을 지우기 위해서는 의사의 설명의무 위반과 환자의 상해 또는 사망 사이에 상당인과관계가 존재하여야 한다(대법원2015. 6. 24.선고2014도11315판결).

문제 05 - 정답 ④

▶ ④ (X) [1] 범죄구성요건의 주관적 요소로서 미필적 고의라 함은 범죄사실의 발생 가능성을 불확실한 것으로 표상하면서 이를 용인하고 있는 경우를 말하고, 미필적 고의가 있었다고 하려면 범죄사실의 발생 가능성에 대한 인식이 있음은 물론 나아가 범죄사실이 발생할 위험을 용인하는 내심의 의사가 있어야 하며, 그 행위자가 범죄사실이 발생할 가능성을 용인하고 있었는지의 여부는 행위자의 진술에 의존하지 아니하고 외부에 나타난 행위의 형태와 행위의 상황 등 구체적인 사정을 기초로 하여 일반인이라면 당해 범죄사실이 발생할 가능성을 어떻게 평가할 것인가를 고려하면서 행위자의 입장에서 그 심리상태를 추인하여야 하고, 이와 같은 경우에도 공소가 제기된 범죄사실의 주관적 요소인 미필적 고의의 존재에 대한 입증책임은 검사에게 있는 것이며, 한편, 유죄의 인정은 법관으로 하여금 합리적인 의심을 할 여지가 없을 정도로 공소사실이 진실한 것이라는 확신을 가지게 하는 증명력을 가진 증거에 의하여야 하므로, 그와 같은 증거가 없다면 설령 피고인에게 유죄의 의심이 간다고 하더라도 피고인의 이익으로 판단할 수밖에 없다(대판2004.5.14. 2004도74). 결국, 미필적 고의가 있었다고 하려면 범죄사실의 발생 가능성에 대한 인식이 있음은 물론 나아가 범죄사실이 발생할 위험을 용인하는 내심의 의사가 있어야 한다.

① (○) 임금 등 지급의무의 존부와 범위에 관하여 다툴 만한 근거가 있다면 사용자가 그 임금 등을 지급하지 않은 데에 상당한 이유가 있다고 보아야 하므로, 사용자에게 구 근로기준법(2017. 11. 28. 법률 제15108호로 개정되기 전의 것) 제109조 제1항, 제36조, 제43조 제2항 위반(체불임금 청산의무 위반죄)의 고의가 있었다고 보기 어렵다. 임금 등 지급의무의 존부와 범위에 관하여 다툴 만한 근거가 있는지 여부는 사용자의 지급거절 이유와 그 지급의무의 근거, 사용자가 운영하는 회사의 조직과 규모, 사업 목적

등 여러 사항, 그 밖에 임금 등 지급의무의 존부와 범위에 관한 다툼 당시의 여러 사정에 비추어 판단하여야 한다(대법원2023. 4. 27.선고2020도16431판결).

② (○) 제1종 운전면허 소지자인 피고인이 정기적성검사기간 내에 적성검사를 받지 아니하였다고 하여 구 도로교통법 위반으로 기소된 경우, 피고인이 적성검사기간 도래 여부에 관한 확인을 게을리하여 기간이 도래하였음을 알지 못하였더라도 적성검사기간 내에 적성검사를 받지 않는 데 대한 미필적 고의는 인정된다(대판 2014.4.10. 2012도8374). 결국, 피고인은 도로교통법상 적성검사미이행죄로 처벌되었고, 현행 도로교통법에서는 적성검사미이행죄가 삭제되었다.

③ (○) 허위사실을 유포하는 방법에 의하여 타인의 업무를 방해함으로써 성립하는 업무방해죄에 있어, 허위사실을 유포한다고 함은 실제의 객관적 사실과 서로 다른 사항을 내용으로 하는 사실을 불특정 다수인에게 전파시키는 것을 말하고, 특히 이러한 경우 그 행위자에게 행위 당시 자신이 유포한 사실이 허위라는 점을 적극적으로 인식하였을 것을 요한다(대법원1994. 1. 28.선고93도1278판결).

문제 06 - 정답 ③

▶ ③ ㉡㉣(2개)은 옳은 지문이나, ㉠㉢㉤㉥(4개)은 틀린 지문이다.
※ 설문은 객관적 정당화상황(사정)은 존재하지만 주관적 정당화요소를 결한 경우인 우연피난의 문제로서 그 법효과에 대하여 위법성조각사유설(무죄설), 기수범설, 불능미수범설 등의 견해가 대립되고 있다.

㉠ (X) 범죄성립에 있어서 행위불법(행위반가치)만을 고려하는 입장(순수한 행위반가치론: 일원적 인적불법론: 기수범설)은 우연피난은 주관적정당화요소가 없으므로 손괴기수가 된다.

㉡ (○) 범죄성립에 있어서 결과불법(결과반가치)만을 고려하는 입장(순수한 결과반가치론: 무죄설)은 주관적 정당화요소의 필요성을 부인하고, 객관적 정당화 상황만 있으면 결과반가치가 탈락하여 주관적 정당화요소가 결여된 경우에도 위법성이 조각하므로 무죄이다.

㉢ (X) 행위불법(행위반가치)과 결과불법(결과반가치)이 모두 상쇄되어야 위법성이 조각된다는 입장(이원적 인적불법론: 불능미수범설)은 객관적 정당화 상황은 존재하므로 결과반가치는 탈락하나(없지만), 주관적 정당화요소가 결여된 경우에 행위반가치(고의)는 여전히 존재하므로(있으므로) 그 구조가 불능미수와 유사하여 불능미수의 규정을 유추적용하자는 견해이다(다수설).

㉣ (○) 무죄설은 객관적 정당화 상황만 있으면 결과반가치가 탈락하여 위법성이 조각되므로, 주관적 정당화사정이 있는 경우와 없는 경우를 똑같이 무죄로 취급하여 위법성을 조각시키는 것은 부당하다는 비판을 받는다.

㉤ (X) 행위반가치와 결과반가치가 모두 필요하다는 입장(불능미수범설)은 우연방위를 불능미수로 규정을 유추적용하는데, 미수범 처벌규정이 없는 경우에는 처벌의 흠결이 발생할 수 있다는 비판을 받는다.

㉥ (X) 순수한 행위반가치론(기수범설)은 우연피난도 기수로 처벌되므로 객관적 정당화사정이 행위자에게 유리하게 작용하지 못한다는 비판이 제기된다. 즉, 객관적 정당화사정이 있는 경우와 없는 경우를 똑같이 기수로 취급한다는 비판을 받는다.

문제 07 - 정답 ③

▶ ③ ㉡㉢㉣(3개)은 옳은 지문이나, ㉠㉤(2개)은 틀린 지문이다.

㉠ (X) 대법원2011. 3. 17.선고2007도482전원합의체 판결에 의하여 대법원 1991. 4. 23. 선고 90도2771 판결, 대법원 1991. 11. 8. 선고 91도326 판결, 대법원 2004. 5. 27. 선고 2004도689 판결, 대법원 2006. 5. 12. 선고 2002도3450 판결, 대법원 2006. 5. 25. 선고 2002도5577 판결등은 폐기되었다. ㉠과 같은 선지는 이제 무조건 틀린지문이다.

㉡ (○) 근로자는 원칙적으로 헌법상 보장된 기본권으로서 근로조건 향상을 위한 자주적인 단결권·단체교섭권 및 단체행동권을 가지므로, 쟁의행위로서 파업이 언제나 업무방해죄에 해당하는 것으로 볼 것은 아니고, 전후 사정과 경위 등에 비추어 사용자가 예측할 수 없는 시기에 전격적으로 이루어져 사용자의 사업운영에 심대한 혼란 내지 막대한 손해를 초래하는 등으로 사용자의 사업계속에 관한 자유의사가 제압·혼란될 수 있다고 평가할 수 있는 경우에 비로소 집단적 노무제공의 거부가 위력에 해당하여 업무방해죄가 성립한다고 보는 것이 타당하다(대법원2011. 3. 17.선고2007도482전원합의체 판결).

㉢ (○) A 회사 지회가 주도한 쟁의행위는 그 목적·절차·방법이 적법하고 회의방해나 기물파손 등 일부 위법적인 행위가 적법하게 개시된 전체로서의 쟁의행위를 위법하게 변질시킨다고 보기는 어려우므로, 2007. 7. 20.부터 개시된 A 회사 지회의 쟁의행위 기간과 2007. 9. 21.부터 개시된 A 회사의 적법한 직장폐쇄 기간은 연차휴가일수 산정을 위한 연간 소정근로일수에서 제외되어야 한다고 판단하여, 피고인이 2007년 연간 소정근로일수의 90% 이상을 출근한 조합원들에게 단체협약을 위반하여 연차유급휴가를 부여하지 않은 노동조합법 위반의 공소사실 및 2008년 연차유급휴가 사용을 결근으로 처리하여 해당 임금을 지급하지 않은 근로기준법 위반의 공소사실을 모두 유죄로 인정하였다(대법원2017. 7. 11.선고2013도7896판결). 결국, 임금미지급사건에서 근로기준법위반·노동조합및노동관계조정법위반을 인정하였다.

㉣ (○) 을 방산회사는 갑 노동조합(금속노조)의 사전 동의를 얻고 서로 필요시 근로자의 신청을 받아 연장근로·휴일근로를 실시해왔을 뿐이므로, 단체협상 기간에 갑 노동조합의 지침에 따라 연장근로·휴일근로가 이루어지지 않았더라도 방산물자 생산부서 A 조합원들이 통상적인 연장근로·휴일근로를 집단적으로 거부함으로써 쟁의행위를 하였다고 볼 수 없고, 이를 전제로 갑 노동조합원들과 A조합원들에게 노동조합법 위반죄의 공동정범의 책임을 물을 수 없다(대법원2022. 6. 9.선고2016도11744판결).

㉤ (X) 마트산업노동조합 간부와 조합원인 피고인들이 공모하여, 대형마트 지점 2층 매장 안에서 '부당해고'라고 쓰인 피켓을 들고 지점장 갑과 대표이사 등 임직원들을 따라다니며 "강제전배 멈추어라, 통합운영 하지마라, 직원들이 아파한다, 부당해고 그만하라." 라고 고성을 지르는 방법으로 약 30분간 갑의 현장점검 업무를 방해하였다는 내용으로 기소된 사안에서, 피고인들의 행위는 평일 오전 11시경 대형마트 매장에서 대표이사 등 임직원들이 지점 현장점검을 위해 온다는 소식을 듣고 피고인들(일부는 전보 인사명령에 따르지 않다가 몇 달 전 해고된 상태였다)이 해고와 전보 인사명령 등과 관련하여 대표이사에게 직접 복직과 전보 인사명령의 철회 등을 요청하려 한 것인 점, 피고인들의 행위로 갑의 자유의사가 제압당하기 충분하였는지는 갑의 의사나 진술에만 의존할 것이 아니라 피고인들의 행위 태양, 피고인들 인원, 성별과 나이 그리고

갑 측 인원과 지위 등까지 고려해서 **객관적으로 판단해야 하는데**, 피고인들 7명 중 **4명은 여성**이고 **3명의 남성 중 1명은 50대**인 반면 매장 현장점검에 참여한 인원은 갑 등 약 20명 이상으로 대표이사를 비롯하여 대부분 간부급 경영진인 점, 피고인들이 매장에서 점검업무를 하던 갑 등을 뒤따라 다니며 약 1~2m 이상의 거리를 둔 채 그 주변에서 피켓을 들고서 있거나 "강제전배 멈추세요.", "일하고 싶습니다." 등을 외쳤으나 **갑 등에게 그 이상 가까이 다가가거나 갑 등의 진행이나 업무를 물리적인 방법으로 막지 않았고**, 갑 등에게 욕설, 협박을 하지 않았고, 공소사실과 달리 존댓말까지 사용하여 요구사항을 외친점, **갑 등은 약 30분간 현장점검 업무를 계속한 점** 등 제반 사정을 종합하면, **피고인들이 갑 등의 자유의사를 제압하기에 족한 위력을 행사하였다고 단정하기 어려우므로**, 위력에 의한 업무방해죄가 **성립하지 않는다**(대법원2022. 9. 7.선고 2021도9055판결). 결국, 피고인들이 대형마트에 들어가 당시 매장에서 현장점검을 하던 피해자(점장)와 대표이사 등 간부들을 **약 30분간 따라 다니면서 피켓 시위를 한 경우**, 피고인들이 공모하여 피해자 등의 자유의사를 제압하기에 족한 위력을 행사하였다고 단정하기는 어렵다. 따라서 **위력에 의한 업무방해죄에 해당하지 아니한다**.

문제 08 - 정답 ②

▶ ② (○) 호스피스 의료기관에서 근무하는 간호사인 피고인들이 환자에 대한 사망징후관찰을 할 수 있더라도 이는 사체검안의 보조행위로서 **의사가** 사망 당시 또는 사후에라도 **현장에 입회하여 환자의 사망 징후를 직접 확인하는 것을 전제**로 하므로, **간호사인 피고인들이 환자의 사망징후를 확인하고 이를 바탕으로 유족들에게 사망진단서 등을 작성·발급한 행위**는 전체적으로 사망의 진단으로서 **무면허 의료행위에 해당하고**, 사회상규에 위배되지 않는 **정당행위에 해당한다고 할 수 없다**(대법원2022. 12. 29. 2017도10007 판결). 결국, 간호사인 피고인들의 행위가 전체적으로 **의사 등이 하여야 하는 사망의 진단에 해당하므로 의료법위반죄가 성립**하고, 의사는 의료법위반죄의 교사범이 성립한다.

① (X) [1] 피고인은 의료인이 아님에도 2017. 5. 초순경 베트남국 하노이시에 있는 상호를 알 수 없는 병원 수술실에서, 그곳을 찾은 성명을 알 수 없는 여성의 이마, 콧등, 입술 부위에 마취제를 주사한 후 실을 주사로 삽입하는 실리프팅 시술을 하였다. 또한 피고인은 의료인이 아님에도 2018. 4. 7.경 베트남국 하노이시에 있는 ○○○○ 병원 수술실에서, 그곳을 찾은 성명을 알 수 없는 여성의 복부에 리포석션기(지방흡입용 의료기기)를 찔러 피하지방을 흡입하는 의료 시술을 하였다.

[2] 구 의료법 제2조 제1항은 **의료인을 '보건복지부장관의 면허를 받은 의사·치과의사·한의사·조산사 및 간호사'로 규정**하고, 제27조 제1항은 '**의료인이 아니면 누구든지 의료행위를 할 수 없다**'고 규정하며, 제87조 제1항 제2호는 **제27조 제1항을 위반한 자를 처벌하도록 규정**하고 있다. 그런데 의료법이 이와 같이 의료인이 되는 자격에 대한 엄격한 요건을 규정하면서 **보건복지부장관의 면허를 받은 의료인에게만 의료행위 독점을 허용하는 것은 국민의 건강을 보호하고 증진하려는 목적**(의료법 제1조)을 달성하기 위한 것이다. 이와 같은 의료법의 목적, 우리나라 보건복지부장관으로부터 면허를 받은 의료인에게만 의료행위 독점을 허용하는 입법 취지 및 관련 조항들의 내용 등을 종합하면, **의료법상 의료제도는 대한민국 영역 내에서 이루어지는 의료행위를 규율하기 위하여** 체계화된 것

으로 이해된다. 그렇다면 구 의료법 제87조 제1항 제2호,제27조 제1항이 대한민국 영역 외에서 **의료행위를 하려는 사람에게까지 보건복지부장관의 면허를 받을 의무를 부과하고 나아가 이를 위반한 자를 처벌하는 규정이라고 보기는 어렵다**. 따라서 **내국인이 대한민국 영역 외에서 의료행위를 하는 경우에는** 구 의료법 제87조 제1항 제2호,제27조 제1항의 **구성요건 해당성이 없다**(대법원2020. 4. 29.선고2019도19130판결). 결국, 대한민국 영역 외인 베트남국에서 무면허 의료행위를 한 피고인에게는 의료법위반죄가 성립한다고 볼 수 없다.

③ (X) [1] 눈썹 등 부위의 피부에 자동문신용 기계로 색소를 주입하여 문신을 하여 준 행위가 신체 등에 대한 위험성이 없어 의료행위에 해당하지 않는다고 본 **원심판결을** 법리오해 등의 이유로 **파기한 사례**.

[2] **의료행위가 아니라고 본 원심판결은** 과연 표피에만 색소를 주입하여 영구적인 문신을 하는 것이 가능한지 및 그 시술방법이 어떤 것인지를 가려 보지 않았고 **작업자의 실수 등으로 진피를 건드리거나 진피에 색소가 주입될 가능성이 있으며 문신용 침으로 인하여 질병의 전염 우려도 있는 점을** 간과함으로써 법리오해, 채증법칙 위배, 심리미진 등의 **위법이 있다**(대법원1992. 5. 22.선고91도3219판결). 결국, **의사아닌 자가 눈썹 문신해준 행위**는 의료행위로 보아 의료법위반죄 또는 보건범죄단속에관한특별조치법위반죄로 **처벌된다**.

④ (X) [1] 외국에서 침구사자격을 취득하였으나 국내에서 침술행위를 할 수 있는 면허나 자격을 취득하지 못한 자가 **단순한 수지침 정도의 수준을 넘어 체침을 시술한 경우, 사회상규에 위배되지 아니하는 무면허의료행위로 인정될 수 없다**.

[2] **비록 피고인이 인도네시아 등 외국에서 침구사자격을 취득한 사실은 인정되나**, 국내에서 침술행위를 할 수 있는 면허나 자격을 취득하지는 못한 사실, 이러한 피고인이 단순히 수지침 정도의 수준에 그치지 아니하고 환자 A의 허리 부위, 환자 B의 다리 부위에도 체침을 시술한 사실, 환자 C는 나이가 많은 노인으로서 시술행위로 인한 부작용 내지 위험발생 가능성이 높아 보이는 사실 등을 인정할 수 있는바, 그렇다면 **이러한 피고인의 침술행위**는 의료법을 포함한 법질서 전체의 정신이나 **사회통념에 비추어 용인될 수 있는 행위에 해당한다고 볼 수는 없다 할 것**이어서, **위법성이 조각되지 아니한다** 할 것이다(대법원2002. 12. 26.선고2002도5077판결)

문제 09 - 정답 ③

▶ ③ (○) **위법성인식의 체계적 지위에 위법성인식이 고의의 내용(고의설)인가? 책임의 내용(책임설)인가? 에 대하여 대립하고 있다**. 고전적 범죄체계(인과적 행위론)는 위법성의 인식을 고의의 성립요소로보나(고의설), 목적적 범죄체계(목적적 행위론)는 위법성의 인식을 고의와는 전혀 분리된 '독자적인 책임요소'로 본다(책임설)는 점에 그 특징이 있다.

① (X) **형법 제10조에 규정된 심신장애(심신상실 + 심신미약)는** 생물학적 요소로서 **정신병** 또는 비정상적 정신상태와 같은 **정신적 장애가** 있는 외에 **심리학적 요소로서** 이와 같은 정신적 장애로 말미암아 사물에 대한 변별능력과 그에 따른 행위통제능력이 결여되거나 감소되었음을 요하므로, **정신적 장애가 있는 자라고 하여도 범행 당시 정상적인 사물변별능력이나 행위통제능력이 있었다면 심신장애로 볼 수 없다**(대판 2018.9.13. 2018노7658, 2018전도54, 55, 2018보도6, 2018모2593). 결국, **심신상실을 판단하기 위해서

는 어느 하나만 결여되어서는 안되고, 생물학적 요소와 심리학적 요소 모두 결여되어야 한다.
② (X) [1] 사회적 책임론(의사결정론)은 인간의 자유의사를 부정하고(결정론), 책임의 근거를 소질과 환경에 의하여 결정된 행위자의 반사회적 성격(사회적 위험성)에 두는 견해로서, 반사회적 성격을 가진 자가 사회방위 수단으로서의 형벌을 받을 법률적 지위, 즉 사회적 비난가능성이 책임이라고 한다.
[2] 사회적 책임론은 근대학파(신파)의 형법이론에 기초가 되어 있는 책임론이며, 범죄론에 있어서 주관주의와 형벌론에 있어서 목적형주의와 결합된 책임이론이다. 책임능력을 형벌능력으로 보고 있다. 형벌과 보안처분은 본질상 동일하다는 일원론을 취한다.
④ (X) 소극적 구성요건표지이론에 의하면 위법성조각사유는 구성요건요소이므로 위법성조각사유의 전제사실에 대한 착오가 있으면 구성요건적 착오로 보아 불법고의가 조각되고 과실범이 성립할 뿐이다. (참고) 구성요건착오에 관한 법리를 유추하여 적용한다는 학설은 유추적용 제한적 책임설로서, 소극적 구성요건표지이론과는 전혀 다른 이론이다.

문제 10 - 정답 ④

▶ ④ ㉠㉡㉢(3개)는 옳은 지문이나, ㉣㉤(2개)은 틀린 지문이다.
㉠ (○) 야간에 아파트에 침입하여 물건을 훔칠 의도하에 아파트의 베란다 철제난간까지 올라가 유리창문을 열려고 시도하였다면 야간주거침입절도죄의 실행에 착수한 것으로 보아야 한다(대법원2003. 10. 24.선고2003도4417판결).
㉡ (○) 피고인이 잠을 자고 있는 피해자의 옷을 벗긴 후 자신의 바지를 내린 상태에서 피해자의 음부 등을 만지고 자신의 성기를 피해자의 음부에 삽입하려고 하였으나 피해자가 몸을 뒤척이고 비트는 등 잠에서 깨어 거부하는 듯한 기색을 보이자 더 이상 간음행위에 나아가는 것을 포기한 경우, 준강간죄의 실행에 착수하였다(대법원2000. 1. 14.선고99도5187판결). 결국. 준강간미수죄가 성립한다.
㉢ (○) 공전자기록등불실기재죄에 있어서의 실행의 착수 시기는 공무원에 대하여 허위의 신고를 하는 때라고 보아야 할 것인바, 이 사건 피고인이 위장결혼의 당사자 및 중국 측 브로커와의 공모 하에 허위로 결혼사진을 찍고, 혼인신고에 필요한 서류를 준비하여 위장결혼의 당사자에게 건네준 것만으로는 아직 공전자기록등불실기재죄에 있어서 실행에 착수한 것으로 보기 어렵다(대법원2009. 9. 24.선고2009도4998판결).
㉣ (X) [1] 병역법 제86조에 정한 '사위행위'라 함은 병역의무를 감면 받을 조건에 해당하지 않거나 그러한 신체적 상태가 아님에도 불구하고 병무행정당국을 기망하여 병역의무를 감면 받으려고 시도하는 행위를 가리키는 것이므로, 다른 행위 태양인 도망·잠적 또는 신체손상에 상응할 정도로 병역의무의 이행을 면탈하고 병무행정의 적정성을 침해할 직접적인 위험이 있는 단계에 이르렀을 때에 비로소 사위행위의 실행을 한 것이라고 보아야 한다.
[2] 입영대상자가 병역면제처분을 받을 목적으로 병원으로부터 허위의 병사용진단서를 발급받았다고 하더라도 이러한 행위만으로는 사위행위의 실행에 착수하였다고 볼 수 없다(대법원2005. 9.
㉤ (X) 가압류는 강제집행의 보전방법에 불과하고 그 기초가 되는 허위의 채권에 의하여 실제로 청구의 의사표시를 한 것이라고 할 수 없으므로 소의 제기 없이 가압류신청을 한 것만으로는 사기죄의 실행에 착수한 것이라고 할 수 없다(대법원1982. 10. 26.선고82도1529판결).

문제 11 - 정답 ②

▶ ② (○) 공동정범이 성립하기 위하여는 반드시 공범자간에 사전에 모의가 있어야 하는 것은 아니며, 우연히 만난 자리에서 서로 협력하여 공동의 범의를 실현하려는 의사가 암묵적으로 상통하여 범행에 공동가공하더라도 공동정범은 성립된다(대법원1984. 12. 26.선고82도1373판결).
① (X) 공동정범은 행위자 상호간에 범죄행위를 공동으로 한다는 공동가공의 의사를 가지고 범죄를 공동실행하는 경우에 성립하는 것으로서, 여기에서의 공동가공의 의사는 공동행위자 상호간에 있어야 하며 행위자 일방의 가공의사만으로는 공동정범관계가 성립할 수 없다(대법원1985. 5. 14.선고84도2118판결). 결국, 편면적 공동정범은 공동정범이 아니다.
③ (X) 회사직원이 영업비밀을 경쟁업체에 유출하거나 스스로의 이익을 위하여 이용할 목적으로 무단으로 반출한 때 업무상배임죄의 기수에 이르렀다고 할 것이고, 그 이후에 위 직원과 접촉하여 영업비밀을 취득하려고 한 자는 업무상배임죄의 공동정범이 될 수 없다(대법원2003. 10. 30.선고2003도4382판결).
④ (X) 포괄일죄의 범행 도중에 공동정범으로 범행에 가담한 자는 비록 그가 그 범행에 가담할 때에 이미 이루어진 종전의 범행을 알았다 하더라도 그 가담 이후의 범행에 대하여만 공동정범으로 책임을 진다(대법원1997. 6. 27.선고97도163판결).

문제 12 - 정답 ②

▶ ② (X) [1] 갑은 성명불상자인 을로부터 불법 환전 업무를 도와주면 대가를 지급하겠다는 제안을 받고 갑 자신의 금융계좌번호를 알려주었는데, 을이 전기통신금융사기(보이스피싱 사기) 편취금을 은닉하기 위하여 갑의 금융계좌로 편취금을 송금받은 경우, 갑이 성명불상자의 탈법행위 목적(불법재산 은닉등)의 타인 실명 금융거래를 용이하게 하였다하여 금융실명거래 및 비밀보장에 관한 법률(약칭 '금융실명법') 위반죄의 방조범이 성립한다.
[2] 형법상 방조행위는 정범이 범행을 한다는 정을 알면서 그 실행행위를 용이하게 하는 직접·간접의 행위를 말하므로, 방조범은 정범의 실행을 방조한다는 이른바 방조의 고의와 정범의 행위가 구성요건에 해당하는 행위인 점에 대한 정범의 고의가 있어야 하나, 방조범에서 정범의 고의는 정범에 의하여 실현되는 범죄의 구체적 내용을 인식할 것을 요하는 것은 아니고 미필적 인식 또는 예견으로 족하다. 구금융실명법 제6조 제1항 위반죄는 이른바 초과주관적 위법요소로서 '탈법행위의 목적'을 범죄성립요건으로 하는 목적범이므로, 방조범에게도 정범이 위와 같은 탈법행위를 목적으로 타인 실명 금융거래를 한다는 점에 관한 고의가 있어야 하나, 그 목적의 구체적인 내용까지 인식할 것을 요하는 것은 아니다(대법원2022. 10. 27.선고2020도12563판결). 결국, 갑은 자신의 계좌가 보이스피싱 사기에 이용된다는 사실을 인식하지 못하였으나, 불법환전행위목적(탈법행위목적)으로 한 타인 실명 금융거래한다는 사실은 인식하고 있었으므로 금융실명법위반죄의 방조범이 성립한다.
① (○) [1] 교사범이란 정범인 피교사자로 하여금 범죄를 결의하게 하여 그 죄를 범하게 한 때에 성립하므로, 교사자의 교사행위에도 불구하고 피교사자가 범행을 승낙하지 아니하거나 피교사자의 범행결의가 교사자의 교사행위에 의하여 생긴 것으로 보기 어려운 경우에는 이른바 실패한 교사로서 형법 제31조 제3항에 의하여 교사자를 음모 또는 예비에 준하여 처벌할 수 있을 뿐이다.

[2] 피교사자가 교사자의 교사행위 당시에는 일응 범행을 승낙하지 아니한 것으로 보여진다 하더라도 이후 그 교사행위에 의하여 범행을 결의한 것으로 인정되는 이상 교사범의 성립에는 영향이 없다.
[3] 피고인이 결혼을 전제로 교제하던 여성 갑의 임신 사실을 알고 수회에 걸쳐 낙태를 권유하였다가 거부당하자, 갑에게 출산 여부는 알아서 하되 더 이상 결혼을 진행하지 않겠다고 통보하고, 이후에도 아이에 대한 친권을 행사할 의사가 없다고 하면서 낙태할 병원을 물색해 주기도 하였는데, 그 후 갑이 피고인에게 알리지 아니한 채 자신이 알아본 병원에서 낙태시술을 받은 사안에서, 피고인은 갑에게 직접 낙태를 권유할 당시뿐만 아니라 출산 여부는 알아서 하라고 통보한 이후에도 계속 낙태를 교사하였고, 갑은 이로 인하여 낙태를 결의·실행하게 되었다고 보는 것이 타당하며, 갑이 당초 아이를 낳을 것처럼 말한 사실이 있다는 사정만으로 피고인의 낙태교사행위와 갑의 낙태결의 사이에 인과관계가 단절되는 것은 아니므로 피고인에게 낙태교사죄가 인정된다(대법원2013. 9. 12.선고2012도2744판결).
③ (○) [1] 교사범이란 타인(정범)으로 하여금 범죄를 결의하게 하여 그 죄를 범하게 한 때에 성립하는 것이고 피교사자는 교사범의 교사에 의하여 범죄실행을 결의하여야 하는 것이므로, 피교사자가 이미 범죄의 결의를 가지고 있을 때에는 교사범이 성립할 여지가 없다.
[2] 막연히 "범죄를 하라"거나 "절도를 하라"고 하는 등의 행위만으로는 교사행위가 되기에 부족하다 하겠으나, 타인으로 하여금 일정한 범죄를 실행할 결의를 생기게 하는 행위를 하면 되는 것으로서 교사의 수단방법에 제한이 없다 할 것이므로, 교사범이 성립하기 위하여는 범행의 일시, 장소, 방법 등의 세부적인 사항까지를 특정하여 교사할 필요는 없는 것이고, 정범으로 하여금 일정한 범죄의 실행을 결의할 정도에 이르게 하면 교사범이 성립된다.
[3] 피고인이 갑, 을, 병이 절취하여 온 장물을 상습으로 19회에 걸쳐 시가의 3분의1 내지 4분의 1의 가격으로 매수하여 취득하여 오다가, 갑, 을에게 일제 도라이바 1개를 사주면서 "병이 구속되어 도망다니려면 돈도 필요할텐데 열심히 일을 하라(도둑질을 하라)"고 말하였다면, 그 취지는 종전에 병과 같이 하던 범위의 절도를 다시 계속하면 그 장물은 매수하여 주겠다는 것으로서 절도의 교사가 있었다고 보아야 한다.
[4] 교사범의 교사가 정범이 죄를 범한 유일한 조건일 필요는 없으므로, 교사행위에 의하여 정범이 실행을 결의하게 된 이상 비록 정범에게 범죄의 습벽이 있어 그 습벽과 함께 교사행위가 원인이 되어 정범이 범죄를 실행한 경우에도 교사범의 성립에 영향이 없다(대법원1991. 5. 14.선고91도542판결).
④ (○) 대판1985.2.26. 84도2987

문제 13 - 정답 ②

▶ ② ㉠㉡㉣(3개)은 옳은 지문이나, ㉢㉤(2개)은 틀린 지문이다.
㉠ (○) [1] 사기죄에 있어서 수인의 피해자에 대하여 각 피해자별로 기망행위를 하여 각각 재물을 편취한 경우에 그 범의가 단일하고 범행방법이 동일하다고 하더라도 포괄1죄가 성립하는 것이 아니라 피해자별로 1개씩의 죄가 성립하는 것으로 보아야 한다(수인의 피해자의 경우).
[2] 사기죄에 있어 동일한 피해자에 대하여 수회에 걸쳐 기망행위를 하여 금원을 편취한 경우 범의가 단일하고 범행방법이 동일하다면 사기죄의 포괄1죄만이 성립한다고 할 것이나, 범의의 단일성과 계속성이 인정되지 아니하거나 범행방법이 동일하지 않은 경우에는 각 범행은 실체적 경합범에 해당한다(동일한 피해자의 경우)(대법원1997. 6. 27.선고97도508판결).
㉡ (○) [1] 무면허운전으로 인한 도로교통법 위반죄에 관해서는 사회통념상 운전한 날을 기준으로 운전한 날마다 1개의 운전행위가 있다고 보는 것이 상당하므로 운전한 날마다 무면허운전으로 인한 도로교통법 위반의 1죄가 성립한다고 보아야 한다.
[2] 한편 같은 날 무면허운전 행위를 여러 차례 반복한 경우라도 그 범의의 단일성 내지 계속성이 인정되지 않거나 범행 방법 등이 동일하지 않은 경우 각 무면허운전 범행은 실체적 경합 관계에 있다고 볼 수 있으나(예. 렉스턴과 아반테), 그와 같은 특별한 사정이 없다면 각 무면허운전 행위는 동일 죄명에 해당하는 수 개의 동종 행위가 동일한 의사에 의하여 반복되거나 접속·연속하여 행하여진 것으로 봄이 상당하고 그로 인한 피해법익도 동일한 이상, 각 무면허운전 행위를 통틀어 포괄일죄로 처단하여야 한다(예. 아반테와 아반테, 렉스턴과 렉스턴).
[3] 피고인이 같은 날 자동차운전면허 없이 20:00경 춘천시 인근 도로에서 렉스턴 승용차를 운전하였다는 것과 23:20경 인근 도로에서 동일한 차량을 운전하였다는 것으로, 각 운전 시간 내지 장소에 일부 차이가 있을 뿐 피고인이 같은 날 동일한 차량을 무면허로 운전하려는 단일하고 계속된 범의 아래 동종의 범행을 같은 방법으로 반복한 것으로 보이고, 달리 그 범의가 갱신되었다거나 범행 방법 등에 차이가 존재한다고 보기 어렵다. 따라서 사회통념상 하나의 도로교통법 위반(무면허운전) 행위로 평가할 수 있으므로 포괄하여 일죄에 해당한다(대법원2022. 10. 27. 선고 2022도8806 판결).
㉢ (X) 절도범이 체포를 면탈할 목적으로 체포하려는 여러 명의 피해자에게 같은 기회에 폭행을 가하여 그 중 1인에게만 상해를 가하였다면 이러한 행위는 포괄하여 하나의 강도상해죄만 성립한다(대법원2001. 8. 21.선고2001도3447판결).
㉣ (○) 상습범이란 어느 기본적 구성요건에 해당하는 행위를 한 자가 범죄행위를 반복하여 저지르는 습벽, 즉 상습성이라는 행위자적 속성을 갖추었다고 인정되는 경우에 이를 가중처벌 사유로 삼고 있는 범죄유형을 가리키므로, 상습성이 있는 자가 같은 종류의 죄를 반복하여 저질렀다 하더라도 상습범을 별도의 범죄유형으로 처벌하는 규정이 없는 한 각 죄는 원칙적으로 별개의 범죄로서 경합범으로 처단할 것이다. 저작권법은 제140조 본문에서 저작재산권 침해로 인한 제136조 제1항의 죄를 친고죄로 규정하면서, 제140조 단서 제1호에서 영리를 위하여 상습적으로 위와 같은 범행을 한 경우에는 고소가 없어도 공소를 제기할 수 있다고 규정하고 있으나, 상습으로 제136조 제1항의 죄를 저지른 경우를 가중처벌한다는 규정은 따로 두고 있지 않다. 따라서 수회에 걸쳐 저작권법 제136조 제1항의 죄를 범한 것이 상습성의 발현에 따른 것이라고 하더라도, 이는 원칙적으로 경합범으로 보아야 하는 것이지 하나의 죄로 처단되는 상습범으로 볼 것은 아니다. 그것이 법규정의 표현에 부합하고, 상습범을 포괄일죄로 처단하는 것은 그것을 가중처벌하는 규정이 있기 때문이라는 법리적 구조에도 맞다(대판 2012.5.10. 2011도12131).
㉤ (X) 절도범인이 체포를 면탈할 목적으로 경찰관에게 폭행 협박을 가한 때에는 준강도죄와 공무집행방해죄를 구성하고 양죄는 상상적 경합관계에 있으나, 강도범인이 체포를 면탈할 목적으로 경찰관에게 폭행을 가한 때에는 강도죄와 공무집행방해죄는 실체적 경합관계에 있고 상상적 경합관계에 있는 것이 아니다(대판 1992.7.28. 92도917).

문제 14 - 정답 ④

▶ ④ (○) <u>3년 이하</u>의 징역이나 금고 또는 <u>500만원 이하의 벌금</u>의 형을 <u>선고할 경우(선고형○)</u>에 형법 제51조의 사항을 참작하여 그 정상에 참작할 만한 사유가 있는 때에는 1년 이상 5년 이하의 기간 형의 집행을 유예할 수 있다(제62조 제1항).

① (X) 집행유예의 선고를 받은 자가 유예기간 중 고의로 범한 죄로 금고 이상의 실형을 선고받아 그 판결이 확정된 때에는 <u>집행유예의 선고</u>는 <u>효력을 잃는다</u>(제63조). 선고유예기간 중에 <u>재범</u>을 저질러 확정되면 <u>집행유예의 실효</u>사유이다.

② (X) 집행유예의 선고를 받은 후 제62조 단행의 사유가 발각된 때에는 집행유예의 선고를 <u>취소한다</u>(제64조 제1항). 제62조 단행의 사유가 발각된 때는 집행유예의 <u>필요적 취소</u>사유이다.

③ (X) 제62조의2의 규정에 의하여 보호관찰이나 사회봉사 또는 수강을 명한 집행유예를 받은 자가 준수사항이나 명령을 위반하고 그 정도가 무거운 때에는 집행유예의 선고를 <u>취소할 수 있다</u>(제64조 제2항). 보안처분(3개)의 준수사항이나 명령을 위반하면 집행유예의 <u>임의적 취소</u>사유이다.

문제 15 - 정답 ④

▶ ④ ㉠㉢㉣(3개)가 틀린 지문이고, ㉡㉤(2개)은 옳은 지문이다.

㉠ (X) 갑은 을에게 약 2시간 동안 계속하여 회칼로 죽여버리겠다거나 소주병을 깨어 찌를 듯한 태도를 보이면서 협박하다가 손바닥으로 을의 얼굴과 목덜미를 수회때리자, 을은 극도의 공포감을 이기지 못하고 기절했다가 한참후에 정신을 차렸다. 피해자가 실신한 후 한참만에 정신을 차리게 되었다면, 비록 외부적인 상처가 없다고 하더라도 생리적 기능이 손상되었다고 볼 수 있어 상해죄가 성립하고, <u>폭행 및 협박은 상해죄에 흡수되므로 따로 성립하지 아니한다</u>(대판 1996.12.10. 96도2529).

㉡ (○) 대판2009.7.23. 2009도1934

㉢ (X) [1] 특정범죄 가중처벌 등에 관한 법률(이하 '<u>특정범죄가중법</u>'이라 한다) 제5조의10 제1항은 "<u>운행 중</u>(운전자가 여객의 승차·하차 등을 위하여 <u>일시 정차한 경우를 포함</u>한다)인 <u>자동차의 운전자를 폭행하거나 협박한 사람</u>은 5년 이하의 징역 또는 2천만원 이하의 벌금에 처한다.", 제2항은 "제1항의 죄를 범하여 사람을 <u>상해에 이르게 한 경우</u>에는 3년 이상의 유기징역에 처하고, <u>사망에 이르게 한 경우</u>에는 무기 또는 5년 이상의 징역에 처한다."라고 규정하여 <u>운행 중인 자동차의 운전자를 폭행·협박하거나 이로 인하여 상해 또는 사망에 이르게 한 경우</u>를 가중처벌하고 있다. 특정범죄가중법 제5조의10의 문언 형식, 입법 취지 및 보호법익, 특정범죄가중법상 다른 자동차 등 관련 범죄의 가중처벌 규정과의 체계적 해석 등을 종합하면, <u>특정범죄가중법 제5조의10의 '자동차'</u>는 <u>도로교통법상의 자동차를 의미</u>하고 도로교통법상 <u>원동기장치자전거는 '자동차'에 포함되지 않는다</u>.

[2] 이 사건 공소사실 중 <u>특정범죄가중법 위반(운전자폭행 등)</u> 부분(이하 '이 부분 공소사실'이라 한다)의 요지는, <u>피고인이 운행 중인 오토바이 운전자인 피해자</u>를 폭행하여 피해자에게 <u>상해</u>를 가하였다는 것이다. 이 사건 규정이 정한 '<u>자동차</u>'의 범위에 도로교통법상 원동기장치자전거가 포함되지 않고, 피해자가 <u>운행 중인 오토바이</u>가 원동기장치자전거가 아니라 자동차에 해당한다는 사실에 대한 증명이 없으므로 <u>특정범죄가중법 위반(운전자폭행등)죄가 성립하지 않고, 형법 제257조의 상해죄가 인정된다</u>

(대법원2022. 4. 28.선고2022도1013판결).

㉣ (○) 피고인의 행위가 피해자를 <u>사망하게 한 직접적 원인은 아니었다</u> 하더라도 이로부터 발생된 <u>다른 간접적 원인이 결합되어 사망의 결과를 발생하게 한 경우</u> 그 행위와 사망 사이에는 <u>인과관계가 있다</u>고 할 것이다(대판2012.3.15. 2011도17648).

㉤ (X) 그 상처가 굳이 치료를 받지 않더라도 <u>일상생활을 하는 데 아무런 지장이 없고</u> 시일이 경과함에 따라 <u>자연적으로 치유될 수 있는 정도</u>라면 그로 인하여 신체의 완전성이 손상되고 생활기능에 장애가 왔다거나 건강상태가 불량하게 변경되었다고 보기는 어려워 강간치상죄의 <u>상해에 해당하지 않는다</u>(대판1994.11.4. 94도1311).

문제 16 - 정답 ③

▶ ③ ㉠㉢㉣(3개)은 협박죄에 해당하나, ㉡㉤(2개)은 협박죄에 해당하지 않는다.

㉠ (○) [1] <u>거리상 멀리 떨어져 있는 사람에게 전화기를 이용하여 전화하면서 고성을 내거나 그 전화 대화를 녹음 후 듣게 하는 경우</u>에는 특수한 방법으로 수화자의 청각기관을 자극하여 그 수화자로 하여금 고통스럽게 느끼게 할 정도의 음향을 이용하였다는 등의 특별한 사정이 없는 한 <u>신체에 대한 유형력의 행사를 한 것으로 보기 어렵다</u>.

[2] 협박죄에 있어서 협박이라 함은 일반적으로 보아 사람으로 하여금 공포심을 일으킬 수 있을 정도의 해악을 고지하는 것을 의미하고, 그러한 해악의 고지는 구체적이어서 해악의 발생이 일응 가능한 것으로 생각될 수 있을 정도일 것을 필요로 한다. <u>피고인에 대한 이 사건 각 협박죄의 범죄사실을 유죄로 본 제1심판결을 원심이 유지한 것은 정당하다</u>(대법원2003. 1. 10.선고2000도5716판결). 결국, 폭행죄는 성립하지 아니하나, <u>협박죄가 성립한다</u>.

㉡ (X) 피고인들을 비롯한 직원들의 임금이 체불되고 사무실 임대료를 내지 못할 정도로 재정 상태가 좋지 않는 등의 이유로 이 사건 회사의 경영상황이 우려되고 <u>대표이사 겸 최대주주인 甲</u>의 경영능력이 의심받던 상황에서, <u>직접적 이해당사자인 피고인들이</u> 동료 직원들과 함께 <u>甲을 만나 '사임제안서'만 전달하였을 뿐 별다른 말을 하지 않았고</u>, 갑도 약 5분 동안 이를 읽은 후 바로 그 자리를 떠난 경우, <u>피고인들의 '사임제안서' 전달 행위를 협박죄에서의 '협박'으로 볼 수 없고</u>, 설령 '협박'에 해당하더라도 <u>사회통념상 용인할 수 있는 정도</u>이거나 이 사건 <u>회사의 경영 정상화라는 정당한 목적을 위한 상당한 수단에 해당하여 사회상규에 반하지 아니한다</u>고 봄이 타당하다(대법원2022. 12. 15.선고2022도9187판결). 결국, 피고인들은 <u>협박죄가 성립하지 아니한다</u>.

㉢ (○) [1] 정보보안과 소속경찰관이 자신의 지위를 내세우면서 타인의 민사분쟁에 개입하여 빨리 채무를 변제하지 않으면 상부에 보고하여 문제를 삼겠다고 말한 사안에서, 객관적으로 상대방이 공포심을 일으키기에 충분한 정도의 해악의 고지에 해당하므로 <u>현실적으로 피해자가 공포심을 일으키지 않았다 하더라도 협박죄의 기수에 이르렀다</u>.

[2] 정보보안과 소속경찰관이 자신의 지위를 내세우면서 타인의 민사분쟁에 개입하여 빨리 채무를 변제하지 않으면 상부에 보고하여 문제를 삼겠다고 말한 사안에서, 상대방이 채무를 변제하고 피해 변상을 하는지 여부에 따라 직무집행 여부를 결정하겠다는 취지이더라도 <u>정당한 직무집행이라거나 목적 달성을 위한 상당한 수단으로 인정할 수 없어 정당행위에 해당하지 않는다</u>(대법원2007.

9. 28.선고2007도606전원합의체 판결).

㉣ (○) 피고인이 피해자인 누나의 집에서 온 몸에 연소성이 높은 고무놀을 바르고 라이타 불을 켜는 동작을 하면서 이를 말리려는 피해자 등에게 가위, 송곳을 휘두르면서 "방에 불을 지르겠다" "가족 전부를 죽여버리겠다"고 소리치고 이를 약 1시간 가량 말리던 피해자가 끝내 무섭고 두려워 신고를 하였다면, 피고인의 행위는 피해자로 하여금 공포심을 일으킬 수 있는 정도의 해악의 고지가 되고, 피고인에게 협박의 고의가 있었다고 본다(대판90도2102).

㉤ (X) 피고인이 공소사실 기재 일시, 장소에서 자신의 동거남과 성관계를 가진 바 있던 피해자에게 "사람을 사서 쥐도 새도 모르게 파묻어버리겠다. 너까지 것 쉽게 죽일 수 있다."라고 한 말에 관하여 이는 언성을 높이면서 말다툼으로 흥분한 나머지 단순히 감정적인 욕설 내지 일시적 분노의 표시를 한 것에 불과하고 해악을 고지한다는 인식을 갖고 한 것이라고 보기 어렵다(대법원2006. 8. 25.선고2006도546판결). 결국, 피고인이 피해자에게 한 말이 감정적인 욕설 내지 일시적인 분노 표시에 불과하고 해악을 고지한다는 인식을 갖고 한 것이라고 보기 어려워 협박죄가 성립하지 않는다.

문제 17 - 정답 ④

▶ ④ (X) 미성년자 혼자 머무는 주거에 침입하여 강도 범행을 하는 과정에서 미성년자와 그 부모에게 폭행·협박을 가하여 일시적으로 부모와의 보호관계가 사실상 침해·배제되었더라도, 미성년자가 기존의 생활관계로부터 완전히 이탈되었다거나 새로운 생활관계가 형성되었다고 볼 수 없고 범인의 의도도 위와 같은 생활관계의 이탈이 아니라 단지 금품 강취를 위한 반항 억압에 있었으므로, 형법 제287조의 미성년자약취죄가 성립하지 않는다(대법원 2008. 1. 17.선고2007도8485판결).

① (○) 베트남 국적 여성인 피고인이 남편 갑의 의사에 반하여 생후 약 13개월 된 자녀 을을 주거지에서 데리고 나와 약취하고 베트남에 함께 입국함으로써 을을 국외에 이송하였다고 하여 국외이송약취 및 피약취자국외이송으로 기소된 사안에서, 제반 사정을 종합할 때 피고인의 행위를 약취행위로 볼 수 없다(대법원2013. 6. 20.선고2010도14328전원합의체 판결). 결국, 베트남 여성의 자녀 약취 사건에서 국외이송약취·피약취자국외이송죄가 성립하지 않는다.

② (○) 형법 제288조(추행, 간음, 결혼 또는 영리목적)에 규정된 약취행위는 피해자를 그 의사에 반하여 자유로운 생활관계 또는 보호관계로부터 범인이나 제3자의 사실상 지배하에 옮기는 행위를 말하는 것으로서, 폭행 또는 협박을 수단으로 사용하는 경우에 그 폭행 또는 협박의 정도는 상대방을 실력적 지배하에 둘 수 있을 정도이면 족하고 반드시 상대방의 반항을 억압할 정도의 것임을 요하지는 아니한다(2009도3816) 결국, 술에 만취한 피고인이 초등학교 5학년 여학생의 소매를 잡아끌면서 "우리 집에 같이 자러 가자"고 한 행위가 형법 제288조의 약취행위의 수단인 '폭행'에 해당한다.

③ (○) 피고인과 갑은 각각 한국과 프랑스에서 따로 살며 이혼소송 중인 부부로서 자녀인 피해아동 을(만 5세)은 프랑스에서 갑과 함께 생활하였는데, 피고인이 을을 면접교섭하기 위하여 그를 보호·양육하던 갑으로부터 을을 인계받아 국내로 데려온 후 면접교섭 기간이 종료하였음에도 을을 데려다주지 아니한 채 갑과 연락을 두절한 후 법원의 유아인도명령 등에도 불응한 사안에서, 피고인의 행위가 미성년자약취죄의 약취행위에 해당한다(대법원2021. 9. 9.선고2019도6421판결).

문제 18 - 정답 ②

▶ ② ㉡㉢㉣(3개)은 틀린 지문이고, ㉠㉤(2개)는 맞는 지문이다.

㉠ (○) 강제추행죄는 상대방에 대하여 폭행 또는 협박을 가하여 항거를 곤란하게 한 뒤에 추행행위를 하는 경우뿐만 아니라 폭행행위 자체가 추행행위라고 인정되는 경우도 포함되며, 이 경우의 폭행은 반드시 상대방의 의사를 억압할 정도의 것일 필요는 없다. 추행은 객관적으로 일반인에게 성적 수치심이나 혐오감을 일으키게 하고 선량한 성적 도덕관념에 반하는 행위로서 피해자의 성적 자유를 침해하는 것을 말하며, 이에 해당하는지는 피해자의 의사, 성별, 연령, 행위자와 피해자의 이전부터의 관계, 행위에 이르게 된 경위, 구체적 행위태양, 주위의 객관적 상황과 그 시대의 성적 도덕관념 등을 종합적으로 고려하여 신중히 결정되어야 한다. 그리고 추행의 고의로 상대방의 의사에 반하는 유형력의 행사, 즉 폭행행위를 하여 실행행위에 착수하였으나 추행의 결과에 이르지 못한 때에는 강제추행미수죄가 성립하며, 이러한 법리는 폭행행위 자체가 추행행위라고 인정되는 이른바 '기습추행'의 경우에도 마찬가지로 적용된다(대판2015.9.10. 2015도6980, 2015모2524).

㉡ (X) 형법 제297조가 정한 강간죄의 객체인 '부녀'에는 법률상 처가 포함되고, 혼인관계가 파탄된 경우뿐만 아니라 혼인관계가 실질적으로 유지되고 있는 경우에도 남편이 반항을 불가능하게 하거나 현저히 곤란하게 할 정도의 폭행이나 협박을 가하여 아내를 간음한 경우에는 강간죄가 성립한다고 보아야 한다(대판2013.5.16. 2012도14788,2012전도252전원합의체판결).

㉢ (X) 형법 제302조는 "미성년자 또는 심신미약자에 대하여 위계 또는 위력으로써 간음 또는 추행을 한 자는 5년 이하의 징역에 처한다."라고 규정하고 있다. 형법은 제2편 제32장에서 '강간과 추행의 죄'를 규정하고 있는데, 이 장에 규정된 죄는 모두 개인의 성적 자유 또는 성적 자기결정권을 침해하는 것을 내용으로 한다. 여기에서 '성적 자유'는 적극적으로 성행위를 할 수 있는 자유가 아니라(뿐만 아니라(X)) 소극적으로 원치않는 성행위를 하지 않을 자유를 말하고, '성적 자기결정권'은 성행위를 할 것인가 여부, 성행위를 할 때 상대방을 누구로 할 것인가 여부, 성행위의 방법 등을 스스로 결정할 수 있는 권리를 의미한다(대판2019.6.13. 2019도3341).

㉣ (○) 강간죄가 성립하려면 가해자의 폭행·협박은 피해자의 항거를 불가능하게 하거나 현저히 곤란하게 할 정도의 것이어야 한다. 또한 강간죄에서의 폭행·협박과 간음 사이에는 인과관계가 있어야 하나, 폭행·협박이 반드시 간음행위보다 선행되어야 하는 것은 아니다. 피고인의 행위는, 비록 간음행위를 시작할 때 폭행·협박이 없었다고 하더라도 간음행위와 거의 동시 또는 그 직후에 피해자를 폭행하여 간음한 것으로 볼 수 있고, 이는 강간죄를 구성한다.(대판2017.10.12. 2016도16948, 2016전도156). 결국, 피고인은 피해자의 집에서 동거를 하다가 피해자의 몸만 만지며 자위행위를 하겠다고 말하며 매트리스로 올라오도록 요구한 후, 피해자에게 절대 자신의 성기를 삽입하지 않겠다며 그냥 있어만 달라고 사정하였고, 마지못한 피해자가 다시 응하면서 뒤로 엎드리자 피고인은 피해자의 둔부 쪽으로 올라탄 상태에서 자신의 성기와 피해자의 둔부에 보디로션을 바른 후 피해자의 둔부를 스치면서 자위행위를 하였다. 그러다가 피고인은 도저히 안 되겠다며 갑자기 자신의 성기를 피해자의 성기에 삽입하였고(일단 간음) 이에 놀란 피해자가 일어나면서 이를 벗어나려고 하자, 피고인은 양팔로 피해자의 팔과 몸통을 세게 끌어안은 채 가슴으로 피해자의 등을 세게 눌러

움직이지 못하도록 피해자의 반항을 억압(폭행)한 상태에서 5분간 간음행위를 계속하다가 피해자의 등에 사정한 사안에서 **강간죄를 인정하였다**(간음 + 폭행 = 간음).

ⓒ (X) [1] 형법 제300조는 **준강간죄의 미수범을 처벌한다**. 또한 형법 제27조는 "실행의 수단 또는 대상의 착오로 인하여 결과 발생이 불가능하더라도 위험성이 있는 때에는 처벌한다. 단, 형을 감경 또는 면제할 수 있다."라고 규정하여 **불능미수범을 처벌하고 있다**. 한편 불능범과 구별되는 불능미수의 성립요건인 '**위험성**'은 피고인이 행위 당시에 인식한 사정을 놓고 **일반인이 객관적으로 판단**하여 결과 발생의 가능성이 있는지 여부를 따져야 한다(대법원은 위험성의 판단기준에 관하여 **추상적 위험설**을 취한다).

[2] 피고인이 피해자가 심신상실 또는 항거불능의 상태에 있다고 인식하고 그러한 상태를 이용하여 간음할 의사로 피해자를 간음하였으나 피해자가 **실제로는 심신상실 또는 항거불능의 상태에 있지 않은 경우**에는, **실행의 수단 또는 대상의 착오로 인하여** 준강간죄에서 규정하고 있는 구성요건적 **결과의 발생이 처음부터 불가능하였고** 실제로 그러한 결과가 발생하였다고 할 수 없다. 피고인이 준강간의 실행에 착수하였으나 범죄가 기수에 이르지 못하였으므로 **준강간죄의 미수범이 성립한다**. 피고인이 행위 당시에 인식한 사정을 놓고 일반인이 객관적으로 판단하여 보았을 때 준강간의 결과가 발생할 **위험성이 있었으므로 준강간죄의 불능미수가 성립한다**.

[3] 피고인은 2017. 4. 17. 22:30경 자신의 집에서 피고인의 처, 피해자와 함께 술을 마시다가 다음 날 01:00경 피고인의 처가 먼저 잠이 들고 02:00경 피해자도 안방으로 들어가자 피해자를 따라 들어간 뒤, 누워 있는 피해자의 옆에서 피해자의 가슴을 만지고 팬티 속으로 손을 넣어 음부를 만지다가 바지와 팬티를 벗긴 후 1회 간음하여 강간하였다. **피해자가 실제로는** 반항이 불가능할 정도로 술에 취하지 아니하여 **항거불능의 상태에 있는 피해자를 강간할 수 없음에도 불구하고**, 피해자가 술에 만취하여 **항거불능의 상태에 있다고 오인하여** 누워 있는 피해자를 위와 같은 방법으로 **1회 간음하였다**. 이로써 피고인은 피해자의 항거불능 상태를 이용하여 피해자를 강간하려 하다가 미수에 그쳤다하여 **준강간죄의 불능미수를 인정하였다**(대판2019.3.28. 2018도16002전원합의체판결).

문제 19 – 정답 ②

▶ ② ㉠㉢㉣(4개)은 옳은 지문이나, ㉡(1개)은 틀린 지문이다.

㉠ (O) **마트산업노동조합 간부와 조합원인 피고인들이 공동하여**, 대형마트 지점에 방문한 **대표이사 등에게 해고와 전보 인사발령에 항의하기 위하여** 지점장 갑의 의사에 반하여 **정문을 통해 지점 2층 매장으로 들어감으로써** 건조물에 침입하였다고 하여 폭력행위 등 처벌에 관한 법률 위반(공동주거침입)으로 기소된 사안에서, **피고인들이 들어간 지점 2층 매장은 영업시간 중에는 출입자격 등의 제한 없이 일반적으로 개방되어 있는 장소인 점**, 피고인들은 영업시간에 손님들이 이용하는 정문과 매장 입구를 차례로 통과하여 2층 매장에 들어가면서 보안요원 등에게 제지를 받거나 보안요원이 자리를 비운 때를 노려 몰래 들어가는 등 특별한 조치를 취하지도 아니한 점에 비추어 보면, 일반적으로 출입이 허용되어 개방된 지점 매장에 관리자의 출입 제한이나 제지가 없는 상태에서 **통상적인 방법으로 들어간 이상 사실상의 평온상태를 해치는 행위 태양으로 들어갔다고 볼 수 없어** 건조물침입죄에서 규정하는 **침입행위에 해당하지 않으며**, 지점 관리자의 명시적 출입 금지 의사는 확인되지 않고, 설령 피고인들이 지점 매장에 들어간 행위가 **그 관리자의 추정적 의사에 반하였더라도**, 그러한 사정만으로는 사실상의 평온상태를 해치는 행위 태양으로 출입하였다고 평가할 수 없으므로 **피고인들에 대하여 건조물침입죄가 성립하지 않는다**(대법원2022. 9. 7.선고2021도9055판결). 결국, 피고인들이 대형마트에 들어가 당시 매장에서 현장점검을 하던 피해자(점장)와 대표이사 등 간부들을 약 30분간 따라 다니면서 피켓 시위를 한 경우, **폭력행위 등 처벌에 관한 법률 위반죄(공동주거침입)와 위력에 의한 업무방해죄에 해당하지 아니한다**.

㉡ (X) 피해자 소유의 축사 건물 및 그 부지를 임의경매절차에서 매수한 사람이 **위 부지 밖에 설치된 피해자 소유 소독시설을 통로로 삼아 위 축사건물에 출입한 경우**, 위 **소독시설은** 축사에 출입하는 차량 등의 소독을 위하여 설치된 것이기는 하나 피고인측이 매각받은 토지가 아닌 **피해자 소유의 별개의 토지 위에 존재하는 독립된 건조물인 사실이 인정되고**, 이는 축사 자체의 효용에 공하는 것이 아니므로 축사의 종물이라 할 수 없으며, 피고인이 다른 출입로를 만드는 등의 방법을 강구하지 아니한 채 만연히 피해자의 관리하에 있는 **위 건조물을 통로로 삼아 출입한 것이므로 건조물침입죄가 성립한다**(대판2007.12.13. 2007도7247).

㉢ (O) [1] **사용자의 직장폐쇄는** 사용자와 근로자의 교섭태도와 교섭과정, 근로자의 쟁의행위의 목적과 방법 및 그로 인하여 사용자가 받는 타격의 정도 등 구체적인 사정에 비추어 **근로자의 쟁의행위에 대한 방어수단으로서 상당성이 있어야만 사용자의 정당한 쟁의행위로 인정될 수 있다**.

[2] 사용자의 직장폐쇄가 **정당한 쟁의행위로 인정되지 아니하는 때에는** 다른 특별한 사정이 없는 한 **근로자가** 평소 출입이 허용되는 사업장 안에 들어가는 행위는 **주거침입죄를 구성하지 아니한다**(대법원2002. 9. 24.선고2002도2243판결).

㉣ (O) 대법원2008. 5. 8.선고2007도11322판결

문제 20 – 정답 ③

▶ ③ ㉠㉡㉢(3개)은 틀린지문이나, ㉣㉤(2개)은 맞는 지문이다.

㉠ (X) 예금주인 피고인이 제3자에게 편취당한 송금의뢰인으로부터 자신의 은행계좌에 계좌송금된 돈을 출금한 사안에서, **피고인은 예금주로서 은행에 대하여 예금반환을 청구할 수 있는 권한을 가진 자이므로**, 위 은행을 피해자로 한 **사기죄가 성립하지 않는다**(대판2010.5.27. 2010도3498).

㉡ (X) 배당이의 소송의 제1심에서 패소판결을 받고 항소한 자가 그 항소를 취하하면 그 즉시 **제1심판결이 확정되고 상대방이 배당금을 수령할 수 있는 이익을 얻게 되는 것이므로** 위 항소를 취하하는 것 역시 **사기죄에서 말하는 재산적 처분행위에 해당한다**(대판2002.11.22. 2000도4419).

㉢ (X) [1] 사기죄의 구성요건인 편취의 범의는 피고인이 자백하지 아니하는 이상 범행 전후의 피고인의 재력, 환경, 범행의 내용, 기망 대상 행위의 이행가능성 및 이행과정 등과 같은 객관적인 사정 등을 종합하여 판단할 수밖에 없다. 그리고 **피고인이 피해자에게 불행을 고지하거나 길흉화복에 관한 어떠한 결과를 약속하고 기도비 등의 명목으로 대가를 교부받은 경우**에 전통적인 관습 또는 종교행위로서 허용될 수 있는 한계를 벗어났다면 **사기죄에 해당한다**.

[2] 피고인이 피해자에게 '피해자의 처가 정신분열병에 걸린 것은 귀신이 들린 것이니 피고인이 기도를 하여 낫게 해줄 수 있다', '피해자의 아들이 액운이 있으니 피고인이 **골프공에 피해자의 아**

들 이름을 적어 골프채로 쳐서 액운을 몰아내야 한다', '피해자의 딸과 가족들에게 귀신이 씌웠다' 는 등의 말을 하며 돈을 요구하여 피해자로부터 기도비와 차용금 명목으로 합계 1억 889만 원을 교부받은 것에 대하여, 무속인도 아닌 피고인이 '귀신을 쫓는 기도비' 명목으로 돈을 받은 경우 전통적인 관습 또는 종교행위로서 허용될 수 있는 한계를 벗어나 사기죄에 해당한다(대판2017.11.9. 2016도12460).

ⓒ (○) [1] 적법하게 개설되지 아니한 의료기관의 실질 개설·운영자(의료법인 이사장)가 적법하게 개설된 의료기관인 것처럼 의료급여비용의 지급을 청구하여 이에 속은 국민건강보험공단으로부터 의료급여비용 명목의 금원을 지급받아 편취한 경우, 국민건강보험공단을 피해자로 보아야 한다.
[2] 적법하게 개설되지 않은 의료기관의 실질 개설·운영자인 피고인(의료법인 이사장)의 의료급여비용 편취 범행 피해자를 개별 지방자치단체가 아닌 국민건강보험공단으로 보아, 피고인의 요양급여비용 및 의료급여비용 편취 범행 전체가 포괄하여 피해자 국민건강보험공단에 대한 하나의 특정경제범죄가중처벌등에관한법률위반(사기)죄를 구성한다(대법원2023.10.26.선고 2022도90판결).

ⓜ (○) 부동산의 명의수탁자가 부동산을 제3자에게 매도하고 매매를 원인으로 한 소유권이전등기까지 마쳐 준 경우 명의신탁의 법리상 대외적으로 수탁자에게 그 부동산의 처분권한이 있는 것임이 분명하고 제3자로서도 자기명의의 소유권이전등기가 마쳐진 이상 무슨 실질적인 재산상의 손해가 있을 리 없으므로 그 명의신탁 사실과 관련하여 신의칙상 고지의무가 있다거나 기망행위가 있었다고 볼 수도 없어서 그 제3자에 대한 사기죄가 성립될 여지가 없고, 나아가 그 처분시 매도인(명의수탁자)의 소유라는 말을 하였다고 하더라도 역시 사기죄가 성립하지 않으며, 이는 자동차의 명의수탁자가 처분한 경우에도 마찬가지이다(대판2007.1.11. 2006도4498).

문제 21 - 정답 ③

▶ ③ ㉠㉡㉢(3개)은 옳은 지문이나, ㉣㉤(2개)은 틀린 지문이다.
㉠ (○) [1] 채권양도인이 채무자에게 채권양도 통지를 하는 등으로 채권양도의 대항요건을 갖추어 주지 않은 채 채무자로부터 채권을 추심하여 금전을 수령한 경우, 특별한 사정이 없는 한 금전의 소유권은 채권양수인이 아니라 채권양도인에게 귀속하고 채권양도인이 채권양수인을 위하여 양도 채권의 보전에 관한 사무를 처리하는 신임관계가 존재한다고 볼 수 없다. 따라서 채권양도인이 위와 같이 양도한 채권을 추심하여 수령한 금전에 관하여 채권양수인을 위해 보관하는 자의 지위에 있다고 볼 수 없으므로, 채권양도인이 위 금전을 임의로 처분하더라도 횡령죄는 성립하지 않는다
[2] 건물의 임차인인 피고인이 임대인 갑에 대한 임대차보증금반환채권을 을에게 양도하였는데도 갑에게 채권양도 통지를 하지 않고 갑으로부터 남아 있던 임대차보증금을 반환받아 보관하던 중 개인적인 용도로 사용한 경우, 임대차보증금으로 받은 금전의 소유권은 피고인에게 귀속하고, 피고인이 을을 위한 보관자 지위가 인정될 수 있는 신임관계에 있다고 볼 수 없어 횡령죄가 성립하지 않는다(대법원2022. 6. 23.선고2017도3829전원합의체 판결).
㉡ (○) 직무발명에 대한 특허를 받을 수 있는 권리 등을 사용자등에게 승계한다는 취지를 정한 약정 또는 근무규정의 적용을 받는 종업원 등은 사용자등이 이를 승계하지 아니하기로 확정되기 전까지는 임의로 위와 같은 승계약정 또는 근무규정의 구속에서 벗어날 수 없는 상태에 있는 것이어서, 종업원 등이 그 발명의 내용에 관한 비밀을 유지한 채 사용자등의 특허권 등 권리의 취득에 협력하여야 할 의무는 자기 사무의 처리라는 측면과 아울러 상대방의 재산보전에 협력하는 타인 사무의 처리라는 성격을 동시에 가지게 되므로, 이러한 경우 종업원 등은 배임죄의 주체인 '타인의 사무를 처리하는 자'의 지위에 있다고 할 것이다. 따라서 위와 같은 지위에 있는 종업원 등이 임무를 위반하여 직무발명을 완성하고도 그 사실을 사용자등에게 알리지 않은 채 그 발명에 대한 특허를 받을 수 있는 권리를 제3자에게 이중으로 양도하여 제3자가 특허권 등록까지 마치도록 하는 등으로 그 발명의 내용이 공개되도록 하였다면, 이는 사용자등에게 손해를 가하는 행위로서 배임죄를 구성한다(대법원2012. 11. 15.선고2012도6676판결). 결국, A회사 종업원인 갑이 발명에 관한 특허권을 사용자에게 승계한다고 하고서는 몰래 이중양도하였다면 사용자에게 배임죄를 구성한다.
㉢ (○) 채무자가 금전채무를 담보하기 위하여 그 소유의 동산을 채권자에게 양도담보로 제공함으로써 채권자인 양도담보권자에 대하여 담보물의 담보가치를 유지·보전할 의무 내지 담보물을 타에 처분하거나 멸실, 훼손하는 등으로 담보권 실행에 지장을 초래하는 행위를 하지 않을 의무를 부담하게 되더라도, 이를 들어 채무자가 통상의 계약에서의 이익대립관계를 넘어서 채권자와의 신임관계에 기초하여 채권자의 사무를 맡아 처리하는 것으로 볼 수 없다. 따라서 채무자를 배임죄의 주체인 '타인의 사무를 처리하는 자'에 해당한다고 할 수 없고, 그가 담보물을 제3자에게 처분하는 등으로 담보가치를 감소 또는 상실시켜 채권자의 담보권 실행이나 이를 통한 채권실현에 위험을 초래하더라도 배임죄가 성립한다고 할 수 없다. 위와 같은 법리는, 채무자가 동산에 관하여 양도담보설정계약을 체결하여 이를 채권자에게 양도할 의무가 있음에도 제3자에게 처분한 경우에도 적용되고, 주식에 관하여 양도담보설정계약을 체결한 채무자가 제3자에게 해당 주식을 처분한 사안에도 마찬가지로 적용된다(대법원 2020. 2. 20. 선고 2019도9756 전원합의체 판결). 결국, 채무자가 동산(골재분쇄기 크러셔)을 은행에서 대출받으면서 양도담보로 제공한 후 제3자에게 그 동산을 처분한 경우 배임죄가 성립하지 않는다. 또한 채무자가 금전채무를 담보하기 위해 주식에 관하여 양도담보 설정계약을 체결한 후 변제일 전에 제3자에게 해당 주식을 처분하더라도 배임죄는 성립하지 않는다.
㉣ (X) 피고인이, 갑 등이 금융다단계 사기 범행을 통하여 취득한 범죄수익 등인 무기명양도성예금증서 7장을 을로부터 건네받아 현금으로 교환한 후 임의로 소비하였다고 하여 특정경제범죄 가중처벌 등에 관한 법률 위반(횡령)으로 기소된 사안에서, 피고인이 을로부터 범죄수익 등의 은닉을 위해 교부받은 무기명양도성예금증서는 불법의 원인으로 급여한 물건에 해당하여 소유권이 피고인에게 귀속되므로, 피고인이 무기명양도성예금증서를 교환한 현금을 임의로 소비하였더라도 횡령죄가 성립하지 않는다(대법원2017. 10. 26.선고2017도9254판결).
㉤ (X) [1] 갑은 지상 5층 신축건물의 소유자이고, 병은 나중에 이 건물 및 부지를 매입하기 위하여 갑이 필요한 자금인 7억 원을 대납 조건으로 이 건물 5층에서 약 2개월 동안 병을 포함한 가족들과 함께 임시로 거주하고 있었다. 갑은 병에게 위 돈이 입금되지 않았다면서 퇴거를 요구하였으나 받아들이지 않자, 병의 가족을 내쫓을 목적으로 자신의 아들인 을에게 이 건물 5층 현관문에 설치된 디지털 도어락의 비밀번호를 변경할 것을 지시하였고, 을은 갑의 지시에 따라 도어락의 비밀번호를 변경하였다. 이로써 갑은 병의 점유의 목적이 된 자기의 물건인 이 사건 도어락에 대한 권

리행사방해를 교사하였다는 것이다.

[2] **교사범이 성립하려면** 교사자의 교사행위와 **정범의 실행행위가 있어야 하므로**, 정범의 성립은 교사범 구성요건의 일부이고 **교사범이 성립하려면 정범의 범죄행위가 인정되어야 한다.**

[3] **물건의 소유자가 아닌 사람**은 형법 제33조 본문에 따라 **소유자의 권리행사방해 범행에 가담한 경우에 한하여 그의 공범이 될 수 있을 뿐이다.**

[4] 그러나 **이 사건 도어락은 갑의 소유의 물건일 뿐 을 소유의 물건은 아니다.** 따라서 을이 자기의 물건이 아닌 이 사건 도어락의 비밀번호를 변경하였다고 하더라도 권리행사방해죄가 성립할 수 없고, **정범인 을에게 권리행사방해죄가 인정되지 않는 이상** 교사자인 **갑도 권리행사방해죄의 교사죄가 성립할 수 없다**(대법원2022. 9. 15.선고2022도5827판결). 결국, 갑과 을 모두 권리행사방해죄가 성립하지 않는다(무죄)

문제 22 - 정답 ③

▶ ③ ㉠㉡㉢㉣(4개)은 횡령죄가 성립하지 아니하나, ㉤(1개)은 횡령죄가 성립한다.

㉠ (횡령죄 X) 부동산 실권리자명의 등기에 관한 법률에 위반한 **이른바 양자간 명의신탁에서 명의수탁자가 신탁부동산을 임의로 처분한 경우**, 명의수탁자인 피고인은 명의신탁자인 피해자에 대하여 횡령죄에서 말하는 '타인의 재물을 보관하는 자'의 지위에 있다고 볼 수 없으므로 **횡령죄가 성립하지 않는다**(대법원2021. 2. 18.선고2016도18761전원합의체 판결). 다만, 판례에 의할 때 **명의수탁자가 문중땅에 근저당권 설정등기를 경료**한 경우, 상호명의신탁관계에 있는 명의수탁자가 타인의 공유지분에 근저당권 설정등기를 경료한 때에는 **횡령죄가 성립한다.**

㉡ (횡령죄 X) [1] 명의신탁자로서는 매도인에 대한 소유권이전등기청구권을 가질 뿐 신탁부동산의 소유권을 가지지 아니하고, 명의수탁자 역시 명의신탁자에 대하여 직접 신탁부동산의 소유권을 이전할 의무를 부담하지는 아니하므로, 신탁부동산의 소유자도 아닌 명의신탁자에 대한 관계에서 **명의수탁자가 횡령죄에서 말하는 '타인의 재물을 보관하는 자'의 지위에 있다고 볼 수는 없다.**

[2] 명의신탁자가 매수한 부동산에 관하여 부동산실명법을 위반하여 명의수탁자와 맺은 명의신탁약정에 따라 매도인에게서 바로 명의수탁자 명의로 소유권이전등기를 마친 이른바 중간생략등기형 명의신탁을 한 경우, 명의신탁자는 신탁부동산의 소유권을 가지지 아니하고, 명의신탁자와 명의수탁자 사이에 위탁신임관계를 인정할 수도 없다. 따라서 명의수탁자가 명의신탁자의 재물을 보관하는 자라고 할 수 없으므로, **명의수탁자가 신탁받은 부동산을 임의로 처분하여도 명의신탁자에 대한 관계에서 횡령죄가 성립하지 아니한다**(대판2016.5.19. 2014도6992 전원합의체판결). 결국, **3자간 명의신탁(중간생략등기형 명의신탁)에서 수탁자가 신탁부동산을 임의로 처분한 경우에 횡령죄가 성립하지 아니한다.**

㉢ (횡령죄 X) 신탁자와 수탁자가 명의신탁 약정을 맺고, 이에 따라 수탁자가 당사자가 되어 명의신탁 약정이 있다는 사실을 알지 못하는 소유자와 사이에서 부동산에 관한 매매계약을 체결한 후 그 매매계약에 기하여 당해 부동산의 소유권이전등기를 수탁자 명의로 경료한 경우에는, 그 소유권이전등기에 의한 당해 부동산에 관한 물권변동은 유효하고, 한편 신탁자와 수탁자 사이의 명의신탁 약정은 무효이므로, 결국 수탁자는 전소유자인 매도인뿐만 아니라 신탁자에 대한 관계에서도 유효하게 당해 부동산의 소유권을 취득한 것으로 보아야 할 것이고, 따라서 그 수탁자는 타인의 재물을 보관하는 자라고 볼 수 없다(대법원 2000.3.24. 선고 98도4347 판결). 결국, **선의의 계약명의신탁의 경우에 수탁자가 신탁부동산을 임의로 처분한 경우에는 횡령죄가 성립하지 아니한다.**

㉣ (횡령죄 X) 명의신탁자와 명의수탁자가 이른바 계약명의신탁 약정을 맺고 명의수탁자가 당사자가 되어 그러한 명의신탁약정이 있다는 사실을 알고 있는 소유자로부터 부동산을 매수하는 계약을 체결한 후 그 매매계약에 따라 명의수탁자 앞으로 당해 부동산의 소유권이전등기가 행하여졌다면 '부동산 실권리자명의 등기에 관한 법률' 제4조 제2항 본문에 의하여 명의수탁자 명의의 소유권이전등기는 무효이고 당해 부동산의 소유권은 매도인이 그대로 보유하게 된다. 나아가 그 경우 명의신탁자는 부동산매매계약의 당사자가 되지 아니하고 또 명의신탁약정은 위 법률 제4조 제1항에 의하여 무효이므로, 그는 다른 특별한 사정이 없는 한 부동산 자체를 매도인으로부터 이전받아 취득할 수 있는 권리 기타 법적 가능성을 가지지 못한다. 따라서 이때 명의수탁자가 명의신탁자에 대한 관계에서 횡령죄에서의 '타인의 재물을 보관하는 자'의 지위에 있다고 볼 수 없다(대법원 2012.12.13. 선고 2010도10515 판결). 결국, **악의의 계약명의신탁의 경우에 수탁자가 신탁부동산을 임의로 처분한 경우에는 횡령죄가 성립하지 아니한다.**

㉤ (횡령죄 O) [1] 구분소유적 공유관계에서 각 공유자 상호 간에는 각자의 특정 구분부분을 자유롭게 처분함에 서로 동의하고 있다고 볼 수 있으므로, 공유자 각자는 자신의 특정 구분부분을 단독으로 처분하고 이에 해당하는 공유지분등기를 자유로이 이전할 수 있는데, 이는 공유지분등기가 내부적으로 공유자 각자의 특정 구분부분을 표상하기 때문이다. 그러나 **구분소유하고 있는 특정 구분 부분별로 독립한 필지로 분할되는 경우**에는 특별한 사정이 없는 한 각자의 특정 구분부분에 해당하는 필지가 아닌 나머지 각 필지에 전사된 공유자 명의의 공유지분등기는 더 이상 당해 공유자의 특정 구분부분에 해당하는 필지를 표상하는 등기라고 볼 수 없고, **각 공유자 상호 간에 상호명의신탁관계만이 존속하므로**, 각 공유자는 **나머지 각 필지 위에 전사된 자신 명의의 공유지분에 관하여 다른 공유자에 대한 관계에서 그 공유지분을 보관하는 자의 지위에 있다.**

[2] 피고인은 아버지인 공소외 1과 피해자들이 구분소유하던 분할 전 남양주시 (주소 1 생략) 임야 49,488㎡ 토지가 공소외 1의 구분소유부분인 분할 후 (주소 1 생략) 토지와 피해자들의 구분소유부분인 분할 후 (주소 2 생략) 토지로 분할된 것이라면, **분할 후 (주소 2 생략) 토지의 공소외 1 지분 등기는** 더 이상 분할 후 (주소 1 생략) 토지의 **공소외 1 소유 토지를 표상하는 등기가 될 수 없고,** 분할 후 (주소 2 생략) 토지 중 **공소외 1 명의의 지분에 관하여 공소외 1은 보관자의 지위에 있을 뿐이므로 위 지분에 근저당권을 설정하는 행위**는 횡령죄를 구성한다(대법원2014. 12. 24.선고2011도11084판결). 결국, **상호명의신탁 관계에서도 양자간의 명의신탁이 처벌되는 문중땅 보관자인 명의수탁자가 근저당권을 설정하는 행위처럼 횡령죄가 성립한다.**

문제 23 - 정답 ④

▶ ④ (X) 신문사 기자인 피고인들이 돈받기로 하고 홍보성 기사를 작성해 달라는 부정한 청탁을 받고 각 소속 신문사로 하여금 금원을 취득하게 하였다는 배임수재 부분에 대하여, 사무처리를 위임한 타인(A신문사)은 개정형법 제357조 제1항의 배임수재죄에 규정한 '제3자'에 포함되지 않는다고 전제한 후, 피고인들이 속한 각 소속 언론사는 사무처리를 위임한 자에 해당하고, 기록상 위 금원이 피고인들 본인(갑 등) 또는 사무처리를 위임한 자(A신문사)가 아닌 제3자(A신문사가 아닌 전혀 다른 자를 의미)에게 사실상 귀속되었다고 평가할 만한 사정이 없으므로, 배임수재죄에 해당하지 않는다(대법원2021. 9. 30.선고2019도17102판결). 결국, 신문사 기자들이 홍보성 기사를 작성해달라는 청탁을 받고 소속 신문사 계좌로 금원을 입금 받은 행위가 배임수재죄에 해당하지 않는다.

① (○) 이른바 보통예금은 은행 등 법률이 정하는 금융기관을 수치인으로 하는 금전의 소비임치 계약으로서, 그 예금계좌에 입금된 금전의 소유권은 금융기관에 이전되고, 예금주는 그 예금계좌를 통한 예금반환채권을 취득하는 것이므로, 금융기관의 임직원은 예금주로부터 예금계좌를 통한 적법한 예금반환 청구가 있으면 이에 응할 의무가 있을 뿐 예금주와의 사이에서 그의 재산관리에 관한 사무를 처리하는 자의 지위에 있다고 할 수 없다(대법원2008. 4. 24.선고2008도1408판결).

② (○) 수분양권 이중양도의 경우에도 배임죄가 성립하지 않는다(대법원2021. 7. 8.선고2014도12104판결).

③ (○) [1] 회사 직원이 경쟁업체 또는 스스로의 이익을 위하여 이용할 의사로 무단으로 자료를 반출한 행위가 업무상배임죄에 해당하기 위하여는, 그 자료가 반드시 영업비밀에 해당할 필요까지는 없다고 하겠지만 적어도 그 자료가 불특정 다수인에게 공개되어 있지 않아 보유자를 통하지 아니하고는 이를 통상 입수할 수 없고 그 보유자가 자료의 취득이나 개발을 위해 상당한 시간, 노력 및 비용을 들인 것으로서, 그 자료의 사용을 통해 경쟁상의 이익을 얻을 수 있는 정도의 영업상 주요한 자산에는 해당하여야 한다.
[2] 또한 비밀유지조치를 취하지 아니한 채 판매 등으로 공지된 제품의 경우, 역설계(reverse engineering)를 통한 정보의 획득이 가능하다는 사정만으로 그 정보가 불특정 다수인에게 공개된 것으로 단정할 수 없으나, 상당한 시간과 노력 및 비용을 들이지 않고도 통상적인 역설계 등의 방법으로 쉽게 입수 가능한 상태에 있는 정보라면 보유자를 통하지 아니하고서는 통상 입수할 수 없는 정보에 해당한다고 보기 어려우므로 영업상 주요한 자산에 해당하지 않는다.
[3] 피고인 갑은 피해자 A주식회사의 과장으로 재직하면서 생산, A/S, 장비설치 등의 업무를 담당했던 사람이다. 갑은 A회사가 개발한 치과용 투시장비("이 제품"이라 한다). 이 제품은 방사선과 투시영상을 이용한 치과용 진단 및 처치 장치, 즉 치과치료 중 실시간으로 환자의 구강 엑스레이 영상을 촬영하여 확인할 수 있게 해주는 장치)의 각 부품의 데이터 자료, 식품의약품안전청의 제조품목허가에 필요한 의료기기 기술문서, 품질규정, 품질절차서, 위 장비를 구동하는 소프트웨어 프로그램 소스데이터 및 작업표준서 등(투시장비의 정보 또는 자료)을 자신의 웹하드에 업로드하는 방법으로 가지고 나왔다하여 업무상배임죄로 기소된 사건이다.
[4] 갑이 반출한 이 제품의 각 부품의 데이터 자료, 의료기기 기술문서, 품질규정, 품질절차서, 위 장비를 구동하는 소프트웨어 프로그램 소스데이터 및 작업표준서 등에 포함된 정보는 보유자를 통하지 아니하고서는 통상적으로 입수할 수 없다거나 보유자가 자료 취득·개발을 위해 상당한 시간, 노력 및 비용을 들인 것으로 이를 통해 경쟁상 이익을 얻을 수 있는 정도에 이르렀다고 할 수 없으므로 이를 A회사의 '영업상 주요한 자산'에 해당한다고 보기 어렵다. 그럼에도 갑이 반출한 자료가 피해자 회사의 영업상 주요한 자산에 해당한다는 전제에서 갑의 행위가 업무상배임죄를 구성한다는 원심의 판단에는 잘못이 있다(대법원2022. 6. 30.선고2018도4794판결). 결국, 갑이 역설계 등의 방법으로 입수 가능한 상태에 있는 A회사의 정보(치과용 투시장비 자료)는 영업상 주요한 자산에 해당하지 아니하므로 무단으로 반출한 행위는 업무상배임죄에 해당하지 않는다.

문제 24 - 정답 ④

▶ ④ (X) [1] 횡령죄는 타인의 재물을 보관하는 자가 그 재물을 횡령하는 경우에 성립하는 범죄이고, 횡령죄의 구성요건으로서의 횡령행위란 불법영득의사를 실현하는 일체의 행위를 말하는 것으로서 불법영득의사가 외부에 인식될 수 있는 객관적 행위가 있을 때 횡령죄가 성립한다.
[2] 장물이라 함은 재산죄인 범죄행위에 의하여 영득된 물건을 말하는 것으로서 절도, 강도, 사기, 공갈, 횡령 등 영득죄에 의하여 취득된 물건이어야 한다.
[3] 장물취득죄에 있어서 장물의 인식은 확정적 인식을 요하지 않으며 장물일지도 모른다는 의심을 가지는 정도의 미필적 인식으로서도 충분하고, 또한 장물인 정을 알고 있었느냐의 여부는 장물 소지자의 신분, 재물의 성질, 거래의 대가 기타 상황을 참작하여 이를 인정할 수밖에 없다.
[4] 갑이 회사 자금으로 을에게 주식매각 대금조로 금원을 지급한 경우, 그 금원은 단순히 횡령행위에 제공된 물건이 아니라 횡령행위에 의하여 영득된 장물에 해당한다고 할 것이고, 나아가 설령 갑이 을에게 금원을 교부한 행위 자체가 횡령행위라고 하더라도 이러한 경우 갑의 업무상횡령죄가 기수에 달하는 것과 동시에 그 금원은 장물이 된다(대판2004.12.9. 2004도5904)

① (○) 대판2009.4.23. 2009도1203

② (○) 장물취득죄에서 '취득'이라고 함은 점유를 이전받음으로써 그 장물에 대하여 사실상의 처분권을 획득하는 것을 의미하는 것이므로, 단순히 보수를 받고 본범을 위하여 장물을 일시 사용하거나 그와 같이 사용할 목적으로 장물을 건네받은 것만으로는 장물을 취득한 것으로 볼 수 없다(대법원2003. 5. 13.선고2003도1366판결).

③ (○) [1] '장물'이라 함은 재산죄인 범죄행위에 의하여 영득된 물건을 말하는 것으로서 절도·강도·사기·공갈·횡령 등 영득죄에 의하여 취득된 물건이어야 한다. 여기에서의 범죄행위는 절도죄 등 본범의 구성요건에 해당하는 위법한 행위일 것을 요한다. 그리고 본범의 행위에 관한 법적 평가는 그 행위에 대하여 우리 형법이 적용되지 아니하는 경우에도 우리 형법을 기준으로 하여야 하고 또한 이로써 충분하므로, 본법의 행위가 우리 형법에 비추어 절도죄 등의 구성요건에 해당하는 위법한 행위라고 인정되는 이상 이에 의하여 영득된 재물은 장물에 해당한다.
[2] 횡령죄가 성립하기 위하여는 그 주체가 '타인의 재물을 보관하는 자'이어야 하고, 타인의 재물인가 또는 그 재물을 보관하는가의 여부는 민법·상법 기타의 민사실체법에 의하여 결정되어야 한

다. 따라서 타인의 재물인가 등과 관련된 법률관계에 당사자의 국적·주소, 물건 소재지, 행위지 등이 외국과 밀접하게 관련되어 있어서 국제사법 제1조 소정의 외국적 요소가 있는 경우에는 다른 특별한 사정이 없는 한 국제사법의 규정에 좇아 정하여지는 준거법을 1차적인 기준으로 하여 당해 재물의 소유권의 귀속관계 등을 결정하여야 한다.

[3] 대한민국 국민 또는 외국인이 미국 캘리포니아주에서 미국 리스회사와 미국 캘리포니아주의 법에 따라 차량 이용에 관한 리스계약을 체결하면서 준거법에 관하여는 별도로 약정하지 아니하였는데, 이후 자동차수입업자인 피고인이 리스기간 중 위 리스이용자들이 임의로 처분한 리스계약의 목적물인 차량들을 수입한 사안에서, <u>국제사법에 따라 위 리스계약에 적용될 준거법인 미국 캘리포니아주의 법에 의하면, 위 차량들의 소유권은 리스회사에 속하고</u>, 리스이용자는 일정 기간 차량의 점유·사용의 권한을 이전받을 뿐이어서(미국캘리포니아주 상법 제10103조 제a항 제10호도 참조), <u>리스이용자들은</u> 리스회사에 대한 관계에서 위 차량들에 관한 보관자로서의 지위에 있으므로, <u>위 차량들을 임의로 처분한 행위는 형법상 횡령죄의 구성요건에 해당</u>하는 위법한 행위로 평가되고 <u>이에 의하여 영득된 위 차량들은 장물에 해당한다</u>는 이유로, <u>피고인에게 장물취득죄를 인정</u>한 원심판단의 결론을 정당하다(대법원2011. 4. 28.선고2010도15350판결).

문제 25 - 정답 ①

▶ ① (X) 피고인 <u>갑은 무등록 중고차 매매상사(외부사무실)를 운영</u>하면서 피해자들을 기망하여 중고차량을 불법으로 판매해 금원을 편취할 목적으로 외부사무실 등에서 범죄집단을 조직·활동하고, 피고인 갑, 을을 제외한 나머지 피고인들은 범죄집단에 가입·활동하였다는 내용으로 기소된 사안에서, 위 외부사무실은 특정 다수인이 사기범행을 수행한다는 공동목적 아래 구성원들이 대표, 팀장, 출동조, 전화상담원 등 정해진 역할분담에 따라 행동함으로써 <u>사기범행을 반복적으로 실행하는 체계를 갖춘 결합체</u>, 즉 형법 제114조의 '범죄를 목적으로 하는 <u>집단</u>'에 해당한다(대법원2020. 8. 20.선고2019도16263판결). 결국, <u>단체(보이스피싱 조직)는 최소한의 통솔체계를 갖춘 것을 의미하나, 집단(무등록 중고차 매매상사 운영)은 '최소한의 통솔체계'를 갖출 필요는 없는 것으로서 단체와 집단의 개념을 반드시 구별하여야</u> 한다.(체·통좀 지키세요.)

② (O) [1] 형법 제114조에서 정한 '범죄를 목적으로 하는 <u>단체</u>'란 특정 다수인이 일정한 범죄를 수행한다는 <u>공동목적 아래 구성한 계속적인 결합체로서</u> 그 단체를 주도하거나 내부의 질서를 유지하는 <u>최소한의 통솔체계를 갖춘 것을 의미</u>한다.
[2] 피고인들이 불특정 다수의 피해자들에게 전화하여 금융기관 등을 사칭하면서 신용등급을 올려 낮은 이자로 대출을 해주겠다고 속여 신용관리비용 명목의 돈을 송금받아 편취할 목적으로 보이스피싱 사기 조직을 구성하고 이에 가담하여 조직원으로 활동함으로써 범죄단체를 조직하거나 이에 가입·활동하였다는 내용으로 기소된 사안에서, <u>위 보이스피싱 조직은</u> 보이스피싱이라는 <u>사기범죄를 목적으로</u> 구성된 다수인의 계속적인 결합체로서 <u>총책을 중심으로 간부급 조직원들과 상담원들, 현금인출책 등으로 구성되어</u> 내부의 위계질서가 유지되고 조직원의 역할 분담이 이루어지는 <u>최소한의 통솔체계를 갖춘</u> 형법상의 범죄단체에 해당하고, 보이스피싱 조직의 업무를 수행한 피고인들에게 범죄단체 가입 및 활동에 대한 고의가 인정되며, <u>피고인들의 보이스피싱 조직에 의한 사기범죄 행위</u>가 범죄단체 <u>활동</u>에 해당한다(대법원2017. 10. 26.선고2017도8600판결).

③ (O) [1] 형법 제114조에서 정한 '범죄를 목적으로 하는 <u>집단</u>'이란 특정 다수인이 사형, 무기 또는 장기 4년 이상의 범죄를 수행한다는 <u>공동목적 아래 구성원들이 정해진 역할분담에 따라 행동함</u>으로써 범죄를 반복적으로 실행할 수 있는 <u>조직체계를 갖춘 계속적인 결합체를 의미</u>한다. '범죄<u>단체</u>'에서 요구되는 '<u>최소한의 통솔체계</u>'를 갖출 필요는 없지만, 범죄의 계획과 실행을 용이하게 할 정도의 조직적 구조를 갖추어야 한다.
[2] 피고인 <u>갑은 무등록 중고차 매매상사(외부사무실)를 운영</u>하면서 피해자들을 기망하여 중고차량을 불법으로 판매해 금원을 편취할 목적으로 외부사무실 등에서 범죄집단을 조직·활동하고, 피고인 갑, 을을 제외한 나머지 피고인들은 범죄집단에 가입·활동하였다는 내용으로 기소된 사안에서, 위 외부사무실은 특정 다수인이 사기범행을 수행한다는 공동목적 아래 구성원들이 대표, 팀장, 출동조, 전화상담원 등 정해진 역할분담에 따라 행동함으로써 사기범행을 반복적으로 실행하는 체계를 갖춘 결합체, 즉 형법 제114조의 '범죄를 목적으로 하는 <u>집단</u>'에 해당한다(대법원2020. 8. 20.선고2019도16263판결). 결국, <u>단체(보이스피싱 조직)는 최소한의 통솔체계를 갖춘 것을 의미하나, 집단(무등록 중고차 매매상사 운영)은 '최소한의 통솔체계'를 갖출 필요는 없는 것으로서 단체와 집단의 개념을 반드시 구별하여야</u> 한다.(<u>체·통</u>좀 지키세요.)

④ (O) <u>위 보이스피싱 조직은</u> 보이스피싱이라는 <u>사기범죄를 목적으로</u> 구성된 다수인의 계속적인 결합체로서 <u>총책을 중심으로 간부급 조직원들과 상담원들, 현금인출책 등으로 구성되어</u> 내부의 위계질서가 유지되고 조직원의 역할 분담이 이루어지는 <u>최소한의 통솔체계를 갖춘</u> 형법상의 범죄<u>단체</u>에 <u>해당한다</u>(대법원2017. 10. 26.선고2017도8600판결).

문제 26 - 정답 ①

▶ ① (O) [1] 원래 주식회사의 <u>지배인은</u> 회사의 영업에 관하여 <u>재판상 또는 재판 외의 모든 행위를 할 권한이 있으므로</u>, 지배인이 직접 주식회사 명의 문서를 작성하는 행위는 <u>위조나 자격모용사문서작성에 해당하지 않는 것</u>이 원칙이고, 이는 그 문서의 내용이 진실에 반하는 허위이거나 권한을 남용하여 자기 또는 제3자의 이익을 도모할 목적으로 작성된 경우에도 마찬가지이다.
[2] 주식회사의 지배인이 자신을 그 회사의 대표이사로 표시하여 연대보증채무를 부담하는 취지의 회사 명의의 차용증을 작성·교부한 경우, 그 문서에 일부 허위 내용이 포함되거나 위 연대보증행위가 회사의 이익에 반하는 것이더라도 <u>사문서위조 및 위조사문서행사에 해당하지 않는다</u>(대판2010.5.13. 2010도1040)

② (X) 공무원이 여러 차례의 출장반복의 번거로움을 회피하고 민원사무를 신속히 처리한다는 방침에 따라 <u>사전에 출장조사한 다음</u> 출장조사내용이 변경없다는 확신하에 출장복명서를 작성하고 다만 <u>그 출장일자를 작성일자로 기재한 것이라면 허위공문서작성의 범의가 있었다고 볼 수 없다</u>(대판2001.1.5. 99도4101)

③ (X) 휴대전화 신규 가입신청서를 위조한 후 이를 스캔한 이미지 파일을 제3자에게 이메일로 전송한 사안에서, <u>이미지 파일 자체는 문서에 관한 죄의 '문서'에 해당하지 않으나</u>, 이를 <u>전송하여 컴퓨터 화면상으로 보게 한 행위</u>는 이미 위조한 가입신청서를 행사한 것에 해당하므로 <u>위조사문서행사죄가 성립한다</u>(대판2008.10.23. 2008도5200).

④ (X) 인감증명법 제12조 제1항, 동법시행령 제13조 등 인감증명의 신청과 인감증명서의 발급에 관한 법령의 규정에 의하면, 인감의 증명을 신청함에 있어서 그 용도가 부동산매도용일 경우에는 부동산매수자란에 매수자의 성명(법인인 경우에는 법인명), 주소 및 주민등록번호를 기재하여 신청하여야 하지만 그 이외의 경우에는 신청 당시 사용용도란을 기재하여야 하는 것은 아니고, 필요한 경우에 신청인이 직접 기재하여 사용하도록 되어 있으며, 사용용도에 따른 인감증명서의 유효기간에 관한 종전의 규정도 삭제되어 유효기간의 차이도 없으므로 인감증명서의 사용용도란의 기재는 증명청인 동장이 작성한 증명문구에 의하여 증명되는 부분과는 아무런 관계가 없다고 할 것이므로, 권한 없는 자가 임의로 인감증명서의 사용용도란의 기재를 고쳐 썼다고 하더라도 공무원 또는 공무소의 문서 내용에 대하여 변경을 가하여 새로운 증명력을 작출한 경우라고 볼 수 없으므로 공문서변조죄나 이를 전제로 하는 변조공문서행사죄가 성립되지는 않는다(대판2004.8.20. 2004도2767).

문제 27 - 정답 ④

▶ ④ (X) 형법 제123조가 규정하는 직권남용권리행사방해죄에서 권리행사를 방해한다 함은 법령상 행사할 수 있는 권리의 정당한 행사를 방해하는 것을 말한다고 할 것이므로 이에 해당하려면 구체화된 권리의 현실적인 행사가 방해된 경우라야 할 것이고, 또한 공무원의 직권남용행위가 있었다 할지라도 현실적으로 권리행사의 방해라는 결과가 발생하지 아니하였다면 본죄의 기수를 인정할 수 없다. 따라서 정보통신부장관이 개인휴대통신 사업자선정과 관련하여 서류심사는 완료된 상태에서 청문심사의 배점방식(평균배점방식에서 전무배점방식으로)을 변경함으로써 직권을 남용하였다 하더라도, 이로 인하여 최종 사업권자로 선정되지 못한 경쟁업체가 가진 구체적인 권리의 현실적 행사가 방해되는 결과가 발생하지는 아니하였다는 이유로 무죄를 선고한 원심의 판단을 수긍하였다(대판2006.2.9. 2003도4599). 형법 제123조(직권남용)는「공무원이 직권을 남용하여 사람으로 하여금 의무없는 일을 하게 하거나 사람의 권리행사를 방해한 때에는 5년 이하의 징역, 10년 이하의 자격정지 또는 1천만원 이하의 벌금에 처한다.」고 규정하고 있다. 또한 직권남용죄는 미수범 처벌규정이 없다.

① (○) [1] 직권남용죄에서 권리행사를 방해한다 함은 법령상 행사할 수 있는 권리의 정당한 행사를 방해하는 것을 말하므로, 이에 해당하려면 구체화된 권리의 현실적인 행사가 방해된 경우라야 하고, 여기서 말하는 '권리'는 법률에 명기된 권리에 한하지 않고 법령상 보호되어야 할 이익이면 족한 것으로서, 공법상의 권리인지 사법상의 권리인지를 묻지 않는바, 헌법과 법률에 의한 법관의 독립된 심판권(헌법 제103조), 재판장의 소송지휘권(형사소송법 제279조) 역시 직권남용죄에서 말하는 '권리'에는 해당하나, 각 담당재판장과 담당판사는 담당재판부의 논의, 합의를 거치거나 혹은 동료판사들의 의견을 구한 다음, 자신의 판단과 책임 아래 권한을 행사하였고, 피고인의 요청 등은 지시가 아닌 권유나 권고 등으로 받아들인 점 등 그 판시와 같은 사정 등에 비추어 보면, 피고인의 재판관여행위가 담당재판장, 담당판사의 권한 행사를 방해하였다고 볼 수 없다.

[2] 서울중앙지방법원 형사수석부장판사로 재직하던 피고인이 계속 중인 사건의 재판에 관여하였다는 이유로 직권남용권리행사방해죄로 기소된 사안에서, 피고인의 행위는 부당하거나 부적절한 재판관여행위에 해당하나, 재판관여행위가 피고인의 일반적 직무권한에 속하는 사항에 관하여 직권을 행사하는 모습으로 이루어진 것은 아닌 점, 피고인의 재판관여행위가 담당재판장, 담당판사의 권한 행사를 방해하였다고 볼 수 없는 점, 피고인의 재판관여행위가 담당재판장, 담당판사 등에게 의무 없는 일을 하게 한 것으로 볼 수 없는 점, 피고인의 재판관여행위와 결과 사이에 상당인과관계가 인정되지 않는 점 등을 이유로 공소사실을 무죄로 판단하였다(대법원2022. 4. 28.선고2021도11012판결).

② (○) 직권남용권리행사방해죄는 공무원이 그 일반적 직무권한에 속하는 사항에 관하여 직권의 행사에 가탁하여 실질적, 구체적으로 위법·부당한 행위를 한 경우에 성립한다. 따라서 여기서의 직권남용은 공무원이 그의 일반적 권한에 속하는 사항에 관하여 그것을 불법하게 행사하는 것, 즉 형식적·외형적으로는 직무집행으로 보이나 실질적으로는 정당한 권한 외의 행위를 하는 경우를 의미하고, 공무원이 그의 일반적 권한에 속하지 않는 행위를 하는 경우인 지위를 이용한 불법행위와는 구별된다(대법원2014. 12. 24.선고 2012도4531판결).

③ (○) [1] 지방자치단체의 장이 승진후보자명부 방식에 의한 5급 공무원 승진임용 절차에서 인사위원회의 사전심의·의결 결과를 참고하여 승진후보자명부상 후보자들에 대하여 승진임용 여부를 심사하고서 최종적으로 승진대상자를 결정하는 것이 아니라, 미리 승진후보자명부상 후보자들 중에서 승진대상자를 실질적으로 결정한 다음 그 내용을 인사위원회 간사, 서기 등을 통해 인사위원회 위원들에게 '승진대상자 추천'이라는 명목으로 제시하여 인사위원회로 하여금 자신이 특정한 후보자들을 승진대상자로 의결하도록 유도하는 행위는 인사위원회 사전심의 제도의 취지에 부합하지 않다는 점에서 바람직하지 않다고 볼 수 있지만, 그것만으로는 직권남용권리행사방해죄의 구성요건인 '직권의 남용' 및 '의무 없는 일을 하게 한 경우'로 볼 수 없다.

[2] 승진후보자명부에 포함된 후보자들 중에서 승진대상자를 결정할 최종적인 권한은 임용권자에게 있다. 임용권자가 인사위원회의 심의·의결 결과와는 다른 내용으로 승진대상자를 결정하여 승진임용을 하는 것이 허용되는 이상, 임용권자가 미리 의견을 조율하는 차원에서 승진대상자 선정에 관한 자신의 의견을 인사위원회에 제시하는 것이 위법하다고 볼 수는 없다. 특히 신분이 보장되는 외부위원이 1/2 이상 참여하는 회의에서 인사위원회가 심도 있는 심의를 하지 않은 채 임용권자가 제시한 특정 후보자들을 그대로 승진대상자로 의결하였다면, 이는 인사위원회 위원들 스스로가 자신들의 권한을 소극적으로 행사한 것일 뿐 '의무 없는 일을 한 것'이라고 볼 수는 없다(대법원 2020. 12. 10. 선고 2019도17879 판결).

문제 28 - 정답 ④

▶ ④ (○) [1] 형법 제136조 제1항에 규정된 공무집행방해죄에서 '직무를 집행하는'이란 공무원이 직무수행에 직접 필요한 행위를 현실적으로 행하고 있는 때만을 가리키는 것이 아니라 공무원이 직무수행을 위하여 근무 중인 상태에 있는 때를 포괄하고, 직무의 성질에 따라서는 그 직무수행의 과정을 개별적으로 분리하여 부분적으로 각각의 개시와 종료를 논하는 것이 부적절하고 여러 종류의 행위를 포괄하여 일련의 직무수행으로 파악하는 것이 타당한 경우가 있다.

[2] 공무집행방해죄는 공무원의 적법한 공무집행이 전제되어야 하고, 공무집행이 적법하기 위해서는 그 행위가 공무원의 추상적 직무 권한에 속할 뿐만 아니라 구체적으로 그 권한 내에 있어야 하며, 직무행위로서 중요한 방식을 갖추어야 한다. 추상적인 권한은

반드시 법령에 명시되어 있을 필요는 없다. 추상적인 권한에 속하는 공무원의 어떠한 공무집행이 적법한지는 행위 당시의 구체적 상황에 기초를 두고 객관적·합리적으로 판단해야 하고, 사후적으로 순수한 객관적 기준에서 판단할 것은 아니다.
[3] 시청 청사 내 주민생활복지과 사무실에 술에 취한 상태로 찾아가 소란을 피우던 피고인을 소속 공무원 갑과 을이 제지하며 밖으로 데리고 나가려 하자, 피고인이 갑과 을의 멱살을 잡고 수회 흔든 다음 휴대전화를 휘둘러 갑의 뺨을 때림으로써 시청 공무원들의 주민생활복지에 대한 통합조사 및 민원 업무에 관한 정당한 직무집행을 방해하였다는 공소사실로 기소된 사안에서, 피고인의 행위는 시청 소속 공무원들의 적법한 직무집행을 방해한 행위에 해당하므로 공무집행방해죄를 구성한다(대법원2022. 3. 17.선고 2021도13883판결).

① (X) [1] 형법 제136조에서 정한 공무집행방해죄는 직무를 집행하는 공무원에 대하여 폭행 또는 협박한 경우에 성립하는 범죄로서 여기서의 폭행은 사람에 대한 유형력의 행사로 족하고 반드시 그 신체에 대한 것임을 요하지 아니하며, 또한 추상적 위험범으로서 구체적으로 직무집행의 방해라는 결과발생을 요하지도 아니한다. 한편 공무집행방해죄에서 '직무를 집행하는'이란 공무원이 직무수행에 직접 필요한 행위를 현실적으로 행하고 있는 때만을 가리키는 것이 아니라 공무원이 직무수행을 위하여 근무 중인 상태에 있는 때를 포괄하고, 직무의 성질에 따라서는 직무수행의 과정을 개별적으로 분리하여 부분적으로 각각의 개시와 종료를 논하는 것이 부적절하고 여러 종류의 행위를 포괄하여 일련의 직무수행으로 파악함이 상당한 경우가 있다.
[2] 피고인이 갑과 주차문제로 언쟁을 벌이던 중, 112 신고를 받고 출동한 경찰관 을이 갑을 때리려는 피고인을 제지하자 자신만 제지를 당한 데 화가 나서 손으로 을의 가슴을 1회 밀치고, 계속하여 욕설을 하면서 피고인을 현행범으로 체포하며 순찰차 뒷좌석에 태우려고 하는 을의 정강이 부분을 양발로 2회 걷어차는 등 폭행함으로써 경찰관의 112 신고처리에 관한 직무집행을 방해하였다는 내용으로 기소된 사안에서, 제반 사정을 종합하면 피고인이 손으로 을의 가슴을 밀칠 당시 을은 112 신고처리에 관한 직무 내지 순찰 근무를 수행하고 있었고, 이와 같이 공무를 집행하고 있는 을의 가슴을 밀치는 행위는 공무원에 대한 유형력의 행사로서 공무집행방해죄에서 정한 폭행에 해당하며, 피고인이 체포될 당시 도망 또는 증거인멸의 염려가 없었다고 할 수 없어 체포의 필요성이 인정되고, 공소사실에 관한 증인들의 법정진술의 신빙성을 인정한 제1심의 판단을 뒤집을 만한 특별한 사정이 없으므로, 공무집행방해죄가 성립한다(대법원2018. 3. 29.선고 2017도21537판결).
② (X) [다수의견] [1] 업무방해죄와 공무집행방해죄는 그 보호법익과 보호대상이 상이할 뿐만 아니라 업무방해죄의 행위유형에 비하여 공무집행방해죄의 행위유형은 보다 제한되어 있다. 즉 공무집행방해죄는 폭행, 협박에 이른 경우를 구성요건으로 삼고 있을 뿐 이에 이르지 아니하는 위력 등에 의한 경우는 그 구성요건의 대상으로 삼고 있지 않다. 또한, 형법은 공무집행방해죄 외에도 여러 가지 유형의 공무방해행위를 처벌하는 규정을 개별적·구체적으로 마련하여 두고 있으므로, 이러한 처벌조항 이외에 공무의 집행을 업무방해죄에 의하여 보호받도록 하여야 할 현실적 필요가 적다는 측면도 있다. 그러므로 형법이 업무방해죄와는 별도로 공무집행방해죄를 규정하고 있는 것은 사적 업무와 공무를 구별하여 공무에 관해서는 공무원에 대한 폭행, 협박 또는 위계의 방법으로 그 집행

을 방해하는 경우에 한하여 처벌하겠다는 취지라고 보아야 한다. 따라서 공무원이 직무상 수행하는 공무를 방해하는 행위에 대해서는 업무방해죄로 의율할 수는 없다고 해석함이 상당하다.
[2] 지방경찰청 민원실에서 민원인들이 진정사건의 처리와 관련하여 지방경찰청장과의 면담 등을 요구하면서 이를 제지하는 경찰관들에게 큰소리로 욕설을 하고 행패를 부린 행위는 업무방해죄가 성립할 수 없다(대법원2009. 11. 19.선고2009도4166전원합의체 판결). 결국, 위력으로써 공무원이 직무상 수행하는 공무를 방해하는 행위에 대해서는 「형법」 제314조의 업무방해죄로 처단할 수 있다.
③ (X) [1] 위계에 의한 공무집행방해죄는 행위목적을 이루기 위하여 상대방에게 오인, 착각, 부지를 일으키게 하여 이를 이용함으로써 법령에 의하여 위임된 공무원의 적법한 직무에 관하여 그릇된 행위나 처분을 하게 하는 경우에 성립하고, 여기에서 공무원의 직무집행이란 법령의 위임에 따른 공무원의 적법한 직무집행인 이상 공권력의 행사를 내용으로 하는 권력적 작용뿐만 아니라 사경제주체로서의 활동을 비롯한 비권력적 작용도 포함되는 것으로 봄이 상당하다.
[2] 감척어선 입찰자격이 없는 자가 제3자와 공모하여 제3자의 대리인 자격으로 제3자 명의로 입찰에 참가하고, 낙찰받은 후 자신의 자금으로 낙찰대금을 지급하여 감척어선에 대한 실질적 소유권을 취득한 경우, 위계에 의한 공무집행방해가 성립한다(대법원2003. 12. 26.선고2001도6349판결).

문제 29 - 정답 ④

▶ ④ (X) 형사소송법 제230조 제1항 본문은 "친고죄에 대하여는 범인을 알게 된 날로부터 6월을 경과하면 고소하지 못한다"고 규정하고 있는바, 여기서 범인을 알게 된다 함은 통상인의 입장에서 보아 고소권자가 고소를 할 수 있을 정도로 범죄사실과 범인을 아는 것을 의미하고, 범죄사실을 안다는 것은 고소권자가 친고죄에 해당하는 범죄의 피해가 있었다는 사실관계에 관하여 확정적인 인식이 있음을 말한다(2010도4680).
① (O) 친고죄에서 고소는, 고소권 있는 자가 수사기관에 대하여 범죄사실을 신고하고 범인의 처벌을 구하는 의사표시로서 서면뿐만 아니라 구술로도 할 수 있고, 다만 구술에 의한 고소를 받은 검사 또는 사법경찰관은 조서를 작성하여야 하지만 그 조서가 독립된 조서일 필요는 없으며, 수사기관이 고소권자를 증인 또는 피해자로서 신문한 경우에 그 진술에 범인의 처벌을 요구하는 의사표시가 포함되어 있고 그 의사표시가 조서에 기재되면 고소는 적법하다(대판2011.6.24. 2011도4451)
② (O) 법원은 검사가 공소를 제기한 범죄사실을 심판하는 것이지 고소권자가 고소한 내용을 심판하는 것이 아니므로, 고소권자가 비친고죄(성폭력처벌법상 특수강제추행죄)로 고소한 사건이더라도 검사가 사건을 친고죄(형법상 강제추행죄)로 구성하여 공소를 제기하였다면 공소장 변경절차를 거쳐 공소사실이 비친고죄로 변경되지 아니하는 한, 법원으로서는 친고죄에서 소송조건이 되는 고소가 유효하게 존재하는지를 직권으로 조사·심리하여야 한다. 그리고 이 경우 친고죄에서 고소와 고소취소의 불가분 원칙을 규정한 형사소송법 제233조는 당연히 적용되므로, 만일 그 공소사실에 대하여 피고인과 공범관계에 있는 자에 대한 적법한 고소취소가 있다면 그 고소취소의 효력은 피고인에 대하여 미친다고 보아야 한다(대판2015.11.17. 2013도7987).

③ (○) 형사소송법이 고소와 고소취소에 관한 규정을 하면서 제232조 제1항, 제2항에서 고소취소의 시한과 재고소의 금지를 규정하고 제3항에서는 반의사불벌죄에 제1항, 제2항의 규정을 준용하는 규정을 두면서도, 제233조에서 고소와 고소취소의 불가분에 관한 규정을 함에 있어서는 반의사불벌죄에 이를 준용하는 규정을 두지 아니한 것은 처벌을 희망하지 아니하는 의사표시나 처벌을 희망하는 의사표시의 철회에 관하여 친고죄와는 달리 공범자간에 불가분의 원칙을 적용하지 아니하고자 함에 있다고 볼 것이지, 입법의 불비로 볼 것은 아니다(대법원1994. 4. 26.선고93도1689판결).

문제 30 - 정답 ④

▶ ④ (X) [1] 피고인이 메트암페타민(일명 필로폰) 투약 혐의로 임의동행 형식으로 경찰서에 간 후 자신의 소변과 모발을 경찰관에게 제출하여 마약류 관리에 관한 법률 위반(향정)으로 기소된 사안에서, 경찰관은 당시 피고인의 정신 상태, 신체에 있는 주사바늘 자국, 알콜일 휴대, 전과 등을 근거로 피고인의 마약류 투약 혐의가 상당하다고 판단하여 경찰서로 임의동행을 요구하였고, 동행장소인 경찰서에서 피고인에게 마약류 투약 혐의를 밝힐 수 있는 소변과 모발의 임의제출을 요구하였음을 알 수 있다. 그렇다면 이 사건 임의동행은 마약류 투약 혐의에 대한 수사를 위한 것이어서 형사소송법 제199조 제1항에 따른 임의동행에 해당한다. 그런데도 원심이 이 사건 임의동행을 경찰관 직무집행법 제3조 제2항에 따른 것으로 속단하여 위와 같이 판단한 데에는 임의동행에 관한 법리를 오해한 잘못이 있다(대법원2020. 5. 14.선고2020도398판결). 결국, 소변과 모발의 임의제출을 요구하였으므로 피고인에 대한 임의동행은 마약류 투약 혐의에 대한 수사를 위한 것이어서 형사소송법 제199조 제1항에 따른 임의동행에 해당하므로, 소변과 모발은 위법수집증거에 해당하지 아니한다.
① (○) 누구든지 자기의 얼굴 기타 모습을 함부로 촬영당하지 않을 자유를 가지나 이러한 자유도 국가권력의 행사로부터 무제한으로 보호되는 것은 아니고 국가의 안전보장·질서유지·공공복리를 위하여 필요한 경우에는 상당한 제한이 따르는 것이고, 수사기관이 범죄를 수사함에 있어 현재 범행이 행하여지고 있거나 행하여진 직후이고, 증거보전의 필요성 및 긴급성이 있으며, 일반적으로 허용되는 상당한 방법에 의하여 촬영을 한 경우라면 위 촬영이 영장없이 이루어졌다 하여 이를 위법하다고 단정할 수 없다(대법원 1999. 9. 3.선고99도2317판결). 결국, 위와 같은 사정 아래서 이 사건 비디오 촬영행위는 위법하지 않고, 영장없이 촬영하여 취득한 비디오테이프의 증거능력은 인정된다.
② (○) 형사소송법 제199조 제1항은 임의수사 원칙을 명시하고 있는데, 수사관이 수사과정에서 동의를 받는 형식으로 피의자를 수사관서 등에 동행하는 것은, 피의자의 신체의 자유가 제한되어 실질적으로 체포와 유사한데도 이를 억제할 방법이 없어서 이를 통해서는 제도적으로는 물론 현실적으로도 임의성을 보장할 수 없을 뿐만 아니라, 아직 정식 체포·구속단계 이전이라는 이유로 헌법 및 형사소송법이 체포·구속된 피의자에게 부여하는 각종 권리보장 장치가 제공되지 않는 등 형사소송법의 원리에 반하는 결과를 초래할 가능성이 크므로, 수사관이 동행에 앞서 피의자에게 동행을 거부할 수 있음을 알려 주었거나 동행한 피의자가 언제든지 자유로이 동행과정에서 이탈 또는 동행장소에서 퇴거할 수 있었음이 인정되는 등 오로지 피의자의 자발적인 의사에 의하여 수사관서 등에 동행이 이루어졌다는 것이 객관적인 사정에 의하여 명백하게 입증된 경우에 한하여, 동행의 적법성이 인정된다고 보는 것이 타당하다(대법원2011. 6. 30.선고2009도6717판결).
③ (○) 수사, 즉 범죄혐의의 유무를 명백히 하여 공소를 제기·유지할 것인가의 여부를 결정하기 위하여 범인을 발견·확보하고 증거를 수집·보전하는 수사기관의 활동은 수사 목적을 달성함에 필요한 경우에 한하여 사회통념상 상당하다고 인정되는 방법 등에 의하여 수행되어야 하는 것인바, 무인장비에 의한 제한속도 위반차량 단속은 이러한 수사활동의 일환으로서 도로에서의 위험을 방지하고 교통의 안전과 원활한 소통을 확보하기 위하여 도로교통법령에 따라 정해진 제한속도를 위반하여 차량을 주행하는 범죄가 현재 행하여지고 있고, 그 범죄의 성질·태양으로 보아 긴급하게 증거보전을 할 필요가 있는 상태에서 일반적으로 허용되는 한도를 넘지 않는 상당한 방법에 의한 것이라고 판단되므로, 이를 통하여 운전 차량의 차량번호 등을 촬영한 사진을 두고 위법하게 수집된 증거로서 증거능력이 없다고 말할 수 없다(대법원1999. 12. 7.선고98도3329판결). 결국, 무인장비에 의하여 제한속도 위반차량의 차량번호 등을 촬영한 사진은 증거능력이 있다.

문제 31 - 정답 ①

▶ ① ㉠㉡㉢(3개)은 옳은 지문이나, ㉣(1개)은 틀린 지문이다.
㉠ (○) 244조의3 제1항
㉡ (○) 검사 또는 사법경찰관은 제1항에 따라 알려 준 때에는 피의자가 진술을 거부할 권리와 변호인의 조력을 받을 권리를 행사할 것인지의 여부를 질문하고, 이에 대한 피의자의 답변을 조서에 기재하여야 한다. 이 경우 피의자의 답변은 피의자로 하여금 자필로 기재하게 하거나 검사 또는 사법경찰관이 피의자의 답변을 기재한 부분에 기명날인 또는 서명하게 하여야 한다(제244조의3 제2항).
㉢ (○) 헌법 제12조 제2항,형사소송법 제244조의3 제1항,제2항, 제312조 제3항에 비추어 보면, 비록 사법경찰관이 피의자에게 진술거부권을 행사할 수 있음을 알려 주고 그 행사 여부를 질문하였다 하더라도, 형사소송법 제244조의3 제2항에 규정한 방식에 위반하여 진술거부권 행사 여부에 대한 피의자의 답변이 자필로 기재되어 있지 아니하거나 그 답변 부분에 피의자의 기명날인 또는 서명이 되어 있지 아니한 사법경찰관 작성의 피의자신문조서는 특별한 사정이 없는 한 형사소송법 제312조 제3항에서 정한 '적법한 절차와 방식'에 따라 작성된 조서라 할 수 없으므로 그 증거능력을 인정할 수 없다(대법원2013. 3. 28.선고2010도3359판결).
㉣ (X) 헌법 제12조는 제1항에서 적법절차의 원칙을 선언하고, 제2항에서 "모든 국민은 고문을 받지 아니하며, 형사상 자기에게 불리한 진술을 강요당하지 아니한다."고 규정하여 진술거부권을 국민의 기본적 권리로 보장하고 있다. 이는 형사책임과 관련하여 비인간적인 자백의 강요와 고문을 근절하고 인간의 존엄성과 가치를 보장하려는 데에 그 취지가 있다. 그러나 진술거부권이 보장되는 절차에서 진술거부권을 고지받을 권리가 헌법 제12조 제2항에 의하여 바로 도출된다고 할 수는 없고, 이를 인정하기 위해서는 입법적 뒷받침이 필요하다(대법원2014. 1. 16.선고2013도5441판결).

문제 32 - 정답 ②

▶ ② ㉢㉣(2개)은 틀린 지문이나, ㉠㉡㉤(3개)는 맞는 지문이다.
㉠㉡ (○) 사법경찰관은 형사소송법 제200조의3 제2항에 따라 긴

급체포 후 12시간 내에 검사에게 긴급체포의 승인을 요청해야 한다. 다만, 다음 각 호의 어느 하나에 해당하는 경우에는 긴급체포 후 24시간 이내에 긴급체포의 승인을 요청해야 한다(제27조 제1항).<개정 2023. 10. 17.>

> 1호. 제51조 제1항 제4호 가목에 따른 피의자중지 또는 제52조 제1항 제3호에 따른 기소중지 결정이 된 피의자를 소속 경찰서가 위치하는 특별시·광역시·특별자치시·도 또는 특별자치도 외의 지역에서 긴급체포한 경우(타 시·도에서 긴급체포한 경우)
> 2호. 「해양경비법」 제2조 제2호에 따른 경비수역(대한민국의 법령과 국제법에 따라 대한민국의 권리가 미치는 수역으로서 연안수역, 근해수역 및 원해수역)에서 긴급체포한 경우(해상(바다) 등에서 긴급체포한 경우)

㉢ (X) 사법경찰관이 긴급체포의 승인을 요청할 때에는 범죄사실의 요지, 긴급체포의 일시·장소, 긴급체포의 사유, 체포를 계속해야 하는 사유 등을 적은 긴급체포 승인요청서로 요청해야 한다. 다만, 긴급한 경우에는 「형사사법절차 전자화 촉진법」 제2조 제4호에 따른 형사사법정보시스템(이하 "형사사법정보시스템"이라 한다) 또는 팩스를 이용하여 긴급체포의 승인을 요청할 수 있다(제27조 제2항).

㉣ (X) ① 검사 또는 사법경찰관은 영장에 의한 체포 또는 긴급체포에 따라 구속영장을 청구하거나 신청하지 않고(사법경찰관이 구속영장의 청구를 신청하였으나 검사가 그 신청을 기각한 경우를 포함한다) 체포 또는 긴급체포한 피의자를 석방하려는 때에는 다음 각 호의 구분에 따른 사항을 적은 피의자 석방서를 작성해야 한다(제36조 제1항).<개정 2023. 10. 17.>

> 1호. 체포한 피의자를 석방하려는 때: 체포 일시·장소, 체포 사유, 석방 일시·장소, 석방 사유 등
> 2호. 긴급체포한 피의자를 석방하려는 때: 긴급체포 후 석방된 자의 인적사항, 긴급체포의 일시·장소와 긴급체포하게 된 구체적 이유, 석방의 일시·장소 및 사유, 긴급체포 및 석방한 검사 또는 사법경찰관의 성명

㉤ (O) 사법경찰관은 제36조 제1항에 따라 피의자를 석방한 경우 다음 각 호의 구분에 따라 처리한다(제36조 제1항).<개정 2023. 10. 17.>

> 1. 체포한 피의자를 석방한 때: 지체 없이 검사에게 석방사실을 통보하고, 그 통보서 사본을 사건기록에 편철한다.
> 2. 긴급체포한 피의자를 석방한 때: 즉시 검사에게 석방 사실을 보고하고, 그 보고서 사본을 사건기록에 편철한다.

문제 33 - 정답 ③

▶ ③ (X) 변호인의 조력을 받을 권리 역시 다른 모든 헌법상 기본권과 마찬가지로 국가안전보장·질서유지 또는 공공복리를 위하여 필요한 경우에는 법률로써 제한할 수 있는 것이다(헌법 제37조 제2항). 즉, 변호인의 조력을 받을 권리의 내용 중 하나인 미결수용자의 변호인 접견권 역시 다른 모든 헌법상 기본권과 마찬가지로 국가안전보장·질서유지 또는 공공복리를 위해 필요한 경우에는 법률로써 제한될 수 있음은 당연하다. 따라서 미결수용자 또는 그 변호인이 원하는 특정 시점에는 접견이 이루어지지 못하였다 하더라도 변호인의 조력을 받을 권리가 침해되었다고 할 수 없다 (헌재2011.5.26. 2009헌마341). 변호인 접견권과 변호인과의 자유로운 접견은 다른 권리임을 구별해야 한다.

① (O) 신체구속을 당한 피의자 또는 피고인이 범한 것으로 의심받고 있는 범죄행위에 해당 변호인이 관련되어 있다는 등의 사유에 기하여 그 변호인의 변호활동을 광범위하게 규제하는 변호인의 제척과 같은 제도를 두고 있지 아니한 우리 법제 아래에서는, 변호인의 접견교통의 상대방인 신체구속을 당한 사람이 그 변호인을 자신의 범죄행위에 공범으로 가담시키려고 하였다는 등의 사정만으로 그 변호인의 신체구속을 당한 사람과의 접견교통을 금지하는 것이 정당화될 수는 없다(대법원2007. 1. 31.자2006모657결정).

② (O) 형사소송법 제34조는 "변호인 또는 변호인이 되려는자는 신체구속을 당한 피고인 또는 피의자와 접견하고 서류 또는 물건을 수수할 수 있으며 의사로 하여금 진료하게 할 수 있다."라고 규정하고 있으므로, 변호인이 되려는 의사를 표시한 자가 객관적으로 변호인이 될 가능성이 있다고 인정되는데도, 형사소송법 제34조에서 정한 '변호인 또는 변호인이 되려는자'가 아니라고 보아 신체구속을 당한 피고인 또는 피의자와 접견하지 못하도록 제한하여서는 아니 된다(대법원2017. 3. 9.선고2013도16162판결).

④ (O) "변호인과의 자유로운 접견은 신체구속을 당한 사람에게 보장된 변호인의 조력을 받을 권리의 가장 중요한 내용이어서 국가안전보장·질서유지 또는 공공복리 등 어떠한 명분으로도 제한될 수 있는 성질의 것이 아니다."(헌재 1992. 1. 28. 91헌마111).

문제 34 - 정답 ③

▶ ③ (X) 검사 또는 사법경찰관이 구속영장을 소지하지 아니한 경우에 급속을 요하는 때에는 피의자에 대하여 피의사실의 요지와 영장이 발부되었음을 고하고 집행할 수 있다(제85조 제3항, 제209조). 구속영장의 집행을 완료한 후에는 신속히 구속영장을 제시하고 그 사본을 교부하여야 한다(제85조 제4항, 제209조). 또한 검사 또는 사법경찰관이 체포영장을 소지하지 아니한 경우에도 마찬가지이다(제85조 제3항, 제200조의6).

① (O) 사법경찰관이 범죄수사에 필요한 때에는 피의자가 죄를 범하였다고 의심할 만한 정황이 있고 해당 사건과 관계가 있다고 인정할 수 있는 것에 한정하여 검사에게 신청하여 검사의 청구로 지방법원판사가 발부한 영장에 의하여 압수, 수색 또는 검증을 할 수 있다(제215조 제2항). 결국, 압수, 수색 또는 검증의 요건은 범죄수사에 필요한 때 + 죄를 범하였다고 의심할 만한 정황이 있는 때 + 해당사건과 관계가 있다고 인정할 수 있는 것에 한정한 때(필·정·관)이다.

② (O) 검사 또는 사법경찰관이 구속영장을 집행함에는 피의자에게 반드시 이를 제시하고 그 사본을 교부하여야 하며 신속히 지정된 법원 기타 장소에 인치하여야 한다(제85조 제1항, 제209조). 또한 검사 또는 사법경찰관이 체포영장을 집행함에는 피의자에게 반드시 이를 제시하고 그 사본을 교부하여야 하며 신속히 지정된 법원 기타 장소에 인치하여야 한다(제85조 제1항, 제200조의6).

④ (O) 수사기관이 압수·수색영장을 집행할 때에는 처분을 받는 자에게 반드시 압수·수색영장을 반드시 제시하여야 하고 처분을 받는 자가 피의자인 경우에는 그 사본을 교부하여야 한다. 다만, 처분을 받는 자가 현장에 없는 등 영장의 제시나 그 사본의 교부가 현실적으로 불가능한 경우 또는 처분을 받는 자가 영장의 제시나 사본의 교부를 거부한 때에는 예외로 한다(형사소송법 제118조, 제219조). 따라서 체포영장이나 구속영장을 집행시에는 그 영장을

반드시 제시하고 그 사본을 교부해야 하나, 압수·수색영장을 집행시에는 제시나 교부가 현실적으로 불가능하거나 거부한 때에는 예외가 있다.

문제 35 - 정답 ②

▶ ② (X) [1] 형사소송법 제215조 제1항은 "검사는 범죄수사에 필요한 때에는 피의자가 죄를 범하였다고 의심할 만한 정황이 있고 해당 사건과 관계가 있다고 인정할 수 있는 것에 한정하여 지방법원판사에게 청구하여 발부받은 영장에 의하여 압수, 수색 또는 검증을 할 수 있다."라고 정하고 있다. 따라서 영장 발부의 사유로 된 범죄 혐의사실과 무관한 별개의 증거를 압수하였을 경우 이는 원칙적으로 유죄 인정의 증거로 사용할 수 없다.

[2] 그러나 압수·수색의 목적이 된 범죄나 이와 관련된 범죄의 경우에는 그 압수·수색의 결과를 유죄의 증거로 사용할 수 있다. 압수·수색영장의 범죄 혐의사실과 관계있는 범죄라는 것은 압수·수색영장에 기재한 혐의사실과 객관적 관련성이 있고 압수·수색영장 대상자와 피의자 사이에 인적 관련성이 있는 범죄를 의미한다.

[3] 그 중 혐의사실과의 객관적 관련성은 ㉠ 압수·수색영장에 기재된 혐의사실 자체 또는 ㉡ 그와 기본적 사실관계가 동일한 범행과 직접 관련되어 있는 경우는 물론 ㉢ 범행 동기와 경위, 범행 수단과 방법, 범행 시간과 장소 등을 증명하기 위한 간접증거나 정황증거 등으로 사용될 수 있는 경우에도 인정될 수 있다.

[4] 그 관련성은 압수·수색영장에 기재된 혐의사실의 내용과 수사의 대상, 수사 경위 등을 종합하여 구체적·개별적 연관관계가 있는 경우에만 인정되고, 혐의사실과 단순히 동종 또는 유사 범행이라는 사유만으로 관련성이 있다고 할 것은 아니다. 그리고 피의자와 사이의 인적 관련성은 압수·수색영장에 기재된 대상자의 공동정범이나 교사범 등 공범이나 간접정범은 물론 필요적 공범 등에 대한 피고사건에 대해서도 인정될 수 있다(대판2017.12.5. 2017도13458).

① (O) 경찰관이 이른바 전화사기죄 범행의 혐의자를 긴급체포하면서 그가 보관하고 있던 다른 사람의 주민등록증, 운전면허증 등을 압수한 사안에서, 이는 구 형사소송법(2007. 6. 1. 법률 제8496호로 개정되기 전의 것) 제217조 제1항에서 규정한 해당 범죄사실의 수사에 필요한 범위 내의 압수로서 적법하므로, 이를 위 혐의자의 점유이탈물횡령죄 범행에 대한 증거로 인정한다(대판 2008.7.10 2008도2245).

③ (O) 수사기관이 2010. 1. 11. A주식회사에서 압수수색영장을 집행하여 피고인이 B에게 발송한 이메일을 압수한 후 이를 증거로 제출하였으나, 수사기관은 위 압수수색영장을 집행할 당시 A주식회사에 팩스로 영장 사본을 송신한 사실은 있으나 영장 원본을 제시하지 않았고 또한 압수조서와 압수물 목록을 작성하여 이를 피압수·수색 당사자에게 교부하였다고 볼 수도 없다고 전제한 다음, 위와 같은 방법으로 압수된 위 각 이메일은 헌법과 형사소송법 219조, 제118조, 제129조가 정한 절차를 위반하여 수집한 위법수집증거로 원칙적으로 유죄의 증거로 삼을 수 없고, 이러한 절차 위반은 헌법과 형사소송법이 보장하는 적법절차 원칙의 실질적인 내용을 침해하는 경우에 해당하고 위법수집증거의 증거능력을 인정할 수 있는 예외적인 경우에 해당한다고 볼 수도 없어 증거능력이 없다(대법원2017. 9. 7.선고 2015도10648판결). 결국, 수사기관이 갑 주식회사에서 압수수색영장을 집행하면서 갑 회사에 팩스로 영장 사본을 송신하기만 하고 영장 원본을 제시하거나 압수조서와 압수물 목록을 작성하여 피압수·수색 당사자에게 교부하지도 않은 채 피고인의 이메일을 압수한 후 이를 증거로 제출한 사안에서, 위와 같은 방법으로 압수된 이메일은 위법수집증거로서 증거능력이 없다.

④ (O) [1] 임의제출된 정보저장매체에서 압수의 대상이 되는 전자정보의 범위를 초과하여 수사기관이 임의로 전자정보를 탐색·복제·출력하는 것은 원칙적으로 위법한 압수·수색에 해당하므로 허용될 수 없다.

[2] 만약 전자정보에 대한 압수·수색이 종료되기 전에 범죄혐의사실과 관련된 전자정보를 적법하게 탐색하는 과정에서 별도의 범죄혐의와 관련된 전자정보를 우연히 발견한 경우라면, 수사기관은 더 이상의 추가 탐색을 중단하고 법원으로부터 별도의 범죄혐의에 대한 압수·수색영장을 발부받은 경우에 한하여 그러한 정보에 대하여도 적법하게 압수·수색을 할 수 있다.

[3] 따라서 임의제출된 정보저장매체에서 압수의 대상이 되는 전자정보의 범위를 넘어서는 전자정보에 대해 수사기관이 영장 없이 압수·수색하여 취득한 증거는 위법수집증거에 해당하고, 사후에 법원으로부터 영장이 발부되었다거나 피고인이나 변호인이 이를 증거로 함에 동의하였다고 하여 그 위법성이 치유되는 것도 아니다(대법원2021. 11. 18.선고2016도348전원합의체 판결).

문제 36 - 정답 ①

▶ ① ㉠㉡㉢㉣은 모두 자유로운 증명으로 족하다.

㉠ (자유로운 증명 O) 몰수대상이 되는지 여부나 추징액의 인정 등 몰수·추징의 사유는 범죄구성요건 사실에 관한 것이 아니어서 엄격한 증명은 필요 없지만 역시 증거에 의하여 인정되어야 한다(대판2006.4.7. 2005도9858 전원합의체 판결).

㉡ (자유로운 증명 O) [1] 친고죄에서 적법한 고소가 있었는지는 자유로운 증명의 대상이 된다(대판2011.6.24. 2011도4451,2011전도76).

[2] 또한 반의사불벌죄에서 피고인 또는 피의자의 처벌을 희망하지 않는다는 의사표시 또는 처벌희망 의사표시 철회의 유무나 그 효력 여부에 관한 사실은 엄격한 증명의 대상이 아니라 증거능력이 없는 증거나 법률이 규정한 증거조사방법을 거치지 아니한 증거에 의한 증명, 이른바 자유로운 증명의 대상이다(대판2010.10.14.2010도5610,2010전도31).

[3] 한편 출입국관리법위반의 출입국사범 사건에서 지방출입국·외국인관서의 장의 적법한 고발이 있었는지 여부가 문제 되는 경우에 법원은 증거조사의 방법이나 증거능력의 제한을 받지 아니하고 제반 사정을 종합하여 적당하다고 인정되는 방법에 의하여 자유로운 증명으로 그 고발 유무를 판단하면 된다(대법원2021. 10. 28. 선고2021도404판결).

㉢ (자유로운 증명 O) 피고인이 피의자신문조서에 기재된 피고인 진술 및 공판기일에서 한 피고인 진술의 임의성을 다투면서 그것이 허위자백이라고 다투는 경우, 법원은 구체적인 사건에 따라 피고인의 학력, 경력, 직업, 사회적 지위, 지능 정도, 진술의 내용, 피의자신문조서의 경우 조서의 형식 등 제반 사정을 참작하여 자유로운 심증으로 위 진술이 임의로 된 것인지 여부를 판단할 수 있다(대판2011.2.24. 2010도14720).

㉣ (자유로운 증명 O) 피고인의 범행 당시의 정신상태가 심신상실이었는지 또는 심신미약이었는지의 문제는 법률적 판단이지 범죄 될 사실은 아니므로 엄격한 증명의 대상은 아니다(대판1961.10.36. 4294형상590). 또한 형법 제10조에 규정된 심신장애의 유무 및 정

도의 판단은 법률적 판단으로서 반드시 전문감정인의 의견에 기속되어야 하는 것은 아니고, 정신질환의 종류와 정도, 범행의 동기, 경위, 수단과 태양, 범행 전후의 피고인의 행동, 반성의 정도 등 여러 사정을 종합하여 법원이 독자적으로 판단할 수 있다(대판 2007.11.29. 2007도8333,2007감도22).

⑩ (자유로운 증명 ○) [1] 피고인의 자필로 작성된 진술서의 경우에는 서류의 작성자가 동시에 진술자이므로 진정하게 성립된 것으로 인정되어 형사소송법 제313조 단서에 의하여 그 진술이 특히 신빙할 수 있는 상태하에서 행하여진 때에는 증거능력이 있고, 이러한 특신상태는 증거능력의 요건에 해당하므로 검사가 그 존재에 대하여 구체적으로 주장·입증하여야 하는 것이지만, 이는 소송상의 사실에 관한 것이므로, 엄격한 증명을 요하지 아니하고 자유로운 증명으로 족하다(대판2000도1743).

[2] 또한 형사소송법 제312조 제4항에서 '특히 신빙할 수 있는 상태'란 진술 내용이나 조서 작성에 허위개입의 여지가 거의 없고, 진술 내용의 신빙성이나 임의성을 담보할 구체적이고 외부적인 정황이 있는 것을 말한다. 그리고 이러한 '특히 신빙할 수 있는 상태'는 증거능력의 요건에 해당하므로 검사가 그 존재에 대하여 구체적으로 주장·증명하여야 하지만, 이는 소송상의 사실에 관한 것이므로 엄격한 증명을 요하지 아니하고 자유로운 증명으로 족하다(대판2012.7.26. 2012도2937).

[3] 가. 형사소송법 제314조가 참고인의 소재불명 등의 경우에 그 참고인이 진술하거나 작성한 진술조서나 진술서에 대하여 증거능력을 인정하는 것은, 형사소송법이 제312조 또는 제313조에서 참고인 진술조서 등 서면증거에 대하여 피고인 또는 변호인의 반대신문권이 보장되는 등 엄격한 요건이 충족될 경우에 한하여 증거능력을 인정할 수 있도록 함으로써 직접심리주의 등 기본원칙에 대한 예외를 인정한 데 대하여 다시 중대한 예외를 인정하여 원진술자 등에 대한 반대신문의 기회조차 없이 증거능력을 부여할 수 있도록 한 것이므로, 그 경우 참고인의 진술 또는 작성이 '특히 신빙할 수 있는 상태하에서 행하여졌음에 대한 증명(특신상태의 증명)'은 단지 그러할 개연성이 있다는 정도로는 부족하고 합리적인 의심의 여지를 배제할 정도에 이르러야 한다.

나. 그리고 형사소송법 제314조의 '특신상태'와 관련된 법리는 마찬가지로 원진술자의 소재불명 등을 전제로 하고 있는 형사소송법 제316조 제2항의 '특신상태'에 관한 해석에도 그대로 적용된다(대법원2014. 4. 30.선고2012도725판결).

(참고) 자유로운 증명의 대상에 해당하는 것 (판례에 의함★)

㉠ 몰수나 추징 대상여부 및 추징액의 인정
㉡ 소추조건인 친고죄에 있어서 고소의 유무, 반의사불벌죄에서 처벌을 희망하지 않는다는 의사표시 또는 처벌희망 의사표시 철회의 유무, 출입국관리법위반의 출입국사범 사건에서 적법한 고발이 있었는지 여부
㉢ 피의자신문조서에 기재된 피고인 진술 및 공판기일에서 한 피고인 진술의 임의성
㉣ 심신장애나 심신미약의 유무 및 정도
㉤ 「형사소송법」제313조 단서의 '특히 신빙할 수 있는 상태(특신상태)'와 「형사소송법」제312조 제4항에서 '특히 신빙할 수 있는 상태' 및 「형사소송법」제316조 제2항에서 '특히 신빙할 수 있는 상태'
㉥ 형사소송법 제318조의 2에 규정된 탄핵증거(증언의 증명력을 감쇄하기 위한 사실)

㉠ (자유로운 증명 ○) 몰수대상이 되는지 여부나 추징액의 인정 등 몰수·추징의 사유는 범죄구성요건 사실에 관한 것이 아니어서 엄격한 증명은 필요 없지만 역시 증거에 의하여 인정되어야 한다(대판2006.4.7. 2005도9858 전원합의체 판결).

㉡ (자유로운 증명 ○) [1] 친고죄에서 적법한 고소가 있었는지는 자유로운 증명의 대상이 된다(대판2011.6.24. 2011도4451,2011전도76).

[2] 또한 반의사불벌죄에서 피고인 또는 피의자의 처벌을 희망하지 않는다는 의사표시 또는 처벌희망 의사표시 철회의 유무나 그 효력 여부에 관한 사실은 엄격한 증명의 대상이 아니라 증거능력이 없는 증거나 법률이 규정한 증거조사방법을 거치지 아니한 증거에 의한 증명, 이른바 자유로운 증명의 대상이다(대판2010.10.14.2010도5610,2010전도31).

[3] 한편 출입국관리법위반의 출입국사범 사건에서 지방출입국·외국인관서의 장의 적법한 고발이 있었는지 여부가 문제 되는 경우에 법원은 증거조사의 방법이나 증거능력의 제한을 받지 아니하고 제반 사정을 종합하여 적당하다고 인정되는 방법에 의하여 자유로운 증명으로 그 고발 유무를 판단하면 된다(대법원2021. 10. 28.선고2021도404판결).

㉢ (자유로운 증명 ○) 피고인이 피의자신문조서에 기재된 피고인 진술 및 공판기일에서 한 피고인 진술의 임의성을 다투면서 그것이 허위자백이라고 다투는 경우, 법원은 구체적인 사건에 따라 피고인의 학력, 경력, 직업, 사회적 지위, 지능 정도, 진술의 내용, 피의자신문조서의 경우 조서의 형식 등 제반 사정을 참작하여 자유로운 심증으로 위 진술이 임의로 된 것인지 여부를 판단할 수 있다(대판2011.2.24. 2010도14720).

㉣ (자유로운 증명 ○) 피고인의 범행 당시의 정신상태가 심신상실이었는지 또는 심신미약이었는지의 문제는 법률적 판단이지 범죄 될 사실은 아니므로 엄격한 증명의 대상은 아니다(대판1961.10.36. 4294형상590). 또한 형법 제10조에 규정된 심신장애의 유무 및 정도의 판단은 법률적 판단으로서 반드시 전문감정인의 의견에 기속되어야 하는 것은 아니고, 정신질환의 종류와 정도, 범행의 동기, 경위, 수단과 태양, 범행 전후의 피고인의 행동, 반성의 정도 등 여러 사정을 종합하여 법원이 독자적으로 판단할 수 있다(대판2007.11.29. 2007도8333,2007감도22).

㉤ (자유로운 증명 ○) [1] 피고인의 자필로 작성된 진술서의 경우에는 서류의 작성자가 동시에 진술자이므로 진정하게 성립된 것으로 인정되어 형사소송법 제313조 단서에 의하여 그 진술이 특히 신빙할 수 있는 상태하에서 행하여진 때에는 증거능력이 있고, 이러한 특신상태는 증거능력의 요건에 해당하므로 검사가 그 존재에 대하여 구체적으로 주장·입증하여야 하는 것이지만, 이는 소송상의 사실에 관한 것이므로, 엄격한 증명을 요하지 아니하고 자유로운 증명으로 족하다(대판2000도1743).

[2] 또한 형사소송법 제312조 제4항에서 '특히 신빙할 수 있는 상태'란 진술 내용이나 조서 작성에 허위개입의 여지가 거의 없고, 진술 내용의 신빙성이나 임의성을 담보할 구체적이고 외부적인 정황이 있는 것을 말한다. 그리고 이러한 '특히 신빙할 수 있는 상태'는 증거능력의 요건에 해당하므로 검사가 그 존재에 대하여 구체적으로 주장·증명하여야 하지만, 이는 소송상의 사실에 관한 것이므로 엄격한 증명을 요하지 아니하고 자유로운 증명으로 족하다(대판2012.7.26. 2012도2937).

[3] 가. 형사소송법 제314조가 참고인의 소재불명 등의 경우에 그 참고인이 진술하거나 작성한 진술조서나 진술서에 대하여 증거능력을 인정하는 것은, 형사소송법이 제312조 또는 제313

조에서 참고인 진술조서 등 서면증거에 대하여 피고인 또는 변호인의 반대신문권이 보장되는 등 엄격한 요건이 충족될 경우에 한하여 증거능력을 인정할 수 있도록 함으로써 직접심리주의 등 기본원칙에 대한 예외를 인정한 데 대하여 다시 중대한 예외를 인정하여 원진술자 등에 대한 반대신문의 기회조차 없이 증거능력을 부여할 수 있도록 한 것이므로, 그 경우 참고인의 진술 또는 작성이 '특히 신빙할 수 있는 상태하에서 행하여졌음에 대한 증명(<u>특신상태의 증명</u>)'은 <u>단지</u> 그러할 <u>개연성이 있다는 정도로는 부족</u>하고 <u>합리적인 의심의 여지를 배제할 정도에 이르러야 한다.</u>
나. 그리고 <u>형사소송법 제314조의 '특신상태'와 관련된 법리</u>는 마찬가지로 원진술자의 소재불명 등을 전제로 하고 있는 형사소송법 <u>제316조 제2항의 '특신상태'에 관한 해석에도 그대로 적용된다</u>(대법원2014. 4. 30.선고2012도725판결).
㉮ (자유로운 증명 ○) 형사소송법 제318조의 2에 규정된 소위 <u>탄핵증거</u>는 범죄사실을 인정하는 증거가 아니므로 그것이 증거서류이던 진술이던간에 유죄증거에 관한 소송법상의 <u>엄격한 증거능력을 요하지 아니한다</u>(대판1985.5.14. 85도441). 증언의 <u>증명력을 감쇄하기 위한 사실</u>(증거의 증명력을 <u>탄핵하는 사실</u>)은 <u>자유로운 증명으로 족하다</u>(83도1718).

문제 37 - 정답 ②

▶ ② (X) [1] 헌법과 형사소송법이 정한 절차에 따르지 아니하고 수집한 증거는 기본적 인권 보장을 위해 마련된 적법한 절차에 따르지 않은 것으로서 원칙적으로 유죄 인정의 증거로 삼을 수 없다.
[2] 다만, <u>형식적으로 보아 정해진 절차에 따르지 아니하고 수집한 증거라는 이유만을 내세워 획일적으로 그 증거의 증거능력을 부정하는 것 역시 헌법과 형사소송법이 형사소송에 관한 절차 조항을 마련한 취지에 맞는다고 볼 수 없다.</u> 따라서 수사기관의 증거 수집 과정에서 이루어진 절차 위반행위와 관련된 모든 사정 즉, 절차 조항의 취지와 그 위반의 내용 및 정도, 구체적인 위반 경위와 회피 가능성, 절차 조항이 보호하고자 하는 권리 또는 법익의 성질과 침해 정도 및 피고인과의 관련성, 절차 위반행위와 증거수집 사이의 인과관계 등 관련성의 정도, 수사기관의 인식과 의도 등을 전체적·종합적으로 살펴 볼 때, 수사기관의 절차 위반행위가 적법절차의 실질적인 내용을 침해하는 경우에 해당하지 아니하고, <u>오히려 그 증거의 증거능력을 배제하는 것이</u> 헌법과 형사소송법이 형사소송에 관한 절차 조항을 마련하여 <u>적법절차의 원칙과 실체적 진실 규명의 조화를 도모</u>하고 이를 통하여 <u>형사 사법 정의를 실현하려 한 취지에 반하는 결과를 초래하는 것</u>으로 평가되는 <u>예외적인 경우라면</u>, 법원은 <u>그 증거를 유죄 인정의 증거로 사용할 수 있다</u>고 보아야 한다(대법원2007. 11. 15.선고2007도3061전원합의체 판결).
① (○) <u>검사가 교도관으로부터 그가 보관하고 있던 피고인의 비망록을</u> 뇌물수수 등의 증거자료로 <u>임의로 제출받아 이를 압수한 경우</u>, 그 압수절차가 피고인의 승낙 및 영장 없이 행하여졌다고 하더라도 이에 <u>적법절차를 위반한 위법이 있다고 할 수 없다</u>(대판2008.5.15. 2008도1097).
③ (○) 마약 투약 혐의를 받고 있던 피고인이 임의동행을 거부하겠다는 의사를 표시하였는데도 경찰관들이 피고인을 영장 없이 강제로 연행한 상태에서 마약 투약 여부의 확인을 위한 1차 채뇨절차가 이루어졌는데, 그 후 피고인의 소변 등 채취에 관한 압수영장에 기하여 2차 채뇨절차가 이루어지고 그 결과를 분석한 소변 감정서 등이 증거로 제출된 사안에서, 피고인을 강제로 연행한 조치는 위법한 체포에 해당하고, 위법한 체포상태에서 이루어진 채뇨 요구 또한 위법하므로 그에 의하여 수집된 '소변검사시인서'는 유죄 인정의 증거로 삼을 수 없으나, 한편 연행 당시 피고인이 마약을 투약한 것이거나 자살할지도 모른다는 취지의 구체적 제보가 있었던 데다가, 피고인이 경찰관 앞에서 바지와 팬티를 내리는 등 비상식적인 행동을 하였던 사정 등에 비추어 피고인에 대한 긴급한 구호의 필요성이 전혀 없었다고 볼 수 없는 점, 경찰관들은 임의동행시점으로부터 얼마 지나지 아니하여 체포의 이유와 변호인 선임권 등을 고지하면서 피고인에 대한 긴급체포의 절차를 밟는 등 절차의 잘못을 시정하려고 한 바 있어, <u>경찰관들의 위와 같은 임의동행조치는 단지 수사의 순서를 잘못 선택한 것이라고 할 수 있지만</u> 관련 <u>법규정으로부터의 실질적 일탈 정도가 헌법에 규정된 영장주의 원칙을 현저히 침해할 정도에 이르렀다고 보기 어려운 점</u> 등에 비추어 볼 때, <u>위와 같은 2차적 증거 수집이 위법한 체포·구금절차에 의하여 형성된 상태를 직접 이용하여 행하여진 것으로는 쉽사리 평가할 수 없으므로</u>, 이와 같은 사정은 체포과정에서의 절차적 위법과 <u>2차적 증거 수집 사이의 인과관계를 희석하게 할 만한 상황에 속하고</u>, 메스암페타민 투약 범행의 중대성도 아울러 참작될 필요가 있는 점 등 제반 사정을 고려할 때 <u>2차적 증거인 소변 감정서 등은 증거능력이 인정된다</u>(대법원 2013.3.14. 선고 2012도13611 판결).
④ (○) <u>적법한 절차에 따르지 아니하고 수집한 증거를 기초로 하여 획득한 2차적 증거의 경우에도 마찬가지</u>여서, 절차에 따르지 아니한 증거 수집과 2차적 증거 수집 사이 인과관계의 희석 또는 단절 여부를 중심으로 2차적 증거 수집과 관련된 모든 사정을 전체적·종합적으로 고려하여 예외적인 경우에는 유죄 인정의 증거로 사용할 수 있다(대법원2007. 11. 15.선고2007도3061전원합의체 판결).

문제 38 - 정답 ①

▶ ① (○) [1] <u>형사소송법이 수사기관에서 작성된 조서 등 서면 증거에 대하여 일정한 요건을 충족하는 경우</u>에 <u>증거능력을 인정하는 것</u>은 실체적 진실발견의 이념과 소송경제의 요청을 고려하여 <u>예외적으로 허용하는 것일 뿐이므로</u> 증거능력 인정 요건에 관한 규정은 <u>엄격하게 해석·적용하여야</u> 한다.
[2] <u>형사소송법</u>은 <u>제310조의2에서 원칙적으로 전문증거의 증거능력을 인정하지 않고, 제311조부터 제316조까지 정한 요건을 충족하는 경우에만 예외적으로 증거능력을 인정한다</u>(대법원2024. 3. 28.선고2023도15133, 2023전도163, 164판결).
② (X) 형사소송법 제312조 제4항은 검사 또는 사법경찰관이 피고인이 아닌 자의 진술을 기재한 조서의 증거능력이 인정되려면 '적법한 절차와 방식에 따라 작성된 것'이어야 한다고 규정하고 있다. 여기서 적법한 절차와 방식이라 함은 피의자 또는 제3자에 대한 조서 작성 과정에서 지켜야 할 진술거부권의 고지 등 형사소송법이 정한 제반 절차를 준수하고 조서의 작성방식에도 어긋남이 없어야 한다는 것을 의미한다. 그런데 <u>형사소송법은 조서에 진술자의 실명 등 인적 사항을 확인하여 이를 그대로 밝혀 기재할 것을 요구하는 규정을 따로 두고 있지는 아니하다.</u> 따라서 「특정범죄신고자 등 보호법」 등에서처럼 명시적으로 진술자의 인적 사항의 전부 또는 일부의 기재를 생략할 수 있도록 한 경우가 아니라 하더라도, 진술자와 피고인의 관계, 범죄의 종류, 진술자 보호의 필요성 등

여러 사정으로 볼 때 상당한 이유가 있는 경우에는 수사기관이 진술자의 성명을 가명으로 기재하여 조서를 작성하였다고 해서 그 이유만으로 그 조서가 '적법한 절차와 방식'에 따라 작성되지 않았다고 할 것은 아니다. 그러한 조서라도 공판기일 등에 원진술자가 출석하여 자신의 진술을 기재한 조서임을 확인함과 아울러 그 조서의 실질적 진정성립을 인정하고 나아가 그에 대한 반대신문이 이루어지는 등 형사소송법 제312조 제4항에서 규정한 조서의 증거능력 인정에 관한 다른 요건이 모두 갖추어진 이상 그 증거능력을 부정할 것은 아니라고 할 것이다(대법원2012. 5. 24.선고2011도7757판결). 결국, 특정범죄신고자 등 보호법등처럼 목격자등을 보호하기 위하여 참고인의 성명을 가명으로 기재하였다 하여 참고인진술조서가 증거능력이 부정되는 것은 아니다.

③ (X) [1] 형사소송법 제312조 제2항은 검사 이외의 수사기관이 작성한 당해 피고인에 대한 피의자신문조서를 유죄의 증거로 하는 경우뿐만 아니라 검사 이외의 수사기관이 작성한 당해 피고인과 공범관계에 있는 다른 피고인이나 피의자에 대한 피의자신문조서를 당해 피고인에 대한 유죄의 증거로 채택할 경우에도 적용되는 바, 당해 피고인과 공범관계가 있는 다른 피의자에 대한 검사 이외의 수사기관 작성의 피의자신문조서는 그 피의자의 법정진술에 의하여 그 성립의 진정이 인정되더라도 당해 피고인이 공판기일에서 그 조서의 내용을 부인하면 증거능력이 부정되므로 그 당연한 결과로 그 피의자신문조서에 대하여는 사망 등 사유로 인하여 법정에서 진술할 수 없는 때에 예외적으로 증거능력을 인정하는 규정인형사소송법 제314조가 적용되지 아니한다.
[2] 피의자가 경찰수사 단계에서 작성한 진술서에 대하여는 검사 이외의 수사기관 작성의 피의자신문조서와 동일하게 제312조 제3항을 적용하여야 한다(대법원2004. 7. 15.선고2003도7185전원합의체 판결).

④ (X) [1] 다른 사람의 진술을 내용으로 하는 진술이 전문증거인지는 요증사실이 무엇인지에 따라 정해진다. 다른 사람의 진술, 즉 원진술의 내용인 사실이 요증사실인 경우에는 전문증거이지만, 원진술의 존재 자체가 요증사실인 경우에는 본래증거이지 전문증거가 아니다.
[2] 어떤 진술이 기재된 서류가 그 내용의 진실성이 범죄사실에 대한 직접증거로 사용될 때는 전문증거가 되지만, 그와 같은 진술을 하였다는 것 자체 또는 진술의 진실성과 관계없는 간접사실에 대한 정황증거로 사용될 때는 반드시 전문증거가 되는 것이 아니다.
[3] 그러나 어떠한 내용의 진술을 하였다는 사실 자체에 대한 정황증거로 사용될 것이라는 이유로 서류의 증거능력을 인정한 다음 그 사실을 다시 진술 내용이나 그 진실성을 증명하는 간접사실로 사용하는 경우에 그 서류는 전문증거에 해당한다. 서류가 그곳에 기재된 원진술의 내용인 사실을 증명하는 데 사용되어 원진술의 내용인 사실이 요증사실이 되기 때문이다. 이러한 경우 형사소송법 제311조부터 제316조까지 정한 요건을 충족하지 못한다면 증거능력이 없다(대법원2019. 8. 29.선고2018도14303전원합의체 판결).

문제 39 - 정답 ④

▶ ④ (○) 피고인 아닌 자의 공판준비 또는 공판기일에서의 진술이 피고인 아닌 타인의 진술을 그 내용으로 하는 것인 때에는 원진술자(B)가 사망, 질병, 외국거주, 소재불명 그 밖에 이에 준하는 사유로 인하여 진술할 수 없고(필요성), 그 진술이 특히 신빙할 수 있는 상태(특신상태)하에서 행하여졌음이 증명된 때에 한하여 이를 증거로 할 수 있다(형사소송법 제316조 제2항). 결국, 이 사안에서 B가 사망하였으므로 B의 진술이 특신상태만 증명되면 증거로 할 수 있다.

① (X) 사안의 경우는 사법경찰관이 작성한 참고인진술조서(제312조 제4항)의 요건을 갖추어야 증거능력이 인정된다. 즉, 검사 또는 사법경찰관이 피고인이 아닌 자의 진술을 기재한 조서는 적법한 절차와 방식에 따라 작성된 것으로서 그 조서가 검사 또는 사법경찰관 앞에서 진술한 내용과 동일하게 기재되어 있음이 원진술자의 공판준비 또는 공판기일에서의 진술이나 영상녹화물 또는 그 밖의 객관적인 방법에 의하여 증명되고(실질적 진정성립의 증명), 피고인 또는 변호인이 공판준비 또는 공판기일에 그 기재 내용에 관하여 원진술자를 신문할 수 있었던 때에는 증거로 할 수 있다(반대신문권 보장). 다만, 그 조서에 기재된 진술이 특히 신빙할 수 있는 상태하에서 행하여졌음이 증명된 때에 한한다(형사소송법 제312조 제4항).(적+실+반+특) ★ 사법경찰관 작성의 검증조서(제312조 제6항)에 관한 내용이 아니다.

② (X) 형사소송법 제312조 제1항 본문은 "검사가 피의자나 피의자 아닌 자의 진술을 기재한 조서와 검사 또는 사법경찰관이 검증의 결과를 기재한 조서는 공판준비 또는 공판기일에서의 원진술자의 진술에 의하여 그 성립의 진정함이 인정된 때에 증거로 할 수 있다."고 규정하고 있는데, 여기서 성립의진정이라 함은 간인·서명·날인 등 조서의 형식적인 진정성립과 그 조서의 내용이 원진술자가 진술한 대로 기재된 것이라는 실질적인 진정성립을 모두 의미하는 것이고, 위 법문의 문언상 성립의 진정은 '원진술자의 진술에 의하여' 인정되는 방법 외에 다른 방법을 규정하고 있지 아니하므로, 실질적 진정성립도 원진술자의 진술에 의하여서만 인정될 수 있는 것이라고 보아야 하며, 이는 검사 작성의 피고인이 된 피의자신문조서의 경우에도 다르지 않다고 할 것인바, 검사가 피의자나 피의자 아닌 자의 진술을 기재한 조서는 공판준비 또는 공판기일에서 원진술자의 진술에 의하여 형식적 진정성립뿐만 아니라 실질적 진정성립까지 인정된 때에 한하여 비로소 그 성립의 진정함이 인정되어 증거로 사용할 수 있다고 보아야 한다(대법원2004. 12. 16.선고2002도537전원합의체 판결). 결국, 구 판례의 경우는 검사가 피의자 아닌 자의 진술을 기재한 조서는 공판준비 또는 공판기일에서 원진술자의 진술에 의하여 형식적 진정성립만 인정되면 실질적 진정성립은 인정된 것으로 추정한다고 하였으나, 이 2002도537전원합의체판결에 의하여 추정된다는 판례는 모두 변경되었다(폐기되었다).

③ (X) 상업장부, 항해일지, 진료일지 또는 이와 유사한 금전출납부 등과 같이 범죄사실의 인정 여부와 상관없이 자기에게 맡겨진 사무를 처리한 내역을 그때그때 계속적, 기계적으로 기재한 문서는 사무처리 내역을 증명하기 위하여 존재하는 문서로서 형사소송법 제315조 제2호에 따라 당연히 증거능력이 인정된다. 이러한 문서는 업무의 기계적 반복성으로 말미암아 허위로 작성될 여지가 적고, 또 문서의 성질에 비추어 고도의 신용성이 인정되어 반대신문의 필요가 없거나 작성자를 소환해도 서면제출 이상의 의미가 없기 때문에 당연히 증거능력을 인정한 것이다(대법원 2019. 8. 29. 선고 2018도14303 전원합의체 판결).

문제 40 - 정답 ③

▶ ③ ㉠㉡㉢(3개)은 옳은 지문이나, ㉣㉤(2개)은 틀린 지문이다.
㉠ (○) 대법원2018. 10. 25.선고2018도7709판결
㉡ (○) 대법원2018. 10. 25.선고2018도7709판결
㉢ (○) 대법원2018. 10. 25.선고2018도7709판결
㉣ (X) 강간죄에서 공소사실을 인정할 증거로 사실상 피해자의 진술이 유일한 경우에 피고인의 진술이 경험칙상 합리성이 없고 그 자체로 모순되어 믿을 수 없다고 하여 그것이 공소사실을 인정하는 직접증거가 되는 것은 아니지만, 이러한 사정은 법관의 자유판단에 따라 피해자 진술의 신빙성을 뒷받침하거나 직접증거인 피해자 진술과 결합하여 공소사실을 뒷받침하는 간접정황이 될 수 있다(대법원2018. 10. 25.선고2018도7709판결).
㉤ (X) [1] 성폭행 피해자의 대처 양상은 피해자의 성정이나 가해자와의 관계 및 구체적인 상황에 따라 다르게 나타날 수밖에 없다. 따라서 개별적, 구체적인 사건에서 성폭행 등의 피해자가 처하여 있는 특별한 사정을 충분히 고려하지 않은 채 피해자 진술의 증명력을 가볍게 배척하는 것은 정의와 형평의 이념에 입각하여 논리와 경험의 법칙에 따른 증거판단이라고 볼 수 없다. 피고인의 친딸로 가족관계에 있던 피해자가 '마땅히 그러한 반응을 보여야만 하는 피해자'로 보이지 않는다는 이유만으로 피해자 진술의 신빙성을 함부로 배척할 수 없다(피해자가 공소사실 기재 범행 기간 중 피고인에게 다소 애교 섞인 표현 또는 피고인을 걱정하는 내용의 문자메시지를 보낸 경위 등은 정상적인 가정으로 돌아가고 싶은 희망에서 나온 것으로서 이를 두고 피해자로서 마땅히 보여야 할 반응을 보이지 않았다고 할 수 없는 점 등을 들어 피해자 진술의 신빙성을 긍정하였다). 그리고 친족관계에 의한 성범죄를 당하였다는 피해자의 진술은 피고인에 대한 이중적인 감정, 가족들의 계속되는 회유와 압박 등으로 인하여 번복되거나 불분명해질 수 있는 특수성이 있다는 점을 고려해야 한다.
[2] 대법원 양형위원회 제정 양형기준상 특별감경인자인 '처벌불원'이란 피고인이 자신의 범행에 대하여 진심으로 뉘우치고 합의를 위한 진지한 노력을 기울여 피해에 대한 상당한 보상이 이루어졌으며, 피해자가 처벌불원의 법적·사회적 의미를 정확히 인식하면서 이를 받아들여 피고인의 처벌을 원하지 않는 경우를 의미한다(대법원2020. 8. 20.선고2020도6965, 2020전도74판결).

임종희 경찰형사법 파이널 모의고사 총 7회
경찰 출제위원이 직접 집필한 모의고사

초판 1쇄 발행 2024년 6월 17일

지은이 임종희
펴낸이 장길수
펴낸곳 지식과감성
출판등록 제2012-000081호

주소 서울시 금천구 벚꽃로298 대륭포스트타워6차 1212호
전화 070-4651-3730~4
팩스 070-4325-7006
이메일 ksbookup@naver.com
홈페이지 www.knsbookup.com

ISBN 979-11-392-1923-4(13360)
값 22,000원

이 책의 판권은 지은이에게 있습니다.
이 책 내용의 전부 또는 일부를 재사용하려면 반드시 지은이의 서면 동의를 받아야 합니다.
잘못된 책은 구입하신 곳에서 바꾸어 드립니다.